te Hennig

Kleines Mittelhochdeutsches Wörterbuch

Beate Hennig

Kleines Mittelhochdeutsches Wörterbuch

In Zusammenarbeit mit Christa Hepfer
und unter redaktioneller Mitwirkung
von Wolfgang Bachofer

4., verbesserte Auflage

Max Niemeyer Verlag
Tübingen 2001

Die Deutsche Bibliothek – CIP-Einheitsaufnahme

Hennig, Beate : Kleines Mittelhochdeutsches Wörterbuch / Beate Hennig. In Zusammenarbeit mit Christa Hepfer und unter red. Mitw. von Wolfgang Bachofer. – 4., verbesserte
Aufl. – Tübingen : Niemeyer, 2001

ISBN 3-484-10696-4

5 4 3 2 1

Inhalt

Vorwort zur vierten Auflage

1879 veröffentlichte Matthias Lexer sein Mittelhochdeutsches Taschenwörterbuch. Heute, 120 Jahre später, liegt nun ein neues Wörterbuch vor: das Kleine Mittelhochdeutsche Wörterbuch in seiner endgültigen Gestalt.

Lexers Taschenwörterbuch stellte einen Auszug aus seinem dreibändigen Handwörterbuch dar und sollte vor allem Studierenden der mittelhochdeutschen Sprache, aber auch Wissenschaftlern dienen, "die bei der lectüre zunächst nur die bedeutung eines altdeutschen ausdruckes kennen lernen wollen". Zielgruppe und Zweck des Wörterbuchs traten in den folgenden Auflagen zunehmend in den Hintergrund. Lexer selbst und die späteren Bearbeiter fügten in die unveränderte Fassung der ersten Auflage Wörter ein, die bis dahin noch nicht oder nur in Textglossaren erfasst waren und für deren Quellen und Belegstellen im großen Handwörterbuch kein Nachweis zu finden ist.

Lexers Handwörterbuch von 1872-1878 ist bis heute noch nicht ersetzbar und gewährleistet trotz seines Alters und seiner Ergänzungsbedürftigkeit durch seine umfassende Quellengrundlage und sein einheitliches Konzept die wissenschaftliche Arbeit mit mittelhochdeutschen Texten unter den verschiedensten Aspekten. Für das Taschenwörterbuch, das ein letztes Mal 1974 in der 36. Auflage verändert wurde, kann jedoch eine solche Beurteilung nicht mehr zutreffen: Die fehlende Transparenz der Auswahlkriterien für den Wortschatz macht das Wörterbuch für wissenschaftliche Zwecke ungeeignet. Die Benutzung wird dadurch erschwert, dass die Wortschatzergänzungen aus Platzgründen zu einer Durchbrechung der alphabetischen Ordnung geführt haben, indem stammverwandte Wörter jeweils zu einem Artikel zusammengefasst wurden. In einem zweiten Alphabet wurde ein umfangreicher Nachtrag angehängt, dessen Artikel eine andere Struktur aufweisen als die des Hauptteils. Auch die Sprache des 19. Jahrhunderts, in der der überwiegende Teil der Artikel abgefasst ist, ist heute ein Hindernis beim Verstehen der Texte.

Das neue Kleine Mittelhochdeutsche Wörterbuch ist vor allem im Hinblick auf Zielgruppe und Benutzerzweck Matthias Lexers Zielen und Prinzipien verpflichtet, die er für die erste Auflage seines Taschenwörterbuchs formuliert hatte. Es soll ein Bedeutungswörterbuch für alle sein, die mittelhochdeutsche Texte lesen und verstehen wollen. Dabei ist in erster Linie an Studierende der älteren deutschen Sprache und Literatur gedacht, aber auch an Wissenschaftler, die einen ersten schnellen Zugriff auf die Bedeutung eines mittelhochdeutschen Wortes suchen.

Eine vollständige Dokumentation des mittelhochdeutschen Wortschatzes kann nicht die Aufgabe eines kleinen Wörterbuchs sein. Deshalb ist der Benutzerzweck bestimmend für die Auswahl der Quellen, denen der Wortschatz des neuen Wörterbuchs entnommen ist. Eine Umfrage unter den germanistischen Mediävisten ergab, dass Texte, die den zentralen Wortschatz des Mittelhochdeutschen enthalten und im Mittelpunkt der akademischen Ausbildung stehen, die Grundlage eines kleinen Wörterbuchs sein sollten. Um diese umfassende Grundlage einzugrenzen, wurde ein pragmatisches Verfahren gewählt: Eine Erhebung der Texte, die in einem Zeitraum von 10 Semestern an allen deutschsprachigen Universitäten Gegenstand von Vorlesungen und Seminaren waren. Es sind überwiegend literarische Zeugnisse aus der Zeit von 1070-1450. Da der Umfang eines Taschenwörterbuchs überschaubar sein muss, mussten Texte, die weniger als fünfmal vorkamen, unberücksichtigt bleiben. Trotzdem kann mit dem so ermittelten Textkorpus weitgehend der Zugriff auf einen gattungs- und epochenübergreifenden Wortschatz ermöglicht werden, den Studierende im Verlauf ihrer akademischen Ausbildung nachfragen. Spezielle Informationen müssen bis zum Erscheinen eines neuen großen Wörterbuchs nach wie vor im Mittelhochdeutschen Wörterbuch von Benecke/Müller/Zarncke und in Lexers Mittelhochdeutschem Handwörterbuch gesucht werden. Da die überwiegende Zahl der

Quellen des Kleinen Mittelhochdeutschen Wörterbuchs auch in diesen beiden Nachschlagewerken enthalten ist, können die Belegstellen für die meisten Wörter dort ermittelt werden. (Vgl. Bachofer, Wolfgang und Beate Hennig: Das Textkorpus für das neue Kleine Mittelhochdeutsche Wörterbuch. In: Historical Lexicography of the German Language. Vol.1. Edited by Ulrich Goebel and Oskar Reichmann in collaboration with Peter I. Barta. Lewiston/Queenston/Lampeter 1990. S. 107-129).

Die Beschränkung auf ein begrenztes Textkorpus ist gewiss problematisch. Manche Benutzer werden 'ihren' speziellen Text vermissen und das Quellenverzeichnis könnte den Eindruck hervorrufen, es solle ein mittelhochdeutscher Lektürekanon festgeschrieben werden. Deshalb muss betont werden, dass das Kleine Mittelhochdeutsche Wörterbuch ebenso wie Lexers Taschenwörterbuch kein Ersatz für die großen Wörterbücher von Lexer und Benecke/Müller/Zarncke sein kann, die für wissenschaftliche Arbeiten nach wie vor unentbehrlich sind. Die lexikographische Erschließung von Texten, die dort nicht erfasst sind, muss ohnehin einem künftigen großen mittelhochdeutschen Wörterbuch vorbehalten sein.

Die Quellenauswahl des neuen Kleinen Mittelhochdeutschen Wörterbuchs ermöglicht aber nicht nur einen überschaubaren Umfang. Sie kann gleichzeitig ins Bewusstsein rufen, dass ein historischer Wortschatz nur deskriptiv, nicht normativ vermittelt werden kann. Die Angaben des Wörterbuchs zur graphischen Realisierung, zur Flexion, zur syntaktischen Konstruktion und zur Bedeutung der Wörter beziehen sich nur auf die Belege, die dem Textkorpus entnommen sind. Der Wortschatz des Korpus weist allerdings eine hohe Repräsentativität auf, so dass das Wörterbuch in vielen Fällen auch Texte erschließt, die nicht im Korpus enthalten sind. Dabei können gelegentlich Abweichungen zu den Angaben des Wörterbuchs auftreten.

Das Belegmaterial für das Textkorpus entstammt den Verzettelungen der Hamburger Arbeitsstelle Mittelhochdeutsches Wörterbuch. Jeder darin enthaltene Beleg im Kontext der Quellengrundlage auf seine Lemmatisierung, Flexion, syntaktische Konstruktion und Bedeutung überprüft. Die Wortartikel stellen dementsprechend die Summe von Einzelergebnissen dar, in denen jeweils die Bedingungen für den Gebrauch eines Wortes sichtbar werden sollen. In diesem Zusammenhang möchte ich insbesondere den vielen studentischen Hilfskräften danken, die mit ihrer Exzerptionsarbeit engagiert an der Neubearbeitung mitgearbeitet und die Benutzerrelevanz überprüft haben.

Das Konzept für das Kleine Mittelhochdeutsche Wörterbuch wurde 1985 in Hamburg im Rahmen eines Symposions zur mittelhochdeutschen Lexikographie vorgestellt. (Vgl. Hennig, Beate: Die Neubearbeitung von Lexers Mittelhochdeutschem Taschenwörterbuch. In: Wolfgang Bachofer (Hg.): Mittelhochdeutsches Wörterbuch in der Diskussion. Symposion zur mittelhochdeutschen Lexikographie. Hamburg, Oktober 1985. Tübingen 1988. S. 223-240).

Um den Benutzern die Ergebnisse der Arbeit an dem neuen Wörterbuch möglichst rasch zugänglich zu machen, erschien 1993 die erste Auflage in einer Fassung, die nur die Buchstaben a-g in der Neubearbeitung enthielt, den Rest des Alphabets in einer revidierten Fassung von Lexers Taschenwörterbuch. Die zweite Auflage von 1995 umfasste die Neubearbeitung bis zum Buchstaben r und 1998 war in der dritten Auflage das ganze Alphabet bearbeitet. Für die vierte Auflage wurde das gesamte Material noch einmal einer grundlegenden Revision unterzogen, bei der auch hilfreiche Hinweise von Rezenten und Kritikern genutzt werden konnten.

Für die Risikobereitschaft, diesen unkonventionellen Veröffentlichungsmodus zu wagen, gebührt dem Max Niemeyer Verlag großer Dank.

Hamburg, im März 1999

Beate Hennig

Hinweise für die Benutzung

1. Wortschatz

1.1 Korpus-Bibliographie

In der Bibliographie sind die Quellen aufgeführt, denen der Wortschatz des Kleinen Mittelhochdeutschen Wörterbuchs entnommen ist. Es sind überwiegend literarische Texte aus der Zeit von 1070-1450, die im akademischen Unterricht behandelt werden.

Bei Texten, von denen es mehrere Ausgaben gibt, ist nach Möglichkeit die neueste benutzt worden. Da der Archivverzettelung der Hamburger Arbeitsstelle zum Teil ältere Ausgaben zugrunde liegen, werden neuere Ausgaben dann nicht berücksichtigt, wenn sie wegen abweichender (Vers-) Zählung mit älteren Ausgaben nicht kompatibel sind. Unterschiedliche Ausgaben eines Textes weisen aber nur selten Abweichungen im Wortbestand auf. Deshalb ist das Kleine Mittelhochdeutsche Wörterbuch auch für Auflagen und Textausgaben benutzbar, die nicht in der Bibliographie erscheinen.

Die Texte sind nach Verfassernamen oder, wenn der Verfasser nicht bekannt ist, nach Werktiteln geordnet. Die alphabetische Einordnung richtet sich nach dem ersten Substantiv (außer bei Appositionen).

Abgekürzt zitierte Sammelwerke

Gesamtabenteuer
Neues Gesamtabenteuer. Hg. v. Heinrich Niewöhner. 2. Aufl. v. Werner Simon. Dublin/ Zürich 1967 [Berlin 1930].
Heldenbuch
Deutsches Heldenbuch. 1. Tl. Hg. v. Oskar Jänicke. Berlin 1866, 2. Tl. Hg. v. Ernst Martin. Berlin 1866 [Nachdr. Dublin/Zürich 1967], 3. Tl. Hg. v. Arthur Amelung u. Oskar Jänicke. Berlin 1871 [Nachdr. Dublin/Zürich 1968].
Mystiker
Deutsche Mystiker des vierzehnten Jahrhunderts. 1. Bd. Hg. v. Franz Pfeiffer. Leipzig 1845 [Nachdr. Aalen 1962].
Waag, Gedichte
Kleinere deutsche Gedichte des 11. und 12. Jahrhunderts. Nach d. Ausg. v. Albert Waag. 3. Aufl. v. Hans Joachim Gernentz. Leipzig 1970. 4. Aufl. v. Werner Schröder. Bd. 1 u. 2. (Altdeutsche Textbibliothek 71 u. 72) Tübingen 1972.

Textausgaben

Lamprechts **Alexander**. Hg. v. Karl Kinzel (Germanistische Handbibliothek 6). Halle 1884.
Alpharts Tod. In: Heldenbuch. 2. Tl. S. 1-54.
Daz **anegenge**. In: Gedichte des XII. und XIII. Jahrhunderts. Hg. v. Karl August Hahn (Bibliothek der gesamten deutschen National-Literatur 20). Quedlinburg/Leipzig 1840. S. 1-40.

Das **Annolied**. In: Die religiösen Dichtungen des 11. und 12. Jahrhunderts. Hg. v. Friedrich Maurer. Bd. II. Tübingen 1965. S. 3-45.

Aristoteles und Phyllis. In: Gesamtabenteuer. S. 234-243.

Die **Auslegung des Vaterunsers**. In: Waag, Gedichte. 4. Aufl. S. 68-85.

Berthold von Regensburg. 1. Bd. Hg. v. Franz Pfeiffer. Wien 1862. 2. Bd. Hg. v. Franz Pfeiffer u. Joseph Strobl. Wien 1880 [Nachdr. Berlin 1965].

Ulrich **Boner**. Der Edelstein. Hg. v. Franz Pfeiffer (Dichtungen des deutschen Mittelalters 4). Leipzig 1844.

David von Augsburg. In: Mystiker. S. 309-405.

Deutschenspiegel. Hg. v. Karl August Eckhardt u. Alfred Hübner (Fontes iuris Germanici ... separatim editi). Hannover 1930.

Dietrichs Flucht. In: Heldenbuch. 2. Tl. S. 55-215.

Dietrich von der Glezze. Der Borte. Hg. v. Otto Richard Meyer. (Germanistische Arbeiten 3). Heidelberg 1955.

Meister **Eckhart**. Hg. v. Josef Quint. Predigten. Die deutschen Werke Bd. 1, 2 u. 3. Stuttgart 1958, 1971, 1976. Traktate. Die deutschen Werke Bd. 5. Stuttgart 1963.

Eilhart von Oberge. Tristrant. Hg. v. Franz Lichtenstein. Straßburg 1877.

Herzog **Ernst**. Nach d. Ausg. v. Karl Bartsch hg. v. Bernhard Sowinski (Reclam Universal-Bibliothek 8352-57). Stuttgart 1972.

Das **Ezzolied**. In: Waag, Gedichte. 4. Aufl. S.1-26.

Die altdeutsche **Exodus**. Hg. v. Edgar Papp (Medium Aevum 16). München 1968.

Frauenlist. In: Gesamtabenteuer. S. 87-95.

Frauentreue. In: Helmut de Boor, Die Deutsche Literatur I, 2. München 1965. S. 1428-1433.

Freidank. Hg. v. Wilhelm Grimm. Göttingen 2. Aufl.1860 [1834].

Das Benediktbeurer **Gebet**. In: Waag, Gedichte. 4. Aufl. S. 227-231.

Die Wiener **Genesis**. Hg. v. Kathryn Smits (Philologische Studien und Quellen 59). Berlin 1972.

Gottfried von Straßburg. Tristan und Isold. Hg. v. Friedrich Ranke. Dublin/Zürich 14. Aufl. 1969 [Berlin 1930].

Hartmann von Aue. Erec. Hg. v. Albert Leitzmann. 6. Aufl. v. Christoph Cormeau u. Kurt Gärtner (Altdeutsche Textbibliothek 39). Tübingen 1985 [Halle 1939].

- Gregorius. Hg. v. Hermann Paul. 13. Aufl. v. Burghart Wachinger (Altdeutsche Textbibliothek 2). Tübingen 1984 [Halle 1882].

- Der arme Heinrich. Hg. v. Hermann Paul. 15. Aufl. v. Gesa Bonath (Altdeutsche Textbibliothek 3). Tübingen 1984 [Halle 1882].

- Iwein. Hg. v. Georg Friedrich Benecke u. Karl Lachmann. 7. Aufl. v. Ludwig Wolff. Berlin 1968 [1843].

- Das Klagebüchlein und das zweite Büchlein. Hg. v. Ludwig Wolff (Altdeutsche Texte in kritischen Ausgaben 4). München 1972.

Die **Heidin**. Hg. v. Erich Henschel u. Ulrich Pretzel. (Altdeutsche Quellen, H. 4).Leipzig 1957.

Heinrich von Freiberg. Tristan. Hg. v. Alois Bernt. Halle 1906.

Heinrich von Meißen (Frauenlob). Hg. v. Karl Stackmann u. Karl Bertau (Abhandlungen der Akademie der Wissenschaften in Göttingen, Philologisch-historische Klasse, 3. Folge 119). 2 Bde. Göttingen 1981.

Heinrich von Veldeke. Eneit. Hg. v. Ludwig Ettmüller (Dichtungen des deutschen Mittelalters 8). Leipzig 1852.

Herbort von Fritzlar. Liet von Troye. Hg. v. Georg Karl Frommann (Bibliothek der gesamten deutschen National-Literatur 5). Quedlinburg/Leipzig 1837 [Nachdr. Amsterdam 1966].

Hermann von Fritzlar. Das Heiligenleben. In: Mystiker. S. 1-258.

Herrand von Wildonie. Vier Erzählungen. Hg. v. Hanns Fischer. 2. Aufl. v. Paul Sappler (Altdeutsche Textbibliothek 51). Tübingen 1969 [1959].

Hildegard von Hürnheim. Mittelhochdeutsche Prosaübersetzung des "Secretum Secretorum". Hg. v. Reinhold Möller (Deutsche Texte des Mittelalters 56). Berlin 1963.

Himmel und Hölle. In: Waag, Gedichte. 3. Aufl. S. 76-81.

Vom **Himmelreich.** In: Waag, Gedichte. 3. Aufl. S. 202-220.

Die **Hochzeit.** In: Waag, Gedichte. 4. Aufl. S. 132-170.

Das Himmlische **Jerusalem.** In: Waag, Gedichte. 4. Aufl. S. 92-111.

Johannes von Tepl. Der ackerman. Hg. v. Willy Krogmann (Deutsche Klassiker des Mittelalters NF 1). Wiesbaden 4. Aufl. 1978 [1954].

Die ältere **Judith.** In: Waag, Gedichte. 4. Aufl. S. 56-67.

Die drei **Jünglinge im Feuerofen.** In: Waag, Gedichte. 4. Aufl. S. 56-67.

Die **Kaiserchronik** eines Regensburger Geistlichen. Hg. v. Edward Schröder (Monumenta Germaniae Historica, Deutsche Chroniken 1, 1). Hannover 1892 [Nachdr. Berlin 1964].

Die zwei **Kaufleute** von Ruprecht von Würzburg. In: Gesamtabenteuer. S. 255-268.

Pfaffe **Konrad.** Rolandslied. Hg. v. Carl Wesle. 3. Aufl. v. Peter Wapnewski (Altdeutsche Textbibliothek 69). Tübingen 1985 [Bonn 1928].

Konrad von Megenberg. Das Buch der Natur. Hg. v. Franz Pfeiffer. Stuttgart 1861 [Nachdr. Hildesheim/NewYork 1971].

Konrad von Würzburg. Engelhard. Hg. v. Paul Gereke. 3. Aufl. v. Ingo Reiffenstein (Altdeutsche Textbibliothek 17). Tübingen 1982 [Halle 1912].

- Heinrich von Kempten. In: Kleinere Dichtungen K.s v. W. Hg. v. Edward Schröder. Bd. 1. Berlin 3. Aufl. 1959 [1924]. S. 41-68.

- Das Herzmære. In: Kleinere Dichtungen K.s v. W. Hg. v. Edward Schröder. Bd 1. Berlin 3. Aufl. 1959 [1924]. S. 12-40.

- Die Klage der Kunst. In: Kleinere Dichtungen K.s v. W. Hg. v. Edward Schröder. Bd. 3. Berlin 1926. S. 1-8.

- Leiche, Lieder und Sprüche. In: Kleinere Dichtungen K.s v. W. Hg. v. Edward Schröder. Bd. 3. Berlin 1926. S. 9-68.

- Der Schwanritter. In: Kleinere Dichtungen K.s v. W. Hg. v. Edward Schröder. Bd. 2. Berlin 3. Aufl. 1959 [1925]. S. 1-41.

- Der Welt Lohn. In: Kleinere Dichtungen K.s v. W. Hg. v. Edward Schröder. Bd. 1. Berlin 3. Aufl. 1959 [1924]. S. 1-11.

Kudrun. Hg. v. Karl Bartsch. 5. Aufl. v. Karl Stackmann (Deutsche Klassiker des Mittelalters 2). Wiesbaden 1965 [1865] [Nachdr. 1980].

Laurin. In: Heldenbuch. 1. Tl. S. 201-237.

Das **Lob Salomons.** In: Waag, Gedichte. 4. Aufl. S. 43-55.

Das Arnsteiner **Marienlied.** In: Waag, Gedichte. 4. Aufl. S. 171-183.

Das Melker **Marienlied.** In: Waag, Gedichte. 4. Aufl. S. 232-238.

Die **Mariensequenz** aus Muri. In: Waag, Gedichte. 4. Aufl. S. 243-254.

Die **Mariensequenz** aus St. Lamprecht. In: Waag, Gedichte. 4. Aufl. S. 239-242.

Mechthild von Magdeburg. Das fließende Licht der Gottheit. Nach der Einsiedler Handschrift im kritischen Vergleich mit der gesamten Überlieferung hg. v. Hans Neumann. 1. Text besorgt v. Gisela Vollmann Profe (Münchner Texte und Untersuchungen zur deutschen Literatur des Mittelalters 100). München 1990.

Memento Mori. In: Waag, Gedichte. 3. Aufl. S. 72-76.

Des **Minnesangs Frühling.** Unter Benutzung d. Ausg. v. Karl Lachmann u. Moriz Haupt, Friedrich Vogt u. Carl von Kraus, bearb. v. Hugo Moser u. Helmut Tervooren. Stuttgart 36. Aufl. 1977 [Leipzig 1857].

Moriz von Craûn. Hg. v. Ulrich Pretzel (Altdeutsche Textbibliothek 45). Tübingen 4. Aufl. 1973 [1956].

Neidhart. Lieder. Hg. v. Edmund Wießner. 4. Aufl. v. Paul Sappler (Altdeutsche Textbibliothek 44). Tübingen 1984 [1968].

Das **Nibelungenlied.** Nach d. Ausg. v. Karl Bartsch hg. v. Helmut de Boor (Deutsche Klassiker des Mittelalters). Wiesbaden 21. Aufl. 1979 [Leipzig 1866].

Nikolaus von Straßburg Predigten. In: Mystiker. S. 259-305.

Ortnit. In: Heldenbuch. 3. Tl. S. 1-77.

Oswald von Wolkenstein. Lieder. Hg. v. Karl Kurt Klein. 3. Aufl. v. Hans Moser, Norbert Richard Wolf u. Notburga Wolf (Altdeutsche Textbibliothek 55). Tübingen 1987 [1962].

Das **Passional.** Hg. v. Friedrich Karl Köpke (Bibliothek der gesamten deutschen National-Literatur 32). Quedlinburg/Leipzig 1852.

Das alte **Passional.** Hg. v. Karl August Hahn. Frankfurt a.M. 1845.

Das Mittelrheinische **Passionsspiel** der St. Galler Handschrift 919. Neu hg. v. Rudolf Schützeichel. Tübingen 1978.

Der altdeutsche **Physiologus.** Hg. v. Friedrich Maurer (Altdeutsche Textbibliothek 67). Tübingen 1967.

Altdeutsche **Predigten.** Hg. v. Anton Emanuel Schönbach. 3 Bde. Graz 1886, 1888 u. 1891 [Nachdr. Darmstadt 1964].

Rabenschlacht. In: Heldenbuch. 2. Tl. S. 217-326.

Vom **Rechte.** In: Waag, Gedichte. 4. Aufl. S. 112-131.

Fuchs **Reinhart.** Hg. v. Georg Baesecke. 2. Aufl. v. Ingeborg Schröbler (Altdeutsche Textbibliothek 7). Halle 1952 [1925].

Rittertreue. Hg. v. Herbert Thoma. Heidelberg 1923.

Rother. Hg. v. Jan de Vries (Germanische Bibliothek 413). Heidelberg 1922 [Nachdr. 1974].

Rüdiger von Hünchoven. Der Schlegel. In: Mittelhochdeutsche Novellen II. Hg. v. Ludwig Pfannmüller (Kleine Texte für Vorlesungen und Übungen 95). Berlin 1933 [1912]. S. 27-63.

Rudolf von Ems. Der guote Gêrhart. Hg. v. John Alexander Asher (Altdeutsche Textbibliothek 56). Tübingen 2. Aufl. 1971 [1962].

- Weltchronik. Hg. v. Gustav Ehrismann (Deutsche Texte des Mittelalters 20). Berlin 1915 [Nachdr. Dublin/Zürich 1967].

Das **Schrätel und der Wasserbär.** In: Heinrich von Freiberg. Hg. v. Alois Bernt. Halle 1906. S. 249-258.

Der **Schwabenspiegel** , der ältesten Gestalt. Landrecht hg. v. Wilhelm Wackernagel [1840], Lehnrecht hg. v. Heinrich Christian von Senckenberg [1766]. Zusammengestellt v. Karl August Eckhardt (Bibliotheca Rerum Historicarum, Neudrucke 3). Aalen 1972.

Scopf von dem lône. In: Waag, Gedichte. 3. Aufl. S. 116-125.

Heinrich **Seuse.** Deutsche Schriften. Hg. v. Karl Bihlmeyer. Stuttgart 1907 [Nachdr. Frankfurt 1961].

Sibote. Die Zähmung der Widerspenstigen. In: Gesamtabenteuer. S. 1-35.

Von der **Siebenzahl.** In: Waag, Gedichte. 4. Aufl. S.132-146.

Elsbet **Stagel.** Das Leben der Schwestern zu Töß. Hg. v. Ferdinand Vetter (Deutsche Texte des Mittelalters 6). Berlin 1906.

Der **Stricker.** Der Pfaffe Amîs. In: Erzählungen und Schwänke. Hg. v. Hans Lambel (Deutsche Klassiker des Mittelalters 12). Leipzig 2. Aufl. 1883 [1872]. S. 22-102.

- Daniel von dem blühenden Tal. Hg. v. Gustav Rosenhagen (Germanistische Abhandlungen 9). Breslau 1894.

- Die Klage. In: Fabeln und Mären von dem Stricker. Hg. v. Heinz Mettke. Halle 1959. S. 119-140.

- Tierbispel. Hg. v. Ute Schwab (Altdt. Textbibliothek 54). Tübingen 3. Aufl.1983 [1960].
- Verserzählungen. Bd. 1 Hg. v. Hanns Fischer. 3. Aufl. v. Johannes Janota (Altdeutsche Textbibliothek 53). Tübingen 1973 [1960], Bd. 2. Hg. v. Hanns Fischer. 2. Aufl. v. Johannes Janota (Altdeutsche Textbibliothek 68). Tübingen 1977 [1967].
Die **Summa theologiae**. In: Waag, Gedichte. 4. Aufl. S. 27-42.
Die Upsalaer **Sündenkklage**. In: Waag, Gedichte. 4. Aufl. S. 223-226.
Die Vorauer **Sündenklage**. In: Waag, Gedichte. 4. Aufl. S. 193-222.
Johannes **Tauler**. Predigten. Hg. v. Ferdinand Vetter (Deutsche Texte des Mittelalters 11). Berlin 1919 [Nachdr. Dublin/Zürich 1968].
Thomasin von Zirclaria. Der wälsche Gast. Hg. v. Heinrich Rückert (Bibliothek der gesamten deutschen National-Literatur 30). Quedlinburg/Leipzig 1852 [Nachdr. Berlin 1965].
Tnugdalus. In: Gedichte des XII. und XIII. Jahrhunderts. Hg. v. Karl August Hahn (Bibliothek der gesamten deutschen National-Literatur 20). Quedlinburg/Leipzig 1880. S. 41-66.
Ulrich von Liechtenstein. Hg. v. Karl Lachmann. Berlin 1841.
Ulrich von Zatzikhoven. Lanzelet. Hg. v. Karl August Hahn. Frankfurt a. M. 1845 [Nachdr. Berlin 1965].
Die Wahrheit. In: Waag, Gedichte. 4. Aufl. S. 184-192.
Walther von der Vogelweide. Gedichte. Hg. v. Karl Lachmann. 13. Aufl. v. Hugo Kuhn. Berlin 1965 [1843].
Wernher der Gartenære. Helmbrecht. Hg. v. Friedrich Panzer. 8. Aufl. v. Kurt Ruh (Altdeutsche Textbibliothek 11). Tübingen 1968 [Halle 1902].
Winsbeckische Gedichte nebst Tirol und Fridebrant. Hg. v. Albert Leitzmann. 3. Aufl. v. Ingo Reiffenstein (Altdeutsche Textbibliothek 9). Tübingen 1962 [1888].
Wirnt von Gravenberc. Wigalois. Hg. v. Johannes Marie Neele Kapteyn (Rheinische Beiträge und Hülfsbücher zur Germanischen Philologie und Volkskunde 9). Bonn 1926.
Heinrich **Wittenwiler**. Der Ring. Hg. v. Edmund Wiessner (Deutsche Literatur, Reihe Realistik des Spätmittelalters 3). Leipzig 1931 [Nachdr. Darmstadt 1973].
Wolfdietrich. In: Heldenbuch. 3. Tl. S. 79-301.
Wolfram von Eschenbach. Lieder - Parzival - Titurel - Willehalm. 6. Ausg. v. Karl Lachmann. Berlin/Leipzig 1926 (1833) [Nachdr. 1964].

1.2. Auswahl der Lemmata

Das Kleine Mittelhochdeutsche Wörterbuch strebt die Dokumentation des in den Korpustexten belegten Wortschatzes an. Eine vollständige Erfassung aller Belege kann jedoch nicht geleistet werden, da die Datengrundlage dies nicht erlaubt und der Rahmen eines Taschenwörterbuchs gesprengt würde. Folgende Wörter wurden nicht aufgenommen:

- Lesarten, die in den Apparaten der Textausgaben verzeichnet sind.
- Wörter, die durch die Textüberlieferung so verderbt sind, dass sie nach den Normalisierungsprinzipien nicht lemmatisierbar sind, oder deren Bedeutung nicht zu erschließen ist.
- Fremdwörter, soweit sie keine mittelhochdeutschen Endungen aufweisen.
- Eigennamen, soweit sie nicht Länder und deren Bewohner bezeichnen.
- Sekundäre Wortarten wie Diminutiva, substantivierte Adjektive und substantivierte Infinitive, wenn sie unter die Ausgangswortart subsumierbar sind. Sind von der Ausgangswortart keine Formen belegt oder weicht deren Bedeutung erheblich ab, erhalten auch sekundäre Wortarten einen eigenen Artikel.
- Komposita, wenn sie nicht eindeutig als solche zu erkennen sind und die Kompositumglieder im Wörterbuch verzeichnet sind.

2. Artikel

2.1 Lemma [Stichwort]

Das Lemma ist halbfett gedruckt (**âbent**).

Präfixe und das jeweils erste Glied von Komposita werden durch Trennstriche abgesetzt (**an-nemen; âbent-stern; âbent-lich**). Stimmen Wortbildungssegment und Sprechsilbe nicht über-ein, erfolgt keine Trennung (z.B. **artic** gegenüber **art-lich** oder **magedîn** gegenüber **maget-lich**). Besteht ein Kompositum aus mehr als zwei Gliedern, kann die Trennung sich nach der Sinngrenze richten (**armbrust-schütze**). Fremdwörter werden nicht getrennt.

Homonyme [lautlich übereinstimmende Wörter] werden durch hochgestellte Ziffern bezeich-net.

2.2 Alphabetische Ordnung

Die Lemmata sind alphabetisch geordnet. Folgende Besonderheiten des mittelhochdeutschen Alphabets müssen dabei berücksichtigt werden:

Konsonanten

c im Anlaut wird in diesem Wörterbuch nur bei Wörtern fremder Herkunft verwendet. Sie werden unter **k** (z.B. *coverture*) oder unter **z** (z.B. *ciplîne*) aufgeführt. **c** im In- und Aus-laut wird unter **c** eingeordnet (z.B. *arc*).

f im Anlaut wird in diesem Wörterbuch nur bei Wörtern fremder Herkunft verwendet. Sie werden unter **v** eingeordnet (z.B. **formen**). **f** im In- und Auslaut wird wie **f** behandelt (z.B. **hof**).

Vokale

Wörter, die sich nur durch unterschiedliche Lautqualität oder -quantität des Stammvokals un-terscheiden, werden in folgender Reihenfolge aufgeführt:

1. kurzer Vokal (a/ e/ i/ o/ u)	ahte	eschen	liden	kol	-
2. umgelauteteter kurzer Vokal (ö/ ü)	-	-	-	-	mül
3. langer Vokal (â/ ê/ î/ ô/ û)	âhte	êschen	lîden	kôl	mûl
4. umgelauteter langer Vokal (æ/ œ)	æhte	-	-	kœl	-

Die Umlaute ö/ ü und æ/ œ werden unter o/ u und a/ o eingeordnet (nicht unter o+e usw.).

Umgelautetes a (Sekundärumlaut) wird als e wiedergegeben, da Primär- und Sekundärumlaut in den Textausgaben häufig nicht unterschieden wird.

Diphthonge werden wie zwei Vokale behandelt.

2.3 Normalisierung

Die unterschiedlichen Schreibweisen in den einzelnen Textausgaben führen dazu, dass die Lemmata in normalisierter Form angegeben werden müssen. Um die Benutzung zu erleichtern, wird die Normalisierung nicht streng durchgeführt. In den Textausgaben belegte Abweichun-gen von den normalisierten Formen werden so weit wie möglich als Nebenformen angegeben.

Für folgende Fälle werden in der Regel keine Nebenformen angegeben:

normalisierte Schreibweise   **belegte Varianten**

Konsonanten

c	(*berc* , Auslautverhärtung)	g/ ch/ h/ k/ ck
ch	(*durch*)	h
ck	(*ecke*)	cch/ cck/ k
h	(*ahte*)	ch
j	(*junc*)	i
k	(*kint*)	ck
p	(*lop* , Auslautverhärtung)	b
pf	(*pfert*)	ph (bei Fremdwörtern beibehalten, z.B. *philosophie*)
qu	(*quemen*)	q/ qw/ quu
rs	(*ars*)	rsch
s+ l m n w	(*slâfen*)	sch+ l m n w
sch	(*schône*)	sc/ sk/ sg/ sh
t	(*bat* , Auslautverhärtung)	d
tz	(*hitze*)	zz/ cz
v	(*von*)	u
w	(*wan*)	u/ uu
z	(*krûze* ; *hirz*)	c/ cz/ tz

Verdoppelungen oder Häufungen von Konsonanten (z.B. **unndt** statt **und**), die auf Schreiber-willkür zurückzuführen sind, bleiben unbeachtet.

Vokale

æ	(*æhte*)	e
e	(*pfert* ; *leschen*)	ä/ ö
ei	(*bein*)	ai/ ay/ ey
î	(*lînîn*)	ei
iu	(*liute*)	eu/ öu
iuw	(*niuwe*)	iw
ouw	(*drouwen*)	ow/ aw/ au/ auw
öu	(*zöugen* ; *dröu*)	öi/ eu
û	(*hûs*)	au/ ou
ie	(*liep*)	î

Nicht angegeben werden

- synkopiertes e [Schwund in unbetonter Silbe] beim Präfix ge-, außer wo Missverständnisse möglich sind (**gerben = ge-erben, garten = ge-arten**) oder wo die synkopierte Form sich wortgeschichtlich durchgesetzt hat (**gnâde** aus **ge-nâde**).
- volle Endsilbenvokale, die in den frühmittelhochdeutschen Texten noch erhalten sind (**gebôn** für **geben, dannan** für **dannen**).

Das Bildungs-Suffix **-lich/ -lîch** wird für das Adjektiv stets mit kurzem Vokal angesetzt, für das Adverb mit langem Vokal, je nach Beleglage **-lîche(n)**.

Das Bildungs-Suffix **-în/ -in** für Feminina wird mit kurzem Vokal wiedergegeben, je nach Beleglage **-in(ne)**.

2.4 Nebenformen und Verweise

Auf das Hauptlemma folgen - ebenfalls halbfett - die belegten Nebenformen (**âbent, âbint, âbunt**). Die Nebenformen erhalten ein eigenes Lemma, das auf das Hauptlemma verweist. Das Wort, auf das verwiesen wird, ist kursiv gesetzt (**âbunt** [s.] *âbent*).

Ein Verweis entfällt, wenn er alphabetisch unmittelbar vor oder hinter das Lemma gehört, auf das verwiesen werden soll.

Besteht die Abweichung vom Hauptlemma nur in einer Ergänzung von einem oder zwei Buchstaben, werden diese mit einer Klammer im Lemma eingefügt, wenn die alphabetische Ordnung dadurch nicht gestört wird (**al-ein(e)**). Ein Verweis entfällt.

Weist nur ein Teil des Lemmas eine Variante auf, ersetzt der Trennstrich den für beide Formen geltenden zweiten Teil (**adel-,edel-lich**).

Hat der erste Lemmabestandteil mehr als zwei Varianten, wird das vollständige Hauptlemma vorangestellt (**grunt-lôs,grunde-,gronde-lôs**).

Präfix-Varianten werden im Lemma angegeben (**en-bieten,em-,in-,im-pieten**), erhalten aber keine Einzelverweise für jedes Wort. Sie werden in Sammelverweisen zusammengefasst (**em-** [s. auch] *en-*). Wenn das Grundwort in der Kombination mit einer Präfix-Variante lautliche Abweichungen aufweist, erhält diese Nebenform einen Verweis (**int-vâhen** [s.] *enpfâhen*).

Komposita mit Präfix-Varianten wie **ab-/abe-** oder **an-/ane-** werden stets unter der Form **ab-** und **an-** aufgeführt, auch wenn sie nur mit der Nebenform **abe-** und **ane-** belegt sind. Durch einen Sammelverweis (**abe-** [s.] *ab-*) wird auf diese Regelung aufmerksam gemacht.

Suffix-Varianten werden als Nebenformen im Lemma aufgeführt (**huge-,hug-nis, -nust**), erhalten aber keinen Verweis. Varianten von Suffixen, die ohne Trennstrich auf den Wortstamm folgen, werden mit Schrägstrich angefügt (**sinnec/ic, burgære/er**).

Ist ein Wort nur in einer Form belegt, die von der Normalform stark abweicht, wird die belegte Form als Hauptlemma angesetzt. Die rekonstruierte, nicht belegte Normalform wird mit * angegeben, erhält aber keinen Verweis (**bande-,*bange-keit**).

Von der regelmäßigen Flexion abweichende Formen werden im Anschluss an das Lemma kursiv aufgeführt (**sê** sMF [flekt. *sêwe-*]; **kêren** swV [Prät. auch *kârt-*]). Diese Formen erhalten Verweise (**sêwe-** [s.] *sê* ; **kârt-** [s.] *kêren*). Der Bindestrich am Ende des Verweislemmas weist darauf hin, dass Flexionsendungen ergänzt werden müssen.

Bezieht sich ein Verweislemma auf eins von mehreren Homonymen, wird der Bezug durch eine hochgestellte Ziffer deutlich gemacht (**beiden** [s.] *beiten* [1]).

Folgen mehrere Homonyme aufeinander, steht ein Verweislemma immer am Ende. In diesem Fall enthält der Verweis eine Angabe zur Wortart (**barm**[2] stMN [s.] *barn* [2]).

2.5 Grammatische Angaben

Auf das Lemma folgt eine Angabe zu Wortart und Flexionsart. Die grammatischen Angaben sind in einer unterschiedlichen Schrift gesetzt (**âbent** stM ; **âbent-lich** Adj.; **bieten** stV). Zur Erklärung der Siglen und Abkürzungen siehe S. XVIII ff.

Weisen die Belege für ein Substantiv sowohl starke als auch schwache Flexion oder mehrere Genera auf, werden die Siglen dafür unabhängig von der Häufigkeit des Vorkommens in der Reihenfolge stark - schwach und Maskulinum - Femininum - Neutrum aufgeführt. Diese Reihenfolge bestimmt auch die Abfolge von Homonymen. Handelt es sich bei einer Genus-Abweichung um eine offenkundige Ausnahme, wird sie in eckiger Klammer angegeben (**naht** stF [auch stM]). Substantiv-Deklination s. Tabellen S. XXVII.

Auf die Angabe zu Wortart und Flexion folgt in eckiger Klammer ein Hinweis auf Besonderheiten der Flexion (**sê** [flekt. *sêwe* -]). Die Flexionsform erhält einen Verweis. Regelmäßige Veränderungen wie die Lenisierung [Bildung von Verschlusslauten mit schwachem Druck, z.B. **b** im Gegensatz zu **p**] des Stammauslauts oder der Umlaut des Stammvokals bei der Pluralbildung werden in der Regel nicht angegeben.

Können zu Flexion und Genus eines Substantivs keine sicheren Angaben gemacht werden, wird das Lemma mit Subst. bezeichnet.

Bei den starken Verben wird in eckiger Klammer die Ablautreihe angegeben (s. Tabelle S. XXIII), gegebenenfalls erfolgt ein Hinweis auf abweichende Tempusbildung ([Prät. auch sw]). Bei schwachen Verben (Konjugation s. Tabelle S. XXVI) wird der Rückumlaut vermerkt (**kêren** [Prät. auch *kârt-*]). Die Flexionsform erhält einen Verweis. Ist schon im Präsens eine nicht umgelautete Form belegt, wird diese als Nebenform angegeben; der Hinweis auf Rückumlaut entfällt (**hœren,hôren**).

Adjektive und Adverbien werden in einem Artikel zusammengefasst, wenn sie die gleiche Form aufweisen und die gleiche Bedeutung haben. Alle anderen Wortarten erhalten bei homonymem Lemma je einen eigenen Artikel.

2.6 Bedeutungsangaben

Die neuhochdeutschen Interpretamente sind recte gesetzt (**âbent** stM (Vor-) Abend). Jedes im Textkorpus belegte Wort wird durch eine Bedeutungsangabe abgedeckt, die in einer wörtlichen Übersetzung verwendet werden kann. Deshalb bestehen die neuhochdeutschen Interpretamente aus Synonymen, nicht aus Umschreibungen. Die Bedeutungsangaben richten sich nach dem Kontext der Belegstellen, doch sind sie so formuliert, dass sie auf möglichst viele Belege zutreffen und einer individuellen Interpretation der einzelnen Textstellen durch die Benutzer nicht vorgreifen. Auf stilistische Varianten zu einem Beleg wird weitgehend verzichtet.

Die Reihenfolge der Bedeutungsangaben richtet sich nach Möglichkeit nach der Häufigkeit der Belege für eine Bedeutung und nach der wortgeschichtlichen Entwicklung.

Wenn es für ein mittelhochdeutsches Wort keine neuhochdeutsche Entsprechung gibt (bei Edelstein- oder Pflanzennamen, Bezeichnungen von Kleiderstoffen oder Rüstungsteilen), wird statt dessen der semantische Geltungsbereich in eckiger Klammer angegeben (**kill** swM [Meerestier]). Auch Erklärungen zu einer Bedeutungsangabe stehen in eckigen Klammern (*wîzer suntac* Weißer Sonntag [erster Sonntag nach Ostern]).

Bei Interjektionen wird der semantische Geltungsbereich in eckiger Klammer angegeben.

Wendungen werden bei dem Wort eingeordnet, von dessen (abweichender) Bedeutung das Verstehen der Wendung abhängt. Eine Wendung liegt dann vor, wenn ein Wort eine neue Bedeutung erhält, indem ein anderes, nicht substituierbares Wort hinzukommt (**ab-vallen** stV (her-) ab-, wegfallen; absitzen; *den hals a .* sich den Hals brechen). Wendungen stehen am Ende eines Artikels. Mittelhochdeutsche Zitate im Bedeutungsteil des Artikels erscheinen *kursiv* .

2.7 Valenz der Verben

Die Bedeutungsangaben bei Verben werden gegliedert durch die Angaben zur syntaktischen Konstruktion (siehe Siglen und Abkürzungen S. XVIII ff.), die nach den Prinzipien der Abhängigkeitsgrammatik ausgerichtet sind. Das System der Darstellung von Verbvalenzen, das hier angewendet wird, muss aus Platzgründen auf eine Beschreibung der semantischen Merkmale der Ergänzungen verzichten, die bei den Verben stehen. Da die Benutzer des Wörterbuchs in der Regel von einer Textstelle ausgehen und den Kontext des jeweiligen Verbs vor sich haben, wird der Informationswert der Angaben durch diesen Verzicht nicht gemindert.

Das Wörterbuch folgt dem Prinzip der Abhängigkeitsgrammatik, nur notwendige (obligatorische und fakultative) Ergänzungen anzugeben. Wegen der fehlenden Sprachkompetenz für die historische Sprachstufe werden Ergänzungen auch aufgenommen, wenn Zweifel bestehen, ob sie notwendig sind. Abweichend von der Terminologie der meisten Valenzwörterbücher wird der Nominativ als Subjekt bei den syntaktischen Ergänzungen nicht angegeben, sondern stillschweigend vorausgesetzt. Wird das Verb mit Nominativ als einziger Ergänzung gebraucht, wird die Valenz als absolut (**abs.**) bezeichnet.

3. Siglen und Abkürzungen

A   **Akkusativ-Objekt.** Substantiv oder Pronomen im Akkusativ als notwendige Ergänzung zum Verb.
Notwendige Ergänzungen im Akkusativ können obligatorisch (ich besuche i h n) oder fakultativ sein (ich wasche i h n).
Das Akkusativ-Objekt wird auch angegeben, wenn es im Passivsatz als Subjekt realisiert ist (i c h werde geschlagen - man schlägt m i c h).
Das Akkusativ-Objekt steht auch für unechte Reflexiv-Pronomen, an deren Stelle ein anderes Objekt treten kann (ich wasche m i c h/ i h n).
Unter dem Akkusativ-Objekt werden auch Relativ-Pronomen oder Interrogativ-Pronomen subsumiert, die das Akkusativ-Objekt ersetzen (*ich sage, daz/ waz ich denke*).
Bei offenkundiger Ellipse einer obligatorischen Ergänzung wird das Akkusativ-Objekt nur angegeben, wenn die Konstruktion bei anderen Belegen für dasselbe Verb mit gleicher Bedeutung nachgewiesen ist.

abs.   **absolut.** Gebrauch eines Verbs nur mit dem Nominativ als Subjekt, ohne Objekt oder andere obligatorische oder fakultative Ergänzungen (ich lache).

Adj.	**Adjektiv.** Bei attributivem und prädikativem Gebrauch (der g u t e Mann/ der Mann ist g u t). Notwendige Ergänzung zum Verb (es macht mich froh). Substantivierte Adjektive (der G u t e) sind subsumiert, falls keine abweichende Bedeutung vorliegt. Das Adjektiv-Suffix *-lich* wird immer normalisiert mit kurzem Vokal angegeben, auch wenn die Textbelege *-lîch* aufweisen.
Adv.	**Adverb.** Adverbien erhalten nur dann einen eigenen Artikel, wenn ihre Bedeutung und/ oder Form von der des Adjektivs abweicht. Notwendige Ergänzung zum Verb (es gefällt mir gut). Unter Adv. werden auch Interrogativ-Pronomen subsumiert, wenn sie ein Adverb ersetzen (wie gefällt es ihm?). Das Adverb-Suffix *-lîche(n)* wird immer normalisiert mit langem Vokal angegeben, auch wenn die Textbelege *-liche(n)* aufweisen.
Adv.lok.	**Lokal-Adverb.** Notwendige Ergänzung zum Verb anstelle einer präpositionalen Ergänzung (ich wohne dort). Kann das Lokal-Adverb durch eine präpositionale Ergänzung ersetzt werden (ich wohne darin = ich wohne in dem Haus), wird es unter die entsprechende präpositionale Ergänzung subsumiert (*dabî* z.B. entspricht p*Dbî*, *davür* entspricht p*Avür*).
Adv.temp.	**Temporal-Adverb.** Notwendige Ergänzung zum Verb anstelle einer präpositionalen Ergänzung (es dauert lange).
anV	**anomales Verb** (siehe Tabelle S. XXIV).
Art.	**Artikel**
best.Art.	**bestimmter Artikel.** Maskulina, Feminina und Neutra erhalten je einen eigenen Eintrag. Deklination s. Tabellen S. XXVII.
D	**Dativ-Objekt.** Substantiv oder Pronomen im Dativ als Ergänzung zum Verb. Es werden obligatorische (ich begegne i h r) und fakultative (ich helfe i h r) Ergänzungen angegeben. Da es bei einer historischen Sprachstufe nicht möglich ist, sicher zwischen freien und fakultativen Ergänzungen zu unterscheiden, wird der Dativ immer angegeben, also auch, wenn im Neuhochdeutschen eine freie Ergänzung vorliegt (ich pflücke i h r Blumen). Unter D werden auch Relativ-Pronomen oder Interrogativ-Pronomen subsumiert, die das Dativ-Objekt ersetzen (ich gebe, dem/ wem ich will).
Dem.Pron.	**Demonstrativ-Pronomen**
expl.	**expletiv.** Gebrauch eines Wortes als Füllwort ohne spezifische Bedeutung (ich begunde sagen; wîbes bilde Frau)
flekt.	**flektiert.** Bei Substantiven und Adjektiven, die vom Regelfall abweichende Flexionsformen aufweisen (sê flekt. sêwe -).
G	**Genitiv-Objekt.** Substantiv oder Pronomen im Genitiv als notwendige Ergänzung zum Verb. Es werden obligatorische (ich gedenke s e i n e r) und fakultative Ergänzungen angegeben (ich beraube ihn s e i n e r Freiheit). Der Genitivus Partitivus, meist abhängig von *niht* oder *vil* wird nicht angegeben (z.B. er hât vil d e r êre). In diesen Fällen werden *niht* oder *vil* unter dem Akkusativ-Objekt subsumiert.
Imp.	**Imperativ**
Indef.Pron.	**Indefinit-Pronomen**
Inf.	**Infinitiv.** Verben im Infinitiv oder Infinitivsätze als notwendige Ergänzung zum Verb. Es werden obligatorische (ich beginne z u l a u f e n/ ich beginne, ihr z u h e l f e n) und fakultative Ergänzungen angegeben (ich helfe ihr, die Blumen z u p f l ü c k e n). Der mittelhochdeutsche Infinitiv steht ohne *ze* (Inf.), wenn nicht anders angegeben (Inf.*ze*).
Interj.	**Interjektion**
Interrog.Pron.	**Interrogativ-Pronomen**
Kard.Zahl	**Kardinalzahl**

Komp.	**Komparativ.** Komparative erhalten einen eigenen Artikel, wenn sie aus einem anderen Stamm als der Positiv gebildet sind (*bezzer*), wenn ein adjektivischer Positiv fehlt (*wirs*) oder wenn sie eine andere Bedeutung haben als der Positiv.
Konj.	**Konjunktion**
nachgest.	**nachgestellt.** Adjektive oder Präpositionen können abweichend von der normalen Wortstellung hinter das zugehörige Substantiv treten. Da die Nachstellung in epischen Texten häufig durch das Versmaß verursacht wird, wird die Angabe nachgest. in der Regel auf Präpositionen beschränkt.
Neg.	**Negation**
Neg.Part.	**Negationspartikel**
Nom.	**Nominativ.** Bei den Ergänzungen zum Verb wird der Nominativ als Subjekt nicht angegeben. Die Angabe Nom. bezieht sich stets auf den Gleichsetzungsnominativ (er wird R i t t e r).
Ns	**Nebensatz ohne einleitende Konjunktion.** Nebensätze als notwendige Ergänzung zum Verb. Es werden obligatorische (ich glaube, er kommt) und fakultative Nebensätze angegeben (ich weiß es, er kommt).
Ns*daz*	**Nebensatz mit einleitender Konjunktion.** Nebensätze als notwendige Ergänzung zum Verb. Es werden obligatorische (ich glaube, d a s s er kommt) und fakultative Nebensätze angegeben (ich glaube ihm, d a s s er kommt). Die belegten einleitenden Konjunktionen werden kursiv in alphabetischer Reihenfolge angegeben (*daz, ob* usw.).
Ns*w*	**Nebensatz mit einleitendem Fragepronomen.** Nebensätze als notwendige Ergänzung zum Verb, die durch Fragepronomen mit w- eingeleitet werden (*wer, waz, wie, warumbe* usw.). Es werden obligatorische (ich weiß, w a s ich sage) und fakultative Ergänzungen angegeben (ich glaube ihm, w a s er sagt).
Ord.Zahl	**Ordinalzahl**
pA	**präpositionaler Akkusativ.** Substantive oder Pronomen im Akkusativ, die von einer Präposition abhängig sind und notwendige Ergänzungen zum Verb darstellen. Es werden obligatorische (ich lege es i n d e n Korb) und fakultative Ergänzungen angegeben (ich warte a u f i h n). Lokal-Adverbien, die einen präpositionalen Akkusativ ersetzen (*da in = in daz hûs*), werden unter pA subsumiert. Die belegten Präpositionen werden kursiv angegeben in alphabetischer Reihenfolge (p*Aan,in*). Auch die neuhochdeutschen Entsprechungen werden alphabetisch aufgeführt.
Part.Adj.	**Partizipial-Adjektiv.** Wenn Partizipien (Präsens oder Präteritum) in attributiver Verwendung (*ein herkomener man*) eine abweichende Bedeutung von den übrigen Verbformen aufweisen, erhalten sie einen eigenen Artikel als Partizipial-Adjektiv, auf den am Ende des jeweiligen Verb-Artikels verwiesen wird.
Part.Adv.	**Partizipial-Adverb.** Wenn Partizipien (Präsens oder Präteritum) in adverbialer Verwendung (*îlende gân/ loufen*) eine abweichende Bedeutung von den übrigen Verbformen aufweisen, erhalten sie einen eigenen Artikel als Partizipial-Adverb, auf den am Ende des jeweiligen Verb-Artikels verwiesen wird.
Part.Präs.	**Partizip Präsens.** Formen des Partizips Präteritum, die von der regelmäßigen Flexion abweichen, werden in eckiger Klammer angegeben und erhalten einen Verweis.
Part.Prät.	**Partizip Präteritum.** Formen des Partizips Präteritum, die von der regelmäßigen Flexion abweichen, werden in eckiger Klammer angegeben und erhalten einen Verweis.
pD	**präpositionaler Dativ.** Substantive oder Pronomen im Dativ, die von einer Präposition abhängig sind und notwendige Ergänzungen zum Verb darstellen. Es werden obligatorische (ich verlange n a c h i h r) und fakultative Ergänzungen angegeben (ich gehe z u i h m). Lokal-Adverbien, die einen präpositionalen Dativ ersetzen (*da in = in dem hûs*),

werden unter pD subsumiert. Die belegten Präpositionen werden in alphabetischer Reihenfolge kursiv angegeben (z.B. p*Dan,ze*). Auch die neuhochdeutschen Entsprechungen erscheinen in alphabetischer Reihenfolge.

Pers.Pron.	**Personal-Pronomen**
pG	**präpositionaler Genitiv.** Substantive oder Pronomen im Genitiv, die von einer Präposition abhängig sind und notwendige Ergänzungen zum Verb darstellen. Es werden obligatorische (er wohnt jenseits des Flusses) und fakultative Ergänzungen angegeben (ich warte außerhalb des Hauses). Die belegten Präpositionen werden kursiv angegeben (pG*âne*).
Pl.	**Plural**
Poss.Pron.	**Possessiv-Pronomen**
Präp.	**Präposition**
Präs.	**Präsens.** Präsensformen, die von der regelmäßigen Flexion abweichen, werden in eckiger Klammer angegeben und erhalten einen Verweis.
Prät.	**Präteritum.** Präteritum-Formen, die von der regelmäßigen Flexion abweichen (schwache Formen bei starken Verben, rückumgelautete Formen bei schwachen Verben), werden in eckiger Klammer angegeben und erhalten einen Verweis.
Pron.	**Pronomen**
refl.	**reflexiv.** Reflexiver Gebrauch wird nur bei echtem Reflexiv-Pronomen angegeben (ich freue m i c h). Kann das Reflexiv-Pronomens durch ein Akkusativ-Objekt ersetzt werden, wird das Pronomen unter dem Akkusativ-Objekt subsumiert (ich wasche m i c h/ i h n).
refl.D	**reflexiver Dativ.** Die Angabe steht nur bei den Personal-Pronomen *im(e)* , *ir(e)* , Pl. *in,* die sich auf das Subjekt rückbeziehen (*er bricht i m ab* = er kasteit sich).
Rel.Adv.	**Relativ-Adverb**
Rel.Pron.	**Relativ-Pronomen**
s.	**siehe.** Verweis von Nebenformen auf das Hauptlemma. Verweise erhalten keine grammatische Angabe, wenn ihr Bezug eindeutig ist. Folgt ein Verweis auf ein gleichlautendes Lemma, erhält er zur Unterscheidung die Angabe der Wortart, auf die verwiesen wird. Verweise auf abweichende Flexionsformen sind an dem Trennstrich zu erkennen, der die Verwendbarkeit der Form für unterschiedliche Flexionsendungen andeuten soll (z.B. **brâht-** [s.] *bringen*).
Sg.	**Singular**
st	**starke Flexion**
stF	**starkes Femininum.** Deklination siehe Tabelle S. XXVII.
stM	**starkes Maskulinum.** Deklination siehe Tabelle S. XXVII.
stN	**starkes Neutrum.** Deklination siehe Tabelle S. XXVII.
stsw	**stark/schwach.** Beide Flexionsarten sind belegt. Die Reihenfolge der Angabe sagt nichts über die Häufigkeit des Vorkommens aus.
stV	**starkes Verb.** Ablautreihen siehe Tabelle S. XXIII.
Subst.	**Substantiv.** Die Belege ermöglichen keine Zuordnung zu einer Flexionsart und einem Genus.
Superl.	**Superlativ.** Superlative erhalten nur dann einen eigenen Artikel, wenn sie aus einem Stamm als der Positiv gebildet sind, wenn ein adjektivischer Positiv fehlt oder wenn sie eine andere Bedeutung haben als der Positiv (*leste*).
sw	**schwache Flexion**
swF	**schwaches Femininum.** Deklination siehe Tabelle S. XXVII.
swM	**schwaches Maskulinum.** Deklination siehe Tabelle S. XXVII.
swN	**schwaches Neutrum.** Deklination siehe Tabelle S. XXVII.
swV	**schwaches Verb.** Konjugation siehe Tabelle S. XXVI.
unbest.Art.	**unbestimmter Artikel**
unpers.	**unpersönlich.** Ausschließlicher Gebrauch von *ez* als grammatisches Subjekt (es regnet).

4. Zeichen

. Bei Abkürzungen und am Ende des Artikels.

, Bei Aufzählungen.

; Bei Sinngrenzen zwischen Bedeutungsangaben.
Bei unterschiedlichen grammatischen Konstruktionen.

- Zur Worttrennung.
Im Lemma zum Abtrennen der ersten Vorsilbe oder des ersten Kompositumbestandteils.
Bei Bedeutungsangaben als Ersatz des vorangehenden oder nachfolgenden Worts oder Wortbestandteils.

/ Bei der Angabe eines alternativ gebrauchten Suffixes (*gæbec/ic*).
Bei alternativem Gebrauch von grammatischen Ergänzungen oder von Bedeutungen A/Ns *daz*, Adj./Adv., *affen* swV A zum Narren halten/ machen).

( ) Der eingeklammerte Buchstabe oder das eingeklammerte Wort ist fakultativ.
Eingeklammerte Buchstaben stehen im Lemma nur, wenn sie die alphabetische Reihenfolge nicht unterbrechen.

[ ] Bei lexikographischen Angaben zur Erläuterung (Ablautreihen der starken Verben).
Bei semantischer Erklärung von Bedeutungsangaben.
Zur semantischen Zuordnung bei Interjektionen, Namen und Begriffen ohne neuhochdeutsches Interpretament.

+ Bei Kombinationen von grammatischen Ergänzungen zum Verb (A+D).

* Rekonstruierte Normalform eines Wortes.

[1] Unterscheidungsmerkmal bei Homonymen (*hæl* [1] Adj. - *hæl* [2] stM).
Zur leichteren Zuordnung von Verweisen (*de* best.Art. [s.] *diu* [1]; *der* [1]).

' Betonungszeichen zur Unterscheidung von trennbaren und untrennbaren Verben (z.B. *'durch-graben - durch- 'graben*).

5. Verbtabellen

5.1 Ablautreihen der starken Verben

Reihe	Wurzel-vokal	Präsens		Präteritum		
		Infinitiv/ Plural Indikativ/ Konjunktiv	Singular Indikativ	1./3. Singular Indikativ	Plural Indikativ/ 2. Singular Indikativ (Umlaut)/ Konjunktiv (Umlaut)	Part.Prät.
Ia	î	rîten	ich rîte	ich reit	wir riten	geriten
Ib	î+h,w	zîhen	ich zîhe	ich zêch	wir zigen	gezigen
IIa	ie	biegen	ich biuge	ich bouc	wir bugen (ü)	gebogen
	û	sûgen	ich sûge	ich souc	wir sugen (ü)	gesogen
	iuw	briuwen	ich briuwe	ich brou	wir brûwen (iu)	gebrûwen
IIb	ie+d,t, s,z,h	ziehen	ich ziuhe	ich zôch	wir zugen (ü)	gezogen
IIIa	i+m/n +Kons.	binden	ich binde	ich bant	wir bunden (ü)	gebunden
IIIb	e+l,r +Kons.	helfen	ich hilfe	ich half	wir hulfen (ü)	geholfen
IVa	e+m,n,l, r,ch/ l,r+e	nemen	ich nime	ich nam	wir nâmen (æ)	genomen
		treffen	ich triffe	ich traf	wir trâfen (æ)	troffen
IVb	o+m	komen	ich kume	ich kam	wir kâmen (æ)	komen
Va	e	geben	ich gibe	ich gap	wir gâben (æ)	gegeben
Vb	i	biten	ich bite	ich bat	wir bâten (æ)	gebeten
VIa	a	graben	ich grabe	ich gruop	wir gruoben (üe)	gegraben
VIb	e	heben	ich hebe	ich huop	wir huoben (üe)	gehaben
		swern	ich swer	ich swuor	wir swuoren (üe)	gesworn
VIIa	a	halten	ich halte	ich hielt	wir hielten	gehalten
VIIb	â	slâfen	ich slâfe	ich slief	wir sliefen	geslâfen
VIIc	ei	heizen	ich heize	ich hiez	wir hiezen	geheizen
VIId	ô	stôzen	ich stôze	ich stiez	wir stiezen	gestôzen
VIIe	ou	loufen	ich loufe	ich lief	wir liefen	geloufen
VIIf	uo	ruofen	ich ruofe	ich rief	wir riefen	geruofen

5.2 Starke/schwache Mischkonjugation

Reihe	Wurzel-vokal	Präsens		Präteritum		
		Infinitiv/ Plural Indi-kativ/ Konjunktiv	Singular Indikativ	1./3. Singular Indikativ	Plural Indikativ/ 2. Singular In-dikativ (Um-laut) Konjunk-tiv (Umlaut)	Part.Prät.
IIIa	i+n +Kons.	beginnen	ich beginne	ich began/ begunde	wir begunden	begunnen
		bringen	ich bringe	ich brâht/ branc	wir brâhten (æ)/ brungen	brâht

5.3 Anomale Verben

Präterito-Präsentien

Reihe	Infinitiv/ Plural Indikativ/ Konjunktiv	Präsens	Präteritum	
		Singular Indikativ	Indikativ/Konjunktiv (Umlaut)	Part.Prät.
I	wizzen	ich weiz	ich wisse, wesse/ wiste, weste	gewist/ gewest
II	tugen (ü)	ich touc	ich tohte (ö)	
III	gunnen (ü)	ich gan	ich gunde (ü)/ ich gonde	gegunnen gegunnet
	kunnen (ü)	ich kan	ich kunde (ü)/ ich konde (ö)	
	durfen (ü)	ich darf	ich dorfte (ö)	(bedorft)
	turren (ü)	ich tar	ich torste (ö)	
IV	suln (ü)	ich sol/sal	ich solte/solde (ö)	
V	mugen mügen	ich mac	ich mahte (ä)/ mohte (ö)	
VI	müezen	ich muoz	ich muose/muoste (üe)	

wellen

Infinitiv Plural Indikativ	**Präsens** Singular Indikativ	**Präteritum** Indikativ/Konjunktiv (Umlaut)	Part.Prät.
wellen	ich wil	ichwolte/wolde (ö)	gewel(le)t/ gewöl(le)t

Wurzelverben

tuon	ich tuo(n)	ich tete(æ) (Pl. tâten)	getân
gân/gên	ich gâ(n)/gê(n)	ich gie/gienc	(ge)gangen/ gegân
stân	ich stâ(n)/stê(n)	ich stuont (üe)	gestanden/ gestân
sîn/wesen	ich bin	ich was/wære (Pl. wâren)	gewesen

5.4 Kontrahierte Verben

stV[VIIb] lâzen/lân	ich lâ(n)	ich lie(z)	(ge)lân
swV haben/hân	ich hân	ich hâte(æ)/ hete/hiete/hate	gehabet

5.5 Verb-Konjugation - schwache Verben

Infinitiv

sagen   holn   hœren

Präsens

Indikativ   Konjunktiv

ich	lobe	hol	hœre	lobe	hole	hœre
dû	lobest	holst	hœrest	lobest	holst	hœrest
er	lobet	holt	hœret	lobe	hole	hœre
wir	loben	holn	hœren	loben	holn	hœren
ir	lobet	holt	hœret	lobet	holt	hœret
sie	loben	holn	hœren	loben	holn	hœren

Imperativ

2. Sg.	lobe	hol	hœre
1. Pl.	loben	holn	hœren
2. Pl.	lobet	holt	hœret

Partizip Präsens

lobende   holnde   hœrende

Präteritum

Indikativ/Konjunktiv

ich	lobete	holte	hôrte
dû	lobetest	holtest	hôrtest
er	lobete	holte	hôrte
wir	lobeten	holten	hôrten
ir	lobetet	holtet	hôrtet
sie	lobeten	holten	hôrten

Partizip Präteritum

gelobet/gelopt-   geholt   gehœret/gehôrt

6. Substantiv-Deklination

Maskulinum		Femininum		Neutrum	
Singular	Plural	Singular	Plural	Singular	Plural

6.1 Starke Deklination

der tac	die tage	diu klage	die klage	daz wort	diu wort
des tages	der tage	der klage	der klagen	des wortes	der worte
dem tage	den tagen	der klage	den klagen	dem worte	den worten
den tac	die tage	die klage	die klage	daz wort	diu wort
der hirte	die hirte			daz rîche	diu rîche
des hirtes	der hirte			des rîches	der rîche
dem hirte	den hirten			dem rîche	den rîchen
den hirte	die hirte			daz rîche	diu rîche
der gast	die geste	diu kraft	die krefte	daz blat	diu bleter
des gastes	der geste	der kraft	der krefte	des blates	der bleter
dem gaste	den gesten	der kraft	den kreften	dem blat	den bletern
den gast	die geste	die kraft	die krefte	daz blat	diu bleter

6.2 Schwache Deklination

der bote	die boten	daz herze	diu herzen	diu vrouwe	die vrouwen
des boten	der boten	des herzen	der herzen	der vrouwen	der vrouwen
dem boten	den boten	dem herzen	den herzen	der vrouwen	den vrouwen
den boten	die boten	daz herze	diu herzen	die vrouwe	die vrouwen

a

â Interj. [Freude; Bewunderung; Genugtuung; Bedauern, Klage; Zweifel].
ab¹,abe,ave Adv. [meist *dâ/ dan/ dar/ her/ hie/ hin a.*] (her-, hin-) ab; weg; davon; darüber; daraus; dadurch; davor; *a. und/ oder an* [auch] hin und her; *eintweder a. oder an* so oder so; *weder a. noch an* weder zum Guten noch zum Schlechten.
ab²,abe,ave Präp.+D von, aus, vor, über, wegen.
ab³ Adv. [s.] *aber* ¹.
ab⁴ Konj. [s.] *aber* ²; *ob* ³.
âbant [s.] *âbent.*
â-basel [s.] *âwehsel.*
abbât [s.] *abbet.*
abbatîe,aptîge stF Abtei.
ab-benemen stV [IVa] A+D entziehen.
ab-bern swV A abhacken.
ab-,abe-besnîden stV [Ia] A+D abschneiden.
abbet,abbât,abt,apt,appet stM Abt.
abbetissin [s.] *eptissin.*
ab-,abe-betriegen stV [IIa] A+D ablisten.
ab-,abe-betwingen stV [IIIa] A+D rauben.
ab-,abe-billen swV A abschlagen.
ab-,abe-binden,-gebinden stV [IIIa] A abnehmen, losbinden.
ab-biten stV [Vb] A/G+D erbitten von; durch Bitten abbringen von.
ab-,abe-bîzen,-pîzen stV [Ia] A(+D) abbeißen, ab-

schneiden.
ab-blâsen,-blôsen stV [VIIbd] A wegblasen.
ab-,abe-blœzen swV A abstreifen.
ab-,abe-brechen,-prechen,-gebrechen stV [IVa] abs./refl.D sich kasteien; D verzichten auf; A(+D) (ab-) brechen, herunter-, abreißen; wegnehmen, rauben, entziehen.
ab-,â-brecher,-precher stM Verbrecher, Betrüger.
ab-,abe-brechunge stF Enthaltsamkeit.
ab-brennen swV A verbrennen.
ab-,abe-bresten,-presten stV [IVa] abs./D brechen.
ab-,abe-dingen swV A+D erlassen.
ab-,abe-drücken swV A+D abschnüren.
ab-drunnic [s.] *abtrünne.*
abe¹ Adv. [s.] *ab* ¹; *aber* ¹.
abe² Präp. [s.] *ab* ².
abe³ Konj. [s.] *aber* ².
abe- [s.] *ab-.*
âbenden swV unpers.abs. Abend werden.
âbent,âbant,âbint,âbunt, âvent,ôbent stM (Vor-) Abend, Nacht; Ende; *(den) â. und morgen* [auch] von früh bis spät.
âbent-,âbunt-ezzen stN Abendessen; Abendmahl.
âbent-ganc stM Abend.
âbentiu(e)r- [s.] *âventiur-.*
âbent-lich Adj. abendlich; vorherig.
âbent-lieht stN Abendlicht.
âbent-rôt stMN Abendrot.
âbent-spîse stF Abendessen; Abendmahl.
âbent-stern(e),-sterre stswM Abendstern.
âbent-tanz stM Tanzabend.

ab-,abe-entwîchen stV [Ia] G sich entziehen.
âbent-wint stM Abend-, Westwind.
âbent-,âbunt-wirtschaft, -wurtschaft stF Abendessen; Abendmahl.
âbent-zît stF (Lebens-) Abend.
aber¹,abe,ab,ave,aver Adv. wieder, abermals, noch (einmal), darauf.
aber²,abe,ab,ave,aver Konj. aber, jedoch, dennoch; sondern; denn.
æber Subst. Schneeschmelze.
abe-,abe-erbeizen swV abs. vom Pferd steigen.
ab-,abe-erbrogen,-irbrogen swV A+D rauben.
ab-,abe-erdröuwen swV A+D abpressen.
aberelle,abrell,abrille stswM April.
ab-,abe-ergrînen stV [Ia] A+D abschmeicheln.
aber-hâke swM Widerhaken.
aberhæmisch [s.] *abrahâmisch.*
ab-erkôsen swV A+D abschwatzen.
ab-,abe-erliegen stV [IIa] A+D abschwindeln.
ab-,abe-erlôsen swV A abstreifen.
ab-,abe-erringen,-irringen stV [IIIa] A+D abringen.
ab-erstrîten stV [Ia] A+D abgewinnen.
ab-,abe-ertriegen stV [IIa] A+D abschwindeln.
ab-,abe-ervehten stV [IVa] A+D entreißen, abringen.
ab-ervrîn swV A+D abfordern.
ab-,abe-erzürnen swV A / Nsdaz +D abtrotzen.
abestô(n) stM Asbest.

1

ab-gân,abe-gên,-gôn, -gegân anV abs. weggehen, verschwinden; (hin-) absteigen; abfallen; abnehmen, aufhören; G ablassen von, (unter-) lassen, aufgeben; D(+G) fehlen; verweigern, vorenthalten; nachgeben; unpers.+D+pD*an* mangeln an; *diu purt/ daz kint gêt ab* +D eine Fehlgeburt haben.

ab-,abe-ganc stM Ende, Schwinden.

ab-ge- [s. auch] *ab-*.

ab-,abe-gebrinnen stV [IIIa] D verbrannt werden.

ab-gên [s.] *abgân*.

ab-genc [s.] *abgengic*.

ab-,abe-genge stN Ende.

ab-,abe-gengic,-genc Adj. *a.* werden +D verloren gehen.

ab-genomen Part.Adj. *a.* +pD *nâch* gebildet nach.

ab-,abe-geschaben Part. Adj. heruntergekommen, verkommen.

ab-gescheiden Part.Adj. abgeschieden, losgelöst, entrückt.

ab-,abe-gescheidenheit stF Abgeschiedenheit, Loslösung.

ab-,abe-gescheidenlîche(n) Adv. abgeschieden.

ab-gevarb Part.Adj. entfärbt.

ab-gewiht stN Abwägen.

ab-,abe-gewinnen stV [IIIa] D+A/Ns*daz* erlangen von; (ab-, weg-) nehmen.

ab-gezalt [s.] *abzeln*.

ab-gezogen Part.Adj. *mit abgezogener rede* abstrakt.

ab-gezwicken swV A herunterziehen.

ab-,ave-giezen stV [IIb] abs. niederprasseln.

ab-gôn [s.] *abgân*.

ab-got,ap(t)-,appit-got

stMN Abgott, Götzenbild.

ab-,ap-gothûs stN Götzentempel.

ab-graben stV [VIa] A abgraben.

ab-grunde,af-,ap-,appetgründe,-grunt stMN Abgrund, Tiefe; Hölle; Unergründlichkeit.

ab-grundec/ic,-gründic Adj. abgrundtief; unergründlich.

ab-grunt [s.] *abgrunde*.

ab-gruntkeit,-gründekeit stF Unergründlichkeit.

ab-grüntlich Adj. abgrundtief; unergründlich.

ab-gruntlichkeit stF Unergründlichkeit.

ab-,abe-gunst stMF Neid.

ab-gunstikeit stF Missgunst, Neid.

ab-gürten swV A abgürten.

ab-,abe-hære Adj. abgetragen.

ab-,abe-heben stV [VIb] A herunterheben.

ab-heldec Adj. abschüssig.

ab-,abe-helfen stV [IIIb] D+G bewahren vor; D+pD *von* herunterhelfen von.

ab-hendic Adj. *a.* werden zugrunde gehen.

ab-her Adv. her-, hinab.

ab-,abe-houwen stV [VIIe] A(+D) abhauen, -hacken.

âbint [s.] *âbent*.

ab-ir- [s.] *ab-er-*.

ab-,abe-kêr stM Umkehr, Abwendung.

ab-,abe-kêren swV abs. irren; pD *in* landen in; pD *ze* zurückkehren zu; A(+pD *von/ dannen*) abwenden (von).

ab-komen,abe-,ave-komen stV [IVb] abs. davonkommen; G/A loswerden; ablassen von; verlieren; entgehen; D davonlaufen.

ab-,abe-koufen swV A+D abkaufen.

ab-kratzen,abe-,avekratzen swV A(+D) abreißen.

ab-lage,-lege Adj. entkräftet, schwach.

ab-lân [s.] *ablâzen*.

ab-lâz,ap(pe)-lôz stMN Sündenvergebung, Nachlass, Ablass; Nachlassen.

ab-lâzen,abe-lân,-lôn, -gelân stV [VIIb] abs./refl. aufhören, nachlassen; pD *von* ablassen von; A aufgeben, beenden; loslassen; A+D überlassen.

ab-,ap-læzic Adj. lässlich [Sünde].

ab-lege [s.] *ablage*.

ab-,abe-legen,-gelegen swV [Prät. auch *ableit* -] D schaden; A ablegen, aufgeben, auslöschen; wegnehmen; A+D ausziehen; ersetzen.

ab-,abe-legunge stF Entäußerung.

ab-,abe-leitære stM Lügner.

ab-leit [s.] *ablegen*.

ab-,abe-leite stF Irreführung.

ab-,abe-leiten swV A ablenken; A+pD *von* trennen/ abbringen von.

ab-,abe-liegen stV [IIa] A+D abschwindeln.

ab-listekeit stF Verschlagenheit.

ab-listic Adj. durchtrieben.

ab-lôn [s.] *ablâzen*.

ab-,abe-lôsen,-lœsen swV refl. sich ablösen; A abnehmen.

ab-lœsunge stF Kreuzabnahme.

ab-louf stM Austritt [des Wildes aus dem Wald].

ab-louge stF Verleugnung.
ab-,abe-loukenunge stF Verleugnung.
ab-lôz [s.] *ablâz.*
ab-mæn,-meigen swV A abmähen.
ab-mûzen swV A abwerfen.
ab-,abe-nagen stV [VIa] A + D verzehren.
ab-neigen swV A ablenken.
ab-,abe-nemen,-genemen stV [IVa] abs./pD*an* schwächer werden, abnehmen (an); A(+D) ab-, wegnehmen, verringern; vertreiben, beseitigen; unterbrechen; Part.Adj. [s.] *abgenomen.*
ab-,abe-nemer stM Unterdrücker; Bildner.
ab-nemunge stF Minderung.
ab-p- [s.] *ab-b-.*
abrahâmisch,aberhæmisch Adj. abrahamisch; hebräisch.
â-brecher [s.] *abbrecher.*
ab-,abe-reden,-gereden swV A+D absprechen.
abrell [s.] *aberelle.*
ab-,abe-rihten,-gerihten swV abs. eine Spur aufnehmen; A beeinflussen; A+pD *mit* ausstatten mit.
abrille [s.] *aberelle.*
ab-rinnec Adj. entlaufen.
ab-rinnen stV [IIIa] abs. herabfließen.
ab-,abe-rîsen stV [Ia] abs. überfließen; abfallen.
ab-,abe-rîten stV [Ia] A durchreiten.
ab-,abe-riuten,-rûten swV A ausreißen, roden.
ab-,abe-rîzen,-gerîzen stV [Ia] A(+D) ab-, herunterreißen.
ab-rîzer stM Betrüger.
ab-,abe-rouben swV A+D rauben.
ab-,abe-rücken swV A+D

abnehmen.
ab-ruoben swV A+pD *mit* abreiben mit.
ab-,abe-rûten [s.] *abriuten.*
ab-rütten swV A herunterreißen.
ab-sagen[1] swV D zusagen; A+D aufkündigen, verweigern.
ab-sagen[2] swV [s.] *absegen.*
ab-,abe-schaben,-geschaben stV [VIa] abs. sich wegscheren; A abschaben, auslöschen, tilgen; vertreiben; Part.Adj. [s.] *abgeschaben* .
ab-schâch stN Abzugsschach.
ab-,abe-schatzen swV A+D rauben.
ab-,abe-scheidelîchen Adv. abgeschieden.
ab-,abe-scheiden,-gescheiden stV [VIIc] abs. scheiden; A(+pD*von*) abwenden/ absondern (von); aufgeben; Part.Adj. [s.] *abgescheiden.*
ab-,abe-scheln swV abs. sich loslösen; A ablösen.
ab-schern,abe-,ave-scheren stV [IVa] A(+D) (ab-) scheren, abschneiden; abschleifen.
ab-,abe-schiezen stV [IIb] A+D abschlagen.
ab-,abe-schiht stF Einschränkung.
ab-,abe-schinden stV [IIIa] A+D abziehen.
ab-schiuren [s.] *abschûren.*
ab-,abe-schrîben stV [Ia] A abschreiben, aufschreiben.
ab-,abe-schrôten,-geschrôten stV [VIId] A(+D) abschneiden, -schlagen.
ab-,abe-schûren,-schiuren swV A abscheuern.
ab-,abe-schüten swV [Prät.

abschut-] A abschütteln; abwerfen.
ab-,abe-segen,-sagen swV A(+D) absägen.
ab-,abe-sengen swV A niederbrennen.
ab-,abe-sîgen stV [Ia] abs. sinken.
ab-,abe-sîn anV abs. überwunden sein.
ab-sîte stF abgelegene Gegend.
ab-,abe-sitzen stV [Vb] abs. absitzen, aussteigen.
ab-slahen,abe-,ave-slân stV [VIa] A(+D) abschlagen, abhauen; ab-, durchschneiden; zerschlagen; vermindern, abziehen; abtragen, erlassen; A+pD *gegen* abwägen gegen; *hût und hâr a.* scheren und stäupen.
ab-,abe-slîfen stV [Ia] D verloren gehen; abgleiten, abfallen von.
ab-,abe-slîzen stV [Ia] A abreißen.
ab-,abe-snîden,-gesnîden stV [Ia] A(+D) abschneiden, wegnehmen; beschneiden; beseitigen.
ab-,abe-snit stM Schnitt.
absoluzîe stF Absolution.
absolvieren swV A lossprechen.
ab-,abe-sprechen,-gesprechen stV [IVa] A leugnen, ablehnen; A+D absprechen, ausreden.
ab-,abe-springen stV [IIIa] abs. ab-, wegspringen.
ab-,abe-stân,-stên,-gestân,-gesten anV abs./D absitzen; zurückbleiben; G verzichten auf, ablassen von; D+G aufkündigen.
ab-,abe-stechen stV [IVa] A(+D) herunterstechen, herunterwerfen.

ab-,abe-stên [s.] *abstân.*
ab-,abe-stîgen stV [Ia] abs. absteigen.
abstinencîe stswF Enthaltsamkeit.
ab-,abe-stôzen stV [VIId] abs. ablegen; A+D abschlagen; *den hals a.* (+D) den Hals brechen.
ab-,abe-streifen swV A abstreifen.
ab-,abe-strîchen stV [Ia] A abstreifen, ablegen; abwischen; beenden; A+D (weg-) nehmen, rauben.
ab-,abe-stricken swV A abgürten.
ab-,abe-stroufen swV A (+D) abstreifen, abreißen; abnehmen.
ab-,abe-sûbern swV A säubern.
ab-,abe-swingen stV [IIIa] A abwerfen; A+D abschlagen.
abt [s.] *abbet.*
ab-tanz stM Kehraus.
ab-,abe-teilen swV refl.+pD *von* sich absondern von; A ausschließen; A+D aberkennen.
ab-,abe-tilgen,-tiligen swV A tilgen.
ab-,abe-tragen stV [VIa] A abladen.
ab-,abe-trager stM Räuber.
ab-,abe-treten stV [Va] abs./D (ver-) schwinden; abbiegen; G+D nachstehen in; *die stîge a.* +D den Weg versperren.
ab-,abe-trîben,-getrîben stV [Ia] A(+D) verdrängen, wegtreiben.
ab-trôren swV A herunterschütteln.
ab-trünne,abe-,ap-trünnic,-trunnic,-drunnic Adj. abtrünnig.

ab-,abe-trünner stM Abtrünniger.
ab-,abe-tuon anV refl.+G sich trennen von, sich entledigen, aufgeben, entsagen, verzichten auf; A(+D) ablegen; wegschaffen, beseitigen.
ab-,abe-twahen stV [VIa] A+(D) wegspülen, abwaschen.
ab-,abe-twingen stV [IIIa] A+D entreißen.
â-bulge swF Zorn.
â-bunst stF Missgunst.
âbunt(-) [s.] *âbent(-).*
ab-,abe-vâhen stV [VIIb] A+D abjagen.
ab-,abe-val stM Loslösung.
ab-vallen,abe-,ave-vallen stV [VIIa] abs./D (her-)ab-, wegfallen; absitzen; *den hals a.* sich den Hals brechen.
ab-,abe-varn stV [VIa] D sich ablösen.
ab-,abe-vellen swV [Prät. *abvalt* -] A(+D) aus dem Sattel heben.
ab-villen swV A+D abziehen.
ab-vliegen stV [IIa] abs. sich abstoßen.
ab-vordern swV A+pD *von* zurückfordern von.
ab-vretzen swV A abweiden.
ab-,abe-vüeren swV [Prät. *abvûrt* -] A abladen; A+D abreißen.
ab-,abe-vûlen swV D+pD *uz* abfaulen von.
ab-wahsen stV [VIa] abs. abnehmen.
ab-,abe-wæjen,-wæn swV A+D wegtreiben; A+pD *von* wegtreiben/ wegwehen von.
ab-wallen swV D herabfließen.
ab-wæn [s.] *abwæjen.*
ab-,abe-wanc stM Abkehr;

Fehltritt, Fehlschlag.
ab-wanct- [s.] *abwenken.*
ab-waschen,abe-weschen,-gewaschen stV [VIa] A(+D) abwaschen.
ab-wec stM Irrweg.
ab-,abe-wege Adv. weg.
ab-welzen swV A wegwälzen.
ab-,abe-wenken,-gewenken swV [Prät. *abwanct* -] abs. wanken; A wegtreiben.
ab-,abe-werfen,-gewerfen stV [IIIb] refl. absitzen; A (hin-) abwerfen, wegnehmen.
ab-wertic Adj. abwesend.
ab-weschen [s.] *abwaschen.*
ab-,abe-wesekeit stF Abwesenheit.
ab-,abe-wesen stV [Va] abs. ablassen.
ab-winden stV [IIIa] A(+D) abnehmen.
ab-,abe-wirken,-wurken swV A(+pD *von*) loslösen (von).
ab-wischen,abe-gewischen,-wisen swV A(+D) ab-, wegwischen.
ab-,abe-wîsen swV A ab-, zurückweisen, vertreiben.
ab-wörtic Adj. wortlos.
ab-würgen swV A+D zuschnüren.
ab-wurken [s.] *abwirken.*
abysse stNswM Abgrund.
ab-,abe-zeln swV [Part. Prät. auch *abgezalt*] A aussondern, verwerfen.
ab-,abe-zerren swV [Prät. *abzart* -] A(+D) ab-, weg-, herunterreißen.
ab-,abe-ziehen,-geziehen stV [IIb] abs. landen; A(+D) ab-, ausziehen, ablegen; entziehen, (weg-) nehmen, herunterziehen; übertragen; A+ pD *von* abbringen/ abwen-

den/ zurückziehen von; *die hant a.* +D am Eid hindern; Part.Adj. [s.] *abgezogen* .

ab-zuc stM Entrückung.

ab-zücken swV [Prät. *abzuht-*] A(+D) ab-, herunterreißen.

ab-zwicken swV A herunterbringen, herunterziehen.

ach[1] Interj. [Bedauern, Mitleid; Klage].

ach[2] stN Jammer, Weh; Jammergeschrei.

achen swV abs. klagen.

achmardî stN Seidenstoff.

achter [s.] *after*[3].

achzen swV abs. ächzen.

acker stM Acker, Feld, Ackerland, Boden; *ze a. gân* das Feld bestellen.

acker-ganc stM Ackerbau.

acker-grille swF Zikade.

acker-gurre swF Ackergaul.

acker-kneht stM Bauer.

acker-liute [s.] *ackerman.*

acker-man stM [Pl. *ackerliute* stMN] Bauer, Landmann.

ackern swV A beackern, pflügen.

acker-rûte swF Ackerraute [Heilpflanze].

acker-sâme swM Getreidesamen.

acker-tier stN Landtier.

acker-trappe swM Bauerntölpel.

acker-wurz stF Ackerpflanze.

ackes,aks,ax(t) stF Axt.

acksen swV A behauen.

ac-stein [s.] *agestein.*

adamas,adamant stM Diamant;[Edelstein].

adamanten-stückel stN Diamantensplitter.

adê Interj. ade, leb wohl.

adel stMN Adel; edle Gesinnung, Würde, Wert; Geschlecht; (rechtmäßige) Geburt; (adlige) Herkunft, (Adels-) Stand.

adel-ar(n),ad(e)ler,adlar stswM Adler.

adel-bære Adj. edel.

adeler [s.] *adelar.*

adel-haft [s.] *edelhaft.*

adel-herre swM Fürst.

adel-keit [s.] *edelkeit.*

adel-,edel-lich Adj. adlig,edel, vornehm; herrlich, vollkommen; wertvoll, kostbar.

adel-,edel-lîche(n) Adv. adlig, edel, würdig, vorbildlich; herrlich, vollkommen; angenehm.

adeln [s.] *edeln.*

adel-sarc stM *gotes a.* Gottesschrein.

adel-sun stM rechtmäßiger Sohn.

adel-vrî Adj. aus freiem Adelsgeschlecht.

adel-vrouwe swF Herrin.

âdem,âden(-) [s.] *âtem(-).*

ader [s.] *ode.*

âder,ôder stswF Ader; Sehne; Muskel; Herz; Sinn.

æderîn Adj. *æ. seil* Seil aus Sehnen.

âder-slahen stN Pulsschlag.

âder-stôz stM Herzklopfen.

âder-suht stF Arterienentzündung.

adî Interj. ade, leb wohl.

adlar,adler [s.] *adelar(n).*

admirât(e) stswM Emir.

advent stM Ankunft, Advent.

affalder-boum stM Apfelbaum.

affe swM Affe; Narr.

affeht,affoht Adj. töricht.

affehte Adv. töricht.

affehtic Adj. töricht.

affen,effen swV A betrügen, täuschen; zum Narren halten/ machen.

affen-heit stF Torheit, Albernheit; Gaukelei.

affen-lîche Adv. *a. geschehen* unpers.+D zum Narren gemacht werden.

affen-spil stN Gaukelei.

affen-tal stN Irrenhaus.

affen-tier stN Affe.

affen-vûre stF Torheit.

affin(ne),effin(ne) stF Äffin.

af-grunde [s.] *abgrunde.*

affoht [s.] *affeht.*

Affrikâ Subst. Afrika.

Affrikære stM Afrikaner.

affrikânisch Adj. afrikanisch.

af-langen swV D erreichen.

after[1] Adj. hinter.

after[2] Adv. hinten.

after[3]**,achter** Präp.+G/D/A nach, hinter, durch, in, über; *a. diu, a. des mâle(s)* danach; *a. wege(n)* (hin-) weg, weiter, zurück; *a. ein* nacheinander.

after[4] swM Hintern.

after-âder swF Mastdarm; Mastdarmvene.

after-bier stN Dünnbier.

after-gir stF Hinterlist.

after-huote stF Nachhut.

after-kome swM Nachkomme.

after-kôsen swV A verleumden.

after-kunft,-kumft stF Nachkommenschaft.

after-lenge stF Ergebnis.

after-mâles Adv. später.

after-muoder stN Unterhemd.

after-pelle stF Gesäßbacke.

after-reif stM Reif, Band.

after-riuwe stF Bedauern, (späte) Reue; Leid.

after-slac stM Nackenschlag.

after-snit stM Verleumdung.

after-sprâche stF Verleumdung, üble Nachrede.

after-sprechen stN Verleumden.

after-wedel stM Schwanz.

after-wort stN Verleumdung.

agelaster [s.] *agelster.*

ageleize¹ Adv. schnell, heftig.

ageleize² stF *ze a.* sofort.

ageleize³ stF Distel.

agelster,agelaster,aglaster,alster swF Elster.

agen(e) stF Spreu; Splitter.

age-stein,aget-,ac-,ougstein stM Magnet (-stein), Bernstein.

â-gez stF Vergessen (-heit).

â-gezzel Adj. vergesslich.

aglaster [s.] *agelster.*

agraz stM [saure Sauce].

ahâ Interj. [Verlangen].

ah-bæren swV A auszeichnen.

ah-ber,-per [s.] *ahtbære.*

ahe stswF Wasser; Strom, Bach, Wasserlauf.

ah-ganc stM Strömung.

ahî Interj. [Bewunderung; Freude; Eifer; Bitterkeit].

ahiu Interj. [Anfeuerung].

ahlês Interj. [Bedauern].

ahorn(-poum) stM Ahorn.

ahse swF Achse.

ahsel,ahsle stswF Achsel, Schulter.

ahsel-bein stN Schulter, Schulterblatt.

ahsel-breit Adj. breitschultrig.

ahsel-note stswF [Tanz].

ahsel-rote swM [Tanz].

ahsel-wît Adj. breitschultrig.

ahsen-drum stN Beinstumpf.

ahsle [s.] *ahsel.*

aht¹,ahte,eht(e) Kard.Zahl acht.

aht² stF [s.] *ahte ².*

æhtære/er,âhtâre stM Verfolger, Feind; Geächteter.

æhtærinne stF Feindin.

aht-bære,ahte-,ah-bære, -bar,-ber,-per Adj. rechtschaffen, stolz, vornehm, edel; angesehen, bedeutend, bekannt.

aht-bærkeit stF Ansehen.

ahte¹,ahtede,ahtode Ord. Zahl achte (-r/ -s).

ahte²,aht,athe stF Art, Beschaffenheit, Weise, Aussehen, Wesen; Sitte; Stand; Aufmerksamkeit, Beachtung; Achtung; Überlegung, Absicht; Erwartung; Größe, (An-) Zahl; *ûz der a.* außer Acht; über die Maßen; unwillkürlich.

ahte³ Kard.Zahl [s.] *aht ¹.*

âhte,æhte stF Acht, Bann; Verbannung; [auch expl., z.B. *tôdes â.* Tod; *lasters â.* Schmach; *spotes â.* Spott].

ahte-bære [s.] *ahtbære.*

aht-ecke Adj. achtschneidig.

ahtede [s.] *ahte ¹.*

ahten swV pD*nâch* /p A*ûf,umbe* /G/Adv.lok. achten, beachten; denken an, sich kümmern um; Wert legen auf; A/N*daz,w* bedenken, er-, abwägen, überlegen; betrachten, bemerken; trachten nach, erstreben; A+Adj./ (*als/sam* +) Nom./ A/ pD*ze* / pA*an,ûf,vür* halten für, ansehen als; schätzen auf; A+D (+pD*ze*) anrechnen (als), aufzählen; *ringe a.* +A wenig kümmern, gleichgültig sein; *an/ nâch der zal a.* +A zählen.

æhten,âhten swV G/A verfolgen, ächten.

âhte-sal,âht-,æht(e)-sal stN Verfolgung.

æhte-schaz [s.] *âhtschaz.*

ahtode [s.] *ahte ¹.*

âht-,æht-sal [s.] *âhtesal.*

aht-samecheit stF Aufmerksamkeit.

aht-schavelier Interj. [Kampfruf].

âht-,æht(e)-schaz stM Gebühr für Lösung der Acht.

ahtunge stF Betrachtung; Verehrung.

âhtunge,æhtunge stF Verfolgung, Acht.

aht-valt Adj. achtfältig.

aht-zec,-zic,ah-zec,-zic Kard.Zahl achtzig.

aht-,ah-zehen Kard.Zahl achtzehn.

aht-,ah-zehende Ord.Zahl achtzehnte (-r/ -s).

ah-zec,-zic [s.] *ahtzec.*

ah-zehen(-) [s.]*ahtzehen(-).*

â-kôsen stN Geschwätz.

â-kraft stF Schwäche, Ohnmacht.

â-kreftich Adj. schwach.

aks [s.] *ackes.*

â-kust,au-kunst stF Sünde, Laster; Gier; Falschheit, Tücke.

al¹ Indef.Pron. [flekt.*elliu*] alle; jede (-r / -s); irgendwelche (-r/ -s), ganz.

al²,alle Adv. ganz, völlig; sehr, heftig; *mit a.* gänzlich, völlig; zugleich, geradewegs; *über a.* insgesamt, einmütig, ganz und gar, überall; [auch expl., z.B. *a. daher* bis jetzt].

al³ Konj. wenn auch, obgleich.

âl stM [Pl. *æle*] Aal.

alabaster stN Alabaster.

Alamân [s.] *Alemân.*

alanc Adv. *a. niht* gar nicht.

â-laster stN Makel.

albe¹ stF Albe [weißes Priestergewand].

albe² stswF Berg, Gebirge; Alm.

alberîn Adj. *a. stap/ ruote* Pappelrute.

alber-nach stN Pappelgehölz.

alber-poum stM Pappel.

al-besunder(n),-besundere(n) Adv. allesamt; einzeln, besonders.

al-betalle [s.] *almitalle.*

albez [s.] *elbez.*

ald,alde(r),olde(r) Konj. oder; *weder/ a. ...a.* entweder...oder, weder...noch.

al-dâ(r)¹,-dô Adv. dort, dorthin; da, dann; sogleich, gerade.

al-dâ(r)² Rel.Adv. (dort/ dorthin,) wo.

alde [s.] *alte.*

alden [s.] *alten¹.*

alder¹,alde Konj. [s.] *ald.*

alder² stN [s.] *alter¹.*

alder-vater [s.] *eldervater.*

al-dô [s.] *aldâ¹.*

æle [s.] *âl.*

â-leibe stswF (Über-) Rest.

al-ein(e)¹ Adv. allein; verlassen; als Einzige (-r/ -s); nur; *âne/ (niu) wan...a.* außer.

al-ein(e)² Konj. obwohl, wenn auch; aber.

Alemân,Alamân stM Deutscher.

alemene stF Gemeindegut.

al-ensamen(t),-entsamet, -entsamen(t),-entsamt, -in(t)samen Adv. allesamt; völlig.

al-êrste [s.] *alrêrst(e).*

al-ewenst Adv. soeben.

alf stM Tor, Narr.

al-gelîche Adv. allesamt, insgesamt; ebenso; gleichermaßen, übereinstimmend.

al-gemeine Adj./Adv. ganz, alle (-samt); gleichermaßen, gemeinsam; *sich a. machen*

+D sich gemein machen mit.

al-gerihte Adv. *in a.* jäh.

al-heit stF Vollkommenheit.

alinc Adj. rein.

al-in(t)samen [s.] *alensamen(t).*

alle [s.] *al².*

allen(t)-halben,-halp Adv. [auch *in a.*] überall; nach/ von allen Seiten.

aller,alre Adv. ganz, völlig, gänzlich; [vor Superl./ Adj./ Adv./ Pron.:] aller-, sehr.

aller-êriste [s.] *alrêrst(e).*

aller-lei,-leige Adj. jegliche (-r/ -s); allerlei, verschieden; sonstig.

aller-meist(e),al-meist Adv. zum größten Teil, hauptsächlich.

alles,allez Adv. ganz, völlig; nur; sicher, zweifellos; genau; unmittelbar, geradewegs, unverzüglich; (be-)ständig, stets.

alle-sam(e)t,-samen(t) [s.] *alsamen(t).*

allez [s.] *alles.*

allez-an(e),alz-an(e) Adv. immer, ständig; gerade, sogleich.

alle-zît [s.] *alzît.*

allich,ellich Adj. gesamt; gewohnt, üblich; verbreitet.

allîche,ellîche Adv. stets; völlig; durchaus.

allic-heit,allikeit stF Fülle, Ganzheit.

Almânje stF Deutschland.

Almânje swM Deutscher.

almarisch Adj. aus Almería [spanische Stadt].

al-mehtic Adj. allmächtig.

al-mehtikeit,-mehtekeit stF (All-) Macht.

al-meist [s.] *allermeist(e).*

almetîn stM [Edelstein].

al-,alle-mitalle,-betalle, -betallen Adv. ganz, völlig;

allesamt, insgesamt.

al-muosen,-mûsen stN Almosen, Gabe; gute Werke.

al-muosenære/er stM Almosenspender, Wohltäter; Almosenempfänger.

al-mûsen [s.] *almuosen.*

âloê stN Aloe.

alp stM [flekt. *elber-*] Nachtmahr, (böser) Geist.

alphabêt stN Alphabet.

alre [s.] *aller.*

al-rêrst(e),-rêst,-êrste, aller-êriste Adv. (gerade) erst; da/ dann/ jetzt erst; erst recht; zum ersten Mal; *von/ ze a.* [auch] am Anfang.

alrûne swF Alraune.

als [s.] *alsô.*

al-sam(e)¹ Adv. (eben-) so.

al-sam(e)² Konj. als ob, wie.

al-,alle-samen(t),-samt, -samet Adv. gleichermaßen, zugleich; alle (-samt).

als-balden¹ Adv. alsbald.

als-balden² Konj. sobald.

al-sô¹,alse,als Adv. (eben-) so, auf diese/ solche Weise; folgendermaßen; ganz, sehr; *a. balde/ drâte/ schiere* [auch] sofort; *a. mêre* [auch] eher, umso mehr; *a. hiute* einst an diesem Tag.

al-sô²,alse,als Konj. wie, als ob; wenn, als; während, solange; da, weil; (so) dass; also; *a. balde/ schiere* sobald; *a. mêre* [auch] zumal.

alster [s.] *agelster.*

al-sus(t) Adv. so, auf diese/ solche Weise; folgendermaßen.

als-wâ Adv. anderswo.

alt Adj. [flekt. *elter-*] alt; erwachsen; älter; früher, vergangen, vorig; gewohnt, überkommen; *alte tage/ altiu zît* [auch] Alter; *altiu ê* Altes Testament.

altâr(e),altære,alter stM [flekt. *elter-*] Altar.

alt-bûzer,-pûzer stM Flickschuster.

alte,alde swM Alter; Vorfahr.

altec-lich Adj. althergebracht.

alten[1],alden swV abs. alt/ älter werden, altern.

alten[2] swV [s.] *elten.*

alter[1],alder stN Alter; Lebensalter; Zeitalter, Zeitrechnung; *von a. (her)* [auch] von alters her.

alter[2] stM [s.] *altâr(e).*

alt-erbe stN Erbbesitz.

alter-hûs stN Altarraum.

altern,eltren,eltern,elderen swM [Pl.] Eltern, Vorfahren; Vorgänger.

alters-eine Adv. allein, verlassen.

alter-stein stM Altar.

alter-tuoch stN Altardecke.

alter-vaz stN Altargefäß.

alt-gesprochen [s.] *altsprochen.*

alt-grîs Adj. grauhaarig, alt.

alt-herre swM alter Mann/ Herr, Greis; Ahnherr; Ältester, Senator; Patriarch.

altisch Adj. alt.

alt-man stM alter Mann, Greis.

alt-müede Adj. altersschwach.

alt-pûzer [s.] *altbûzer.*

alt-sprochen,-gesprochen Part.Adj. *a. wort/ rât* Sprichwort.

alt-stumbe swM (Taub-) Stummer.

alt-vater stswM Einsiedler; Patriarch; [Pl. auch] Vorväter; *der altveter buoch* Väterbuch [Heiligenlegenden].

alt-vorder swM Vorfahr; [Pl. auch] Urelltern.

alt-vrouwe swF alte Herrin.

alt-wîse Adj. altersweise.

al-umbe[1],-umbe Adv. umher, ringsum; überall; immerfort; *der lîp gât a.* +D schwindlig werden; *a. (und umbe)* über und über.

al-umbe[2] Präp.+A/D um, um ... herum.

alûnen swV A durchprügeln.

al-vermügentheit stF Allmacht.

al-walte,-walde swM Allmächtiger; Verwalter.

al-waltikeit stF Allmacht.

al-wære,-wâre Adj. dumm, töricht, einfältig.

al-weg(e) Adv. immer, stets.

alz swM [Eisvogel].

alz-an(e) [s.] *allezan(e).*

al-ze,-zû Adv. (all-) zu, sehr.

al-zehant,-zûhant Adv. sogleich, (als-) bald, augenblicklich; geradewegs.

al-zemâle,-zûmâle Adv. ganz und gar; allesamt; zugleich; endgültig.

al-,alle-zît Adv. immer, stets; ständig; jedesmal.

al-zoges Adv. wirklich, wahrlich; gänzlich; stets.

al-zû(-) [s.] *alze(-).*

â-,ân-maht stF Ohnmacht, Schwäche.

âmaric [s.] *jâmerc.*

amatist [s.] *ametiste.*

amaz(z)ûr stM [orientalischer Fürst].

ambaht(-),ambeht [s.] *ambet(-).*

amber,âmer stMN Ambra.

ambet,ambaht,ambeht, ammiht,am(p)t,ammet, ambt stN Amt, Beruf, Tätigkeit, Aufgabe; Vorschrift; Pflicht; Dienst; Amtsbezirk; Messe, Hochamt, Messopfer, Gottesdienst; *schildes a.* Ritterstand, -würde, -dienst.

ambeten,ampten swV A mit einem Amt betrauen.

ambet-liute,-lûte [s.] *ambetman.*

ambet-man,ambaht-,amt-, ampt-man,amman stM [Pl. auch *ambetliute, -lûte* stMN] Hofbeamter, Dienst-, Gefolgsmann; (Hof-, Haus-) Verwalter; Diener.

am-blic [s.] *anblic.*

am-bôz [s.] *anbôz.*

ambt [s.] *ambet.*

âme stF Ohm [Hohlmaß].

â-mehtic Adj. schwach; ohnmächtig.

â-mehtikeit stF Schwäche.

ameiren,amûren swV abs. sich sehnen.

âmeize,anbeiz,embez stswMF Ameise.

âmeiz(en)-,anbez-hûfe swM Ameisenhaufen.

âmeiz-leb swM Ameisenlöwe.

âmeiz-stoc stM Ameisenhaufen.

âmen[1] swV A füllen.

âmen[2] Interj. amen [Bestätigung].

âmen[3] stN Ende.

amer stM [Vogel].

âmer[1] stMN [s.] *amber.*

âmer[2] stMN [s.] *jâmer.*

âmer-lich,-lîche(n) [s.] *jâmerlich.*

âmern [s.] *jâmern.*

amesiere stF Verletzung.

amesieren swV A+D verletzen.

ametiste,amatist swM Amethyst.

amîe swF Geliebte, Minneherrin, Freundin; Konkubine; *des wunsches a.* vollkommene Frau.

amîs stswM Geliebter, Liebhaber, Verehrer, Freund.

amman [s.] *ambetman.*

amme stswF Amme, Hebamme; (Pflege-) Mutter.

ammen swV A füttern.
ammet,ammiht [s.] *ambet.*
ammolf stM Pflegevater.
ampære stF Aussehen.
ampel(le),ampol(l)e,ampulle swF Krug; Lampe.
am-pfanc [s.] *antvanc.*
am-plic [s.] *anblic.*
ampol(l)e [s.] *ampel.*
ampt(-) [s.] *ambet(-).*
ampulle [s.] *ampel.*
amsel stF Amsel.
amt(-) [s.] *ambet(-).*
â-mügel swM Schwacher.
amûren [s.] *ameiren.*
amûr-schaft stF Liebesverhältnis.
am-vanc [s.] *antvanc.*
an¹,ane Adv. [meist *dâ/ dar / her/ hie a.*] (dar-) an, darauf, dabei, dadurch, (da-) hin, damit, darin, davon; an/ auf/ in den/ die; an/ auf/ in/ mit dem/ der; *wâ/ war a.* worauf, womit; *eintweder ab oder a.* so oder so; *weder ab noch a.* weder zum Guten noch zum Schlechten; Imp.+*a.* anfangen zu, [auch expl., z.B. *sag/ rede a.* sag, sprich].
an²,ane Präp.+D/A an, auf, bei, durch, gegen, in, in Bezug auf, mit, nach, über, von, wegen, (bis) zu; *a.* +Kard.Zahl ungefähr; *a. der stunde/ den stunden* sofort, sogleich; *a. der zît* rechtzeitig, beizeiten.
an³ swM [s.] *ane* ¹.
an⁴ swF [s.] *ane* ².
ân¹ Adv. [s.]*âne* ¹.
ân² Präp. [s.] *âne* ².
â-name swM Beiname.
an-ander [s.] *einander.*
an-arpt- [s.] *anerben.*
an-beden [s.] *anbeten.*
an-begenge stN Erschaffung.
an-begin,-beginne stNswM

Anfang, Ankunft.
an-behaben swV A+D abgewinnen.
an-behaft Part.Adj. eigen, verpflichtet.
an-beherten swV A+D abpressen.
anbeiz [s.] *âmeize.*
an-bellen stV [IIIb] A anbellen.
an-,ane-betære/er stM Beter, Anbeter.
an-,ane-bete stF Angebetete.
an-beten,ane-peten,-beden,-gebeten swV A(+pA *vür*) anbeten/ verehren (als).
an-betwingen stV [IIIa] A+D abzwingen.
anbez-hûfe [s.] *âmeiz(en)-hûfe.*
an-bieden [s.] *anbieten.*
an-,ane-biete stFN Angebot.
an-bieten,ane-bieden,-gebieten stV [IIb] A+D/A anbieten.
an-biezen stV [IIb] A angreifen.
an-binde stF Zuwendung.
an-,ane-binden,-gebinden stV [IIIa] A festbinden, befestigen; A+D beibringen.
an-,ane-biten stV [Vb] A anbeten.
an-bîzen stV [Ia] pD*an* essen von; A anbeißen.
an-blic,ane-,am-plic stM (An-) Blick, Aussehen; Gesicht, Angesicht.
an-,ane-blicken,-plicken swV A anschauen, erblicken.
an-böcken,-bockezen swV A anstinken.
an-bôz,ane-,am-bôz stM Amboss.
an-brâht- [s.] *anbringen.*
an-bresten stV [IVa] A angreifen.

an-,ane-bringen stswV [IIIa, Prät. *anbrâht -*] A+D/ A/Inf. lehren; vererben; Ns *daz* veranlassen; A+G erbringen.
an-brinnen stV [IIIa] abs. anbrennen.
an-,ane-brîsen swV A+D anschnüren.
anc-lich Adj. ängstlich, sorgsam.
anc-lîche(n) Adv. sehr, heftig; ängstlich.
an-,ane-dâht stMF Andacht, Frömmigkeit, Hingabe, Erbauung; Absicht, Wille, Eifer; Verlangen.
an-dæhtic Adj. andächtig, ehrfürchtig, fromm.
an-dæhtic-lîche,-dâhtic-lîche(n) Adv. andächtig, ehrfürchtig.
an-dæhtikeit,-dâhtikeit stF Ehrfurcht.
an-dæhtlich Adj. andächtig.
ande¹,ant(e) Adv. *a. wesen/ sîn* +D Leid tun, bedauern, bereuen; schmerzen, beunruhigen, betrüben; *a. sîn* +D +pD*nâch,ze /* p A *umbe* sich sehnen nach, sich sorgen um; *a. tuon* +D weh tun, kränken, quälen.
ande² stFswM Kränkung, Schmach, Leid; Zorn; Rache; Feind.
anden swV refl.+pD*nâch* sich sehnen nach; A rächen; tadeln; unpers.+A kränken; *den zorn a.* [auch] die Kampflust befriedigen.
an-denken,-gedenken swV A bedenken; anschauen.
ander¹ Ord.Zahl zweite(-r/ -s); *(selp) a.* zu zweit.
ander² Indef.Pron. (der/ die/ das) andere/ nächste/ neue/ weitere/ übrige/ vorige/ fremde/ wirkliche/ wahre; *anders*

iht/ niht etwas/ nichts anderes; *ein a.* etwas/ jemand anderes; *ander(s) iemen/ niemen* jemand/ niemand anderes.

anderest,anders,andrest, anderôst Adv. zweimal; zum zweiten Mal.

ander-halp¹,andert-halp Kard.Zahl anderthalb.

ander-halp²,andert-halp, -halbe(n) Adv. auf der anderen/ die andere Seite; andererseits; anderswo (-hin).

ander-heit stF Verschiedenheit, Unterschied.

ander-lei Adj. andersartig.

anderôst [s.] *anderest.*

anders¹ Adv. anders, sonst.

anders² Adv. [s.] *anderest.*

ander-sît Adv. auf der anderen Seite.

ander-stunt,-stunde Adv. noch einmal, zum zweiten Mal, wieder; zweitens.

anders-wâ,-war,-wô Adv. anderswo (-hin).

anders-wie,-wô Adv. auf andere Weise.

andert-halp [s.] *anderhalp.*

anderunge stF Veränderung, Verschiedenheit.

ander-warbe,-warf,-werbe Adv. zum zweiten Mal, noch einmal.

ander-weide,-weit Adv. zum zweiten Mal, noch einmal, wieder.

ander-weiden swV A wiederholen.

ander-weit [s.] *anderweide.*

ander-werbe [s.]*anderwarbe.*

an-,ane-digen swV A anbeten, anrufen.

an-dingen swV A hinzuziehen; A+A/N*daz* vereinbaren mit; verlangen von.

and-ouge stN Angesicht.

andrest [s.] *anderest.*

andunge stF Mühsal.

ane¹,an,en(e) swM Großvater, Ahn, Vorfahr; [Pl.] Großeltern; *alter a.* Urahn.

ane²,an,en(e) swF Großmutter, Ahne.

ane³ Adv. [s.] *an¹.*

ane⁴ Konj. [s.] *an².*

ane- [s.] *an-.*

âne¹,ân Adv. *â. gestân/ sîn/ werden* +G/A frei sein/ befreit werden von, verlieren, loswerden; *â. tuon/ machen* +A+G/A berauben/ befreien von; *wîbes â.* ledig.

âne²,ân,ôn Präp.+A/G [auch nachgest.] ohne; außer, ausgenommen.

âne³ Konj. außer.

âne-endekeit stF Unendlichkeit.

ane-ge- [s. auch] *an-.*

an-eischen swV [Prät. auch stV VIIc] A pfänden.

ane-lich,an-,en-lich Adj., **-lîche** Adv. ähnlich, gleich.

anen swV D/A/N*sob* ahnen, spüren.

ânen swV refl.+G verzichten auf, aufgeben; A+G berauben.

an-erben swV [Prät. auch *anarpt-*] A vererbt/ angeboren sein; zukommen, zufallen.

an-,ane-erbieten,-erpieten stV [IIb] A+D zubilligen.

an-erblicken swV A ansehen.

an-ergân anV A beginnen.

an-erheben stV [VIb] A beginnen.

an-erkiesen stV [IIb] A+D ansehen.

an-,ane-erliegen stV [IIa] A(+D) mit einer List erreichen/ zufügen.

an-erpieten [s.] *anerbieten.*

an-ersehen stV [Va] A erblicken.

an-ersiuften swV A anseufzen.

an-erstorben Part.Adj. [stV IIIb] *a.* +A vererbt werden an.

an-erstrîten,-irstrîten stV [Ia] A+D streitig machen, abgewinnen.

an-ertriegen stV [IIa] A+D ablisten.

an-ertrûren swV A+D durch Trauern abnötigen.

an-ertwingen stV [IIIa] A+D abpressen, abnötigen.

an-erwerben stV [IIIb] A+D abnehmen.

an-erwinden stV [IIIa] A ergreifen.

an-erzünden swV A anzünden.

anet-krût stN Dill.

âne-witz stF Gedächtnisschwund.

an-gaffen [s.] *ankapfen.*

an-,ane-gân,-gên anV abs./ refl. anfangen; A tun, unternehmen, treiben; angreifen, behandeln; widerfahren, zufallen, treffen; annehmen; ergreifen; überkommen; erleiden; betreffen, angehen.

an-,ane-ganc stM Anfang; Omen.

ange¹ Adv. eng; heftig, sehr; sorgfältig, ernsthaft, sorgenvoll; *a. sîn* unpers.+D bedrücken; *a. tuon* +D bedrängen.

ange² swM Stachel; Angel; Angelhaken; (Tür-) Angel.

an-ge- [s. auch] *an-.*

an-geben stV [Va] A+D anlegen [Kleidung].

an-,ane-geborn Part.Adj. angeboren, ererbt, vererbt.

an-gebotschaften swV A ankündigen.

an-gebürn swV A zustehen.

an-gehaben [s.] *anhaben.*

an-gehœrde,-gehôrde stF *ze a.* vor aller Ohren.

angel stMF Stachel; Pein; Angel (-rute), (Angel-) Haken; (Tür-) Angel.

angeln swV A angeln.

angen swV A quälen; verletzen.

an-gên [s.] *angân.*

an-genât [s.] *annæjen.*

an-genegelt [s.] *annagelen.*

an-,ane-genge stN Anfang, Anbeginn; Erschaffung; Ursprung; Element.

an-,ane-gengen swV abs. anfangen; D entgegenkommen; A+pD*mit* beginnen mit.

an-geneiet [s.] *annæjen.*

an-geneigt Part.Adj. *mit angeneigter rede* konkret.

an-genomenheit stF Gewohnheit, Übung.

an-,ane-gêntlich Adj. erste (-r/ -s).

anger stM Wiese, Anger.

an-gerant [s.] *anrennen.*

an-gereichen swV A berühren.

an-geseit [s.] *ansagen.*

an-gesigen swV D besiegen, überwinden; überlegen sein.

an-,ane-gesiht stFN Gegenwart; Anblick, (An-) Gesicht; Aussehen; Blick; Anschauung, Betrachtung; *an/ vor/ ze (sîner) a.* [auch] vor (seinen) Augen.

anges-lich [s.] *angestlich.*

an-gespœtzen,-*gespiutzen swV A anspeien.

angest stMF Furcht; Sorge; Angst; Schrecken; Bedrängnis, Gefahr, Not.

angest-bære Adj. furchtbar; beängstigend; angstvoll.

angesten swV pD*ze* sich fürchten vor; pA*umbe* sich sorgen um; A ängstigen.

angest-haft Adj. sorgenvoll; bedroht.

angest-lich,angst-,an-ges-,eng(e)st-lich Adj. furchtbar, gefährlich; ernst, schlimm; Furcht erregend; beunruhigend; angstvoll; *a. tac/ urteil* Jüngstes Gericht.

angest-lîche(n),engest-, engst-,eingist-lîche(n) Adv. heftig, sehr, schlimm; angstvoll, ungeduldig; in Bedrängnis.

angest-sweiz stM Angstschweiß.

an-gevangen [s.] *anvâhen.*

an-gewant Part.Adj. geraten.

an-,ane-gewinnen stV [IIIa] A besiegen; A/N*sdaz* +D (weg-, ab-) nehmen, rauben; erlangen von; *den sic a.* +D den Sieg erringen über; *einen slac a.* +D einen Schlag versetzen.

an-giezen stV [IIb] abs. sich ergießen; A ausgießen.

an-,ane-ginne stMN (An-) Beginn, Anfang.

an-,ane-grif stM Liebkosung, Umarmung.

an-grîfen,ane-grîpen, -gegrîfen stV [Ia] A be-, anrühren, ergreifen, nehmen; beginnen; übergehen zu; kasteien; angreifen.

an-grîpen [s.] *angrîfen.*

an-grisgramen swV A anblecken.

angstær stM Schoppen.

angst-lich [s.] *angestlich.*

an-habe stF Antrieb, Anlass.

an-,ane-haben,-gehaben swV A anhaben, tragen; bedrängen; A+G bezichtigen.

an-,ane-haft stM Hingabe; Belastung.

an-,ane-haften,-gehaften swV D/pD*an* treu bleiben; sich hingeben; hängen an, anhaften.

an-haftic Adj. abhängig.

an-hâhen stV [VIIb] A aufhängen.

an-halt stM Stütze.

an-,ane-hanc stM Niederschlag [Tau, Reif]; Folge; Begleitung; Anhänglichkeit; ' Halt; Last.

an-hangen swV D/pD*an,in* sich hingeben, folgen; anhaften.

an-harpfen swV abs. mit dem Harfenspiel beginnen.

an-,ane-heben,-heven stV [VIb, Prät. auch sw] abs./ refl. (+pD*an*)/ pD*mit/* Inf.*ze* anfangen (mit/ zu); A(+refl.D) beginnen, gründen, erschaffen.

an-heber stM Anstifter.

an-henclicheit stF Anhänglichkeit.

an-hœren-,ane-hôren, -gehœren swV A/D gehören (zu); zukommen; sich gehören für; angehen, betreffen.

an-houpten swV A sich unterordnen unter.

an-hûchen swV A anfauchen.

an-hurten swV A angreifen.

ænic/ec,ânic/ec Adj./Adv. bar, frei von; *æ. sîn* +G [auch] verzichten auf; *æ. blîben* +G einbüßen.

ænigen swV A+G lösen von.

an-ir- [s.] *an-er-.*

anîs-krût stN Anis.

an-,ane-kapfen,-gaffen swV A anstarren, -staunen, bewundern.

an-kempfen swV A kämpfen gegen.

anker,enker stM Anker.

an-kêren swV A/Ns anfangen; ansteuern; überfallen.
ankern,enker(e)n swV pD an,bî,in,ûf/Adv.lok. ankern (an/ in/ auf); A erreichen; A+pAan verankern/ festmachen an.
anker-seil stN Ankertau.
an-kiesen stV [IIb] A+D ansehen.
an-kifern swV A ankeifen.
an-,ane-klaffen swV A anpöbeln.
an-klebelicheit [s.] ankleblicheit.
an-kleben swV abs. kleben bleiben; D anhaften; anhängen.
an-kleblicheit,-klebelicheit stF Anhänglichkeit, Abhängigkeit.
an-klebric Adj. abhängig.
an-,ane-klîben stV [Ia] D anhaften.
an-klopfen,-klochen swV abs. anklopfen.
an-komen,ane-kumen, -quemen stV [IVba] A ergreifen, überkommen; zufallen; (an-) treffen, erreichen; aufsuchen; überfallen, angreifen; herantreten an; unternehmen; tiure a. +A teuer zu stehen kommen.
an-krætel stN Kropfgans.
an-lachen,-gelachen swV A anlachen; auslachen.
an-lâge stF Drängen.
an-lâzen stV [VIIb] A antreiben, in Bewegung bringen.
an-,ane-legen,-gelegen swV [Prät. auch anleit-] A(+D/A) anlegen, anziehen; an-, bekleiden; antun, zufügen, erweisen; geben, aufbürden, anlasten; nachlegen; nutzen; anlegen [Geld]; an-, verwenden; einrichten; drô a. +D gefährlich werden.

an-lich,-lîche [s.] anelich.
an-lieben swV D gefallen.
an-,ane-liegen stV [IIa] A betrügen, anlügen; verleumden.
an-,ane-ligen stV [Va] D (+Nsdaz) bitten, (be-) drängen, anflehen; bevorstehen; lasten auf.
an-liuhten swV [Prät. anlûht-] A anstrahlen.
an-louf,-lôf stM Angriff; Anlauf.
an-,ane-loufen stV[VIIe]A angreifen, überfallen; anspringen; hinlaufen zu.
an-lûht- [s.] anliuhten.
an-machen swV refl. sich putzen.
ân-maht [s.] âmaht.
an-mâzen swV refl.+G sich aneignen.
an-merken swV abs. Acht geben.
an-,ane-minne Adj. angenehm.
an-muoten swV D+G ansagen.
an-muotunge stF Zumutung.
an-nagelen swV [Part.Prät. auch angenegelet] A annageln.
an-,ane-næjen swV [Part. Prät. auch angenât, angeneiet] A an-, aufnähen.
an-næme Adj. angenehm, recht.
an-næmekeit,-næmikeit stF Hingabe.
an-næme(n)licheit [s.] annæmlicheit.
an-næmheit stF Gewohnheit.
an-næmikeit [s.] annæmekeit.
an-næmlicheit,næme(n)-licheit stF Anmaßung, Überheblichkeit, Selbstsucht.

an-neigic Adj. zugehörig.
an-nemen,-genemen stV [IVa] refl.+G/A/Nsdaz /Inf. ze annehmen; gewinnen; sich aneignen, sich angewöhnen; auf sich nehmen, sich unterziehen; sich vornehmen; sich kümmern um; sich anmaßen, behaupten; A anziehen, anlegen.
an-nemunge stF Aufnahme.
an-nîden stV [Ia] A anfeinden.
an-,ane-peten [s.] anbeten.
an-pfanc [s.] antvanc.
an-pfîen swV A verhöhnen.
an-pflanzen swV A anmalen.
an-plâsen,-*blâsen stV [VIIb] A anhauchen, anblasen.
an-plic(-) [s.] anblic(-).
an-pliht,-*pfliht stF Anteilnahme.
an-prunst,-*brunst stF Belebung.
an-punieren swV A anrennen, angreifen.
an-quemen [s.] ankomen.
an-rætec Adj. verraten.
an-,ane-râten stV [VIIb] A verraten.
an-recken swV A anrühren.
an-reichen swV ein hâr a. +D ein Haar krümmen.
an-reiten swV der herberge a. +A fertig machen.
an-rennen,-gerennen swV [Prät. anrand- , Part.Prät. angerant] A angreifen, losstürmen auf.
an-rihten swV A bereiten.
an-,ane-rinnen stV [IIIa] A in die Augen steigen [Tränen].
an-rîten stV [Ia] A angreifen; zureiten auf.
an-rûchen,-*rouchen swV A anqualmen.
an-rüefen,-gerüefen swV

[Prät. *anruoft*-] A anrufen, anflehen.

an-rüeren swV [Prät. *anruort* -] A berühren, antasten; angreifen.

an-,ane-ruofen,-geruofen stV [VIIf] A anrufen,anflehen; anbeten; nachrufen, zurufen; anreden.

an-ruoft- [s.] *anrüefen.*

an-ruort [s.] *anrüeren.*

an-sagen,-gesagen swV [Part.Prät. auch *angeseit*] D eine Zusage geben; A+G beschuldigen; A+A nachsagen; Imp. *sag an!* sprich!

an-schaffen swV A formen.

an-schiezen stV [IIb] A anfallen, treffen.

an-schiffen swV refl. sich einschiffen.

an-schilhen swV A anschielen.

an-schimpfen swV A verhöhnen.

an-schîn[1] Adj. offenbar, erkennbar, vorhanden; *a. lâzen/ tuon* +A/Ns *daz* beweisen, verwirklichen.

an-schîn[2] stM *a. vinden* erblicken.

an-schînen,-geschînen stV [Ia] D sich zeigen an, anzusehen sein; A bescheinen.

an-,ane-schouwe stF Anblick, Betrachtung; Beachtung; Aussehen.

an-schouwelich Adj. (an-) schauend.

an-,ane-schouwen swV A anschauen, wahrnehmen, betrachten.

an-schouwer stM Jünger.

an-schouwunge stF Anblick, Betrachtung; Erscheinung.

an-,ane-schrîben stV [Ia] A aufschreiben, eintragen; A+ D zuschreiben.

an-,ane-schrîen,-schrîgen stV [Iab, Part.Prät. auch sw] A anrufen, -flehen; anschreien.

an-schuohen,-geschuohen swV A(+D) anlegen.

an-schüten swV [Prät. *anschute* -] A(+D) anlegen.

an-sedel [s.] *ansidel.*

an-sehen[1]**,ane-sehen, -gesehen** stV [Va] ansehen, betrachten; sehen, erblicken; beachten, bedenken; prüfen; vorherbestimmen, vorsehen; A+D anmerken, ansehen; A+p A *vür* /p D *ze* halten für.

an-sehen[2] stN Anblick, Angesicht; Betrachtung.

an-,ane-sehende Part.Adj. offenkundig, wirklich; *mit ansehenden ougen* mit eigenen Augen.

an-sehunge stF Betrachtung; Blick.

an-seige Adj. feindlich.

an-seigen swV A bewerfen.

an-,ane-senden swV [Prät. *angesant*-] A+A schicken.

an-sênlicheit stF Anschauungsvermögen.

an-setzen swV D sich in den Weg stellen; A+D aufsetzen.

an-,ane-sidel,-sedel stMN Haus, (Stamm-) Sitz.

an-sîgen stV [Ia] abs. herabsinken.

an-,ane-siht(e) stFN Angesicht; Anblick; *ze sîner/ sînem a.* vor seinen Augen.

an-sihtec/ic Adj. wirklich;*a. werden* +A sehen, erblicken.

an-sihtecheit,-sihticheit stF Erscheinung.

an-sihtlîchen Adv. sichtbar.

ân-sin stM Dummheit.

an-,ane-slähen stV [VIa] A schlagen, geißeln, spornen;

annageln, anhängen; anfallen; zufallen.

an-slîchen,-geslîchen stV [Ia] abs. heranschleichen.

an-sloufen swV A(+D) anziehen, anlegen.

an-smæhen swV A in Verruf bringen.

an-smecken swV [Prät. *ansmacht* -] A beschnüffeln.

an-smieren swV A anlächeln.

an-snîden stV [Ia] A+D anpassen, schneidern.

an-snöuwen swV A schelten.

an-soune [s.] *ansûne.*

an-spannen stV [VIIa] A+D anschnallen.

an-spîen,-spîgen,-spîben stV [Ib, Part.Prät. auch sw] A anspeien.

an-,ane-sprâche stF Anklage; Anspruch, Forderung.

an-spræche,-spræchic Adj. anfechtbar, einklagbar.

an-,ane-sprechen,-gesprechen stV [IVa] A Anspruch erheben auf; ansprechen; A+Ns *daz* auffordern; A+D absprechen; A(+G/p A *umbe*) anklagen, beschuldigen (wegen), bezichtigen; *kampflîche/ mit kampfe a.* +A zum (Gerichts-) Kampf herausfordern.

an-sprecher stM Beschwörer.

an-,ane-springen stV [IIIa] A sich stürzen auf.

an-stal stM Stellung.

an-,ane-stân,-stên anV D (+Adv.) (sich) ziemen (für), angemessen sein; passen zu, (zu Gesicht) stehen; zukommen; Part.Adj. [s.] *anstânde.*

an-stânde Part.Adj. drohend.

an-stare,-starre stF Bewunderung.

an-staren,ane-starren, -steren swV A anstaunen, (fest) anblicken.

an-staten swV A antasten.

an-stechen stV [IVa] A anstechen [Fass]; anzünden.

an-stecken swV A anzünden.

an-stên [s.] *anstân.*

an-steren [s.] *anstaren.*

an-,ane-stinken stV [IIIa] A anekeln; in die Nase steigen.

an-stôz stM Anfechtung, Angriff.

an-,ane-stôzen,-gestôzen stV [VIId] abs. anfangen; an-, ablegen [Schiff]; A anzünden; anfechten; abstoßen [Schiff].

an-strich stM Geigenharz.

an-strîchen stV [Ia] refl. sich schminken; A(+D) auflegen [Salbe/ Schminke]; anlegen.

an-,ane-strîten,-gestrîten stV [Ia] D zusetzen, überwältigen; A bedrängen, bekämpfen.

an-stürmen swV A angreifen, stürmen.

an-sûne,-soune stN - Gesicht.

an-suochen swV abs. sich anschmiegen; A(+A) bitten (um); bedrängen.

an-suochunge stF Versuchung.

an-sweifen stV [VIIc] A umhängen.

ant¹ stswMF Ente.

ant² Adv. [s.] *ande* ¹.

ant- [s.] *enden.*

an-tasten swV A anpacken; A+D aufbürden.

ante [s.] *ande* ¹.

ante-krist [s.] *endekrist.*

antern,entern swV A nachahmen, -äffen.

ant-haft Adj. schlimm.

ant-heiz stM Gelübde, Ver-

sprechen.

antiste swM Prälat.

ant-lâz¹ stM Vergebung, Absolution.

ant-lâz²,*an-lâz stM Anlass.

ant-lâzen stV [VIIb] D vergeben.

ant-lâzic Adj. lässlich [Sünde].

ant-lâztac stM Gründonnerstag.

ant-lütze,-litze stN Antlitz, Gesicht; Aussehen.

ant-pfanc [s.] *antvanc.*

an-tragen,-getragen stV [VIa] A tragen; herbeitragen; A/N s*daz,w* planen, verabreden, beschließen; erreichen, zustande bringen, ausführen; A(+D/A) (an-) bieten; entgegenbringen, geben; *viur a.* Feuer legen.

an-tragerinne stF Kupplerin.

an-traht stF Plan; Angriff.

an-,ane-treffen stV [IVa] A betreffen.

ant-reich swM Enterich.

ant-reitære stM Lenker.

ant-reite stFN Ordnung, Reihenfolge; Reihe, Gefolge; (Ab-, Ver-) Lauf.

ant-reiten swV A bereiten, machen, einrichten.

an-,ane-treten stV [Va] A angehören; zuteil werden; treffen.

an-trîben stV [Ia] A tun, (be-) treiben; A+A zutragen.

an-trit stM Angriff; Anfall.

an-trühsen swV A anzetteln.

an-trüllen swV A vorgaukeln.

ant-sagede,-sege stF Entschuldigung, Ausrede.

an-,ane-tuon,-getuon anV A(+D) anziehen, anlegen, kleiden; *ein kaffen a.* +A

angaffen.

ant-vanc,an-,am-vanc, -pfanc stM Empfang, Gruß, Begrüßung.

ant-vogel stM Ente.

ant-,ent-vristen swV A übersetzen; verstehen; A+D erklären.

ant-warten [s.] *antwurten.*

ant-weder [s.] *eintweder* ².

ant-werc [s.] *hantwerc.*

ant-wercliute [s.] *antwercman.*

ant-wercman stM [Pl. *antwercliute* stMN] Handwerker.

ant-werten,-wirten,-worten [s.] *antwurten.*

ant-wurt(e),ent-wort, -würt(e),-werte,-wirt stFN Gegenwart, Anwesenheit; Antwort, Zusage, Entgegnung; Erklärung, Auskunft; Rechtfertigung, Verteidigung; Rechenschaft; *in/ ze a.* [auch] anwesend.

ant-wurten,ent-würten, -worten,-werten,-warten,-wirten swVabs./D/pA *umbe,vür* /pD*vor* antworten; Rechenschaft geben, sich rechtfertigen/ verantworten (für/ vor); entsprechen, folgen; G(+D) beantworten, antworten auf; A+D/pA*in* /Adv. lok. übergeben, überlassen, überbringen; anvertrauen, überantworten, ausliefern.

an-vâhen,ane-vân,-gevâhen stV [VIIb, Prät. auch *anvieng* -; Part.Prät. auch *angevangen*] abs./refl. anfangen; A/Inf./pD*ze* beginnen (mit); machen, anstellen, ausführen, fertig bringen; [Inf.+*a.* auch expl., z.B. *dienen a.* dienen].

an-val,ane-vel(le) stMN Eigenschaft, Akzidens; Erbe.

an-,ane-vallen,-gevallen stV [VIIa] abs. hereinbrechen; A zufallen; treffen; überkommen, überfallen; ergreifen.

an-vân [s.] *anvâhen.*

an-vanc¹,ane-vanc stM Anfang, Beginn; Ursprung.

an-vanc² stM [s.] *antvanc.*

an-,ane-varn stV [VIa] A angreifen.

an-,ane-vehtære/er stM Verfolger, Feind.

an-,ane-vehten stV [IVa] A angreifen, bekämpfen; bedrängen, beunruhigen; anfechten, in Versuchung führen;*(den)sic a.* +D besiegen.

an-,ane-vehtunge stF Anfechtung, Versuchung; Verfolgung.

an-,ane-vel(le) [s.] *anval.*

an-vellic Adj. krank; schlimm.

an-,ane-vengic Adj. beginnend.

an-verdienen swV A/N*daz* +D durch Dienen erlangen von.

an-vergân anV A tun; unterlassen.

an-verlâzen,-verlân stV [VIIb] A+D (an-) lassen.

an-versuochen swV A+A erbitten von.

an-vieng- [s.] *anvâhen.*

an-viuren swV A anfeuern.

an-,ane-vluz stM Urgrund; Ursprung.

an-,ane-vüeren swV [Prät. *anvuort-*]A tragen, anhaben.

an-vüllen swV A verhüllen.

an-wâfenen swV A bewaffnen.

an-wæjen swV A anblasen; A+D zuwehen.

an-,ane-wænen swV A verdächtigen; annehmen.

an-,ane-want stF Grenze, Ende.

an-want- [s.] *anwenden.*

an-,ane-wâten swV A(+A) anziehen; bekleiden (mit).

an-weigunge stF Anfechtung.

an-weinen,-geweinen swV A anflehen; beweinen.

an-,ane-wellen stV [IIIb] A+A zuschieben.

an-wenden swV [Prät. *anwant-*] A helfen, beistehen.

an-,ane-werden stV [IIIb] A anrühren, in Angriff nehmen.

an-,ane-werfen stV [IIIb] A+A zuwerfen, entgegenschleudern, in den Weg legen; einflößen; anhäufeln;*einen slâf a.* +A in Schlaf versenken; *daz viur/ den brant a.* Feuer legen.

an-,ane-winden stV [IIIa] A gehören zu, angehen.

an-wîsen swV A anleiten.

an-wîser stM Ratgeber.

an-,ane-wîsunge stF Anweisung, Anleitung.

an-wurken swV A beeinflussen; schlecht behandeln.

an-,ane-zannen swV [Part. Präs. *anzennende*] A anfletschen; verhöhnen.

an-zemen stV [IVa] D sich ziemen für, passen zu.

an-zennende [s.] *anzannen.*

an-,ane-ziehen,-geziehen stV [IIb] refl.+A/G/N*daz* sich anmaßen; vorgeben; Anspruch erheben auf; sich einlassen auf; unpers.+A zustehen; A(+D) anziehen.

an-zocken,-zucken swV refl.+A sich anmaßen; vorgeben; sich hingeben.

an-zugic Adj. verführerisch.

an-zünden,-zunden swV A an-, entzünden.

an-zünder stM Anstifter.

ap- [s. auch] *ab-.*

apentêk [s.] *apotêke.*

apfalter stswF Apfelbaum.

apfel,öpfel stM Apfel.

apfel-biz stM Biss in den Apfel.

apfel-,öpfel-boum, -poum stM Apfelbaum.

apfel-,öpfel-getranc stM Apfelmost.

apfel-grâ,-grîs Adj. apfelschimmelfarben; *a. marc* Apfelschimmel.

apfel-muos,-mûs stN Apfelmus.

apfel-saf stN Apfelsaft.

apfel-,epfel-tranc stM Apfelmost.

apostel(e),apostole stswM Apostel.

apostolisch Adj. apostolisch.

apotêke,apentêk stswF Gefäß; Spezerei, Arznei; Apotheke, Gewürzladen.

apotêken-pulver stN Heilpulver.

apotêker stM Apotheker.

appe-lâz,-lôz [s.] *ablâz.*

appelieren swV pA*an* appellieren an.

appet [s.] *abbet.*

appet-grunde [s.]*abgrunde.*

appit-got [s.] *abgot.*

â-precher [s.] *abbrecher.*

apt [s.] *abbet.*

apt-got [s.] *abgot.*

aptîge [s.] *abbatîe.*

ar,are swM Adler.

arâbisch,aræbesch Adj. arabisch.

aranser stF [Pl.] Orangen.

arant,erande,er(e)nde stMFN Botschaft, Auftrag.

arbeit,arebeit,er(e)beit stF Mühe, Bemühung; Anstrengung; Aufgabe, Dienst, Pflicht; Arbeit, Werk; Mühsal, Beschwernis; Last, Prüfung; Not, Bedrängnis, Gefahr; Leid, Kummer, Sorge; Schmerz, Qual; Wehen.

arbeiten,erbeiten swV abs./ refl.(+pD *nâch*) arbeiten, sich anstrengen/ quälen, sich bemühen (um); pD *nâch* / p *Aumbe* /Adv.lok. streben nach; pA *in* eindringen in; A einsetzen; tun, ausüben; anbauen, bearbeiten; bedrängen.

arbeiter stM (Lohn-) Arbeiter, Handwerker.

arbeit-lich Adj. eifrig, sorgfältig; beschwerlich, mühevoll; schlimm.

arbeit-sælic,erbet-sælic Adj. geplagt, geprüft, geschunden.

arbeit-,erbet-sæliclîche Adv. mühsam.

arbeit-sælikeit,erbeit-, erbet-sælikeit stF Mühsal, Qual.

arbeit-,erbeit-sam Adj. beschwerlich.

arc[1] Adj./Adv. schlimm, böse, schlecht; gefährlich; geizig.

arc[2] stN Feindseligkeit, Hass; Bosheit; Schaden, Übel, Leid.

arche,arke stswF Arche; Kiste, Schrein, Truhe; Bundeslade [zur Aufbewahrung der Gesetzestafeln].

arc-heit stF Schlechtigkeit; Bosheit; Unrecht.

archelîe stF Archäologie.

arc-herzic Adj. böse.

arc-herzikeit stF Bosheit.

arc-,erc-lich Adj. boshaft, grimmig, grausam.

arc-,erc-lîche(n) Adv. tückisch, böswillig.

arc-listic Adj. heimtückisch.

arc-listiclîchen Adv. heimtückisch.

arc-man stM Geizhals.

arc-spreche(nde) swM Lästermaul.

arc-wân,-wôn stM Verdacht, Argwohn, Misstrauen, Zweifel.

arc-wænec/ic Adj. verdächtig, misstrauisch; treulos; anfechtbar, fragwürdig.

arc-wænen swV [Prät. *arcwânt* -] A verdächtigen, argwöhnen; beneiden.

arc-wænige stF Misstrauen.

arc-wânt- [s.] *arcwænen.*

arc-wôn [s.] *arcwân.*

arc-wœnlich Adj. verdächtig.

are [s.] *ar.*

arebeit [s.] *arbeit.*

aremuz [s.] *armuz.*

aren-vederich,-vetech stM Adlerflügel.

argen swV D/A Sorge bereiten, ängstigen.

argerunge [s.] *ergerunge.*

arke [s.] *arche.*

arm[1]**,arn** Adj. arm; armselig, ärmlich, gering; unglücklich, erbarmungswürdig; bedauernswert; elend, erbärmlich.

arm[2]**,arn** stM Arm; Flussarm, Nebenfluss; Landzunge.

arman [s.] *armman.*

arm-boge [s.] *armbouc.*

arm-borst [s.] *armbrust.*

arm-bouc,-boge stswM Armreif.

arm-brust,arn-borst, -brost,-prost,-prust stFN Armbrust.

armbrust-schütze swM Armbrustschütze.

armec-lich,armc-,ermec-lich Adj. ärmlich, dürftig, erbärmlich.

armec-,erm(e)c-lîche(n) Adv. armselig, in Armut.

arme-,erme-keit,armec-, armic-heit stF Armut, Not, Elend.

arme-lîche(n) [s.] *ermelîche(n).*

armen[1] swV abs. arm sein/ werden.

armen[2] swV [s.] *ermen.*

arm-gestelle stN Schildgriff.

arm-golt stN Armreif.

arm-grôz Adj. armdick.

armic-heit [s.] *armekeit.*

arm-îsen stN Handschellen; Armschiene.

arm-man,arman stM Armer, Unglücklicher, Unseliger; Bauer, Knecht; Gefolgsmann.

armonîe stswF Harmonie.

armuot,armüet(e),armôt, ermuote,ermüete stFN Armut, Not.

armuz,aremuz stN Mütze.

arm-wîp stN Arme, Unglückliche, Unselige.

arn[1] stV[VIIa] A(+D) pflügen.

arn[2] stM Adler.

arn[3] Adj. [s.] *arn* [1].

arn[4] stM [s.] *arn* [2].

arn-brust [s.] *armbrust.*

arne-bote,-pote swM Bote, Sendbote.

arnen swV A/Ns *daz* verdienen, erwerben; büßen (für); entgelten, bezahlen; (be-) strafen.

arne-pote [s.] *arnebote.*

arn-prost,-prust [s.] *armbrust.*

arômât stN Duftkraut.

arômâten,arômatieren swV A einbalsamieren.

arômât-würze stF Gewürzkraut.

arre stF Handgeld.

ars stM Arsch.

art stMFN Herkunft, (rechtmäßige) Abstammung, Geburt; Geschlecht; Vorfahren; Verwandtschaft; Nachkomme; Glied; Gattung; Herkommen, Gewohnheit; Stand,

Rang; Natur, Wesen; Veranlagung; Eigenschaft, Beschaffenheit; Art, Weise; [auch expl., z.B. *in jâmers a.* in Jammer].
arten swV abs. sich zeigen; beschaffen sein; pD*nâch* ähnlich sein; A+D vererben.
artic [s.] *ertec.*
artikel stM Artikel.
art-îsen stN Pflugschar.
art-lich Adj., **-lîchen** Adv. entsprechend.
art-ribalt stM Landstreicher von Geburt.
art-spilman stM Spielmann von Geburt.
arweiz,erweiz stF Erbse.
arzât,arzet,arzt stM Arzt.
arzât-,arzet-buhse stF Arzneibüchse.
arzât-,arzet-buoch   stN Heilkundebuch.
arzatîe [s.] *arzenîe.*
arzâtin,arzâtinne,arzætinne,erzetinne,arzedinne stF Ärztin.
arzâtîn Adj. heilend.
arzât-lich,ertz-lich   Adj. ärztlich.
arzât-list stM Heilkunst.
arzdîe,arzedîe [s.] *arzenîe.*
arzedîen,arztîen swV A/D heilen, behandeln.
arzedinne [s.] *arzâtin.*
arzenîe,arzedîe,arzatîe, arzetige,arzedige,arztige,arzdîe,erzenige,erzenîe,erznîe stF Arznei, Heilmittel; Heilkunde.
arzen-tuom [s.] *arzetuom.*
arzet(-) [s.] *arzât(-).*
arzetige [s.] *arzenîe.*
arze-tuom,arzen-tuom stN Heilmittel; Heilkunde.
arz-,*erz-liute stMN [Pl.] Bergleute.
arznen,erzen swV A/D heilen, behandeln.

arzt(-) [s.] *arz-.*
âs¹,âz stN Aas, Leiche; Körper, Fleisch.
âs² stN [s.] *âz¹.*
â-sanc stM Gluthauch.
asch stM Schüssel.
asche¹ swM Äsche [Fisch].
asche²,esche swMF Asche, Staub, Pulver.
asche-,esche-kuoche swM Aschenkuchen.
aschen-,esche-var   Adj. aschfarben.
aschen-wazzer stN Lauge.
asch-louch stM Knoblauch.
asch-man stM Küchenjunge; Bootsknecht.
asen swV A erklettern.
âsen swV A fressen.
asiânisch Adj. asiatisch.
â-smac stM Beigeschmack.
â-smeckic Adj. ungenießbar.
aspe¹ swF Espe.
aspe² swF [Schlange].
aspindê Subst. [Baum, Holzart].
â-sprâchen swV abs. lästern.
ast stM Ast, Zweig, Trieb; (Baum-) Stamm, Stange; (Kreuzes-) Balken.
astet Adj. verzweigt.
â-stiuren swV refl. den falschen Kurs steuern.
astronomîe stF Astronomie.
astronomierre swM Astronom.
â-swîch stM Heimtücke; *â. tuon* +A sich wegschleichen aus.
â-teil stN Gegenteil.
âtem,âten,âdem,âden stM Atem, Luft; Geist.
âtemen,âtmen swV abs. atmen.
âtem-stanc stM Mundgeruch.
âtem-,âden-zuht stF Atemzug.
âten [s.] *âtem.*

ater stF Natter.
athe [s.] *ahte²*.
ati-gêr stM Wurfspieß.
âtmen [s.] *âtemen.*
atzel swF Elster.
atze-man stM Wachsfigur.
atzen,etzen swV A speisen, nähren, füttern.
ave¹ Adv. [s.] *ab¹; aber¹.*
ave² Präp. [s.] *ab².*
ave³ Konj. [s.] *aber².*
ave- [s.] *ab-.*
âvent [s.] *âbent.*
âventiuræire,âventûrer stM fahrender Ritter.
âventiure,âventûre,âbentiure,êbentûre stF Erzählung, Geschichte; Quelle, Überlieferung; Neuigkeit, Nachricht; Begebenheit; Unterhaltung, Vergnügen; Abenteuer; Ritter-, Heldentat; Streben nach Ruhm; Kampf; Wagnis, Herausforderung; Bedrängnis; Schicksal; Zufall, Gelegenheit; Glück; Erfolg; Wunder, Zauber; *in/ nâch/ ûf/ von â.* [auch] aufs Geratewohl.
âventiuren swV refl. gefährlich werden; A erproben; vollbringen; A+Ns*daz* veranlassen.
âventiuric,âbentiuric Adj. abenteuerlustig.
âventiur-,âbentiur-lich Adj. un-, außergewöhnlich.
âventûr(-) [s.] *âventiur(-).*
aver [s.] *aber .*
aver(e)n,evern swV A wiederholen; wiederherstellen.
âvoy Interj. [Bewunderung].
âwê Interj. [Klage; Angst].
awech Interj. [Verlangen].
â-wegic Adv. *â. gân* in die Irre gehen.
â-wehsel,-wors, -wür(h)sen,-basel stswMF Kadaver.

âwî Interj. [Bewunderung;
Verlangen].
â-wicke stN Wildnis.
â-witzec Adj. unverständig.
â-witzen swV abs. toben.
â-wors,-wür(h)sen [s.] â-
wehsel.
ax(t) [s.] ackes.
axt-slac stM Axthieb.
ay Interj. [Klage; Verwunde-
rung]
âz¹,âs stN Essen, Speise;
Fraß.
âz² stN [s.] âs ¹.
æzen swV A speisen.
âz-vogel stM Aasvogel.

b

bâbe swF (altes) Weib/ Müt-
terchen.
bâbest,bâbes,bâbst,
bâpst,pâbes(t) stM Papst.
bæbest-,pæbest-lich Adj.
päpstlich.
bâbest-reht stN päpstliches
Recht.
babiân [s.] papegân.
bâbst [s.] bâbest.
bac stM Backe, Wange.
bâc stM Streit; Zorn; Widerrede; Geschrei.
bach stMF Bach; Strom; Wasser.
bache¹ swM Schinken, Speck
(-seite).
bache² swM [s.] backe.
bachen,backen,pachen
stV [VIa] abs./A backen; A +
pDze verbacken zu.
bach-meister stM Bäcker-
meister.
bac-hûs stN Backhaus.
backe,bache swM Backe,
Wange; Kinnlade.

backen [s.] bachen.
backen-slac stM Backen-
streich.
bac-oven stM Backofen.
badære/er stM Bader.
bade [s.] bate ².
bade-,bat-gewant stN Ba-
demantel.
bade-kleit stN (Bade-) Gewand.
bade-,pat-kneht stM Ba-
dergehilfe.
bade-lachen stN Badetuch,
Badeumhang.
baden,beiten,paden swV
abs./pDin baden/ schwim-
men (in); A baden,waschen.
baderinne stF Badefrau, Bademagd.
bade-,bat-stube swF Bade-
stube, Badehaus.
bade-vaz stN Badezuber.
bâgen,pâgen stV [VIIb,
Prät. auch sw] abs. schimpfen, schelten, zanken; kämpfen;pAumbe streiten um; âne
b. bereitwillig, freundlich.
bagern swV A bezahlen.
bâht,bôht stMN Schmutz,
Unrat; Streu.
bal¹ stM Ball.
bal²,pal stM Gebell.
balax,paleis stM[Edelstein].
balc,palc stM Balg, Bauch;
Haut, Fell; Schlauch; Blasebalg; Schwertscheide.
balde,palde Adv. schnell,un-
verzüglich, (als-) bald, sofort, plötzlich; bald; sehr;
wohl.
baldec/ic-lîche(n),baltec-
lîche Adv. schnell, sogleich;
geradewegs.
balde-,palde-,palte-kîn
stMN Seide, Brokat (-decke).
balden swV pDnâch eilen zu.
balderich stM Gürtel, Riemen.
bale stMN Übel.

balieren swV A schmücken.
balke swM Balken.
balle swM (Hand-, Fuß-)
Ballen; Ball.
balm- [s.] palm-.
bal-,pal-munden swV A die
Vormundschaft entziehen.
bal-rât stM Intrige, falscher
Rat.
balsam,balsem,balsme
stswM Balsam (-duft, -öl,
-pflanze).
balsamen-gesmac stM Bal-
samduft.
balsamen-,balsem-vaz
stN Balsamgefäß.
balsam-garte swM Balsam-
garten.
balsamîe,balsamîte stF
Balsam (-pflanze).
balsam-saf stN Balsamsaft.
balsam-tropfe swM Balsam-
tropfen.
balsam-trôr stN Balsam-
duft.
balsem [s.] balsam.
balsemen,balsmen swV
abs. Balsam hervorbringen;
A einbalsamieren, salben.
balsem-lich Adj. balsamisch.
balsem-mæzec Adj. dauer-
haft.
balsem-var Adj. einbalsa-
miert.
balsem-vaz [s.] balsamen-
vaz.
balsme [s.] balsam.
balsmen [s.] balsemen.
balt,palt Adj. mutig, kühn,
tapfer, furchtlos; groß, stark;
dreist, heftig; eifrig; schnell;
voll.
baltec-lîche [s.] baldeclî-
che(n).
baltenære stM Pilger.
balt-,palt-heit stF Kühn-
heit, Mut.
balt-lich Adj. mutig; schnell;
gut.

balt-,palt-lîche(n) Adv. sogleich, (als-) bald; kühn, mutig; vertrauensvoll; unbedacht.

balt-,palt-sprâche Adj. mutig.

balûne [s.] *pavelûne.*

balzieren swV A gürten.

ban[1],pan stM Bann, Ächtung; Gericht, Gerichtsbarkeit, (Gerichts-) Gewalt; Gebot; Strafe; Friedegebot; (Aufgebot zum) Kriegsdienst.

ban[2],bane,pan stMF Weg, Bahn.

ban[3],bane,pan stswM Untergang, Verderben.

bæn swV A rösten; A+D wärmen.

banc,panc stMF Bank; Gerichts-, Schöffenbank.

banc-heit stF Angst.

bande-,*bange-keit stF Bangigkeit, Sorge.

banden,panden swV A pfänden.

bane [s.] *ban.*

baneken,banken,ban(i)-chen,paneken swV abs./ refl. spazieren (gehen /reiten), (aus-, umher-) reiten [auch *(sich) b. rîten/ gân*]; sich vergnügen/ zerstreuen; A in Bewegung setzen; *den lîp b.* sich anstrengen/ Bewegung machen; *den sin b.* +pD*an,mit* sich beschäftigen mit; *durch b.* zum Zeitvertreib.

banekîe stF Vergnügen, Zeitvertreib; Abenteuerlust.

banen,panen swV [Part. Prät. auch *gebent*] A bahnen, ebnen; betreten.

baner [s.] *banier(e).*

bange Adv. *b. sîn* unpers.+D+ pD*von* benommen sein von.

ban-holz stN Bannwald

[Wald, dessen Nutzung dem Grundherrn vorbehalten ist].

banichen [s.] *baneken.*

banier(e),baner,paner, panier(e) stFN Banner, (Lanzen-) Fahne, Wimpel; Feldzeichen.

banier-vüerer,-vûrer stM Bannerträger.

banken [s.] *baneken.*

bannen,pannen stV [VIIa, [Prät. auch sw] A(+pA*in*) mit dem Bann belegen, ächten; (ver-) bannen (in); *vride b.* Waffenruhe ausrufen; *vride b.* +D(+pD*vor*) Schutz zusichern (vor).

bant,pant stN Band, Fessel, Strick, Leine; Riegel; Binde, Verband; Bund, (Ver-) Bindung; Knechtschaft, Gefangenschaft.

bant-,pant-âder swF Sehne.

ban-vîre stF Entweihung des Feiertags.

ban-,pan-vorst stM Bannwald [Wald, dessen Nutzung dem Grundherrn vorbehalten ist].

banzer [s.] *panzier.*

baptiste swM Täufer.

bar[1],par Adj. nackt, bloß, kahl; unbewaffnet, unbedeckt, unverhüllt; ungesattelt; [nachgest.] +G ohne, frei von, beraubt.

bar[2],pære stF Blöße, unbedeckte/ kahle Stelle.

bar[3] stF [s.] *barre.*

bâr [s.] *pâr.*

baradîs [s.] *paradîs(e).*

Barbarîe stF Land der Berber [Nordafrika].

barbier(e),barbel stF Visier, Helmgitter.

barbigân stF Bollwerk.

bærde stF Verhalten; Gebärde.

bâre,bôre,pâre stswF (To-

ten-) Bahre; Trage.

bâre-,bâr-kleit stN Totenhemd.

barel,parel stN Flasche; Becher.

baren[1] stM [s.]*barm* [1]*;barn* [1].

baren[2] stMN [s.] *barn* [2].

bâren[1],pâren swV [Prät. auch *bært-*] A auf eine Bahre legen, aufbahren; A+pA*in,ûf* betten in/ auf.

bâren[2] swV *gelîch b.* +D sich verhalten wie.

bar-houpt Adj. barhäuptig.

bâric Adj. fruchtbar; trächtig.

barkân,barragân stM Barchent [Stoff].

barke stswF (Bei-) Boot; Bark.

barkenære stM Schiffer.

bâr-kleit [s.] *bârekleit.*

bar-lich Adj. *b. tuon* +A entblößen.

barm[1],bar(e)n,parm stM Schoß.

barm[2] stMN [s.]*barn* [2].

barm[3] stN [s.]*barmen.*

barmde [s.] *bermde.*

barm-diemüetic Adj. barmherzig.

barmec Adj. barmherzig.

barmec-heit [s.] *barmekeit.*

barmec/ic-lich,bermec-, bermic-lich Adj., **-lî-che(n)** Adv. erbärmlich, erbarmungswürdig.

barme-keit,barm(e)c-heit stF Barmherzigkeit.

barmen swV refl.+pA*über* sich erbarmen über.

barmen,barm stN Erbarmen

barmenære stM Erbarmer.

barm-herze[1] Adj. barmherzig.

barm-herze[2] stF Barmherzigkeit.

barm-herzekeit,-herzkeit, -herzicheit stF Barmherzigkeit.

barm-herzic Adj. barmherzig.

barm-herziclîchen Adv. barmherzig.

barm-herzunge stF Barmherzigkeit.

barmunge,parmunge stF Erbarmen, Gnade, Mitleid, Schonung; Jammer.

barn¹,baren stM Krippe, Trog.

barn²,baren,barm,parn stMN Kind, Nachkomme; Sohn, Tochter; Mensch; Held.

barn³ stM [s.] *barm* ¹.

barragân [s.] *barkân.*

barre,bar stF Schranke, Querbalken; *(die) b. loufen* (über Hürden) um die Wette laufen.

bar-russe Adv. ohne Sattel.

bar-schaft stF Barschaft.

bar-schenkel,par-schinke Adv. mit nackten Beinen.

bart,part stM Bart; *sam/ sô mir mîn bart* bei meinem Bart.

barte swF (Streit-) Axt.

bartoht Adj. bärtig.

bâruc(h) stM [orientalischer Fürstentitel].

barûn stM Baron, Edelmann.

barûnîe stF Edelleute.

bar-,par-vuoz,-vûz,-vüeze Adj./Adv. barfuß; *b. pfert* unbeschlagenes Pferd.

barvuozen-bruoder stM Barfüßermönch.

base,wase swF Tante, Kusine, Nichte [väterlicherseits].

basiliske swM [Schlange].

bast¹ stMN Bast(-seil); Rinde; das Geringste; *niht/ nimmer ein b.* nicht im Geringsten.

bast² stM Aufbrechen und Zerlegen des Wildes.

bastei stF Bollwerk.

bast-hart,pastart stM un-

ehelicher Sohn; *samît b.* Plüsch [unechter Samt].

bast-list,-site stM Kunst des Aufbrechens und Zerlegens von Wild.

bat,pat stN Bad.

bate¹,pate swM Pate, Patenkind.

bate²,bade,bazze stswF Nutzen, Vorteil.

batêle swM Boot.

bate-lôs Adj. hilflos.

bate-schaft [s.] *boteschaft.*

bat-gewant [s.]*badegewant.*

batônje,patônige stF [Zauberpflanze].

bat-schaft [s.] *boteschaft.*

bat-stube [s.] *badestube.*

bat-,pat-wât stF Schutzhaube [unter dem Helm].

baz,paz Adv. [Komp.von*guot*] besser; eher, lieber; mehr; weiter; genau, genauer; fester; [auch] gut, am besten; Komp.+*b.* noch [z.B. *nâher b.* noch näher];*(ie) b. unde b.* immer mehr/ besser.

bazze [s.] *bate* ².

be-barn [s.] *bewarn.*

be-beg- [s.] *beweg-.*

beben¹ swV [s.] *biben(en).*

beben² stswF [s.] *pfedem.*

be-breiten swV A bedecken.

bec [s.] *becke.*

bech,pech stN Pech.

becher,bechârestMBecher.

bech-stein stM Pechstein.

bech-,pech-welle stF (siedendes) Pech; Hölle.

becke,bec,becken,pec stN (Wasch-) Becken, Schüssel.

beckel-,peckel-hûbe swF Beckenhelm, Eisenhaube.

beckel-huot stM Beckenhelm, Eisenhaube.

becken¹ swV [s.] *bicken.*

becken² stN [s.] *becke.*

be-dagen¹ swV abs. schweigen.

be-dagen² swV [s.]*betagen.*

be-daht- [s.] *bedecken.*

be-dâht Part.Adj. klug, besonnen; besorgt, aufmerksam; entschlossen; *übel b.* schlecht beraten.

bedâht- [s.] *bedenken.*

be-dæhtic Adj. besonnen.

be-dæhticlîche Adv. aufmerksam.

be-dæhtikeit stF Überlegung.

be-daz [s.] *bidaz.*

bêde(-) [s.] *beide(-).*

be-decken swV [Prät. auch *bedaht-*] A bedecken, zudecken, überziehen; verdecken, verhüllen; verstecken; verschließen; erfüllen.

be-deckunge stF Verdunkelung; Zurückhaltung.

bedelen [s.] *beteln.*

be-dempfen swV A verwirren.

beden [s.] *beten.*

be-denken swV [Prät. *bedâht-*] refl. sich besinnen, sich vorsehen; refl.(D)+G/Ns (*daz,w*) sich entschließen zu, sich entscheiden für; nachdenken über; sich versorgen mit, sorgen für, berücksichtigen; A/Ns*daz* bedenken, denken an; erdenken, sich vorstellen, planen; unterscheiden; beachten, sich kümmern um/ erbarmen über; beschenken; A+G verübeln.

bederbe [s.] *biderbe.*

be-derbeclîche,-derptlîche Adv. kräftig.

be-,bi-derben swV A verwenden, (be-) nutzen, (ge-) brauchen.

be-derptlîche [s.] *bederbeclîche.*

be-diet Part.Adj. geknechtet.

be-diu Konj. deshalb.

be-diutære stM (Traum-) Deuter.
be-diute[1]**,-dûte** Adv. deutlich.
be-diute[2]**,-dûte** stF Zeichen.
be-diuteclîche(n) Adv. deutlich.
be-diuten,-dûten,-tiuten, -tûten swV refl.+Adv. zu verstehen sein; A/Ns*daz,w*/Inf.(+D) bedeuten, bezeichnen, meinen; deuten, erklären; sagen, mitteilen, beschreiben;D+pD*von* erzählen von.
be-diutnusse,-dûtnisse stF Sinnbild.
be-,we-diutunge,-dûtunge stF Sinn.
be-dœnen swV A mit Klang erfüllen.
be-drahten [s.] *betrahten.*
be-dreben swVA bedrängen.
be-driezen stV [IIb] unpers.+ A(+G/Inf.) verdrießen, lästig/ zu viel werden, missfallen.
be-drôwen swVA erpressen.
be-drucken swV A niederdrücken; Part.Adj. [s.] *bedrucket.*
be-,we-drucket Part.Adj. ausgemergelt.
be-drungen Part.Adj. gedrängt, besetzt.
be-dunken[1]**,-dünken** swV [Prät. *bedûht* -] unpers.+A/ D+G/Ns(*daz,w*) dünken, scheinen.
be-dunken[2]**,-dünken** stN Meinung; Trugbild; âne b. deutlich.
be-durfen,-dürfen anV G/ A/Ns*daz* bedürfen, brauchen, nötig haben; Inf.(*ze*) dürfen, müssen, können.
be-durftic Adj. bedürftig.
be-durnen swV A+pD*gegen* verschließen vor.

be-dût- [s.] *bediut-.*
be-dwingen [s.] *betwingen.*
be-gâben,-gôben swV A (+pD*mit*) beschenken/ belohnen/ ausstatten (mit).
be-gagen(en) [s.] *begegenen.*
be-gâhen Adv. schnell.
be-gân,-gên anV refl.+pD*bî* / Adv. leben (mit); refl.+G/pD *mit,von* leben/ sich ernähren von; sich beschäftigen mit; refl.+pG*âne* /pA*âne* verzichten auf; pD*an* handeln an; G/A tun, machen, vollbringen; hervorbringen; begehen, verüben; (aus-) üben, ausführen; beweisen, zeigen; befolgen, (be-) achten; leisten, erringen; behandeln; versorgen; treffen, ergreifen; A/ Ns*daz* feiern, weihen; *eine bête/ vrâge b.* eine Bitte/ Frage stellen; Part.Adj. [s.] *begangen.*
be-gangen Part.Adj. betroffen, besorgt.
be-garewe [s.] *begarwe.*
be-gart Part.Adj. gerüstet.
be-garwe,-garewe,bi-gar Adv. ganz und gar, vollständig, genau, vollkommen.
begaten,-katen swV refl. +pD*mit* sich verabreden mit; A ergreifen; A+pD*mit* vermählen mit.
be-geben stV [Va] refl. ins Kloster gehen; sich ergeben; refl.+pD*ze* sich begeben in/ zu; refl.+G/pD*von* sich lossagen von, sich zurückziehen aus, verzichten auf; A aufgeben, verlassen; unterlassen, vergessen; A+G/pD*mit* befreien von, verschonen mit; Part.Adj. [s.] *begeben.*
be-geben Part.Adj. geweiht.
be-gegen [s.] *begegenen.*
be-gegene Präp.+D entgegen.

be-gegenen-,bi-gegen, -gagen(en),-genen,-ginen,-geigen swV [Prät. auch *begeint-*] abs. geschehen; D(+pD*mit*) entgegengehen, -kommen; widerfahren; begegnen (mit).
be-geigen,-geint- [s.] *begegenen.*
be-geisten swV A verstehen.
be-gên [s.] *begân.*
be-genâden [s.] *begnâden.*
be-genen [s.] *begegenen; beginen*[1].
be-ger(-) [s. auch] *begir(-).*
be-gern,-girn swV G/A/Ns *daz* /Inf.*ze* begehren, verlangen (nach), wünschen, erbitten.
be-gerunge stF Verlangen, Sehnsucht, Begierde; Bitte, Wunsch, Gebet.
beg-hart stM Begarde [Laienbruder].
be-gien,-*gihten swV abs. sich eintragen lassen.
be-giezen stV [IIb] A(+D) begießen, benetzen, tränken; überströmen; erfüllen.
be-gih- [s.] *bejehen.*
be-giht stF Bekenntnis.
be-gin,-ginne stMN Anfang, Beginn, Ursprung; Tun, Handeln.
begîne swF Begine [Laienschwester].
be-ginen[1]**,-genen** swV A verschlingen.
be-ginen[2] swV [s.] *begegenen.*
be-ginne [s.] *begin.*
be-ginnen stswV [IIIa, Prät. meist *begund* -] abs. beginnen; G/A/Inf.(*ze*)(+D/pD*ze*) anfangen (mit, zu); tun, ausführen, (aus-) üben; machen (zu); [b. +Inf.(*ze*) auch expl., z.B. *vrâgen b.* fragen].
be-ginnunge stF Anfang.

be-gir,pe-girde,-ger(de)
stF Verlangen; Wunsch; Begierde.

be-giric Adj. begehrenswert.

be-,we-girlich,-gerlich
Adj., **-lîche** Adv. begehrenswert, ersehnt; verlangend, sehnsüchtig; begierig, begehrlich.

be-girn [s.] *begern.*

be-glîten stV [Ia] pA*in* hineingeraten in.

be-gnâden,-genâden,
-gnôden swV A mit Gnade erfüllen; Gnade erweisen, sich erbarmen über.

be-gnagen stV [VIa] *hinderwart b.* +A verleumden.

be-gnôden [s.] *begnâden.*

be-gnüeg-,-gnuog- [s.] *benüeg-.*

be-gôben [s.] *begâben.*

be-gonst [s.] *begunst.*

be-goukeln swV A verblenden, verführen.

be-,bi-graben[1],-graven
stV [VIa] A be-, vergraben; eingraben; Part.Adj. [s.] *begraben* [2].

be-graben[2] Part.Adj. versunken.

be-graven,-*graben swV A (mit einem Graben) schützen.

be-grebde stF Grab(-stätte); Begräbnis.

be-grebnüsse stF Begräbnis.

be-grif stM Begriff; Bedeutung, Vorstellung, Vorstellungsvermögen.

begrîfec/ic Adj. aufmerksam.

be-grîfen,bi-,pe-,pi-,
we-grîfen stV [Ia] refl.+pD *mit* kämpfen/ sich streiten mit; A(+D) ergreifen, packen, fassen; fangen; festhalten; treffen, erreichen; fin-

den, erlangen; erfassen; ereilen; umfassen, enthalten; berühren, befühlen, umarmen; begreifen, erkennen; *einen wec b.* einen Weg einschlagen; Part.Adj. [s.] *begriffen* [1].

be-griffen[1] Part.Adj. *b.* +pD *in, mit* behaftet/ belegt mit; gebunden durch; erfüllt von.

be-griffen[2],-gripfen swV A ergreifen, packen.

be-griffenheit stF Verständnis.

be-griffenlich,-grîflich
Adj. erkennbar, fassbar.

be-griffenlicheit stF Vorstellungsvermögen.

be-grîflich[s.]*begriffenlich.*

be-grift stF Umfang.

be-grîfunge stF Verständnis; Berührung.

be-gripfen [s.] *begriffen.*

be-grüenen swV A+D beleben.

be-grüezen swV A (be-) grüßen.

be-gründen swV A schaffen.

be-gruonen swV D grünen.

be-güeten swV A entschuldigen.

be-gund- [s.] *beginnen.*

be-gunnen anV G+D geben.

be-gunst,-gonst stF Beginn; Tun, Tat; *b. haben* +G anfangen, ausführen.

be-gürten swV [Prät. auch *begurt-*] A(+pD*mit*) (um-) gürten (mit).

be-haben,bi-,we-hân,
-heben swV A/G (inne-) haben, besitzen; behalten; (zurück-, fest-) halten; erlangen, erwerben, erringen, erreichen; A/N s*daz* beweisen, (be-) schwören; A/G(+D) bewahren, erhalten; vorenthalten; *den strît/ die reise b.* den Kampf gewinnen; *daz velt/*

daz wal/ die walstat b. das Feld behaupten.

be-haft Part.Adj. behaftet, befallen; besessen; ergriffen; ausgestattet; vorhanden, anwesend; befestigt, gebunden; gefangen.

be-haft- [s.] *beheften.*

be-hage stF Gefallen, Wille.

be-hagel,-hagelt Adj. angenehm; kühn.

be-hage-,-hagen-lîche(n)
Adv. prächtig, stattlich.

be-hagelt [s.] *behagel.*

be-hagen[1] swVD(+Adv.) gefallen.

be-hagen[2] stN (Wohl-) Befinden.

be-hagenlîche(n) [s.] *behagelîche(n).*

be-haglicheit,-hege(n)licheit,-heglicheit stF Gefallen, Wohlgefallen.

be-hagunge,-hahunge stF (Wohl-) Gefallen, Befriedigung.

be-hâhen stV [VIIb, Part. *Prät. behangen*] pD*an,in* hängen an; verharren in; Part. Adj. [s.] *behangen.*

be-hahunge [s.]*behagunge.*

be-halbe Präp.+A außer.

be-,bi-halben,-halven
Adv. zur Seite.

be-hald- [s.] *behalt-.*

be-halsen swV A umarmen.

be-halt stMFN Wohnstatt; Lager; Versteck.

be-haltære/er,-helder stM Erlöser; Bewahrer; Pfleger; Hehler.

be-halten,bi-,we-halden
stV [VIIa] refl. sich vorsehen; refl.+Adv. sich verhalten; refl.+pD*an,in* bleiben bei; A / N s*daz* (+D) behalten, festhalten; gefangen halten, zurückhalten; erhalten, bewahren,

22

aufbewahren; retten, erlösen; schützen, hüten; aufnehmen, versorgen; behandeln; (ein-) halten, befolgen, beachten; (aus-) üben; erlangen, erwerben, gewinnen; vorbehalten.

be-haltlich Adj. dauerhaft.

be-haltnis,we-heltnis(se), -nüsse stF Bewahrung; Sicherheit; Einhaltung; Gedächtnis.

be-,we-haltunge,-haldunge stF Befolgung, Beachtung; Erhaltung, Erlösung; Aufbewahrung, Inhalt.

be-halven [s.] *behalben.*

be-hân [s.] *behaben.*

be-hangen[1] Part.Adj. selbstgefällig.

be-hangen[2] stV[s.]*behâhen.*

be-hâren swV A scheren.

be-hart Part.Adj. bewährt.

be-hart- [s.] *beherten.*

be-heben[1] stV[VIb] refl. +pD *in* sich verlieren in; A+pD*vor* zurückhalten vor.

be-heben[2] swV[s.]*behaben.*

be-heften swV [Prät. auch *behaft* -] refl.(+pD*mit*) kämpfen/ sich messen/ sich einlassen (mit); refl.+pA*wider* sich auflehnen gegen; pD*an,in* stecken bleiben in; pD*mit* geheilt werden durch; A(+D) befallen, ergreifen; fangen; festhalten, fesseln; Part.Adj. [s.] *behaft.*

be-heftunge stF Bindung.

be-heg(e)lich Adj. angenehm, wohlgefällig; freundlich.

be-heglicheit,-hege(n)licheit [s.] *behaglicheit*

Bêheim[1],Bêhem,Pêham Subst. Böhmen.

Bêheim[2] stswM Böhme.

bêheimisch Adv. böhmisch.

be-heimstiuren swV A aussteuern.

be-helder [s.] *behalter.*

be-helf stM Hilfe.

be-helfen stV [IIIb] abs./D/ A helfen; refl.+pD*mit* Hilfe suchen bei; PartAdj. [s.]*beholfen.*

be-helfunge stF Hilfe.

be-helsunge stF Umarmung.

be-heltnisse [s.] *behaltnis(se).*

be-hende Adj. geschickt, schnell; bereit; nützlich, passend, geeignet; kunstvoll; klug; groß.

be-hendeclich,-hendelich Adj.,-lîche(n) Adv. schnell; geschickt, kunstvoll.

be-hendekeit,-hentkeit, -hendi(c)heit,pende-, pente-keit stF Geschicklichkeit, Gewandtheit; Klugheit, Schlauheit, List, Scharfsinn; Eifer; (Kunst-) Fertigkeit.

be-henden swV A+G auferlegen.

be-henken swV A(+pD*mit*) behängen/ schmücken (mit).

be-hentkeit [s.]*behendekeit.*

be-herberget Part.Adj. überfüllt (mit Gästen).

be-herden [s.] *beherten.*

be-hêren swV refl.(+G) sich wehren (gegen); sich erheben (über); A auszeichnen.

be-hern swV A überfallen; A+G berauben.

be-herten,-herden swV [Prät. auch *behart*-] abs.ausharren; A/Ns*daz*(+D) schützen, verteidigen, bewahren; erringen, erreichen, gewinnen; beweisen; beherrschen; Part.Adj. [s.] *behart.*

be-herzen swV abs. Wort halten.

be-hinden,-hinder Adv. hinten, zurück; hinterher; *dâ b.* dahinter.

be-hiuten swV A stäupen.

be-holfen Part.Adj.*b. sîn* +D behilflich/ hilfreich sein, zu Hilfe kommen.

be-hœren swV pD*ze* gehören zu.

be-houwen stV [VIIe] A behauen, beschneiden.

be-hüeteclîche Adv. vorsichtig.

be-hüeten,pe-,we-huoten,-hûten swV refl.(+G/ Ns*daz*) sich vorsehen (vor); A/G(+D/pD*von,vor*) schützen/ (be-) hüten/ bewahren (vor); bewachen; befolgen; A/Ns*daz* verhindern, verhüten, vermeiden; A+pD*an* hindern an; Part.Adj. [s.]*behuot.*

be-hüeter stM Hüter.

be-hûf stM Geschäft; Nutzen; Mittel, Unterhalt.

be-hulfenheit stF Hilfe.

be-hüllen swV [Prät. auch *behult-*] A ein-, verhüllen.

be-huoren swV A(+D) verführen; vergewaltigen.

be-huot Part.Adj. sorgsam, besonnen; verborgen; *b. sîn/ wesen* +G/pD*an* achten/ bedacht sein auf; *b.* +pD*mit* erfüllt/ umgeben von, ausgestattet mit.

be-huoten [s.] *behüeten.*

be-huotsameclîche Adv. umsichtig.

be-hurdieren [s.] *behurten.*

be-hûren swV A erwerben.

be-hurten,-hurdieren swV abs. turnieren.

be-hûsen swV refl.+pD*ûf* sich einnisten auf; pD*in* wohnen in; A beherbergen, aufnehmen; einsetzen; mit einem Haus beschenken.

be-hûten [s.] *behüeten.*

beide,bêde,peide,pêde In-
def.Pron. beide; *b. ... unde*
sowohl ... als auch.
beiden [s.] *beiten* [1].
beiden-halben,beident-,
bêdent-halbe,-halp Adv.
[auch *in/ von b.*] auf/ von
beiden/ allen Seiten; überall;
in jedem Fall.
beident-,bêdent-halp,
-halben Präp.+G beider-
seits, auf beiden Seiten.
beident-,beider-sît Adv.
auf beiden Seiten.
Beier,Beiger,Peier stM
Bayer.
Beieren [s.] *Beiern.*
beierisch,beirisch,beige-
risch,peirisch Adj. baye-
risch.
Beier-,Beire-lant stN Bayern.
Beiern,Beieren,Bei(ge)-
ren Subst. Bayern.
beigerisch [s.] *beirisch.*
bein,pein stN Bein, Schenkel, Knie; Knochen, Gebein;
ze herzen und ze b. zu Herzen und ins Mark; *ze b. bin-*
den +A ans Bein binden,
sich belasten mit; gering
achten; *dem tiuvel an daz b.*
liegen unverschämt lügen.
bein-gewant stN Beinkleid.
bein-hûs stN Beinhaus.
beinîn,peinîn Adj. aus Knochen.
beinoht Adj. knochig.
bein-wât stF Beinkleid.
Beire- [s.] *Beier-.*
beirisch [s.] *beierisch.*
beite-keit stF Wartezeit.
beiten[1]**,beiden,peiten**swV
abs./ Adv.temp/ Ns*biz,ê,unz*
warten/ zögern (bis); G warten auf; D(+G) Zeit lassen/
eine Frist gewähren (für).
beiten[2] swV refl. sich quälen.
beiten[3] swV [s.] *baden.*

beitunge stF Verzögerung;
Erwartung.
beizære stM Falkner.
beize stF Beizjagd.
beizen,peizenswV abs. beizen [mit Falken jagen]; A beizen, mürbe machen; härten;
jagen.
be-jac stM Beute; Jagd,
Fischfang; Gewinn, Lohn;
Lebensunterhalt; Nutzen;
Streben; Bemühen.
be-jagen swV refl. den Lebensunterhalt verdienen; A /
G/Ns*daz* erringen, erwerben, gewinnen, erlangen, erreichen; erbeuten; davontragen; A+D verschaffen.
be-jaget stN Gewinn.
be-jâren swV abs. alt werden;
refl. mündig werden.
be-jehen stV [Va, Präs.Sg.
begih-] A/G/Ns*daz,w* (+D)
gestehen, bekennen; sich bekennen zu; ein-, zugestehen;
versichern.
be-jehunge stF Bekenntnis.
be-kallen swV A beklagen.
be-,we-kant Part.Adj. bekannt, berühmt; vertraut;
sichtbar, erkennbar; einsich-
tig; *b. sîn/ werden* (+D)
[auch] sich zeigen, zu sehen
sein; zuteil werden, widerfahren, zustoßen; *b. tuon/*
machen +A/Ns*daz,w* (+D)
verkünden, mitteilen, berichten; gewähren; zufügen.
be-kant- [s.] *bekennen; be-*
kent-.
be-kantheit stF Erkenntnis.
be-kârt [s.] *bekêren.*
be-katen [s.] *begaten.*
be-kebesen swV A in Schande bringen.
be-kême,-*quême Adj. vertraut; willkommen.
be-kêmelich,-*quêmelich
Adj. tröstlich, lieb.

be-kenneclîche Adv. wirklich.
be-kennelich Adj. bekannt.
be-kennelicheit stF Offenbarung.
be-kennen,bi-,we-ken-
nen swV [Prät. auch *be-*
kant -] refl. sich auskennen;
refl.+G sich schuldig bekennen; refl.+D sich unterwerfen;
A/G/ Ns*daz, ob, w* (+pD*mit*)
erkennen (an), verstehen, sehen; kennen lernen, erfahren;
kennen, wissen; bekennen;
anerkennen, bestätigen; A /
Ns*daz,w* +D zugestehen; A +
pA*vür* halten für; *konelî-*
chen b. +A, *ein wîp b.* Geschlechtsverkehr haben mit
(einer Frau); Part.Adj. [s.]
bekant.
be-kenner stM Bekenner;
Wissender.
be-kennic Adj. bekannt.
be-kennunge stF Erkenntnis.
be-kentlich,-kantlich Adj.
erkennbar, sichtbar, deutlich; bekannt.
be-kentnis,we-kantnis,
-nisse,-nüs(se),-nus(t)
stFN Erkenntnis (-vermö-
gen); (Glaubens-, Sünden-)
Bekenntnis; Kenntnis, Wissen; Kennzeichen.
be-,bi-kêrde,-kêre stF
Besserung; Umkehr; Buß-
fertigkeit.
be-,bi-kêrenswV[Part.Prät.
auch *bekârt*] refl. sich besin-
nen/ bessern; sich (um-)
wenden; refl.+G ablassen
von; pD*nâch,von* geheilt wer-
den/ genesen von; A(+D)
(+pD*ze / p A in*)bekehren (zu);
ändern; verwandeln (in);
richten (an/ auf); A+G/pD
von,vor abwenden/ abbrin-
gen/ befreien von, retten vor.

be-kêric Adj./Adv. lenksam.

be-kerkeln swV A einkerkern.

be-kêrunge stF Bekehrung.

be-kerzen swV A mit Kerzen bestecken.

be-klaffen swV A bemängeln.

be-klagen swV refl.(+G/pD *von*) sich beklagen/ beschweren (über); A beklagen, bereuen; anklagen; Anspruch erheben auf.

be-kleben swV abs./pD*an* (ver-) bleiben (bei); A+D verleihen.

be-klecken swV A beschmutzen.

be-kleiden swV A(+pD*mit, von*) (be-) kleiden/ schmücken (mit); ausstatten/ auszeichnen/ erfüllen (mit).

be-klemmen swV A einengen.

be-kliben Part.Adj. wohl gediehen; fest; elend.

be-,bi-klîben stV [Ia] abs./ pD*an,in* (+D) am Leben bleiben, davonkommen; (übrig/ zurück-) bleiben (bei, in); Wurzeln schlagen (in), haften bleiben (an), verhaftet sein (mit); umkommen; D verbleiben; Part.Adj. [s.] *bekliben.*

be-klüeget Part.Adj. geschmückt.

be-klûsen swV A einschließen.

be-koberen swV refl. sich erholen.

be-kôme Adv. bereitwillig.

be-,we-komen,-quemen stV [IVba] abs. anbrechen; ausschlagen; gedeihen; zu sich kommen; D begegnen, entgegenkommen; erscheinen; zuteil werden, widerfahren; D+Adv.(gut/schlecht)

bekommen; pD*ze* /p A*an,in, ûf,vür*/Adv.lok.(+D) kommen/ gelangen/ geraten (an/ auf/ in/ zu); pD*von,ûz* kommen/ ausgehen/ stammen aus/ von; G/A erlangen, bekommen, ergreifen; ausführen, vollziehen.

be-kommernisse [s.] *bekumbernisse.*

be-,bi-korn swV refl./*bekort sîn* +pD*nâch* streben nach; G kosten, erfahren, kennen lernen; A(+pD*ze*) in Versuchung führen, verführen (zu), prüfen; heimsuchen; *des tôdes/ den tôt* b. den Tod erleiden, sterben.

be-korunge stF Versuchung, Anfechtung, Prüfung; Heimsuchung.

be-kosten swV A(+pD*mit*) verpflegen/ versorgen (mit).

be-krellen swV A umklammern.

bekrenken swV A(+D) kränken, verletzen, quälen; überwinden.

be-krîen swV A bekannt geben.

be-kristen swV A im Glauben stärken.

be-kroijieren swV A bekannt geben.

be-kûlen swV A erfrischen.

be-kumbern,we-kümbern, -kummern,-kümmern, -kunbern swV refl./*bekumbert sîn* +pD*mit*/G/Ns sich beschäftigen mit, sich kümmern/ besorgt sein um; A(+D/pD*mit*) in die Enge treiben, bedrängen, aufregen; bedrücken, betrüben; einnehmen/ besetzen/ belasten (mit).

be-kumbernisse,-kummer-,-kommernisse stFN Beschäftigung; Bedrängnis.

be-kummern,-kümmern, -kunbern [s.] *bekumbern.*

be-kürn swV refl.+pD*nâch* sich richten nach.

be-kützen swV refl.+pD*mit* sich abgeben mit.

be-lachen swV A sich freuen über.

be-laden stV [VIa] A+pD *mit* beladen/ belasten mit.

be-laht [s.] *belegen.*

be-langen[1] Adv. endlich.

be-langen[2]**,blangen** swV refl. sich wundern; A angreifen; unpers.+A(+G/pD*in, nâch*/ Adv.lok./ Ns*daz,w*/ Inf. *ze*) beunruhigen, bekümmern, verdrießen; verlangen/ sich sehnen nach; begierig/ neugierig sein auf.

be-langen[3] stN Verlangen; Verzögerung.

be-langunge stF Verlangen.

belde stF Kühnheit.

belden swV A+pD*ze* ermutigen zu.

belde-rîchen Adv. schleunigst.

be-legen swV [Prät. auch *beleit-* , Part.Prät. auch *belaht*] refl. sich vorsehen; sich versehen; A belagern; A+pD*mit* bedecken/ besetzen mit.

be-leiten,bi-,pe-leiten swV A(+pD*ze* /p A*an,ûf, under,vür*/Adv.lok.) begleiten/ geleiten/ führen/ lenken (auf/ in/ nach/ zu); anführen.

be-leiter stM Begleiter.

be-leiterin stF Begleiterin.

be-lemen swV A lähmen.

belge-lîn stN Knospe.

belgen,pelgen stV [IIIb] refl.+G zornig werden über; A erzürnen.

be-lîben,we-lîben,blî-ben,plîben stV [Ia] abs./ Adj./ Adv./ Nom./ D/ A/ Inf. (+pD*an,bî,in,mit,ûf,under,ze*) bleiben (an/ auf/ bei/ in), zu Hause bleiben; da bleiben, zurückbleiben, übrig bleiben; ganz/ erhalten/ am Leben bleiben; zuteil werden; stecken bleiben (in); festhalten an; leben in; unterbleiben; umkommen, vergehen, zunichte werden; G verzichten auf; sterben durch; p A*âne, sunder* bleiben/ leben ohne; *b. lâzen* +A(+D) aufhören mit, aufgeben; zurücklassen; übergehen; verschonen; geschehen lassen; *tôt/ mit dem tôde/ des endes b.* umkommen; *an der marter b.* den Märtyrertod sterben.

be-liegen stV [IIa] A(+D) verleumden.

be-liewet Part.Adj. mit einem Laubengang umgeben.

be-,pe-ligen stV [Vb] abs./ D/ pD*an, in, mit, ûf* / Adv.lok. (liegen) bleiben (auf/ bei), liegen/ verharren in; umkommen, fallen, getötet werden [auch *tôt b.* (+D)]; p A*ûf* fallen auf; A belagern, besetzen; bedecken.

be-lîplich Adj.,**-lîche** Adv. beständig, dauerhaft.

be-lîpnus(t) stN Beständigkeit, Ausharren.

be-liuhten,-lûhten swV abs. erscheinen; A bescheinen; sehen; Ns*daz* offenbaren; A(+D+pD*mit*) be-, erleuchten/ erhellen (mit).

be-liumen swV A anschuldigen.

bellen stV [IIIb] abs. bellen, heulen, knurren; keifen.

bellez,belliz [s.] *pellez.*

be-lochen Part.Adj. verschlossen, verschlüsselt.

be-lônen swV A+pD*mit* belohnen mit.

be-lœsen swV [Prät.*belôst-*]

A(+G) befreien (von); berauben.

be-louchen [s.] *belûchen.*

be-loufen stV [VIIe] A durchqueren; hinabfließen auf; *mit gedanken b.* +Ns*w* überlegen.

be-lûchen,-louchen stV [IIa] A+pD*in* einschließen in; Part.Adj. [s.] *belochen.*

be-luckt Part.Adj. gebeugt [Recht].

be-lûhten [s.] *beliuhten.*

be-luogen swV A bemerken.

belz [s.] *pellez.*

belzen,pelzen swV A(+pA *ûf* +D) pflanzen, pfropfen (auf).

belzer stM Kürschner.

belz-,pelz-vêch Adj. mit Pelz bezogen.

be-marct- [s.] *bemerken.*

be-mæren swV A+pD*von* unterrichten von.

be-,bi-meinen swV A+D überantworten; Inf. beabsichtigen.

be-meistern swV A Agestalten.

be-merken swV [Prät. *bemarct-*] A bestaunen.

be-munden swV A beschützen.

be-mûren swV A ummauern.

be-nagen stV [VIa] A zerreißen.

be-nahten swV pD*an,in,ûf* / Adv.lok. die Nacht verbringen/ übernachten/ über Nacht bleiben (bei/ in/ auf); D bei Nacht widerfahren.

be-namen[1],bî-namen Adv. wirklich, wahrlich, gewiss, mit Sicherheit; besonders; unbedingt; mit Namen.

be-namen[2] swV A benennen.

be-næn swV [Prät. *benât* -] A+pD*in* einnähen in.

be-nant,-nen(ne)t Part.Adj. festgesetzt, vorgeschrieben;

erwähnt.

be-nant- [s.] *benennen.*

be-nât- [s.] *benæn.*

bendec/ic Adj. gefügig.

ben-dîen,-digen,-digten [s.] *benedîen.*

ben-diz [s.] *benediz.*

be-neben[1] Adv. [auch *dâ/ hin b.*] daneben, seitwärts; nahe; zurück; (hin-) weg.

be-neben[2] Präp.+D/A [auch nachgest.] neben.

bene-,ben-dîen,-dig(t)en swV A segnen; preisen.

bene-dîunge stF Wohlgefallen; Gnade.

bene-,ben-diz stM (Schluss-) Segen.

be-nemen,bi-,pe-,pi-nemen stV [IVa] A/Ns*daz,w* (+D) (ab-, weg-) nehmen, rauben, entreißen, entziehen; beenden, vernichten; vertreiben; versperren, hindern an; A(+D)+G/pD*von* befreien/ abwenden/ abbringen von.

be-nemunge stF Entzug.

be-nennen swV [Prät. auch *benant-*] Nom. genannt werden; A/Ns*daz,w* +D nennen, beschreiben, mitteilen; aufzählen; vereinbaren; verheißen; zugestehen; bestimmen; zu-, erteilen, verleihen; A (+D)+G/ pD*gegen, ze* | pA*in, ûf,vür* bestimmen zu/ für; zuordnen zu; Part.Adj. [s.] *benant.*

be-netzen swV A benetzen, bespritzen.

bengel,pengel stM Knüppel.

be-nîchen,-*nîgen stV [Ia] abs. fallen.

be-niden,-nider Präp.+D unter.

be-nîden stV [Ia] A+G beneiden um.

be-nider [s.] *beniden.*

benken swV abs. Bänke aufstellen; D einen Sitz bereiten; A mit Bänken ausstatten.

bennic Adj. mit dem Bann belegt, gebannt.

be-nœten,-nœtigen swV [Prät. auch *benôt* -] abs. in Not geraten; A bedrängen; A+G/pD*ze* / p A*umbe* nötigen/ zwingen zu.

bensel [s.] *pensel*.

be-nüegde,-gnüegede stF Befriedigung.

be-nüegen,we-nuogen, -gnüegen,-gnuogen swV refl.+G sich zufrieden geben mit; D genügen; A zufrieden stellen; unpers.+A/D(+G/pD *an,mit* / N s*ob*) zufrieden sein/ sich begnügen (mit); genug haben (an/ von).

be-quemen [s.] *bekomen*.

ber[1]**,per** stFN Beere; *niht ein b.* nicht das Geringste, nicht im Geringsten.

ber[2]**,bere,per(e)** swM Bär.

be-rant- [s.] *berennen*.

be-rat- [s.] *beretten*.

be-râten stV [VIIb] refl.(+G/ Ns*daz,ob,w*) beratschlagen (über); sich entschließen (zu), sich entscheiden (für); überlegen; A(+D)(+G/pD*an, mit,von* / Ns*daz,w*) versorgen/ ausstatten/ ausrüsten/ unterstützen/ beschenken/ belohnen/ bewirten (mit); anordnen; beraten.

berc[1]**,perc** stM Berg; *wider b., ze berge (wert), berges wart* hinauf, empor, in die Höhe, (strom-) aufwärts, bergauf; *under (den) bergen* am Fuß des Gebirges; *daz hâr gât ze berge* die Haare stehen zu Berge.

berc[2] stMN Schutz (-wall).

berc-,perch-knappe swM Bergmann.

berc-nüsse stF Verborgenheit.

berc-swære Adj. schwer wie ein Berg.

berc-vrit,ber-,bere-,per-, berh-vrit stswMstN Bergfried, Belagerungs-, Befestigungsturm.

bere [s.] *ber* [2].

be-rechenen swV A+D abrechnen mit.

be-reden swV [Prät. auch *bereit-*] A(+G)/Ns*daz* beweisen, beschwören, bezeugen; überführen; entschuldigen, reinigen (von); aussprechen, sprechen über; informieren; vereinbaren; Anspruch erheben auf; erreichen; A+pD*ze* überreden zu.

be-rêden [s.] *bereiten*.

be-red(en)unge stF Entschuldigung, Ausflucht; Anschuldigung.

be-refsen,-respen,-rispen swV A(+G/pA*umbe*) tadeln/ (be-) strafen (für).

be-regen swV A bewegen.

be-regenet Part.Adj. benetzt, durchweicht.

bere-haft [s.] *berhaft*.

be-,bi-reichen swV A erreichen.

be-reit[1]**,breit** Adj. bereit; vorbereitet, gerüstet, fertig; willig, eifrig; vorhanden, verfügbar; *b. sîn* +D(+G) zur Verfügung stehen (zu), zuteil werden.

be-reit[2] swV [s.] *bereiten*.

be-reit- [s.] *bereden* .

be-reite Adv. bequem, leicht; sogleich.

be-reiten,-rêden swV[Part. Prät. auch *bereit*] A(+G/D) bereiten; zufügen; bereitstellen; schicken; herrichten, schmücken; zubereiten; her-

stellen, machen; fertig stellen; A(+G/pD*mit* / p A*in*) ausstatten/ ausrüsten/ versorgen/ bezahlen (mit); A(+pD *gegen, ze* / pA*gegen, ûf* / Inf. *ze*) vorbereiten (auf), bereitmachen (zu), rüsten (gegen/ zu); A(+G/D/pD*von*) angeben; unterrichten (von); heilen (von); (*von*) *dan, heim, ûf die strâze, after wege b.* +A zur (Ab-, Heim-) Reise (aus-) rüsten.

be-reitschaft stF Ausstattung, Ausrüstung, Verpflegung; Bereitschaft; Voraussetzung.

be-reitunge stF Vorbereitung, Bereitschaft, Erwartung; Leistung.

berele [s.] *berle*.

berende [s.] *bernde*.

berendic Adj. schwanger.

beren-hût stF Bärenfell.

be-rennen swV [Prät. *berant-*] A angreifen, überfallen; durchmessen; A+pD*mit* begießen mit; A+pD*in* baden in.

berent-haft Adj. trächtig.

be-rêren swV A benetzen.

be-respen [s.] *berefsen*.

be-respunge stF Tadel.

be-retten swV [Prät. auch *berat* -] A befreien, retten.

bere-vrit [s.] *bercvrit*.

bergen,pergen stV [IVa] A (+D/pD*in,von,vor*) verstecken (in), verbergen (vor); verhüllen, bedecken; (auf-) bewahren; fernhalten (von), zurückhalten/ geheim halten (vor); A+pA*in,under* legen/ stecken in/ unter.

bergîn Adj. *b. vleisch* Fleisch vom Eber.

ber-haft,bere-,per-haft Adj. fruchtbar; schwanger, trächtig; immer während.

27

ber-hafticlich Adj. wesenhaft.

ber-haftikeit,-haft(e)keit stF Fruchtbarkeit, Schöpferkraft.

berht,pert Adj. strahlend, hell.

berhtel Adj. glänzend.

berh-vrit [s.] *bercvrit.*

be-rîben swV A berühren; schützen.

be-riezen stV [IIb] A beweinen.

be-rîfet Part.Adj. bereift.

be-rigelen swV A(+D) verriegeln.

be-riht stM Bestätigung.

be-rihteclich Adj. bereit.

be-rihten,bi-,pe-rihten swV A(+D) beherrschen, regieren; verwalten; ordnen; er-, aufrichten; (vor-) bereiten; (ver-) bessern; erzählen; berichten; A(+G/pD*mit*) ausstatten/ausrüsten/versorgen/versehen (mit); bezahlen; aussöhnen (mit); A(+G/pD *ûz,vor*) retten/ bewahren (vor), befreien (aus); A(+G/pA*umbe*/N*sdaz,w*) erklären, beantworten; unterrichten (von), belehren (über); A+pD *ze*/pA*ûf* bereitmachen für, rüsten zu.

be-rihtunge stF Beschäftigung.

berille swM Beryll.

be-rîmeln swV D sich mit Reif bedecken.

be-rînen stV [Ia] A berühren; treffen.

be-ringen[1] stV [IIIa] A erringen.

be-ringen[2] swV A umzingeln.

be-,bi-rinnen stV [IIIa] abs./D überströmt werden; A überströmen, bedecken.

be-rispen [s.] *berefsen.*

be-rîten stV [Ia] A(+D) reiten durch; (zu Pferde) erreichen; erlangen.

be-riusen,-*riuwesenswV A bereuen.

be-riuwen,pe-rouwen, -rûwen stV [IIa] refl.+G bereuen; A reuen, schmerzen; *berûwen sîn* +D Leid tun.

berle,berele,perle,perele stswF Perle.

berlen,perlen swV A(+pA *in*) hineinträufeln (in); schmücken

ber-lich Adj. offen, öffentlich; schwer.

ber-lîche[1],per-lîche Adv. offen (-sichtlich); öffentlich; nur; schlimm.

ber-lîche[2] stF Leid.

ber-lîcheit stF Empfänglichkeit.

bermde,berme,barmde stF Barmherzigkeit.

berme-lîche Adv. erbärmlich.

bermic-lich,-lîche(n) [s.] *barmeclich.*

bermit [s.] *pergement.*

bern[1],pern stV [IVa] abs. fruchtbar sein, wachsen; A (+D) gebären; tragen; (hervor-, ein-) bringen; geben, spenden, gewähren; erweisen, bereiten; vollbringen; *verre b.* weit reichen; *zer werlte*/ *in die werlt geborn werden* auf/in die Welt kommen; Part.Adj. [s.] *geborn.*

bern[2] swV abs. anklopfen; pA*ûf* einschlagen auf; A(+D) schlagen, züchtigen; betreten, begehen; formen.

bernde,berende,perende Part.Adj. fruchtbar; schwanger; blühend, reich.

bernen [s.] *brennen.*

be-rœsen swV A verherrlichen.

be-rouben swV A(+G/pD *von*) berauben, bringen um; befreien/ abbringen von; A+ D rauben, plündern.

be-rouber stM Räuber.

be-roubunge stF Beraubung, Entzug, Verlust.

be-rouwen [s.] *beriuwen.*

ber-schaft stF Zeugung.

bêr-swîn stM (Zucht-) Eber.

Bertâne stF Bretagne.

Berteneis/ois [s.] *Bertûne.*

bertinc stM Klosterbruder.

Bertûne,Berteneis/ois stswM Bretone.

be-rûch stM Schutz.

be-rûch(-) [s.] *beruoch(-).*

be-rüefen swV [Prät. *beruoft -*] A anklagen, tadeln.

be-rüemen,-ruomen,-rûmen swV refl.(+G/N*sdaz, w*/pD*an,in*) sich rühmen/ brüsten (mit); sich glücklich preisen (wegen); A+G nachsagen.

be-rûenisse,-*riuwenisse stF Reue.

be-,bi-rüerde,-rûride stF Berührung; Fühlen; Gefühl.

be-rüeren stV [Prät. auch *beruort-,berûrt-*] A(+D) berühren; treffen; ergreifen.

be-rüerlicheit stF Berührung.

be-rüerunge,-rûrunge stF Berührung, Fühlen.

be-rûmen [s.] *berüemen.*

be-ruoch stM Schutz.

be-,pe-ruochen,-rûchen swV A(+D) beschützen; segnen; heimsuchen; A(+G/pD *an,mit*) pflegen, heilen, behandeln; sich kümmern um, versehen/ versorgen (mit).

be-ruochunge,-rûchunge stF Obhut, Versorgung.

be-ruofen stV [VIIf] refl. sich einen Namen machen; refl.+pA*an,in* sich wenden an/ berufen auf; A verkünden, (zusammen-) rufen; anklagen; beschreien [einen ertappten Verbrecher mit Geschrei verfolgen]; tadeln, A(+pA*ür*) rühmen/ preisen (als).

be-ruoft- [s.] *berüefen.*

be-ruogen swV A bekennen.

be-ruomen [s.] *berüemen.*

be-ruort- [s.] *berüeren.*

be-rûr- [s.] *berüer-.*

be-rüsten swV A(+pD*mit*) versorgen/ (aus-) rüsten (mit).

be-rûwen [s.] *beriuwen.*

ber-vrit [s.] *bercvrit.*

be-sachen swV A verursachen.

be-sæen,-sæhen swV A (+pD*mit*) besäen/ bestreuen (mit).

be-sagen swV A anschuldigen; schildern.

be-sâgen [s.] *besehen.*

be-samenen,-sam(n)en swV refl. sich versammeln/ bereitmachen/ rüsten; A aufbieten, zusammenrufen.

be-sanct- [s.] *besenken.*

be-sant- [s.] *besenden.*

be-sarken swV [Part.Prät. auch *beserket*] A in den Sarg legen.

be-sastikeit stF Gelassenheit.

be-satzt Part.Adj. besonnen.

be-schaben¹ stV [VIa] A (be-) schädigen; entleeren; A+G befreien von; Part.Adj. [s.] *beschaben².*

be-schaben² Part.Adj. verschlissen, durchgescheuert.

be-schâchen swV A berauben.

be-schaffen stV [VIa] A (+refl. D) erschaffen, ordnen; *b. sîn* +D (vorher-) bestimmt sein.

be-schaffenheit stF Schöpfung.

be-schaffunge stF Geschöpf.

be-schalken swV A verführen; schädigen.

be-schalten stV [VIIa] A beeinträchtigen.

be-scharn swV A sammeln.

be-schatewen,-schet(e)-wen swV A beschatten, überschatten; überdecken, beschirmen; verdunkeln; A+G berauben.

be-schatzen,-schetzen swV A auslösen, austauschen; ausrauben.

be-schedigen swV A schädigen.

be-scheften swV A+pD*mit* beschäftigen mit.

be-schehen,pe-,we-schehen stV [Va] abs. geschehen, sich ereignen; D widerfahren, begegnen, zuteil werden.

be-scheiden¹ stV [VIIc, Part.Prät. auch sw] refl. sich einigen; A/N sw (+D) bestimmen, festlegen, entscheiden; erklären; deuten; sagen, berichten, mitteilen, beschreiben; zuweisen, gewähren; anempfehlen; A+G/N sw /pD *von /p A umbe* unterrichten (von), belehren/ aufklären (über); unterscheiden/ trennen von; A+pD*ze* ernennen zu; Part.Adj. [s.] *bescheiden².*

be-scheiden²,we-scheiden Part.Adj. klug, erfahren; verständig, besonnen, zurückhaltend; gebildet; untadelig, rechtschaffen; gerecht; gesinnt; festgesetzt, bestimmt; *b. haz* Wettstreit; *b. rede* feste Zusage.

be-,we-scheidenheit stF Verstand, Vernunft, Klugheit, Weisheit; Einsicht; Besonnenheit, Mäßigkeit; Gottesfurcht; Anstand.

be-,we-scheidenlich Adj., **-lîche(n)** Adv. vernünftig, klug; aufmerksam; besonnen, zurückhaltend; höflich; angemessen, gerecht; deutlich; gewiss, genau; festgesetzt, bestimmt.

be-scheidenunge stF Verstand.

be-scheinen swV A/N s (*daz, w*)(+D) zeigen, erweisen; bezeugen, beweisen; offenbaren, erklären.

be-scheit stN Erklärung.

be-scheln swV A beschneiden; häuten; enthüllen.

be-schelten stV [IIIb] A beschimpfen, verhöhnen; beleidigen; tadeln; anfechten.

be-schepfen swV A erschaffen.

be-schermen [s.] *beschirmen.*

be-schern¹ stV [IVa] A(+D) (die Haare/ eine Tonsur) scheren; Part.Adj. [s.] *beschorn.*

be-schern² swV A(+D) bestimmen; gewähren, schenken, geben; zufügen; A+pD *ze /* Adv.lok. geleiten (zu).

be-scherren stV [IIIb] A verscharren; beschneiden.

be-scherunge stF Bestimmung.

be-schet(e)wen [s.] *beschatewen.*

be-schetzen [s.] *beschatzen.*

be-schetzer stM Ausbeuter.

be-schîben stV [Ia] A+pD *ze* bestimmen zu.

be-schîde Adj. schlau.

be-schiezen stV [IIb] A zufrieden stellen; verplanken.

be-schinden stV [IIIa, Part. Prät. auch sw] A(+G) häuten, schinden; entblößen (von).

be-schînen stV [Ia] A bescheinen; zeigen.

be-schirmære stM Beschützer.

be-schirme stF Schutz.

be-schirmen,-schermen swV A(+G/D/pD*von,vor*) bewahren/ (be-) schützen (vor); verteidigen.

be-schirmnisse stN Schutz.

be-schirmunge stF Schutz.

be-schîzen stV [Ia] A bescheißen, beschmutzen.

be-scholn swV A+pA*umbe* verdienen um.

be-schœnen,-schônen swV A beschönigen, entschuldigen, rechtfertigen; preisen, schmücken.

be-schœnunge stF Beschönigung.

be-schorn Part.Adj. *hô(he)* b. von hohem geistlichen Rang.

be-schöude,pe-,we-schouwe(de),-schöuwede stF Anblick, Betrachtung.

be-schounüsse stF Anschauung; Angesicht.

be-schouwære/er stM Wächter.

be-schouwe(de),-schöuwede [s.] *beschöude.*

be-,pe-schouwen swV A/Ns*w* anschauen, betrachten; (wieder) sehen; prüfen; erkennen.

be-,we-schouwenlich Adj. erfahren.

be-schouwunge stF Anschauung; Prüfung.

be-schrenken swV A hintergehen, verleiten.

be-schrîben stV [Ia] A(+D) aufschreiben, beschreiben,

bestimmen.

be-schrîber stM Erforscher.

be-,bi-schrîen stV [Iab, Part.Prät. *beschrirn*, auch sw] A verkünden; anklagen, beschreien [einen ertappten Verbrecher mit Geschrei verfolgen].

be-schrîten stV [Ia] A besteigen, reiten.

be-schulden swV A+Ns beschuldigen; A+pA*wider* verdienen um.

be-schüten swV [Prät. *beschut-*]A(+pD*von*) beschützen (vor); bedecken; überwältigen.

be-sebelichkeit stF Einsicht.

be-seben stV [VIb] G wahrnehmen.

be-,bi-sehen,-sên stV [Va, Prät.Pl. auch *besâgen*] refl. sich vorsehen; A/Ns*ob,w* betrachten, (an-) sehen; sorgen für; herausfinden, erfahren; erkunden, prüfen, feststellen; A+G versorgen mit; A+D besorgen; A+pD*ze* bereitmachen zu.

be-sehunge stF Kontemplation.

be-seichen swV A bepissen.

bese-lich,-lîchen [s.] *wesenlich.*

besem(e),besme,besen, pesem, pesme stswM Besen, Rute.

besem-rîs stN Rute.

besem-,pesmen-stil stM Besenstiel.

be-sên [s.] *besehen.*

be-,bi-senden swV [Prät. auch *besant-*] refl. sich rüsten, ein Heer aufstellen; refl.+pD*nâch* schicken nach; A aufbieten, zusammenrufen; A+pD*ze* /p A*an,vür* /Adv. lok. holen (lassen) zu; A+

D/pA*in* schicken (in).

be-sengen swV [Prät. auch *besanct-*] A(+D) an-, versengen, verbrennen.

be-senken swV A(+pA*in*) (ver-) senken (in).

be-serket [s.] *besarken.*

be-setzen swV [Prät. auch *besatzt-*] refl.+pD*an* festhalten an; A(+pD*mit*) besetzen (mit), in Besitz nehmen; belagern, bedrängen (mit); A(+D) festlegen, einberufen; aufstellen; versprechen; verpachten; *den muot/ die trahte b.* nachdenken; Part.Adj. [s.] *besatzt.*

be-sezze stN Gebundenheit.

be-sezzen Part.Adj. *b. sîn/ werden* +G/pD*in,mit* behaftet/ verhaftet sein in/ mit; umgeben sein von; besessen sein von.

be-sezzenheit stF Bindung.

be-sichern swV A+pD*in* bestärken in.

be-siffeln swV A+D streifen.

be-,bi-sigel(e)n swV A be-, versiegeln; A(+D/pD*an,in, ûf /p A*an,in,ûf*) ein-, verschließen/ verwahren (in).

be-,we-sihtekeit,-sihtic-keit stF (Vor-) Sorge, Einsicht.

be-singen stV [IIIa] A besingen; mit Gesang erfüllen; *die tôten b.* eine Totenmesse halten.

be-sinken stV [IIIa] abs./ pD*in* versinken (in).

be-sinnen stV [IIIa, Part. Prät. auch sw] refl.(+G) nachdenken (über); A/Ns*daz* bedenken; ausdenken; A+D erklären; Part.Adj.[s.]*besinnet.*

be-sinnet Part.Adj. klug, besonnen.

be-sintlîche Adv. besonnen.

be-sît,-sîten,-sîts Adv. zur

Seite, weg, ab; außerdem.
be-sitzen stV [Vb] abs./pD
ob,ûf/Adv.lok. (sitzen/ stehen) bleiben (an/ auf); verdorren; A besitzen, innehaben, bewohnen; A(+D) ein-
nehmen, in Besitz nehmen;
erwerben, erhalten, ergreifen; belagern, besetzen, erobern; beherrschen; umzingeln, bedrängen; *gerihte b.*
zu Gericht sitzen; Part.Adj.
[s.] *besezzen.*
be-sitzer stM Verkörperung.
be-sitzlich Adj. zugehörig.
be-,we-sitzunge stF Besitz;
Herrschaft, Gewalt; Eigenart.
be-siuften,-siufzen swV
A beseufzen, beklagen.
be-slâfen[1] stV [VIIb] A
schlafen/ Geschlechtsver-
kehr haben mit; Part.Adj. [s.]
beslâfen[2].
be-slâfen[2] Part.Adj. ausge-
schlafen; unzüchtig.
be-slahen stV [VIa] A (zer-)
schlagen; (um-) fangen, ergreifen; A(+pD*mit*) beschla-
gen/ besetzen/ verzieren/
überziehen/ verstärken/ befestigen (mit).
be-sliezen stV [IIb] A umschließen; umfangen, umfassen; ergreifen, fangen; (zu-,
ab-) schließen, beenden;
schützen, befestigen; A(+D/
pD*vor,ze*) verschließen/ verbergen (vor/ in); anketten;
A(+pD*an,in*/p A*an,in*) einschließen (in); A+pD*ûz* ausschließen von/ aus.
be-,we-sliezunge stF Bewahrung; Verschluss, Ver-
stopfung.
be-slîfen stV [Ia] D entgehen; schwinden; A zu Fall
bringen.
be-slihten swV A(+D) (ge-

rade) richten; befriedigen.
be-slozzenheit stF Einheit.
be-slozzenlîche Adv. endgültig.
be-sluzzen swV A verschließen.
be-smâhen swV A abstoßen.
besme [s.] *besem(e).*
be-smeren swV A verhöhnen.
be-smiden swV A fesseln, in
Ketten legen.
be-smiret Part.Adj. be-
schmiert.
be-snaben swV [Prät. auch
besnebet -] abs. straucheln,
zu Fall kommen; p A*in,under*
sinken in/ unter.
be-snîden,bi-,pi-snîden
stV [Ia, Part.Prät. auch sw]
A(+D) beschneiden, (zer-,
zu-) schneiden; schnitzen;
verstümmeln; zurückhalten,
beherrschen; kleiden; A+pD
von befreien von.
be-snîdunge stF Beschneidung.
be-snîen swV A beschneien.
be-snüeren swV A fangen.
be-sodeln,-*sudeln swV A
beflecken.
be-sorgen swV A/N s*daz*
sich kümmern um, sorgen
für; (be-) fürchten; verhindern; verletzen.
be-sorgunge stF Beachtung.
be-soufen swV A(+pD*an,in* /
p A*an,in*) ertränken/ versen-
ken/ eintauchen/ untertau-
chen (in); unterlassen.
be-soufteclîche Adv. tief.
be-souftkeit stF Versunkenheit.
be-spart- [s.] *besperren.*
be-spehen swV A prüfen.
be-spennen swV abs. Maß
nehmen.
**be-sperren,bi-,pe-sper-
ren** swV [Prät. auch *be-*

spart-] A/G(+D) verschließen, verriegeln, (aus-, ver-)
sperren; A+pD*in,ze* ein-
schließen in.
be-spîen swV [Part.Prät.
auch *bespirn*] A anspeien.
be-spinnen stV [IIIa] A+pD
mit ausstatten mit.
be-spirn [s.] *bespîen.*
be-spîsen swV A verprovi-
antieren.
be-spotten swV A verspotten.
be-spræen,-spræwen swV
A bespritzen.
be-spranct-[s.]*besprengen.*
be-spræwen [s.] *bespræen.*
be-sprechen stV [IVa] refl.
(+G/pD*mit* /N s*daz,w*) sich
entscheiden/ entschließen
(zu); sich beraten (mit), dis-
kutieren (über); D(+A) zusprechen; A ankündigen,
festsetzen; überreden; A(+pA
umbe) tadeln; anklagen (wegen); ansprechen.
be-spreiten swV A+pD*mit*
bedecken mit.
be-sprengen swV [Prät.
auch *bespranct* -] abs. Weihwasser sprengen; A zum
Stolpern bringen; A(+pD*mit*)
besprengen/ bespritzen (mit);
A+pD*in* baden in.
be-sprengunge stF Vergießen.
be-springen stV [IIIa] A+D
bespritzen.
be-stact,-staht [s.] *bestecken.*
be-stalt [s.] *bestellen.*
be-stân,pe-stên anV abs.
erhalten/ fest bleiben; gelten;
überleben; Nom./Adj. bleiben,
sein; Adv. (übrig/ zurück-)
bleiben; umkommen; D ver-
bleiben, übrig bleiben; beistehen; D/pD*vor* standhalten;
pD*an,bî,mit,ze* bleiben bei/

an, festhalten an; p D*hinder,*
in / p A*âne* bleiben in/ hinter/
ohne; p D*ûf* ruhen/ beharren/
bleiben auf; A angreifen, bekämpfen, überfallen; herausfordern; überwältigen, überwinden; ergreifen, befallen;
bestrafen; verwandt sein mit,
nahe stehen; unterstehen; A /
G/Inf.*ze* (+D) leisten, bestehen; auf sich nehmen, aushalten; A(+G/A) betreffen,
angehen; zustehen; A(+pD
von) erhalten (von), erwerben; aufnehmen; A+D zu-
rück-, überlassen; A+pD*mit*
behandeln mit; *mit lêre/ witzen b.* +A belehren; *mit mæren b.* +A fragen; *mit rede b.*
+A anreden; *tiure b.* +A teuer
zu stehen kommen; *b. lâzen*
+A aufgeben; geschehen lassen.
be-standenheit stF Erwählt-
heit.
be-standunge stF Standhaftigkeit.
be-staten,-steten swV refl.
sich verdingen; A begraben,
bestatten; anwenden, ver-
wenden, nutzen; übergeben;
A(+pD *mit*) ausstatten/ versorgen (mit), sorgen für; verheiraten; A+pD*in* / p A*in,ûf* an-
siedeln/ aufnehmen in.
be-stæten swV A(+D) bekräftigen, bestätigen; festigen, stärken; fesseln; beenden; A+pD*an,in,ze* binden
an, verankern in.
be-statigen,-stetigen swV
A+pD*an,in* / p A*an,in* aufneh-
men/ bringen in.
be-,pe-stætigen,-stâtigen
swV A stärken, bestätigen,
(be-) festigen; anerkennen;
A+pD*mit* besetzen mit.
be-stætikeit stF Bestätigung.

beste[1]**,bezziste** Adj. [Superl.
von *guot*] (der/ die/ das) bes-
te/ größte.
beste[2]**,bezziste** Adv. am
besten; *als/ sô ich (aller) b.
kan/ mac/ weiz* so gut ich (ir-
gend) kann.
beste[3] stF Blütezeit.
be-stecken,-stechen swV
[Part.Prät. auch *bestact, be-
staht*] abs./pD*in* stehen/ stecken bleiben (in); A aufstellen; A(+D)+G/pD*mit* beste-
cken/ bedecken/ versehen
mit.
be-stellen swV [Part.Prät.
auch *bestalt*] A einrichten;
betreiben; A(+pD*mit*) besetzen mit.
besten swV A+pA*in* kleiden
in; A+D+pA*in* heften an.
bestêon,bestîon stM [Edel-
stein].
be-,pe-sterken swV A stärken.
be-stet- [s.] *bestat-*.
be-stieben stV [IIa] A verwirren; A+pD*mit* bedecken
mit.
be-stiften swV A einrichten,
ordnen, aufstellen; A(+pD
mit) ausstatten (mit).
bestîn,pestîn Adj. aus Bast.
be-stinken stV [IIIa] A riechen.
bestîon [s.] *bestêon*.
be-stiure stF Besteuerung.
be-stouben swV A bestreu-
en, bestauben.
be-stôzen stV [VIId] A vertreiben; versperren; A+G berauben, verstoßen aus/ von;
mit worten b. +A tadeln.
be-strâfede stF Strafe.
be-strâfen,-strôfen swV A
tadeln, bestrafen.
be-strâfunge,-strôfunge
stF Strafe, Tadel.
be-strîchen stV [Ia] A be-

streichen; berühren; treffen,
erreichen; *sîn stelze b.* +D
Schaden zufügen, zu Fall
bringen.
be-stricken swV A fesseln,
(um-) fangen, (ver-) binden;
bestätigen; A+pA*an* ver-
pflichten zu.
be-strîten stV [Ia] A besiegen; kämpfen um.
be-striuwen [s.] *beströuwen.*
be-strôf- [s.] *bestrâf-.*
be-strouben[s.]*beströuwen.*
be-stroubet,-strûbet Part.
Adj. struppig.
be-ströuen [s.]*beströuwen.*
be-stroufen swV A(+D) verletzen; schlachten, häuten;
A+G berauben, befreien von.
**be-ströuwen,-ströuen,
-striuwen,-strouben** swV
[Part.Prät. auch st *bestrou-
wen*] A verstreuen; A+pA*ûf*
werfen auf; A(+D)(+pD*mit*)
bedecken/ bestreuen (mit);
Part.Adj. [s.] *bestroubet.*
be-strûbet [s.] *bestroubet.*
be-strûchen swV abs. straucheln, fallen.
be-stümbeln,-stümpeln
swV A verstümmeln.
be-sturzen swV A+pD*vor*
schützen vor; A+pA*under*
stellen unter.
be-sûch- [s.] *besuoch-.*
be-süenen,-suonen swV
A sühnen, versöhnen.
be-sûfen stV [IIa] abs. versinken.
be-sûl(e)n,-sulwen [s.]
besuol(e)n.
be-sünden swV refl. sich versündigen.
be-sunder[1] Adj. (der/ die/
das) eigene/ andere; groß, gewaltig.
be-sunder[2]**,bi-sundere,
-sundern,-sunter** Adv.

einzeln, getrennt, gesondert; allein, nur; abseits, beiseite; besonders, vor allem; im Einzelnen, genau, ausführlich; *al(le)/ ieclich/ ieteslich b.* [auch] jede (-r/ -s); alle, allesamt.
be-sundern[1] swV A(+pD *von*) auswählen; auszeichnen; trennen/ scheiden (von).
be-sundern[2] Adv. [s.] *besunder* [2].
be-suochen,-sûchen swV A (auf-, durch-) suchen; A/G/N*saz,ob,w* (heraus-) finden; erfahren, merken, prüfen.
be-suochnisse,-sûchnisse stF Versuchung.
be-suol(e)n,-sûl(e)n, -sulwen swVA(+pD*an,mit*) besudeln/ beflecken (mit).
be-suonen [s.] *besüenen.*
be-,pe-swærde stF Sorge, Bedrängnis, Leid, Kränkung; Sehnsucht.
be-,bi-swæren,-swâren swV A(+D/A) ärgern, kränken; bedrücken, betrüben; A/D bedrängen, belasten,beunruhigen.
be-swærnisse stF Mühsal.
be-swærunge stF Belastung.
be-sweben swVA beträufeln.
be-,pe-sweifen stV [VIIc] A umfangen; *ze den brusten b.* sich umarmen.
be-sweizet Part.Adj. mit Schweiß bedeckt.
be-swenken swV A betrügen.
be-swern stV [VIb] A(+G/ N*saz,ob,w*) beschwören, bitten (um).
be-swernis stF Beschwörung.
be-swerunge stF Beschwörung.

be-swîch stM Schaden.
be-,bi-swîchen stV [Ia] A (+G) betrügen (um); verführen; verderben.
be-swinde Adj./Adv. schnell.
bet[1] stFN [s.] *bete.*
bet[2] stN [s.] *bette* [1].
be-tagen,-dagen swV abs./ D /*betaget werden* Tag werden; erscheinen, sich zeigen; offenbar/ bekannt sein/ werden; pD*an,bî,in* / Adv.lok. (bis Tagesanbruch/ den Tag über) bleiben (bei); A bescheinen; erleben; A+D(+pD*ze*)bestimmen (zu); geben, gewähren; Part.Adj. [s.] *betaget.*
betaget Part.Adj. alt; *b. an lebene/ in altere/ in jâren/ der jâre* herangewachsen.
be-taljen swV abs. kämpfen.
bet-alle Adv. ganz und gar; allesamt; gleichermaßen; genau; überhaupt.
betære/er stM Beter.
be-tasten swV A betasten, berühren.
bete,bet,pet(e) stFN Bitte, Wunsch; Gebet; Befehl, Aufforderung; Abgabe; Eingreifen.
bete-alter stM Gebetsaltar.
bete-hûs,bet-,pete-hûs stN Tempel; Kirche, Bethaus.
be-teidingen swV A+pD*in* einbeziehen in.
betelære,betlære,petelære stM Bettler.
bete-,bet-lich Adj. bittend; inständig, flehentlich; bescheiden; *b. dinc* Erfüllung einer Bitte.
bete-lîche,bet-,pet-lîche, -lîchen,-lîches Adv. maßvoll, höflich.
bete-liute [s.] *beteman.*
betel-man stM Bettler.
beteln,bedelen,petelnswV

abs. betteln.
bete-loch stN Gebetsnische, Gebetshöhle.
bete-man stM [Pl.*beteliute* stMN] Fürbitter.
beten,beden,peten swV abs./ pD*ze* / pA*an,umbe,vür* / N*saz* beten (zu/ um/ für); A anbeten.
beten-brôt [s.] *botenbrôt.*
bete-vart,bite-,biete-vart stF Wallfahrt.
bete-wîp stN Bettlerin.
bet-gewant [s.]*bettegewant.*
bet-hûs [s.] *betehûs.*
be-tihten swV A(+D) gestalten; beschreiben; A+pA*in* füllen in.
be-tiuren,-tûren swV A dauern; unpers.+A(+G) unterlassen, verzichten auf.
be-tiuten [s.] *bediuten.*
betlære [s.] *betelære.*
bet-lich,-lîche[s.]*betelich.*
be-tochen Part.Adj. *b. in dem/ mit bluote* blutüberströmt.
be-tœren,-tôren,-dôren swV A (+G/D) täuschen, verblenden; betäuben (an); für einen Narren halten.
be-touben swVA(+D) betäuben; bedrücken; überwältigen; A+pD*von* tilgen aus.
be-touwen swV abs./D nass / mit Tau bedeckt werden; A betauen, benetzen.
be-traben swV A ereilen.
be-tragen stV [VIa, Prät. auch sw] refl.(+G/pD*ab, an, in, mit,von*) leben (in/ von), auskommen mit; A ertragen; vollbringen; A+pD*mit* bedecken mit.
be-trâgen swV unpers.+A (+G/pA*umbe*)/ N*s*/ Inf.(*ze*) +A zu viel/ lästig sein, verdrießen, langweilen; ärgern, bekümmern; entgehen.

be-trahten,-drahten swV refl.+G/Ns*ob,w* sich vorstellen; D denken an; A/Ns(*daz, w*) bedenken, betrachten, überlegen, sich ausdenken; trachten nach; beurteilen, (ein-) schätzen, prüfen; A+Adv./pD*ze* ansehen als.

be-trahtic [s.] *betrehtic.*

be-trahtunge stF Betrachtung, Andacht.

be-trechen stV [IVa] A(+pD *mit*) verdecken, bedecken (mit).

be-,we-trehtic,-trahtic Adj. bedacht, besonnen.

be-,we-trehticlîchen Adv. aufmerksam.

be-treten stV [Va] A (an-) treffen, ergreifen; zertreten.

be-triegen,bi-,pe-triugen stV [IIa] A(+G)/D betrügen, hintergehen, täuschen; irreleiten, -führen; im Stich lassen, zunichte machen; A(+pD *ze* /Adv.lok.) verleiten (zu), locken (in); A+pD*an,gegen* betrügen um, benachteiligen/ zurücksetzen an; verleumden bei; *betrogen sîn/ werden* +pD*an* [auch] sich täuschen in, enttäuscht werden von; *die stunde b.* die Zeit vertun; Part.Adj. [s.] *betrogen.*

be-trieglich Adj. trügerisch; *b. gesiht* Sehstörung.

be-triegnus stF Trugbild.

be-triugen [s.] *betriegen.*

be-trogenheit stF Verblendung, Täuschung.

be-trogen Part.Adj. betrügerisch; trügerisch.

be-trogenlich Adj. trügerisch.

be-trœnt,-*trehent Part. Adj. betropft.

be-trôren,bi-,pe-trôren swV A begraben; A+pD*mit* bespritzen/ bedecken mit.

be-trûb- [s.] *betrüeb-.*

be-trüebeclîchen Adv. betrübt.

be-trüebede,-trüebde, -trüept,-trûb(e)de stF Betrübnis.

be-trüeben,bi-,we-trûben,-truoben swV refl. (+G/pA*umbe*) traurig sein (über); A(+D) trüben; betrüben, kränken; beunruhigen; heimsuchen.

be-trüebesal stF Heimsuchung.

be-trüebnisse,-truobnisse,-nüsse,-trûbnus stFN Betrübnis.

be-trüebunge,-trûbunge stF Betrübnis.

be-trügenlîche Adv. verführerisch.

be-trüllen swV A betrügen.

be-truob- [s.] *betrüeb-.*

be-trûren swV A bedauern.

betschelier stM Knappe.

bet-stat¹ stF Gebetsstätte.

bet-stat² stF [s.] *bettestat.*

bet-stuol stM Betstuhl.

bette¹,bet,pette stN Bett, Lager; Polster; Bahre.

bette² swF Bettgefährtin.

bette-,*bete-bloch stN Betschemel.

bette-bret stN Bett (-gestell).

bette-dach stN Bettdecke.

bette-gelt stN Liebeslohn.

bette-genôz swM Bettgenosse.

bette-geselle¹ swM Bettgefährte.

bette-geselle² swF Bettgefährtin.

bette-,bet-gewant stN Bettzeug, Bettlaken.

bette-kleit stN Bettdecke.

bette-lachen stN Bettlaken.

bette-mære stFN Bettgespräch.

betten,petten swV D ein Bett bereiten/ aufschlagen; A+D hinlegen; A+pD*mit* bedecken mit.

bette-rise swM Kranker, Bettlägriger.

bette-risic Adj. bettlägerig.

bette-spil stN Liebesspiel.

bette-stal stN Bettgestell.

bette-,bet-stat stF Lagerstatt, Bett.

bette-stolle swM Bettgestell.

bette-strô stN Bettstroh.

bette-wât stF Bettzeug, Bettdecke.

be-tûchen swV abs./refl. zugrunde gehen; pD*in* stecken bleiben in; pD*von* scheiden von; A+pA*in* tauchen in.

be-tungen swV A düngen; verschmutzen.

be-tunkel(e)n swV A(+D) verdunkeln.

be-tuon anV A+pA*in* einschließen in.

be-tûren [s.] *betiuren.*

be-tûten [s.] *bediuten.*

be-twanc stM Zucht; Leiden.

be-twancsal stF Unterdrückung.

be-,bi-twingen,-dwingen stV [IIIa] A(+G/pD*ze* /pA *an,in,ûf* /Ns*daz*) überwältigen, beherrschen, besiegen; zähmen; erreichen, erzwingen; bedrängen, quälen; treiben/ zwingen/ veranlassen (zu); unterwerfen (unter); A+D erobern; *daz liet/ die rede b.* (+pA*in*) das Lied/ die Rede übertragen (in).

be-twungenlich Adj. aufgezwungen.

be-twungenlîche(n) Adv. unter Zwang.

be-twungnisse stF Zwang.

betzel swF Haube.

be-,bi-vâhen,-vân stV [VIIb] A(+D)(+pD*mit* /pA*in*) ergreifen, (er- um-) fassen;

bedecken/ besetzen/ umgeben/ einfassen/ umhüllen/ bekleiden (mit); einbeziehen in; *mit râte b.* +A beraten; *mit rede b.* +A anreden; Part.Adj. [s.] *bevangen.*
be-valct- [s.] *bevelgen.*
be-vallen stV [VIIa] refl. fallen; D gefallen; A überfallen.
be-valt- [s.] *bevellen.*
be-vân [s.] *bevâhen.*
be-vangen,-vân Part.Adj. *b.* (+pD*mit*) erfüllt/ besessen (von); bedeckt/ behaftet/ gerüstet (mit); *mit kinde bevangen* schwanger.
be-velgen swV [Prät. *bevalct-*] A+D darbieten, darreichen.
be-velhen,bi-,pe-veln stV [IIIb] A versorgen; bestatten; A/Ns(*daz*)+D anvertrauen, empfehlen; übergeben, überlassen, auftragen; zufügen; A+pD*ze* /p A*in,ûf,under* befehlen/ stellen in/ unter.
be-velher stM Gebieter.
be-velhnüsse stF Obhut.
be-velhunge stF Begehung.
be-vellen swV [Prät. *bevalt-*] A zu Fall bringen.
be-vellich Adj. wohlgefällig.
be-vellicheit,-vellikeit stF Selbstgefälligkeit; Wohlgefallen.
be-veln [s.] *bevelhen.*
be-vencnisse stN Umhüllung.
be-vestenen swV A (be-) festigen; sich anverloben; A+D verloben mit.
be-vestenunge stF Stütze.
be-vil(he)de [s.] *bivilde.*
be-villen swV A geißeln.
be-viln swV refl.+pD*gegen* sich zu viel herausnehmen gegen; unpers.+A/D(+G/Ns/ Inf.*ze*) zu viel sein, schwer fallen; kümmern, ärgern,

verdrießen, stören, schrecken.
be-vinden stV [IIIa] refl. +pD *in* sich befinden in; A/G/Ns *daz,w* (heraus-) finden, kennen lernen, erfahren; empfinden, fühlen; (be-) merken, erkennen.
be-vindunge stF Empfindung; Begierde.
be-vinstern swV A verdunkeln.
be-vintlich,-vüntlich Adj., -lîche(n) Adv. spürbar, fühlbar; erfahrbar; sicher.
be-vintlicheit stF Empfindung; Sicherheit.
be-vlecken swV A beflecken.
be-vliegen stV [IIa] A verwehen.
be-vliezen stV [IIb] A überschütten; D+pD*mit* überströmt werden mit; Part.Adj. [s.] *bevlozzen.*
be-vlîzen stV [Ia] refl.+G, *bevlizzen sîn* +Ns*w* bestrebt sein um.
be-vlozzen Part.Adj. *mit bluote b.* blutüberströmt; *mit einem mer b.* am Meer gelegen.
be-vogten swV A(+pD*vor*) (be-) schützen (vor).
be-vollen Adv. ganz (und gar), völlig; insgesamt; sehr.
be-völlen,-*vüelen stN Gefühl.
be-vor(e),-vor(e)n,-vur Adv. voran, voraus; einst, früher, vorher [meist *dâ*/ *hie b.*].
be-vorht- [s.] *bevürhten.*
be-vrâgen swV A ergründen.
be-vriden swV A(+pD*von, vor*) (be-) schützen/ bewahren (vor); be-, einfrieden; befriedigen.
be-vrîen swV A(+pD*vor*) befreien (von).

be-vüntlich [s.] *bevintlich.*
be-vur [s.] *bevor(e).*
be-vürhten swV [Prät. *bevorht* -] A befürchten.
be-wachen,-wahten swV A bewachen.
be-wahsen,-wassen Part. Adj. bewachsen.
be-wahten [s.] *bewachen.*
be-wallen stV [VIIa] A überziehen.
be-wand- [s.] *bewenden.*
be-wanden swV A+pD*mit* bekleiden mit.
be-wænen swV [Prät. *bewânt-*] A(+pD*an* /p A*umbe*) verdächtigen (wegen).
be-want Part.Adj. *(al)sô b.* solch.
be-wærde stF Beweis.
be-wæren,bi-,pe-wâren swV refl. sich bewahrheiten, in Erfüllung gehen; A/Ns *daz,ob* beweisen, bestätigen, bezeugen; wahr machen, erfüllen; rechtfertigen; prüfen; A+G überführen; Part.Adj. [s.] *bewæret.*
bewæret,-wært Part.Adj. bewährt, erprobt, erfahren; zuverlässig; erwiesen, wahr.
be-wærlich Adj. beweiskräftig.
be-warn,bi-,pe-barn swV refl. (+G/ pD*an, gegen, von, vor* /Ns*daz*) sich hüten/ vorsehen (vor); sich kümmern um; refl.+Adv.(+pD*an,gegen*) sich verhalten (gegen); A / G / Ns*daz* beachten, (ein-) halten; beweisen; erreichen, bewirken; verhüten, verhindern, vermeiden, unterlassen; A(+G/D/pD*von,vor*) hüten, bewachen, (be-) schützen/ bewahren (vor); A(+pD *an,mit*) rüsten; versorgen/ versehen/ ausstatten (mit); bestatten.

be-warren [s.] *bewerren.*
be-warsam Adj. wachsam.
be-warten swV A Acht geben auf.
be-wærunge stF Festigung.
be-wassen [s.] *bewahsen.*
be-waten stV [VIa] A überströmen.
be-wæten swV A bekleiden.
be-wegde,pe-,we-wegede,-begde stF Bewegung, Erschütterung.
be-wegelich,-wegenlich Adj. beweglich, bewegend; veränderlich; zugewandt.
be-wegelîche(n),-wegenlîche(n) Adv. entschlossen; heftig, kräftig.
be-wegen[1] stV [Va] refl.+G/ pD*ze*/Ns(*daz,w*)/Inf.*ze* sich entschließen zu/ entscheiden für; sich anschicken zu; refl.+ G/pA*umbe* sich abwenden von, vernachlässigen, verzichten auf, aufgeben; *sich zornes b.* zornig werden; Part.Adj. [s.] *bewegen*[3].
be-wegen[2]**,-begen** swV [Prät. auch *beweit* -] A(+D) bewegen, rühren, erschüttern, ergreifen; erzürnen; A+pD*ze* führen zu; *beweit sîn/ werden* +pA*ûf* sich erbarmen über.
be-wegen[3] Part.Adj. mutig, tapfer, entschlossen.
be-wegenlich,-lîche(n) [s.] *bewegelich.*
be-,we-weglich(k)eit, -beglicheit stF Beweglichkeit.
be-,pe-wegunge stswF Bewegung; Erregung, Anreiz.
be-weichen swV A erweichen.
be-weinen swV A beweinen.
be-weisen swV refl. sich zeigen; A+D entbieten.
beweit- [s.] *bewegen*[2].

be-welben swV A überwölben.
be-,pe-wellen stV [IIIb] A (+pD*in,mit*) wälzen/ baden (in); beflecken/ beschmutzen (mit); verderben, verführen.
be-wenden swV [Prät. auch *bewand* -] A(+pD*ze*/pA*an*/ Adv.lok.) an-, verwenden (zu), lenken/ richten/ zielen (auf), wenden (nach); unterbringen (bei); A+D+pD*nâch, ze*/Adv. anrechnen als; *wol/ baz bewendet sîn* (+pD*ze*) in guten Händen sein (bei); angemessen sein (für); (gut) ausgehen/ enden; Part.Adj. [s.] *bewant.*
be-werde stF *die b. anvâhen* zur Kommunion gehen.
be-werken swV A einfrieden.
be-wern swV A+D verwehren.
be-werren stV [IIIb, Part. Prät. auch *bewarren*] refl.+ pD*an,in,mit* sich entzweien über; sich verstricken in/ beschäftigen mit; A+pA*ûf,wider* richten an; anschuldigen bei; Part.Adj. [s.] *beworren.*
be-,bi-werven,-*werben stV [IIIb] A(+D) erwerben.
be-weselich Adj. durchdrungen.
be-wêwen,-*wæjen swV A anwehen.
be-wîbet Part.Adj. verheiratet.
be-wîlen[1] swV A+G verschleiern vor.
be-wîlen[2] Adv. [s.] *bîwîlen.*
be-windelt Part.Adj. in Windeln gewickelt.
be-winden stV [IIIa] D zusetzen; A(+D)(+pD*in*/pA*in*/ pD*mit*) einhüllen/ wickeln (in), verhüllen/ schmücken/ umwickeln/ verkeilen (mit).
be-wirken swV [Part.Prät.

beworht] A+pD*in* einschließen in; A+pD*mit* einfassen/ besetzen mit.
be-wîsen swV refl.+Adv. sich benehmen; D+pA*ûf* hinweisen auf; A(+G/Ns*daz*) führen, leiten; beraten; erleuchten; Auskunft geben (über); verkünden; lehren, unterrichten (von); verhelfen (zu); A(+D/A) zeigen, beweisen, offenbaren; zufügen, erweisen, geben.
be-wîsunge stF Beweis; Offenbarung; Verhalten.
be-wollenussede stF Begierde.
be-wonen swV pD*in* wohnen in; A+pA*an* gewöhnen an.
be-worht [s.] *bewirken.*
be-worren Part.Adj. verwickelt.
be-worrenheit stF Verwirrung.
be-zaln swV A/G/Ns*daz* (+D) erwerben, erringen, erreichen; bezahlen, belohnen, aufkommen für; vergelten; tilgen; zählen.
be-zêchenunge [s.] *bezeichenunge.*
be-zeichenen,bi-,pi-zêchenen swV refl.+pA*ûf* sich beziehen auf; A/Ns*daz,w* (+D) bedeuten, bezeichnen, versinnbildlichen; (an-) zeigen, kennzeichnen; offenbaren; vorausdeuten auf.
be-,pi-zeichenheit stF Bedeutung.
be-,we-zeichenisse, -zeichnüs(se) stF Bedeutung; Auslegung.
be-,we-zeichenlich Adj., **-lîche(n)** Adv. bedeutungsvoll, symbolisch, (sinn-) bildlich.
be-zeichenunge,bi-,pi-zêchenunge stF Zeichen;

Bezeichnung; Bedeutung; Vorausdeutung; Ritus.

be-zeichnüs(se) [s.] *bezeichenisse.*

be-zeigen swV A(+D) kennzeichnen; offenbaren.

be-zeln swV *des kampfes b.* +A zum Kampf herausfordern.

be-zemen swV *ûf dem kreize b.* kämpfen.

be-zetten swV A+pD*mit* bedecken mit.

be-ziehen stV [IIb] A(+pD *in,mit*) erreichen, ergreifen, treffen; über-, beziehen/ besetzen (mit).

be-zieren swV A schmücken.

be-zîhen stV [Ib] A(+G) bezichtigen.

be-ziln swV abs./refl. enden; refl.+pD*von* sich trennen von; A beenden; abberufen; zustande bringen.

be-zimbern swV A ausstatten.

be-zîte Adv. rechtzeitig, früh, bald.

be-ziugen,-zûgen swV A / Ns*daz*(+D) bezeugen, beweisen, bestätigen; pA*ûf* +Ns*daz* aussagen gegen.

be-ziunen swV [Part.Prät. auch *bezûnet*] A einzäunen, einschließen.

be-zoc stM Futter (-stoff).

be-zoubern swV A behexen, verhexen.

be-zücken swV [Prät. *bezuct* -] A überlisten; überwältigen.

be-zûgen [s.] *beziugen.*

be-zûnet [s.] *beziunen.*

be-zwungenheit stF Gewalt, Zwang.

bezzer,pezzer Adj./Adv. [Komp. von *guot*] besser; größer, mehr (wert).

bezzerent-halp [s.] *bezzernhalp.*

bezzer-lich Adj.,-*lîche* Adv. vorbildlich, besser.

bezzern,pezzern swV refl. sich bessern/ erholen/ steigern; A verbessern, ändern; wieder gutmachen; beschleunigen; D(+A) Schadenersatz leisten (für), erstatten; abbitten.

bezzern-,bezzerent-halp Adv. auf der besseren Seite.

bezzerunge,pezzerunge stF Besserung, Bekehrung, Änderung; Verbesserung, Linderung; Vorbild; Buße, Sühne; Wiedergutmachung, Entschädigung; Gewinn.

bezziste [s.] *beste.*

bi- [s.] *be-.*

bî[1] Adv. [meist *dâ/ dar/ der b.*] daran, dabei; dagegen; dahin; damit; daneben; darum; darunter; davon, dazu; darüber hinaus; in der/ die Nähe [auch *hie (nâhen) bî*].

bî[2],pî Präp.+D/A (nahe) bei, neben, zu; +D/G in, seit, während; mit, durch, von; an; trotz.

bibe stF Beben.

bî-belîben [s.] *bîblîben.*

biben(en),biven,beben swV abs. (er-) beben, zittern, erschrecken.

biber,piber stM Biber.

biber-,piber-geil stN Bibergeil [Drüsensekret des Bibers].

bible [s.] *biblie.*

bî-blîben[1],-belîben stV [Ia] D/pD*bî,in* festhalten an, bleiben bei, verharren in; Part.Adj. [s.] *bîblîbende.*

bî-blîben[2],-belîben stN Ausdauer.

bî-blîbende Part.Adj. be-

harrlich.

biblie,bible,wibel stswF Bibel.

bî-blîplich Adj. festbleibend.

bî-bôz stM Beifuß.

bibunge stF Beben.

bic stM Stich, Hieb, Einschnitt.

bickel,pickel stM Spitzhacke.

bickel-meister stM Meister beim Würfelspiel.

bickel-spil stN Würfelspiel.

bickel-wort stN zusammengewürfelte Worte.

bicken,becken swV A picken, stechen; A+pD*mit* versehen mit.

bi-,be-daz Konj. als, wenn.

bidemen swV pD*von,vor* zittern vor.

bi-derbe,be-,pi-derve, -dirbe Adj. rechtschaffen, redlich, anständig; tapfer; tüchtig; klug; gut, edel.

bi-derben [s.] *bederben.*

bi-derbkeit,-derbicheit stF Ansehen, Tüchtigkeit.

bider-man stM Ehrenmann.

bi-derve,-dirbe [s.] *biderbe.*

biege stF Neigung.

biegen,piegen stV [IIa] A(+D) (nieder-) beugen, (ver-) biegen; A+Adv.lok. lenken.

biegger stM Heuchler.

bier stN Bier.

bier-gelte swM Zinspflichtiger.

biergisch,*birgisch Adj. bergbäurisch.

bieten,pieten stV [IIb] refl.+ pD*ze* /p A*an,in* sich begeben auf/ in/ zu; sich anschicken zu; refl.+pA*ûf* reichen zu; A/Ns(*daz*)/Inf.*ze* (+D) geben, reichen; erweisen, zufügen; (an-, dar-) bieten, zeigen, ankündigen; verspre-

chen; gebieten; (hin-) halten;
sich bereit erklären zu; ausführen; A+pA*an,in,under,*
vür/pD*(en)gegen* halten/
(aus-) strecken/ stellen an/
gegen/ in/ unter/ vor; A+
pD*von* abwenden von; A+
pD*ze* führen zu; ausstrecken
nach; ausrichten gegen; *den
eit b.* schwören; *sîn lougen
b.* leugnen; *sîne unschulde
b.* die Unschuld beteuern;
vride b. Frieden ausrufen;
wer b. sich verteidigen; *sich
ûf die erden/ ûf den vuoz/ an,
ûf die knîe/ ze (den) vüezen
b.* (+D) niederknien (vor), zu
Füßen fallen; *lachen b.* +D
zulachen; *reht b.* +D Recht
sprechen; *segen b.* +D segnen, verabschieden; *sich ze
tage b.* verhandeln; *guoten
tac b.* +D guten Tag wün-
schen; *vrâge b.* +D fragen;
in den tôt b. +A in Todesgefahr bringen; *ze æhte b.* +A
in die Verbannung schicken;
ez wol/ baz b. +D gut/ besser
behandeln/ bewirten.
biete-vart [s.] *betevart.*
bietzen [s.] *büezen.*
biever [s.] *fieber.*
bî-gân,-gên anV D stehen/
gehen neben.
bî-ganc stM Irrtum.
bîge,pîge stF (Holz-) Stapel.
bî-gedanke swM Ablenkung.
bî-ge- [s. auch] *bî-.*
bî-geloubic Adj. ungläubig.
bî-gên [s.] *bîgân.*
bî-gewesen [s.] *bîsîn.*
bi-graft stF Begräbnis.
bî-gürtel stM Geldkatze.
bî-haben swV D stehen bleiben bei.
bî-halten stV [VIIa] D stehen
bei.
bi-,bî-handen,-hanten
Adv. sogleich.

bîhtære/er,bîhtigære/er
stM Beichtvater; Bekenner.
bîhte,pîhte,pî-giht(e) stF
Beichte, Geständnis.
bîhte-buoch stN Beichtspie-
gel.
bîhtec/ic Adj. bußfertig.
bîhten swV abs./D/ Abeichten.
bîhte-verte swF Bußfahrt.
bîhtigære/er [s.] *bîhtære.*
bîht-tavel stF Beichtbrief.
bîhtunge stF Beichte.
bîht-vater stM Beichtvater.
bî-hurten swV D zueilen auf.
bî-jagen swV D hinterher-
stürmen.
bî-komen stV [IVb] D kommen zu; überziehen.
bîl[1] stM *ze b. stân* sich zum
Kampf stellen; *ze b. gân*
kämpfen.
bîl[2]**,pî(e)l** stN Beil.
bî-lant stN Nachbarland.
bilch stswF Haselmaus.
bildære/er,bildenære,
pilder stM Vorbild; Mahnung; Schöpfer; Gestalt.
bilde,bilede,pil(e)de stN
(Ab-) Bild; Beispiel, Vorbild; Gestalt, Aussehen; Art;
Zeichen; [auch expl., z.B.
wîbes b. Frau].
bildec Adj. *b. gesiht* Vision.
bildec/ic-lich Adj., -lîche
Adv. bildlich; sichtbar.
bilde-keit stF Vorbild.
bilde-,bilt-lich Adj. bildlich, bildhaft; sichtbar, erfahrbar, vorstellbar; sinnenhaft; nachahmend.
bilde-lôs Adj. bildlos, unbildlich.
bilde-lôsekeit stF Bildlosigkeit.
bilden,bileden,pil(e)den
swV refl.(+pD*ze*/p A*in*) sich
verwandeln (in); sich entwickeln (zu); A darstellen;
nachahmen;   A(+pD*nâch*)

hervorbringen/   gestalten/
(er-) schaffen/ formen/ ausrichten (nach); A+pD*mit* herstellen aus; verzieren mit; A+
pA*in* aufnehmen in.
bildenære [s.] *bildære.*
bilde-,bild-rîche Adj. bil-
derreich; anschaulich, fassbar; umfassend; übersinn-
lich.
bilderin(ne) stF Einbil-
dungskraft.
bilde-,bilt-sam Adj./Adv.
zeichenhaft.
bild-gebende Adj. anschaulich.
bild-nisse,-nüsse stN Bild.
bildunge stF Vorstellung;
Gestalt.
bilede(-) [s.] *bilde(-).*
bî-legen swV A+D legen an/
neben/ zu.
bilgerîn,bilgrî(n),pilge-
rîn,pilg(e)rîm,pilegrîm,
pelegrîm swM Pilger; Wan-
derfalke.
bilgerîn-,pilgerîn-gewant
stN Pilgerkleid.
bî-ligen,-geligen stV [Vb]
D schlafen mit, die Ehe
schließen/ vollziehen mit; liegen bei; Part.Adj. [s.] *bîli-*
gende.
bî-ligende Part.Adj.*bîligen-*
diu minne Liebesspiel, Lie-
besakt.
bille stswF Steinmeißel.
billen swV A hervorbringen.
billich[1]**,pillich** Adj. richtig,
gut; gerecht; *b. (unde reht)*
recht und billig.
billich[2]**,billiche** stMF Fügung; Sitte; Recht.
billîche,billîchen,pillî-
che(n) Adv. mit/ zu Recht;
von Rechts wegen; eigent-
lich; bereit-, freiwillig; ziemlich; deutlich; [Komp.] besser,
eher; mit mehr Recht.

billîcheit stF (Selbst-) Gerechtigkeit.

billîchen[1] swV A+D zubilligen.

billîchen[2] Adv. [s.] *billîche*.

bî-loufen stV [VIIe] abs. nebenher laufen.

bilsen-,pilsen-sâme swM Bilsensamen.

bîl-slac stM Beilhieb.

bilt-[s.] *bilde-*.

bî-lûten swV *einander b.* ähnlich klingen.

bil-wîz [s.] *pilwîz*.

biment(-) [s.] *pigment*(-).

bimz stM Bimsstein.

bîn,bin,pîn stswF Biene.

bî-namen [s.] *benamen*.

binde swF Verband; (Jahres-) Ring.

binden,pinden stV [IIIa] D einen Verband/ Kopfputz anlegen; A(+D)(+pD *in,mit*) fesseln/ (ver-) binden (mit); die Haube aufsetzen; (ver-)putzen/ schmücken (mit); A(+D) +pD *ze* / pA *an,in,ûf,umbe,vür* (fest-) binden an/ auf/ um/ vor; setzen/ legen/ richten auf/ in; stecken in; A(+D)(+pD *ze* /Inf. *ze*) verpflichten (zu); A+pD *von* anfertigen aus; abnehmen; *ze (dem) beine/ an den vuoz b.* + A ans Bein binden, sich belasten mit; Part. Adj. [s.] *gebunden*.

bine-boum [s.] *pinboum*.

bîne-weide stF Bienenweide.

binez,binz stMF Binse.

bi-niden [s.] *beniden*.

binnen[1] Adv. innen.

binnen[2] Präp.+G/D während; innerhalb.

binnen[3] swV A+pA *vür* halten für.

bîn-stoc stM Bienenstock.

bîn-vaz stN Bienenkorb.

binz [s.] *binez*.

bir[1]**,bire,pir**(e) swF Birne.

bir[2] Pers.Pron. [s.] wir.

birdic-lîche(n) [s.] *wirdec/ic-lîche*(n).

bî-rede stF Redensart.

birgisch Adj. bergbäurisch.

biric Adj. fruchtbar.

bî-rîten stV [Ia] D Gefolgschaft leisten, begleiten; nahe rücken.

birke swF Birke.

birkîn Adj. *b. ruote* Birkenreis.

bir-linc stM Heuschober.

birsære/âre stM Jäger.

birs-,pirs-armbrust stN Jagdarmbrust.

birsen,pirsen swV abs. jagen, pirschen; pA *ûf* Jagd machen auf.

birse-weide stF Jagdgrund.

birs-,pirs-gewant,-gewæte stN Jagdkleidung.

birs-,pirs-hunt stN Jagdhund.

bi-rûride [s.] *berüerde*.

bi-samen Adv. zusammen.

bisant(inc)**,bîsendinc, bysant** stswM Byzantiner [Goldmünze].

bî-schaffen stV [VIa] A+D unterstellen.

bî-schaft stF Beispiel, Fabel, Gleichnis; Vorbild, Lehre; (Vor-) Zeichen, Beweis.

bischof,bischolf,pischof stM Bischof.

bischof-lich Adj. bischöflich.

bischolf [s.] *bischof*.

bisch-tuom [s.] *bistuom*.

bisem stM Bisam [Duftstoff].

bisen swV abs. sich spalten; untergehen; pD *von* abweichen von; pA *ûf* losgehen auf.

bi-sên [s.] *besehen*.

bî-senden swV A+D senden.

bîsendinc [s.] *bisant*(inc).

bi-sez(ze) stN Unglück,

Missernte.

bî-sîn anV D (nahe) sein/ bleiben (bei); gehören (zu); innewohnen; widerfahren; beistehen; *dienestlîche*(n)/ *mit dienste b.* +D dienen.

bî-sîn stN Nähe, Umgang; Gegenwart.

bî-sitzen,-gesitzen stV [Vb] D sitzen/ leben bei/ neben.

bî-slac stM Falschgeld.

bî-slâfe swF Konkubine.

bî-sorge stF Wachsamkeit.

bî-spel,-spil stN Gleichnis, Parabel, Sinnspruch; Erzählung; (Sinn-) Bild, Zeichen; Vorbild, Beispiel.

bî-,pî-sprâche,-spræche stF Gerede, Verleumdung.

bisse,pisse swM Byssus [Kleiderstoff].

bî-stal stMN Türpfosten.

bî-stân,-stên,-gestân, -gestên anV D beistehen, helfen; stehen neben, bleiben bei; gehören/ passen/ sich gesellen zu; D(+G) zustimmen (in).

bî-stendic,-gestendic Adj. hilfreich; *b.sîn* +D beistehen.

bî-stendiger stM Beistand.

bî-strâze swF Abschweifung.

bis-tuom,bisch-,pischtuom stN Bistum.

bit[1] Konj. [s.] *biz* [2].

bit[2] Präp. [s.] *mit* [1].

bit-alle [s.] *mitalle*.

bît stN Zögern.

bîte,bite stF Aufschub, Verzögerung; Warten.

biten,piten stV [Vb] abs./ pA *umbe* betteln (um); beten/ Fürbitte einlegen (für); G / pA *umbe* (+D)/Ns *daz* bitten/ werben um; fordern; anordnen; A(+G/A/pA *über,umbe* / Ns(*daz*)/Inf.(*ze*)) bitten (für/

um); anbeten, anflehen; auffordern (zu); heißen; D+G wünschen, erbitten; A+pD *ze* /p*Ain* /Adv.lok. einladen/ locken in.

bîten stV [Ia] abs. warten, zögern; bleiben; ausharren; G / A/pD*nâch* /N*sdaz,ob,w* erwarten, abwarten; warten auf; D+G/pA*unze* Aufschub gewähren für/ bis; *vierzec tage b.* +D eine Frist von vierzig Tagen setzen.

bite-vart [s.] *betevart.*

bî-tragen stV [VIa] A+D herbeitragen.

bî-traht stF Einfluss.

bî-treten,-getreten stV[Va] D herantreten an; *âne b.* ohne Ausflüchte.

bî-trit stM Tritt.

bitter[1],pitter Adj. bitter; herb, scharf; giftig; übel, hart; heftig; qualvoll.

bitter[2],bittere stF Bitterkeit, Härte; Qual.

bitter-keit stF Bitterkeit; Schmerz; Härte.

bitter-lich Adj. bitter, qualvoll; heftig.

bitter-lîche(n) Adv. bitterlich; erbittert; sehr.

bittern swV D bitter werden; A+pA*wider* verhärten gegen.

bittunge stF Gebet.

bî-tuon anV A+D verschaffen.

bitze [s.] *biz* [1].

biuge stF Winkel.

biule,piule stswF Beule.

biunt,piunt stF Grenze; Grundstück; Besitz.

biuschen swV [Prät. auch *biust-*] A+pD*mit,von* bedrängen mit.

biutel,bûtel,piutel,peitel stMN (Geld-) Beutel.

biuteln swV A läutern.

biuwen [s.] *bûwen.*

bî-vallen stV [VIIa] abs. abfallen.

bî-varn stV [VIa] D sich anschließen.

bî-velt stN Grenzfeld.

biven [s.] *biben(en).*

bi-vilde,be-,pi-vilhede stF Begräbnis.

bî-volgen swV D Gefolgschaft leisten.

bî-vüeren swV A+D entgegenführen.

bî-wandel stM Umgang.

bî-wanen [s.] *bîwonen.*

bî-wec stM Abschweifung.

bî-wesen,-gewesen stV [Va] D (nahe) sein/ bleiben (bei); gehören (zu); innewohnen; widerfahren; beistehen; *dienestlîche(n)/ mit dienste b.* +D dienen.

bî-wesen stN Nähe.

bî-wesunge stF Umgang.

bî-,be-wîlen Adv. einst; manchmal, einstweilen.

bî-wonen,-wanen swV D sich aufhalten/ bleiben bei; innewohnen, eignen; anhaften; gehören (zu); zur Verfügung stehen, beistehen.

bî-wonunge stF Nähe.

bî-wort stN Spruch, Redensart; Attribut; Entsprechung.

biz[1],bitze Präp.+A [meist *b. an/ ûf/ under* +A] bis auf/ zu; verglichen mit; *b. her* bis jetzt/ hierher.

biz[2],bit Konj. [auch *b. daz*] bis; solange.

biz[3],piz stM Biss, Stich; Bissen.

bî-zeichen stN (Vor-) Zeichen, Ankündigung; Offenbarung, Traumgesicht.

bîzen,pîzen stV [Ia] abs./ pA*in* beißen (in); pA*durch* durchbeißen; A/G/pD*ab,ûz* (zer-) beißen; essen (von), zu

sich nehmen; stechen; anfallen; A+D reißen [Vieh]; *an den klê b.* sich das Beste heraussuchen.

bî-ziht stF Beschuldigung.

bizze swM Bissen.

blâ[1],blô,plâ Adj. [flekt. *blâwe-,blôwe-,plâwe-*] blau.

blâ[2],*blahe swF Plane.

blach-,plach-mâl stN Einlegearbeit.

blact-,blaht- [s.] *blecken.*

blâge [s.] *plâge* [1].

blæn,blâen,blægen,plæn swV A aufblasen, aufblähen; anfachen; *misselinge b.* +D Verderben bringen.

blanc,planc Adj. weiß; klar, hell, strahlend, glänzend; nackt; *blankez lant* freies Feld.

blangen [s.] *belangen* [2].

blanke [s.] *planke.*

blant- [s.] *blenden.*

blas[1] Adj. kahl; gering.

blas[2] stN Flamme.

blâs stM Hauch.

blâsâre,plâsâre stM Bläser.

blâse,plâse swF (Harn-) Blase; [dudelsackähnliches Instrument]

blâse-balc,blâs-,plâs-, plæs-palc,-palic stM Blasebalg.

blâsen,blôsen,plâsen stV [VIIbd] abs. zischen; A blasen; anfachen; (A+)pA*an, in,under*/pD*von* blasen auf/ in/ von; *ze gevelle b.* zum Angriff blasen.

blâs-geselle swM Mitspieler.

blasnieren [s.] *plasnieren.*

blâs-palc [s.] *blâsebalc.*

blâst,plâst stM Atem, Atemhauch, Luft.

blaster [s.] *pflaster.*

blæstic Adj. geistig.

blat,plat stN Blatt; (Buch-) Seite; Gaumenzäpfchen; *niht*

ein b. gar nicht(s);*dehein b.*
vür den munt legen kein
Blatt vor den Mund nehmen;
durch blates stimme um mit
einem Blatt Töne zu erzeugen.
blate,plate swF Brustharnisch, -platte; Glatze, Tonsur.
blâter,blôter,plâter swF
Blatter, Pocke; (Harn-) Blase.
blâter-suht stF Blattern,
Pocken.
blat-vuoz stM Plattfüßiger.
blat-werfen stN Umblät-
tern.
blatz(-) [s.] *platz(-).*
blâ-,plâ-var Adj. blau.
blâwe- [s.] *blâ* [1].
blech stN Blech; Platte.
blecken,plecken swV[Prät.
auch *blact-,blaht-*] abs./D
hervorschimmern, sichtbar
werden, entblößt sein; A zeigen; Part.Adj. [s.] *bleckende.*
bleckende Part.Adj. *b. zene*
gefletschte Zähne.
bleczen swV unpers.abs. blitzen.
bleich,pleich Adj. bleich,
blass; hell, weiß; fahl, trübe.
bleiche stF Blässe.
bleicheit stF Farblosigkeit.
bleichen,pleichen swV
abs./D erblassen; A bleichen.
bleich-sal Adj. fahl.
bleich-,pleich-var Adj.
bleich; weißlich.
blên swV abs. blöken.
blenden,blinden,plenden
swV[Prät. *blant-* , Part.Prät.
auch *geblant*] A(+D) (ver-)
blenden; verdunkeln; A+G
berauben; A+pD *von* fernhalten von.
blenke stF Weiße.
blenken swV A+pA*in* senken
in.

blesten swV pA*in* plumpsen
in.
bletz stM Flicken.
bletzen swV A flicken; A+
pA*ûf* setzen auf.
blî,plî stMN Blei.
blîalt,blîa(n)t [s.] *plîalt.*
blîbe,plîbe stF Bleiben.
blîben [s.] *belîben.*
blic,plic stswM Blick; Auge;
Blitz, Strahl; Glanz; Erscheinung, Anblick, Bild; Augenblick, Nu; *swertes b.*
Schwertstreich; *viures b.*
Funke.
blîchen stV [Ia] abs. blinken,
glänzen; erblassen; A bleichen.
blicken swV abs. (auf-) blit-
zen/ leuchten; pA*an* /Adv.lok.
blicken/ hinsehen (zu); pD *ûz,
ze* /pA *durch,hinder,in* blicken
aus/ durch/ hinter/ in/ zu;
über ahsel b. sich umsehen.
blic-lich Adj.,**-lîchen** Adv.
leuchtend, strahlend; plötzlich, spontan.
blickunge stF Glanz.
blic-schôz stMN Blitz, Blitzstrahl.
blicze,plecze swM Blitz.
bliczen swV abs. blitzen.
blîde,plîde Adj./Adv. froh ,
fröhlich; freundlich.
blîdec-lîche(n) Adv. fröhlich.
blîde-,blî(t)-schaft stF
Freude.
**blîen,blîîn,blîgen,blîgîn,
blînîn,plîen,plîîn** Adj.
bleiern.
blî-kolbe swM Bleikolben.
blî-kûle,-*kiule swF Blei-
keule.
blinde stF Verblendung.
blinde-keit [s.] *blindheit.*
blinde-lingen Adv. blindlings.
blinden [s.] *blenden.*

blindenc-lich Adj. *b. leit*
Blindheit.
blînîn [s.] *blîen.*
blint,plint Adj. blind; dunkel, verdunkelt; unvernünftig, unwissend.
blint-haft Adj. blind, verblendet.
blint-heit,blinde-keit stF
Blindheit.
blint-lich Adj. *b. burde/ kla-
ge/ ungemach* Blindheit.
blint-lîche(n) Adv. wie ein
Blinder; blicklos.
blint-slîche swM Blindschleiche.
blinzen swV abs. die Augen
schließen.
blî-schaft [s.] *blîdeschaft.*
blî-stucke stN Bleiklum-
pen.
blît-schaft [s.] *blîdeschaft.*
bliuc-[s.] *blûc-.*
bliuwen,pliuwen,pliugen
stV [IIa] A(+D) schlagen.
blî-var Adj. bleifarben.
blî-weich Adj.weich wie Blei.
blî-zeichen stN Bleisiegel.
blô [s.] *blâ* [1].
bloch stN Holzklotz; Brett;
Falle; Rammbock.
blochen swV A zimmern.
**blœde[1],blôde,blüede,
plœde** Adj. schwach, ge-
ring, arm; feige, mutlos,
kraftlos; krank, schlecht.
blœde[2] stF Schwäche.
blœde-keit,blôdic-heit
stF Schwäche; Furchtsam-
keit, Feigheit.
blœdec-,blôde-lîchen
Adv. furchtsam, unsicher.
blôdic-heit [s.] *blœdekeit.*
blôme [s.] *bluome.*
blôsen [s.] *blâsen.*
blôter [s.] *blâter.*
blôwe- [s.] *blâ* [1].
blôz[1],plôz Adj. nackt, entblößt, bloß; kahl; unbe-

deckt, ungeschützt, unbe-
waffnet; frei, leer, rein; offen; offenbar; +G ohne, be-
raubt/ befreit von.
blôz² Adj. nur.
blœze,blôze stF Blöße;
Lichtung, Platz; Offenba-
rung.
blœzec-,blôzec-lîche(n)
[s.] *blœzlîche(n)*.
blœzen swV [Prät. auch
blôzt-] A entblößen, entkleiden; A+pD*von* befreien von.
blôz-heit stF Blöße, Unver-
hülltheit; Reinheit, Lauterkeit; Losgelöstheit.
blœz-lîche(n),blôz(ec)-,
blœzec-lîche(n) Adv. ausschließlich, nur; vollständig;
deutlich; unmittelbar, unverhüllt.
blûc,bliuc,plûc Adj. scheu,
schüchtern, zurückhaltend,
verlegen; schwach.
blûc-heit,bliuc-heit,blû-,
plû-keit stF Scheu, Zurückhaltung.
blûc-lich,blûwec-,bliuc-
lich Adj., -**lîche(n)** Adv.
scheu, schüchtern, zurückhaltend, verlegen; vorsichtig.
blüede [s.] *blœde* [1].
blüegen,blüejen [s.]*blüen*.
blüejunge stF Glanz, Zierde.
blüemen swV [Prät. auch
bluomt-] refl. Blüten treiben;
A(+pD*mit*) schmücken/ zieren (mit); Part.Adj. [s.] *bluomende; geblüemet*.
blüemîn,bluomîn Adj. aus
Blumen; blühend.
blüen,blüejen,blüegen,
blüewen,blûwen,bluo-
(g)en,plüen,pluon swV
abs./D/pD*ûz* (er-) blühen
(aus); A hervorbringen.
blüete,plüede stF Blüte,
Blume.
blüete-varwe stF Blüten-

schmuck.
blüewen [s.] *blüen*.
blûgen swV abs. ermatten.
blû-keit [s.] *blûcheit*.
blunt Adj. blond.
bluo(g)en [s.] *blüen*.
bluome,blûme,blôme,
pluome,plûme swMF Blume, Blüte; Jungfräulichkeit.
bluomende Part.Adj. blühend, leuchtend.
bluomen-berc stM blühender Berg.
bluomen-huot stM Blu-
menhut.
bluomen-kranz stM Blu-
menkranz.
bluomen-,pluomen-velt
stN Blumenwiese.
bluomen-zît stF Blütezeit.
bluomîn [s.] *blüemîn*.
bluomt [s.] *geblüemet*.
bluomt- [s.] *blüemen*.
bluom-var Adj. blumenbe-
deckt.
bluon [s.] *blüen*.
bluost stF Blüte.
bluot¹ stMF Blüte, Blume.
bluot²,blüet,p(e)luot,
plüet stN Blut.
bluot-bach stM Blutstrom.
bluotec/ic,pluotic Adj. blutig; blutrünstig.
bluoten swV abs./D bluten.
bluotes-mâl stN Blutfleck.
bluotes-zeher stM Blutstropfen.
bluot-giezende Part.Adj.
blutend.
bluot-nacket Adj. splitternackt.
bluot-naz Adj. blutend.
bluot-,pluot-rehsen stN
Bluthusten.
bluot-rôt Adj. blutrot.
bluot-runs,-runst stMF
Blutvergießen; (blutende)
Wunde, Blutstrom.

bluot-rünsic,-rusic Adj.
blutbefleckt, blutig.
bluot-runst [s.] *bluotruns*.
bluot-rünstic stN Körper-
verletzung, Bluttat.
bluot-rusic [s.] *bluotrünsic*.
bluot-,pluot-speichel swF
Mundblutung.
bluot-,pluots-tropfe swM
Blutstropfen.
bluot-stürzunge stF Blutvergießen.
bluot-suht stF Blutung.
bluot-suhtic Adj. *b. sîn* Blu-
tungen haben.
bluot-,pluot-tragerin(ne)
stF Vene.
bluot-trinker stM Mörder.
bluot-var,bluotec-,pluot-
var Adj. blutig, blutgetränkt,
blutunterlaufen; blutrot.
bluot-,pluot-vergiezen
stN Blutvergießen.
bluot-,pluot-vliezen stN
Bluten.
blûwec-lîche(n) [s.] *blûc-
lîche(n)*.
blüwen [s.] *blüen*.
boben [s.] *boven*.
boben-,poben-heit stF Ü-
berlegenheit, Überheblichkeit.
boc,poc stM Bock.
bôc [s.] *bouc*.
boc-,poc-hirsch stM Bock-
hirsch (Fabeltier).
bockes-,pock(e)s-bluot,
-pluot stN Bocksblut.
böckisch Adv. wie ein Bock.
boc-vel stN Bockshaut.
bodem,podem stM Boden.
boden-lôs Adj. bodenlos, undicht.
bode-schaf(t) [s.] *bote-
schaft*.
boge¹,bogen,poge swM
Bogen; Sattelbogen; Re-
genbogen; Torbogen.
boge² swMF [s.] *boie*.

bogen [s.] *boge* [1].
boge-rucke Adj. krumm.
boge-,poge-stal stN Bogenweite.
boge-ziehære stM Bogenschütze.
bôht [s.] *bâht.*
boie,boye,boge swMF Kette, Fessel.
bolle swF Knospe.
boln,poln swV A(+pD*gegen / pAan,gegen,under*) werfen (auf/ unter), schleudern (gegen); schlagen; A+D zuwerfen; *diu ougen b.* ein Auge riskieren.
bôl-slac [s.] *bûlslac.*
bolster,polster stM Polster.
bolz(e),polz stswM Pfeil, Bolzen.
bôm(-) [s.] *boum(-).*
bom-hart stM Geschütz.
bône,pôn stswF Bohne; das Geringste.
bôn-garte [s.] *boumgarte.*
bônît stN Mütze; Brustschutz.
bôr stM Auflehnung.
bor(-) Adv. [+Adj.] sehr.
borc stM Schulden; Entgelt.
borch(-) [s.] *burc(-).*
bôre [s.] *bâre.*
boren swV abs. unter der Last zusammenbrechen.
borgâre [s.] *burgære.*
borge[1] stF Schonung, Aufschub.
borge[2] swM [s.] *bürge.*
borgen,porgen swV abs. Schulden machen; Aufschub geben; bürgen; refl.+G sich frei machen von; A(+pD*von, ze /pAûf*) entlehnen (von); sich belasten mit; A+D borgen.
bor-,pore-grôz Adj. übermäßig.
bor-,por-guot Adj. aufrichtig.

borje swM Traggestell.
bor-mære Adj. (völlig) gleichgültig.
born swV A(+pA*durch*) bohren (in), stoßen (durch).
bor-,por-nôt Adv. *b. sîn* +D +G bedürfen.
bor-sêre Adv. übermäßig.
bor-senfte Adv. nachsichtig.
borste [s.] *burste.*
bort,port stMFN (Schiffs-) Bord, Rand; Ufer; *über b.* überglücklich; *voller b.* volles Maß; *in über b.* in Übermacht.
borte[1]**,porte** swM Borte, Band; Gürtel.
borte[2] stswF [s.] *porte* [1].
borte-sîde [s.] *bortsîde.*
bor-tiure Adj. knapp.
bort-,borte-sîde swF Seidenband.
bor-verre Adv. unlange.
bor-wol Adv. schlecht; kaum; angemessen.
bosch [s.] *busch.*
bœse[1]**,bôse,pœse** Adj. böse, schlimm, schlecht; schädlich; gering, niedrig, unedel; wertlos, erbärmlich; feige; geizig; schwach, krank; verdorben, welk.
bœse[2] stN Böses, Übel.
bœsen,bôsen,pœsen,bôsern swV abs./refl. schlecht werden/ sein.
bœsern,pœsern swV A verschlimmern, verderben; vermindern; verdüstern.
bœse-wiht,bœs-,bôse-wiht stM Bösewicht, Übeltäter, schlechter Mensch.
bôs-heit,bœs-,pôs-heit stF Schlechtigkeit, Bosheit; Verfehlung, Sünde; Misshandlung; Gefährlichkeit; Geiz; Härte.
bôs-,pôs-lich Adj. böse, schlimm.

bœs-lîche(n),bôs-,pœs-,pôs-lîche(n) Adv. übel, schlecht; böswillig; erbärmlich; auf schlimme Weise.
bœs-,pœs-listic Adj. tückisch.
bœs-wiht [s.] *bœsewiht.*
bot stN Gebot; *diu b. legen* den Einsatz bezahlen; *brôt des botes* Schaubrot [aufbewahrt in der Stiftshütte].
bote,pote swM Bote; (Stell-) Vertreter.
botech [s.] *botich.*
boten,poten swV A+D verkünden.
boten-brôt,beten-,poten-,peten-brôt stN Botenbrot.
botenge [s.] *botige.*
boten-miete stF Botenlohn.
bote-rede stF Botschaft.
bote-schaft,bot-,bode-,bat(e)-,pot-schaf(t) stF Botschaft, Nachricht, Mitteilung; Auftrag, Sendung; Verheißung; Evangelium.
bote-,bot-schaften,-schaffen swV A(+D/pD ze) verkündigen (an).
bote-schafticlîchen Adv. geschäftig.
botich,botech,potich,potech stM Leichnam, Körper.
botige,botenge swF Bottich.
botinne stF Botin.
bot-schaf(t)(-) [s.] *boteschaft(-).*
bou [s.] *bû.*
bouc,bôc,pouc stM (Arm-, Hals-) Reif, Ring.
bouer [s.] *bûwære.*
bouge,böuge stF Neigung; Demut.
böugen,bougen swV A (+pA*under*) beugen (unter), unterwerfen; A+pA*ûf* richten auf; *die hende b.* die Hände falten.

böugunge stF Unterwürfigkeit.

boum,boun,bôm,bâm, bæm,poum,pôm,pâm stM Baum; Stamm; Sarg.

bou-man [s.] *bûman.*

boum-bluot stF Baumblüte.

boum-garte,boun-,bôm-, bôn-,bûn-,poum-garte swM Baum-, Obstgarten.

boum-,poum-heckel stM Specht.

boumîn Adj. aus Holz.

boum-klimmer stM Bäumekletterer.

boum-,poum-öl stN Olivenöl.

boum-,poum-pusch stM Busch.

boum-,poum-rinde swF Baumrinde.

boum-,poum-wol(le) swF Baumwolle.

boum-,poum-wurm stM Baumkäfer.

boum-zaher,poum-,pâm-zaher stM Baumharz.

boun(-) [s.] *boum(-).*

bouwære [s.] *bûwære.*

bouwe- [s.] *bû(-).*

bovel,povel stMN Volk, Leute; Tross.

bovel-,povel-volc stN niederes Volk.

boven,boben,poben Präp. +D/A über, oberhalb.

boye [s.] *boie.*

bôz¹ stN Stoß.

bôz² stF [s.] *buoze.*

bôzen¹,pôzen swV abs./pA *an,ûf* klopfen (an), schlagen (auf).

bôzen² swV [s.] *büezen.*

brâ,prâ stswF [flekt. auch *brâwe-*] Augenbraue, Wimper; Rand.

bræche stF Redekunst.

brâch-,prâch-môn stM Juni.

bracke,pracke swM (Jagd-, Spür-) Hund.

bracken-seil stN Hundeleine.

brâdem,brâden stM Hauch.

braht [s.] *breht.*

brâht- [s.] *bringen; anbringen.*

brâme,prâme swMF Dorn (-gestrüpp).

bræmen swV A verbrämen.

brangen¹ swV pD*in* schwelgen in.

brangen² stN Prahlen.

brangen³ swV [s.] *prangen.*

brankieren swV A+pD*mit* herausputzen mit.

brant,prant stM Brand, Feuer; Kohle; Brandstiftung, -schatzung; Fackel; Scheit; Ausbrennen [Wunde].

brant- [s.] *brennen.*

brasem [s.] *prasem.*

brât(e) swM Braten, Fleisch; Leib; Rücken.

brâten,prâten stV [VIIb] abs./A(+D) braten.

brâwe- [s.] *brâ.*

breche¹,*brehe stF Glanz.

breche² swM Verfinsterung.

brechen¹,prechen stV[IVa] abs./D (zer-) brechen, reißen; vergehen; refl. sich erbrechen; pD*nâch* verlangen nach; pD*ûz* hervorbrechen/ hervorgehen aus; sich entfernen aus/ von; pD*ze* durchdringen zu; herunterfallen auf; pA*durch* (+D) dringen durch; pA*in* (ein-) dringen/ fallen in; pA*vür* dringen vor; A/G(+D) (zer-) brechen, zerreißen; ab-, durch-, aufbrechen; aufreißen; pflücken; ausreißen; zerkleinern, zerbeißen; umgraben; zerschlagen, zerstören, vernichten; zunichte machen; quälen, stören, unterbrechen; an-

fechten, missachten, verstoßen gegen; überwältigen, übertreffen; bewältigen; erklären; D+pD*ze* ausschlagen zu; A+pD*gegen,ze* /p A*an,in* führen/ wenden in/ gegen/ zu; A(+D)+pD*ab,ûz,von* lösen/ (los-, ab-) reißen/ (weg-) nehmen von/ aus; *verre/ vürbaz/ wîte b.* sich weit verbreiten; *(daz vel) b.* +D das Fell gerben; *die zunge b.* +pD*nâch* sprechen wie.

brechen²,brechenen swV [s.] *brehen* ¹.

breckin stF Hündin.

bredie(-) [s.] *bredig-.*

bredierin stF Predigerin.

bredier-,predier-klôster stN Dominikanerkloster.

bredier-,prediger-orden stN Predigerorden [Dominikaner].

bredigære/er,bredier, brêger,bridigâre,predigære/âre,predier stM Prediger.

bredige,bredie,brêge, predige,predigât(e), predigêt stswF Predigt.

bredigen,bredien,bredingen,brêgen,bridigen, predigen swV abs./D/pD *von* predigen (über); A / Ns*w* (+D) verkünden.

bredige-,predige-stuol stM Kanzel.

bredigunge,predigunge, predeunge stF Predigt.

brêge(-) [s.] *bredig(-).*

brehen¹,brechen,brechenen,prehen swV abs. scheinen, leuchten.

brehen²,prehen stMN Glanz, Schimmer, Strahl.

breht,braht stM Lärm, Geräusch; Geschrei.

brehten swV abs. lärmen; prahlen.

breit[1]**,preit** Adj. breit, ausgedehnt; groß; voll; verbreitet, bekannt; (vier-) eckig; *breitiu ouwe/ breitez velt* freies Feld.
breit[2] Adj. [s.] *bereit* [1].
breite,preite stswF Breite, Größe; Querbalken; Querseite; Verbreitung; freies Feld.
breiten,preiten swVA aus-, verbreiten; ausdehnen, vergrößern, erweitern.
breitern swVA mehren.
breit-lîche Adv. ausgiebig.
breme,prem,priem(e) swM Bremse, Stechfliege.
bremmen [s.] *brimmen.*
bremze-lich Adj. brennend.
brengen [s.] *bringen.*
brennære/er stM Mordbrenner.
brennen,brinnen,bernen, burnen,prennen swV [Prät. auch *brant-*] abs. brennen, lodern; A(+D) (ver-) brennen; niederbrennen, brandschatzen; läutern; A+pAan einbrennen in.
brenn-oven stM Brennofen.
brenn-,prenn-stein stM Bernstein.
brennunge stF Feuer.
brest,breste,brist stswM Mangel, Gebrechen, Fehler.
bresten,presten stV [IVa] abs./D/pDan fehlen (an); brechen, zerbrechen, bersten, reißen; pDûz,vor,ze (+D)(hervor-) dringen/ brechen aus, niederbrechen auf; pAdurch, in,ûf,vür (+D) (ein-) dringen auf/ durch/ in/ vor; A+D brechen.
bret,pret stN Brett; Daube.
bretsche swF grüne Walnußschale.
bretten stV [IVa] abs. weben.
brî,brîe,prîe swM Brei.

brîdel,brîtel stM Zügel, Zaum.
brîden stV [Ia] A weben, flechten.
bridig(-) [s.] *bredig(-).*
brîe [s.] *brî.*
brief,brieb stM Brief; Schrift (-stück), Text; Urkunde, Schuldschein, -buch; Rezept; *wârer b.* Beweis.
brief-vaz stN Briefbehälter.
brieschen swV abs. schreien.
brieve-buoch stN Briefbuch.
brieven swVA aufschreiben.
briever stM Schreiber.
brimme stF Ginster.
brimmen,bremmen stV [IIIa] abs. brüllen, brummen; pAûf losfahren auf.
bringen,brengen,pringen stswV [IIIa, Prät. *brâht-*] A/G/Nsdaz,w (+D) (herbei-, mit-, über-) bringen; erbringen; hervorbringen, verursachen; bewirken, leisten, vollbringen; bewahren, beweisen; gewähren; A+Adj. machen; A(+D)+pDnâch,ze /pA an,in,ûf/Adv.lok. bringen/ wenden an/ auf/ in/ zu; A+ pAdurch stoßen durch; A+pA über/pDûz,von führen aus/ über/ von (...weg); A+pAunder stellen unter; A+pAvür tragen/ führen vor; A+Ns daz /Inf.ze veranlassen zu; inne(n) b. +A+G/ Nsdaz merken/ wissen lassen, bewusst machen.
brinnen[1]**,p(e)rinnen,burnen** stV [IIIa] abs./D (ent-, ver-) brennen; pDnâch /Ns daz sich verzehren nach, brennen auf; *daz viur brinnt* +pDûz Funken sprühen aus; Part.Adj. [s.] *brinnende.*
brinnen[2] swV [s.] *brennen.*
brinnende Part.Adj. heiß,

glühend, feurig, brennend; leuchtend.
brinnendic Adj. brennend.
brîs(-) [s. auch] *prîs(-).*
brîsen,prîsen swV A+pAin kleiden in; A(+pAan)(+D) binden/ schnüren (an).
brîs-schuoch stM Schnürschuh.
brist [s.] *brest.*
brisûn [s.] *prisûn.*
britânisch [s.] *britûnisch.*
Britanje,Britâne stF Britannien, Bretagne.
brîtel [s.] *brîdel.*
brîtelîn stN (Buch-) Deckel.
brîteln,prîtlen swV A zügeln.
britûn Adj. bretonisch.
Britûn,Britûnois stM Bretone, Brite.
britûnisch,britânisch, britûnsch Adj. bretonisch.
Britûnois [s.] *Britûn.*
britûnsch [s.] *britûnisch.*
briune,priune stF Bräune; Schamhaar.
briunen swV A+D erklären.
briute- [s.] *brût(-).*
briuwe swM Brauer.
briuwen,priuwen,priuen stV [IIa, Part.Prät. auch *gebrouwen*] A brauen; hervorbringen; bilden; vollbringen; anzetteln; A+D zufügen.
brob- [s.] *prob-.*
brocke swM Brocken.
brocken,brücken swV A (+D) zerbröckeln.
brœde[1]**,brôde,prôde** Adj. schwach;   vergänglich; weich; niedrig; schlecht.
brœde[2]**,brôde,prôde** stF Schwäche, Vergänglichkeit.
brôder(-) [s.] *bruoder(-).*
brœdic-heit,brôdic/ec-, brœd-heit,brœde-keit stF Schwäche, Vergänglichkeit.

brogen swV abs. prangen; prahlen, sich überheben; sich erheben/ aufbäumen; pD*gegen,wider* sich wenden gegen.

broger stM Aufrührer.

brohen swV abs. gären.

bronje [s.] *brünne.*

brosem,brosme stswF Brosame, Krume.

brôt,prôt stN Brot; Nahrung, Essen; *sîn b. vristen* +pD*mit* sein Leben fristen mit; *umbe b. gân* betteln; *niht (umbe) ein b.* nicht im Geringsten/ das Geringste.

brôt-becke swM Bäcker.

brôt-hûs stN Bäckerei.

brôt-sac stM Brotbeutel.

brouchen,prouchen swV A formen; A+pA*ûf* einprägen in.

brout(-) [s.] *brût(-).*

bruch stswM Bruch, Brechen; Wunde; Verlust; Lücke; Vergehen, Sünde; Anfechtung; Verderben.

bruche-lich Adj. verderblich.

brûchen,prûchen swV refl.+ pD*ze* sich verkehren in; A / G brauchen, nutzen; genießen; missbrauchen; *des slâfes b.* schlafen; *der sünde b.* sündigen.

bruchic Adj. fehlerhaft.

brûch-lîchen Adv. genießend.

brucke,brücke,brugge, brügge,prugge,prügge stswF (Zug-) Brücke; Tribüne.

brücken[1] swV abs. eine Brücke bauen; A+pA*über* spannen über.

brücken[2] swV [s.] *brocken.*

brücken-slac stM Brückensteg.

brücken-zol stM Brückenzoll.

brûde-gom,-goum [s.] *brûtegoum.*

brüeder- [s.] *bruoder-.*

brüef [s.] *prüef.*

brüefen [s.] *prüeven.*

brüege,prüe stF Brühe.

brüegen [s.] *brüen.*

brüel stM Aue.

brüen,brüegen swV [Prät. *brût-,bruot-*] abs. brennen; A verbrühen, verbrennen.

brüeten,bruoten,prüeten swV abs. brüten; A ausbrüten; hervorbringen; pflegen, aufziehen.

brüeven [s.] *prüeven.*

brügel,prügel stM Knüppel.

brugge,brügge [s.] *brucke.*

brugger stM Brückenwächter.

bruht stF Widerstand.

brummen,prummen, promsen swV abs. brummen; summen; brüllen; tönen.

brûn,prûn Adj. braun; violett; dunkel; glänzend.

brûnât,brûnît stM Wollstoff.

brunege [s.] *brünne.*

brûne-keit stF Klarheit.

brûnen swV abs. braun werden.

brunft,prunft stF Brunst.

brûnieren swV A polieren.

brûnît [s.] *brûnât.*

brünje [s.] *brünne.*

brûn-loft,-louf(-) [s.]*brûtlouf(t)(-).*

brunne,burne,prunne stswM Quelle, Brunnen, Wasser; Urin.

brünne,brunne,brünje, bronje,brunige,brunege,prunne stswF Panzerhemd, Brustharnisch.

brunnen-vliez stM Quelle.

brünne-rinc stM Panzerring.

brûn-reideloht,-reit Adj. braungelockt.

brûnsen swV abs. funkeln.

brunst,prunst stMF Glut, Hitze; Feuer, Feuersbrunst; Verbrennung; Qual; Inbrunst.

brûn-var Adj. braun.

brunzen swV D+pD*in* pissen in.

bruoch[1],pruoch stM Moor, Sumpf.

bruoch[2],pruoch stF Hose.

bruoch-gürtel stM Hosengurt.

bruochich,brûchich stN Sumpf.

bruoder,brôder,pruoder stM Bruder; Klosterbruder, Mitbruder.

bruoder-kint stN Neffe.

bruoder-,brüeder-lich Adj., **-lîche(n)** Adv. brüderlich.

bruoder-minne stF Bruderliebe.

bruodern swV refl.+pA*in* eintreten in (einen Orden).

bruoder-schaft,brüeder-, brôder-schaft stF Bruderschaft.

bruoder-sun stM Neffe.

bruoder-tohter stF Nichte.

bruot,pruot stF Brut; Ausbrüten; Brutzeit.

bruot- [s.] *brüen.*

bruoten [s.] *brüeten.*

bruot-,pruot-henne swF Bruthenne.

brûsen swV abs. brutzeln; brausen.

brust,prust stF Brust.

brust-bein stN Brust.

brust-gezierde stF Brustschmuck.

brust-lich Adj. brechbar.

brust-wer stF Brustwehr.

brût,brout,prût stF [flekt. auch *briute*-] Braut, Frau; Geliebte.

brût- [s. auch] *brüen.*

brût-,prût-bette stN Brautbett.

brût-,briute-gewant stN Brautkleid.

brûte-goum,brût-,briute-, brout(e)-,brûde-gom, -gum,-gam swM Bräutigam.

brûte-kleit stN Brautkleid, Festgewand.

brûten,briuten swV abs. sich verheiraten, Hochzeit halten.

brûte-stuol [s.] *brûtstuol.*

brût-goum,-gom,-gam [s.] *brûtegoum.*

brûtinne stF Braut.

brût-,briute-labe stF Hochzeitsfrühstück.

brût-lachen stN Brauttuch.

brût-leite stF Hochzeit.

brût-lich,brout-,prût-lich Adj. festlich.

brût-louft,brout-,brûn-louf,-lof(t),-left,-luft stMFN Hochzeit, Fest.

brût-,brûn-louftkleit stN Festgewand.

brût-miete stF Mitgift.

brût-stuol,brûte-,briute-stuol stM Brautstuhl.

brütten swV refl.+pD *gegen* sich stürzen auf.

bû,bou,pû stMN [flekt. meist *bûwe-,bouwe-*] Bau, Bauwerk, Haus; Siedlung; Ackerbau; Arbeit; Ernte.

bûbenîe stF Büberei.

bûch,pûch stM Bauch, Magen; Leib, Rumpf.

buchel stF Fackel.

bûchen swV A waschen.

bûch-lôs Adj. rumpflos.

bûch-stabe,-stap [s.] *buochstap.*

bûch-vülle stF Völlerei.

buckel stswMF Schildbuckel, Schildbeschlag; Schild.

buckelære/er,buggelære/ er,puchelære/er,pukler stM Schild (-buckel); Schildträger.

buckel-hûs stN Schildbuckel.

buckel-rîs stN Schildbeschlag.

bucken,pucken swV refl. sich (nieder-) beugen; A niederwerfen.

buckeram,buggerân,pukerân stM Buckram [Stoff].

bückezen swV abs. bocken.

bû-dinc stN Liegenschaftsgericht.

büelen swV abs. flirten.

büel-schaft stF Liebschaft.

büezen,buozen,bûzen, bôzen,bietzen,püezen, puozen swV abs. Buße tun, bestraft werden; D Strafe zahlen, Entschädigung/ Wiedergutmachung leisten; helfen; A(+D) flicken, ausbessern; Buße tun für, wieder gutmachen; vergelten; (be-) strafen; lindern, vermindern; stillen, befriedigen; D/A+G Abhilfe schaffen gegen, erlösen von; berauben.

büezigen swV A bestrafen.

buggelære/er [s.] *buckelære.*

bû-geræte stN Baumaterial.

buggerân [s.] *buckeram.*

bug-loht Adj. bucklig.

bugunge stF Kniefall.

bû-haft Adj. bewohnt; fruchtbar; ansässig.

bühel,buhel,pühel,puhel stswM Hügel, Berg, Erhebung.

bûhier [s.] *bûhurt.*

bûhieren [s.] *bûhurdieren.*

buhs stM Buchsbaumholz.

buhs-,puhs-boum stM Buchsbaum.

bühse,pühse swF (Salben-, Zauber-) Büchse, Gefäß; Köcher; Gewehr.

bühsen-vaz stN Gefäß.

bûhurdieren,bûhieren, burderen swV abs. Reiter-, Kampfspiele abhalten, turnieren.

bûhurt,bûhier stM (Turnier-) Kampf.

Bulgâr stM Bulgare.

bulge swF Sack; Welle.

bû-liute [s.] *bûman.*

büllen,püllen swV abs. brüllen, bellen.

bûl-,bôl-slac stM (heftiger) Schlag.

bulver [s.] *pulver.*

bulvren [s.] *pulvern.*

bû-man,bou-,pû-man stM [Pl. *bûliute* stMN] Bauer, Pächter.

bümbrisch Adj. klopfend.

büne stF Brett; Bühne; Baldachin.

bündic Adj. *b. werden* +pD *mit* sich verbinden mit.

buneiz [s.] *puneiz.*

bünen swV A verplanken.

bûn-garte [s.] *boumgarte.*

bungieren [s.] *punieren.*

bünic Adj. begierig.

bunieren [s.] *punieren.*

bunkel [s.] *punkel(în).*

bunt[1] Adj. gefleckt, zwei-, mehrfarbig.

bunt[2] stM Band, Verband; Fessel.

bunt[3] stN (gefleckter) Pelz.

bunt-lîche Adv. aufmerksam.

bunt-schuoch stM Bundschuh.

buobe,puobe swM Knabe; Knecht.

buoc,puoc stM Schulter, Bug.

buoc-bein stN Vorderlauf.
buoch,puoch stN Buch; Bibel; Schrift; Wissen, Wissenschaft; *swarziu b.* schwarze Kunst.
buoche swF Buche.
buochisch stN Originalsprache.
buoch-meister stM Gelehrter.
buocholz stN Buchenwald.
buoch-sac stM Büchersack.
buoch-staben swVA schreiben.
buoch-stap,bûch-,buo-, pûch-stabe stswM Buchstabe; Schrift; Inschrift.
buoch-vel stN Pergament.
buoch-veller stM Pergamentmacher.
buoch-wîse Adj. gelehrt.
buode swF Hütte.
buole[1]**,puole** swM Geliebter.
buole[2]**,puole** swF Geliebte.
buosem,buosen,puosem stM Busen, Brust; Mieder.
buosem-blech stN Brustplatte.
buosem-snuor stF Schärpe.
buosen [s.] *buosem.*
buost stMN Baststrick.
buo-stabe [s.] *buochstap.*
buoze,buoz,bôz,bûze, puoze stF Buße, Strafe; Wiedergutmachung, Entschädigung; (Ab-) Hilfe; Heilung, Heilmittel; *b. sîn/ werden* +G+D frei sein/ sich befreien von, loswerden, Abhilfe schaffen gegen; *b. machen/ tuon* +G(+D/A) befreien/ ausnehmen von; ein Ende machen mit; berauben; *ze b. sagen* +G+A freisprechen von; *ze b. stân/ stên* (+G/p A umbe)(+D/A) Wiedergutmachung/ Schadenersatz leisten; Rechenschaft

ablegen (für).
buozen [s.] *büezen.*
buoz-,püez-lîche Adv. bußfertig.
buoz-sac stM Büßerhemd.
buoz-wirdic Adj. strafwürdig, tadelnswert.
bur stF Brise.
bûr,pûr,pûer stM Bauer.
bû-rât stM Nahrungsmittel.
burc,burec/ic,borch,purc stF Burg; Stadt.
bürc,*birge stN Gebirge.
burc-berc stM Burgberg.
burc-grabe swM Burggraben.
burc-grâve,-grêve swM Burggraf, Gerichtsherr.
burc-grâvin stF Burggräfin.
burc-grêve [s.] *burcgrâve.*
burc-hagen stM Burgwall.
burc-herre swM Burgherr.
burc-lêhen,-lên stN Burglehen.
burc-lîte swF Burgabhang, Burgweg.
burc-man stM Lehnsmann.
burc-meister stM Bürgermeister.
burc-mûre,buric-,borch-mûre stF Burgmauer, Stadtmauer.
burc-porte swF Burgtor.
burc-reht stN Bürgerrecht.
burc-stal stN Burganlage.
burc-strâze stF Burgstraße.
burc-wec stM Burgweg.
burc-wer stF Burgmauer.
burd stM Maulesel.
bürde,burde,pürde stswF Bürde, Last; Fülle.
bürden,burden,pürden swV A(+pD mit) beladen (mit).
burderen [s.] *bûhurdieren.*
burdûz stM Pilgerstab.
burec [s.] *burc.*
bûren-meister stM (Dorf-) Bürgermeister.

burgære/er,borgâre,purgære stM Burg-, Stadtbewohner, Bürger; [Pl. auch] Burgbesatzung.
burgærin,burgerin stF Bürgerin.
bürge stF Bürgschaft.
bürge,borge swM Bürge.
bürgen swV Inf.ze sich verbürgen zu.
burger-,purger-meister stM Bürgermeister.
bürge-,burge-schaft stF Bürgschaft.
bürge-tor,burge-,pueri-tor stN Burg-, Stadttor.
Burgunde,Burgonde swM Burgund.
Burgunt-rîche stN Burgund.
buric(-) [s.] *burc(-).*
bürn swVA (auf-) heben; *die reise b.* die Fahrt antreten.
bürne stF Brand.
burnen[1] stV [s.] *brinnen* [1].
burnen[2] swV [s.] *brennen.*
burnunge stF Feuer.
burse stswF Beutel, Börse.
burste,bürste,borste, pürste swF Borste; Bürste; Stachel.
bürsten swV A bürsten.
burt,purt stF Geburt; (Leibes-) Frucht.
burtic,bürtic/ec Adj. gebürtig, geboren; *b. sîn* +pD ûz, von [auch] (ab-) stammen aus/ von.
bû-sache stF Baumaterial.
busch,bosch,pusch stswM Busch, Gebüsch.
bûsch,pûsch stM Prügel, Knüppel; Sattelpausche.
busîne [s.] *busûne.*
busînen,pusûnen swV abs. trompeten.
busûnære/er,pusûnære/er stM Trompeter.

busûne,busîne,pusûne, pusîne stswF Trompete.

bute,büte(ne),buten stswF Bottich, Wanne.

bû-teidinc stN Liegenschaftsgericht.

bütel,butel stM Gerichtsbote, Henkersknecht.

bûtel [s.] *biutel*.

buten [s.] *bute*.

bûten[1] swV A verfolgen; A+ pD*ze* an sich reißen.

bûten[2] stN Beute; Handeln; Geschäftigkeit; Freigiebigkeit; Streit; Verleumdung; Wüten.

bütene [s.] *bute*.

buter,puter swMF Butter.

büterich stM Bottich.

butig-lære stM Schenk.

butze[1] stF (Höllen-) Pfuhl.

butze[2] swM Hausgespenst.

bû-unge stF Bauwerk; Wohnung.

bûwære,bouwære,bouer stM Erbauer; Pächter.

bûwe- [s.] *bû*.

bûwen,bouwen,biuwen, pû(w)en swV [Part.Prät. auch st*gebûwen*] abs./pD*in* wohnen/ leben/ sich ansiedeln (in); das Feld bestellen, Ackerbau treiben; pA*ûf* vertrauen auf; A(+D) (er-) bauen; bewohnen, besitzen, innehaben; beherrschen; bebauen, bewirtschaften; anbauen; bestellen; pflegen; betreiben; A+pD*mit* bedecken mit; A+pA*an,ûf* gründen auf, befestigen an; *daz ellende/ vremden kreiz b.* in der Fremde/ Verbannung leben; *die erde b.* [auch] begraben werden; *daz mer/ die ünde b.* übers Meer fahren.

bûwen-lich Adj. fest gebaut.

bû-werc stN Baukunst.

bûwe-teidingen swVpD*mit*

vor dem Liegenschaftsgericht verhandeln mit.

bûwe-werc stN Landarbeit.

bûz stM Schlag.

bûze[1] swF (Fracht-) Schiff.

bûze[2] stF [s.] *buoze*.

buzêle stswF Mädchen.

bûzen[1] Adv. außen.

bûzen[2] Präp.+D/A aus, außerhalb.

bûzen[3] swV [s.] *büezen*.

buzzel stN Krug.

bysant [s.] *bisant(inc)*.

c [s.] k; z

d

da[1]**,dâ,dar(e),dâr(e), der, dir,ter** Adv. da, dort; dort- hin; her (-bei); hin, darauf, daran; nun, dann.

da[2]**,dâ,dar,dâr** Rel.Adv. (dorthin) wo; wohin, wonach; an/ auf dem/ den.

da[3]**,dâ,dar,dâr** Konj. als, während; wenn.

da[4]**,dâ,dar(e),dâr(e), der,dir** Partik. [meist nach Rel.Pron. z.B. *der da lebt*] da; *nû d.* auf; [auch expl., z.B. *wer da saget* wer sagt].

da-ab(e)[1]**,dâ-,dar-ab(e), drab(e)** Adv. davon, daran, dabei; weg, herab; deshalb.

da-ab(e)[2]**,dâ-,dar-ab(e)** Rel.Adv. woraus, aus dem; wovon, von dem.

da-an(e)[1]**,dâ-,dar-,do- an(e), dran(e)** Adv. daran,

dabei; darin; darauf; damit; dahin.

da-an(e)[2]**,dâ-,dar-an(e)** Rel.Adv. woran, an dem/ den; worin, in dem; womit.

da-bî[1]**,der-,dir-,do-bî** Adv. dabei, daran, dadurch, damit; daneben, in der/ die Nähe; dazu, außerdem; dagegen, trotzdem; von ihm/ ihr.

da-bî[2] Rel.Adv. woran, an dem; wobei, bei dem.

da-bide [s.] *damit(e)* [1].

dac [s.] *tac*.

dach,tach stN Dach; Decke, Hülle, Überzug; Außenseite; Bedeckung; Bekleidung, Obergewand; Schutz; Krönung, Vollendung; Spitze, Gipfel.

dact- [s.] *decken*.

da-durch,dar-,der-,do- durch Adv. da-, hindurch.

da-eneben Adv. außerdem.

da-engegen [s.] *dagegen(e)*.

da-,dar-enzwischen,-in- zwischen Adv. dazwischen, darin.

dage- [s.] *tage-*.

da-gegen(e),dar-,der- gein,-kegen,-engegen, -ingegen Adv. dagegen; hingegen; dorthin; dafür; darauf.

dagen[1] swV abs. schweigen; G schweigen von, nicht reden über; D schweigend zuhören.

dagen[2] swV [s.] *tagen*.

da-heim,dar-,do-heime Adv. zu/ nach Hause.

da-her(e) Adv. (hier-) her; bisher.

da-hie Adv. hier.

da-,do-hin(e) Adv. dort, dorthin; hin (-ab), (hin-) weg, von dannen; vergangen, vorbei.

dahs,tahs stM Dachs.

dahs-loch stN Dachsbau.

dahs-poum stM Taxus [Eibe].

daht- [s.] *decken.*

dâht,tâht,tôht stN Docht.

dâht- [s.] *denken.*

da-in¹,-inne,dar-,dor-innen,dinne,drin,drinne, trinne Adv. darin, (dort) drinnen, dort; (da) hinein, dahin.

da-in²,-inne,dar-innen Rel.Adv. worin, in dem/ den.

da-in- [s.] *da-en-.*

da-kegen [s.] *dagegen(e).*

dalmanke swF Messgewand.

dalmut stM Talmud.

dam¹ stswM Damhirsch.

dam² stM [s.] *tam.*

da-mit(e)¹,dar-,der-,dir-, do-mide,-bide Adv. damit, dadurch; dafür, dabei; außerdem; mit ihm/ ihnen.

da-mit(e)² Rel.Adv. womit, mit dem/ denen.

dampf,damp,tampf stM Dampf, Rauch; Marter.

dan¹ stswM Herr.

dan² Adv. [s.] *danne* ¹; *dannen* ¹.

dan³ Konj. [s.] *danne* ².

dan⁴ Rel.Adv. [s.] *dannen* ².

dæn [s.] *douwen* ¹.

da-nâch,dâ-,dar-,der-, do-nâ(h) Adv. danach; hierauf, hinterher, später; daran; dementsprechend (wie).

danc,tanc stM Dank; Lob, Preis, Lohn; Gedanke; *mit dem danke/ (sînes) dankes* freiwillig, vorsätzlich, bewusst, absichtlich; *âne/ sunder/ über/ under d.* gegen den Willen, unfreiwillig, unabsichtlich, unbewusst; *ze danke* zur Zufriedenheit.

danc-bær,-ber,-per Adj. dankbar; willkommen, angenehm.

danc-bærkeit,-berkeit stF Dankbarkeit.

danc-bærlich,-berlich Adj., -lîche Adv. dankbar.

danc-,denc-lîche Adv. dankbar.

danc-næme,-nâme Adj. dankbar; willkommen, angenehm.

danc-næmekeit,-næmicheit stF Dankbarkeit.

danc-næmlîche Adv. wohlwollend.

danc-per [s.] *dancbær.*

danc-wille swM freier Wille.

dane [s.] *dannen* ¹.

dane-vart [s.] *danvart.*

da-nider(e),dâ-,dar-, der-,dir-nider(e) Adv. (da-) nieder, zu Boden, hinab; unten, am Boden; *d. (ge)legen/ bringen* +A töten, besiegen; *d. ligen* besiegt/ tot sein.

danke swM Gedanke.

danken,tanken swV D(+G/ p Aumbe /N s daz) danken/ loben (für/ wegen), vergelten.

dan-kêre stF Rückzug; Mitkommen; *d. tuon* aufbrechen.

danne¹,dan(nen),denne, tan,tenne Adv. dann, danach, darauf; denn; gerade, doch; sonst, noch, auch.

danne²,dan,denne Konj. als; als dass/ ob; außer, nur; es sei denn.

danne³ Rel.Adv. [s.] *dannen* ².

danne⁴ stswF [s.] *tanne.*

dannen¹,dan(e),dennen, tan(nen) Adv. von dannen, (hin-) weg; weiter weg; hinaus, (hin-) ab; (da-) hin; her; von da aus; daraus, davon; darum; *wol d.* wohlan.

dannen²,danne,dan Rel. Adv. [auch *d. abe*] woher, wohin; wovon, von dem; woraus, wodurch; mit/ nach dem.

dannen³ Adv. [s.] *danne* ¹.

dannen-vart [s.] *danvart.*

danne-wart,-wert Adv. hinaus, weg.

dan-noch¹,den-noch Adv. (immer/ damals/ dann) noch; außerdem, darüber hinaus; noch so; dann; denn.

dan-noch²,den-noch Konj. doch, dennoch.

dan-scheiden stN Abschied.

dant [s.] *tant.*

dan-vart,dane-,dannenvart stF Abschied, Abreise.

danzen [s.] *tanzen.*

da-ob(e),dar-ob(e)ne, drobe Adv. darauf, darüber; dabei; darüberhinaus.

dapfer [s.] *tapfer.*

dar(-) [s. auch] *da(-).*

dâr [s.] *da.*

darben swV abs. darben; (refl.+)G entbehren, vermissen, verzichten auf; p D *nâch* sich verzehren nach.

dar-bieten stV [IIb] A(+D) schenken, reichen; anbieten; *daz ôre/ diu ôren d.* (+D) zuhören.

dar-boln swV A+D hinwerfen.

dare,dâre [s.] *da.*

dare-haft [s.] *tarehaft.*

daren [s.] *taren.*

dar-engegene,-ingegene Präp.+D entgegen.

dare-wert,-wart [s.] *darwert.*

dar-ingegene [s.] *darengegene.*

dar-kunft stF Kommen.

darm stM Darm.

darm-giht stF Darmlähmung.

darm-gürtel stM Sattelgurt.

dar-nâch Rel.Adv. wonach, nach dem.

dar-quemen stV [IVa] Adv.
lok. herkommen.
darren [s.] *derren* [1].
dar-tragen stV [VIa] refl.+
Adv. sich zutragen.
dar-über [1], **drüber** Adv. darüber (hin); dazu; darüber hinaus.
dar-über [2] Rel.Adv. wozu.
dar-umbe,-umme Adv. darum; damit, dafür.
dar-umbe,-umme Konj. deshalb, darum.
dar-under,drunder Adv.
darunter; dabei; dazwischen.
dar-,dare-wert,-wart Adv.
(dort-) hin.
dâse stswF Hexe.
da-selben,-selbs Adv. an
dieser Stelle, dort.
dæsic,tæsic Adj. träge.
dasten [s.] *tasten*.
dat [s.] *daz*.
dât [s.] *tât*.
datel swF Dattel.
datz Adv.+Präp.+D [*da ze*]
dort an/ aus/ bei/ in.
da-ûf(e) [1]**,dar-,der-ûf(e),
drûf(e)** Adv. darauf, hinauf;
daran, darin.
da-ûf(e) [2]**,dar-ûf(e)** Rel.
Adv. worauf, auf dem/ den;
worin, in dem.
da-umbe [1]**,dar-,dor-um-
me,drumbe,drum(me)**
Adv. darum, deswegen; da-
für, dazu; davon, darüber;
dabei; darum herum; *waz d.*
es macht nichts.
da-umbe [2]**,dar-umbe,
-umme** Rel.Adv. weshalb,
wofür; wovon; um was.
da-ûz [1]**,dar-,dir-ûze,dûze
drûz** Adv. daraus, heraus,
hinaus; von dort; draußen.
da-ûz [2]**,dar-ûz** Rel.Adv. woraus, aus dem.
davel [s.] *tavel(e)*.
da-von [1]**,dar-,der-,do-**

von Adv. davon, daraus; dadurch, darum; davon weg/
frei.
da-von [2]**,dar-,do-von**
Rel.Adv. wovon, wodurch.
da-von [3]**,do-von** Konj. deshalb.
**da-vor,dar-,der-,dir-vor,
-vüre** Adv. davor, hervor,
(nach) vorne; vorher, früher.
**da-vür,dar-,der-,tar-vur,
-vure,-vore** Adv. dafür,
dazu; davor, (her-) vor, heraus; vorbei.
da-vüre [s.] *davor*.
dæwen [s.] *douwen* [1].
**da-wider,dar-,der-,do-
wider(e)** Adv. dagegen; zurück; andererseits.
daz [1]**,dat,dez** best.Art. das.
daz [2]**,dat,dez** Dem.Pron. das,
dieses.
daz [3]**,dat,dez** Rel.Pron. das,
was.
daz [4]**,dat** Konj. (so) dass; da-
durch/ damit dass [auch
durch d.]; weil, darum dass
[auch *sint*/ *durch d.*]; wenn
nicht, ohne/ ehe/ nur dass
[auch *wan*/ *dan d.*]; wenn,
davon dass; bis, bevor, seit,
da [auch *biz*/ *ê*/ *sint d.*]; solange [auch *die wîle d.*].
da-zuo [1]**,dar-,der-,do-zô**
Adv. dazu; dahin, hinzu; daran, dabei; davor; damit; darüber hinaus, außerdem.
da-zuo [2]**,dar-zô** Rel.Adv.
wozu, zu dem/ der.
de [1] best.Art. [s.] *diu* [1].
de [2] Pers.Pron. [s.] *dû* [1].
dê [s.] *der*.
decamonîe stF Sphärenhar-
monie.
dechein [s.] *dehein*.
dechent [s.] *techan*.
decke,tecke stswF Decke,
Hülle.
decke-kleit stN Decke.

decke-,dec-lachen stN
Bettdecke.
decke-mentelîn stN Deck-
mäntelchen.
decken,tecken swV [Prät.
dact-, daht-] A decken;
schützen; A(+pD*in,mit*) be-,
ver-, zudecken/ (be-) klei-
den/ beziehen (mit); A+pA*ûf*
legen auf; A+pA *under* verbergen unter.
dec-lachen [s.]*deckelachen*.
declinieren swV A deklinie-
ren.
decrêt(âle) stN (päpstliches)
Dekret.
degen,tegen stM Held, Ritter, Kämpfer; Knabe, Mann.
degen-heit stF Heldenhaf-
tigkeit; Heldentaten.
degen-kint stN Knabe.
degen-,degent-lich Adj.,
-lîche(n) Adv. heldenhaft,
furchtlos.
degen-schaft stF Helden-
mut.
degent-lich,-lîche(n) [s.]
degenlich.
dehein,dechein,dekein In-
def.Pron. (irgend-) eine (-r/
-s); irgendetwas; irgendwelche (-r/ -s); keine (-r/ -s).
dehsen stV [IVa] abs. Flachs
brechen.
dehs-schît stN Flachs-
schwinge.
dei [s.] *diu* [1].
deil(-) [s.] *teil(-)*.
deis-,dês-wâr Adv. wahrlich, wirklich.
dekein [s.] *dehein*.
dekeines(t) Adv. jemals.
dele [s.] *dil*.
del(e)phin stM Delphin.
dempfen swVA dämpfen, ersticken.
dê-müet-,-muot(-) [s.]
diemüet-.
denc [s.] *tenc*.

denc-lîche [s.] *danclîche.*
denen,tenen swV [Prät.
auch *dant-*] refl. sich erstrecken; länger werden; pD*nâch*
eilen zu; A zerreißen; A+pD
bî,gegen,ze ausstrecken zu;
ziehen an/ zu; A+pA*ûf*/Adv.
lok. richten auf; *gedenet sîn*
+pA*ûf* streben nach.
dênest [s.] *dienest* [2].
denken,tenken swV [Prät.
dâht-, tâht- ; Part.Prät. *gedâht*] abs./pD*nâch,ze* / pA
in,ûf,wider /Adv.lok. (nach-)
denken (über), achten auf;
streben/ verlangen nach; refl.
(D)/Ns(*daz,ob,w*)(sich) denken, glauben, überlegen; G /
pA*an,umbe* denken an; G+D
vorsehen für; A erdenken;
Inf.(*ze*) bedenken; gedenken,
wollen, planen; *gedâht sîn/
werden* unpers.+D+G einfallen, in den Sinn kommen; erwarten; vorherbestimmen.
denne [s.] *danne.*
dennen [s.] *dannen* [1].
den-noch [s.] *dannoch.*
der[1]**,dê,dî,dir,die** best.Art.
der.
der[2]**,dê,dî,dir,die** Dem.
Pron. der, dieser, jener.
der[3]**,dê,dî,dir,die** Rel.
Pron. der, welcher.
der[4] Adv. [s.] *da* [1].
der[5] Partik. [s.] *da* [4].
der- [s. auch] *da-* ; *er-*.
derbe Adv. *d. gebacken* ohne
Treibmittel gebacken.
der-halp,-halben Adv. auf
der einen/ anderen Seite.
der-hinder Adv. dahinter.
der-lei[1] Dem.Pron. solcher,
solche, solches.
der-lei[2] Adv. von derselben
Art.
derne [s.] *diern(e).*
der-neben Adv. nebenher;
außerdem.

der-nider Adv. danieder.
derp Adj. ungesäuert; hart.
derre [s.] *dirre.*
derre-blahe swF Plane (zum
Flachstrocknen).
derren[1]**,darren,terren** swV
A (aus-) trocknen, dörren.
derren[2] swVA+D vorplärren.
der-zwuschent Präp.+D
zwischen.
des,dez Adv. deshalb, daher;
davon, dadurch; darum, dafür; daran, darauf, daraus,
dagegen, darüber, davor, dazu.
desem-vaz stN Bisam-, Mo-
schusgefäß.
des-gelîchen Adv. gleichfalls.
des-halben Adv. deshalb.
deste,dester Adv. [+Komp.]
desto, umso; viel; [auch expl.,
z.B. *verre d. baz* weit bes-
ser].
dês-wâr [s.] *deiswâr.*
deû [s.] *diu* [6].
deu-müet-,-muot(-) [s.]
diemüet-.
de-weder[1]**,dweder,twe-
der** Indef.Pron. eine (-r/ -s)/
keine (-r/ -s) (von beiden).
de-weder[2]**,di-weder** Konj.
d. ... noch/ oder weder ...
noch; entweder ... oder.
de-welch Interrog.Pron. welche (-r/ -s).
dez[1] best.Art. [s.] *daz* [1].
dez[2] Dem.Pron. [s.] *daz* [2].
dez[3] Rel.Pron. [s.] *daz* [3].
dez[4] Adv. [s.] *des.*
dezember stM Dezember.
dî [s.] *der.*
dîâken stM Diakon.
dîalectike stF Dialektik.
dîamant,dîemant stswM
Diamant.
dîberîe stF Diebstahl.
dicke[1]**,dic** Adj. dick, dicht;
fest; voll; häufig.

dicke[2] Adv. oft, häufig, wiederholt, mehrmals; sehr;
dicht; *d. und d.* immer wieder.
dicke[3] stF Gedränge, Kampf-
getümmel; Menge; Dickicht;
Dichte; Finsternis.
dicken swVabs./A(sich) verdichten.
dictam stswM [Heilkraut].
die[1] best.Art. [s.] *der* [1]; *diu* [1].
die[2] Dem.Pron. [s.] *der* [2]; *diu* [2].
die[3] Rel.Pron. [s.] *der* [3]; *diu* [3].
die[4] Adv. [s.] *diu* [4].
die[5] Konj. [s.] *diu* [5].
die[6] stN [s.] *diech.*
diebinne,diubin(ne)
stF Diebin.
diech,die(h) stN Bein, (O-
ber-) Schenkel; Keule, Lauf.
diech-pein stN Schenkel-
knochen.
diech-schenkel stM Schenkel, Oberschenkel.
dief[1] Adj. [s.] *tief.*
dief[2] stM [s.] *diep.*
diegen [s.] *digen.*
diehterîde stN Enkelinnen.
die-jene Dem.Pron. diejenige;
diejenigen.
die-lich [s.] *diulich.*
dîemant [s.] *dîamant.*
die-müete[1]**,diu-,dê-,deu-,
teu-muote,-mûte** Adj. demütig, bescheiden; freundlich, gnädig.
die-müete[2]**,diu-,dê-,deu-
muot,-mût** stF Demut, Bescheidenheit; Selbsterniedri-
gung; Gnade, Güte.
**die-müetec/ic,diu-,dê-,
tê-muotec/ic,-mûtec/ic**
Adj. demütig, bescheiden;
niedrig.
**die-müetec/iclîche(n),dê-
-muotec/iclîche(n)** Adv.
demütig.
**die-müetegen,diu-,dê-,
tê-müetigen** swV refl.+pA

under sich unterordnen unter;
A erniedrigen, demütigen.
**die-müetekeit,dê-müeti-
keit,-müeticheit/keit,
-mûdekeit,-mûticheit**
stF Demut.
**die-müeten,diu-,dê-müe-
ten** swV A erniedrigen; A
(+D) unterwerfen.
**die-müetlich,dê-,deu-
muotlich,-mûtlich** Adj.,
-lîchen Adv. demütig.
**diemüet-tuom,dêmuot-
doum** stN Demut.
diemuot(-) [s.] *diemüet-*.
dienære/er stM Diener; Gefolgsmann.
dienærinne,dienerin(ne)
stF Dienerin, Magd.
dienât stF Knechtschaft.
dienen swV abs./D(+pD*mit*)
dienen, Dienst/ Abgaben/
Hilfe leisten; untertan sein;
gehören; Ehre erweisen; aufwarten; auftischen; versorgen (mit); (D+)pD*nâch,ze* /
pA*ûf,umbe*) dienen um/ zu;
streben nach; A/G/Ns*daz,w*
(+D) vergelten, lohnen; erweisen; tun für; verschaffen;
verdienen, erwerben, erstreben; (ab-) leisten.
dienest¹,dienst stMDiener,
Dienstmann.
dienest²,diens(t),dênest
stMN (Lehens-, Ritter-, Waf-
fen-, Minne-) Dienst; Dienst-
leistung, Hilfeleistung, Unterstützung; Dienstbarkeit;
Dienstbereitschaft, Bemü-
hung; Verehrung; Gruß;
Empfang, Bewirtung; *durch
den d. mîn* mir zuliebe; *ze
dienste* +D [auch] zu Gefallen, zu Ehren.
**dienest-,dienst-bære,
-ber** Adj. dienstbar, -fähig.
dienest-,dienst-bietære
stM Minnediener.

dienest-,dienst-danc stM
Lohn.
dienest-,dienst-gelt stN
Lohn.
dienest-,dienst-haft Adj.
dienend; gehorsam, dienstpflichtig, dienstwillig, ergeben, wohlwollend.
dienest-,dienst-haftic Adj.
dienend; dienstpflichtig.
dienest-,dienst-herre swM
Edelmann.
dienest-kneht stM Diener.
dienest-,dienst-lich Adj.,
-lîche(n) Adv. dienstwillig,
ergeben;selbstlos;dienstbar,
-pflichtig; dienend; unfrei,
aufgezwungen; verdient.
dienest-liute,-lûte [s.] *die-
nestman*.
dienest-,dienst-maget stF
Dienstmagd.
dienest-,dienst-man,-min
stM [Pl. auch *dienestliute,
-lûte* stMN] Gefolgsmann,
Lehnsmann, Ministeriale,
Dienstmann; Unfreier; Diener, Knecht.
diens [s.] *dienest* ².
dienst(-) [s.]*dienest(-)*.
dienunge stF Unterstützung.
diep,diup,dief,tiep stM
Dieb, Räuber.
diep-gehiuze stN Raublust.
diep-,diup-heit stF Diebstahl; gestohlenes Gut.
diep-lich,diup-,dûp-lich
Adj. gestohlen; schleichend;
falsch.
diep-,dûp-lîche Adv. wie
ein Dieb; heimlich.
diep-seckelîn stN Sack mit
Diebesgut.
diep-stâl,diup-,dûp-stâl
stFN Diebstahl.
diep-stîc stM Schleichweg.
dier [s.] *tier*.
dieren(-) [s.] *diern(-)*.
diern(e),dieren,derne

stswF Magd, Dienerin, Zofe;
Mädchen.
diern-,dieren-kint stN
Mädchen.
diern-lech stN Mägde.
dierre [s.] *dirre*.
diet stMFN Volk, Leute, Menschen, Menge, (Heer-)
Schar; [auch expl., z.B. *diu
heidensche d.* die Heiden].
diet-degen stM Held.
diet-lant stN (bewohntes)
Land.
diet-zage,-zoge swM Erzfeigling.
dieve [s.] *diube*.
dievel [s.] *tiuvel*.
diezen stV [IIb] abs./D (er-)
tönen, dröhnen; rauschen,
brausen; (an-) schwellen; pD
ûz (+D) dringen aus.
dîf [s.] *tief*.
dige stF Bitte.
digen,diegen swV abs./pD
ze beten (zu); pA*umbe* bitten
für.
diger-,tiger-lîchen Adv.
sorgfältig.
dîhen stV [Ib] abs./D gedeihen, gelingen.
dîhte Adv. verdichtet.
dîhter,*diehter stN Enkel.
dil,dille,dele,til(l)e,tülle
stswFswM Diele, Brett, Balken, Planke; (Fuß-, Dach-)
Boden; Decke; Palisade;
Fallbeil.
dilken [s.] *tilgen*.
dilker,*tilger stM Vernichter.
dille-stein stM Grundmauer.
dimît [s.] *timît*.
dimpfen stV [IIIa] abs.
dampfen.
dîn Poss.Pron. dein.
dinc stN [Pl. auch sw] Ding,
Sache, Gegenstand; (Lebe-)
Wesen, Erscheinung; Art,
Weise; Mittel; Grund; Ange-

legenheit; Geschick, Leben, Lage, Zustand; Ereignis, Geschichte; Entscheidung; Tat; Werk, Auftrag; (Amts-) Geschäft; Besitz; Recht, Gericht, Gesetz, Gebot; Abmachung; Geschlechtsorgan; *aller/ alles dinge(s)* [auch] gänzlich, in jeder Weise; *an/ in allen dingen* [auch] in jeder Beziehung; *dehein/ kein d./ niht dinges* [auch] nichts; *ein d./ iht dinges* [auch] etwas, *eines dinges* [auch] vor allen Dingen; *in/ under den/ disen dingen* [auch] zu dieser Zeit, unterdessen, während; [*d.* +Adj. auch expl., z.B. *alliu d.* alles, *zouberlichiu d.* Zauberei].

dinc-hûs stN Gerichts-, Gemeindehaus.

dinc-kof,-*hof stM (Gerichts-) Platz.

dinc-man stM Gerichtsbeisitzer.

dinc-stat stF Gerichtsstätte.

dinc-stuol stM Richterstuhl.

dinc-vlühtic Adj. *d. werden* sich dem Gericht entziehen.

dînes-heit stF das dir [Gott] eigene Wesen.

dinge-lîch stN *(aller) d.* alles.

dingen¹ swV G/Ns*daz* (er-) hoffen, erwarten; p*Dnâch, ze /* p A*an,gegen,ûf* vertrauen/ hoffen auf, streben nach; A / Ns*daz* +p A*an* erbitten/ verlangen von.

dingen² swV abs. ver-, unterhandeln, Frieden schließen; Gericht halten; refl. +p A*an* sich verdingen bei; D beistehen; p A*umbe* feilschen um; A/Ns*w* anstellen, dingen; kaufen; vereinbaren; A+D verleihen; A+p A*under* unter-

werfen unter.

dinges Adv. auf Borg.

dinges-geben stN Pfandleihe.

dinges-geber stM Pfandleiher.

dinne [s.] *dain(ne)* ¹.

dinsen,tinsen stV [IIIa] A ziehen; mitschleppen; wegraffen.

dinster(-) [s.] *dunster(-)*.

dir¹ best.Art. [s.] *der* ¹.

dir² Dem.Pron. [s.] *der* ²; *dirre*.

dir³ Rel.Pron. [s.] *der* ³.

dir⁴ Adv. [s.] *da* ¹.

dir⁵ Partik. [s.] *da* ⁴.

dir(-) [s.] *da(-)*.

dirre,diser,dise,dierre, derre,dir Dem.Pron. dieser, der.

dis [s.] *disiu*.

discantieren swV abs. Diskant singen.

disch [s.] *tisch*.

disciplîn(e) stswF Bußübung.

dise Dem.Pron. [s.] *dirre; disiu*.

dise-halp Adv. auf dieser Seite, hier.

disent Präp. +G diesseits.

diser [s.] *dirre*.

dis-halp,dise-halbe Präp. + G diesseits.

disiu,dis(e),disû,duse Dem.Pron. diese, die.

dispe swF [Schlangenart]

dispitieren [s.] *disputieren*.

disputâzie,tisputâzie swF Streitgespräch, Erörterung.

disputieren,dispitieren, tisputieren,tispitieren swV abs./p Dan, *von* / p A*umbe* disputieren/ streiten (über); p A*gegen,wider* zu Felde ziehen gegen; A/Ns*(daz,ob, w*) erörtern.

dis-sît(s) Adv. auf dieser Seite.

distel,tistel stswMF Distel.

distelîn Adj. stachlig.

disû [s.] *disiu*.

ditz(e),diz(ze),dusez,dit Dem.Pron. dieses, das.

diu¹,die,dei,de,dû best. Art. die.

diu²,die Dem.Pron. die, diese.

diu³,die Rel.Pron. die, welche.

diu⁴,dû,die Adv. *after/ nâch d.* danach; *an d.* dahin; *d. baz* umso besser; *d. gelîch(e)* dergleichen, derart, so; *innen/ mit/ under d.* inzwischen; *noch d.* bis dahin; *waz von d.* es macht nichts.

diu⁵,dû,die Konj. *umbe/ von d.* deshalb; *under d. dô* während; *ze d. daz* damit, darum/ dazu dass.

diu⁶,diuwe,dû(we),dîwe,deû,tiu stF Magd; *eigen(iu) d.* Leibeigene.

diube,diuve,dûbe,dûf, dieve,tûbe stF Diebstahl; Diebesgut.

diubic,diuvic Adj. gestohlen.

diubin(ne) [s.] *diebinne*.

diuhen,dûhen,douhen, douwen,tiuhen swV pA *an,in* eindringen auf/ in; A (+D) zerdrücken; unterdrücken; A+pA*in* drücken/ tauchen in; A+pD*mit* ausstopfen mit.

diu-,die-lich Adj. unfrei; *d. werc* Fronarbeit.

diu-müet-,-muot(-) [s.] *diemüet-*.

diunen,tûnen swV abs. dröhnen.

diup(-) [s.] *diep(-)*.

diur- [s.] *tiur-*.

diute,dûte,tiute,tûte stF Erklärung, Verdeutlichung; Bedeutung; Erbauung.

diuten,dûten,tiuten swV abs. Bedeutung haben; A bedeuten; andeuten, auslegen, zeigen; A/Nsw /pDvon (+D) erzählen (von), erklären; erweisen.

diutsch,diutesch/isch [s.] *tiutsch.*

diuv- [s.] *diub-.*

diuvel [s.] *tiuvel.*

diuwe [s.] *diu* [6].

dîvel [s.] *tiuvel.*

dîwe [s.] *diu* [6].

diz,dizze [s.] *ditze.*

dô[1],do,duo,dû,to Adv. da, dann, damals, darauf; nun; hingegen; da, dort, hier; [auch expl., z.B. *zehant d.* sogleich].

dô[2] Rel.Adv. (dorthin,) wo.

dô[3],do,duo,dû,to Konj. als, nachdem; weil; wenn; obwohl.

do(-) [s.] *da(-).*

dobe-heit [s.] *tobeheit.*

do-bide [s.] *damit(e)* [1].

doch Konj. doch, dennoch; aber, jedoch, trotzdem; obwohl, auch wenn; wenigstens, wirklich; auch.

docke [s.] *tocke* [1].

dôfde [s.] *tiefe* [2].

dogent [s.] *tugent.*

dohter [s.] *tohter.*

dol[1],dole,tol stF Leid, Leiden, Mühsal, Erdulden; Duldung; Sehnsucht, Ungeduld; Missachtung.

dol[2] Adj. [s.] *tol* [1].

dolde [s.] *tolde.*

dolden [s.] *dulden.*

dole [s.] *dol.*

doln swV A/G/Nsdaz ertragen, erleiden; erfahren, erleben; dulden, zulassen, hinnehmen.

dôn[1],tôn stM Ton, Klang; Laut, Geräusch; Melodie, Lied, Gesang; Ruf, Rede.

dôn[2] anV [s.] *tuon.*

done stF Anstrengung.

donen swV abs. sich dehnen; Adv.lok. sich wenden; pDûf sich anstrengen bei; pDnâch / pAan,in,ûf streben/ sich sehnen nach, sich bemühen um.

dœnen,tœnen swV [Prät. *dônt* -] abs. klingen; singen.

doner,donre,duner,dunre,tonre stM Donner, Gewitter.

doner-,doners-blic stM Blitz.

doneric,donric Adj. gewittrig.

donern,donren,dunren, tonren swV abs. donnern.

doner-,duner-schûr stM Gewitter.

doner-slac,donre-,dunre-slac stM Donner, Donnerschlag.

doners-tac,duns-,dunres-,dons-tac stM Donnerstag; *grüener/ grôzer/ guoter d.* Gründonnerstag.

doner-stein stM Donnerkeil [Gestein].

doner-stôz stM Donnerschlag.

doner-,donre-strâle stF Blitzschlag, Blitzstrahl.

donre(-) [s.] *doner(-).*

dons-tac [s.] *donerstac.*

dônt- [s.] *dœnen.*

dor [s.] *tür.*

dorch(-) [s.] *durch (-).*

dôre [s.] *tôr.*

doref- [s.] *dorf-.*

dôreht [s.] *tôreht.*

doren [s.] *dorn.*

dôren [s.] *tœrin(ne).*

dorf stN Dorf; Landgut.

dorf-brunne swM Dorfbrunnen.

dorf-geselle swM Dorfbewohner.

dorf-,doref-knabe swM Bauernbursche.

dorf-liute [s.] *dorfman.*

dorf-,doref-man stM [Pl. *dorfliute* stMN] Bauer.

dorf-,torf-metze swF Bauerndirne.

dorf-,doref-sprenzel stM Dorfgeck.

dorf-,doref-wîp stN Bäuerin.

dôr-heit [s.] *tôrheit.*

Doringen [s.] *Türingen.*

dormiter,tormitar,torment(ar) stN Dormitorium [Schlafsaal im Kloster].

dorn,doren,torn stM Dorn, Stachel; Kralle; Dornenstrauch, -gestrüpp; Dornenkrone; Wirbelsäule.

dornach stN Dornengestrüpp.

dorn-ezzen stN dornenvolles Leben.

dornic Adj. dornig, stachlig.

dornîn,dörnîn [s.] *dürnîn.*

dorn-pürde stF (Dorn-) Reisigbündel.

dorn-pusch stM Dornenstrauch.

dorn-stich stM Dornenstich.

dorn-stücke stN Stück aus der Dornenkrone.

dorn-stûde swF Dornenstrauch.

dorn-swîn stN Stachelschwein.

dorn-zwî stN Dornenzweig.

dörpære/er,dörpel,törpel stM Bauer; Bauerntölpel.

dorpeit stF Ungehörigkeit.

dörpel [s.] *dörpære.*

dorpe-lîche [s.] *dörperlîche.*

dörpel-lich Adj. bäurisch.

dörper-diet stF Bauernvolk.

dörper-heit stF Grobheit, Derbheit, Rohheit; Schande.

dorperîe stF Schande.

dörperinne stF Bäuerin.

dörper-,dorpe-lîche Adv. plump.

dorre [s.] *dürre* [2].

dorren,torren swV abs./D verdorren, (ver-) trocknen; vergehen; pD*nâch* sich verzehren nach.

dort,dört,dürt,dart,tort Adv. dort, da.

dort-wart Adv. dort entlang.

doschesse,ducisse stswF Herzogin.

dôsen swV D rauschen.

doster-nisse [s.] *dunsternisse.*

dôt(-),dœt- [s.] *tôt(-).*

douben [s.] *touben.*

douchen [s.] *tûchen.*

douf- [s.] *touf-.*

dougen [s.] *tougen.*

douhen [s.] *diuhen.*

doum,toum stM Dunst, Hauch, Qualm; Ausdünstung.

döun [s.] *douwen* [1].

döu(u)nge stF Verdauung.

douwen [1]**,döuwen,döun, dæ(we)n,töuwen,touwen** swV abs./A verdauen; refl.+pD*von* sich absondern aus; A verzehren, auflösen.

douwen [2]**,töuwen** swV abs. nützen;pD*ze* sich eignen für.

douwen [3] swV [s.] *diuhen; touwen.*

doven [s.] *toben* [1].

dôz stM Schall, Klang; Getöse, Dröhnen.

drab(e) [s.] *daab(e)* [1].

draben,draven,traben, trafen swV abs./pD*ze* /p A *an,über,ûf* /Adv.lok. traben/ eilen (auf/ über/ zu); refl. sich trollen;A im Trab reiten.

drabs Adv. im Trab.

drache(-) [s.] *trache(-).*

dræhen swV abs. duften; A riechen.

dræhsel stM Drechsler.

draht(-) [s.] *traht(-)* .

dræjen [s.] *dræn.*

dran [s.] *daan(e)* [1].

dræn,dræjen,drôun,træ-jen,træn,treien swV[Prät. auch *drât* -, Part.Prät. auch *gedrân*] refl. sich runden; pD*ûz, von* / p A*über, vür* /Adv. lok.(+D) fliegen/ stieben/ sprühen aus/ über/ von; A drehen; drechseln, formen; ziehen; A+pD*ûz* reißen aus; A+pD*ze* /p A*an* befestigen/ schleudern an.

dranc [1] stM Gewalt.

dranc [2] stMN [s.] *tranc.*

drane [s.] *daan(e)* [1].

drangen swV A bedrängen.

drappe swM Tölpel.

dræsen swV A speien.

drât stM Draht.

drât- [s.] *dræn.*

drâte [1]**,trâte** Adv. schnell; gleich, sofort.

drâte [2]**,dræte** stF Schnelligkeit, Eile; Strömung.

dræte Adj. schnell; ungestüm, wild.

dratz [s.] *tratz* [3].

draven [s.] *draben.*

drê [s.] *drî.*

drehseler stM Drechsler.

drehsel-stuol stM Drechselbank.

drehtîn [s.] *trehtîn.*

dremel,tremel stM Stock, Knüppel.

drenken [s.] *trenken.*

dreschen,treschen,trö-schen stV [IVa] abs./A dreschen; refl.+pD*ûz* sich aussondern aus; p A*ûf* einschlagen auf.

drethîn [s.] *trehtîn.*

dreten [s.] *treten.*

dretten [s.] *treten; tretten.*

drî,drîe,driu,drê,dreu, drû,trî,trîe Kard.Zahl [flekt. auch *drîge-*] drei.

drîakel,drîaker,trîak(el), trîaker(s) stM Theriak [Heilmittel].

drîakeln swV A mit Theriak vermischen.

drîaker [s.] *drîakel.*

drîancasîn Adj. aus Seidenstoff.

drîanthasmê stM [Seidenstoff].

driplât [s.] *triblât.*

drî-boc stM Belagerungs-, Schleudermaschine.

drîe [1] swF Drei (-zahl).

drîe [2] Kard.Zahl [s.] *drî.*

drî-eckeht,-eckôt Adj. dreieckig.

drî-einekeit stF Dreieinigkeit.

drîe-keit stF Dreieinigkeit.

drîen swV abs. zu dritt sein;A verdreifachen;dreiteilen; zur Drei herabsetzen.

drîer-hande,-hant,-hende Adj. dreierlei.

drîer-,drî(r)-lei Adj. dreierlei, dreifach.

drîes,drîs Adv. dreimal.

drîe-weide Adv. dreimal.

drîge- [s.] *drî.*

drî-gekrônt Part.Adj.mitdrei Kronen geschmückt.

drî-glestic Adj. dreifach leuchtend.

drîhe swF Sticknadel.

drî-heit stF Dreiheit; Dreifaltigkeit.

drî-,drû-hundert Kard.Zahl dreihundert.

drilch [s.] *drîlich.*

drî-lei [s.] *drîerlei.*

drî-lich,drilch,trîlitzscht Adj. dreifach.

drin [s.] *dain(ne)* [1].

drinden stV [IIIa] abs. (an-) schwellen, hervorquellen.

dringâ Interj. [Anfeuerung].

dringen,tringen stV [IIIa] abs./refl. (vorwärts/ herbei-) drängen, sich drängeln; (zur Begrüßung) herbeieilen; bei Hof vorsprechen/ aufwarten;

refl.+p**A**in sich versenken in;
refl.+p**D**ûz sich zwängen aus;
p**D**gegen,nâch / p**A**vür (sich)
drängen auf/ hinter/ vor/ zu;
p**D**ûz,von (hervor-) dringen
aus; (**D**+)p**D**ze / p**A**an,durch /
Adv.lok. dringen aus/ durch/
in/ zu, herandringen/ eilen
(zu); p**A**an,in,ûf,wider eindringen auf/ in; **A** bedrängen,
belästigen; drücken; verdrängen; empfangen; weben, wirken; **A**+p**A**an schieben an;
A+p**A**ûf bringen zu; **A**(+**D**)
+p**D**von / p**A**durch,in,ûz / Adv.
lok. (weg-) drängen aus/ in/
durch/ von; vür sich d. sich
verbreiten; Part.Adj. [s.] ge-
drungen.
drinne [s.] dain(ne) [1].
drî-nüsse stF Dreifaltigkeit.
drîr-lei [s.] drîerlei.
drîs [s.] drîes.
drischel stF Dreschflegel.
drischel-stap stM Dresch-
flegelschaft.
drî-sinnic Adj. dreisprachig.
drî-spitzic Adj. dreizackig.
drî-strengic Adj. dreisträn-
gig.
drî-stunt Adv. dreimal.
drî-tegleich Adj. dreitägig.
drit-,dritte-halp,-half
Kard.Zahl zweieinhalb.
drit-halphundert Kard.Zahl
zweihundertfünfzig.
dritte,tritte Ord.Zahl dritte (-r/ -s); zu dritt; des dritten
beim dritten Mal; zem dritten
zum dritten Mal.
dritte-halp,-half [s.] drit-
halp.
drit-teil stMN Drittel.
drî-tûsent,-tûsint,-dûsint
Kard.Zahl dreitausend.
driu(-) [s.] drî(-).
drî-unge stF Dreiheit.
driuwe [s.] triuwe [2].
drî-vald- [s.] drîvalt-.

drî-valt[1] Adj./Adv. [auch in
drîvalden] dreifach, -fältig.
drî-valt[2] stF Dreifaltigkeit.
drî-,trî-valtec/ic,-veltic
Adj. dreifach, dreifältig.
drî-valtec/iclîche(n) Adv.
dreifach.
drî-valtekeit,-valticheit,
-valtikeit,-valdekeit,
-valdikeit,-valdicheit,
-veldekeit stF Dreifaltigkeit; Dreiheit.
drî-veltic [s.] drîvaltic.
drî-zec,-zic,trî-zic Kard.
Zahl dreißig.
drîzec/ic-stunt Adv.dreißig-
mal.
drîzec-tûsent Kard.Zahldrei-
ßigtausend.
drîzec/ic-valt Adv. dreißig-
mal, dreißigfach.
drîzegeste,drîzigeste Ord.
Zahl dreißigste (-r/ -s).
drî-zehen,driu-,drû-zên
Kard.Zahl dreizehn.
drî-zehende Ord.Zahl drei-
zehnte (-r/ -s).
drî-,driu-zehentûsent
Kard.Zahl dreizehntausend.
drî-zên [s.] drîzehen.
drî-zic [s.] drîzec.
drîzic-jæric Adj. dreißigjäh-
rig.
drîzic-valtic Adj. dreißigfach.
drîzigeste [s.] drîzegeste.
drô,drou,dröu,drôwe,
drouwe,dröuwe,trô,
trou stMF (Be-) Drohung;
Gewalt; Gefahr.
drobe [s.] daob(e).
drocken [s.] drucken.
drog-sæze [s.] truhsæze.
drô-,dröu-lich Adj. drohend.
drôm(-) [s.] troum(-).
dromedâr,dromendâr,
dromedârie stN Dromedar.
drôn,dröun,drouwen,

dröuwen,drôwen,tröu-
wen,trô(we)n swV abs./D
(+p**D**mit,von) drohen (mit);
(**D**+) p**D**ze / p**A**an,in,ûf/ Inf.
ze /Ns androhen; an daz le-
ben/ den lîp d. +**D** den Tod
androhen.
drôr [s.] trôr.
droschel,troschel stF
Drossel.
drôst [s.] trôst.
drou,dröu [s.] drô.
drouch [s.] drûch.
droufen [s.] troufen.
dröu-lich [s.] drôlich.
dröun swV [s.] dræn; drôn.
dröu-rede stF Drohung.
drouwe,dröuwe [s.] drô.
drouwen,dröuwen [s.]
drôn.
drôwe [s.] drô.
drôwen [s.] drôn.
drô-wort stN Drohung.
drozze swMF Schlund.
drû [s.] drûch.
drû(-) [s.] drî(-).
drüber [s.] darüber [1].
druc,truc stM Druck, Stoß;
Gewalt; Bedrängnis; Umar-
mung; in einem d. in einem
Zug.
drûch,drû(he),drouch
stMF Falle; Fessel.
drucken,drücken,dro-
cken,trucken swV refl.
(+p**D**von) sich zurückziehen
(von); **A**(+**D**) drücken, pressen; bedrücken, unterdrü-
cken, bezähmen; führen; begatten; **A**+p**D**ze / p**A**an,durch,
in,über,ûf,zwischen (+**D**) drücken an/ auf/ gegen/ in/ zwischen; einprägen in; niederwerfen auf; versenken in; **A** +
p**D**ûz (+**D**) pressen aus; **A** +
p**A**under beugen/ zwingen
unter; **A**+p**D**von drängen aus;
ze tal d. sich erniedrigen;
Part.Adj. [s.] getruckt.

drücker stM Unterdrücker.
druc-lîche Adv. fest.
drüese swF Drüsenschwellung.
drûf(e) [s.] *daûf(e)* [1].
druge- [s.] *truge-*.
drûhe [s.] *drûch*.
drum,trum stN Ende; Spitze; Klotz; Splitter.
drum(be) [s.] *daumbe* [1].
drümel stN (Haar-) Flechte.
drumen swV A zertrümmern, zerstören.
drumme [s.] *daumbe* [1].
drum-stüc stN Splitter.
drumzen [s.] *trunzûn*.
drünc stN Drang.
drunder [s.] *darunder*.
drunzel swM Splitter.
drûr- [s.] *trûr-*.
drüster [s.] *trüster*.
drût(-) [s.] *trût(-)*.
drutz[1] Interj. [Widerstand].
drutz[2] Adv. [s.] *tratz* [2].
drûwe [s.] *triuwe* [2].
drûz [s.] *daûz* [1].
drüzzel stM Kehle; Maul.
drüzzel-stôz stM Maulschelle.
dû[1]**,du,duo,de,tû,tu,tuo** Pers.Pron. du.
dû[2] best.Art. [s.] *diu* [1].
dû[3] Adv. [s.] *diu* [4]; *dô* [1].
dû[4] Konj. [s.] *diu* [5];*dô* [3].
dû[5] stF [s.] *diube*.
dûbe [s.] *diube*.
dublîn Adj. doppelt.
duc [s.] *tuc*.
ducisse [s.] *doschesse*.
dûf [s.] *diube*.
dûfene [s.] *tiefe* [2].
duge- [s.] *tuge-*.
dûhen [s.] *diuhen*.
dûht- [s.] *dunken* [1].
dulden,dulten,dolden, tulten swV A / G dulden, erleiden, ertragen; zulassen, hinnehmen; erfahren, erleben; feiern.

dult[1] stF Dulden, Geduld.
dult[2]**,tult** stF Fest, Festtag; Jahrmarkt.
dultec/ic,dultich Adj. geduldig.
dultec-lich Adj. geduldig.
dulte-keit stF Geduld.
dulten [s.] *dulden*.
dult-tac stM Festtag.
dûme,tûme swM Daumen.
dûm-elle,-el stswF Elle [Maß vom Ellbogen bis zur Daumenspitze].
dûmens-tac [s.]*tuomenstac*.
dump(-) [s.] *tump(-)*.
dûn [s.] *tuon*.
dunc stM Meinung, Glaube.
duner(-) [s.] *doner*.
dungen [s.] *tungen*.
dünic Adj. groß.
dunkel(-) [s.] *tunkel(-)*.
dunkelîn stN Vermutung.
dunken[1]**,dünken,tunken** swV [Prät. *dûht* -] (unpers.+) A/G/D+) (Inf.+)Adj./ Nom./Ns (*daz,w*) dünken, (er-) scheinen (als), vorkommen (als ob), aussehen (wie).
dunken[2] swV [s.] *tunken*.
dünne,dunne,tunne Adj./ Adv. dünn, klein, schmal; leicht, gering, schwach.
dünnen,dunnen swV abs. sich vermindern; A+D auszehren.
dunre(-) [s.] *doner(-)*.
dunren [s.] *donren*.
dunst,tunst stMF Dunst, Dampf, Ausdünstung; Geruch.
duns-tac [s.] *donerstac*.
dünsten swV abs.(ver-)dunsten.
dunster,dinster Adj. dunkel, finster.
dunster-heit stF Dunkelheit.
dunster-nisse,dinster-, doster-,duster-,tunster-nisse stFN Dunkelheit,

Finsternis.
dunstic,dünstic,tunstic Adj. dampfend; benebelnd.
dunst-lich Adj. dunstig.
duo[1] Adv. [s.] *dô* [1].
duo[2] Konj. [s.] *dô* [3].
duo[3] Pers.Pron. [s.] *dû* [1].
duon [s.] *tuon*.
dûp- [s.] *diep-*.
dup-stein stM Tuffstein.
dur [s.] *tür*.
dur(-) [s.] *durch(-)*.
durch[1]**,dorch** Adv. [meist *da/ dâ/ dar/ der/ do d.*] dadurch; (hin-) durch;*(al)* d. *und d.* ganz und gar.
durch[2]**,durich,dorch, dur,tur(i)ch** Präp.+A durch; auf, aus, bei, für, in, mit, wegen, zu; um (...willen) [auch *d. den willen*];*d.* +Inf.(*ze*) um zu; *d. daz* deshalb,damit;*d. waz* weshalb; *d. guot* [auch] in guter Absicht; *d. (diu/ ein) nôt* [auch] zwangsläufig, notgedrungen, gezwungenermaßen.
durch-,dur-'æhten swV A verfolgen.
durch-æhter stM Verfolger.
durch-,dur-æhtunge stF Verfolgung.
durch-'bittern swV A mit Bitterem durchdringen.
durch-'bîzen,-'pîzen stV [Ia] A(+D) durchbeißen; verätzen, ätzen.
durch-'blüemen swV A schmücken.
durch-'born,-'porn swV A (+pD*mit*) durchbohren (mit).
'durch-,'dur-brechen, -prechen stV [IVa] abs. vorwärts dringen; sich entäußern; pA*in* eindringen in; pA *durch* hinausgelangen über;
durch-'brechen,dur-, dorch-'prechen A(+D) durchbrechen, zerschlagen;

schlagen; überwinden, übertreffen; durchstehen; durchdringen; durchbohren.

durch-'brehen swVA erhellen.

'durch-brennen swVA niederbrennen.

'durch-bresten stV [IVa] abs. auf-, zerspringen.

durch-,dur-bruch,-pruch stM Weg, Vorstoß; Umkehr, Überwindung.

durch-'brüeven,-*prüeven swV A untersuchen, überprüfen.

durch-brünstic Adj. tief bewegt.

durch-'denken swV A ermessen.

'durch-dringen stV [IIIa] abs. vordringen; **durch-, dur-'dringen,-'tringen** A durchdringen; überwinden; A+pA*in* treiben in.

durch-edel Adj. edel.

durch-'ezzen stV [Va] A zerfressen.

'durch-gân,-gên anV abs. voranschreiten, hindurchgehen; Part.Adj. [s.] *durchgênde* ; **durch-,dur'-gân,-'gên** A durchwandern, durchschreiten; A(+D) durchdringen, erfüllen.

durch-,dur-ganc stM Durchgang.

durch-ganz Adj. vollkommen.

'durch-gebrechen stV [IVa] A sich durchkämpfen durch.

durch-,dur-gemint Part. Adj. innig geliebt.

durch-gên [s.] *durchgân.*

durch-gênde *durchgênden tac* den ganzen Tag über.

durch-,dur-'giezen stV [IIb] A begießen, durch-, überströmen, durchtränken.

durch-,dur-glenzende Part.Adj. hell leuchtend.

durch-,dur-'glesten swV A durchstrahlen.

durch-'glüewen swV A zum Glühen bringen.

durch-'graben,durich-, dur-'graben stV [VIa] A(+D) durchbohren; durchwühlen, aufbrechen; A+pD *mit* verzieren/ durchsetzen mit; A+pA*in* graben/ eingravieren in.

durch-græte Adj. durchsetzt.

durch-'grîfen stV [Ia] A erfassen.

durch-,dur-'gründen, -'grunden swV A durchdenken, durchforschen, ausloten, erfassen; A+D erklären; A+pD *mit* erfüllen mit.

durch-grunthaftic Adj. umfassend.

durch-,dur-grüntlichkeit stF Durchdringung.

durch-'güemen swV A durchdringen.

durch-,dur-'herten swV D widerstehen.

durch-'hitzen swV A erhitzen.

durch-'hölern swV A durchlöchern; unterhöhlen.

durch-'houwen,dorch-, dur-'houwen stV [VIIe, Prät. auch sw] A durchhauen, -brechen, zerschlagen; sich durchhauen durch.

durch-'jeten stV [Va] A ordnen.

durch-'kennen swV A kennen.

durch-'kernet Part.Adj. fest.

durch-klar Adj. makellos.

durch-,dur-'klæret Part. Adj. durchsichtig.

durch-'kochen swV A durchziehen.

durch-'kôsen swV A+pA *ûf* übertragen auf.

durch-,dur-küene Adj. hartnäckig.

durch-,dur-'küssen swV A mit Küssen bedecken.

durch-,dur-'kützeln swV A durchrieseln.

durch-,dur-'legen swV [Part.Prät. auch *durchleit*] A+pD *mit* besetzen/ durchwirken/ schmücken mit.

durch-'lesen stV [Va] A aussuchen; durchforschen.

durch-'lîden stV [Ia] A durchleiden; Part.Adj. [s.] *durchlîdende.*

durch-lîdende Part.Adj. leidbeladen.

durch-lieht Adj. durchsichtig.

durch-'ligen stV [Vb] A+D herabsetzen.

durch-'liljet Part.Adj. liliengleich.

durch-liuhtec/ic,dur-, dorch-lûhtec Adj. durchsichtig; leuchtend, strahlend; rein; erhaben, erlaucht.

durch-liuhteclîche Adv. strahlend.

'durch-liuhten,-lûhten swV abs. leuchten, durchscheinen; **durch-,dur-'liuhten,-'lûhten** A(+pD *mit*) erleuchten; durchdringen, erfüllen (mit); A+D offenbaren; Part.Adj. [s.] *durchlûht.*

durch-'liutern swV A läutern.

durch-,dur-'loben swV A preisen.

'durch-loufen stV [VIIe] abs. durchhalten; **durch-, dur-'loufen** stV [VIIe] A laufen durch.

durch-,dur-lûht Part.Adj. leuchtend.

durch-lûht- [s.]*durchliuht-.*

durch-lüstic Adj. beglückend.

durch-lûter Adj. klar, durchsichtig.

durch-,dur-lûterlich Adj. lauter, echt.

durch-,dur-'marter(e)n, -'martren swV A (zu Tode) martern.

durch-'merken swV A bewahren.

durch-'mezzen¹ stV [Va] Nsw durchmessen; Part.Adj. [s.] *durchmezzen* ².

durch-mezzen² Part.Adj. wohlgeformt.

durch-'mischen swV A +pD*mit* durchsetzen mit.

durch-,dur-'nageln swV [Part.Prät. *durchnegelt*] A durchnageln.

durch-'nagen stV [VIa] A (+D) zernagen, zerfressen.

durch-naht- [s.]*durchneht-*.

durch-,dur-'næn swV A+ pD*mit* besetzen mit.

durch-negelt [s.] *durchnageln*.

durch-nehte¹,dur-nahte, -nohte Adj. treu, beständig, fest; untadelig, vollkommen; aufrichtig.

durch-nehte²,dur-nehte stF Aufrichtigkeit.

durch-,dur-nehtec/ic, -nahtic Adj. treu, beständig; gut, vollkommen.

durch-,dur-nehteclich Adj. aufrichtig.

durch-,dur-nehtec/iclî-che(n) Adv. vollständig, ganz und gar.

durch-,dur-nehtekeit, -netekeit,-nehticheit, -nahticheit stF Treue, Aufrichtigkeit; Vollendung.

durch-,dur-nehtelîche, -nahtlîchen Adv. vollständig.

durch-nohte[s.]*durchnehte.*

durch-'peizen swV A+pD *mit* durchsetzen mit.

durch-'pîzen [s.] *durchbîzen.*

durch-'plüen swV A erfüllen.

durch-'porn [s.]*durchborn.*

durch-pœse Adj. grundschlecht.

durch-prechen [s.] *durchbrechen.*

durch-pruch [s.] *durchbruch.*

'durch-recken swV A durchprügeln.

durch-rîche Adj. kostbar.

durch-,dur-'rîten stV [Ia] A durchreiten, durchqueren; überrennen, bekämpfen, besiegen.

durch-'schiezen,dur-, **dorch-'schiezen** stV[IIb] A zerhauen; durchbohren.

'durch-,'dorch-schînen stV [Ia] abs. durchscheinen;

durch-,dur-'schînen A durchdringen.

durch-schînic Adj. durchsichtig.

durch-'schöcket,-*'sche-cket Part.Adj. durchsetzt.

durch-schœne,-schône Adj. vollkommen.

durch-'schœnen swV A überstrahlen.

durch-,dur-'schouwen swV A betrachten; erfassen.

durch-schouwic Adj.durchsichtig.

durch-'schrapfen swV A+ D zerfleischen.

durch-'schrîben stV [Ia] A+pD*mit* voll schreiben mit.

durch-'schrôten stV [VIId] A(+D) zerschneiden.

'durch-sehen stV [Va] pA *in* hineinblicken in; **durch-,** **dur-'sehen** A erkennen;

durchschauen, prüfen; A (+pD *mit*) erhellen (mit).

durch-'senftet Part.Adj. sanft.

durch-,dur-'sêret Part.Adj. voller Schmerzen.

durch-siech Adj. krank.

'durch-sieden stV[IIb]abs. verdaut werden.

durch-sihtec/ic Adj. durchsichtig, lauter; glühend; einleuchtend; durchdringend; durchgeistigt.

durch-sihticlich Adj.durchsichtig.

durch-sihticlîche Adv. scharfsichtig.

durch-'sinken stV [IIIa] A erfüllen.

durch-'sinnen stV [IIIa] A verstehen.

durch-'slagen Part.Adj. besetzt, durchwirkt, eingelegt; geschmückt; getrieben [Metall].

'durch-slâhen,'dur-, **'dorch-slân** stV [VIa] A(+D) durchprügeln; durchschlagen; **durch-'slâhen,** **dur-,dorch-'slâhen,** -'slân A(+D) zerschlagen, durchbohren; durchfahren; Part.Adj. [s.] *durchslagen.*

durch-slahte stF *ze d.* vollkommen.

durch-slân [s.]*durchslâhen.*

durch-'slîchen stV [Ia] A durchdringen.

'durch-sliefen stV [IIa] pA *durch* strömen durch; **durch-'sliefen** A durchkriechen, -dringen.

'durch-smelzen stV [IIIb] abs. schmelzen.

durch-,dur-'smelzet Part. Adj. durchflossen.

'durch-snîden stV [Ia] abs./ pA*durch* schneiden (durch); **durch-'snîden** A durch-

dringen; verwunden; Part.
Adj. [s.] *durchsniten*.
durch-sniten Part.Adj. geschlitzt.
durch-'sôfen,-*'soufen
swV A durchtränken.
durch-'soten Part.Adj. lauter, klar.
durch-'spehen swV A unterscheiden.
durch-'sprechen stV [IVa] A verkünden; erforschen.
durch-'stechen,dur-,durich-,dorch-'stechen
stV [IVa] A(+D) durchstechen, durchbohren.
durch-'sternet Part.Adj. gestirnt.
durch-'stôzen stV [VIId] A durchbohren.
'durch-strîchen stV [Ia] abs. vorbeigehen; **durch-'strîchen** A durchstreifen, durchziehen.
durch-'suochen,-'sûchen
swV A erforschen.
durch-'süezet Part.Adj.lieblich.
durch-,dur-'swimmen
stV [IIIa] A durchschwimmen; durchströmen.
durch-tranct- [s.] *durchtrenken*.
durch-trehtic Adj. schwanger.
durch-'trenken swV [Prät. *durchtranct* -] A durchtränken.
durch-'tringen [s.] *durchdringen*.
'durch-üeben swV A prüfen.
'durch-varn stV [VIa] abs. eindringen; **durch-'varn** A durchziehen, durchdringen; erforschen.
durch-vart stF Durchbruch, Durchgang; Weg; Durchreise; Vorübergehen.

durch-vartlich Adj. geradlinig.
durch-'vehten stV [IVa] A niederkämpfen.
durch-verlich Adj. durchdringend.
durch-'verwen swV A ausmalen.
durch-'vidern swV A+D spröde machen.
durch-'vieren [s.] *durchwieren*.
durch-'villen swV A geißeln.
durch-'viuhten swV A(+D) bewässern, begießen.
durch-'vlammen swV A durchglühen.
durch-'vliegen stV [IIa] A durchfliegen.
durch-,dur-'vliezen stV [IIb] A durchschwimmen; A +pD*mit* durchdringen mit.
durch-,dur-vliezunge stF Ausströmung, Emanation.
durch-'vlocket Part.Adj. flockig.
durch-,dur-vlozzenheit
stF Verzückung.
durch-vluz stM Durchfluss; Durchdringung.
durch-'formen swV A+pD *mit* durchdringen mit.
durch-'vrezzen,-'wrezzen stV [Va] A zerfressen.
durch-'vrônen swV A+D erheben.
durch-'vröuwen swV A verherrlichen.
'durch-vüeren swV A geleiten.
durch-'vüllen swV A durchtränken; A+pD*mit* ausfüllen mit.
durch-'vûren,-*'viuren
swV A+pA*in* läutern zu.
durch-,dur-'wæ(j)en, -'wægen swV [Prät. auch *durchwât* -] A durchwehen,

durchziehen.
'durch-wallen stV [VIIa] abs. brodeln; **durch-'wallen** A durchwandern.
durch-'wæn,-wât- [s.] *durchwæjen*.
'durch-waten stV [VIa] abs. durchwaten; pA*durch* dringen durch.
durch-'weben stV [Va] A durchwirken.
'durch-widen swV A(+D) geißeln.
durch-'wieren,dur-'vieren swV A(+pD*mit*) schmücken/ besetzen (mit).
durch-willeclîche Adv. willig.
durch-'wirmen swV A durchwärmen.
durch-'wrezzen [s.] *durchvrezzen*.
durch-wunclich [s.] *durchwunneclich*.
durch-,dur-'wunden swV A verwunden.
durch-,dur-wunneclich, -wunclich Adj. verklärt.
durch-'würken swV A(+pD *mit,von*) durchwirken (mit).
durch-'ziehen stV [IIb] A+pD*mit* überziehen mit.
durch-'zieren swV A(+pD *mit,von*) (aus-) schmücken (mit).
dûre [s.] *tiure*.
durfen,dürfen,türfen anV Inf.+Neg. brauchen, müssen, sollen, können, dürfen; Inf. mögen; G/Ns*daz* bedürfen, nötig haben.
durft[1] Adj. nötig.
durft[2],durht,turft stF Not; Notwendigkeit, Bedürfnis; *d. sîn/ werden/ geschehen* +D+G nötig sein/ haben.
durftec/ic,dürftec/ic Adj. bedürftig; arm (-selig).
dürftic-lich Adj. bescheiden.

dürftige swM Bettler.
dürftigin(ne) stF Bettlerin.
durft-lôs Adj. bedürfnislos.
durht [s.] *durft* [2].
durich(-) [s.] *durch(-)*.
Duringe [s.] *Türinge*.
dürkel,durkel Adj. durchlöchert, durchlässig; gebrochen;zerschlissen;schwach; *d. stechen* +A durchlöchern.
dürkeln swV refl. brüchig werden; A+D durchlöchern.
durm Adj. schwindelig.
dürnîn,durnîn,dornîn, dörnîn Adj. *d. kranz/ krône* Dornenkrone.
dürre[1]**,durre,turre** Adj. dürr, trocken, verdorrt, gedörrt;mager;kahl;lahm;quälend.
dürre[2]**,durre,dorre,turre** stF Dürre; Austrocknung; Brachland.
durren [s.] *turren*.
durst,turst stM Durst.
durstec/ic,turstic Adj. durstig.
dursten,dürsten,tursten swV unpers.+A(+pD*nach,ze*) dürsten/ verlangen (nach).
durstendic Adj. durstig.
dürstic [s.] *türstic*.
durst-slange swM [Schlangenart].
dürt [s.] *dort*.
dûs [s.] *tûs*.
duschen [s.] *tuschen*.
duse [s.] *disiu*.
dûsent [s.] *tûsent*.
dusez [s.] *ditze*.
dûsint [s.] *tûsent*.
duster-nisse [s.] *dunsternisse*.
dûsunt [s.] *tûsent*.
dûte(-) [s.] *diute(-)*.
dûter [s.] *tiutære*.
dûtesch [s.] *tiutsch* [1].
dûtieren swV A ausdrücken.
dûtisk [s.] *tiutsch* [1].

dûtunge,tûtunge stF Bedeutung, Auslegung, Lösung.
dutzen,dützen [s.] *duzen*.
dûwe [s.] *diu* [6].
duz stM Getöse, Rauschen, Schall; Schwall.
dûze [s.] *daûz* [1].
duzen,dutzen,dützen swV A duzen.
duzen-lîche Adv. *d. heizen* +A mit Du anreden.
dwahel [s.] *twehel(e)*.
dwân,dwahen [s.] *twahen*.
dweder [s.] *deweder* [1].
dweder-halp Adv. beiderseitig.
dwellen [s.] *tweln*.
dwerch [s.] *twerch*.
dwerhes [s.] *twerhes*.
dwingen [s.] *twingen*.

e

ê[1]**,êr** Adv. vorher, früher, zuerst; eher, lieber.
ê[2] Präp.+G vor; *ê des/ mâles* vorher;*ê zît* voreilig, vorzeitig.
ê[3]**,êr,êb,hêr** Konj. [auch *ê daz/ des/ dan(ne)*] ehe, bevor; bis; ohne dass.
ê[4]**,êwe** stF Gesetz, Gebot; Recht, Ordnung; Ewigkeit; Ehe; Glaube; *altiu/ niuwiu ê* Altes/ Neues Testament.
eb [s.] *ob* [3].
êb [s.] *ê* [3].
ebche [s.] *ebich*.
ebe [s.] *ob* [3].
eben[1] Adj. eben, flach; glatt; gerade, ebenmäßig; gleich; recht, angenehm, bequem.
eben[2]**,ebene,evene,ebent** Adv. genau, deutlich, sorg-

fältig; gleich; gerade, gleichmäßig; ruhig, sicher; passend, gelegen; *e.* (+D) genauso/ ebenso (wie).
eben-ahte stF Gleichberechtigung.
eben-alle Indef.Pron. alle, allesamt.
ebenære/âre stM Gleichmacher; Vermittler.
eben-bilde,-pilde,-bile stN Abbild, Ebenbild; Vorbild.
eben-bilden,-pilden swV refl.+D sich angleichen.
eben-bildic,-pildic Adj. vorbildlich.
eben-bürtic Adj. ebenbürtig.
ebene[1] stF Ebene; Ebenmaß.
ebene[2] Adv. [s.] *eben* [2].
ebenen swV refl.+pD*an* sich anschließen an; A (ein-) ebnen; gleichmachen, verfeinern; *sich e. under schilt* sich mit dem Schild schützen.
eben-heit stM *sîn e.* seinesgleichen.
eben-helle stF Eintracht.
eben-hellen stV [IIIb] pD*mit* übereinstimmen mit.
eben-,ewen-hellunge stF Einhelligkeit.
eben-hiuze stF Widerpart, Konkurrenz; Wetteifer.
eben-hiuzen swV refl.+ pD*ze* sich gleichstellen mit.
eben-hœhe,-hôh(e) stF Belagerungssturm.
eben-hûs stN Erdgeschoss.
eben-krist,even-kristen, -kristân,-kerst swM Mitchrist, Glaubensgenosse; Nächster.
eben-,eb-lîche Adv. ebenfalls; auch, schon.
eben-mâze stF Ebenbild, Ähnlichkeit; Gleichnis; Ordnung; Gleichmaß.

eben-,ewen-mâzen swV refl.+D sich richten nach;A+D vergleichen/ gleichstellen mit.

eben-mæzic Adj. gleich; e-benmäßig, gleichmäßig.

eben-mæzicheit stF Gleichmaß.

eben-mæziclîche Adv. gleichermaßen.

eben-mâzunge stF Gleichnis; Übereinstimmung.

eben-menden swV D sich mitfreuen mit.

eben-mensche swM Mitmensch; Nächster.

eben-naht stF Tagundnachtgleiche.

eben-nehtic Adj. e. zît Zeit der Tagundnachtgleiche.

eben-pilde(-) [s.] ebenbilde(-).

eben-rîchen swV A+D gleichstellen mit.

eben-sâze,-sæze swM Ranggleicher.

eben-sleht Adj. gleichmäßig, ruhig; ausgeglichen, gleichmütig; beständig; gleichrangig; richtig; rechtschaffen.

ebent [s.] eben².

êbentûre [s.] âventiure.

ebenunge stF Ausgleich.

eben-vröuen swV refl.+D sich mitfreuen.

eben-wâc stM ruhige See.

eben-wassen Part.Adj.wohlgestalt.

eben-wesenlich Adj. wesensgleich.

eben-willec Adj. übereinstimmend.

eber stM Eber.

eber-swîn stN Eber.

eber-zant stM(Eber-) Hauer.

ebich,ebche Adj. böse.

eb-lîche [s.] ebenlîche.

ê-brechære/er,-precher stM Ehe-, Rechtsbrecher.

ê-brechen stN Ehebruch.

ê-brecherin,-prechærinne stF Ehebrecherin.

ecclêsie swF Kirche.

ech stswM [Fisch].

ecke,egge stswF Schneide; Schwert; Ecke, Kante; Spitze.

eckeht,eckot,eggeht Adj. eckig, kantig.

ecke-stein [s.] eckstein.

eckot [s.] eckeht.

eck-,ecke-stein stM Eckstein.

edel¹,edele Adj. edel; adlig; herrlich, kostbar; mächtig, groß; gut, vollkommen; schön, fein.

edel²,edele,edle stF Adel, Rang; Wert, Würde.

edel-arme swM verarmter Adliger.

edele [s.] edel.

edelec/ic-heit stF Reinheit; Kostbarkeit; Güte.

edel-,adel-haft,-heftic Adj. edel, ehrenhaft.

edelîn stF Fürstin.

edelinc stM Edelmann.

edel-,adel-keit stF Adel, Rang, Würde; Herrlichkeit, Vollkommenheit; Reinheit; Kostbarkeit; Güte, Qualität.

edel-kneht stM Edelknabe.

edel-lich,-lîche(n) [s.] adellich.

edel-man stM Edelmann.

edeln,adeln swV pDnâch arten nach; A adeln, veredeln.

edel-stein stM Edelstein.

edel-tuom stMN Adel; Heiligtum.

êden [s.] eiten.

edle [s.] edel².

ê-dürftic Adj. hilfsbedürftig.

effen [s.] affen.

effer stM Ketzer.

effin(ne) [s.] affîn.

eg-dehse [s.] egedehse.

ege stF Furcht, Schrecken.

ege-bære,-bâre Adj. furchterregend.

egede,eide stF Egge.

ege-,eg-dehse swF Eidechse.

egel swF Blutegel.

ege-lich [s.] egeslich.

egen swV abs. eggen; A+pD von reinigen von.

ê-genôze swM Ehemann.

egensch-lich [s.] egeslich.

egerde swF Brachland.

eges-lich,eis-,eg(e)st-, ege(n)sch-,eigesch-, ege-lich Adj., -lîche Adv. furchtbar, Furcht erregend, schrecklich, schauerlich.

ê-gester Adv. vorgestern.

egest-lich [s.] egeslich.

egge(-) [s.] ecke(-).

egs-bærlîche Adv. scheußlich.

egst-lich [s.] egeslich.

Egipte Subst. Ägypten.

Egipte(n)-,Egypte(n)-lant stF Ägypten.

egiptisch Adj. ägyptisch.

ê-haft Adj. zwingend; unabwendbar; êhaftiu nôt höhere Gewalt, gesetzliches Hindernis, zwingender Grund.

ê-halte swM Dienstbote.

ê-haltec/ic Adj. ergeben.

ê-haltec stF Ergebenheit.

eher stN Ähre.

eher-garbe swF(Korn-) Garbe.

ehkurneis stM Kurznase [Beiname].

ehsen swV A+D einbauen.

eht¹,ehte,et,ot,ôt,ockers Adv. nur, bloß, nun, doch, eben,wohl, allerdings; [auch expl., z.B. e. nû nun].

eht²,et Konj. wenn nur.

eht³,ehte Kard.Zahl [s.] aht¹.

ehte¹ Subst. [Pl.] Eheleute.

ehte² Adv. [s.] eht¹.

ei¹ stN [flekt. auch *eige* -] Ei; (*umbe/ niht umbe*) *ein ei* [auch] etwas, wenig, gar nichts, keinen Deut.

ei²,eia,eiâ Interj. [Bekräftigung; Ermunterung; Bewunderung; Verwunderung; Klage, Jammer, Flehen].

eibân stM Ebenholzbaum.

eich stF Eiche.

eichel swF Eichel.

eichenen swV A+D bestimmen.

eichîn Adj. eichen.

eichorn stM Eichhorn.

eide¹ swF Mutter.

eide² stF [s.] *egede.*

eidem,eiden stM Schwiegersohn.

eiden swV A/G beschwören; A+pA*in* durch Eid binden an.

eiern,eirn swV abs. Eier legen.

eier-,eir-schal stswF Eierschale.

eier-,eir-setzen stN Eierlegen.

Eiffen-lant stN Estland.

eigen¹ Adj. eigen; besonder, eigentümlich; leibeigen, untertan.

eigen² Adv. wesenhaft.

eigen³ an V G/A haben, besitzen.

eigen⁴ stN Eigentum, Besitz; Land, Grundbesitz; Eigenart.

eigen⁵ swM Verwandter.

eigenc-lîche(n) [s.] *eigenlîche(n).*

eigen-diu stF Leibeigene.

eigenen swV A+D zu eigen geben, schenken; A+pD*ze* binden an.

eigen-heit,-keit stF Eigenart, Wesen; Merkmal, Art.

eigen-holde swM Leibeigener.

eigen-kneht stM leibeigener Knecht.

eigen-,eigent-lich Adj. eigentlich, ursprünglich; (ur-) eigen; leibeigen.

eigen-lîche(n),eigenc-, eigent-lîche(n) Adv. eigentlich, wirklich, richtig, genau (genommen), wörtlich; deutlich; besonders; selbst; als Leibeigener/ Eigentum.

eigen-liute [s.] *eigenman.*

eigen-man stM [Pl. *eigenliute* stMN] Leibeigener.

eigen-minne stF Eigenliebe.

eigen-schaft stFM Leibeigenschaft, Knechtschaft; Eigenschaft, -art, Wesen; Bedeutung; Eigenwille, Ichbezogenheit; Eigentum, Besitz.

eigen-schaftlich Adj. eigentümlich.

eigen-schalc stM leibeigener Knecht.

eigen-scheftlichkeit stF Eigenart.

eigent-lich,-lîche(n) [s.] *eigenlich.*

eigen-tuom stMN Eigentum.

eigen-wille swM Eigenwille.

eigen-willekeit,-willikeit stF Eigenwille, -willigkeit.

eigesch-lich [s.] *egeslich.*

eilant [s.] *einlant.*

eilf,eilif [s.] *einlif.*

eilfte,eilifte [s.] *einlefte.*

eimer [s.] *einber.*

ein¹,ên,en unbest.Art. ein; ein bestimmter/ gewisser; *e. ander(ez)* [auch] etwas anderes; *e.teil* [auch] zum Teil, teilweise, ein wenig; [auch expl., z.B. *ein der man* der Mann; *ein mîn man* mein Mann; *o herre ein gebieter* o Herr, Gebieter; *als ein snê* wie Schnee; *von einem grôzen dingen* von großen Dingen; *ein siben tage* sieben

Tage].

ein²,ên Kard.Zahl ein (einziger/ -s), eine (einzige).

ein³ Indef.Pron. eine (-r/ -s); jemand, etwas; *after e.* nacheinander; *bî/ in/ mit/ über/ under e.* zusammen; *von e.* auseinander.

ein⁴ Adv. [s.] *eine* ².

ein-ander,en-,an-ander Adv. [meist *bî/ in/ mit/ under/ zuo/ zwischen e.*] einander, zusammen, mit-, untereinander, gemeinsam, gegenseitig; *gegen e.* zueinander; *nâch e.* nacheinander; *von e.* auseinander.

ein-bære Adj. gleich (-gesinnt), übereinstimmend.

ein-bærelîche(n) [s.] *einbærlîche(n).*

ein-bæren swV A+pD*mit* vereinigen mit.

ein-bærkeit stF Einheit; Übereinstimmung.

ein-bârlich Adj. vollständig.

ein-bærlîche(n),-bærelîche(n) Adv. einträchtig, vollständig.

ein-bârunge stF Vereinigung.

einber,eimer,ember,emmer stM Eimer, Gefäß.

ein-born,-geborn,-geporn Part.Adj. eingeboren, einzig.

einde [s.] *ende.*

eind-lefte [s.] *einlefte.*

ein-drehtikeit [s.] *eintrehtekeit.*

eine¹ Adj. *e. sîn* +G beraubt/ ohne sein, frei sein von.

eine²,ein(en) Adv. allein, ausschließlich, nur; *âne/ (niu)wan e.* ausgenommen.

eine³ stF Einsamkeit.

einec/ic,eininc Adj. einzig, allein, alleinig.

einec-lîche(n) Adv. allein,

heimlich; vollständig.

eine-halp [s.] *einhalp* [1].

eine-keit,eini-,ein-keit, einic-heit stF Einheit; Einsamkeit.

einen[1] swV refl. sich versammeln; A(+pD*mit,ze*) vereinigen (mit); Part.Adj. [s.] *geeint.*

einen[2] Adv. [s.] *eine* [2].

einer-hant Adj. eine (bestimmte) Art (von).

einer-lei Adj. eine (bestimmte) Art (von).

eines,eins Adv. einmal; zum Ersten; einst; allein.

eine-sît [s.] *einsît.*

einest/ist/ost, einst Adv. einmal, dereinst.

ein-gahtic Adj. völlig.

ein-geborn [s.] *einborn.*

ein-gehelliste stN Gemeinschaft.

ein-gehürne stN Einhorn.

ein-genôte,-gnôte Adv. allein.

ein-geporn [s.] *einborn.*

ein-gevar [s.] *einvar.*

eingist-lîche [s.] *angestlîche(n).*

ein-gnôte [s.] *eingenôte.*

ein-halp[1]**,eine-,en-halbe(n)** Adv. auf der einen/ die eine Seite, seitwärts; einerseits.

ein-halp[2]**,en-,jen-halp** Präp.+G auf der einen Seite (von), jenseits.

ein-hürne,-hurn stswM Einhorn.

einic-heit [s.] *einekeit.*

einic-lîn,*eninke-lîn stN Enkel.

einigen swV A(+D/pD*an,in, mit*) vereinigen (mit); A+ pA*an* binden an.

eini-keit [s.] *einekeit.*

eininc [s.] *einec.*

einist [s.] *einest.*

einitz [s.] *einzic.*

ein-keit [s.] *einekeit.*

ein-kôsen swV pD*mit* Zwiesprache halten mit.

ein-kriege Adj. widerspenstig.

ein-,ei-lant stN Insel, Land.

ein-lefte,eind-lefte,eilifte, eilfte,elufte Ord.Zahl elfte (-r/ -s).

ein-lif,-lef,-luf,eilif, eilf,eliuf Kard.Zahl elf.

ein-litz,-lütz Adj. einfach; einsam.

ein-lœtic Adj. lauter.

ein-luf [s.] *einlif.*

ein-lütz [s.] *einlitz.*

ein-mâl Adv. einst.

ein-môde [s.] *einmuote.*

ein-müeteclîche,-muoticlîche,-mûtelîche Adv. einmütig, einträchtig.

ein-müetic,-mûtic Adj. einträchtig, einmütig; hingebungsvoll.

ein-müeticheit,-müetikeit,-müetkeit stF Übereinstimmung, Eintracht; Hingabe.

ein-muot stMF Eintracht, Übereinstimmung; Ausgeglichenheit.

ein-muote,-mûte,-môde Adj./Adv. einmütig, einig; ergeben.

ein-muoticlîche,-mûtelîche [s.] *einmüeteclîche.*

ein-mûtic [s.] *einmüetic.*

ein-œde,-ôde,-œte,-ôte stMFN Einöde, Wüste; Einsamkeit.

einost [s.] *einest.*

ein-ôte,-œte [s.] *einœde.*

ein-öuge,-öuke Adj. einäugig.

ein-reden swV pD*mit* Zwiesprache halten mit; pD*nâch* reden von; Part.Adj. [s.] *einredende.*

ein-redende Part.Adj. eindringlich.

eins [s.] *eines.*

ein-samkeit stF Einsamkeit.

ein-schenken swV abs. einschenken.

ein-schilte swM Ritter (ohne Gefolge).

ein-sidel,en-,ei-sidele, -sidile stswM Einsiedler.

ein-sidelicheit stF Einsiedelei.

ein-sidlic Adj. einsiedlerisch.

ein-sîn stN Einheit.

ein-,eine-sît Adv. auf der einen Seite.

einst [s.] *einest.*

ein-trehte Adj. einmütig.

ein-trehtec/ic Adj. einträchtig, einig, gleichgesinnt.

ein-trehtekeit,-trehticheit,-drehtikeit stF Übereinstimmung, Eintracht.

ein-trehtigung stF Versöhnung.

ein-tûsent,-dûsint,-dûsunt Kard.Zahl eintausend.

eint-weder[1]**,ent-,ein-weder** Indef.Pron. eine (-r/ -s) (von beiden).

eint-weder[2]**,ant-weder** Konj. *e. ...oder* entweder ... oder; *e. ... noch* weder ... noch.

einunge stF Einheit, Vereinigung, Einigkeit; Bündnis; (Rechts-) Ordnung.

ein-vald(-) [s.] *einvalt(-).*

ein-valt[1] Adj. einfach, unteilbar, vollkommen; rein, klar; aufrichtig; arglos, vertrauensvoll, gutgläubig; unwissend.

ein-valt[2]**,-valte,-valde** stF Vollkommenheit; Klarheit, Reinheit; Vertrauen, Gutgläubigkeit.

ein-valte[1]**,-valde** Adv. ausschließlich; einfach.

ein-valte[2] stF [s.] *einvalt* [2].

ein-valtec/ic,-valdec/ic, -veltic,-veldic Adj. einfach, unteilbar, vollkommen; rein; arglos, gutgläubig; unwissend; aufrichtig, vertrauensvoll.

ein-valtec/ic-lîche(n), -valdec/ic-,-veltec-lîche(n) Adv. einfach, ungeteilt; vorbehaltlos, aufrichtig; wörtlich.

ein-valtekeit,-valtikeit, -valticheit,-veltekeit stF Einfachheit, Einheit; Reinheit, Klarheit; Gutgläubigkeit; Unwissenheit.

ein-valtende Part.Adj. einzig.

ein-var,-gevar Adj. einfarbig, klar, rein; einhellig; eindeutig; gleichartig.

ein-veldic [s.] *einvaltec*.

ein-velte(-) [s.] *einvalte(-)*.

einformic,-förmic Adj. übereinstimmend; gleich, gleich bleibend.

ein-förmikeit,-förmicheit stF Übereinstimmung.

ein-weder [s.] *eintweder* [1].

ein-weht [s.] *niwiht* [1].

ein-wîc stMN Zweikampf.

ein-wiht [s.] *enwiht*.

ein-willic Adj. übereinstimmend.

einzec-lîche Adv. ausschließlich.

einzel(e),ênzel(e) Adj. einzeln.

einzelen,êntzelen Adv. gesondert; heimlich.

einzelinc Adj. einzeln.

ein-zic,einitz Adj. einzig.

eir- [s.] *eier-*.

eischen,heischen,êschen stV [VIIc, Prät. auch sw] A/N s*daz* /Inf.(+D/pD*von* /p A *an*) fordern (von), verlangen, begehren, erbitten; A

(+D/pD*ze* /Adv.lok.) (auf-, be-) rufen (zu), vorladen, kommen lassen; herausfordern.

eise[1] stF Behaglichkeit.

eise[2] stF Schrecken.

eisen swV unpers.+A(+pD *vor*) grausen (vor).

eiser stM Widersacher.

ei-sidel [s.] *einsidele*.

eisieren swV A pflegen, verwöhnen.

eis-lich,-lîche [s.]*egeslich*.

eis-mende stF Sorglosigkeit.

eisunge stF Schrecken.

eit[1] stM Eid, Schwur.

eit[2] stM Brand.

eiten,êden swV A heizen; erhitzen; A+D+pD*ze* umschmelzen zu.

eiter stN Gift, Eiter.

eiter-bîzic Adj. (von einem Schlangenbiss) vergiftet.

eiter-giftic Adj. Verderben bringend.

eiter-haft Adj. giftig.

eiteric,eitrec/ic Adj. giftig.

eiterîn Adj. giftig.

eiter-krût stN Eiterkraut (Origano).

eitern swV A vergiften.

eiter-slange swM Giftschlange.

eiter-wolf stM tollwütiger Wolf.

eit-genôz stM Verbündeter, Kampfgenosse; Verschwörer.

eit-geselle swM Verbündeter.

eit-oven stM(Schmelz-,Feuer-) Ofen.

eitrec/ic [s.] *eiteric*.

eiz stM Geschwür, Eiterbeule.

ê-kint stN eheliches Kind.

ê-kone stF Ehefrau.

ekub stMN Zelt.

el [s.] *elle*.

êlas Interj. [Klage].

elbe stF Elfe.

elber- [s.] *alp*.

elbez,elbiz,albez stM Schwan.

elbisch Adj. sinnverwirrend; verzückt.

elch stM Elch.

elderen [s.] *alter(e)n*.

elder-,alder-vater stM Großvater.

ele [s.] *elle*.

elefant,elfant,elfent,helfant stM Elefant.

elefantinisch Adj. durch Elephantiasis verursacht.

elelende [s.] *ellende* [2].

elelen-tuom [s.] *ellenttuom*.

element stN [Pl. auch sw] Element.

elfant [s.] *elefant*.

elfen-,helfen-bein,-pein stN Elfenbein.

elfen-,helfen-beinen, -beinîn Adj. aus Elfenbein.

elfent [s.] *elefant*.

elfen-tier stN Elefant.

ê-lich Adj. ehelich, verheiratet; (rechts-) gültig, ordnungsgemäß; rechtschaffen.

ê-lîche Adv. ehelich; rechtmäßig (angetraut); *ê. nemen* +A heiraten.

eliuf [s.] *einlif*.

ê-liute,-lûte stMN [Pl.] Eheleute.

elle,eln(e) stswF Elle.

elle-boge [s.] *ellenboge*.

ellec-,ellenc-lîche Adv. stets, immer.

ellen,eln stN Mut, Tapferkeit, Kühnheit, Stärke, Kraft; Kampf.

ellen-boge,elle-,eln-poge swM Ellbogen; Elle [Längenmaß].

ellen-breit Adj. ellenbreit.

ellenc-lîche [s.] *elleclîche*.

ellende[1] Adj. fremd, heimatlos; fern, verlassen, einsam,

öde; hilflos; elend, unglücklich; vergänglich.

ellende[2]**,ellent(e),elelen-
de,enelende** stN Verban-
nung, Fremde, Ferne, Ver-
lassenheit; leerer Raum; Einöde; Schmerz, Elend.

ellendec-lich Adj., **-lîche**
Adv. elend, hilflos; jämmerlich, bekümmert.

ellenden swV refl.(+D) sich in
die Fremde begeben, sich
entfernen aus; unpers.+D+
pD*nâch* verlangen nach; unpers.+A befremden.

ellendic Adj. heimatlos; entrückt; schmerzlich.

ellen-kraft stF Kampfesmut.

ellen-lanc Adj. ellenlang.

ellens-rîch [s.] *ellentrîch.*

ellent(e) [s.] *ellende*[2].

ellent-haft Adj., **-hafte** Adv.
kühn, mutig, tapfer, stark,
kraftvoll.

ellent-lich Adj., **-lîche** Adv.
elend, elendig.

ellent-,ellens-rîch Adj. tapfer, kühn, furchtlos.

ellent-,elelen-tuom stN
Elend, Fremde.

elle-poge [s.] *ellenboge.*

ellich,-lîche [s.] *allich.*

elliu [s.] *al*[1].

el-mez stN Ellenmaß.

eln(-) [s.] *ellen(-).*

ê-lôs Adj. rechtsunfähig.

elten,alten swV A alt machen; *daz leben e.* das Leben
beschließen.

elter- [s.] *alt-.*

eltes [s.] *iltis.*

eltren [s.] *alter(e)n.*

elufte [s.] *einlefte.*

ê-lûte [s.] *êliute.*

em- [s. auch] *en-* ; *ent-.*

ê-mâles Adv. früher, vorher.

ê-man stM Ehemann.

ember [s.] *einber.*

embez [s.] *âmeize.*

emeze-keit [s.] *emzecheit.*

emitten [s.] *enmitten*[1].

emmer [s.] *einber.*

empsch-lich [s.] *emzeclich.*

emtzigen [s.] *emzigen.*

emzec/ic Adj. beständig, beharrlich; eifrig; geduldig.

**emzec/ic-heit,em(e)ze-
keit,emzi-keit** stF Stetig-
keit; Eifer; Gewohnheit.

**emzec-lich,empsch-,en-
zic-lich** Adj. beständig, beharrlich; geduldig; eifrig.

emzec-,emz-lîchen Adv.
häufig; ständig.

emzege,emzige Adv. häufig; ständig.

emze-keit [s.] *emzecheit.*

emzigen,emtzigen swV A
pflegen, betreiben, verrichten; begehen; Umgang pflegen mit.

emzi-keit [s.] *emzecheit.*

emz-lîchen [s.] *emzeclîchen.*

en[1] unbest.Art. [s.] *ein*[1].

en[2] Präp. [s.] *in*[1].

en[3] swMF [s.] *ane.*

ên [s.] *ein.*

en(-) [s. auch] *ne(-).*

en- [s. auch] *ent-.*

en-algerihte Adv. sogleich.

en-allenthalben Adv. über-
allhin.

en-,in-almitten Präp.+*durch*
+A/+*under* +D mitten durch/
unter.

en-ander [s.] *einander.*

en-,in-barn,-parn swV
refl.+G sich befleißigen; A /
Nsw (+D) offenbaren, ent-
hüllen, erklären; zeigen; entblößen.

en-bast- [s.] *enbesten.*

**en-beidenthalben,-bê-
denthalben** Adv. auf beiden
Seiten.

en-,in-beiten swV abs. zögern; G / A warten auf.

en-bern,ent-,em-,in-pern

stV [IVa] G/A/Ns verzichten
auf; entbehren, (ver-) missen, verlieren.

en-besten swV [Prät. *en-
bast-*] A [das erjagte Wild]
aufbrechen und zerlegen.

**en-bieten,em-,an-,in-,
im-,unt-pieten** stV [IIb]
refl.+pA*in* bereit sein für; D+
A/Ns*(daz, ob,w*) mitteilen/
versichern/ übermitteln lassen; anbieten; gebieten; A /
Nsw +pA*in,ûf* /Adv.lok. aus-
richten/ kommen lassen auf/
in; D+Adv. einladen; behandeln; antworten.

**en-binden,ent-,em-,in-,
int-,unt-pinden** stV [IIIa]
A(+D) los-, aufbinden; (auf-)
lösen; entblößen; A(+G/pD
ûz,von) befreien/ erlösen
(aus/ von); einlösen; ent-
schlüsseln; entlassen.

en-binnen[1]**,in-binnen**
Adv. innen, innerlich; *da e.*
dazwischen.

en-binnen[2] Präp.+G innerhalb.

**en-bîzen,ent-,em-,im-,
in-,unt-pîzen** stV [Ia] abs.
essen, speisen; G / A essen/
trinken/ kosten (von); zu sich
nehmen; fressen; schme-
cken; Nsw erfahren.

en-blanden[1]**,in-planden**
stV [VIIa] D+pD*mit* Mühe
machen mit; A+refl.D auf sich
nehmen, sich angelegen sein
lassen; A+D abverlangen,
auferlegen, zur Aufgabe machen; überlassen; zumuten;
schwer machen; vorwerfen;
Part.Adj. [s.] *enblanden*[2].

enblanden[2] Part.Adj. feindselig; hart, schwer.

en-blecken,-plecken swV
A(+D) entblößen, enthüllen,
offenbaren; öffnen; blecken.

en-blende Adj. lästig.

en-blenden swV A verblenden.

en-blœzen,ent-,em-blôzen,-plœzen swV A(+G/ D/pD*von*) entblößen (von), enthüllen; offenbaren, erklären; loslösen/ befreien von.

en-boben[1]**,in-boven** Adv. oben, in der Höhe.

en-boben[2] Präp.+D über.

en-bor(e),em-,in-por(e) Adv. empor, hinauf; in der/ die Höhe, oben; weiter.

en-bœren swV refl.+pA*gegen* sich wenden gegen; A hoch schwingen.

en-brant- [s.] *enbrennen*.

en-brazieren swV A umarmen.

en-brechen,ent-,in-prechen stV [IVa] refl.(+D/pD *ûz,von*) flüchten (aus), sich lösen von; D/pD*von* entkommen, hervorbrechen aus; A (+D) befreien; offenlegen; (auf-) graben; beseitigen.

en-brennen,em-,in-,untburnen,-prennen,-purnen swV [Prät. auch enbrant-] abs. entbrennen; A(+D) an-, entzünden, entflammen, verbrennen.

en-bresten,em-,in-presten stV [IVa] abs./unpers. +G+D fehlen(an); pA*an* ausbrechen in; D entkommen, freikommen von, sich entziehen; gerecht werden; A entsühnen; Ns*daz* bekräftigen; *eines kindes* e. gebären.

en-brinnen,em-,un-prinnen stV [IIIa] abs. (ent-) brennen, in Brand geraten, erglühen.

en-büeget Part.Adj. lahm.

en-bunnen,-punnen anV G/A+D missgönnen; berauben, entziehen.

en-bûzen[1]**,-in-bûzen** Adv.

(nach) außen; draußen; äußerlich.

en-bûzen[2] Präp.+D außerhalb.

en-dact-,-daht- [s.] *endecken*.

en-,in-danc,-danke Adv. willkommen, recht; genug; dankbar, zufrieden.

ende,einde,ente stMNswM Ende, (Ab-) Schluss; Ziel; Erfüllung, Ausführung; Erklärung, Grund; Beschreibung; (Himmels-) Richtung; Gegend; Rand, Seite; Stelle, Punkt; Stück; Schwanz; Stirn; Spitze; *(an/ in) allen enden* [auch] überall, in jeder Beziehung; *an daz/ ze dem* e. [auch] vollständig, genau; *(an/ in) man(e)gen ende(n)* [auch] vielfach, oft, mancherorts; *des endes* [auch] dort, dort hin; *von* e. *unze/ ze* e. von Anfang bis Ende;*von* e. *her* von Anfang an; *daz ist ein* e. das steht fest; *ze* e./ *an ein* e. *komen* +G Klarheit gewinnen über, herausfinden, erfahren, entscheiden; *urteillîchez* e. Jüngstes Gericht.

en-decken,ent-,int-,untecken swV [Prät. auch endact-,endaht-] A/Nsw (+G/ D) aufdecken, entblößen; offenbaren, erklären; öffnen.

endec-lich,-lîche(n) [s.] *endelich*.

ende-haft Adj. wahr, wirklich, richtig; genau; sicher, unumstößlich; verbindlich; entschlossen.

ende-hafte Adv. genau (-so); unverzüglich; endlich.

ende-keit stF Abschluss.

ende-krist,ente-,antekrist stM Antichrist.

ende-lest Adj. äußerste(-r/ -s).

ende-lich,ende(n)c-,entlich Adj. sicher, endgültig, unumstößlich.

ende-lîche(n),endec/ic-, ent-lîche(n) Adv. endlich, zuletzt, am Schluss; wahrlich, sicher, genau, unbedingt; deutlich; unverzüglich.

ende-lôs Adj., **-lôse** Adv. ewig, unendlich; endlos.

enden swV [Prät. auch ant-, Part.Prät. auch *gant*] abs./ refl./D enden, aufhören; sich erfüllen; sterben; pD*von* scheiden von; A(+D) beendigen, vollenden, erreichen; durch-, ausführen; entscheiden; töten.

endenc-lich [s.] *endelich*.

ende-nôt stF Todesgefahr.

endern swV A (ver-) ändern; A+pA*in* verwandeln in.

ende-spil stN Höhepunkt.

endes-,ende-tac stM Sterbetag, Tod; Jüngster Tag.

ende-zil stN Vollendung; Ende.

en-driu Adv. in drei Teile; dreifach.

en-drîzic Adv. in dreißig Teile.

endrunge stF Veränderung.

en-duon [s.] *entuon*.

ene [s.] *ane*.

en-eben[1]**,in-eben** Adv. daneben, an der/ die Seite [auch *dâ* e.]; in der/ die Nähe; ebenfalls.

en-eben[2]**,in-eben** Präp.+D/ A [auch nachgest.] neben, auf der/ die Seite von.

ene-halp [s.] *jenhalp*[1].

en-,in-ein(e) Adv. überein; zusammen, gleich, miteinander; ununterbrochen; e. *werden* (+G/Ns(*daz*),*w*) übereinkommen, beschließen, begreifen.

enelende [s.] *ellende* [2].
enelenden swV refl.+pD*ze* pilgern zu.
enent-her Adv. von jeher.
ener [s.] *jener.*
en-erde Adv. auf Erden, zu Lande.
en-gagen(e)[s.]*engegen(e).*
en-,in-galten swV A+G entgelten lassen, bestrafen für.
en-gân,ent-,int-gên anV D(+G)/G entgehen; entfliehen; entkommen; sich entziehen; sich entäußern; verloren gehen; vergehen; wegrutschen; abkommen von; *mit dem lîbe e.* mit dem Leben davonkommen.
en-gart- [s.] *engerwen.*
en-gast- [s.] *engesten.*
enge[1] Adj./Adv. eng, schmal, knapp, dicht, klein; begrenzt; bestimmt.
enge[2] stF Enge; Dichte; Gedränge; Schlucht.
en-gegen(e)[1],**in-gagen,** **-gein** Adv. [meist *da/ dâ/ dar/ dô/ her/ hie/ hin e.*] dagegen; dafür, darauf; dort, dorthin; auf der anderen Seite; zugegen.
en-gegen(e)[2],**in(t)-,ent-gagen(e),-gein(en),-ke-gen** Präp.+D/A [auch nachgest.] gegen, gegenüber; vor; entgegen; nach, zu, in.
en-gegenen swV D begegnen.
engegen-,ingagen-gân anV D/A entgegengehen.
engegen-,ingegen-îlen swV D entgegeneilen.
engegen-,ingegen-kêren swV [Prät. *entgegenkârt-*] D sich entgegenstellen; sich wenden zu.
engegen-,ingagen-komen stV [IVb] D entgegenkommen, entgegentreten.

engegen-loufen stV [VIIe] D entgegenlaufen, -kommen, begegnen.
engegen-rîten,ingegen-, **ingeinen-rîten** stV [Ia] D entgegenreiten.
engegen-,ingagen-sen-den swV [Prät. auch *engegensant-*] D entgegenschicken.
engegen-,ingegen-slahen stV [VIa] D entgegenschlagen.
engegen-streben swV D entgegenziehen.
engegen-,ingagen-varn stV [VIa] D entgegenfahren, -ziehen.
en-gegenwart,int-gegen-wert,-gegenwurte Adj. gegenwärtig.
en-gegenwertikeit,int-gegen-wurt(i)keit, **-wordicheit** stF Gegenwart; Vergegenwärtigung.
en-gegenwurf stM Gegenstand.
en-gegenwurte [s.] *engegenwart.*
en-gegenwürtic,-gegen-wurtic Adj. gegenwärtig.
en-gegenwurtikeit,-ge-genwurtkeit [s.] *engegenwertikeit.*
en-gein,-geinen [s.] *engegen(e).*
engel stM Engel.
engel-bote swM Engel.
en-gelden [s.] *engelten.*
engelich/isch,englisch, **engelsch-lich** Adj. engelhaft; Engel(s)- [z.B. *e. zungen* Engelszungen, *e. schar* Engelschar]; *engelischer gruoz* Ave Maria.
engel-kaisærin stF Kaiserin der Engel.
engel-kôr stM Engelchor.
Engel-lant,Enge-,Engen-

lant stN England.
engel-sanc stM Gesang der Engel.
engel-schar stF Engelschar.
engelsch-lich [s.] *engelich.*
en-gelten,ent-,in(t)-,unt-gelden,-kelten,-kelden stV [IIIb] G/A/Ns*daz* entgelten; büßen/ zahlen für; leiden unter; Schaden erleiden durch; G+pD*gegen* /pA*wider* verdienen um.
engel-var Adj. engelgleich.
engen[1] swV abs. stechen.
engen[2] swV A einengen, verengen, eng machen; A+D versperren.
en-gên [s.] *engân.*
en-genzen swV A zerstören.
en-gerwen swV [Prät. auch *engart-*] A ausziehen.
en-gesten swV [Prät. auch *engast-*] refl. die Rüstung ablegen; A willkommen heißen; *sich mit rede e.* sich aussprechen.
engest-lich,-lîche(n) [s.] *angestlich.*
en-ginnen,ent-,in-ginnen stswV [IIIa, Prät. meist *engund-*] A auf-, zerschneiden; öffnen; erwecken.
en-glîches Adv. ebenso.
englisch[1] Adj. englisch.
englisch[2] Adj. [s.] *engelich.*
en-grêden swV A des Amtes entheben.
engsch-,*engest-barkeit stF Furcht.
engst-lich,-lîche(n) [s.] *angestlich.*
en-gund- [s.] *enginnen.*
en-halp,-halbe(n) [s.] *einhalp.*
en-hant,-hende Adv. in die/ der Hand.
en-hein [s.] *nehein.*
en-hende [s.] *enhant.*
enin stF Großmutter.

enke swM Knecht.
en-kegen [s.] *engegen*[2].
en-kein [s.] *nehein.*
enkel stM Knöchel, Ferse.
en-kelden,-kelten [s.] *engelten.*
enker(-) [s.] *anker(-).*
en-knappen swV A aus dem Ritterstand entlassen.
en-köpfen swV A köpfen.
en-kurten,-*gürten swV D den Gurt sprengen.
en-lant Adv. im Land.
en-mitten[1],in-,e-mitten Adv. mitten, in der Mitte; inzwischen, unterdessen.
en-mitten[2],in-mitten Präp. +G/D mitten in.
en-morgen Adv. am Morgen.
enne(n) Adv. her.
enne(n)-her Adv. bisher.
en-oben(e) Adv. darüber.
en-,int-orden swV A in Unordnung bringen.
en-ouwe Adv. stromabwärts; dahin.
en-p- [s. auch] *enb-.*
en-pfâhen,em-,ent-,in-, int-,unt-vâhen,-vangen, -vân,-pfangen,-pfân stV [VIIab] A(+D/pD*ze*/p A*in* aufnehmen (in), empfangen, begrüßen; annehmen (als); erhalten; erwerben; abnehmen.
en-pfâher stM Empfänger.
en-pfâhunge,-pfôhunge stF Empfang.
en-pfallen [s.] *envallen.*
en-pfân,-pfangen [s.] *enpfâhen.*
en-pfangnisse,ent-,int-pfangnisse stF Empfang, Aufnahme.
en-pfant- [s.] *enpfenden.*
en-pfarn [s.] *envarn.*
en-pfelhen,ent-,int-,em- -velhen stV [IIIb] A+D/pD

ze/p A*an,in* (an-) empfehlen, anvertrauen; übergeben, überlassen; *gote enpfolhen* Gott befohlen, mit Gott.
en-pfelhnüs stN Empfehlung.
en-pfenclich,ent-,in-pfenclich Adj. empfänglich, bereit.
en-pfenclicheit stF Empfänglichkeit, Bereitschaft; Empfang.
en-pfencnisse stN Empfang.
en-pfenden swV [Prät. *enpfant-*] A als Pfand nehmen.
en-pfengen,ent-,int-vengen swV A anzünden, entflammen, entfachen.
en-pfetten swV A entkleiden; entwaffnen; abzäumen.
en-pfinden,ent-,em-,in-vinden stV [IIIa] G/A/Ns *daz,w* empfinden, fühlen, spüren; bemerken; erfahren.
en-,em-pfindunge stF Empfindung.
en-pfintlich Adj.,-lîcheAdv. spürbar; mitfühlend; *e. werden* +D Wirkung haben auf.
en-pfintlichkeit,-pfinticheit stF Empfindung; Mitgefühl.
en-pfirben [s.] *entverwen.*
en-pflammen [s.] *envlammen.*
en-pflegen stV [Va] G behandeln; haben; genießen; versehen.
en-pliehen,-pflien [s.] *envliehen.*
en-,ent-pflœhen,-vlœhen swV A+D entziehen, (weg-) nehmen.
en-pflohten Part.Adj. aufgelöst.
en-pfôhunge [s.] *enpfâhunge.*
en-pfrömdekeit stN Fremdheit.

en-pfrœren swV A auftauen.
en-pfüeren [s.] *envüeren.*
en-prîsen swV refl.+D sich durchsetzen gegen.
en-rihte [s.] *inrihte.*
en-samt[1],ent-,in-,int-samet,-samen(t),-sampt Adv. zusammen, gemeinsam, miteinander; zugleich, auf einmal, gleichzeitig.
en-samt[2],in-same(n)t Präp.+D mit.
en-,ent-schumpfieren swV A besiegen; beleidigen, verunglimpfen; verderben; *den strît e.* den Kampf entscheiden.
en-schuohen [s.] *entschuochen.*
en-sidel [s.] *einsidel(e).*
en-sît [s.] *jensît.*
en-spalten swV A zunichte machen.
en-spanen stV [VIa] A verführen; A+D abspenstig machen.
en-spuon swV unpers.+D zuteil werden.
enste stF Gnade.
ensten swV D gefallen.
en-stôzen stV [VIId] A+G verstoßen von.
ent Konj. bevor.
ent- [s. auch] *en-.*
ent-ænigen swV A+G berauben.
ent-arpt- [s.] *enterben.*
ent-bilden swV A(+G/pD *von*) entäußern/ entrücken (von).
ent-biltlich Adj. unbildlich.
ent-,en-blâsen,-plâsen stV [VIIb] A entfachen.
ent-blœzunge stF Entäußerung.
ent-blüegen swV abs. erblühen.
ente [s.] *ende.*
en-tecken [s.] *endecken.*

en-teckunge stF Enthüllung.
ent-edelt Part.Adj. unedel.
ent-eigenen swV A+G enteignen.
en-teil Adv. *e. werden* +D zuteil werden; *e. tuon* +A+D gewähren.
en-teilen swV D+Ns*daz* mitteilen.
ente-krist [s.] *endekrist.*
ent-erben swV [Prät. auch *entarpt-*] A(+G) enterben, (des Erbes/ Erben) berauben.
ent-êren swV A entehren; schänden; beschimpfen; beleidigen; mindern.
entern [s.] *antern.*
ent-êwen swV A entrechten.
ent-gangenheit stF Entrückung.
ent-gangunge stF Entrückung.
en-gein(en) [s.] *engegen(e).*
ent-geistet Part.Adj. seiner selbst unbewusst.
ent-,en-giezen stV [IIb] abs. über das Ufer treten; A ausgießen, verströmen; verschenken.
ent-giezunge stF Ausgießung, Ausströmen.
ent-glîchet Part.Adj. jeder Ähnlichkeit enthoben.
ent-glîten stV [Ia] D entgleiten, entgehen.
ent-göten swV A(+D) (Gott) entfremden.
ent-gozzenheit stF Ausgießung.
ent-,en-graben stV [VIa] A ausgraben; öffnen; entwenden.
ent-groben swV A von Sinnlichkeit befreien.
ent-haben,int-hân,-heben swV abs. anhalten; refl. (+G/pD*von,vor*/Ns) sich enthalten/ beherrschen, sich fernhalten (von); verzichten

(auf); (stehen) bleiben; pD *vor* bestehen vor; A zurück-, festhalten.
ent-habunge stF Halt; Enthaltsamkeit.
ent-haft- [s.] *entheften.*
ent-halden [s.] *enthalten.*
ent-,int-halt stMN Halt, Stütze.
ent-halten,-halden stV [VIIa] abs./refl. (stehen) bleiben, warten, standhalten; sich aufhalten; auskommen; aufhören;refl.+G/pD*von* sich enthalten (von), verzichten auf;A/G(+pD*von*)(fest-) halten; zurückhalten (von); unterstützen, erhalten; enthalten,aufnehmen;abhalten;A+D vorenthalten; *dem rosse/ orse e.* das Pferd anhalten.
ent-,int-haltunge stF Erhaltung; Enthaltsamkeit.
ent-hân [s.] *enthaben.*
ent-hebede,-hebde stF Zurückhaltung, Enthaltsamkeit.
ent-heben [s.] *enthaben.*
ent-hebic Adj. enthaltsam.
ent-heften swV [Prät. auch *enthaft-*] A lösen.
ent-heizen stV [VIIc] refl.+ pD*ze* /Adv.lok. eine Wallfahrt geloben zu; D+A/Ns(*daz*) verheißen, versprechen, geloben; absprechen.
ent-helder stM Erlöser.
ent-helt stF Unterdrückung.
ent-,unt-hêren swV A entweihen, entehren.
ent-herzen swV A entmutigen.
ent-hiuten swV A abhäuten.
ent-houbeten,-höubeten, -höupten,-houben swV A enthaupten.
ent-höuptære stM Henker.
ent-höveschen swV refl. sich vergessen.

ent-hürnen swV refl.+pD *von* sich befreien von.
en-tiuschen,-tûsche Adv. auf Deutsch.
ent-,en-kêren swV [Prät. auch *entkârt-*] refl.+G/pD *von* sich abwenden von; A verwandeln.
ent-,en-kleiden swV A entkleiden.
ent-kleidunge stF Entkleidung.
ent-knoten swV A+D lösen.
ent-kreftigen swV A+G berauben.
ent-laden stV [VIa] A ab-, entladen, abräumen; A+G/ pD*von* befreien/ entlasten von; berauben.
ent-lâzen,en-lân stV [VIIb] refl. sich öffnen; A (auf-) lösen; *den bogen/ die armbrust e.* die (Bogen-) Sehne losschnellen lassen; *davon e.* einen fahren lassen.
ent-ledigen,-lidigen swV A(+pD*von*) befreien (von).
ent-lêhen,-lên swV A (aus-) leihen.
ent-lesten swV A ablösen.
ent-lîben[1] **,int-lîben** stV [Ia] D (ver-) schonen, ablassen von.
ent-lîben[2] swV A töten.
ent-lich,-lîche(n) [s.] *endelich.*
ent-lidigen [s.] *entledigen.*
ent-ligen stV [Vb] abs. liegen, einschlafen, pD*in* liegen bleiben in.
ent-lîhen stV [Ib] A austeilen; A+D borgen.
ent-lîhten swV A(+pD*von*) erleichtern (von).
ent-liuhten swV [Prät. *entlûht-*] A erhellen.
ent-lœsen,-lôsen swV A (+D) lösen; A+G/pD*ûz* befreien aus/ von.

ent-,int-loufen stV [VIIe] abs./D entfliehen, entkommen.

ent-,int-lûchen stV [IIa] A öffnen.

ent-lûht- [s.] *entliuhten.*

ent-lûtert Part.Adj. unlauter.

ent-machunge stF Abwendung.

ent-menschen swV A von der menschlichen Natur befreien.

ent-muoten swV *zer tjost e.* +A mit eingelegter Lanze angreifen.

ent-nacken swV A(+D) entblößen, entkleiden.

ent-næn swV A auftrennen.

ent-nemen stV [IVa] refl. (+pD*von*) sich zurückziehen (von); A borgen, nehmen; A+D entziehen.

ent-nihten swV A entwerten, (ver-) mindern.

ent-nommenheit stF Entrückung.

ent-nucken,-nücken, -nouchen swV abs. einnicken, einschlafen.

ent-pf- [s.] *ent-v-.*

ent-plâsen [s.] *entblâsen.*

ent-pûen,-*bûwen swV A aufbauen.

en-,ent-tragen stV [VIa] A+D rauben, wegtragen, (weg-) nehmen; abschlagen, verwehren.

en-trahten swV G streben/ trachten nach.

en-trant- [s.] *en-trennen.*

ent-rant- [s.] *ent-rennen.*

ent-râten stV [VIIb] D ausweichen.

en-trâten stV [VIIb] abs. sich fürchten; A/Ns *daz* fürchten.

ent-,int-reden swV A(+G/ pD*von*) entschuldigen; verteidigen (gegen); rechtfertigen (für), reinigen (von).

ent-reder stM Verteidiger.

ent-redunge stF Ausrede.

ent-reinen,int-,unt-reinen swV A(+D) verunreinigen, besudeln, verpesten; verderben.

en-trennen swV [Prät. *entrant-*] refl. auseinander brechen; A(+D) zerhauen; zerbeißen; (auf-) lösen.

ent-rennen swV [Prät. *entrant-*] abs. entkommen.

ent-rihten swV A in Unordnung bringen, verwirren, beirren; entscheiden.

ent-rihtunge stF Fehlverhalten.

ent-rinnen,int-,in-runnen stV [IIIa] abs./D/pD*ab, ûz,von* weg-, davonlaufen, entlaufen; fliehen (aus/ vor), entkommen, entgehen; vergehen, zerrinnen.

entrisch Adj. wild, vorzeitlich.

ent-rîsen stV [Ia] D schwinden, entgehen.

ent-,int-rîten stV [Ia] abs./ D davonreiten, entkommen; A+D entführen.

en-triuwen[1]**,in-trûwen, -trouwen,-trîwen,-trôwen,-drûwen** Adv. wahrlich, wahrhaftig, wirklich; doch; wohl.

en-triuwen[2] swV A+D entfremden.

ent-rücken swV A entrücken; A+G berauben.

ent-rüemen swV A schädigen.

ent-rûmen swV abs. verschwinden; A zulassen.

ent-rünne Adj. treulos.

en-trûwen [s.] *entriuwen* [1].

ent-sachen swV refl.+G sich entlasten von; A besiegen, überwinden.

ent-sagen swV refl.(+G/D/

pD*von*) sich lossagen/ zurückziehen (von); ausweichen; sich entschuldigen/ rechtfertigen (für), sich verteidigen (gegen); A+D verheimlichen, vorenthalten, fernhalten; bestreiten; versagen; A+Ns hindern.

ent-satzt- [s.] *entsetzen.*

ent-scheiden stV [VIIc] pD*von* scheiden aus; A bestimmen; bekehren; A+pD *von* trennen von.

ent-scheiderin stF Richterin.

ent-schepfet,-schöpfet Part.Adj. entstellt.

ent-schû(h)en [s.] *entschuochen.*

ent-schuldigen,en-,int-, in-schuldegen,schulden,-schulgen swV A(+G pD*von*) entschuldigen, rechtfertigen, entlasten/ befreien (von).

ent-schuldigunge stF Entschuldigung.

ent-schulgen [s.] *entschuldigen.*

ent-schuochen,en-schuohen,-schû(h)en swV D/ A die Schuhe ausziehen [auch *diu bein e.*].

ent-schuten swV refl.(+G) sich lösen/ befreien (von).

ent-,int-seben stV [VIb, Part.Prät. auch sw] G/A/Ns *daz,w* fühlen, spüren, (be-) merken; hören.

ent-sehen,-sên stV [Va] A be-, verzaubern.

ent-setzen swV [Prät. auch *entsatzt-*] A absetzen; aus dem Sattel heben; vernichten; erschrecken; A+G berauben; entheben; befreien von; A+D wegnehmen.

ent-setzunge stF Entäußerung; Furcht.

ent-sieden stV [IIb] abs. sieden.

ent-sigelen swV *daz ingesigel e.* das Siegel brechen.

ent-sîgen stV [Ia] D versagen; entfallen.

ent-sîn anV G entbehren.

ent-sinken stV [IIIa] abs./D entgleiten, entgehen; sich entziehen; schwinden; p A *an,in* sich fallen lassen/ anheim geben in.

ent-,int-sitzen stV [Vb] D entgehen; entfernt wohnen von; (refl.D+)G/A/Ns*daz,w* (be-) fürchten, scheuen; sich fürchten vor, sich entsetzen über.

ent-slâfen,en-,in-,int-, unt-slâfen stV [VIIb] abs. (ein-) schlafen; entschlafen, sterben [auch *des tôdes e.*]; D absterben.

ent-slahen,-slân stV [VIa] p D*ze* sich schlagen zu; A (+D) aufheben; lösen; irreleiten; anstimmen; A+G/ p D*von* abschütteln/ befreien von.

ent-,en-sliefen stV [IIa] p D *vor* fliehen vor; A entleeren.

ent-sliezen,en-,in(t)- sliezen stV [IIb] (D+)A/Ns *w* aufschließen, öffnen, aufreißen; lösen; offenbaren, verkünden, erklären; fallen lassen, aufgeben; A+p A*in* umwandeln in.

ent-,int-slîfen stV [Ia] abs./ D vergehen, verloren gehen, verlöschen; ausgleiten; entgleiten, entweichen; (D+)p D *von* abfallen von.

ent-slingen stV [IIIa] A auseinander rollen.

ent-slipfen swV D ausgleiten.

ent-slîzen stV [Ia] A aufschlitzen.

ent-sloufen swV A+G/p D

von lösen von.

ent-snellen swV D entwischen.

ent-snîden stV [Ia] A+D durchschneiden.

ent-sorgen swV A erleichtern.

ent-spannen stV [VIIa] A+ p D*von* fernhalten von.

ent-spart- [s.] *entsperren.*

ent-spenen swV A(+G/D/p D *von*) entwöhnen (von), entziehen, wegnehmen.

ent-spengen swV A+p D*von* abbringen von.

ent-,en-sperren swV [Prät. auch *entspart-*] A(+D) öffnen, erwecken.

ent-sprechen stV [IVa] D antworten; A beirren.

ent-,en-spriezen stV [IIb] p D*ûz,von* entsprießen/ hervorgehen aus.

ent-sprinc stM Quelle.

ent-springen,en-,int- springen stV [IIIa] abs./G/ D entspringen, entstehen, (hervor-) sprießen, aufblühen; erwachen (aus); p D*ûz, von* ausgehen von.

ent-sprunglichkeit stF Ursprung.

ent-stân,en-,in(t)-,unt- stên anV abs./D(+p D*von*) entstehen (aus), anbrechen, bevorstehen; aufstehen; auferstehen; fehlen; enden; p D *an,vür* stehen vor; unpers. +D+G mangeln an; refl.(+G/ Ns*daz,w*) sich bewusst sein/ werden; sich erinnern (an); G/A/Ns*daz,w* merken, erfahren, bemerken.

ent-stechen stV [IVa] A anstechen.

ent-stellen swV A entstellen.

ent-stên [s.] *entstân.*

ent-stieben stV [IIa] D entfliehen.

ent-strîchen stV [Ia] D entkommen.

ent-stricken,en-,in-stri- cken swV A/Ns*daz,w* (+D/ p D*von*) aufbinden, losbinden, lösen; befreien von; offenbaren.

ent-sûbern,-sûvern swV A beschmutzen.

ent-sunkenheit stF Versunkenheit, Entrückung.

ent-sûvern [s.] *entsûbern.*

ent-sweben,en-,in(t)- sweben swV abs. (ein-) schlafen; A in Schlaf versenken, entrücken.

ent-swellen stV [IIIb] A+D besänftigen.

ent-swîchen stV [Ia] unpers. +D schwindlig werden.

ent-swînen stV [Ia] D abnehmen.

ent-teilen swV A+D zuteilen.

en-tüemen swV A+D aberkennen.

en-,in-tuon;-duon anV A vernichten; öffnen.

en-tûsche [s.] *entiuschen.*

ent-ûzenen swV refl.+G verzichten auf.

ent-vallen,em-,en-,in(t)- pfallen stV [VIIa] D/p D*von* entfallen, hinabfallen, -sinken; verloren gehen; abfallen/ sich lösen von, sich entziehen; sich verzerren; G+D verweigern.

ent-valten swV A offenbaren.

ent-varn,em-,en-pfarn stV [VIa] abs./D entkommen; entfahren; sich trennen von, sich entziehen.

ent-varwen swV abs. erbleichen.

ent-vehten stV [IVa] D fehlschlagen.

ent-vengen[1] swV A entzünden.

ent-vengen[2] stV [s.] *enpfangen.*

ent-verben [s.] *entverwen.*

ent-vern,en-verren,-virren swV A entfernen; A+D entziehen.

ent-verwen,en-,em-verben,-pferwen,-pferben, -pfirben swV A verfärben, entfärben.

ent-virren [s.] *entvern.*

ent-vlammen,en-pflammen swV A entflammen.

ent-vliegen,en-,em-pfliegen stV [IIa] D entfliegen, entfliehen, entschlüpfen.

ent-vliehen,en-,in-,int-, unt-vlien,-pflie(he)n stV [IIb] abs. fliehen; D entkommen; schwinden; entgehen; sich zurückziehen aus/ von; A fliehen vor, (ver-) meiden; A+D wegnehmen.

ent-vliezen stV [IIb] D wegfließen, wegtreiben.

ent-formen swV A+G entziehen.

ent-vrem(e)den,en-,em- -vrömden,-pfrem(b)- den,-pfrömden,-pfromeden swV A+D entfremden, entziehen, wegnehmen; fernhalten von; versagen.

ent-vreun,-vroun swV A erschrecken, betrüben.

ent-vriden swV A um den Frieden bringen, beunruhigen.

ent-vrîen swV A fesseln; A+ G berauben.

ent-vristen [s.] *antvristen.*

ent-vrömden [s.] *entvrem(e)den.*

ent-vroun [s.] *entvreun.*

ent-vüeren,en-,in-,int- pfüeren,-pfuoren swV A/ Ns*daz* (+D) entführen, wegnehmen; entziehen, nehmen; widerlegen; A+pD*von* ab-

wenden von.

ent-vunken swV abs. entbrennen.

ent-,en-wachen swV abs./ G erwachen (aus).

ent-wâfen(en),-wâpen swV A die Rüstung/ Waffen ablegen/ abnehmen; *daz houbet/ sich des helmes e.* den Helm abnehmen.

ent-wahsen,un-,unt- wahsen stV [VIa] abs. (an Bedeutung) abnehmen; D entwachsen, hinauswachsen über; sich trennen von; bedeutungslos werden.

en-twâlen stV [VIIb] abs./ pD*bî* bleiben (bei), sich niederlassen.

ent-walken Part.Adj. verfallen.

ent,en-wallen stV [VIIa] abs. in Wallung geraten.

en-twalt- [s.] *entweln.*

ent-wanct- [s.] *entwenken.*

ent-wand- [s.] *entwenden.*

ent-wandeln swV D entstellen; A+pD*ûz* verdrängen aus.

ent-wâpen [s.] *entwâfen(en).*

ent-warten [s.] *antwurten.*

ent-wast- [s.] *entwesen.*

ent-wæten swV A enthäuten.

ent-wecken swV A+D erwecken.

ent-weder [s.] *eintweder*[1].

ent-wegen Part.Adj. aufgebracht.

ent-weichen swV abs. verschwinden.

ent-welen swV A ablehnen.

en-twellen swV A treffen, verwunden.

en-tweln swV [Prät. auch *entwalt-*] abs. bleiben, warten, zögern; G aufschieben.

ent-wenden swV [Prät. auch *entwand-*] G frei werden von; A umstimmen.

ent-wenen,-wonen swV G verzichten auf; A(+G/D) entwöhnen; entfremden.

ent-wenken swV [Prät. auch *entwanct-*] abs./G/D sich entziehen, ausweichen, entgehen, entkommen; untreu werden.

en-twer,in-twer(h)es, -twerch(s),-twerichs, -zwer(es),-wer Adv. (kreuz und) quer, hin und her; verquer, schief; unnachgiebig.

ent-,int-werden stV [IIIb] abs. zunichte werden, vergehen; G/D/pD*ûz,von* entgehen, entkommen (aus); sich entäußern/ befreien von; A aufgeben.

ent-,int-werfen stV [IIIb] abs./A/Ns*daz* entwerfen; ausführen; zeichnen, (aus-) malen; (ab-) bilden, schaffen; refl.+G/pD*gegen* sich auflehnen gegen; refl.+pD*in, ze* die Gestalt annehmen von; refl.+pD*mit* sich färben mit; A+pA*an* verführen (zu); A/Ns*daz*+D erklären.

ent-werferin stF Wahrsagerin.

ent-werfunge stF Wunschbild.

en-twerhes,-twerichs [s.] *entwer.*

ent-wern swV A/G abweisen, abwehren, ablehnen; A+ G/Ns*w* abschlagen, verweigern; berauben.

ent-wert- [s.] *antwurt-.*

ent-,int-wesen stV [Va, Prät. auch sw *entwast-*] (refl.+)G/D/A entbehren, verzichten auf, entsagen; frei sein von; sich trennen von, fernbleiben.

ent-wesenen swV A vernichten.

ent-weten stV [Va] A+G/ pD*ûz,von* lösen/ befreien aus/ von.

ent-wîch stM Entkommen; e. *tuon* (+D/pD*von*) sich zurückziehen (von), (ent-) schwinden; Abbruch tun.

ent-wîchen,en-,int-wîchen stV [Ia] abs./D/pD*ûz, von,vor* aufbrechen aus; weichen, fliehen, entkommen; sich entfernen/ zurückziehen (aus/ von), sich trennen (von); aus-, zurückweichen (vor); nachgeben; zurückstehen hinter; vergehen; verloren gehen, entgleiten; G/A (+D) verzichten auf, aufgeben.

ent-,en-wilden swV D fernbleiben; A+G/D vorenthalten; fernhalten (von).

ent-winden stV [IIIa] A+D entziehen.

ent-winnen stV [IIIa] *genuoc e.* +D genug bekommen von.

ent-wischen,-wuschen swV pD*von* abfallen von; D entkommen, entgehen, entgleiten.

en-twischen(t) [s.] *enzwischen.*

ent-wîsen swV A(+pD*von*) entrücken; fernhalten/ lösen von.

ent-wizzen anV [Prät. auch *entwust-*] G sich entäußern.

ent-wonen [s.] *entwenen.*

ent-wordenheit stF Entäußerung.

ent-wordenlich Adj. entäußernd.

ent-wort- [s.] *antwurt-.*

ent-wurken,unt-wirken swV [Prät. auch *entwort-, entwort-,entwart-*] A(+D) vernichten, überwältigen, (zer-) schlagen; zerlegen.

ent-wurt- [s.] *antwurt-.*

ent-wuschen [s.] *entwischen.*

ent-wust- [s.] *entwizzen.*

êntzelen [s.] *einzelen.*

ent-,en-zemen stV [IVa] unpers.+D sich gehören für; D zukommen.

ent-,en-zenden swV [Prät. auch *entzant-*] A entzünden.

ent-ziehen,en-,in-zîen stV [IIb] D vergehen; versagen; A/G(+D) entziehen, wegnehmen, ausziehen; A+ G/pD*von* /p A*in* zurückhalten von, zurückziehen in/ von.

ent-zogenheit stF Entrückung.

ent-zücken,en-,in-zucken swV A(+D/pD*ûz,von* / pA*in*) entrücken (aus/ in); wegnehmen (von); entreißen, rauben; lösen.

ent-,en-zückunge stF Entrückung.

ent-zünden,en-,in-zunden swV abs. rot werden; D leuchten; A(+D) entflammen, anzünden; A+pD*ze* (an-) treiben zu; A+D+pD*nâch* begehrlich machen nach.

ent-,en-zünderinne stF Entzünderin.

ent-zündic Adj. brennend.

ent-,en-zundunge,-zündunge stF Entzündung, Hitze.

ent-,en-zwicken swV A losreißen.

en-vâhen,-vân,-vangen [s.] *enpfâhen.*

en-ve- [s.] *enpfe-.*

en-verren,-virren [s.] *entvern.*

en-vinden [s.] *enpfinden.*

en-vlœhen [s.] *enpflœhen.*

en-vollen Adv. vollständig, vollkommen; völlig; genug; voll; mit voller Kraft.

en-vor Adv. *hie e.* früher, bisher.

en-vreise Adv. *sînes lîbes e.* unter Lebensgefahr.

en-wadele Adv. hin und her.

en-,in-wâge Adv. in Gefahr; *e.* geben/ lâzen/ setzen +A wagen, einsetzen.

en-,in-wec Adv. (hin-) weg, dahin.

en-weder[1] Indef.Pron. [s.] *neweder* [1].

en-weder[2] Konj. [s.] *eintweder* [2]; *neweder* [2].

en-wedert-halp [s.] *newederthalp.*

en-weht [s.] *niwiht* [1].

en-wênic,-wêninc,-wênc Adv. ein wenig.

en-,in-widerstrît Adv. um die Wette.

en-wiht,ein-,in-wiht Adj. unnütz, nutzlos, unbrauchbar; sinnlos, wertlos; unwürdig, ehrlos; ungültig, nichtig; kraftlos, schwach.

en-zant- [s.] *enzenden.*

ênzel(e) [s.] *einzel(e).*

ênzel Adv. im Passgang/ Trab.

enzic-lich [s.] *emzeclich.*

en-,in-zît(e) Adv. rechtzeitig, beizeiten; bald; sofort.

en-zuschen [s.] *enzwischen.*

en-zwei,ent-,in-,unt-zwein,-zwî Adv. entzwei, zerbrochen, gespalten; auseinander; zu Ende.

enzwei-bîzen stV [Ia] A zerbeißen; zerschlagen.

enzwei-brechen,ent-,in-zwein-brechen stV [IVa] abs./D vergehen, enden; (zer-) brechen; A(+D) vernichten; brechen; unterbrechen.

enzwei-,entzwei-drumen swV G/A zunichte machen, beenden.

enzwei-gân anV abs. sich teilen; aufhören.

enzwei-houwen stV [VIIe] A erschlagen.

en-zwein(-) [s.] *enzwei(-)*.

enzwei-rîten stV [Ia] A zersplittern; auseinander treiben.

enzwei-,inzwei-slâhen stV [VIa] A(+D) entzweischlagen, zerschlagen.

enzwei-snîden stV [Ia] A durchschneiden.

enzwei-,entzwei-spalten stV [VIIa] abs./D auseinander brechen; A auseinander schneiden, durchschneiden; spalten.

enzwei-stechen stV [IVa] A zerbrechen.

enzwei-stôzen stV [VIId] A zerschmettern.

enzwei-,inzwei-teilen swV A in zwei Teile teilen.

enzwei-tragen,ent-,int-, unt-zwei-tragen stV [VIa] abs. auseinander gehen; brechen; A spalten.

enzwei-,entzwei-treten stV [Va] abs. sich öffnen.

enzwei-vrumen swV A zerbrechen.

enzwei-werfen stV [IIIb] A+D zerteilen.

enzwei-zerren swV A zerreißen.

en-zwer(es) [s.] *entwer*.

en-zwî [s.] *enzwei*.

en-zwischen¹,ent-,in- zwischen,-twischen(t), -zuschen Adv. [meist *da/ dar/ dâl dâr e.*] (da-) zwischen; inzwischen.

en-zwischen²,ent-,in- zwischen(t),-zuschen, -zwuschent Präp.+D zwischen.

epf [s.] *epfich*.

epfel-tranc [s.] *apfeltranc*.

epfich,epf stN Eppich [Sellerie].

epfich-wurz stF Selleriewurzel.

epistel(e),epistole stswF Epistel, Brief, Schrift.

e-poum stM Efeu.

ê-prech- [s.] *êbrech-*.

eptissin,eptischin,abbe- tissin stF Äbtissin.

Équitâniâ Subst. Aquitanien.

er¹,her,he Pers.Pron. er; der.

er² stswM Mann; Männchen, männliche Pflanze.

er³ Pers.Pron. [s.] *ir*.

er⁴ swM [s.] *hêrre*.

êr¹ stN Erz, Eisen.

êr² Adv. [s.] *ê¹*.

êr³ Konj. [s.] *ê³*.

er-ahten swVA/Nsw ermessen, erwägen; A+D bestimmen.

er-alten swV [Part.Prät. auch *eralten*] abs. alt werden; G zu alt werden für.

er-altenen swV A schwächen.

erande [s.] *arant*.

er-arbeiten,der-aribeiten, -erbeiten swV A erwerben, erarbeiten.

er-argen swV abs. geizig werden.

er-armet Part.Adj. verschlissen.

er-,ir-arnen swV A/Nsdaz verdienen, erwerben, erkaufen; büßen; A+D einbringen.

er-,ir-balden swV abs./refl. Mut fassen; überheblich werden; Inf.*ze* /(refl.+)Nsdaz sich trauen (zu); A ermutigen.

er-balgen [s.] *erbelgen²*.

erbære stM Erbe

êr-,êren-bære,-ber Adj. ehrbar, anständig, rechtschaffen; würdig, edel, angesehen; glaubwürdig; echt; angemessen; *e. vorhte* Ehr-

furcht.

êr-bære stF Ehrbarkeit.

êr-bærec/ic,-wæric Adj. ehrbar, anständig; angesehen; angemessen.

êr-bæricheit,-bærikeit, -wêricheit stF Würde; Ehrfurcht.

êr-bærkeit,-berkeit stF Tugend.

er-,ir-barme,-berme stF Barmherzigkeit.

er-barmeclich,-berm(e)c- lich Adj. erbarmenswert, bedauernswert; mitleidig.

er-barmec/iclîche(n),ir- bermic-,-berm(e)c-lî- che(n) Adv. erbarmungsvoll, mitleidig; erbärmlich.

er-,ir-barmede,-barmde, -parmde,-parmede stF Barmherzigkeit, Erbarmen.

er-barmeherzi(c)keit [s.] *erbarmherzi(c)keit*.

er-barmekeit,ir-barmic- heit,-berm(e)keit stF Barmherzigkeit; Erbarmungswürdiges.

er-barmen¹,ir-barmen swV refl.(+G/pA*über,umbe*) sich erbarmen/ Mitleid haben (mit); A/D erbarmen, Leid tun, dauern, zu Herzen gehen, Mitleid erregen.

er-barmen² stN Mitleid.

er-barmherze swM Barmherziger.

er-barmherzic,-barme- herzic,-parmherzic Adj. barmherzig.

er-barmherziclîche, -parmherziclîche Adv. barmherzig.

er-barmherzi(c)keit,-bar- meherzi(c)-,-parmherz- (ic)keit/heit stF Barmherzigkeit.

er-barmic,ir-bermic Adj. barmherzig.

er-barmunge stF Barmher-
zigkeit, Erbarmen.
er-,ir-barn,-parn swV[Part.
Prät. auch *erbert, erberwet*]
refl.+G sich entledigen; A /
Ns*daz* (+D) offenbaren; entblößen.
erbe[1],erib stN Erbe, Erbschaft, Erbteil; (Grund-) Besitz, (Erb-) Land.
erbe[2],erib swM Erbe, Nachkomme, Nachfolger.
erbe-,erb-eigen stN Erbeigentum.
erbe-guot stN Erbeigentum,
Grundbesitz.
erbe-haft Adj. erbberechtigt.
erbe-herre swM Lehnsherr,
Grundherr.
erb-eigen [s.] *erbeeigen.*
er-beinen swV A [mit einer
Knochenpfeife] anlocken.
erbeit- [s. auch] *arbeit-.*
erbeite Adj. arbeitsam.
er-beiten[1],ir-peiten swV
G/Ns*biz,daz,w* warten auf,
ab-, erwarten (können).
er-beiten[2] swV [s.] *arbeiten.*
er-beizen,ir-,re-beizen
swV abs./pD*von,ze* /p A*an,
ûf,vür* absitzen, (ab-) steigen
auf/ bei/ von/ vor; vom Pferd
fallen; Halt machen, einkehren; sich stützen auf; A(+D)
(+pD*an,ze* /p A*ûf* /Ns*daz*)an-
feuern/ aufhetzen (zu).
erbe-,erb-kint stN Erbe.
erbe-lant stN (Erb-) Land.
erbe-lêhen stN Erblehen.
er-belgen[1],ir-,re-belgen
stV [IIIb] refl.(+G/p A*wider*)/
erbolgen sîn/ werden (+G/
D/pD*ze*) zornig/ böse/ er-
grimmt sein/ werden (auf/
über); Part.Adj. [s.] *erbolgen* [2].
er-belgen[2],-balgen,-pel-
gen swV A erzürnen; sto-
ßen; strafen.

er-bellen stV [IIIb, Prät.
auch sw] abs. (anfangen zu)
bellen; brüllen; widerhallen.
erbe-lôs Adj. ohne Erben; be-
sitzlos.
erbe-minne stF angestamm-
te Liebe.
erben swV abs. sich vererben;
D als Erbe zuteil werden; A
erben; als Erben einsetzen;
A+D/p A*an,ûf* vermachen,
vererben (auf); A+pD*mit* bedenken mit; *prîs e.* Ruhm
erwerben.
erbe-nôt stF ererbte Not.
erbe-pfluoc stM ererbtes
Geschäft.
erbe-,erb-reht stN Erbe;
Erstgeburtsrecht.
êr-berkeit [s.] *êrbærkeit.*
êr-berlîche(n) Adv. ange-
messen.
er-berm- [s.] *erbarm-.*
er-bern[1] stV [IVa] G unterlassen.
er-bern[2],der-pern swV A
(+D) zerschlagen, zerstören.
er-bert-,-berwet [s.]*erbarn.*
erbe-schaft stF Erbschaft,
Erbe.
erbe-schrîn stM Schrein für
das Erbe.
erbe-site stM angestammtes
Verhalten.
erbes-lich [s.] *ernestlich.*
erbe-smerze swM immer
währendes Leid.
erbe-spil stN vertrautes
Spiel.
erbe-stat stF angestammte
Heimat.
erbe-sun stM erbberechtigter
Sohn.
erbe-,erb-sünde stF Erb-
sünde.
erbet- [s.] *arbeit-.*
erbe-teil stMN Erbteil, Erbe.
er-,re-betelen swV A erbet-
teln.

erbe-tôt stM vorherbestimm-
ter Tod.
erbe-vater stM (Adoptiv-)
Vater.
erbe-veste stF Stamm-
schloss.
erbe-vîent,-vînt stM Erb-
feind.
erbe-voget stM Schutzherr
(durch Erbrecht).
erbe-vogetin stF ange-
stammte Herrin.
erbe-,erb-zeichen stN
Wappen.
er-,ir-biben,-bidemen
swV abs. erbeben.
er-,ir-bibunge stF Erdbe-
ben.
er-bidemen [s.] *erbiben.*
er-bieten,ir-,der-bieten
stV [IIb] refl.(+D/Adv.) sich
zeigen/ offenbaren (als), sich
aus-, verbreiten; A+D/A erweisen, gewähren, (dar-)
bringen, (dar-) bieten, leisten, zufügen; A+pD*gegen,
ze* /p A*an,ûf* wenden an, len-
ken/ richten auf, kehren ge-
gen/ zu; *ez wol/ güetlîche e.*
+D freundlich aufnehmen,
gut behandeln, gefällig sein.
er-bilden swV refl.(+D)+pD
in,ûz sich bilden/ zeigen in,
entstehen aus/ in; refl.+ p A*in*
sich (ver-) senken/ hinein-
versetzen in, sich einlassen
auf; A abbilden.
er-biten,ir-,re-biten stV
[Vb] A/G/Ns*daz* (+pD*ab*)
erbitten/ erlangen/ erhalten
(von); A/G/pD*ze* /Ns*daz*
bitten um, überreden/ auffordern zu; A+pA*gegen* aufbieten für.
er-,ir-bîten stV [Ia] G/A/pD
ze /Ns*daz,biz,unze* (er-, ab-)
warten/ hoffen (auf/ bis);
standhalten.
er-bittern swV A quälen.

er-,ir-bîzen stV [Ia] A(+D) (tot-, zer-) beißen; (zer-) reißen, fressen.

erb-kint [s.] *erbekint.*

er-blant- [s.] *erblenden.*

er-blatern swV A verblüffen.

er-,re-bleichen swV abs./D erbleichen.

er-,ir-blenden,-plenden swV [Prät. *erblant-*] A(+D) (ver-) blenden, verdunkeln.

er-blîchen stV [Ia] abs./refl./ D er-, verbleichen, glanzlos werden; A entfärben.

er-blicken swV abs./D erstrahlen; A/Nsw erblicken.

er-,ir-blinden,-plinden swV abs. blind werden.

er-bliugen swV A einschüchtern.

er-bliuwen stV [IIa] A zerbläuen.

er-blœzen swV [Prät. *erblôzt -*] *daz swert e.* das Schwert ziehen.

er-blüejen,-blüen,-plüen swV [Prät. auch *erbluot-, erblût -*] abs./refl./pD*ûz* erblühen/ entstehen (aus), offenbar werden; A beleben.

er-bolgen[1] swV D zornig werden auf.

er-bolgen[2] Part.Adj. zornig, erzürnt.

er-bœren swV refl. aufstehen; sich aufmachen; A erheben.

er-born Part.Adj. geboren, *e. sîn* +pD*ûz,von* (ab-) stammen aus/ von; *e. sîn* +pD*ze* / A bestimmt sein (zu); *e. vriunt* Blutsfreund.

er-bouwen [s.] *erbûwen.*

er-brechen stV [IVa] abs. brechen; refl. ertönen; refl.+ pA*ûf* hereinbrechen über; A (zer-) brechen; A+pD*von* losreißen/ abwenden von.

er-brehen stV [IVa] abs./ refl. erstrahlen, sich zeigen.

erb-reht [s.] *erbereht.*

er-breiten swV A ausbreiten; *die ougen e.* +pD*in* den Blick versenken in.

er-brennen swV A entflammen.

er-bresten stV [IVa] pA*an* ausbrechen in.

er-brimmen stV [IIIa] abs. brüllen.

er-brinnen stV [IIIa] abs. in Brand geraten.

erb-sünde [s.] *erbesünde.*

er-bunnen anV D+G/Ns*daz* missgönnen; berauben; A beneiden.

er-bürn,-burn,-büren swV A aufheben, erheben; *einen slac e.* +pA*ûf* einen Schlag führen gegen.

er-burnen swV A verbrennen.

er-bûwen,ir-bouwen, -pouen swV [Part.Prät. auch st *erbûwen*] A (er-) bauen, (wieder) aufbauen; befestigen; bewohnen; bepflanzen, bestellen; pflegen.

erb-zeichen [s.] *erbezeichen.*

erc-lich,-lîche(n) [s.] *arclich.*

erd- [s. auch] *ert-.*

er-dâht- [s.] *erdenken.*

er-darben swV abs. dahinschwinden.

erde,herde stswF Erde, Welt, Land; Festland; Ackerland, Boden.

er-decken swV A aufdecken.

er-dempfen swV A ersticken.

er-,ir-denen swV refl. sich dehnen; A spannen, strecken.

erdenisch [s.] *irdenisch.*

er-,ir-denken swV [Prät. *erdâht-*] G/A/Ns*w* (+D) sich ausdenken, sich vorstellen; ersinnen, erfinden; planen, trachten nach; verstehen; bestimmen, befehlen.

erden-klôz stMN Erdkugel.

erden-knolle swM Erdklumpen.

erden-last stF Erde.

er-dienen swV A(+pD*an*) (durch Dienen) erwerben (von).

er-,ir-diezen stV [IIb] abs./ refl./D erschallen, ertönen, widerhallen; hervorquellen, fließen; pA*ûf* sich ergießen auf.

erdîn [s.] *irdîn.*

er-dinsen stV [IIIa] A schleppen.

erdisch [s.] *irdenisch.*

er-doln swV A erdulden, ertragen.

er-dorren,-dürren swV abs. verdorren.

er-draben swV A einholen.

er-dreschen stV [IVa] A durchhauen.

er-,ir-driezen stV [IIb] unpers.+A+G verdrießen.

er-dringen stV [IIIa] Adv. lok. dringen; A erdrücken; erzwingen.

er-drücken,ir-drucken, -trucken swV [Prät.*erdruct -,erdruht -*] A erdrücken.

er-drumen swV A brechen.

er-dürren [s.] *erdorren.*

er-dürsten swV abs. dursten, verdursten.

er-düten swV A zeigen.

êre[1]**,hêre** stF Ehre; Ruhm, Ansehen; (Lob-) Preis, Verehrung; Ehrerbietung, Achtung, Anerkennung; Auszeichnung; Würde; Anstand; guter Ruf; Tugend; Herrlichkeit, Pracht, Zierde; Sieg, Triumph, Erfolg; Herrschaft, Gewalt; Pflicht; Recht; Ehrenwort, Ehrenerklärung;

êre² Adj. [s.] êrer.

êre- [s.] êren-.

erebeit [s.] arbeit.

er-ebenen swV A ebnen.

eren [s.] ern.

êren,hêren swV A(+G) ehren/ auszeichnen (mit), Ehre erweisen, verehren, verherrlichen, preisen (für); schmücken.

êren-bote swM Botschafter.

erende [s.] arant.

êren-,êre-gabe stF Ehrerbietung.

êren-,êre-gir Adj. ehrbegierig.

êren-,êre-girescheit stF Ehrsucht.

êren-huote stF Ehrbarkeit.

êren-kleit stN Ehrenkleid.

êren-kranz stM Ehrenkranz.

êren-kreftic Adj. ehrbewusst.

êren-,êr(e)-lôs Adj. ehrlos, rechtlos, entehrt, unwürdig.

êren-prîs stM Lobpreis.

êren-rîch Adj. ehrenhaft, ehrenvoll.

êren-roup stM Ehrverletzung.

êren-sedel stMN Ehrensitz.

êren-stæte Adj. ehrenhaft.

êren-vol Adj. verehrungswürdig.

erep-,*erbe-man stM (erblicher) Dienstmann.

êrer,êre,êrre,erre   Adj. [Komp. von ê] der/ die/ das erste/ vorige/ frühere/ selbe.

er-erbeiten [s.] erarbeiten.

êrest¹ Ord.Zahl [s.] êrst ¹.

êrest² Adv. [s.] êrste ¹.

er-gâhen swV A einholen; jagen, fangen; erreichen.

er-gân,ir-,re-,der-gên anV abs./D geschehen, sich vollziehen/ erfüllen, eintreten, erfolgen, stattfinden; enden, ein Ende haben; refl.

spazieren gehen, umhergehen; vergehen; refl.+G/pD von entgehen, sich befreien/ erholen (von); refl.+pDze sich begeben zu; pAüber,ûf kommen über, treffen, sich erfüllen an; (unpers.+)D/pAüber,umbe +Adv. (aus-, er-) gehen; (unpers.+)D+pDnâch, ze gereichen/ ausschlagen zu; A(+D) durchdringen; erzielen; ergangen sîn unpers.+pAüber,umbe geschehen sein um.

er-gazt- [s.] ergetzen.

erge stF Bosheit, Falsch; Feindseligkeit, Feindschaft; Geiz.

er-geben,ir-,der-,re-geben stV [Va] refl. sich ausbreiten/ verbreiten; ausströmen; sich niederbeugen, niederfallen; refl.+G entsagen, sich abwenden von; refl.(+D/ pAan,in) sich ergeben (in), sich unterwerfen (unter); A (+D/pAan) übergeben, übermitteln; schenken, geben, einbringen; auf-, hingeben; weihen; widmen; anvertrauen, empfehlen.

er-gebenlich Adj. demütig.

er-geilen swV A erfreuen.

er-,ir-gellen stV [IIIb] abs. schreien, aufheulen; ertönen; D dröhnen.

er-gên [s.] ergân.

er-genclich Adj. vergänglich.

er-genen [s.] erginen.

erger-lich Adj. zornig.

ergern swV [Part.Prät. auch geargert] refl. sich verschlimmern; refl.+G/pDan, von Anstoß nehmen an; A mindern, schmälern; verderben, verführen.

ergerunge,argerunge stF Ärgernis; Schaden; Verleumdung; Verführung.

ergest Adj. [Superl. von arc] schlechteste (-r/ -s).

erge-tac [s.] eritac.

er-getzen,ir-,re-,dergezzen swV [Prät. auch ergazt-] A erfreuen; trösten; A+G/Ns daz,ob,w entschädigen/ belohnen für, ersetzen, vergelten.

er-gezzen¹ stV [Va] G/D vergessen.

er-gezzen² swV [s.] ergetzen.

er-giezen stV [IIb] abs./refl. (+D) anschwellen, überfließen; sich verbreiten/ offenbaren; refl.+pAin sich ergießen/ eindringen in; A begießen; die purte e. +D die Geburt erleichtern.

er-giften swV A vergiften.

er-gilwen swV A bleich machen.

er-ginen,-genen swV abs. nach Luft schnappen.

er-glast- [s.] erglesten.

er-gleifen swV A+D abschleifen.

er-glemmen swV abs. (er-) glühen.

er-glenzen swV abs./refl. (er-) glänzen.

er-glesten swV [Prät. erglast-] abs./D glänzen, aufleuchten, aufblitzen.

er-glitzen swV abs. glänzen.

er-,ir-glüen,-glûen   swV [Prät. auch ergluot-] abs. glühen, glühend werden; A glühend machen, entflammen.

er-,ir-gouchen swV abs. genarrt/ betört werden; A zum Narren halten.

er-goumen swV A erblicken.

er-,ir-graben stV [VIa] A (+pDûz) (ab-) bilden/ formen/ schnitzen/ schneiden/ herstellen (aus); A(+D)(+pD

an,in,ûf,ze / p Aan,in,ûf) ein-
graben/ gravieren/ ritzen (in/
auf); fügen/ versenken (in);
erforschen, erlangen.
er-gramt Part.Adj. verstört.
er-,ir-gremen swV [Prät.
auch *ergramt-*] abs./D ergrimmen; A(+D) reizen; Part.
Adj. [s.] *ergramt.*
er-gremzen swV p Aûf grimmig sein auf.
er-,ir-grîfen stV [Ia] A erreichen; ereilen; ergreifen;
begreifen; antreten, einschlagen.
er-grimen swV abs. zornig
werden.
er-grînen stV [Ia] abs. wiehern; quietschen; A zum
Weinen bringen.
er-grîsen swV D grau werden.
er-,ir-grüenen,-grüen
swV refl. sprießen, sich belauben; A zum Grünen bringen, beleben.
er-grüezen swV A anspornen.
er-grunden,der-gründen
swV A ergründen, ermessen,
erforschen; begreifen.
er-grunder stM Erforscher.
er-gurret Part.Adj. lahm.
er-haben Part.Adj.   *e. brôt*
gesäuertes Brot; *mit golde e.*
mit Gold bestickt; *hôhe e.*
hoch.
er-habenheit stF Erhebung.
er-habunge [s.] *erhebunge.*
êr-haft Adj., **-hafte** Adv. ehrenvoll, würdig; untadelig,
rechtschaffen; prächtig.
êr-haftic Adj. herrlich.
er-hâhen [s.] *erhangen.*
er-haln [s.] *erholn.*
er-hân stV [s.] *erhangen; erheben.*
er-hanct- [s.] *erhenken.*
er-hangen,ir-,re-,der-

hâhen,-hân   stV [VIIab]
A(+p Aan, ûf) (auf-, er-) hängen (an).
er-haren swV abs. schreien.
**er-heben,ir-,der-,re-he-
ven** stV [VIb, Part.Prät.
auch *erhân, erhaben* ; auch
sw] refl. sich erheben, entstehen; überheblich werden;
aufgehen [Teig]; refl.+G/Ns
daz sich anmaßen; refl.+D
anschwellen; refl.+pD *gegen* /
p Ain,ûf sich begeben auf/ in/
zu; refl.+pD *wider* sich auflehnen gegen; D+Adv. gefallen;
pD *mit* +Adv. verfahren mit; A
anfangen, beginnen; anzetteln; aus-, durch-, einführen,
tun; errichten, gründen; äußern, (aus-) sprechen, berichten; anstimmen; erhöhen;
aus der Taufe/ aus dem Grab
heben; A(+pD *ûz* / p Aan,in,ûf)
(auf-, herunter-, hoch-) heben (an/ auf/ aus/ zu); A(+pD
ze / p A *boven,über*) erheben
(über/ zu); einsetzen (als), ernennen (zu); *den tisch e.* die
Tafel aufheben;   Part.Adj.
[s.] *erhaben.*
er-hebunge,-habunge stF
Erhöhung, Erhebung.
er-heilen swV A(+pD *von*)
heilen (von).
er-,der-hellen stV [IIIb]
abs./D erschallen, ertönen,
widerhallen; (D+)p A *in,über*
schallen in/ über.
er-hencnisse stF Erhängen.
er-,ir-henken,-hengen
swV [Prät. *erhanct-*] A (auf-,
er-) hängen; A+D zulassen;
A+p A *über* verhängen über.
er-herten swV abs. hart blei-
ben/ werden; A(+D) verhärten; beweisen; erkämpfen.
er-herzenen swV abs. sich
ein Herz fassen.
er-heven [s.] *erheben.*

êr-hin Adv. früher.
er-,re-hitzen swV abs./D erglühen; sich erhitzen/ erwärmen;   (refl.+)pD *nâch* / p Aûf
entbrennen für; A erhitzen,
entzünden.
**er-hœhen,der-hœhern,
-hœgen** swV A(+D) erhö-
hen, erheben.
er-hœhunge stF Erhöhung.
er-,ir-holern swV A unter-
kellern.
er-holn,ir-,re-haln   swV
refl.(+G/pD *von*) sich erholen
(von), sich aufrichten; verschmerzen; sich besinnen;
Sühne leisten (für); sich re-
habilitieren; die Aussage re-
vidieren, richtig stellen; A erlangen, erwerben, verdie-
nen; davontragen; A+G entschädigen für, Genugtuung
verschaffen für; D+A/Ns *daz*
einbringen; Part.Adj. [s.] *er-
holt.*
er-holt Part.Adj.   *erholtez
sûfzen* tiefer Seufzer.
er-,ir-hœren swV [Prät. *er-
hôrt -*] A hören; erhören; erfahren.
er-hôrer stM Erhörer.
er-hôrt- [s.] *erhœren.*
er-hœrunge stF Erhörung.
er-houwen stV [VIIe] abs.
dreinhauen;   refl.(+pD *von*)
sich müde kämpfen, sich
freikämpfen (von); A hauen,
schlagen; erkämpfen.
er-hugen swV A erfreuen.
er-huln swV A aushöhlen.
er-hungern swV abs. (ver-)
hungern.
erib [s.] *erbe.*
êrîn Adj. ehern.
êrist(-) [s.] *êrst(-).*
eri-tac,erge-tac stM Dienstag.
er-iteniuwen swV A+D erneuern.

er-jagen swV [Part.Prät. auch *erjeit*] A jagen, fangen; erwerben, erreichen.

er-jeten[1] stV [Va] A+G/pD *von* befreien von; Part.Adj. [s.] *erjeten*[2].

er-jeten[2] Part.Adj. rein.

er-jungen swV A verjüngen.

er-kalten swV [Prät. auch *erkelt-*] abs./D erkalten; sich beruhigen; pD*nâch* sich verzehren nach; A abkühlen; Part.Adj. [s.] *erkaltet*.

er-kaltet,-kalt Part.Adj. erkältet.

er-kant,ir-,der-kennet Part.Adj. bekannt, berühmt; vertraut; erkennbar, kenntlich; offenbar; *e. tuon* +A/ Ns*w* (+D) mitteilen, verkünden; zuteil werden lassen.

er-kant- [s.] *erkennen*.

er-kantheit stF Erkenntnis.

er-,ir-kantlich Adj. bekannt; erkennbar.

er-kantnis(se),-kentnis, -nisse,-nüs(se),-nusse stF Erkenntnis, Kenntnis.

erkâre [s.] *erkêr*.

er-kelt- [s.] *erkalten*.

erkenære [s.] *erkêr*.

er-kenlich [s.] *erkennelich*.

er-kenneclich Adj. ausgezeichnet; genau.

er-kenneclîchen Adv. erkennend.

er-kennelich,-kenlich Adj. bekannt; *sich e. wîsen* +D sich zu erkennen geben.

er-kennen,ir-,der-,rekennen swV [Prät. auch *erkant-*] refl.(+G/Ns*daz,w*) einsehen, sich besinnen, sich bewusst sein/ werden; sich auskennen (mit); refl.+pD*an* / pA*über* sich erbarmen über; A(+G)/Ns*daz,w* verstehen, wissen; erkennen (an), kennen (lernen), erfahren; fin-

den; (an-) sehen; anerkennen, ehren; A+D zuerkennen, zugestehen; A+pD*ze* /p A*vür* / Adj./Adv. halten für, ansehen/ einschätzen als; A+pD *von,vor* unterscheiden von; *einen man/ ein wîp e.* die Ehe vollziehen/ Geschlechtsverkehr haben mit; *ze ritter e.* +A zum Ritter schlagen; Part.Adj. [s.] *erkant*.

er-kenner stM Erkenner.

er-kennet [s.] *erkant*.

er-kennic Adj. bekannt.

er-kent- [s.] *erkant-*.

erkêr,erkâre,erkenære stM Erker, Mauervorsprung; Schießscharte.

er-kêren swV refl.+pA*in* sich versenken in.

er-kicken [s.] *erquicken*.

er-kiesen,ir-,re-,der-kiesen stV [IIb] A/Ns*daz,w* / Inf.(*ze*)(+D)(+pD*ze*) sehen, erkennen, (be-) merken; (er-) wählen (als/ zu), bestimmen (für/ zu), (aus-) suchen; erringen, erlangen, finden; A+pD*gegen* /p A*ûf,under* zielen auf; *schuldic e.* +A für schuldig erklären.

er-kîmen,-kînen stV [Ia] abs. keimen.

er-kirnen swV A ergründen.

er-klagen swV refl.+G beklagen, bereuen; A einklagen.

er-klanct- [s.] *erklengen*.

er-klæren swV A erhellen.

er-klengen swV [Prät. auch *erklanct-*] pA*in* schallen in; A zum Klingen bringen, erschallen lassen.

er-,ir-klingen stV [IIIa] abs./D (er-) klingen, erschallen, dröhnen, widerhallen; A erschallen lassen.

er-,der-klupfen swV G erschrecken über/ vor.

er-knellen stV [IIIb] abs.

dröhnen.

er-koberen,-koveren swV refl.(+G) sich erholen (von); sich sammeln.

er-komen,ir-,re-,der-komen,-quemen stV [IVba] abs./(refl.+)G/pD*an,von* erschrecken (über/ vor); *des hungers e.* verhungern.

er-,ir-komenlich Adj., **-lîche** Adv. erschrocken.

er-,ir-kôsen swV refl.(+pD *mit*) plaudern/ sich unterhalten (mit).

er-koufen swV A erkaufen, erwerben; loskaufen.

er-koveren [s.] *erkoberen*.

er-krachen swV abs./D krachen; (er-) dröhnen, widerhallen; erbeben.

er-kreften swV A+D stärken.

er-kreischen swV A zum Schreien bringen.

er-krenken swV refl. sich grämen.

er-kriegen swV A/Ns*daz* (+D) erlangen, erreichen, erwerben; begreifen.

er-krîgen stV [Ia] A(+D) erreichen; erwerben, erkämpfen.

er-krimmen stV [IIIa] A(+D) zerreißen.

er-krumben swV abs. lahm/ gelähmt werden.

er-krüpfen swV A mästen.

er-kucken,-kücken [s.] *erquicken*.

er-küelen,-kuolen swV abs./D abkühlen, erkalten; A (+D) (ab-) kühlen, erfrischen.

er-küenen swV A ermutigen.

er-kumelich Adj., **-lîchen** Adv. schrecklich.

er-künden swV A(+D) verkünden.

er-,ir-kunnen,-kunden swV [Prät. auch st *erkun-*

81

nen] A/p A*umbe* /N s*daz,ob,*
w kennen (lernen), erfahren
(von), erforschen.
er-kuolen [s.] *erküelen.*
erl[1],*er-lîn stN Männchen.
erl[2],erle swF Erle.
er-,ir-laben[1] swV A erquicken.
er-laben[2],-*laffen Part.
Adj. *in den sünden e.* der
Sünde verfallen.
er-,re-lachen swV abs./G la-
chen/ sich freuen über; *wider
sich e.* in sich hineinlachen.
er-laden stV [VIa] A+pD*mit*
beladen mit.
er-lamen[1] swV abs./D lahm/
gelähmt werden, erlahmen.
er-lamen[2] swV [s.] *erlemen.*
er-lân [s.] *erlâzen.*
er-,ir-langen swV A erreichen, erlangen, erfassen; unpers.+A(+G/Ns*daz*) lang er-
scheinen/ werden, langweilen; unpers.+A/G/pD*nâch*
verlangen/ sich sehnen nach.
er-lant- [s.] *erlenden.*
er-læret Part.Adj. *e.* +G frei
von.
er-lascht- [s.] *erleschen*[2].
er-lâzen,ir,-re-lân   stV
[VIIb] A/D+G/Ns(*daz*)/Inf.
ze verschonen mit, befreien
von, bewahren vor, vorenthalten, ersparen, erlassen.
erle [s.] *erl*[2].
er-leben swV A erleben.
er-lechen [s.] *erlochen.*
er-,ir-ledigen,-ledegen
swV refl.+pD*von* verzichten
auf; A(+D)(+G/pD*ûz,von*)
befreien (von), erlösen (aus);
ein ros/ march e. (+D) ein
Pferd seines Reiters berauben.
er-,ir-legen swV [Prät. auch
erleit-] refl. reißen; A umbringen, zu Fall bringen;
Part.Adj. [s.] *erleit.*

er-leiden swV D verhasst
werden; A+D verleiden.
er-leint- [s.] *erlenen.*
er-leit Part.Adj. (mit Einlegearbeit) verziert.
er-leit- [s.] *erlegen.*
er-,ir-lemen,-lamen swV
A lähmen.
er-lenden swV [Prät.*erlant-*]
pD*an,ze* ankommen bei.
er-lenen swV [Prät.*erleint-*]
refl.+pA*an* sich anlehnen an.
er-lengen swV A verlängern,
vergrößern.
er-lenken swV refl.+pD*an*
sich stoßen an.
er-lêren swV A lehren.
**er-leschen[1],ir-,der-,re-
leschen** stV [IVa] abs. erlöschen, sich verdunkeln; (da-
hin-, ver-) schwinden, vergehen, enden.
er-leschen[2] swV [Prät. auch
erlascht-] A(+D) (aus-) löschen; verdunkeln.
er-lesen stV [Va] A/Ns*daz*
lesen, erkennen; verkünden,
aufzählen; *ze teile e.* +A+D
zuerkennen.
êr-lich Adj. herrlich, prächtig,
schön; groß; berühmt,
angesehen; tapfer.
êr-lîche(n) Adv. vollkommen; ehrerbietig, würdig.
er-lîden,ir-,re-,der-lîden
stV [Ia] A/Ns*daz* (er-) leiden, erdulden, ertragen, aushalten; erfahren; überstehen,
bestehen.
er-,ir-liegen stV [IIa] A+D
vorenthalten.
er-ligen stV [Vb] abs./D sterben, umkommen; A über-
winden; erdrücken.
er-lîhten swV A+D erleichtern.
erlîn Adj. *e. holz* Erlenholz.
er-lingen stV [IIIa] D gelingen.

er-liuhten,ir-,der-liuhten
swV [Prät. auch *erlûht-*] abs.
leuchten; A(+D) erleuchten,
erhellen; erklären.
er-liuhter stM Erleuchter.
er-,ir-liutern,-lûtern swV
A erhellen; läutern.
er-,der-lochen,-lechen
Part.Adj. verschmachtet, aus-
getrocknet.
êr-lôs [s.] *êrelôs.*
**er-lœsære,ir-,ur-lœsære/
âre/er** stM Erlöser.
er-löscherin stF Besänftige-
rin.
er-lœsen,ir-,re-lôsen swV
A(+G/D/pD*ûz,von*) (er-) lö-
sen/ befreien (aus/ von), er-
retten (vor), aus-, einlösen;
berauben; heilen (von); offenbaren.
er-,ur-lœsunge,-lôsunge
stF Erlösung.
er-louben,ir-,re-louben
swV refl.+G sich enthalten,
aufgeben; D Erlaubnis/ Ur-
laub geben; D+pA*über* ausliefern, überantworten; A/Ns
daz /Inf.*ze* (+D) erlauben/ gestatten (zu); zugestehen, zulassen; anordnen.
er-loufen stV [VIIe] A einholen, erreichen; durchlaufen.
erl-plat stN Erlenblatt.
er-lüftigen swV A erfrischen.
er-lûht- [s.] *erliuhten.*
er-lûhtunge stF Erleuchtung.
er-luogen swV A ansehen.
er-luon swV abs. brüllen.
er-lusten swV A genießen.
er-lûten swV abs. schallen;
bellen.
er-lûtern [s.] *erliutern.*
er-lûzen swV A für gering
achten.
er-machunge stF Stärkung.
er-mâlen swV A malen.
er-manen[1],re-manen swV

A+G/p A*umbe* /N s*daz,w* er-innern/ mahnen an; strafen für; treiben/ bringen zu.

er-manen[2] swV [s.] *ermannen.*

er-mangen swV A bezwingen.

er-mannen,-manen swV abs. Mut fassen; A stärken.

ermc-lich,-lîche(n) [s.]*armeclich.*

ermde stF Armut.

ermec-lich,-lîche(n)   [s.] *armeclich.*

er-meien swV A erfreuen.

erme-keit [s.] *armekeit.*

ermel stM Ärmel.

ermelech stN Prunkärmel.

erme-lich Adj. ärmlich, dürftig.

erme-lîche(n),erm-,arme-lîchen Adv. erbärmlich, kärglich, in Armut.

ermel-tuoch stN Ärmelstoff.

ermen swV A arm machen.

er-mêren swV A verstärken.

er-mezzen stN Maß.

erm-lîche(n)   [s.] *ermelîche(n).*

er-morden,re-,der-mürden,-murdern swV A ermorden.

er-müeden swV abs. müde werden.

ermüete [s.] *armuot.*

er-müeten swVA ermutigen.

er-mundern swV A erwecken, beleben.

er-mundrung stF Erweckung.

ermuote [s.] *armuot.*

er-mürden,-murdern [s.] *ermorden.*

er-mûsen swV A+D mausen.

ern,eren,erren swV abs. ackern, pflügen.

er-nand-,-nant- [s.] *ernenden.*

ernart- [s.] *ernern.*

er-nazzen swV p D *von* nass werden von.

ernde [s.] *arant.*

erne stswF Ernte.

er-necken swV A plagen.

ernen swV abs. ernten.

er-,re-nenden swV [Prät. auch *ernand-,ernant-*] abs. Mut fassen; (refl.+)G/N s*daz* sich annehmen/ befleißigen, sich trauen; p A *an,in* sich wagen an.

er-nern,ir-,der-,re-neren swV [Prät. auch *ernart-*] A (+G/D)(+p D *mit,von,vor*) retten (aus/ vor), bewahren (vor); erhalten; heilen (mit/ von); ernähren (mit); *sich sînes lebens e.* sich seiner Haut wehren.

er-,ir-nesen stV [Va, Part. Prät. *erneren*] A erretten.

ernes-lich,-lîche(n)   [s.] *ernestlich.*

ernest[1]**,ernst** Adv. ernst.

ernest[2]**,ernist,er(e)nst** stM Ernst; Aufrichtigkeit; Entscheidung; Kampf; Entschlossenheit, Festigkeit, Entschiedenheit; (Kampfes-) Eifer; Pflicht.

ernest-haft,ernst-,ernist--haft,-haht,-aht Adj. entschlossen, tatkräftig; mutig; ernsthaft.

ernest-,erni(r)st-hafte Adv. entschlossen, eindringlich.

ernest-haftic Adj. aufrichtig.

ernest-hafticheit,-haftikeit stF Eindringlichkeit.

ernest-kreiz stM Kampfbahn.

ernest-lich,ern(i)st-,ernes-,ernsch-, erbes-lich Adj., **-lîche(n)** Adv. ernst, ernsthaft, ernstlich; wirklich, eindringlich, inständig; entschlossen.

erni(r)st(-) [s.] *ernest(-).*

er-niuwen,ir-niuen,-niuwern,-nûwe(r)n,-nûwren swVA(+D) erneuern, beleben; wiederholen; Part.Adj. [s.] *erniuwet.*

erniuwet Part.Adj. immer wieder, von neuem.

er-nœten swV A+G nötigen zu.

ernsch-lich,-lîche(n)   [s.] *ernestlich.*

ernst(-) [s. auch] *ernest(-).*

ernsten swV abs. ernsthaft sein/ kämpfen.

ernst-gevare Adv. *in e.* im Ernstfall.

er-nûwe(r)n [s.] *erniuwen.*

er-nûwerunge stF Erneuerung.

er-nûwren [s.] *erniuwen.*

er-,re-offen(en) swV A/N s*daz,w* offenbaren, zeigen; öffnen.

er-offenunge stF Offenbarung.

er-œsen swV A (aus-) leeren; vernichten.

er-,ir-ougen,-öugen swV A(+D) zeigen, offenbaren; wahrhaben.

er-ounen swV A hervorbringen.

er-parm- [s.] *erbarm-.*

er-parn [s.] *erbarn.*

er-peiten [s.] *erbeiten* [1].

er-pelgen [s.] *erbelgen* [2].

er-pern [s.] *erbern* [2].

er-pflumsen swV abs. versinken.

er-pietunge stF Anwendung.

er-plenden [s.] *erblenden.*

er-plinden [s.] *erblinden.*

er-plüen [s.] *erblüejen.*

er-pouen [s.] *erbûwen.*

er-prüeven swV [Prät. *erpruoft-*] A sich vorstellen.

er-quemen [s.] *erkomen.*

**er-quicken,ir-,re-,der-ki-
cken,-kücken,-kucken**
swV A(+D/pD*von,mit*) er-
quicken (mit); (wieder) beleben (durch), erwecken(von).
er-raht- [s.] *errecken* [1].
er-rant- [s.] *errennen.*
er-,ir-râten stV [VIIb] D+
pA*ûf* einen Schlag versetzen
auf; A/N sw beurteilen; erraten, verstehen; A+D/pD*mit,
ze* / p A*ûf* treffen an/ auf/ mit.
erre,êrre [s.] *irre* [1]; *êrer.*
er-,ir-rechen,-recken stV
[IVa] A(+pD*an* / p A*über,ûf*)
rächen/ vergelten (an).
er-recken¹,ir-rechen swV
[Prät. *erraht-*] A/G erreichen; A+D entlocken.
er-recken²,ir-rechen swV
G/A(+D) aufzählen; aufde-
cken; ausdrücken.
er-recken³ stV [s.] *erre-
chen.*
er-reden swV refl.+pD*mit*
sich unterreden mit.
**er-reichen,ir-,der-rei-
chen** swV refl.+Adv.lok. sich
ausstrecken; A(+D) errei-
chen, treffen; verstehen.
**er-reinigen,-reinien,-rei-
nen,-rênigen** swV A(+pD
von) reinigen (von), heilen.
er-reizen swV A+pD*ûf* begierig machen auf.
erren [s.] *ern.*
er-rênigen [s.] *erreinigen.*
er-,ir-rennen swV [Prät.
auch*errant-*] A erreichen, erstürmen.
er-retten swV refl.+G sich er-
wehren; A retten.
er-ringen¹,ir-ringen stV
[IIIa] A(+D) erringen (für);
erwerben, gewinnen, erreichen; *in sîn getwanc e.* +A in
seine Gewalt bringen.
er-ringen² swV*sînen muot
e.* sich zerstreuen.

er-,ir-rinnen stV [IIIa] abs./
D aufgehen, entstehen; pD
von kommen von.
er-,ir-rîten stV [Ia] A (rei-
tend) einholen/ erreichen;
diu ros e. die Pferde anspornen.
er-röchen,-*rouchen swV
A+pD*von* durch Rauch vertreiben aus.
er-rûmen swV A(+pD*von*)
räumen/ befreien (von).
er-rûren swV A erregen.
er-salwen swV D bleich werden; Part.Adj. [s.] *ersalwet.*
er-salwet Part.Adj. schmutzig.
êr-sam Adj. ehrbar, angesehen, verehrungswürdig; ehrenvoll; ehrfurchtsvoll.
êr-samikeit stF Ehrerbietung.
êr-sam(k)lîche(n) Adv.
rechtschaffen; schicklicher-
weise.
er-sant- [s.] *ersenden.*
er-sat [s.] *ersaten.*
er-sat- [s.] *ersetzen.*
er-saten,-satten,-setten
swV [Part.Prät.*ersat*] A(+G)
sättigen (mit); befriedigen.
er-schaffen [s.] *erschepfen.*
er-,der-schallen stV [VIIa]
abs. erklingen; A erschallen
lassen.
er-schalt- [s.] *erschellen* [2].
er-schamen,-schampt-
[s.] *erschemen.*
**er-scheinen,ir-,re-schei-
nen** swV D erscheinen, ins
Auge fallen; A/G/N*daz,w*
(+D) zeigen, offenbaren, erweisen; äußern; beweisen;
erfüllen, verüben; deuten.
**er-schellen¹,ir-,der-
schellen** stV [IIIb] abs./D
ertönen, erschallen, erdröhnen; widerhallen; erzittern;
abs./(D+)pA*in,über* sich aus-

breiten (über), bekannt werden (bei/ in), dringen in; A ertönen lassen.
er-schellen²,ir-schellen
swV [Prät. auch *erschalt-*]
refl.(+pA*in*) sich erheben/
ausbreiten (in); A(+D) ertönen lassen; mit Gesang/
Lärm/ Widerhall erfüllen;
aufschrecken, aus dem
Gleichgewicht bringen, erzittern lassen, betäuben, zerschmettern; A+pA*in* als Botschaft tragen in.
er-,ir-schemen,-schamen
swV [Prät. auch *erschampt-*]
refl.(+G) sich schämen (wegen, über).
**er-schepfen,ir-schöpfen,
-schaffen** stV [VIba, Prät.
auch sw *erschopfet*] A(+D)
ausschöpfen.
er-scherken [s.] *erschrecken* [1].
er-schieben stV [IIa] A(+D)
(aus-) füllen.
er-,ir-schiezen stV [IIb]
abs. Bedeutung haben; D gedeihen, anschlagen, zufallen;
A(+D) erschießen.
**er-schînen,ir-,der-,re-
schînen** stV [Ia] abs./D erscheinen, sich zeigen/ bewei-
sen/ entblößen; sichtbar/ offenbar werden; (auf-) leuchten; scheinen; anbrechen; ins
Auge fallen, vor Augen kommen; A(+D)/N*daz* zeigen,
erweisen, deutlich machen.
er-schînunge stF Erscheinung.
er-schöpfen,-schopfet
[s.] *erschepfen.*
er-schœzen swV A vermehren, vergrößern.
er-schract- [s.] *erschrecken* [2].
er-schræn swV refl. sich ergießen.

er-schrecken[1]**,ir-,der-scherken** stV [IVa] abs./ (refl.+)G erschrecken (über), sich fürchten (vor); auf-, zusammen-, zurückschrecken (vor); erzittern, (zusammen-) zucken; außer sich geraten (über).

er-schrecken[2]**,ir-,der-schrecken** swV [Prät. auch *erschract-*] abs./G auf-, zurückschrecken, erschrecken (über), scheuen; A(+D) aufschrecken, aufscheuchen; in (Angst und) Schrecken versetzen.

er-schrecknisse stF Erschrecken.

er-schreckunge stF Schrecken.

er-schreien,-schreigen swV A schreien lassen.

er-schrîben stV [Ia] A (be-) schreiben.

er-schricken,ir-,re-schricken swV abs./G/pD*von* erschrecken (über); aufschrecken, zurückschrecken(vor); am Schreck sterben; A erschüttern.

er-schrickunge stF Zuckung.

er-schrîen stV [Iab, Part. Prät. auch sw] abs./refl. aufschreien, brüllen; A anbrüllen.

er-schrîten stV [Ia] A einholen.

er-,ir-schrockenlich Adj. schrecklich, Schrecken erregend.

er-,ir-schrockenlîche Adv. erschrocken.

er-schrôten stV [VIId] refl. sich ausbreiten.

er-,der-schütteln swV A schütteln.

er-,re-schütten swV [Prät. *erschutt-*] refl. erbeben; A

(+D) schütteln.

er-sehen,ir-,der-,re-segen,-sên stV [Va] refl.+pD *an,bî,in* sich spiegeln in; sich sattsehen an; refl.+Ns sich eingestehen; A/Ns(*daz,w*) sehen, erblicken, wahrnehmen; betrachten, erkennen, bemerken, erfahren; A+pA *vür* halten für.

er-senden swV [Prät. *ersant-*] A durchsuchen.

er-senften swV A besänftigen.

er-setten [s.] *ersaten.*

er-setzen swV [Prät. auch *ersat -*] A(+D) ersetzen; entschädigen, ausgleichen.

er-sichern swV A/Ns*w* prüfen, erkunden.

er-siechen swV abs. erkranken.

er-sigen Part.Adj. leer; *des bluotes/ von dem bluote e.* durch Blutverlust geschwächt/ erschöpft.

er-,der-sîgen stV [Ia, Prät. auch sw] abs. versiegen; Part.Adj. [s.] *ersigen.*

er-sinden swV A sich vorstellen.

er-sinnen stV [IIIa] Ns*ab* herausfinden.

er-sitzen stV [Vb] abs. ausbleiben.

er-siuften,der-sûften, -siufzen,-sûfzen,-sûhten swV abs. (auf-) seufzen.

er-slahen,ir-,der-,re-slagen,-slân stV [VIa] refl. kämpfen; A(+D) erschlagen, töten; vernichten, zerstören; *tôt/ ze tôde e.* +A totschlagen; *worte e.* Worte hervorstoßen.

er-slîchen,der-,ir-,re-slîchen stV [Ia] A überrumpeln, überlisten; erhaschen, aufspüren.

er-sloufen swV A befreien.

er-smecken,der-,ir-smecken swV [Prät. auch *ersmact-*] A wittern; durch Gestank ersticken.

er-smelzen stV [IIIb] abs. dahinschmelzen.

er-smielen,-smieren swV abs./G lächeln (über).

er-snellen swV A erwischen; erreichen.

er-sparn swV A+refl.D/pD*an* sich ersparen, sich absparen (von).

er-,ir-spehen,-spên swV A(+D)/Ns*ab* sehen, erkennen, finden; auskundschaften, herausfinden.

er-sperren swV A+pA*an* befestigen.

er-spiegeln swV A+pD*in* (wider-) spiegeln in.

er-spiln swV abs. sich tummeln.

er-spranct- [s.] *ersprengen.*

er-,re-sprechen stV [IVa] refl.(+pD*mit*) sich unterhalten (mit); A bestimmen; sprechen.

er-sprengen swV [Prät. auch *erspranct-*] abs. (los-, davon-) galoppieren; A reiten, anspornen, in Galopp setzen; aufscheuchen.

er-,ir-springen stV [IIIa] abs./pD*von* sich entwickeln, entstehen (aus); A (im Sprung) erreichen/ einholen, erlangen.

er-spürn,-spurn swV A/Ns *daz* ergründen, bemerken.

êrst[1]**,êrest,êrist** Ord.Zahl [Superl. von *ê*] erste (-r/ -s); *der êrste* [auch] als Erster.

êrst[2] Adv. [s.] *êrste* [1].

er-staht- [s.] *erstecken.*

er-stân,ir-,der-,re-stên anV abs. (auf-) stehen, auferstehen; entstehen; D wider-

fahren; zugetragen werden.
er-,ir-standunge stF Erhebung; Auferstehung.
er-starken,-sterken swV abs. stark/ kräftig werden.
er-starren swV abs. erstarren.
er-staten swV A(+D) ersetzen.
er-stæten swV D+Ns*daz* zusichern.
êrste[1]**,êr(e)st,êrist** Adv. [auch *am, bî/ ze dem, des êrsten, von/ ze ê.*] das erste Mal, zum/ beim ersten Mal, zuerst; erst (einmal/ jetzt/ recht); gleich; gerade; *al(ler) ê.* [s.] *alrêrst.*
êrste[2] stF Anfang.
êrstec-heit [s.] *êrstekeit.*
er-stechen,ir-,re-stechen stV [IVa] A erstechen.
er-,der-stecken,-sticken swV [Prät. auch *erstaht-*] A ersticken, überschütten.
er-steigen swV refl. sich erheben.
er-,ir-steinen swV abs. versteinern; A steinigen.
êrste-keit,êrstec-heit stF Ursprung.
er-stên [s.] *erstân.*
er-,der-stenken swV A mit Gestank ersticken.
er-sterben[1]**,ir-,der-,re-sterven** stV [IIIb] abs./D (ab-, weg-) sterben, umkommen, zugrunde gehen; erstarren; schwinden; p*Aan* fallen an; *unrehtes tôdes e.* durch Selbstmord enden; Part.Adj. [s.] *erstorben.*
er-sterben[2] swV A (ab-) töten, umbringen, vernichten.
er-sterken [s.] *erstarken.*
er-sterven [s.] *ersterben*[1].
er-sterzen swVA ergaunern.
êrst-,êrist-geborn,-porn Part.Adj. erstgeboren.

er-sticken[1]**,ir-,der-stichen** swV abs. ersticken, verstummen.
er-sticken[2] swV [s.] *erstecken.*
er-stieben stV [IIa]p*Ain* davonstieben in.
er-stîgen stV [Ia] A ersteigen, bezwingen.
er-stiglen swV A erringen.
er-,re-stinken stV [IIIa] abs. verwesen; stinken.
êrst-lîchen Adv. erst.
er-storben Part.Adj. tot.
er-stœren swV A(+D) (auf-, zer-) stören; erregen.
er-storren swV abs. steif werden.
er-stôzen stV [VIId] G sich befreien von; A+p*Aan* anstoßen an.
erst-porn [s.] *êrstgeborn.*
er-stract-,-straht- [s.] *erstrecken.*
er-streben swV A erstreben.
er-strecken swV [Prät. auch *erstract-,erstraht-*] refl. sich blähen; A(+D) niederstrecken; dehnen, weiten.
er-,der-strîchen stV [Ia] A abwischen, abreiben, striegeln; durchstreifen; erreichen.
er-strîten,ir-,der-strîten stV [Ia] refl. sich vorwagen; A/Ns*daz* erkämpfen, erringen, gewinnen, erobern; erreichen; angreifen; *die âventiure e.* die Aufgabe bestehen.
er-stummen,-stumben swV abs./D verstummen, stumm bleiben.
er-,ir-sturmen swV A erstürmen.
er-,ir-stürn swV [Prät. auch *ersturt-*] A durchstöbern.
er-sturzen swV A umstürzen, zu Tode stürzen.

er-süezen swV A süß machen.
er-sûften,-sûfzen,-sûhten [s.] *ersiuften.*
er-,re-suochen swV A(+D) durch-, absuchen; aufsuchen; (heraus-) finden; erforschen, ergründen; heimsuchen.
er-,der-swarzen swV abs./ D schwarz werden.
er-swern stV [IVa] abs./D eitern, anschwellen; Part.Adj. [s.] *ersworn.*
er-swetzen swV A+D durch Überredung verschaffen.
er-swimmen stV [IIIa] refl. sich emporschwingen.
er-swingen,der-,re-swingen stV [IIIa] refl. sich emporschwingen/ erheben; A erringen, erlangen; schwingen; *die arme/ diu lide e.* (zum Schlag) ausholen; Part.Adj. [s.] *erswungen.*
er-switzen swV abs. ins Schwitzen kommen.
er-sworn Part.Adj. eitrig.
er-swungen Part.Adj. ermattet.
er-tagen swV unpers.abs. Tag werden; abs./D erscheinen.
ert-,erd-apfel,-öpfel stM Mandragora, Alraune; Kürbis.
ert-,erd-ber swF Erdbeere.
ert-bibe(n),-pibe stN Erdbeben.
ert-bibunge stF Erdbeben.
ertec/ic,artic Adj. edel, gut.
er-teilen,der-,dir-,re-teilen swV abs./p*Aüber,umbe* das Urteil sprechen (über); A/Ns(*daz*) richten; verhängen; entscheiden; A+Adj. erklären für; A/Ns(*daz,w*)+D zuteilen, zuerkennen, geben; bestimmen, auferlegen; auftragen, empfehlen; mitteilen.

erte-rîch [s.] ertrîch.

ert-galle swF Tausendgül-
denkraut.

ert-gallensaf stN Saft des
Tausendgüldenkrauts.

ert-lich Adj. angenehm.

er-,ir-toben swV abs. von
Sinnen sein; ergrimmen; refl.
+pDnâch verrückt sein nach.

ert-öpfel [s.] ertapfel.

er-toppeln,-toplen swV A
(im Spiel) gewinnen.

er-,ir-tœren swV [Prät. auch
ertôrt-] abs. ertauben; verrückt sein, zum Toren werden; A betäuben.

er-tœten,ir-,der-,re-tô-
ten swV abs. sterben; A(+D)
töten.

er-tœter stM Mörder.

er-,ir-touben swV refl. enden; A taub machen, betäuben; vernichten.

er-toufen swV A taufen.

er-,re-touwen swV abs. mit
Tau bedeckt werden.

ert-pibe [s.] ertbibe(n).

ert-pidem stMN Erdbeben.

ert-podem stM Erde.

er-,der-traben swV refl. los-
traben.

er-tragen stV [VIa] A ertragen; aufrechterhalten.

er-trahten swV A/G(+D) sich
ausdenken (für).

er-tranct- [s.] ertrenken.

er-trat [s.] ertreten².

er-trenken,ir-,re-trenken
swV [Prät. auch ertranct-] A
ertränken; überfluten; ersticken; A+pAin stürzen in.

er-treten¹ stV [Va] A zertreten.

er-treten²,ir-,re-tretten
swV [Part.Prät. auch ertrat]
A tottreten, tottrampeln.

ert-,erte-rîch stN Erde, Boden, Land.

ert-rîch-gerüste stN Erd-

körper.

ert-rinc stM Erdkreis.

er-trinken,ir-,der-,re-
trinken stV [IIIa] abs. er-
trinken, untergehen; versinken; sich satt trinken; pAin
sinken in; A austrinken.

er-trucken [s.] erdrücken.

er-truckenen swV abs.
trocknen; Part.Adj. [s.]ertru-
ckenet.

er-truckenet Part.Adj. trocken.

êr-trunc stM Ehrentrunk.

ert-scholle swF Erdklum-
pen.

ert-sneck swM Wegschne-
cke.

ert-stift stF irdisches Bauwerk.

ert-var Adj. erdfarben.

ert-,erd-vruht stF Feld-
frucht; [Pl. auch] Früchte der
Erde.

er-tweln¹,re-tweln   stV
[IVa] abs./G sterben (an),
umkommen (durch).

er-tweln²,re-tweln swV A
schwächen.

er-twingen stV [IIIa] A bezwingen, unterwerfen; A
(+pDan) erzwingen (von).

ert-wuocher stMN Bodener-
trag; Getreide.

ert-wurm stM Erdwurm.

ertz-lich [s.] arzâtlich.

er-valben [s.] ervalwen.

er-vallen stV [VIIa] abs./refl.
fallen, zu Fall kommen, sich
zu Tode fallen; verfallen; A
erschlagen; A+pDvon /pAan
herabstürzen von, stürzen in.

er-valt- [s.] ervellen.

er-valten stV [VIIa] A überwinden.

er-valwen,-valben   swV
abs. verbleichen.

er-væren,ir-vâren,-vêren
swV A gefährden, bedrohen,

erschrecken; ergrimmen, betrüben.

er-varn,ir-,der-,re-varn
stV [VIa] refl.+G sich unterziehen; pDze gelangen zu,
reisen nach; A/Ns(ob,daz, w)
(+D) erfahren, kennen lernen, (heraus-) finden, aus-,
erforschen; einholen, erreichen, erfassen, fangen;
durchziehen, durchmessen;
an der luge e. +A der Lüge
überführen.

er-vehten,ir-,re-vehten
stV [IVa] refl. sich anstren-
gen/ abmühen; refl.+pDvon
sich losringen von; A(+D) erkämpfen, erobern, erringen,
erreichen; bekämpfen, besiegen.

er-vellen swV [Prät. aucher-
valt-] A zu Fall bringen, erschlagen, erlegen; A+pAin
stürzen in; sich wît e. weit
dringen.

er-venden [s.] ervinden.

er-vêren [s.] ervœren.

er-,ir-viln swVunpers.+A+G
reuen.

er-,ir-vinden,-venden stV
[IIIa] (refl.D+)A/Nsdaz,ob,w
(heraus-) finden, erfahren,
kennen lernen; erkennen, begreifen; ertappen; beweisen.

er-vindunge stFErfahrung.

er-vinstern swV abs. sich
verfinstern.

er-virren swV A verbreiten.

er-viuhten,-vûhten swV A
benetzen; (mit Wasser) speisen.

er-viulen [s.] ervûlen.

er-vlêhen swVA(+G/Nsdaz)
anflehen (um).

er-vliegen stV [IIa] A im
Flug ergreifen; überfliegen.

er-vliezen stV [IIb] abs./D
überfließen, überschwemmt
werden; pAin strömen in;

A überströmen.
er-flôrieren swV A schmücken.
er-vlougen swVA verscheu-
chen.
er-,ir-volgen swVA/G einholen; erreichen, erlangen,
erwerben; befolgen; verfolgen.
er-vollen,ir-,der-vollen
swV D sich füllen; Wiedergutmachung verschaffen; A
erfüllen, befolgen; ausführen,tun, vollenden; Part.Adj.
[s.] *ervollet.*
er-vollet Part.Adj. gerundet.
er-vollunge stF Erfüllung,
Ausführung.
er-vordern swV A+pAan
auffordern zu.
er-vorht Part.Adj. geängstigt.
er-vorht-,-vorhten [s.] *er-
vürhten.*
er-vorschen swV A/Nsdaz
erforschen, (heraus-) finden,
erfahren.
er-vrâgen swV refl.+Nsw
sich erkundigen; (D+)A/Ns
w herausfinden, erfragen;
befragen.
er-vreischen swV A erfahren, erfragen.
er-vrezzen stV[Va] *sich ze
tôde e.* sich zuTode grämen.
er-vriesen stV[IIb]abs.frie-
ren; erfrieren; zufrieren.
er-,ir-vrischen swV A(+D)
auf-, erfrischen, erneuern.
er-,der-vrœren swVabs.er-
frieren; A zum (Ge-) Frieren
bringen.
**er-vröuwen,ir-,re-vröu-
wen** swV [Prät. auch *er-
vrou(w)et-*] refl.(+G/Ns
daz) sich freuen (über); A
erfreuen, beglücken.
er-vüeren swV [Prät. *er-
vuort-*] A ziehen.
er-vûhten [s.] *erviuhten.*

er-,ir-vûlen,-viulen swV
abs. verfaulen, verwesen;
vergehen; A faulen lassen.
er-vülle(de) stF Erfüllung.
er-vüllen,ir-,der-vüllen
swV [Prät. auch *ervult-*] A
(+D)(+pDmit,von) (an-, aus-)
füllen (mit); erfüllen, vollenden, vollbringen, ausführen;
befriedigen.
er-,ir-vüllunge stF Erfüllung, Vollendung; Fülle.
er-vult- [s.] *ervüllen.*
er-vuort- [s.] *ervüeren.*
er-vürben swV [Prät. *er-
vurpt-*] A+G/pDvon reinigen von.
er-vürhten,ir-,re-vürhten
swV [Prät. auch *ervorht-* ,
Part.Prät. *ervorhten*] abs./
refl.(D) sich fürchten; A(+refl.
D) (er-) schrecken, fürchten,
befürchten;Part.Adj. [s.] *er-
vorht.*
er-vurpt- [s.] *ervürben.*
**er-wachen,ir-,der-,re-
wachen** swV abs. auf-, erwachen.
er-wackern swV A ermuntern.
er-,ir-wagen swVabs./D erbeben, tosen; A+D erschüttern.
er-waget-,-wagt- [s.] *er-
wegen* [2].
er-,ir-wahsen [1] stV [VIa]
abs./D aufwachsen, heran-
wachsen; anwachsen; (D+)
pDûz,von entstehen aus; hinauswachsen über; Part.Adj.
[s.] *erwahsen* [2].
erwahsen [2] Part.Adj. bewachsen.
er-waht- [s.] *erwecken.*
**er-walder,-welder,-*wal-
ter** stM Vermessener.
er-waldunge,-*waltunge
stF Vermessenheit.
er-wallen stV[VIIa] abs. in

Wallung geraten; D überfließen; A aufkochen.
er-walten stV[VIIa] A planen, ausführen; *sich sîner
rede niht e.* nicht sprechen
können.
er-wæn swV A anwehen.
er-wanen swV abs. schwinden.
erwant-[s. auch]*erwenden* [1].
er-,der-warmen swV abs./
refl./D warm werden, sich
wärmen.
er-waschen,-weschen stV
[VIab] A (rein-) waschen.
er-wêchen [s.] *erweichen.*
**er-wecken,ir-,der-,re-
wecken** swV [Prät. auch
erwaht-] A(+D) (auf-, er-)
wecken, wachrufen, wach-
rütteln, ermuntern; hervorrufen, verursachen, bewirken.
er-wefelt Part.Adj. unbearbeitet.
er-wegen [1],**ir-wegen** stV
[Va] refl.(+G/pAûf) aufgeben, sich wenden (gegen/
von), verzichten (auf); sich
entscheiden (für); auf sich nehmen (zu); A bewegen, hochheben; rühren; A+refl.D erwählen; A+pDûz abbringen von;
A+G/Nsdaz veranlassen(zu).
er-wegen [2] swV [Prät. auch
erwagt-,erwaget-] D erbeben; pDze sich neigen auf; A
bewegen; erregen, hervorrufen; aufbieten; erschüttern,
aufregen.
er-wegen [3] stV[s.] *erwîgen.*
**er-weichen,ir-,der-wê-
chen** swV A erweichen; ü-
berzeugen; A+pDze bekeh-
ren/ überreden zu.
er-,ir-weigen swV refl.+D
sich lockern.
er-weinen,ir-,re-weinen
swV abs. weinen; refl. sich

ausweinen; A zum Weinen bringen.

erweiz [s.] *arweiz.*

er-welder [s.] *erwalder.*

er-,der-welhen,-*welken swV abs. dahinwelken.

er-wellen swV A sieden, schmelzen.

er-weln,ir-,der-weln swV A/Nsdaz (+D)(+pDze) auswählen, erwählen (zu), bestimmen (für); Part.Adj. [s.] *erwelt.*

er-welt Part.Adj. erlesen, vollkommen.

er-welunge stF Erwählung.

er-wenden[1]**,ir-winden** swV [Prät. auch *erwant-*] A (+D)(+pAin) verhindern, abwenden; beenden; erleichtern; auf-, zurückhalten; verwehren, wegnehmen, entziehen; ändern, verwandeln (in); rückgängig machen; A+ G abhalten von, hindern an.

er-wenden[2] stV [s.] *erwinden*[1].

er-wenen swV A+pAin gewöhnen an.

er-werben,ir-,der-,re-werven stV[IIIb] A/Nsdaz (+D) erwerben, gewinnen; erreichen, erlangen; finden; bekommen, davontragen; einbringen; bewirken, erwirken; ausführen.

er-werberin stF Erwerberin.

er-werden,ir-,re-werden stV [IIIb] abs./G entstehen; umkommen (durch), vergehen.

er-weren [s.] *erwern*[1].

er-,der-werfen stV[IIIb] A steinigen; (tot) zur Welt bringen, werfen.

er-wergen[1]**,ir-wergen** stV [IIIb] A ersticken.

er-wergen[2]**,-werigen** swV [s.] *erwern*[1].

êr-wericheit [s.] *êrbærkeit.*

er-werken swV A+D bewirken.

er-wermen,-wirmen swV A erwärmen.

er-wern[1]**,ir-,der-,re-we-ren,-wer(i)gen** swV refl.+ G/D sich wehren/ behaupten gegen, standhalten gegen, sich entziehen; A(+G/pDvor) retten/ schützen/ bewahren (vor); A/Ns(+D) verteidigen (gegen), abwehren; verhindern; aushalten; verwehren, streitig machen; entreißen.

er-wern[2] swV A errichten.

er-werven [s.] *erwerben.*

er-weschen [s.] *erwaschen.*

er-wetten swV D+Nsdaz gewährleisten.

er-wîgen stV [Ia, Part.Prät. auch *erwegen*] refl. sich (im Kampf) verausgaben; A schwächen.

er-wilden swV abs. verwildern.

er-winden[1]**,ir-,re-wenden** stV [IIIa] abs. aufhören, enden, vergehen; Halt machen, umkehren; aufgeben; (D+)pD an, bî, ob, ûf reichen bis auf/ über/ zu, stecken bleiben an; G/pDan,von ablassen/ abweichen von; zurückschrecken/ zurückweichen vor.

er-winden[2] swV [s.] *erwen-den*[1].

er-winnen stV [IIIa] refl. in Wut geraten.

êr-wirdic,-wurdic Adj. ehrenvoll, ehrbar; ehrfürchtig.

êr-wirdic(c)keit stF Herrlichkeit; Ehrfurcht, Verehrung.

êr-wirklîchen,-*wirdec-lîchen Adv. ehrerbietig.

er-wirmen [s.] *erwermen.*

er-,der-wischen,-wü-schen swV [Prät. auch *er-*

wust-] A erwischen, erlangen; ergreifen, erfassen.

er-,re-wîsen swV A+G hinausschicken aus; A+D zeigen.

er-witteren swV A erahnen.

er-wîzen swV D weiß werden.

erwîz-strô stN Erbsenstroh.

er-worgen [s.] *erwürgen.*

er-wüeten swV refl. zornig werden; sich austoben/ verausgaben; refl.+pDnâch sich verzehren nach.

er-,ir-wünschen swV G/A (+D) wünschen, ersehnen; Part.Adj. [s.] *erwünschet.*

er-wünschet Part.Adj. vollkommen.

er-wunt Part.Adj. verwundet.

er-wurct- [s.] *erwürgen.*

êr-wurdic [s.] *êrwirdic.*

er-würgen,-worgen swV [Prät. *erwurct-*] abs./refl. ersticken; A erwürgen.

er-wüschen,-wust- [s.]*erwischen.*

erz- [s.] *arz-; erze-.*

er-zabelen swV abs. zucken; pAwider aufbegehren gegen.

er-,ir-zagen swV abs./D in Furcht geraten, verzagen, den Mut verlieren.

erze stN Erz.

erze-bettelære stM Erzbettler.

erze-,erz-bischof stM Erzbischof.

erze-bischoflich Adj. erzbischöflich.

erze-,erz-bistuom stN Erzbistum.

erze-bote swM Erzengel; Apostel.

erze-,erz-engel stM Erzengel.

er-zeigen,der-,re-zeigen swV A(+D) erweisen, beweisen, leisten; erfüllen; zeigen;

offenbaren, enthüllen; mitteilen.

er-zeisen swV A zerreißen.

er-zelen swV A/G(+D) aufzählen, ermessen; beschreiben.

erzen [s.] *arzen.*

erzenîe [s.] *arzenîe.*

erzen-,ertzen-lich Adj. heilkräftig; ärztlich.

er-zerren swV A zerreißen.

erze-tugent stF Kardinaltugend.

er-ziehen,ir-,der-,re-ziehen stV [IIb] A(+D) er-, aufziehen; züchten; anlegen; behandeln; erzielen; einholen; zücken, ziehen; einbeulen.

er-ziln swV A erzeugen.

er-zitern swV abs. erzittern.

er-,ir-ziugen swV A/N *daz* fertigen, herstellen (lassen), hervorbringen; leisten; anlegen; darstellen; bezahlen; bezeugen, beweisen.

erznîe [s.] *arzenîe.*

er-zogen swV A abschrecken.

er-zornen [s.] *erzürnen.*

er-zöugen swV A(+D) zeigen; beweisen, erweisen.

er-zöugunge stF Ausführung; Bezeigung.

erz-priester stM Erzpriester.

erz-schalc stM Erzbösewicht.

er-,der-zücken swV [Prät. *erzuct-*] D zucken; A ergreifen.

er-,re-zünden,-zunden swV abs./D entbrennen; A entflammen.

er-zürnen,ir-,der-,re-zurnen,-zornen swV abs./ refl.+pA *ûf* zornig werden (auf); A(+D) erzürnen, in Zorn/ Wut versetzen.

er-zûsen swV A zerzausen.

er-zwîget Part.Adj. verzweigt.

erz-wirde,-wierde swM Hochwürdiger.

esch,ezesch stM Acker, Kornfeld.

esche(-) [s.] *asche(-).*

eschen [s.] *eschîn.*

êschen [s.] *eischen.*

eschîn,eschen Adj. aus Eschenholz.

esel stM Esel; Dummkopf.

eselære stM Eselstreiber.

esele [s.] *eselinne.*

eselerîe stF Eselei.

esel-heit stF Dummheit.

esel-hût stF Eselshaut.

eselich,eslisch Adj. eselhaft, dumm.

eselinne,eslinne,esele stF Eselin.

esel-lîp stM Eselskadaver.

esels-hâr stN Eselshaar.

esel-stimme stF Eselsgeschrei.

eskelîr,esklîr stM [arabischer Fürst].

esklirîe stF [arabischer Fürstenstand].

eslinne [s.] *eselinne.*

eslisch [s.] *eselisch.*

esse[1] stF Esse.

esse[2] stN Punkt, Eins [auf dem Würfel].

esten swV refl. sich verzweigen.

esterîch,estrîch stM (Fuß-) Boden, Estrich.

et [s.] *eht.*

et(e)- [s.] *etes-.*

etere stN Naht.

etes-lich,et(e)-,ets-,ette-,ite(s)-lich Indef.Pron. (irgend-) eine (-r/ -s), manch (ein); [Pl.] etliche, einige, manche, viele.

etes-wâ,et(s)-,ette(s)-wâ Adv. irgendwo, an manchen/ einigen Stellen, hier und da,

mancherorts.

etes-war,ets-,ete-war Adv. irgendwo, -wohin.

etes-waz,ets-,et(te)-waz Indef.Pron. etwas, ein wenig.

etes-wenne,ets-,et(e)-, ettes-wenne Adv. manchmal, gelegentlich; oft; einst, früher, vorher; (irgendwann) einmal; zum Teil.

etes-wer,ets-,et(e)-,ette-wer Indef.Pron. jemand, (irgend-) eine (-r/ -s).

etes-wie,ets-,et(te)-wie Adv. irgendwie; *e. vil* ein wenig, ziemlich, sehr; *e. lange/ vil zît/ tage* ziemlich lange (Zeit).

ete-wîz(e) [s.] *itewîz.*

ê-touf,-toufe stMF Taufe.

ets-,ette- [s.] *etes -.*

ette swM Vater.

etter stM Onkel.

ettes- [s.] *etes-.*

etzen [s.] *atzen.*

êvangeliste [s.] *êwangeliste.*

evene [s.] *eben* [2].

even-krist,-kerst [s.] *ebenkrist.*

evern [s.] *avern.*

ê-vrouwe swF Ehefrau.

êwangeli,êwangelje stN Evangelium.

êwangeliste,êvangeliste swM Evangelist.

ê-wart,-warte stswM Priester.

ê-warteclich,-wartlich Adj. priesterlich.

ê-wartentuom stN Priestertum.

ê-wartlich [s.] *êwarteclich.*

êwe [s.] *ê* [4].

êwec[1]**,êwic** Adj. ewig, immerwährend.

êwec[2]**,êwic** Adv. in Ewigkeit.

êwec/ic-lich Adj. ewig, immer während, dauerhaft.

**êwec/ic-lîche(n),êwe-lî-
che(n)** Adv. in Ewigkeit,
(auf) ewig, für immer.
êwe-keit [s.] *êwicheit.*
êwe-lich,-lîche(n) [s.] *ê-
weclich.*
ê-welten Adv. vor Erschaffung der Welt.
êwe-meister stM Gesetzes-
hüter.
ewen- [s.] *eben-.*
êwen swV abs. währen; A leisten.
ê-werc stN Standesrecht.
êwic-heit,êwi-,êwe-keit
stF Ewigkeit.
êwic-lich,-lîche(n) [s.] *ê-
weclich.*
êwigen swV A ewig machen.
êwi-keit [s.] *êwicheit.*
ê-wîlen Adv. früher, vorher.
ê-wîp stN Ehefrau.
ê-wirt stM Ehemann.
exempel stN (Vor-) Bild,Bei-
spiel.
exemplâr stN Vorbild; Ausga-
be.
experimenten swV A beweisen.
eyâ Interj. [Aufforderung, Bitte; Ermunterung; Erwartung;
Wissbegier; Bewunderung;
Klage].
eylas Interj. [Klage].
ez,iz,it Pers.Pron. es; das.
êzec Adj. hässlich.
ezesch [s.] *esch.*
ê-zît stF Volljährigkeit.
ez-lich Adj. essbar.
ezzec(h) [s.] *ezzich.*
ezze-hûs stN Speisesaal.
ezzeich [s.] *ezzich.*
ezze-loube swF Speisesaal.
ezzen[1] stV [Va, Part.Prät.
auch *gâz*] abs./G/A essen
(von); fressen; sich ernäh-
ren/ leben (von); *in den
munt/ grans e.* +A ins Maul/
in den Bauch stopfen.

ezzen[2] stN Essen, Mahlzeit;
Speise, Nahrung.
ezzen-kochen stN Verdauung.
ezzen-zît stF Essen, Essens-
zeit.
ezzer stM Esser.
**ezzich,ezzech,ezzeich,
ezzec** stM Essig; *den e. in
den ougen tragen* sauer
dreinblicken.
ezzichen swV abs. wie Essig
beißen; A mit Essig mischen.
ezzich-kruoc stM Essig-
krug.
ezzig-vaz stN Essigfass.

f [s.] v

g

g- [s.] *ge-.*
gâ[1] Adv. [s.] *gâch*[1].
gâ[2] stF [s.] *gæhe*[1].
gâbe,gâve stF Geschenk,
Gabe, Schenkung; Spende,
Opfer; Begabung.
gæbe Adj. lieb, willkommen;
wertvoll.
gæbec-lîche Adv. vorbildlich.
gabel(e) stswF Forke, Mist-
gabel; Krücke.
gâben swV D Geschenke machen; A beschenken.
gabilôt stN Wurfspieß.
**gabilûn,gampilûn,cape-
lûn** stN Chamäleon, Dra-
che.
gâch[1],**gâ(h)**,**gâhe**,**gæhe**

Adv. *g. sîn/ werden/ wesen*
unpers.+D es eilig haben, sich
beeilen; ungeduldig sein/
werden, voreilig handeln; *g.
sîn/ werden/ wesen* unpers.+
D+pD*gegen,nâch,ze* / p*Ain,ûf*
begierig sein auf, streben/
verlangen nach, drängen/ eilen zu; *g. sîn/ werden* unpers.+D+pD*von* /Adv.lok. (eilig) wegwollen (aus/ von).
gâch[2],**gæch** Adj. [s.]*gâhe*[1].
gâch-lich,-lîche(n)[s.]*gæ-
helich.*
gâch-spîse stF Imbiss.
gâch-toufe stF Nottaufe.
gæch-zornic Adj. jähzornig.
gade [s.] *gate.*
gadem,gaden stMN Raum,
Zimmer, Gemach, Saal,
(Schlaf-) Kammer; Laden;
Zelle; Verschlag.
gaffels-tirn,-*diern stF
Freudenmädchen.
gaffen [s.] *kapfen.*
gaffer stM Gaffer.
gagen[1],**gagern** swV abs.
trippeln; taumeln.
gagen[2] Präp. [s.] *gegen*[1].
gagen- [s.] *gegen-.*
gâgen swV abs. gackern.
gagent- [s.] *gegenen.*
gagern [s.] *gagen*[1].
gâh [s.] *gâch*[1].
gâhe[1],**gæhe**,**gâch**,**gæch**
Adj. schnell, rasch, eilig;
plötzlich; voreilig, ungeduldig; (jäh-) zornig.
gâhe[2] Adv. [s.] *gâch*[1].
gæhe[1],**gâ(he)** stF Eile,
Schnelligkeit; *in allen gâhen*
eilig, auf die Schnelle; plötzlich, sofort; heftig.
gæhe[2] Adv. [s.] *gâch*[1].
gæhede stF Eile, Ungeduld.
gæhe-,gâch-lich Adj., **-lî-
che(n)** Adv. schnell, eilig.
gæhe-,gæh-lingen Adv.
plötzlich, unerwartet.

gâhen swV abs./p*Dgegen,ze, nâch,ûz,von,vor* /p A*an,in,ûf, durch,über,umbe,vür* /Adv.lok. (sich) (be-) eilen, schnell laufen; (herbei-, hin-, weg-) eilen (auf/ aus/ durch/ hinter/ in/ nach/ über/ von/ vor/ zu); G nachjagen, streben nach; *helfe g.* zu Hilfe eilen.

gâhes,gæhes,gâhen(s), gâhs Adv. schnell, vorzeitig, (vor-) eilig; hastig; plötzlich; heftig.

gæh-lingen [s.]*gæhelingen.*

gâhs [s.] *gâhes.*

gahten [s.] *geahten.*

gal stM Ruf.

galander stswM Lerche.

galban stN Harz.

galeide [s.] *galîe.*

galgân stM Galgantwurzel.

galge swM Galgen; Kreuz; Balken.

galgen-stric stM Galgenstrick.

galîe,galîne,galeide,gelîn stF (Ruder-) Schiff, Galeere.

galinære stM Schiffer.

galinê stF Windstille.

galîne [s.] *galîe.*

galiôt stswM Fährmann; Seeräuber.

galle swF Galle; Bosheit, Falsch (-heit); Bitterkeit; Ärgernis.

gallen-sûf stM bitterer Trank.

gallen-tranc,-trunc stM bitterer Trank.

gallinc Adj. lahm.

galm stM Klang, Ton, Schall; Ruf, Stimme; Lärm, Geräusch.

galois Adj. walisisch.

galopeiz,kalopeiz stM Galopp.

galopieren,gewalopieren,kalopieren swV abs.

galoppieren.

galpen swV abs. bellen.

galreide swF Gallert.

galster stN Zauber.

galsterîe stF Zauberei.

galster-lich Adj. *g. dinc* Zaubermittel.

galt-,gelt-nüsse stF Geldbuße.

gâm [s.] *goum.*

gamâleon,gamâlion stM Chamäleon.

gamân stM Kamee.

gamanje stF Gesellschaft.

gamen,gamel stMN Freude, Lust; Spaß, Scherz.

gamille,kamele swF Kamille.

gamillen-wazzer stN Kamillenaufguss.

gampel stF Spiel.

gampel-her stN Lumpenpack.

gampel-site stM Spaß.

gampel-spil stN Possenspiel.

gampenieren swV abs. tanzen.

gampilûn [s.] *gabilûn.*

ga-mûticheit,ge-mûtikeit stF Eile.

gamz stF Gemse.

gân,gên,kên anV abs./Adv. (lok.) (einher-, umher-, vorbei-, vorüber-, weg-) gehen, kommen; Nom./Adv.lok. sein; D sich zuwenden; p*Dab* weggehen/ herabkommen von; p*Dbî, gegen, nâch, ûf, ûz, von, vor* (+D) gehen auf/ bei/ hinter/ nach/ vor/ zu, kommen aus/ nach/ von/ zu, stehen vor; p*Dnâch* [auch] sich richten nach; p*Dûz* [auch] geraten/ hinaustreten aus; p*Dvon* (+D) [auch] ausgehen/ weggehen von; verlassen; p*Dze* (+D) [auch] reichen bis zu; ausschlagen zu; übergehen

in; sich beschäftigen mit; p A*an,durch, hinder,in,über,under,ûf* (+D) gehen an/ auf/ durch/ hinter/ in/ über/ zu; p A*(unze)an* (+D) [auch] gehen/ reichen (bis) an/ auf/ zu; p A*in* (+D) [auch] treten/ dringen in; p A*über* [auch] führen/ sich beugen über; p A*umbe* herumgehen um; p A*ûf* (+D) [auch] fallen auf/ zu; sich richten auf/ gegen; eindringen auf; reichen bis zu; p A*vor,vür* (+D) treten vor; übertreffen; A beschreiten, antreten; durchlaufen; Inf. gehen; anfangen/ sich daranmachen zu, [auch expl., z.B. *sitzen g.* sich setzen, *spiln g.* spielen]; *hôhe/ kleine g.* viel/ wenig bedeuten; *lanc g.* lange dauern; *under helme g.* bewaffnet sein; *verre/ wîten g.* weit reichen/ sich erstrecken; *vür sich g.* geschehen, sich verwirklichen, in Erfüllung gehen; *wol/ reht/ übel g.* gut/ richtig/ schlecht ab-, verlaufen; *zesamene g.* zusammen gehen/ bleiben/ treffen; *an daz leben/ den lîp g.* +D das Leben kosten, in Lebensgefahr bringen; *nâhe(n) g.* +D nahe gehen; *an/ in die nôt g.* unpers.+D in Not geraten; *nôt g.* unpers.+D+G nötig sein, gezwungen sein zu, sich nicht enthalten können; *in rede g.* +D Rechenschaft ablegen; *vür ôren g.* lâzen +A überhören, nicht beachten; *ze râte g.* (+p*Dmit*) sich beraten (mit); *zesamene/ zuo einander/ dar g.* lâzen aufeinander losreiten.

ganc stM Weg, Gang; Lauf; Schritt, Gangart; Durchgang, Öffnung; Lebenswandel; Verlauf; Abwasser-

grube; *einen g. tuon* gehen;
g. haben [auch] passen; angemessen sein.

ganc-heil Adj. flink.

ganeister [s.] *ganster.*

gan-erbe swM Miterbe.

gangelære stM Obdachloser.

gans stF Gans.

**ganster,ganeister,geneis-
ter** stswF [flekt. *genster-*]
Funke.

gant [s.] *enden.*

ganz Adj./Adv. ganz, vollkommen, voll (-ständig);
richtig, genau; unversehrt,
gesund, glatt; rein; groß.

ganze swM Gänserich.

ganz-heit stF Vollkommenheit.

ganz-lich Adj. ganz, voll.

ganz-,genz(e)-lîche(n)
Adv. gänzlich, vollständig,
völlig.

gar[1] Adj. [flekt. auch *garwe-*]
bereit, fertig; gar; gerüstet;
zahm; *gar machen* +A vernichten.

gar[2]**,gare,garwe,gerwe,
garewe** Adv. ganz (und
gar), gänzlich, völlig, vollständig, vollkommen; sehr,
viel; genau; endlich, schließlich; sogar.

gar[3] stN Rüstung.

garbe,garwe stswF Garbe.

gardiân stM Klostervorsteher.

gare [s.] *gar*[2].

gære stF Gärungs-, Reife-
grad; Erregung.

garewe [s.] *gar*[2].

gargel-,*gurgel-wazzer
stN Gurgelwasser.

**gar-lîche(n),ger-,gær-lî-
che(n)** Adv. gänzlich, völlig, vollkommen, vollständig; *g. nihtes* überhaupt
nichts.

garn[1]**,garen** swV A(+pD*ze*)

bereitmachen (zu), rüsten;
vorbereiten; zubereiten.

garn[2] stN Garn; Netz.

garn[3] swV [s.] *gearnen.*

garnasch,garnatsch stF
Oberkleid.

garnen [s.] *gearnen.*

garre [s.] *karre.*

gart stM Stock, Gerte; Stachel.

garte swM Garten.

garten [s.] *gearten.*

**gartenære/er,gartner,
gertenære** stM Gärtner.

garten-krût stN Garten-
pflanze.

garten-louch stM Lauch.

gart-îsen stN Eisengerte.

gartner [s.] *gartenære.*

garwe[1] Adj. [s.] *gar*[2].

garwe[2] stswF [s.] *garbe.*

garwe- [s.] *gar*[1].

garz Adj. *garzez hâr* Milchbart.

garzûn stM Knappe, Edelknabe, Page.

gasel [s.] *geisel.*

gast stM Gast, Besucher;
Fremder; Kämpfer; Feind;
g. werden +G verlassen,
loswerden; *g. sîn* +G fern/
frei sein von; *g. sîn* +D fremd
sein.

gaste-lîche(n) [s.] *gastlî-
che(n).*

gasten [s.] *gesten.*

gast-gebe swM Gastwirt,
Gastgeber.

gast-gebinne stF Gastgebe-
rin.

gast-hûs stN Gasthaus, Herberge.

gast-kripfe swF Krippe.

gast-lich Adj. fremd.

**gast-lîche(n),gaste-,
gest-lîche(n)** Adv. (gast-)
freundlich; als Fremder.

gast-meister stM Vorsteher
des (Kloster-) Gästehauses.

gastunge stF Bewirtung,
Gastmahl.

gast-,geste-wîse Adv. als
Gast/ Fremder.

gat stN Höhle, Loch.

gate,gade swM (Ehe-) Partner, Gefährte; *sîn/ ir g.*
[auch] seines-, ihresgleichen.

gater stswM Gatter, Gitter,
Zaun; Tor.

gatzen swV abs. schwatzen.

gâve [s.] *gâbe.*

gawûz-stûde swF Kohl-
kopf.

gâz [s.] *ezzen.*

gazze swF Gasse.

gazzen swV A begrenzen.

gazzen-springer stM Gas-
senläufer.

gazzen-swert stN Parade-
schwert.

ge-æder stN Adern.

ge-ahten, gahten swVA/Ns
w ermessen, sich vorstellen,
(ab-) schätzen; beachten; A+
A/pD*ze* halten für.

ge-ampt Part.Adj. tätig.

ge-anden swV A rächen; tadeln.

ge-anderweiden swV A
wiederholen.

ge-antlützet Part.Adj. *g. sîn*
als aussehen wie.

**ge-antwurten,-antwür-
ten,-antworten,-anwar-
ten** swV (A+)G/D antwor-
ten, beantworten; A+D zu-
rückzahlen, anvertrauen; A+
pA*vür* verantworten vor.

**ge-arbeiten,-arweiten,
-erbeiten** swV abs./pA*umbe* arbeiten (für); refl.+D sich
verdient machen um; refl.+
pA*umbe* sich bemühen um;
A/Ns*daz* erarbeiten, verdienen.

ge-argert [s.] *ergern.*

ge-arnen, garn(en) swVA /

Ns*daz* (+pD*an,mit*) verdienen; empfangen; erwerben/
erreichen (mit); büßen, entgelten.
ge-arpt- [s.] *geerben.*
ge-arten, garten swV abs.
sich bessern.
ge-arweiten [s.] *gearbeiten.*
ge-baden swV abs./pD*in* baden (in).
ge-bâge,-bægestN Gezänk.
ge-bâgen stV [VIIb] abs./
pD*mit,under* kämpfen, strei-
ten/ im Streit liegen (mit).
ge-balden swV A wagen.
ge-bâr,-bôr,-pær stM Benehmen, Gebärde.
**ge-bærde,-bârde,-bier-
de,-pærde** stFN Benah-
men, Verhalten; Auftreten;
Haltung; Wesen; Gebärde;
Anstand.
ge-bærdehalp Adv. äußerlich.
ge-bære[1] Adj. angemessen,
geziemend, gebührend, passend, würdig; ergeben.
ge-bære[2]**,-bâre,-pære**
stFN Verhalten, Auftreten,
Haltung, Wesen, Art, Aus-
sehen.
**ge-bâren,-bârn,-bôren,
-pâren** swV pD*nâch* handeln
nach; (refl.+)Adv./pD*ab,an,
gegen,vor,ze* /p A*umbe,wider*
sich verhalten/ benehmen/ge-
bärden (gegenüber/ bei/ zu);
(Adv.+)pD*mit* umgehen/ verfahren mit; (Adv.+)Ns*als,ob,
sam* so tun/ sich so aufführ-
en als ob, sich so verhalten
wie; *mit lachen* g. lachen;
mit swære g. +pD*an* sich
grausam zeigen an.
ge-bartet,-bart Part.Adj.
bärtig; behaart.
gebe[1]**,geve** stF Geschenk,
Gabe; Belohnung, Entschä-
digung; Tribut; Gnade, Hil-

fe; Freigebigkeit; Habsucht;
[auch expl., z.B. *leides* g.
Leid].
gebe[2] swF Geberin.
ge-becken swV A stechen.
ge-beidet Part.Adj. doppelt.
ge-beine,-beinde,-peine
stN Gebein, Knochen; Bein,
Glieder; Knochenbau.
ge-beiten,-peiten swV abs.
warten; G/Ns*daz* warten auf,
abwarten, erwarten.
ge-beitic Adj. geduldig.
ge-beitsam Adj. geduldig.
ge-beitsam(e)keit stF Geduld.
ge-beize stN Beizjagd.
gebel,gibel stM Giebel;
Kopf, Schädel (-knochen).
gebeleht Adj. gegabelt.
ge-bellen stV [IIIb] abs. bellen.
gebel-want stF Giebelwand.
geben[1]**,gên,geven,keben**
stV [Va, Part.Prät. auch *geben*]   abs./Adv./D(+Adv.)
freigebig/ großzügig sein;
Geschenke/ Spenden ma-
chen/ austeilen; Lohn geben;
Abgaben leisten; G/A/Ns
(*daz,w*)/Inf.*ze* (+D) geben,
darbringen, spenden, (ver-)
schenken; aus-, verteilen;
herbeibringen; gewähren,
verleihen, erweisen; leisten;
übergeben, überlassen; zuweisen, auferlegen; auf-,
hin-, weggeben; bereiten, zufügen, versetzen; bewirken,
verursachen; verbreiten; A /
G+pD*gegen, ze* / p A*an, in, ûf,
über* stellen/ legen/ nehmen
in; ausliefern an, bringen/
schicken in/ zu; aufwenden
für; übertragen auf; bestimmen zu, einsetzen als; A +
pD*ûz* lassen/ legen aus; A +
p A*umbe,vür* verkaufen/ ein-
tauschen/ bezahlen für; ein-

setzen/ opfern für; geben auf/
um; *ein ende* g. (+G/D) (be-)
enden; *ze manne* g. +A verheiraten; *guoten morgen/
tac, guote naht* g. (+D) guten
Morgen/ guten Tag/ gute
Nacht wünschen; *rede* g. +G
Rechenschaft geben von;
sich undertænic g. +D sich
unterwerfen;*(un)schuldic* g.
+A(+G/D) für (un-) schuldig
erklären (in/ gegenüber); *die
vluht/ sich ze vlühten* g. fliehen; Part.Adj. [s.] *gebende.*
geben[2] swV D Geschenke
machen; D+pD*mit* lohnen/
ausstatten mit; A/Ns*w* (+D)
geben, (ver-) schenken.
gebende Part.Adj. *gebendiu
hant* Freigebigkeit.
**ge-bende,-bente,-binde,
-pende,-pente** stN (Kopf-,
Helm-) Schmuck; Haube;
Bündel; Band, Fessel; Haft.
**ge-benedîet,-benedît,-be-
nedict** Part.Adj. gesegnet.
gebenet[1] Part.Adj. gleich
lang.
gebenet[2] Part.Prät. [s.] *ge-
ebenen.*
**geben-mâzen,*ge-eben-
mâzen** swV A+D/pD*ze* ver-
gleichen/ gleichstellen mit.
ge-bent [s.] *banen.*
ge-bente [s.] *gebende.*
geber stM Geber.
ge-berc stMN Versteck; Höhle; Vorbehalt.
ge-beren [s.] *gebern* [1].
ge-berer stM Erzeuger, Vater.
**ge-bererin(ne),-pererin
(ne)** stF Gebärerin, Mutter.
ge-berge [s.] *gebirge.*
ge-berht Adj. glänzend.
geberinne stF Geberin.
ge-berlich Adj., **-lîche** Adv.
schöpferisch.
ge-bern[1]**,gi-beren,-pern,**

-peren stV [IVa] abs./refl. entstehen; A(+D) (er-) zeugen, erschaffen; gebären; hervorbringen, verursachen; tragen; A+pA*in* bringen/ einpflanzen in; *wurzelîn g.* Wurzeln schlagen; *eier g.* Eier legen; Part.Adj. [s.] *geborn.*

ge-bern[2] swV A schlagen; erziehen.

ge-berunge stF Erzeugung, Hervorbringung; Gebären; Wachstum.

ge-bet,gi-bete,-pet stFN Gebet, Bitte, Ersuchen.

ge-beten swV abs. beten; pA *umbe,vür* bitten um/ für.

ge-bette swF Ehefrau.

ge-betten swV D ein Bett bereiten.

ge-bezzeren [s.] *gebezzern.*

ge-bezzerlich Adj. bessernd.

ge-bezzern,-bezzeren swV A (ver-) bessern, ändern; büßen; wieder gutmachen.

geb-hart stM Geizhals.

ge-biderben swV A nutzen, einsetzen.

ge-biegen,-piegen stV [IIa] A (ver-) biegen; beugen; zähmen.

ge-bierde [s.] *gebærde.*

ge-biet,-piet stN Gebiet; Befehl.

ge-bietære/er stM Herr, Gebieter.

ge-,gi-bieten,-pieten stV [IIb] abs./D/pA*über* herrschen/ bestimmen (über); D+ pD*gegen,ze* /p A*an,in,ûf,vür* / Adv.lok. verfügen über; treiben zu; (vor-) laden nach/ vor/ zu; A/Ns(*daz,w*)/Inf.*ze* (+D) befehlen, gebieten, anordnen; verbieten; verlangen, fordern, wünschen; auftragen; auferlegen; erlauben; geben; anbieten; einberufen, aufbieten; ausrufen; A/Ns*daz* +pA*über* verhängen über; A/G+pD*an* erzeigen an; *an daz leben/ den tôt g.* +A(+D) bei Todesstrafe befehlen; *sîne hende zwischen die hende g.* den Lehnseid leisten; *den vuoz an die erde g.* einen Fuß auf die Erde setzen.

ge-bieterin(ne) stF Gebieterin.

ge-bîhten swV abs./D+Ns*w* beichten.

ge-bilde stN Gestalt; Beispiel.

ge-bilden swV A formen, gestalten, (ab-) bilden; nachahmen; A+pA*in* einprägen in.

ge-billen swV pA*in* eindringen in.

ge-binde [s.] *gebende.*

ge-,gi-binden,-pinden stV [IIIa] A(+D/pD*mit,ze*)(fest-) binden (an/ mit), fesseln; verbinden; schmücken; A+pD *von* ablegen.

ge-birge,-berge,-perge, -pirge stN Gebirge.

ge-birgic,-pirgic Adj. gebirgig.

ge-bite stF Geduld, Ruhe.

ge-bitelôs Adj. ungeduldig.

ge-biten,-piten stV [Vb] pA *an* Bitten richten an; pA*vür* bitten für; A(+G/Ns*daz*) bitten (um), erbitten, verlangen; beauftragen; auffordern.

ge-bîten stV [Ia] abs./Adv. (ab-) warten, zögern, ausharrren; pD*in* bleiben in; G / Ns*daz* warten auf, erwarten.

ge-biu [s.] *gebû.*

ge-biurisch,-biursch, -bûrsch,-piurisch Adj. bäurisch; ungebildet; grob; dumpf.

ge-biurischeit,-piurischeit stF Volksglaube.

ge-biurlich [s.] *gebûrlich.*

ge-biursch [s.] *gebiurisch.*

ge-biutelt,-piutelt Part.Adj. gesiebt.

ge-biuwe- [s.] *gebû.*

ge-biz stN Gebiss.

ge-,gi-bîzen stV [Ia] pD*ab* abbeißen von; A beißen; *sich tôt g.* sich zu Tode ärgern.

ge-blant [s.] *blenden.*

ge-blâsen,-plâsen stV [VIIb] abs./A (das Horn) blasen; pA*an* hauchen auf.

ge-blicken swV pA*ûf* blicken auf.

ge-bliuwen stV [IIa] A schlagen.

ge-blocht Part.Adj. aus Bohlen gemacht.

ge-blüemen swV A+pD*mit* schmücken/ verherrlichen mit.

ge-blüemet,-blüemt, -bluomt Part.Adj. blühend, in (voller) Blüte, blütenreich; herrlich; verherrlicht.

ge-blüen swV [Prät. *gebluot* -] abs. erblühen.

ge-bluomt [s.] *geblüemet.*

ge-bluot- [s.] *geblüen.*

ge-bôgen [s.] *gebougen.*

ge-bongen,-* bogen Part. Adj. *g. ze* hingegeben an.

ge-bôr(-) [s.] *gebâr(-).*

ge-boren [s.] *geborn.*

ge-borgen swV D Kredit/ Schonung gewähren; A borgen.

ge-born,gi-boren,-porn Part.Adj. geboren; leiblich; *edel/ guot/ hôch/ wol g.* edel, adlig; *g. sîn/ werden* +pD*ûz, von* /Adv.lok. (ab-) stammen aus/ von; *geborn sîn/ werden* +G/pD*ze* /pA*ûf* bestimmt sein für/ zu; *zer werlte/ in die werlt g. werden* auf/ in die Welt kommen.

ge-bornheit stF Geburt.

ge-bot,gi-pot stN Gebot, Befehl, Anweisung, Verfügung; Verbot; Antrag, Bitte; Vorladung; Herrschaft, Macht; Wille; Dienst; Einsatz; Verheißung.

ge-bougen,-bôgen swV A beugen, biegen; zwingen.

ge-bougic Adj. gewandt.

ge-böume stN Bäume.

ge-bouwen [s.] *gebûwen.*

ge-bôz stN Schlag, Stoß.

ge-bôzen[1] stV [VIId] A schlagen.

ge-bôzen[2] swV [s.] *gebüezen.*

ge-bræche stN (Aus-) Prägung.

ge-braht,-breht(e),-preht stMN Lärm, Geschrei; Gesang; Machtwort.

ge-brâht- [s.] *gebringen.*

ge-brant- [s.] *gebrennen.*

ge-braste stN Getöse; Stöhnen.

ge-brâten stV [VIIb] A braten.

ge-brâwet Part.Adj. verbrämt.

ge-brech stN Lärm; Abglanz.

ge-brechafticheit stF Mangel.

ge-breche,-preche swM Not, Mangel; Leid; Krankheit; Schwäche, Verfall; Fehler.

ge-brechen,gi-prechen stV [IVa] pDûz sich entfernen aus; pAdurch brechen durch; pAin geraten in; D zerbrechen; versagen; D/unpers. (+D)+G/pDan fehlen (an); A(+D) (ab-, zer-) brechen, zerstören; wegnehmen; vernachlässigen; abbauen; A+pD von trennen von; A+pAunder unterwerfen.

ge-brechlich Adj. unvollkommen, fehlerhaft.

ge-brechlicheit stF Unvollkommenheit.

ge-breht(e) [s.] *gebraht.*

ge-breiten swV A+D vermehren, ausdehnen.

ge-brennen,-burnen swV [Prät. *gebrant-*] abs. brennen; A verbrennen, zum Glühen bringen.

ge-brest(e),gi-brist, -prest(e) stswMF Mangel; Fehler, Vergehen, Schwäche, Sünde; Makel; Beschwerde; Unvollkommenheit; Verlust; Stück.

ge-bresten,gi-presten stV [IVa] abs./D/unpers.(+D)+G/ pDan,ze fehlen, mangeln; versagt sein; pDan liegen an; unpers.+D schlecht gehen, die Sinne schwinden; misslingen, in Not geraten.

ge-brestenlich [s.] *gebrestlich.*

ge-bresthaft(ic) Adj. unvollkommen, sündig, fehlerhaft.

ge-brestlich,-brestenlich Adj. unvollkommen, sündhaft; schädlich.

ge-brestlicheit stF Unvollkommenheit.

ge-brieven swV A aufschreiben.

ge-bringen stswV [IIIa, Prät. *gebrâht* -] A (dar-)bringen; Nsdaz bewirken; A+ pDvon abbringen von; A+ pDze führen zu.

ge-brinnen stV [IIIa] abs. brennen; pDvon herunterbrennen von.

ge-brîsen [s.] *geprîsen.*

ge-brist [s.] *gebrest(e).*

ge-brockele stN Brocken.

ge-brôder [s.] *gebruoder.*

ge-brogen swV abs. prahlen.

ge-brôt,-præt stN Brot.

ge-brouwen [s.] *briuwen.*

ge-brûch stM Macht; Genuss.

ge-brûchen,-bruochen swV G/A (be-) nutzen, einsetzen, sich bedienen; ausführen; sich freuen an; teilhaftig werden.

ge-brûchlich,-brûchen- lich Adj., -lîche(n) Adv. teilhaftig, genießend; prüfend; nützlich.

ge-brûchlicheit,-brûch- lichkeit stF Genuss, Teilhabe.

ge-brûchunge stF Genuss, Teilhabe; Erhebung; Fähigkeit.

ge-brucken swV A überbrücken.

ge-brûder,-brüeder [s.]*ge-bruoder.*

ge-brummen stN Gebrüll.

ge-bruochen[s.]*gebrûchen.*

ge-bruoder,-brûder, -brüeder,-brôder stM [Pl.] Brüder.

ge-bruote stN Brutplatz.

ge-brüstet Part.Adj. *wol g.* breitbrüstig.

ge-brûten swV A vergewaltigen.

ge-bû,-biu,-pû stMN [flekt. *gebûwe-,gebiuwe-*] Haus, Behausung; Gebäude, Bau.

ge-büezen,-buozen,-bû- zen,-bôzen swV abs. tun; D Ersatz leisten, helfen; A/G(+D) (ab-) büßen; wieder gutmachen, wieder herstellen; lindern, stillen, befriedigen; verhindern; heilen/ befreien von.

ge-buggerâmet Part.Adj. herausgeputzt.

ge-bünde,-bunde stN Fessel; Bündel.

ge-bunden Part.Adj. *g. tac* Friedenstag.

gebunge stF Gabe.

ge-buorde [s.] *gebûrde.*
ge-buowe,-buowede   stN Gebäude; Stadt.
ge-buozen [s.] *gebüezen.*
ge-bur stF Brise.
ge-bûr,-bûre,-bûwer, -pû(e)r stswM Bauer; Nachbar; Kerl, Tölpel.
ge-bûrde,-buorde stF Gegend, Land.
ge-bûre [s.] *gebûr.*
gebûren-herze swN Bauerntölpel.
gebûres-lûte stMN   [Pl.] Landleute.
ge-bûric Adj. bäurisch.
ge-bûrin(ne),-pûrin   stF Bäuerin.
gebûr-kleinât stN bäuerliche Kostbarkeit.
ge-bûrlich,-biurlich Adj., **-lîchen** Adv. bäuerlich; unhöflich; bäurisch.
gebûr-man stM Bauer.
ge-bürn,-burn swV unpers. abs./refl.(+D)(+Ns*daz*) sich ergeben (für); sich begeben; unpers.+D(+G/Inf.*ze*) sich gehören für; zustehen; beschieden/ bestimmt sein; refl.+pA *vür* sich begeben/ wenden zu; D/pA*an* zukommen, fallen an; A(+pA*vür*) führen (zu); A+D vorschreiben.
ge-burnen [s.] *gebrennen.*
ge-bûrsch [s.] *gebiurisch.*
ge-bûrschheit stF Rohheit.
ge-burst Adj. borstig.
ge-burt,-purt stF Geburt; Entstehung; Stand; Herkunft, Abstammung; Geschlecht, Art; Nachkommen(-schaft); Geschöpf, Kind, (Leibes-) Frucht; Entbindung; Eierlegen.
ge-bürteclich Adj. *g. nôt* Schwere der Geburt.
ge-bürtlich Adj. menschlich.
ge-bütel stM Gerichtsbote.

ge-bûwe- [s. auch] *gebû.*
ge-,gi-bûwen,-bouwen swV [Part.Prät. auch st*gebouwen*] A aufbauen, bestellen; G+pA*ûf* errichten auf.
ge-bûwer [s.] *gebûr.*
ge-bûwerschaft stF Bauersleute.
ge-bûzen [s.] *gebüezen.*
ge-dagen swV abs./G/pD *von* schweigen (über/ von), verstummen; verschweigen; *der rede g.* nicht mehr davon reden.
ge-daht- [s.] *gedecken.*
ge-dâht- [s.] *denken; gedenken.*
ge-dæht-nis(se),-nüs stFN Gedächtnis, Andenken, Erinnerung.
ge-,gi-danc,-danke stswM [Pl. auch *gedenke*] Gedanke; (Nach-) Denken; Vorstellung, Überlegung; Absicht, Einfall; Sinn, Herz, Verlangen; Verstand; *g. haben* +G [auch] gedenken; [auch expl., z.B. *angestlicher g.* Angst].
ge-danchaft Adj. gedankenverloren; *g. sîn* +pD*ze* sich bemühen um, sich entschließen zu.
ge-dancnæme Adj. achtsam.
ge-danke [s.] *gedanc.*
ge-,ke-danken swV D(+G/ pA*umbe*) danken (für).
ge-danket- [s.] *gedenken.*
ge-darme [s.] *gederm.*
ge-dâth [s.] *denken.*
ge-dæwen swV abs. verdauen.
ge-decken swV [Prät. *gedaht-*] A verschließen; A+ pD*mit* wickeln in.
ge-dêmüeten,-dêmüetigen swV refl. sich erniedrigen, refl.+D sich unterwerfen.

ge-denen swV A+pA*in* ziehen in.
ge-denke [s.] *gedanc.*
ge-,gi-denken swV [Prät. auch *gedâht-, gedôht-, gedanket-*] abs./refl.D (nach-) denken; pA*hinder,in* /Adv.lok. streben (nach/ in); (refl.D+) Inf.(*ze*) beschließen; wollen, beabsichtigen; (refl.D+)G/A/ pD*nâch,von,ze* /p A*an,ûf, umbe* /Ns(*daz,ob,w*) denken/ erinnern an; nachdenken über; sich ausdenken/ vorstellen; ersinnen; erwägen, bedenken; glauben, meinen; G+D/ pD*gegen,ze* /p A*an* zudenken; bestimmen/ vorsehen für/ als; festsetzen; G/A+pD *mit* vorhaben mit; *leide g.* +refl.D (+pA*umbe* / Ns*daz*) traurig sein (über); *sich liebe g.* sich freuen.
ge-denklich Adj. gedanklich.
ge-denklicheit stF Begrifflichkeit.
ge-denknüs(se) stF Gedenken; Gedächtnis.
ge-dense,-dens stN Getümmel, Gezerre; Prasserei.
ge-derbe Adj. tüchtig.
ge-derm,-dirm,-darme stN Eingeweide, Därme.
ge-dîen [s.] *gedîhen.*
ge-dienen,-dînen swV abs./ D dienen, helfen; pD*nâch* / pA *ûf* streben nach; A/G/Ns *daz* (+D) verdienen, erwerben; erreichen (für), einbringen; vergelten; Part.Adj. [s.] *gedient.*
ge-dient Part.Adj. *gedientiu sünde* sträfliche Sünde.
ge-diet stFN Volk, Menge.
ge-diezen stV [IIb] abs. erdröhnen; stürmen.
ge-digen(e) stN Gefolge; Heer; Volk.
ge-dîhe stF Heil.

ge-dihen Part.Adj. fest, sicher.

ge-dîhen,-dîen,-tîhen stV [Ib] abs./D/Adv.(+D) gelingen, gedeihen; geraten, sich entwickeln; werden, entstehen; vor sich gehen; ausgehen; verderben; pD*gegen,ze* / pA*an,in,ûf*(+D) kommen/ führen in/ zu; ausschlagen zu; geraten in; zusammenschmelzen auf; unpers.+D+ Adv. ergehen; A hervorrufen; Part.Adj. [s.] *gedihen.*

ge-diht [s.] *getiht(e).*

ge-dîhte Adv. ständig, ununterbrochen.

ge-dîhteclîche Adv. unaufhörlich.

ge-dilt,-dillet Part.Adj. gezimmert; aus Brettern.

ge-dînen [s.] *gedienen.*

ge-dinge¹,gi-dinge stN Bedingung; Vertrag, Abmachung, Übereinkunft; Versprechen, Angebot; Anrecht; Vergeltung; Kapitulation.

ge-dinge²,gi-dinge stswM stN Hoffnung, Zuversicht, Vertrauen; Verlangen, Erwartung.

ge-dingede stN Forderung.

ge-dingen¹ swV abs./Adv. bestehen, standhalten, sich behaupten; D nützen; pD*mit* / pA*umbe,wider* verhandeln mit; *mit dem lîbe g.* mit dem Leben davonkommen.

ge-dingen²,-tingen swV abs. Hoffnung schöpfen, zuversichtlich sein; pA*an,ûf* vertrauen auf; hoffen für; G / A/Ns(*daz*)/Inf./Adv.lok. erhoffen, warten auf; G/A/Ns *daz* +pD*ze* /pA*an* erbitten/ erwarten von.

ge-dingen³ stN Hoffnung.

ge-dinkelt Part.Adj. *geweizet und g.* voll guten Korns.

ge-dirm [s.] *gederm.*

ge-diute,-tiute stN Zeichen, Bedeutung.

ge-dôht- [s.] *gedenken.*

ge-doln swV A erdulden, erleiden.

ge-dolt [s.] *gedult.*

ge-don(e) stFN Beschwerde, Qual.

ge-dœn(e),-dôn(e),-tœn, -tœne stMN Klang, Töne; Gesang, Geläut; Geschrei.

ge-dœnen swV [Prät. *gedônt-*] abs. ertönen.

ge-doufen [s.] *getoufen.*

ge-dœze,-dôze stN Lärm, Getöse, Gebraus.

ge-drâde [s.] *gedrâte.*

ge-draht stF Holz (-fuhre).

ge-drân [s.] *drœn.*

ge-dranc,-drange,-drenge,-trange,-trenge stMN Gedränge; Dickicht, Enge; Ansturm; Handgemenge; Bedrängnis; Druck; Tatendrang, Eifer; *tages g.* Tagesanbruch.

ge-drange Adv. dringend.

ge-drangen swV A belästigen.

ge-drâte,-drâde Adv. eilig, schnell, unverzüglich.

ge-drenge [s.] *gedranc.*

ge-dringen stV [IIIa] pD*mit* sich drängeln mit; A+pD *von* /Adv.lok. wegdrängen (von), befördern aus; *nâhe g.* +D zu Leibe rücken.

ge-drinken [s.] *getrinken.*

ge-driute [s.] *getriute.*

ge-drol Adj. rund.

ge-drollen,-drolt Part.Adj. gerundet.

ge-drôn,-dröun [s.] *gedrouwen.*

ge-dröuwe stN Drohung.

ge-drouwen,-dröuwen, -dröun,-drôn swV abs./ D drohen; schaden; A+D androhen.

ge-drucken swV refl.+pA *under* sich beugen unter.

ge-drunten Part.Adj. aufgebläht.

ge-drungen Part.Adj. dicht.

ge-drûwen [s.] *getrûwen.*

ge-dûht(-) [s.] *dunken; gedunken.*

ge-duldec/ic,-dultec/ic Adj. geduldig.

ge-dulden swV G vertragen.

ge-duldiclîche,-dultec/ ic-lîche(n) Adv. geduldig, ruhig.

ge-duldikeit [s.] *gedultecheit.*

ge-dult,-dolt,-tult stF Geduld.

ge-dultec/ic [s.] *geduldec.*

ge-dultecheit,-dulticheit, -dultkeit,-dultikeit, -duldikeit stF Geduld.

ge-dultec/ic-lîche(n) [s.] *geduldiclîche(n).*

ge-dulticheit,-dult-,-dul-tikeit [s.] *gedultecheit.*

ge-dunc stM Eindruck.

ge-dunken swV [Prät. *gedûht-*] unpers.+Nom./A+ Adj./Nsw (er-) scheinen; *gedûht werden* unpers.+G vermutet werden.

ge-duon [s.] *getuon.*

ge-dürcht Part.Adj. rau.

ge-dûren,-tûren swV abs. bestehen, durchhalten.

ge-dürsten,-dursten, -tursten swV unpers.+A dürsten.

ge-dursticheit [s.] *geturstekeit.*

ge-dwanc [s.] *getwanc.*

ge-dwas [s.] *getwas.*

ge-dwer stN Temperatur.

ge-ebenen swV [Part.Prät. *gebenet*] refl. sich einigen; Part.Adj. [s.] *gebenet.*

ge-edeln swV A adeln.

ge-effen swV A verführen.

ge-einreden swV A vorbringen.

ge-eint Part.Adj. einig.

ge-eischen,geischen swV A verlangen.

ge-eiten swV A zum Brennen bringen.

ge-enden,-inden,genden swV abs. den Tod finden; refl. geschehen; A ausführen, vollbringen.

ge-erbeiten [s.] *gearbeiten.*

ge-,gi-erben,gerben swV [Prät. auch *gearpt-*] A als Erben einsetzen; beerben; A+D vererben.

ge-,gi-êren,gêren swV A (+G) ehren/ auszeichnen (mit); Ehre/ Gnade erweisen.

ge-ergern swV refl.+pD *an* Anstoß nehmen an; A ärgern; verschlechtern.

ge-ernde,gernde stF Verdienst; Wert.

ge-evern swV A wieder tun.

ge-êwiget Part.Adj. ewig.

ge-ezzen,gezzen stV [Va] abs./Adv./G/A essen; fressen.

ge-gade [s.] *gegate.*

ge-gâhen swV abs. schnell handeln.

ge-gân,-gên anV abs./pD *under,ûz,ze* / pA *über,ûf* / Adv. lok. gehen (aus/ über/ unter/ zu); treten auf; *nâhe g.* +D nahe stehen.

ge-garwet- [s.] *gerwen.*

ge-gate,-gade swM Gefährte; Entsprechung; *sîn/ ir g.* [auch] seines-, ihresgleichen.

ge-gaten swV refl.+pD *ze* sich vergleichen mit.

ge-geben[1] stV [Va] A(+D) geben, spenden, schenken; zufügen; *sich ze eigen g.* sich in Leibeigenschaft begeben.

ge-geben[2] swVD Geschenke übergeben; A verursachen.

ge-geilen swV abs. sich vergnügen.

gegen[1]**,gein,gên,kegen, gagen** Präp.+D [auch nachgest.; auch *ze g., g. über*] gegen, gegenüber, entgegen; an, auf, bei, für, in, mit, nach, vor, zu.

gegen[2] stF [s.] *gegene.*

ge-gên [s.] *gegân.*

gegen-biet stM Gegenwehr, Widerstand.

gegen-blic stM Widerschein; Blick.

gegende [s.] *gegene.*

gegen-dienst stM Gegendienst.

gegene,gegen,gegende, gegent,gegenôte,genôte,geine stF Gegend, Umgebung, Gebiet, Land.

gegenen swV [Prät. *gagent-*] D begegnen.

gegen-gâbe stF Gegengeschenk.

gegen-gestüele stN Ehrentribüne.

gegen-hart stM Widerstand.

gegen-hurte stF Gegenstoß.

gegen-leder stN Steigbügel.

gegen-louf stM Andrang.

gegen-market stM Tauschhandel.

gegen-mâze stF Gegenstück.

gegen-mâzen swV A+D vergleichen mit.

gegen-niet stM Widerpart, Widerstand.

gegenôte [s.] *gegene.*

gegen-,gein-rede stF Antwort, Erwiderung; *ze g. stân* +D Genugtuung leisten.

gegen-reise stF *strîtes g.* Gegenangriff.

gegen-sidele stN Ehrenplatz.

gegen-strît stM Widerstand, Gegenwehr; Wettstreit.

gegen-stuol stM Ehrenplatz.

gegen-swanc stM Verbeugung.

gegent [s.] *gegene.*

gegen-tjoste stF Gegenangriff.

gegen-wart[1] Adj. anwesend.

gegen-wart[2] stM Gegner.

gegen-wartic [s.] *gegenwertic.*

gegen-werte,gagen-wurte,-würte stF Gegenwart.

gegen-wertec/ic,gagen-, kagen-wartic,-wortic, -wurtic,-würtic Adj./Adv. gegenwärtig, anwesend, vorhanden; augenblicklich; heutig; unmittelbar, persönlich.

gegen-wertec/iclich, -wurtec/ic-,-wirtic-, -wurk-lich Adj.,-*lîche(n)* Adv. gegenwärtig, unmittelbar; wirklich.

gegen-werticheit,-wurticheit,-würticheit, -wurte-,-wurti-,-würte-, -würti-keit stF Gegenwart, Anwesenheit, Wirklichkeit, Unmittelbarkeit.

gegen-wort stN Antwort; Gespräch.

gegen-wortic [s.] *gegenwertec.*

gegen-wurf stM Gegenstand; Vorstellung; Antwort.

gegen-wurk-lich,-lîche(n) [s.] *gegenwerteclich.*

gegen-wurt-,-würt- [s.] *gegenwert-.*

gegen-würten swV A vergegenwärtigen.

ge-gern swV G/Ns *daz* begehren, verlangen.

ge-gerunge stF Begierde.

ge-,gi-gerwe stF Vorkehrung.

ge-gerwede stN Gewand.

ge-getert Part.Adj. besetzt, verziert.

ge-giezen stV [IIb] refl.+ pA*ûf* sich ergießen auf.

ge-giht(e) stN Gicht; Schmerz.

ge-giren swV pD*nâch* verlangen nach.

ge-glîchen swV D gleichen.

ge-gotet,-götet Part.Adj. gottgleich.

ge-grîfen stV [Ia] pD*wider* sich erheben gegen; pD*nâch* / pA*an,in* (+D) fassen an/ in/ nach; A ergreifen.

ge-grüezen,-grûzen swV A (be-) grüßen.

ge-gründen swV A ergründen.

ge-grûzen [s.] *gegrüezen.*

ge-gunnen anVG+D vergönnen.

ge-guoten swV D Gutes tun.

ge-gürten swV A+pA*in* gürten mit.

ge-habe,-hebe,-habde stF Haltung; Lebensweise.

ge-haben[1],-hân,-heben swV abs./refl. sich erholen; pD*an, under, vor, ze* / Adv.lok. (an-) halten/ bleiben/ stehen (an/ in/ vor/ unter); refl.+ Adv. sich verhalten/ benehmen/ gebärden, sein; refl.+pD*ze* / pA*an* sich halten an, halten/ sich zählen zu; A(+refl.D) haben; (bei-) behalten, (fest-) halten; bekommen; finden; *sich wol/ baz/ übele g.* guter Dinge/ getrost sein; gut/ besser/ schlecht gehen.

ge-haben[2] stV [s.] *geheben*[1].

ge-haft- [s. auch] *geheften.*

ge-haften swV D/pD*ze*/pA *an* haften/ hängen bleiben an.

ge-hâhen stV [VIIb] A auf-

hängen.

ge-halsen Part.Adj. *g. vriuntschaft* innige Freundschaft.

ge-halten stV [VIIa] abs./pA *in* anhalten (in); pD*vor* standhalten vor; refl.+pD*ze* / Adv. sich verhalten (zu); A behalten, (auf-) bewahren, erhalten; wahren, (ein-) halten; unterhalten; behüten, retten; *die rede g.* aufhören zu reden.

ge-hân [s.] *gehaben*[1].

ge-hanct- [s.] *gehengen*[1].

ge-handeln swV A ausführen, tun; behandeln, bewirten, pflegen, belohnen.

ge-hâr,-hârt,-hâret,-hært Adj. behaart.

ge-hardieren swV A angreifen.

ge-hâret [s.] *gehâr.*

ge-harmen swV D sich vergleichen mit.

ge-harpfen swV abs. Harfe spielen.

ge-harre stN Ausharren.

ge-harren swV [Prät. *gehart-*] abs. warten.

ge-hârt,-hært [s.] *gehâr.*

ge-harten swV abs. hart werden.

ge-haz,-hat Adj. *g. sîn* +D feindlich gesinnt/ böse/ zornig sein (auf); hassen.

ge-hazzen swV A hassen, verachten; strafen.

ge-hebe[1] Adj. vollkommen; makellos; bequem.

ge-hebe[2] stF [s.] *gehabe.*

ge-hebede stF Habe.

ge-heben[1],-heven stV [VIb, Part.Prät. auch *gehaben*] refl.+pD*ûz* aufstehen aus; D sich gleichstellen mit; A (auf-) heben.

ge-heben[2] swV [s.] *gehaben*[1].

ge-hecken swV A stechen, beißen.

ge-hede stF Eile.

ge-heften swV [Prät. *gehaft-*] pD*ûf* haften auf; A (+pD*ze* /pA*an*) (an-) binden (an).

ge-hege stN Schutz.

ge-hei stN Glut; Verdruss.

ge-heien[1] stV [VIIc] A+pD *vor* schützen vor.

ge-heien[2] swV [s.] *heien.*

ge-heil Adj. unversehrt.

ge-heilen swV abs./D heilen, gesund werden; A(+pD*von*) heilen (von); retten, erlösen.

ge-heil(i)gen swV abs. heilig werden; A erlösen.

ge-heimlîchen swV refl.+D sich gemein machen mit.

ge-heiz(e) stMN Versprechen; Verheißung, Prophezeiung; versprochener Lohn; Befehl, Gebot.

ge-heizen stV [VIIc] Nom. heißen, genannt werden; A/ Ns(*daz*)/Inf.(*ze*)(+D) versprechen, geloben; verheißen, prophezeien; A+Inf. heißen, raten.

ge-helfe[1],-hilfe swM Helfer, Gehilfe.

ge-helfe[2] swF Helferin.

ge-helfen stV [IIIb] D/A (+Ns*daz* /Inf.) helfen, nützen; D+G/pD*an,ze* verhelfen zu; helfen bei; D+pD*von* erretten aus, befreien von.

ge-hellen stV [IIIb] pD*nâch* gleichen, klingen nach; pD*in, mit, under* / *in ein* / *zesamene* übereinstimmen (mit); D/A/ pD*ze* zustimmen; entsprechen.

ge-hellesam Adj. übereinstimmend, entsprechend.

ge-hellunge stF Zustimmung.

ge-heln stV [IVa] refl.+G

verheimlichen;A+pD*vor* verbergen vor.

ge-helze [s.] *gehilze.*

ge-henge stF Zustimmung.

ge-hengen[1] swV [Prät. auch *gehanct-*] D nachgeben, zustimmen; anhängen; G+Ns *daz* geschehen lassen; D+G erlauben, zugestehen.

ge-hengen[2] stN Zustimmung.

ge-hengnisse stF Neigung, Hang.

ge-hente Adj. wohlwollend.

ge-herbergen swV abs. unterkommen;pA*ûf* sich lagern auf; A unterbringen.

ge-hêret,-hêrt Part.Adj. reich, prächtig; edel.

ge-hersen swVD fertig werden mit.

ge-hêrt [s.] *gehêret.*

ge-herze Adj. beherzt, mutig, tapfer.

ge-herzen swV A+pA*an* ermutigen zu; Part.Adj. [s.] *geherzet.*

ge-herzet Part.Adj. beherzt, mutig.

ge-heven [s.] *geheben* [1].

ge-hezzic Adj. feindlich, böse.

ge-hîen [s.] *gehîwen.*

ge-hîet [s.] *hîwen.*

ge-hîgen [s.] *gehîwen.*

ge-hîleich stN Heirat, Ehe.

ge-hilfe [s.] *gehelfe* [1].

ge-hilwe stN Bewölkung, Gewölk.

ge-hilze,-helze,-hülze stN Schwertgriff, -knauf.

ge-hinderen swV A behindern; A+pD*an,von* fernhalten von.

ge-hinken swV abs. erlahmen.

ge-hirmen swVabs. ruhen; G ablassen von.

ge-hirne,-hürnestN Gehirn.

ge-hirzeln swV abs. herumtanzen.

ge-hît [s.] *hîwen.*

gehiure,-hûre,-hi(u)wer Adj. angenehm, lieblich, schön; gut, edel, tapfer; *von gehiuren dingen* wenn es mit rechten Dingen zugeht.

ge-hîwen,-hîen,-hîgen swV abs./pD*ze* / A heiraten/ sich vermählen/ verbinden/ paaren (mit); A+pD*ze* verheiraten mit.

ge-hiwer [s.] *gehiure.*

ge-hiwert [s.] *hiuren.*

ge-hochnisse [s.] *gehug(e)nisse.*

ge-hœhen,gi-hôhen,-hôgen swV A(+pA*über*) erheben (über), erhöhen; A+pA *an* aufrichten an.

ge-holen swV A herbeiführen.

ge-hœnen,-hônen swV A (+D) entehren, in Schande bringen; strafen.

ge-hôrchen swV D zuhören; gehorchen.

ge-hœrde,-hôrde stF Gehör; Erzählung; Einflüsterung;*ze g.aller* vor aller Ohren.

ge-horden swV A+D sammeln für.

ge-hœrec/ic Adj. gehorsam.

ge-hœren[1]**,gi-hœren, -hôren** swV pD*nâch,ze* /pA *in,ûf,under,wider* passen/ gehören zu, nötig sein/ sich gehören für;D hören auf; A/G/ Ns*daz,w* (+Inf.) hören.

ge-hœren[2]**,-hôren** stN Gehör.

ge-horn Adj. gehörnt.

ge-hôrsam[1]**,gi-hôrsam** Adj. gehorsam, untertan.

ge-hôrsam[2]**,-hôrsame** stMF Gehorsam, Gehorsamspflicht, Gelübde.

ge-hôrsamcheit,-hôrsamheit,-hôrsam(e)keit stF Gehorsam, Unterwerfung.

ge-hôrsame [s.] *gehôrsam* [2].

ge-hôrsamede stF Gehorsam.

ge-hôrsamekeit [s.]*gehôrsamcheit.*

ge-hôrsamen swVD(+G)gehorchen (in).

ge-hôrsamic Adj. gehorsam.

ge-hôrsam-keit,-heit [s.] *gehôrsamcheit.*

ge-hoveschen swV pD*mit* ein Verhältnis haben mit.

ge-huchenisse [s.] *gehug(e)nisse.*

ge-,gi-hucken[s.]*gehugen.*

ge-huct [s.] *gehuht.*

ge-hüeten swV [Prät. auch *gehuot-*] G/A schützen; Ns*daz* sich hüten.

ge-hugde,-hügde [s.] *gehügede.*

ge-huge,-hüge stF Gedächtnis, Erinnerung, Gedenken; Überlegung.

ge-hügede,gi-hugede, -hugde,-hügde,-hugende stF Gedächtnis, Erinnerung, Andenken.

ge-hugelich Adj. überdauernd.

ge-hugen,gi-hügen,-hucken swV G/pA*an,umbe* denken/ sich erinnern an; A (+pD*an*) erweisen (an).

ge-hugende [s.] *gehügede.*

ge-hug(e)nisse,-hüg(e)-, -hoch-,-huche-nüsse stFN Gedächtnis, Erinnerung.

ge-huht,-huct stF Gedächtnis, Denken; Freude.

ge-huldigen swVrefl.+D sich aussöhnen mit, Verzeihung erbitten von.

ge-hülfic Adj. hilfsbereit, hilfreich.

ge-hülze [s.] *gehilze.*
ge-hunde,-hünde stN Meute; Beute; Beutezug.
ge-hundertvalten swV A verhundertfachen.
ge-hungern swV unpers.+A (+pD*nâch*) hungern (nach).
ge-huot- [s.] *gehüeten.*
ge-hupfen swV pA*vür* hüpfen zu.
ge-hûre [s.] *gehiure.*
ge-hurne stN Horn, Hörner, Geweih.
ge-hürne [s.] *gehirne.*
ge-hürnet,-hürnt,-hurnt Part.Adj. gehörnt.
ge-,gi-hurten swV A ansammeln.
ge-hûse swM Hausbesitzer.
ge-hûsen swV Adv.lok. hausen.
ge-hûze stN Lärm, Geschrei.
ge-îdrucken swV A wiederkäuen.
ge-ier(r)en [s.] *geirren.*
geil[1] Adj. froh, fröhlich, glücklich; frisch, munter; stolz; übermütig, leichtsinnig; wild, ungestüm; (be-)gierig; sinnlich, lustvoll.
geil[2] stMN Übermut.
geile[1] stF Freude; Übermut; Eifer.
geile[2] swF Hoden.
geilen swV refl.(+G/pD*gegen*) sich freuen (über); G sich erfreuen an.
geil-lîche Adv. fröhlich.
gein [s.] *gegen*[1].
ge-inden [s.] *geenden.*
geine [s.] *gegene.*
geinen[1],***ge-einen** swV A+D vereinigen mit.
geinen[2] swV [s.] *ginen.*
ge-infelt Part.Adj. mit der Mitra geschmückt.
ge-innern,-innren,ginren swV Ns*ob* erfahren; A+D/ Ns*daz* hinweisen auf, mah-

nen an, mitteilen.
ge-innigen swV A verinnerlichen.
ge-innren [s.] *geinnern.*
gein-rede [s.] *gegenrede.*
ge-irren,-ier(r)en,girren swV A/D schaden, stören; A+G hindern an, abhalten/ fernhalten von.
geischel-ruote [s.] *geiselruote.*
geischen [s.] *geeischen.*
geischlen [s.] *geiseln.*
geisel,geissel,gasel stswF Geißel, Peitsche; Heimsuchung.
geiseln,geislen,geischlen swV A geißeln, schlagen.
geisel-,geischel-ruote stF Geißel, Peitsche.
geisel-slac stM Geißelschlag, Peitschenhieb.
ge-îsert,gîsert Part.Adj. gepanzert.
geislære stM Flagellant.
geislen [s.] *geiseln.*
geis-lich [s.] *geistlich.*
ge-îsôtet Part.Adj. von Isolde verzaubert.
geissel [s.] *geisel.*
geist stM Geist (Gottes); Engel, (böser/ guter) Geist; Seele, Herz, Sinn; (Geistes-) Kraft, Vernunft; Geistesgabe; Lebenskraft, -geister.
geist-âder swF Arterie.
geiste-keit,geistic-heit stF Geistigkeit.
geiste-,geist-lôs Adj. losgelöst vom Geist.
geisten swV pA*in* strömen/ fließen; A ausströmen.
geisten-,geist-rîch Adj. geisterfüllt.
geister stM Bruder des Freien Geistes [Sekte].
geist-gimme swF Juwel.
geistic Adj. geistig.
geistîn Adj. geistig.

geist-,geis-lich Adj. geistig; geistlich, fromm; geistartig, unkörperlich; gasförmig; *g. gelider* innere Organe.
geist-lîche,-lîchen(t) Adv. geistlich, fromm; innerlich, im geistigen Sinn.
geist-licheit,-lichkeit stF Spiritualität, Vergeistigung; Frömmigkeit.
geist-lîchen swV A vergeistigen.
geist-lôs [s.] *geistelôs.*
geist-rîch [s.] *geistenrîch.*
geist-formic Adj. dem Geist verhaftet.
geit(e)-lôs [s.] *getelôs.*
geiz stF Ziege.
geiz-hâr stN Ziegenhaar.
geiz-horn stN Ziegenhorn.
geizîn Adj. *g. milch* Ziegenmilch.
geiz-kæse stM Ziegenkäse.
geiz-melc swM Ziegenmelker [Vogel].
geiz-milch stF Ziegenmilch.
geiz-mist stM Ziegenmist.
geiz-ouge stN Ziegenauge.
geiz-poc stM Ziegenbock.
geiz-venichel stM Ziegenfenchel.
geiz-vuoz stM Bocksfuß.
ge-jac stM Jagdbeute.
ge-jagen swV abs. eilen; A (er-) jagen.
ge-jâherren swV A bejahen.
ge-jâmeren swV unpers.+A bekümmern.
ge-jâren swV refl. mündig werden; Part.Adj. [s.]*gejâret.*
ge-jâret Part.Adj. bejahrt.
ge-jegede,-jegde,-jeit, -jegetze stN Jagd; Meute.
ge-jehen,-jehn stV [Va] D nachgeben; G/Ns*daz* behaupten; A erwählen; G+pD *ze* erklären für; G/A+D zuerkennen, anrechnen; nachsagen.

ge-jeit [s.] *gejegede.*

ge-justieren swV pA*wider*
mit eingelegter Lanze kämpfen gegen.

ge-kârt [s.] *kêren.*

ge-kelle stN Geschwätz.

ge-kêren swV pD*von* sich ab-
wenden/ entfernen von;
(refl.+) pD*ze /* pA*an, in, ûf, under /*Adv.lok. sich (hin-) wen-
den/ begeben zu; A lenken;
beweisen; A+pD*von* entfer-
nen/ abwenden von; A+pD
ze / pA*an,in* wenden an/ zu,
lenken in; *hin unde her g.*
+A hin und her drehen.

ge-kerzet Part.Adj. mit Kerzen erleuchtet.

ge-kiesen stV [IIb] A sehen.

ge-klaffen swV abs. schwatzen.

ge-klagen swV abs. sich beklagen; Anklage erheben; A
beklagen; A+D klagen.

ge-kleibet Part.Adj. ge-
tüncht.

ge-kleiden swV A(+pD*mit /*
pA*in)* bekleiden (mit), kleiden (in).

ge-kleit [s.] *klagen.*

ge-klopfen swV pA*an* klopfen an.

ge-klucken swV abs. picken.

ge-knüpfen swV A+pA*an*
binden an.

ge-kochen swV A verdauen.

ge-korn swV G kosten/ essen
von.

ge-kôse,-kœse   stN Geschwätz; Rede, Gespräch.

ge-kôsen swV A aussprechen.

ge-koufen swV A kaufen;
A+pD*von* loskaufen von.

ge-kouwen [s.] *kiuwen.*

ge-krademe stN Getöse.

ge-kreftigen swV A stärken.

ge-kreizelt Part.Adj. gebogen.

ge-krenken swV A schädigen, beeinträchtigen.

ge-krîgen stV [Ia] A erlangen.

ge-krispet Part.Adj. gekräu-
selt.

ge-krœnen swV A+pD*mit*
krönen mit.

ge-kunden,-kündigen swV
A beschreiben; verkünden.

ge-küssen swV [Prät. *ge-
kust-*] A küssen.

ge-kust [s. auch] *küssen* [1].

gel Adj. [flekt. *gelwe-*] gelb;
blond; blass.

ge-laben[1] swV refl.+pD*von*
sich erholen von; A(+G/pD
mit) erquicken/ stärken/ laben (mit).

ge-laben[2] stN Vergnügen.

ge-lachen swV abs./G(+refl.
D) lachen (über).

ge-laden[1]**,gi-laden**   stV
[VIa, Prät. auch sw] A füllen.

ge-laden[2] swV A(+pD*ze /* pA
an) einladen (in/ zu).

ge-lâgen swV D entgegense-
hen; nachstellen; Ns*daz* abwarten.

ge-laht [s.] *legen.*

ge-lân [s.] *gelâzen.*

ge-lange swM Verlangen,
Sehnsucht, Begierde.

ge-langen swV pD*ze /* pA
*in, ûf /*Adv.lok. gelangen in/
auf/ zu; unpers.+A+G/Ns*daz*
verlangen nach; A(+pD*mit*)
erreichen (mit).

ge-lant(-)   [s.]   *gelenden* ;
lenden.

ge-læren swV A+pD*ûz*
schöpfen aus.

ge-larn [s.] *lesen.*

ge-lârt(-) [s.] *gelêren* ; *lêren.*

gelas [s.] *glas.*

gelase swM [Edelstein].

ge-last [s.] *glast.*

ge-lastern swV A verderben;
Part.Adj. [s.] *gelastert.*

ge-lastert Part.Adj. *g. hûs*
Bordell.

ge-lâsûrt Part.Adj. *g. dictam*
geblauter Diptam [Heilmit-
tel].

**ge-lâz,-læze,-lœz,-lôz,
glâz** stMFN Benehmen, Verhalten; Auftreten, Haltung;
Wesen, Art, Weise; Zustand;
Herkunft; Gelassenheit, Ergebenheit; Duldung; Ver-
mächtnis; Wohnstatt.

ge-lâzen[1]**,gi-lân,-lôzen**
stV [VIIb, Part.Prät. auch
sw] abs. handeln; refl. sich ge-
dulden; (refl.+)Adv. sich ge-
bärden/ verhalten; refl.+pA*an*
(+G) sich verlassen/ einlassen auf; refl.+pD*ze /* pA*ûf*
sich niederlassen auf; A /G
(+D/pD*ze /* pA*an*) verlassen,
aufgeben, unterlassen, verzichten auf; hinterlassen,
überlassen/ übergeben (an);
A+Adv.lok. schicken; A /G+
pD*von* (+D) weg-, loslassen,
lösen (von); *vrî g.* +A(+pD
von) freilassen, verschonen
mit; *wâr g.* +A erfüllen;
sweiz g. Schweiß vergießen; Part.Adj. [s.] *gelâzen* [2].

ge-lâzen[2] Part.Adj. ergeben,
gelassen.

ge-lâzenheit,-lôzenheit
stF Gelassenheit; Geduld;
Selbstbeherrschung; Hingabe, Ergebenheit; Verlassenheit.

ge-lâzenlîche Adv. geduldig;
demütig, gelassen.

ge-lazt- [s.] *geletzen.*

gelben [s.] *gilwen.*

gelb-lot Adj. gelblich.

gelden [s.] *gelten.*

ge-lebede,-lebde stF Erquickung.

ge-,gi-leben swV abs./G/D/
pD*von /* pA*an* am Leben blei-
ben/ sein (bis zu), leben (für,

von); A/Nsdaz erleben, erfahren.

ge-ledegen,-ledigenswV A (+pDûz,von) befreien (von), retten (aus).

ge-lêden [s.] *geleiten.*

ge-ledigen [s.] *geledegen.*

ge-lege stFN Lage; Vorgang.

ge-legen swV refl. lagern, sich ausruhen, sich beruhigen; refl.+pDin /Adv.lok. sich begeben in; A niederlegen, niederwerfen; ausführen; anbringen; A+D/pAan legen zu; zuteil werden lassen; A+pDab abnehmen von; A+pA *in,vür* legen in/ vor;*wüeste g.* +A verwüsten; *die sprache g.* stumm werden; *den schal g.* das Gebrüll ersticken.

ge-legenheit stF Lage, Stand; Gegend; Beschaffenheit, Zustand; Verhältnis; Umstand; Art, Weise; Verwendung, Möglichkeit.

ge-legenlich Adj. direkt.

ge-legenlîche Adv. angrenzend, benachbart, unmittelbar; *g. stân* gelegen sein.

ge-lehter stN Gelächter.

ge-leich stFN Gelenk.

ge-leichen swV abs. trügen; refl./Adv.lok. sich bewegen.

ge-leichic Adj. beweglich.

ge-leide [s.] *geleite* [1].

ge-leiden swV abs. Leid verursachen; G wehklagen über; A+D verleiden.

ge-leidigen swV A verletzen, verfolgen.

ge-leinen swV refl.+pAan sich lehnen an.

ge-leisten swV A/G/Nsdaz (+D) gewähren, leisten, zahlen, erfüllen; (ab-) geben; hervorbringen; aufbringen, aufbieten.

ge-leit(-) [s.] *gelegen; legen.*

ge-leite[1]**,-leide** stN Geleit, Schutz; Begleitung; Führung; Anleitung; Zollrecht, Zollzahlung, Geleitgeld.

ge-leite[2] swM Führer, Begleiter.

ge-leite[3] swF Führerin, Begleiterin.

ge-leiten,-lêden swV A (+pDze /pAan,in,ûf,vür /Adv. lok.) führen/ geleiten (an/ zu); anleiten; richten auf; *daz leben g.* das Leben erhalten; *swert g.* zum Ritter geschlagen werden.

ge-leiter stM Führer, Begleiter.

ge-leitic Adj. *der ros g. sîn* beritten sein.

ge-lende[1]**,-lent** stN Gebiet.

ge-lende[2] stN Landung.

ge-lenden,-lenten swV [Prät. *gelant-*] Adv.lok. enden; kommen, hinkommen; pAin einlaufen in; pAvür treiben vor; A ausführen, beenden.

ge-lengic Adj. begehrlich.

ge-lenke[1] Adj. beweglich, geschmeidig.

ge-lenke[2] stN Taille; Biegsamkeit.

ge-lenket Part.Adj. schlank.

ge-lent [s.] *gelende* [1].

ge-lenten [s.] *gelenden.*

ge-leren [s.] *lesen.*

ge-,gi-lêrenswV [Prät. auch *gelârt-*] A(+A/Nsdaz,w/ Adv.lok.) lehren, unterweisen, bekannt machen (mit); weisen, lenken; lernen, begreifen; Part.Adj. [s.] *gelêret.*

ge-lêret,-lêrt,-lârt Part. Adj. weise, erfahren; gebildet, belesen; schreib-, schriftkundig.

ge-lernec/ic, glirnic Adj. gelehrig.

ge-lernen,-lirnen swV A/ Nsdaz /Inf. (er-) lernen, wissen, erfahren.

ge-lêrte swM Gelehrter.

ge-lesen stV[Va] A/Nsdaz, w lesen,erfahren, kennen lernen; ausüben; auswählen; sammeln; A+D vorlesen; pflücken; A+pDze an sich ziehen.

gele-suht [s.] *gelsuht.*

ge-letzen swV [Prät. auch *gelazt-*] A verletzen; entfernen; erschöpfen; A+pDan hindern an.

gelf[1]**,gelpf** Adj. hell, leuchtend; gelb; fröhlich; übermütig, frech.

gelf[2]**,gelpf** stM Ruf, Geschrei, Gebrüll; Übermut, Spott, Prahlerei; Macht.

gelfen swV abs. prahlen; A verkünden.

ge-lîben stV [Ia] *nie g.* +Ns *unze* nicht ruhen bis.

ge-lîch,gi-,ke-lîge, glîch,klîch Adj. gleich, ähnlich, entsprechend, vergleichbar; solch; übereinstimmend; gleichgesinnt; ebenbürtig; gleichmäßig, ebenmäßig; ausgeglichen; angemessen; gleichgültig; *sîn/ ir g.* [auch] seines-, ihresgleichen; *dem wunsche g.* vollkommen; [nachgest. auch jede (-r/ -s), z.B. *tier g.* jedes Tier, *vrouwen g.* jede Frau].

ge-lîche[1]**,glîche** Adv. gleich; genauso, ebenso; gleichermaßen; gleichmäßig; einstimmig; gleichzeitig, sogleich; *diu/ dem g.* so; *g.* +D vergleichbar, wie; *g. sam* ebenso wie.

ge-lîche[2]**,glîche** stF Gleichnis; gleiche Menge; Gleichartigkeit.

ge-lîcheit,glîcheit stF Gleichheit, Ähnlichkeit, Übereinstimmung; Angleichung; Harmonie; Gleichmut.

ge-lîchen,glîchen swV [Prät. auch stV Ia] abs. gleich sein/ bleiben; (refl.+) D/pDze gleichen, entsprechen, vergleichbar sein mit, gleich werden; passen zu; refl.+Adv. sich stellen; A+ D/pDnâch,ûf,ze vergleichen/ gleichsetzen, gleichmachen (mit); an-, ausgleichen;erklären;A+pDan messen an.

ge-lîchenisse [s.] *gelîchnisse.*

ge-lîchert Part.Adj. unentschieden.

gelîcherte,glîcherte stF Harmonie.

gelîcher-,glîcher-wîse Adv. gleichermaßen.

ge-lîches, glîch(e)s Adv. gerade, geradewegs; genau, genauso.

gelîch-gevar Adj. gleichartig, ähnlich, vergleichbar.

gelîch-lîche(n),glîch-lîche(n) Adv. gleichermaßen.

ge-lîchnisse,-lîchenisse, glîch-nisse,-nusse, -nus(t) stF Gleichheit, Ähnlichkeit; Ab-, Ebenbild; Gestalt, Erscheinung, Wesen; Gleichnis, Beispiel, Vergleich, Rätsel.

gelîch-,glîch-nus-gebent Part.Adj. beispielgebend, gleichnishaft.

ge-lîchsære [s.] *gelîchsnære.*

ge-lîchsen(en),-lîchsnen,glîsnen swV abs./D heucheln;A (vor-) täuschen.

ge-lîchsener [s.] *gelîchsnære.*

gelîchsenerin, glîchsenerin stF Heuchlerin.

ge-lîchsenheit,glîchsenheit stF Heuchelei, Scheinheiligkeit.

ge-lîchsenüsse,glîchsenisse stF Heuchelei.

ge-lîchsetzel,-setzler stM geschlossene Zahnreihe.

gelîch-,glîch-sîn stN Gleichheit.

ge-lîchsnære/âre/er, glîchs(e)nære/er, glîch(e)sære,glîsnære stF Heuchler, Gleisner, Scheinheiliger.

gelîch-,glîch-stân anV abs. gleichmütig sein.

ge-lîchunge,glîchunge stF Ähnlichkeit, Übereinstimmung.

gelîch-,glîch-virbich Adj. einfarbig.

gelîch-,glîch-förmelich Adj. ähnlich.

gelîch-formickeit stF Ähnlichkeit.

ge-licken [s.] *geligen.*

ge-lide stN Gebein.

ge-lidemæze stN Glied; [Pl.] Gliedmaßen.

ge-lîden stV [Ia] abs./refl. sich gedulden/ zufrieden geben; G/A ertragen, aushalten, erleiden, dulden; gutheißen.

ge-lider [s.] *gelit.*

ge-lieben[1] swV abs. geschätzt werden; refl.(+D) sich beliebt machen (bei), sich zuneigen; D lieb sein, gefallen; A lieben; A+D lieb machen, nahe bringen, nahe legen.

ge-lieben[2] swM [Pl.] Liebende.

ge-liegen stV [IIa] abs. lügen; D/pDze die Unwahrheit sagen (zu).

ge-liep Adj. lieb, vertraut, verbunden.

ge-lîge [s.] *gelîch.*

ge-ligen,-licken stV [Vb] abs./Adj./D/pDan,bî,in,vor, ob,ûf,under,ze /Adv.lok.(da-) liegen (in/ an/ auf/ bei/ unter/ vor); liegen bleiben (auf/bei/ unter/ vor); ruhen, sich hinlegen; daniederliegen; umkommen, fallen; unterliegen; vergehen, enden, aufhören; *eines kindes/ sunes g.* im Kindbett liegen, niederkommen mit; *tôt (dânider)/ mit tôde/ an dem tôde g.* (+D) sterben, im Sterben liegen; *der tac geliget kurz/ lanc* der Tag ist kurz/lang; *der tac/ diu zît geliget* (+D) der Tag/ die Zeit bricht an/ kommt/ naht.

ge-ligere stN Lager, Lagerstätte.

ge-lîhen stV [Ib] A(+D) zu Lehen geben, verleihen.

ge-lîhtern,-lîhtern swV A erleichtern; mildern.

ge-lîmet,-lîmt Part.Adj. an-, festgeleimt; mit Leim bestrichen; eng anliegend; angeschmiegt.

ge-limpf,-linpf,glimpf, glimf stswM Benehmen, Gebaren; Anstand; Angemessenheit; Anschein; Befugnis; Behandlung.

ge-limpfen,glimpfen swV abs. angemessen sein; refl.+Adv. sich benehmen; A/G(+D) dulden, nachsehen; A+D+pDze anrechnen als.

gelîn [s.] *galîe.*

ge-linc Adj. linke (-r/ -s).

ge-linge stswMN Gelingen, Erfolg.

ge-lingen stV [IIIa] unpers.+D (+Adv./ pDan, mit)

Erfolg/ Glück haben (bei), gelingen, glücken (mit); un-pers.+A+G+Adv. ergehen mit; *des weges g.* unpers.+D vorwärts kommen.
ge-linpf [s.] *gelimpf.*
ge-lîp Adj. beschaffen.
ge-lirnen [s.] *gelernen.*
ge-lit,gi-lit,glit stN [Pl. auch *gelider*] Glied; Arm; (Körper-) Teil; Organ; Ab-schnitt; [auch expl., z.B. *des herzen g.* Herz].
ge-liubde [s.] *gelübede.*
ge-liuhten,-lûhten swV abs./D (auf-) leuchten; pA *in,zwischen* scheinen in/ zwischen.
ge-liune,-lûne stN Kör-perbau.
ge-liute,gu-lûte stN Ge-töse; Glockengeläut.
gelle[1] swM Nebenbuhler.
gelle[2] swF Gefährtin.
gellen[1] stV [IIIb] abs./pD *nâch* /Adv. ertönen, klin-gen; schreien (nach); zi-schen.
gellen[2] swV A vergällen; ausnehmen; Part.Adj. [s.] *gellende.*
gellende Part.Adj. *gellen-der stein/ vels, gellendiu vluo* hohler Fels.
gellic Adj. mürrisch; gal-lenbitter.
gellin stF Gefährtin.
gellunge stF Dröhnen.
ge-lobede [s.] *gelübede.*
ge-loben,-loven,-lüben swV refl. sich zurückzie-hen; refl.+pA*in* sich binden an; A(+pD*ze*) preisen, lo-ben; billigen; zur Frau/ zum Mann nehmen; wählen/ er-nennen (zu); verpfänden für; A/G/Ns(*daz*)/Inf.*ze* (+D/ pA*gegen,wider*) verspre-chen, geloben, beschwören;

beschließen.
ge-lôben [s.] *gelouben.*
ge-lœbic [s.] *geloubec.*
ge-löblich Adj. preisend, lobend.
ge-lochen Part.Adv. *zesa-mene g.* zusammengerollt.
ge-löcke stN Locken.
ge-locken [s.] *gelougen.*
ge-logen Part.Adj. erlo-gen, erfunden.
ge-,gi-lônen swV D(+A/ G)(+pD*mit*) danken/ (be-) lohnen/ bezahlen/ vergel-ten/ heimzahlen (für/ mit).
ge-löschen swV A lö-schen; Part.Adj. [s.] *ge-löscht.*
ge-loschieren swV abs. unterkommen.
gelöscht Part.Adj. *ge-löschte schuoch* Saffian-lederschuhe.
ge-losen swV G/D anhö-ren, zuhören, hören auf.
ge-lôsen,-lœsen swV G loswerden, sich befreien von; A(+pD*von*) losspre-chen/ lösen(von).
ge-lost [s.] *gelust.*
ge-loste stF Hitze.
ge-lœte stN Gewicht.
ge-loube,gi-louve,glou-be,glôbe stswMF Glaube; Glaubensbekenntnis.
ge-loubec/ic,gi-löubic, -loubech/ich,-lœbic, gloubic,glöubic Adj. (recht-) gläubig, überzeugt; ergeben, vertrauensvoll; *g. sîn* +G/D/pA*an* glauben an.
ge-louben,gi-löuben, -lôben,-lôven,glouben, glöuben,glôben swV abs./D/pA*an* glauben (an); D (ver-) trauen, entgegen-kommen; folgen; refl.+G/ Ns*daz* sich enthalten, ver-

zichten auf, ablassen von; aufhören mit; aufgeben, sich trennen/ befreien von; A/G/Ns(*daz,w*)(+D) glau-ben, erwarten; erlauben; pA*ûf* +Ns*daz* denken von.
ge-löubisch,glöubisch Adj. rechtgläubig.
ge-loufen stV[VIIe] pD*ze* / pA*ûf* gelangen zu, treiben an; A laufen.
ge-loufte swM Kumpan.
ge-lougen,-loukenen, -locken swV G (ver-) leugnen, abwenden.
ge-loup Adj. belaubt.
ge-louphaft Adj. vertrau-ensvoll.
ge-louphafte Adv. gläubig.
ge-louplich,-löuplich, glœp-lich Adj. wahr-scheinlich, glaubwürdig; gläubig; *gelouplicher stîc* Weg des Glaubens.
ge-louplîchen Adv. ver-trauensvoll.
ge-louve [s.] *geloube.*
ge-loven [s.] *geloben.*
ge-lôven [s.] *gelouben.*
ge-lôz(-),-lœz [s.] *ge-lâz(-).*
gelpf [s.] *gelf.*
gelpfe stF Glanz.
gelpf-heit stF Leuchtkraft.
gelsen swV abs. jaulen.
gelster Adj. hell.
gel-,gele-suht stF Gelb-sucht.
gel-sühtic Adj. gelbsüchtig.
gelt stMN Geld; Preis; Ein-künfte, Besitz; Bezahlung, Lohn; Ertrag, Erlös, Ge-winn; Anteil; Einsatz; Ab-gabe, Zins; Schulden; Rückzahlung; Ersatz, Ent-schädigung, Wiedergutma-chung, Vergeltung; Bürge.
geltære/er stM Gläubiger; Schuldner.

gelteli stN Gefäß.

gelten,gelden,kelten stV [IIIb] abs. gelten; D zustehen; Ersatz leisten, Schulden zahlen; unpers.+A/Inf. gehen um; A/Nsdaz,w (+D/ pAwider) be-, zurückzahlen, ersetzen, erstatten; vergelten, heimzahlen; zurückgeben, entschädigen (für); büßen (für); kosten, wert sein; einsetzen; belohnen; erwidern; einbringen; Part. Adj. [s.] geltende.

geltende Part.Adj. geltendez guot Zinsen.

gelt-huon stN Zinshuhn.

geltic Adv. wieder gutmachend.

gelt-nüsse [s.] galtnüsse.

gelt-swîn stN Zinsschwein.

ge-lübede,-lub(e)de, -lüb(d)e,-liubde,lobede,glubede stFN Gelübde; (Treue-) Versprechen; Gelöbnis; Verheißung;Vertrag.

ge-lüben [s.] geloben.

ge-lücke,-lück,-luck(e), -luckd,glück(e),gluck, gluckd stN Glück, Heil, Segen; Erfolg; Los, Schicksal; Zufall.

ge-luckelîche Adv. glücklich.

ge-lücken swV unpers.+D +pDan glücken mit.

ge-luckhaft,glück-,gluckhaft(ic) Adj. gesegnet.

ge-luckrat,gluc-,gluc(t)-rat stN Glücksrad.

ge-ludme,-ludeme,-lüdme stN Lärm, Getöse; Geschrei; Versuchung.

ge-lûgen [s.] geluogen.

ge-lûhte stN Glanz, Leuchten; Helligkeit.

ge-lûhten [s.] geliuhten.

ge-lûne [s.] geliune.

ge-luogen,-lûgen swV pD ze /pAin,vür /Adv.lok. schauen (in/ vor);G forschen nach.

ge-lüppe,-luppe stN Gift.

ge-lürme stN Insekten.

ge-luste,-lüst(e),-lost, glust(e),glüst stswM stFN Verlangen, Sehnsucht; Zuneigung; Freude, Vergnügen; (Kampfes-, Liebes-) Lust; Genuss, Genusssucht; Begierde; Koitus.

ge-lustelach stN Vergnügen.

ge-lustelich,-lustlich, glust-,glüst-lich Adj. erfreulich; köstlich; fröhlich; freudig.

ge-lustelîche(n) Adv. fröhlich, freudig; erfreulich; köstlich.

ge-lusten,-lüsten,glusten swV G verlangen nach; D Freude bereiten; A anregen; unpers.+A+G/ Nsdaz / Inf.ze verlangen/ gelüsten (nach/ zu).

ge-lustic Adj. neugierig.

ge-lustigen swV gelustiget werden +G verführt werden von.

ge-lustikeit stF Begierde.

ge-lustlich [s.] gelustelich.

ge-lustlicheit stF Vergnügen; Begierde.

ge-lûte [s.] geliute.

ge-lûteren swV A läutern.

gel-var Adj. gelb.

gelwe- [s.] gel.

ge-mach¹ Adj. angenehm; rücksichtsvoll.

ge-mach²,-mache Adv. gemächlich, bequem; ruhig; vorsichtig.

ge-mach³ stMN Bequemlichkeit, Ruhe, Erholung, (Wohl-) Befinden, Annehmlichkeit, Wohltat; Zufriedenheit, Glück, Vergnügen; Pflege, Erfri-

schung; Schutz, Frieden; (Ruhe-) Platz, Unterkunft, Bleibe; wunders g. etwas Merkwürdiges/ Wunderbares.

ge-mache [s.] gemach².

ge-machede [s.]gemechede.

ge-machen swV A/Nsdaz (+D)(+Adj./pDze) machen (zu), erschaffen, hervorbringen; erreichen, hervorrufen; verschaffen.

ge-machlîche [s.] gemechlîche.

ge-machsam Adj./Adv. gemächlich, bequem; angenehm; einfach; geeignet.

ge-mâge Adj. verwandt.

ge-mahel¹,-mæhel,-mehl stswM Bräutigam; (Ehe-) Mann, Gemahl.

ge-mahel²,-mahele,-mæhel,-mâle,-mahl stswF Braut; (Ehe-) Frau, Gemahlin.

ge-mahelen,-maheln, -mehlen swV A+D vermählen mit; weihen; A+ refl.D sich verbinden mit.

ge-mahelîn,-mehelîn stF Ehe (-schließung).

ge-mahellich,-mehellich Adj. ehelich; unverbrüchlich.

ge-maheln [s.] gemahelen.

ge-mahelschaft,-mehelschaft stF Vereinigung,Gemeinschaft.

gemahel-,gemehel-schaz stM Brautgabe.

gemahel-vingerlîn stN Verlobungsring.

ge-mahl [s.] gemahel².

ge-mahlet,gi-meht stFN Genitalien; Hoden.

ge-mâl Adj. bemalt, gemalt, gefärbt; gemustert, bestickt, verziert.

ge-mælde,-mæl,-mæle stN Gemälde, Bild; Muster;

Stickerei; Prägung.
ge-mâle [s.] *gemahel* [2].
ge-mæle [s.] *gemælde.*
ge-maln stV [VIa] A zermahlen.
ge-man Adj. *g. sîn* Gefolgsleute haben.
ge-manc stM Beimischung, Vermischung.
ge-mande stN Ermahnung.
ge-mane Adj. *g. sîn* eine Mähne haben.
ge-manen swV (unpers.+)A+ G/Ns*daz,ob* erinnern (an); ermahnen; A+pA*umbe* bitten für.
ge-manicvaltigen swV A vervielfachen.
ge-mannen swV abs. zum Mann werden.
ge-mannet Part.Adj. verheiratet.
ge-marc stN Mark;*innigest g.* Innerstes.
ge-marct- [s.] *gemerken.*
ge-mare swM Genosse.
ge-marht- [s.] *gemerken.*
ge-marteren,-martern swV A martern.
ge-masten swV D fett werden.
ge-mæze Adj. angemessen; entsprechend; nötig.
ge-mâzen swV A(+G/D/pD *ze*) ermessen; vergleichen/ messen (mit); mäßigen, verringern, zurückhalten (von).
ge-mazze[1] stF Tischgenossin.
ge-mazze[2] swMTischgenosse.
ge-,gi-mechede,-mache-de stN Ehepartner.
ge-mechlich,-melich Adj. *nâch gemelicher sache* zur Erholung.
ge-mechlîche,-machlî-che,-me(t)lîche Adv. bedächtig, ruhig, langsam,

vorsichtig.
ge-mecht stN Gemisch; Pulver.
ge-megenen swV abs. wachsen.
ge-mehel(-),-mehl [s.] *gemahel(-).*
ge-meht [s.] *gemaht.*
ge-meilen,-meiligen swV abs. unrein werden; A beflecken, verderben.
ge-mein[1]**,-meine,-mein-de** stF Gemeinde, Gemeinschaft; Allgemeinheit; Anteil; Art, Gattung; *in einer g.* [auch] im Allgemeinen.
ge-mein[2] Adv. [s.] *gemeine* [1].
ge-meinclîche [s.] *gemeineclîche.*
ge-meinde [s.] *gemein* [1].
ge-meinden swV refl.+D sich mitteilen.
ge-meinder [s.] *gemeiner.*
ge-meine[1]**,gi-mein(e), -meint** Adj./Adv. gemeinsam, zusammen; gemeinschaftlich; allgemein; sämtlich, gesamt, ganz; übereinstimmend, einstimmig; einfach, gewöhnlich, üblich; (weit) verbreitet; öffentlich; käuflich; nützlich; vertraut, zugewandt; *gemeinez wîp* Hure; *gemeiner tôt* natürlicher Tod.
ge-meine[2] stF [s.] *gemein* [1].
ge-meinec/ic-lîche, -meinclîche Adv. gemeinsam; gleichermaßen; gewöhnlich.
ge-meinen[1] swV A verehren, schätzen, lieben.
ge-meinen[2] swV pD*mit* verkehren mit; A(+D/pA*an*) mitteilen; vereinigen/ verbinden (mit); vermachen.
ge-meiner,-meinder stM Anhänger; Teilhaber.

ge-meinheit stF Allgemeinheit.
ge-meinlich Adj.,-lîche(n) Adv. sämtlich, allgemein; gemeinsam; ausnahmslos; insgesamt; übereinstimmend, einstimmig; gewöhnlich; gleich.
ge-meinsamclich Adj. wesensgleich.
ge-meinsame stF Gemeinschaft, Gemeinsamkeit.
ge-meinsamen swV pD*mit* verkehren mit; A(+D) mitteilen.
ge-meinsamkeit stF Gemeinschaft.
ge-meinschaft stF Gemeinschaft, Gemeinsamkeit; Verbindung, Vereinigung.
ge-meint [s.] *gemeine* [1].
ge-meistern swV G beherrschen.
ge-meit[1] Adj. froh, fröhlich, freudig; zuversichtlich; angenehm; edel, schön, stattlich; stolz, kühn; tüchtig; prächtig, kostbar; *sich g.dunken* +G sich etwas einbilden auf.
ge-meit[2] stN Prachtstück.
ge-meiten Adv. untätig, müßig.
ge-melden swV A/G/Ns*w* berichten, melden; gestehen; A+Ns *daz*
geme-,gemel-lich Adj.,-lîche(n) Adv. fröhlich, lustig, ausgelassen; angenehm; spaßig; merkwürdig.
geme-lîche stF Ausgelassenheit.
ge-melich Adj. [s.] *gemech-lich.*
ge-melîche Adv. [s.] *ge-mechlîche.*
gemel-lich,-lîche(n) [s.] *gemelich.*
ge-menden swV refl.+G sich erfreuen an.

ge-menen swV D ein Zugtier anspannen.

ge-menge,-meng(ede) stF (Ver-) Mischung; Gewühl.

ge-mengen swV A+pD*von* mischen aus.

ge-menschet Part.Adj. *g. got* Mensch gewordener Gott.

ge-mêren swV A(+D) vermehren, vergrößern; stärken; aus-, verbreiten; f ortsetzen.

ge-merke stN Gelände, Grenze, Standort; Aufmerksamkeit, Betrachtung; Erkenntnis-, Urteilsvermögen; Absicht; Beschaffenheit, Merkmal.

ge-merken,-mirken swV [Prät. auch *gemarct-, gemarht-*] A/G/N s wahrnehmen, bemerken; beachten; erkennen; verstehen.

gêmer-lich [s.] *jâmerlich.*

ge-mern swV abs. speisen; A+pA*in* eintunken in.

ge-metlîche [s.] *gemechlîche.*

ge-mezzen¹ stV [Va] A/G/ N s ausmessen; ermessen, abschätzen; vermuten; sich vorstellen; A+pD*under* aufteilen unter; A+pA*an* richten an.

ge-mezzen² Part.Adj. *gemezzeniu rede* gebundene Rede.

ge-mîden stV [Ia] A meiden.

ge-mieten swV A+pD*mit* belohnen mit.

ge-mindern [s.] *geminnern.*

ge-minne Adj. lieb, zugetan, vertraut.

ge-minnen swV A lieben.

ge-minnern,-mindern swV A+D verringern; erleichtern.

ge-minnesam Adj. freundlich.

ge-minnete,-minte swM Geliebter.

ge-mirken [s.] *gemerken.*

ge-mischen swV [Prät. auch *gemist-*] refl. sich einmischen; ins Handgemenge kommen, sich verkeilen; A+pD*ze* beimischen.

ge-mischet Part.Adj. (weiß und rot) gemischt; *gemischetez hâr* graues Haar; *gemischetiu varwe* wechselnde Farbe.

ge-missen swV G verlieren.

ge-mist- [s.] *gemischen.*

ge-miure,-mûre stN Gemäuer, Mauern; Gebäude.

ge-mûde [s.] *gemüet(e).*

ge-müejen,-müen,-muon swV A(+G) bedrängen, belästigen, verdrießen, kränken; anstrengen.

ge-müet(e),-muot(e), -mûde stN Sinn, Geist; Herz, Wesen, Gemüt; Gesinnung; Stimmung; Mut, Entschlossenheit; Begehren, Streben; *des gemüetes vergezzen* die Besinnung verlieren; *guot g. nemen* +refl.D zuversichtlich sein.

ge-müeteclich Adj., **-müeteclîche,-muoteclîche** Adv. freundlich, herzlich; freudig.

ge-müetekeit stF Vergnügen.

ge-müetlich Adj., **-lîche** Adv. ausgeglichen; einvernehmlich; unbeirrbar.

ge-müffe stN Gemaule.

ge-mügen anV A/Inf. können, vermögen.

ge-mulle stN Abfall.

ge-muon [s.] *gemüejen.*

ge-muot¹,-mût Adj. gesinnt, gestimmt, eingestellt; mutig, kühn; *wol g.* froh, zufrieden, zuversichtlich, verständig; [auch expl., z.B. *trûrec g.* traurig].

ge-muot²,-muote stN [s.] *gemüet(e).*

ge-muoteclich,-lîche [s.] *gemüeteclich.*

ge-muoten swV A/G/N s*daz* (+D/pA*an*) erhoffen/ erwarten/ verlangen (von).

ge-muothaft Adj. voller Tatendrang; *g. sîn* +pA*an* vertrauen auf.

ge-muotheit stF Frohsinn, Vergnügen; Kühnheit.

ge-muozegen,-mûzegen swV refl.+pD*ze* sich Zeit nehmen für.

ge-muozen,-*muoten swV D begegnen.

ge-mûre [s.] *gemiure.*

ge-mût [s.] *gemuot¹.*

ge-mûticheit [s.] *gamûticheit.*

ge-mûzegen [s.] *gemuozegen.*

gemzinc stM Gemsbock.

gên¹ Präp. [s.] *gegen¹.*

gên² stV [s.] *geben¹.*

gên³ anV [s.] *gân.*

ge-næch [s.] *genæhe.*

ge-næchen [s.] *genâhen.*

ge-nâde,gi-nôde,gnâde stswF Gnade, Segen; Erbarmen; Barmherzigkeit, Güte, Nachsicht; Vergebung; Seligkeit; Huld, Gunst; Wohltat; Erhörung; Zuneigung, Wohlwollen; Vertrauen; Dank; Ruhe, Frieden; Glück, Annehmlichkeit, Wohl; Wohlstand; Hilfe, Beistand; Obhut, Schutz, Schonung; Macht; Dienst; Wunder; Verheißung; Erleuchtung; *ûf/ze g.* im Vertrauen (auf Gnade/ Hilfe/ Schutz/ Anerkennung).

ge-nædec/ic,gi-nædich, -nâdic/ich,gnædic/ich, gnâdic/ich Adj. gnädig, barmherzig; freundlich wohlgesonnen, gütig, geneigt; nachsichtig; hilfreich, förderlich.

ge-nædec-lich,-nâdiclich,gnâdec-lich,gnædec/ic-lich Adj., **-lîche(n)** Adv. gnädig, barmherzig; geneigt, freundlich, huldvoll; gnadenvoll; erleuchtet; glücklich; angenehm.

ge-nâden,gnâden swV [Prät. auch *genât-, gnât -*] G/D gnädig sein, sich erbarmen; helfen; D(+G/p*Aumbe /* Ns*daz*) danken (für).

genâden-,gnâden-arm Adj. der Gnade bedürftig.

ge-nædenlich,-nædelich,gnædenlich Adj., **-lîche(n)** Adv. gnädig, gnadenvoll, gnadenhaft.

genâden-lôs,genâde-, genôde-lôs,gnâde(n)-, gnâd-,gnôde-lôs Adj. ohne Gnade; unselig, gottverlassen; unglücklich, ungeheilt, unerquickt; ungläubig; unbarmherzig, lieblos.

genâden-,gnâd-lôse stF Gottverlassenheit.

ge-nâden-,gnâd(en)-rîch Adj. gnadenreich, -voll.

genâden-,gnâden-rîchkeit stF Gnadenfülle.

genâden-vaz stN Gefäß der Gnade.

genâden-viur,genâdevûer stN Feuer der Gnade.

genâden-,gnâden-vol Adv. gnadenvoll.

genâden-,gnâden-werc stN Gnadenwerk.

ge-nædicheit,-nædikeit, gnâdic-heit stF Barmherzigkeit, Güte; Gnade.

ge-næens wV [Prät. *genât -*] A nähen.

ge-nagen stV [VIa] A(+D)

auffressen; abnagen, annagen; vernichten.

ge-nagunge stF Beschädigung.

ge-næhe,-næch stF Nähe.

ge-nâhen,gi-næh(e)n, -næhenen,-næchen swV abs./(refl.+)D sich nähern; nahe kommen, begegnen.

ge-name[1] swF Namensschwester.

ge-name[2] swM [s.] *genanne*.

ge-næme,-nâme Adj. angenehm, wohlgefällig, willkommen; schön; freundlich; beliebt, angesehen, geachtet; annehmbar.

ge-nand- [s.] *genenden*.

ge-nanne,gi-name swM Namensvetter, Bruder.

ge-nant Part.Adj. bekannt, berühmt.

ge-nant(-) [s.] *nemmen; genenden; genennen.*

ge-nâr- [s.] *genesen.*

ge-naset Part.Adj. *g. sîn* eine Nase haben.

ge-nât- [s.] *genâden ; genæen.*

ge-natûret Part.Adj. natürlich; angestammt; beschaffen; (vorher-) bestimmt.

ge-nâwe [s.] *genou.*

genc-lich Adj. hinfällig.

genden [s.] *geenden.*

ge-nebe [s.] *geneve.*

ge-neiclich Adj. anfällig, hinfällig.

ge-neiclicheit stF Neigung.

ge-neigen,-neiken swV [Prät. auch *genîht-*] abs./ refl.+D/p*Aûf* (nieder-) sinken (auf); refl.+G sich unterziehen; refl.+D sich unterwerfen/ beugen; refl.+pD*ze* sich herabneigen zu; A herabsenken.

geneiget,-neigt Part.Adj. herabhängend; niedrig gelegen; elend.

geneister [s.] *ganster.*

ge-,gi-nemen stV [IVa] G / (refl.D+)A/Ns*daz* (+pD*in,ze, von /* p Aan,in,vûr) nehmen (an/ auf/ in/ zu); erlangen, gewinnen, ergreifen, finden; annehmen/ erhalten/ empfangen (von); wahrnehmen; aufnehmen (in); erwählen/ ansehen als; A+D wegnehmen; *wâr g.* +G bemerken, prüfen; *wunder g.* unpers.+A+ Nsw sich fragen/ wundern; *nâch der ê /* sich zer werlde g. rechtskräftig heiraten.

ge-nemmen [s.] *genennen.*

genen [s.] *ginen.*

ge-nende[1] Adj./Adv. kühn; entschlossen; unerschrocken; dreist; großzügig; sorgsam.

ge-nende[2]**,gi-nennede** stF Name, Bezeichnung; *die drî g.* [auch] die drei Personen (der Dreieinigkeit).

ge-nendec/ic Adj. tapfer, kühn, wagemutig.

ge-nendec/ic-lîche(n), -nendech-lîche(n) Adv. kühn, mutig, unerschrocken, entschlossen; nachdrücklich.

ge-nendekeit,-nendikeit stF Kühnheit, Entschlossenheit.

ge-nenden swV [Prät. *genand-, genant -*] abs./refl./G Mut fassen, sich aufmachen/ aufraffen (zu); pD*an,ze /* p A *an* sich entschließen zu, sich wenden an; D vorgezeichnet sein.

ge-nendikeit [s.] *genendekeit.*

ge-nenne Adj. berühmt.

ge-nennede [s.] *genende*[2].

ge-nennen,ga-nemmen swV [Prät. *genant* -] G / A (+D) (be-) nennen; aufzählen; A+pD*von* sagen von.

gener [s.] *jener.*

ge-nern[1],-neren,-nerien swV G/A(+pD*mit,vor*) retten, erhalten, ernähren (mit); heilen; schützen/ bewahren (vor).

ge-nern[2] stV [s.] *genesen.*

ge-nesche stN Lüsternheit; Genuss; Nascherei.

ge-,gi-nesen stV [Va, Prät. auch *genâr-*, Part.Prät. auch *genern*] abs./G/D/pD*von, vor* am Leben bleiben, (mit dem Leben) davonkommen; verschont bleiben (von), bewahrt werden/ sich schützen (vor); genesen, gesund werden; sich erholen (von); überstehen; überleben; zurechtkommen; selig werden, gerettet werden; niederkommen (mit), gebären; pD*bî, mit / p A in /*Adv.lok. bleiben/ leben bei/ in; A retten.

ge-neve,-nebe swM Verwandter.

genge[1] Adj. bekannt, verbreitet; schnell; *den lîp g. machen* die Verdauung anregen.

genge[2] stF Beschaffenheit.

ge-nibele stN Nebel, Dunst.

ge-nicken swV A beugen.

ge-nîden stV [Ia] A beneiden.

ge-nideren,-nidern swV A erniedrigen; zunichte machen; A+pD*ze* vermindern auf.

ge-nieten,gi-nîten stV refl. (+G)/G genug haben/ bekommen (von); sich sattsehen/ erfreuen (an); sich bedienen; erdulden, auf sich nehmen.

ge-niez stM Nutzen, Vorteil; Benutzung; Ertrag, Lohn; Entschädigung.

ge,-gi-niezen stV [IIb] G / Ns(*daz*) Nutzen/ Vorteil haben von; Dank/ Lohn erhalten für; Anteil haben an; sich erfreuen (an); Erfolg haben mit; A / G essen/ trinken (von); A+G erreichen/ gewinnen mit; *g. lâzen* +A+G/Ns*daz* zugute halten/ kommen lassen, profitieren von; *übele g.* +G entgelten, büßen müssen; Part.Adj. [s.] *genozzen.*

ge-niezer stM Nutznießer.

ge-niftel swF Nichte, Kusine.

ge-nîgen stV [Ia] refl. vornüber fallen; D/pD*ze* ; sich (ver-) neigen vor; zunicken.

ge-nîgic Adj. geneigt.

ge-nîht- [s.] *geneigen.*

ge-nippe [s.] *gnippe.*

ge-nisbære Adj. heilbar.

ge-nislich Adj. heilbar; selig.

ge-nist,gnist stF Heil; Heilung; Rettung, Erlösung; Nahrung, (Lebens-) Unterhalt.

ge-niste stN Nest.

ge-nisten swV abs. nisten.

gênît stN Rappe.

ge-nîten [s.] *genieten.*

ge-niuwen,-niuwern swV A wiederholen; wieder aufleben lassen.

genner [s.] *jenner.*

ge-nôc [s.] *genuoc.*

ge-nôch [s.] *genuoc* [2].

ge-nôde(-) [s.] *genâde(-).*

ge-nôgen [s.] *genüegen.*

ge-nôte[1],-nœte Adj. eifrig; begierig.

ge-nôte[2],-nœte Adv. eifrig; nachdrücklich, eindringlich, inständig; unablässig; heftig; eilig; ganz, sehr; genau, gründlich, sorgfältig; vollständig; reichlich.

genôte[3] stF [s.] *gegene.*

ge-nœten,-nôten swV G zwingen zu; A nötigen, verleiten; bezwingen.

ge-nôtzogen swV A vergewaltigen.

ge-nou,-nâwe Adj. dringend.

ge-noue Adv. genau.

ge-nôz(e), gnôz(e) stswM Gefährte, (Kampf-, Standes-, Gesinnungs-) Genosse; Verbündeter; Mitglied; Mensch; *g. sîn/ werden* +G/ D ebenbürtig/ gleich/ vergleichbar sein/ werden; *mîn/ sîn / ir g.* [auch] meines-, seines-, ihresgleichen.

ge-nôzen swV D gleichkommen; A+D/pD*ze* vergleichen/ gleichstellen mit; zurechnen; zugesellen.

ge-nôzinne stF Standesgenossin; Gefährtin.

ge-nôzsam Adj. ebenbürtig.

ge-nôzsamen swV A+D zugesellen; erheben zu; vergleichen/ gleichstellen mit.

ge-,gi-nôzschaf(t) stF Gemeinschaft, Schar; Stand.

ge-nozzen Part.Adj. unversehrt, unbesiegt, ungestraft.

gensischen Adv. wie eine Gans.

gens-smalz stN Gänseschmalz.

genster- [s.] *ganster.*

ge-nûc [s.] *genuoc.*

ge-nûch [s.] *genuoc* [2].

ge-nûchsamlîche [s.] *genuhtsamelîche.*

ge-nüegde [s.] *genüegede.*

ge-nüegdelicheit stF Befriedigung.

ge-nüege[1],-nûge Adj. zufrieden.

ge-nüege[2],-nûge stF Genüge; Fülle; Befriedigung.

ge-nüegede,-nüegde stF
Befriedigung, Erfüllung;
Lust, Freude; Genüge; Ge-
nügsamkeit.
ge-nüegekeit,-nûgekeit
stF Erfüllung.
ge-nüegelich [s.] *genüeg-
lich.*
**ge-nüegen,-nuogen,-nû-
gen,-nôgen** swV abs. zu-
frieden sein; D das Leben erhalten;refl./unpers.+A/D(+G/
pDan,mit/Ns(daz,sô,w)) genügen, zufrieden stellen; genug haben von; sich begnü-
gen/ zufrieden geben mit.
ge-nüegic Adj. genügsam,
zufrieden.
**ge-nüeglich,-nüegelich,
-nuoclich** Adj. genügend,
befriedigend; willkommen.
ge-nüeglîche,-nûgelîche
Adv. genug.
**ge-nüeglicheit,-nüeli-
cheit,-nuoglicheit** stF
Befriedigung; Neigung; Ge-
nügsamkeit.
ge-nüegsamen swV abs. ü-
berhandnehmen.
ge-nüegunge stF Befriedigung, Freude; Genugtuung.
ge-nüelicheit [s.] *genüegli-
cheit.*
ge-nûg- [s.] *genüeg-.*
ge-nûge [s.] *genuoc* [2].
ge-nuhsam(-) [s.] *genuht-
sam(-).*
ge-nuht stF Freude; Fülle;
Überfluss; Ertrag; *mit g.*
[auch] völlig; in großem
Maß; mit Macht; zur Genüge.
ge-nuhtec/ic Adj. ertragreich.
ge-nühtec/ic-lich Adj.
reichlich, befriedigend.
**ge-nuhtsam,-nuhsam,
-nuocsam** Adj. reich, reichlich.
ge-nuhtsame,gi-nuht-

samne,-nuoc(h)same stF
Reichtum, Fülle.
**ge-nuhtsameclîche,-nuh-
samlîche,-nuocsameclî-
che** Adv. reichlich, heftig.
**ge-nuhtsamkeit,-nuh-
samkeit** stF Fülle.
ge-nuhsamne [s.] *genuht-
same.*
ge-nümen [s.] *genuomen.*
ge-nuoc[1]**,-nûc,-nôc** Adj.
viel, reich, reichlich; manch;
groß.
ge-nuoc[2]**,-nûc,-nôc,-nû-
ge,-nûch,-nôch,-nuo-
ge,gnunc** Adv. genug, viel,
sehr; völlig, reichlich, aus-
reichend; ziemlich; genau;
gründlich; dringend; heftig.
ge-nuochsame [s.] *genuht-
same.*
ge-nuoclich [s.] *genüege-
lich.*
ge-nuocsam(-) [s.] *genuht-
sam(-).*
genuoc-tuon stN Buße.
ge-nuoge [s.] *genuoc* [2].
ge-nuogen [s.] *genüegen.*
ge-nuoglicheit [s.] *genüeg-
licheit.*
ge-nuomen,-nümen swV A
nennen.
ge-nutzen swV A brauchen;
genießen.
genze stF Vollkommenheit,
Vollständigkeit.
genzec-lîche Adv. vollständig.
genze-lîche(n) [s.] *ganzlî-
che(n).*
genzen swV A heilen.
genz-lîche(n) [s.] *ganzlî-
che(n).*
ge-obern swV A die Oberhand gewinnen über.
ge-offen swV A+D/G offenbaren; verraten.
ge-offenbâren swV pDab / A
offenbaren, künden (von).

ge-oleien,-öln swV A die
Krankensalbung geben.
gêometrîe stF Geometrie.
ge-opferen swV A+D opfern.
ge-ordenen swV A ordnen.
ge-ordent Part.Adj. *georden-
te liute* Ordensleute.
ge-orset,-rosset Part.Adj.
beritten.
ge-ôtmûtic Adj. demütig.
ge-ôtmuotigen swV A demütigen.
ge-ougelt Part.Adj. mit Augen besetzt [Pfauen-
schwanz].
ge-ougen swV A zeigen.
ge-pær [s.] *gebâr.*
ge-pærde [s.] *gebærde.*
ge-pære [s.] *gebære* [2].
ge-pâren [s.] *gebâren.*
ge-parliert,-*poliert Part.
Adj. gerschmückt.
ge-parriert Part.Adj. gesprenkelt.
ge-peiten [s.] *gebeiten.*
ge-pende,-pente [s.] *gebende.*
ge-peren [s.] *gebern* [1].
ge-pererin(ne) [s.] *gebere-
rin(ne).*
ge-perg(e) [s.] *gebirge.*
ge-pern [s.] *gebern* [1].
ge-pet [s.] *gebet.*
ge-pette stN (Ehe-) Bett.
ge-pfenden swV A pfänden.
ge-pflegen,-plegen stV
[Va] G/A/ Nsdaz (aus-) ü-
ben, betreiben; erreichen;
tun; genießen, erleiden; sich
kümmern um, sorgen für.
ge-pflenze stN Pflanze.
ge-pfliht stN Gemeinschaft,
Freundschaft.
gepflogen [s.] *pflegen* [1].
ge-pfnæte stN Aufgeblasen-
heit.
ge-pichet Part.Adj. verpicht
[mit Pech ausgestrichen].
ge-piegen [s.] *gebiegen.*

ge-piet(-) [s.] *gebiet(-)*.
ge-pinden [s.] *gebinden*.
ge-pînigen,-pîngen swV A peinigen.
ge-pirg- [s.] *gebirg-*.
ge-piten [s.] *gebiten*.
ge-piurisch(-) [s.] *gebiurisch(-)*.
ge-piutelt [s.] *gebiutelt*.
ge-piuze stN Denkzettel.
ge-plâsen [s.] *geblâsen*.
ge-pleit stN Schutzpolster.
ge-pletert Part.Adj. aufgeblüht.
ge-pletze stN Geschwätz.
ge-plüet,-blüet stN Blühen.
ge-poppeln swV A herunterleiern.
ge-porn [s.] *geborn*.
ge-pot [s.] *gebot*.
ge-preche(-) [s.] *gebreche(-)*.
ge-predigen swV A+D verkünden.
ge-preht [s.] *gebraht*.
ge-prenge stN Gepränge.
ge-prest(-) [s.] *gebrest(-)*.
ge-prîsen,-brîsen swV A loben, preisen.
ge-priu,-*briu stN Gebräu.
ge-priuse,-*brûse stN Getöse.
ge-prœt [s.] *gebrôt*.
ge-pruch stM Zerstörung.
ge-prüchenlich Adj. nachgiebig.
ge-prüeten swV abs. brüten; A ausbrüten.
ge-prüeven,-prûven swV [Prät. auch *gepruoft-*] A prüfen, beurteilen, feststellen; darstellen; herstellen; beschaffen; A+D *ze* ausweisen als.
ge-pruvieren swV A ermöglichen.
ge-pû [s.] *gebû*.
ge-puckelt Part.Adj. höckrig.
ge-püdme,-*bideme stN

Zittern.
ge-pûer [s.] *gebûr*.
ge-püfel stN Getümmel.
ge-pûr(-) [s.] *gebûr(-)*.
ge-purt [s.] *geburt*.
ge-quelle stN Quelle.
ge-queln swV A+D martern.
ge-quemen stV [IVa] pD*von* geboren werden von.
ger [s.] *gir*.
gêr stswM (Wurf-, Jagd-) Spieß, Speer; Pfeil; Keil.
ge-râchen [s.] *gereichen*.
ge-ract [s.] *recken* [1].
ge-rade[1],-rat Adj. gerade, gleichmäßig; gewandt; günstig; gefällig.
ge-rade[2],-rat Adv. schnell, gerade (-wegs).
ge-rafst- [s.] *gerefsen*.
ge-ragen swV D erstarren.
ge-râmen swV G erreichen.
ge-ranc stMN Streben.
ge-rand- [s.] *gerennen*.
ge-rans stMN Ungestüm.
gerarche,gerarchîe stswF Engelschor.
ge-rasten,-trasten swV abs./D rasten, zur Ruhe kommen.
ge-rat[1] Adj. [s.] *gerade* [1].
ge-rat[2] Adv. [s.] *gerade* [2].
ge-rat[3] swV [s.] *retten*.
ge-ræte,-râte stN Rat, Hilfe; Ausrüstung, Ausstattung; Vorrat, Speise; Besitz, Gut; Fülle.
ge-râten stV [VIIb, Part. Prät. auch *gerôten*] abs. sich beraten; refl.+pD*nâhe* nahe kommen; Adv. werden, geraten, sich entwickeln; G vermeiden; entbehren; ausstatten, sich kümmern um; pD *gegen,ze* / pA*an, durch, in,ûf* / Adv. lok. führen in/ zu, treffen auf; kommen zu, geraten in; sich verkehren in, werden zu;

helfen bei, raten zu; pD*nâch* geraten nach, werden wie; D helfen; einen Rat geben; sorgen für; in Erfüllung gehen; D+pA*an* erinnern an; A / Ns(*daz*) anordnen, veranlassen; beschließen; erreichen; treffen; zustande bringen; beraten; A/Ns(*daz,w*)+D raten, empfehlen; bewegen/ verhelfen zu; Inf. anfangen zu; *den/ einen wec g.* auf einen Weg geraten; *nâ g.* +D nachreiten.
ge-rætlach stN Ausrüstung.
gerbe [s.] *gerwe* [2].
gerben [s.] *geerben*.
gerbic Adj. gegoren.
gerde [s.] *girde*.
gêre swM Rockschoß, -zipfel, -saum; Schoß, Unterleib.
ge-rech stN Ausrüstung; Gebrauch, Verwendung; Lage; *wol ze g.* gut ausgerüstet.
ge-reche Adv. genau, deutlich.
ge-rechen[1] stV [IVa] A(+D) (+pD*an*) rächen (an).
ge-rechen[2] stV [IVa] A umwenden.
ge-rechenen[1] swV A/Ns*daz* aufzählen; berechnen; *ze künde g.* den Verwandtschaftsgrad bestimmen.
ge-rechenen[2] swV [s.] *gerehten*.
ge-recher stM Rächer.
ge-rechnunge stF Berechnung.
ge-recken swV A ausstrecken.
ge-rede stF Geradheit; Größe.
ge-reden swV [Prät. auch *gerette-*] abs./pD*mit* / A reden (mit), sagen, (aus-) sprechen.
ge-refsen swV [Prät. auch *gerafst-*] A tadeln, strafen.
ge-regen swV A bewegen.

ge-regenen swV unpers.(+A) regnen; Part.Adj. [s.] *geregenet.*

ge-regenet Part.Adj. *geregeneter pfuol* Regenpfütze.

ge-reht[1]**,gi-reht** Adj. bereit, gerüstet; geschickt; gerecht, richtig; gerade, recht.

ge-reht[2] Adj. [s.] *gereit.*

ge-rehte[1] Adv. bereit; richtig; entsprechend.

ge-rehte[2] stN Ausrüstung.

ge-rehte[3] swF rechte Hand.

ge-rehtekeit,-rehtikeit, -rehticheit stF (Selbst-) Gerechtigkeit; Recht, Rechtsprechung.

ge-rehten,-rehtigen,-rechenen swV A(+pD*ze*) rüsten/ bereitmachen (zu), vorbereiten (auf).

ge-rehtikeit,-rehticheit [s.] *gerehtekeit.*

ge-reichen,-râchen swV pD *ze* /p A*an,in* /Adv.(lok.) reichen (an), sich erstrecken (in); A erreichen, treffen, finden; berühren.

ge-reinen,gi-reinegen, -reinigen swV A(+G/pD *von*) reinigen (von).

ge-reise swM Gefährte.

ge-reit,-reht Adj. bereit, fertig; vorhanden; willig; bar; *g. sîn* +D [auch] zur Verfügung stehen, bevorstehen.

ge-reite[1] Adv. sofort; bereits; schnell; bereitwillig; genau.

ge-reite[2]**,-rête** stN Ausrüstung; Reit-, Sattel-, Zaumzeug; Wagen.

ge-reitec/ic-lîchen Adv. genau; bereitwillig.

ge-reiten[1] swV A/Ns*daz* (+D)(+pD*ze*) bereiten; bereithalten, bereitmachen (zu); berechnen; nennen.

ge-reiten[2] swV A reiten lassen.

ge-reitschaft stF Ausrüstung, Gerät; Vorbereitung; Bereitschaft.

ge-reize stN Erregung.

ge-reizen swV A reizen; A+ pD*ze* /Inf.*ze* veranlassen zu.

ge-remen stV [IVa] *zesamene g.* zusammenprallen.

ge-remtze stN Gitterwerk.

geren[1]**,gern** stV [IVa] abs. aufbrausen; gären.

geren[2] Adv. [s.] *gern* [1].

geren[3] swV [s.] *gern* [2].

gêren [s.] *geêren.*

ge-renge stN Balgerei.

ge-rennen swV [Prät. *gerand-*] *zesamene g.* aufeinander losstürmen.

ge-rêren swV A vergießen.

ge-rête [s.] *gereite* [2].

ge-riben Part.Adj. *gerib(e)-niu varwe* Schminke.

ge-rette- [s.] *gereden.*

geric [s.] *giric.*

ge-rich,grich stM Gericht, Strafe; Rache, Vergeltung; Zorn; Widerstand.

ge-rîchen swV A reich machen.

ge-riechen stV [IIa] A riechen.

ge-rieme stN (Schild-) Riemen.

gerîfe [s.] *grîfe.*

ge-rîfen swV abs. reif werden.

ge-rigene stN Regen, Regenguss, -schauer.

ge-rihte[1] Adj. bereit, unmittelbar.

ge-rihte[2]**,grithe** Adv. gerade; geradewegs, unmittelbar; sofort; genau, deutlich; wirklich.

ge-rihte[3] stN Gericht; Richteramt; Gerichtsbarkeit, -gewalt; Gerichtsverfahren; Rechtsprechung; (Gottes-) Urteil; Entscheidung; Recht,

Gerechtigkeit; Rechtfertigung; Regierung; Machtbereich; Hausrat; Speise.

ge-rihteclîche Adv. geschickt.

ge-rihten swV abs./p A*über* Gericht halten (über); D Recht verschaffen; refl.+pD *ab,nâch* sich richten nach; refl.+pD*ze* /Adv.lok. sich bereitmachen zu; sich hinwenden; D+pA*über* Rechenschaft ablegen über; A entscheiden; regieren; ausführen; gerade biegen; aufstellen; A+pD*ab* abbringen von.

ge-rihtes Adv. gerade, geradewegs; genau; sofort, unmittelbar.

ge-rinc,gring stM (Be-) Streben, Bemühung; *g. hân* +pD*mit* kämpfen mit.

ge-ringe[1] Adj. leicht, behende; gering.

ge-ringe[2] Adv. wenig; schnell.

ge-ringeclîche Adv. leicht.

ge-ringelot Adj. gelockt.

ge-ringen[1] stV [IIIa] abs. sich abmühen; D gerecht werden; pD*mit* ringen/ kämpfen mit; pD*nâch* streben nach, sich bemühen um.

ge-ringen[2]**,-ringern** swV A(+D) vermindern, erleichtern.

ge-rinnen stV [IIIa] abs. gerinnen; pD*ze* laufen zu; *vol g.* voll laufen.

ge-rîsen swV D zukommen; gefallen.

ge-riten Part.Adj. beritten; ausgetreten.

ge-rîten stV [Ia] abs./Adv. (lok.)/ pD*mit,ûz,ze* /p A*an,vür in,ûf* /A (aus-, einher-, weg-) reiten (aus/ in/ gegen/ nach/ zu); D/pD*gegen* entgegenreiten; *geriten werden* ein Pferd

bekommen; Part.Adj. [s.]*geriten.*
ge-riune [s.] *gerûne.*
ge-riusche [s.] *gerûsche.*
ge-riute stN Rodung.
ge-riuwen[1] stV [IIa] A/D
Leid tun, (be-, ge-) reuen; beschweren, schmerzen.
ge-riuwen[2] swV abs. Buße
tun; unpers.+D in Angst geraten.
ge-rîze [s.] *griez.*
ger-lîche(n) [s.]*garlîche(n).*
germ stF Ausscheidung.
germic Adj. verdaut.
gern[1]**,gerne,geren** Adv.
gern, (bereit-, frei-) willig;
freudig; furchtlos; mit Absicht; dringend; häufig;
leicht.
gern[2]**,geren** swV abs. auf der
Lauer liegen; G/A/pD*nâch* /
Ns(*daz*)/ Inf.(*ze*) (+D) (+pD
von,ze /p A*an*) verlangen/be-
gehren/ wünschen/ wollen/
erbitten/ fordern (von); pD
ze /p A*an* sich stürzen auf;
Part.Adj. [s.] *gernde* [1].
gern[3] stV [s.] *geren* [1].
gernde[1]**,gerne** Part.Adj.
sehnsüchtig, verlangend,un-
geduldig; bereitwillig; *g.*
(diet) fahrende Leute.
gernde[2] stF Gier.
gernde[3] stF [s.] *geernde.*
gerne[1] Adv. [s.] *gern* [1].
gerne[2] Part.Adj. [s.]*gernde* [1].
gerner Adv. [Komp. von
gern [1]] lieber, eher, besser.
ge-rôchen [s.] *geruochen.*
ge-rôren [s.] *gerüeren.*
ge-rosset [s.] *georset.*
ge-rote stN Menge.
ge-rôten [s.] *gerâten.*
ge-rottieret Part.Adj. in
Gruppen aufgeteilt.
ge-rouben swV abs. räubern,
auf Raub ausziehen; A rauben; A+G abbringen von.

ge-rouche stN Qualm.
ge-roufen swV refl. sich die
Haare raufen.
gêr-schuz stM Speerwurf.
gêr-stange swF Speerschaft;
Wurfspieß.
gerste swF Gerste.
gersten-korn stN Gerste,
Gerstenkorn.
gersten-,gerst-wazzer stN
Gerstenaufguss, -trank.
gerstîn,girstîn,girsten
Adj. aus Gerste.
gerst-wazzer [s.] *gersten-
wazzer.*
gerte[1]**,gerthe** stFN Brachland; Garten.
gerte[2] stswF Gerte, Zweig,
Rute, Stab; *die g. rîten* auf
dem Steckenpferd reiten.
gertenære [s.] *gartenære.*
gerthe [s.] *gerte* [1].
ge-ruch stM Geruch.
ge-rûchen [s.] *geruochen.*
ge-rücken,-rucken swV
pA*ûf* geraten auf; A(+pD*ûz*)
(heraus-) ziehen (aus); A+D
zuwenden.
gerûe [s.] *grûwe.*
ge-rüefen swV abs./D rufen.
ge-rüefte [s.] *geruofe.*
ge-rüegen,-ruogen swV A
anklagen, anzeigen, rügen.
ge-rüeic [s.] *geruowic.*
**ge-rüemen,-rûmen,-ruo-
men** swV refl.+G/Ns*daz*
sich rühmen; A loben.
ge-rüemic Adj. *g. sîn* +G
sich rühmen.
ge-rüerde,-ruorde stF Gefühl, Tastsinn.
**ge-rüeren,-rûren,-ruo-
ren,-rôren** swV pA*an* fassen an; A be-, anrühren, antasten; ergreifen; bewegen;
die lîren g. die Leier spielen.
ge-rüerich Adj. rüstig.
ge-rüewic [s.] *geruowic.*
ge-rûf- [s.] *geruof-* .

ge-rûgen abs. rudern.
ge-ruht stN *heiligez g.* Ruf
der Heiligkeit.
ge-rumbel [s.] *gerummel.*
ge-rûme[1] Adj. geräumig,
weit, breit.
ge-rûme[2] stN Raum, Platz.
ge-rûmeclich Adj. breit.
ge-rûmen[1] swV abs. aufhören; D ausweichen; A(+D)
verlassen; räumen; ebnen.
ge-rûmen[2] swV [s.] *gerüemen.*
**ge-rummel,-rumbel,
-rumpel,-runbel** stN Un-
ruhe; Lärm; Gerümpel.
ge-rumpfen Part.Adj. runzlig.
ge-rûn [s.] *geruowen.*
ge-runbel [s.] *gerummel.*
ge-rüne stN Baumstamm,
Baumstumpf.
ge-rûne,-riune stN Raunen,
Geflüster; Einflüsterung;
Geheimnis.
ge-rûnen swV abs. raunen,
flüstern.
gerunge stF Verlangen,
Wunsch.
gerunt-veste[s.]*gruntveste.*
**ge-ruochen,gi-rûchen,
-rôchen** swV G/A/Ns*daz* /
Inf.(*ze*) verlangen (nach),
(haben) wollen, wünschen;
sich kümmern um, sorgen
für; annehmen; berücksichtigen; geruhen, sich herablas-
sen/ bereitfinden (zu); gestatten; mögen; können; planen,
vorsehen, beabsichtigen.
**ge-ruofe,-ruofte,-rûfe,
rûfede,-rüefte** stN Rufen,
(Feld-) Geschrei, Gebrüll.
ge-ruofen,-rûfen stV
[VIIf] abs./D/pD*nâch* rufen
(nach); pA*in* hineinrufen in.
ge-ruofte [s.] *geruofe.*
ge-ruogen [s.] *gerüegen.*
ge-ruomen [s.] *gerüemen.*

ge-ruon [s.] *geruowen.*
geruone [s.] *grüen* [1].
ge-ruor- [s.] *gerüer-.*
**ge-ruowen,-ruon,-rûn,
-rûwen** swV abs./pD*in*
(aus-) ruhen (in), Ruhe finden; warten; A in Ruhe lassen; Part.Adj. [s.] *geruowet.*
ge-ruowet Part.Adj. ausge-
ruht; ungefährdet.
**ge-ruowic,-rüewic,rüe-
ic,rûwec** Adj. ruhig, still,
gelassen.
ge-ruoz stN Schmutz.
ge-ruozen [s.] *grüezen.*
ge-rûren [s.] *gerüeren.*
ge-rûsche,-riusche stN Geräusch, Lärm.
ge-rüste,-ruste stN Ausrüstung; Kleidung; Gerät, Vorrichtung; Gebäude, Gerüst;
Körper.
ge-rüsten swV A+pD*ze* bereitmachen für.
ge-rûwec [s.] *geruowic.*
ge-rûweclîche Adv. ungestört.
ge-rûwen [s.] *geruowen.*
ge-rûzen[1] swV abs. schnarchen.
ge-rûzen[2] swV [s.] *grüezen.*
gerwe[1] stFN Priestergewän-
der.
gerwe[2]**,gerbe** stswF Hefe,
Bodensatz, Rückstand; Ausscheidung, Kot.
gerwe[3] Adv. [s.] *gar* [2].
gerwen swV [Prät. auch *ge-
garwet-*] A(+D)(+pA*in*) kleiden (in); (aus-) rüsten; bereiten, bereitmachen.
gêr-wunde swF Speerwun-
de.
ge-sach,-sah [s.] *segenen.*
ge-sæen swV A säen.
ge-,gi-sagen,-segen swV
A/G/ pD*von* /p A*umbe* /N sw,
daz(+D) sagen/ erzählen
(von), beschreiben; erklären;

bekennen, (zu-) gestehen.
ge-salbede stF Salbe.
ge-salben swV A salben.
ge-sæligen,-sâligen swV
A segnen.
ge-salzen Part.Adj. salzig.
ge-samen [s.] *gesamenen.*
ge-samene [s.] *gesemene.*
ge-samenen,-sam(n)en
swV refl. sich treffen; refl.+G
sich einigen auf; A versammeln, vereinigen; (an-) sammeln, anhäufen; zusammen-
setzen.
ge-samft- [s.] *gesenften.*
ge-samnen [s.] *gesamenen.*
ge-sanc stMN Gesang, Lied;
Sangeskunst.
ge-sant- [s.] *gesenden.*
ge-sast,-sasset Part.Adj.
gelassen, gefestigt.
ge-sastekeit stF Abgeklärtheit.
ge-,gi-saten swV A(+G/pD
von) sattmachen (mit), sättigen (an); befriedigen, zufrieden stellen.
ge-satz(de) [s.] *gesetze.*
ge-satzt- [s.] *gesetzen.*
ge-sæze stN Wohnsitz; Lager; Platz; Belagerung; Gela-
ge.
ge-sâzelîchen Adv. besonnen.
ge-schæchet Part.Adj. gewürfelt.
ge-schaden swV D schaden,
Schaden zufügen; gefährlich
werden; ankommen gegen;
A+D anhaben.
ge-schaf stN Geschöpf.
ge-schaffen[1]**,gi-schap-
fen,-scheffen,-schep-
fen** stV [VIab] A/N s*daz*
(+D) erschaffen, hervorbringen; verursachen, bewirken
(bei), veranlassen; erreichen;
sorgen für; Part.Adj. [s.] *geschaffen* [2].

ge-schaffen[2] Part.Adj. geschaffen; beschaffen, veranlagt; *ze lobe g.* preiswürdig.
ge-schaffenheit stF Ge-
schaffenheit, Geschöpflich-
keit.
ge-schafnisse [s.] *geschefnisse.*
ge-schaft[1]**,-scheft,
-schepft,-schepfede,
-schopf(e)de** stF Ge-
schöpf; Schöpfung, Errich-
tung; Gestalt, Aussehen; Beschaffenheit, Eigenschaft.
ge-schaft[2] Part.Adj. *der
lützel g.* der Kleine.
ge-schaft[3] stN [s.] *ge-
scheft* [1].
ge-schal stN Lärm.
ge-schalten stV [VIIa] A
trennen.
ge-schamen swV refl.+G
sich schämen.
ge-schanct- [s.] *geschen-
ken.*
ge-schant(-) [s.] *schenden;
geschenden.*
ge-schapfen [s.] *geschaffen* [1].
**ge-schâzavelt,-*schâch-
zabelt** Part.Adj. gewürfelt.
ge-scheffede [s.] *gescheft* [1].
ge-scheffen [s.] *geschaffen* [1].
ge-scheffic Adj. geschäftig;
beteiligt.
**ge-schef-nisse,-nusse,
-schaf-,-schepf-nisse,
schöpf-nisse** stN Ge-
schöpf, Schöpfung; Be-
schaffenheit.
ge-scheft[1]**,-scheffede,
-schaft,-schepfede** stN
Beschäftigung, Tätigkeit,
Geschäft; Aufgabe, Amt;
Geschäftigkeit; Angelegenheit, Sache; Verhandlung;
Befehl; Testament; Ge-
schlechtsteile.

ge-scheft² stF[s.]*geschaft* ¹.
ge-scheftic Adv. geschäftig.
ge-scheftlicheit stF Betriebsamkeit.
ge-schehen,-schên,-schegen stV [Va, Part.Prät.auch *geschît*] abs./pD*an* /G/unpers.+Ns*daz* geschehen (mit), sich ereignen, stattfinden, vorkommen, ablaufen, eintreten, sich abspielen; sich erfüllen (an); getan/ geschlossen/ ausgesprochen werden; D/unpers.+D+Ns*daz* widerfahren, passieren, zuteil/ zugefügt werden, zustoßen; entstehen; D+pD*ze* gereichen zu; unpers.(+D)+pD*ze* geraten in; Gelegenheit haben zu, kommen zu; unpers.+D+Adv. (er-) gehen; handeln; (unpers.)(+D) Inf.*ze* müssen; bestimmt sein; Grund/ Gelegenheit haben; *ze teile g.* +D zuteil werden.
ge-,gi-scheiden stV [VIIc] abs./refl. sich trennen; enden, sich legen; pD*ûz,von* /Adv.lok. weggehen/ scheiden/ loskommen/ (ab-) lassen von; A(+D) trennen, scheiden; schlichten; verhindern; entscheiden; fügen; beurteilen; begreifen; A+pD*ab,von* trennen/ abwenden/ befreien/ abschneiden/ absondern/ unterscheiden von; *hindan g.* +A wegtreiben.
ge-scheidiclîchen Adv. unterschiedlich.
ge-schelle stN Schellen, Schellenzeug; Lärm; Getöse, Geräusch; Gerücht, Gerede; Kunde.
ge-scheln swV A schälen.
ge-schelte stN Beschimpfung; Streit.
ge-schelten stV [IIIb] A beschimpfen; A+D absprechen.

ge-schên [s.] geschehen.
ge-,gi-schenden swV [Prät. auch *geschant* -] A besiegen; ins Verderben stürzen, in Schande bringen, entehren; beschämen; strafen.
ge-schenken swV [Prät. *geschanct-*] abs. Geschenke verteilen.
ge-schepfede¹ stF [s.] *geschaft* ¹.
ge-schepfede² stN [s.] *gescheft* ¹.
ge-schepfelich Adj. geschaffen.
ge-schepfen [s.] *geschaffen* ¹.
ge-schepfnisse [s.] *geschefnisse*.
ge-schepft [s.] *geschaft* ¹.
ge-schern stV [IVa] A+ pD*von* abschneiden von.
ge-schîben stV [Ia] refl. sich (fort-) bewegen.
geschic-heit stF Aufschäumen.
ge-schicke,-schickede, -schickt stF edle Gestalt, Schönheit.
ge-schicken swV [Prät. *geschiht-*] refl.+Adv. aussehen: Part.Adj. [s.] *geschicket*.
ge-schicket,-schickt Part. Adj. beschaffen, geformt, geschaffen; geeignet; geneigt; bereit; schön; [auch expl., z.B. *wol/ baz g.* gut, besser, schön].
ge-schickt [s.] *geschicke*.
ge-schict [s.] *geschicket*.
ge-schîben stV [IIa] A+ pD*von* abbringen von.
ge-schiezen stV [IIb] A / (A+)pD*gegen* /p A*ûf* schießen (auf); A+D+pA*in* schießen in.
ge-schiffen swV A verschiffen.
ge-schiht(e) stFN Geschichte; Sache, Angelegenheit;

Tat; Ereignis, Vorfall; Zufall; Gelegenheit; Schicksal; Grund; Eigenschaft, Wesen, Anschein; *von g.* zufällig, aufs Geratewohl.
geschiht- [s.] *geschicken*.
ge-schihticlich Adj. zufällig.
ge-schimpfen swV A+pD *mit* treiben mit.
ge-schînen stV [Ia] abs./pA *in* scheinen/ leuchten (in).
ge-schirmen swV abs. als Schutz dienen; D Deckung geben; pD*vor* sich schützen vor.
ge-schirre stN Gefäß; Werkzeug.
ge-schît [s.] geschehen.
ge-schittert Part.Adj. *durchsihticlich g.* durchbrochen.
ge-schiuhen swV A vertreiben.
ge-schol swM Schuldner.
ge-schônen swV G verschonen; Ns unterlassen.
ge-schopf(e)de [s.] *geschaft* ¹.
ge-schöpfnisse [s.] *geschefnisse*.
ge-schopft,-schöpft Part. Adj. geschweift.
ge-schöuwde stF Anblick.
ge-schouwen swV A (an-) sehen.
ge-schôz,-schuz stN Geschoss, Pfeil; Schießen.
ge-schræmet Part.Adj. geformt.
ge-schrât stM (Zu-) Schnitt.
ge-schrei(e),-schrê stN Geschrei; Lärm; Wehklage.
ge-schrîben stV [Ia] A beschreiben; nennen.
ge-schrîen stV [Iab] abs./A schreien.
ge-schrift stF Schrift; Buch; Schreiben; Inschrift; Bibel; *mit g.* schriftlich.

geschrift-lastrære stM Bibelschänder.

ge-schrîten stV [Ia] pA*ûf* sich schwingen auf.

ge-schüe-,-schûhen [s.] *geschuohe(-).*

ge-schulden swV A verschulden; vergelten; verdienen.

ge-schuldigen swV A beschuldigen.

ge-schünden,-schunden swV A+G/pD*ze*/N*daz* antreiben/ verführen/ veranlassen zu.

ge-schuoch Adj. beschuht.

ge-schuohe,-schüehe, -schüech,-schuode stN Schuhe.

ge-schuohen,-schüehen, -schûhen swV A mit Schuhen versorgen.

ge-schurge stN Angriff.

ge-schütten,-schutten swV A erschüttern; A+pD*ab, ûz* (ab-) schütteln aus/ von; A+pA*in* schütten in.

ge-schütze,-schutze, -schuzze stN Schießzeug, Schießgerät, Schusswaffe; Geschoss, Pfeil; Schießen.

ge-schuz [s.] *geschôz.*

ge-schuzze [s.] *geschütze.*

ge-sedele [s.] *gesidele.*

ge-segen[1],-seg(e)nen, -seigenen swVrefl. sich bekreuzigen; refl.+pD*vor* sich hüten vor; A(+D) segnen; A+pD*vor* bewahren vor; *got gesegene* Gott behüte!

ge-segen[2] swV [s.]*gesagen.*

ge-seg(e)nen [s.] *gesegen*[1].

ge-sehen[1],-sên stV [Va] abs. sehen (können); Adv. lok. blicken zu; (D+)pA*in* hineinsehen in; A(+refl.D/Inf.)/G/ N*daz,ob,w* (an-) sehen, erblicken, bemerken; besu-

chen; erleben; *gesehen(t)* werden sehend werden; *g. machen/ heizen* +A sehend machen; *hinder/ umbe sich g.* sich umblicken/ umsehen; *nâhent bî g.* kurzsichtig sein.

ge-sehen[2] stN [s.] *gesihene.*

ge-sehenheit stF Angesicht.

ge-seigenen [s.] *gesegen*[1].

ge-seilen swV A binden.

ge-selbe(de) stN Salbe; Salbung.

ge-selklich [s.]*geselleclich.*

ge-selle[1] swM Freund, Gefährte, Begleiter; Geliebter; Partner; (Kampf-) Genosse, Getreuer; Gegner; Kerl.

ge-selle[2] swF Freundin, Gefährtin.

ge-sellec/ic,-sellich Adj./ Adv. vertraut, freundlich; gemeinsam.

ge-sellecheit,-sellekeit stFGesellschaft, Begleitung; Gesellig keit; Zusammensein, -kunft; Freundschaft.

ge-selleclich,-sellklich Adj. freundlich; aufrichtig; gemeinschaftlich; gesellig.

ge-selleclîche(n) Adv. gemeinschaftlich, gemeinsam; freundschaftlich, in Liebe; beieinander, verbunden; zur Gesellschaft.

ge-sellekeit [s.] *geselleche it.*

ge-sellelôs Adv. allein.

ge-sellenswV refl.(+D/pD*ze*/ Adv.lok.) sich zusammentun/ zusammenschließen (mit), Freundschaft schließen; sich begeben (zu); A(+D/pD*ze*) zum Begleiter wählen; zuordnen, zufügen; A+D anheim geben; *sich über sich g.* eine Verbindung über seinem Stand eingehen; Part. Adj. [s.] *gesellet.*

ge-sellenhûs stN Gemeinschaftshaus.

ge-selleschaft,-sellschaft stF Gesellschaft, Gemeinschaft, Vereinigung; Geselligkeit, Zusammensein, Teilnahme; Freundschaft, Liebe; Gefolgschaft, Gefolge, Begleitung; Gruppe, Schar, Partei; Freund, Freundin.

ge-sellet,-sellt Part.Adj. *vriuntlich/ zuoeinander g.* in Liebe/ eng verbunden.

ge-sellich [s.] *gesellec.*

gesellin(ne) stF Gefährtin, Freundin; Dienerin; *g. ze dem venster* Pförtnerin.

ge-sellschaft [s.] *geselleschaft.*

ge-sellt[1],-*sêlt Part.Adj. beseelt, belebt.

ge-sellt[2] [s.] *gesellet.*

ge-semene,-semde,-samene stN Versammlung, Schar.

ge-sên [s.] *gesehen*[1].

ge-senden swV [Prät. auch *gesant-*] A/N*sdaz* (+D/pD *von,nâch,ze* /p A*an,in,under* / Adv.lok. schicken/ (aus-) senden/ führen (an/ in/ nach/ von/ zu).

ge-senen swV A quälen.

ge-senfte(r)n swV [Prät. auch *gesamft-*] A(+D) erleichtern, mildern; besänftigen, beruhigen.

ge-sêren swV A verletzen.

ge-serwe stN Rüstung.

ge-setze(de),-setzde, -satz(de) stFN Gesetz, Gebot, Vorschrift, Regel, Bestimmung.

ge-setzen swV [Prät. *gesatzt-*] refl. sich setzen; refl.+ pD*wider*/p A*wider* sich auflehnen gegen; A/N*sdaz* festsetzen; beruhigen; A+D bereiten; A+Adj. machen; A+pD

ze / p A*in* / Adv. lok. (ver-) setzen an/ auf/ in; machen zu; A+D+pD*ze* anrechnen als; *nidere g.* +A erniedrigen; *sich ze wer g.* sich zur Wehr setzen; Part.Adj. [s.] *gesast.*

ge-sez(ze) stN Lager; Belagerung; (Wohn-) Sitz; Lage; Besatzung.

ge-sezzen Part.Adj. sitzend; ansässig; benachbart; untertan.

ge-sic stM Sieg.

ge-sichern swV refl.+pD*ze* Gehorsam zusichern.

ge-sidele,-sidle,-sedele stN Sitz(e), Platz; Gestühl, Thron; Tribüne; Wohnung, Lager.

ge-sieden stV [IIb] abs. kochen.

ge-siffeln swV abs. schlurfen.

ge-sigelen swV pD*von* / Adv. lok. segeln (weg von).

ge-sigen swV abs./D/pD*an* siegen (über).

ge-sîgen stV [Ia] abs. fallen.

ge-sihene,-sehen stN Sehkraft; Aussehen.

ge-siht(e) stFN Sehen, Sehvermögen, Augen; (An-) Blick; Angesicht; Augenschein; Vision, Erscheinung; *an/ ze dem g.* vor den Augen.

ge-sihtec Adj. sichtbar.

ge-sihtlich,-sihte(n)clich Adj., -lîche(n) Adv. sichtbar.

ge-silbert Part.Adj. silbern.

ge-sin stN Verstand; Gedanke; Besinnung.

ge-sîn anV abs./Adj./Nom./ pD*bî,in* / Adv. lok. sein/ existieren (in/ bei).

ge-sinde[1] stN Diener, Gesinde, Dienerschaft; Gefolge, Gefolgschaft, Gefolgsleute; Burgbewohner, Hausgenossen; (Hof-) Gesellschaft; Leute; Geschlecht.

ge-sinde[2] swM Gefolgsmann, Anhänger; Hausgenosse, Bewohner; Gast.

ge-sindeleh stN Gesinde.

ge-sinden swV refl.+D/pD *ze* / p A*in* sich anschließen an, sich gesellen zu, sich begeben in; A+pD*ze* vereinen mit.

ge-singen stV [IIIa] abs./pD *von* / A / Nsw singen (von); A+D vorsingen.

ge-sinken stV [IIIa] p A*in* sinken in.

ge-sinne Adj. klug.

ge-sinnen stV [IIIa] G/pD *nâch,ze* / Ns*daz* verlangen/ streben/ trachten nach; G+ pA*an* verlangen von; Part. Adj. [s.] *gesinnet.*

ge-sinnet,-sint Part.Adj. gesinnt; belebt; begabt.

ge-sippe[1] Adj. verwandt.

ge-sippe[2] swM Verwandter.

ge-sippet,-sipt Part.Adj. verwandt; *g. sîn* +pA*über* von höherer Geburt sein als.

ge-site(t) Adj. beschaffen; gesinnt; gesittet, gebildet.

ge-sitz,-siz stN Sitz, Platz.

ge-,gi-sitzen stV [Vb] abs./ pD*bî, in, ûf, under, vor, ze* / pA *an, eneben, in, über, ûf* sitzen (bleiben) an/ auf/ bei/ in/ unter, vor; zusammensitzen; sich (auf-) setzen/ niederlassen an/ auf/ in/ zu; D sich widersetzen; *hinder sich/ daz ros g.* (vom Pferd) stürzen; Part.Adj. [s.] *gesezzen.*

ge-siune,-süene,-sûne stN Sehvermögen, Sehkraft; Blick; Aussehen.

ge-siunlich,-sûnlich Adj. sichtbar.

ge-siz [s.] *gesitz.*

ge-slâfe swM Bettgenosse.

ge-,gi-slâfen stV [VIIb] abs. schlafen.

ge-slahen stV [VIa] abs. zuschlagen; pD*mit,ze* / p A*in* schlagen an/ auf/ mit; hinzukommen zu; A(+D/pD*ze* / p A *durch,ûf,under*) schlagen (an/ durch), schwingen (unter), führen (gegen), versetzen; *ein liet g.* ein Lied anstimmen.

ge-slaht,-sleht Adj. angemessen, (von Natur) eigen, angeboren, vererbt, (vorher-) bestimmt; *vil/ wol g.* edel, gut, schön, prächtig.

ge-slehte,-slahte stN Geschlecht; Stamm; Familie, Verwandtschaft, Nachkommenschaft; Herkunft, Abstammung; Generation; Gattung, Art; Beschaffenheit, Eigenschaft.

ge-slende stN Schlemmerei, Mahl.

ge-slîchen stV [Ia] p A*in* schleichen in.

ge-sliefen stV [IIa] p A*in* gelangen in.

ge-sliezen stV [IIb] abs. zuschließen; A verschließen.

ge-sliffen Part.Adj. *gesliffeniu wort* wohlgesetzte/ treffende Worte.

ge-slihten swV A glätten; beruhigen; Part.Adj. [s.] *geslihtet.*

ge-slihtet Part.Adj. besonnen.

ge-slinden stV [IIIa] A herunterschlucken.

ge-slingen stV [IIIa] abs. sich winden.

ge-slosse stN Knochen (-gerüst); Gelenke.

ge-sloufe stN Kleidung.

ge-slupfen swV p A*durch* schlüpfen durch.

ge-smac¹,-smach Adj. schmackhaft, wohl schmeckend, wohl riechend.

ge-smac²,gi-smac stM Geschmack, Geschmackssinn; Geruch, Duft, Gestank; Gefühl, Empfindung.

ge-smach [s.] *gesmac* ¹.

ge-smacken,-smachen, -smecken,-smechen swV abs./D schmecken, gefallen; pDan riechen an; A/G kosten (von), genießen; empfinden; wittern.

ge-smechen¹ swVD sich nähern.

ge-smechen²,-smecken swV [s.] *gesmacken*.

ge-smeichen swV abs. schmeicheln.

ge-smeiz stN Gelege, Brut.

ge-smeizen swV abs. Eier legen.

ge-smelze stN Metallguss, Emaille.

ge-smelzen stV [IIIb] abs. schmelzen.

ge-smîde,-smide stN Schmiedearbeit, Metall; Geschmeide, Schmuck; Waffen, Rüstung.

ge-smiden swV [Prät. auch *gesmit-*] A(+D) schmieden.

ge-smieren,-smielen swV G lächeln über; D zulächeln.

ge-smit- [s.] *gesmîden*.

ge-smîtkünstler stM Metallkünstler.

ge-smücken swV A+pDze schmücken für.

ge-snarren stN Schmettern.

ge-snern swV pDmit schwatzen mit.

ge-snîden stV [Ia] A+pDvon losreißen von.

ge-sniten Part.Adj. wohlgeformt.

ge-sniude stN Schnaufen, Stöhnen.

ge-snürre stN Federbusch.

ge-sorgen swV abs./pAumbe sich sorgen (um).

ge-spalten stV [VIIa] A spalten; A+pDvon trennen von.

ge-span stN *ringes g.* (Kettenpanzer-) Geflecht.

ge-spanen stV [VIa] A locken.

ge-spannen stV [VIIa] refl. sich aufschwingen; A+pD vor/pAin spannen vor/ in.

ge-sparn swV A/G(+pDvon) aufschieben; aufheben; bewahren (vor); verschonen.

ge-spehen swV A erkennen.

ge-spenge stN Schildspange, Schildklammer.

ge-spenst stN Geist, Gespenst, Trugbild; Verlockung.

ge-spenstec/ic Adj. verlockend, verführerisch.

ge-spenstikeit stF Verlockung.

ge-sperre stN Schließe, Schloss.

ge-spert [s.] *sparn*.

ge-spiegelt Part.Adj. spiegelglatt, spiegelhell.

ge-spile¹ swM Freund, Gefährte.

ge-spile² swF Freundin, Gefährtin.

ge-spiln swV G /pDmit spielen (mit).

ge-spilschaft stF Gesellschaft, Geselligkeit.

ge-spinnen stV [IIIa] A spinnen.

ge-spîsen swV A ernähren, beköstigen; *daz leben g.* das Leben fristen.

ge-spitzelt,-spitzet Part. Adj. spitz.

ge-spizze Adj. aufgespießt.

ge-spot,-spöt(te) stN Gespött, Spott; Verspottung.

ge-spotten swV G spotten über.

ge-spræche¹,-sprâche Adj. redegewandt.

ge-spræche² stN Besprechung, Beratung, Gespräch; (An-) Rede; Gerede; Sprache; Redegewandtheit.

ge-sprâchtac stM Verhandlung, Verhandlungstag.

ge-spranct- [s.]*gesprengen*.

ge-sprechen stV [IVa] abs./ A sprechen (mit), sagen, reden, ansprechen, aussprechen; (A+)D/pDvon /pAûf sagen zu, sprechen über/ von; Anspruch erheben auf; A+D nachsagen; *an den lîp g.* +D zum Tod verurteilen.

ge-spreide stN Gesträuch.

ge-spreiten swV A(+pA über) (aus-) breiten (über).

ge-sprenge stN Galopp.

ge-sprengen swV [Prät. *ge-spranct -*] abs. heransprengen.

ge-sprenget Part.Adj. gesprenkelt.

ge-sprenzen swV A zieren.

ge-spriezen stV [IIb] pDûz sprießen aus.

ge-sprinc stMN Quelle; Ursprung.

ge-springen stV [IIIa] abs./ pDze /pAin,ûf springen auf/ in/ zu; *ze stücken g.* in Stücke zerspringen.

ge-spröchelîchen Adv. deutlich.

ge-spüc stN Spuk.

ge-spün stN (Mutter-) Milch.

ge-spuntze swM Liebhaber.

ge-spürn swV A+pDan erkennen an.

ge-stabet Part.Adj. *gestabeter eit* feierlicher Eid.

ge-stade stN Strand.

ge-stalt¹,-stellet Part.Adj. geschaffen; beschaffen, ge-

artet; geformt, gebaut; gestimmt; *g. sîn* +Adv. [auch]
aussehen; *g. sîn* +pD*bî*/pA
umbe bestellt/ bewandt sein
um.
ge-stalt[2] stF Gestalt; Aussehen, Beschaffenheit; Verfassung.
ge-stalt(-) [s.] *gestellen,
stellen.*
ge-staltnisse [s.] *gestelt(e)-
nisse.*
ge-,gi-stân,-stên anV abs./
D/ pD*an,bî,in,mit,ob,nâch, ûf,
under,vor,ze* /Adv.(lok.) da/
dabei stehen; stehen/ sich
stellen (an/ auf/ vor/ zu); (in
gutem Zustand) sein; sich
verhalten/ befinden (in); gehören (zu); (stehen) bleiben
(an/ bei/ in/ über/ unter/ vor);
bestehen (in/ vor); liegen an/
bei; aufhören; Adv.temp./pA
unze an dauern (bis); pD*von*
absteigen von, aufstehen
aus;   pA*an,in,über,ûf,vür*
kommen zu, treten an/ in/
vor, sich setzen auf; D/G
(+pD*an,vor,ze* /pA*ûf*) beistehen (bei/ in/ gegen); beipflichten in;   standhalten
(vor); A+D gestehen; unpers.+
Adv.+D/pA*umbe*   bestellt
sein/ stehen um; *ze muote g.*
unpers.+D+Adv. zumute sein;
hôhe g. +A teuer zu stehen
kommen; *des lîbes âne g.*
das Leben verlieren; *einen
slac g.* einen Schlag aushalten; *leide g.* +refl.D sich
schlecht fühlen; *ze staten g.*
+D zustatten/ zugute kommen; *der rede/ ze rede   g.*
+G/D Rechenschaft geben
(über), zustimmen; *daz gemüete /der muot gestât/ diu
ougen g. schône/ hôhe/ wol*
+D froh sein; Part.Adj. [s.]
gestanden.

ge-stanc stM Gestank.
ge-standen Part.Adj. standhaft; erfahren; gewohnheitsmäßig.
ge-starct- [s.] *gesterken.*
ge-starken swV abs. erstarken; zunehmen.
ge-stat stN Ufer, Strand.
ge-staten swV D standhalten;
beistehen;G/A/Ns(*daz*)(+D)
zulassen, erlauben, zugestehen; gewähren; übereignen.
**ge-stæten,-stâten,-stæ-
tigen,-stâtigen** swV A bekräftigen; segnen; A+pD*an,
ze* bestärken in, ermutigen
zu.
geste stF Geschichte.
ge-stechen stV[IVa]abs.zustechen; pA*durch* stechen
durch; A verwunden.
ge-stecken[1] stV [IVa] pA*in*
stecken bleiben in.
ge-stecken[2] swV pD*in* stecken bleiben in; A befestigen.
ge-stecket Part.Adj. *geste-
cketer stern* Fixstern.
ge-stegen swV abs. einen
Weg finden.
ge-,gi-steine stN Gestein;
Edelsteine [auch *edel g.*].
ge-steinet,-steint Part.Adj.
mit Edelsteinen besetzt/ geschmückt; zusammengefügt.
ge-stehelt,-stêlet,-stâlet
Part.Adj. gehärtet; geschützt.
ge-stelle stN Gestell.
ge-stellen swV [Prät. *ge-
stalt-*] A (auf-) stellen; unterbringen; fangen, festhalten;
gestalten, verändern; Part.
Adj. [s.] *gestalt.*
ge-steln stV [IVa] A stehlen,
bestehlen.
**ge-stelt(e)nisse,-stalt-
nisse** stF Gestalt, Erscheinung, Form, Aussehen.
ge-stemen swV refl.D+G sich

zurückhalten bei; D Einhalt
gebieten; A zurückhalten.
gesten,gasten swV refl.(+G)
sich   vorbereiten/   freuen
(auf); refl.+pA*ûf* sich einstellen bei; A empfangen; preisen;   schmücken;   A+G/pD
an entfremden (in Bezug
auf); A+pD*ze* an die Seite
stellen.
ge-stên [s.] *gestân.*
gester,gestern,gesteren
Adv. gestern.
ge-sterben stV [IIIb] abs./G
sterben.
gesteren [s.] *gester.*
gesteric,gestric Adj. gestrig.
ge-starken swV [Prät. *ge-
starct-*] A(+D)(+pD*an,in,ze*)
(be-) stärken (für/ in/ mit).
gestern [s.] *gester.*
ge-,gi-sterne [s.] *gestirne.*
ge-,gi-steten(en) swV A
fassen; A+pA*ûf* setzen auf;
Part.Adj. [s.] *gestetet.*
ge-stetet Part.Adj. *gestetet.*
ge-stetet Part.Adj. *g. stern*
Fixstern.
ge-stetigen swV A+pD*an*
bestärken in; beweisen an.
geste-wîse [s.] *gastwîse.*
gestiche stN Gästeschar.
ge-stieben stV [IIa] abs.
sprühen.
ge-stift stN Stiftung; Erstfassung.
ge-stiften swV A verursachen.
ge-stîgen stV [Ia] abs./Adv.
lok. (auf-) steigen, klettern
(auf); pD*über* /pA*ûf* übertreffen.
ge-stille stN Stelldichein.
ge-stillen,-stiln swV abs./
D zur Ruhe kommen, ausruhen; still sein; sich legen; aufhören (mit); A beruhigen, besänftigen; zufrieden stellen;
beenden; verhindern.

ge-stimt Part.Adj. *gestimtez tier* Laut gebendes Tier; *gestimt luft* Schall.

gestin stF Besucherin; Fremde.

gestîn Adj. fremd.

ge-stinken stV [IIIa] A riechen.

ge-stirne,gi-sterne stN Sterne.

ge-stirnt Part.Adj. gestirnt, besternt.

ge-stiude stN Staude.

ge-stiuren swV A(+G/pD *ze*) führen; verhelfen zu; hindern (an), zügeln.

gest-lîchen [s.]*gastlîche(n)*.

ge-stobere,-stöber stN Aufstand; Funkenflug.

ge-stôle [s.] *gestüele*.

ge-stœze stN Gedränge; Streit; Kampf.

ge-stôzen[1] stV [VIId] pA *wider* stoßen gegen; A einrammen, einstechen; A+pD *ze* zuordnen zu; A+pA*in* stecken/ senken in; *ze stade g.* landen.

ge-stôzen[2] stN Streit.

ge-strac Adv. sofort.

ge-stract Part.Adj. *gestractez hâr* glattes Haar.

ge-strâfen swV A tadeln; quälen.

ge-streben swV abs.handeln; pD*von* wegstreben von.

ge-strecken swV *vol g.* +A vollbringen.

ge-streichet Part.Adj. gestreift; herausgeputzt; glatt, geglättet.

ge-strengikeit,-strengicheit stF Härte, Strenge.

ge-strenze stN Landstreicherei.

gestric [s.] *gesteric*.

ge-strîchen stV [Ia] Adv.lok./ pD*ze* wandern/ ziehen (zu); A striegeln, putzen; A+pD

an / p A*an* streichen/ zeichnen auf.

gestrîcht,*ge-estrîcht Part.Adj. gepflastert.

ge-strîte[1] stN Streit.

ge-strîte[2] swM Gegner.

ge-strîten swV abs./pD*mit* / pA*vür* kämpfen (mit/ für); D standhalten, Widerstand leisten; A ausfechten.

ge-striuze stN Durcheinander.

ge-strout Part.Adj. ausladend; durchlässig.

ge-strûchen swV abs. straucheln, fallen.

ge-strûme stN Ansturm.

ge-stüele,-stuole,-stôle, -stû(l)de stN Sitz, Platz, Gestühl; Thron; Tribüne.

ge-stüelen swV pD*in* sich niederlassen in.

ge-stüem Adj. ruhig.

ge-stûl(d)e [s.] *gestüele*.

ge-stungen swVA anstoßen, anrühren.

ge-stuole [s.] *gestüele*.

ge-stupfen swV A einstechen.

ge-stuplach stN Staub.

ge-stupnüsse stN Staub, Nichts.

ge-stüppe,-stuppe stN Staub, Pulver, Nichts; *durch ein g.* ohne Grund.

ge-stürme stN Sturm; Ansturm, Angriff; Aufruhr.

ge-sûbern swV A reinigen.

ge-süene [s.] *gesiune*.

ge-süenen swV A+pD*mit* versöhnen mit.

ge-süezen swV A(+D/pD *mit*) (ver-) süßen (mit); beschönigen; erfreuen.

ge-sûgen stV [IIa] pD*an* / A saugen (an); A säugen.

ge-suhte stN Krankheit.

ge-sûmen swV refl. sich verspäten; behindert werden; A

aufhalten; warten lassen; versäumen; A+G hindern an; vorenthalten.

ge-sunde [s.] *gesunt*[1].

ge-sunden swV A gesundmachen.

ge-sünden,-sunden swV abs. sündigen.

ge-,gi-sunder Adv. besonders.

ge-sunder(e)n swV A(+pD *von*) trennen (von).

ge-sündigen,-sundigen swV abs. sündigen.

ge-sûne [s.] *gesiune*.

ge-sunt[1]**,-sunde** Adj. gesund; unversehrt, unverletzt, geheilt; lebendig, am Leben.

ge-sunt[2] stMF Gesundheit; Leben; *mit g.* unversehrt.

ge-suntheit stF Gesundheit.

ge-suntlich Adj. gesund.

ge-suoch,-suocht stM Suche; Streben, Forschung; Verlangen, Versuchung; Ertrag, Zinsen; Vergeltung.

ge-suochen swV A (auf-, heim-) suchen; bitten um; G/A+pD*an,ze* /p A*an* verlangen/ erbitten von.

ge-suocht [s.] *gesuoch*.

ge-sûse stN Brausen.

ge-swachen,-swechen swV A erniedrigen; vermindern, verfälschen.

ge-swægerlich Adj. verschwägert.

ge-swanzen swV abs. einherstolzieren.

ge-swære stN Bedrängnis.

ge-swarme stN Horde.

ge-swâse Adj./Adv. allein; heimlich.

ge-swâsheit stF Einsamkeit; abgelegener Ort; Vertrauen.

ge-swâslîche(n),-swæslîche(n) Adv. heimlich; allein.

ge-swechen [s.]*geswachen*.

ge-sweigen,-swêgen swV
A(+D) zum Schweigen brin-
gen; beruhigen.
ge-swelhen swV A+pA*in*
hineinschütten in.
ge-swellen stV [IIIb] abs./D
anschwellen.
ge-swer stNswM Geschwür.
ge-swern¹ stV [VIb] A/Ns
(*daz*)(+D) (be-) schwören;
versprechen; *gesworn sîn*
+D verlobt sein mit.
ge-swern² stV [IVa] D
schmerzen.
ge-swester stswF [Pl.]
Schwestern; Geschwister.
ge-swesterde [s.] *geswis-*
terde.
ge-swestergît [s.] *geswis-*
tergît.
ge-swî [s.] *geswîge.*
ge-swîche stF Verführung.
ge-,gi-swîchen stV [Ia] D
(dahin-) schwinden; im Stich
lassen, verlassen; ausweichen; vergehen; *got geswî-*
che/ müeze g. +D Gott soll
strafen.
ge-swîe [s.] *geswîge.*
ge-swiften swV A be-
schwichtigen.
ge-swîge¹,-swîe,-swî
swM Schwager; angeheirate-
ter Verwandter.
ge-swîge²,-swîe,-swî
swF Schwägerin; angeheira-
tete Verwandte.
ge-swîgen stV [Ia, Prät. auch
sw] abs./G/pD*von* schweigen (von), verstummen; D
(schweigend) zuhören; Ns
daz verschweigen; *der rede*
g. zu reden aufhören.
ge-swimmen stV [IIIa] pA
durch /Adv.lok. schwimmen
(durch).
ge-swinde¹ Adj. schnell,
rasch; ungestüm; entschlossen.

ge-swinde² Adv. sofort,
gleich; rasch.
ge-swindekeit stF Ungestüm.
ge-swinden¹ stV [IIIa] unpers.+D bewusstlos werden;
Part.Adj. [s.] *geswunden.*
ge-swinden² stN Bewusstlosigkeit.
ge-swingen stV [IIIa] abs.
flattern; pD*ze* treiben an.
ge-swintlîche(n) Adv.
schnell.
ge-swîschaft stF Verschwä-
gerung.
ge-swisterde,-swisteri-
de,-swesterde,-swis-
trede,-swistrîde stN Geschwister.
ge-swistergît,-swester-
gît,-swustergît,-swis-
triget stN (Mit-) Schwester.
ge-swisteride [s.] *geswis-*
terde.
ge-swisterkint stN Kind der
Schwester, Neffe, Nichte.
ge-swistrede,-swistrîde
[s.] *geswisterde.*
ge-sworne swM Ratsmit-
glied.
ge-swulst stF Geschwulst,
Schwellung.
ge-swunden Part.Adj. bewusstlos.
ge-swustergît [s.] *geswis-*
tergît.
ge-tagen swV D erscheinen;
Part.Adj. [s.] *getaget.*
ge-taget Part.Adj. betagt.
ge-tamer [s.] *getemere.*
ge-tân Part.Adj. beschaffen,
gestaltet, geartet; *sô/ sus g.*
solch, so; *g. als/ danne* wie,
als; *wie g.* welch, wie; *g. sîn*
[auch] aussehen; *g. sîn* +pD
under /p A umbe bestellt sein
um; [auch expl., z.B. *wol g.*
gut, schön, *zornic g.* zor-
nig].

ge-tæne,-tâne stF Verhalten; Behandlung.
ge-tanzen swV abs. tanzen.
ge-taren swV D schaden.
ge-tasten swV A anfassen.
ge-tât,-tæte stF Tat, Werk;
Handlungsweise; Beschaf-
fenheit; Verhalten.
ge-teidingen swV abs. zu
seinem Recht kommen.
ge-teile stN Anteil.
ge-teilen swV abs. wählen;
refl.+D sich mitteilen; A
(+pD*mit*) (auf-, ver-, zer-)
teilen (mit), trennen; Part.
Adj. [s.] *geteilt.*
ge-teilt Part.Adj. gespalten;
gegliedert, unterteilt; zusam-
mengesetzt; ausgebreitet.
ge-teilte stN (zwei Dinge
zur) Auswahl, Wahlmög-
lichkeit; Bedingung.
gete-,got-linc stM (Bauern-)
Bursche, Kerl.
gete-lôs,get-,geit(e)-lôs
Adj. zügellos, ungebändigt,
unbeherrscht.
ge-temere,-tamer stN Getöse.
ge-tempern swV A+pA*in*
mischen in.
ge-tempert Part.Adj. mild;
ausgeglichen.
ge-tîhen [s.] *gedîhen.*
ge-tiht(e),-diht stN Dichtkunst, -werk; (Er-) Dich-
tung, Gedicht, Erzählung;
Schrift; Ausführung; Kunst
(-sinn); Vorschlag.
ge-tihten swV A in Worte
fassen, verfassen; erdichten.
ge-tingen [s.] *gedingen²*.
ge-tiuren swVA(+D) läutern,
erheben, bessern; preisen;
verschönen.
ge-tiusche stN Täuschung,
(falscher) Schein; Ge-
schlechtsverkehr.
ge-tiute [s.] *gediute.*

ge-tjostieren,-justieren
swV abs./pA*wider* (mit der
Lanze) kämpfen (gegen).
get-lôs [s.] *getelôs.*
ge-toben swV pD*mit* großtun
mit.
ge-tœn(e) [s.] *gedoen(e).*
ge-torste stMN Mut.
ge-törstekeit [s.] *geturstekeit.*
ge-tœte stN Mordlust.
ge-tœten swV A (ab-) töten.
ge-touben swVA vernichten.
ge-toufen,gi-doufen swV
A taufen; A+Adv./A nennen.
ge-toufte swM Christ.
ge-touge,-*zage swM Feigling.
ge-tougen[1] Adj. verborgen.
ge-tougen[2]**,gi-tougen** stF
Geheimnis.
ge-traben swV Adv.lok. laufen.
ge-tragede [s.] *getregede.*
ge-tragen[1] stV [VIa] abs.
treffen; refl.+Adv.(lok.) sich
bewegen; verlaufen; A/G
(er-) tragen, haben; A+pD
von aufheben von; A+pD*ze*
treiben zu; A(+pD*ze*/p A*in*)
austragen, zur Welt bringen;
A+D entgegenbringen; un-
pers.refl.+D sich ergeben für;
en-, inein g. +A vereinbaren; *diu zît getreget sich* es
ergibt sich; Part.Adj. [s.]
getragen [2].
ge-tragen[2] Part.Adj. abge-
legt; abgetragen.
ge-trâmet,-træmet Part.Adj.
verplankt.
ge-tranc,-tranch stN Trank,
Getränk.
ge-tranct- [s.] *getrenken.*
ge-trange [s.] *gedranc.*
ge-treffen stV [IVa] pD*ze*
zielen auf; A treffen; finden.
**ge-tregede,-tregete,-tra-
gede,-tregde,-treide** stN

Besitz, Schätze; Lebensmittel, Nahrung; Getreide;
Laub, Blumen; Kleidung;
Ladung, Last.
ge-trehte stN Trachten; Meinung.
ge-treide [s.] *getregede.*
ge-treigert Part.Adj. bewan-
dert.
ge-trenge [s.] *gedranc.*
ge-trenke stN Getränk.
ge-trenken swV [Prät. *ge-
tranct-*] A tränken.
ge-treten stV [Va] pD*ze*/p A
in,durch,under/Adv.lok. treten
(an/ auf/ durch/ vor); pD*ûz*
geraten aus; pD*von* hinabsteigen von; p A*ûf* fallen an;
nider g. auftreten; *einen trit
g.* einen Schritt machen;
(einen) vuoz g. +pD*ûz,von*
einen Fußbreit (ab-) weichen
aus/ von.
ge-tretz stN Trotz.
ge-trîben stV [Ia] A(+D) tun,
betreiben; (ver-, weg-) treiben.
ge-trifte stN Lebensweise.
ge-trinken,-drinken stV
[IIIa] abs./A/G trinken
(von); Part.Adj. [s.] *getrunken.*
ge-trip stN Treiben; Lebensweise.
ge-triulich,-lîche(n) [s.]
getriuwelich.
ge-triun [s.] *getrûwen.*
ge-triute,-driute stN Liebkosung.
ge-triuten swV A lieben,
liebkosen.
**ge-triuwe,-trîwe,-trû,
-trûwe** Adj. treu; gut, ehrlich; zuverlässig, beständig;
aufrichtig; gerecht.
**ge-triuwelich,-triuwen-,
-triu-,-triuwec-,-trû-,
trûwe-lich** Adj., **-lîche(n)**
Adv. treu, aufrichtig, be-

ständig; gerecht.
**ge-triuwen,gi-trûwen,
-triun,-trou(w)en,-drû-
wen** swV D (ver-) trauen;
pD*an*/p A*an* sich verlassen
auf; G/Ns(*daz*)(+D) glauben;
A/G+D anvertrauen, zutrau-
en, gönnen; Inf.(*ze*)/Ns*daz,
ob,w* sich (zu-) trauen.
ge-triuwunge,-trûwunge
stF Vertrauen.
ge-trîwe [s.] *getriuwe.*
ge-troc,-troch [s.] *getruoc.*
ge-trœsten swV refl.+G verzichten auf, verschmerzen;
A(+D)(+G/pD*ze*) trösten
(mit), ermutigen, erfreuen;
beruhigen (mit); belohnen;
retten; Hoffnung machen
auf; hinwegtrösten über.
ge-troumen swV (unpers.+)D
träumen.
ge-trouwen [s.] *getrûwen.*
ge-trû(-) [s.] *getriuwe(-).*
ge-truckenen,-trugen swV
abs./A trocknen.
ge-truckt,-*druckt Part.
Adj. *getrucktiu mâze* gestrichen volles Maß.
ge-trucnisse stF Täuschung.
ge-trüeben swV [Prät. *ge-
truopt* -] A betrüben; bedrängen, verderben.
ge-trugen [s.] *getruckenen.*
ge-trunken Part.Adj. betrunken.
ge-truoc,-troc,-troch stN
Täuschung, Blendwerk; Be-
trug; Fehler.
ge-truopt- [s.] *getrüeben.*
ge-trûren swV abs. trauern,
leiden; pD*nâch* sich sehnen
nach.
ge-trût Adj. vertraut.
ge-tucke stN *mit g.* geduckt.
ge-tugen anV abs. angemes-
sen/ nützlich sein; unpers.+D
geziemen, zukommen; Inf.
sollen.

ge-tuht stF Ordnung.
ge-tühtic Adj. tapfer; gebildet.
ge-tult [s.] *gedult.*
ge-tuon,gi-tûn,-duon anV abs. handeln; D helfen; A / G/Ns*daz* tun, aus-, durchführen, bewirken; bewahren; auf sich nehmen; begehen, anrichten, aus-, verüben; A+ Adj. machen; Adv./pD*wider* handeln (gegen); A/G+D/ pA*wider* bringen, geben, leisten; richten an; antun, zufügen; verschaffen; A+Inf. lassen, bringen zu; *wê g.* weh tun; *bîhte g.* die Beichte ablegen;*war g.* +G ansehen; *rât g.* +G/Ns*daz* befreien; verzichten auf; [auch expl., z.B. *gebet g.* beten; *klage g.* klagen; *rede g.* reden].
ge-tûren[1] swV D lieb werden.
ge-tûren[2] swV [s.] *gedûren.*
ge-turnieren swV abs. turnieren.
ge-,gi-türren,-turren anV Inf. wagen/ sich (zu-) trauen zu; dürfen; wollen.
ge-turste Adj. mutig.
ge-türste stF Kühnheit; *in der g. sîn* kühn/ mutig sein.
ge-turstekeit,-türstikeit, -törsteheit,-türsticheit, -dursticheit stF Kühnheit, Wagemut; Vermessenheit.
ge-tursten [s.] *gedursten.*
ge-türstic,-turstic Adj. kühn, mutig.
ge-türsticheit [s.] *geturstekeit.*
ge-tursticlîche Adv. dreist; beherzt.
ge-türstikeit [s.] *geturstekeit.*
ge-tûsche stN Wechsel.
ge-twahenstV [VIa] A (+pD *von*) (ab-)waschen (von).
ge-twâlen swV abs. ruhen;

pD*in* bleiben in.
ge-twanc,-dwanc stM Gewalt, Zwang, Druck; Bedrängnis, Leid, Not.
ge-twancsal stN Unterdrückung.
ge-twas,-dwas stN Gespenst, Geist; Narr, Verrückter.
ge-tweln swV abs. bleiben.
ge-twenge stN Zwang; Ansturm; Unwetter.
ge-twerc stN Zwerg.
ge-twerginne stF Zwergin.
ge-twingen stV [IIIa] A/D bezwingen, beherrschen; bedrängen; A+G/pD*ze* /Ns*daz* zwingen zu; *under sich g.* +A unterwerfen.
ge-üeben swV A (aus-) üben, tun.
ge-unêrenswV A(+D) schänden, erniedrigen; verfluchen, verwünschen; Part.Adj. [s.] *geunêrt.*
ge-unêrt,gun-êrt Part.Adj. schändlich.
ge-unmæren swV A herabsetzen.
ge-unschuldigen swV A rechtfertigen.
ge-unsinnen swV abs. unbeherrscht sein.
ge-unsüezen swV refl. traurig werden.
ge-uobede stF Gottesdienst.
ge-urliugen swV D Widerstand leisten.
ge-vach Adv. häufig, wiederholt.
ge-vage Adj. zufrieden.
ge-vâhen,-vangen stV [VIIba] abs. anfangen; pD*ze* / Inf.*ze* anfangen/ kommen zu; (refl.+)pD*ze* sich wenden zu; pD*nâch* /Adv. streben nach; geraten (nach); A(+D) fangen, ergreifen, erreichen, holen; erhalten, gewinnen,

davontragen; überkommen; aufnehmen, verstehen, erfassen; A+pD*bî* fassen an, packen bei; A+pD*ze* /pA*an* ziehen/ drücken/ binden/ nehmen an/ in; *gnâde g.* +G sich erbarmen über; *ze man g.* +G als Vasallen annehmen; Part.Adj. [s.] *gevangen*[1].
ge-vælen,-vâlen swV abs./ D ausbleiben; nichts nützen; pD*an* danebentreffen bei; sich irren in; A/G verfehlen.
ge-valle stN Gefallen.
ge-,gi-vallen stV [VIIa] abs./refl./Adv. geschehen, sich ergeben; zu Fall kommen, (hin-, nieder-) fallen, stürzen, sinken; D(+Adv.) gefallen; zufallen, zuteil werden; pD*von* herabfallen von; pD*ze* kommen zu; gleichkommen; pD*an* /p A*an,in,ûf, under* geschehen an; (ver-) fallen auf/ in; verfangen bei; sich anschließen an; geraten in; anheimfallen; pA*über* kommen über.
ge-vallesam Adj. angemessen.
ge-vallunge stF *eigeniu g.* Selbstgefälligkeit.
ge-valschen [s.] *gevelschen.*
ge-valt Part.Adj. *gevalter stuol* Faltstuhl.
ge-valt- [s.] *gevellen.*
ge-valten stV [VIIa] refl.+ Inf.*ze* sich entschließen zu; A falten; teilen.
ge-vancnisse,-vanc-nus, -nust,-nusse,-venke-nisse,-venc-nüs,-nisse stF Gefangenschaft, Gefangennahme; Gefängnis.
ge-vangen[1] Part.Adj. gefangen; gefesselt.
ge-vangen[2] swM Gefangener.

ge-vangen[3] stV [s.] *gevâ-hen.*

ge-vangenlîche Adv. als Gefangener.

ge-var Adj. aussehend, beschaffen; farbig, gefärbt; *al-sô g.* [auch] so; *wol g.* [auch] schön; [auch expl., z.B. *gelîch g.* gleich, *blanc g.* weiß].

ge-vâr [s.] *gevære*[1].

ge-værde,-være,-vâre stF Betrug; (böse) Absicht, Arglist; Tücke; Vorbehalt; Feindschaft; Gefahr; Gefährdung; *âne g.* [auch] aufrichtig; blindlings.

ge-være[1]**,-vâr** Adj. feindlich; gefährlich; begierig/versessen auf.

ge-være[2]**,-vâre** stF [s.] *geværde.*

ge-værec/ic Adj. gefährlich.

ge-vâren swV A/G(+D) erforschen, herausfinden; erreichen; nachstellen; gefährden.

ge-værlich Adj. ungerecht.

ge-varn stV [VIa] abs./pD *wider, ze* / pA *durch, ûf, vür* / Adv.lok. reisen, fahren, laufen, gehen (durch/ gegen/ in/ vor/ zu); pD *nâch* /Adv. handeln, sich benehmen/ verhalten, verfahren (nach); geschehen, vor sich gehen; A antreten, einschlagen; durchfahren; befolgen; unpers. +Adv.+pA *umbe* weitergehen mit; *wol/ baz g.* Glück haben, davonkommen.

ge-vart [s.] *verwen; geverwet.*

ge-vasten swV abs. fasten.

ge-vater[1] swM Gevatter; Nachbar, Freund.

ge-vater[2] swF Gevatterin; Nachbarin, Freundin.

ge-vaterin,-vatrin stF Ge-vatterin; Nachbarin, Freundin.

ge-vaterlich Adj. freundschaftlich.

ge-vaterschaft stF Freundschaft.

ge-vatrin [s.] *gevaterin.*

ge-væze stN Gefäß.

ge-vazt Part.Adj. *gevazter schilt* erhobener Schild; *gevaztez swert* erhobenes Schwert.

ge-vazzen swV A erlangen; A+pA *in* aufnehmen in; A+D+pA *ûf* aufladen auf.

geve [s.] *gebe*[1].

ge-vê,-vêh Adj. feind (-lich), feindselig.

ge-veder Adj. geflügelt.

ge-vedren swV abs. flügge werden.

ge-vêh [s.] *gevê.*

ge-vêhede stF Feindschaft.

ge-vehte stN Kampf.

ge-vehten stV [IVa] abs./D/ pD *wider* kämpfen (mit/ gegen); sich abmühen; pA *umbe* Einspruch erheben gegen.

ge-veigen swV abs. dem Tod anheim fallen; A verderben.

ge-veilen swV A aufs Spiel setzen.

ge-feitieren swV A herausputzen.

ge-velle stN Schlucht; (Ein-)Sturz, Fall; Gemetzel; Abschuss, Angriff; Verderben, Unglück; Glück, Chance; Schicksal, Lauf, Zufall; Gewinn; Gefallen.

ge-vellec/ic Adj. angenehm, wohlgefällig; günstig; passend, angemessen; fällig.

ge-vellen swV [Prät. auch *gevalt* -] A zu Fall bringen; hinabstürzen; überwinden, besiegen; A+pD *von* abbringen von; A+pA *in* versenken in.

ge-velliclich Adj. angemessen.

ge-vellikeit stF Gefallen.

ge-velschen,-valschen swV A verfälschen; für falsch erklären; herabsetzen; verderben.

ge-velschet Part.Adj. *g. vrouwen varwe* Schminke.

geven [s.] *geben*[1].

ge-venc-nüs,-nisse,-venkenisse [s.] *gevancnisse.*

ge-verbt [s.] *geverwet.*

ge-verren swV A+D entziehen; A+pD *von* fernhalten von; Part.Adj. [s.] *geverret.*

ge-verret Part.Adj. entfernt.

ge-verte stN Weg, Fahrt, Lauf; Reihe; Leben, Lebensweise, Vorgehen, Benehmen, Treiben; Art; Auftreten, Erscheinung, Aufzug; Vorfall; Schicksal; Herkunft; Absicht.

ge-verte swM Gefährte, Begleiter; Freund.

ge-vertele(h) stN Ausstattung.

ge-verwet,-verbt,-vart Part.Adj. bunt (bemalt); farben; geschmückt.

ge-vesten(en) swV A festigen, bestätigen, bekräftigen; beweisen.

gêvet,*ge-êvet Part.Adj. *nâch der Êven g.* wie Eva veranlagt.

ge-vetrîde stN Paten, Gevattern; Patenschaft.

ge-vettacht,-vettecht Adj. geflügelt.

ge-videre stN Gefieder, Federn, Flügel; Federbett.

ge-vidert Part.Adj. gefiedert, geflügelt.

ge-viecht,-*vihede stN Jagdvögel.

ge-vieren,-*vîren swV A feiern.

ge-vieret,-vîret Part.Adj. viereckig; fest, beständig, zuverlässig; stolz.

ge-vilde,-vilt stN Feld.

ge-ville stN (Pelz-) Futter.

ge-villen swV A quälen.

ge-vilt [s.] *gevilde* .

ge-vinden stV [IIIa] A finden.

ge-,gi-vinger stN Fingerring.

ge-vîret [s.] *gevieret.*

ge-firmen swVA+pAan heften an.

ge-virren swV A trennen.

ge-viuhtigen swV A+pD *mit* befeuchten mit.

ge-vlammen swV refl. entflammen.

ge-vlêhen,-vlêgen,-vlên swV abs. flehen; pA *an* Bitten richten an; A anflehen.

ge-vlehten stV [IVa] A flechten; A+pA *an* knüpfen an.

ge-vlên [s.] *gevlêhen.*

ge-vliegen stV [IIa] abs./pD ze / p A *an,durch* fliegen (an/ durch/ zu).

ge-vliehen,-vlien stV [IIb] abs./Adv.lok./ pD *ûz, von, vor, ze* / p A *ûf* fliehen (aus/ vor/ zu); A meiden; A+pD *vor* in Sicherheit bringen vor.

ge-vliezen stV [IIb] abs./ pD *ûf* schwimmen (auf); pD *ûz,von* / p A *in* fließen/ strömen aus/ in.

ge-vlîzen stV [Ia] pD *an* / refl.+G/pD *in* sich bemühen um.

ge-flôren swV A verschönern, schmücken.

ge-flôrier(e)t,-flôrt Part. Adj. blühend, glänzend, prächtig; schön; bunt.

ge-vluochen swV abs./D fluchen.

ge-vôclich,-lîche(n) [s.] *gevuoclich.*

ge-vôge¹ Adj. [s.] *gevüege.*

ge-vôge² stF [s.] *gevuoge ².*

ge-vogele [s.] *gevügele.*

ge-vœlen [s.] *gevüelen.*

ge-volgen swV D(+G)/G folgen/ zustimmen (in); nachgeben, befolgen; entsprechen; zuteil werden.

ge-volgic,-volgit Adj. gehorsam, untertan, ergeben; geneigt.

ge-völlet,-*völlede stF Fülle.

ge-völlic Adj. vollständig, vollkommen.

ge-völlîchen Adv. völlig.

ge-vordern swV A fordern, beanspruchen; A+D vorwerfen.

ge-vorhten,-vürhten swV A / G fürchten (um).

ge-vorschen swV Ns *w* in Erfahrung bringen.

ge-vrâgen swV A(+G)/Ns *w* /G/pD *nâch* fragen (nach); befragen.

ge-vreischen stV [VIIc] A / Ns *daz* erfahren, erleben, erleiden; kennen lernen, vernehmen.

ge-vremeden swV A+D fernhalten.

ge-vreun [s.] *gevröuwen.*

ge-vreveln swV abs. freveln.

ge-vrewen [s.] *gevröuwen.*

ge-vriden swV abs. Ruhe finden; A beschützen; beruhigen, schlichten.

ge-vrîen swV abs. Liebschaften haben; A(+pD *von*) befreien (von).

ge-vriesen stV [IIb] abs./D gefrieren, festfrieren; unpers. +A frieren.

ge-vristen swV A(+D)(+pD *vor* / p A *wider*) be-, erhalten; (be-) schützen (gegen/ vor), bewahren, retten; aufhalten, verhindern; A+pA *an* befris-

ten/ verschieben auf.

ge-vriunden,-vrûnden swV refl.(+pD *ze*) sich anfreunden (mit); A+D zur Freundin machen.

ge-vriunt¹ Adj. befreundet; beliebt.

ge-vriunt² stM Freund.

ge-vromen [s.] *gevrumen.*

ge-vrœren swV A zum Gefrieren bringen.

ge-vrorn Part.Adj. frierend.

ge-vröuwen,-vrouwen, -vrowen,-vröun,-vrewen,-vreun swV refl.(+G/ pD *von*) sich freuen (über); A(+D) erfreuen.

ge-vrumen,-vromen swV D(+pD *ze*) nützen (bei), helfen (in), zugute kommen; gereichen zu; D+pD *an* verhelfen zu; A/G(+Adj.)/Ns *daz* vollbringen, verrichten, herbei-, durchführen; bewirken, erreichen; machen; einsetzen; A+pD *an,gegen* (be-) stärken in/ bei; verhelfen zu; A+pA *ûf* abschießen auf; A+D/pD *nâch, von,ze* (weg-) schicken in/ von/ zu; führen aus.

ge-vrûnden [s.] *gevriunden.*

ge-vûc [s.] *gevuoc ².*

ge-vûclich,-vûc(h)lîche(n) [s.] *gevuoclich.*

ge-vudern [s.] *gevürdern.*

ge-vüeclîche(n) [s.] *gevuoclîche(n).*

ge-vüege,-vûge,-vôge Adj. klein, zierlich; kostbar; sanft, bequem; anständig; wohlerzogen, höflich; geschickt, kunstfertig, gewandt; aufrichtig; geeignet, angemessen, passend, richtig; willig, fügsam.

ge-,gi-vüegen,-vuogen swV unpers.abs./refl.(+Ns *daz*) geschehen, sich ergeben; refl.(+pD *ze* / p A *in*) sich

eignen, sich fügen in; D passen (zu); helfen; A fügen,
einrichten; erreichen, zustande bringen; machen; A+D zufügen, zukommen lassen,
geben, schenken, verschaffen; *zesamene g.* +A zusammenfügen.
ge-vüegic Adj. genügsam.
**ge-vüelen,-vuolen,-vü-
len,-vœlen** swV A / G fühlen, bemerken.
**ge-vüelunge,-vuolunge,
-vûlunge** stF Gefühl.
ge-vüere[1] Adj. nützlich, angemessen.
ge-vüere[2]**,-vuore** stN Nutzen, Vorteil, Gewinn; Be-
darf; Bequemlichkeit.
**ge-vüeren,-vuoren,-vü-
ren** swV A führen, bewegen;
tragen; ernähren; A+D zuführen; A+pD*gegen* erheben gegen; A+pD*ûz / p Ain,ûf* führen
aus/ in.
ge-vüeric Adj. genügsam.
ge-vûge[1] Adj. [s.] *gevüege.*
ge-vûge[2] stF [s.] *gevuoge*[2].
**ge-vügele,-vugele,-vug-
le,-vogele** stN Vögel; Ge-
flügel.
ge-vûlen[1] swV abs. faulen.
ge-vûlen[2] swV [s.] *gevüelen.*
ge-vüllen,-vullen swV A
füllen.
ge-vüllich Adj. sinnlich.
ge-vûlunge [s.] *gevüelunge.*
ge-vuoc[1] Adj./Adv. höflich,
wohlerzogen; anständig;
zart.
ge-vuoc[2]**,-vûc** stM Klugheit; Kunst (-fertigkeit); Gelegenheit; Entschluss.
ge-vuocheit stF Klugheit;
Bequemlichkeit.
**ge-vuoclich,-vûc-,-vôc-
lich** Adj. geschickt, passend.
ge-vuoclîche(n),-vüec-,

-vûc(h)-,-vôc-lîche(n)
Adv. genau, passend; ge-
schickt, behutsam; unbe-
sorgt; mit Anstand.
ge-vuoden swV A ernähren.
ge-vuoge[1] Adv. geschickt;
klug; kunstvoll; maßvoll.
ge-vuoge[2]**,-vûge,-vôge**
stF Kunst (-fertigkeit); Klugheit, List; Anstand; Angemessenheit.
ge-vuogen [s.] *gevüegen.*
ge-vuol- [s.] *gevüel-.*
ge-vuore(-) [s.]*gevüere(-).*
ge-vuorunge stF Mäßigung.
ge-vürdern,-vudern swV
A(+pD*ze*) fördern (bei); vermehren.
ge-vûren [s.] *gevüeren.*
ge-vürhten [s.] *gevorhten.*
ge-vürkoufen swV abs.
Makler-, Wuchergeschäfte
betreiben.
ge-wachen swV abs. wachen.
ge-wæde [s.] *gewæte.*
ge-wâfen[1] Adj. bewaffnet.
ge-wâfen[2]**,-wæfen,-wê-
fen** stN Waffe; Rüstung;
Wappen.
ge-wâfent,-wêfent Part.
Adj. bewaffnet.
ge-wage stF Ordnung; Er-
wähnung.
ge-wæge stN Gewicht, Maß.
ge-wagen [s.] *gewahen.*
ge-wâgen,-wôgen swV pD
ab urteilen über; A/Inf.*ze*
wagen, aufs Spiel setzen.
ge-wahen,-wagen stV[VIa]
G/ Ns*daz,w* (+D/ pD*von,ze* /
p A*wider*)/Inf.*ze* erwähnen
(gegenüber), gedenken, be-
richten/ mitteilen/ erzählen
(von), aussprechen; *mit der
rede g.* +A+pD*an* vortragen.
ge-wahenen [s.] *gewe-
hen(en).*

ge-wahs Adj. scharf.
ge-wahsen stV [VIa] abs./
D/pD*an,ze* /p A*in* heranwachsen (zu); wachsen (an);
zunehmen; entstehen (aus).
ge-wahst stN Wachstum.
ge-waht stMN Berücksichti-
gung.
ge-wald- [s.] *gewalt-.*
ge-walopieren [s.] *galopieren.*
ge-walt[1] Adj. mächtig.
ge-walt[2]**,gi-walt** stMF Gewalt, Macht, Kraft; Herr-
schaft, Reich; Besitz; Voll-
macht, Recht; Heeresmacht;
Gewalttat, Unrecht; Zwang;
Nachdruck; Fülle.
ge-waltærinne stF Gewalt-
herrscherin.
**ge-,gi-waltec/ic,-waldec/
ic,-weltic/ich** Adj. gewaltig, mächtig, stark; fähig; *g.
sîn/ werden* +G (Verfü-
gungs-) Gewalt/ Macht ha-
ben/ erlangen über; Recht haben zu; *g. machen/ tuon*
+A+G/pA*über* Macht/ Herr-
schaft/ Verfügungsgewalt
verleihen über.
**ge-waltec/ic-lich,-wel-
ticlich** Adj. mächtig, gewaltig, stark; gewalttätig.
**ge-waltec/ic-lîche(n),
-waldec/ic-,-welde(n)c-,
-waltenc-lîche(n)** Adv.
gewaltig, macht-, kraftvoll;
mit Gewalt.
ge-waltekeit stF Macht.
ge-walten stV [VIIa] abs.
Gewalt üben; G/D/A Gewalt
haben über, verfügen über;
überwältigen; innehaben.
ge-waltenclîche(n) [s.] *ge-
walteclîche(n).*
ge-walterîch Adj. mächtig.
ge-waltesære,-waltscher
stM Gewalttäter; Gewalthe-
ber; Verteidiger.

ge-waltigen [s.] *geweltigen.*
ge-waltscher [s.] *gewalte-sære.*
ge-wammer stN Gewimmer.
ge-wân stN Befürchtung.
ge-wanct- [s.] *gewenken.*
ge-wand- [s.] *gewenden.*
ge-wandeln swV A/G(+D) (ab-) ändern, verwandeln (in); büßen; rückgängig machen.
ge-wandern swV pD*von* weggehen von; p A*an* gelangen zu.
gewandes-halp Adv. in Bezug auf die Kleidung.
ge-wænen[s.]*gewehen(en).*
ge-wanheit [s.] *gewonheit.*
ge-want[1] Part.Adj. gewandet.
ge-want[2] stF Wand.
ge-want[3] stN Gewand, Kleidung, Kleid; Rüstung; Gepäck, Habe.
ge-want-wolle stF Wollstoff.
ge-want-wurm stM (Kleider-) Motte.
ge-,gi-war Adj. aufmerksam, scharf (-sichtig); *g. werden* +G/A/Ns*daz,w* bemerken, gewahr werden, erfahren.
ge-wâre,-wære Adj./Adv. wahr (-haftig), aufrichtig; zuverlässig, treu; gerecht; sicher; sorgfältig, genau; Gewinn bringend.
ge-wâren,-wæren swV A bestätigen.
ge-wærhaft Adj.zuverlässig.
ge-wârheit,-wârkeit stF Sicherheit, Gewissheit; Aufrichtigkeit; Versprechen; Vorsorge, Absicherung; *g. der sêle* Seelenheil.
ge-wærlich,-wârlich Adj. wahrhaft, zuverlässig; sicher.

ge-wærlîche(n),-wârlî-che(n) Adv.wirklich, wahrlich; sicher; zuverlässig, getreulich; genau; vorsichtig.
ge-warn swV abs. Ausschau halten; G/D/A gewahr werden, bemerken; beobachten; bewachen.
ge-warnen swV refl.+pD*ze* sorgen für.
ge-warsamkeit stF Vorsicht.
ge-wart [s.] *wirken.*
ge-warten swV pA*ûf*/Adv. lok. blicken auf; D aufwarten; A(+pD*von*)/G erwarten (von); beobachten; wahrnehmen; bewahren.
ge-waschen stV[VIa] A(+D) waschen, reinigen.
ge-wæte,-wæde,-wâte stN Gewand, Kleidung; (Aus-) Rüstung.
ge-waten stV[VIa] pD*ze*/p A *durch* dringen durch/ zu; pA *in* waten in.
ge-weder Indef.Pron. jeder, jede, jedes.
ge-wêf- [s.] *gewâf-.*
ge-wege stN Flut.
ge-,gi-wegede stN Hilfe.
ge-wegen[1] stV [Va] (refl.+) pD*gegen* sich messen mit; D angemessen/ gewogen sein; A/Ns w (+pD*an*) ermessen; schätzen (an); aufweigen; A+pD*nâch* /p A*in* /Adv. bewegen (in/ zu).
ge-wegen[2] swV Adv.lok.(+A) (sich) bewegen.
ge-wegen[3] swV D helfen, beistehen.
ge-wegenlîche Adv. gewaltig; entschlossen.
ge-wehen(en),-wahenen, -wænen swV G(+D) erwähnen (gegenüber).
ge-wehs stN Gewächs.
ge-weichen swV A erwei-

chen; aufweichen, eintunken; zähmen.
ge-weide stN Eingeweide; Speise.
ge-weigeren swV G(+D)/Ns verweigern.
ge-weinen swV abs. weinen; refl.D sich ausweinen; A beweinen.
ge-weizet Part.Adj. mit Weizen versorgt.
ge-welbe stN Gewölbe.
ge-welbet Part.Adj. gebogen.
ge-welde stN Waldgebiet.
ge-welde(n)clîche(n) [s.] *gewalteclîche(n).*
ge-weldigen[s.]*geweltigen.*
ge-weldiget [s.] *waltigen.*
ge-welen swV A wählen.
ge-wellen anV A wünschen.
ge-weltenclîche(n) [s.]*gewalteclîche(n).*
ge-weltic(-) [s.] *gewaltec(-).*
ge-weltigen,-weldigen, -waltigen,-waldegen, -waldigen swV A(+D) überwältigen, erobern, untertan machen.
ge-weltlich Adj. imstande.
gewen [s.] *giwen.*
ge-wendelech stN Gewand.
ge-wenden swV [Prät. auch *gewand-*] Adv.lok./pD*ze* sich wenden (zu); A(+G/pD*von*) (ab-) wenden/ zurückhalten (von); A+Adv. einsetzen, anwenden; A+D verwehren; A+ pD*ze,nâch* /Adv.lok. (hin-) wenden/ führen (zu); A+pA *an,ûf* wenden an, richten auf; zurückführen zu; *wol gewendet sîn* nützlich sein; *gewendet sîn* unpers.+Adv. (+G) sich verhalten (mit).
ge-wenen swV A zähmen; beeinflussen; A+G/pD*nâch, ze* /p A*an,in,ûf* gewöhnen an, vertraut machen mit.

ge-wenken swV [Prät. auch *gewanct-*] abs. wankend sein/ werden; umkehren; G/ D/pD*ab,an,von* abweichen/ sich abwenden von, untreu sein; D+G verweigern; A+pD *ze* verwandeln in; *wanc g.* +pD*von* sich einen Fußbreit entfernen von.

ge-wentschelieren swV*hin und her g.* umherstreifen.

ge-wer[1] stF Anrecht, Besitzrecht; Sicherheit; Bürgschaft; Gewähr; Besitz; Erfüllung, Befriedigung; Vergeltung; Bestimmung; Gewahrsam; Zuflucht.

ge-wer[2] stF Befestigungswerk, -mauer; Verteidigung; Waffe.

ge-wer[3] swM Gewährsmann, Bürge.

ge-werbe,-werp,-werft stMN Tätigkeit, Geschäft, Unternehmen, Beschäftigung; Tun, Handeln; (Be-)Streben, Absicht, Anliegen, Vorhaben; Werbung.

ge-werben,-werfen stV [IIIb] pD*gegen,wider*/Adv. handeln/ sich verhalten (gegenüber); pD*nâch* streben nach; A erwerben.

ge-werden[1] stV [IIIb] abs./ D/pD*von*/Adv. geboren werden, entstehen (aus); vorkommen; geschehen, vor sich gehen, kommen; Nom./ G werden (aus); pD*mit* auskommen mit; *baz g.* unpers.+D besser gehen.

ge-werden[2] swV G helfen bei; Inf. geruhen, die Gnade haben; A+G gewähren.

ge-werfen[1] stV [IIIb] A(+pD *mit*) bewerfen (mit); A+pA *an,under*/pD*ûz*/Adv.lok. legen/ werfen/ stürzen auf/ aus/ unter.

ge-werfen[2] stV [s.] *gewerben.*

ge-werft [s.] *gewerbe.*

ge-werke stN Bauwerk.

ge-werldet Part.Adj. weltoffen.

ge-werlich Adj., **-lîche** Adv. kampfbereit; gefährlich.

ge-wern[1] swV A zufrieden stellen, belohnen; erhören; D +G/Ns*ab* gewährleisten; A+ G/Ns*daz* gewähren, zugestehen, schenken; erfüllen, leisten; entschädigen für.

ge-wern[2] swV abs. haltbar sein; pD*vor* standhalten vor; D erhalten bleiben; pD*biz an,ze*/Adv./A aushalten, dauern (bis zu); verbringen.

ge-wern[3] swV pD*vor* schützen vor; refl.+D/pD*gegen* sich wehren gegen; A verteidigen; verhindern.

ge-werp [s.] *gewerbe.*

ge-,gi-werren stV [IIIb] pD*in* Verwirrung stiften in; D(+pD*an*) schaden, hindern; geschehen; zustoßen; fehlen/ stören (an); A+D anhaben.

ge-wertic Adj. gewärtig.

ge-wesen stV [Va] abs./Adj. sein; pD*an,bî,ze*/Adv.lok. sich aufhalten (an/ bei/ in); sich beschäftigen mit; D gegenübertreten; *vor g.* +D vorstehen; *guot g.* +D helfen; *baz g.* unpers.+D besser gehen.

ge-wesende Part.Adj. wesenhaft.

ge-wete swM Gefährte; Widerpart.

ge-weten[1] stV [Va] A+pD*ûz* befreien aus.

ge-weten[2] swV [s.] *weten*[2].

ge-weterblitzen swV abs. glänzen, sich hervortun.

ge-wette stN Geldbuße, Geldstrafe; Wette.

ge-wîben swV abs. sich eine

Frau nehmen.

ge-wîchen stV [Ia] abs. wanken, fallen; pD*ze* sich wenden zu; D zurückweichen vor, ausweichen.

ge-wicke stN Wegkreuzung; (Schlacht-) Feld.

ge-widere [s.] *gewitere.*

ge-widere swV A/G abwenden; ablehnen, -weisen.

ge-wiere stN Geschmeide.

ge-wîge stN Geweih.

ge-wîhen swVA(+pD*ze*) segnen, weihen (zu), heiligen.

ge-wiht stN Gewicht.

ge-wilde stN Wildnis.

ge-wille stN Wellengang.

ge-willen swV D+G beeinflussen zu.

ge-willic Adj. willentlich.

ge-wilt stN wilde Tiere.

ge-win stM Gewinn, Erfolg, Glück; Sieg; Erwerb; Mühe; Nutzen; Zuwachs, Vermehrung; Fülle; Ertrag, Einkünfte, Lohn; Preis; Beute, Fund.

ge-winden stV [IIIa] A+pD *ûz* winden aus.

ge-winhaft Adj. glücklich.

ge-,gi-winnen stV [IIIa] abs. siegen; G/A(+D/pA*an*) / Ns*daz*/Inf.*ze* gewinnen, erringen; erlangen, erreichen; erwerben, erhalten, bekommen; haben; erfahren, erleben, erleiden; holen, finden; fangen, fassen, ergreifen; einnehmen, erobern, überwinden, besiegen; aufbieten; (er-) zeugen, gebären; A+D/ pD*ze* be-, verschaffen; verhelfen zu, ermöglichen; (herbei-) bringen/ holen (zu), zuführen; A+pD*ûz*/Adv.lok. herausholen/ herausziehen aus; *gelîch g.* +D gleichen; *heim g.* +A heimholen; *liep g.* +A lieb gewinnen; *den lîp g.* geboren werden; *schilt/*

schildes ambet g. Ritter werden; *vinster g.* finster werden.

ge-winnunge stF Gewinn, Erwerb, Erlangung.

ge-wint stN Decke.

ge-wirbic,-*werbic Adj. geschäftig, eifrig.

ge-wirden swV A verherrlichen, ehren; Ansehen verschaffen.

ge-wirhte [s.] *gewürhte.*

ge-wirren,-würren swV refl.+pD*in* sich verfangen in; D stören, bekümmern.

ge-wis[1] Adj. zuverlässig, sicher, bestimmt; *g. hân/ sîn* +G/A sicher sein, wissen; *g. tuon* +A versichern, bekräftigen, bestätigen.

ge-wis[2]**,-wisse** Adv. zuverlässig, getreulich, fest; sicher, gewiss, mit Sicherheit; deutlich, genau; ruhig; völlig; wahrlich, wirklich.

ge-wîsen[1]**,gi-wîsen** swV A/ G/ Nsw (+pA*an,ûf/* Adv. lok.) führen (zu), lenken; unterweisen; (vor-, an-) zeigen; A+D erweisen; vorhalten.

ge-wîsen[2] swV A/G auf-, heimsuchen; beachten.

ge-wisheit stF Gewissheit, Sicherheit; Zuverlässigkeit; Bürgschaft, Pfand; Versprechen, Zusicherung.

ge-wislich Adj. zuverlässig.

ge-wislîche,-wiselîche Adv. gewiss, mit Sicherheit; fest, zuverlässig, beständig.

ge-wispelen stN Wispern.

ge-wisse [s.] *gewis*[2].

ge-wisselîche [s.] *gewislîche.*

ge-wissen swV A bekräftigen, stärken; A+G/pD*an* /Inf. *ze* versichern, die Zusicherung geben für.

ge-wissunge stF Bekräfti-

gung, Versicherung.

ge-wîten swV refl.+pD*von* sich entfernen von; A vergrößern.

ge-witere,-widere stN Gewitter, Unwetter; Wetter.

ge-witze,-wizze stN Wissen, Weisheit.

ge-wîzen stV [Ia] A+D vorhalten, vorwerfen.

ge-wizze [s.] *gewitze.*

ge-wizzede stFN Wissen; Gewissen.

ge-wizzen[1] anV A/Nsw wissen, erfahren; Part.Adj. [s.] *gewizzen*[2].

ge-wizzen[2]**,gi-wizzen** Part.Adj. bekannt; bewusst; klug, besonnen; gewissenhaft; vertraut.

ge-wizzen[3]**,-wizzende, -wuss(e)ne** stN Wissen, Kenntnis; Klugheit; Bewusstsein; Gewissen.

ge-wizzenheit stF Bewusstsein, Erfahrung.

ge-wizzenlich Adj., -lîche Adv. bekannt; klug, vernünftig.

ge-wizzenlôs Adj. gewissenlos.

ge-wôgen [s.] *gewâgen.*

ge-won[1] Adj. gewohnt, gewöhnt.

ge-won[2]**,-wone** stF Gewohnheit.

ge-wonen swV pD*in,ze* /pA *über* /Adv.lok. wohnen (in); G/Inf.*ze* sich gewöhnen (an); *gewont sîn* +G gewöhnt sein an.

ge-wonhaft Adj. gewöhnt.

ge-wonheit,-wanheit stF (An-) Gewohnheit, Sitte, Lebensweise; (Natur-) Gesetz, Recht; Regel; Befolgung; Menstruation.

ge-wonlich Adj., -liche(n) Adv. gewohnt, üblich; ange-

messen; gewöhnlich.

ge-wordenheit stF Gewordenheit.

ge-wordenlich Adj. *g. ûzbruch* Ursprung.

ge-wordenlichkeit stF Gewordenheit.

ge-worht(-) [s.] *gewürken; wirken.*

ge-worhte [s.] *gewürhte.*

ge-worke,-worte [s.] *gewürke.*

ge-wort [s.] *wirken.*

ge-worten,-wörten swV A in Worte fassen.

ge-wroht [s.] *wirken.*

ge-wûch,-*wuoc stN Aussage.

ge-wulke(ne) stN Wolken, Bewölkung; Trübung.

ge-wulkt Part.Adj. *gewulkter trôn* Wolkenthron.

ge-wundern swV unpers.+ A+G in Staunen versetzen über; *wunder g.* Wunder vollbringen.

ge-wunne stF Lust.

ge-wünschen swV refl.+pD *von* sich wegwünschen von; A/G+D wünschen.

ge-wuochern swV A+D einbringen.

ge-wuofe stN Geschrei.

ge-würhte,-wor(h)te, -wurhte,-wirhte stN Arbeit, (Kunst-) Werk, Gestaltung.

ge-würke,-worke stN (Kunst-, Bau-) Werk; Wirken.

ge-würken swV [Prät. auch *geworht-*] abs. wirken; pA*in* einwirken auf; A tun, hervorbringen, herstellen; A+D zufügen; A+pA*wider* unternehmen gegen.

ge-würme stN Gewürm, Würmer; Schlangen, Drachen; Ungeziefer.

ge-würren [s.] *gewirren.*
ge-wursen,-*wirsen swV A schlimm zurichten.
ge-wurteclîche Adv. sofort.
ge-wurzen swV pD*in* wurzeln in; pA*under* Wurzeln schlagen unter.
ge-wuss(e)ne [s.] *gewizzen* [3].
gewzen swV abs. quaken.
ge-zagel Adj. geschwänzt.
ge-zal Adj./Adv. schnell.
ge-zalt(-) [s.] *gezeln; zeln.*
ge-zam Adj. angenehm.
ge-zamen,-zemen swV A zähmen; überwältigen, beherrschen.
ge-zan Adj. *g. sîn* Zähne haben.
ge-zechen swV A bewirken.
ge-zêchenen,-*zeichenen swV A vorankündigen.
ge-zecken swV pD*mit* Scherz treiben mit.
ge-zeichenlîche Adv. bedeutungsvoll.
ge-zeigen swV A/Ns*w* vorweisen; beweisen, nachweisen; finden; A+D (auf-) zeigen.
ge-zeisen stV [VIIc, Part. Prät. auch sw] A+D zupfen, zerfasern.
ge-zeln,-zellen swV [Prät. *gezalt-*] D+pD*von* berichten von; A/Ns*w* (+D) erzählen, beschreiben, (auf-) zählen.
ge-,gi-zelt stN Zelt.
ge-zeltsnuor stF Zeltschnur.
ge-zem Adj./Adv. gemäß, angemessen.
ge-zemen[1],gi-zemen stV [IVa] abs./(D+)pD*an,ze* /pA *in* /unpers.+Adv. sich entwickeln/ gehören; gelingen; Gefallen finden an; gehören zu; sich eignen als/ für, geeignet erscheinen für/ zu; willkommen/ angemessen/

passend sein als/ für; taugen zu; G/D/A/Ns*daz* (+Adv./Inf.*ze*)/ unpers.+D/ A (+Adv.) (+G/Inf. (*ze*)/Ns*daz, ob*) gefallen; zukommen, zustehen; sich gehören für, passen zu; Ehre machen; entsprechen; nötig sein für, Grund haben zu; zufrieden sein mit.
ge-zemen[2] swV [s.] *gezamen.*
ge-zendet Part.Adj. gezähnt.
ge-zenke stN Zank.
ge-zerge stN Gezerre.
ge-zern swV A+pA*ûf* einsetzen für.
ge-zic stM Anschuldigung.
ge-ziehen stV [IIb] refl./ pD*gegen* /Adv.(lok.) sich erstrecken (bis an); ausfallen; sich zurückziehen; refl.+pD *von* sich entziehen; unpers.+ Adv. (+refl./D) (+pA*umbe*) sich ergeben (für); stehen um; sich gehören; bestimmt sein; D entsprechen, zukommen; pD*ze* /pA*an* (+D) führen/ neigen/ ausschlagen zu; A ziehen; auf-, erziehen; A+pA*an,durch,in,ûz* / pD*von* ziehen an/ aus/ durch/ in; bringen in/ von/ vor; schieben auf; *den âdem g.* +pD*von* sich erholen von.
ge-zielen swV A hervorbringen.
ge-zierde,-ziere stFN Zierde, Schmuck; Pracht; Schönheit; Kostbarkeit.
ge-ziere Adj. elegant.
ge-zieren swV A schmücken; auszeichnen, ehren.
ge-ziert Part.Adj. *geziertiu worte* wohlgesetzte Worte.
ge-zîhen stV [Ib] refl.+Ns*daz* sich rühmen; A(+G) beschuldigen.
ge-ziln swV *gelîche g.* +D

gleichkommen.
ge-zimber,-zimer(de) stN Bau (-werk), Haus, Wohnung.
ge-zimieret Part.Adj. gerüstet; geschmückt.
ge-zinne stN Zinnen [Pl.].
ge-zît,-zîte stFN Zeit; (kanonische) Gebetsstunde.
ge-zîte Adv. sofort.
ge-ziuc,-zûc,-ziuch stMN Zeugnis, Beweis; Zeuge; Ausrüstung, Ausstattung; Material, Stoff; Waffe; Besitz; Schöpfung; Organ; Hoden.
ge-ziuc-nisse,-nus,-zûc-nis(se),-nus(t) stF Zeugnis, Beweis.
ge-ziuge[1],-zûge stN Rüstung, Ausstattung; Gerät; Beweis.
ge-ziuge[2],-zûge swM Zeuge, Beweis.
ge-ziugen,-zûgen swV pA *ûf,wider* zeugen/ den Beweis führen gegen; D+G/pD*an* den Beweis erbringen (für); A bezeugen.
ge-ziuglich,-ziuglîn stN Hoden.
ge-ziugschaft stF Zeugenschaft.
ge-ziugunge stF Zeugnis.
ge-ziunen swV *zûn g.* +D einen Zaun ziehen für.
ge-zobelt Part.Adj. mit Zobel besetzt.
ge-zoc,-zuc stN Gefolge; Tross, Truppe; Schar; Gedränge, Drängen; Kriegszug, Angriff; Fall, Vertreibung, Flucht; Ausrüstung; *âne/ sunder g.* ohne Zögern/ Zaudern.
ge-zöder stN Zug.
ge-zogen Part.Adj. klug; zurückhaltend; zahm; *wol g.* wohlerzogen, gebildet.

ge-zogenheit stF Klugheit; Besonnenheit; Höflichkeit.
ge-zogenlich Adj., **-lîche** Adv. höflich; zurückhaltend, beherrscht; sittsam, ehrbar; bereitwillig.
ge-zôhe stN Gefolge.
ge-zœhen swV A+pD*von* abziehen von.
ge-zornen [s.] *gezurnen.*
ge-zoume stN Zaumzeug.
ge-zoumen swV A aufzäumen.
ge-zouwe(de),-zöuwe, -zowe(de) stN Werkzeug, Gerät, Hilfsmittel; Ausrüstung.
ge-zöuwelich Adj. wirkend.
ge-zouwen swV unpers.+D gelingen.
ge-zowe(de) [s.] *gezouwe(de).*
ge-zuc [s.] *gezoc.*
ge-zûc(-) [s.] *geziuc(-).*
ge-züchide [s.] *gezühte.*
ge-zucken swV [Prät. *gezuht-*] A (weg-) ziehen, zücken, packen; A+D entziehen, entreißen; A+pA*über* hinaufziehen über.
ge-zûge(-) [s.] *geziuge (-).*
ge-zuht- [s.] *gezucken.*
ge-zühte,-züchide swF Brut.
ge-zuhtigen swV A(+G) züchtigen (an).
ge-zurnen,-zürnen,-zornen swV abs./pA*wider* zornig sein/ werden (auf); A/D erzürnen.
ge-zweiet Part.Adj. gepaart; *g. bruoder* Halbbruder.
ge-zwîden,-zwîdigen, -zwinden swV A zufrieden stellen; A+G/Ns*daz* gewähren.
ge-zwieren swV abs.blinzeln.
ge-zwîflen [s.] *gezwîveln.*
ge-zwîget Part.Adj. *g. sîn*

ein Geweih haben.
ge-zwinden [s.] *gezwîden.*
ge-zwinglîchen Adv. entschlossen.
ge-zwîveln,-zwîflen swV abs./D verzweifeln; schwanken; G/pD*an,von* zweifeln an; Ns*daz* bezweifeln; *an dem lîbe/ des lebens g.* die Lebenskraft verlieren; *an dem sinne g.* von Sinnen sein.
ge-zwungenheit stF Selbstbeherrschung; Zwang; Naturgegebenheit.
gezzen [s.] *geezzen.*
gi- [s.] *ge-.*
gibel [s.] *gebel.*
gickel-vêch Adj. bunt (gescheckt).
gief stM Tor, Narr.
giege swM Narr.
giel stM Schlund, Rachen, Maul.
giemolf stM Narr.
gier- [s.] *gir-.*
giez-âder swF Schlagader.
gieze swM Flussarm; Strömung.
giezen stV [IIb] abs. rauschen, strömen; refl.+pA*in,ûf* sich ergießen/ senken in/ auf; A/ G (+D) (+pD*ûz,ze* / pA*an, in,über,ûf*) (aus-, hinein-, ver-) gießen (auf/ aus/ in/ über); anfertigen, bilden.
giez-,gîze-vaz stN (Gieß-) Kanne.
gift stFN Gift; Geschenk, Gabe; Schenkung.
gifte-keit stF Giftigkeit.
giftic Adj. giftig.
giftic-,gift-lich Adj., **-lîchen** Adv. giftig, tödlich.
gift-seclîn stN Giftsäckchen.
gift-tragend Part.Adj. giftig.
gift-trager stM Giftmischer.
gift-wort stN tödlicher

Spruch.
gîgant stM Riese.
gîgære/er stM Geiger.
gîge swF Geige.
gîgen stV [Ia] abs. Geige spielen.
gîgen-garren swV abs. Possen treiben.
gîgen-slac stM Geigenstrich.
gi-girsch(-) [s.] *giric(-).*
gihe- [s.] *jehen.*
giht[1] stF Aussage.
giht[2] stFN Gicht, Krämpfe.
gihten swV A zur Aussage zwingen.
gihtic[1] Adj. aussagebereit.
gihtic[2] Adj. gichtbrüchig; verkrampft; *g. suht* Gicht.
gihtigen swV *mit kampfe g.* +A im Gerichtskampf überführen.
gilniz stF Gefängnis.
gilwe stF Blässe.
gilwen,gelben swV abs. gelb werden; A gelb färben.
gilwerin(ne) stF Hure [Frau, die die gelbe Kleidung trägt].
gilye [s.] *lilje.*
gimme stswF Edelstein, Juwel.
gimpel-gempel stMN [Tanzweise]; [Penis].
gin stN Maul.
ginen,genen,geinen swV abs. den Mund/ das Maul aufsperren; gähnen; (D+)pA*an, in* schnappen nach; Part.Adj. [s.] *ginende.*
ginende Part.Adj. *mit ginender begerunge* begierig.
giner [s.] *jener.*
ginge stF Streben.
ginnen stswV [IIIa, Prät. *gunde -*] Inf. beginnen zu.
ginnet [s.] *innen* [1].
ginolf stM Prasser.
ginren [s.] *geinnern.*
gipfel stM Spitze.

gip-lîn stN Jacke.
gippen-gappen swV A+D geben.
gir¹,ger Adj. begierig; sehnsüchtig.
gir²,ger,kir stF Verlangen, Wunsch, Begehren; Sehnsucht; Begierde; Liebe; Absicht, Streben; Forderung; *g. sîn* unpers.+D+pD *ze* begierig sein auf, verlangen nach.
gîr stswM Geier.
girære stM Habsüchtiger.
girde,girede,gierde,gerde stF Verlangen, Begierde.
girech [s.] *giric.*
girec-lîche Adv. gierig.
girede [s.] *girde.*
gire-keit [s.] *giricheit.*
giren,gieren swV abs. Lust haben; G verlangen nach.
giresch(-) [s.] *giric(-).*
gir-haft Adj. begierig.
gir-,gier-heit stF Gier.
giric/ich,girech,giresch/isch,geric,gi-girsch Adj. (be-) gierig, (hab-) gierig; erwünscht.
giric-heit,giresch/ischheit,gire-keit,(gi-)girscheit stF Begierde, (Hab-) Gier.
girisch(-) [s.] *giric(-).*
gir-,gier-lich Adj., **-lîche** Adv. (be-) gierig, begehrlich.
girren [s.] *geirren.*
gir-scheit [s.] *giricheit.*
girstîn,girsten [s.] *gerstîn.*
gîsel stswM Geisel.
gîselitze stMF [Grütze].
gîsel-schaft stF Bürgschaft.
gîsert [s.] *geîsert.*
giss-übel stM [Körperteil].
gît stMF Geiz, (Hab-) Gier.
gîtec-lich Adj., **-lîche** Adv. (hab-) gierig, geizig.
gîte-keit [s.] *gîticheit.*
gîtic(h) Adj. gierig, habgierig, geizig.

gîtic-heit,gîte-keit stF (Hab-) Gier, Geiz.
gît-lich Adj., **-lîche** Adv. (hab-) gierig.
gît-sac stM Geizhals.
gîtsen swV abs. habgierig sein.
giude stF Freude; Genuss.
giuden swV abs./pA *über* jubeln/ prahlen (über); A preisen.
giuder stM Verschwender.
giudic-,giutic-lich Adj., **-lîche** Adv. übermäßig; prahlerisch.
giudunge stF Verschwendung.
giutic-lich [s.] *giudiclich.*
giwen,gewen swV abs. das Maul aufreißen, gähnen.
gîze-vaz [s.] *giezvaz.*
glamme stF Glut.
glander Adj. glänzend.
glanst stM Glut.
glanstern swV abs. glänzen, strahlen.
glanz¹ Adj. glänzend, strahlend; hell.
glanz²,glanze Adv. hell; prachtvoll.
glanz³ stM Glanz; Schönheit; Aussehen.
glanze [s.] *glanz².*
glanzen-rîch [s.] *glanzrîch.*
glanz-erde stswF Edelmetall.
glanz-gevar Adj. strahlend.
glanz-,glanzen-rîch Adj. glänzend, klar.
glanzt- [s.] *glenzen.*
glas, gelas stN Glas (-gefäß, -scheibe), Trink-, Weinglas; Spiegel.
glase-,glas-ouge swN Hornhauttrübung; Glotzauge.
glase-vaz stN Glasgefäß.
glase-vinster,-*venster stN Glasfenster.

glas-ouge [s.] *glaseouge.*
glast,gelast stM Glanz, Schein.
glast- [s.] *glesten.*
glas-var Adj. durchsichtig; glasig.
glat Adj. glatt; glänzend.
glatz stM Glatze, Glatzkopf.
glatzeht/oht Adj. kahlköpfig.
glævîn(e),glêvîe,glêve, glêvenîe stswF Lanze.
glâz [s.] *gelâz.*
gleif Adj. schräg.
gleim,*glîm swM Glühwürmchen.
glensten [s.] *glinsten.*
glenzen swV [Prät. auch *glanzt-*] abs. glänzen.
glêsîn,glêsen Adj. gläsern, aus Glas.
gleste stF Glanz.
glesten swV [Prät. auch *glast-*] abs./D glänzen, glühen, strahlen, schimmern; pD *ûz,von* sprühen/ hervorschimmern aus.
glestic Adj. glänzend.
glêt stN Hütte; Vorratskammer.
glete stF Glätte.
glêve,glêvenîe,glêvîe [s.] *glævîn(e).*
glîch(-) [s.] *gelîch(-).*
glîen stV [Ia] abs. schreien.
glîhtrîde stN [Pl.] Synonyme.
glimmen stV [IIIa] abs. glimmen, glühen.
glimpf(-) [s.] *gelimpf(-).*
glimp-lich Adj. nachsichtig.
glins stM Glanz.
glinsten,glensten swV abs. strahlen.
glinster stF Glanz.
glinstern stN Leuchten.
glipfen swV abs. ausgleiten.
glirnic [s.] *gelernec.*
glîsnære [s.] *gelîchsnære.*
glîsnen [s.] *gelîchsen(en).*

glit [s.] *gelit.*

glîten stV [Ia] abs. straucheln; pD*ab* abgleiten von; pA*in* sinken in.

glitz stM Glanz.

glitze stF Spieß.

glitzen swV abs. glänzen.

glitzunge stF Glanz.

gliunen swV abs. glühen.

glîz(e) stMF Glanz.

glîzen stV [Ia] abs. glänzen, schimmern, leuchten.

glôb(-) [s.] *geloube(-).*

gloc- [s.] *glocke-.*

glocke,glogge stswF Glocke.

glocke- [s.] *glocken-.*

glocken-,gloggen-dôn stM Glockenklang.

glockener stM Glöckner.

glocken-hûs,glocke-, glogg-hûs stN Glockenturm.

glocken-klanc stM Glockenklang.

glocken-schal stM Glockenklang.

glocken-snuor,glogge-, gloc-snuor stF Glockenseil.

glocken-spîse,gloc(ke)-, gloggen-spîse stF Glockenmetall, -bronze.

glocken,gloc-spîsîn Adj. aus Glockenmetall.

glogg- [s.] *glocken-.*

glöggeln swV refl. Krach schlagen.

glohe swF Flamme.

glohen swV abs. lodern.

gloie swF Schwertlilie.

glœp-lich [s.] *gelouplich.*

glôrie,glôrje stswF Glorie, Herrlichkeit; Ruhm; Verherrlichung.

glôrieren swV abs. prangen.

glôrifizieren swVA verherrlichen, verklären.

glôriôs Adj. glorreich.

glôrje [s.] *glôrie.*

glôse stF Auslegung, Deutung, Umschreibung.

glosen swV abs. glimmen.

glôsen,glôsieren swV A (+D) deuten, erklären; A+ pA*ûf* beziehen auf.

glosten swV abs. schimmern.

gloub(-),glöub(-) [s.] *geloube(-).*

glubede [s.] *gelübede.*

gluc- [s.] *geluck-.*

glûch Adj. leuchtend.

glück(-),gluck(-) [s.] *gelück(e).*

glüen,glüejen,glüegen swV [Prät. auch *gluot-, glût-*] abs. glühen; D verbrennen; A glühend machen.

glüendic,glüejendic, gluondic,glûndic Adj. glühend.

glünsen swV abs. glimmen.

gluondic [s.] *glüendic.*

gluot,glût stF Glut.

gluot- [s.] *glüen.*

gluot-hert stM (Feuer-) Herd.

glust(-),glüst(-) [s.] *gelust(-).*

glût [s.] *gluot.*

glût- [s.] *glüen.*

gnâd-,gnæd- [s.] *genâd-, genæd-.*

gnafzgen swV abs. einschlummern.

gnât- [s.] *genâden.*

gneisten swV abs. knistern, Funken sprühen.

gnepfen stN Hinken.

gnesen [s.] *genesen.*

gnippe,genippe swF Messer, Dolch.

gnist [s.] *genist.*

gnôde-lôs [s.] *genâdelôs.*

gnôz(e) [s.] *genôz.*

gnunc [s.] *genuoc* [2].

gôdehse swF [Frauenkleid].

goder stM Gurgel.

goder-snal stM Gurgel.

godes- [s.] *gotes-.*

gofenanz stM [Tanzveranstaltung in der Stube].

goffe stswF Hinterhand, Hinterbacke, Kruppe.

gogel Adj. lustig, munter; übermütig.

gogelen,gogeln swV abs. schwanken; krächzen; A murmeln.

gogel-heit stF Ausgelassenheit, Übermut.

gogel-lich Adj., **-lîche** Adv. lustig, übermütig.

gogeln [s.] *gogelen.*

gogel-rîch Adj. übermütig.

gogel-sat Adj. übermütig.

gogel-wîse stF Übermut, Ausgelassenheit.

gol Adj. munter.

goldîn [s.] *guldîn* [1].

golenzen swV abs. übermütig sein.

gölich Adj. ausgelassen.

gollen swV D Leid tun.

goller,gollier [s.] *kollier.*

goln swV abs./A grölen.

golt [1] Adj. golden, aus Gold.

golt [2] stN Gold; Goldfigur; Goldschmuck, Goldring.

golt-drât stM Golddraht, Goldfaden.

golt-durchslagen Part.Adj. golddurchwirkt.

golter [s.] *kulter.*

golt-gar Adj. aus purem Gold; mit Gold beschlagen, golddurchwirkt.

golt-gesmîde stN Goldgeschmeide.

golt-gewunden Part.Adj. goldumwunden.

golt-klange swF Goldglöckchen.

golt-krône swF Goldkrone.

golt-leim stM Rauschgold [Arsenmineral].

golt-mâl stN Goldzier.

golt-pant stN Goldborte.
golt-pluome swF goldene Blume.
golt-porte¹,-*borte swM Goldborte.
golt-porte² swF goldene Pforte.
golt-püschel stN Schamhaar.
golt-reif stM Goldreif.
golt-rôt Adj. rotgold, goldglänzend.
golt-schelle swF goldene Schelle.
golt-smit stM Goldschmied.
golt-spange swF Goldspange.
golt-stein stM Goldstein [Topas].
golt-tropfe swM goldener Tropfen.
golt-var Adj. [flekt. auch *goltvarbe-,-varwe-*] goldfarben, golden, goldverziert.
gold-varwe stF goldene Farbe.
golt-vaste swF Quatemberfasten [vierteljährliche Fastenzeit].
golt-vaz stN Goldgefäß, Goldpokal.
golt-vel stN Goldblech.
golt-vinger stM Ringfinger.
golt-wine stM gekaufter Freund.
golt-wolle swF Goldwolle [Fisch].
golt-wurm stM Goldwurm.
golzen [s.] *kolzen*.
gome,gume swM Mann.
gôme [s.] *guome*.
gomor [Subst.] [jüdisches Maß].
gorge swM Gurgel, Kehle.
gorgeln swV pD*mit* /A gurgeln mit.
got stM Gott.
gôt [s.] *guot³*.
got-,göt- [s.] *gote-*.

göte swM Taufpate.
gôte [s.] *güete.*
gote-,got-bildic Adj. nach Gott gebildet.
gotechen stN Heiligung.
gote-,got-dæhtic Adj. gottesfürchtig.
gote-,got-ehtic Adj. gottesfürchtig.
gote-,got(es)-heit stF Gottheit, Göttlichkeit, göttliches Wesen, Gott.
gote-lich,göte-,got-,göt-lich Adj. göttlich; heilig; gottesfürchtig, fromm.
gote-lîche,göte-,got-, göt-lîche(n) Adv. in /nach göttlicher Natur; gottesfürchtig.
gote-lop Interj. gottlob.
gotes-ande swM Gotteslästerung.
gotes-bote,-pote swM Gottesbote.
gotes-brût stF Gottesbraut.
gotes-degen,-tegen stM Gottesstreiter.
gotes-,gots-dienest, -dienst stM Gottesdienst, Gottesverehrung.
gotes-dienstman stM Gottesknecht, Gottesstreiter.
gotes-diet stF Gottesvolk.
gotes-diu stF Gottesmagd.
gotes-gâbe stF Pfründe.
gotes-genâde,-gnâde stF Gottesgnade.
gotes-,gots-genæme swM Gottesfreund.
gotes-gerich,-geriht stMN Gottesgericht.
gotes-gesinde swM Gottesdiener.
gotes-gnâde [s.] *gotesgenâde.*
gotes-her stN Gottesheer.
gotes-herstrange swM Gottesstreiter.
gotes-herte swM Gottes-

streiter.
gotes-hilfe stF Hilfe Gottes.
gotes-holde swM Gottesfreund.
gotes-hûs,got(s)-,gotz-hûs stN Gotteshaus.
gotes-kempfe swM Gottesstreiter.
gotes-,gotz-kint stN Gotteskind.
gotes-kneht stM Gottesdiener.
gotes-,godes-kraft stF Gottesmacht.
gotes-kriuz stN Kruzifix.
gotes-lamp stN Gotteslamm.
gotes-lêrære stM Gotteslehrter.
gotes-lêre stF Gotteswort.
gotes-lîcham,-lîch(e)nam swM Leib Christi, Hostie.
gotes-maget stF Gottesmagd.
gotes-man stM Gottesmann, Gottesdiener.
gotes-minne stF Gottesliebe.
gotes-,got-minnende Part. Adj. gottesfürchtig.
gotes-minner stM Gottesverehrer.
gotes-minnerin stF Gottesverehrerin.
gotes-morderin stF Gotteslästerin.
gotes-muoter stF Gottesmutter.
gotes-pote [s.] *gotesbote.*
gotes-rîche stN Gottesreich.
gotes-rîtære/er stM Gottesstreiter.
gotes-schalc stM Gottesknecht.
gotes-schrîbære stM Evangelist.
gotes-segen stM Gottessegen.
gotes-slac stM Gottesgericht.

gotes-strange swM Gottesstreiter.
gotes-,gots-sun stM Gottessohn.
gotes-tegen [s.]*gotesdegen.*
gotes-touc,-tougen stMNF
Geheimnis/ Wunder Gottes.
gotes-,gots-trût,-drût stM
Gottesfreund, Jünger.
gotes-vart stF Wallfahrt;
Heilsweg.
gotes-,gotz-verræter stM
Gottesverräter.
gotes-,gotz-vorhte stF
Gottesfurcht.
gotes-vride stM Gottesfrie-
den.
gotes-,gotz-vriunt,
-vrûnt stM Gottesfreund.
gotes-wart [s.] *goteswort.*
gotes-wîgant stM Gottes-
held.
gotes-wort,gots-,gotz-
wart stN Gotteswort.
gote-weiz Interj. weiß Gott.
gote-,gotes-wert Adj. gottgefällig.
got-gebildet Part.Adj. nach
Gott gebildet.
got-genôzt Part.Adj. gottgleich.
got-geformet Part.Adj. nach
Gott ausgerichtet.
gotic Adj. göttlich.
gotin(ne),gutinne stF Göt-
tin.
got-leidic,-leit Adj. gottver-
dammt.
got-,göt-lich(k)eit stF
Göttlichkeit; Gottesfürchtig-
keit.
got-lîdende Part.Adj. gottergeben.
got-liep Adj. gottgefällig.
got-linc [s.] *getelinc.*
got-lôs Adj. gottlos; gottverlassen.
got-meinen stN Verlangen

nach Gott.
got-meinunge stF Gottver-
trauen.
got-mensche swM Gott-
mensch.
gots- [s.] *gotes-.*
got-sene Interj. Gott behüte.
got-suochende Part.Adj.
Gott suchend.
got-var Adj. [flekt. *gotvar-*
we-] göttlich, heilig.
got-vindende Part.Adj. Gott
findend.
got-vorhtic Adj. gottesfürchtig.
got-formic Adj. nach Gott geformt.
gotz- [s.] *gotes-.*
gou,göu stN [flekt. *gouwe-*]
Gau, Gegend, Land.
göu-bühel stM Dorfhügel,
Dorfplatz.
gouch stM Kuckuck; Schmarotzer; Narr, Tor, Dumm-
kopf.
goucheit stF Torheit.
gouchelære [s.] *goukelære.*
gouchen swV abs. wie ein
Kuckuck rufen.
gouches-vogel stM Ku-
ckuck.
goufe[1] swF Schutzhaube [un-
ter dem Helm].
goufe[2] swF hohle Hand.
gougel(-) [s.] *goukel(-).*
göu-gewete swM Gaugenos-
se.
goukel,gougel stN Zauber,
Zauberei, Blendwerk; Pos-
sen.
goukelære,gougelære,
gouchelære,koukelære
stM Gaukler, Taschenspie-
ler, Zauberer.
goukel-,gougel-blic stM
Trugbild.
goukel-,gougel-bühse
swF Zauberbüchse.
goukel-heit stF *in die g.*

bringen +A betrügen.
goukeln,gougeln swV A+
pD*ûz* hervorzaubern aus.
goukel-,gougel-schiht stF
Trug.
goukel-site stM Betrügerei.
goukel-,gougel-spil stN
Blendwerk, Zauberei, Betrügerei.
goukelunge stF Zauberei,
Betrügerei.
goukel-,gougel-vuore stF
Zauberei;   Zaubertrick,
Kunstgriff; Gauklerleben.
goukel-vuoren swV abs.
Zauberei treiben.
goukel-wîse stF Gaukelei.
goukel-wort stN Zauberfor-
mel.
göu-kneht stM Ackerknecht.
göu-liute [s.] *göuman.*
goum,goume,gâm stMF
Beachtung, Wahrnehmung;
Interesse; Verlangen; *g. ha-*
ben/ nemen/ tuon +G/Ns
daz,w wahrnehmen, beob-
achten; achten auf; sich kümmern um, sorgen für.
göu-man stM [Pl. *göuliute*
stMN] Landbewohner, Bau-
er.
goume [s.] *goum.*
goumel stM Aufseher, Hüter.
goumen swV abs. speisen;
pD*nâch* ausschauen nach; G
bemerken; achten auf; sich
kümmern um, sorgen für.
göu-pfâ swM Landpfau [eitler
Bauer].
göu-tôre swM Bauerntölpel.
gouwe- [s.] *gou.*
gôvenanz [s.] *côvenanz.*
gôz stMN Guss; Figur, Bild;
Schlussstein.
grâ[1] Adj. [flekt. *grâwe -,grâ-*
be -] grau.
grâ[2] stN Pelz, Grauwerk.
grabære stM Edelsteinschnei-
der.

grabe swM (Stadt-, Burg-) Graben.

grâbe [s.] *grâve.*

grâbe- [s.] *grâ* [1].

graben,graven stV [VIa] Adv. nachforschen; pD*nâch* einschlagen auf; pD*gegen,in* eindringen in; A(+D)(+pA*in*) (aus-, um-, ver-) graben; begraben; eingraben (in); schnitzen, schneiden; hacken; (durch-) bohren; fördern.

grabe-schît stN Grabscheit.

grabe-stickel stM Grabstichel.

grab-îsen stN Grabstichel.

grab-tier stN Grabtier [Hyäne].

grach stN Gras.

gracken swV abs. krächzen.

graduâl stN Stufengebet.

graf [s.] *grap.*

grâf [s.] *grâve.*

graffeln swV abs. grapschen.

grâf-schaft [s.]*grâveschaft.*

graft stF Graben.

grâ-hiutel stN Grauhäuter [Pelikan].

gral stM Lärm.

grâl stM Gral; (Aller-) Heiligstes.

grâlen swV abs. vollkommen sein (wie der Gral).

gram,gran Adj. feind, böse, zornig.

gramen swV D zürnen.

gramerzî stM Dank.

gran[1]**,grane** stswF Bart, Barthaar, Schnurrhaare; Schamhaar.

gran[2] stM [Fisch].

gran[3] Adj. [s.] *gram.*

grân,gran stF Scharlach, Scharlachfarbe.

grânât stM Granat (-stein); *g. jachant* roter Hyazinth [Edelstein].

grânâtîn Adj. *g. bejac* Ge-

winn an Granat (-früchten, -steinen).

grânât-öpfel stM Granatapfel.

grane [s.] *gran* [1].

gran-hâr stN Barthaar.

grans stM Schnabel; Maul; Spitze; (Schiffs-) Bug.

gran-sprunge[1] Adj. *g. man* Milchbart.

gran-sprunge[2] stF (erster) Bartwuchs.

grap,graf stN Grab.

gras,cras stN Gras, Rasen.

gras-bletlîn stN Grashalm.

grâ-schaft [s.] *grâveschaft.*

grase- [s.] *gras-.*

gras-,grase-hof stM Garten.

grasen swV abs. grasen, weiden; *über den rein g.* +D sich Übergriffe erlauben gegen.

graserin stF Gras-, Heumagd.

gras-,grase-grüene Adj. grasgrün.

grasic Adj. grasbewachsen.

gras-,grase-mucke, -mugge swF Grasmücke.

grasse-,gresse-lich Adj. übermütig, anmaßend.

gras-spier stN Grashalm.

gras-sprunclîn stN Grashälmchen.

grât[1] stM Grad, Stufe.

grât[2] stM (Fisch-) Gräte; Rückgrat.

grâ-var Adj. grau.

grâve,grâf,grâbe,grêve, grêbe swM Graf; Statthalter, Gerichtsherr.

graven [s.] *graben.*

grâve-schaft,grâf-,grâ-schaft stF Grafschaft; Grafenamt.

grævin(ne) stF Gräfin.

grâwe[1] stN [Pl.] graue Haare; *mîniu g.* ich alter Mann.

grâwe[2] swM Greis.

grâwe- [s.] *grâ* [1].

grâwen swV abs./D ergrauen, altern; dämmern.

graz[1] Adj. zornig.

graz[2] stN *îwîn g.* Eibensprossen.

grâzen swV abs. toben, wüten, übermütig sein/ werden; schnauben; pD*mit* umspringen mit; pA*ûf* losstürzen auf.

grazzach stN (Laub-) Triebe.

grebe,*grâwe stF Grau.

grêbe [s.] *grâve.*

grêde,grêt stswFstN Treppe, Leiter, Stufe, Podest; Abschnitt.

grêden swV A erhöhen; (ein Podest) errichten.

greifen swV pD*nâch* / p A*umbe* greifen nach/ um; pD*an* sich entlangtasten an.

grel Adj. rau; zornig.

grelle-,grellich-keit stF Groll, Zorn.

grellen stV [IIIb] abs. schrillen.

grellich-keit [s.] *grellekeit.*

gremede stF Ärgernis.

greme-lich,grem-,grimlich Adj., **-lîche** Adv. grimmig, zornig; schlimm, schrecklich; gewaltig.

gremic Adj. schädlich.

grem-lich,-lîche [s.] *gremelich.*

grendel [s.] *grintel.*

gresse-lich [s.] *grasselich.*

grêt [s.] *grêde.*

grêve [s.] *grâve.*

grîbe [s.] *griebe.*

grich [s.] *gerich.*

griebe,grîbe,grîve,griube swF Griebe.

grien stMN Sand, Kies.

grînen [s.] *grînen.*

griez,gerîze stMN Sand, Erde, Staub; Strand.

griez-stange stswF Kampfrichter-, Schiedsrichterstab.

griez-,grîz-wart stswM Kampf-, Schiedsrichter.

grif stM Griff; Greifen, Berührung, Umfassung, Umklammerung; Zugriff; Angriff; Klaue; *eines senften grifs* zart anzufühlen.

grîfe,griffe,krîfe,gerîfe stswM Greif [-vogel].

grifel [s.] *griffel*.

grîfen stV [Ia] (D+)pD*nâch, wider,ze / p*A*an,hinder,in,ûf, umbe,vür / Adv.lok.* greifen/ fassen/ fühlen an/ auf/ hinter/ in/ nach/ vor/ zu; sich rüsten für; beginnen mit, sich machen an; zurückkommen auf, zurückkehren zu; sich halten an; A/N*sdaz* ergreifen, anfassen, berühren; begreifen; A+pD*bî* packen an/ bei; *mit bane g.* +pD*ze* den Bann aussprechen über; *ze bouwe g.* sesshaft werden, sich ansiedeln.

grîfen-klâ stF Greifenklaue.

griffe [s.] *grîfe*.

griffel,grifel stM Griffel.

griffic Adj. greifbar.

grîfic Adj. gierig; reißend.

griflen swV abs. herumfummeln.

grif-lich Adj. greifbar.

grift stF Verständnis; Weisheit.

grîf-valke swM Greiffalke.

grille swM Grille.

grim¹,grimme Adj. grimmig, wütend; schrecklich, Furcht erregend; grausam; schlimm, schmerzlich.

grim² stMF [s.] *grimme* ².

grime-[s.] *grimmec-*.

grimel stMN [Verzierung am Kopfschmuck der Pferde].

grim-lich,-lîche Adj./Adv. [s.] *gremelich; grimmeclich*.

grimme¹ Adv. grimmig, wild; furchtbar; heftig, sehr; ver-

zweifelt, bitterlich.

grimme²,grim stMF Zorn, Wut,(In-) Grimm; Wildheit, Rauheit; Gewalt, Heftigkeit.

grimme³ swM Bauchgrimmen; Schmerz.

grimme⁴ Adj. [s.] *grim* ¹.

grimmec/ic Adj. zornig, grimmig; wild; schrecklich; grausam.

grimmec/ic-heit,grim(e)-, grimmi-keit stF Zorn, Wut; Wildheit; Grausamkeit.

grimmec/ic-lich,grim(e)-, grimmenc-,grimminc-lich Adj., **-lîche** Adv. grimmig, zornig; schrecklich; schlimm, heftig.

grimmede stF Zorn.

grimmen¹ stV [IIIa] abs. ergrimmen, toben, wüten.

grimmen² stV [s.] *krimmen*.

grimmenc-,grimminc-lich,-lîche [s.] *grimmec-lich*.

grimmi- [s.] *grimme-*.

grîn stM Gewieher.

grindic Adj. grindig, schorfig.

grînen,grîen stV [Ia] abs. knurren, winseln; wiehern; grunzen; brüllen; lachen; weinen, wimmern; pA*gegen,ûf,wider* anknurren.

grings [s.] *gerinc*.

grint stM Grind, Schorf; Kopf.

grintel,grendel stM Riegel.

gripfen [s.] *kripfen*.

grîs Adj. grau (-haarig); alt.

grîse¹ stF graue Farbe.

grîse² swM Greis.

grîsen swV abs. alt werden, altern; dämmern, grauen.

grîs-gevar Adj. grau.

gris-gramen¹,-grimmen, -krimmen swV abs. knurren; (mit den Zähnen) knirschen; pA*ûf* murren gegen.

gris-gramen²,-grimmen stN Zähneknirschen.

gris-gramic Adj. zähneknirschend.

grîsinc stM Greis.

gris-krimmen [s.] *grisgramen* ¹.

grît stM Gier, Geiz.

grîte-heit [s.] *grîtkeit*.

gritende Part.Adj.*g. este* verzweigte Äste.

grithe [s.] *gerihte* ².

grîtic Adj. gierig.

grît-keit,grîte-,grîti-keit stF (Hab-) Gier, Geiz.

griube [s.] *griebe*.

griule [s.] *grûwel*.

griu-lich,-lîche [s.] *grûwe-lich*.

grius(e)-lich,-lîche [s.] *grûselich*.

griusinc stM Widerling.

griuwe-lich,-lîche [s.]*grûwelich*.

griuze [s.] *grûz* ¹.

grîve [s.] *griebe*.

grîz-wart [s.] *griezwart*.

grobe- [s.] *grop-*.

grogezen swV abs. heulen.

grôgiræere,grôier [s.]*kroiræere*.

groieren [s.] *kroijieren*.

gronde-lôs [s.] *gruntlôs*.

grône [s.] *grüene*.

grop Adj./Adv. groß, stark, dick, schwer; plump, grob, derb; ungebildet; einfach.

grop-heit,grobe-keit stF Dicke, Schwere, Festigkeit; Stofflichkeit.

grop-,grobe-lich Adj. groß; heftig; schwer wiegend.

grop-,grobe-lîche(n) Adv. sehr, heftig, schwer.

grôpiere stF Pferdedecke.

grosche swM Groschen.

grôve [s.] *gruobe*.

grôz Adj. groß, stark, dick; schwanger; mächtig, kühn;

vornehm, prächtig, edel;
viel, reichlich, zahlreich;
fest, sicher; deutlich; bedeut-
sam; heftig, schlimm; streng;
hâres g./ g. als umbe ein hâr
um Haaresbreite.
grôze Adv. sehr; gewaltig,
stark; schwer; prächtig;
reichlich, großzügig; deutlich.
grœze,grôze stswF Größe,
Dicke, Schwere.
grôzede stF Größe.
grôze-,grœze-lîche(n) [s.]
grôzlîche(n).
grôzen,grœzen swV abs./
refl./D schwellen; größer/
dick/ schwanger werden;
A/Nsw für groß halten; erheben; verbreiten.
grôz-gemuot Adj. hochgesinnt.
grôz-heit stF Größe, Stärke;
Erhabenheit.
grôz-,grœz-lich Adj. groß;
schlimm, heftig.
grôz-lîche(n),grôze-,
grœz(e)-lîche(n) Adv.
sehr, heftig; gewaltig, stark;
schwer; inständig; hoch; tief;
großzügig; übereinstim-
mend; endgültig.
grôz-müetic Adj. tapfer, e-
del.
grôz-müetikeit stF Hochge-
sinntheit.
grû stF Grün, Wiese.
grûbe [s.] *gruobe.*
grübelen,grüpelen swV
abs. grübeln; *in daz ôre g.*
im Ohr bohren.
grûe [s.] *grûwe.*
grüebel,grüeb-lîn stN Vertiefung; Nabel.
grüen[1],grüene,gruon(e),
grûn(e),grône,geruone
Adj. grün, frisch, kräftig.
grüen[2] swV [s.] *grüenen.*
grûen [s.] *grûweln.*

grüene[1] stF Wiese; Grün,
Grünheit.
grüene[2] Adj. [s.] *grüen[1].*
grüene-keit stF Grünheit.
grüenen,grüen,gruonen,
grûnen swV [Prät. auch
gruot -] abs./refl. (er-) grünen; wachsen; frisch wer-
den.
grüen-gevar Adj. grün.
grüen-lîche(n) Adv. frisch;
g. beströuwen/ niuwen +A
belauben.
grüen-lot Adj. grünlich.
grüen-var Adj. grün.
grüezen,gruozen,grûzen,
geruozen,gerûzen swV A
(be-) grüßen, willkommen
heißen, empfangen; anreden;
(ver-) ehren; herausfordern;
antreiben; angreifen.
grüezen-lîche Adv. grü-
ßend.
grüezic Adj. höflich.
grüez-sam [s.] *gruozsam.*
grüfel stN Griffel.
gruft,kruft stF Höhle; Gruft;
Tiefe.
grû-lich,-lîche [s.] *griulich.*
grüllen swV pAûf spotten
über.
grûn [s.] *grüen[1].*
grundec Adv. von Grund auf.
grunde-lôs(-) [s.] *grunt-*
lôs(-).
grunden,gründen swV abs./
pAin Grund finden (in); A
ergründen.
grûne(-) [s.] *grüene(-).*
grunt stM Grund; Boden;
Meeresgrund; Abgrund; Tiefe; Fundament, Grundlage;
Quelle, Ursprung, Ursache;
Innerstes, Wesen; *von grunde* von Grund auf, gänzlich,
vollständig, aus tiefstem
Herzen, aus Herzensgrund;
ze grunde gänzlich, völlig,
am/ zu Herzen, zu Boden,

zugrunde.
grunt-âder swF Vene.
grunt-bœse,-pœse Adj.
grundschlecht.
grunt-bœswiht stM Erzbösewicht.
grunt-lich Adj. vollständig;
tief; ergründbar; grundsätzlich.
grunt-lîche(n) Adv. vollständig, völlig, von Grund
auf.
grunt-lieplich Adj. innig.
**grunt-lôs,grunde-,gron-
de-lôs** Adj. unergründlich,
unendlich; abgrundtief.
**grunt-lôse(c)lîche,grun-
de-lœs-,-lôs-lîche(n)**
Adv. unendlich, unermess-
lich; abgrundtief.
grunt-lôsicheit,-lôskeit
stF Unergründlichkeit.
**grunt-lœslîche(n),-lôslî-
che** [s.] *gruntlôse(c)lîche.*
grunt-neigen stN Grundnei-
gung.
grunt-pœse [s.] *gruntbœse.*
grunt-rüere,-rüerunge stF
Urgrund.
grunt-sippic Adj. urver-
wandt.
grunt-tôt Adj. abgestorben.
grunt-veste[1] Adv. unverrückbar.
**grunt-veste[2],gerunt-ve-
ste,-vestene** stF Funda-
ment, Grundlage; Ursache;
Ursprung.
grunt-vesten swV (A+)pA
in, ûf gründen auf/ in.
grunt-vestene [s.] *grunt-
veste.*
grunt-vestunge stF Fundament.
grunt-vîent stM Erzfeind.
grunt-welle stF Brandung.
gruntzeht Adj. mürrisch.
gruobe,grûbe,grôve stswF
Grube, Höhle, Loch, Grab.

gruoben swV D eine Grube graben.

gruon(-) [s.] *grüen(-)*.

gruose,grûse stF junges Gras; (Pflanzen-) Saft; Frische.

gruot,gruote stMF Trieb.

gruot- [s.] *grüenen*.

gruote [s.] *gruot*.

gruoz,grûz stM Gruß, Begrüßung, Empfang; Anrede; (Auf-) Forderung; Anfeuerung; Zuneigung, Wohlwollen, Huld, Freundschaft; Zuspruch, Trost; Dank; Klage, Leid; Vorspiel.

gruozen [s.] *grüezen*.

gruoz-pære Adj. dienstbeflissen.

gruoz-sam,grüez-,grûz-sam Adj. (dienst-) beflissen; höflich.

grüpelen [s.] *grübelen*.

grûs¹ Adj. hässlich.

grûs² stM Angst, Schrecken; Unfreundlichkeit.

grû-sam,grûwe-sam Adj. schlimm, schrecklich; hässlich; scharf.

gruschel [s.] *kruspel*.

grûse¹ stFswM Schrecken, Angst.

grûse² stF [s.] *gruose*.

grûse-lich,grûs-,grûsen-, grius-,griuse-lich Adj., **-lîche** Adv. grausig, grässlich; grausam.

grûse-lîche stF Grauen.

grûsen swV unpers.+D(+pD *ab*)/A grausen (vor).

grütz stM Kerngehäuse; [Tier].

grûwe,grûe,gerûe swM Angst, Schrecken.

grûwel,griule stM Gräuel; Grauen.

grûwe-lich,grû-,griuwe-, griu-lich Adj., **-lîche** Adv. grausig, grässlich, schreck-

lich, Furcht erregend; grausam; hässlich.

grûwe-licheit stF Grausigkeit.

grûweln,grûwen,grüen swV unpers.+D/A (pD *ab,über,vor*) grauen vor.

grûwe-sal Adj. grausam.

grûwe-sam [s.] *grûsam*.

grûz¹,griuze stMF Sandkorn, Krümel; Nichts; *niht mit einer g./ niht umbe ein g./ niht gein einer g.* keinen Deut.

grûz² Subst. Bier.

grûz³ stM [s.] *gruoz*.

grûzen [s.] *grüezen*.

grûz-sam [s.] *gruozsam*.

grûz-wert stM Wert eines Sandkorns.

gucken swV abs. kuckuck rufen.

gücken,guggen swV abs. umherschauen; Adv.lok./pA *durch,in,über* gucken/ schauen durch/ in/ über.

güefen swV abs. schreien; A rufen.

güen-lich Adj. herrlich.

güen-lîche,-licheit stF Herrlichkeit.

güen-lichen swV A ehren.

güete,guote,gûte,guode, gôte stF Güte,Gnade,Barmherzigkeit; Freundlichkeit, Gunst; Gutsein; Vollkommenheit; Qualität.

güete-keit,güetic-heit/ keit,gûti-keit stF Güte, Gnade.

güeten,gûten swV refl. gut werden; (refl.+)D/refl.+pD *in* freundlich/ liebevoll sein zu; A beschwichtigen; wieder gutmachen.

güetic Adj. gütig, freundlich; vorbildlich.

güetic-heit [s.] *güetekeit*.

güet-,guot-lich Adj. gut, gü-

tig, freundlich, liebevoll; barmherzig; dankbar.

güet-lîche,guot-,gût-lî-che(n) Adv. gütig, freundlich, liebevoll, gnädig; bereitwillig; in Güte, im Guten; zum Guten.

güet-licheit stF Güte, Freundlichkeit.

güet-willickeit [s.] *guotwillikeit*.

güffen [s.] *güften*.

guft stM Übermut, Prahlerei; Ruhm, Ruf; Geschrei; Freude, Lust; Sinn, Mut.

güftec/ic,guftic Adj. freudig; üppig.

güftec-lîchen Adv. übermütig, prahlerisch.

güften,guften,güffen swV refl.+G sich rühmen, prahlen mit; pD *von* /p A*ûf* sich freuen über, sich weiden an; A preisen.

guft-lich Adj. ruhmvoll.

gugel stswF Kapuze, Kappe; Narrengewand.

gugel-giege swM Erznarr.

gugel-,kogel-roc stM Narrengewand.

gügerel stMN [Kopfschmuck von Pferden].

guggaldei stM Kuckuck.

guggen [s.] *gücken*.

gûl stM Ungeheuer; Gaul.

gülcher stM Küster.

gulde [s.] *gülte*.

gulden [s.] *guldîn²*.

guldîn¹,goldîn Adj. golden, aus Gold.

guldîn²,gulden stM Gulden.

guld-loht Adj. golden.

gu-liute [s.] *geliute*.

gülte,gulde stF (Geld-) Schuld; Bezahlung; Einkünfte, Ertrag; Preis; Geld.

gulter [s.] *kulter*.

gülter stM Gläubiger.

gu-lûte [s.] *geliute.*

gum stswM Großmaul.

gume [s.] *gome.*

gûme [s.] *guome.*

gumi,gumin,gummi stN Harz.

gumpân [s.] *compân.*

gümpel stM [Penis].

gumpel-liute stMN [Pl.] Possenreißer.

gumpel-pfaffe swM Narrenpriester.

gumpel-volc stN Possenreißer.

gumpel-wîse stF Narrenposse.

gumpen swV abs. hüpfen, springen.

gumpenîe [s.] *compânîe.*

gund- [s.] *ginnen.*

gun-êrt [s.] *geunêrt.*

gunke swF [schmutziges Weib].

gunnen anV D+G/Ns*daz* / Inf.*ze* gönnen; wünschen; gewähren, erweisen, geben; anvertrauen; erlauben, ermöglichen.

guns [s.] *gunst.*

gunseln swV abs. winseln.

gunst,guns stMF Gunst, Zuneigung, Liebe, Wohlwollen; Gnade; Wirkung, Einfluss; [auch expl., z.B. *leides g.* Leid].

gunste-lich,-lîche [s.] *günstlich.*

günstic Adj. wohlwollend, wohlgesonnen.

günst-,gunste-lich Adj., **-lîche** Adv. großmütig; bereitwillig; liebevoll.

gunter-fei [s.] *kunterfeit* [2].

guode [s.] *güete.*

guome,gûme,gôme swM Gaumen; Verlangen; Aufmerksamkeit.

guot[1]**,gût** Adj. gut; edel, würdig; ehrenhaft; gütig, freund-lich; recht, richtig; glücklich; schön; stattlich; groß; kostbar, echt; fest, sicher; tüchtig; nützlich, geeignet; *g. kneht* [auch] Ritter.

guot[2]**,guoten,gût(e)** Adv. gut, recht, richtig; stark, tapfer; sorgsam; *ez g. gewinnen* die Oberhand gewinnen.

guot[3]**,gût,gôt** stN (höchstes) Gut; Gutes; Heil, Glück; Besitz, Vermögen, Reichtum, Geld; Lohn; *durch/ in/ mit/ ze guote* [auch] freundlich, wohlwollend, in guter Absicht, zum Wohl/ Glück/ Vorteil, zu einem guten Ende; im Guten; *vür g.* mit Wohlwollen, als gutes Zeichen.

guot- [s. auch] *güet-.*

guotât [s.] *guottât.*

guot-dunken,-dunkende stN Willkür, Gutdünken.

guot-dunkende Part.Adj. eigenwillig.

guot-dunklicheit stF Eigenwilligkeit, Selbstgefälligkeit.

guote [s.] *güete.*

guote-,guot-lach stN Besitz.

guoten[1] swV D wohl tun.

guoten[2] Adv. [s.] *guot* [2].

guot-gewinner stM Händler.

guot-heit stF Güte.

guot-herzic Adj. gutgesinnt, wohlmeinend.

guotîn stF Güte; Ehre.

guot-lach [s.] *guotelach.*

guot-lîche stF Herrlichkeit.

guot-licheit stF Güte.

guot-schînende Part.Adj. scheinheilig.

guot-tât,-tæte,guotât, gûtât stF gute Tat, gutes Werk; Wohltat; Geschenk.

guot-tæter stM Wohltäter.

guot-willic Adj./Adv. gutgesinnt, gutwillig; bereitwillig.

guot-willikeit,güet-,gût- -willicheit stF Großmut, Milde; Wohlwollen.

gupfe swM Spitze.

gur- [s. auch] *ge-ur-.*

gurgele swF Gurgel.

gurre swF Mähre, Klepper.

gurren swV abs. gurren.

gurt stM Gurt, Gürtel.

gurt- [s.] *gürten.*

gürtel,gurtel,gurtle stM stswF Gürtel; Borte.

gürtel-gewant stN Gewand zum Gürten.

gürtel-snuor stF Gürtelschnur.

gürtel-tûbe swF Ringeltaube.

gürten swV [Prät. auch *gurt-*] D den Sattelgurt anlegen/ festziehen; A(+pD*mit*) gürten (mit); satteln; A+pA*in* stopfen in; A+pD*ze* / p A*umbe,under* (+D) schnallen an/ um/ unter; *an der gürtel hinder g.* den Gürtel enger schnallen.

gurtle [s.] *gürtel.*

güsse stFN Regenschauer; Überschwemmung; Blut-, Tränenstrom.

güsseln swV p A*in* fließen in.

gût [s.] *guot.*

gûtât [s.] *guottât.*

gûte[1] Adv. [s.] *guot* [2].

gûte[2] stF [s.] *güete.*

gütel stM Götze.

gûten [s.] *güeten.*

gûti-keit [s.] *güetekeit.*

gutinne [s.] *gotin(ne).*

gût-lîche(n) [s.] *güetlîche(n).*

guttrel stN Flasche.

gût-willikeit [s.] *guotwillikeit.*

gutzen swV p A*in* blicken in.

guz stM Guss, Schwall, Strom.

güzz-wazzer stN Wasserstrom.

gylie [s.] *lilje.*

h

ha,hâ Interj. [Erschrecken; (Hohn-) Lachen; Drohung].
habch [s.] *habech.*
habe,have stF Habe, Besitz, Eigentum, Vermögen; Geld, Lohn, Gewinn; Geschenk; Halt, Befestigung; Schutz; Aufenthalt; Aufenthaltsort; Versteck; Ankerplatz, Hafen; *h. nemen* ankern; *varndiu h.* bewegliches Vermögen; *rîchiu h.* [auch] Reichtum, Pracht; [auch expl., z.B. *der krefte h.* Kraft; *der tugende h.* Tugend; *in kintlicher h.* als Kind].
habech,habich,habch stM Habicht; *den h. anrennen* sich überschätzen.
habe-danc stM Dank.
habe-lôs Adj. *h. sîn* kein Geld haben.
haben[1]**,haven,hân**   swV abs./ *pDan, bî, in, ûf,v or* / Adv. lok. anhalten [auch *stille h.*], stehen (bleiben)/ sitzen/warten (an/ auf/ bei/ vor), bleiben in; refl.+Adv. sich verhalten/ befinden; refl.+pDze /p Aan, ûf,umbe /Adv.lok. sich (fest-) halten an; sich wenden (an/ in/ zu), sich begeben zu; sich verhalten zu;   A/G/Nsw (+refl.D) (inne-) haben; besitzen; verfügen über; erhalten, bekommen, (an-) nehmen, empfangen; erwerben, gewinnen, davontragen; finden; behalten, bewahren, festhalten; einhalten; leisten; üben, abhalten, führen; erleben, erleiden; wahrnehmen;

bewirten; verheiratet sein mit; A+Adj./Adv. haben, halten; A+D bereithalten; A+ Adj./ Adv./ pD*in,mit,nâch,ze* / p Avür /Nsdaz,w halten für, ansehen als, behandeln (als/ mit), machen zu; A+pDan,bî, gegen,in,mit,über,umbe,under, vor,ze / p Aan,vür,vor haben/ halten/ hängen/ drücken/ finden/ (auf-) bewahren an/ bei/ in/ über/ unter/ vor; A+Nsdaz +pDvon erfahren/ erhalten von; Inf.ze haben zu, müssen, können; *kalt h.* kalt sein, frieren; *heiz/ warm h.* warm sein, schwitzen; *wâr h.* Recht haben; *zît h.* [auch] (höchste) Zeit sein (für); *sich zesamene h.* zusammenhalten; sich zusammennehmen; *gewis h.* +A sicher/ genau wissen; *ungewis h.* +Nsw nicht wissen; *liep/ lieben/ holden/ ze liebe/ ze minne(n) h.* +A schätzen, lieben, froh sein über; *ze êren h.* +A ehren; *nît/ ze nîde h.* +A/G/Ns daz sich ärgern über; *wandel h.* +G rückgängig machen, austauschen, wechseln; *wunder h.* +G/A staunen/ sich wundern über; *ez davür h.* +Ns(daz) glauben; *den tôt an der hant h.* dem Tod verfallen sein, sterben müssen; *daz habe(t) ûf mir/ ûf mînem houbet/ ûf mînem lîbe/ ûf mîner triuwe* (ich schwöre es) bei meinem Haupt/ meinem Leben/ meiner Treue; [auch Hilfsverb zur Bildung von Perfekt und Plusquamperfekt].
haben[2] stF Hafen; Sitz.
haben[3] stV [s.] *heben.*
haber[1]   stM Tanz-, Taktstock.
haber[2] stswM Hafer.

haber-brôt stN Haferbrot.
haber-,habern-gülte   stF Haferzins [Naturalleistung].
hâberjœl stN (leichtes) Panzerhemd.
haber-korn stN Haferkorn.
habern-gülte [s.] *habergülte.*
haber-schrecke [s.] *höuschrecke.*
haber-strô stN Haferstroh.
habet [s.] *habit.*
habich [s.] *habech.*
habit,habet stMN (Ordens-) Gewand; Gewohnheit; Besitz.
habunge stF Besitz.
hac stMN Hecke; Zaun, Umzäunung, Verhau; (Baum-) Garten, Hain, Park; Wald, Gehölz, Gebüsch, Gestrüpp; [auch expl., z.B. *swerlicher h.* Bedrängnis; *vîentlicher h.* Hass].
hacche swF Dirne.
hach swM Bursche.
hacheln swV A hecheln [Flachsfasern spalten].
hack-banc [s.] *hackebanc.*
hacke swF Hacke.
hacke-,hack-banc   stF Hackklotz.
hacken [s.] *hecken.*
hacken-spiez stM Hellebarde.
hader[1] stM Streit, Neckerei.
hader[2] stswM Lumpen, Fetzen.
hadern,hadren swV abs. einander necken.
haderot Adj. verschlissen.
hader-sac stM Lumpensack.
hadren [s.] *hadern.*
hafen(-) [s.] *haven(-).*
hafner [s.] *havenære.*
haft[1] Adj. gefangen.
haft[2] stMF Riegel, Türklinke; Halterung; Band; Spange; Fessel; Gefangenschaft;

Bindung; Verbindung, Zu-
sammenhang; Halt; Gewalt.
haft- [s.] *heften.*
haften swV abs. stecken bleiben; pD*an,in* /Adv.lok. Halt
finden (in), hängen bleiben
(an/ in), festhalten an; *mit
ein/ zesamen h.* zusammenhängen; *sich ze arge h.*
+p*Aan* verfolgen.
hag-dorn [s.] *hagendorn.*
hage stF Freude.
hage-dorn [s.] *hagendorn.*
hagel stM Hagel (-schauer);
Verderben.
hagel-stein stM Hagelkorn.
hagen stM Dornenstrauch,
Dornenhecke; Dornenrute.
hagen-büechîn Adj. aus
Hainbuchenholz.
hagen-buoche swF Hainbu-
che.
hagen-,hag(e)-dorn stM
Weiß-, Hagedorn.
hager Adj. hager.
hagge [s.] *hâke.*
ha-hâ Interj. [Lachen].
hâhære/er stM Henker.
hâhen [s.] *hangen.*
hahse,hasse swF Hinterhand.
hâke,hagge,hûke swM (Wi-
der-) Haken.
hâkot Adj. gekrümmt.
hal stM Schall, Klang, Ton;
Stimme.
hæl[1],hæle Adj. glatt;flüchtig;
h. sîn/ wesen +G geheim
halten.
hæl[2] stM Kesselhaken.
halbe[1],halve,halp stswF
Seite, Richtung; Hälfte;
(von) halben/ halp +G von
Seiten, auf Grund von, um
... willen.
halbe[2] Adv. [s.] *halp[2].*
halben[1],halbieren swV A
(unter-) teilen.
halben[2],halber,halbez

Adv. [s.] *halp[2].*
halbieren [s.] *halben[1].*
halbiu [s.] *halp[2].*
halde,helde stswF Abhang,
Abgrund.
halden [s.] *halten.*
hæle[1],hâle stF Verheimli-
chung;Glätte;*h. hân/ nemen*
(unpers.+A)+G verbergen,
verheimlichen, geheim halten.
hæle[2] Adj. [s.] *hæl[1].*
halem [s.] *halm.*
half [s.] *halp[2].*
halfter swMF Halfter.
hælinc[1] Adj. heimtückisch.
hælinc[2] stM Geheimnis,
Heimlichkeit.
halingære stM Salzarbeiter.
hælingen,hâlingen Adv.
heimlich.
hallen swV abs. hallen.
haller,heller stM Heller.
halm,halem stM (Gras-, Ge-
treide-, Stroh-) Halm.
halmel,helmel stN *daz h.
vor/ vür ziehen* +D den Kürzeren ziehen lassen.
halm-stuck stN Strohhalm.
haln [s.] *holn.*
halp[1] Adj. halb.
**halp[2],half,halbe,halben,
halber/iu/ez** Adv. halb (so/
so viel), zur Hälfte [auch
über h.].
halp[3] stswF [s.] *halbe[1].*
halp-jâr stN halbes Jahr.
halp-lebentic Adj. halbtot.
halp-liut stMN Halbmensch.
halp-swuol stN halb ausge-
wachsenes Wildschwein.
halp-tôt Adj. halbtot.
halp-visch stM Plattfisch.
halp-vüezic Adj. einen halben Fuß lang.
halp-zogen Part.Adj. halb-
flügge.
hals stM Hals, Kinn; Nacken;
Genick;Kopf;Leben;Röhre;

Brustharnisch; Berggrat; *bî
dem halse, umbe den h.*
[auch] bei Todesstrafe.
hals-âder swF Kehle; *herte
h.* Halsstarrigkeit.
hals-bant stN Helmriemen.
hals-bein stN Genick.
hals-berc,-perc,-perge
stMF Rüstung, (Brust-) Har-
nisch, Panzerhemd; Krieger.
halsberc-,halsperc-want
stF Panzerplatte.
hals-boge swM Halsreif.
hals-brechen,-prechen
stN Erbrechen.
hâl-schar stF Hinterhalt,Fal-
le; Truppe im Hinterhalt.
hâlschar-lich Adj. heimtückisch, hinterhältig.
halse swF Halsband.
halsen stV [VIIa] A umarmen, umklammern; A+pD
ze /p Aan an sich ziehen;
Part.Adj. [s.] *gehalsen.*
halset- [s.] *helsen.*
hals-kreiz stM Halsgefieder.
hals-perc(-),-perge [s.]
halsberc(-).
hals-prechen [s.] *halsbre-
chen.*
hals-rinc stM Halseisen.
hals-slac stM Backenstreich,
Ohrfeige.
hals-slagen swV [Prät. auch
halsslect-] A ins Gesicht
schlagen.
hals-snuor stF Halskette.
halst- [s.] *helsen.*
hals-veste stF Halsschutz.
halt[1] Adv. noch, sogar; eben.
halt[2] Konj. [meist *ob/ swaz/
swar/ swie h.*] (wenn/ wie/
wohin/ was) auch; aber
[auch *und h.*].
halt[3] stM Halt; Hinterhalt.
halt- [s.] *helden.*
haltâre stM Erhalter, Erlöser.
halten,halden stV [VIIa]
abs./ pD*bî,gegen,ûf,vor* / pA

in,vür /Adv.lok. [auch *stille h.*] da stehen, anhalten, stehen, stehen bleiben (an/ auf/ bei/ gegenüber/ vor); p**D***ab* ablassen von; (refl.+)Adv./ p**D***gegen* sich benehmen/ verhalten (gegenüber); refl.+ p**D***bî, mit,umbe,ze* /p**A***an* sich (fest-) halten an; A(+**D**/ p**D***bî,in,ze*) haben, behalten, bewahren (in/ für), schützen, hüten; festhalten (an/ in); einhalten, aufrechterhalten, behaupten; erhalten, einnehmen; bereithalten; aufnehmen; begehen, abhalten, führen; A+Adj./ Adv./ p**D** *in,mit* haben, halten (in); behandeln/ versorgen (mit); A+G/p**D***von* halten von; A+p**A***vor,vür* /Adj. halten für.

haltunge stF Einhaltung; Verhalten, Haltung.

hâl-türlîn stN Geheimtür.

halve [s.] *halbe* [1].

halz Adj. lahm.

hame swM Fangnetz; Fessel; (Angel-) Haken.

hamer stM Hammer.

hamer-klanc stM Hammerschlag.

hamer-slac stM Hammerschlag.

hamer-slahen,-slân stV [VIa] A hämmern, zerschlagen.

hamît stN [Pl. auch sw] Absperrung,Verhau, Verschanzung; (Turnier-) Schranke.

hamme swF Schinken.

ham-vrez swM Assel.

han,hane swM Hahn.

hân[1] stV [s.] *hangen.*

hân[2] swV [s.] *haben* [1].

han-boum stM Hühnerstange.

hanc stM *kriuzlicher h.* Kreuzigung; Gekreuzigter.

hanct- [s.] *hengen; henken.*

---

handec/ic,hantic(h) Adj. bitter, scharf.

handel stM Handeln.

handeln,hand(e)len,hanteln swV refl.+p**D***nâch* /Adv. sich verhalten (nach); A (+Adv./ p**D***mit, nâch* / p**A***vür*) anfassen, berühren; tun, ausführen; behandeln (als/ mit/ nach); misshandeln; bearbeiten; versorgen, bewirten; A+ p**D***bî* verbringen bei; A+p**D***in* halten in; A+p**D***gegen* /p**A** *gegen* verhandeln gegen; A+p**D** *enzwischen* aushandeln zwischen.

handel-pær Adj. leicht zu bearbeiten.

handelunge stF Behandlung; Pflege; Empfang; Bewirtung, Gastfreundschaft; Verhalten.

handlen [s.] *handeln.*

hane [s.] *han.*

hane-krât,han(en)-kræt stF (erster) Hahnenschrei.

hanf stM Hanf.

hanf-sâme swM Hanfsamen.

hanf-,hanif-swinge swF Hanfschwinge.

hangen,hâhen,hân stV [VII ab] abs./(D+) p**D***an, bî, enzwischen, gegen, in, ob, über, ûf, under, ûz,v on, vor, ze* / p**A***an, gegen,vür* / Adv.lok. hängen an/ auf/ aus/ bei/ unter/ vor/ zwischen, herabhängen auf/ über/ von; festhalten an; abhängen von; A(+p**D***ze* /p**A** *an, in, über, ûf, umbe, vor, vür*) erhängen; senken; (auf-) hängen/ befestigen (an/ in/ über/ um/ vor/ zu).

hanget- [s.] *hengen.*

hanif-swinge [s.] *hanfswinge.*

han-krât,-kræt [s.] *hanekrât.*

hant stF Hand; Seite; Sorte;

Art; Gewalt, Macht, Herrschaft; Obhut; Besitz; *aller hande* jede (-r/ -s); alle; *allerlei; aller hande dinge* alles; *deheiner/ keiner hande* kein; *deheiner hande dinc* nichts; *maneger hande* viel, viele, mancherlei; *maneger hande dinge* vieles; *welher hande* was, welche (-r/ -s); *einer hande dinc* [auch] etwas; *zweier/ drîer hande* zweier-, dreierlei; *ergere h.* niedrigerer Stand; Übel; *ze h., an der h., in/ von hende, ze den henden* [auch] sofort, sogleich; bereit, zur Stelle, zur Verfügung; *ein helt ze (sînen) handen* ein großer/ kühner Held; *einer hende wîle* Handumdrehen; *die obere/ übere h. nemen* siegen; *ze den handen gedenken* sich ermannen/ aufraffen; *den tôt an der h. haben* sterben müssen; *die nôt under handen haben* in Not sein; *geriht über h.* Gericht für Leibesstrafen; *ze den handen, in/ an die h. geben/ (ge)loben* +A (+**D**/Ns) in die Hand versprechen; *die hende valten* +**D** huldigen, den Lehnseid leisten; *bî der hende* / *ze der h. bevelhen/ geben* +A+D übergeben, anvertrauen; *ze handen gân/ komen* +**D** in die Hände fallen, zuteil werden; *ze handen nemen* +A [auch] in Besitz nehmen, aufgreifen, sich beschäftigen mit; *ze handen bringen/ gevuogen/ senden* +A+D herbringen, hersenden, ausliefern; *ze einer h. kêren/ (gân) lâzen* +A sich nicht kümmern um; *an die h. erteilen* +**D** die Strafe des Handabschlagens verhängen über; *in die h. zeln*

+A+D verantwortlich machen
für; [auch expl., z.B.*mîn h.*
ich, *diu hœhste h.* der
Höchste, *mit williger h.* be-
reitwillig].
hantel swMF Handschuh.
hanteln [s.] *handeln.*
hant-gar Adj. bereit; vorbereitet.
hant-gemælde,-gemahel
stN Stammgut.
hant-gerech Adj. bereit.
hant-geschaft stN Ge-
schöpf.
hant-getât stF Schöpfung,
Geschöpf; (frische) Tat.
hant-gift stN verzaubertes
Geschenk.
hant-giften swV D ausstatten.
hant-grift stF Berührung.
hant-habe stF Griff; Hieb.
hant-haber stM Beschützer,
Erhalter.
hantich [s.] *handec.*
hant-reiche stF Hilfeleistung.
hant-reicherin stF Helferin.
hant-ros stN Leibross.
hant-schuoch,hent-schû,
-schûch,hantschen stM
Handschuh.
hant-slac stM Handschlag,
Verpflichtung; Handstreich;
Schlag.
hant-slagen swV abs. die
Hände zusammenschlagen/
ringen.
hant-slite swM Handschlit-
ten.
hant-spil stN Saitenspiel.
hant-starc Adj. schlagkräftig,
stark.
hant-triuwe,-trûwe stF *die*
h. geben +D+Ns*daz* in die
Hand versprechen.
hant-tuoch stN Handtuch.
hant-twehele swF Handtuch.

hant-vaz stN Handbecken.
hant-veste[1] Adj. auf Ehrenwort entlassen.
hant-veste[2] stswF Urkunde;
Bekräftigung, Siegel; Testament.
hant-vingerl(în) stN (Fin-
ger-) Ring.
hant-vol stF Handvoll.
hant-vride stM durch Handschlag besiegelter Frieden.
hant-wende swF Handumdrehen.
hant-,ant-werc stN Hand-
werk; Werk; Werkzeug,
Vorrichtung; Kriegs-, Bela-
gerungsmaschine.
hant-werkic Adj. *hantwer-*
kige liute Arbeiter.
hantwerc-geselle swM
Handwerksgeselle.
hap stN Hafen.
har[1] stM Flachs.
har[2] stswM scharfer Wind.
har[3] Adv. [s.] *her*[1].
har- [s.] *her-.*
hâr,hôr stN Haar; Fell; Mähne; *niht (als/ umbe) ein h.,*
(eines) hâres (breit/ grôz),
gegen/ mit einem hâre
(nicht) das Geringste/ im Geringsten, auch nur ein bisschen, nichts; *gelîche als ein*
h. haargenau.
haran-schar [s.] *harmschar.*
hâr-bant stN Haarband.
harbe,harewe,herb,her-
we Adj. bitter, herb, sauer;
streng, böse.
harde [s.] *harte.*
hardeiz stF Wucht.
hardieren swV (A+)Adv.lok.
drängen; A angreifen, be-
drängen.
haren [s.] *harn*[1].
harewe [s.] *harbe.*
harf- [s.] *harpf-.*
hargen swV abs. scheuen.
harîn- [s.] *herîn-.*

hærîn Adj. hären, grob; aus
Haaren.
hærinc,herinc stM Hering.
hâr-lachen stN härenes/ gro-
bes Tuch.
harliz(-) [s.] *hornuz(-).*
harm[1] stM Schmerz.
harm[2]**,hermîn** stM Hermelin.
harm[3]**,harn** stM Harn, Urin.
harm-balc stM Hermelinfell.
harm-blanc Adj. hermelinweiß.
harmen swV abs. urinieren.
harmîn [s.] *hermîn*[1].
harm-krûc swM Uringlas.
harm-prunne stM Urin.
harm-schar,harn-,haran-
schar stF Not , Bedrängnis,
Last; Kränkung; Strafe.
harm-scharn swV A quälen.
harm-,harn-stein stM Bla-
senstein, Nierenstein.
harm-vel stN Hermelinfell.
harm-wazzer stN Urin.
harm-wint stM Harnzwang.
harm-wîz Adj. hermelinweiß.
harm-zagel stM Hermelin-
schwanz.
harn,haren swV abs. schrei-
en; D (an-) rufen; *nâch helfe*
h. um Hilfe rufen.
harn(-) [s.] *harm(-).*
harnasch,harnesch,har-
nas,hernesch stMN Har-
nisch, Panzer, Rüstung; *in/*
ze h. bewaffnet, gerüstet.
harnasch-blôz Adj. unge-
panzert, unbewaffnet.
harnasch-râm stM Schmutz/
Rost (von der Rüstung).
harnasch-râmec Adj. rostig/
schmutzig von der Rüstung.
harnasch-rinc stM Panzerring.
harnasch-var Adj. rostig/
schmutzig von der Rüstung.
harnesch [s.] *harnasch.*
harniz [s.] *hornuz.*

harpfære/er,herpfer,har-fære stM Harfenspieler.

harpfe,harfe,herpfe,her-fe swF Harfe.

harpfen,harfen,herpfen, herfen swV abs./D (auf der) Harfe (vor-) spielen; A er-klingen lassen; übertönen.

harpfen-spil stN Harfe.

harre stF Hindernis.

harren swV abs. ausharren; p*Aûf* warten auf.

harrunge stF *senediu h.* Sehnsucht.

harsch stM Trupp.

harscher stM Kriegsknecht.

hâr-slihtære stMeitler Geck.

hâr-snuor stF Haarband.

harst stM (Brat-) Rost.

hart[1] stM Wald.

hart[2] Adj. [s.] *hert* [1].

hart[3] stM [s.] *hort.*

hart- [s.] *herten.*

harte,harde,herte   Adv. [auch *vil h.*] sehr, völlig, vollkommen, ganz, über al-les; heftig; eindringlich; fest; hart, schwer, schlimm; viel; schnell; *h. balde/ schiere/ swinde* sofort, sogleich; *h. wol* [auch] leicht; *h. vil* [auch] oft.

harten swV abs. sich ver-stärken; refl.+p*Agegen* sich verhärten gegen.

harter Adv. [Komp. von *harte*] mehr; eher.

harte-slaht stF [Pferde-krankheit].

hart-mânde stswM Winter-monat [Januar].

hâr-tuoch stN härenes/ gro-bes Tuch.

hâr-ûzrîzen stN Haarausfall.

harz stMN Harz, Pech.

haschart stM Glücksspiel.

hâsche swF Axt.

hæ-schrecke [s.] *höuschre-cke.*

hase swM Hase.

hasel swF Haselstrauch.

hasel-nuz stF Haselnuss.

hasel-poum stM Hasel-strauch.

hasen-swanz stM Hasen-schwanz.

hasen-wer stF Hasenpanier.

hasen-wint stM Windhund.

haspel stM Haspel [Garn-winde].

hasse [s.] *hahse.*

haste-lîche,hastic-,hes-te-lîche Adv. eilig; erregt.

have [s.] *habe.*

haven[1]**,hafen** stM Topf.

haven[2] swV [s.] *haben* [1].

havenære,hevenære,haf-ner stM Töpfer.

haven-,hafen-decke   stF Topfdeckel.

haven-dierne stF Küchen-magd.

haven-schirben stF Ton-topf.

haz[1] Adj. gehässig.

haz[2] stM Hass, Feindschaft; Neid, Missgunst; Feindse-ligkeit; Zorn; Streit, Kampf; *âne/ sunder h.* gern, mit Freuden, glücklich, unbe-schwert; bereit-, freiwillig; neidlos; aufrichtig, ohne Falsch; widerspruchslos, ohne Einwand.

haz-lich,hazze-,hezzec-, hezze-lich Adj., -lîche(n) Adv. feindselig, gehässig; streng; schlimm.

hazzen swV A hassen, ver-abscheuen; verfolgen, an-feinden; neidisch sein auf; A+p*Aan* vorwerfen.

hazzer,hezzer stM Hasser.

hazzic,hezzic Adj. hasser-füllt, feindselig, gehässig, neidisch, böse.

he [s.] *er* [1].

hê Interj. [Aufforderung; Hilfe-ruf; Übermut; Drohung].

hebe,hebde stF Habe, Ver-mögen; Befinden.

hebe-,hef-amme swF Heb-amme.

hebe-boum stM Hebebaum, Kran.

heben,heven,hefen,ha-ben stV [VIba] refl.(+Adv.) aufbrechen; sich erheben, beginnen, entstehen, auf-kommen; hervordringen; ab-laufen; refl.+p*Dgegen,ûz,von, ze* / p*Aan, in, über, vür* / Adv. lok. sich begeben/ aufmachen auf/ aus/ in/ über/ vor/ zu, sich wenden zu, gelangen aus/über, kommen; sich beu-gen über; A/G(+refl.D) an-fangen, erheben; anstimmen, rufen; anzetteln, bewirken; (auf-, hoch-) heben; ergrei-fen; aus der Taufe heben; A+p*Dgegen,ûz,von,ze* / p*Ain, über,ûf,vür* (er-) heben auf/ aus/ in/ über/ zu; auf-, her-unterheben von; halten/ brin-gen vor; *sich dan/ enwec/ hin(nen) h.* sich davonma-chen/ wegbegeben, wegei-len,-gehen, abreisen; *sich ûf den wec/ die strâze/ die vart/ ze wege h.* sich auf den Weg machen; *sich grôze h.* sich überheben; *kleine/ ringe/ un-tiure/ unhôhe h.* +D/A ge-ring schätzen, gleichgültig sein, nicht/ wenig kümmern, (zu) wenig sein für; *hô(he) h.* +A für wichtig halten, wichtig sein für; *die tische h.* die Tafel aufheben.

hebenen swV A+Adv. behan-deln.

heberîn,hebrîn Adj. *h. brôt* Haferbrot; *h. garbe* Hafer-garbe.

heb-îsen stN Steigbügel.

hebrâisch Adj. hebräisch.

hebrâischen Adv. hebräisch.
hebrîn [s.] *heberîn.*
hechen [s.] *hecken.*
hecht stswM Hecht.
hecke,hegge stFN Hecke.
hecken,hechen,hacken swV A(+pAan,*in*) hacken/ beißen/ stechen/ treffen (in); anfressen.
hederer stM Lumpenhändler.
hef-amme [s.] *hebeamme.*
hefel,hevel stswM Hefe.
hefen [s.] *heben.*
heft stN Griff, Heft.
heften swV [Prät. auch *haft-*] refl.+pD*ze* /p Aan,*in* sich halten an/ begeben in; angrenzen an; A(+pD*ze,an* /p Aan, *in,ûf*/Adv.lok.) befestigen, binden/ festmachen/ fesseln (an/ auf/ in), festhalten; schlagen in.
heftes-halp Adv. *(daz mezzer) h. haben* das Heft in der Hand haben.
heftic Adj. beharrlich.
heftic-lîche Adv. heftig, sehr.
hege stF Pflege.
hege-,hei-druose stswF Hoden.
hegeli,heggli stN Häkchen; [auch] Penis.
hegen swV refl. entstehen; refl. +pA*ûf* in den Genuss kommen von; A(+D) hegen, pflegen, bewahren; (durch-) führen.
hegen-heit stF Gepflogenheit.
hegenîn Adj. spitzig.
hegge [s.] *hecke.*
heggli [s.] *hegeli.*
heher stM (Eichel-) Häher.
hei[1] Interj. [Erstaunen; Freude; Übermut; Anfeuerung; Hilferuf; Klage].
hei[2] stN [s.] *höu.*
hei-â hê/ hei/ hô Interj. [Er-

staunen; Freude; Übermut; Anfeuerung; Hilferuf; Klage].
heide stswF freies Feld/ Land; Heide, Wiese; Natur.
heiden[1] Adj. heidnisch, arabisch.
heiden[2] stswM Heide, Ungläubiger; Araber.
heiden-her stN Heidenheer.
heideninne,heidin stF Heidin; Araberin.
heidenisch,heidensch, heidesch Adj. heidnisch; arabisch; *h. viur* griechisches Feuer [Sprengstoff].
heiden-kint stN Heidenkind.
heiden-kraft stF Heidenheer.
heiden-lant stN Heidenland, Arabien.
heiden-lich Adj., *-lîche* Adv. heidnisch.
heidensch [s.] *heidenisch.*
heiden-schaft stF Heiden; Heidentum; Land der Heiden, Arabien.
heidesch [s.] *heidenisch.*
heidin [s.] *heideninne.*
hei-druose [s.] *hegedruose.*
heie swM Hüter.
heien,heigen swV [Part. Prät. auch st] abs. entstehen, wachsen; A(+pD*vor*) hüten, bewachen, schützen (vor); bewahren; genießen.
heifte Adj. heftig.
heiftec-lîchen Adv. eindringlich.
heigen [s.] *heien.*
heil[1] Adj. geheilt, gesund; unverletzt; gesegnet; *h. sîst dû, wis h.* Heil dir.
heil[2] stN Glück; Erfolg; Gesundheit; Wohlergehen; Seligkeit, Heil, Erlösung; Segen; Segenswunsch; Schicksal; Wunder; *an ein h. geben / lâzen* +A aufs Spiel setzen.

heilant stM Heiland, Erlöser.
heilære/er stM Retter, Erlöser, Heilbringer.
heil-bringe swF Heilbringerin.
heilec/ic,hêlic Adj. heilig; Heil bringend; gesegnet; geweiht; fromm.
heilec/ic-heit,heil-,heile-, heili-keit stF Heiligkeit; Heiligtum; Sakrament, Gnadenmittel; Heiligung; Frömmigkeit.
heilec/ic-,hêlec-lich Adj., *-lîche(n)* Adv. heilig, geheiligt; fromm, andächtig.
heilec/ic-tuom,heil-tuom stN Heiligtum, Reliquie, Monstranz.
heile-keit [s.] *heilecheit.*
heilen swV abs. heilen, gesund werden; A(+G/D/pD *von*) heilen/ erlösen (von), retten, gesund machen; lindern.
heilerin stF Heilbringerin.
heiles Adv. unversehrt; glücklicherweise.
heilgen [s.] *heiligen.*
heil-haft Adj. Heil bringend; auserwählt.
heilige swM Heiliger; Reliquie; *daz h. der heiligen* Allerheiligstes.
heili-geistlicheit stF Wesen des Heiligen Geistes.
heiligen,heilgen,hêlgen, hêligen swV A heiligen, segnen; A+D weihen.
heiliger stM Heiligsprecher.
heilig-nis stN Heiligtum.
heiligunge stF Heiligung, Erwählung.
heil(i)-keit [s.] *heilecheit.*
heil-rîch Adj. Heil bringend.
heil-sam Adj. heilsam, heilend; Heil bringend.
heil-schilt stM Heil bringender Schild.

heil-stete stF Heilstätte.

heil-tuom [s.] *heilectuom.*

heilunge stF Heilung; Erlösung, Rettung.

heil-vliez stM Strom des Heils.

heil-vluot stF Flut des Heils.

heil-wâc stM Heil bringendes Wasser.

heil-wîn stM Heil bringender Wein.

heim¹,heime,hein Adv. [auch *dâ/ dar h.*] nach Hause, heim; zu Hause.

heim² stN Heimat; Haus, Heim.

heime¹ stF Heimat.

heime² swM Heimchen.

heime³ Adv. [s.] *heim* ¹.

heime- [s.] *heim-.*

heimen swV A aufnehmen; heimisch machen.

heim-garte swM Geselligkeit.

heim-gesinde¹ stN Gefolge.

heim-gesinde² swM Diener.

heimisch Adj. einheimisch; zahm.

heim-ladunge stF Heimholung.

heim-lich,heime-,hein-lich Adj. geheim, heimlich, verborgen, verschwiegen; gesondert; vertraut, vertraulich; (ein-) heimisch, bekannt; lieb, zahm.

heim-lîche¹,heime-,hein-lîche(n) Adv. heimlich , im Geheimen/ Verborgenen, unbemerkt, versteckt; vertraulich, im Vertrauen; freundschaftlich, zärtlich.

heim-lîche²,heime-,hein-lîche stF Geheimnis; Verschwiegenheit; Vertrautheit, Freundschaft; Vertraulichkeit; Privat-, Schlafgemach; Zelle; Allerheiligstes; Wohnung; Heimat.

heim-licheit,heime-,hein-licheit stF Geheimnis; Verschwiegenheit; Vertrautheit, Freundschaft; Vertrauen; Vertraulichkeit; Privat-, Schlafgemach; Haus; *h. der vrouwen* Menstruation.

heim-,hein-lîchen swV refl. sich ins Vertrauen einschleichen; A zur Heimat machen.

heim-lîcher stM Vertrauter.

heimôt [s.] *heimuot.*

heim-reise stF Heimreise.

heim-stiure,-stiuer,-stiwer,hein-stûr stF Aussteuer, Mitgift.

heim-,heime-suoche stF Heimsuchung.

heim-,heime-suochen swV A aufsuchen; heimsuchen.

heim-suochunge stF Hausfriedensbruch.

heimuot,heimôt,heimût, hein-mûte stFN Heimat.

heim-vart stF Heimfahrt, Heimkehr.

heim-wart Adj. einheimisch.

heim-wec stM Heimweg.

heim-,hein-wert Adv. heimwärts.

heim-wesen stN Heimat.

heim-wist stF Behausung.

hein¹ Adv. [s.] *heim* ¹.

hein² Indef.Pron. [s.] *nehein.*

hein- [s.] *heim-* .

heir(r)e [s.] *hêrre.*

heischen [s.] *eischen.*

heise,heiser Adj. heiser.

heiser-heit stF Heiserkeit.

heiser-lîche(n) Adv. heiser, rau.

heistieren swV abs./Adv. eilen, laufen.

heit stF Stand; Qualität.

heiter Adj./Adv. klar, hell, rein, heiter; scharf.

heitere,heitrî(n) stF Helligkeit, Klarheit; schönes Wetter.

heiter-keit stF Helligkeit.

heiter-,hêter-lich Adj., **-lîche** Adv. heiter, hell, klar.

heit-haft Adj. von geistlichem Stand.

heitrî(n) [s.] *heitere.*

heiz¹ Adj. heiß, brennend, feurig, warm; erhitzt, hitzig; groß; *h. machen* +D einheizen.

heiz²,heize Adv. heiß, heftig.

heizec-lîche Adv. heftig.

heizen¹ stV [VIIc] Nom./Adj. heißen, genannt werden; A+A nennen; (A+)A/N *daz /* Inf. befehlen, auffordern/ veranlassen (zu), lassen; A+D verheißen, versprechen, ankündigen; *willekomen sîn h.* +A willkommen heißen; *gesunt sîn h.* +A Gesundheit wünschen.

heizen² swV abs. heiß werden; A(+D) heiß machen, heizen.

heiz-lich Adj. hitzig.

heiz-müetikeit stF Jähzorn.

heiz-muot stM Jähzorn; Todesnot.

heiz-sühtic Adj. fieberanfällig, fieberkrank.

heiz-willic Adj. inbrünstig.

hel Adj./Adv. laut, hoch/ hell (klingend); glänzend, strahlend; *lobes/ gein prîse h.* preiswürdig.

hel-bære Adj. heimlich, verborgen.

helb-,helbe-linc stM halber Pfennig.

helde [s.] *halde.*

helden swV [Prät. *halt* -] refl. niedersinken; A senken.

hêlec-lich,-lîche(n) [s.] *heileclich.*

hele-keppel stN Tarnkappe.

helet [s.] *helt.*

helewe [s.] *helwe.*

helf- [s.] *helfe-.*
helfant [s.] *elefant.*
helfære/er,helpfære/âre stM Helfer, Beschützer; Verbündeter, Beistand.
helfe¹,helpfe,helpe,hilfe,hulfe stF Hilfe, Beistand, Unterstützung; Begleitung; Hilfsbereitschaft.
helfe²,hilfe swM Helfer.
helfec,hülfic Adj. hilfsbereit.
helfec-lich Adj., **-lîche** Adv. hilfreich, wirksam; hilfsbereit.
helfe-gernde Adj. Hilfe suchend.
helfe-lich,helf-,hilf-lich Adj. hilfreich, hilfsbereit; wirksam, wohltuend.
helfe-lîche,helf-,hilf-lîche Adv. hilfsbereit; als Retter; bei der Hilfe.
helfe-,helf-lôs Adj./Adv. hilflos; unheilbar.
helfen stV [IIIb] abs./D/(D+)Inf.(*ze*) helfen; abs./Adv./(D/A+)A(+p*Awider*) nützen (bei);(D+)G/pD*an,gegen,ze*/pA*umbe*/N*daz* helfen bei, verhelfen zu; D+pD*gegen*/pA *wider* beistehen gegen; bewahren vor; D+pD*ûz,von* heraushelfen aus; befreien von; D+pA*an,in,ûf*/Adv.lok. hineinhelfen in, hinaufhelfen auf; führen/ geleiten (zu).
helfen-,elfen-bein,-pein stN Elfenbein.
helfen-,elfen-beinîn,-beinen Adj. aus Elfenbein.
helfen-pein [s.] *helfenbein.*
helfe-rîch,helf-,hilfe-rîch Adj. hilfsbereit, hilfreich.
helfærinne,helferin stF Helferin, Gehilfin.
helfe-,helf-vater stM [Planet Jupiter].

helfunge stF Hilfe.
hêlgen [s.] *heiligen.*
hêlic [s.] *heilec.*
hêligen [s.] *heiligen.*
helit [s.] *helt.*
helle stswF Hölle.
helle-bant stN Höllenbande.
helle-brant stM Höllenfackel.
helle-brennen stN Fegefeuer.
hellec/ic Adj. matt.
hellec-lich Adj. *h. vart* Höllenfahrt.
helle-diep stM Höllendieb.
helle-grâve swM Höllenfürst.
helle-grunt stM Höllentiefe, Höllenabgrund.
helle-heiz Adj. höllenheiß.
helle-hirte swM Höllenwächter.
helle-hitze stF Höllenfeuer.
helle-hunt stM Höllenhund, Teufel.
helle-knabe swM Teufel.
helle-môr swM Teufel.
hellen¹ stV [IIIb] abs./Adv./(D+)pA*durch,in* hallen, dröhnen, (er-) klingen, schallen/dringen (durch/ in); Adv.lok. eilen; pD*(en)gegen* widerhallen, antworten; pD*mit* übereinstimmen mit [auch *enein h.*].
hellen² swV refl. bekannt werden.
helle-nôt stF Höllenstrafe.
hellen-sumpf stM Höllenpfuhl.
hellen-vürste swM Höllenfürst.
helle-ohse swM Höllenochse.
helle-pîn stF Höllenqual.
helle-porte stswF Höllenpforte, Höllentor.
heller [s.] *haller.*
helle-rîche stN Reich der

Hölle.
helle-ritter stM Höllenritter.
helle-rôst stM Höllenfeuer.
hellesch/isch,helsch Adj. höllisch.
helle-scherge swM Höllenscherge.
helle-schubel stM Teufel.
helle-slôz stN Schloss der Hölle.
helle-trache swM Höllendrache.
helle-vart stF Höllenfahrt.
helle-velt stN Hölle.
helle-viur,-viwer,-vûr stN Höllen-, Fegefeuer.
helle-warte swM Höllenwächter.
helle-wec stM Weg zur Hölle.
helle-wiht stM Höllenwicht, Teufel.
helle-wirt stM Herr der Hölle.
helle-wîze stFN Höllenstrafe, Fegefeuer.
helle-wurm stM Höllenschlange, -drache.
helle-zage swM Erzfeigling.
hel-lich Adj. heimlich.
helm stswM Helm; *under helme gân* bewaffnet sein.
helm-bant stN Helmriemen, Helmspange.
helm-barte,-parte swF Hellebarde.
helm-bouc stM Helmspange.
helm-dicke stF Schlachtgetümmel.
helmel [s.] *halmel.*
helm-gespan swF Helmspange, Kinnriemen.
helm-gupfe stN Helmspitze.
helm-huot stM Helm.
helm-klanc stM Dröhnen der Helme.
helm-parte [s.] *helmbarte.*
helm-schîn stM Glanz der Helme.

helm-snuor stF Helm-, Kinnriemen.

helm-vaz stN Helm.

heln stV [IVa] (refl.+)G/A (+G/A) verheimlichen, verschweigen; verbergen, verstecken; zurückhalten.

helpe [s.] *helfe* [1].

helpf- [s.] *helf-*.

helsch [s.] *hellesch*.

helsen swV [Prät. auch *hals(e)t-*] A umarmen.

helsinc stM (Galgen-) Strick.

helt,helet,helit stM Held, Krieger.

heltenc-lîche Adv. heftig.

hel-vaz stN *ein h. sîn* verschwiegen sein.

helwe,helewe stswF Spreu.

hel-wert stN Wert eines Hellers.

helze stswF Schwertgriff.

helzen stV [IIIb] abs. hinken.

hemde,hemede,himede stN [Pl. auch *hemder-*] Hemd.

hemer(e)n swV abs. hämmern; D+pD*ûf* schlagen auf.

hemisch Adj./Adv. heimtückisch.

hemmen stN Anhalten.

hende-blôz Adv. mit leeren Händen.

hendel,hendl stN Hähnchen.

hende-winden stN Händeringen.

hendl [s.] *hendel*.

henfîn,henepfîn Adj. aus Hanf.

henge stF Unbestimmtheit.

hengel stMFN Türangel.

hengel-houbten swV abs. den Kopf hängen lassen.

hengel-rieme swM Tragriemen, -gurt.

hengen swV [Prät. auch *hanget-,hanct-*] abs. ausharren; D nachgeben, gehorchen; herabhängen; pD*an,in* hängen an/ in; D+pD*nâch* nachtrauern; D+Adv. bekommen; (D+) G zulassen, erlauben, zugestehen; A (+pD*ze* / pA*an,in, ûf*) hängen (an); *mit dem zügel h.* die Zügel locker lassen.

hengest,hengst stM Hengst.

hengunge stF Nachgiebigkeit.

henken swV [Prät. auch *hanct-*] A(+pA*an,in,ûf,vür*) aufhängen, hängen (lassen) an/ auf/ in/ vor.

henne stswF Henne.

hennen-ei stN Hühnerei.

hent-schuoch,-schû(ch) [s.] *hantschuoch*.

hen-wec [s.] *hinwec*.

hepe swF Gartenmesser.

her[1]**,har** Adv. (hier-) her, herbei; hier; hin; bis jetzt, bisher [auch *biz/ sît/ unz h.*]; *dort h.* daher; *hin/ da(r) und h.* hin und her, überall hin, nach/ von allen Seiten; *(weder) hin noch h.* nicht/ weder vor noch zurück; [auch expl. , z.B. *h. wider* zurück, *h. ze tal* hinunter].

her[2] stN [flekt. auch *herige-*] Heer (-schar), Heeresmacht; Menge, Schar, Schwarm; Volk; *ein h. sîn* +D/pA*über* überlegen sein.

her[3] Pers.Pron. [s.] *er* [1]; *ir* [1].

her[4] swM [s.] *hêrre*.

hêr[1] Adj. vornehm, edel; erhaben, hoch; würdig, verehrt; herrlich; heilig; stolz, kühn, hochmütig; froh; Komp. [auch] älter.

hêr[2] Konj. [s.] *ê* [3].

hêr[3] swM [s.] *hêrre*.

herâ Interj. [Kampfruf].

her-abe Adv. herab, herunter; hier unten.

her-abe- [s.] *herab-*.

herab-her Adv. herab.

herab-komen stV [IVb] abs. nachlassen.

herab-ruofen stV [VIIf] D herunterrufen.

herab-,herabe-stôzen stV [VIId] A verstoßen.

herab-,herabe-vliezen stV [IIb] A herabfahren.

herab-,herabe-zerren swV [Prät. *herabzart-*] A(+D) herunterzerren, -reißen.

herab-ziehen stV [IIb] A hinabziehen.

her-an Adv. her; daran, dabei.

hêr-arm Adj. würdelos.

herb [s.] *harbe*.

her-berge,-werge,hereberge stswF Herberge, Unterkunft, (Nacht-) Quartier; Wohnung, (Gast-) Haus; *ze herberge(n)* [auch] nach Hause.

her-bergen swV abs./refl./ pD*an,gegen,in,ze* /Adv.lok. ein Lager aufschlagen/ Quartier nehmen/ wohnen (an/ bei/ gegenüber/ in), übernachten; A beherbergen, aufnehmen, unterbringen; bewirten.

herbest,hervest stM Herbst.

herbest-boum stM im Herbst blühender Baum.

herbest-mânde stswM Herbstmonat [Oktober].

herbest-zît stF Herbst.

herbî-komen stV [IVb] abs. dahingelangen.

her-brâht- [s.] *herbringen*.

her-brechen,-prechen stV [IVa] abs. anbrechen.

her-bresten stV [IVa] abs. heranpreschen.

her-bringen,here-,harbringen stswV [IIIa, Prät. *herbrâht-*] A(+D) herbringen; mitführen; hervorbringen; überliefern.

her-dan Adv. (hin-) weg; herab; weiter; fortan.

herde [s.] *erde*.
her-durch Adv. hindurch.
here [s.] *hêrre*.
hêre[1] stF [s.] *êre*[1].
hêre[2] swM [s.] *hêrre*.
here- [s. auch] *her-*.
hêre-bernde Part.Adj. Heil bringend.
here-brant stM Kriegsflamme.
here-liute,-lûte [s.] *hereman*.
here-man stM [Pl. *hereliute, -lûte* stMN] Krieger.
heren [s.] *hern*.
hêren[1] swV abs./refl. mächtig werden, stolz sein; A auszeichnen; schätzen, verehren, verherrlichen; schmücken.
hêren[2] swV [s.] *êren*.
here-quemen[s.]*herkomen*.
hêre-sedel [s.] *hêrsedel*.
heres-kraft,hers-,herkraft stF Heer, Kriegsmacht, Heeresmacht.
here-vor-,-vür- [s.] *hervür-*.
herfe(-) [s.] *harpfe(-)*.
her-,here-gân,-gên anV abs./D (näher/ her-) kommen, nahen.
her-geben stV [Va] A herbringen; A+D (her-) geben; *ez h.* unterliegen.
her-gebirge stN *des hergebirges pflegen* die Stellung halten.
her-gegen Adv. dafür.
her-gemuot [s.] *hermüejen*.
her-gên [s.] *hergân*.
her-gesant [s.] *hersenden*.
her-geselle swM (Kampf-) Gefährte; Gefolgsmann.
her-gesidele stN Sitz.
her-gesinde[1] stN Kriegsgefangener.
her-gesinde[2] swM Gefolgsmann.

her-grêve swM Heerführer.
her-,here-haft Adv. mit Heeresmacht; scharenweise.
hêr-heit stF Herrlichkeit; Hoheit, Würde.
her-hœren swV abs. (her-) hören.
her-,here-horn stN Heer-, Signalhorn.
herige- [s.] *her*[2].
her-în Adv. herein, hinein; darin.
herîn-bringen stswV [IIIa, Prät.*herînbrâht-*] A hineinbringen.
herinc [s.] *hærinc*.
herîn-gelangen swV abs. hineinkommen.
herîn-gelâzen,-gelôzen stV [VIIbd] abs. sich hingeben.
herîn-gerâten,-gerôten swV abs. hineingelangen.
herîn-kaffen swV abs. hineinblicken.
herîn-kêren swV refl. sich hineinversenken.
herîn-,harîn-komen,-kumen stV [IVb] abs. hineingeraten, -gelangen.
herîn-leiten swV abs./A hineinführen.
herîn-lôgen,-*luogen swV abs. hineinschauen.
herîn-rüefen swV A+pA*in* berufen zu.
herîn-,harîn-sehen stV [Va] abs. hineinblicken.
herîn-slahen stV [VIa] abs. hereinplatzen.
herîn-stôzen stV [VIId] A hineinstecken.
herîn-vallen stV [VIIa] D einfallen.
herîn-werfen stV [IIIb] A hineinwerfen.
herîn-ziehen stV [IIb] A einbeziehen.
hêrisch,hêrsch Adj. gebiete-

risch, herrisch.
hêrischen,herrisch Adv. wie ein Herr/ Herrscher.
her-kêre stF Kommen.
her-kêren swV A aufbieten.
her-komen[1]**,here-quemen,-kumen** stV [IVba] abs. herkommen; pD*von* / Adv.lok. stammen (aus); Part. Adj. [s.] *herkomen*[2].
her-komen[2] Part.Adj. fremd.
her-kraft [s.] *hereskraft*.
her-kumen [s.] *herkomen*.
her-leiten swV A begründen; A+D herführen.
her-lîche Adv. mit Heeresmacht, in Scharen.
hêr-lich Adj., **-lîche(n)** Adv. vornehm, edel, auserwählt, mächtig, stolz, groß; großmütig; feierlich, ehrenvoll; herrlich, prächtig, schön, stattlich.
hêrlic-lich Adj., **-lîche** Adv. herrlich.
her-losen swV abs. herhören.
her-loufen stV [VIIe] abs. herbeilaufen.
her-machen swV refl. sich aufraffen.
hermelîn [s.] *hermîn*[1].
hermel-wîz Adj. hermelinweiß.
hermîn[1]**,harmîn,hermelîn** Adj. aus Hermelin.
hermîn[2]**,hermlîn** stN Hermelin.
hermîn[3] stM [s.] *harm*[2].
hermlîn [s.] *hermîn*[2].
her-müede,-muowede Adj. kampfmüde.
her-müejen swV [Part.Prät. *hergemuot*] A herbemühen.
her-muowede [s.] *hermüede*.
hern,heren swV abs. Verwüstungen anrichten, wüten; A (+D) bekämpfen, angreifen;

verwüsten, plündern; A+G berauben.

her-,har-nâch,-nôch Adv. in Zukunft, später; danach, dann; hinterher.

hernesch [s.] *harnasch.*

her-,har-nider Adv. herunter, hinunter; herab, hinab.

hernider-ziehen stV [IIb] A senken.

her-nôch [s.] *hernâch.*

herpf- [s.] *harpf-.*

her-prechen[s.]*herbrechen.*

her-quemen [s.] *herkomen.*

hêrre,herr(e),hêr(e),her, here,heir(r)e,er swM Herr, Herrscher, Gebieter; Fürst, Adliger, Ritter; Landesherr, Lehns-, Dienst-, Grundherr; Gemahl.

herre-,herr-got stM (Herr-) Gott.

her-reise stF Kriegszug.

hêrren,herren swV A zu einem Herren machen; *wirs geherret sîn* einen schlechteren Herrn haben.

herren-ezzen stN fürstliches Mahl.

herren-gülte stF Grundzins.

herren-kraft stF Herrschermacht.

herren-lich Adj. prächtig.

herren-lôs Adj. herren-, führerlos.

herren-spîse stF Herrenkost.

herren-veste stF Stammburg.

herren-zuht stF adlige Erziehung.

herr-got [s.] *herregot.*

herrisch [s.] *hêrischen.*

her-rîten stV [Ia] abs. anreiten, herreiten.

hêr-sam Adj. prächtig, herrlich; ruhmreich; gebieterisch.

hêrsch [s.] *hêrisch.*

hêr-schaf [s.] *hêrschaft.*

her-schaft stF (himmlische) Heerschar, Engelschor.

hêr-schaft,-schapft, -schaf stF Herrschaft, Macht, (Herrscher-) Gewalt, Würde; Herrlichkeit, Erhabenheit, Pracht; Herrscher; Herrschergeschlecht, vornehme Herren/ Herrschaften; Herrschaftsgebiet.

her-schal stM Kriegslärm, Kampfgeschrei.

hêr-schapft [s.] *hêrschaft.*

hêrschen swV abs. Herr sein, die Herrschaft haben/ behalten; D/pD*ob* /p A*über* herrschen über.

hêrscher stM Herr, Herrscher.

her-schilt stM Kriegsheer, Heerbann; Kampf; Lehnsrecht, Heerschild [Lehnsordnung der Stände].

her-schouwe stF Heerschau.

hêrschunge stF Herrschaft.

hêr-,hêre-sedel stMN Ehrenplatz, Thron.

her-senden swV [Part.Prät. auch *hergesant*] p A*umbe* schicken nach; A(+D) herschicken.

hersenier,hersnier stN Harnischkapuze, Schutzkappe.

hers-kraft [s.] *hereskraft.*

hersnier [s.] *hersenier.*

her-stiure stF Kriegssteuer; Kampfausrüstung.

her-strange swM Kriegsheld.

her-strâze stF Milchstraße.

her-strîchen stV [Ia] abs. herkommen.

her-swenken swV [Prät. *herswanct-*] abs. heranziehen.

hert¹,hart Adj. hart; fest, stark; schwer, schlimm, drü-

ckend; rau, streng, bitter; heftig; hartherzig; *hertes halses* halsstarrig.

hert² stM Herd; Haus; (Erd-) Boden.

hert³ stF Herde.

herte¹ stF Kampf (-gedränge, -kraft); Bedrängnis; Härte, Verhärtung; Festigkeit; Gestein; Schulter (-blatt).

herte² swM Kämpfer.

herte³ Adv. [s.] *harte.*

hertec/ic-heit,hert-heit, herte-keit stF Härte, Verhärtung Strenge; Hartherzigkeit; Not, Marter.

hertec/ic-,herte(n)-lich Adj. hart; heftig, schlimm.

hertec/ic-lîche(n),hert-, herte-lîche(n) Adv. hart, schlimm, schwer; streng, unfreundlich; stark; grausam; heftig, sehr.

herte- [s.] *hertec-.*

herten swV [Prät. auch *hart-*] abs./pD*ze* ausharren, standhalten; dauern; hart werden, sich verfestigen (zu); G bestehen auf; refl.+pD*gegen* sich auflehnen gegen; A hart machen, härten.

herten-lich [s.] *herteclich.*

herter stM Hirte; Ausharrender.

hert-griffic Adj. hart, fest.

hert-heit [s.] *hertecheit.*

hert-lîche(n) [s.] *herteclîche(n).*

hert-müetic Adj. hartherzig; mürrisch.

hert-müetikeit stF Hartherzigkeit.

her-tragen stV [VIa] A(+D) auftragen; herbringen.

her-treten stV [Va] pA*ûf* hinaustreten auf.

her-trîben stV [Ia] A hertreiben.

hert-stat stF Herd.

hêr-tuom stN Herrschaft;
Herrlichkeit; Herr; Reliqui-
en.

her-tuon anV abs. herkommen.

herüber-treten stV [Va] abs.
herkommen.

herüber-ziehen stV [IIb] A
darüber/ über sich ziehen.

her-ûf Adv. darauf.

herûf-gân anV pD*ûz* hervordringen aus.

herûf-hellen stV [IIIb] abs.
heraufschallen.

herûf-komen stV [IVb] Adv.
lok. herkommen; pA*in* hinaufkommen in.

her-umbe[1],-umme   Adv.
ringsumher, überall; herum.

her-umbe[2],har-umbe Konj.
darum.

her-umme [s.] *herumbe* [1].

her-under Adv. inzwischen;
folgendermaßen.

herunder-kumen stV [IVb]
abs. umkommen.

her-,har-ûz Adv. heraus,
hinaus; daraus; (dort) draußen.

herûz-biegen stV [IIa] refl+
pD*ûz* sich herauswinden
aus.

herûz-brechen stV [IVa] A
hinausdrängen.

herûz-bringen stswV [IIIa]
A hervorbringen.

herûz-gân anV abs. herauskommen.

herûz-gelegen swV A herausziehen.

herûz-kêren swV abs. hinausgehen; refl.+pA*ûf* sich
hinwenden zu.

herûz-komen stV [IVb]
abs./pD*ûz,ze* heraus-, hervorkommen (aus/ zu).

herûz-nemen stV [IVa] A
herausholen.

herûz-püpeln swV D her-

ausquellen.

herûz-quellen stV [IIIb]
abs./pD*ûz* herausdringen/
hervorquellen (aus).

herûz-rûschen swV abs.
herausströmen.

herûz-schiezen stV [IIb] A
abschießen.

herûz-slîchen stV [Ia] pD*ûz*
herausschlüpfen aus.

herûz-springen stV [IIIa]
pD*ûz* herausspringen aus.

herûz-tetschen swV abs.
herauskrabbeln.

herûz-tringen stV [IIIa] abs.
hinausdringen.

herûz-tropfen swV abs. her-
austropfen.

herûz-varn stV [VIa] abs.
hinausfahren.

herûz-vliezen stV[IIb] abs./
pD*ûz* herausfließen (aus).

herûz-vüeren swV [Prät.
herûzvuort-] A herausführen.

herûz-wahsen stV [VIa]
abs./pD*ûz* emporwachsen
(aus).

herûz-ziehen stV [IIb] A
herausziehen.

her-vane swM (Sieges-) Fahne.

her-,here-varn stV [VIa]
abs. herkommen, herankom-
men; herziehen.

her-vart[1] stF Geschehen,
Begebenheit; Ablauf, Ent-
wicklung; [auch expl., z.B.
tôdes h. Tod].

her-vart[2],here-vart   stF
Kriegszug, Feldzug; Krieg.

her-verloufen Part.Adj. her-
gelaufen.

her-verten swV abs. Krieg
führen, einen Kriegszug machen.

hervest [s.] *herbest*.

her-vluhtic Adj. fahnenflüch-
tig.

hervor-[s.] *hervür-*.

her-vrumen swV A hingeben.

her-vüeren swV [Prät. *her-
vuort-*] A(+D) herbringen.

her-vür,-vüre Adv. heraus;
herbei; nach vorn, vorwärts;
dafür; davor.

**hervür-,herevor-gân,
-gên** anV abs. heraus-, hervorkommen, vortreten.

hervür-,hervor-geben stV
[Va] A herausgeben; erscheinen lassen.

hervür-,harvür-komen
stV [IVb] abs. hervor-, herauskommen, herkommen.

hervür-nemen stV [IVa] A
herausholen; vornehmen; betrachten.

hervür-pûzen,-pûzeln
swV abs./ D/pD*ûz* vorstehen; hervorquellen (aus).

hervür-ragen swV D herausragen.

hervür-schiezen stV [IIb]
abs. hervorsprießen.

hervür-,herevür-senden
swV A herschicken.

hervür-springen stV [IIIa]
abs. heraus-, hervorspringen.

hervür-suochen swV A heraussuchen.

hervür-,hervore-tragen
stV [VIa] A herbringen.

hervür-,hervor-tuon anV
A hervorbringen.

hervür-varn stV [VIa] abs.
hervorkommen.

hervür-,hervor-ziehen
stV [IIb] A hervor-, herausziehen; zeigen.

her-wagen stM [Pl. *herwe-
gen*] Kriegswagen.

herwe[1] stF Bitternis.

herwe[2] Adj. [s.] *harbe*.

her-wec stM Heerstraße.

her-wegen [s.] *herwagen*.

her-werge [s.] *herberge*.

her-wert Adv. vorwärts.
her-wîchen stV [Ia] abs. herankommen.
her-wider,er-wider Adv.
wieder, noch einmal; zurück;
dagegen, andererseits.
herwider-beleiten swV A
zurückführen.
herwider-bringen stswV
[IIIa, Prät. *herwiderbrâht-*]
A zurückbringen.
herwider-gân anV abs. zurückkommen.
herwider-geben stV [Va]
A+D zurückgeben.
herwider-gesant [s.] *her-
widersenden.*
herwider-heben stV [VIb]
refl. zurückkehren.
herwider-kêren swV abs.
zurückkehren.
herwider-komen stV [IVb]
abs./D/pD *ze* /p A *an* zurückkommen (in/ zu).
herwider-loufen stV [VIIe]
abs. zurücklaufen.
herwider-nemen stV [IVa[]
A zurücknehmen.
herwider-rîten stV [Ia] abs.
zurückkommen.
herwider-rüefen swV A widerrufen.
herwider-ruofen stV [VIIf]
D zurückrufen.
herwider-sehen stV [Va]
abs. hersehen.
herwider-senden swV
[Part.Prät. *herwidergesant*]
A(+D) zurückschicken.
herwider-stîgen stV [Ia]
abs. (wieder) aufsteigen.
herwider-tücken swV abs.
zurückkommen.
herwider-umbe Adv. wiederum; dagegen; umgekehrt.
herwider-vân stV [VIIb]
Adv.lok. wieder anfangen,
fortfahren.
herwider-werfen stV [IIIb]

A zurückwerfen.
herwider-ziehen stV [IIb]
A herunternehmen.
herz [s.] *hirz.*
herz-[s.] *herze-.*
herze swN [Pl. auch stN] Herz;
Seele, Wesen, Sinn, Gemüt,
Gefühl, Inneres, Innerstes,
Gesinnung, Wille, Stim-
mung; Brust; *(holdez)* h.
tragen +D lieben; *an daz h./
ze herzen gân* +D zu Herzen
gehen [auch *an daz h. stechen* +A]; *h. geben* +D Mut
machen; [auch expl., z.B. *mîn
h.* ich; *manec h.* viele Menschen; *kein h.* niemand].
herze-,herzen-andâht stF
Herzensfrömmigkeit.
herze-bære Adj. herzbewe-
gend, -zerreißend, furchtbar.
herze-,herzen-begirde stF
Herzenswunsch.
**herze-,herz-berôbende,
-*beroubende** Part.Adj.
rauschhaft.
herze-blic stM Andacht.
herze-,herz(en)-bluot stN
Herzblut; Herzallerliebste,
Herzallerliebster.
herzec/ic-,herze(n)-lich
Adj. herzlich, innig; beglückend; freundlich; her-
zensgut; geliebt; tief, ernst;
beherzt; aufrichtig; schmerzlich, bitterlich; herzzerreißend, herzergreifend.
herzec-,herze(n)-lîche
Adv. im/ von Herzen; sehr.
herze-galle swF Herzlosig-
keit.
herze-ger,herzen-gir stF
Liebesschmerz, Sehnsucht.
herze-,herzen-grunt stM
Herzensgrund.
herze-haft Adj. tapfer, mutig,
besonnen.
herze-,herzen-halp Adv.
am Herzen.

her-zeichen stN Feldzeichen, Fahne; Feldgeschrei,
Kampfruf.
her-zeigen swV A vorzei-
gen.
herze-,herzen-jâmer stM
Herzeleid.
herze-klage stF Herzensqual.
herze-klanc stM zu Herzen
gehender Klang.
**herze-,herzen-kleinet,
-*kleinôt** stN Kleinod (auf
dem Herzen getragen).
herze-,herz-klopfen stN
Herzklopfen.
herze-künigin stF Herzens-
königin.
herze-,herzen-leide stF
(Herze-) Leid.
herze-leit¹,herzen-leit
Adj. leidvoll.
herze-leit²,herz(en)-leit
stN (Herze-) Leid, Schmerz.
herze-lich [s.] *herzeclich.*
herze-lîche [s.] *herzeclîche.*
herze-,herz-licheit stF
Innigkeit.
herze-lîden stN Herzeleid.
herze-,herzen-liebe stF
(wahre/ innige) Liebe; Herzensfreude, Glück.
herze-liep¹,herzen-liep
Adj. lieb, innig geliebt; liebreich.
herze-liep²,herz(en)-liep
stN Geliebte, Geliebter, Liebender; wahre Liebe; Her-
zensfreude, Glück.
herze-,herz-lôs Adj. herz-,
gefühllos; verängstigt.
herze-,herz-lust stF Freude, (Wohl-) Gefallen.
herze-minne stF wahre/ innige Liebe.
herzen swV A stärken; *sich
mit manne h.* sich ein
männliches Herz aneignen.
herzen- [s.] *herze-.*

herze-niftel swF liebste Nichte.

herzen-lich [s.] *herzeclich.*

herzen-lîche [s.] *herzeclîche.*

herze-,herzen-nôt stF Herzeleid, Liebesschmerz.

herzen-tuom [s.] *herzogentuom.*

herze-,herzen-pîn stF Herzeleid.

herze-quâl stF Herzensqual.

herze-ric stM Herzband [Luftröhre].

herze-,herz-rite swM Herzkrankheit.

herze-,herzen-riuwe,-rûwe stF Herzensqual, Herzeleid.

herze-riuweclîche Adv. herzzerreißend.

herze-roum stM Herzenskummer.

herze-,herzen-ruowe stF innerer Friede.

herze-rûwe [s.] *herzeriuwe.*

herze-,herzen-saf stM Herzblut.

herze-schade swM Herzeleid.

herze-schric stM (Todes-)Schreck.

herze-sen(e)de Part.Adj. herzergreifend.

herze-,herzen-sêr(e) stFN Herzeleid, Kummer.

herze-siufte swM schwerer Seufzer.

herze-,herz-slehtic Adj. asthmatisch.

herze-smerze swM Herzensqual.

herze-sorge stF tiefe Sorge.

herze-,herz-steche swM Herzstechen.

herze-süeze Adj. innig, süß.

herze-sûft stM tiefer Seufzer.

herze-,herzen-swære stF

Herzeleid, Herzensqual.

herze-tohter stF liebste Tochter.

herze-,herzen-tou stM [flekt. *herzetouwe-*] Tränen.

herze-,herzen-triuwe stF Herzenstreue.

herze-trœsterinne stF Herzenströsterin.

herze-trût[1] Adj. innig geliebt.

herze-trût[2]**,herz(en)-trût** stMN (Herzens-) Geliebter.

herze-übel Adj. bitterböse.

herze-vîent stM Todfeind.

herze,herz-vrâz stM Herzfresser.

herze-,herzen-vride stM innerer Friede.

herze-vriundin stF Geliebte.

herze-vriunt stM Herzensfreund.

herze-,herzen-vrô Adj. von Herzen froh.

herze-,herzen-vröude stF Herzensfreude.

herze-,herzen-vrouwe stF Herzensherrin.

herze-wol Adv. innig wohl.

herze-,herzen-wunne stF Herzensfreude.

herze-,herzen-wunsch stM Herzenswunsch, -lust.

herzoc-tuom [s.] *herzogentuom.*

her-zoge swM Herzog; Heerführer.

herzogen-tuom,herzoc-, herzen-tuom stMN Herzogtum.

herzogin(ne) stF Herzogin.

her-zuo Adv. hin; dazu, dafür; dagegen.

herzuo-kêren swV A daransetzen.

herzuo-komen stV [IVb] abs. heran-, herbeikommen.

herzuo-winken swV A herbeiwinken.

heschen,hischen,heschitzen swV abs. schluchzen; schlucken; rülpsen.

heselîn Adj. *h. gerte/zein* Haselgerte; *h. brunne* Quelle an einem Haselstrauch.

Hesse swM Hesse.

hesse-hunt stM Hetzhund.

heste-lîche [s.] *hastelîche.*

hêter-lich,-lîche [s.] *heiterlich.*

hetzen swV abs./refl. [Part. Prät. auch *gehazt*] eine Hetzjagd veranstalten/ beginnen; A(+pD*gegen* /p A*ûf*) hetzen (auf/ gegen), antreiben.

hetz-jagen stN Hetzjagd.

hevel [s.] *hefel.*

heveln swV A säuern.

heven [s.] *heben.*

hevenære [s.] *havenære.*

hewen Adv. sogleich.

hexe stswF Hexe.

hey Interj. [Erstaunen, Bewunderung; Bedauern; Verlangen, Wunsch; Zorn].

hez- [s.] *haz-.*

hî Interj. [Freude; Erstaunen; Verlangen].

hî [s.] *hie.*

hîâ Interj. [Spott].

hî-bære Adj. heiratsfähig; volljährig.

hîckâ Interj. [Freude].

hie,hî,hier,hîr Adv. hier, da; von hier; hierher; jetzt, nun; *h. ab* darüber, davon; *h. an* hieran; *h. bevore(n)* früher; *h. bî* [auch] daran, dabei, dadurch, davon, dazu; *h. mite* damit; *h. nâch* später, danach; *h. umbe* darüber, darum; *h. under* indessen, dabei; *h. von* davon, deswegen; *h. vor(e)* davor, vorher, früher (einmal); *h. vür* dafür; *h. wider* dagegen; *h. zuo* dazu, dagegen.

hielen [s.] *hiulen.*

hiemel-[s.] *himel-.*
hîen [s.] *hîwen* [2].
hiênâ stF Hyäne.
hier [s.] *hie.*
hieren [s.] *hirn.*
hiers [s.] *hirz.*
hierte [s.] *hirte.*
hîgen [s.] *hîwen* [2].
hî-leich stM Hochzeit.
hilf-[s.] *helf-.*
himede [s.] *hemde.*
himel stM Himmel.
himel-blic stM Blitz.
himel-blicken stN Himmelslicht.
himel-brôt,himels-,hiemel-prôt stN Himmelsbrot [Hostie; Manna].
himelesch/isch,him-lich, him-lesch,himelsch Adj. himmlisch.
himel-gerüste stN Himmelsgewölbe.
himel-gesinde stN himmlisches Gefolge.
himel-grâve swM Himmelsfürst.
himel-her stN himmlische Heerscharen.
himel-herre swM Himmelsherrscher.
himel-hort stM Himmelsschatz.
himelitze swM Wetterleuchten.
himeliz,himelze stN (Zimmer-) Decke, Gewölbe.
himel-keiser stM Himmelskaiser.
himel-kint stN himmlisches Kind.
himel-kôr stM Himmelschor.
himel-kraft stF Himmelskraft, -macht.
himel-krône stF Krone des Himmels.
himel-kunec/ic stM Himmelskönig.
himel-meit stF himmlische

Jungfrau.
himel-pfetter stM Himmelspate.
himel-pforte,-porte swF Himmelstür.
himel-platzen,-plitzen stN Blitzstrahl.
himel-porte[s.]*himelpforte.*
himel-prôt [s.] *himelbrôt.*
himel-reige swM himmlischer Reigen.
himel-rîche stN Himmel, Himmelreich.
himel-sanc stM himmlischer Gesang.
himelsch [s.] *himelesch.*
himel-schar stF himmlische Heerschar.
himel-schepfede stN Himmelskörper.
himelsch-heit stF Himmlischkeit.
himelsch-lich Adj. himmlisch.
himelsch-lîche Adv. *h. tanzen* den himmlischen Reigen tanzen.
himel-schuole stF himmlische Schule.
himel-slüzzel stM Schlüssel zum Himmel; Himmelsschlüssel [Pflanze].
himel-smac stM himmlischer Duft.
himel-spîse stF himmlische Speise.
himel-spitze stF Nordpol.
himels-prôt [s.] *himelbrôt.*
himels-reif stM Himmelskreis.
himel-sterne,-steren swM Himmelsstern.
himel-stier stM Himmelsstier [Sternbild].
himel-,hiemel-strâze stF Straße zum Himmel.
himel-stuol stM Platz im Himmel.
himel-tarant stM Himmels-

skorpion [Sternbild].
himel-tier stN himmlisches Tier.
himel-tou stN [flekt. *himeltouwe-*] Tau vom Himmel.
himel-trager stM Träger des Himmels.
himel-trôn stM Himmelsthron.
himel-trôr stMN Tau vom Himmel.
himel-var Adj. [flekt. *himelvarwe-*] himmelblau.
himel-varbe stF Himmelsfarbe.
himel-,hiemel-vart stF Himmelfahrt.
himel-varwe- [s.]*himelvar.*
himel-vels stswM Himmelsfels.
himel-verben swV A himmelblau färben.
himel-viur,-vûr stN Himmelsfeuer, Feuerregen.
himel-vlade swM Himmelsbrot.
himel-vogel stM Vogel des Himmels.
himel-voget stM Herrscher des Himmels.
himel-vröude stF himmlische Freude.
himel-vrouwe swF Himmelsherrin.
himel-vûr [s.] *himelviur.*
himel-vürste swM Himmelsfürst.
himel-vürstin stF Himmelsfürstin.
himel-wagen stM Himmelswagen [Sternbild].
himel-wec stM Weg zum Himmel.
himel-weger stM Lenker des Himmels.
himel-wîz Adj. himmlisch glänzend.
himel-wunne stF himmlische Freude.

himel-würzelîn stN Himmelskraut [Heilpflanze].

himelze [s.] *himeliz.*

himel-zeichen stN Himmelserscheinung; Sternbild, Planet.

him-lesch,-lich [s.] *himelesch.*

hin,hine,hinne Adv. (da-, dort-) hin, (hin-) weg [auch *h. dan(e)*]; vorbei, vergangen, zu Ende; von jetzt/ da an, fortan [auch *dannen/ hinnen h.*]; *dâ (...) h.* dahin; *wâ (...) h.* wohin; *h. heim* nach Hause; *h. ze jâre* übers Jahr; *sô h. danne her* eher so als anders; *nû/ wol h.* wohlan, auf; [auch **expl.**, z.B. *h. ze tal* hinab, abwärts; *h.* +pD *ûz,von,ze* /p A *an,in,ûf* an, in, nach, zu].

hin-abe Adv. hinab, hinunter; abseits; davon.

hinab(e)-slahen stV [VIa] A abschlagen.

hinab-trucken swV A herunterdrücken.

hî-naht,-neht,-nât,hin-naht,hînt(e) Adv. heute/ gestern Abend/ Nacht; heute.

hin-an Adv. herauf.

hî-nât [s.] *hînaht.*

hin-brechen stV [IVa] refl.+ pA *an* sich hingeben an.

hin-dan¹ Adv. (dort) hin; (weiter) weg, abseits.

hin-dan² Adv. [s.] *hinden(e).*

hinde,hinte swF Hirschkuh.

hinden(e),hinten(e),hindenan,hindan,hintnan Adv. (von) hinten.

hinden-kalp stN Hirschkalb.

hinden-nâch Adv. hinterher; später.

hinden-ort Adv. nach hinten.

hinder¹,hinter,hunder Adj. hinter; entfernt; **Superl.** [auch] letzt; *h. list* hinter-

gründige List.

hinder²,hunder Adv. [auch *hin h.*] (nach) hinten, zurück; *ze hinderst* am Ende, zuhinterst.

hinder³,hinter Präp.+D/A hinter; *h.* +refl.(D)/G [auch] nach hinten, zurück, rückwärts; *h. daz ros/ ors* vom Pferd herunter; *h. sich ziehen* +A unterschlagen.

hinder-blîben stN Zurückbleiben.

hinder-brechen stN Unterbrechung.

hinder-'denken swV [Prät. *hinderdâht* -] refl.+pA *an,ûf* sich vertiefen in; A/N sw nachdenken über; empfinden.

hinder-'gân anV A überkommen.

hinder-ganc stM Betrug.

'hinder-klaffen swV A verleumden.

hinder-'komen stV [IVb] A überwältigen.

hinder-lâge stF Absicht.

hinder-'legen swV [Part. Prät. *hinderleit*] A+pD *mit* versorgen mit.

hinder-lister stM Verräter.

hinder-listic Adj. hinterlistig.

hindern swV A behindern; verhindern; A+G hindern an, fernhalten von.

hinder-nis(se),-nus(se), -nust,hunder-nisse stFN Hindernis.

hinder-rede stF Verleumdung; Murren.

hinder-reden stN Verleumdung.

hinder-schrenken stN Hinterlist.

hinder-setzt stN Hinterteil.

hinder-sich Adv. zurück; im Gegenteil.

hinder-slac stM heimtückischer Schlag.

hinder-slân stN Heimtücke.

hinder-'slîchen¹ stV [Ia] A sich (hinterrücks) anschleichen an.

hinder-slîchen² stN Vorbehalt.

hinder-'snîden stV [Ia] A betrügen.

hinder-'stân anV A rückgängig machen; zurückgewinnen.

hinder-stellec Adj. übrig; *h. lâzen* +A benachteiligen.

'hinder-strîchen stV [Ia] abs. davongehen.

hinder-swanc stM Umwandlung.

hinder-swich stM Verderben; Hinscheiden; Mangel; Falsch; Vorbehalt.

hinder-swîchen stN Zweifel, Vorbehalt.

hinder-teil stN Hinterteil.

hinder-'treten stV [Va] A rückgängig machen.

hinder-trit stM Störung, Behinderung, Hemmnis; *einen h. wîchen* einen Schritt zurückweichen.

hinder-tür stF Hintertür.

hinder-velle stF Widerlegung.

hinder-wart,hinter-wert, -warts Adv. zurück, rückwärts, von hinten; hinter dem Rücken, heimlich.

hinder-werf stM Abfall.

hinder-wert [s.] *hinderwart.*

hindrunge stF Hemmnis.

hindurch-brechen stV [IVa] abs./D hindurchdringen (durch).

hindurch-dringen stV [IIIa] abs. hindurchdringen.

hindurch-varn stV [VIa] abs. hindurchreiten.

hine(-) [s.] *hin(-).*

hî-neht [s.] *hînaht.*
hin-entrinnen stV [IIIa] abs. davonlaufen, -kommen.
hin-,hine-gâhen swV abs. hineilen.
hin-,hine-gân,-gôn anV abs./Adv.lok. weggehen; hingehen; ablaufen; vergehen; verloren gehen; unbeachtet bleiben; *h.lâzen* (+pD*gegen, wider,ze* /Adv.lok.) laufen/ fahren/ reiten (zu); wegreiten; *h. lâzen* +A geschehen/ hingehen lassen.
hin-ganc stM Untergang; Durchfall.
hin-ge- [s.] *hin-.*
hin-,hine-geben,-gegeben stV [Va] A(+D) preisgeben, opfern, ausliefern; aufgeben; wegschenken; überreichen, übergeben.
hin-gedûn [s.] *hintuon.*
hin-gegen Präp.+D/A entgegen.
hin-gelinc stM Ende des Erfolges.
hin-gewant [s.] *hinwenden.*
hin-glenzen swV abs. prangen.
hin-gôn [s.] *hingân.*
hin-grîfen stV [Ia] abs. hinfassen.
hin-haben,-hân swV A(+D) weggenommen/ entführt/ geraubt haben.
hin-,hine-half,-*halp Präp.+A nach.
hin-hân [s.] *hinhaben.*
hin-helfen stV [IIIb] D das Leben retten; zur Flucht verhelfen.
hin-hern swV A umbringen.
hin-îlen swV abs./pA*gegen* (hin-) eilen (nach).
hin-în Adv. hinein; drinnen.
hinken stV [IIIa] abs./D hinken, (er-) lahmen; fehlgehen.
hin-kêren swV abs. abziehen, weiterziehen.
hin-,hine-komen stV [IVb] abs. (mit dem Leben) davonkommen; zurechtkommen; ans Ziel kommen; herankommen; vergehen; G durchkommen mit.
hin-kunft stF Rettung.
hin-lâzen stV [VIIb] A zulassen.
hin-læzic Adj. nachlässig.
hin-læzikeit stF Nachlässigkeit.
hin-,hine-legen,-gelegen swV A(+D) aufgeben, ablegen; beilegen, beschwichtigen; überwinden, vernichten, zunichte machen; abnutzen.
hin-lîhen stV [Ib] A (als Lehen) vergeben.
hin-louf stM Durchfall.
hin-loufen[1] stV [VIIe] abs. dahinlaufen; weggehen.
hin-loufen[2] stN Durchfall.
hin-nâch Adv. hinterher; hinfort.
hinnâch-ruofen stV [VIIf] D hinterherrufen.
hin-naht [s.] *hînaht.*
hinne[1],hinnen Adv. hier (drin/ drinnen).
hinne[2] Adv. [s.] *hin; hinnen[1].*
hinne-bedes Adv. hinfort.
hin-nemen stV [IVa] A (weg-) nehmen, wegholen.
hinnen[1],hinne Adv. (von hier) weg, von dannen, hinweg [auch *von h.*]; vorbei; von jetzt an, künftig, weiter [auch *h. hin/ vorder/ vort/ vür*]; *h. und ennen* hin und her.
hinnen[2] Präp.+D während.
hinnen[3] Adv. [s.] *hinne[1].*
hinnen-scheide [s.] *hinscheide.*
hin-nider Adv. hinunter, hinab, abwärts; dort unten.
hin-pfîfen stV [Ia] A daherpfeifen.
hin-recken swV refl.+pA*in* sich begeben in.
hin-rennen swV [Prät. *hinrant-*] abs. wegrennen.
hin-rinnen stV [IIIa] abs. dahinfließen, -treiben.
hin-,hine-rûmen swV abs. vergehen.
hin-scheide,hine-,hinnen-scheide stF Hinscheiden, Tod.
hin-scheiden stV [VIIc] abs. abziehen, davonziehen; davonkommen; pD*von* scheiden von; A weggeleiten; ausschließen.
hin-scheidunge stF Vorübergehen; Auszug.
hin-schîben stV [Ia] A herabsetzen.
hin-senden swV A weg-, losschicken.
hin-sitzen stV [Vb] abs. sich setzen.
hin-slahen stV [VIa] A zerschlagen.
hin-slîchende Part.Adj. vergänglich.
hin-springen stV [IIIa] pA *vür* eilen zu.
hin-stôzen stV [VIId] A umstoßen.
hin-strecken swV[Prät.*hinstract-*] A ausstrecken; A+D hinstrecken.
hînt(e) [s.] *hînaht.*
hinte [s.] *hinde.*
hinten(e) [s.] *hinden(e).*
hinter[1] swM Hintern.
hinter[2] Adj. [s.] *hinder[1].*
hinter[3] Präp. [s.] *hinder[3].*
hinter-wert [s.] *hinderwart.*
hintnan [s.] *hinden(e).*
hin-tragen stV [VIa] refl.+ pD*ze* sich begeben zu; A wegtragen, -führen; davontragen.

hin-trîben stV [Ia] A+pD*mit*
verkehren in.
hin-triefende Part.Adj. blutend.
hin-,hine-tuon,-gedûn
anV A aufgeben; absetzen;
beenden; entfernen, ablegen.
hintz [s.] *hinzuo.*
hin-über Adv. hinüber; darüberhinaus.
hin-ûf Adv. hinauf; aufwärts.
hin-,hine-umbe Adv. herum, zurück; *h. daz* während.
hin-under Adv. darunter.
hin-ûz Adv. hinaus; draußen.
hinûz-gân,-gên anV abs.
hinausgehen.
hin-vallen stV [VIIa] abs.
hin-, umfallen, zu Boden
fallen; Part.Adj. [s.] *hinval-
lende.*
hin-vallende Part.Adj. fall-
süchtig.
hin-,hine-varn stV [VIa]
abs. hinscheiden, sterben;
dahin-, davonziehen, weg-
gehen.
hin-,hine-vart stF Hinscheiden, Tod; Hinterlas-
senschaft, Erbe; Abreise;
Kriegszug; *jungest/ lestiu h.*
letzte Reise [Tod].
hin-verlîhen stV [Ib] A
weggeben.
hin-,hine-vliegen stV [IIb]
abs. wegfliegen.
hin-vliezen stV [IIb] abs.
dahin-, wegfließen; wegfah-
ren, wegtreiben; überfließen,
überströmen.
hin-volgen swV D bestehen
auf.
hinvor(e)-gân,-gên anV
abs. vorausgehen.
**hin-,hine-vüeren,-gevüe-
ren** swV [Prät. *hinvuort-*] A
(+D) wegführen, wegbrin-
gen, entführen; gewinnen.
hin-vür Adv. hinaus; nach

vorn, voran, voraus; vor-
wärts; weiter weg; künftig,
fortan; von jetzt an.
hin-,hine-vürder Adv. in
Zukunft.
hin-,hine-wart,-wert Adv.
davon; hin.
hin-warten swV D entgegen-
sehen.
hin-,hen-wec Adv. weg;
vorüber.
hin-wenden swV [Part.Prät.
hingewant] abs. weggehen.
hin-werf stM Abschaum.
hin-werfen stV [IIIb] A ab-,
hinaus-, wegwerfen; fallen
lassen, aufgeben.
hin-wert [s.] *hinwart.*
hin-wesunge stF Abwesenheit.
hin-wîchen stV [Ia] abs.
schwinden; pD*bî* kommen
zu.
hin-,hine(n)-wider(e)
Adv. zurück, wieder; rückwärts, nach/ von hinten; weiter; wiederum, dagegen.
hinwider-umbe Adv. wiederum, dagegen; weiterhin.
hin-wischen swV abs./pD*ze*
flüchten (zu).
hin-,hine-wurf stM Abfall.
hinz,hinze,hintz,*hin ze
Adv.+Präp.+D zu, an, auf.
hin-ziehen stV [IIb] abs.
dahinziehen; verscheiden,
vergehen; A wegschleppen,
-führen; anziehen; überwinden; A+pA*vür* bringen vor.
hin-zuc stM *jungster h.* letzte
Reise [Tod].
hin-zucken,-gezücken
swV abs. emporsteigen; A
hinraffen.
hin-zuckic Adj. verzückt.
hin-zuo,hintz Adv. her, hin;
herbei; dazu.
hinzuo-laden swV A anlocken.

hippen-happen swV A+refl.
D für sich behalten.
hîr [s.] *hie.*
hî-rât stMF Heirat, Eheschlie-
ßung, Hochzeit; Ehe.
hirmen swV abs. ruhen.
hirn,hieren stN Gehirn; Verstand; Gemüt; Kopf, Stirn.
hirn-bein stN Schädelkno-
chen.
hirn-bolle swM Schädeldecke.
hirn-gupfe swF Schädeldecke.
hirn-rebe,-ribe swF Schädeldecke.
hirn-schal stswF Schädeldecke.
hirn-schedel stM Schädeldecke.
hirn-suht stF Gehirnkrank-
heit.
hirn-wüetic Adj. tobsüchtig.
hirs(e) stswM Hirse.
hirse-grûz stM Hirsekorn.
hirse-körn(e)lîn stN Hirse-
körnchen.
hirsen-vese swF Hirsespelze
[das Geringste].
hirte,hierte stswM Hirte.
hirte-lôs Adj. unbewacht, ohne Hirten.
hirz,hiers,herz   stswM
Hirsch.
hirz-gehürne stN Hirschgeweih.
hirz-gewîge stN Hirschgeweih.
hirz-hals stM Koller aus
Hirschleder.
hirz-horn stN Hirschgeweih.
hirzîn Adj. aus Hirschleder;
h. hût Hirschhaut.
hirzler stM Tänzer.
hirz-warte stF Ansitz [Ort,
wo der Jäger das Wild er-
wartet].
hirz-wurz stF Hirschwurz
[Heilpflanze].

hischen [s.] *heschen.*
Hispanje [s.] *Ispanje.*
hî-stiure stF Aussteuer.
histôrje,histôrie,istôrje,
istorie stswF Geschichte;
Überlieferung, Quelle.
hitze stF Hitze, Wärme; Glut,
Feuer; Fieber.
hitzec/ic Adj. heiß, brennend;
inbrünstig.
hitzec/ic-lîche Adv. heiß; inbrünstig.
hitzen swV abs. heiß werden,
schwitzen; A(+D) erhitzen.
hitzigen swV A erhitzen.
hiu Interj. [Bewunderung].
hiubel-huot stM Helm, Pan-
zerkappe.
hiuch Interj. [Anfeuerung der
Jagdhunde].
hiude [s.] *hiute.*
hiuer [s.] *hiure* [2].
hiufel stN Wange.
hiuf-folter stM Dornenstrauch.
hiulen,hûlen,hielen swV
abs. heulen.
hiune,hûne swM Hunne;
Hüne, Riese.
Hiunen-lant stN Ungarn,
Hunnenland.
hiunisch,hûnsch Adj. ungarisch, hunnisch.
hiur Adv. [s.] *hiure* [2].
hiure [1] Adj. lieblich.
hiure [2]**,hiu(e)r,hiuwer,**
hûre Adv. in diesem Jahr,
dieses Jahr; jetzt, heutzutage.
hiuren swV [Part.Prät. auch
gehiwert] A lieben, segnen.
hiusel(în) stN Hütte; Vo-
gelhaus.
hius-lich Adj. geheim.
hiute,hiude,hûte,hûde,
huite Adv. heute; *von h.* von
heute an.
hiute- [s.] *hût* [1].
hiutec/ic,hûtic Adj. heutig.
hiutel-vase swM Hautfaser.

hiute-zucker stM Tagedieb.
hiuwer [s.] *hiure* [2].
hiuze Adj. kühn, frech.
hiuzen,hûzen swV p*Dge-*
gen /p A*ûf* hetzen gegen.
hîwen [1] swV [Part.Prät. *ge-*
hît] abs. heiraten; A+pD*ze*
vermählen mit.
hîwen [2]**,hîen,hîgen** swN
[Pl.] Ehegatten; Dienerschaft,
Hausgenossen.
hî-wische stN Geschlecht,
Familie, Stamm.
hô [1] Adj. [s.] *hôch* [1].
hô [2] Adv. [s.] *hôhe.*
hô- [s.] *hôch-.*
hob [s.] *hof.*
hoben [s.] *hoven.*
hobesch-lich,-lîche(n)
[s.] *höveschlich.*
hobe-stat [s.] *hovestat.*
hôbet [s.] *houbet.*
hobischære/âre [s.] *hove-*
schære.
hob-wurz stF Osterluzei
[Pflanze].
hôch [1]**,hôh,hô** Adj. hoch,
groß; tief, breit, weit; mächtig, edel, vornehm, erhaben;
ehrenvoll; prächtig; freudig,
glücklich, froh; laut, hell;
stolz, kühn; hochmütig; fest,
stark; streng; wichtig;
schwierig; *hôher muot*
[auch] Freude, Glück; Hoch-
gefühl; Zuversicht, Lebensmut; Edelmut, Hochherzig-
keit; Hochmut.
hôch [2]**,hœch** Adv. [s.] *hôhe.*
hôch-bekant Part.Adj. hoch-
berühmt.
hôch-ber Adv. in die Höhe.
hôch-brogende Part.Adj.
protzig.
hôcheit [s.] *hôchheit.*
hôch-gebirge stN Hochge-
birge.
hôch-geborn Part.Adj. hoch
geboren, vornehm, edel.

hôch-geburt stF vornehme
Herkunft, Adel.
hôch-gedinge stN feste
Hoffnung.
hôch-geêret Part.Adj. hoch
geehrt.
hôch-gehêret Part.Adj.
hoch gepriesen.
hôch-gelobet,-gelopt Part.
Adj. hoch gepriesen, hoch
geachtet.
hôch-gemâc Adj. mit vornehmer Verwandtschaft.
hôch-gemant Part.Adj.
hocherwünscht.
hôch-gemezzen Part.Adj.
hochgesteckt.
hôch-gemüete stN Hochge-
fühl, (Lebens-) Freude, Lebensmut; Groß-, Edelmut;
Stolz; Hochmut.
hôch-gemüetic Adj. stolz.
hôch-gemuot Adj. edel,
hochgesinnt; stolz; froh,
glücklich; hochgestimmt.
hôch-genant Part.Adj. edel-
gesinnt.
hôch-gernde Part.Adj. hochgesinnt.
hôch-gesenge stN Hochge-
sang.
hôch-gesidele stN Ehrenplatz.
hôch-gestüele stN (Ehren-)
Tribüne.
hôch-getât stF Großtat.
hôch-gevertic [s.] *hôchver-*
tec.
hôch-gevlogen Part.Adj.
hoch fliegend.
hôch-gevriunt Part.Adj. mit
hoch gestellten Verwandten.
hôch-gewahsen Part.Adj.
hoch gewachsen.
hôch-gezelt stN Prachtzelt.
hôch-geziert Part.Adj. herrlich.
hôch-gezilt Part.Adj. hochgesteckt.

hôch-gezît(-) [s.]*hôchzît(-)*.
hôch-gülte,-gültic,-gul-
dic Adj. kostbar.
hôch-gültikeit stF Kostbarkeit.
hôch-heilic Adj. hochheilig.
hôch-,hô-heit,hôcheit stF
Erhabenheit, Hoheit.
hôch-herre swM Fürst.
hôch-klunge Adj. hoch ge-
priesen.
hôch-kunst stF Wissen-
schaft.
hôch-lich Adj. hoch.
hôch-lîche(n) Adv.   sehr
(gut), besonders; heftig.
hôch-lûtes Adv. bellend.
hôch-minne stF hohe Min-
ne.
hôch-müetekeit stF Hoch-
mut.
hôch-,hô-müetic,-mûtic
Adj. hochmütig.
hôch-,hô-muot,-mût stMF
Hochmut, Überheblichkeit;
Stolz; Freude, Zuversicht.
hôch-,hô-muoteclîche
Adv. hochmütig.
hôch-mût [s.] *hôchmuot*.
hôch-mûtic [s.] *hôchmüetic*.
hôch-sprünge Adj. sprung-
haft.
hôch-stuol stM Thron.
hôch-,hô-swebende Part.
Adj. hoch fliegend.
hôch-tîd [s.] *hôchzît*.
hôch-tragende   Part.Adj.
hochmütig.
hôch-überic Adj. übergroß.
hôch-,hô-vart[1] stM Hoch-
mütiger.
hôch-,hô-vart[2],hoffart
stF Hochmut; Stolz; Über-
heblichkeit, Übermut; Hoffart; Hochherzigkeit; Pracht.
hôch-vart- [s.] *hôchvert-*.
hôch-verte Adj. stolz; übermütig.
hôch-vertec/ic,-vartic,

-gevertic,hô-fertic   Adj.
hochmütig, übermütig; hoffärtig; stolz, kühn; fröhlich.
hôch-,hô-vertec/ic-lich
Adj., -lîche(n) Adv. hochmütig, übermütig.
hôch-,hô-verten swV abs.
hochmütig/ hoffärtig wer-
den; *sîne genge h.* einherstolzieren; *sîne sprâche h.*
affektiert sprechen.
hôch-vertigære stM Hoffär-
tiger.
hôch-vertikeit,-vartikeit,
hô-fartkeit stF Hochmut.
hôch-vertlich,-vartlich
Adj. überheblich, stolz.
hôch-vliegende   Part.Adj.
hoch fliegend.
hôch-wirdic,-wurdic Adj.
hochheilig, verehrungswürdig.
hôch-wirdigen swV A aus-
zeichnen.
hôch-wurdic [s.] *hôchwir-
dic*.
hôch-zît,-tîd,-gezît   stFN
Fest; Hochzeit.
hôch-zîteclich Adj. festlich.
hôch-zîten,-gezîten   swV
abs. ein Fest feiern.
hôch-zîtlich,-gezîtlich
Adj.,-gezîtlîchen Adv. festlich.
hôchzît-kleit stN Festkleid;
Brautkleid.
hockereht [s.] *hogereht*.
hôden [s.] *hüeten*.
hôden-slac stM Schlag in die
Hoden.
hôe [s.] *hôhe*.
hof,hob stM Hof; Fürsten-,
Adelshof; Guts-, Bauernhof;
Burghof; Haus; Palast; Vor-
hof; Hofgesellschaft, Ge-
folge; höfische Sitte; Hoftag;
Gericht; Fest; Halo [Mond-,
Sonnenhof]; *ze hove* [auch]
an den Hof/ bei Hofe.

hof- [s.] *hove*-.
hô-fartkeit[s.]*hôchvertikeit*.
hofen-lich,-lîche(n)   [s.]
hovelich.
hô-fertic [s.] *hôchvertec*.
hoffart [s.] *hôchvart*[2].
hoffen[1] swV G/pD*nâch,ze*/
p A*an,in,ûf*/Ns(*daz*)/Inf. hof-
fen/ vertrauen (auf).
hoffen[2] stFN Hoffnung.
hoffenunge,hoff(n)unge
stF Hoffnung.
hofierer stM Verehrer.
hof-liute [s.] *hoveman*.
hofrot [s.] *hoveroht*.
höfsch(-)   [s.] *hövesch(-)*.
hoge [s.] *hüge*.
hoger stM Buckel; Buckliger.
hogereht,hogreht/oht,
hockereht Adj. höckerig,
bucklig.
högge swM Umhang.
hogreht/oht [s.] *hogereht*.
hôh [s.] *hôch*[1].
hôhe,hôch,hœch,hô(e)
Adv. hoch (hinauf/ oben);
tief; weit; hell, laut; fest;
schwer, schwierig; sehr, ü-
beraus, reichlich; wahr, gut,
edel, vornehm; ehrenvoll;
hochgestimmt, froh, glücklich; hochgesinnt, stolz;
hochmütig; *h. beschorn* von
hohem geistlichen Rang; *h.
stân* +A teuer zu stehen kommen; *h. koufen* +A teuer bezahlen; Komp. [auch] mehr;
weiter (weg/ oben), zurück
[auch *über/ ûf hôher (baz)*].
hœhe,hœhe(n)de stF Höhe;
Tiefe; Erhabenheit, Größe;
Macht; Erhebung, Anhöhe;
Entfernung, Ferne.
hô-heit [s.] *hôchheit*.
hôhe-,hœhe-lîche(n) Adv.
vollkomen, erhaben; ehrerbietig.
hœhen,hôhen,hœhern
swV abs./D sich aufrichten;

A(+D) erhöhen, erheben, aufrichten; erfreuen; ehren, preisen; vermehren, vergrößern, verbessern.

hœhende [s.] *hœhe.*

hœhern [s.] *hœhen.*

hœhunge stF Erhöhung.

hoi Interj. [Erstaunen, Bewunderung; Bedauern].

hoin-schaft [s.] *hônschaft.*

hol¹ Adj. hohl, leer; durchlässig, durchlöchert; gewölbt; zerstört.

hol² stN [Pl. auch *holer-, höler-*] Höhle, Loch; Grab.

hol-â Interj. [Befehl].

holære [s.] *holder.*

holde¹ stF Höhle.

holde² swM Freund, Getreuer; Gefolgsmann; Anhänger, Jünger; Geliebter.

holde³ swF Geliebte.

holder,holære stM Holunder.

holen [s.] *holn.*

holer-,höler- [s.] *hol².*

holer-blâsen stN Flötenspiel [auf einer Flöte aus Holunderrohr].

holer-blâser stM Flötenspieler [auf einer Flöte aus Holunderrohr].

holer-floite swF Flöte [aus Holunderrohr].

hölern swV A+pD *ûz* herauskratzen aus.

hölge,*holche swM Holk [Lastschiff].

holn,holen,haln swV abs. rufen; refl.+G sich abwenden von; A(+D/pD *ûz* /p A *in*) (ab-, ein-, her-) holen (aus); bringen (in); erwerben, erringen, erlangen; (auf-) suchen, finden; bestehen; *siufzen/ sûft von herzen h.* tief aufseufzen.

höl-ric Adj. löchrig.

holstern swV abs. stolpern.

holt Adj. wohlgesonnen, geneigt, gewogen, zugetan; ergeben; lieb, liebevoll, liebend; freundlich, herzlich.

holt-lîche Adv. liebevoll, zärtlich.

holt-schaft stF Zuneigung, Freundschaft.

holz stN Holz; Baum; (Holz-, Kreuzes-) Stamm; Wald.

holz-apfel,-öpfel stM Holzapfel.

holz-bir,-pir swF Holzbirne.

holze-lôs Adj. ohne Holz.

holzen swV A mit Holz versorgen.

holz-gatze stF [Staude].

holz-hacker stM Holzfäller.

holz-heit stF Holzeigenschaft.

holz-houfe swM Scheiterhaufen.

holz-man stM Waldgeist.

holz-marke stF Waldung.

holz-öpfel [s.] *holzapfel.*

holz-pir [s.] *holzbir.*

Holz-sæze swM Holsteiner.

holz-vart stF Holzabfahrt.

holz-wurm stM Holzwurm.

hôn [s.] *huon.*

honc,hônc [s.] *honec.*

hœnde,hônde,hônede stF Schande, Schmach; Hochmut.

hœne¹ Adj. schimpflich, kränkend; verächtlich; hochmütig, übermütig; böse.

hœne²,hône stF Schande, Schmach; Bosheit; Hochmut, Übermut; Täuschung; Gefahr.

honec/ic,hönic,honich, hönich,honc,hônc stMN Honig.

honec/ic-süez Adj. (honig-) süß.

hônede [s.] *hœnde.*

honegen,hon(i)gen swV

abs./D honigsüß sein/ schmecken; A (ver-) süßen.

hœnen,hônen swV abs. spotten; A(+D) verhöhnen, beschimpfen, verspotten; erniedrigen, entehren, schänden; strafen; verderben, zunichte machen.

hœner stM Spötter.

hône-wîse stF Schmach.

hong- [s.] *honic-.*

hongen [s.] *honegen.*

hœnic Adj. hochmütig.

honich(-) [s.] *honic(-).*

honic-mæzic Adj. (honig-) süß.

honic-rœre swF Zuckerrohr.

honic-saftec Adj. honiggetränkt.

honic-sam Adj. (honig-) süß.

honic-seim,hong-,honich-sein stM Honig, Honigseim; Honigwabe.

honic-trage stF Biene.

honic-trôr stN Honigsaft, Honigtau.

honic-,hong-var Adj. honigfarben.

honic-vaz stN Honiggefäß.

honic-vluz stM Honigstrom; Süße.

honic-vlüzzic Adj. Honig verströmend.

honic-wazzer stN Honigwasser.

honigen [s.] *honegen.*

hœnisch Adj. höhnisch.

hôn-kust stF Arglist, Falschheit.

hôn-lachen swV abs. höhnisch lachen.

hôn-lich Adj., **lîche** Adv. höhnisch; schmählich; übermütig.

hôn-sam Adj. schmähsüchtig; anmaßend.

hôn-,hoin-schaft stF Hohn; Bosheit.

hopfe swM Hopfen.

hopfen-pluome swF Hopfenblüte.

hopf-garte swM Hopfengarten.

hoppaldei stM [Bauerntanz].

hoppeln swV abs. hüpfen, humpeln.

hoppen [s.] *hupfen.*

hoppenîe stF Narrenpossen.

hôpt-schidel [s.] *houbetschidel.*

hor stN [flekt. auch *horwe-*] Kot, Schmutz.

hôr stN [s.] *hâr.*

hôrære/er stM Zuhörer.

hôrchen swV G zuhören; A hören.

hördelen swV A horten.

hördeler [s.] *horter.*

horden swV D zuteil werden; p*Aûf* sich häufen auf; A horten, aufhäufen; gewinnen; bewahren; A+D einbringen; A+p*Aûf* laden auf.

hôre stMF Laut, Schall.

horen [s.] *horn* [1].

hœren,hôren swV abs./D (her-, zu-) hören; gehören; aufhören; p*Dgegen,vor,ze* / p*Aan,in,vür* /Adv.lok. gehören/ passen zu; nötig sein/ nützen für; zuhören, hören auf; p*Aûf* sich beziehen auf; A/N*s(daz,ob,w*)/Inf. vernehmen, (an-) hören; A+G brauchen für.

hor-lade stF Mistkübel.

horn[1]**,horen** stN [Pl. auch *hürner-,hülner-*] Horn; Spitze.

horn[2] Adj. [s.] *hürnîn.*

horn-boge swM Bogen [aus Horn]; Bogenschütze.

horn-dôn stM Hörnerklang.

horn-dôz stM Hörnerschall.

hornen [s.] *hürnen.*

horn-geschelle stN Hörnerschall.

hornîn [s.] *hürnîn.*

horn-plâse swF Hexe.

horn-plâst stM Hornsignal.

horn-schal stM Hörnerklang.

horn-snecke swM Hornschnecke.

hornunc stM Februar; Winter.

hornuz,harniz,harliz stM Hornisse.

hornuz-,harliz-stich stM Hornissenstich.

horn-zeichen stN Hornsignal.

hor-sac stM Kotsack.

hôr-same stF Gehorsam.

hort,hart stM Schatz; Reichtum; Fülle; Besitz.

horter,hördeler stM Schätzesammler; Geizkragen.

horwe- [s.] *hor.*

hor-wic-,-wehtic Adj. morastig, schmutzig.

hœ-schocke [s.] *höuschocke.*

hosen swF [Pl.] Strümpfe; Beinschutz; Hose.

hosen-nestel stF Strumpf-, Hosenband.

hôster stN Schöpfrad.

hôster-lich,-lîche [s.] *ôsterlich.*

hostie swF Hostie.

hôte [s.] *huote.*

hotzen swV abs. taumeln.

hou stM Hieb.

höu,hou,hei stN [flekt. *höuwe-,houwe-*] Heu.

houben [s.] *hoven.*

houbet,höubet,hôbet, houpt,hôpt stN Haupt; Kopf; Oberhaupt; Spitze; Ende; *über h.* [auch] gegen den Willen, über die Kraft; *ûf mînem h., sam mir mîn h.* bei meinem Haupt; *daz h. binden* den Kopfputz (der verheirateten Frau) anlegen; [auch expl., z.B. *fünfzig h.*

menschen fünfzig Menschen].

houbet-,houpt-âder swF Hauptschlagader.

houbet-dach stN Kopfbedeckung.

houbeten,houpten,höubeten swV p*Dze* /p*Aan* / Adv.lok. gehören zu; ergeben/ untergeben/ untergeordnet sein; A(+D) enthaupten, töten.

houbet-,houpt-gebende stN Kopfputz, Haube.

houbet-gerihte stN oberstes Gericht.

houbet-,houpt-gewant stN Kopfbedeckung.

houbet-golt stN goldener Stirnreif.

houbet-,houb-guot stN Kapital.

houbet-,houpt-haft(ic) Adj. schwer; hauptsächlich; *h. sünde/ schulde* Todsünde.

houbet-hâr stN Haupthaar.

houbet-,houpt-herre swM Anführer, Oberhaupt; Aufseher.

houbet-,houpt-hof stM Amtssitz.

houbet-juncvrouwe swF Anführerin.

houbet-kirche swF Hauptkirche, Dom.

houbet-,houpt-küssen stN Kopfkissen.

houbet-,houpt-lachen stN Kopftuch.

houbet-lant stN Hoheitsgebiet.

houbet-last stF schwere Last.

houbet-laster stN Todsünde.

houbet-list stM Wesentliches; höchste Kunst.

houbet-,houpt-liute [s.] *houbetman.*

houbet-,houpt-loch stN Halsausschnitt.

houbet-lôn stM höchster Lohn.

houbet-,houpt-man stM [Pl. *houbetliute, houptliute* stMN] Anführer, Oberhaupt, Hauptmann; Vorbild.

houbet-meister stM Anführer.

houbet-missetât stF Todsünde.

houbet-porte swF Haupttor.

houbet-reht stN oberstes Recht.

houbet-,houpt-schande stF große Schande.

houbet-schaz stM größter Schatz.

houbet-,hôpt-schidel swM (Schädel-) Becher.

houbet-schote swM [Tanz].

houbet-schulde stF Todsünde.

houbet-,houpt-siech Adj. todkrank; *h. werden* Kopfschmerzen bekommen.

houbet-,houpt-siechtuom stM Kopfschmerz.

houbet-,houpt-smerze swM Kopfschmerz.

houbet-,houp(t)-stat stF Hauptstadt, Residenzstadt; Hauptort; Stelle, an die der Kopf gehört.

houbet-stiudel stN Federbusch [am Kopfschmuck der Pferde].

houbet-stuc stN Kopfstück.

houbet-,houpt-stuol stM Sitz des obersten Gerichts.

houbet-,houpt-sünde stF Todsünde.

houbet-sünder stM Sünder (der eine Todsünde begeht).

houbet-swære stF Schwermut.

houbet-swer swM Kopfschmerz.

houbet-,höupt-tac stM Monatserster.

houbet-teil stM Hauptteil.

houbet-tugent stF Haupttugend.

houbet-tuoch stN Kopftuch.

houbet-vater stM Stammvater.

houbet-veste stF Hauptfestung.

houbet-vînt stM Hauptfeind.

houbet-,houpt-vluz stM Rheumatismus.

houbet-vrost stM Erkältung.

houbet-vürste swM Stammesfürst.

houbet-weigic Adj. erschüttert.

houbet-wünne stF *der êren h.* höchste Ehre.

houb-guot [s.] *houbetguot.*

höubscherin [s.] *hovescherin.*

houch,höuch Interj. [Anfeuerung der Jagdhunde].

houen [s.] *houwen* [2].

höu-,hou-môn(de) stM Heumonat [Juli].

houp-stat [s.] *houbetstat.*

houpt(-),höupt- [s.] *houbet(-).*

höu-,hœ-schocke stswM Heuschober.

höu-schrecke,hou-,hæ-, höuwe-,haber-schricke(l) swM Heuschrecke.

höu-schûer stF Heuschober.

hou-stüffel stM Grille.

houw [s.] *hûwe* [1].

houwe swF Hacke.

höuwe-,houwe- [s.] *höu.*

houwen[1] stV [VIIe] pD*mit / Adv.* zuschlagen (mit); p A*an, ûf* einhauen auf; pD*durch, in,über,umbe* hauen/ schlagen durch/ in/ über/ um; emporstreben zu; A(+D)(+pD*ûz, von*) (ab-, be-, um-, zu-) hauen, schlagen/ treiben

(aus), abhacken, schneiden, niederreißen, -schlagen; antreiben; verzieren; A+pA*in* treiben in; *besît h.* +A verwerfen; *an den pfat h.* einen Weg einschlagen.

houwen[2]**,houen** swV A bearbeiten, behauen; einhauen auf.

houwer stM Hauer [Eckzahn des Keilers].

hovart [s.] *hovewart.*

hove-bære Adj. höfisch, edel; höflich.

hove-belle swM Hofschranze.

hove-diet stF Hofgesellschaft.

hove-gesinde stN Hofgesellschaft, Gefolge.

hove-gewant stN Festkleid.

hove-herre swM Hofherr; Fürst.

hove-,hof-juncvrouwe swF Hoffräulein.

hove-kleit stN Festgewand.

hovel stM Hobel.

hove-,hof(en)-lich Adj., **-lîche(n)** Adv. höfisch, ritterlich; vornehm, fein, gut; höflich, gesittet; geschickt.

hove-,hof-licheit stF höfische Gesinnung.

hove-liet stN höfisches Lied.

hove-liute [s.] *hoveman.*

hove-,hof-man stM [Pl. *hoveliute,hofliute* stMN] Höfling, Fürstendiener; Ritter, Edelmann.

hove-mære stN Hofgeschichten, Hofnachrichten.

hove-mâze stF Sparsamkeit bei Hofe.

hove-meister stM Hofmeister.

hove-,hof-meisterin stF Erzieherin.

hoven,hoben,houben swV abs. Hof halten; A ehren; beherbergen; *gehoveten muot haben* sich nach dem Hof richten.

hover stM Buckel.

hove-reht stN Hofrecht, Hofgericht.

hövereht [s.] *hoveroht*.

hove-reise stF Fahrt an den Hof.

hove-rîbe swF Kurtisane.

hoveroht/eht,hofrot,ho-virot Adj. bucklig, höckerig.

hove-sache stF Dachtraufe.

hövesch,hovesch,höfsch, hübesch/isch,hubsch, hübsch,hubesch/isch, hüfsch Adj. höfisch, ritterlich; edel, vornehm; höflich, wohlerzogen, gebildet; fein, gut; schön, hübsch; lieb.

hove-schal stM Hoffest.

hove-schalc stM Höfling.

hove-schar stF Hofgesellschaft.

hoveschære,hobischære/âre,hubischâre stM Höfling.

hövescheit,hovischeit, höfscheit,hüb(e)scheit, hubischeit,hübschischeit stF höfisches Leben/ Benehmen; Ritterlichkeit, Höflichkeit, Anstand; höfische Sitte/ Gewohnheit; Liebenswürdigkeit, Freundlichkeit, Güte; Schönheit; höfischer Zeitvertreib, Fest, Lustbarkeit.

höveschen,hoveschen, höfschen swV abs./pD*mit* sich unterhalten/ vergnügen (mit); pD*gegen*/Adv.lok. Aufwartung machen (bei).

hovescherin,höubscherin stF Dirne.

hövesch-lich,höfsch-, hüb(e)sch-,hobesch-lich Adj., **-lîche(n)** Adv. ritterlich, höflich; freundlich,

liebenswürdig, schön.

hove-schrîber stM Hofschreiber.

hove-sin stM Mode bei Hofe.

hove-site stM Gewohnheit/ Lebensweise/ Mode bei Hofe.

hove-spil stN Ritterspiel.

hove-,hof-spîse stF Speisevorrat.

hove-sprâche stF Hoftag.

hove-stat,hof-,hobe-stat stF Grundbesitz, Grundstück, Gut; Wohnstätte.

hove-stæte Adj. loyal.

hove-strîch stM Hofton.

hove-tanz stM höfischer Tanz.

hove-,hof-tür stF Hoftür.

hove-vart stF Fahrt an den Hof; Kriegs-, Abenteuerfahrt.

hove-wart,hovart stM Hofhund.

hove-wert Adj. hoffähig.

hove-wîse stF Leben bei Hofe.

hove-zuht stF höfisches Benehmen, Hofsitte.

hove-zûn stM Hofzaun.

hovieren swV abs. Ritterspiele abhalten; sich vergnügen; D den Hof machen.

hovirot [s.] *hoveroht*.

hovischeit [s.] *hövescheit*.

hoy Interj. [Erstaunen; Bedauern].

hozel-bozel stM [Hintern].

hûbe[1] swF Haube, Mütze; Helm; Schutzkappe.

hûbe[2] [s.] *huobe*.

hubel,hübel,hufel stM Hügel; *gegen hubele* bergauf.

hübesch/isch(-),hubsch, hubesch/isch,hübsch(-) [s.] *hövesch(-)*.

hûchen swV abs. hauchen, schnauben.

hûde[1] Adv. [s.] *hiute*.

hûde[2] stF [s.] *huote*.

hüefe- [s.] *huof*.

hüel(-) [s.] *hülwe(-)*.

hüenel stN Küken.

hüen(e)r-ar swM Hühnerhabicht.

hüen(e)r-ei stN Hühnerei.

hüer(-) [s.] *huor(-)*.

hüesten- [s.] *huost(-)*.

hüetære/er,huotære/er, hûtære/er stM Hüter, Beschützer; Wächter; Aufseher.

hüete [s.] *huote*.

hüeten,huoten,hûten, hôden swV abs. wachen, Wache halten, aufpassen; D warten auf; refl.(+G/A/Ns*daz* / pD*an,von,vor*) sich hüten/ vorsehen (vor); G/A/Ns*daz* (+D/pD*von,vor*) beschützen, hüten, bewachen; (be-) wahren (vor); achten auf; sorgen für; verhindern, verhüten; fernhalten von.

hüeterin stF Hüterin.

huf stswF Hüfte.

huf-bein stN Hinterlauf.

hûfe swM Haufen, Menge, Schar; Fülle; *ze hûfe(n), mit einem hûfen* [auch] zusammen, zueinander; *durch/ in den hûfen brechen* die feindlichen Reihen durchbrechen; *ze einem hûfen slagen* +A zusammenschlagen.

hûfeht Adv. übermäßig.

hufel [s.] *hubel*.

hûfen swV refl. sich häufen/ mehren; A(+D) vergrößern, vermehren.

hüffel-,*hiufel-bant stN Helmband.

huffenier stN Hüftpolster.

huf-halz Adj. hüftleidend, hinkend.

hüfsch [s.] *hövesch*.

hüge,hügede,hoge stF Sinn; Mut; Freude; Erinnerung.

hüge-,hüg-lich Adj.,-lîche Adv. freudig, fröhlich, munter.

hügen,hugen swV refl. sich freuen; D erfreut werden; pD ab,ze /p Ain,ûf /Adv. verlangen/ Sehnsucht haben nach, wollen; gedenken an; Part. Adj. [s.] hugende.

hugende Part.Adj. sehnsüchtig; freudig.

huge-,hug-nisse,-nust stF Gedächtnis.

huge-sam Adj. erfreulich.

hüg-lich,-lîche[s.]hügelich.

hug-nisse,-nust [s.] hugenisse.

huite [s.] hiute.

hûke [s.] hâke.

hül[1] stF Kleidung; Mantel.

hül[2] stF [s.] hülwe.

hulde stF Huld, Gunst, Wohlwollen; Gnade; Wille; Erlaubnis; Verzeihung; h. swern (+D) den Treueid leisten, huldigen.

hulden swV refl.+D sich hingeben; D huldigen.

hule swF Höhle; Höhlung.

hûlen [s.] hiulen.

hulfe [s.] helfe [1].

hülfic [s.] helfec.

hulft stM Überzug.

hülle stF (Ober-) Gewand, Mantel; Decke.

hulle-tuoch stN (Nonnen-) Schleier.

hülner- [s.] horn.

hulse,hulsche swF Hülse, Schale.

hülwe,hulwe,hül,hüel stF Pfütze, Sumpf.

hülwe-lich,hüelich Adj. sumpfig.

hulwen Adj. sumpfig.

hülzîn,hulzîn,hülzen Adj. hölzern.

humbel,hummel stM Hummel.

hummen swV abs. brummen.

hûn [s.] huon.

hunden swV gehundet sîn an einem Hund befestigt sein.

hunder [s.] hinder.

hunderet [s.] hundert.

hunder-nisse [s.] hindernis(se).

hundert,hunderet,hundrit,hunert Kard.Zahl hundert.

hundert-slündic Adj. hundertslündiger trunc Trank für hundert Kehlen.

hundert-stunt Adv. hundertmal.

hundert-tûsent,-tûsint, -tûsunt Kard.Zahl hunderttausend.

hunderttûsent-stunt Adv. hunderttausendmal.

hunderttûsent-veltic Adv. hunderttausendfach.

hundert-valt Adj./Adv. hundertfach.

hundert-veltic Adj. hundertfach.

hundert-velticlîche Adv. hundertfach.

hundert-vüezel stM Hundertfüßer.

hundert-warbe Adv. hundertmal.

hundes-houpt stN Hundekopf.

hundes-pluot stN Hundeblut.

hundes-,hunt-vliege swF Stechfliege.

hundîn,hündîn Adj. hündisch; aus Hundeleder.

hundrit [s.] hundert.

hunds-krût stN Hunde-, Wolfskraut.

hunds-mucke swF Stechfliege.

hunds-muoter stF Hündin, Hundemutter.

hunds-piz stM Hundebiss.

hunds-zunge swF Hundezunge [Pflanze].

hûne [s.] hiune.

hunert [s.] hundert.

hunger stM Hunger.

hunger-bær Adj. hungerbæriu arbeit Hungerleiden.

hunger-brüchic Adj. hungrig.

hungerec/ic/ech/ ich,hungerc,hungric Adj. hungrig.

hunger-gîte stF Gier.

hunger-jâr stM Hungerjahr.

hunger-lachen stN Hungertuch.

hunger-lewe swM hungriger Löwe.

hunger-mâl stN Hunger; Folgen des Hungers.

hunger-mælic Adj. abgezehrt.

hungern swV abs./pDnâch / pAûf /unpers.+A hungern (nach), begierig sein auf/ nach; refl. fasten; A verhungern lassen; sich h. lâzen +pDnâch /pAan verlangen/ streben nach.

hunger-,hungers-nôt stF Hunger (-qualen).

hunger-tuoch stN Hungertuch.

hungric [s.] hungerec.

hûnsch [s.] hiunisch.

hunt stM Hund; Hundsstern [Sirius].

hunt-gesinde stN Hundemeute.

hunt-grînen stN Zähnefletschen.

hunt-hiusel stN Hundehütte.

hunt-lich Adj. hündisch.

hunt-vliege [s.] hundesvliege.

hunt-wilt stN vom Hund verfolgtes Wild.

hunt-wurm stM hellischer h. Höllendrachen.

huobe,hûbe stswF Landbe-
sitz, Grundstück; Hufe
[Feldmaß].
huobe-gelt stN (Einkünfte
aus) Grundbesitz.
huoch stM Hohn; *ze h. hân*
+A verspotten.
huof stM [Pl. auch *hüefe-*]
Huf.
huof-îsen stN Hufeisen.
huof-slac stM Hufschlag,
Hufspur.
huon,hûn,hôn stN Huhn.
huor stN Hurerei, Unzucht;
Ehebruch.
huorære stM unzüchtiger
Mensch; Ehebrecher.
huor-,hurre-becke swM
Hurenknecht.
huore,hüer stswF Hure.
huoren- [s.] *huor-*.
huor-gelust [s.] *huorlust*.
huor-hûs stN Hurenhaus.
huor-kint stN Hurenkind.
huor-lust,huors-gelust
stM Unzucht, Geilheit; Ge-
schlechtstrieb.
huor-,hûr-macher stM Zu-
hälter.
huor-,huoren-schalc stM
Hurenknecht.
huors-gelust [s.] *huorlust*.
**huor-,huoren-,hüer(en)-
sun** stM Hurensohn.
huort [s.] *hurt* [2].
**huor-,huoren-,hüeren-
wiht** stM Hurenkerl.
huost(e),hûste stswM [Pl.
auch *hüesten-*] Husten.
huosten,hüesten swV abs.
husten.
huot,hût stM Hut; Helm,
Schutzkappe (unter dem
Helm); Zeltdecke; Deckel.
huotære/er [s.] *hüetære*.
**huote,hûte,hôte,hûde,
hüete** stF Schutz, Obhut,
Fürsorge; Überwachung,
Bewachung, Aufsicht; Wa-

che; Machtbereich; Sicherheit; Gewahrsam; Zucht;
Vorsicht, Vorsorge; Vorhut;
Hinterhalt.
huote-lôs Adj. unbewacht.
huoten [s.] *hüeten*.
huot-liute [s.] *huotman*.
huot-man stM [Pl. *huotliute*
stMN] Wächter, Wache.
huot-nust stF Wachsamkeit.
huove-kraz stM Hufspur.
hupfen,hüpfen,hoppen
swV abs./pAüber hüpfen/
springen (über).
hürde swF Scheiterhaufen.
hurdieren [s.] *hurtieren*.
hûre [s.] *hiure* [2].
hurla-hei stN Durcheinander.
hûr-macher[s.]*huormacher*.
hurnen [s.] *hürnîn*.
hürnen,hornen swV [Part.
Prät. auch *(ge)hurnt*] abs.
(das Horn) blasen; *daz
hornzeichen h.* das Signal
geben; Part.Adj. [s.] *gehörnt*.
hürner- [s.] *horn*.
**hürnîn,hurnîn,hurnen,
horn(în)** Adj. aus Horn; hör-
nern.
hurnt [s.] *hürnen; gehürnet*.
hurre-becke [s.] *huorbecke*.
hurst stF Gesträuch, Hecke,
Dickicht.
hurt [1] stF Scheiterhaufen; Rei-
siggeflecht; Hürde [Tragge-
stell].
hurt [2]**,huort** stF Stoß, Auf-
prall, Zusammenstoß [im
Speerkampf]; Ansturm, An-
griff.
hurtâ Interj. [Erstaunen, Bewunderung; Anfeuerung].
hurtec-lich Adj., **-lîche(n)**
Adv. heftig; schnell; kraftvoll.
hurte-linc stM Beinschienen.
hurten swV abs./Adv.lok. an-
stürmen; pDze / pA aan,in,ûf

eindringen auf, stürmen in;
A(+pAin,ûf) stoßen (in/ auf).
hurtenier stM Beinschienen.
hurtieren,hurdieren swV
abs. anstürmen, angreifen.
hurt-lich Adj.,**-lîche(n)** Adv.
kräftig, kraftvoll.
hürzen swV A hetzen.
hûs stN Haus; Wohnung,
Wohnsitz; Burg, Palast; Familie; *ze h.* nach / zu Hause;
mit hûse sîn / *h. haben* +pD
ûf / Adv.lok. wohnen (in).
hûs-arme swM Bedürftiger.
husch Interj. [Klage].
hûs-dierelîn stN Hausmagd.
hûse-hunt [s.] *hûshunt*.
hûsen [1] swV (refl.(D)+)pD*bî,
in, ûf, ze* / pA*ûf* / Adv.(lok.)
wohnen/ sich niederlassen
(auf/ bei/ in); D ein Haus
bauen; A (+pD*in*) aufnehmen
(in).
hûsen [2] swM Hausen [Stör].
hûsen-plâter stF Hausen-
blase [Fischleim].
hûs-êre stF Ehre des Hauses;
Hausrecht; Gastfreundlich-
keit.
hûs-gemach stN Wohnung,
Gesellighkeit.
hûs-genôz stswM Hausgenosse, -bewohner; Gefährte,
Freund.
hûs-geschefte stN Haushalt.
hûs-geschier,-*geschirre
stN Hausrat.
hûs-gesinde stN Hausgenossen.
hûs-got stM Hausgötze.
hûs-herre swM Hausherr;
Hausbesitzer.
hûs-,hûse-hunt stM Hofhund.
hûs-kneht stM Hausknecht.
hûs-man stM Hausherr.
hûs-poum stM Hausbaum
[Lorbeerbaum].
hûs-rat swM Hausratte.

hûs-rât stM Vorrat; Fülle, Reichtum.
huss Interj. [Anfeuerung].
hûs-schaffære stM Hausverwalter.
hûste [s.] *huost(e)*.
hûs-tür stF Haustür.
hûs-vâr stF Gefahr im eigenen Haus.
hûs-vîgent,-*vîent stM Feind des Hauses.
hûs-vluht stF Mangel (im Haushalt).
hûs-vrouwe swF Hausherrin; Ehefrau.
hûs-wirt,-wurt stM Hausherr, -besitzer; Ehemann.
hûs-wurz stF Hauswurz [Pflanze].
hût[1] stF [flekt. auch *hiute-*] Haut; Fell, Balg; *ze h. und ze hâre rihten* Strafen an Haut und Haar verhängen [scheren und stäupen].
hût[2] stM [s.] *huot.*
hûtære/er [s.] *hüetære.*
hûte[1] Adv. [s.] *hiute.*
hûte[2] stF [s.] *huote.*
hüten [s.] *hütten.*
hûten [s.] *hüeten.*
hüte-snuor [s.] *hüttesnuor.*
hûtic [s.] *hiutec.*
hutschen swV abs. rutschen.
hütte,hutte stswF Hütte, Zelt.
hütten,hüten swV abs./refl./ pAûf/Adv.lok. sich niederlassen/ ein Lager aufschlagen (auf); A aufnehmen.
hütte-,hüte-snuor stF Zeltleine.
hützren swV abs. zappeln.
hûwe[1],houwe swM Uhu.
hûwe[2] Poss.Pron. [s.] *iuwer.*
hûwelen,hûwlen swV abs./ refl. heulen.
hûze Adv. draußen.
hûzen [s.] *hiuzen.*
huzsch Interj. [Anfeuerung].

i

î Interj. [Abscheu].
îb stM Ibis.
îberne Subst. Irland.
ich,ig Pers.Pron. ich.
ic(s)-lich [s.] *iegelich.*
i-dâ Interj. [Erstaunen].
îdel(-) [s.] *îtel(-) .*
idern swV A+pD*an* erfüllen an.
îder-slange swM Wasserschlange.
î-doch [s.] *iedoch* [1].
ide-wîz(e) [s.] *itewîz.*
id-rucken [s.] *itrucken.*
Idumea Subst. Edom [Ländername].
ie[1],je,io,jo Adv. immer (wieder), stets; von jeher; jedesmal; jemals, irgendwann (einmal); je (-weils); unbedingt; für immer; nie, kaum; *ie* +Komp. (immer) noch.
ie[2],je Konj. *ie* +Komp. ....(*ie* +) Komp. je ... umso/ desto.
ie[3] Pers.Pron. [s.] *ir* [1].
iec(s)-lich [s.] *iegelich.*
ie-dannoch,-dennoch Konj. trotzdem, dennoch.
ie-der Indef.Pron. jede (-r/ -s).
ie-doch[1],î-doch Adv. nun (einmal), wirklich, allerdings, noch, sowieso.
ie-doch[2],je-doch Konj. doch, dennoch; aber, jedoch; trotzdem; obgleich.
ie-gelich,-gelîch,-ieg(e)s-, iec(s)-,ic(s)-,ig(e),jeg-lich Indef.Pron. jede (-r/ -s).
ie-genôte Adv. gerade jetzt; stets, unablässig.
ieges-lich [s.] *iegelich.*
ie-geweder,ieg-weder In-

def.Pron. jede (-r/ -s).
ieg-,iegs-lich [s.] *iegelich.*
ieg-weder [s.] *i egeweder.*
ieht [s.] *iht.*
ie-lich [s.] *iewelich.*
ie-man,ie-men,ie-nemen, ie-mant,î-man,î-men, iemd Indef.Pron. (irgend-) jemand, irgendein; niemand.
ie-mer,-mê(re),im(m)er, ümmer Adv. [auch *iemer mê(re)*] immer; ewig; stets, jederzeit; künftig, in (alle) Zukunft, für alle Zeiten; jemals (wieder); irgendwann einmal; jedesmal; jeweils; überhaupt, auch nur, noch; niemals (wieder).
iemer-,immer-leben stN ewiges Leben.
iemer-,immer-lieht stN ewiges Licht.
iemer-,immer-wer(e)nde Part.Adj. immer während.
iemer-,immer-wesen stN ewiges Sein.
ie-mitent [s.] *iemitten* [2].
ie-mitten[1],-mittunt Adv. mittlerweile, inzwischen; sofort; *i. daz/ sô/ unde* während.
ie-mitten[2],-mitent Präp. +pD *in,ûf,von* mitten auf/ aus/ in.
ie-mittunt [s.] *iemitten* [1].
iender(t),iener,inder(t), inders,iene,iena Adv. irgendwann, jemals; irgendwo; irgendwie; überhaupt, (auch) nur, etwa; nirgendwo; nicht.
ie-nemen [s.] *ieman.*
iener [s.] *iender(t).*
ie-noch Adv. (immer/ heute) noch; darüber hinaus, außerdem; doch.
iêrarchîe [s.] *jêrarchîe.*
ierdisch [s.] *irdisch.*
ieren [s.] *iergen(t).*

ier-,*irre-ganc stM Irrweg.
iergen(t),ieren,îr(i)gen Adv. irgendwie, nur, überhaupt; irgendwo; *i. dehein/ kein* nicht irgendein.
ierre(-) [s.] *irre(-).*
ier-tuom [s.] *irretuom.*
ie-sâ,-sô Adv. sogleich; etwa; überhaupt.
ies-lich,iet-,iet(e)s-lich Indef.Pron. jede (-r/ -s); Pl. einige; *der tage al i.* täglich.
ie-sô¹ Konj. sobald.
ie-sô² Adv. [s.] *iesâ.*
iet [s.] *iht.*
iet-,iet(e)s-lich [s.] *ieslich.*
iet-,ie-weder Indef.Pron. jede (-r/ -s) (von beiden), beide; *i. nie* keins von beiden.
iet-,ie-wederhalp,-wederhalben,-weder(n)thalp,-wedrenthalp Adv. auf jeder Seite, auf beiden Seiten.
iet-wedrent Adv. auf beiden Seiten.
ie-wâ Adv. irgendwo, hier und da.
ie-weder(-) [s.] *ietweder(-).*
ie-wedersît Adv. auf jeder Seite.
ie-welich,ielich Indef.Pron. jede (-r/ -s).
iewiht [s.] *iht ².*
ie-zuo,ie-zû,-ze,-zô,-zen(t),-zunt,iez,itzû, itzunt Adv. jetzt, nun; gerade, eben; schon; bald.
îfern swV A Anspruch erheben/ eifersüchtig sein auf.
îfrære stM Tyrann, Rechthaber; Eifersüchtiger.
ig [s.] *ich.*
igel stM Igel; Mauerbrecher [Belagerungswerkzeug].
igel-hût stF Igelstacheln.
ige-lich [s.] *iegelich.*
igel-mæzec Adj. stachlig.
igîzen [s.] *irzen.*

ig-lich [s.] *iegelich.*
iglischen Adv. wie ein Igel.
igtes [s.] *iht ¹.*
ih [s.] *iht ².*
iht¹,iht(e)s,iet,ieht,it, igtes,ihz,ihzit,iuweht, îwit,ut,utzet,unt,ûwit Indef.Pron. [auch *i.* +G; *ihtes i.*] (irgend-) etwas (an/ von); irgendein, irgendwelch; irgendetwas anderes; ein paar; nichts (von), kein;*an/ mit/ ze ihte* irgendwie; [auch expl. , z.B. *i. mêre* mehr, *i. wenec* wenig].
iht²,ih(tes),ie(h)t,it,iut, îwit,iewiht,iuweht,ut, unt Adv. [auch *ihtes i.*] (auch nur) ein wenig; nicht; irgendwie; vielleicht, etwa; [auch expl., z.B.*i. sêre* sehr; *selten i.* selten].
iht³ stN Wesen, Sein; Seiendes, Etwas.
ihte-,ihti-keit stF Sein; Selbstsucht.
ihten swV A verwirklichen.
ihtes [s.] *iht.*
ihtic Adj. selbständig.
ihti-keit [s.] *ihtekeit.*
ihts [s.] *iht ¹.*
iht-wær Adv. ausschließlich.
ihz,ihzit [s.] *iht ¹.*
île stF Eile, Hast; Geschwindigkeit; Dringlichkeit; *kurze î.* Augenblick.
îlen swV abs./G/Inf. eilen, sich beeilen (mit); sich (be-) mühen;   pD*nâch,ûz,von,ze* /pA *an, durch, gegen, in, über, ûf/* Adv.lok. eilen/ laufen/ sich begeben an/ auf/ aus/ durch/ in/ nach/ über/ (weg) von; zu; *sîne strâze î.* sich auf den Weg machen; Part.Adv. [s.] *îlende.*
îlende,îlente Part.Adv. eilends, schnell; heftig.
îlent-lîchen Adv. eilends.

ilm-poum [s.] *ulmpoum.*
îl-poum stM Stechpalme.
iltis,eltes stM Iltis.
im- [s. auch] *en-.*
imaginieren swV abs. nachdenken.
î-man(t) [s.] *ieman.*
imbe,impe stM Biene.
im-,in-bîz stMN Essen, Imbiss, Mahl (-zeit); Speise; Frühstück.
imbîz-zît stF Morgen, Frühstückszeit.
î-men [s.] *ieman.*
im(m)er(-) [s.] *iemer(-).*
impe [s.] *imbe.*
in¹,în Adv. [meist *dâ/ dar/ dô/ her/ hie/ hin i.*] ein, hinein, herein; *ûz und i.* hin und her.
in²,en Präp.+D/A in; an, auf, bei, für, gegen, nach, unter, während, zu.
in³ Neg.Part. [s.] *ne.*
in- [s. auch] *en-; ent -; ne-.*
inâ Interj. [Entrüstung; Einschränkung].
in-âder stN Fleisch und Blut.
in-alrihte Adv. unbedingt.
în-baz Adv. weiter drinnen/ hinein.
în-begrîfen stV [Ia] A erfassen; A+G einbeziehen in.
în-bekomen stV [IVb] abs. unterkommen.
in-bendic-/bendige(n) [s.] *inwendic ².*
în-beslozzen Part.Adj. eingeschlossen.
în-biegen stV [IIa] A einbeulen.
în-bieten stV [IIb] refl.+pA*in* sich einfügen in.
în-bilden,-pilden swV A+D einbringen, übergeben; A (+pA*in*) einfügen/ einbeziehen/ aufnehmen (in).
în-bildunge stF (Wunsch-) Vorstellung; Vorstellungsvermögen; Äußerlichkeit.

in-bindige(n) [s.] *inwendic* [2].

in-binnen [s.] *enbinnen* [1].

in-bîz [s.] *imbîz*.

în-blâsen,-blôsen stV [VII bd] A+D einhauchen; einflüstern.

în-blîben stN Verweilen.

în-blic stM (An-, Ein-) Blick, Betrachtung, Anschauung.

în-blicken,-geblicken swV D erscheinen; aufleuchten; A(+G) erleuchten mit.

în-blôsen [s.] *înblâsen*.

in-blôsende [s.] *inblôzende*.

in-blôstekeit stF Entblößung.

in-blôzende,-blôsende stF Befreiung.

în-boren Part.Adj. einheimisch.

in-bot stN Auftrag.

in-boven [s.] *enboben* [1].

în-brechen stV [IVa] abs./ (D+)pA*in* eindringen (in).

în-bringen stswV [IIIa] A hineinlassen, hineinbringen; A+D einbringen, eingeben, nahe bringen.

în-bruch stM Verinnerlichung; Verstoß.

în-bruchic Adj. innerlich.

in-brunst stF Inbrunst.

in-brunstic Adj. inbrünstig, leidenschaftlich, brennend, heiß.

in-brünsticlîche,-brunsticlîche Adv. leidenschaftlich, sehnsuchtsvoll, brennend.

in-burcheit stF Seelengrund.

ind(e) [s.] *unde* [1].

Inde [s.] *Indîe*.

Inden-lant stN Indien.

inder[1] Adj. [s.] *inner* [1].

inder[2]**,inders,indert** Adv. [s.] *iender(t)*.

in-des [s.] *innendes* [1].

inde-wend- [s.] *inwendic-*.

inde-windic [s.] *inwendic* [2].

Indîâ [s.] *Indîe*.

indiâsch,indisch Adj. indisch.

Indîe,Indîâ,Inde Subst. Indien.

în-diezen stV [IIb] abs. hereinströmen.

indisch [s.] *indîâsch*.

în-dringen,-tringen stV [IIIa] abs./pD*ze* (hin-) eindringen (in); A+pA*in* eindrücken/ versenken in.

în-druc stM Eindruck, (Ein-) Wirkung; Idee.

în-drücken,-drucken,gedrücken,-trucken swV A (+D/pA*in*) eingraben, einpflanzen, einprägen (in); eintauchen; auferlegen; A+D zufügen; Part.Adj. [s.] *îngedruct*.

în-duon [s.] *întuon*.

in-durstic,-turstic Adj. sehr durstig.

in-eben [s.] *eneben*.

in-ein(e) [s.] *enein(e)*.

î-nemen [s.] *ieman*.

in-enthalten stV [VIIa] abs. enthalten.

în-erbilden stN Einprägen.

în-erkêren swV refl.+pA*in* sich versenken in.

în-erliuhten swV A erleuchten.

în-erliuhtunge stF Erleuchtung.

în-erquicken swV *dazleben* î. +D wieder zum Leben erwecken.

infel,infele stF (Bischofs-, Abts-) Mitra.

în-gân,-gên,-gôn an V abs./ pD*ze* / pA*durch,in* / Adv.lok. hineingehen/ einziehen/ eindringen (durch/ in), zurückkommen; anfangen; D eingehen, nahe gehen; kommen; Part.Adj. [s.] *îngênde*.

în-ganc stM Eingang; Einzug; Zugang; Einkehr, Versenkung; Introitus [Eröffnung der Messe]; Schussfäden (eines Gewebes).

în-ge- [s.] *în-*.

în-geben stV [Va] A+D übergeben.

ingeber [s.] *ingewer*.

în-gebern stV [IVa] A(+D/ pA*in*) erschaffen, erzeugen, hervorbringen, einpflanzen (in).

în-geberunge stF Erschaffung.

în-geburt stF Zeugung.

în-gedanke swM innerster Gedanke.

în-gedrücketheit stF (Ein-) Prägung.

în-gedruct Part.Adj. *îngedructiu mâze* gestrichen volles Maß.

în-gehenede stF Einflüsterung.

în-geistunge stF Einhauchung.

în-gelæze stN Einflüsterung.

în-gelûhten [s.] *înliuhten*.

în-gên [s.] *îngân*.

în-gênde Part.Adj. *îngêndez jâr* Neujahr; *îngênder môn* Neumond; *îngênder meie* Maianfang.

în-genomenheit,-genumenheit stF Versenkung, Entrückung.

în-geremen swV A+D eintränken.

in-geside [s.] *ingesinde* [1].

in-gesigel [s.] *insigel*.

in-gesinde[1]**,-geside** stN Dienerschaft; Gefolge, Gefolgsleute; Heerschar; Bewohner; *i. Dâvides* Stamm Davids.

in-gesinde[2] stswM Hausgenosse; Gefolgsmann; Diener.

in-geslozzenheit stF Gemeinschaft.

in-getuome stN Eingeweide.

în-gevallen Part.Adj. *î. siechtuom* ausgebrochene Krankheit.

în-gevazzen swV A in sich aufnehmen.

în-gevlozzenheit stF Einströmung.

în-gevüllen swV A+D hineinstopfen.

in-geweide stN Eingeweide, Gedärm.

ingewer, ingwer, ingeber stM Ingwer.

în-gewesen stV [Va] D innewohnen.

în-gewichen Part.Adj. eingefallen.

în-gewurzelt Part.Adj. eingewurzelt.

în-gezogen Part.Adj. innerlich; in sich versunken; *îngezogener strâl* angelegter Pfeil.

în-gezogenheit stF Entrückung.

în-giezen stV [IIb] refl. (+pA *in*) sich ergießen (in); A(+D) einflößen; eingießen, einschenken.

în-giezunge stF Einwirkung.

în-gôn [s.] *îngân.*

în-graben stV [VIa] A begraben; eingravieren.

in-grüene Adj. leuchtend grün; immergrün.

in-grunt stM *von ingrunde* aus tiefster Seele.

ingrunt-lîche Adv. zutiefst; eindringlich.

în-guz stM Aufguss; Einfluss, Einwirkung.

ingwer [s.] *ingewer.*

în-haft- [s.] *înheften.*

în-hangen stV [VIIa] pD *in* innewohnen in.

în-hangunge stF Eindringen.

în-heften swV [Prät. *înhaft* -] A zusammenhalten.

in-hein [s.] *nehein.*

in-hitzic Adj. brennend, heiß; entflammt.

în-holen stN Anspannung.

în-jehen stN Bewusstwerdung.

în-kaffen stN Anstaunen.

in-kein [s.] *nehein.*

în-kêr stMF Einkehr, Versenkung.

în-kêren swV abs./pA *in* hineingehen, einkehren (in), heimkehren; refl. sich in sich versenken; A+pA *an, in* richten auf.

în-knupfen swV A+pA *in* einbinden in.

in-knuppen swV A+D aufschnüren.

în-komen stV [IVb] abs./pD ze /p A *durch, in* hineinkommen, -gelangen (durch/ in/ nach/ zu); zurückkehren (in); D zuteil werden; einfallen.

in-conformieren swV A+ pA *in* einbeziehen in.

in-kunde Adv. *sich i. tuon* +D sich offenbaren.

în-laden stV [VIa] A(+pD ze) einladen (zu).

în-lâzen, -lân stV [VIIb] A (hin-) einlassen.

în-lecken swV A einsaugen.

în-legen swV refl. sich niederlegen; A zurücklegen.

în-leite stF Einsegnung.

în-leiten swV A(+pD ze /p A *in*) (hin-) einführen (in), hinführen (zu).

in-lende swM Einwohner.

in-lente stN Heimat.

in-lîden stN Gelassenheit.

in-lîdende Part.Adj. gelassen.

în-liuhten, -gelûhten swV D aufleuchten, erscheinen;

klar werden; A/N sw +D klar machen.

în-loufen stV [VIIe] abs. hineinlaufen; pA *durch* hindurchbrechen durch.

în-lûhtunge stF Erhellung.

în-luogen swV abs. hineinlugen.

în-machen swV A einlegen.

în-mezzen stV [Va] A(+D) zumessen.

în-mischen swV A+D+pA *under* mischen unter.

innan [s.] *inne* [2].

innan-des [s.] *innendes* [1].

innan-werden [s.] *innewerden.*

inne [1], **innen(e)** Adv. innen, drinnen; im Innern; innerlich, in sich; *dâ/ dar/ hie(r) i.* darin, darunter, dort; wo, worin [auch *swâ i.*]; hier drin(nen).

inne [2], **innen, innan** Präp. +G/D/A in, innerhalb von; *i. des* inzwischen; *i. diu* währenddessen.

inne-behalten stV [VIIa] A+ refl.D für sich behalten.

inne-blîben, -belîben stV [Ia] abs. da sein/ bleiben, in sich ruhen; pD *in, mit* bleiben/ ruhen in/ bei; Part.Adj. [s.] *inneblîbende.*

inne-blîbende Part.Adj. immanent.

inne-blîbunge stF Unwandelbarkeit.

inne-bringen, innen-pringen stswV [IIIa, Prät. *innebrâht*] A+G/A/N *daz, ob* merken/ wissen lassen, zeigen, beweisen; in Erinnerung bringen.

innec/ic-lich, innerc-, innenc-lich Adj. andächtig, hingebungsvoll, innig; aufrichtig, vertrauensvoll; tief; dringend.

innec/ic-lîche,innenc-, innent-,innerc-,inrec-lîche(n) Adv. von Herzen, herzlich, innig; inständig; sehr; bitter (-lich).

inne-gân anV abs. hineingehen.

innegen,innigen swV A+D anverwandeln; A+pA*in* aufnehmen/ auffangen in.

inne-haben,-hân swV abs./ refl. sich beherrschen; A besitzen; enthalten.

inne-keit [s.] *innicheit.*

inne-ligen stV [Vb] *kindes i.* im Kindbett liegen.

în-neigen swV A versenken.

inne-liute stMN [Pl.] Lohnarbeiter.

în-nemen stV [IVa] A annehmen; A(+pD*ze*/pA*in*) aufnehmen/ hineinlassen (in).

în-nemunge stF Übernahme.

innen¹ swV [Part.Prät. auch *ginnet*] refl.+D sich anschließen an; A(+G) aufnehmen; zu verstehen geben, raten.

innen² Adv. [s.] *inne* ¹.

innen³ Präp. [s.] *inne* ².

innen- [s. auch] *inne-.*

innenc- [s.] *innec-.*

innen-des¹,in-,inner-,in-nan-,inre-des,innes Adv. währenddessen, inzwischen.

innen-des² Konj. [auch*i. dô/ sô*] während, als.

innene [s.] *inne* ¹.

innent-lîche(n) [s.] *innec-lîche(n).*

inne-pringen [s.] *innebringen.*

inner¹,inder,inre Adj. inner; innerlich, verborgen; vertraut; inständig.

inner²,innere Adv. im Innersten, heimlich.

inner³,inre,inrent,inront Präp.+D innerhalb von, binnen.

innerc- [s.] *innec-; inner-.*

inner-des [s.] *innendes* ¹.

innere [s.] *inner* ².

inner-halp¹,-halbe(n),in-nert-,inrent-halben,in-re-halp Adv. innen, drinnen, im Innern, in der Mitte.

inner-halp²,-halbe,in-nert-,inre-halp Präp.+G/ D innerhalb (von), hinter; binnen, in, vor.

inner-,inre-keit,innerc-, inric-heit stF Innerlichkeit, Inneres, Innerstes, Andacht; Entrückung.

inner-,inre-lich Adj., **-lî-che(n)** Adv. innerlich; innig; andächtig; eindringlich.

innern,inren swV refl.+pD *an* abhängen von; A+G/Ns *daz,w* in Kenntnis setzen (von), erfahren lassen, mahnen (an).

innert- [s.] *inner-.*

innes [s.] *innendes* ¹.

inne-sîn stN Innewohnen.

inne-tuon anV A+G versichern.

inne-wend- [s.] *inwendic-.*

inne-werden,innen-,in-nan-werden stV [IIIb] D zufallen; nahe kommen; G/ Ns(*daz,ob,w*) (be-) merken, erkennen, sehen; entdecken, herausfinden, erfahren.

inne-,in-wonen swV abs./ pD*in* (in sich) ruhen, sein/ verweilen (in); D innewohnen.

inne-woner stM Einwohner.

innic Adj. inner, innerlich, tief; inbrünstig; vertraut, verwandt.

innic-heit,inne-,inni-keit stF Innerlichkeit, Innigkeit; Andacht, Hingabe, Inbrunst.

innigen [s.] *innegen.*

inni-keit [s.] *innicheit.*

innunge stF Gemeinschaft.

în-ordenen swV A+Adv.lok. einordnen.

inpfen swV A pfropfen.

în-pflanzen swV A einpflanzen.

in-pfreiden swV D verloren gehen.

în-pilden [s.] *înbilden.*

în-rant- [s.] *înrennen.*

inre(-) [s. auch] *inner(-).*

inrec-lîche(n) [s.] *innec-lîche(n).*

inre-des [s.] *innendes* ¹.

în-rennen swV [Prät. *în-rant-*] pA*in* hineinstürmen in.

inric-heit [s.] *innerkeit.*

în-rîhen stV [Ib] A+D eindrücken.

in-,en-rihte Adv. gerade, geradewegs; sogleich.

în-rîsen stN Eindringen.

în-rîten stV [Ia] abs. herbeireiten; pD*ze* hineinreiten zu.

inront [s.] *inner* ³.

în-rüeren swV pD*ze* einziehen in.

în-rûnen swV A+D einflüstern.

în-sacker stM Verschlinger.

în-sæjen swV A(+pA*in*) säen/ einpflanzen (in).

în-sant- [s.] *însenden.*

în-schenken swV A einschenken.

în-schieben stV [IIa] A hineinschieben, -stecken.

în-schiezende Part.Adj. *in-schiezender gedanc* Einfall, Einflüsterung.

în-schouwe,-schôwe stF Einsicht.

în-sehen stN Einsicht, Einkehr.

insel(e),îsele swF Insel; Scheibe.

în-senden swV [Prät. *în-sant-*] A hineinschicken; A+ D eingeben.

în-senken swV A(+pA*in*) versenken (in).

în-setzen swV A zurückführen.

în-setzunge stF Versenkung.

in-sigel,-gesigel stN Siegel, (Wahr-) Zeichen; Inbegriff; Beweis.

insigel-graben stN Gravieren.

în-sinken stV [IIIa] pA*in* (ver-) sinken/ sickern in.

în-sitzen stV [Vb] pA*in* eindringen in.

în-slac stM Eindruck; Entrückung.

în-slahen stV [VIa] abs. hinzukommen; *mit den sporen î.* dem Pferd die Sporen geben; *den anker î.* ankern.

în-slîchen stV [Ia] abs./pD*ze* sich einschleichen (in).

în-sliefen stV [IIa] abs. hineinschlüpfen.

în-sliezen,-gesliezen stV [IIb] refl. eindringen; A(+pA *in*) einschließen/ einsperren (in); A+pD*von* abkapseln von.

în-sliezunge stF Verbindung.

în-slinden stV [IIIa] A verschlingen.

în-sloufen swV A+pA*in* einkleiden in.

în-slôz stN Inbegriff.

în-smelzen stV [IIIb] abs./ pA*in* verschmelzen (mit).

în-smiden swV A+D in Fesseln legen.

în-smiegen stV [IIa] abs./D einfallen, einsinken.

în-smucken swV A einziehen.

în-sprâche swF Ansprache.

în-sprechen stV [IVa] A anrufen; A+D eingeben, einflüstern.

în-stân stN Beharren, Beständigkeit.

în-stapfen swV pD*ze* einziehen in.

în-stechen stV [IVa] A+D hineinbohren; A+D+pD*ze* stoßen in.

în-stîgen stV [Ia] abs./pD*ze* hineinsteigen (durch).

în-stôzen stV [VIId] A(+D/ pA*in*) eingießen; (ein-) stecken (in).

în-strîchen stV [Ia] A+D einflößen.

în-stricken swV A zusammenfügen.

instrument stN Werkzeug.

în-stürzen swV A(+D) eingießen.

în-sûgen stV [IIa] A einsaugen.

in-sunder Adv. gesondert.

in-sûnen,-*sûmen swV refl. zögern.

în-sweben stN Einströmen.

în-swebende Part.Adj. immanent; einströmend.

în-swingen stV [IIIa] A+ pA*in* tragen in.

int- [s. auch] *en* -; *ent* -.

interpretieren swV A(+A) darstellen (als).

int-heben [s.] *enthaben.*

int-hœgen swV A von der Höhe herunterholen.

int-pfallen [s.] *envallen.*

în-tragen stV [VIa] A(+D/ pD*ze* /p A*in*) hineintragen/ -bringen (in); einbringen, anbringen; aus-, verbreiten; übermitteln, vermitteln.

în-trengen,-*drengen swV A+pA*in* hineindrängen in.

în-trenken swV A+D vergelten.

în-treten stV [Va] abs. eintreten.

în-trîben stV [Ia] A(+D) hineintreiben; heimzahlen.

în-tringen [s.] *îndringen.*

în-tropfen swV A+D einflößen, -träufeln.

în-trucken [s.] *îndrücken.*

în-tuon,-duon anV A einschließen, einsperren, einstecken; einlassen; zurückhalten, zurücktreiben.

in-turstic [s.] *indurstic.*

int-vâhen [s.] *enpfâhen.*

in-twerhes [s.] *entwer.*

în-ünden swV abs. hineinströmen.

în-vâhen stV [VIIb] A einfriedigen.

în-val stM Einfall, Gedanke; Eindruck; *î. der natûr* Instinkt.

în-vallen,-gevallen stV [VIIa] abs. erfolgen; D einfallen; einsinken; pA*in* geraten in; Part.Adj. [s.] *îngevallen.*

înval-schaft stF Übereinstimmung.

în-vanc stM Innenraum.

în-varn stV [VIa] abs./pD*ze* / pA*in* (hin-) einziehen (in).

în-vart stF Einzug; Eingang.

în-verlâzen stV [VIIb] A hineinlassen.

în-versinken stN Versenkung.

în-versunken Part.Adj. vertieft.

in-ville stN Futter.

in-viuric,-vûric Adj. entflammt, glühend; inbrünstig.

în-vleischunge stF Fleischwerdung.

în-vliegen stV [IIa] *î. lâzen* +A einfließen lassen.

în-vliehen stV [IIb] abs. hineinfliehen.

în-vliezen stV [IIb] abs./D/ pA*in* hineinfließen, -strömen (in); A(+pA*in*) hineinleiten (in).

în-vlœzen swV [Prät. *în-vlôzt-*] A+D einflößen.

în-vluc stM Rückflug.
în-vluht stF Zuflucht.
în-vluz stM Einfluss, (Ein-) Wirkung; Einströmen; Ansteckung.
în-vordern swV A eintreiben.
informieren swV A+pD*mit* vertraut machen mit.
în-vüeclîche Adv. einfühlsam.
în-vüecsamkeit stF Aufnahmefähigkeit.
în-vüeren,-gevüeren swV [Prät. *învuort-*] A(+pA*in*) einfahren; hineinführen/ hineinbringen (in).
in-vûric [s.] *inviuric.*
in-wâr Adv. wahrlich.
in-wart Adj. vertraut.
in-wege Adv. unterwegs.
în-welzen swV A zusammenrollen.
in-wendekeit [s.] *inwendicheit.*
in-wendic¹,inde-,innewendic Adj. inner, innerlich.
in-wendic²,in(de)-windic,in-bendige(n),-bendic,-bindic,inne-,indewendic Adv. innerlich, (nach) innen, im Innern.
in-wendic³,inne-wendic Präp.+G/D innerhalb, in; vor.
in-wendicheit,inne-,inde-wendekeit,-wendikeit stF Inneres; Innerlichkeit, Versunkenheit, Andacht.
in-,inne-wendiclich Adj. innerlich.
în-werfen stV [IIIb] A(+pD *ze*) hineinwerfen (in); auswerfen; eintauchen.
in-wert,-wertes Adv. innerlich, im Innern, ins Innere.
in-wertic Adv. innerlich.
inwert-würkunge stF

Nach-Innen-Wirken.
in-wesende Part.Adj. in sich ruhend; innewohnend.
in-wette Adv. um die Wette.
în-winden stV [IIIa] A verhüllen.
in-windic [s.] *inwendic.*
în-wischen swV pA*in* hineinschlüpfen in.
în-wîsen swV A(+pD*ze*) hinführen zu.
in-wîsunge stF Einweisung.
in-wonen [s.] *innewonen.*
în-wurken stN (Ein-) Wirkung.
în-wurkunge stF (Ein-) Wirkung.
în-ziehen stV [IIb] abs./pD *von* /refl.(+pA*in*) sich zurückziehen (in/ von); A(+pA *in*) an-, hinziehen (zu), hineinziehen (in); *den bogen î.* den Bogen spannen; Part. Adj. [s.] *îngezogen.*
in-ziht stF Beschuldigung.
în-zogen swV abs./pD*ze* einziehen (in).
în-zuc stM Rückkehr, Rückzug; Entrückung.
în-zugic Adj. anziehend.
în-zünden swV A anzünden.
in-zuschen [s.] *enzwischen.*
io [s.] *ie ¹.*
ipnapp Subst. [Schlange].
ir¹,er,her,ie Pers.Pron. ihr.
ir² swF Ihriges [weibliche Geschlechtsorgane].
ir³ Poss.Pron. ihr.
ir- [s. auch] *er-.*
ir-berm [s.] *erbarm-.*
irdenisch,irdisch/esch, irdensch,ierdisch,erd(en)isch Adj. irdisch, vergänglich, sterblich; erdig; unterirdisch.
irdenscheit stF Vergänglichkeit.
irdesch [s.] *irdenisch.*
irdîn,erdîn Adj. irden, aus

Erde.
irdisch [s.] *irdenisch.*
ires-,irs-heit stF ihnen wesenhaftes Sein.
ir-gên [s.] *ergân.*
îrgen [s.] *iergân.*
ir-gezzen [s.] *ergetzen.*
îrigen [s.] *iergen(t).*
îrîs Subst. Bergkristall.
iri-zen [s.] *irzen.*
îr-landære stM Ire.
îr-landesch Adj. irisch.
îr-lant stN Irland.
irmen-sûl,irm-siule, -suol stF Irminsäule [hohe Säule, Baumstamm].
irr- [s.] *irre-.*
irrære/âre/er stM Ketzer, Irrlehrer.
irrât stMF Irreführung, Ketzerei.
irre¹,ierre Adj. verwirrt; verirrt; ketzerisch; unstet, leichtfertig; ungestüm; *i.* +G frei von, ohne, irre an; *i. werden* vom Weg abkommen, sich verirren.
irre² Adv. in die Irre, verirrt; ungestüm.
irre³ stF Irre; Leichtfertigkeit.
irre-bære Adj. schillernd.
irrec/ic Adj. falsch; verwirrt, verirrt.
irrec/ic-heit,irre-keit stF Irrtum, Verwirrung, Verblendung, Irrglaube; Betrug.
irrec/ic-lich,irre-,ierrec-lich Adj., **-lîche(n)** Adv. (umher-) irrend; irreführend; verführerisch.
irre-gân,-gên anV abs. sich verirren, umherirren; pD*an, in* abirren von; G zweifeln an.
irre-keit [s.] *irrecheit.*
irre-lich,-lîche(n) [s.] *irreclich.*
irren,ierren,erren swV abs./refl. (+G/pD*von*)/pD*an,*

175

in sich irren (bei/ in), Unrecht haben; sich verirren, abirren (von); D schaden; A/N s*daz* (+D) ver-, behindern, beirren; verwirren, stören, trüben, täuschen; schädigen; aufhalten; im Stich lassen; A+G/pD*an* /Inf.*ze* abbringen/ abhalten von/ zu, hindern an.

irre-,irr-sal stMN Verwirrung, Hindernis, Belastung.

irre-sam Adj. verwirrend.

irre-sâme swM Saat der Zwietracht.

irre-tuom,irr-,ier-tûm stM Irrtum; Verwirrung; Irrglaube, Irrlehre.

irre-varn stV [VIa] abs. sich verirren, herumirren; sich vergessen.

irre-vart stF Irrfahrt, -weg.

îr-rîch stN Irland.

irrunge stF Irrglaube; Irrtum; Verwirrung; Behinderung.

irs-heit [s.] *iresheit.*

ir-trucken [s.] *erdrücken.*

ir-zen,iri-zen,igîzen swV A ihrzen, siezen.

îs stN Eis.

îsele [s.] *insel(e).*

îsen stN Eisen; Eisenspitze, Eisenstück, -kette; Waffe, Rüstung; Hufeisen.

îsen-,îsern-bant stN Eisenkette, -fessel.

îsen-blech,-plech stN Eisenblech, -platte.

îsen-gewant stN Rüstung.

îsen-grâ Adj. eisengrau.

îsen-halt stN Eisenriegel.

îsen-halte swF Eisen-, Fußfessel.

îsen-,îsern-harnasch stN Rüstung.

îsen-hemde stN Panzerhemd.

îsen-,îser(n)-hose swF (eiserne) Beinschiene.

îsen-huot,-hüet stM Eisenhut, Helm.

îsenîn,îsnîn,îsîn,îsne Adj. eisern, aus Eisen.

îsen-kiuwe swM Eisenfresser.

îsen-kolbe swM Eisenkeule.

îsen-,îser-kolze swM Beinschiene.

îsen-,îser-kovertiure stF Panzerdecke (des Pferdes).

îsen-krût stN Eisenkraut.

îsen-plech [s.] *îsenblech.*

îsen-pruoch,-*bruoch stF Beinschienen.

îsen-rinc stM Eisenring [des Kettenpanzers].

îsen-slac stM Schlag auf Eisen.

îsen-smit stM Eisenschmied.

îsen-sper stN Speerspitze.

îsen-spiz stM Eisenspieß.

îsen-stange stswF Eisenstange.

îsen-,îser-var Adj. eisengrau; rostfleckig, rußig.

îsen-wât stF Rüstung.

îser,îsern stN Eisen; Eisenkette, Eisenspitze; Rüstung, Panzer; *under/ von/ ze* î. in Waffen, bewaffnet.

îser- [s.] *îsen-.*

îseren [s.] *îserîn.*

îserîn,îsernîn,îser(e)n, îsrîn Adj. eisern, aus Eisen.

îsern stN [s.] *îser.*

îsern- [s.] *îsen-.*

îsernîn [s.] *îserîn.*

îsîn [s.] *îsenîn.*

îs-kalt Adj. eiskalt.

îsne,îsnîn [s.] *îsenîn.*

ysôpe,isp(e) swMF Ysop [Pflanze].

Ispanje,Ispanie,Hispanje Subst. Spanien.

isp(e) [s.] *ysôp.*

îs-perle stF (durchsichtige) Perle.

Israhêl Subst. Israel.

Israhêle swM Israelit.

israhêlisch,israhêlsch Adj. israelitisch.

Israhêlit swM Israelit.

israhêlsch [s.] *israhêlisch.*

îsrîn [s.] *îserîn.*

ist stN Sein, Seiendes.

istec-lich Adj. wesenhaft.

iste-keit [s.] *isticheit.*

istic Adj. wesenhaft, seiend.

istic-heit,iste-,isti-keit stF Sein, Seinshaftigkeit, Wesenheit.

istôrje,istôrie [s.] *histôrje.*

îs-vogel stM Eisvogel.

it[1] Pers.Pron. [s.] *ez.*

it[2] Indef.Pron. [s.] *iht* [1].

it[3] Adv. [s.] *iht* [2].

îtal(-) [s. auch] *îtel(-).*

itâlisch,itâlsch Adj. italisch, italienisch.

Itâlje Subst. Italien.

îtel[1]**,îtal,îdel** Adj. leer; vergänglich; eitel, nichtig, wertlos, unnütz, vergeblich; rein, unvermischt; î. +G [auch] ohne.

îtel[2] Adv. ganz.

îtel-hende Adv. mit leeren Händen.

ite-lich [s.] *eteslich.*

îtel-keit,îtal-,îdel-keit, îtelic-heit stF Leere; Vergänglichkeit, Nichtigkeit, Vergeblichkeit; Hochmut, Eitelkeit; Untätigkeit.

îtel-lich Adj., **-lîche(n)** Adv. unnütz, überflüssig; überheblich.

îtel-macherinne,-mecherin(ne) stF eitle/ leichtfertige Frau.

îteln,îtalen,îtaln swV A (+G) frei machen (von).

îtel-sîn stN Reinheit.

ite-niue(-) [s.] *iteniuwe(-).*

ite-niuwe,it-niue,-nûwe Adj. ganz neu; erneut, neuerlich; frisch; verändert.

ite-niuwen,-niuen swV refl. sich erholen; A erneuern, wiederholen.

ite-nûwe [s.] *iteniuwe.*

ites-lich [s.] *eteslich.*

ite-wîz,it-,ide-,ete-wîz, -wîze stMFN Vorwurf, Tadel; Schande; Kränkung, Demütigung; Anmaßung.

ite-,it-wîzære stM Verleumder.

ite-,it-wîzen swV A(+pA *umbe*) tadeln (für), schmähen; A+D vorwerfen,-halten.

ît-linc stM (leere) Hülle.

it-niuwe [s.] *iteniuwe.*

it-,id-rucken swV abs. wiederkäuen; A essen.

it-wîz(-) [s.] *itewîz(-).*

itzû,itzunt [s.] *iezuo.*

iule [s.] *iuwel.*

iur [s.] *iuwer.*

iut [s.] *iht* [2].

iuter stMN Euter.

iuweht [s.] *iht.*

iuwel,iule swF Eule.

iuweln-slaht Adj. eulenartig, eulengleich.

iuwer,iur,hûwe,ûwer,ûher Poss.Pron. euer.

iuzen swV A+D sichtbar machen.

iuzern swV A+G berauben.

îwîn Adj. aus Eibenholz; *î. graz/ loup* Eibentriebe.

îwit [s.] *iht.*

iz [s.] *ez.*

j

jâ[1]**,jô** Interj. ja [Bejahung, Zustimmung; Bekräftigung, Beteuerung; auch *jâ* +Pers. Pron., z.B. *jâ ich/ er*].

jâ[2]**,jô** Adv. ja, wahrlich,

wirklich; doch, sogar; auch; nun, da.

jâ[3] stN Ja; Zustimmung.

jâchandîn Adj. aus Hyazinth [Edelstein].

jâchant,jâcint stM Hyazinth [Edelstein].

jagât [s.] *jaget.*

jagd-hunt [s.] *jagehunt.*

jage stF Dahinjagen, Lauf; Verfolgung.

jagede stN Jagd; Wildbret, Jagdbeute.

jage-hunt,jag-,jagd-hunt stM Jagdhund.

jage-hûs,jahe-,jeit-hûs stN Jagdhaus.

jage-liet stN Jagdlied.

jage-list stM Jagdkunst.

jagen swV abs./pD*nâch,von, ze* /p A*an,umbe* jagen/ laufen/ eilen/ stürmen (von/ zu); Jagd machen auf; refl.+pD *von* ausgehen von; A(+pD *gegen,ûz,nâch,von,ze* / p A*an, in,über,ûf* /Adv.lok.) verfolgen; jagen/ treiben/ hetzen/ stürzen (auf/ in/ über/ zu); verjagen/ vertreiben (aus/ von); antreiben; erjagen; streben nach; *j. rîten/ varn* auf die Jagd gehen.

jager [s.] *jeger.*

jage-reht stN Jagdbrauch.

jager-schaft stF Jagd.

jage-site stM Jagdkunst.

jaget,jagt,jagât,jegede, jeit stFN Jagd.

jaget-,jagt-geselle swM Jagdgefährte, -teilnehmer.

jaget-gesinde stN Jagdgefolge.

jag-hunt [s.] *jagehunt.*

jagt(-) [s.] *jaget(-).*

jahe-hûs [s.] *jagehûs.*

jâ-herre swM Jasager.

jâmer,âmer stMN Schmerz, Leid; Trauer, Klage, Jammer; Sehnsucht.

jâmer-bære Adj. unglücklich.

jâmerc,jæmerc,jâmrec/ic, jâmerec/ic,âmaric Adj. leid-, kummervoll, traurig, jämmerlich, unglücklich; sehnsuchtsvoll.

jâmerc-heit,jâmer-,jâmeric-,jômer-keit stF Leid, Elend, Mühsal, Jammer.

jâmerec [s.] *jâmerc.*

jâmer-garte swM Schmerzensgarten.

jâmer-gîtec Adj. grausam.

jâmer-haft Adj. unglücklich, leidvoll.

jâmer(ic)-heit [s.] *jâmercheit.*

jâmer-lich,jæmer-,gâmer-,gêmer-,âmer-lich Adj., **-lîche(n)** Adv. jämmerlich, elend; beklagenswert, schmerzlich; leidvoll, kummervoll, traurig; schrecklich.

jâmern,jâmren,âmern swV A/N*sdaz* schmerzen, dauern; beklagen; unpers.+A (+G/ pD*nâch* / pA*in* / N*sdaz, w*) verlangen/ sich sehnen/ Sehnsucht haben nach; Leid tun, betrüben.

jâmer-sanc stM Klagegesang.

jâmer-schouwe stF jammervoller Anblick.

jâmer-stric stM Band der Trauer.

jâmer-suht stF Leiden, Schwermut.

jâmer-tac stM Trauertag.

jâmer-tal stN Jammertal.

jâmerunge stF Schmerz; Jammer.

jâmer-var Adj. traurig.

jâmer-wunde swF Herzweh.

jâmer-zil stN trauriges Ende.

jâmre- [s.] *jâmer-.*

jân,jæn stM Erscheinung, Weise.

jappe-,jappes-stift stN
(Schnapp-) Falle.

jâr stN Jahr; Zeit; Alter; Leben;
(des) jâres jährlich, in diesem Jahr; *ze jâre* übers Jahr;
ze sînen jâren komen
volljährig/ mündig werden.

jâra-jâ Interj. [Bewunderung;
Weheruf]].

jâr-dienest stM Jahresdienst.

jærec/ic Adj. ein Jahr alt.

jâren,jæren swV abs./refl.
volljährig/ mündig werden;
reifen; Part.Adj. [s.] *gejâret.*

jâr-gelîche Adv. jedes Jahr.

jâriâ Interj. [Weheruf].

jæric-lîche Adv. jedes Jahr.

jâri-lîche [s.] *jærlîche.*

jâr-kirchmesse stF jährli-
ches Kirchweihfest.

jâr-lanc Adv. das ganze Jahr;
für den Rest des Jahres; die-
ses/ jedes Jahr; *j.* +Neg. niemals.

jær-,jâri-lîche Adv. jährlich,
jedes Jahr.

jâr-mark(e)t stM Jahrmarkt.

jâr-vrist stF Jahresfrist.

jâr-zal stF Jahrestag, -frist;
sîne j. behalten volljährig/
mündig werden.

jâr-zil stN Jahresfrist.

jâr-zît stF Jahrestag.

jaspis,jaspes,jaspin stM
Jaspis [Edelstein].

je [s.] *ie.*

je-doch [s.] *iedoch*[2].

jegede [s.] *jaget.*

jege-lich Adj. *jegelichiu ge-
wonheit* Jagdbrauch.

jeger,jager stM Jäger.

jegerîe stF Jagdkunst.

jegerin stF Jägerin.

jeger-lîchen Adv. wie ein Jäger.

jeger-liute stMN [Pl.] Jäger.

jeger-meister stM Jäger-
meister.

jeger-spîse stF Jagd-, Reise-
proviant.

jeg-lich [s.] *iegelich.*

jehe stF Aussage, Ausspruch;
Behauptung; Bericht.

jehen,jên stV [Va] [Präs.
auch *gihe-*] pDze/pAan
glauben an, sich bekennen
zu; sich berufen auf; pAûf
aussagen gegen; pAwider
entgegnen; G/A/Ns(daz,ob,
w)(+D) sagen, erzählen; behaupten; bekennen, geste-
hen; bezeugen, bestätigen;
versprechen; entscheiden;
zulassen; glauben; zubilligen, zuerkennen, zutrauen;
nachsagen; D+pDvon berichten von; D+pDvor den Vor-
zug geben vor; G+pDze/pA
vür erklären zu, ansehen/
bezeichnen/ anrechnen als,
beanspruchen als.

jeit [s.] *jaget.*

jeit-hûs [s.] *jagehûs.*

jellen stV [IIIb] pDdurch blasen in.

je-man(t),-men [s.] *ieman.*

jên [s.] *jehen.*

jenen Adv. *j. her* von dort.

jenent-halp [s.] *jenhalp*[1].

jenent-her Adv. von drüben.

jener,gener,giner,ener
Dem.Pron. jene (-r/ -s); der,
derjenige [auch *der j.*].

jenez-wîp stN Kammerfrau.

jen-halp[1]**,jenent-,ene-
halp** Adv. auf der anderen
Seite.

jen-halp[2] Präp. [s.] *einhalp*[2].

jenner,genner stM Januar.

jen-,en-sît Präp.+G jenseits.

jêrarchîe,iêrarchîe stF Hie-
rarchie [Rangordnung der
Engelchöre].

jêrarchîtes Subst.[Edelstein].

jeroffel Subst. (Gewürz-)
Nelke.

jesen stV [Va] abs. gären, reifen; schäumen.

jeten stV [Va] A jäten, ausreißen; A+pDûz aussondern
aus; A+pDvon befreien von.

jeterin stF (Beeren-, Gras-,
Pilz-) Sammlerin.

jo [s.] *ie*[1].

jô [s.] *jâ.*

joch[1]**,jouch** Adv. wirklich,
wahrlich; doch, auch (nur);
noch; schon; sogar.

joch[2]**,jouch** Konj. und; oder;
weder.

joch[3] stN [Pl. auch *jochede-*]
Joch.

jœ-lich Adj. jubelnd.

jômer-keit [s.] *jâmercheit.*

jope,juppe swF Wams; Jacke.

jost- [s.] *tjost(-).*

jostel,*tjöstel stN [Tanz-
schritt].

jouch [s.] *joch.*

jouchen,jöuchen swV Adv.
lok. jagen; A aufscheuchen.

joye [s.] *schoie.*

jû Interj. [Freude; Bekräftigung, Beteuerung].

jûbel stM Jubel.

jûbilazîe swF Jubel.

jûbilieren swV abs. jubilie-
ren, frohlocken.

jûchzen swV abs. jauchzen.

jucken swV A kitzeln.

Juda,Judas [s.] *Judêa.*

jude swM Jude.

Judêa,Juda(s) Subst. Judäa.

judêisch [s.] *judesch.*

juden-huot stM Judenhut.

juden-kint stN Judenkind.

**judesch/isch,jüdisch,
judêisch** Adj. jüdisch.

judes-heit [s.] *jüdischeit.*

jüdinne stF Jüdin.

jüdischeit,judes-heit stF
jüdisches Volk; Judentum.

jugenden swV abs. stark werden.

jugent,jungent,jungede
stF Jugend (-alter, -kraft).

jugent-lich Adj. jugendlich.
jumente swF Stute.
junc Adj. jung; jünger, jüngst; neu, frisch; [Superl. s. auch *jungest*].
junc-alte swM der zugleich Junge und Alte [Christus].
junc-brunne swM Jungbrunnen.
junc-herre,-hêre swM Junker; Knappe, Edelknabe; junger Ritter/ Edelmann.
junc-lich Adj. jung, jugendlich.
junc-man stM junger Mann.
junc-vröulich [s.] *juncvröuwelich*.
junc-vrouwe,-vrowe swF Jungfrau; (adliges) Mädchen, Edelfräulein; Hofdame; [auch] keuscher Mann.
junc-vröuwelich,-vröulich Adj. jungfräulich, rein, keusch.
junc-vröuwelicheit stF Jungfräulichkeit, Unberührtheit.
juncvrouwen-antlütz stN Mädchengesicht.
junc-vrowe [s.] *juncvrouwe*.
junge[1] swM Jüngling; Sohn, Kind.
junge[2] swN (Tier-) Junges.
jungede[1] stN (Tier-) Junges.
jungede[2] stF [s.] *jugent*.
junge-,jünge-linc stM Jüngling, Knabe, junger Mann; [Pl. auch Brautpaar].
jungen,jüngen swV abs./ refl. sich verjüngen/ erneuern, jung werden; A (wieder) jung machen.
jungent [s.] *jugent*.
junger swM Jünger, Schüler, Anhänger.
junger-lich Adj. jugendlich.
jungern swV A verjüngen.
jungest,junges Adj. [Superl.

von *junc*] letzte (-r/ -s); vergangen; höchst, äußerst; *der j. tac, diu j. urstende/ wîle/ zît, daz j. geziucnis/ urteil* [auch] der Jüngste Tag, das Jüngste Gericht; *(ze) j., des jungesten, an/ ze dem jungesten* zuletzt, schließlich, am Ende; zum letzten Mal; vor kurzem.
juppe [s.] *jope*.
juriste swM Jurist.
jûs stM Schwelgerei.
jûsen swV pDze eilen nach.
jussel stN Brühe.
just(-) [s.] *tjost(-)*.
juvente stF Jugend.

k

kachen stN Gelächter.
kaf stN Spreu, Stroh; Nichts.
kaffære/âre [s.] *kapfære*.
kaffât stF Besichtigung.
kaffen [s.] *kapfen*.
kagen-wartic [s.] *gegenwertec*.
kahtz stM *einen k. slahen* +D verlachen.
kal[1] ,kalwe Adj. kahl (-köpfig).
kal[2] stM Keifen.
Calaber,Kalabre Subst. Kalabrien.
calader stM [Fabelvogel].
kalamît stF Magnet (-berg).
kalbe swF Färse [weibliches Kalb].
kalc stM Kalk, Verputz; *lebentiger k.* ungelöschter Kalk.
calcedôn,calcidônie/je stM Kalzedon [Halbedelstein].
calcedônen swV abs. sich demütig verhalten.

calcidônie/je [s.] *calcedôn*.
calcofôn stM [Edelstein].
kalde [s.] *kelte*.
caldeis(ch) Adj. chaldäisch.
kalden [s.] *kalten*.
kâle [s.] *quâle [1]*.
kalen [s.] *queln [1]*.
kalende stF *k.hôhgezît* Neumond [jüdischer Festtag].
kal-hart stM Plaudernder.
kallen swV abs./pDûz,ze sprechen (aus/ zu), plaudern; singen; zanken.
kalop- [s.] *galop-*.
kalp stN Kalb.
kalt[1] Adj. kalt, kühl.
kalt[2] stN Kälte.
kalte [s.] *kelte*.
kalten,kalden,kelten swV abs. kalt werden, erkalten; A kalt machen, kühlen.
kalt-heit stF Kälte.
kalt-lîchen Adv. kalt.
kalt-smit stM Kesselschmied; Fahrender.
kalwe [s.] *kal [1]*.
kalwen swV abs. kahl werden.
kalzen [s.] *kelzen*.
kam [s.] *kamp*.
kambe swMF Zahn (am Mühlrad).
kamele [s.] *gamille*.
camêne swF Muse.
camênisch Adj. *c. sinne* Weisheit der Musen.
kamer,kam(e)re stswF (Schlaf-, Schatz-, Vorrats-) Kammer, Gemach; *die k.gewinnen* Kämmerer werden.
kamer-ampt,-amt stN Kammerdienst.
kameræere/âre/er,kameræere stM Kämmerer, Schatzmeister; Kammerdiener.
kameræerin(ne) stF Kammerfrau, Hof-, Schatzmeisterin.
kamere [s.] *kamer*.

kamer-gewant stN Reisegepäck.
kamer-kneht stM Hausdiener.
kamer-schaz stM Hofschatz.
kamer-tür stF (Schatz-) Kammertür.
kamer-wagen stM Vorrats-, Packwagen.
kamer-wîp stN Kammerfrau; Haushälterin; Kinderfrau.
kamer-zitze swF Kupplerin.
kamme [s.] *kamp.*
kammel [s.] *kembel.*
kamp¹,kam,kamme stsw MF Kamm; Weberkamm; Schamberg; *îserîniu kambe* Eisenkämme [Marterwerkzeug].
kamp² stM [s.] *kampf.*
Campanier stM Bewohner der Campagna.
kampf,kamp stM Kampf; Zweikampf; Krieg; Gerichtskampf, Wettkampf; *mit/ ze kampfe ansprechen/ bereden/ gihtigen/ lôsen* +A zum Gerichtskampf fordern, im Gerichtskampf rechtfertigen/ überführen.
kampf-,kampfes-bære Adj. kampftüchtig, -bereit.
campfer stM Kampfer.
kampfes-bære [s.] *kampfbære.*
kampf-genôz stswM Kampfgenosse; Gegner.
kampf-geselle swM Kampfgefährte; Gegner.
kampf-geverte swM Gegner.
kampf-kolbe swM Streitkolben.
kampf-lich Adj. gerüstet, bewaffnet; *k. gîsel* Stellvertreter im Kampf.
kampf-,kempf-lîche(n) Adv. kriegerisch, kampfbereit; *k. ansprechen/ laden* +A

zum Gerichtskampf fordern/ vorladen.
kampf-müede Adj. vom Kampf erschöpft.
kampf-reht stN Recht auf Kampf.
kampf-rehten swV abs. einen Zweikampf/ Gerichtskampf ausfechten.
kampf-schilt stM Kampfschild.
kampf-stat stF Kampfplatz.
kampf-wât stF Rüstung.
kampf-werc stN Rüstung.
kampf-wîse¹ Adj. kampferprobt.
kampf-wîse² stF Kämpfen.
kampf-zît stF Kampftermin; *ze guoter k. komen* rechtzeitig zum Kampf kommen.
kamre [s.] *kamer.*
Canaan Subst. Kanaan.
kanal,kenel,kener stM Kanal; Röhre.
cananasch,canane(i)sch Adj. kanaanitisch.
kandel [s.] *kanne.*
kanker swM [Spinnenart].
kanne,kannel,kandel stswF Kanne, Krug.
kant Adj. *k. werden* +D zuteil werden.
kant- [s.] *kennen.*
kant-lîche Adv. erkennbar.
kant-nüsse stF Kenntnis.
kanzel stF Kanzel.
kanzelære/er stM Kanzler.
kanzelîe stF Kanzlei.
kanzeln swV D das Kanzleramt ausüben bei.
kanz-wagen stM Lastwagen.
kapelân,kappel(l)ân,kapilân,kaplân stM Kaplan.
kapellâninne stF Kaplanin.
kapelle,kappel(le) stswF Kapelle; Reliquienschrein.
kapel-,kappel-soum stM Gepäck mit liturgischen Geräten.

capelûn [s.] *gabilûn.*
kapfære,kaffære/âre, chepfer stM Zuschauer, Gaffer; Turnieraufseher.
kapfen,kaffen,gaffen swV abs./pA*in,ûf* /Adv.lok. gaffen, staunen; schauen (auf, in); *umbe sich k.* sich umsehen; *vîntlîchen k.* grimmig aussehen; *wider/ ze berge/ himel k.* (+D) hinaufschauen.
kapferinne stF Neugierige.
kapilân [s.] *kapelân.*
capitel stN Kapitel, Abschnitt; Konvent, Versammlung; Kapitelsaal; Untersuchung.
capitel-hûs stN Kapitelhaus.
kaplân [s.] *kapelân.*
kappân [s.] *kappûn.*
kappe stswF Mantel; Kapuze; Tarnkappe; Mönchskutte.
kappel(-) [s.] *kapel-.*
kappûn,kapûn,kappân, kappôner stM Kapaun; Kastrat.
kappûnen swV A kastrieren.
kaptil stN Kapitell.
kapûn [s.] *kappûn.*
kar stN Schüssel.
karacter,karacte,kracter stswM Buchstabe; heiliges/ magisches Zeichen; Abdruck.
karbunkel(-) [s.] *karfunkel(-).*
karc Adj. klug, schlau, (hinter-) listig; stark, heftig; sparsam, geizig.
karc-,kar-heit stF (Hinter-) List; Geiz, Knauserei.
karc-lich,kerc-lich Adj., **-lîche(n)** Adv. schlau, (hinter-) listig; sparsam.
carda-,carde-môm,kardemûm stswM Kardamom.
karde [s.] *karte¹.*
kardenâl¹ Adj. *kardenâliu tugent* Kardinaltugend.

kardenâl²,cardinâl,chard-
nal stM Kardinal.
kare-lich Adj. jämmerlich.
karfunkel,karbunkel stM
Karfunkel [Edelstein].
karfunkel-,karbunkel-
stein stM Karfunkel [Edel-
stein].
kargen swV pDmit knausern
mit.
kar-heit [s.] karcheit.
karîne [s.] kerrîne.
karkære/âre/er,kerkære,
kerker,kerkenære/er stM
Kerker; êwiger k. Hölle.
karkel-var Adj. fahl.
karkeren,kerkeren swV A
einkerkern.
karl,kerl stM (Ehe-) Mann.
karnâre,charnârestN (Mas-
sen-) Grab.
karôt stM Wehklagen.
karrâsch(e),karrôsche
stswMF (Kriegs-, Tross-,
Fahnen-) Wagen.
karre,karren,garre swMF
Karren.
karren¹ swV abs. brüllen.
karren² swMF [s.] karre.
carrêne [s.] kerrîne.
karrer stM Fuhrmann.
karrich stM Wagen.
karrîne [s.] kerrîne.
karrôsche [s.] karrâsch(e).
karrûne stF Karren.
kârt- [s.] kêren.
kartâte swF in der kartâten
bei der Liebe Gottes.
karte,karde swMF Karde
[Faserkamm]; Kardendistel.
kar-vrîtac stM Karfreitag.
kar-woche swF Karwoche.
kæs(-) [s.] kæse(-).
casagân stM Reitrock.
kæse,kâse stMN Käse.
kæse-gülte stF Käseabgabe.
kæse-kar stN Käsefass.
kâsel stF Hülle.
kæse-sunnentac stM Käse-

sonntag [Sonntag nach A-
schermittwoch].
kæse-,kæs-wazzer stN
Molke.
casse swF Cassie [Mimosen-
art].
cassen-rœre swF Cassie
[Mimosenart].
cassian-poum stM Cassie
[Mimosenart].
kastâne(-) [s.] kesten(-).
kaste¹,chaste swM Kasten,
Truhe, Behälter; (Ein-) Fassung.
kaste² swMF [s.] queste.
kastel stN Burg, Schloss,
Kastell.
kastel(l)ân stN kastilisches
Pferd.
kastigen [s.] kestigen.
Kastîlie Subst. Kastilien.
kasûgele swF Messgewand.
kât,kôt,quât,quôt stN Kot,
Schmutz.
Cataloni,Katlon Subst. Ka-
talonien.
kâteblatîn stN [Stoff].
kater stswM Kater.
cathe swM [Fabeltier].
Katlon [s.] Cataloni.
katolicô stswM Katholikos
[Patriarch der armenischen
Kirche].
kât-,quât-spreche swM
Lästermaul.
katze stswF Katze; Ramm-
bock [Belagerungsgerät].
katzen-vaz stN Katzen-
schüssel.
katz-huot stM Hut aus Kat-
zenfell.
keben [s.] geben ¹.
kebes,keb(e)se stswF Ne-
benfrau, Konkubine; Kon-
kubinat.
kebes-bruoder,-pruoder
stM Halbbruder [aus außer-
ehelicher Verbindung].
kebese [s.] kebes.

kebese-,kebse-linc stMun-
eheliches Kind.
kebesen,kebsen swV A zur
Nebenfrau/ Konkubine ma-
chen/ nehmen.
kebes-,kebs-kint stN un-
eheliches Kind.
kebes-,kebs-lich Adj., -lî-
che(n) Adv. unehelich, außerehelich.
kebes-pruoder [s.] kebes-
bruoder.
kebes-,kep-sun stM unehe-
licher Sohn.
kebes-wîp stN Konkubine.
kebisch Adj. unehelich; k.
missetât Ehebruch.
kebs- [s.] kebes(-).
kec,chec,kech,quec,
choc,choch Adj. frisch, lebendig, munter; kühn,
furchtlos; schnell; fest; hell.
kec-,quec-brunne swM
Quell.
kec-,quec-heit stF Munter-
keit; Mut, Tapferkeit.
kecke Adv. mutig.
kec-lîche Adv. mutig.
ke-danken [s.] gedanken.
keden,cheden,queden,
kweden,choden stV [Va]
abs. erschallen; Nom. lauten,
heißen, bedeuten; A/Ns(daz,
w)(+pDze/pAwider) sagen/
sprechen (zu), fragen, rufen;
leit/ leide k. +D drohen.
kefse,kesfe,chefse stswF
Reliquienbehälter,(Hostien-)
Kapsel.
kegel stM Kegel; kindes k.
(unehelicher) Nachkomme.
kegeler stM Kegelspieler.
kegen [s.] gegen ¹.
keibe stF Mastkorb.
kein,chein Indef.Pron. keine
(-r/ -s); (irgend-) eine (-r/ -s),
(irgend-) etwas [meist+Neg.].
keiner-lei Adj. kein; irgendein.

keinest Adv. niemals, jemals.
kein-visch stM [Fisch].
keiser,cheiser stM Kaiser; Bienenkönigin.
keiserin(ne) stF Kaiserin.
keiser-lich Adj., **-lîche** Adv. kaiserlich; herrlich, stattlich, majestätisch.
keiser-tuom,-tûm stN Kaisertum.
keistegunge [s.]*kestigunge*.
keistigen [s.] *kestigen*.
kel,kele,chele stswF Kehle, Hals, Rachen; Kragen.
kêl [s.] *kiel*.
kelbe swF Halsband.
kelberîn Adj. *k. hût* Kalbshaut.
kelber-muoter stF Kuh.
kelber-springen stN Kälberspringen.
kelbrîsche Adv. wie ein Kalb.
kelch,kelich stM Kelch.
kelde [s.] *kelte*.
kele [s.] *kel*.
kêle [s.] *quâle* [1].
kelgen swV D+pA*in* hängen in.
kel-gîtec/ic-heit stF Hunger; Gier.
kelich [s.] *kelch*.
ke-lîch,-lîge [s.] *gelîch*.
celidonîer stM [Wurm].
celidonîe-wazzer stN Heilwasser aus Schöllkraut.
kelle swF Kelle, Schöpflöffel.
kellen[1] stV [IIIb] abs. schlottern.
kellen[2] swV [s.] *queln* [2].
keller,kelre stM Keller; Höhle.
kellerin stF Kellermeisterin, Wirtschafterin.
keln [s.] *queln* [2].
kelre [s.] *keller*.
kel-suht stF Halsentzündung.

kelte,kelten,kelde,kalte, kalde,chalte stswF Kälte, Frost.
kelten[1] stV [s.] *gelten*.
kelten[2] swV [s.] *kalten*.
kelten[3] stswF [s.] *kelte*.
kelter swF Kelter.
kelt-nisse stF Kälte.
kelwe swF Kopfhaut.
kelzen,kalzen swV abs./pD *ze* schimpfen (über); prahlen.
kembel,kem(m)el,kammel stM Kamel.
kembelîn stN Kamelhaar.
kemben,kemmen,kempen swV A kämmen.
kemel [s.] *kembel*.
kemel-hâr stN Kamelhaar.
kemel-tier stN Kamel.
kemenâte,kemnâte,chemenâte,chemnâte stswF (Schlaf-, Frauen-) Gemach; Raum, Zimmer, (Vorrats-) Kammer; Haus; Kammerfrauen.
kemerære [s.] *kamerære*.
kemerische swF Kammerfrau.
kemfe [s.] *kempfe*.
kemîn stM Feuerstätte.
kemmel [s.] *kembel*.
kemmelîn Adj. *k. hâr* Kamelhaar.
kemmel-wolle swF Kamelhaar.
kemmen [s.] *kemben*.
kemnâte [s.] *kemenâte*.
kempe [s.] *kempfe*.
kempen [s.] *kemmen*.
kempfe,kemfe,kempe, chempfe,kenpfe,kenpe swM (Berufs-, Lohn-, Gerichts-) Kämpfer; Verfechter.
kempfen swV abs./pD*mit* kämpfen/ ringen (mit); A/pA *an,vûr,wider* kämpfen gegen/ für.

kempfer stM Kämpfer.
kempfinne stF Kämpferin.
kempf-lîche(n) [s.] *kampf-lîche(n)*.
kên [s.] *gân*.
kenel,kener [s.] *kanal*.
kenne stF Erkennen.
kenne-lôs Adj. unwissend.
kennen,chennen swV [Prät. *kant-*] A/Nsw (er-) kennen, wissen.
kenpe,kenpfe [s.] *kempfe*.
kepel-,kipfel-îsen stN Bauernsäbel.
keppel-snit stM Betrügerei.
kep-sun [s.] *kebessun*.
kêr,kêre stMF Weg, Lauf, Fahrt; Richtung; Neigung, (Hin-) Wendung; Einkehr; Umkehr; Bekehrung; Kehrtwende.
kêrære stM Vers.
kerben swV A einkerben.
kerc-lich,-lîche(n) [s.] *karclich*.
kêre [s.] *kêr*.
keren [s.] *kern* [1].
kêren,chêren swV [Prät. auch *kârt-* , Part.Prät. *gekârt*] abs. umkehren, sich umwenden; Adv.lok. ziehen, fahren, gehen, kommen, sich wenden; pD*gegen,ze* / pA*an, durch, in, ûf, under, vür, wider* sich wenden an/ gegen/ nach/ zu; reiten/ ziehen durch/ gegen/ in/ nach/ zu, kommen/ dringen/ gehen in, zurückkehren zu/ nach; pD *ûz,von* ziehen aus, sich abwenden von, herab-, weggehen, wegziehen von; pA*über* gehen/ sich beugen/ ziehen über; refl.+pA*an* sich kümmern um, sich halten an; A umdrehen, -wenden; bekehren, ändern; einsetzen; A+D verwehren; A(+D)+pD*ab,ûz, von* abwenden/ abbringen/

ablenken von, führen/ übersetzen aus; A(+D)+pD*(en-) gegen, nâch, ze* / p*Aan, in, hinder, ûf, wider* /Adv.lok. wenden/ richten an/ auf/ gegen/ in/ nach/ zu; verwenden/ einsetzen für; übersetzen/ verwandeln in; legen in; führen zu; drehen hinter; *daz/ den ende k., des endes k.* die Richtung einschlagen; *daz pfat/ die strâzen k.* den Weg einschlagen; *den nac/ rücke k.* (+D) den Rücken kehren.
kerenter stM Beinhaus.
kerge stF Klugheit, Schlauheit; Strenge.
kerkære/er, kerkenære/er [s.] *karkære.*
kerkeren [s.] *karkeren.*
kerl [s.] *karl.*
kêr-lich Adj. wechselnd.
Kerlinc stswM Franzose; Mann.
Kerlingen stN Frankreich.
kerlingisch Adj. französisch.
kern[1], keren, cherigen swV abs./Adv./A(+p*Avûr*) kehren/ fegen (vor).
kern[2], kerne stswM Kern; Same; Korn; Grund; Innerstes; Inbegriff.
Kernden, Kerndern, Kernten stN Kärnten.
Kernden-lant stN Kärnten.
kerne [s.] *kern[2].*
kernen swV abs. fest werden.
Kernten [s.] *Kernden.*
kerp stM Kerbholz.
kerren stV [IIIb] abs. schreien; wiehern; grunzen; quieken; quietschen, knarren; tosen.
kerrîne, kar(r)îne, carrêne stF (vierzigtägiges) Fasten.
kerse, kirse stswF Kirsche.
kers-, kersen-poum stM Kirschbaum.
ker-stal [s.] *kerzestal.*

kerubîn, cherubîn stM Cherubin.
kerze swF Kerze.
kerzen-lieht stN Kerze.
kerze-, kerzen-, ker(z)-stal stN Leuchter.
kerzîn Adj. *k. schoup* Kerzenbündel.
kerz-stal [s.] *kerzestal.*
kerz-wîhe stF Kerzenweihe.
kes stN Morast.
kesfe [s.] *kefse.*
kestânie [s.] *kesten.*
kestegunge [s.] *kestigunge.*
kesten, kestânie, kastâne stswF Kastanie.
kesten-, kastânen-boum, -poum stM Kastanienbaum.
kesten-nuz stF Kastanie.
kesten-poum [s.] *kestenboum.*
kestg- [s.] *kestig-.*
kestien [s.] *kestigen.*
kestige, kestigete stF Kasteiung.
kestigen, kestgen, kastigen, kestien, keistigen swV A kasteien, züchtigen, quälen, strafen; A+pD*von* abbringen von.
kestigete [s.] *kestige.*
kestigunge, kest(e)gunge, keistegunge, kestunge stF Kasteiung, Züchtigung.
keten(e), kitene stswF Kette.
ketenîn Adj. aus Ketten.
keten-vîrtac stM Petri Kettenfeier [1. August].
keten-wambes stN Kettenhemd.
ketzer, chetzer stM Ketzer; Sodomit.
ketzer-geloube swM ketzerischer Glaube.
ketzerîe, ketzrîe, ketzerîge stF Ketzerei, Irrglaube, Irrlehre.
ketzer-kint stN Kind eines

Ketzers.
ketzer-lich Adj., **-lîche(n)** Adv. ketzerisch.
ketzer-wolf stM ketzerischer Wolf.
ketzrîe [s.] *ketzerîe.*
keu [s.] *kiuwe.*
kever(e) stswM Käfer.
kevje, kevi(t) stMFN Käfig.
kewe(-) [s.] *kiuwe(-).*
kezzel stM Kessel.
kezzel-krût stN Gemüseeintopf.
kezzi-bodem stM Boden des Kessels.
ch- [s. auch] *k-, qu-.*
chan [s.] *kone.*
chepfer [s.] *kapfære.*
cherigen [s.]*kern*[1].
chiflen [s.] *kifen.*
chinden-spil [s.] *kintspil.*
chlüngeln-chlangeln stN Poussieren.
chlimen [s.] *klimmen.*
chnîn, chniun [s.] *knien.*
choc(h) [s.] *kec.*
choden [s.] *keden.*
chofer [s.] *kupfer.*
chôle [s.] *quâle*[1].
cholen, choln, chöln [s.] *queln.*
chôn [s.] *küen.*
chos [s.] *kus*[1].
chrezze [s.] *kretze.*
chrouze(-) [s.] *kriuze(-).*
chrûtzen [s.] *criuzen.*
chuht- [s.] *quicken.*
chunebel [s.] *knubel.*
chunge-lîn [s.] *künegelîn.*
chunigin [s.] *künegin(ne).*
chuon [s.] *küen.*
chuoni(n)c [s.] *künec.*
chuoni(n)gin(ne) [s.] *künegin(ne).*
chürtze [s.] *kürze.*
chwel(l)en [s.] *queln.*
kibic Adj. zänkisch.
kîche swMF Asthma; Kerker; [Vogelart].

kîchen swV abs. keuchen, stöhnen, röcheln.
kicher stMF Erbse.
kicher-krût stN Erbse.
kicher-mel stN [flekt. *kichermelb-*] Erbsmehl.
kiel,kêl,chiel stM Schiff.
kiel-kemenâte swF Kajüte.
kien stMN Harz.
kien-boum stM Kiefer.
kien-lîte swF Kiefernhang.
kiesen stV [IIb] pDze streben nach; A/ Ns (*daz,ob,w*)/ Inf. sehen, erkennen; finden; erfahren, erleiden; suchen; A/Ns *ob* +D bemerken/ feststellen bei; A/Ns *daz,w* (+refl. D)(+pDze) (er-) wählen (als/ zu); A+pAvür eintauschen für, vorziehen; halten für; *ein bilde k.* +pDan ein Beispiel nehmen an/ sehen in.
kieserin stF Schiedsrichterin.
kîf Adj. fest.
kîfelen [s.] *kîfen.*
kifen,chiflen swV A abnagen; schröpfen.
kîfen,kîfelen stN Keifen, Streiten.
kil stM Federkiel.
kîl stM Keil; Zeltpflock.
kilch- [s.] *kirch-.*
kill swM [Meerestier].
kil-wî,-wîe [s.] *kirchwîhe.*
kîmeln swV abs. keimen.
kîmen stV [Ia] abs. wachsen, sprießen.
kimpas,*compass stM Kompass.
kin(-) [s.] *kinne(-).*
kindahe stN Kinder.
kinde-glîch Indef.Pron. jedermann.
kindel- [s.] *kint-.*
kinde-lich,-lîche(n) [s.] *kintlich.*
kinden,kindeln swV abs. Kinder zeugen/ empfangen,

gebären; A zeugen.
kinder- [s.] *kint-.*
kindesch/isch,kindes Adj. jung, kindlich; jugendlich; unreif, unvernünftig.
kindes-,kinds-kint stN Kindeskind, Nachkomme, Enkel.
kinde(s)-spil [s.] *kintspil.*
kinds-kint [s.] *kindeskint.*
kinne,kin stN Kinn, Kinnbacken.
kinne-bache,kin-packe swM Kinnbacken.
kinne-,kin-bein stN Kinn, Kinnbacken, Unterkiefer.
kin-packe [s.] *kinnebache.*
kint[1] Adj. jung; schmeichelnd; unbedacht.
kint[2]**,chint** stN [auch stM] Kind; Sohn, Tochter; Nachkomme; (junges) Mädchen; Knabe, junger Mann; Edelfräulein; Knappe, Page; (junger) Knecht; Mensch, Menschenkind; (Tier-) Junges; *maneger muoter k.* viele Menschen; *von kinde (an/ her), von kindes beine/ lit/ jugende* von Kind an.
kint-,chint-amme swF Amme.
kint-,kindel-paden stN Baden der Kinder.
kint-bette,kindel-,kinder-pette stN Wochenbett.
kint-betterin stF Wöchnerin.
kint-enpfâherin stF Gebärmutter.
kint-,kindel-geschrei stN Kindergeschrei.
kint-,chint-heit stF Kindheit, Jugend; jugendlicher Leichtsinn, Dummheit.
kint-lich,kinde-lich Adj., **-lîche(n)** Adv. kindlich, jung; unschuldig; kindisch, töricht, unüberlegt; *von*

kintlichen tagen, ûz kintlichem leben von Jugend auf.
kint-,kinder-machen stN Kinderzeugen, -versorgen.
kint-pette [s.] *kintbette.*
kint-pîze swM [Wurm].
kint-porte swF Muttermund.
kint-,kindel-rede stF Binsenweisheit.
kint-spil,kinde(l)-,kindes-,chinden-spil stN Kinderspiel.
kint-traht stF Schwangerschaft.
kint-wesen stN Kindheit; *von k.* von Kindheit an.
kint-wesende Part.Adv. als Kind.
kîp stM Nachstellung, Verleumdung; Widerstand, Widerspruch; Streit; Feindschaft.
kipfel-îsen [s.] *kepelîsen.*
Kiper- [s.] *Cyper(-).*
kippe swF Sichel.
kipper stM unritterlicher Kämpfer, Schmarotzer, Beutejäger.
kipper(-) [s.] *cyper(-).*
kir [s.] *ger*[1].
kirch-brüchel stM Kirchenschänder.
kirche,kilche,kireche swF Kirche; Altar; Gemeinde.
kirchen-gân stN Kirchgang.
kirchen-menie stF Kirchengemeinde.
kirchen-tür [s.] *kirchtür.*
kirchen-vride stswM Kirchenasyl.
kircherre,*kirch-herre swM Pfarrherr.
kirch-,kilch-ganc stM Kirchgang.
kirch-,kirech-hof,kirchof stM Kirchhof, Friedhof.
kirch-,kir-messe stF Kirchweihfest.

kirch-tac stM Kirchweihfest.
kirch-,kirchen-tür stF Kirchentür.
kirch-vart stF Wallfahrt.
kirch-wart stswM Kirchenältester.
kirch-wîhe,kir-,kil-wî(e) stF Kirchweihe, Kirchweihfest; Tempelweihe.
kirch-zûn stM Kirchhofszaun.
kirech- [s.] kirch(-).
kir-messe [s.] kirchmesse.
kirse [s.] kerse.
kir-wî(he),-wîe [s.] kirchwîhe.
kis stMN (Eisen-) Erz.
kisel stM Kiesel (-stein).
kise-,kis-linc stM Kiesel.
kisel-stein stM Kieselstein.
kis-linc [s.] kiselinc.
kiste stswF Kiste, Kasten, Truhe.
kitene [s.] keten(e).
kittel stM (Bauern-) Kittel.
kittern swV abs. kichern.
kitze stswN Kitz, Zicklein.
kitze-vel stN Ziegenfell.
kiuchen [s.] kûchen².
kiuen [s.] kiuwen.
kiule,kûle stswF Keule; Keulenschlag.
kiun [s.] kiuwen.
kiusch,kûsch Adj. keusch, rein;unschuldig;tugendhaft; schamhaft; makellos; mäßig, zurückhaltend, enthaltsam.
kiusche¹,kûsche Adv. rein, keusch.
kiusche²,kûsche,chûsche stF Reinheit, Keuschheit, Unschuld; Tugend; Enthaltsamkeit, Zurückhaltung, Beherrschung.
kiuschec-lich,kiusch-, kûsch(e)-,kûs-,kunschec-lich Adj., -lîche(n) Adv. rein, keusch, tugendhaft; zurückhaltend.

kiusche-heit,kûsche-, kunsch-keit,kiuscheit, kûscheit,chiusch(ik)eit stF Reinheit; Keuschheit, Jungfräulichkeit; Enthaltsamkeit; Tugend.
kiusch-lich,-lîche(n) [s.] kiuscheclîch.
kiuwe,kewe,keu,kouwe swMF Rachen; Kiefer; k. des mundes Mund.
kiuwen,kûwen,kiu(e)n, kewen stV [IIa, Part.Prät. auch gekouwen ; Prät. auch sw] A (zer-) kauen; essen; die vinger k. +pDnâch sich die Finger lecken nach.
kivelære stM Streithammel.
kivel-wort stN Scheltwort.
klâ,kleue stswF [flekt. auch klâwe-] Klaue, Kralle; Pfote, Tatze; Fuß.
klac stM Krach; Riss, Bruch.
klaf stMF Erzählung; Verleumdung.
klaffære/âre/er stM Verräter; Schwätzer.
klaffe stF Klapper [der Aussätzigen].
klaffen,klappen,chlaffen swV abs./pDvon /pAûf reden/ schwatzen (über/ von); plappern; keifen; klappern; D+pAan klappen/ schlagen an; A/Ns reden; übertönen.
klafferin stF Schwätzerin.
klaffe-stat stF Sprechzimmer [im Kloster].
klaffunge stF Klappern.
klâfter,lâfter stMFNswF Klafter.
klagant stswM Nereide [Meerwunder].
klage,chlage stF Klage; Trauer, Jammer, Schmerz; Bedauern; (Mit-) Leid; Not, Sorge; Anklage.
klage-bære Adj. beklagenswert.

klage-bote swM Kläger.
klage-haft Adj. anklagend; schmerzlich.
klage-lich,kleg-,klege-, chleg-lich Adj., -lîche(n) Adv. (an-) klagend, jammernd, traurig, verzweifelt; leid-, jammervoll; schmerzlich; beklagenswert, bedauernswert; jämmerlich.
klage-liet stN Klagelied.
klage-mære stN Klage.
klage-muoter,-mûter stF Totenvogel.
klagen,chlagen,glagen swV [Prät. auch kleit-, Part.Prät. gekleit] abs./refl. (+G)/pDvon klagen/ jammern/ trauern/ sich beklagen (über); Klage führen; D/pD umbe, von / pAab, über, ûf, ze (+D) sich beklagen/ beschweren über/ bei; Klage erheben gegen; pDnâch verlangen nach; klagen um; A / G/Ns(daz,w) (+D) beklagen, klagen über/ um, betrauern, bedauern; anzeigen; A+pA über,ûf vorbringen gegen; Part.Adj. [s.] klagende.
klagende Part.Adj. (an-) klagend; mitleidig; jammervoll, schmerzlich; k. sîn +A bedauern.
klage-nôt stF Trauer; Elend.
klager,kleger stM Kläger.
klage-,klag-poum stM Klagebaum [Eiche].
klage-sam Adj. beklagenswert.
klage-sanc stM Klagelied.
klage-,klag-spruch stM Wehklage.
klage-,klag-vogel stM Totenvogel [Kauz].
klage-,klag-wort stN Wehklage, Klageruf.
klage-wunt Adj. unglücklich.

klage-wuoft stM Wehgeschrei.

klag-wort [s.] *klagewort.*

klam Adj. heiter; kühl.

klamer swF Klammer.

klamer-spiz stM Bratspieß.

clamirre stF Semmelschnitte.

klampferen,chlampferen
swV A zusammenfügen.

klamt- [s.] *klemmen.*

klanc stM [Pl. auch *klenke-*]
Klang, Ton; Musik; Rau-
schen.

klapf stM Fels.

klappen [s.] *klaffen.*

klappenen swV pD*an* klappern an.

klapperâte swF Geplapper.

klappern,kleppern swV
abs./D/pD*mit* klappern (mit).

klâr¹,klôr Adj. hell, klar,
rein; strahlend, schön, herrlich; deutlich, genau, scharf;
k. wîsen +A verherrlichen.

klâr² stN Eiweiß.

klâre Adv. hell.

klâren swV abs. hell/ freundlich werden.

klæren swV [Part.Prät. auch
klârt] A hell/ klar machen;
verklären.

klârêt stM Würzwein.

klâr-,klôr-heit stF Helligkeit, Glanz, Klarheit; Schönheit.

clârifizieren swV A verklären.

klâr-,klær-lich Adj., **-lî-
che(n)** Adv. strahlend, herrlich; klar, deutlich.

klârt [s.] *klæren.*

klate swF Kralle.

claur swM [Fisch].

klâ-vogel stM Greifvogel.

klâwe- [s.] *klâ.*

klê,chlê stM [flekt. *klêwe-*]
Klee; Wiese.

klebe stF Leim.

kleben swV abs./pD*an,in* /

Adv.lok. haften/ hängen (bleiben) (an/ in), (fest-) kleben;
halten.

kleber,chleber Adj. fest,
haltbar.

kleberic,klebric,klebreht
Adj. hartnäckig; selbstgefällig.

klebe-wort stN Zweideutig-
keit.

kleb-licheit stF Anhänglichkeit.

klebreht,klebric [s.] *kleberic.*

klechel stM Klöppel.

klecken,klechen swV abs.
dröhnen; Adv. nützen; A kneten.

kleffic,kleftic Adj. schwatzhaft, geschwätzig.

**kleffisch,klefsch,klep-
pisch,cleps** Adj. geschwätzig.

kleffner stM [Wein].

klefsch [s.] *kleffisch.*

kleftic [s.] *kleffic.*

klegde stF Klage.

klege-lich,-lîche(n)   [s.]
klagelich.

kleger [s.] *klager.*

kleg-lich,-lîche(n)   [s.]
klagelich.

kleiben swV refl. sich festbei-
ßen; A zusammenkleistern;
A+Adv.lok. streichen.

kleiden,kleidern swV [Prät.
auch *kleit-*] A(+pD*mit* /pA
in) kleiden (in), ankleiden;
ausstatten/ ausrüsten (mit),
einkleiden, bekleiden (mit),
schmücken (mit).

klein¹,chlein Adj. klein;
fein, zart, zierlich; leicht; gering, wenig; unbedeutend;
dünn, schmal; schwach;
kleine tage Kindesalter.

klein² Adv. [s.] *kleine ¹.*

kleinât [s.] *kleinôt.*

kleine¹,klein(en),chleine

Adv. fein; genau, sorgfältig;
wenig, kaum, (überhaupt/
gar) nicht; gering, schlecht;
ein k. ein wenig; kurze Zeit;
k. teilen/ zern +A in Stücke
teilen/ reißen.

kleine² stF geringe Größe,
Kleinheit; kurze Zeit; *des
steines k.* Felsenspitze.

kleine-mûtikeit [s.] *klein-
müeticheit.*

kleinen¹,kleinern swV abs./
refl. sich vermindern, klein/
schwach werden; A klein
machen.

kleinen² Adv. [s.] *kleine ¹.*

kleinern [s.] *kleinen ¹.*

kleinêt [s.] *kleinôt.*

klein-heit stF geringe Größe; Niedrigkeit, Geringfü-
gigkeit; Schwäche; Feinheit.

kleinic-heit,-keit stF geringe Größe.

klein-lich Adj., **-lîche** Adv.
fein, zart, leicht; gering;
herrlich; scharf.

klein-licheit stF Feinheit,
Zartheit.

klein-müetic Adj. kleinmütig.

**klein-müeticheit,-müeti-
keit,kleine-mûtikeit** stF
Kleinmut.

**kleinôt,kleinœt,kleinât,
kleinêt** stN Kleinod, Geschmeide, Kostbarkeit; Min-
nepfand, Andenken.

klein-vel Adv. *k. rôt/ süeze/
wîz* zartrot, -süß, -weiß.

klein-vüeclîche Adv. ver-
kleinert.

klein-vüege¹ Adj. klein, fein;
gering.

klein-vüege² stF Feinheit,
Leichtigkeit.

klein-,chlein-vüegic Adj.
fein.

kleip stM Schmutz.

kleit,klêt stN Kleid, Gewand; Kleidung; Tuch, Hülle; Form.

kleit- [s.] *klagen; kleiden.*

kleit-hûs stN Kleiderkammer.

klemmen swV [Prät. *klamt-*] A(+D) packen, einklemmen; quälen.

klem-nus stF Fessel.

klenen swV A zusammenkleistern, mit Lehm aufschichten.

klenke- [s.] *klanc.*

klenken[1] swV pA*in* singen in; A zum Klingen bringen, erklingen lassen.

klenken[2]**,chlenken** swV abs. sich winden.

klenster,chlenster stM Kleister.

klepfelîn stN *ein k. slahen* +D etwas Übles anhängen.

klepper swF Klapper.

kleppern [s.] *klappern.*

kleppisch,cleps [s.] *kleffisch.*

klêt [s.] *kleit.*

klette swF Klette.

kleue [s.] *klâ.*

klêwe- [s.] *klê.*

klîbe,clybe swF Klette; *unser vrouwen tac klîben* Mariä Empfängnis.

klîch [s.] *gelîch.*

klîe swF Kleie.

klieben stV [IIa] refl.+pD*ûz* absplittern von; A(+D) spalten, zerschlagen; (ver-) teilen, zerkleinern; A+pA*ûf* befestigen auf.

klimben [s.] *klimmen.*

klimme stF Höhe.

klimmen,klimben,chlimen stV [IIIa] abs./pD*gegen,wider* / pA*an, in, über, ûf* / Adv.lok. aufsteigen (in/ über/ zu); klettern (auf/ über); A erklimmen.

klimpfen,klimpen stV[IIIa]

A zusammendrängen; *sich in einander k.* sich zusammenballen.

klinc stM Ton, Klang.

klinge stswF Klinge; Schwert.

klingeln,klinglen swV abs. klingen, plätschern; pD*mit* einen Klang erzeugen mit.

klingen[1] stV [IIIa] abs./D/ pA*durch,in* (er-) klingen, (er-) schallen, dröhnen, klingeln; plätschern, rauschen (durch) ; sausen (in); singen; A erklingen lassen.

klingen[2] stV [IIIa] abs. kriechen.

klinglen [s.] *klingeln.*

klinke swF (Tür-) Klinke.

klîster stM Gehängter.

clistieren,cristieren swV A als Klistier verwenden; ein Klistier geben.

kliu,klûel,klûwen stN Kugel, Knäuel.

kliuseln swV A streicheln.

kliuter Subst. Verlockung.

kliuter-wort stN Schmeichelei.

klobe swM (Vogel-) Falle, Fangholz; Fessel, Band; Riegel; Klotz; Last, Bürde.

klopfen,kloppen,klocken, chlopfen,chlocken swV abs. anklopfen; pA*an,ûf,vor, vür* / Adv.lok. klopfen an/ auf.

klopfunge stF Klopfen.

kloppel stM Knüppel.

kloppen [s.] *klopfen.*

klôr(-) [s.] *klâr(-).*

klôse,klûse,chlûse stswF Klause, Einsiedelei; (Kloster-) Zelle; Haus, Wohnung, Wohnsitz, Heimat; Höhle, Kluft.

klôsenære,klôsnære, klûs(e)nære stM Klausner, Einsiedler.

klôsenærin,klûserin, klôsnærin(ne) stF Klausnerin, Einsiedlerin.

klôsen-tür stF Zellentür.

klôsnær- [s.] *klôsenær-.*

klôster stN Kloster.

klôster-giege swM Klosternarr.

klôster-herre swM Mönch.

klôster-knappe swM Mönch, der Höfling werden will.

klôster-kneht stM Mönch.

klôster-lîche Adv. nach Klostersitte.

klôster-liute [s.] *klôsterman.*

klôster-lugner stM lügnerischer Mönch.

klôster-lûte [s.] *klôsterman.*

klôster-man stM [Pl. *klôsterliute,-lûte* stMN] Mönch.

klôster-meister stM Klostervorsteher.

klôster-nunne swF Nonne.

klôster-vrouwe swF Nonne.

klôster-wîp stN Nonne.

klôt [s.] *klôz.*

klotz stM Klumpen.

klouben swV A zerschlagen.

klouber stF Klaue; Hand.

klôz,klôt stM Kugel; Knauf; Klumpen.

klôzen swV A trennen.

klûben swV A(+pD*ab, ûz*) zusammensuchen/ heraussuchen (aus); auflesen; abzwicken (von).

kluc stM Bissen.

klûc(-) [s.] *kluoc(-).*

klucket [s.] *kluocheit.*

klüec(-) [s.] *kluoc(-).*

klüege[1] Adv. fein; geschickt.

klüege[2]**,klûge** stF Klugheit.

klûel [s.] *kliu.*

kluft stF Spalt, Riss; Wunde; Gruft; Zange; Büschel.

klûge [s.] *klüege* [2].

klumpern swV abs. klim-
pern.
klumse,klunse swF Spalte,
Ritze.
klünz-lot Adj. schmeichelnd.
kluoc,klüec,klûc Adj. klug,
weise, verständig, schlau,
listig; gewandt, geschickt;
fein, zart, zierlich; schwach;
schwierig; tapfer.
**kluoc-heit,klûc-,klüec-
heit,klucket** stF Klugheit,
Verstand; Geschicklichkeit;
Benehmen; Feinheit; List;
Kunststück.
**kluoc-lîche(n),klûc-,
klüec-lîche(n)** Adv. ge-
schickt, flink.
klupf stM Schrecken.
klüpfel stM Klöppel; Knor-
ren.
klupfen stN Erschrecken.
klûs- [s.] *klôse(-).*
klûsen swV refl. sich ins
Kloster zurückziehen.
klutterât stF List.
klutteren swV abs. herum-
basteln.
klutter-spil stN Täuschung,
Blendwerk.
klûwen [s.] *kliu.*
clybe [s.] *klîbe.*
knabe,chnabe swM Knabe,
Junge, Jüngling; Bursche;
Diener; Knappe, Page.
knappe,knape swM Knappe;
Knabe, Jüngling, Bursche.
knappe-lich Adj. ritterlich.
knê [s.] *knie.*
kneht,kneth stM Knecht,
Diener; Fußsoldat, Tross-
knecht; Knappe; Knabe,
Bursche, Mann; *edeler/
guoter/ tiurer k.* [auch]
(edler/ tapferer) Ritter;
eigener/ eigenlicher k. Leibeigener, Sklave.
knehte-lech stN Knechte.
knehten swV refl. sich wie

ein Knecht benehmen.
kneht-,chnecht-heit   stF
Tapferkeit.
kneht-hûs stN Herberge für
Knechte.
kneht-lich Adj. knechtisch,
hörig.
kneht-lîche Adv. tapfer.
kneht-lichkeit stF Knechtschaft.
kneten st V [Va] Adv.lok. stapfen; A zwicken; A+pD*mit,ze*
kneten aus/ zu.
kneth [s.] *kneht.*
knî(-) [s.] *knie(-).*
knie,knê,knî,chnie stN [Pl.
auch *kniu-,knîwe-*] Knie.
knie-,knî-beten stN kniefälliges Gebet.
knie-kel swF Kniekehle.
**knien,knûwen,chnîn,
chniun** swV abs./D/pD*engegen,vor* / p A*vür*   niederknien (vor).
knie-,chnie-rade   swM
Kniegelenk.
knie-schîbe swF Knieschei-
be.
kniu-,knîwe- [s.] *knie.*
knob-louch stM Knoblauch.
knoche swM Knochen.
knode,knote,chnode swM
Knoten; Fessel, Schlinge;
Verwirrung, Rätsel; Knolle;
Knöchel; Loch, Fetzen;
Naht.
knödel stN *vrühtigez k.*
Fruchtknoten.
knodoht,knodot Adj. kno-
tig; knollig.
knöger-lîn stN Spross.
knolle swM Klumpen, Klotz;
Auswuchs.
knolloht Adj. verklumpt.
knopf stM Knopf, (Schwert-)
Knauf; Knoten; Kugel.
knorre,knurre swM Knor-
ren; Knorpel; Auswuchs.
knorrot Adj. knorrig.

knospot Adj. plump.
knote [s.] *knode.*
knouf stM (Schwert-, Turm-)
Knauf.
knubel,chunebel stM Knöchel; [Pl. auch] Faust.
knüpfen swV A+pD*an* fest-
knoten an.
knûr stM Knoten.
knurre [s.] *knorre.*
knüsten swV A+Adv.(lok.)
stoßen, schlagen.
knütel,knuttel stM Knüppel.
knütel-holz stN Knüppel.
knütel-werc stN Prügel.
knuttel [s.] *knütel.*
knütler-walt stM *durch k.
vüeren* +A verprügeln.
knutzen swV A+pA*umbe*
wickeln um.
knûwen [s.] *knien.*
knûz Adv. wie toll.
koberen swV abs./refl. sich
erholen/ sammeln, Kraft
schöpfen.
koberunge,koverunge stF
Erholung, Stärkung; Samm-
lung.
koboul,*kobel swF Stute.
koch¹ stM Koch.
koch² stN Brei.
kochen swV abs./D/A kochen (für); verdauen.
kocher stM Köcher.
koch-wazzer stN Sud.
kocke swM Kogge.
cocodrille swM Krokodil.
köc-,koc-silber [s.] *kwec-
silber.*
köder stM Köder.
kofel stM Berggipfel; Felsen.
cofirtûre [s.] *covertiure.*
kogel(-) [s.] *gugel(-).*
kol swM Kohle; *in koln ligen*
in Schutt und Asche liegen.
kôl,kœl stM Kohl.
kolbe,kolve,kulbe   swM
Kolben, Knüppel, Keule;
tôren k. Narrenpritsche.

kolben-streich stM Keulenschlag.

kôle [s.] *quâle* [1].

kôle-krût,kôl-,kœl-krût stN Kohl (-gericht).

colêrisch Adj. cholerisch.

kole-vûr,-*viur stN Kohlenfeuer.

kol-gruobe stF Kohlengrube.

kôl-,kœl-krût [s.] *kôlekrût.*

collecte stswF Altargebet.

kollier,gollier,goller stN Koller, Brustharnisch, Halsschutz.

koln [s.] *queln* [2].

kolter [s.] *kulter.*

kol-varwe stF Kohlenfarbe.

kolve [s.] *kolbe.*

kolzen,golzen swM [Pl.] Beinschienen, Eisenhosen.

kome-,kume-linc stM Eindringling, Fremdling.

komen,kumen,kümen, chomen stV [IVb, 3.Präs. Sg. auch *kumpt, kunt*], **quemen** [IVa] abs./Adv. kommen [auch +Part.Prät., z.B. *geriten k.*]; geschehen; pD *an, gegen, nâch, ze* / pA *an, in, ûf, under, vür* / Adv.lok. (+D) kommen/ geraten an/ auf/ entgegen/ hinter/ in/ nach/ unter/ vor/ zu, erscheinen auf; ausschlagen/ sich entwickeln zu; gelangen an/ zu; steigen auf/ in; stoßen auf; treten an/ vor; zusammentreffen mit, antreten gegen; pD *ab, ûz, von* (zurück-) kommen aus/ von; herunterkommen/ ausgehen/ herrühren/ abstammen/ verursacht werden von, loskommen von, verlieren; absteigen von; pA *durch, zwischen* (+D) kommen durch, geraten zwischen; pA *über* kommen/ sich beugen über, hinauswachsen

über, übertreffen; pA *umbe* verlieren; D(+Adv.) zuteil werden, überkommen, zukommen, überfallen, bevorstehen; kommen zu, entgegenkommen, zu Hilfe kommen; zugetragen werden, zu Ohren kommen; unpers.+pA *umbe* geschehen mit; *überein k.* (+G/Ns *daz,w*) sich einigen über, sich entschließen zu, beschließen; *ze guote/ mâzen/ staten k.* +D nützen, zugute kommen; *ze helfe/ stiure/ trôste/ wer k.* (+D) zu Hilfe kommen, verteidigen; *ze mære k.* +D bekannt werden, zu Ohren kommen; *ze vröude k.* +D zur Freude gereichen; *underwegen k.* sich auf den Weg machen; *hine k.* vergehen; *von im selber k.* außer sich geraten; *wîte(n) mære k.* weithin bekannt werden; *rehte/ wol k.* +D gefallen, passen, geeignet sein; gelegen kommen, nützen; *baz k.* +D besser/ günstiger sein für; *eben/ (un-)gelîche k.* +D (un-) angemessen sein für; *übele k.* +D schlecht bekommen; unpers./ *mîn dinc* +D/pA *umbe* +Adv. (er-) gehen, stehen um; Part.Adj. [s.] *komende.*

komende Part.Adj. künftig; nahend.

comête swM Komet.

compân,cumpân,gumpân stM Gefährte, Genosse, Kumpan.

companîe,cumpanîe, gumpenîe stF Gesellschaft, Gemeinschaft; Begleitung; Kumpanei.

compâninne,conpâninne stF Gefährtin.

compânjûn,cumpânjûn stM Gefährte, Begleiter, Ge-

treuer.

complêt,cumplêt,conplête stF Komplet [kanonische (Gebets-) Stunde, 9 Uhr abends], Abendgebet, Nachtgebet.

complexîe,complexe, conpleccîe stswF Beschaffenheit; Mischung [der Körpersäfte]; Temperament.

comûne,comunîe stF Bürgerwehr, Stadtwache.

conciencîe [s.] *conscienz.*

concilje stN Konzil.

concordanz stF Einklang.

condewier,cundewiers stN Geleit.

condewieren,condwieren,cundewieren swV A führen, geleiten, begleiten; A(+D)+pD *gegen* /pA *in* bringen in/ zu; A+pD *ûz* ziehen aus; *daz gesiht kondewiert sich under in* sie sehen sich prüfend an.

condimentieren swV A einbalsamieren.

condwieren [s.] *condewieren.*

kone,chone,chan,quene swF (Ehe-) Frau, Gemahlin.

chône [s.] *küene* [1].

konel,chonel stM Quendel [Pflanze].

kone-lich,kon-,chonelich Adj. ehelich.

kone-,chone-lîche(n) Adv. *k. bekennen* +A die Ehe vollziehen mit.

kone-mâc stM Schwager [Verwandter der Frau].

konen-man stM Ehemann.

kone-schaft stF Ehe.

confect stN (Heilmittel-) Zubereitung.

confessor swM Bekenner.

koninc [s.] *künec.*

koningin(ne) [s.] *künegin(ne).*

konin-rîche [s.] *künecrîche.*
kon-lich [s.] *konelich.*
kon-linc [s.] *kunnelinc.*
conpâninne [s.] *compâninne.*
conpleccîe [s.] *complexîe.*
conplête [s.] *complêt.*
cons [s.] *cuns.*
conscienz,conciencîe stswF Gewissen.
consecrieren swV A konsekrieren, weihen.
constavel stM Heerführer, Anführer.
contemplacîe stF Kontemplation.
contemplieræere stM Betrachter.
contemplieren swV abs. sich in innere Betrachtung versenken.
contenanze stF Haltung.
konterfeit [s.] *kunterfeit.*
contrârîe stF Gegenteil; Widerwillen.
convent stM (Kloster-) Gemeinschaft, Konvent; Kloster.
convers stswM Laienbruder.
kopf stM Kopf; Becher; Topf.
kopfer(-) [s.] *kupfer(-).*
koppe swM Kapaun; Hahn.
koppeln[1] swV A anleinen; A+pD*ze* binden an.
koppeln[2],köppeln swV abs. rülpsen.
koppen swV *in sîn art k.* in seine angeborene Unart zurückfallen.
kor [s.] *kür.*
kôr stM Chor (-raum, -gebet, -gesang); Engelschor [Hierarchie der Engel]; Domkapitel; [Raummaß].
koralle stswM Koralle.
korallîn Adj. *k. gertlîn* Korallenzweig.
korder [s.] *querder.*
cordieren swV A mit Saiten

bespannen.
corduwân,korrûn stM Korduan-, Ziegenleder.
corduwâne,kurdewâne Adj. aus Korduan-, Ziegenleder.
coredel stM [Raubvogel].
koren(-) [s.] *korn(-).*
kôr-gesinde stN Klostergeistliche [Pl.].
kôr-herre swM Chorherr, Domherr.
korn[1] swV G probieren/ kosten von; A wählen; herausfordern; [auch expl., z.B. *kor uns getrôsten* tröste uns].
korn[2],koren stN Korn; Getreide; Kornfeld; [Getreidemaß].
körnen,kürnen swV D+pD *mit* locken mit; A mit Körnern füttern.
cornêôl,cornîôl stM Karneol [Edelstein].
korn-gulte stF Getreidepreis.
cornîôl [s.] *cornêôl.*
korn-,koren-kaste swM Getreidespeicher.
korn-kouf stM Kaufbetrag für Getreide.
körn-lot Adj. körnig.
korn-pluome stF Kornblume.
korn-stadel stM Getreidespeicher.
Cornvâl,Cornwâl stN Cornwall.
corône [s.] *krône.*
korp stM Korb.
cörpel stN Leichnam.
corporâl stN Korporal [Tuch für den Hostienkelch].
corrigieren swV A verbessern.
kôr-röck(e)lîn stN Chorrock.
korrûn [s.] *corduwân.*

korunge stF Versuchung.
korz [s.] *kurz.*
kôse,kœse stFN Rede; Geschwätz.
kôsen swV abs. sprechen, plaudern; pD*mit,ze* /p A*wider* reden/ sich unterhalten mit; A(+pD*ze*) sagen (zu); A+D +pA*in* flüstern in.
kospæer-lich [s.] *kostberlich.*
kosper [s.] *kostbæere.*
kost,koste stF (Un-) Kosten, Ausgaben; Preis, Wert; Aufwand; Mühe; Pracht, Kostbarkeit; Essen, Speise, Nahrung, Futter; Versorgung, (Lebens-) Unterhalt; Schutz.
kost-bæere,koste-ber, -per,kosper Adj. kostbar, wertvoll; prächtig, herrlich.
kostber-,kospæer-lich Adj. kostbar.
kostber-lîche Adv. *k. haben* +A wertschätzen.
koste [s.] *queste.*
koste(-) [s. auch] *kost(-).*
kostec-lich,-lîche(n) [s.] *kostlich.*
kosten[1] swV A/Adv.(+A) kosten; A+Adv. (teuer) bezahlen/ zu stehen kommen.
kosten[2] swV A/G prüfen, mustern; (aus-) probieren.
kosten-lich,-lîche(n) [s.] *kostlich.*
koster stM Küster.
koste-rîch Adj. kostbar.
kost-lich,köst-,kostec-, kosten-lich Adj., -lîche(n) Adv. kostbar, prächtig, köstlich; kostspielig, aufwendig.
kost-per [s.] *kostbæere.*
kostunge stF Geschmack, Geschmackssinn.
kôt [s.] *kât.*
köte swF Knochen.

kôt-,quât-vaz stN Kotbehälter.

kotze[1] swM Kotze [Decke/ Kleid aus grobem Wollstoff].

kotze[2] swF Hure.

kotzen-spilman stM Hurenspielmann.

kouf,chouf stM Handel, Geschäft, (Ver-) Kauf, Erwerb; Gewinn; Streben; Kaufpreis, Kaufbetrag; Ware, Angebot; *umbe k.* käuflich, zum Verkauf.

koufen swV pD*mit* ins Geschäft kommen/ handeln mit; A/ G (+D/ pD*mit,von* / pA*umbe*) kaufen/ erwerben (für/ mit/ von); verschaffen; verdienen; loskaufen (von); A+Adv. bezahlen; A+pD*ze* / pA*in* einkaufen in.

koufer stM Käufer.

kouf-gaden stN Kaufladen.

kouf-genôz stM Geschäftspartner.

kouf-herre swM Schutzpatron der Kaufleute.

kouf-hûs stN Kaufhaus.

kouf-kneht stM Sklave.

kouf-lich Adj. *k. hort/ gewin/ wehsel* Handelsgut; Kaufertrag.

kouf-liute [s.] *koufman.*

kouf-man stswM [Pl. meist *koufliute* stMN] Kaufmann.

koufman-schaft stF Handel; Handelsware; Kaufleute.

kouf-rât stM Ware; Handel.

kouf-schalc stM Sklave.

kouf-schaz stM Handelsgut, Ware.

kouf-schif stN Handelsschiff.

kouf-stat stF Handelsstadt; Verkaufsstand.

kouf-wîp stN Marktfrau; Kaufmannsfrau.

koukelære [s.] *goukelære.*

koukel-vuore stF Zaubertrick.

kouwe [s.] *kiuwe.*

côvenanz,gôvenanz stM Tanz (-fest).

covertiure/ûre,cofirtûre stF Schabracke, Pferde-, Wappen-, Satteldecke; gerüsteter Reiter.

covertiuren swV A satteln und aufzäumen.

koverunge [s.] *koberunge.*

krâ,kræ(je),krâwe stswF Krähe.

krach,krac stM Lärm, Getöse, Krachen; Prasseln; Brechen; Klopfen; Riss.

krachen swV abs. krachen, knacken; brechen; klopfen; lärmen, prasseln, rasseln; tosen, rauschen.

kracht [s.] *kraft.*

kracter [s.] *caracter.*

kradem stM Lärm, Getöse.

kræen,kræn,krê(we)n swV [Prät. auch *krât-*] abs. krähen.

kraft,krapft,chraft,kracht stF Kraft; Macht, Gewalt; Stärke, Körperkraft, Lebenskraft, Kampfeskraft; Heftigkeit, Anstrengung; Streitkraft, Heeresmacht; Übermacht; Gefolgschaft; Menge, Größe; Fülle, Reichtum; Wirkung, Bedeutung, Gewicht; Gültigkeit, Nachdruck; Zauberkraft; [auch expl., z.B. *prîses k.* (großer) Ruhm, *der vreuden k.* Freude, *zornlichiu k.* Zorn].

kraften swV pD*wider* Macht haben gegen.

kraft-lôs [s.] *kreftelôs.*

kraft-lôse stF Schwäche.

kraft-sûgerin stF Blutsaugerin.

krage swM Hals, Nacken; Schlund; Schreihals.

kræje [s.] *krâ.*

krâm,krôm stM Ware; Geschenk; Handel; Verkaufsstand, Laden, Warenlager; Sache, Angelegenheit; Mittel.

krâmære/er stM Händler, Krämer.

krâme stF Verkaufsstand, Laden (-tisch).

krâme-sîde stF Seidenstoff.

krâm-gewant stN (Textil-) Waren.

krampf stM Krampf; *tôdes k.* Tod.

krâm-schaz stM Warenangebot.

krâm-schilt stM Schild (aus Serienanfertigung).

kræn [s.] *kræen.*

kranc[1] Adj. klein, zart; schwach; gering, niedrig; arm (-selig), elend; schlecht, böse.

kranc[2] stM Schwäche, Mangel; Abbruch; Falsch; Fehler.

kranc[3] stM [s.] *kranech.*

kranc-gemuot Adj. kleinmütig.

kranch [s.] *kranech.*

kranc-heit,kranheit, krankeit stF Schwäche; Krankheit; Not; Niedrigkeit.

kranc-müetic,-mûtic Adj. kleinmütig; wankelmütig.

kranc-müeticheit stF Kleinmut.

kranc-mûtic [s.] *krancmüetic.*

kranct- [s.] *krenken.*

kranech,kranch,kranc, krenech,chrenech stM Kranich.

krangeln swV abs. betteln.

kranheit [s.] *krancheit.*

kranich-per stF Moosbeere.

krankeit [s.] *krancheit.*

kranken swV abs. schwach sein.

kran-wit stM Wacholder.
kranwit-holz stN Wacholderholz.
kranwit-per stF Wacholderbeere.
kranwit-poum stM Wacholderbusch.
kranwit-stûde swF Wacholderbaum.
kran-wurtze swF Wacholder.
kranz,chranz stM Kranz; Krone.
krapfe,krape swM Haken; Krapfen.
krapft [s.] *kraft*.
krappeln swV Adv.lok. krabbeln.
cras [s.] *gras*.
kraspeln swV D knacken.
krât- [s.] *kræen*.
kratz,kraz stM Wunde; Spur.
kratzen[1]**,kroutzen** swV A (zer-) kratzen; A+pD*ûz* herauskratzen aus.
kratzen[2] stN Krätze; Jucken.
kratzlen stN Kraulen.
kratz-per stF Brombeere.
kratz-poum stM Brombeerstrauch.
krâwe [s.] *krâ*.
kræwel stF Kralle.
krâwen swV A krauen.
kraz [s.] *kratz*.
krê stM Klage; Not.
crêatiure/ûre stswF Geschöpf, Kreatur, Lebewesen; Mensch.
crêatûr-lich Adj. menschlich, kreatürlich; geschaffen.
crêatûr-licheit,-lichkeit stF Kreatürlichkeit.
krebe swM Korb.
krebz stswM Krebs.
krechse swF Traggestell.
krecken swV D knacken.
crêden swV *crêde mich* glaube mir.
crêdenzen swV A auftischen; vorkosten.

crêdenzier stM Vorkoster.
kreftec/ic Adj./Adv. kräftig, stark; gewaltig, machtvoll, mächtig; heftig; groß; reich.
kreftec/ic-lich,kreft(e)-lich Adj. kräftig, stark; gewaltig, mächtig; heftig;reich.
kreftec/ic-lîche(n),krefte-,kreft-lîche(n) Adv. kräftig, gewaltig; mit Macht; wirksam; heftig; sehr.
krefte-lôs,kreft-,kraft-lôs Adj./Adv. kraft-, mutlos, schwach; ohnmächtig.
krefte-lôsen swV A entkräften.
krefte-rîch Adj. stark, gewaltig, mächtig.
kreftger [s.] *kreftiger*.
kreft-grimmic Adj. ingrimmig.
kreftigen swV abs. wachsen; A stärken, kräftigen.
kreftiger,kreftger stM Beherrscher.
kreft-lich [s.] *krefteclich*.
kreft-lîche(n) [s.] *krefteclîche(n)*.
kreft-lôs [s.] *kreftelôs*.
krei(g)ieren [s.] *kroijieren*.
kreiz[1] stM Kreis, Ring; Linie; Kampfring, -platz; Gebiet.
kreiz[2] stM Geschrei.
kreizeln swV A biegen.
kreize-lot [s.] *kreizlot*.
kreizes-wîse Adv. im Kreis; kreisförmig.
kreiz-lîn stN Punkt.
kreiz-lingen Adv. im Kreis.
kreiz-,kreize-lot Adj./Adv. kreisförmig, rund.
krellen swV A kratzen.
krempfen swV refl. das Gesicht verziehen.
krên[1] stM Meerrettich.
krên[2] swV [s.] *kræen*.
krenchin stF Kranichweibchen.
krenech [s.] *kranech*.

krenke stF Minderung; Vergänglichkeit; Taille.
krenke-lich,-lîche(n) [s.] *krenklich*.
krenken swV [Prät. auch *kranct-*] refl. wertlos/ umsonst sein; schwinden; schwach/ böse werden; A (+D) schwächen, (ver-) mindern; herabsetzen; beseitigen; verletzen; schädigen; quälen.
krenk-,krenke-lich Adj., **-lîche(n)** Adv. schwach, schlecht; wenig; erbärmlich; schmählich.
krenzel-krispen stN Herausputzen.
krenzen swV A bekränzen.
krepfen swV abs. zugreifen.
cresem,cresme,krisem swM Chrisam [geweihtes Salböl]; Firmung.
cresem-kleit stN geweihtes Gewand.
kresen stV [Va] abs./pD*an, ûf/p A an* kriechen (auf/ zu).
cresme [s.] *cresem*.
cresme-huot stM Taufhut.
krespel-krispen stN Ausstaffieren.
kresse swM Kresse.
kressel-krût stN Kresse.
Crêta Subst. Kreta.
krete [s.] *krote*.
kretze,chrezze swM Korb.
krêwen [s.] *kræen*.
krî [s.] *krîe*.
kribeln swV abs. kribbeln.
krîc [s.] *kriec*.
krîde swF Kreide.
krîe,krî stF Schlachtruf; Feldgeschrei; Ruf.
kriec,krîc stM Krieg, Angriff, Kampf; Streit (-sucht); Zank, Zwietracht; Wettkampf, -streit.
Krieche,Chrieche swM Grieche.

krieche swF Schlehe; Pflaume.

kriechen stV [IIab] abs./pD *ûf, ûz, ze* / p A*gegen, in, über, vür* /Adv.lok. (herum-) kriechen/ schleichen/ schlurfen (auf/ aus/ vor/ zu); *voller würm k.* von Würmern wimmeln.

Kriechen,Chriechen, Krêchen Subst. Griechenland.

Kriechen-lant,Kriech-, Chrîh-lant stN Griechenland.

kriechen-plat stN Schlehen-, Pflaumenblatt.

kriechesch/isch,kriesch, kriechsch Adj. griechisch.

Kriechinne stF Griechin.

kriech-poum stM Schlehenbaum.

kriechsch [s.] *kriechesch.*

kriec-lich Adj. kriegerisch; feindlich, zänkisch; wetteifernd.

kriege Adj. streitbar.

kriege-licheit stF Zanksucht.

kriegen swV abs./pD*gegen, mit,wider* / p A*umbe* kämpfen/ streiten (gegen/ mit/ um); Widerspruch erheben (gegen); einen Wettstreit austragen (mit); pD*nâch,ze* /Adv. streben nach/ zu, sich bemühen um; A/Ns bekämpfen; behaupten.

krieger stM Kämpfer.

kriegic Adj. kampflustig.

kriemeln swV p A*in* sich schleichen in.

krîen swV abs. schreien.

kriesch [s.] *kriechesch.*

kries-,chries-hâke swM Stange zum Kirschenpflücken.

kriez-,*griez-loht Adj. körnig.

krîfe [s.] *grîfe.*

krifen [s.] *kripfen.*

krîgen stV [Ia] abs./pD*mit* / p A*wider* streiten (mit), kämpfen (gegen); pD*ze* streben nach.

krîgierre,krî(g)ierer stM Knappe, Ausrufer, Herold.

krîieren stN Kampfruf.

krîierer [s.] *krîgierre.*

krimmen,grimmen stV [IIIa] abs. sich krümmen/ winden; A zerkratzen, kneifen; packen; zwicken.

krimpen [s.] *krimpfen.*

krimpf stM Krampf.

krimpfen,krimpen stV [IIIa] abs./refl.(+D) sich krümmen; A zusammenziehen.

krim-,krin-vogel stM Raubvogel.

krinne Adj. kraus.

krin-vogel [s.] *krimvogel.*

kripfe [s.] *krippe.*

kripfen,krifen,gripfen swV A packen, ergreifen.

krippe,kripfe stswF Krippe.

krisem [s.] *cresem.*

krîsen stV [Ia] abs. kriechen.

crisolt,crisolîte,crisolecter stswM Chrysolith [Edelstein].

krisp,krispel,kru(i)sp Adj. kraus.

krispel stM Krauskopf.

krispen swV *ze viure k.* +A zum Schmelzen bringen.

Krist stM Christus.

krist-âbent stM Heiligabend.

cristalle stMswF Kristall.

cristallîn Adj. kristallen.

cristallisch Adj. kristallisch.

kristam [s.] *kristen* [1].

kristan(-) [s.] *kristen(-).*

kristen [1],**christen,kristanic,kristam/an** Adj. christlich.

kristen [2] stF Christentum.

kristen [3],**christen,kristan** swM Christ.

krîsten stN Stöhnen.

kristen-,kristan-benûwer stM Christenverfolger.

kristen-,kristan-geloube swM christlicher Glaube.

kristen-heit,christen-, krist-heit stF Christenheit, Christentum; *die k. enpfâhen* die Taufe empfangen.

kristenisch,christenisch Adj. christlich.

kristen-,kristan-lich Adj., **-lîche(n)** Adv. christlich.

kristen-liute,-lûte [s.] *kristenman.*

kristen-man stM [Pl. *kristenliute,-lûte* stMN] Christ.

kristen-,christen-mensche swM Christ.

kristen-name swM *kristennamen haben* Christ sein.

kristen-reht stN Christentum.

kristen-schar stF Christenheer.

kristen-sêle stF Christenseele.

kristen-tuom stM Christentum, Christenheit.

kristen-wîp stN Christin.

kristes-naht [s.] *kristnaht.*

krist-heit [s.] *kristenheit.*

cristiane swF [Heilkraut].

cristieren [s.] *clistieren.*

kristin stF Christin.

krist-mæzic Adj. heiligmäßig.

krist-messe stF Weihnachts-, Christmesse.

krist-,kristes-naht stF Weihnachts-, Christnacht.

krist-förmic Adj. Christus gemäß/ entsprechend.

krist-förm(i)clîche Adv. nach Christi Vorbild.

krît stN Krach, Geschrei.

kritzen swV A ritzen.

kritz-lot Adj. rissig.

kriuseln swV D jucken.

kriuze,krûze,chriuze, chrouze stN Kreuz; Kreuzzeichen.

kriuze-ganc,krûz(e)-, krûtz-ganc stM Kreuzgang; Kreuzweg; Kreuzprozession.

kriuzen,chrûtzen,chrouzen swV p A*vûr* sich bekreuzigen vor; A kreuzigen; mit einem Kreuz zeichnen; *die hende k.* die Arme (kreuzförmig) ausstrecken.

kriuzer stM Kreuzfahrer; Kreuzer [Münze].

kriuze-stal stN *in k.* mit (kreuzförmig) ausgestreckten Armen.

kriuze-tac stM Kreuztag [Tag in der Woche vor Pfingsten, an dem Bußprozessionen stattfinden].

kriuze-,krûce-traht stF Kreuzprozession.

kriuze-wîse,kriuz-,krûce-,krûz(e)-wîse Adv. kreuzweise; in Gestalt eines Kreuzes; am Kreuz; mit dem Kreuzzeichen.

kriuzigære,krûzger stM Henker.

kriuzigen,krûzigen,krûzgen,krûzegen,krûtzgen swV A kreuzigen; A(+D) abtöten (in); entziehen.

kriuzigunge,krûzegunge stF Kreuzigung.

kriuz-lich Adj. *kriuzlicher hanc* Hängen am Kreuz.

kriuz-lîche Adv. in Kreuzesform.

kriuz-lot Adj. kreuzförmig.

kriuz-wîse [s.] *kriuzewîse.*

kriuz-,krûce-woche swF Kreuzwoche [Woche vor Pfingsten, in der Bußprozessionen stattfinden].

krocanier stN [Teil der Ritterrüstung].

krochzen swV abs. krächzen.

kroijieren,kroigieren, krei(g)ieren,groieren swV abs. den Kampfruf erheben; abs./A rufen, schreien.

kroiræreore,grôgiræreore,grôier stM Turnierausrufer.

krœl [s.] *krouwel.*

krôm [s.] *krâm.*

krône,corône stswF Krone; Königtum, Königreich; König, Königin; Fürst; Krönung, Vollendung; Kronleuchter; *under k.* gekrönt, als Herrscher/ Herrscherin.

krône-bære Adj. von königlichem Rang.

krœnen[1],krônen,chrœnen swV [Part.Prät. auch *krônt*] A krönen; erhöhen, auszeichnen, verherrlichen; schmücken.

krœnen[2] swV abs. schwatzen, lästern.

krôner stM Vollender.

krônic stF Chronik.

krônt [s.] *krœnen.*

kropf stM Kropf; Hals; Bissen.

kropfoht/eht,kropfot Adj. kropfig.

krœse stN Gedärm.

krote,kröte,krete stswF Kröte.

kroten-sâme swM Krötenbrut.

kroten-stein stM Krötenstein [Boracit].

kroten-wîse stF *in k.* wie eine Kröte.

krotolf stM Kröte.

krotzeln swV abs. kollern; scharren.

kroutzen [s.] *kratzen.*

krouwel,kroul,krœl stM Haken; Kralle.

krouwen swV A kratzen.

krûc [s.] *kruoc.*

krûce- [s.] *kriuze-.*

kruche [s.] *krücke.*

krûche swF Krug.

krücke,krucke,kruche stswF Krückstock, Krücke; Krummstab.

cruft [s.] *gruft.*

kruisp [s.] *krisp.*

krum [s.] *krump.*

krumbe,krümbe,krumme,krümme,crunbe, chrumbe stF Krümmung, Biegung, Drehung, Windung; (Um-) Kreis; Umweg, Abweichung; Faltenwurf; Locke; *âne k.* ohne Einschränkung.

krumben,krümben,krummen,krümmen swV abs./refl.(+D) krumm werden; sich verwirren; refl.+pA*ûf* sich hinunterbeugen zu; A(+D) krumm machen, (ver-) biegen; missachten.

krumbes,krums Adv. schief.

krum-liert Part.Adj. gelockt.

krumme(-),krümme(-) [s.] *krumbe(-).*

krummunge stF Verkrümmung.

krump,krum,chrump Adj. krumm, schief, verbogen; verkrüppelt; verwickelt; schwach; schlecht, unrecht, falsch; missgünstig; *krumber stap* Krummstab [Bischofsstab].

krümpel Adj. gewellt.

krums [s.] *krumbes.*

crunbe [s.] *krumbe.*

kruoc,krûc stM Krug.

krupfei stM Hahn mit vollem Kropf.

kruppel stM Krüppel.

krûs Adj. kraus.

krûse swF Krug.

krusp [s.] *krisp.*

kruspel,gruschel swF
Knorpel.
**kruspel-lich,kruspelot,
kruspelisch** Adj. knorplig.
krûspen swV A kräuseln.
krût stN Kraut, (Heil-) Pflanze, Gemüse; Blume; Blatt.
krûte-lech stN Kräuter.
krût-wurm stM Kohlraupe.
krûtz-,krûz- [s.] *kriuz-*.
crûzifigen swV A kreuzigen.
crûzifixe Adj. gekreuzigt.
kûbêbe swF Zibebe [Rosine].
kubel,kübel,chübel stM
Kübel.
kuche(-),küche(-) [s.] *ku-
chen(-)*.
kuchen[1]**,küchen,kuche,
küche** stF Küche.
kuchen[2] swV [s.] *quicken*.
kûchen[1] swV abs. keuchen.
kûchen[2] stN [Pl. auch *kiuchen*] Küken.
kuchen-,kuche-dirne swF
Küchenmagd.
küchen-g(e)ræt stN Kü-
chengerät.
kuchen-,küchen-kneht
stM Küchenjunge.
kuchen-,kuchel-meister
stM Küchenmeister, Hof-
koch.
kuchen-spîse stF Verpflegung.
kuchen-,kuche-swester
stF Küchennonne.
küchen-var Adj. *der k.* Küchenjunge; *k. gewant* Kü-
chenkittel.
küchen-varwe stF *nâch k.
schîn geben* nach Küchen-
arbeit aussehen.
kuct- [s.] *quicken*.
küefe [s.] *kuofe*.
küeje- [s.] *kuo*.
küel,kûl Adj. kühl.
küele,kuole,kûle,kûlde
stF Kühle, Kälte; (Ab-) Kühlung.

küelen,kuolen,chuolen
swV abs./D sich abkühlen,
kühl/ kalt werden;   A(+D)
(ab-) kühlen, erfrischen; *sînen muot k.* +pD*an* sich
rächen an.
**küel-nisse,kuol-,kûl-nus-
se** stF Kühlung.
küelunge stF Kühlung.
küene[1]**,kûne,chuone,chô-
ne,chüene** Adj. kühn, mutig; kampflustig; frech.
küene[2]**,kuone** stF Kühnheit; Frechheit.
küenen swV A stärken.
küen-,kuon-heit stF Kühnheit.
**küen-lich,kuon-,kûn-
lich** Adj., **-lîche(n)** Adv.
kühn, mutig, entschlossen.
kûfe [s.] *kuofe*.
kugel stFN Kugel.
kugele,kûle swF Kapuze.
kugel-spil stN Kugelspiel.
kuht-,chuht- [s.] *quicken*.
cuire stF Fell, Haut.
kukuk stM Kuckuck.
kûl(-) [s. auch] *küel(-)*.
kulbe [s.] *kolbe*.
kûlde [s.] *küele*.
kûle[1] stswF[s.] *kiule*.
kûle[2] swF [s.] *kugele*.
kûlen-slac stM Keulenschlag.
kûlîn Adj. *k. slac* Keulenschlag.
kullinc [s.] *kunnelinc*.
**kulter,kolter,gulter,gol-
ter** stswMF (Stepp-, Bett-)
Decke.
kumat stN Kummet [Zugge-
schirr].
**kumber,kummer,chum-
ber** stM Kummer, Leid,
Schmerz; Bedrängnis; Not;
Sorge; Mühsal, Last.
kumber-,kummer-büezic
Adj. *k. sîn* +D von Not befreien.

kumber-haft Adj. bedrängt,
Not leidend, leidbeladen; *k.
sîn* +pD*mit* Teilnahme zei-
gen/ sich einlassen mit.
kumber-lich Adj. schwer,
beschwerlich, schlimm; erbärmlich.
kumber-,kummer-lîche
Adv.   schwer,   mühsam,
schwierig; kummervoll; in
Bedrängnis; *daz dinc/ ez stât
k.* +D/p A*umbe* schlecht stehen um, traurig aussehen
mit.
kumbern,kümbern swV A
quälen, bedrängen.
kumber-,kummer-nagel
stM *ein k. sîn* den Kummer
vertreiben.
kumber-nis stN Belastung.
kumber-pîn stM Leid.
kumber-,kummer-strâze
stF Straße des Leids.
**kumber-,kummer-tragen-
de** Part.Adj. leidbringend.
kûme,chûme Adv. kaum,
(nur) mit Mühe (und Not),
mühsam; (nur) wenig, ge-
ringfügig; ungern; ungeduldig; dringend; nie.
kûmec-,kûme-lîche Adv.
kaum; mit Mühe.
kümel stM Kümmel.
kûme-lîche [s.] *kûmeclîche*.
kume-linc [s.] *komelinc*.
kümel-pulver stN Kümmel-
pulver.
kumen,kümen [s.] *komen*.
kumft(-),kümft-   [s.]
kunft(-).
kummen swV pD*nâch* streben nach.
kummer(-) [s.] *kumber(-)*.
cumpân(-) [s.] *compân(-)*.
kumpf stM Gefäß; Wasser-
behälter (für den Wetzstein).
kumpf-mül stF Kumpfmüh-
le [Mühle mit Schöpfrad].
cumplêt [s.] *complêt*.

kumpt [s.] *komen.*
cumtiur stM Komtur.
kûn(-) [s.] *küen(-).*
künc(-),kunc(-) [s.] *künec(-).*
kunde,chunde swM Einheimischer, Landsmann; Freund, Bekannter.
künde¹,kunde Adj. bekannt; *k. werden* +D kennen lernen; *k. tuon* +A+D erfahren lassen; *kundez mære sagen* +D ein Geheimnis verraten.
künde²,kunde stF Kenntnis, Wissen, Erfahrung; Kunde; Bekanntschaft, Umgang; Macht; Möglichkeit; *in/ ze k.* bekannt; *ze k. rechenen* +pD*mit* sich erkundigen bei; *ze k. reden* +Ns *daz* erfahren; *ze k. sagen* +D unterrichten, in Kenntnis setzen.
kündec/ic/ch,kundic Adj. bekannt; vertraut; erfahren, wissend, klug; schlau, listig; prahlerisch.
kündec/ic-heit,künde-, kunde-,kund(ic)-,chundic-keit stF Kenntnis, Wissen; Klugheit; Umsicht, Geschicklichkeit; Schlauheit, List, Verschlagenheit.
kundec/ic-,chundec-lich Adj. schlau, listig; vertraut.
kundec/ic-lîche,kündec-, kündic-,chundic-lîche(n) Adv. geschickt, listig; öffentlich.
künde-,kunde-keit [s.] *kündecheit.*
kunden¹,künden swV D sich zeigen; A/Ns(*daz,w*) (+D) verkünden, ankündigen, bekannt geben/ machen; mitteilen, berichten; bekennen; offenbaren, zeigen; D+pD*von*/p A*umbe* erzählen von; *in die æhte k.* +A die

Acht ausrufen lassen über.
kunden² stN Weisheit.
kunder,kunter stN Tier, Lebewesen; Ungeheuer.
kunder-lîn stN Scheide.
cundewier(-) [s.] *condewier(-).*
kund(ic)-keit [s.] *kündecheit.*
künec/ic,kunec/ic,künc, kunc,kuninc,koninc, chunec/ic,chuoni(n)c, chung,chüng stM König.
künec/ic-lich,kunec/ic-, künc-,kuni-,kunenc-, kun(in)c-,chunc-,chuninc-lich Adj., **-lîche(n)** Adv. königlich.
künec/ic-lîn stN Kaninchen
künec/ic-rîche,kunc-,kuni(n)c-,künc-,konin-, chunic-,chüng-rîche stN Königreich, Königtum.
künec-,kuninc-slaht Adj. aus königlichem Geschlecht.
künege-lîn,künic-lîn, künigel,küngel,chungelîn stN kleiner König; Zaunkönig.
künegin(ne),künigin(ne), kuni(n)gin(ne),kungin, küngin,koningin(ne), chun(i)gin,chuoni(n)gin(ne) stF Königin.
kunenc-lich,-lîche [s.] *küneclich.*
kunft,kumft,chunft stF Kommen, Ankunft, Nahen; Rückkehr, Wiederkehr; Zukunft.
künftec/ic,kunftec/ic, kümftic,kumftec/ic, chunftec/ic,chumftic(h) Adj. (zu-) künftig, bevorstehend, kommend.
künftec-lich,kunft(ec)-, kümftec-lich Adj.,**-lîchen** Adv. künftig; *künfteclicher tac/ künfteclichiu zît* Tag/

Stunde der Ankunft; Zukunft.
künftic-heit stF Zukunft.
kunftigære,chunftigære stM der, der kommen wird.
kunft-lich [s.] *künfteclich.*
kungin,küngin [s.] *künegin(ne).*
künic-stuol stM Königsthron.
künics-krône stF Königskrone [Pflanze].
künics-vogel stF Königsvogel.
künigel [s.] *künegelîn.*
künigin(ne),kunigin(ne) [s.] *künegin(ne).*
kuni-lich-,lîche [s.] *küneclich.*
kuninc(-) [s.] *künec(-).*
kuningin(ne) [s.] *künegin (ne).*
kunkel stF Kunkel [Spinnrocken].
künne,kunne,chunne stN Geschlecht, Stamm, Verwandtschaft; Verwandter, Nachkomme; Abstammung; Generation; Art, Gattung; [auch **expl.**, z.B. *küneges k.* König, *wîbes k.* Frau].
künne-haft Adj. *k. sîn* Verwandte haben.
kunne-linc,kon-,chun-(ne)-linc,kullinc stM Verwandter.
kunnen,chunnen anV Inf. können; fähig/ willens sein zu; verstehen/ vermögen/ wagen zu; mögen, sollen, müssen; A/G/pD*mit,ze* vermögen, zustande bringen; beherrschen, leisten; kennen, wissen, sich verstehen auf/ zu, etwas verstehen von; zeugen von.
künne-schaft,kunneschaft stF Geschlecht, Stamm; Verwandtschaft.

kunreiz stM Fütterung.
kunrieren swV A pflegen, versorgen.
cuns,cons,cunt stM Graf.
kunsch- [s.] *kiusch-*.
kunst,chunst stF Wissenschaft; Kunst; Wissen, Kenntnis, Weisheit, Gelehrsamkeit; Können, Fähigkeit; Geschicklichkeit, Kunstfertigkeit; List.
künstec/ic,kunstec Adj. klug, wissend; gebildet; geschickt; fähig.
künstec-lich,kunstec-, künst(e)-lich,kunst-, lich Adj., **-lîche(n)** Adv. geschickt; kunstvoll; schlau; künstlich; genau.
künste-lôs Adj. unwissend; ungeübt; kunstlos.
künsten-dingel stN künstlicher Gegenstand.
künsten-rîch [s.] *künsterîch*.
kunster stM Künstler.
künste-rîch,kunst(e)-, künsten-rîch Adj. kenntnisreich; weise; reich an Kunst.
kunst-,künst-lich [s.] *kunstelich*.
kunst-rîch [s.] *künsterîch*.
kunt[1]**,chunt** Adj. bekannt, berühmt; vertraut; offenbar, deutlich; bestimmt; bewusst; *k. werden* +D zuteil werden, widerfahren; kennen lernen, erfahren; *k. tuon/ machen* +A/ pD*von* / p*Aumbe* / Ns (*daz,w*)(+D) mitteilen, verkünden, berichten (über), bekannt machen (mit), offenbaren; erweisen, beweisen;*durch kundezmære vrâgen* wissen wollen; *kundez mære sagen* +D ein Geheimnis verraten.
kunt[2] stV [s.] *komen*.

cunt [s.] *cuns*.
kunter [s.] *kunder*.
kunter-feit[1]**,konter-feit** Adj. falsch.
kunter-feit[2]**,konter-, gunter-fei** stFN Fälschung, Imitation, Nachahmung; Falsch.
cunter-fîe stswF Betrug.
kunt-,künt-lich Adj., **-lî-che** Adv. deutlich, offenbar; genau, scharf.
kunt-,künt-same stF Wissen, Kenntnis; Bekanntschaft.
kunt-,chunt-schaft stF Kenntnis, Nachricht; Öffentlichkeit; Vertrautheit; Verwandtschaft; Zeugenschaft.
kuo,chuo stF [flekt. auch *kuoge-, küeje-*] Kuh.
kuoche swM Kuchen.
kuofe,kûfe,küefe swF Kufe, Bottich, Tonne.
kuoge- [s.] *kuo*.
kuol- [s. auch] *küel-*.
kuon- [s.] *küen-*.
kuo-,chuo-stal stM Kuhstall.
kuo-sweif stM Kuhschwanz.
kupfe,kuppe swF Spitze; Kopfschutz (unter dem Helm).
kupfer,kopfer,chupfer, chofer stN Kupfer.
kupferîn,chupferîn Adj. kupfern.
kupfer-,kopfer-rôt Adj. kupferrot.
kupfer-vingerlîn stN Kupferring.
kuppe [s.] *kupfe*.
kuppelic,kupplic Adj. geschäftig.
kuppel-spil stN Kuppelei.
kupplic [s.] *kuppelic*.
kür,kor stMF (Aus-) Wahl; Prüfung; Willen, Wunsch;

Entscheidung, Urteil, Lösung; Meinung; Wahlmöglichkeit; Wahlversammlung; Art, Beschaffenheit, Verfassung; Erlesenheit.
kür-bære Adj. berufen.
kurbe swF Brunnenwinde.
kürbiz stM Kürbis.
kurc Adj./Adv. sichtbar, deutlich; auserlesen; erprobt.
kurdewâne [s.] *corduwâne*.
curîe stF Fütterung der Jagdhunde mit Teilen des Wildes.
kür-,kur-lich Adj., **-lîche** Adv. ausgezeichnet, ausnehmend; schön; deutlich; heftig.
kür-lop stN Auszeichnung.
kürn swV A wählen.
kürne,kurne stF Mühle.
kürnen[1] swVA zermalmen.
kürnen[2] swV [s.] *körnen*.
kürne-stein,quirn-stein stM Mühlstein.
kurre Adj. zahm, gefügig, nachgiebig.
kurren swV abs. schnauben.
kurrier stM Läufer.
currît stN Lederkoller.
curs[1] stM Lauf.
curs[2] stM Körper.
kürsen,kurse,chürsen stF Pelzrock.
kursît stMN (pelzgefütterter) Mantel.
kurt(-) [s.] *kurz(-)*.
kurteis [s.] *kurtois*.
kurten [s.] *kürzen*.
kurtois,kurteis Adj. höfisch, vornehm, edel; höflich.
kurtoisîe,kurtôsîe stF höfisches Verhalten; höfische Künste; Höflichkeit.
kur-vürste swM Kurfürst.
kurvürsten-tuom stN Kurfürstengewalt.
kurz,korz,kurt,churz Adj. kurz; klein; gering, wenig;

schnell; *bî kurzen tagen* vor
kurzer Zeit; *in kurzer stunt/*
vrist/ wîle/ zît, in kurzem zil,
in kurzen stunden/ tagen/
zîten bald (darnach/ darauf),
(so-) gleich; vorher, vor
kurzem; *ze kurzer stunt/*
kurzen wîlen für kurze Zeit;
kurzer mîle drî nur drei
Meilen.
kurz-,kurze-bolt stM kurzes Obergewand.
kurze,kurz,churze Adv.
kurz, schnell; sofort, jetzt.
kürze,chürtze stF Kürze.
kurze-,kürze- [s.] *kurz-.*
kurzec-lîche(n),-lîches
[s.] *kurzlîche.*
kürzen,kurzen,kurten,
churten swV abs./refl. sich
verringern; A(+D) (ab-, ver-)
kürzen; *die stunde/ wîle k.*
(+D) die Zeit vertreiben.
kurz-heit stF Kürze.
kurz-,churze-lich Adj.
kurz, schnell.
kurz-lîche,kürz-,kurze-,
kürze-,kurzec-,kurt(e)-,
churz-lîche(n),-lîches
Adv. kurz, knapp; schnell;
bald, sofort, in Kürze; für
kurze Zeit; *darnâch k.(sider)*
kurz darauf.
kurz-riu wie Adj. *k. liut* Leute, deren Reue von kurzer
Dauer ist.
kurzunge,kürz(r)unge
chürzunge stF Verkür-
zung, Kürze.
kurz-wîle,kürz-,churz-
wîle stF Zeitvertreib, Unterhaltung, Vergnügen, Spiel;
Muße; Freude.
kurz-,kurze-wîlic Adj.
kurzweilig.
kurz-,kurze-wîlen swV
abs./pD*an,ze* sich die Zeit
vertreiben, sich vergnügen,
sich erfreuen (an); spazieren

gehen.
kus[1],chos stM Kuss.
kus[2],cus stM Hahnrei.
kûsch(-) [s.] *kiusch(-).*
kus-,küssen-lich Adj. wie
zum Küssen geschaffen.
kûs-lich,-lîche(n) [s.] *kiu-*
scheclich.
küsse,kusse [s.] *küssen* [2].
küssen[1],kussen,chüs-
sen,chussen swV [Part.
Prät. *gekust*] A küssen.
küssen[2],küsse,chusse
stN Kissen.
küssen-lich [s.] *kuslich.*
kust stF Art, Beschaffenheit,
Zustand; Verhalten; Ein-
schätzung.
kusten swV refl.+Kard.Zahl
sich belaufen auf.
küte,kütte,*quite swF
Quitte.
küten-,*quiten-poum stM
Quittenbaum.
küten-,*quiten-(wazzer-)
wein stM Quittenwein.
kutschdrill,kütschdrill
swM Krokodil.
kutte swF (Mönchs-) Kutte.
kütte [s.] *küte.*
kuttren swF abs. turteln.
kütze stF Rock.
kützen swV abs. prusten.
kûwen [s.] *kiuwen.*
kwec-silber,köc-,koc-
silber stN Quecksilber.
kweden [s.] *keden.*
cyclât stM [Seidenstoff].
Cyper,Kipern,Kipper
Subst. Zypern.
Cypern-lant stN Zypern.
cyper-,ciper-,kip(p)er-
wîn stM Zypernwein.
cyprisch,kyprisch Adj. zy-
prisch.

l

lâ[1] stF Teich.
lâ[2] stN la [Ton der Tonleiter].
lâb [s.] *lâwe.*
labe stF Labung.
laben,loben swV pA*wider*
helfen gegen; A(+D/pD*an,*
mit) laben/ erquicken/ erfri-
schen/ erfreuen/ trösten/
stärken (an/ mit); pflegen,
behandeln.
labunge stF Erholung; Er-
frischung, Erquickung.
lâch Adj. heilsam.
lache swF Lache, Pfütze.
lache-bære Adj. erfreulich.
lache-lich,-lîche [s.] *le-*
chelich.
lachen[1] swV abs./G/pA*umbe*
lachen (über); D/pD*gegen*
zulächeln, entgegenlachen;
D+G verspotten wegen; Part.
Adj. [s.] *lachende.*
lachen[2] stN Tuch, Decke;
Mantel.
lâchen stN Heilmittel.
lachende Part.Adj. freudig;
freundlich.
lâchen-tuom stN Heilmittel.
lachen-zît stN Zeit des Lachens.
lactûke stF Lattich, Salat.
lactûken-krût stN Lattich,
Salat.
lactûken-saf stN Lattichsaft.
lade[1] stswF Truhe, Kiste,
Kasten; Sarg.
lade[2] swM Brett, Bohle; Fensterladen.
laden[1] stV [VIa, Prät. auch
sw] A(+D)(+G/pD*mit*) bela-
den/ belasten/ füllen/ beset-
zen/ versehen (mit); A+pA

an,ûf laden/ häufen auf; verwenden für; A+pA*in* füllen/ legen in.

laden² swV [Prät. auch stV VIa] A(pD*ze*/p A*an,in,über, ûf,vor,vür*)/Adv.lok. (ein-) laden/ (be-) rufen/ holen/ führen in/ vor/ zu, (auf-) fordern zu.

ladunge stF Vorladung, Einladung.

laffen swV A auflecken.

lâfter [s.] *klâfter.*

lâgærin stF Verfolgerin.

lâge stF Hinterhalt, Nachstellung, Falle; Lauer; Wache; Verstecke; Verstellung; Gelegenheit; Art; *l. setzen* +D nachstellen.

lâgel,lægel stN Fass, Fässchen.

lâgen swV abs./Ns*ob,w* aufpassen; G/D nachstellen, auflauern; trachten nach, achten auf.

lâger stM Fallensteller.

lâgunge stF Nachstellung.

lahter,lather stN Lachen, Gelächter.

lakritzen-zaher-saf stN Lakritz-, Süßholzsaft.

lam¹,lo m Adj. lahm, gelähmt; schwach, hinfällig; langsam; arm; *l. an der zungen/ in dem munde* stumm.

lam² stN [s.] *lamp.*

lamen swV abs. lahm/ gelähmt werden.

lamp,lam stN [Pl. *lember-, lemmer-*] Lamm.

lampâde stswF Lampe.

Lamparte,Lank-,Lantparte Subst. Lombardei.

lamparte swM Geldwechsler.

lamparter stM Lombarde; Geldwechsler.

lampartisch,lampertisch Adj. lombardisch.

lampe swF Lampe.

lampen-glas stN Lampe, Leuchte.

lampen-vaz stN Lampe.

lampertisch [s.] *lampartisch.*

lamprîde swF Lamprete [Fisch].

lampriure stM Kaiser.

lân [s.] *lâzen.*

lanc¹ Adj. lang; groß; hoch.

lanc² Adv. [s.] *lange.*

lanc-beinic Adj. langbeinig.

lanc-beitekeit stF Beharrlichkeit.

lanc-beiten swV pD*in* ausharren in.

lanc-beitic Adj. beharrlich.

lanc-beitsamkeit stF Beharrlichkeit.

lanch [s.] *lange.*

lanche [s.] *lanke.*

lanc-heit stF Länge, Dauer.

lanc-lebenstN langes Leben.

lanc-lîbe Adj. *l. sîn* lange leben.

lanc-lîp stM langes Leben.

lanc-müetic Adj. ausdauernd.

lanc-müetikeit stF Langmut.

lanc-ræche Adj. unversöhnlich, rachsüchtig.

lanc-sam,-seim Adj. lang; langsam.

lanc-seime,-sême,-seine Adv. zögernd, langsam; vorsichtig, sorgfältig.

lanc-sîte swF Kirchen-, Langschiff.

lanc-sîtic Adj. langgestreckt.

lanc-stæte Adj. dauerhaft.

lanct- [s.] *lengen.*

lanc-wiric Adj. langwierig.

lander stN Stangenzaun.

landes-tier [s.] *lanttier.*

lânen [s.] *lônen.*

lange,lanc,lenge Adv. lang, lange (Zeit); seit langem, längst; noch lange; vor langem, vor langer Zeit; weit, entlang [auch *l.* +G]; *als/ sô l.* solange, da; *über l.* spä-

ter, schließlich; *niht über l.* nach kurzer Zeit, bald darauf.

langen swV abs. lang werden, lange dauern; pD*nâch* greifen nach; pA*über*/Adv. reichen (über); A erreichen; A+ D reichen.

langes,langens,langst Adv. längst; früher; der Länge nach.

langez [s.] *lenz.*

lanke,lanche stF Hüfte, Taille, Lende; Flanke.

lankenier stN Satteldecke.

Lankparte [s.] *Lamparte.*

lanne swF Kette.

lant stN Land, Erde; Reich; Boden; Heimat; *after lande* über/ durch das Land; *(heim) ze lande* [auch] nach Hause.

lant-banier stF Landesfahne.

lant-barûn stM Baron.

lant-diet stFN Bevölkerung.

lant-gebirge stN Gebirge.

lant-gebôme,-*geboume stN Baumbestand; Wald.

lant-genôz stM *edeler l.* Vornehmer des Landes.

lant-gerihte stN Landgericht.

lant-gesellen swM [Pl.] Landesbewohner; Landsleute.

lant-gesinde stN (Lands-) Leute.

lant-grâve swM Landgraf.

lant-her stN Heeresmacht.

lant-herre swM Landesherr, Landesfürst.

lant-lêhen stN Lehnszins.

lant-liute,-lûte stMN [Pl.] Bevölkerung, Landesbewohner; (Lands-) Leute.

lant-lôs Adj. heimatlos.

lant-lûte [s.] *lantliute.*

lant-man stM Landsmann; Lehnsmann; Nachbar.

lant-mære stN Kunde; Gerede.

lant-marke stF Landesgrenze; Gebiet.

lant-massenîe stF Haustruppe.

lant-menege stF Bevölkerung.

Lantparte [s.] *Lamparte.*

lant-pfenninc stM Landeswährung.

lant-reht stN Rechtsordnung; Landrecht, Landesrecht; Besitzrecht; Rechtsfähigkeit.

lant-rehtære [s.] *lantrihter.*

lantreht-buoch stN Landrechtsbuch.

lant-rehten swV pD*mit,nâch* rechten/ prozessieren mit/ um.

lant-rihter,-rehtære stM (Land-) Gerichtsvorstand.

lant-rivier stF Land, Gebiet.

lant-sæze swM Landsasse [zinspflichtiger Bauer], Pächter; Vasall.

lantsæze-vrîe swM freier Bauer.

lant-schaft stF Land; Landesbewohner.

lant-schal stM Gerücht, Gerede.

lant-schande stF landesweite Schande.

lant-site stM Landessitte, Brauch.

lant-snecke swM Landschnecke.

lant-sprâche stF Landessprache; Landtag.

lant-strâze stF Landstraße.

lant-strît stM Krieg.

lant-suone stF Friedensschluss.

lant-teidinc stN Land-, Landesgericht.

lant-,landes-tier stN Landtier.

lant-varære stM Fahrender.

lant-vehte stF Krieg.

lant-vogel stM auf dem Land

lebender Vogel.

lant-volc stN (Landes-) Bevölkerung.

lant-vride swM Landfrieden.

lant-vrouwe swF Dame/ Frau des Landes.

lant-vürste swM Landesfürst.

lant-wer stF Landesverteidigung; Grenzbefestigung; Landesverteidiger.

lant-wîp stN Landestochter, Frau des Landes; Standesgenossin.

lant-wîse stF Landessitte.

lant-wort stN Muttersprache.

lanze swF Lanze.

lappe[1] swM Laffe, Geck.

lappe[2] swM Lappen.

lapsit Subst. [sagenhafter Edelstein].

lære[1],**lâre,lêre** Adj. leer; entvölkert; führerlos; verwaist; *l .* +G/pD*von* ohne, frei von; *l. machen/ tuon* +A(+G)(+D) berauben; befreien (von); leer räumen.

lære[2] Adv. mit leeren Händen.

lâren [s.] *lesen.*

læren swV [Prät. *lârt-*] A leeren, rauben.

lârt- [s. auch] *lêren.*

lascht- [s.] *leschen* [2].

lâsiuren swV A+pD*mit* überziehen mit.

las-stein [s.] *laststein.*

last stMF Last, Belastung; Gewicht, Schwere, Ballast; Druck; Menge, Fülle.

last- [s.] *leschen* [2].

laster stN Schande, Schmach; Schimpf, Beleidigung; Vergehen; Unglück; Makel; Anstoß; Laster.

laster-balc stM Schandkerl.

laster-bær,-pær Adj. schmachvoll, schändlich, schimpflich; schädlich.

laster-berende Part.Adj.

schändlich.

laster-,lester-lich Adj. schändlich, schimpflich, schmählich, schmachvoll; sündhaft.

laster-lîche(n),lester-, lastert-lîche(n) Adv. schimpflich, schmählich, schandbar, in/ zur Schande, unehrenhaft; schlecht, sündhaft; erbärmlich.

laster-mære stN übles Gerücht.

laster-meilic Adj. mit Schande befleckt.

lastern,lestern swV abs./A lästern; A beschimpfen, beleidigen, entehren; vernichten; Part.Adj. [s.] *gelastert.*

laster-pær [s.] *lasterbær.*

laster-sac stM Schandsack.

lastert-lîche(n) [s.] *lasterlîche(n).*

laster-wort stN Schimpfwort.

last-stein,las-,laz-stein stM Steinblock, Wurfstein.

lâsûr,lâzûr stN Lapislazuli [blauer Halbedelstein].

lâsûr-blâ Adj. tiefblau [wie Lapislazuli].

lâsûr-,lâzûr-stein stM Lapislazuli [blauer Halbedelstein].

lâsûr-,lâzûr-var Adj. tiefblau [wie Lapislazuli].

lâsûr-vaz stN Gefäß aus Lapislazuli.

latech,latche,latouch,lattuoch,latûn stswMF Lattich, Salat.

laterne stF Laterne.

latewâria [s.] *latwerge.*

lather [s.] *lahter.*

latîn(e) stFN Latein.

latînisch,latînsch Adj. lateinisch.

latouch,lattuoch,latûn [s.] *latech.*

latwerge,latewâria,lectu-
ârie stswF Latwerge [Sirup,
Heilmittel].
latzt- [s.] *letzen.*
lavendel stF Lavendel.
lâwe,lêwe,lâb Adj. lau, lauwarm; schwankend.
lâwe-keit,lâw-,lêwe-,
louwe-keit stF Lauheit.
lâwec-,lêwec-lîche(n)
Adv. lau; schwankend.
lâwic Adj. lauwarm.
lâw-keit [s.] *lâwekeit.*
latz stM Fessel; Falle; Spalt.
laz Adj. matt, träge, müde,
schwach; langsam; nachlässig, unaufmerksam, unzu-
verlässig; niedrig.
lâz stMN Lassen; Abwurf,
Abschuss.
lâzen,lân,lôzen stV [VIIb]
abs./D erscheinen; zukom-
men; (zur) Ader lassen; refl.
(+pD*an,in*) aufhören; sich fügen (in), sich gedulden; refl.+
pA*an,ûf* vertrauen/ sich verlassen auf; sich niederlassen
auf; pD*von* ablassen von,
aufhören mit; A/Ns unterlassen, aufgeben, sein lassen;
verlassen, im Stich lassen;
entlassen; weglassen, los-,
freilassen; zulassen, zuge-
ben, geschehen/ machen lassen; erdulden; (ver-) meiden,
unbeachtet lassen; von sich
geben, ablegen, verbreiten;
vergießen, verlieren; A(+D/
pA*an*) überlassen, anvertrauen, hin-, übergeben; zugestehen, zusprechen, an-
heimstellen; hinterlassen; hinterlassen, zurücklassen, lassen;
A+Inf./Adj. lassen, machen;
A+G verweigern; A+Adv. behandeln; A+pD*bî,in* bleiben
lassen auf/ bei/ in; A+pD*von*
weg-, hinablassen von; A+
pD*vor* den Vorzug geben

vor; A+pD*ze* / Adv.lok. gehen/
ziehen lassen/ hinablassen in/
zu; richten an; A+pA*an,in*
hinab-, hinein-, hinauslas-
sen/ hinaustreiben in; eindringen in; versetzen in; zulassen bei; A+pA*ûf* legen/ ü-
bertragen auf; *anschîn l.* +A/
Ns*daz* beweisen, wahr machen; *(die rede) vür diu ôren
l.* nicht hinhören; *stæte l.*
+A einhalten; *die/ in wâge l.*
+A aufs Spiel setzen.
laz-heit stF Müdigkeit, Trägheit.
laz-stein [s.] *laststein.*
lâzunge stF Hingabe.
lâzûr(-) [s.] *lâsûr(-).*
lazzen swV abs./refl. saum-
selig sein, zögern; D schwinden; A+G schmälern an.
lê stM [flekt. *lêwe-*] Hügel.
leâl Adj. treu.
lêbart(e),lêparte,lêwarte,
liebart(e),liephart stswM
Leopard.
lebe [s.] *lewe.*
lebe-haft Adj. lebendig.
lebe-,leb-lich Adj. lebend,
lebendig.
lebe-,leben-lîche(n) Adv.
lebendig, lebhaft; (lebens-)
froh; kräftig.
lebe-lôs Adj. halbtot.
leben[1],leven,liben,liven,
lieben,lieven swV abs./
Adj./Adv./pD*bî,in* leben (bei/
in), lebendig/ am Leben sein/
bleiben; G/pD*von* leben/ sich
ernähren von/ mit; D/pD*an,
nâch* leben für, sich hingeben an, sich richten nach; A
(+Adv.) (er-) leben, verbringen; aushalten; A+D widmen;
Part.Adj./Adv. [s.] *lebende.*
leben[2],leven,liben,liven
stN [auch stM] Leben; Le-
bensweise; Lebensfreude,
Lebenskraft; Lebensunter-

halt; Stand; Lebewesen; *bî
ze dem l.* zu Lebzeiten, im
ganzen Leben; *ûf daz l.*
unter Lebensgefahr.
lebende Part.Adj./Adv. lebendig, lebend, am Leben; *sîne
lebenden tage/ lebende zît*
sein Leben lang; *bî lebendem
lîbe* zu Lebzeiten.
lebendec/ic,lebentic,le-
vendic,lem(p)tic,len-
dic,lentic Adj. lebendig, lebend; Leben spendend; *le-
bendigez buoch* Buch des
Lebens; *l. belîben* am Leben
bleiben; *baz/ wol lebendiger
sîn* gut/ besser leben.
leben-lîche(n) [s.] *lebelî-
che(n).*
lebentic [s.] *lebendec.*
leber stswF Leber.
leber-mer stN Lebermeer
[sagenhaftes   geronnenes
Meer].
lebe-site stM Lebensweise.
lebe-,leb-tac stM Lebens-
zeit, Leben.
lebinne [s.] *lewin(ne).*
leb-lich [s.] *lebelich.*
leb-lîche stF Lebenskraft.
leb-licheit stF Lebenskraft.
leb-meister stM (Lebens-)
Weiser.
lebse [s.] *lefse.*
leb-tac [s.] *lebetac.*
lechelære stM Heuchler.
leche-lich,lech(er)-,la-
che-lich Adj., -lîche Adv.
lächelnd, freundlich.
lecheln swV abs. freundlich
tun.
lechen swV abs. verschmachten.
lech(er)-lich,-lîche [s.] *le-
chelich.*
lêcht [s.] *lieht* [1].
lecke stF Aufguss.
lecken[1] swV A(+D) (ab-,
auf-, be-) lecken.

lecken² stM Schlacke, Lava.
lecker stM Schmarotzer.
lecker-heit stF Lüsternheit; Genuss; Gaunerei.
leckerîe stF Lüsternheit; *in l. leben* unstandesgemäß leben.
leckerinne stF Gaunerin.
lecker-mursel stN Leckerbissen.
lecke-spiz stM Schmarotzer.
lecter, lector stM Lesepult; Lettner.
lectîe, leczîe, lecze, letze, letzge, lezze swF Lesung (aus der Bibel); Lehre, Unterricht, Lektion.
lector [s.] *lecter.*
lectuârie [s.] *latwerge.*
lecze, leczîe [s.] *lectîe.*
ledec/ic, lidic Adj. frei, befreit/ entbunden (von) [auch +G]; leer; ledig, unverheiratet; ungebunden, unbelastet; herrenlos, erledigt, heimgefallen; unberührt, unbenutzt; müßig, unstreitig; lose, locker; *l. lâzen/ sagen* +A+G freispechen von; *l. lâzen* +A +D überlassen; *l. werden* +G [auch] loswerden.
ledec/ic-lich Adj. frei, unangefochten.
ledec/ic-, lidic-lîche Adv. frei; freigelassen; unstreitig; bedingungslos, völlig, uneingeschränkt; unbesiegt; *l. werden* +D zufallen.
ledegen, ledigen, lidigen, leidigen, ledgen swV A (+D)(+G/pDûz, von) befreien (von), (er-) retten (aus/ vor), losbinden, lösen; loskaufen; herrenlos machen; entsetzen; *die triuwe l.* das Versprechen einlösen.
ledegunge, lidegunge stF Befreiung.
leder stN Leder; Haut; Leder-

gamasche; Schwimmhaut; *des selben leders sîn* aus demselben Holz geschnitzt sein.
leder-swal swF Fledermaus.
leder-vraz stM Lederfresser.
ledgen, ledigen [s.] *ledegen.*
ledikeit, lidikeit stF Ungebundenheit; Muße.
leffel, löffel stM Löffel.
lefse, leftze, lebse stswMF Lippe.
legâte swM päpstlicher Gesandter.
lêge [s.] *leige* ¹.
legen, lekzen swV [Prät. auch *leit-*, Part. Prät. auch *geleit*] refl. (+pDze/pAan, in) sich schlafen-, niederlegen/ lagern/ aufstellen/ verstecken (auf/ in); A(+D) niederlegen, niederwerfen; hinlegen, bereitlegen; hinhalten, hinstrecken; festsetzen, anberaumen; beilegen; abgeben; anbringen, errichten; unterbringen; beenden; begraben; A(+D) +pDwider/ pAenzwischen, in, über, ûf, umbe, vür/ Adv. lok. legen/ setzen/ richten auf/ gegen/ in/ über/ um/ vor/ zwischen; bringen/ treiben in; stellen in, laden auf; unterbringen in; A(+D)+pDze/ pAan, ûf legen/ wenden/ richten an/ zu; verwenden auf; legen in, laden/ häufen auf, anbringen an; anlegen, anziehen; A+pDab, von weg-, ablegen, herunternehmen/ befreien von; A+pDunder unterwerfen/ legen unter; *sich slâfen l.* schlafen gehen; *tôt l.* +A töten; *über sîniu knie l.* +A auf dem eigenen Schoß gebären lassen [das Kind einer andern als eigenes anerkennen]; *wuoste l.* +A+D verwüsten.

legende stF (Heiligen-) Legende.
lêgen-swester [s.] *leigenswester.*
leger stN Lager; Bett; Krankenlager; Grab; *tôdes l.* Sterbebett.
legeren, legern swV refl. sich niederlassen/ hinlegen.
leger-küssen stN Ruhekissen.
legern [s.] *legeren.*
leger-stat stF Lager; Bett.
legge stF Reihe.
lêgiste swM (Rechts-) Gelehrter.
lêhen, lêhn, lên stN Lehen, Lehnsgut; Lohn.
lêhenære stM Gläubiger.
lêhen-buoch stN Lehnrecht; Lehnsregister.
lêhenen, lêhnen swV A+pD *mit* belehnen mit; A+pDvon leihen von; A+pDze beauftragen mit.
lêhen-erbe swM Lehnserbe.
lêhen-gelt stN Lehnsgut.
lêhen-lich Adj. *lêhenlichez reht* Lehnsrecht.
lêhen-reht stN Lehnsrecht; Lehnsfähigkeit.
lêhen-schaft stF Belehnung.
lêhenunge stF Leihgeschäft.
lêhn(-) [s.] *lêhen(-).*
lei stF Art [meist *einer-, manegerlei*].
leibe stF Rest; *ze l. werden* +G/D übrig bleiben (von).
leiben swV G/D/A(+D) übrig/ liegen lassen, zurücklassen; verschonen; angreifen.
lei-bruoder stM Laienbruder.
leich stM Leich [Lied mit unregelmäßigem Strophenbau], Lied; Melodie.
leichen swV abs. laichen; refl. sich rühren/ bewegen, sich biegen; tanzen, jubeln; A

betrügen; foppen, necken.
leicher stM Betrüger.
leich-notelîn stN Melodie.
leide[1]**,liede** Adv. schlimm,
böse; bekümmert; hasser-
füllt; *l. sîn/ wesen/ werden*
unpers.+D traurig sein/ werden, betrüben, bekümmern;
l. geschehen/ ergân unpers.
+D schlimm/ schlecht ergehen, Unglück haben; *l. tuon/
(ge)râten* +D Leid zufügen/
Schlimmes antun, weh tun;
l. stân/ leben +refl.D schlimm
stehen um; *l. (ge)sehen/ ge-
hæren* +refl.D Schlimmes erfahren, schmerzerfüllt/ sor-
genvoll/ schreckensvoll zusehen; *l. gedenken* +refl.D
traurig sein.
leide[2] stF Leid, Schmerz,
Kummer; Beleidigung.
leidec/ic Adj. traurig, betrübt;
mitleidig; schlimm, böse;
widerwärtig; zornig; gefährlich.
leidec-lich Adj. schlimm;
traurig.
leidec-lîche Adv. *l. tuon* +D
Leid zufügen.
leidegen,leidigen swV A
angreifen, verfolgen; kränken; quälen; (be-) schädigen,
verletzen.
leiden swV D verhasst/ zuwider sein/ werden; Leid tun,
leid werden; unangenehm
sein; A(+D) schwer machen,
verleiden; schädigen, zerstören; beleidigen; quälen; bedauern.
leiden-haftic Adj. leiderfüllt.
leider Adv. [Komp. von *leide*]
leider, zum Kummer/ Leid-
wesen/ Unglück; trauriger-
weise, unglücklicherweise.
leide-stern(e) [s.] *leite-
stern(e).*
leidigen swV [s.] *ledegen;*

leidegen.
leidigære stM Verfolger.
leidigunge stF Verletzung.
leie,leige swM Laie.
leien-herre swM weltlicher
Fürst.
leien-reht stN weltliches
Recht.
leien-,leigen-vürste swM
weltlicher Fürst.
leige[1]**,lêge** swF Laienschwester.
leige[2] swM [s.] *leie.*
leige-lich Adj. *diu leigelichiu
menige, der l. povel* Laien.
leigen-,lêgen-swester stF
Laienschwester.
leigen-vürste [s.] *leien-
vürste.*
lei-,*lît-kouf stM *den l.
trinken* den Kaufvertrag bestätigen (mit einem Trunk).
leim stM Lehm.
leimîn,leimen Adj. aus Lehm.
leinen swV abs./refl./pD *an,
ûf,ze* /p A *an,über,ûf* /Adv.lok.
sich anlehnen, lehnen an/
auf; refl.+p A *wider* sich auflehnen gegen; A+pD *gegen,
ze* / p A *an,in,über,ûf* / Adv.lok.
lehnen an/ in/ über, stützen
auf; A+Adv. anwenden; *von
der hant/ von im l.* +A aus
der Hand legen.
leinten [s.] *lenden.*
leip stM Laib, Brot.
leis stF Spur.
leischieren [s.] *leisieren.*
leise swM (Kirchen-) Lied.
leisieren,leischieren swV
abs./ p A *an, über, ûf* / Adv.lok.
(mit verhängtem Zügel) ga-
loppieren/ sprengen (auf/
über/ zu); A tummeln.
leist[1] stM Form; Leisten.
leist[2] Adv. [s.] *lest* [2].
leisten,lêsten swV D dienen;
A/G(+D) leisten, erfüllen,
ausführen, befolgen; ver-

sprechen; schenken, gewähren; erweisen; aufbringen;
tun.
leister stM Aufsässiger.
leit[1] Adj. schlimm, böse; unangenehm, leidig; verhasst;
traurig, arm.
leit[2]**,liet** Adv. *l. sîn/ tuon/
wesen/ werden* +D Leid tun,
bedauern, schmerzen, be-
kümmern, traurig sein, zu
Herzen gehen; bereuen;
schwer werden; unange-
nehm/ gleichgültig sein, verdrießen; ärgern, beleidigen,
kränken; hassen; *l. sîn* unpers.+D+pD *nâch* Sehnsucht
haben nach; *l. sîn* unpers.+D
+pD *ze* neidisch sein auf; *l.
haben* +A für schlecht
halten.
leit[3] stN Leid, Schmerz,
Kummer, Trauer; Sorge,
Angst, Not; Schlimmes, Böses; Ärger, Kränkung, Un-
recht, Schande; Krankheit,
Sucht; *ze leide* +D zum Verderben; *ze leide geschehen*
+D Schlimmes widerfahren,
Unrecht geschehen; *ze leide
tuon* +D+A zu Leide tun.
leit- [s.] *ablegen; legen.*
leitære/âre/er stM (An-)
Führer.
leitærinne stF Anführerin.
leite stswF Führung; Gang.
leite-,leit-geselle swM
Begleiter.
leite-,leit-hunt stM Jagd-,
Spürhund.
leite-lich [s.] *leitlich.*
leite-,leites-man stM Führer.
leiten swV A(+D) (an-) führen; (her-) beibringen, zuführen; A(+D)+pD *ze* / p A *an,
in,über,ûf,under,vor,vür* / Adv.
lok. führen/ (ge-) leiten/ bringen in/ nach/ über/ vor/ zu;

übertragen in; A+pD*in* leiten
durch; A+pD*von* / p A*ûz*
(weg-) führen aus, abbrin-
gen/ wenden von; *daz leben/
den lîp/ die jugent l.* das
Leben/ die Jugend verbringen; *leben (und tôt) l.* über
Leben (und Tod) verfügen;
andâht/ minne l. Hingabe/
Liebe erleben; *swert l.* ein
Schwert tragen/ führen, zum
Ritter geschlagen werden;
*vanen/ wâpen/ schildes rant
l.* Fahne/ Waffen/ Schild tragen; *her l.* Krieg führen.
leiter,lêter stswF Leiter.
leiter-boum stM Leiterstan-
ge.
leiter-sprozze swM Leiter-
sprosse.
leite-,leit-schrîn　　　stM
(Transport-) Kiste.
leite-,leit-seil stN Leine.
leites-man [s.] *leiteman.*
leite-,leit-stap stM Wan-
derstab, Stütze; Führer.
**leite-stern(e),leit-,leide-
stern(e)** stswM Polarstern.
leite-vrouwe swF Anführerin.
leit-haft Adj. schmerzhaft.
leit-,leite-lich Adj. leidvoll,
schmerzlich; grausam.
leit-lîche(n) Adv. schmerzerfüllt, schmerzhaft; grausam; in/ mit Trauer.
leit-schal stM Klagegeschrei.
leit-spil stN böses Spiel.
leit-stap [s.] *leitestap.*
leit-stern(e) [s.] *leite-
stern(e).*
leitunge stF Wegweiser.
leit-vertrîberin stF Vertrei-
berin von Leid.
leit-vertrîp,-vortrîp stM
Vertreiben/ Vertreiber/ Ver-
treiberin von Leid.
leit-wende stF Leidensweg.
lekritze swF Lakritze.

lekritzen-pulver stN La-
kritz-, Süßholzpulver.
lekzen [s.] *legen.*
lellen swV abs. lallen.
lember- [s.] *lamp.*
leme,lemede stF Lähmung,
Lahmheit.
lemen swV A lähmen; verletzen.
lemmer- [s.] *lamp.*
lempeil stM Lümmel.
lemptic [s.] *lebendec.*
lemrîn Adj. *l. vleisch* Lamm-
fleisch.
lemtic [s.] *lebendec.*
lê-munt [s.] *liumunt.*
lên [s.] *lêhen.*
lenc [s.] *linc.*
lende swF Lende.
lende-gelîch stF *in aller l.*
überall.
lenden,leinten swV [Part
Prät. auch *gelant*] pD*in* / Adv.
lok. landen/ anlegen in; ge-
langen/ enden in; (refl.+)pD
ze / p A*in* sich wenden in/ zu;
A(+D) beenden.
lendenier stM Lendenschutz.
lendenier-stric stM Lenden-
gürtel.
lendic [s.] *lebendec.*
lene[1] Adj. weich.
lene[2] stF Lehne.
lêne stswF *heize l.* Feuer-
strom.
lenen,linen swV abs. sich
anlehnen/ aufstützen; pD*bî,
ûf, ze, zwischen* / p A*an, über*
(sich) lehnen/ stützen an/ auf/
in.
lenge[1] stF Länge, Größe;
Dauer; *die l.* [auch] lange,
für immer, auf (die) Dauer;
sein Leben lang; mit der Zeit;
die breite/ verre und die l. in
alle Richtungen.
lenge[2] Adv. [s.] *lange.*
lenge-lot,-loht [s.] *lenclot.*
lengen,lengren swV [Prät.

auch *lanct-*] A(+D) verlängern, ausdehnen, in die Länge ziehen; aufschieben, verzögern; *âne/ sunder l.* ohne
Zögern, sofort.
lenke Adj. biegsam, ange-
passt.
lenke-lot [s.] *lenklot.*
lenken swV abs./refl.　sich
biegen; refl.+pD*nâch* / p A*an* /
Adv. lok. sich richten nach,
sich wenden an; sich niederbeugen zu; A (ab-) lenken;
verbiegen, formen; A+pD
von abwenden/ entfernen
von; A+pD*gegen* / p A*an, in*
führen zu, richten auf, hängen an.
**lenk-lot,-loht,lenge-,len-
ke-lot** Adj. länglich.
lentic [s.] *lebendec.*
lent-poum stM Mastix-
strauch.
lenz,lentz,langez stswM
Lenz, Frühling.
lenzen swV abs. dem Frühling gleichen; Frühling werden.
lêparte [s.] *lêbart(e).*
leppisch Adv. einfältig.
lêrære/âre/er stM Lehrer.
lerc,lirc Adj. link.
lêrche,lêriche swF Lerche.
lêre[1] stF Lehre, Belehrung,
Rat, Unterweisung; Vorbild;
Regel; Gebot, (An-) Wei-
sung, Führung; Kenntnis,
Wissen, Weisheit; [auch
expl., z.B. *durch jâmers l.*
aus Schmerz/ Mitleid, *mit
trûreclicher l.* traurig].
lêre[2] Adj. [s.] *lære*[1].
lêre-knabe swM Schüler.
lêre-knappe swM (Lern-)
Knappe.
lêren swV [Prät. auch *lârt-* ,
Part. Prät. auch *gelârt*] A/N s
daz / Inf. lernen; unterrichten,
unterweisen, belehren; raten,

empfehlen; anweisen, leiten, führen; A/D+A/G/Nsdaz, w /Inf. lehren/ beibringen (zu); veranlassen/ treiben (zu), bringen in/ zu; vorschreiben; nahe bringen; A+ pDmit [auch] gewöhnen an; Part.Adj. [s.] gelêret.

lêre-wîse stF in l. lehrreich.

lêriche [s.] lêrche.

lêr-junger stM Jünger.

lêr-kint stN Lehrling.

lernære stM Schüler.

lerne,lirne stMF Studium.

lernen swV A(+refl.D)/Nsw / Inf.(ze) lernen (zu), erfahren, kennen lernen; A+A/ Inf./Nsdaz lehren.

lern-kint stN Schüler.

lernunge stF Studium; Wissenschaft; Unterricht.

lêr-spruch stM Lehrmeinung.

lêrunge stF Lehre, Unterricht.

lerz,lorz Adj. link.

leschen¹,löschen stV[IVa] abs./D erlöschen; vergehen, aufhören.

leschen²,löschen swV [Prät. auch lascht- , last-] A (+D) (aus-) löschen, verdunkeln, verdüstern; beenden; geleschet werden seinen Durst stillen.

lesch-troc stM Löschtrog.

lese-,*leste-mânôt stMDezember.

lese-,les-meisterstMTheologe, Lehrer.

lesen¹ stV [Va, Prät.Pl. auch lâren, geleren] pDvon lesen/ erzählen über/ von; A/G/ Ns(daz,w)(+D) lesen, vorlesen, vortragen; lernen, erfahren; sagen, sprechen; (auf-) sammeln, ernten, pflücken; (aus-) suchen/ wählen; ver-

sammeln; A+pDze /p Aan,in, ûf nehmen an/ in/ zu, übernehmen; zuordnen zu; richten auf; A+pDvon /Adv. trennen/ entfernen von; A+pAûz heraussuchen aus; in sîn herze/ ze herzen l. +A überdenken, aufnehmen; sich zu Herzen nehmen; ins Herz schließen; singen unde lesen [auch] eine Messe lesen/ halten.

lesen² stN Lehre.

leser stM Leser; Vorleser.

leserin stF Vorleserin.

les-meister [s.] lesemeister.

lesser,*læzer stM ein l. sîn zur Ader gelassen werden.

lest¹,lezzist,letzt Adj. [Superl. von laz] letzt; lester tac, lestez zil, lestiu zît [auch] Ende, Tod; Jüngster Tag.

lest²,lezzist,letzt,leist, letztist Adv. [meist ze l.] zuletzt, schließlich, am Ende.

lesten swV A belasten; A+ pAûf laden auf.

lêsten [s.] leisten.

lester- [s.] laster -.

lest-lich Adj. schwer.

lêter [s.] leiter.

lette swM Lehm.

letze¹ Adj. schlecht.

letze² stF Ende; Aufbruch, Abschied; Hindernis; Verteidigungsstellung, -werk.

letze³ swF [s.] lectîe.

letzen,lezenswV [Prät. auch latz-] refl. sich erholen; sich erheben; A(+G)(+D) hindern (an), aufhalten; verletzen, schädigen (an), töten; beenden; berauben; vergelten.

letzge [s.] lectîe.

letzt,letztist [s.] lest.

leu [s.] lewe.

leuinne [s.] lewin(ne).

leun-spil stN Spiel mit dem Löwen.

leupartinne stF Leopardin.

levant stswM Ostwind.

lêve [s.] liebe ¹.

leven(-) [s.] leben(-).

levite swM Levit, Priester.

lêwarte [s.] lêbart(e).

lewe,lebe,lowe,löwe,leu swM Löwe.

lêwe(-) [s.] lâwe(-).

lêwe- [s.] lê.

lewen [s.] lewin(ne).

lewen-geslehte Adj. löwenartig.

lewen-loc stMLöwenmähne.

lewen-vleisch stN Löwenfleisch.

lewen-zan stM Löwenzahn.

lewin(ne),lebinne,leuinne,lewen,löwin stF Löwin.

leyo stswF Legion.

lez Adj. link.

lezen [s.] letzen.

lezze [s.] lectîe.

lezzist [s.] lest.

Liban,Lyban stM Libanon.

liban stM Weihrauch.

lîbe [s.] liebe ².

lîbe-lôs [s.] lîplôs.

liben [s.] leben.

lîben¹ stV [Ia] D verschonen.

lîben² swV A übrig lassen.

lîbic Adj. körperhaft.

lîbunge stF Ruhe.

lîch stF Haut; (gutes) Aussehen; Leib; Leiche, Toter; in irem lîche zu ihren Lebzeiten.

lîcham,lîch-,lîche-,lîke-nam stswM Leib, Körper; Fleisch und Blut; Leichnam; gotes/ Christi l. Leib Christi.

lîcham-haftic Adj. fleischlich.

lîchen swV D gefallen; A+D gleichstellen mit.

lîche-nam [s.] lîcham.

lîchen-haft Adv. leibhaftig.
lîch-lachen stN Bettlaken.
lîch-lege stF Begräbnis.
lîch-lich Adj. leiblich.
lîch-nam [s.] *lîcham.*
lîch-stat stF Grab (-stelle).
lîch-stein stM Sarg.
licken swV G spüren.
lîd-bære stF Duldsamkeit.
lide-,liede-brechen stN Brechen der Glieder.
lidec(-) [s.] *ledec(-).*
lîdec/ic Adj. schmerzerfüllt; leidend; schmerzlich, schlimm; geduldig; erträglich.
lîdec-lîche(n) Adv. geduldig, bereitwillig.
lide-grôz Adj. hochgewachsen.
lidegunge [s.] *ledegunge.*
lîde-keit stF Entsagung, Geduld.
lide-lam Adj. (glieder-) lahm.
lîde-lich Adj.,-**lîche(n)** Adv. geduldig, empfänglich; leidend; spürbar.
lîde-lîcheit stF Geduld; Passivität.
lide-lôs Adj. *l.* machen +A verstümmeln.
lide-,liede-mâz stFN Glied.
liden swV A(+Adv.) zusammenfügen; A+pAûf anbringen auf; A+pA*umbe* binden um.
lîden[1] stV [Ia] abs. leiden; Schaden nehmen; sich hingeben;refl.(+pA*in,under*) sich ergeben/ fügen (in); A/G/Ns *daz* erleiden, dulden (an), ertragen, (er-) dulden, auf sich nehmen, hinnehmen, durchmachen, vertragen, sich gefallen lassen.
lîden[2] stN Leiden, Schmerz.
lîden-haftic Adj. leidend.
lîden-lich Adj. erträglich.
lîden-lîche(n) Adv. gleich-

gültig; mühsam.
lîder stM Dulder.
liderîn,lidrîn Adj. ledern.
lîderin stF Dulderin.
lide-schart Adj. verkrüppelt; *l. slahen* +A verstümmeln.
lidi- [s.] *ledi-.*
lidrîn [s.] *liderîn.*
lîdungestF Leiden, Schmerz; Ergebnis.
lîe stF[Pl. *lîewen-*] Laube.
liebart(e) [s.] *lêbart(e).*
liebe[1],**lêve** Adv. gern, freudig, willig; in Freuden; *l. ergân/ geschehen* unpers.+D froh werden, glücklich sein; Gutes widerfahren; *l. sîn/ werden* angenehm/ recht/ lieb sein; *l. sîn* +D+pD*ze* begierig sein auf, Lust haben zu; *l. tuon* +D gut behandeln, freundlich handeln an, einen Gefallen/ Gutes tun.
liebe[2],**lîbe,lieve** stF Freude, Glück; Liebe, Zuneigung, Freundschaft; Verlangen; *durch/ ze l.* [auch] zuliebe, um ... willen, wegen.
liebe[3] stswF Geliebte, Freundin; (meine) Liebe.
liebe[4] swM Freund, Geliebter.
liebe-,liep-halp Adv. an der Liebe gemessen.
lieben[1],**liuben** swV abs. geschätzt werden;refl.(+D) sich beliebt/ angenehm machen (bei); D gefallen/ lieb sein/ werden; A lieben; erfreuen; freundlich behandeln; A+D lieb/ angenehm machen, nahe bringen.
lieben[2] swV [s.] *leben* [1].
lieber Adv. [Komp. von *liebe*] lieber, eher, besser.
liebe-,liep-schaft stF Liebe, Freundschaft.
liebunge stF Bestechung.
liechen [s.] *lûchen.*
liede [s.] *leide* [1].

liede-[s.] *lide-.*
lieder-lich Adj., -**lîche(n)** Adv. hübsch, anmutig; zärtlich.
lief [s.] *liep.*
liegen,liugen,lîgen,löugen stV [IIa] abs. lügen; D (+G/A) belügen, vorlügen, vorspiegeln,-täuschen;leugnen; Part.Adj. [s.] *gelogen.*
lieger stM Lügner.
lieht[1],**lîht,lêcht,lûcht** Adj. hell, leuchtend, strahlend, glänzend;klar;schön; *liehtiu ougen* [auch] Augenlicht, scharfe Augen; *liehter slâf* Vision.
lieht[2],**lîht,liuht,liet** stN Licht, Helligkeit; Glanz, Schein; Kerze, Leuchte, Lampe; Augenlicht.
lieht-,liehte-bernde,-berende Part.Adj. leuchtend, glänzend.
lieht-blic stM Blitz.
lieht-bringerin stF Lichtbringerin.
liehte Adv. hell.
liehte-ber(e)nde [s.] *liehtbernde.*
liehte-lôs Adj. finster.
liehten swV abs./D hell/ heller werden.
lieht-gemâl,-gemâlt Part. Adj. strahlend, glänzend; bunt; schön.
lieht-gevar Adj. strahlend, glänzend, hell.
lieht-grâwe Adj. hellgrau.
lieht-messe,-misse stF (Mariä) Lichtmess.
lieht-plâ Adj. hellblau.
lieht-prehende Part.Adj. strahlend.
lieht-prinnende Part.Adj. hell leuchtend, strahlend.
lieht-rîch Adj. strahlend.
lieht-sterne swM (leuchtender) Stern.

lieht-trager stM Lichtträger.
lieht-var Adj. [flekt. *liehtvar-we-*] hell.
lieht-vaz stN Lampe, Leuchte, Leuchter.
lieht-wîhe stF (Mariä) Lichtmess.
lîen [s.] *lîhen.*
liep¹,lief,lîp,lîf,liup Adj. lieb; angenehm; liebenswert, beliebt; willkommen; schön; froh, glücklich; verliebt.
liep²,lief stN Freude, Glück; Gutes, Erfreuliches; Geliebter, Geliebte.
liep-brief stM Liebesbrief.
liep-genæme Adj. lieblich.
liep-haben,-hân swV A lieben; sich einschmeicheln bei.
liep-haber stM Liebender, Freund.
liep-halp [s.] *liebehalp.*
liep-hân [s.] *liephaben.*
liephart [s.] *lêbart(e).*
liep-kôsen swV A schmeicheln; beschönigen; umwerben.
liep-kôsunge stF Schmeichelei.
liep-lich Adj.,**-lîche(n)** Adv. lieblich, süß, schön; liebevoll, freundlich, zärtlich; erfreulich, angenehm.
liep-lîche stF Lieblichkeit; Freundlichkeit.
liep-lôs Adj. liebeleer; verlassen, einsam.
liep-lôse stF Verlassenheit.
liep-schaft [s.] *liebeschaft.*
liep-sehen stN Zuneigung.
liep-suochende Part.Adj. liebebedürftig.
liep-swinderinne stF eine, die sich in Liebe verzehrt.
liet¹ stN Lied, Gesang, Melodie; Dichtung, Gedicht; Strophe; Quelle.
liet² Adv. [s.] *leit².*
liet³ stN [s.] *lieht².*

lieve [s.] *liebe².*
lieven [s.] *leben¹.*
lîewen- [s.] *lîe.*
liezen¹ stV [IIb] abs. das Los/ die Würfel werfen; wahrsagen, Unglück prophezeien; D+Adv. durch Los zuteilen.
liezen² stN Losen, Teilung; Wahrsagen; Gemurmel.
lîf¹ Adj. [s.] *liep¹.*
lîf² stN [s.] *lîp¹.*
Liffen Subst. Livland.
ligen,lîn,likken stV [Vb] abs./Adj./Adv. (da) liegen, liegen bleiben, ruhen, lagern; sich legen, vergehen, aufhören; danieder liegen; umkommen; stehen, sich befinden; sich verhalten, sein; D (+Adv.) nahe gelegen/ benachbart sein; am Herzen liegen; (dahin-) schwinden; pD*an* liegen auf/ bei/ in/ neben; sich hingeben an; abhängen von; (enthalten) sein/ sich zeigen in; pD*bî,in,nâhe, neben, ob, über, ûf, under, vor, wider,ze* /Adv.lok.(+D) liegen/ sein/ lasten an/ auf/ bei/ gegenüber/ in/ über/ unter/ vor/ zu; unpers.+pA*umbe* +Adv. stehen um;*l. lâzen* +A [auch] weglassen, beiseite/ sein/ liegen/ ruhen lassen; *tôt l.* (+D) sterben, umkommen, tot sein; *ze pfande l.* +pA*umbe* aufs Spiel gesetzt werden für; [auch expl., z.B. *slâfende l.* schlafen, *versniten l.* verwundet sein].
lîgen [s.] *liegen.*
lign stN *l. alôê* Aloeholz.
lîhen¹,lîen stV [Ib] A/G(+D) leihen, überlassen, zur Verfügung stellen, geben, schenken; zu Lehen geben, verleihen, übertragen.
lîhen²,lîen swV A+pD*an* binden an.

lîht¹ Adj. leicht; schwach; wenig, gering, wertlos, niedrig; leichtfertig.
lîht² Adj. [s.] *lieht¹.*
lîht³ stN [s.] *lieht².*
lîhte¹ Adv. [auch *vil l.*] leicht, schnell; vielleicht, wahrscheinlich; sicher; gern; wenig, gering; leichtfertig.
lîhte² stF Leichtheit.
lîhtec/ic-heit,lîhte-keit stF Leichtsinn, Leichtfertigkeit; Dünnflüssigkeit.
lîhtec-lîche(n) Adv. leicht, mühelos; geschmeidig; bereitwillig, gern; leichtfertig.
lîhtegen swV A+D erleichtern, vermindern.
lîhte-keit [s.] *lîhtecheit.*
lîhter(e)n swV A(+D) erleichtern, vermindern.
lîhte-vertic [s.] *lîhtvertic.*
lîht-lich Adj., **-lîche(n)** Adv. gering; leicht.
lîht-müetikeit stF Leichtsinn.
lîht-sam Adj. leicht, geringfügig.
lîht-senfte Adv. nachgiebig.
lîht-senftekeit stF Nachsicht.
lîhtunge stF Verminderung.
lîht-,lîhte-vertic Adj. leichtfertig; heiter.
lîht-vertikeit stF Leichtfertigkeit; Vergnügen.
lîke-nam [s.] *lîcham.*
likken [s.] *ligen.*
lî-lachen [s.] *lînlachen.*
lilie(-) [s.] *lilje(-).*
liligen-[s.] *liljen-.*
lilje,lilie,lilig,gilye,gylie swF Lilie.
liljen-,liligen-blat,-plat stN Lilienblatt.
liljen-,liligen-öl stN Lilienöl.
liljen-plat [s.] *liljenblat.*
liljen-,lilje-rôsevarwe stF

Aussehen wie Lilien und Rosen.

liljen-var Adj. lilienweiß.

liljen-varbe stF Aussehen von Lilien.

liljen-,lilien-wîz Adj., **-wîze** Adv. lilienweiß.

lîm stM Leim [zum Vogelfang]; Saum.

lîmen swV A zusammenfügen, zusammenleimen; A+ p Aan,ûf pressen an/ auf; Part.Adj. [s.] *gelîmet.*

limmen stV [IIIa] abs. brummen, grunzen, knurren; knirschen; brüllen; pD*gegen*/p A *ûf* wüten gegen.

limpfen stV [IIIa] abs. hinken.

lîm-ruote stswF Leimrute [zum Vogelfang].

lîm-tigel stM Leimtopf.

lîn[1] stMN Flachs, Leinen.

lîn[2] stV [s.] *ligen.*

linc,lenc Adj. link; unbedacht.

linde[1] Adj./Adv. weich, zart, sanft, mild, leicht.

linde[2] stF Milde; Wohltat.

linde[3] stswF Linde.

linden swV abs./refl. sich beruhigen/ legen.

linden-blat stN Lindenblatt.

linden-tolde swF Lindenwipfel.

line stF Balken; Balkon, Galerie, Fensterbrüstung.

lîne swF Leine, Seil.

line-berge swF Erker; Zinne.

linen [s.] *lenen.*

linge stF Glück; Erfolg, Erfüllung.

lingen stV [IIIa] unpers.+refl. D vorwärts kommen, sich beeilen.

lîn-gewant stN Leinwand, Leinen (-zeug).

lîn-hosen swF [Pl.] Leinenhose.

linie swF Reihe, Linie, Folge; Abstammung.

linien-strich stM Richtschnur.

lînîn/en Adj. leinen.

lîn-kappe swF Leinenkutte.

lîn-,lî-lachen stN Bettlaken, Leinentuch.

linpfic Adj. angenehm.

lîn-sât stF Leinsamen.

linse[1] stswF Linse; *als/ umbe ein linse(n)* (auch nur) ein bisschen.

linse[2] swM Wolfshund.

linse[3] Adj./Adv. [s.] *lîse.*

lîn-soc stM Leinensocke.

lintîn Adj. aus Lindenholz.

lintrache,*lint-trache swM Drache, Lindwurm.

lint-wurm,-worm stM Drache, Lindwurm.

lîn-wât stF Leinwand, Leinen, Leinenzeug.

lîp[1]**,lîph,lîf** stM Körper, Leib; Gestalt, Äußeres; Leben; Bewusstsein; Mensch, Person, Mann, Frau; Leichnam; Magen;*bî lebendem lîbe* zu Lebzeiten; *ûf/ umbe den l.* in Todesgefahr; *an den l. gebieten/ verbieten* +D bei Todesstrafe ge-, verbieten; *sam/ sô mir mîn l.* bei meinem Leben; [auch expl., z.B. *mîn l.* ich (selbst), *deheines menschen l.* kein Mensch].

lîp[2] Adj. [s.] *liep*[1].

lîp-gedinge stN Leibrente; Heiratsgut; Lebensunterhalt.

lîp-geræte stN Nahrung.

lîph(-) [s.] *lîp(-).*

lîp-haft Adj., **-hafte** Adv. lebendig; wirklich; leibhaftig; kräftig.

lîp-hafte stF Menschwerdung.

lîp-haftic Adj. lebendig; körperlich, stofflich.

lîphaftic-heit stF Körperlichkeit.

lîphaftic-lîche Adv. körperlich.

lîp-kranc Adj. leidend.

lîp-lich Adj., **-lîche(n)** Adv. körperlich, leiblich, fleischlich; wirklich, lebendig.

lîp-lichkeit,-licheit stF Körperlichkeit.

lîp-löchel stN Pore.

lîp-,lîbe-lôs Adj. leblos; sterbensmatt;*l.machen/ tuon* +A töten; *l. werden* sterben.

lîp-nar,lîph-narunge, -nerunge stF Nahrung, Lebensmittel, Speise; Lebensunterhalt.

lippe stswF Lippe.

lîp-rât stM Nahrung.

lîp-vuoter stN Nahrung.

lirc [s.] *lerc.*

lîre swF Leier.

lîren swV abs./D auf der Leier (vor-) spielen.

lirken,lurgen swV abs. stottern.

lirne [s.] *lerne.*

lîse[1]**,linse** Adj. zart.

lîse[2]**,linse** Adv. leise, sanft; heimlich, unauffällig, verborgen; langsam; vorsichtig; *l. nemen* +A beiseite nehmen.

lisîs Subst. [Schlange].

lîs-lîche Adv. zärtlich.

lismen swV A stricken, wirken.

lispen swV abs. lispeln, stammeln.

list stMF Weisheit, Klugheit, Schlauheit; Vernunft, Verstand; Wissen; List, Trick; Mittel; Wissenschaft, Kunst; Zauberkunst; Erfahrung; Fähigkeit, (Kunst-) Fertigkeit; Absicht, Grund, Zweck; Vorsicht; *âne/ sunder valsche(n)/ arge(n) l.* ohne

Falsch/ Vorbehalt/ Zweifel; aufrichtig.

lîste swF Borte, Saum, Besatz; Beschlag, Leiste.

listec/ic Adj. klug, schlau; kundig, erfahren; weise; kunstfertig.

listec/ic-lich Adj. klug, erfahren; kunstreich.

listec/ic-lîche(n) Adv. klug, schlau; umsichtig; mit List.

listen swV abs. heucheln, schmeicheln.

lîsten swV A einfassen.

listic-heit,listi-keit stF Klugheit, Schlauheit.

listiger stM Betrüger.

listi-keit [s.] *listicheit*.

list-kunde Adj. kunstreich.

list-machære stM Künstler.

list-sache stF Zauberkunst.

list-sinnic Adj. listenreich.

list-viuwer stN Zauberfeuer.

list-vröude stF vorgetäuschte Fröhlichkeit.

list-wurkære stM Künstler.

list-wurke swM Künstler.

lit stN Glied; Bein; Körper.

lît stMN Obst-, Würzwein.

lîte swF (Berg-) Abhang;Weg; Hüfte.

lît-gebinne stF (Schank-) Wirtin.

lît-hûs stN Wirtshaus.

lit-nagel stM Fingernagel.

Litto,Litwan Subst. Litauen.

litz stM Aussehen.

litzen swV A mit Litzen besetzen.

liuben [s.] *lieben*.

liugen [s.] *liegen*.

liuht [s.] *lieht* [2].

liuhtære,lûhtære/er stM Leuchter; Erleuchter; Vorbild.

liuhte,lûhte stF Leuchte, Lampe; Glanz.

liuhtec Adj. leuchtend.

liuhten,lûhten,louhten,

---

lûgten,lûften swV abs./D leuchten, scheinen, glänzen, (er-) strahlen; refl. sich lichten; p A *durch,über* strahlen über; p A *in* hineinleuchten in; p D *gegen* / p A *wider* (+D) entgegenleuchten, um die Wette glänzen mit.

liuhte-,lûhte-nisse stF Helligkeit.

liuhte-,lûhte-vaz stN Lampe, Leuchte.

liuhtunge,lûhtunge stF Erleuchtung, Glanz.

liu-munt,-ment,lû-,lê-munt,lium(e)t,liunt, lû-men,lûmt,lûnt stM (guter) Ruf,Ruhm; Nachrede; Gerede, Gerücht.

liunten,*liumden swV A ächten.

liup [s.] *liep* [1].

lius [s.] *lûz*.

lius-krût stN Läusekraut.

liut,lût,lout stMN [meist Pl.] Menschen, Leute,Volk; Untertanen, Gefolgsleute, Anhänger; Heer; [auch expl. , z.B. *heilige l.* Heilige, *heidenische(z) liut(e)* Heiden].

liute stF Ton.

liutech stN Volk.

liuten,lûten swV abs./A läuten (zu); Adv. klingen, erschallen; Nom. lauten, heißen; p D *ze* / p A *ûf* rufen zu; *ûf dem kopfe l.* +D auf dem Schädel herumtrommeln.

liutern,lûtern,loutern swV A(+D) reinigen, läutern.

liuterunge,lûterunge stF Läuterung.

liute-sterbe [s.] *liutsterbe*.

liutes-wurm [s.] *liutswurm*.

liut-hûs stN Gasthaus.

liut-kraft stF Menschenmenge.

liut-lôs Adj. menschenleer.

liut-,lûp-priester stM Ge-

---

meindepfarrer.

liut-,lût-sælde stF Freude.

liut-sælec/ic,lût-,lûtz-sælec/ic Adj. anmutig, zierlich; huldvoll.

liutsælec-haft Adj. beliebt.

liutsælec-lich Adj. lieblich, angenehm.

liut-,lût-sælikeit,lût-zê-likeit,lûsêlikeit stF Liebenswürdigkeit, Freundlichkeit; Wohlgefälligkeit.

liut-stein stM [Edelstein].

liut-,liute-sterbe swM Massensterben, Pest.

liuts-,liutes-wurm stM Laus.

liuz swM [Vogel].

liven [s.] *leben*.

lobe-,lobes-bære Adj. ruhmreich, preiswürdig; ehrenvoll; wohlgefällig, angenehm; untadelig.

lobe-brunne swM Quelle des Lobs.

lobe-haft Adj. wohlgefällig; ruhmreich.

lobe-,lobes-kranz stM Ehrenkranz.

löbe-lach,-lech stN Ruhmsucht, Ehrgeiz.

lobe-lich,löbe-,lop-,löp-lich Adj., **-lîche(n)** Adv. ruhmreich, berühmt; preiswürdig, lobenswert; lobpreisend; ehrenvoll; untadelig; wohlgefällig, angenehm; schön.

lobe-,lop-liet stN Loblied.

lobe-,lobes-mære stN Lobrede.

loben [1] **,loven** swV A(+G/D) loben/ preisen/ ehren/ rühmen/ auszeichnen (für/ wegen); A/ Inf.(*ze*)/ Ns(*daz*) (+D) versprechen, geloben; A(+pD *ze*) annehmen/ anerkennen/ einsetzen (als), wählen (zu);

festsetzen, verabreden, einberufen (zu/ nach); *ze man-
ne/ wîbe l.* +A sich verloben
mit; *der hant, in/ an die hant
l.* +A/Inf.*ze* /Ns(+D) in die
Hand versprechen.
loben² swV [s.] *laben.*
lobe-,lop-poum stM Ruh-
mesbaum [Lorbeer].
lobe-rîch,lobes-,lop-rîch
Adj. ruhmvoll, preiswürdig;
lobpreisend.
lobe-rîs stN Ehrenkranz.
lobes- [s.] *lobe-.*
lobe-sælic,-sâlic Adj. gepriesen.
lobe-sam,love-,lof-san
Adj. preiswürdig, berühmt,
würdig; liebenswürdig, beliebt; köstlich.
lobe-,lop-sanc stM Lobgesang.
lobe-,lop-spîse stF Nahrung des Lobes.
lobe-,lop-tanz stM Ehren-
tanz.
lobe-,lop-vogel stM Vogel
des Jubels.
loc stM Locke, Haar; Mähne.
loch¹ stN [Pl. auch *lücher-*]
Loch, Öffnung; Versteck,
Höhle; Gefängnis.
loch² stN [s.] *loh.*
lôch,lôh stMN Busch, Gebüsch.
löchærin stF Durchlöcherte.
lochen swV refl. eine Öffnung
haben.
lochereht/oht,locherehtic
Adj. durchlöchert, durchlässig.
löchern swVA durchlöchern.
lockeht Adj. lockig, kraus;
behaart.
locken,lokchen,lucken
swV D/A rufen, anlocken;
A/D+pD*ûz,von* locken/ führen aus; A/D+pD*ze* /p A*an,
durch,in* /Adv.lok. locken in/

zu, führen durch; verführen
zu.
lock-spieze swM Lockstange
[zum Vogelfang].
locuste stF Heuschrecke.
lode swM Loden; Zottel.
lof [s.] *lop.*
lôf,lœfel [s.] *louf.*
löffel [s.] *leffel.*
lof-sam [s.] *lobesam.*
logene [s.] *lügene.*
logich stF Logik.
loh,loch stN Feuer.
lôh [s.] *lôch.*
lohe swMF Flamme.
lohen swV abs./D lodern;
leuchten.
lohezen swV abs. leuchten.
lokchen [s.] *locken.*
lôn stMN Lohn, Belohnung;
Dank; Bezahlung, Vergel-
tung.
lôn-bær,-bâr Adj. ertragreich, Gewinn bringend; segensreich.
löne-,*lenne-lîn stN Hure.
lônen,lânen swV abs./Adv./
D/pD*mit* Lohn geben, loh-
nen/ danken (mit); G/A/Ns
daz (+D)(+pD*mit*) (be-) loh-
nen/ vergelten/ bezahlen (für/
mit).
lôner stM Belohner; Lohn-
herr.
lop,lof stMN Lob, Preis; Loblied; Ruhm, Ansehen, Ruf;
Anerkennung; Zustimmung;
Versprechen; Tugend.
lop-,löp- [s.] *lobe-.*
lorant stM [Baum].
lor-boum,-poum,-pâm
stM Lorbeerbaum.
lor-loup stN Lorbeerblätter.
lor-öl stN Lorbeeröl.
lor-pâm [s.] *lorboum.*
lor-per stF Lorbeere.
lor-poum [s.] *lorboum.*
lor-plat stN Lorbeerblatt.
lor-schapellekîn stN Lor-

beerkranz.
lorz [s.] *lerz.*
lor-zwî stN Lorbeerzweig,
Lorbeerkranz.
lôs Adj. anmutig, lieblich;
leichtfertig, leichtsinnig; ü-
berheblich, frech; übermütig, fröhlich; locker, lose;
frei, los, ledig.
lôs(-) [s. auch] *lôz(-).*
lôsære¹,lôser,lœser stM
Befreier, Erlöser.
lôsære²,lôser stM Heuchler, Schmeichler.
loser stM Horcher.
lôserin(ne) stF Erlöserin.
lösch stN Saffian [Ziegen-
leder].
loschen swV abs. sich verstecken.
löschen [s.] *leschen.*
loschieren swV abs. sich lagern; D ein Lager bereiten.
lôse¹ Adv. anmutig.
lôse² stF *âne l.* aufrichtig.
losen swV abs./D/pD*ze* zuhören, lauschen; A/Ns(*w*)
hören, vernehmen.
lôsen swV abs. heucheln;
scherzen; pD*ze* /p A*wider*
sich einschmeicheln bei.
lœsen,lôsen swV A(D/pD
ab,ûz,von) (er-) lösen (von),
befreien (aus/ von), retten
(vor); losmachen (von); loskaufen; aus-, einlösen.
lœse-pfant stN Lösegeld.
lœse-schaz stM Lösegeld.
lôs-heit stF Leichtfertigkeit,
Übermut, Überheblichkeit;
Heuchelei.
lôs-,lœs-lich Adj., -lîche
Adv. freundlich, übermütig.
lossam [s.] *lustsam.*
losunge stF Aufmerksamkeit.
lœsunge,lôsunge stF Erlösung, Befreiung, Rettung;
Lösegeld.
lôt¹ Adj. beschaffen.

lôt[2] stN Lot, Gewicht; *Karles l.* Recht/ Maß (-stab) Karls des Großen.

lœten swV A(+Adv.) (zusammen-) löten, härten.

loter stM Gaukler; Taugenichts, Weichling.

loter-heit stF Liederlichkeit.

loter-,lotter-vuore stF Lotterleben.

lôtic Adj. vollgewichtig, vollständig.

lotter stN Niedertracht.

lotter-vuore [s.] *lotervuore.*

loube[1] stF Erlaubnis.

loube[2] swF Laube; Vorhalle; Galerie.

louben swV abs. sich belauben, belaubt sein.

louber-,löuber- [s.] *loup.*

loubereht Adj. belaubt.

loubîn Adj.*l.huot* Laubkranz.

louc,louch stM Flamme, Feuer.

louch,louche stMN Lauch.

louches-saf stN Lauchsaft.

louf,lôf,lœfel stM Lauf, Gang; Bewegung; Weg, Bahn; Fluss; Verlauf; Umlauf; Zulauf; *viuhter l.* Durchfall; *ze loufe* sogleich.

loufære/er stM Läufer; (Renn-) Pferd; Lauf, Bein.

loufe-,louf-lich Adj. *an/ nâch loufelicher art/ rente* im (Ver-) Lauf der Zeit; *nâch loufelichen siten* wie üblich.

loufen stV [VIIe] abs./Adv. (+D) laufen, rennen, eilen; sich bewegen; fließen; um die Wette laufen; pD*(en)gegen, nâch,ob,von,vor,ze* laufen in/ entgegen/ über/ um/ vor/ zu; pD*in* sein in; pD*nâch* [auch] herlaufen hinter; pD*von,vor* [auch] weglaufen vor; pA*an, durch, in, über, ûf, under, vür* (+D)/Adv.(lok.) laufen/ eilen auf/ durch/ in/ über/ unter/

vor; pA*in* [auch] geraten in; pA*ûf* [auch] kommen/ springen/ sich stürzen auf; pA *umbe* herumlaufen um, herlaufen hinter; A durch-, entlang-, hinablaufen; zurücklegen, gehen; Inf. gehen;*der munt löuft von einander* +D der Mund ist geöffnet.

louf-lich [s.] *loufelich.*

louft stM Lauf, Gang; Hülse, Rohr.

louge swF Lauge.

lougen[1] swV abs. Funken sprühen; pA*ûz* lodern aus.

lougen[2]**,löugen,loug(e)- nen,louken(en)** swV (refl.+)G(+D)/Ns*daz* (ver-) leugnen, ab-, bestreiten; widersagen, ablehnen.

lougen[3] stN Verleugnung, Leugnen; Ablehnung, Täuschung; *l. bieten* die Unschuld beteuern; *âne/ sunder l.* ohne Zweifel, unleugbar; wirklich, tatsächlich.

löugen [s.] *liegen.*

lougenen [s.] *lougen*[2].

lougen-,lugen-lich Adj., **-lîche** Adv. verlogen; wahrheitswidrig; trügerisch; verleugnend.

lougenunge stF Verleugnung, Verneinung.

lougnen [s.] *lougen*[2].

louhten [s.] *liuhten.*

louken(en) [s.] *lougen*[2].

loup stN [Pl. auch *louber-, löuber-*] Laub, Blatt.

loup-apfel stM Gallapfel.

loup-grüene Adj. grün belaubt.

loup-rûs stF Laubhüttenfest.

loup-vahs stM Blätterschmuck.

loup-vrosch stM Laubfrosch.

lout[1] stMN [s.] *liut.*

lout[2] stF [s.] *luot.*

loutern [s.] *liutern.*

louwe-keit [s.] *lâwekeit.*

love- [s.] *lobe-.*

lowe,löwe [s.] *lewe.*

löwin [s.] *lewin(ne).*

loys stN Gesetz.

lôz,lôs stMN Los; Auslosung; Schicksal; Willkür.

lôz-,lôs-buoch stN Wahrsagebuch; *daz l. werfen* +Ns *w* auslosen.

lôzen [s.] *lâzen.*

luc stM Lüge.

lucerne stswF Leuchter, Lampe.

luche [s.] *lücke*[2].

lûchen,liechen stV [IIab] A schließen; rupfen; A+pD*ze* ziehen an; Part.Adv. [s.] *gelochen.*

lücher- [s.] *loch*[1].

lûcht [s.] *lieht*[1].

Lucifer stM Luzifer.

lucifer-lich Adj. teuflisch.

lücke[1] Adj. locker.

lücke[2]**,lucke,luche** stswF Lücke, Loch; Bresche.

lücke[3] Adj. [s.] *lüge*[1].

lucken [s.] *locken; lücken*[2].

lücken[1] swV [Part.Prät. *gelucket*] A durchbrechen.

lücken[2]**,lucken,lückern** swV A (an-) locken; *den spiez l.* eine Lockstange aufstellen [zum Vogelfang].

ludem[1]**,luden** stM Lärm.

ludem[2] stMN [Tier].

ludemen swV abs. lärmen.

luden[1] swV A rauben.

luden[2] stM [s.] *ludem*[1].

lûder(-) [s.] *luoder(-).*

ludlacher Subst. [Fabeltier].

lüec [s.] *luoc.*

lüejen,lüegen,lüewen, lüen,luon,lûn swV abs. brüllen; pD*nâch* rufen nach.

lüemer stM Großmaul.

lüen [s.] *lüejen.*

lûer [s.] *lûre.*

lüewen [s.] *lüejen.*
lûf,luof stM Loch, Abgrund.
luft stMF Luft; Wind.
lufte-bruch stM Schall.
lûften [s.] *liuhten.*
lufte-süeze [s.] *luftsüeze.*
luftic,lüftic Adj./Adv. licht,
locker; luftig; körperlos.
luft-löchelîn stN Pore.
luft-rœre swF Luftröhre.
luft-sager stM Wetterpro-
phet.
luft-,lufte-süeze Adj. lind,
duftig.
luft-vengic Adj. luftdurch-
lässig.
lüge[1],luge,lügge,lücke,
luke Adj. verlogen, falsch.
lüge[2],luge stF Lüge, Unwahrheit; *âne/ sunder l.* ehrlich, aufrichtig; mit Recht.
lüge-,luge- [s.] *lügen-.*
lûgen [s.] *luogen.*
lügenære/âre/er,lugenæ-
re/âre/er,lügner stM Lüg-
ner; Verleumder.
lügene,lugene,lugne,lo-
gene stF Lüge; Verleum-
dung; *âne l.* wahrheitsgemäß, wirklich.
lügen-haftic Adj. verlogen.
lügen-,lüge-heit stF Lüge.
lügen-lich,lüge-,lug-,lu-
ge(n)-lich Adj., -lîche(n)
Adv. lügenhaft, verleumderisch; trügerisch.
lugen-lich [s.] *lougenlich.*
lügen-mære,lüge-,luge-
lugen-mære stN Lüge,
Lügengeschichte.
lügen-siech Adj. *l. sîn* eine
Krankheit vortäuschen.
lügen-,lugen-spil stN Lü-
ge; Lügengeschichte.
lugge Adj. schwach.
lügge [s.] *lüge* [1].
lug-lich,-lîche(n) [s.] *lü-
gelich.*
lugne [s.] *lügene.*

lügner [s.] *lügenære.*
lüg-pütze stF Lügenpfuhl.
lûgten [s.] *liuhten.*
luhs stM Luchs.
luhsîn Adj. aus Luchsfell.
luhs-stein stM [Edelstein].
lûht- [s.] *liuht-.*
luke [s.] *lüge* [1].
lüller stM Pfeifer.
lumbel stM Lendenfleisch.
lûmen [s.] *liumunt.*
lumpe swM Lumpen.
lûmt,lû-munt [s.] *liumunt.*
lûn [s.] *lüejen.*
lunde swF Welle.
lûne stF Mondphase; Gele-
genheit; Stimmung, Laune;
Neigung; Einstellung.
lunge swF Lunge.
lungel stF Lunge.
lunger Adj. gierig.
lung-rœre stF Lungenröhre
[Luftröhre].
lûnic Adj. wechselhaft.
lûnt [s.] *liumunt.*
lunzen swV abs. schlum-
mern.
lunz-loht Adj. weich.
luoc,lüec stN [Pl. *luoger-*]
Loch, Öffnung; Höhle.
luoder,lûder stN Verlo-
ckung; Völlerei, Lotterleben;
Köder.
luoderære/er,lûderære,
luoder stM liederlicher
Mensch; Weichling; Wege-
lagerer.
luodern,lûdern swV abs. ein
liederliches Leben führen;
pD *an* Possen treiben mit; A
anlocken.
luof [s.] *lûf.*
luoge stF Höhle.
luogen,lûgen swV pD *ûz / p* A
an,durch, in, ûf, umbe /Adv.lok.
schauen auf/ aus/ durch/ in/
um; N *daz* sich bemühen.
luoger- [s.] *luoc.*
luon [s.] *lüejen.*

luot,lout stF Meute, Haufen.
lupanar stN Bordell.
lupfen swV abs. hoch springen, hoch hüpfen; refl.+pA *in*
hüpfen in; A hochheben.
lup-lerin [s.] *lüppelærinne.*
lüppe,luppe stFN Zauber,
Zauberei;   Giftmischerei;
Vergiftung.
lüppec Adj. giftig.
lüppe-lach stN Zauberei.
lüppe-lærinne,lüpperin-
ne,lup-lerin stF Zauberin.
lüppen swV [Prät. *lupt-*] A
vergiften.
lüpperinne [s.] *lüppelærinne.*
luppic-lîchen Adv. wenig.
lûp-priester [s.] *liutpriester.*
lupt- [s.] *lüppen.*
lûr swM [Vogel].
lûre,lûer stF Versteck; Warten.
lûren,lûwern swV abs. warten, herumlungern.
lurgen [s.] *lirken.*
lürzen stN Verstellung.
lurz-heit stF Verstellung.
lûs stF Laus.
lusch stM Versteck.
lûschen swV abs. lodern.
lûsêlikeit [s.] *liutsælikeit.*
lûsen stN Lauschen.
lûsen swV A entlausen.
lûsenære [s.] *lûzenære.*
lussam [s.] *lustsam.*
lust stMF Freude, Vergnü-
gen, Zufriedenheit; Lust; Begierde, Verlangen, Gelüst.
lust-bærikeit stF Freude.
lust-bærlîche Adv. wohlgefällig.
luste Adj. liebenswert.
lustec/ic,lüstec/ic Adj. angenehm, lieblich, schön, gut;
froh, fröhlich, heiter; wohl
schmeckend; begierig.
lusten,lüsten swV A freuen
unpers.+A+G/ Ns *daz /* Inf.*ze*

gelüsten, begierig sein/ Lust haben auf, verlangen nach.

lûsterære stM Horcher.

lust-gebende Part.Adj. Lust spendend.

lust-gehegt Part.Adj. lustvoll.

lust-geziert Part.Adj. prächtig geschmückt.

lustic-heit,lust(i)-keit, lust-heit stF Freude; Fülle; Verlangen.

lüstec-lich Adj. Freude bringend.

lust-keit [s.] *lusticheit.*

lustic-lîche(n) Adv. gern, mit Freuden; angenehm, schön, gut.

lust(i)-keit [s.] *lusticheit.*

lust-,lüst-lich Adj. erfreulich, angenehm, Freude bringend, lieb; lustvoll; schön, lieblich, prächtig.

lust-lîche(n) Adv. freudig, gern; wohlgefällig; schön, lieblich.

lust-licheit stF Freude; Verlangen.

lust-sam,lussam,lossam Adj. angenehm, wohlgefällig, erfreulich; ansehnlich, stattlich; schön, lieblich; prächtig.

lust-suochen stN *l. sîn selbes(heit)* Selbstgefälligkeit.

lust-suocher stM Vergnügungssüchtiger.

lût[1] Adj. laut, hell; *l. werden* Lärm schlagen; Laut geben; *l. werden* +G erwähnen; *lachens l. werden* lachen.

lût[2] stM Laut, Ton, Klang; Stimme; Rede; Schrei.

lût[3] stMN [s.] *liut.*

lût- [s. auch] *liut-.*

lût-bæren swV A bekannt machen.

lût-breht Adj. lärmend.

lûte Adv. laut; gut.

luter[1] stF (Fisch-) Otter.

luter[2] stN Schmutz.

lûter[1] Adj./Adv. lauter, rein, klar; hell, glänzend; aufrichtig.

lûter[2],lûtre stF Lauterkeit, Klarheit; Glanz.

lûter-,lûtre-keit,-heit stF Lauterkeit, Reinheit, Klarheit.

lûter-lich Adj. rein, klar, hell, lauter; aufrichtig.

lûter-lîche(n) Adv. hell,rein; aufrichtig; ausschließlich.

lûter-tranc stM Würzwein.

lûter-vêh Adj. aus Otterfell.

lûtes Adv. *l. loufen* bellen.

lût-haft Adj. *l. sîn* erklingen.

lût-loufen stV [VIIe] abs. bellen.

lût-mæren swV A kund tun.

lûtre(-) [s.] *lûter(-).*

lût-sælikeit [s.] *liutsælikeit.*

lutz [s.] *lützel[2].*

lützel[1],lutzel,luzel Adj. wenig, gering; *l. iemen/ deheiner* kaum jemand, niemand.

lützel[2],lutzel,lutz,luzel Adv. kaum, wenig, gar nicht; nie; *ein l.* ein bisschen/ wenig.

lutzelic Adj. klein.

lût-zêlikeit [s.] *liutsælikeit.*

lützen swV A herabsetzen.

lûtz-sælec [s.] *liutsælec.*

lûwern [s.] *lûren.*

lûz,lius stF Versteck; Lauer.

luzel [s.] *lützel.*

lûzen swV abs./D/pD*in* /Adv. lok. sich verstecken (in), verborgen sein (in), lauern/ hausen (in); lauschen.

lûzenære,lûsenære stM Lauscher.

Lyban [s.] *Liban.*

m

mâc,môc,mâge,môge stswM (Bluts-) Verwandter.

machen swV refl.+pD*gegen, ûz, ze* / pA*an, in, über, ûf* /Adv. lok. sich aufmachen/ bereitmachen (zu), sich begeben an/ in/ nach/ über/ zu; sich davonmachen (aus); refl.+pA *an* [auch] sich heranmachen an; refl.+pA*wider* sich erheben gegen; A/Ns(*daz*)(+D) machen, tun, wirken; bewirken, erreichen; (er-) schaffen, hervorbringen, herstellen; hervorrufen, verursachen; bereiten, errichten, einsetzen; herbeischaffen; darbieten, veranstalten; ergeben; einmachen; A(+D)+ pD*ûz, von* machen/ (er-) schaffen/ bereiten aus; A+A/ pD*ze* machen zu, verwandeln/ übertragen in; A+Inf. machen/ bringen zu; A+Adj. (+D) machen; *schîn m.* +A+D beweisen; *sich slâfen m.* sich schlafen legen; *wie macht ez/ er* wie geht es (ihm)?

mæcheninc stM Schwert.

machunge stF Erschaffung, Zeugung.

mâc-schaft,mâge-,môc-schaft stF (Bluts-) Verwandtschaft; Geschlecht.

made swM Made, Wurm.

mader [s.] *marder.*

mâder,mæder stM Schnitter.

made-villic,-willich Adj. von Maden zerfressen.

mæen [s.] *mæjen.*

mage,magen swM Magen.

mâge¹,mâhe,mâhen stswM Mohn (-samen).

mâge² stswM [s.] *mâc.*

magede-lich [s.] *magetlich.*

magedîn,magetîn,megedîn,megetîn,meidel stN Jungfrau, Mädchen; Hofdame; Kammerjungfer, Dienerin.

magen¹ stM (Heeres-) Macht, Stärke; Heer; Menge.

magen² anV [s.] *mügen.*

magen³ swM [s.] *mage.*

magen-,mân-kraft stF Majestät, Herrlichkeit; (All-) Macht; Kraft, Stärke; Heeresmacht; Menge.

magen-kreftic Adj. allmächtig.

mâgen-krût stN Mohn.

mâgen-öl stN Mohnöl.

mâgen-sâme swM Mohnsamen.

mager Adj. mager, abgemagert; karg.

mageric-heit stF Entkräftung.

mager-lîche Adv. abgezehrt.

magern swV abs. abmagern.

mâge-schaft [s.] *mâcschaft.*

maget¹,magt,meit Adj. unberührt, unverletzt, rein.

maget²,magt,meit,meide,meigt,miget stF [flekt. auch *meg(e)de-*] Jungfrau, Mädchen; Edelfräulein; Dienerin, Magd.

maget-bære Adj. jungfräulich.

maget-heit stF Jungfräulichkeit.

magetîn [s.] *magedîn.*

maget-lich,magt-,magede-,meget-,megt-,meide-,meg(de)-,meit-lich Adj. jungfräulich; unverheiratet; mädchenhaft; rein, unschuldig.

maget-,meg(et)-lîche(n) Adv. als Jungfrau/ Mädchen; unberührt, rein.

maget-rein Adj. jungfräulich, rein; unversehrt.

maget-tuom,mag-,magetûm,meituom stMN Jungfräulichkeit, Keuschheit; Jungfernhäutchen.

magetuom-lich,magtuom-lich Adj. jungfräulich.

mage-zoge,mag-,magtzoge swM Erzieher.

mæginne stF (Bluts-) Verwandte.

magnête swM Magnet.

magt(-) [s.] *maget(-).*

mag(t-)zoge [s.] *magezoge.*

mâhe [s.] *mâge* ¹.

mahelen,maheln,mâlen, meh(e)len,mêlen swV A (+refl.D) sich verbinden/ verloben/ vermählen mit, heiraten; A+D versprechen, antrauen, verloben/ verheiraten mit.

mâhen [s.] *mâge* ¹.

mahinande,mahinante stF Hofgesellschaft, Schar.

mahmumelîn stM Kalif.

maht,math stF Macht; Kraft, Stärke; Gewalt; Heer, Streitmacht; Schar, Menge; Fähigkeit; Bewusstsein; Befinden; Anstrengung; Geschlechtsteile.

mahtic [s.] *mehtec.*

maierol stN Magyarisch.

mæjen,mæ(e)n,mæwen swV A mähen.

majestât,majestæt stF Majestät, Herrlichkeit.

Majorica Subst. Mallorca.

makel stM Sündenfall.

mâl,môl stN Mal, Zeitpunkt; Zeit; Zeichen, Merkmal; Beschaffenheit, Aussehen; Fleck, Spur; Verletzung, Beschädigung; Verzierung; Mahl; *an dem mâle/ des mâles* sogleich, damals; *ê mâles* vorher; *eines mâles/ ze einem mâle* einmal, einst; *sît dem mâle/ den mâlen* weil, da; *under mâlen* bisweilen; *ze (dem) mâle* sogleich, auf einmal, gleichzeitig; gänzlich, völlig; *ze dem andern/ dritten mâle* zum zweiten/ dritten Mal, zweitens/ drittens; *ze manigen/ allen mâlen* oft, jedesmal, immer.

malagram-apfel [s.] *malgranapfel.*

mâlære/er,mæler,môler stM Maler.

malder [s.] *malter.*

malen [s.] *maln.*

mâlen¹,môlen swV [Part. Prät. auch st *gemâlen*] A / Ns(*w*)+D (+pD*an,mit,ûz,von, ze* / p A*an,vür* / Adj./ Adv./ *als* +A) (an-, aus-, be-) malen/ verzieren/ darstellen (an/ auf/ mit/ als); zeichnen; färben (mit); schmücken.

mâlen² swV [s.] *mahelen.*

mâlerin(ne) stF Malerin; geschminkte Frau.

malgran,malgranât stM Granatapfel (-baum).

malgran-,malagram-apfel,-öpfel stM Granatapfel.

malgranât [s.] *malgran.*

malgranât-,malgranpoum stM Granatapfelbaum.

malgran-öpfel [s.] *malgranapfel.*

malhe swF (Reise-) Tasche.

mælic Adj. behaftet.

mælîe stF Gefecht.

maln,malen st V [VIa] A (+D) mahlen, (zer-) reiben.

mâl-,mehel-schaz stM Verlobungsring; Brautgeschenk.

malter,malder stN Malter

[Getreidemaß]; *des küniges m.* Strafmaß des Königs [dreißig Rutenschläge].

malvasî(r) stM Malvasier [Süßwein].

mâl-vlecke swM Schmutzfleck.

mammende,mamende Adj. sanftmütig.

man¹ stM Mann; Mensch; Ehemann, Verlobter, Geliebter; Lehnsmann, Vasall, Gefolgsmann; Held, Krieger; Untertan; Diener; *der/ ein m.* [auch] man; *manec m.* [auch] manch einer, viele (Leute); *nie m.* [auch] niemand; *m. unde wîp* [auch] alle (Menschen/ Leute);*waz mannes* [auch] wer; [auch expl., z.B. *ellender m.* Fremder].

man²,mane stswMF Mähne; Haar.

man³,men,me,min,wan, wen Indef.Pron. man.

man⁴ stF [s.] *mane* ¹.

mân [s.] *mâne.*

mæn [s.] *mæjen.*

mænât [s.] *mânôt.*

manc¹ stM Mangel.

manc² Indef.Pron. [s.] *manec.*

manc- [s.] *manec-, manic-.*

man-chun(ne) [s.] *mankünne.*

mæn-dac [s.] *mântac.*

mandât(e) stFN Fußwaschung (am Gründonnerstag); Abendmahl.

mandel¹ stswF Mandel.

mandel² stM [s.] *mantel.*

mandel-boum,-poum, -pâm stM Mandelbaum.

mandel-kern stM Mandelkern.

mandel-milch stF Mandelmilch.

mandel-nuz stF Mandelkern.

mandel-öl stN Mandelöl.

mandel-pâm [s.] *mandelboum.*

mandel-plat stN Blatt des Mandelbaums.

mandel-pluot stF Mandelblüte.

mandel-poum [s.] *mandelboum.*

mandel-rîs¹ stMN Reis mit Mandelmilch.

mandel-rîs² stN Mandelstrauch.

mandel-zwî stN Mandelzweig.

mandragôre swF Alraunwurzel.

mandunge stF Freude, Seligkeit.

mane¹,man stF Ermahnung; Zuruf.

mane² stswMF [s.] *man* ².

mâne,mân,môn(e) stswMF Mond; Monat.

manec/ic¹,menec/ic,maninc,manc,menc Indef. Pron. manche (-r/ -s).

manec/ic²,menec/ic, manc,menc,maninc Adj. manch, viel; vielfach, (zahl-)reich; groß, verschiedenartig, unterschiedlich; *manegen tac, manege wîle/ zît* [auch] (schon) lange; *vor maneger stunt/ zît* seit langem; *manege/ ze maneger stunt* oft, lange; *wie maneges tages* nach wieviel Tagen; *ez/ des ist m. jâr/ tac/ wîle es/ das ist lange her.*

manec-,menic-heit stF Vielfalt.

manec/ic-slaht Adj. vielfältig; verschiedenartig.

manec/ic-valt,mani(nc)-, manc-valt Adj./Adv. zahlreich; reich, reichlich, viel, vielfach, vielfältig; groß, gewaltig; verschiedenartig, unterschiedlich; faltenreich.

manec/ic-valtec/ic,menic-,manc-valdec/ic, -veltic Adj. zahlreich, vielfach; verschiedenartig, unterschiedlich; groß, reich.

manec/ic-valtecheit,menic-valtekeit,-valtkeit, -valtic-,-veldi-keit stF Vielfalt; Menge, Fülle, Größe; Zerstreuung.

manec/ic-valtec-lich,menic-valtec/ic-lich Adj., **-lîche(n)** Adv. vielfach, unterschiedlich; häufig.

manec-valt(e)keit,-veldikeit [s.] *manicvaltecheit.*

mânedec-lîche,mânedglîche Adv. jeden Monat.

maneges Adv. [+Komp.] viel.

mân-eide [s.] *meineide.*

manen swV A(+D)(+G/pDze/ pAan, ûf, umbe/ Ns(daz, w)/ Inf.) ermahnen/ auffordern/ aufrufen/ (an-) treiben/ bewegen/ ermuntern (zu); mahnen/ erinnern (an); anflehen, bitten (für/ um).

mânêt [s.] *mânôt.*

mange swF Steinschleuder [Belagerungsmaschine].

mangeiz stN Imbiss.

mangel stM Mangel, Entbehrung; Fehler, Unzulänglichkeit; *m. haben* +G [auch] verzichten auf; *m. nemen* +G vermissen.

mangelen¹,mangeln,mangen,manglen swV G entbehren, verzichten auf; verlieren; nicht haben.

mangelen² swV pDmit sich abgeben mit.

mangeln,mangen [s.] *mangelen* ¹.

mangen-stein stM Schleuderstein.

mangerîe stF Nahrung.

manger-lei,-leige [s.] *manigerlei.*

manglen [s.] *mangelen* [1].

mangolt stM Mangold.

man-haft Adj. mutig, tapfer, standhaft.

man-haftikeit stF Standhaftigkeit.

man-heit stF Männlichkeit; Tapferkeit; Stärke; Wagemut; Heldentat.

manic-vach Adj. vielfältig.

manic-valdigen [s.] *manicvaltigen*.

manic-valt stF Vielfalt.

manic-valten swV A(+D) vermehren, ausbreiten, groß machen; A+pD*von* zusammensetzen aus.

manic-valtigen,-valdigen swV A vervielfachen; ausdehnen; ablenken.

manic-var Adj. vielfarbig; wechselvoll.

manic-verbic,manc-virbic Adj. mehr-, vielfarbig; gefleckt.

manie [s.] *menige*.

maniere stF Art, Weise.

manigære stM Handwerker.

manige [s.] *menige*.

manigen-wîse [s.] *manigerwîse*.

maniger-,manger-lei[1] Adj. [flekt. auch *manigerleige*] unterschiedlich, verschieden; groß.

maniger-,manger-lei[2] Adv. außerordentlich; häufig.

maniger-,manigen-wîse Adv. auf unterschiedliche Weise; häufig.

mænin,mæninne,mânin, mâninne stswF Mond.

maninc(-) [s.] *manec(-)*.

mani-valt [s.] *manecvalt*.

man-kraft stF Manneskraft; Kriegsheer.

mân-kraft [s.] *magenkraft*.

man-künne,mannes-kun-

ne,-chun(ne) stN Menschengeschlecht, Menschheit.

man-lich,men-,menne-, mend-lich Adj., -lîche(n) Adv. männlich; mutig, tapfer, kühn; mannhaft, kraftvoll; ritterlich.

man-muot,-mût stM Mannhaftigkeit.

manna stN Manna, Himmelsbrot.

manna-brôt stN Manna, Himmelsbrot.

mannec/ic-lich [s.] *mannelich*.

manne-gelîch,men-,menne-glîch Indef.Pron. [auch *aller m.*] jeder (-mann).

manne-lich,mannec/ic-, mennec/ic-,menc-lich Indef.Pron. [auch *aller m.*] jeder (-mann).

mannen swV abs. einen Mann nehmen; sich ein Herz fassen; A bemannen; Part.Adj. [s.] *gemannet*.

manne-schaft [s.] *manschaft*.

mannes-chun [s.] *mankünne*.

mannes-geslehte stN Männer.

mannes-geziuglîn,mansgeziugel stN Hoden.

mannes-hant stF Menschenhand.

mannes-kleit stN Männerkleidung.

mannes-künne,-kunne [s.] *mankünne*.

mannes-name swM Mann, männliches Geschlecht.

mannes-persône swF Mann.

mânôt,mânêt,mænât,mô-net,môneit,mônât,mânt stM Monat.

man-,manne-schaft stF

Lehen; Lehnspflicht, Lehnsdienst.

mân-schîn,môn-schîme stswM Mond, Mondschein.

mans-geziugel [s.l *mannesgeziuglîn*.

man-slaht,-slath stF Totschlag, Mord.

man-slahter stM Mörder.

man-slahtic,-slehtic Adj. des Mordes schuldig; *m. bluot* Blut von Ermordeten.

man-slath [s.] *manslaht*.

man-slege swM Mörder, Totschläger.

man-slehtic [s.] *manslahtic*.

mans-ruote swF Penis.

man-stap stM Penis.

mant- [s.] *menden*.

mânt [s.] *mânôt*.

mân-tac,mæn-dac stM Montag.

mantel,mandel stM Mantel, Umhang; Ausrede, Bemäntelung; Schutzschirm [Belagerungsgerät].

manteler stM (Alt-) Kleiderhändler.

mantel-snuor stF Mantelschnur.

manunge stF (Er-) Mahnung, Aufforderung, Bitte; Botschaft; *m. der eigen natûre* Instinkt.

man-zoge swM Erzieher.

man-zuht stF Disziplin.

mar[1] Adj. [flekt. *marwe-* , *marbe-*] reif, mürbe; zart.

mar[2] stN [s.] *marc* [2].

marc[1]**,march** stF Mark [halbes Pfund Silber/ Gold].

marc[2]**,mar,march** stN (Streit-) Ross.

marc[3]**,march** stN Mark; Kraft.

marc[4]**,march** stN Zeichen; Muttermal.

marc-boum stM Grenzpfahl, Schlagbaum.

marc-grâve,mar-,march-grâf,marcrâve,marcrâf swM Markgraf.

marc-grâvin(ne),mar-grævin stF Markgräfin.

march-schalc [s.] *marschalc.*

marc-man stM Grenzwächter.

marcrâve,marcrâf [s.] *marcgrâve.*

marc-stein stM Grenzstein.

marder,mader,mart,merder stM Marder.

marderîn,merderîn Adj. aus Marderfell.

mære¹,mâre Adj. bekannt, berühmt; beliebt; berüchtigt; herrlich; gewaltig, groß; edel, weise; rein; lieb; wertvoll, wichtig.

mære²,mâre Adv. sehr; *alsô m.* ebenso gut; *m. sîn* unpers.+D gleichgültig sein.

mære³,mâre stFN Geschichte, Erzählung; Überlieferung, Quelle; Sachverhalt, (Tat-) Sache; Angelegenheit, Ding; Ereignis, Vorfall; Kunde, Nachricht, Botschaft; Auskunft, Bericht, Bescheid; Neuigkeit; Gerücht; Rede, Wort; Vorwurf; *mit gelîchem m.* einstimmig; *(der) m. vragen, mit mæren bestân* +A(+pD*von* / N*sw,ob*) fragen(nach); *ze m. bringen/ tragen* +A ins Gerede/ an die Öffentlichkeit bringen, anklagen; *(ze) m. komen* +D (+Ns*daz,w*) bekannt werden, zu Ohren kommen; *(ze) m. jehen/ machen/ sagen/ tuon/ werden lâzen* (+D)(+pD *von* / A / N s*daz,ob,w*) erzählen/ sagen/ berichten/ verbreiten (über).

mæren,mâren swV refl.+ Adv. sich darstellen/ ereig-

nen; refl.+pA*in* sich hervortun vor.

mære-sagen [s.] *mærsagen.*

mæres-halp Adv. in der Erzählung.

margarîte swF Perle.

mar-grâve,-grâf [s.] *marcgrâve.*

mar-grævin [s.] *marcgrâvin(ne).*

marhen-slôz stN Vorhängeschloss.

Märhern Subst. Mähren.

marht- [s.] *merken.*

marke,marche stF Grenze, Grenzland; Mark, Markgrafschaft; Gebiet, Bereich.

market,markt,marchet stM Markt; Marktplatz, Marktflecken; Handel, Geschäft; Gewinn; Kauf, Ware; Marketenderei.

market-tac stM Markttag.

market-zol stM Marktzoll.

markîs stM Markgraf.

markt [s.] *market.*

markt- [s.] *merken.*

mær-lære stM Erzähler, Dichter.

marmel,mermel stM Marmor (-stein).

marmelîn,mermelîn Adj. marmorn, aus Marmor.

marmel-siule [s.] *marmel-sûl.*

marmel-stein,marmer-, mermel-stein stM Marmor (-stein, -block, -sarg).

marmel-,mermel-steinîn Adj. aus Marmor.

marmel-sûl,-siule stF Marmorsäule.

marmer-stein [s.] *marmel-stein.*

marnære/er,mernære, morner stM Seemann; Schiffsherr; Steuermann, Matrose.

marobel stN [Heilpflanze].

marren [s.] *merren.*

mær-,mære-sagen swV abs. schwatzen.

mær-sager stM Schwätzer, Verleumder.

mar-schalc,march-schalc, -schalch stM (Erz-, Hof-, Reichs-) Marschall; Stallmeister; Pferdeknecht.

marschalc-ampt,-amt stN Marschallamt, -dienst.

mar-schalkin stF Frau des Marschalls.

marschandîse stF Handel.

marschant stM Kaufmann.

mar-stal stM Marstall, Pferdestall.

mar-staller stM Pferdeknecht.

mart¹ stM [s.] *marder.*

mart² stF [s.] *marter.*

martel(-) [s.] *marter(-).*

marter,mart(el),mater stF Marter, Leiden, Qual; (Opfer-) Tod; Kreuzigung; Kruzifix; Kreuzbanner.

marterære/âre/er,merterære/âre/er,martelære /er,mertelære/er,mar-træ re/er,mertære,mar-ter stswM Märtyrer; Dulder, Leidender.

marterât stF Marter, Martyrium.

marteren [s.] *martern.*

marter-,martel-haft Adj. qualvoll.

marterin,merterin stF Dulderin.

marter-lant stN Land der Qualen.

marter-leben stN Quälerei.

marter-,merter-lich Adj., -**lîche** Adv. qualvoll.

martern,mart(e)ren,martel(e)n swV A(+D) martern, foltern, (zu Tode) quälen.

marter-tage stM [Pl.] Passionszeit.

marterunge stF Folter.
marter-,martel-wec stM Leidensweg.
martrære [s.] *marterære*.
martren [s.] *martern*.
marwe- [s.] *mar* [1].
mas-boum [s.] *mastboum*.
masche swF Masche, Schlinge.
mâse,mouse swF Fleck, Makel; Wundmal, Narbe; Wunde; Scharte; Schorf.
maser stM Maserholz; Becher (aus Maserholz).
mâsgen swV A verleumden.
masse,messe stF Masse, Klumpen.
mâsse [s.] *mâze* [2].
massenîe,massnîe,mess(e)nîe stF Gefolge, Hofstaat, Hofgesellschaft; Gesinde; (Ritter-) Schar.
mast[1] stM Mast (-baum).
mast[2] stMFN Fruchtfleisch; (Körper-) Gewicht.
mast- [s. auch] *mesten*.
mast-boum,mas-poum stM Mastbaum.
mâster(-) [s.] *meister(-)*.
mastic,mastix stM Harz des Mastixstrauchs.
mast-poum [s.] *mastboum*.
mastunge stF Mästung.
mat[1] Adj. (schach-) matt, kraftlos, schwach; untätig; arm.
mat[2] stN Matt [Schachspiel]; Ende; *m. geben/ sagen/ sprechen/ tuon* +D matt setzen.
mate,matte,matze stswF Wiese; (Binsen-) Matte.
mater [s.] *marter*.
materaz [s.] *matraz*.
materelle,matertelle stF Wurfgeschoss, Bolzen.
materie,materje,materge stswF Materie, Stoff; Gegenstand; Thema; Abhandlung; Stofflichkeit, Körper-

lichkeit; Beschaffenheit; Ursprung; Kraft.
materie-,mater-lich Adj. stofflich, körperlich.
materie-licheit stF Stofflichkeit.
materje [s.] *materie*.
mater-lich [s.] *materielich*.
matertelle [s.] *materelle*.
math [s.] *maht*.
matraz,materaz stM Ruhebett, Polster, Matratze.
matte [s.] *mate*.
matze [s.] *mate; metze* [1].
matzen-poum stM Mastixstrauch.
mauroch [s.] *morhe*.
mæwen [s.] *mæjen*.
maz stN Speise, Essen, Mahlzeit.
mâze[1]**,mâzen** Adv. mäßig, in/ mit Maßen.
mâze[2]**,môze,mâsse,môsse** stF Maß; Mäßigung, Mäßigkeit, Maßhalten; Zurückhaltung, Bescheidenheit; Maßstab, Ermessen; Art, Weise; Form, Gestalt; Ordnung; Stand; Verhältnis; Menge, Größe, Ausmaß; Abstand, Zeit; Richtung, Orientierung; Richtschnur; Messstab, Messgefäss; *âne/ sunder/ über (die)/ ûz der/ ûzer mâze(n)* gänzlich, sehr, überaus; unmäßig, über die Maßen, im Überfluss; außerordentlich, maß-, ziellos; *in/ ze (einer) mâze(n)* angemessen, entsprechend; richtig, passend; genug, reichlich, sehr, ziemlich; mäßig, wenig, gar nicht; *in/ mit/ ze (der) m.* [auch] so; *nâch der m.* [auch] wie.
mæze-keit [s.] *mæzicheit*.
mâze-,mâz-lôse stF Maßlosigkeit.
mâzen[1]**,mæzen** swV refl.

(+G/pD *an,ze*) sich enthalten, sich zurückhalten (bei), aufhören (mit); A/G(+D) mäßigen, ein-, beschränken, zügeln; (ab-) messen, abschätzen, A+pD *von* befreien von.
mâzen[2] Adv. [s.] *mâze* [1].
maz-geselle swM Tischgenosse.
mâz-heftic Adj. messbar.
mæzic Adj./Adv. klein, leicht, gering; mäßig; angemessen.
mæzic-heit,mæze-keit stF Mäßigkeit, Enthaltsamkeit.
mæzic-lîche(n) Adv. maßvoll, mäßig; ziemlich.
maz-leide stF Appetitlosigkeit.
maz-leidic Adj. appetitlos.
mæz-lich Adj. gering, klein; bescheiden.
mâz-,mæz-lîche(n) Adv. mäßig, wenig; nicht (zu) sehr; maßvoll, zurückhaltend; ziemlich.
mâz-lôse [s.] *mâzelôse*.
me [s.] *man* [3].
mê [s.] *mêr*.
mêatrîs stswF [Schlange].
mecke swM Ziegenbock.
medde-min,*mitte-man stM Mittlerer.
mede [s.] *met*.
mêde(-) [s.] *miete(-)*.
mede-wille [s.] *mitewille*.
meg- [s.] *maged-, maget-*.
megar swM [Fisch].
mêge [s.] *meie*.
megen[1]**,megenen,meinen** swV refl./pD *an* zunehmen (an), sich vermehren.
megen[2] anV [s.] *mügen*.
megenen [s.] *megen* [1].
megern swV A auszehren.
meget-,megt- [s.] *maged-, maget-*.
mehelen [s.] *mahelen*.
mehel-schaz [s.] *mâlschaz*.
mehlen [s.] *mahelen*.

mehtec/ic,mahtic Adj. (all-) mächtig, stark, gewaltig, groß.

mehtec/ic-lich Adj., **-lîchen** Adv. mächtig, gewaltig; kraftvoll.

mehtic-heit,mehti-keit stF Macht, Herrschaft.

meide(-) [s.] *maget(-)*.

meidel [s.] *magedîn*.

meidem,meiden stM Wallach, Hengst; Kastrat.

meidenen swV A kastrieren.

meie,meige,mêge swM Mai (-baum, -strauß).

meien swV abs.unpers. Mai sein/ werden; abs. blühen wie der Mai; den Mai feiern.

meien-bære Adj. dem Mai vergleichbar.

meien-blat stN Maienlaub.

meien-,meigen-blüete, -plüete stF Maienblüte.

meien-dou [s.] *meientou*.

meien-glast stM Maienglanz.

meien-plüete [s.] *meienblüete*.

meien-regen stM Mairegen.

meien-rîs stN Blütenzweig.

meien-schîn stM Maienglanz.

meien-tac stM Maitag.

meien-tal stM Maiental.

meien-tou,-dou stMN [flekt. *meientouwe-*] Mairegen, Maitau.

meien-var Adj. [flekt. *meienvarbe-*] (mai-) grün.

meien-vlîz stM Maienglanz.

meien-zît stF Maienzeit, Frühlingszeit.

meien-zîten Adv. im Mai.

meier,meir,meiger stM Meier, Hofverwalter; (Dorf-) Vorsteher; (Pacht-) Bauer.

meier-hof stM Pachthof, Bauernhof.

meierin,meirin stF Frau des Meiers/ Pächters, Bäuerin.

meier-,meiger-schaft stF Verwaltung.

meiesch,meigesch Adj. maigrün, maifrisch.

meige(-) [s.] *meie(-)*.

meiger(-) [s.] *meier(-)*.

meigt [s.] *maget*[2].

meil stN Fleck; Mal, Zeichen; Makel, Sünde; Verletzung; Unheil; Unglück, Schaden.

meile[1] stswF Fleck, Mal.

meile[2] swF Panzerring.

meilegen,meiligen,meilen swV A beflecken, verunreinigen; verderben.

meil-mût stM Bosheit.

meil-prüeven swV A misstrauisch ansehen.

mein[1]**,meine** Adj./Adv. betrügerisch, falsch.

mein[2]**,meine** stMFN Falsch, Falschheit; Sünde, Verbrechen, Frevel; Verrat.

meinc-lich [s.] *meineclich*.

mein-dât [s.] *meintât*.

meine[1]**,meinde** stF Sinn, Bedeutung; Grund; Absicht; Gedanke, Gesinnung; Zuneigung, Liebe.

meine[2] Adj./Adv. [s.] *mein*[1].

meine[3] stMFN [s.] *mein*[2].

meine[4] stF [s.] *menige*.

meinec/ic-,meinc-lich Adj. ganz, allgemein; gegenseitig.

mein-eide,-eidec/ic,mâneide Adj. meineidig, eidbrüchig.

mein-eider stM Eidbrüchiger, Betrüger.

mein-eit stM Meineid, Eidbruch; Betrug.

meinen[1]**,mênen** swV A / G / Ns*(daz,w*)/Inf.*(ze*)(+pD*mit, ûz,von* /Adv.) meinen (mit), glauben; denken an, im Sinn haben; hinweisen auf, andeuten (mit); bedeuten; erstreben, wollen, beabsichtigen; lieben, schätzen, begehren; A+D zugestehen, zusprechen; A +A verstehen unter; A+pD*ze* /p A*an* richten an, beziehen auf; verlangen von; A+pA*vür* vorziehen vor; *mit argen m.* +A übel behandeln.

meinen[2] stN Begehren; Bedeutung.

meinen[3] swV [s.] *megen*[1].

meines Adv. falsch; im Scherz.

meinige [s.] *menige*.

mein-lich[1] Adj.,-lîchen Adv. falsch, verräterisch.

mein-lich[2]**,*magen-lich*** Adj. schwer.

mein-rât stM Verrat.

mein-ræte[1] Adj. *meinræter zorn* Verrat.

mein-ræte[2] swM Verräter.

mein-samkeit stF Gesinnung.

mein-schaft stF Gemeinschaft.

mein-streinge,*magen-strenge Adj. tapfer.

mein-swern stN Meineid; Betrug.

mein-swûre swM Meineidiger.

mein-tât,-dât stF Verbrechen, Sünde, Frevel.

mein-tæte,-tâte swM Verbrecher, Verräter.

mein-tæter stM Verbrecher.

mein-tætic Adj. verbrecherisch, sündig, schlecht.

meinunge,mînunge stF Gesinnung; Absicht, Ziel; Verlangen, Wille; Meinung; Gedanke, Gedenken; Liebe; Bedeutung.

meir(-) [s.] *meier(-)*.

meise swF Meise.

meist [s.] *meiste*[2].

meiste[1]**,mêste** Adj. [Superl. von *vil*] größte, meiste, höchste, wichtigste; *die m.*

menige die meisten; *ze dem meisten* höchstens.

meiste²,meist Adv. [Superl. von *vil*] am meisten/besten; meistens; hauptsächlich, vor allem; gerade noch; möglichst viel; *sô er m. mac* so gut/ viel er kann.

meistec/ic Adv. zum größten Teil; hauptsächlich, vor allem; meistens.

meisteil Adv. zum größten Teil, hauptsächlich.

meister,mêster,mâster stM Herr, Gebieter, Oberhaupt; Meister; (An-) Führer; Aufseher, Vorsteher; Magister, Gelehrter, Lehrer, Philosoph; Arzt; Schöpfer; Künstler, Dichter, Baumeister; Gewährsmann.

meisterin(ne) stF Gebieterin, Herrin; Meisterin, Lehrerin, Erzieherin; Gelehrte; Ärztin.

meister-knappe swM oberster Knappe.

meister-lich Adj., **-lîche(n)** Adv. meisterhaft; vollkommen; kunstvoll; künstlich.

meister-list stM Kunstfertigkeit.

meister-lôs Adj. zügellos; führungslos.

meistern swV A/Ns*daz* (+pA *an,ûf* /Adv.lok.) schaffen, machen; bewerkstelligen; anfertigen, erbauen, anbringen (an); zubereiten; beherrschen, bestimmen, führen, lenken, steuern (zu).

meister-pfaffe swM gelehrter Geistlicher.

meister-,mâster-schaft, -schaf stF Meisterschaft, Überlegenheit, Macht; Können, Wissen, Fähigkeit; Gelehrsamkeit; Kunst (-fertigkeit); Führung, Herrschaft,

Gewalt; Klostervorstand.

meisterschaft-ampt stN Klosterleitung.

meister-scheften swV Ns*w* bestimmen.

meister-scheftic Adj. vollkommen.

meister-schutze swM Meisterschütze.

meister-site stM *nâch m.* kunstvoll.

meit(-) [s.] *maget(-).*

meizen stV [VIIc] abs./pA *durch,ûf* /A hauen/ schlagen (durch), einhauen auf, zerhauen; klarstellen.

mei-,*mage-zogin(ne) stF Erzieherin.

mel stN [flekt. auch *melbe-* , *mel(e)we-*] Mehl, Staub.

melancolî stF Melancholie.

melancôlisch Adj. *melancôlischer natûre* von trockener Beschaffenheit.

melbe- [s.] *mel.*

melch Adj. Milch gebend.

melchen stV [IIIb] A melken.

melch-kübel stM Melkeimer.

meldære/er stM Verräter.

melde stF Nachricht, Ankündigung, Meldung; Entdeckung; Gerücht, Fama; Verrat; Verleumdung; Hinterhalt.

melden swV A/G/Ns(*daz,ob, w*)(+D) mitteilen, offenbaren; ankündigen, (an-) zeigen; verraten; A+G verdächtigen.

melde-rîche Adj. Aufsehen erregend.

mêlen [s.] *mahelen.*

melewe- [s.] *mel.*

melm stswM Staub, Sand; *viures m.* Funken; *sunder melme* sofort, bald, unverzüglich.

melochîtes stM Malachit [Edelstein].

mêlodîe stF Melodie.

melt Part.Adj. *m. tuon* +A bekannt machen, offenbaren.

melwe- [s.] *mel.*

memôriâl stN Denkmal.

memôrje stF Erinnerung.

memphîte swM [Stein].

men [s.] *man* [3].

menc [s.]*manec.*

menc-lich [s.] *mannelich.*

mende stF Freude, Seligkeit.

mendel [s.] *mennelîn.*

mendel-trahen stM Freudenträne.

menden,mennen swV [Prät. auch *mant-*] abs./refl.(+G)/ pA*über* /G/Ns*daz* sich freuen/ froh sein (über), triumphieren; A erfreuen, froh machen.

mend-lich,-lîche(n) [s.] *manlich.*

menec(-) [s.] *manec(-).*

menede stF Fuhrwerk.

menege,menegîn [s.] *menige.*

menen swV D das Vieh treiben; A(+pA*an* /Adv.lok.) antreiben, wegtreiben (an), führen.

mênen [s.] *meinen.*

menge [s.] *menige.*

mengelen stN Einmischung.

men-gelîch [s.]*mannegelîch.*

mengen,mingen swV A(+pD *mit, ze* / pA*durch, in, under*) vermischen/ durchsetzen/ verbinden (mit), mischen (unter), trüben; drängen (durch/ zu).

mengîn [s.] *menige.*

men-glîch [s.] *mannegelîch.*

menic(-) [s.] *manec(-).*

menige,men(e)ge,menie, menje,men(e)gîn,menigîn,mani(g)e,meine, meinige,minie stF Menge, (Viel-) Zahl; (Heer-) Schar; Menschenmenge, Volk; Ver-

sammlung; Gefolge; Größe,
Ausmaß; *âne/ sunder m.*
zahllos, unendlich groß.
menis-lich [s.] *menschlich.*
menje [s.] *menige.*
men-lich,-lîche(n) [s.]
manlich.
mennec-lich [s.] *mannelich.*
menne-gelîch,-glîch [s.]
mannegelîch.
mennel [s.] *mennelîn.*
menne-lich,-lîche(n) [s.]
manlich.
**menne-lîn,mennel,men-
del** stN Zwerg.
mennen [s.] *menden.*
mennesch- [s.] *mensch-.*
mennin(ne) stF Frau; Mann-
weib.
mennisch Adj. menschlich.
mennisch(-) [s.]*mensch(-).*
**mensch(e),mentsch,min-
sche,mennesche,men-
nische** stswMN Mensch;
Wesen; Mädchen, Frau.
menschec-lîche(n) [s.]
menschlîche(n).
menscheit [s.] *menschheit.*
mensche-lîche(n) [s.]
menschlîche(n).
**menschen-antlitze,-ant-
lütze** stN Menschenantlitz.
**menschen-bilde,menni-
schen-pilde,-pilede** stN
Mensch, menschliche Ge-
stalt.
**menschen-bluot,menni-
schen-pluot** stN Men-
schenblut.
menschen-forme stF Men-
schengestalt.
**menschen-,mennischen-
hant** stF Menschenhand;
âne m. ohne menschliches
Zutun.
**menschen-,mennischen-
kint** stN Menschenkind.
**menschen-,mennischen-
künne** stN Menschenge-

schlecht.
menschen-lîp stM Mensch.
**menschen-,mennischen-
list** stM Menschenmacht.
menschen-munt stM
menschlicher Mund.
**menschen-,mennischen-
ôre** swN menschliches Ohr.
**menschen-,mennischen-
ouge** swN menschliches
Auge.
menschen-pilde [s.] *men-
schenbilde.*
menschen-pluot [s.] *men-
schenblut.*
menschen-sêle stF menschliche Seele.
**menschen-,mennischen-
sin** stM Menschenverstand.
menschen-spîse stF Men-
schennahrung.
menschen-vleisch stN
Menschenfleisch.
menschen-vrâz stM Men-
schenfresser.
menschen-wîse stF Men-
schengestalt.
**menschen-,mennischen-
zunge** stF menschlicher
Mund.
**mensch-heit,mennisch-
heit,menscheit,môn-
scheit,mennescheit** stF
Menschheit; Menschsein;
Menschwerdung; Mensch;
Menschennatur; Menschen-
gestalt; leibliches Wohl.
menschiure stN Imbiss.
**mensch-lich,mennesch-,
mennisch-,mens-,me-
nis-lich** Adj. menschlich.
**mensch-lîche(n),men-
sche(c)-,mennisch-,
mens-lîche(n)** Adv. als
Mensch, wie ein Mensch.
mensch-licheit stF Menschsein.
mensch-werc stN menschliches Geschöpf.

mensch-werdunge stF
Menschwerdung.
mens-lich [s.] *menschlich.*
mens-lîche(n) [s.] *mensch-
lîche(n).*
mensûr stF Maß; Intervall.
mentsch [s.] *mensch(e).*
mer stN Meer; *über m.* [auch]
ins gelobte Land.
mêr[1],mêrer,mêrre(r) Adj.
[Komp. von *vil*] größer; besser; bedeutender, wichtiger;
stärker; älter; ober.
mêr[2],mê(re),mêrre Adv.
[Komp. von *vil*] (noch) mehr;
außerdem, sonst, noch; weiter, ferner, darüber hinaus;
länger; (schon) öfter; fortan,
in Zukunft; *nie manne/ niemen m.* niemand anders/
sonst; *niht m.* [auch] noch
nie, nichts anderes; [s. auch
iemêr, niemêr].
mêr[3],mê Konj. sondern; aber;
jedoch.
merâte,mert stF Abendmahl.
merbot stM [Münze].
mer-ceder stM Meerzeder.
merder(-) [s.] *marder(-).*
mêre [s.] *mêr[2].*
mere(-) [s.] *mer(-).*
mêren swV D größer werden;
A(+D) (ver-) mehren, ver-
größern, (ver-) stärken; ausbreiten; (hin-) zufügen; vorantreiben; erhöhen.
mêrent-halp Adv. meistens.
mêrer [s.] *mêr[1].*
mer-feine stF Meerfrau.
mer-gans stF Meergans.
mer-,mere-garte swM Erde,
Erdkreis.
mergel stM Mergel [Gestein].
mer-,mere-griez(e) stsw
MN Meersand; Perle.
mer-,mere-grunt stM Meeresgrund.
merhe swF Stute, Mähre.

merhen-sun stM Huren-
sohn.
mer-hunt stM Seehund.
merîdîan stM Mittag.
meri-tac stM Tag des Mars
[Mittwoch].
mer-juncvrouwe swF Meerjungfrau.
merkære/er stM Späher,
Aufpasser; Kritiker.
mer-,mere-katze swF
Meerkatze.
merke[1] Adj. wachsam.
merke[2] stF Beobachtung;
Aufmerksamkeit; Absicht;
ze m. aufmerksam.
merken,mirken swV [Prät.
auch *markt-, marht-*] pAan
achten auf; beachten; A/G/
Ns(*daz, ob,w*)(+pD*an,bi,von*)
sich merken; (be-) merken/
sehen (an), betrachten; beachten, bedenken; erkennen
(an); verstehen; (an-) hören;
beurteilen; suchen; A+D verübeln; A+D+pD*von* versehen
mit; A+pA*ûf* beziehen auf.
mer-kint stN Meerjungfrau.
merk-lich Adj. erkennbar,
deutlich; bemerkenswert,
wichtig; aufmerksam.
merk-lîche(n) Adv. merk-
lich; nachdrücklich.
merlen swV A feilen.
merlîn,merlikîn stN Amsel.
mer-,mere-man(ne) stMN
Meerungeheuer.
mermel(-) [s.] *marmel(-)*.
mer-,mere-meit stF Meerjungfrau.
mer-minne stswF Meerfrau.
mer-münech stM Meerungeheuer.
mer-muschel swF Meermu-
schel.
mern swV A(+pA*in*) eintunken (in); A+D umrühren, mischen.
mernære [s.] *marnære*.

mer-ohse swM Ochse; Meer-
kalb.
mer-rabe swM [Fisch].
mêrre [s.] *mêr*.
merren,marren,merwen
swV abs. zögern; pD*ûf* blei-
ben/ sich aufhalten bei; A
fesseln, vertäuen.
mêrrer [s.] *mêr* [1].
mer-rettich stM Meerrettich.
mer-rint stN Rind; Seekuh.
mer-salz stN Meersalz.
mer-sant stM Seesand.
merscher swM [Fisch].
merschî [s.] *merzî*.
mer-slange swF Seeschlan-
ge.
mer-snecke swM Meer-
schnecke.
mer-spinne swF Meerspinne
[Krebs].
mer-stat stF Seestadt.
mer-stern,mere-sterne,
-sterre stswM Polarstern.
mer-strâze stF Seeweg.
mer-swalbe swF [Fisch].
mer-swîn stN Tümmler.
mert [s.] *merâte*.
mertære,mertelære [s.]
marterære.
merter- [s.] *marter-*.
mer-tier stN Meerestier.
mer-tracke swM Meerdrache
[Rochenfisch].
mer-ünde stswF Meereswo-
ge.
merunge stF Abendmahl.
mêrunge stF Vergrößerung,
Vermehrung; Bereicherung.
mer-var Adj. meerfarben.
mer-vart stF Kreuzfahrt,
Kreuzzug.
mer-visch stM Seefisch.
mer-vrâz stM [Meerunge-
heuer].
mer-wazzer stN Meerwas-
ser.
merwen [s.] *merren*.
mer-wîp stN Meerfrau.

mer-wunder stN Meerungeheuer.
merz[1] stM Ware; Schmuck;
Schatz.
merz[2]**,merze** swM März.
merzen swV abs. wie der
März sein.
merzî,merschî Subst. Dank,
Gnade.
merzîen swV abs. danken.
merzisch Adj. *m.* wint März-
wind; *m. bat* Märzwetter.
mer-zwival swM Meerzwie-
bel.
meschten [s.] *mesten*.
mesner [s.] *messenære*.
mess-,mete-buoch stN
Messbuch.
messe[1] stFN Messing; Me-
tallrohr.
messe[2]**,misse** stswF Messe;
sanct Michaelis/ Jörgen m.
Fest des heiligen Michael/
Georg.
messe[3] stF [s.] *masse*.
messe-,mess-gewant stN
Messgewand.
messen [s.] *mezzen*.
messenære/er,mesner stM
Mesner, Küster.
messenærinne stF Küsterin.
messenîe [s.] *massenîe*.
messer [s.] *mezzer* [2].
messe-tac stM [kirchlicher]
Festtag; Kirchweihe.
messe-vrumen stN Stiftung
einer Messe.
messe-zît stF Messezeit.
mess-gewant [s.] *messege-*
want.
messîn,möschîn Adj. aus
Messing.
messinc,mezzinc,mösch
stM Messing.
messnîe [s.] *massenîe*.
mêste [s.] *meiste* [1].
mesten,meschten swV
[Prät. auch *mast-*] A füttern,
mästen; (er-) nähren.

mêster [s.] *meister.*
meste-swîn stN Mastschwein.
met,mete,mede stM Met.
metalle stFN Metall.
met-alle [s.] *mitalle.*
mete[1] stM [s.] *met.*
mete[2] stswF [s.] *mette.*
mete-bringen [s.] *mitebringen.*
mete-buoch [s.]*messbuoch.*
mette,metten,mettîn,mete stswF Frühmesse, Mette [Matutin, kanonische (Gebets-) Stunde, 1 Uhr nachts].
mette-gestirne stN Morgenstern.
metten [s.] *mette.*
metten-sterne swM Morgenstern.
metten-zît stF Zeit der Frühmesse, Morgenstunde [kanonische Stunde, 1 Uhr nachts].
mettîn [s.] *mette.*
mettîn-ganc stM Gang zur Mette.
mettîn-stunde stF Zeit der Frühmesse [kanonische Stunde, 1 Uhr nachts].
met-wahsen [s.]*mitwahsen.*
metze[1]**,matze** stswF Mädchen; Dirne, Hure.
metze[2] swM Metze [Hohlmaß].
metzi-gescheft stN Schmuserei.
mez stN Maß; Richtung, Wendung; *der ougen m.* Augenmaß.
mezze stF Menge.
mezzen,messen stV [Va] refl.+pD*in* sich verteilen in; pA*durch* durchmessen; pA *über* nachdenken über; A / Nsw (ab-, aus-, er-) messen; abwägen, abschätzen, prüfen; betrachten, bestimmen; aufzählen; A+D erzählen, sa-

gen, mitteilen; zuteilen, zuweisen, geben, schenken; A+Adv.lok. abliefern; A(+D) +Adv./pD*nâch* bemessen nach; A(+D)+pD*gegen,ze* vergleichen mit; richten gegen; machen/ werden/ zählen zu; anrechnen als, halten für, vergleichen mit; A+pD*von* fernhalten von; A+pA*an,ûf* richten/ wenden an, gleichsetzen mit; A+pA*vür* für größer halten als; *vol m.* +A+G anfüllen mit; *die elle über den rücke m.* auf den Rücken einprügeln; Part.Adj. [s.] *gemezzen.*
mezzer[1] stM Maß.
mezzer[2]**,messer,mezzes** stN Messer; *daz lengere/ mêrere m. tragen* das Regiment führen.
mezzer-heft stN Messergriff.
mezzerin stF Vermesserin.
mezzer-smit stM Messerschmied.
mezzer-stich stM Messerstich.
mezzer-werfen stN Messerwerfen.
mezzes [s.] *mezzer.*
mezzinc [s.] *messinc.*
michel[1] Adj. groß; gewaltig, stark; heftig; viel; laut; dicht; gut; *m. zît* höchste Zeit.
michel[2] Adv. sehr; *m .* +Komp. viel.
michel[3] stF Größe.
micheles [s.] *michels.*
michel-heit stF Größe, Ausmaß; Dauer.
michelic,michel-lich Adj. groß, gewaltig.
michel-müetic Adj. großmütig.
michels,micheles Adv. +Komp. viel, um vieles.
mide(-) [s.] *mite(-); mitte(-).*
mîden stV [Ia] refl.+G sich

enthalten; A/G/Ns(*daz*) meiden, fernbleiben von; verfehlen; (unter-) lassen; aufgeben, verzichten auf, entbehren; A+G verschonen mit; hindern an; *daz houbet m.* +D nicht ins Gesicht sehen.
mielisch Adj. lächelnd.
mies stMN Moos; Zunder.
miete,mîte,mêde stF Lohn, Belohnung, Bezahlung; Bestechung.
miete-gern Adj. geldgierig.
miete-liute,-lûte,-man [s.] *mietman.*
mieten,mîten,mêden swV A(+pD*an,mit*) belohnen (mit); A(+G/pD*ze* /p A*in*) anwerben/ dingen (für); verleiten zu.
miet-linc stM Mietling.
miet-liute,-lûte [s.] *mietman.*
miet-man,miete-,mîte-man stM [Pl. *mietliute,-lûte* stMN] Tagelöhner.
miet-nemer stM Geldeinnehmer.
miget [s.] *maget*[2]*.*
milch,milich stF Milch.
milcher stM Milchner [männlicher Fisch].
milch-var Adj. weiß wie Milch.
milch-wempel,-weppel stN Milchdrüse, Euter.
milch-wîz Adj. weiß wie Milch.
mild- [s.] *milte(-).*
milderinne stF Trösterin.
mîle stswF Meile.
mîlen swV abs. (ein Brettspiel) spielen.
milich [s.] *milch.*
milte[1]**,milde** Adj./Adv. freigiebig, großzügig, wohltätig; gütig, freundlich; edel, gut; wohltuend; reich.

milte²,milde stF Freigiebigkeit; Güte, Gnade, Großmut, Edelmut; Sanftmut.
miltec/ic-lich,mildec/ic-, mildenc-lich Adj., **-lî-che(n)** Adv. gütig, gnädig; freigiebig, großzügig; reichlich.
milte-keit,milde-,miltic-, mildic-heit stF Güte, Gnade, Großmut, Barmherzigkeit; Freigiebigkeit; Großzügigkeit, Wohltätigkeit.
milten swV refl.+pD*gegen* freundlich sein gegen.
milte-var Adj. großzügig.
miltic-heit,-keit [s.] *miltekeit.*
milt-name swM Kosename.
mil-tou stN Mehltau.
milt-vröuwede stF Großzügigkeit.
milwe swF Milbe.
milz,milze stswN Milz.
milz-âder swF Milzader.
milz-sühtic Adj. milzkrank.
min¹ Adv. [Komp. von *lützel*] weniger.
min² Indef.Pron. [s.] *man³.*
mîn Poss.Pron. mein.
minder(-) [s.] *minner(-).*
mînent-halben,mîn-halp Adv. meinerseits; auf/ von meiner Seite, von mir; um meinetwillen.
mingen [s.] *mengen.*
mîn-halp [s.] *mînenthalben.*
minie [s.] *menige.*
min-lich(-) [s.]*minneclich(-).*
minnære/er stM Liebender, Liebhaber; Anhänger.
minnærin(ne),minnerin stF Liebende, Liebhaberin.
minne stswF Liebe, Zuneigung, Freundschaft; Leidenschaft; Liebesbezeigung; E-hevollzug, Beischlaf; Gnade, Huld, Wohlwollen; Einverständnis, Zustimmung;

Gabe, Geschenk; Freude; Nutzen, Vorteil; *eigen m.* Selbstliebe; *in (der)/ mit minne(n)* [auch] im Guten, in Frieden, gütlich, huldvoll, dankbar; *ze minne(n)* [auch] zum Dank, zu Gefallen; zur Erinnerung; zum Zeichen der Ergebenheit/ Freundschaft/ Versöhnung; *der minnen buoch* [auch] Hohes Lied Salomos; *(Sant Gêrtrûde) minne schenken/ tragen* +D den Abschiedstrunk einschenken/ reichen; *die m. trinken* den Abschiedstrunk trinken.
minne-bant stN Liebesband.
minne-bære Adj. lieblich, liebreich; verführerisch; liebesfähig.
minne-berende Part.Adj. liebevoll.
minne-bette stN Brautbett.
minne-bew(eg)unge stF Liebesempfinden.
minne-,minnen-bleich Adj. blass vor Liebe.
minne-blic stM Liebesblick.
minne-bluot stN Herzblut.
minne-bote swM Liebesbote.
minne-,minnen-brant stM Liebesfeuer.
minne-brief,-briep stM Liebesbrief.
minne-,minnen-buoch, -puoch stN Buch der Liebe [Hohes Lied Salomos].
minne-,minnen-burnende Part.Adj. liebeglühend.
minnec/ic-lich,min(ne)-, minnenc-,minninc-lich Adj., **-lîche(n)** Adv. lieblich, liebreizend, schön; liebenswert; freundlich, liebevoll, innig; lieb; gütig, gnädig; willig; zärtlich, herzlich.
minnec-licheit,min-,minne-licheit stF Zärtlichkeit,

Empfindsamkeit, Gefühl.
minne-,minnen-diep stM (heimlicher) Liebhaber.
minne-,minnen-druc stM Liebeskummer.
minne-,minnen-durst stM Durst nach Liebe.
minne-,minnen-gernde Part.Adj. sehnsüchtig, liebeshungrig.
minne-gir stF Liebesverlangen.
minne-glast stM Glanz der Liebe.
minne-,minnen-glüende Part.Adj. liebeglühend.
minne-,minnen-got stM Gott der Liebe.
minne-götin,-gutin stF Liebesgöttin.
minne-gunst stM Fürsorglichkeit.
minne-gutin[s.]*minnegötin.*
minne-haft Adj., **-hafte** Adv. liebenswert; liebevoll.
minne-halp Adv. in der Liebe.
minne-heiz Adj. liebeglühend.
minne-hitze stF Liebesglut.
minne-keit stF Liebe.
minne-,minnen-klobe stM Liebesfessel.
minne-,minnen-kol swM Liebesglut.
minne-kôsen stN Liebes-, Trostworte.
minne-kôsende Part.Adj. liebreich, tröstend.
minne-kraft stF Leidenschaft.
minne-kus stM Liebeskuss.
minne-lich(-) [s.] *minneclich(-).*
minne-lîche stF Zuneigung.
minne-liet stN Liebeslied.
minne-lîm stM Liebesbindung.
minne-lôs Adj. liebeleer.

minne-,minnen-luoder
stN Verlockung zur Liebe.

**minne-,minnen-lustic,
-lustlich** Adj. liebesbereit.

minne-,minnen-muot stM
Liebe.

minnen swV abs./Adv. Minnedienst leisten; Liebe fühlen, verliebt sein; refl.+D lieb
werden; A/G/Ns*ab* lieben,
schätzen, sich freuen über;
heiraten; schlafen/ die Ehe
vollziehen mit; vergewaltigen; A(+D/pA*an*) belohnen;
Part.Adj. [s.] *minnende.*

minnen- [s.] *minne-.*

minnenc-lich,-lîche(n)
[s.] *minneclich.*

minnende Part.Adj. *minnen-
diu nôt* Sehnsucht; *minnen-
der unsin* Leidenschaft.

minne-puoch [s.] *minne-
buoch.*

minner,minre,minder
Adj./Adv. [Komp. von *lützel*]
weniger, kleiner, geringer,
niedriger; jünger.

minne-rât stM Liebreiz.

minner-bruoder stM Min-
derbruder,   Franziskaner-
mönch.

minne-reden stN vertrautes
Gespräch.

minneric Adj. klein.

minne-,minnen-rîch Adj.
liebreich; segensreich; liebevoll.

minnern,minren,mindern
swV abs./refl./D abnehmen,
weniger/ kleiner werden,
(ver-) schwinden; A(+D) verringern, (ver-) mindern, verkleinern; schmälern; erniedrigen.

minner-orden stM Minori-
ten-, Franziskanerorden.

minne-rœre stF Strom der
Liebe.

minnerunge stF Verletzung.

minne-ruote stswF Zucht-
rute der Liebe.

minne-sâlic Adj. liebenswert.

minne-sam Adj. liebevoll,
liebend, herzlich, freundlich;
liebenswert.

minne-samkeit stF Liebenswürdigkeit.

**minnesam-,minsam-lî-
chen** Adj. liebevoll.

minne-sanc stM Minnesang.

minne-schimpf stM liebe-
voller Scherz.

minne-siech Adj. liebeskrank.

minne-singer stM Minne-
sänger.

minne-,minnen-slac stM
Liebeswunde.

minne-,minnen-solt stM
Liebeslohn.

minne-,minnen-spil stN
Liebesspiel, -verhältnis.

minnest[1]**,minst** Adv. [Superl.
von *lützel*] geringst, kleinst,
niedrigst, wenigst, jüngst.

minnest[2]**,minste** Adv. [Su-
perl. von *lützel*] am wenigs-
ten; *ze m., an/ ze (dem) min-
nesten* mindestens, wenigstens.

minne-,minnen-sterne
swM Liebesplanet [Venus].

minne-stric stM Liebesfessel.

minne-süez Adj. beseligend.

minne-suochende Part.Adj.
liebebedürftig.

minne-tôt[1]**,minnen-tôt**
Adj. aus Liebe gestorben.

minne-tôt[2] stM Liebestod.

minne-trahen stM Träne der
Liebe.

minne-,minnen-tranc stM
Liebestrank.

minne-trit stM Spur der Liebe.

minne-tücke stF Liebenswürdigkeit.

minne-vackel stF Fackel/
Flamme der Liebe.

minne-var Adj. [flekt. *minne-
varwe-*] lieblich; verliebt.

minne-,minnen-veige Adj.
dem Liebestod geweiht.

minne-vingerlîn stN Verlobungsring.

minne-viur,minnen-fûr
stN Feuer der Liebe.

minne-vlamme stF Flamme
der Liebe.

minne-vluz stM Strom der
Liebe.

minne-vol Adj. erfüllt von
Liebe.

minne-vüelunge stF Liebkosung.

minne-,minnen-vunke
swM Funke der Liebe.

minne-weinende Adj. weinend vor Liebe.

minne-werc stN Liebestat,
Werk der Liebe; Liebesspiel.

minne-wîse stF Wesen der
Liebe.

minne-wort stN Wort der
Liebe.

minne-wunde swF Wunde
der Liebe; Liebesmal [Wund-
male Christi].

minne-wunder stN Liebeskummer.

minne-,minnen-wunt Adj.
liebeskrank.

minne-,minnen-zæm Adj.
anziehend, liebenswert.

minne-,minnen-zæmer
stM Wegbereiter der Liebe.

minne-,min-zeichen stN
Zeichen der Liebe; Liebesmal [Wundmale Christi].

minne-,minnen-zieher
stM Verursacher der Liebe.

minne-zil stN Bestimmung
der Liebe.

minne-zuc stM Anziehungskraft der Liebe.

minne-zwî stN Liebeszweig.

minnic Adj. freundlich gesonnen.

minninc-lich,-lîche(n) [s.] *minneclich.*

minre(-) [s.] *minner(-).*

min-sam- [s.] *minnesam-.*

minsche [s.] *mensch(e).*

minst,minste [s.] *minnest.*

mînunge [s.] *meinunge.*

minze stswF Minze.

min-zeichen [s.] *minnezeichen.*

minzen-blat,-plat stN Minzblatt.

minzen-saf stN Minzsaft.

mîol stM Pokal.

mirken [s.] *merken.*

mirre swMF Myrrhe.

mirrel stN Myrrhenfrucht.

mirren-büschelîn stN Myrrhenbusch.

mirren-poum stM Myrrhenbaum.

mirren-smac stM Myrrhenduft.

mirren-zaher stM Myrrhenharz.

mirtel-per stF Myrtenbeere.

mirtel-poum stM Myrtenbaum.

mis- [s. auch] *misse-.*

mische stF Mischung.

mischen,mischeln swV A (+pD *mit,ze* / p A *in,under* / Adv. lok.) mischen in/ mit/ unter, vermischen (mit); A+pD *ze* [auch] verwandeln in; A+pD *ûz* zusammensetzen aus; *sich nâhe zesamene m.* sich eng aneinander schmiegen; Part.Adj. [s.] *gemischet.*

mischer stM Mischer.

mischunge stF Mischung.

mise-kar [s.] *misencorde.*

misel stMFN Aussatz, Lepra.

misel-siech Adj. leprakrank, aussätzig.

misel-suht stF Aussatz, Lepra.

misel-sühtic,-suhtic Adj. leprakrank, aussätzig.

misencorde,misekar swN (langes) Messer [neben dem Schwert getragen].

mis-lic Adj. leprakrank, aussätzig.

mis-licheit stF Unterschiedlichkeit.

misse[1] stF m. *haben* +G entbehren, vermissen; *sunder fâlierens m.* ohne den geringsten Zweifel.

misse[2] stswF [s.] *messe*[2].

misse-bâren swV abs. sich ungehörig benehmen.

misse-bieten stV [IIb] D (+unpers.A) schlecht/ ungebührlich behandeln.

misse-brîsen [s.] *misseprîsen.*

missec-heit stF Unterschied.

misse-dâht stF Verdacht.

misse-dâht- [s.] *missedenken.*

misse-dât [s.] *missetât.*

misse-denken swV [Prät. *missedâht-*] abs. sich täuschen/ irren.

misse-dienen swV D eine Kränkung zufügen.

misse-dunken swV unpers. +A sich Sorgen machen.

misse-gân,-gên anV abs. sündigen; fehlschlagen; unpers.+D(+pD *an*) misslingen, missglücken; schlecht (er-)gehen; passieren (mit), Unglück/ Misserfolg/ Pech haben (bei/ in/ mit), zum Unglück/ Nachteil ausschlagen.

misse-geben stV [Va] A verderben.

misse-gên [s.] *missegân.*

misse-grif stM Fehlgriff.

misse-habe stF Pech.

misse-haben swV refl. sich grämen; sich jämmerlich/ verzweifelt gebärden.

misse-hagen swV D missfallen.

misse-halten stV [VIIa] refl. sich falsch verhalten; A missachten, misshandeln.

misse-handeln swV A schlecht behandeln; A+D entstellen; A+A antun.

misse-hære Adj. schillernd.

misse-hebede stF Ungemach.

misse-helle stF Streit; üble Nachrede.

misse-hellen stV [IIIb] abs. misstönen; (sich) widersprechen, nicht übereinstimmen.

misse-hellic Adj. uneinig.

misse-hellunge stF Uneinigkeit, Zwietracht, Streit.

misse-hoffenunge stF trügerische Hoffnung; Hoffnungslosigkeit.

misse-,mis-hüeten swV [Prät. auch *missehuot-*] refl. sich gehen lassen; refl.+pD *an* nicht achten auf; A unzureichend beschützen.

misse-kæme stF Unglück.

misse-kêren swV abs. sich verirren; A verkehrt halten.

misse-komen stN Unglück.

misse-,mis-lich Adj. verschieden, unterschiedlich, ander; viel, vielfältig, zahlreich; wechselhaft, schwankend; unsicher, zweifelhaft; schlimm.

misse-lîchen[1]**,mis-lîche(n)** Adv. unterschiedlich; zweifelnd; kaum; übel.

misse-lîchen[2] swV D missfallen.

misse-linge stF Unglück, Schaden, Misserfolg.

misse-lingen stV [IIIa] unpers.+D missglücken, fehlschlagen, Misserfolg haben; übel bekommen/ ausschlagen.

misse-louben swV G bezweifeln.

misse-machen swV A erzürnen.

misse-mâlen swV A verfälschen.

misse-müete Adj. unvereinbar.

missen swV G entbehren, vermissen; verfehlen.

Missenære stM Meißner.

misse-niezen stV [IIb] G Nachteil/ Schaden haben von.

misse-,mis-prîs stM Schande.

misse-prîsen,mis-brîsen swV pDan Missfallen haben an; A(+D) tadeln, übel auslegen.

misse-quemen stV [IVa] unpers.+D übel ausschlagen.

misse-rât stM schlechter Rat.

misse-râten stV [VIIb] abs. misslingen; A+pAvür fälschlich halten für.

misse-reden swV abs. die Tatsachen verdrehen; pDvon schlecht reden über.

misse-rîten stV [Ia] abs. fehlreiten.

misse-,mis-sagen[1] swV abs./D/G lügen, die Unwahrheit sagen (über).

misse-,mis-sagen[2] stN Unwahrheit.

misse-schehen stV [Va] unpers.+D schlecht (er-) gehen.

misse-sehen stV [Va] abs. sich täuschen; A+pAvür fälschlich halten für.

misse-sprechen stV [IVa] abs./D/pDvon schlecht reden (über), die Unwahrheit sagen; sich verplappern; A falsch sagen.

misse-stalt Part.Adj. entstellt.

misse-stân anV D schlecht stehen; zuwider sein; schaden, beeinträchtigen; sich nicht ziemen für.

misse-tât,-dât,-tôt stF Vergehen, Missetat, Sünde, Unrecht; Bosheit, Falsch; böse Absicht.

misse-tætic Adj. schuldig.

misse-,mis-temperen swV A durcheinander bringen.

misse-tôt [s.] missetât.

misse-tragen stV [VIa] A vertun; abwerfen; A+pDvon abbringen von.

misse-treten stV [Va] abs. einen Fehltritt begehen; fehltreten, stolpern; D fehlschlagen.

misse-trit stM Fehltritt, Vergehen.

misse-triuwe stF Argwohn, Misstrauen; Ungläubigkeit.

misse-triuwen,-trûwen, -trouwen swV abs. die Hoffnung/ das Vertrauen verlieren; misstrauisch sein; D misstrauen.

misse-trôst stM Verzweiflung, Trostlosigkeit.

misse-trœsten,-trôsten swV refl.(+Nsdaz) verzweifeln, die Hoffnung aufgeben; A der Hoffnung berauben.

misse-trouwen [s.] missetriuwen.

misse-,mis-trouwic Adj. misstrauisch.

misse-trûwen [s.] missetriuwen.

misse-tuon anV abs. Unrecht tun, falsch/ unrecht handeln, einen Fehltritt begehen; pD an /p Awider verstoßen/ sich vergehen gegen, (sich ver-) sündigen an/ gegen, ein Unrecht begehen an; A zunichte/ falsch machen; A+pAgegen antun.

misse-val stM Unglück.

misse-,mis-vallen stV [VIIa] D missfallen.

misse-var Adj. hässlich, entstellt; befleckt, schmutzig, fleckig; bleich, entfärbt, trüb; bunt, schillernd, gefleckt.

misse-varn stV [VIa] abs./pDan Unrecht tun, unrecht handeln (an), sündigen; in die Irre gehen, verderben.

misse-vart- [s.] misseverwen.

misse-varwe stF Farbenpracht.

misse-,mis-vellic Adj. m. sîn +D missfallen.

misse-verwen swV [Prät. auch missevart-] A entstellen, besudeln.

misse-vliegen stV [IIa] abs. sich verfliegen.

misse-vüegen swV [Prät. auch missevûget-] D nicht geziemen.

misse-want Part.Adj. vergeblich.

misse-warn swV A missachten.

misse-wende stF Tadel; Makel, Schande; Unrecht; Schaden; Unglück.

misse-wendic Adj./Adv. unbeständig; ungebührlich.

misse-wenken swV pDan sich abkehren von.

misse-zæme Adj. unwürdig.

misse-zemen stV [IVa] abs. unpassend/ falsch/ unrecht sein; D missfallen; sich nicht ziemen für.

misse-zieren swV A verunstalten.

missic Adj. leprakrank, aussätzig.

mist stMN Mist, Kot, Unrat; Misthaufen.

misten swV A ausmisten.

mist-gabel stF Mistgabel.

mist-haven stM Mistkübel.

mistic Adj. kotig.

mist-kröuwel stM Mistgabel.

mist-porte swF After.

mist-würmelîn stN Mistkäfer.

mit¹,bit Präp.+D mit; durch; in, unter, bei; von; an, auf; *m. alle* gänzlich; *m. dem (und)* damit, dadurch, inzwischen, während; *m. wiu/ diu* womit; *m.ein* plötzlich.

mit² Adv. [s.] *mite.*

mit- [s. auch] *mite-.*

mit-alle,met-,bit-alle Adv. völlig, ganz und gar; gänzlich; insgesamt; überhaupt; geradewegs.

mite,mide,mit Adv. [meist *dâ/ dâr/ der/ dô/ hie m.*] damit, mit dem/ der; darin, dadurch, dabei, dazu; *dâ m. und* während; *wâ/ war m.* womit, wodurch.

mîte(-) [s.] *miete(-).*

mite-barmen stN Mitleid.

mite-,mete-bringen stV [IIIa] A mitbringen.

miteche [s.] *mittewoche.*

mite-doln swV D Mitleid haben mit.

mite-erbe swM Miterbe.

mite-,mit-êwic Adj. gleich ewig.

mite-,mit-êwicheit stF gleiche Ewigkeit.

mite-formic,mit-förmic Adj. ähnlich.

mite-gâhen swV D nacheilen.

mite-gân,mit-gegân anV abs. mitgehen; D folgen; treu bleiben; vertrauen; verfolgen; A+D erreichen bei.

mite-ganc stM Beteiligung.

mite-ge [s. auch] *mite-.*

mite-geben stV [Va] A+D mitgeben.

mite-,mit-gebernde Part.

Adj. mit-hervorbringend.

mite-,mit-genieze stN *der ougen m.* Genuss des Augenlichts.

mite-,mit-geselle swM Gefährte.

mite-gihe- [s.] *mitejehen.*

mite-giht stF Übereinstimmung.

mite-,mit-glit stN Angehöriger.

mite-haften swV D hängen bleiben an.

mite-,mit-helfen stV [IIIb] D+G beistehen mit.

mite-,mit-hellen stV [IIIb] abs. ähnlich sein; D zustimmen; übereinstimmen mit.

mite-,mit-heller stM Mitläufer, Anhänger.

mite-,mit-hellunge stF Einverständnis.

mite-hengen swV D folgen.

mite-jehen stV [Va] [Präs. auch *mitegihe-*] abs. zustimmen; pD *mit* übereinstimmen mit; D folgen.

mite-komen stV [IVb] abs. mitkommen.

mite-leben stN Zusammenleben.

mite-lîden¹,mit-lîden stV [Ia] abs./D/pD *mit* mitleiden (mit).

mite-lîden² stN Mitleid.

mite-,mit-lîdunge stF Mitleid, Mitleiden.

mite-,mit-lôs Adj. freundlich.

mite-loufen stV [VIIe] abs./ D mitlaufen (mit).

mite-nemen stV [IVa] A mitnehmen.

mite-pfliht stF Anteil, Teilhabe; Gehorsam.

mite-reden swV D+Adv. zureden; A+D reden mit, mitteilen.

mite-,mit-redic Adj. mitteilsam.

mite-reise swM (Kriegs-) Gefährte.

mite-reste stF gemeinsame Ruhe.

mite-rîten stV [Ia] D mitreiten mit.

mite-rûnen swV D Vertraulichkeiten austauschen mit.

mite-,mit-sam Adj. freundlich.

mite-,mit-sîn¹ anV abs. dabei sein; D festhalten an; folgen; in den Sinn kommen.

mite-sîn² stN Gemeinschaft.

mite-slîchen stV [Ia] D (einher-) schreiten neben.

mite-slüzzel stM *einen ungetriuwen m. hân* mit einem Treulosen einen gemeinsamen Schlüssel haben.

mite-spiln swV D(+G) übel mitspielen (bei) [auch *des tiuvels m.* +D]; *des selben m.* +D genauso behandeln.

mite-strîchen stV [Ia] abs./ D mitziehen (mit).

mite-strîten stV [Ia] D kämpfen mit.

mite-teilære stM Freigiebiger.

mite-teilen,mit-,mitte-, mete-geteilen swV refl.+D sich mitteilen; A+D zuteilen, zuteil werden lassen, (ab-, weiter-, über-) geben, überlassen, schenken.

mite-,mit-trîben stV [Ia] A mitführen.

mite-varn,mit-,mide-, mete-gevarn stV [VIa] abs. mitgehen; D begleiten, folgen, verbunden sein mit; D+Adv. behandeln, umgehen mit; *übele m.* +D übel mitspielen; *wol m.* +D gut behandeln.

mite-vehten stV [IVa] D kämpfen mit.

mite-volge stF Zustimmung,

Befolgung.

mite-volgen swV abs. die Folge sein; D begleiten, folgen (auf); gehören zu, eignen; befolgen.

mite-,mit-volger stM Anhänger.

mite-,mit-vröude stF Mitfreude.

mite-,mit-vröuwunge stF Mitfreude.

mite-vüeren swV A(+D) mitnehmen; hinterhertragen.

mit-,met-wahsen Part.Adj. mittelgroß.

mite-,mit-wandeln stN Gemeinschaft.

mite-wære,mit-wâre Adj. freundlich, sanftmütig.

mite-wesen stN Gesellschaft; Anwesenheit; Wirkung; Zusatz, Ergänzung.

mite-,mit-wesenheit stF Gemeinschaft.

mite-,mede-wille swM Zustimmung.

mite-,mit-wist stMF Dasein; Gegenwart, Anwesenheit; Gemeinschaft, Gesellschaft; (Mit-) Wirkung, Teilnahme.

mite-wizzen stN Bewusstsein.

mite-wonen swV D zu Eigen sein, zuteil werden; haben, tragen; sein/ bleiben bei; umgehen/ leben mit.

mite-wonunge stF Verhalten.

mite-,mit-würken swV abs. mitwirken; pD *mit* zusammenwirken mit; A bewirken.

mite-,mit-würker,-wurker stM Helfer, Mitwirker.

mite-würkerin stF Mitwirkerin.

mite-,mit-würkunge stF Mitwirkung.

mite-ziehen stV [IIb] D folgen.

mite-,mete-zogen swV

abs. mitgehen; D folgen.

mitler [s.] *mittelære*.

mitlest [s.] *mittel* [1].

mit-sament,-samet,-sam, -samt,-sampt Präp.+D (zusammen/ gemeinsam) mit.

mit-tac [s.] *mittentac*.

mittage-lich Adj. *mittagelichez lieht* Mittagssonne.

mitte[1] Adj. *mitter morgen* Vormittag; *mitter tac* Mittag, Süden; *mittiu naht* Mitternacht; *in mitter zît der naht* mitten in der Nacht; *von/ ze mittem satele in/* von der Sattelmitte.

mitte[2] stF Mitte.

mittel[1] Adj. [Superl. auch *mitlest*] mittlere (-r/ -s).

mittel[2]**,mittle** stFN Mitte, Mittelpunkt; Mittelding, Mittelweg; (Hilfs-) Mittel, Vermittlung; Hindernis; *durch/ mit m.* mittelbar; *âne/ sunder m.* unmittelbar.

mitte-,mide-lanc stM Vermittlung.

mittelære/âre/er,mitler stM Vermittler; der Mittlere.

mittelerin(ne) stF Vermittlerin; die Mittlere.

mittel-lich Adj. dazwischen stehend.

mittel-lôs Adj. unmittelbar, ungehindert.

mittel-mâz(e) stFN Ausgewogenheit, Gleichmaß.

mittel-mæzec/ic Adj. durchschnittlich, mittelmäßig; mittelgroß.

mittel-muot stM Unentschiedenheit.

mitteln swV abs. noch nicht entschieden sein; A durch ein Mittel zum Handeln bringen.

mittelôde stF Mitte.

mittel-punct stM Mittelpunkt.

mittels Präp.+G durch.

mittel-sie stN Mittelding zwischen Mädchen und Frau.

mittel-stück stN Mittelstück.

mittel-swanc stM Treffer in die Mitte.

mittel-varwe,-varbe stF Farbstufe.

mittel-,mitter-vrîe swM Halbfreier.

mitten Adv. [auch *al m./ ze mittest/ mitterest*] mitten, in der/ die Mitte.

mitte-naht,-nath [s.] *mitternaht*.

mitten-künne stN Mittelding zwischen Mädchen und Frau.

mitten-morgen stM Vormittag.

mitten-tac,mit-,mitte-tac stM Mittag.

mitter[1] Adj. [Superl. auch *mittrest*] mittlere (-r/ -s); *ze mitterest* in der Mitte.

mitter[2] stF Mitte.

mitterest [s.] *mitten*.

mitter-,mitte-naht,-nath stF Mitternacht.

mitterunge stF Vermittlung.

mitter-vrîe [s.] *mittelvrîe*.

mittest [s.] *mitten*.

mitte-tac [s.] *mittentac*.

mitte-,*mite-tât stF Mittäterschaft.

mitte-teilen [s.] *miteteilen*.

mitte-,mit-woche,mite-che,mittiche swF Mittwoch.

mittle [s.] *mittel* [2].

mittrest [s.] *mitter* [1].

mit-woche [s.] *mittewoche*.

miul- [s. auch] *mûl-*.

miul-lîn stN Maultier.

miuser stM [Ketzer].

mius-lîn stN Muskel; Mäuschen.

mius-œrl stN Primel.

mius-vâhen stN Mäusefang.

mius-zagel stM Mäuse-
schwanz.
mius-zwîval stM Szilla
[Pflanze].
mixtûre stF Mischung (von
Farben).
môc(-) [s.] *mâc(-)*.
modelen swV refl. sich wandeln; A formen.
môder [s.] *muoter*.
môge [s.] *mâc*.
mogen,mögen [s.] *mügen*.
mol,molle stM Molch.
môl [s.] *mâl*.
molde [s.] *molt* [2].
môlen [s.] *mâlen* [1].
môler [s.] *mâlære*.
molken stN Molke.
molle [s.] *mol*.
molt[1] stF Melde [Pflanze].
molt[2]**,molde** stswF Staub,
Erde.
molt-werf,mûl-welpf stM
Maulwurf.
molwic Adj. weich.
mômente stF Augenblick;
Zeiteinteilung.
môn [s.] *mâne*.
monarchîe stF Herrschaft.
mônât [s.] *mânôt*.
mônât-ganc stM Menstruation.
mône [s.] *mâne*.
môneit,mônêt [s.] *mânôt*.
môn-schîn [s.] *mânschîn*.
montâne [s.] *muntâne*.
môn-töbic Adj. mondsüchtig.
môn-wendic Adj. mondsüchtig.
môr stswM Mohr; Teufel.
môrâliteit stF Moral, Sitten-
lehre.
môraz stMN Maulbeerwein.
mordære/er,mörder stM
Mörder.
morden,mordern,mürden
swV A [Prät. auch *mort-*]
umbringen, töten, ermorden.
mörder [s.] *mordære*.

morderin,mörderin stF
Mörderin.
mordern [s.] *morden*.
mordic,mördic,mortic,
mordisch,murdic Adj.
mordgierig, mörderisch; *m.*
sünde Mord.
mœre,môre stM (Pack-,
Reit-) Pferd.
morgen[1]**,morgens,morn,**
morne(nt),mornendes
Adv. morgens, am Morgen;
morgen, am nächsten/ fol-
genden Tag.
morgen[2] stM Morgen; *den*
m., des morgens am Mor-
gen; *den âbent und den m.*
den ganzen Tag; *den (guo-*
ten) m. bieten/ geben/ zeigen
+D guten Morgen wünschen.
morgen-bekentnisse,-be-
kantnisse stF Erkenntnis
am Morgen.
morgen-blic stM Morgenlicht.
morgene Adj. morgig.
morgen-gâbe stF Morgen-
gabe [Brautgeschenk].
morgen-gruoz stM Morgen-
gruß.
morgen-küele stF Morgen-
kühle.
morgen-lich Adj. *morgen-*
licher schîn Morgenlicht;
morgenlicher tac Morgen;
morgenlichiu sunne Mor-
gensonne.
morgen-lieht stN Morgenlicht.
morgen-risel stM *touwic m.*
Morgentau.
morgen-rôt stMN Morgenröte.
morgen-rœte stF Morgenröte.
morgens [s.] *morgen* [1].
morgen-segen stM Morgen-
segen, -gebet.
morgens-tac stM Vormittag.

morgen-sterne stswM Morgenstern.
morgen-strît stM Kampf
(der Sonne) mit der Nacht.
morgen-tou stM [flekt. *mor-*
gentouwe-] Morgentau.
morgen-zît stF Morgenstunde.
môr-gevar Adj. schwarz (wie
ein Mohr).
morhe,morhel,mauroch
stswF Morchel.
mœrin(ne) stF Mohrin.
mœrisch Adj. arabisch.
môr-landisch,-lendisch
Adj. arabisch, maurisch.
Môr-,Môrn-lant stN Moh-
renland [Mauretanien, Ara-
bien]; Moorland.
môr-lendisch [s.] *môrlan-*
disch.
môr-liute stMN [Pl.] Mohren
[Araber, Mauren].
morn,morne(nt),mornen-
des [s.] *morgen* [1].
morner [s.] *marnære*.
Môrn-lant [s.] *Môrlant*.
mort[1] Adj. tot; *m. legen* +A
+D töten.
mort[2] stMN Mord, Totschlag;
Tod; Morden, Blutbad; Un-
tat.
mort- [s.] *morden*.
mort-ax stF Streitaxt.
mort-beten swV abs./pA
über den Tod heraufbe-
schwören (über).
mort-beter stM Todesbe-
schwörer.
mort-beterinne stF Todes-
beschwörerin.
mort-brant stM Brand-
stiftung und Mord.
mort-brenner stM Mordbrenner.
morte-lich [s.] *mortlich*.
morter,mörter stM Mörtel.
mort-galle swF tödliches
Gift.

mort-giftic Adj. todbringend.

mort-gir,-giric Adj. mordgierig.

mort-grimmec Adj. mordgierig.

mort-gruobe swF Mördergrube.

mort-hûs stN Mördergrube.

mortic [s.] *mordic.*

mort-lich,mört-,mortelich Adj. mörderisch, tödlich.

mort-lîche Adv. tödlich, heimtückisch; bis in den Tod.

mort-meile swM Mörder.

mort-ræche Adj. rachsüchtig.

mort-rât stM Mordanschlag.

mort-ræte swF Anstifterin eines Mordes.

mort-ræze Adj. mordgierig.

mort-schal stM Todesschrei.

mort-slange swM Giftschlange.

mort-swert stN Mordwaffe.

mort-wal stN Richtstätte.

môr-var Adj. mohrenschwarz.

môr-volc stN Mohrenvolk.

mos stN Moor, Sumpf; Moos.

mösch [s.] *messinc.*

möschîn [s.] *messîn.*

mosec/ic Adj. moorig, sumpfig; bemoost.

mösen swV *an dem smac m.* modrig riechen.

môsen [s.] *muosen* [2].

mos-gras stN Sumpfgras.

môsse [s.] *mâze* [2].

most stM Most.

mot stN Moder, Schlamm.

môt [s.] *muot.*

môter [s.] *muoter.*

mouen swV abs. miauen.

möugen [s.] *müejen.*

mouse [s.] *mâse.*

mouwe stswF Ärmel.

mouwen [s.] *müejen.*

môvieren swV refl. sich bewegen.

môwe-lîche [s.] *müelîche.*

môze [s.] *mâze* [2].

môzen [s.] *müezen.*

mû(-) [s.] *müeje(-).*

mûche swF Mauke [Geschwulst am Pferdefuß].

mücke,mucke,mugge swF Mücke, Fliege.

mücken-mist stM Mückenkot.

mücken-netze stN Moskitonetz.

mucken-swam swM Fliegenpilz.

mûd- [s. auch] *müed-.*

mûden [s.] *muoden.*

mûder [s.] *muoter.*

mûdrerin stF sauertöpfische Frau.

müe [s.] *müeje.*

müede[1]**,muode,mûde** Adj. müde, erschöpft; elend, unglücklich.

müede[2]**,muode,mûde** stF Müdigkeit, Erschöpfung.

müedec-,mûdic-heit stF Müdigkeit, Erschöpfung.

müeden swV abs./pD *an* müde werden (von); A ermüden.

müedinc,mûdinc stM Unglücklicher, Elender; Schurke; Dummkopf.

müed-lîchen Adv. erschöpft.

müe-dorn stM Dorn.

müeen,müegen [s.] *müejen.*

müegic [s.] *müejic.*

müeic-,mûwic-heit stF Mühe; Sorge.

müeje,müe,muo,muoje,mû stF Mühe, Anstrengung; Kummer, Sorge.

müejen,müe(g)en,mûn, mûgen,muowen,mûwen,mouwen,möugen swV [Prät. auch *muot-*] refl. (+G/pD *mit,nâch*) sich Sorgen machen, sich abmühen/abplagen (mit); sich anstrengen, sich bemühen (um); A bedrücken, bekümmern, belasten; schmerzen, traurig machen; kränken, ärgern, verdrießen, stören; bemühen, bedrängen, belästigen.

müeje-,mû-sal stF Bedrängnis, Not.

müejic,müegic Adj. ärgerlich.

müe-lich,müet-,mû-lich Adj. mühsam, mühevoll, beschwerlich; schwer, schwierig; gefährlich; lästig; bedrängt.

müe-,môwe-lîche Adv. beschwerlich; schwer; schwerlich; schlecht.

müeterîn,muoterîn Adj. *m. vleisch* Schweinefleisch (vom Mutterschwein).

müeter-lich,muoter-, mûter-lich Adj.,-lîche(n) Adv. mütterlich; *müeterlichez diutsch* deutsche Muttersprache.

müetic-lîche [s.] *muoticlîche.*

müet-lich [s.] *müelich.*

müezec/ic,muozec/ic, mûzic Adj./Adv. müßig, untätig, unbeschäftigt; überflüssig; *m. sîn* +pD *ze* /Inf. *ze* Zeit haben zu; *m. wîle* Mußestunde.

müezec/ic-gengel stM Müßiggänger.

müezec/ic-heit,mûzec/ic-heit,müeze-,müezi-keit stF Müßiggang, Untätigkeit; Faulheit.

müezec/ic-lich,müez-lich Adj., -lîche(n) Adv. geruhsam, ruhig; langsam, allmählich; geduldig.

müezegære,müezigære stM Müßiggänger.

müezegen swV abs. sich beruhigen; refl.+D sich Zeit nehmen für.

231

müeze-keit [s.] *müezecheit.*
müezen,mûzen,môzen
anV Inf. müssen, sollen; können, dürfen; mögen; werden; pD*mit, ûz, von, ze* / p*Aan, in, über,vor,vür* /Adv.lok. gehen/ gelangen/ ziehen müssen auf/ in/ zu; fahren müssen in/ mit/ über; treten/ kommen müssen aus/ vor; weggehen müssen von.
müezikeit [s.] *müezecheit.*
müezigære [s.] *müezegære.*
müez-lich,-lîche(n) [s.] *müezeclich.*
müge-,müg-,mug(e)-lich Adj. möglich; erlaubt; angemessen.
müge-licheit,müg-,mug-muge-lichkeit stF Möglichkeit; Fähigkeit.
müge-,mug-lîcher Adv. [Komp.] umso besser.
mügen,mugen,mogen, mögen,megen,magen anV Inf. können; sollen, müssen, dürfen, mögen, werden; A/G haben wollen; A(+G) (+refl.D) vermögen; tun können (gegen); etwas dafür können; *wol/ baz m.* (+refl. D) gut gehen; (mehr) Ansehen haben/ gewinnen; Macht/ Kraft haben; *niht/ niene/übel m.* schwach sein; nichts tun/ ausrichten können; Part.Adj. [s.] *mugende.*
mugen [s.] *mugent.*
mûgen [s.] *müejen.*
mugende Part.Adj. mächtig; stark; fähig.
mugen-heit,mügen-,mugent-heit stF Macht, Kraft, Fähigkeit.
mugent,mugen stF Macht, Kraft.
mugent-heit [s.] *mugenheit.*
mugge [s.] *mücke.*
mug-,müg-lich(-) [s.] *mü-*

gelich(-).
mül stswF Mühle; *durch die m. zücken* +A verspotten.
mûl[1],muol stMN [Pl. auch *miule-*] Maultier.
mûl[2] stN Maul.
mûl-,muol-banden swV A einen Maulkorb anlegen.
mûl-,muol-bant stN Maulkorb.
mulden-vaz stN Trog.
mule-,müle- [s.] *mül-.*
mû-lich [s.] *müelich.*
mûlin(ne),miulinstF Mauleselin.
müllen swV A zermalmen.
mülnære,müllner stM Müller.
mülnerin stF Müllerin.
müln-stein [s.] *mülstein.*
mül-,müle-pach stM Mühlbach.
mûl-per stF Maulbeere.
mûlper-plat stN Maulbeerblatt.
mûlper-poum stM Maulbeerbaum.
mül-rat,mule-,mulen-rat stN Mühlrad.
mûl-slac stM Maulschelle.
mül-stein,mule-,mülnstein stM Mühlstein.
multer stM Mehltrog.
mül-werc stN Mühle.
mûl-welpf [s.] *moltwerf.*
mulzen swV A zu Malz verarbeiten.
mûme [s.] *muome.*
mûn [s.] *müejen.*
munch(-),münch(-) [s.] *münech(-).*
munder,munter Adj./Adv. wach, munter; eifrig; wachsam.
mundernswVA aufmuntern; A+pD*ze* /p A*ûf* ermuntern zu.
münech,münich,munich, münch,munch stM

Mönch; *grâwer m.* Zisterzienser; *swarzer m.* Benediktiner.
münechen,munichen, münchen,munchen swV refl. Mönch werden, ins Kloster gehen; A zum Mönch bestimmen/ machen.
münech-,munch-hof stM Kloster.
münechisch,münchisch Adv. mönchisch.
münech-,mun(i)ch-lich Adj. mönchisch; *m. kleit* Mönchskutte; *munichlicher strich* Ordensregel.
münech-,munich-lîp stM Mönchs-, Klosterleben.
munich(-),münich [s.] *münech.*
münster,munster,munister stN Münster, Dom; (Kloster-, Stifts-) Kirche.
munt[1] stM Mund; Maul, Rachen, Schnabel; Öffnung; Mündung; Sprache; *bî/ mit einem/ gemeinem/ gelîchem munde* einstimmig; [auch expl., z.B. *mîn m.* ich, *des küneges m.* der König; *mit lachendem munde* lachend].
munt[2] stMF Schutz, Vormundschaft.
muntâne,montâne stF Gebirge, Berg; *guldîniu m.* Goldmine, -bergwerk.
munter [s.] *munder.*
munt-küssen stN Kuss (auf den Mund).
munt-schal stM Gerede.
munt-vol stM Bissen.
münzære/er stM Münzer; Münzherr; Geldwechsler.
münze,munze stF Münze, Geldstück; Geld; Prägung; Münzrecht.
münzen swV A prägen.
münz-hebe swFMünzsammlerin.

münz-îsen stN Münz-, Prägestempel.
muo [s.] *müeje.*
muochen swM [Pl.] Flausen.
muode [s.] *müede.*
muoden,mûden swV abs./D müde werden, ermatten.
muoder[1] stN Wams, Mieder, Gewand; Brustpanzer; Oberfläche; *strîtes m.* Rüstung.
muoder[2] stF [s.] *muoter.*
muoje [s.] *müeje.*
muol(-) [s.] *mûl(-).*
muome,mûme swF Tante/ Kusine/ Nichte [mütterlicherseits].
muor stN Sumpf, Moor.
muoric Adj. sumpfig.
muos stN Mus, Brei ; Essen, Speise.
muosen[1] swV abs. essen; A+pD*mit* füttern mit.
muosen[2]**,mûsen,môsen** swV A mit Mosaik/ Intarsien verzieren; A+pD*mit* durchsetzen mit; A+pA*under* Intarsien einlegen in.
muos-hûs stN Speisesaal; Gasthaus.
muos-sac stM Magen.
muot,mût,môt stM Gemüt; Gesinnung, Stimmung; Sinn; Seele,Herz; Verstand; Besinnung, Gedanke; Wille, Absicht, Entschluss, Einfall; Verlangen, Erwartung, Hoffnung, Wunsch, Lust; Verhalten, Einstellung, Haltung, Charakter; (Tat-) Kraft; (Lebens-) Freude, Lebensmut, Zuversicht, Edelmut [meist *hôher m.* s.; *holder m.* Liebe, Zuneigung; *der m. stât hôhe* (+D) froh/ freudig/ erwartungsvoll sein; *ze muote geben/ senden* +D+ Ns*daz* eingeben; *wol/ swære ze muote sîn* unpers.+D froh/ betrübt sein; *ze muote*

sîn unpers.+D(+G/Ns) vorhaben, zu tun gedenken, wünschen, sich entschließen zu, sich entscheiden für; [auch expl., z.B. *mîn m.* ich, *tugentlicher m.* Tugend, *mit trûrigem muote* traurig, *in zornes muote* im Zorn].
muot- [s.] *müejen.*
muote stF Begegnung; Zusammenstoß, Angriff.
muoten[1] swV Adv.lok. weg wollen; pD*nâch* Anspruch erheben auf; pD*wider* aufbegehren gegen; G/A/Ns*daz* / Inf.*ze* (+D/ pD*von,ze* / pA*an*) verlangen (nach/ von), trachten nach, erstreben, begehren, wünschen, wollen, erhoffen; zumuten.
muoten[2] swV D/pA*an* angreifen, einstürmen auf.
muoter,muoder,mûter, mûder,môter,môder stF Mutter; Gebärmutter; Kolik; *muoters ein* mutterseelenallein.
muoter- [s. auch] *müeter-.*
muoter-barn stN Menschenkind.
muoter-,mûter-blôz Adj. nackt wie ein Neugeborenes.
muoter-halp Adv. mütterlicherseits; zur Seite der Mutter.
muoter-kint stN Menschenkind.
muoter-kilche,-*kirche stF Mutter-, Hauptkirche.
muoter-lîp stM Mutterleib.
muoter-mâc stM Verwandter mütterlicherseits.
muoter-meit stF jungfräuliche Mutter [Maria].
muoter-milch stF Muttermilch.
muoter-,mûter-nacket Adj. nackt wie ein Neugeborenes.
muoter-,mûter-vater stM

[Gott als] Vater der Gottesmutter.
muotes-halp Adv. innerlich.
muot-gedœne stN Innigkeit.
muot-gelust stMF Verlangen, Willen.
muotic,mûtic Adj. mutig.
muotic-,müetic-lîche Adv. anmutig.
muot-,mût-lich Adj. anmutig.
muot-rîche Adj. edelmütig.
muot-sam Adj. anmutig.
muot-senen stN Sehnsucht.
muot-siech Adj. liebeskrank.
muot-veste Adj. unerschrocken, tapfer.
muot-willære stM Freiwilliger.
muot-,mût-wille swM (freier/ eigener) Wille; (böse) Absicht; Übermut; Lust.
muotwillec-lîche(n) Adv. freiwillig; absichtlich; mutwillig; wollüstig.
muot-,mût-willen swV abs. aus freiem Willen handeln.
muot-willic Adj. übermütig; wollüstig.
muotwillikeit stF Selbstsucht.
muowen [s.] *müejen.*
muoze,mûze stF Ruhe, Muße; Zeit; Gelegenheit; *gezogenlichiu/ hovelichiu m.* Höflichkeit.
muozec [s.] *müezec.*
muozen swV G/pD*ab* sich erholen von.
muoz-,mûz-lich Adj. möglich, zulässig; zuträglich.
mür [s.] *mürwe.*
mûrære stM Maurer.
mürbe [s.] *mürwe.*
murc Adj. morsch.
mürden [s.] *morden.*
murdic [s.] *mordic.*
mûre stswF Mauer, Wand.
mûre-hüeter stM Wächter

auf der Stadtmauer.
mûren swV D als Maurer arbeiten bei; A (auf-) bauen, errichten; A+pA*in* einmauern
in.
murên stF Muräne [Fisch].
mürit Subst. [Kleiderstoff].
mûr-loch stN Maueröffnung.
murmel,murmer stMN Murren, Murmeln.
murmelære,murmerære
stM Murrender.
murmelât,murmurât stF
Murmeln, Murren, Gerede.
murmel(e)n,mürmel(e)n,
murmlen,murmern swV
abs./pD*wider* murmeln; murren (gegen); *die mære m.* die
Nachricht verbreiten.
murmelunge,mürmelun-
ge,murmerunge stF Murren.
murmendîn stN Murmeltier.
murmer(-) [s.] *murmel(-).*
murmlen [s.] *murmel(e)n.*
murmurât [s.] *murmelât.*
murre Adj. stumpf.
mursel,murschel stN Bissen.
mûr-want stF Mauer.
mürwe,mürbe,mür Adj.
mürbe; schwach; zart, fein.
mürze-linc stM *den m.* wiz-
zen +pD*in* sich bis ins
Kleinste auskennen in.
mûs stF Maus.
mû-sal [s.] *müejesal.*
mûs-ar swM Mäusebussard.
muscât,muschât stswFstN
Muskat (-nuss).
muscât-negel stN Muskat-
nelke.
muscât-nuz stF Muskat-
nuss.
muscât-obez stN Muskat-
frucht.
muscât-plüet stF Muskat-
blüte.
muscât-poum stM Muskat-
baum.

muschâ mirz Interj. [Beteue-
rung].
muschât [s.] *muscât.*
mûsen[1] swV abs. schleichen.
mûsen[2] swV [s.] *muosen*[2].
music stF *die m. brechen* mo-
dulieren.
müsten swV A stoßen.
mut [s.] *mütte.*
mût(-) [s.] *muot(-).*
mûte stM Maut, Zoll.
mûter(-) [s.] *muoter(-).*
mûter-lich,-lîche [s.] *müe-*
terlich.
mûtieren swV refl. wechseln.
mütte,mut(te) stMN Scheffel.
mutze stF Scheide.
mutzen swV A schmücken.
mûwen [s.] *müejen.*
mûwic-heit [s.] *müeicheit.*
mûzære stM einjähriger (gemauserter) Jagdvogel.
mûze[1] stF Mauser.
mûze[2] stF [s.] *muoze.*
mûzec/ic(-) [s.] *müezec(-).*
mûzen[1] swV refl. sich mausern; A wechseln.
mûzen[2] anV [s.] *müezen.*
mûzer-habech stM einjähriger (gemauserter) Habicht.
mûzer-sperwære stM einjähriger (gemauserter) Sperber.
mûzer-sprinzelîn stN ein-
jähriges (gemausertes) Sperberweibchen.
mûzer-valke swM einjähriger (gemauserter) Jagdfalke.
mûz-lich [s.] *muozlich.*
müzzel stM [Duftstoff].

n

nâ[1]**,nâch** Adj. nah; eng verwandt.

nâ[2] Adv. [s.] *nâch*[1].
nâ[3] Präp. [s.] *nâch*[2].
nâ- [s.] *nâch-.*
nabe stF Nabe; Mittelpunkt;
Wagen.
nabe-,nebe-gêr,neg-bêr
stM Bohrer.
nabel stswM Nabel.
nac,nacke stswM Nacken,
Hals; Hinterkopf, Haupt;
Rücken; *den nacken vür diu*
ougen ziehen sich blind
stellen; *zem nacken von den*
ougen werfen +A vernachlässigen.
nâch[1]**,nâ** Adv. nahe; sehr; genau; ganz; dementsprechend;
(nach) hinten; danach, später, dann, hinterher, nachher
[meist *dâ/ dar/ her/ hie n.*];
beinahe, fast [meist *vil n.*];
war n. wonach; *ez ze vaste*
n. haben im Nachteil sein.
nâch[2]**,nâ** Präp.+D nach; hinter; wegen, um (... willen);
gemäß, entsprechend, wie;
für, zu; an, auf, in, mit; *n.*
dem unde als; *gâhen/ gân/*
rîten/ sprechen/ vrâgen
+pD*nâch* [auch] holen (gehen), (her-) bringen, suchen;
heizen/ senden (+A)+pD
nâch holen/ (her-) bringen
lassen.
nâch[3] Adj. [s.] *nâ*[1].
nac-haft Adj. hinterlistig.
nâch-bilden,-erbilden
swV A nachahmen.
nâch-bildunge stF Nachfolge.
nâch-blicken swV D nachsehen.
nâch-brâht- [s.] *nâchbrin-*
gen.
nâch-brechen stV [IVa] D
folgen.
nâch-,nâ-bringen stswV
[IIIa, Prät. *nâchbrâht-*] A+D
nachbringen.

nâch-bûre [s.] *nâchgebûre*.
nâch-chumen [s.] *nâchko-*
men.
nâch-donen swV D nahe ge-
hen.
nâch-draven,-*draben,
-traben swV D nachreiten.
nâch-dringen,-tringen
stV [IIIa] D nachdringen,
folgen.
nac-heit,nackeit stF Bos-
heit, Hinterlist.
nâcheit [s.] *nâheheit*.
nâchen [s.] *nâhe* ².
nâch-erbilden [s.] *nâchbil-*
den.
nachet [s.] *nacket*.
nâch-gâhen swV D nach-
eilen.
nâch-gân,nôch-gên,-gôn,
-gegôn anV abs./D/A nach-
gehen, folgen; verfolgen, bedrängen; Part.Adj./Adv. [s.]
nâchgânde.
nâch-gânde,nâ-,nôch-
gênde,-gônde Part.Adj./
Adv. folgend, kommend,
künftig.
nâch-ge- [s. auch] *nâch-*.
nâch-gebûre,nâ-,nôch-
bûre,-gepûre,-geboure
stswM Nachbar; Nächster;
Gefährte, Begleiter; Gegner;
Nachbarin.
nâch-gebûrinne stF Nach-
barin.
nâch-gegôn [s.] *nâchgân*.
nâch-gehe,-*jehe swM Für-
sprecher.
nâch-gehenge stN Ende.
nâch-gên(-)[s.]*nâchgân(-)*.
nâch-gepûre [s.] *nâchge-*
bûre.
nâch-gesant[s.]*nâchsenden*.
nâch-gewin stM Lohn, Ge-
winn.
nâch-gewonheit stF Ge-
wohnheit.
nâch-giezen stV [IIb] A hin-

terhergießen.
nâch-gihe- [s.] *nâchjehen*.
nâch-giht stF Bekenntnis.
nâch-gôn(-)[s.]*nâchgân(-)*.
nâch-gougeln swV D nach-
ahmen.
nâch-greben,-*graben
stV [VIba] D nachgrübeln
über.
nâch-,nâ-grublen swV Ns
w nachgrübeln.
nâch-heben stV [VIb] *sich*
ûf die slâ n. der Spur folgen.
nâch-hellen stV [IIIb] abs.
hinterherschallen.
nâch-huote stF Nachhut.
nâch-hupfen swV D nach-
laufen.
nâch-îlen swV D nacheilen,
folgen.
nâch-,nôch-jagen swVabs./
pD*nâch* hinterherjagen; D
nachjagen, verfolgen.
nâch-jagt stN Verfolgung.
nâch-jehen stV [Va] [Präs.
Sg. *nâchgihe*-] D zustimmen;
G verteidigen.
nâch-kaffen stN Hinterher-
schauen.
nâch-kêren swV D verfol-
gen.
nâch-klafferstMVerleumder.
nâch-klanc stM Folge.
nâch-kome,nâ(c)-chome,
-kume swM Nachkomme;
Nachfolger.
nâch-komen,-chomen,
-chumen stV [IVb] D fol-
gen; *der bete an daz ende n.*
sich die Bitte zu eigen machen.
nâch-komende,nôch-ku-
mende Part.Adj. künftig,
(nach-) folgend; *nâchko-*
mendiu diet/ vruht Nach-
komme(n).
nâch-kumelinc stM Nach-
komme.

nâch-kumende [s.] *nâchko-*
mende.
nâch-lecken swV D aufzu-
lecken versuchen.
nâch-leiten swV A+D nach-
senden.
nâch-lesen stV [Va] A (Trau-
ben) nachlesen.
nâch-lich Adj. nah; genau.
nâch-lôfen [s.] *nâchloufen*.
nâch-lôn stM Dankbarkeit.
nâch-loufen,-lôfen stV
[VIIed] D nach-, hinterherlaufen.
nâch-mâles,-môles Adv.
später.
nâch-ræte Adj. umsichtig.
nâch-,nôch-rede stF Ver-
leumdung, üble Nachrede;
Wiederholung.
nâch-reden swV D verleum-
den.
nâch-reder stM Verleumder.
nâch-reise stF Verfolgung.
nâch-rennen swV D nach-
eilen.
nâch-,nâ-rêtic Adj. hinterlistig.
nâch-rîten stV [Ia] abs. hin-
terherreiten; (refl.+)D nachreiten, verfolgen.
nâch-,nâ-riuwe swMF spä-
te Reue.
nâch-rüeren,-ruoren,-rû-
ren swV abs. nachsetzen;
nachwirken.
nâch-ruofen,nôch-geruo-
fen stV [VIIf] abs./D hinter-
her-, nachrufen.
nâch-ruoren,-rûren [s.]
nâchrüeren.
nâch-rûschen swV D hinter-
herpreschen.
nâch-schieben stV [IIa] A
vorantreiben; nachhelfen.
nâch-schrîben stV [Ia] A+D
nachtragen.
nâch-schrîen stV [Iab] abs.
hinterherrufen.

nâch-,nâ-schrîten stV [Ia] D hinterhergehen.

nâch-schüren,-schürgen swV abs. antreiben; nachschieben.

nâch-segenen swV D Segenswünsche hinterhersenden.

nâch-sehen stV [Va] D hinterher-, nachsehen; nachdenken über; das Nachsehen haben bei.

nâch-senden swV [Part. Prät. *nâchgesant*] A+D nachsenden.

nâch-setzen swV A nachreichen.

nâch-setzic Adj. *n. sîn* +D nachstellen.

nâch-sîn anV D nahe stehen.

nâch-sippe swM Blutsverwandter.

nâch-slîchen stV [Ia] D hinterherschreiten, -schleichen, -gehen; folgen.

nâch-sliefen stV [IIa] D folgen.

nâch-sloufen swV A hinterherschleifen.

nâch-slüzzel stM Nachschlüssel.

nâch-smac stM Nachgeschmack.

nâch-sprechen stV [IVa] D nachrufen; A nachahmen.

nâch-stân,-stên anV abs. folgen; dahinter stehen.

nâch-stîgen stV [Ia] abs. hinterherklettern.

nâch-strîchen stV [Ia] abs./ D hinterherjagen, -laufen; hinterherziehen.

nâch-tac stM *in unseren nâchtagen* in der heutigen Zeit.

nâch-traben [s.]*nâchdraven.*

nâch-tragen stV [VIa] D nachsprechen, gehorchen.

nâch-treten stV [Va] D nach-

stellen; *den pfat n.* den Weg einschlagen.

nâch-tringen [s.] *nâchdringen.*

nâch-tuon anV A nachmachen; *iht guotes n.* +D gute Wünsche nachschicken.

nâch-turner stN Nachturnier.

nâch-,nôch-varn stV [VIa] D folgen.

nâch-vart stF Verfolgung; *die n. grîfen* das Nachsehen haben.

nâch-vegen swV D hinterherfegen, -sausen.

nâch-volgære/er stM Nachfolger; Anhänger.

nâch-volge stF Nachfolge.

nâchvolgec-lich Adj. nacheifernd.

nâch-volgen,nâ-,nôch-gevolgen swV D (nach-) folgen, nacheifern; begleiten; nachgehen; A befolgen.

nâch-volgerinne stF Anhängerin.

nâch-volgunge stF Nachfolge; Befolgung.

nâch-,nâ-vragen stN Nachforschung.

nâch-vüeren swV [Prät. *nâchvuort-*] A+D hinterherbringen.

nâch-walgen swV D hinterherrollen.

nâch-warten swV D nachblicken; erwarten.

nâch-wende Adj. *n. næhster* Nächster.

nâchwendec-heit stF Nähe.

nâch-wendic Adj. nächst, nah.

nâch-wint stM Segelwind.

nâch-winteclich,-*wendiclich Adj. ähnlich.

nâch-wîsen swV *unrehte n.* +A auf den falschen Weg schicken.

nâch-wist stF Nähe.

nâch-ziehen stV [IIb] abs. hinterherziehen; D folgen, verfolgen; A+D herführen hinter.

nâch-zogen swV D hinterherziehen.

nacke [s.] *nac.*

nackeit [s.] *nacheit.*

nacken[1] swV D nackt sein.

nacken[2]**,nackent** Adj. [s.] *nacket.*

nackent-tage [s.]*nacketage.*

nacket,nacken(t),nachet, nact,nacks,neckent Adj. nackt, bloß; unbekleidet; unbewaffnet; *n.* +pD*vor* frei von.

nacke-,nacke(n)t-tage swM Nacktheit; ärmliche Kleidung; Armut.

nacke-tuom stM Nacktheit.

nâc-kome [s.] *nâchkome.*

nacks [s.] *nacket.*

nac-slagen swV A Nackenschläge versetzen.

nact [s.] *nacket.*

nâdel,nâlde,nâdle stswF [auch stM] Nadel.

nâdel-,nâlden-œre stN Nadelöhr.

nâdel-runze stF Steppfalte.

nâdel-spitz(e) stMF Nadelspitze.

nâder [s.] *nâter.*

nâdle [s.] *nâdel.*

nage stF Nagen.

nagel stM Nagel; Finger-, Fußnagel; Blütenstempel, Gewürznelke; Wirbel [an Saiteninstrumenten]; *die vier nagele* die Nägel am Schildbuckel.

nagelen,nageln,negeln, negelen swV A beschlagen; A+pD*ze* /p A*an,in* (+D) nageln an.

nagel-gebende stF *vestiu n.* fest eingeschlagene Nägel.

nagel-kolbe swM Morgenstern [Schlagwaffe].

nagel-mâc stM Verwandter im siebten Grad.

nageln [s.] *nagelen.*

nagel-niet stM Nietnagel.

nagel-rôt stN Nagelrot.

nagen stV [VIa] abs./pD*in* (+D) nagen (in); A(+pD*ab*) abnagen (von), (zer-) fressen, aufzehren.

næegen [s.] *næjen.*

nagt [s.] *naht.*

nagunge stF Brennen.

nâhe¹,nôhe Adj. nah, eng; genau; fest; dringend.

nâhe²,nâhen(t),nâhene, nâhet,nâchen,nâin,nâr, nôhe Adv. nah, in der/ in die/ aus der Nähe, von nahem [auch *n. bî*]; eng, dicht, tief, genau; fast, beinahe [auch *vil n.*]; *n. gân/ligen* (+D) am Herzen liegen, nahe gehen, erschüttern, Leid tun; *n. gân an daz herze/ ze herzen* (+D) zu Herzen gehen [auch *dem herzen n. gân*]; *n. tragen* +D im Herzen tragen; *n. tragen* +A beherzigen.

næhe,nâhe stswF Nähe; *an der n. sîn* +Ns*daz* bevorstehen.

næhede,næhnde stF Nähe.

nâhe-gânde,nâ-gênde Part.Adj. quälend, schmerzlich; mitleidsvoll.

nâhe-heit,nâ-,nôhe-heit, nâcheit stF Nähe.

nâhen¹,næhen,nâhenen, nân,nên,nôhen swV abs./ refl.(+D/pD*ze*)/pD*gegen,ze/* pA*in*/D nahen, sich nähern, nahe kommen, nahe sein, nahe gehen; bevorstehen; A+D/ pD*an,ze* näher bringen; *ze dem tôde n.* unpers.+D ans Sterben gehen für.

nâhen²,nâhene,nâhent Adv. [s.] *nâhe².*

næhender [s.] *nâher².*

nâhenen [s.] *nâhen¹.*

nâher¹,næher Adj. [Komp. von *nâhe*] näher, enger; besser, genauer; fester.

nâher²,nâhere,næh(n)er, næhender,nâr Adv.[Komp. von *nâhe*] näher, enger, genauer; tiefer; schneller, eher; *dar n.* [auch] her, herbei, heran; *n. geben* +A(+D) billiger verkaufen.

næhern swV refl.+D nahe kommen; pD*ze* nahe zusammen stehen bei.

næherunge stF Annäherung.

nâhest¹,nâhst,næhest, næ(h)st Adj. [Superl. von *nâhe*] nächste; erste, beste; höchste, tiefste; unterste.

nâhest²,nâheste,næhest, næhst Adv. [Superl. von *nâhe*] [auch*aller n.*] am nächsten; vor kurzem, zuletzt; am besten; ganz genau; *ze n.* unmittelbar/ dicht (auf/ bei/ vor); *aller n. gân* +D am besten sein für; *sô er aller n. kan/ mac* sobald/ so schnell er kann.

nâhet [s.] *nâhe².*

nâhe-zieher stM Verfolger.

næhic Adj. *n. sîn* +pD*mit* weit fortgeschritten sein mit.

næh-lîchen Adv. beinahe.

næhnde [s.] *næhede.*

næhner [s.] *nâher².*

nâhst,næhst [s.] *nâhest.*

naht¹,nath,nagt stF [auch stM] Nacht, Abend; *alle(die) n.* die ganze Nacht, jede Nacht; *(des) nahtes* nachts, in der Nacht; *eines nahtes* eines Nachts.

naht² Adv. [s.] *nehten.*

naht-diep stM Dieb, der bei Nacht stiehlt.

nahtec-lîche Adv. in der Nacht.

nahte-gal,nahti-,nathigal stswMF Nachtigall.

nahten swV unpers.abs. Nacht werden.

naht-engel,-*gengel stM Nachtschwärmer.

naht-glîmel stN Glühwürmchen.

nahti-gal [s.] *nahtegal.*

naht-lanc Adv. in dieser Nacht.

naht-lieht stN Nachtlicht [am Altar].

naht-mâl stN Abendmahl, Abendessen.

naht-rabe,-ram stswM Eule.

naht-rât stM Nachtquartier.

naht-ruowe stF Nachtruhe.

naht-schîme swM Dunkelheit.

naht-sedel stM Nachtlager.

naht-selde stF Nachtlager, Nachtquartier.

naht-tropfe swM Nachtschweiß.

naht-vogel,-vole stM Nachtvogel, Eule.

naht-vorhte stF Schrecken der Nacht.

naht-vrist stF Aufschub für eine Nacht.

naht-vrouwe swF Hexe.

naht-wahte stF Nachtwache.

naht-würmlî stN Glühwürmchen.

naht-zît stF Nacht (-zeit).

nâin [s.] *nâhe².*

næjen,næn,nægen,næwen,neien swV [Prät. auch *nât-*] A(+D)(+pA*an,ûf*) (an-) nähen (auf); A+pD*mit* besetzen mit; A+pA*in* einnähen/ schnüren in.

nâ-kome [s.] *nâchkome.*

nâlde(-) [s.] *nâdel(-).*

nam- [s.] *name-.*

name stswM Name; Benennung, Bezeichnung, Begriff; Rang, Würde, Stand; Ruf,

Ruhm; *die namen drî* [auch] die Dreieinigkeit; [auch expl., z.B. *sîn n.* er; *wîbes n.* Frau; *mannes n.* männlich; *in kindes namen* als Kind].

name-giric Adj. ehrgeizig.

name-,nam-haft Adj. bekannt, berühmt, angesehen.

name-,nam-hafte stF Bewusstsein.

name-,nam-lôs Adj. namenlos.

namen swV A+A/Adv. nennen; A+pD*mit* anreden mit.

namen-geloube swM Buchstabenglaube.

nân [s.] *nâhen* [1].

næn [s.] *næjen.*

nand-,nant- [s.] *nennen.*

napf stM Becher, Napf.

nappel swM Eisenhut [Pflanze].

nappeln-krût stN Eisenhut [Pflanze].

nar stF Nahrung, Speise; *lîbes n.* Lebensunterhalt, Lebensführung.

nâr Adv. [s.] *nâhe* [2]; *nâher* [2].

narden-krût stN Narde [wohl riechende Pflanze].

narden-öl stN Nardenöl.

nare [s.] *narwe.*

nær-lîche(n) Adv. kärglich; genau.

narre swM Tor, Narr.

narreht Adj. närrisch.

narre-keit stF Narrheit.

narren-bilde stN närrisches Muster.

narren-kappe swF Narrenkappe.

narren-kleit stN Narrenkleid.

narren-sanc stM Narrenlied.

narren-spil stN Narrenposse.

narren-strôel stN (ärmliches) Strohlager.

narren-vart stF Narrenzug,

Narrenmarsch.

narte swM Trog.

narunge,nerunge stF Nahrung, Speise; Lebenskraft.

narwe,nare swMF Narbe.

nas- [s.] *nase-.*

naschen swV pD*an* / A naschen (an); pD*mit* Unzucht treiben mit; *von einem ze dem andern n.* von einem zum nächsten Partner wechseln.

nascher,nescher stM Ehebrecher, Wüstling.

nascherin(ne),nescherin(ne) stM Ehebrecherin, Dirne.

nase stswF Nase; [Pl. auch] Nüstern.

nase-bant stN Nasenschutz [am Helm].

nasel stN Nasenschutz [am Helm].

nase-loch stN Nasenloch.

nase-,nas-lôs Adj. *naslôser bracke* Hund ohne Nase.

nasen-rimpf stM Naserümpfen.

nase-,nas-snitec Adj. mit gespaltenen Nüstern.

nase-,nas-venster stN Nasenloch.

nase-,nas-wazzer stN Nasenrotz.

nase-wîse Adj. besserwisserisch; *nasewîser bracke* Spürhund.

næst [s.] *nâhest* [1].

nât stF Naht; Stickerei.

nât- [s.] *næjen.*

nâter,nâtre,nâder stswF Natter, Schlange.

nâtern-biz stN Schlangenzahn.

nâtern-,nâtren-gesleht stN Natterngezücht.

nâtern-zan(d) stM Schlangenzahn.

nath(-) [s.] *naht(-).*

natiur- [s.] *natûr-.*

nâtre(-) [s.] *nâter(-).*

natûre,natiure stswF Natur; Wesen, Veranlagung, Art, Eigenschaft, Beschaffenheit; Kreatürlichkeit; *mannes n.* männlicher Same; *meister von (der) n.* (Natur-) Wissenschaftler, Philosoph; *schuole der n.* Naturwissenschaft; *in natûren* körperlich, physisch; *von (der) natûr(en)* von Natur aus.

natûre-licheit [s.] *natûrlicheit.*

natûren swV A(+pA*ûf*) erschaffen; (vorher-) bestimmen, lenken/ leiten (zu); A+pA*in* verweben in; Part.Adj. [s.] *genatûret.*

natûr-,natiur-lich Adj. natürlich; körperlich, sinnlich, leiblich; angeboren; *n. kunst* Naturwissenschaft; *natûrlicher meister* (Natur-) Wissenschaftler, Philosoph.

natûr-,natiur-lîche(n) Adv. natürlich; wesenhaft; von Natur aus; der Natur entsprechend.

natûr-,natûre-licheit stF Natur; Körperlichkeit.

natzt- [s.] *netzen.*

nâwe [s.] *nouwe.*

næwen [s.] *næjen.*

naz [1] Adj. nass, feucht; durchnässt, durchtränkt, benetzt; *nazzer kruoc* Wasserkrug.

naz [2] stN Nässe, Feuchtigkeit.

naz-lant stN (Fluss-) Niederung.

nazzât stM [Seidenbrokat].

nazzen swV abs. nass werden.

ne,ni,en,in Neg.Part. nicht; wenn nicht [*ne, ni* nachgest., z.B. *ichne/ ichn hân* ; *en, in* vorgest., z.B. *ich enhân* ; auch +Neg.].

nebe [s.] *neve.*
nebe-gêr [s.] *nabegêr.*
nebel stM Nebel; Qualm; Trübung.
nebel-heit stF Nebel.
nebel-mentlî(n) stN Vorwand, Bemäntelung.
nebel-sünde stF Todsünde.
nebel-tac stM nebliger Tag.
nebel-vinster Adj. stockfinster.
neben[1] Adv. in der/ die Nähe; daneben.
neben[2]**,nebent** Präp.+D/A [auch nachgest.] neben, bei, zu.
neben-ganc stM Nebenweg.
neben-sternunge stF Planetenkonstellation.
nebent [s.] *neben* [2].
ne-chein [s.] *nehein.*
neckent [s.] *nacket.*
nec-lich Adj. boshaft.
neder-heit [s.] *niderheit.*
nefe [s.] *neve.*
neg-bêr [s.] *nabegêr.*
negelen [s.] *nagelen.*
negel-kîn,nêli-,neili-kîn stN Gewürznelke.
negeln [s.] *nagelen.*
negel-plat stN Blatt des Nelkenbaums.
negel-poum stM Nelkenbaum.
negel-pulver stN Nelkenpulver.
negen swV abs. wiehern.
neg-liche swN Gewürznelke.
ne-hein,ni-,-en-,in-hein, -kein,nechein,nichein Indef.Pron. (irgend-) ein, irgendwelche (-r/ -s), irgendetwas, keine (-r/ -s).
nehten,neht(e),nehtind, naht Adv. gestern Abend/ Nacht; vergangene Nacht.
neht-lich Adj. nächtlich.
neien [s.] *næjen.*
neige stF (Herab-) Neigung;

Neige; *tôdes n.* Tod.
neige-lich Adj. *neigelichez werc* Zuneigung.
neige-,neig-licheit stF Neigung, Bereitschaft.
neigen swV abs. grüßen; D/ refl.(+D) danken, sich zuneigen, sich verneigen vor; gebeugt sein, sich beugen/ ergeben; sinken, fallen; zu Ende gehen; refl.+pD *(en)gegen, ze* sich neigen vor; sich niederbeugen zu; neigen/ zustimmen zu, sich annähern an; refl.+pA *an,in,ûf* /Adv.lok. sich neigen/ senken in/ zu; sich zuwenden zu; refl.(+D) +pA *under* sich beugen unter; A(+D/Adv.lok.) senken, beugen, niederwerfen, zu Fall bringen, abwerfen; demütigen, schwächen, erweichen; beenden; zuwenden; A+pD *gegen,ze* bewegen zu, richten gegen; Zuneigung haben zu; A+pA *an* senken zu; geneigt machen; A+pA *in,under* ergeben in, senken in; A+pA *über,ûf* senken/ richten auf; *geneiget sîn* +pD *ze* neigen zu; Part.Adj. [s.] *geneiget.*
neiger stM *ein n. sîn* +G übertreffen.
neig-licheit [s.] *neigelicheit.*
neig-stat stF Landeplatz.
neigunge stF (Zu-) Neigung, Bereitschaft.
ne-kein [s.] *nehein.*
neilikîn [s.] *negelkîn.*
nein,neinâ,neine Interj. nein [Verneinung, Ablehnung; Widerspruch; Verbitten; Abwehr; auch *n.* + Pers.Pron., z.B. *nein ich/ er*].
neirgen [s.] *niergen(t).*
neis- [s.] *neiz-.*
neisen swV A verfolgen.
neiser stM Verfolger.
neitûn Subst. [Drache].

neiz-,neis-wâ,-wô Adv. irgendwo, wer weiß wo.
neiz-,neis-wannen Adv. irgendwoher.
neiz-,neis-war Adv. irgendwohin.
neiz-,neis-waz Indef.Pron. (irgend-) etwas, wer weiß was.
neiz-wê [s.] *neizwie.*
neiz-,neis-wen Adv. irgendwann.
neiz-,neis-wer Indef.Pron. irgendwer, irgendjemand.
neiz-,neis-wie,-wê Adv. irgendwie, wer weiß wie; *n. manec* sehr viel.
neiz-wô [s.] *neizwâ.*
nêli-kîn [s.] *negelkîn.*
nelle stM Kopf.
nê-man,-men [s.] *nieman.*
neme-lich Adj. wirklich, wahr.
neme-,nem-lîche(n) Adv. wirklich, gewiss; mit Sicherheit; ausdrücklich, besonders.
neme-,nem-licheit stF Begriff.
nemen stV [IVa] A/G/N *sw* (+D/Adv.(lok.)) nehmen, an-, auf-, mit-, übernehmen, ergreifen, fassen, beiseite nehmen; erringen, erhalten, bekommen, empfangen; erfahren, erleiden; machen, (ab-) halten, unternehmen, veranstalten; vereinbaren; auffassen, verstehen; zur Frau/ zum Mann nehmen; heiraten; ab-, wegnehmen, rauben; unterbrechen; A+pD *ab* abbringen, abwenden von; A+pD *an,bî,mit* nehmen/ ergreifen/ fassen/ packen an/ bei, führen an/ mitnehmen; verstehen unter; A(+D)+pD *ûz* (heraus-) nehmen/ heben/ holen aus, entfernen/ absondern von;

auswählen aus; A+pD*von* erhalten von, annehmen; befreien von, retten vor; abnehmen; abbringen, abwenden von; A+pD*ze* /p A*an* nehmen auf/ in; (er-) wählen zu; auffassen/ aufnehmen/ annehmen (als); übernehmen; einholen von; brauchen für; anlegen, heften an; A+pA *durch* führen durch; A+pA*in* (auf-) nehmen/ legen in; beiseite nehmen zu; A/N*sdaz* +pA*über, ûf, under* nehmen auf/ unter; A+pA*vür* halten vor; halten für; eintauschen für/ gegen; vorziehen; *(ein) ende n.* enden, zu Ende gehen, sterben; *goume n.* +G/ p A*umbe* wahrnehmen, beobachten, beachten; *vür guot/ übel n.* +A zufrieden/ unzufrieden sein mit; *hæle n.* unpers. +A+G geheim halten; *tiure/ untiure n.* +A+G etwas/ nichts ausmachen; *wunder n.* unpers.+A(+G) sich wundern (über); *zer ê/ êlîchen/ ze manne/ ze wîbe n.* +A heiraten; *daz ros mit/ ze den sporn/ sîten n.* dem Pferd die Sporen geben; *den schilt ze halse n.* sich mit dem Schild decken.

nem-lîche(n) [s.] *nemelîche(n).*

nem-licheit [s.] *nemelicheit.*

nemmen [s.] *nennen.*

nemunge stF Aufnahme; Auffassung, Verständnis.

nên [s.] *nâhen* [1].

nenden swV abs. sich erkühnen.

nennen,nemmen swV[Prät. auch *nant-, ,nand-,* Part. Prät. auch *genant*] refl.+Nom. heißen; A/N*sw* (+D) nennen, benennen, melden, erwähnen; rufen; A+A/p D*mit* /Adj./

Adv. nennen (mit), bezeichnen als/ mit; A+pD*nâch* benennen nach; A(+D)+pD*ze* / pA*vür* halten für, erklären/ zählen zu; Part.Adj. [s.] *genant.*

nennic Adj. nennbar.

ner stF Rettung.

neren [s.] *nern.*

nêren,nerges [s.] *niergen(t).*

nern,neren,nerigen,nerjen swV A(+D)(+pD*mit, von, vor*) (am Leben) erhalten, retten (aus/ vor), (be-) schützen(vor), schonen; ernähren (mit/ von); heilen (von).

nerrescheit,nerrischeit stF Narrheit; Dummheit, Torheit.

nerrisch Adj. närrisch.

nerunge [s.] *narunge.*

nerwen swV refl. narbig werden.

neschen stN Niesen.

nescher(-) [s.] *nascher(-).*

nesle [s.] *nezzel.*

nespel swF Mispel.

nespel-poum stM Mispelbaum.

nesse [s.] *nezze.*

nest stN Nest; Lager, Bett; Schlupfwinkel.

nestel stF Band, Schleife; Riemen.

nesteln swV A+pA*ûf* festschnüren auf.

nest-linc stM Nestling.

netze[1] ,nezze stN Netz.

netze[2] swF Urin.

netzen swV [Prät. *natzt-*] A (+D/pD*mit*) nass machen/ benetzen (mit); A+pA*in* tauchen in.

netz-vogel stM Lockvogel.

neve,nefe,nebe swM Neffe [Schwestersohn]; Onkel/ Vetter [mütterlicherseits].

neve-schaft stF Verwandtschaft.

ne-wan [s.] *niuwan.*

ne-wære,-wâre,niur, nuor Adv. nur.

ne-,en-weder[1] Indef.Pron. keine (-r/ -s) von beiden.

ne-,en-weder[2] Konj. weder.

ne-wederhalp,en-,entwederthalp Adv. auf keiner Seite; in keinem Fall.

nêwe-,*nouwe-lîchen Adv. genau.

nezze[1] ,nesse stswF Nässe, Feuchtigkeit.

nezze[2] stN [s.] *netze* [1].

nezzel,nesle swF Nessel.

nezzel-biz stM Brennen der Nessel.

nezzel-flûch,-*vluoch stM Verfluchter.

nezzel-krût stN Nessel.

ni [s.] *ne.*

nibelen swV *genibelet sîn* neblig sein.

nichein [s.] *nehein.*

nichit [s.] *niht.*

nichtzen [s.] *niht* [3].

nicken swV abs. einnicken; Adv.lok. den Kopf senken; A unterdrücken, bedrängen; stoßen.

nickus stN Krokodil.

nîdære/âre/er stM Neider.

nîdec/ic Adj. neidisch, hasserfüllt, missgünstig, feindselig; zornig.

nîdec/ic-lîche(n) Adv. hasserfüllt, feindselig; wütend.

niden,nidene Adv. (nach) unten.

nîden[1] stV [Ia, Prät. auch sw] A/N*sdaz* (+G/pA*umbe*) hassen, anfeinden, verfolgen; neidisch/ eifersüchtig sein auf; beneiden (um).

nîden[2] stN Hass, Eifersucht, Missgunst, Neid.

niden-an Adv. unten.

nidene [s.] *niden.*

niden-zuo Adv. unten.

nider¹ Adj. niedrig, nieder; tief; unter; gering.

nider²,nidere Adv. niedrig, tief; unter; hin; (dar-) nieder; hinab, hinunter, herab, herunter [auch *dâ/ dar/ der/ hie/ her n.*].

nider³ Präp.+D unter.

nider-biegen stV [IIa] A herunterbiegen.

nider-bieten stV [IIb] refl.+ pD*gegen* niederfallen vor.

nider-bocken [s.] *niderbucken.*

nider-brâht [s.] *niderbringen.*

nider-brechen,-bresten stV [IVa] abs. zusammenbrechen; refl. herabkommen; pD*in* eindringen in; A(+D) ab-, niederreißen, verwüsten; unterdrücken, bezwingen.

nider-breiten swV A auf den Boden strecken; ausbreiten.

nider-bresten [s.] *niderbrechen.*

nider-bringen stswV [IIIa, Prät. *niderbrâht-*] A zu Fall bringen.

nider-brüstec Adj. zusammengebrochen.

nider-bucken,-bocken swV abs. sich ducken; A senken.

nider-ch- [s.] *nider-k-.*

nider-diuhen swV A niederwerfen.

nider-dringen stV [IIIa] A eindrücken.

nider-dromen [s.] *niderdrumen.*

nider-drucken,-trucken, -trücken swV A unterdrücken; A(+pA*in*) niederdrücken, -beugen (in); *des muotes nidergedrucket* demütig.

nider-drumen,-dromen swV A(+D) niederwerfen;

verderben, vernichten.

nidere¹ stF Tiefe; Niedrigkeit.

nidere² Adv. [s.] *nider ².*

nidere-ge- [s.] *nider-.*

niederen,nidern swV A erniedrigen, herabsetzen; mindern; zu Fall bringen.

nider-erbeizen swV abs./ pD*von,ze* /pA*ûf* absitzen, vom Pferd steigen, absteigen (auf/ von).

nider-gâhen swV abs. hinuntereilen.

nider-gân,-gên anV abs./ pA*in* (hinab-) fallen, absteigen; hinabgehen, -steigen (in); untergehen; schlafen gehen.

nider-ge- [s.] *nider-.*

nider-gên [s.] *nidergân.*

nider-giezen stV [IIb] abs. (herunter-) strömen; A herunterschütten.

nider-glîten stV [Ia] pA*in* hinabgleiten in.

nider-gürtel stMF Gürtel, Hosengurt.

nider-hâhen stV [VIIb] A hängen lassen.

nider-halbe(n),-half [s.] *niderhalp ².*

nider-halp¹,-halben Adv. unten, darunter.

nider-halp²,-halbe(n), -half Präp.+G unterhalb.

nider-halten stV [VIIa] A senken.

nider-hanct- [s.] *niderhenken.*

nider-heben stV [VIb] A herunterheben.

nider-,neder-heit,-keit stF Niedrigkeit; Tiefe.

nider-helfen stV [IIIb] D zu Bett bringen.

nider-hemde stN Unterhemd, -kleid.

nider-henken swV [Prät.

niderhanct-] A (nieder-) hängen lassen.

nider-houwen stV [VIIe] A niederhauen.

nider-hurten swV A vom Pferd stoßen.

nider-keit [s.] *niderheit.*

nider-kêren,-chêren swV A heruntersteigen; senken; A+D/pA*ûf* zuwenden, wenden zu.

nider-kleit stN Unterhemd, -kleid; Hosen.

nider-knien,-knên swV abs./pD*gegen* /p A*an,vür* niederknien (auf/ vor).

nider-komen,-kumen, -chomen,-quemen stV [IVba] abs./pA*an* herabkommen, -steigen; (hin-) fallen (auf); schlafen gehen.

nider-krûwen swV abs. niederkauern.

nider-kumen [s.] *niderkomen.*

nider-laden stV [VIa] A+pD *von* abladen von.

nider-lâge stF Aufenthalt; Beruhigung.

nider-lân [s.] *niderlâzen.*

nider-lant stN Unterland.

Nider-lant stN Land am Niederrhein.

nider-lâz stM Niederlassung, Wohnort; Ruheplatz; Niederlegung.

nider-lâzen,-lân,-verlân, -verlâzen stV [VIIb] refl. sich niederlassen/ aufhalten/ lagern; sich herabsenken; A (+D) herunterlassen, senken, sinken lassen; beenden, aufgeben.

nider-legen,-gelegen swV A(+pA*ûf*) hin-, niederlegen (auf), ablegen; in Ordnung bringen, beruhigen; bezwingen; herabsetzen; verwerfen, aufgeben, unterlassen.

nider-lender stM Unterländer.

nider-lenderin stM Unterländerin.

nider-ligen,-geligen stV [Vb] abs./pD*von* darnieder liegen; zu Fall kommen (durch); unterliegen; umkommen; sich niederlegen; bedeckt sein mit.

nider-machen,-gemachen swV refl. sich herablassen.

nider-meizen stV [VIIc] A fällen.

nider-morden swV A ausmerzen.

nider-mort stM Zerstörung.

nidern [s.] *nideren.*

nider-neigen,-geneigen swV refl.(+pD*ze*) sich niederbeugen/ herabneigen (zu); A senken; hängen lassen; fällen.

nider-nicken swV abs. die Augen senken.

nider-nîgen stV [Ia] pD*ze* sich niederbeugen zu; p A*in* hinabsinken in.

nider-quemen [s.] *niderkomen.*

nider-rinnen stV [IIIa] pD *von* (+D) herunterfließen von.

nider-rîsen stV [Ia] abs. (herab-) fallen.

nider-rîten stV [Ia] A hinabreiten; niederreiten.

nider-riuten swV A abholzen; niedermähen.

nider-rîzen stV [Ia] A herunterreißen.

nider-rucken swV A hinabziehen.

nider-sanct- [s.] *nidersenken.*

nider-sant-[s.]*nidersenden.*

nider-sâze stF *an der n.* im Herunterfallen.

nider-sazt- [s.] *nidersetzen.*

nider-schiezen stV [IIb] abs./pD*ze* /p A*ûf,vür* herunterstürzen (auf/ vor).

nider-schouwen swV pD *gegen* hinabschauen auf.

nider-schrîten stV [Ia] pD *von* absteigen von.

nider-schrôten,-verschrôten stV [VIId] A niederhauen, niedermetzeln, zu Boden werfen.

nider-sehen,-gesehen stV [Va] abs./pD*von* /p A*an,in* herabsehen/ hinabblicken (auf/ von).

nider-senden swV[Prät.*nidersant-*] A+pD*ze* hinunterschicken zu.

nider-senken swV [Prät. auch*nidersanct-*] abs. dahinschwinden; A senken; A+pA *an,in* hinabsenken auf/ in.

nider-setzen swV [Prät. auch *nidersazt-*] refl. sich hinsetzen; A zum Sitzen auffordern; absetzen.

nider-sîgen stV [Ia] abs./D/ pD*ze* /p A*an,in,ûf* (nieder-) sinken (auf/in);A sinken lassen.

nider-sinken stV [IIIa] abs./ p A*in* (nieder-) sinken (in); D abmagern; aus der Hand fallen.

nider-sitzen,nidere-gesitzen stV [Vb] abs./pD*an, ze* /p A*an,in,ûf,vür* sich (hin-) setzen (auf/ in/ vor/ zu).

nider-slac stM Heimsuchung; Zerstörung.

nider-slahen,-slagen, -slân stV [VIa] A(+D/pA *an,ûf*) zu Boden schlagen, niederschlagen/ aufschlagen (auf); unterdrücken, bezwingen; vernichten, töten; A+pD *ûz* vertreiben aus; *daz leben n.* das Leben verbringen.

nider-slîfen stV [Ia] D+pA*in* dringen in.

nider-spannen stV [VIIa] A aufschlagen.

nider-sprên,-*spræjen swV A hinstreuen.

nider-springen stV [IIIa] abs. herunterspringen.

nider-sprîten stV [Ia] A (auf dem Boden) ausbreiten.

nider-staht- [s.] *niderstecken.*

nider-stân anV abs./pA*ûf, vür* (vom Pferd) absitzen (auf/ vor).

nider-stechen stV [IVa] A (+pD*ze* /p A*an,in,ûf*) vom Pferd/ aus dem Sattel stechen, hinabwerfen (auf/ in).

nider-stecken swV [Prät. *niderstaht-*] A+pA*vür* aufpflanzen vor.

nider-stîgen stV [Ia] abs./ pD*ze* / A hinabsteigen (zu).

nider-stôzen stV [VIId] A niederstoßen, umstoßen; eindrücken.

nider-strecken swV [Prät. *niderstract-,-straht-*] A(+pD *ze* /p A*in,ûf*) hinstrecken, hinlegen (auf/ in).

nider-strîchen stV [Ia] A zurückstreichen.

nider-ströuen,-streun swV A niedermähen.

nider-strûchen swV abs. zusammenbrechen; p A*an,ûf* niederfallen auf.

ider-stürzen swV [Prät. *nidersturzt-*] p A*vür* niederstürzen vor.

nider-sweif stM Entwicklung.

nider-swingen stV [IIIa] A (+pD*ze*) niederwerfen (auf).

nider-tasten swV abs. niederfallen.

nider-teil stN Rumpf.

nider-tragen stV [VIa] abs. Gewicht/ Schwung haben; A niederstürzen.

nider-trehtic Adj. verachtet.
nider-treten,-getreten stV
[Va] abs. herabsteigen; auftreten; A(+D/pA*in*) niedertrampeln (in), niederreiten; *under den vuoz n.* +A verächtlich wegwerfen.
nider-triefen stV [IIa] abs. (herab-) strömen.
nider-tropfen stN Herabtropfen.
nider-trucken,-trücken [s.] *niderdrucken.*
nider-tuon anV refl. sinken; sich erniedrigen; A niederbeugen.
niderunge stF Erniedrigung.
nider-val stM Abstieg; Einwirkung; *weteres n.* Regenguss.
nider-vallen,-gevallen stV [VIIa] abs./D/Adj./pD *ze* / pAan, *in, ûf, under, vür* (herab-, nieder-) fallen/ sinken (auf/ in/ unter), zu Boden fallen, niederknien (vor); *die venje n.* zum Gebet niederknien; *an den vuoz n.* +D zu Füßen fallen.
nider-valt- [s.] *nidervellen.*
nider-varn stV [VIa]*wazzer n.* flussabwärts fahren.
nider-vart stF Talfahrt; niedrige Gesinnung.
nider-velle stF Strömung.
nider-vellen,nidere-gevellen swV [Prät. auch *nidervalt-*] refl. herabströmen; A(+D/pA*vor*) zu Boden werfen (vor), zu Fall bringen, erschlagen.
nider-vellic Adj. hinfällig.
nider-verlân,-verlâzen [s.] *niderlâzen.*
nider-verschrôten [s.] *niderschrôten.*
nider-vliezen stV [IIb] abs. herabströmen, herausfließen.

nider-wallen stV [VIIa] abs. herabfließen.
nider-wart [s.] *niderwert.*
nider-warten swV pA*an* niedersehen auf.
nider-wât stF Hosen.
nider-waten stV [VIa] pA *durch* dringen durch.
nider-wenden swV *den vluz n.* abwärts fließen.
nider-werfen stV [IIIb] refl. auf die Knie fallen; vom Pferd springen; A niederschlagen, zu Boden werfen; vernichten; A+pA*ûf* werfen auf.
nider-wert,-werts,-wart Adv. abwärts, hinab, nach unten.
nider-wigen stV [Vb] Adv. Gewicht haben; angemessen sein.
nider-witen,-*weten swV A niederreiten.
nider-zerren swV A zum Einsturz bringen.
nider-ziehen stV [IIb] A herunterziehen, niederdrücken, zu Boden werfen.
nider-zuc stM Hieb.
nîde-tât stF Feindseligkeit.
nide-wendic Präp.+A unterhalb von.
nie Adv. [auch *n. mêre, noch n.* ; auch +Neg.] nie, niemals; noch nie; nie/ nicht mehr/ wieder; nicht länger; (überhaupt/ gar) nicht, keineswegs, keinesfalls, in keiner Weise; nicht einmal.
nieht [s.] *niht.*
nie-man,-men,-mant,nî-,nê-man,-men,niem(p)t Indef.Pron. [auch +Neg.] niemand; *nie n.* nie jemand.
niemer,nim(m)er,nu(m)-mer,nümmer,nie-mê,-mêre,nim(m)êre,nimmê,nummê Adv. [auch *n.*

mêr/ mêre; auch +Neg.] nie wieder, nie/ nicht mehr, nicht länger; niemals; noch nie; jemals; keineswegs, keinesfalls, gewiss nicht.
niem(p)t [s.] *nieman.*
nienâ [s.] *niene²*.
niender(t) [s.] *niener.*
niene¹,nîne Indef.Pron. nichts.
niene²,nienâ,nienen,nîne, nîhne Adv. [auch +Neg.] nicht; nirgendwo.
niener,niender(t),nienr, ninder(t) Adv. [auch +Neg.] nirgendwo, -wohin; (noch/ wirklich) nicht, keinesfalls, keineswegs; *n. anderswâ* nirgendwo anders.
niere stswM Niere.
niergen(t),nir(e)gen,nieren,nierne,nîren,nê-ren,neirgen,nerges Adv. [auch +Neg.] nirgendwo, nirgends; nicht.
niern-stein stM Nierenstein.
nier-smerze swM Nierenschmerzen.
nier-stat stF Nierengegend.
niesen stV [IIb] abs. niesen.
niese-,nies-wurz stF Nieswurz.
niet¹ stMF Niet (-nagel), Bolzen.
niet² Indef.Pron. [s.] *niht²*.
niet³ Adv. [s.] *niht³*.
nieten¹ swV A(+pA*an*) festnieten, -heften an.
nieten² swV refl.(+G) sich (er-) freuen (an), sich vergnügen (mit), genießen; in den Genuss kommen von; erleiden, hinnehmen, auf sich nehmen; genug haben (von), aufgeben; sich bemühen um; streben nach; üben; erwarten.
nietunge stF Genuss.
nie-wan [s.] *niuwan.*

nie-weht,-wiht [s.] *niht.*
niez stM Nutzen.
niezære stM Nutznießer.
niezen st V [IIb] G/A genießen, sich erfreuen an; erleben, erfahren, in den Genuss kommen von; Vorteil haben/ profitieren von, nutzen; essen, trinken; *n. lâzen* +A füttern.
niezunge stF Erlebnis, Genuss.
niftel,nuftel swF Nichte [Schwestertochter], Tante/ Kusine [mütterlicherseits].
nîgen st V [Ia] abs./refl./pA*in, ûf* /Adv.lok. sich neigen/ beugen (in/ auf), sinken in; D (+G)/pD*gegen,ze* sich verneigen vor, danken (für); neigen zu; pD*nâch* streben nach; *an/ ûf den vuoz n.* (+D) zu Füßen fallen.
nigromanzî(e) stF schwarze Kunst, Zauberei.
nih [s.] *niht* [3].
nihein [s.] *nehein.*
nîhne [s.] *niene* [2].
niht[1] Interj. nein [Ablehnung, Widerspruch].
niht[2]**,nihts,nieht,niuht, niet,nut,nit(h),nunt,nichit,ni-,nie-,niu-weht, -wiht,niwet,niwit,nutzit,nutzwert,nutznut, nihtzit,nuschet,nihtesniht** Indef.Pron. nichts; etwas [+Neg., z.B. *nie/ nieman n.*]; *mit/ ze nihte* unter keinen Umständen, in keiner Weise.
niht[3]**,nieht,niuht,niet, nut,nit(h),nih,ni(e)-weht,-wiht,niwet,niwit,niuwit,niuwene, nuwet,nuwit,nuowet, nichit,nichtzen,nihtes (niht)** Adv. nicht; *n. wan* nur.
niht[4]**,nut** stN Nichts.

nihte-keit,niht-,nit-heit stF Nichtigkeit; Nichts.
nihtes(-) [s.] *niht(-).*
niht-heit,-keit [s.]*nihtekeit.*
nihts,nihtzit [s.] *niht* [2].
nîh-wan [s.] *niuwan.*
ni-kein [s.] *nehein.*
nî-man,-men [s.] *nieman.*
nimer,nimêre [s.] *niemer.*
nim-licheit stF Neigung.
nimmê,nimmêre,nimmer [s.] *niemer.*
nîne [s.] *niene.*
ninder(t) [s.] *niener.*
nipfen swV pA*in* stürzen in.
niregen,nîren,nirgen [s.] *niergen.*
nisten swV abs./pA*in,ûf* nisten (auf/ in).
nit [s.] *niht.*
nît[1] Adj. neidisch, feindselig.
nît[2] stM Hass; Feindschaft, Feindseligkeit; Neid, Missgunst; Eifersucht; Bosheit; Wut, Grimm, Heftigkeit; *ze nîde hân* +A sich ärgern über.
nît-galle swF Hass; Galle voll Neid.
nith [s.] *niht.*
nit-heit,-keit [s.] *nihtekeit.*
nît-lich Adj., **-lîche(n)** Adv. feindselig, hasserfüllt, neidisch; grimmig, wütend, erbittert.
nît-spil stN Kampf.
nît-spottære stM Verleumder.
nît-varwe stF Farbe des Neids.
niu(-) [s. auch] *niuwe(-).*
niu-bernde Part.Adj. fruchtbar.
niu-beschorn Part.Adj. frisch geschoren.
niu-gernde,-gern (Part.) Adj. neugierig; voreilig; wagemutig.
niu-gerne stF Neugier.

niu-,nû-giric Adj. neugierig.
niuht [s.] *niht.*
niu-mâne stswM Neumond.
niun,nûn,nuon,nîwen Kard.Zahl neun.
niunde,nûnde,nûnte Ord. Zahl neunte (-r/ -s).
niun-,nûn-stunt Adv. neunmal.
niun-,nîwen-tûsent Kard. Zahl neuntausend.
niun-,nûn-valt Adj. neunfach.
niun-zec,-zic Kard.Zahl neunzig.
niun-zehen Kard.Zahl neunzehn.
niun-zehende Ord.Zahl neunzehnte (-r/ -s).
niur [s.] *newære.*
niuren [s.] *niuwern.*
niu-vindicheit stF Erfindungsgabe.
niu-wan[1]**,nie-,nî(h)-,newan** Adv. nur (noch); wenigstens; vor allem; unweigerlich.
niu-wan[2]**,nie-,nî-,newan** Präp.+G/D/A außer.
niu-wan[3]**,nie-,nî(h)-,newan** Konj. außer; Komp.+*n.* als [z.B.*mêre n. tûsent* mehr als tausend]; *n. als/ daz/ sô* wenn nicht, außer als/ dass/ wenn.
niuwe[1]**,nûwe,nîwe,niu** Adj. neu; jung, frisch; unversehrt; unerfahren, ungeübt; *n. machen* +A erneuern.
niuwe[2]**,nûwe,nuowe** Adv. neu; frisch; fest; von neuem.
niuwe[3]**,nûwe,nîwe,niu** stF Anfang, Anfangszeit; Neuheit, Frische; Erneuerung; *nâch der n. gevar* neu.
niuwe[4] stN *daz n. des mânen* Neumond.
niuwe-,nuowe-backen Part.Adj. frisch gebacken.

niuwe-born,nûwe-,nuowe-,niu-(ge)born Part. Adj. neugeboren.

niuweht [s.] *niht* [2].

niuwe-,nûwe-keit,nuowec-heit stF Erneuerung.

niuwe-komen Part.Adj. neu angekommen.

niuwe-lîche(n),nûwe-, nuowe-,niu-,nû-lîche(n) Adv. vor kurzem, gerade, eben.

niuwe-,nû(we)-lîches Adv. vor kurzem.

niuwe-,nîwe-lingen Adv. vor kurzem.

niuwe-mære,niu-,nûmâre stN Neuigkeit, Nachricht.

niuwen[1]**,nûwen** Adv. von neuem.

niuwen[2] stV [IIa] abs. Flachs stampfen; A (zer-) schlagen.

niuwen[3]**,nîwen,nûwen** swV abs./refl. sich verjüngen/ wiederholen, wieder aufleben; A erneuern, neu machen; beleben, wieder aufleben lassen.

niuwene [s.] *niht* [3].

niuwen(e)s,niuwes,nûwe(n)s,nuowes Adv. vor kurzem, eben/ gerade (erst); *von n.* von neuem.

niuwe-riute stN frische Rodung.

niuwern,niuren,nûwern swV A neu machen, erneuen.

niuwes [s.] *niuwen(e)s.*

niuwe-sliffen Part.Adj. frisch geschliffen.

niuwe-tülle Adj. mit neuem Kragen.

niuwe-,nûwe-vallen Part. Adj. frisch gefallen.

niuwe-waschen Part.Adj. frisch gewaschen.

niu-wiht [s.] *niht* [2].

niuwit [s.] *niht* [3].

nîwan [s.] *niuwan.*

nîwe(-) [s. auch] *niuwe(-).*

niweht [s.] *niht.*

nîwen(-) [s.] *niun(-).*

niwet [s.] *niht.*

ni-wiht,niwit [s.] *niht.*

noch[1]**,nog** Adv. noch; noch heute/ immer; bis jetzt; schon; (noch/ später) einmal, dereinst; noch mehr, auch/ doch noch.

noch[2]**,nog** Konj. (weder .../ nicht ...) noch [meist +Neg.]; und nicht [+Neg.]; auch wenn; doch; auch, außerdem.

nôch- [s.] *nâch-.*

noch-dan(ne),-denne Adv. da/ damals/ jetzt noch; darüber hinaus.

nôde [s.] *nôte.*

nôdic [s.] *nôtec.*

nog [s.] *noch.*

nôhe(-) [s.] *nâhe(-).*

nôklier stM Steuermann.

nollen swV abs. ficken.

nône stF Mittag [Non, kanonische (Gebets-) Stunde, 3 Uhr mittags].

nône-tac stM Himmelfahrtstag.

nône-,nôn-zît stF Mittagszeit [kanonische Stunde, 3 Uhr mittags].

noppen swV abs. schaukeln.

Norbeia Subst. Norwegen.

norbögnisch Adj. aus Narbonne.

norden[1]**,nordent** Adv. aus/ im/ nach Norden.

norden[2] stN Norden.

nordener stM Nordwind.

norden-kreftic Adj. kältefest.

nordent [s.] *norden* [1].

norden-wint [s.] *nortwint.*

norder Adv. im Norden.

norderen-halp Adv. nördlich.

norderet [s.] *nordert* [2].

nordert[1] Adj. nördlich.

nordert[2]**,norderet** Adv. im/ nach/ von Norden.

Norman stM Normanne.

Normandîe stF Normandie.

norme stF Regel; Vorbild.

norme-lôs Adj. regellos, richtungslos.

nort-lant stN Land im Norden.

nort-man stM Nordländer.

nort-mer stN Nordsee.

nort-oste swM Nordostwind.

nort-,norden-wint stM Nordwind.

Norwæge Subst. Norwegen.

Norwæge swM Norweger.

Norweien-lant stN Norwegen.

nosche [s.] *nusche.*

nœse-keit stF Genusssucht.

nœse-lich Adj. gierig.

nœsen swV A stören.

nôt[1] Adj. nötig.

nôt[2] Adv. *n. geschehen/ sîn/ werden/ tuon* unpers.+G/ Ns *daz,ob* (+D) Not tun, nötig haben, nötig sein (für), (dringend) brauchen; *n. sîn* unpers.+D+pD *nâch,ze* verlangen nach; gezwungen sein zu; *n. gân* unpers.+D+G/Ns *(daz)* Grund haben/ gezwungen sein zu, nötig haben, müssen.

nôt[3] stF Not, Leid; Schmerz, Qual, Bedrängnis, Verzweiflung; Beschwernis, Notlage; Gefahr, Angst, Sorge; Mühe, Anstrengung; Kampf, Gewalt, Gewalttat; Notwendigkeit, Lebensunterhalt; *êhaftiu n.* höhere Gewalt, gesetzliches Hindernis, zwingender Grund; *âne/ sunder n.* [auch] ohne Grund, unnötig, ungerechtfertigt, unsinnig; vergeblich, umsonst; *durch/ umbe/ von/ ze n.* ge-

zwungenermaßen, notge-
drungen; mit Recht/ Grund;
unabwendbar, notwendiger-
weise; natürlich; *ze nœten
gân mit dem kinde* niederkommen.
nôt-dirftec [s.] *nôtdurftec.*
nôt-durft,nôturft stF Be-
darf, Bedürfnis; Not; das
Notwendigste; Lebensunterhalt; Nahrung, Speise; Notwendigkeit; Grund.
**nôt-durftec/ic,-dürftic,
-dirftic,nôturftic** Adj.
nötig, notwendig; bedürftig,
Not leidend.
nôt-durftec/ic-lich   Adj.
notwendig.
nôt-durftikeit stF Bedürfnis.
note stswF Note; Ton; Melodie.
nôte,nœte,nôde,nôten
Adv. notgedrungen, ungern;
besorgt, schmerzerfüllt; *n.
sîn* unpers.+D verzweifelt
sein.
nôtec/ic,nœtec/ic,nôdic
Adj. leidvoll, traurig, jämmerlich; bedürftig, arm; bedrängt; notwendig.
nôten[1],nœten swV unpers.+
D in Bedrängnis kommen;
refl.+pD*mit,ze* sich abgeben
mit; A schmerzen, quälen;
bedrängen; A+G/Ns*daz* /Inf.
(*ze*) nötigen/ zwingen/ drängen zu.
nôten[2] Adv. [s.] *nôte.*
noten-kunst stF Tonkunst.
nôtes Adv. mit Gewalt.
nôt-gebot stN Notlage.
nôt-geschiht stF Bedrängnis.
nôt-geselle swM Kampfgefährte.
**nôt-gestalle,-gestalde,
-gestalt** swM Kampfge-
fährte; Nothelfer.
nôt-getwenge stN Not, Be-

drängnis.
nôt-haft Adj. bedrängt; elend;
arm, bedürftig; *eines kindes
n.* schwanger.
nôt-haftic Adj. bedürftig; notwendig.
nôt-haftlîche Adv. notwendig.
nôt-helfære/er stM Nothelfer.
nôt-helfic Adj. hilfsbereit.
nôt-herte swM Kampfgefährte.
nôtigen swV A bedrängen.
nœti-keit stF Armut.
nôt-klage stF Wehklage.
nôt-,nœt-lich Adj. notwendig, dringlich; gefährlich,
schrecklich, schlimm; be-
drängt; drückend, eng; überheblich.
nôt-,nœt-lîche(n)   Adv.
schlimm; mühevoll, notge-
drungen;dürftig,erbärmlich;
genau; innig; aufwendig;
eitel.
nœt-lîchen swV D feindlich
gesinnt sein.
nôt-nemære stM Vergewal-
tiger.
nôt-numft,-nunft stF Vergewaltigung.
nôt-pfant stN erzwungenes
Pfand.
nôt-rede stF Verteidigungs-
rede; Mahnung.
nôt-reht stN Kampfordnung.
nôt-sache stF Notfall; Gefahr.
nôt-stadel stM Kampfgefährte.
nôt-stal stM Enge; Pferch;
Schranke; Gefängnis; Fes-
sel.
nôt-stiure stF Zwangsabga-
be.
nôt-strebe[1] stF *ze nôtstre-
be(n)* mit aller Gewalt; mit
Mühe und Not.

nôt-strebe[2] swM Kampfgefährte.
nôt-strît stM Kampf auf
Leben und Tod.
nôt-sturm stM Sturmangriff.
nôturft(-) [s.] *nôtdurft(-).*
nôt-val stM (Natur-) Katas-
trophe.
nôt-veste Adj. kampferprobt,
mutig, kühn.
nôt-wârheit stF Grundsatz.
nôt-wer stF Notwehr.
nôt-zogen swV A(+D) vergewaltigen, schänden; unterdrücken.
nôt-züge stF Vergewaltigung.
nouwe,nâwe Adj./Adv. genau, sorgfältig.
november stM November.
novîzen-meistrin stF Novi-
zenmeisterin.
nôz,nôziche stN (Last-,
Reit-) Tier.
nû[1],nuo,nuon(e),nûn
Adv. nun, jetzt; da; dann; *n.
... n.* bald ... bald; *n. daz/
dô* als nun.
nû[2] Konj. da (nun), weil; als
(nun).
nû[3] stFN Augenblick; Jetzt.
nû- [s.] *niuwe-.*
nüchter-lingen [s.] *nüeh-
terlingen.*
nücken swV abs. scheuen.
nüehter,nüehtern   Adj.
nüchtern.
nüehtere swF Nüchternheit.
nüehter-keit stF Nüchternheit.
nüehter-lich Adj. nüchtern.
nüehter-,nüchter-lingen
Adv. nüchtern.
nüehtern [s.] *nüehter.*
nüewerin stF Näherin.
nuftel [s.] *niftel.*
nû-giric [s.] *niugiric.*
nume-name Interj. *in nume-
namen* in Gottes Namen,
bei Gott! [Aufmunterung;

Bekräftigung; Erstaunen; Fluch].

numer [s.] *niemer.*

numer-dume(n) Interj. in Gottes Namen, bei Gott! [Bekräftigung, Verwunderung; Empörung]

nummê,nummer [s.] *niemer.*

nun [s.] *nunne.*

nûn¹ Adv. [s.] *nû* ¹.

nûn² Kard.Zahl [s.] *niun.*

nûn(-) [s.] *niun(-).*

nunne,nun swF Nonne.

nunnen swV A sterilisieren.

nuo [s.] *nû* ¹.

nuofer Adj. munter.

nuomen swV A anrufen.

nuon¹ Adv. [s.] *nû* ¹.

nuon² Kard.Zahl [s.] *niun.*

nuone [s.] *nû* ¹.

nuor [s.] *newære.*

nuosch stM Trog.

nuot stF Fuge.

nuowe(-) [s.] *niuwe(-).*

nuowet [s.] *niht* ³.

nuoz-,*nutz-garte swM Nutz-, Obstgarten.

nûr¹,nûr Adv. nur.

nûr² Konj. außer; wenn nicht; dass.

nurâ Interj. [Aufmunterung].

nusche,noschestswF Spange, Schnalle; Brosche.

nuschel,nüschel stM Spange, (Mantel-) Schnalle, Brosche; *den n. kêren als daz weter lêret* den Mantel nach dem Wind drehen.

nüschen swV A zusammenheften, -nähen.

nuschet,nut [s.] *niht.*

nûtrâ Interj. [Aufmunterung, Aufforderung].

nutz,nuz stM Nutzen, Vorteil; Gewinn, Ertrag; Gut, Besitz; Genuss; Nutzung, Nutznießung.

nutz-bærkeit stF Vorteil.

nutze,nütze,nuzze Adj./Adv. nützlich, dienlich, förderlich; gut, sinnvoll, wichtig, wertvoll; segensreich; einträglich; notwendig.

nützec/ic-keit stF Nutzen.

nutzec-lich,-lîche(n) [s.] *nutzlich.*

nutzen,nützen swV A genießen, zu sich nehmen; brauchen, nutzen; einsetzen; von Nutzen sein für; A+pD *ze* benutzen für/ zu; *ûf den tôt n.* +A zu Tode bringen.

nutz-haft Adj. segensreich.

nutzit [s.] *niht* ².

nutz-lich,nütz-,nuz(ze)-, nutzec-lich Adj.,-lîche(n) Adv. nützlich; ertragreich; sinnvoll, wichtig; *n. gewer* Nutznießung.

nutz-nut [s.] *niht* ².

nutz-pær Adj. nutzbringend.

nutz-wert [s.] *niht* ².

nûwe(-) [s.] *niuwe(-).*

nuwet,nuwit [s.] *niht* ³.

nuz stF Nuss.

nuz(-) [s. auch] *nutz(-).*

nuz-boum,-poum stM Nussbaum.

nuz-schale swF Nussschale.

nuzze(-) [s.] *nutze(-).*

o

ô Interj. [Bedauern, Klage, Wehruf; Wunsch, Verlangen; Aufmunterung; Bewunderung; Jubel].

ob¹,obe Adv. [auch *dâ/ dar o.*] oben; darüber, darauf.

ob²,obe Präp.+D/A [auch nachgest.] über, auf, oberhalb; (oben) an, bei; vor.

ob³,obe,op,of,eb(e),ab,

ub(e) Konj. wenn, falls; auch/ selbst wenn; ob; als ob [auch *als/ sam o.*]; als wenn [auch *als/ dan(ne)/ den(ne)/ sô/ wan o.*]; dass; *waz/ wie o.* vielleicht dass; was, wenn...

ob-,obe-dach stN Obdach, Unterkunft; Dach; Zuflucht; Schutz.

obe(-) [s.] *ob(-).*

obel [s.] *übel* ².

oben¹,obene,obne(n), oven(e) Adv. oben, von oben [auch *dâ/ dar o.*]; *von o. hin ze grunde* von Anfang bis Ende.

oben² Präp.+D [auch nachgest.] über.

oben-an Adv. (dort) oben.

obene [s.] *oben* ¹.

ôbent [s.] *âbent.*

oben-wendic Präp.+D oberhalb.

ober¹,uber Adj. der/ die/ das obere/ äußere/ höhere; überlegen; siegreich; *oberiu hant/ oberer sic* Oberhand; *oberiu wât* Obergewand.

ober² Präp. [s.] *über* ².

ober(-) [s. auch] *über(-).*

obere,obre swM Vorgesetzter; oben Genannter.

oberest [s.] *oberst.*

ober-ezzer stM Vielfraß.

ober-gewant stN Obergewand; Bettdecke.

ober-halben Adv. oben.

ober-halp,obert-,uber-halbe(n) Präp.+G oberhalb; *o. zorn* außer sich vor Zorn.

ober-hant,obern(t)-,u-ber-,über(n)t-hant stF (Über-) Macht; *o. nemen* die Oberhand gewinnen.

oberist [s.] *oberst.*

ober-kleit stN Obergewand.

ober-lant stN Oberland, Süddeutschland; Himmel.

ober-lender stM Oberländer,
Süddeutscher; Himmelsbe-
wohner.
ober-lendisch Adj. überir-
disch.
obern(t)-hant [s.] *oberhant.*
ober-ruofen stV [VIIf] A
überstimmen.
oberst,oberest/ist,obrest
obrist,overst,uber(e)st
Adj. [Superl. von *ober*] der/
die/ das oberste/ höchste/
größte; *ze o.* zu oberst, an
oberste(r) Stelle, ganz oben.
ober-teil stN Oberteil, -seite;
höhere Stellung.
obert-halp,-halbe(n) [s.]
oberhalbe(n).
obez,obiz,obz,ops stN
Obst, Frucht.
obez-,obz-boum,-poum
stM Obstbaum.
obfern [s.] *opfern.*
ob-geligen [s.] *obligen.*
ob-gemelt,-*gemeldet
Part.Adj. oben genannt.
ob-geschriben Part.Adj. o-
ben stehend.
ob-gên anV abs. oben bleiben.
obicAdj.*o.rîche* himmlisches
Reich.
obiz [s.] *obez.*
oblât(e),ovelâte stswFstN
Oblate, Hostie.
oblât-îsen stN Oblateneisen.
oblei stN Opfergabe.
ob-,obe-ligen,-geligen
stV [Vb] abs./D siegen, überlegen sein; pD*nâch,ze* streben nach.
ob-man stM Schiedsmann.
obne(n) [s.] *oben* [1].
obre(-) [s.] *ober(-).*
ob-,obe-sîn anV D Herr
sein über; sein bei/ über.
ob-,obe-sitzen stV [Vb]
überragen.
ob-,obe-sweben swV D

schweben/ sich spannen
über.
ob-,obe-sweimen swV D
vorangehen.
ob-,obe-wendec/ic Präp.
+G/D oberhalb.
ob-,obe-wesen stV [Va] Ns
daz achten auf.
obz(-) [s.] *obez(-).*
occident stswM Okzident,
Westen.
och[1] Interj. [Wehruf, Klage].
och[2] stN Weh.
och[3]**,ôch** Adv. [s.] *ouch* [1].
och[4]**,ôch** Konj. [s.] *ouch* [2].
ocker(n),ockert Adv. nur.
ockers [s.] *eht* [1].
ockert [s.] *ocker(n).*
octâve stswF achter Tag des
Festes.
october stM Oktober.
od [s.] *ode.*
öd-ber swM Adebar [Storch].
ode,od,oder,ader,of,ove,
uder Konj. oder; und; sonst;
wenn nicht, es sei denn;
sondern; dass; *(de)weder/*
o. ... o. weder ... noch,
entweder/ ob ... oder.
œde,ôde Adj. öde, wüst; leer,
verlassen; verbraucht; leblos, schwach; dumm, töricht;
widerwärtig.
œdec-,œd(e)-lich Adj.,-lî-
chen Adv. eitel, töricht; widerwärtig.
œden swV A verwüsten.
oder [s.] *ode.*
ôder [s.] *âder.*
œdic-heit stF Leichtfertigkeit.
œd-lich,-lîchen [s.] *œdec-*
lich.
of [s.] *obe* [3]; *ode.*
ôf(-) [s.] *ûf(-).*
ofen [s.] *oven.*
offei Adv. wahrlich.
offe-lich,-lîche(n) [s.] *of-*
fenlich.

offen[1] Adj. offen, geöffnet;
offenbar, sichtbar, offenkundig, deutlich; unverhohlen, unverhüllt; öffentlich;
offeniu brust breite Brust.
offen[2]**,öffen** swV [s.] *offe-*
nen.
offen[3] stM [s.] *oven.*
offen-bær(e),uffen-bâr,
-bâre,-wâr(e) Adj./Adv.
offen, offenbar, offenkundig; sichtbar, deutlich, klar;
öffentlich, bekannt; laut.
offen-bâren[1] Adv. offenkundig.
offen-bâren[2]**,uffen-bæ-**
ren swV A/Ns(+D) offenbaren; zeigen, aufdecken, enthüllen; verkünden; *offenbârt*
werden +G teilhaftig werden.
offen-bârlîche,-bærlî-
che(n),-pærlîche Adv. öffentlich, deutlich, unverhüllt;
scheinbar.
offen-bârunge,-bôrunge
stF Offenbarung, Verkündi-
gung.
offene Adv. offenbar, öffentlich.
offenen,off(n)en,öffen
swV A/Ns*daz*(+D) öffnen;
offenbaren; verheißen; enthüllen, aufdecken; bekannt
machen, verbreiten; zeigen.
offen-,*oven-hûslî stN
Ofenhäuschen.
offen-lich,öffen-,offe-,
offent-lich Adj. -lîche(n)
Adv. offen, offenbar; öffentlich; bekannt; unverhohlen,
sichtbar; laut, deutlich; sicher.
offen-pærlîche [s.] *offen-*
bârlîche.
offent-lich,-lîche(n) [s.]
offenlich.
offenunge stF Offenbarung;
Enthüllung.

offen-wâr(e) [s.] *offen-
bær(e)*.
offer(-) [s.] *opfer(-)*.
offnen [s.] *offenen*.
ofner,*ovener stM Bäcker.
ofte,oft Adv. oft, häufig, immer wieder.
ôgen,œgen [s.] *öugen*.
ôgen- [s.] *ougen-*.
ôgst [s.] *ougest*.
ôheim,ôhein,œheim,ôm,
ôhêm stswM Oheim [Mut-
terbruder]; Neffe [Schwes-
tersohn]; Vetter, Verwandter.
ôhî Interj. [Bewunderung;
Klage].
ohse,osse,ox swM Ochse.
ohsen-dringen stN Getram-
pel.
ohsen-galle swF Ochsen-
galle.
ohsen-horn stN Ochsen-,
Bockshorn.
ohsen-hût stF Ochsenhaut.
ohsen-joch stN Ochsenge-
spann.
ohsen-pluot stN Ochsenblut.
ohsen-stirne swF Ochsen-
schädel.
ohteiz Interj. [Bewunderung,
Staunen].
oiâ-hoi Interj. [Bewunde-
rung].
oi-mî Interj. [Wehruf].
öl,öle,ol(e),olei stN Öl.
olbent(e),olbende,olpen-
te stswMF Kamel.
öl-berc stM Ölberg.
öl-boum,öle-,ol(e)-poum,
-pâm stM Olivenbaum.
öl-brunne swM Ölquelle.
olde(r) [s.] *ald*.
öle(-),ole(-),olei [s.] *öl(-)*.
oleien [s.] *ölen*.
olei-glas stN Ölgefäß.
ölen,oleien swV A salben;
mit der letzten Ölung versehen.

oles-zwîc [s.] *ölzwî*.
olîve swF Olivenbaum.
öl-,ol-pâm [s.] *ölboum*.
olpente [s.] *olbent(e)*.
öl-,ol-poum [s.] *ölboum*.
ölpoum-kern stM Oliven-
kern.
ol-rîs stMN Olivenzweig.
öl-trinken stN Trinken von
Öl.
ölunge,olunge stF letzte
Ölung.
öl-,ol(e)-vaz stN Öllampe.
öl-vruht stF Olive.
öl-zwî,ol-,öle-,ole(s)-
zwîc stMN Olivenzweig.
om,ome,oum stN Spreu;
Nichts.
ôm [s.] *œheim*.
ome [s.] *om*.
omêlîe swF Homilie, Predigt.
ôn [s.] *âne* ².
onager stM Onager [Halb-
esel].
ônich,ônix stswM Onyx.
ônichelîn Adj. aus Onyx.
ônix [s.] *ônich*.
op [s.] *obe* ³.
öpfel(-) [s.] *apfel(-)*.
opfer,offer stN Opfer, Opfergabe; Messfeier, -opfer.
opferen [s.] *opfern*.
opfer-golt stN Opfergeld.
opfer-lamp stN Opferlamm.
opfern,opferen,opfren,
offern,oppern,obfern
swV abs. Messe feiern; D/pD
ze Opfer darbringen (für);
A(+D/pA*in*) opfern, darbringen; hingeben (an).
opfer-,offer-sanc stM Op-
ferungsgesang.
opfer-tiubelîn stN Opfer-
taube.
opfer-vrischinc stM Opferlamm.
opfren [s.] *opfern*.
opiât stF Opiummischung.
oppern [s.] *opfern*.

ops [s.] *obez*.
optallîes stM Ophtalmius
[Edelstein].
op-,*ob-vliegen stV [IIa] D
übertreffen.
ôr [s.] *ôre*.
orden¹,ordel stM Ordnung,
Gesetz, Regel, Gebot; Be-
stimmung, Auftrag; Stand;
Orden; Art; Glaube, Reli-
gion.
orden² swV [s.] *ordenen*.
ordenære stM Gebieter.
ordenen,orden swV A/Ns
daz (+D) (+pD*ze* / pA*ûf, vor*)
ordnen; einrichten, festlegen; einsetzen; einteilen; anordnen; zuweisen; bestim-
men (für), berufen (zu); beherrschen; A+pD*mit* ausrüsten mit; A+pA*über* stellen
über; A+pA*unter* unterordnen unter; Part.Adj. [s.] *geordnet*.
orden-haft Adj. geordnet;
den Ordensregeln gemäß/
gehorsam.
orden-hafte stF Ordnung.
ordenieren,ordinieren
swV A bestimmen; einrich-
ten, bewirken; ausstatten; A+
pA*an* zuordnen zu.
orden-,ordent-lich Adj.,
-lîche(n) Adv. geordnet,
geregelt; ordentlich; rechtmäßig, vorschriftsmäßig; angemessen, standesgemäß;
vorgeschrieben; recht, richtig, genau; stetig.
ordens-kraft stF Standesre-
gel.
ordent-lich,-lîche(n) [s.]
ordenlich.
ordenunge,ordnung stF
Ordnung; Gesetz, Gebot;
Rechtsordnung; Reihenfol-
ge, Anordnung, Einteilung;
Rang (-ordnung), Stand;
Gattung, Art; Lebensweise.

ordinieren [s.] *ordenieren*.
ordnung [s.] *ordenunge*.
ôre,ôr swN [auch stN] Ohr; *vür (diu) ôren (gân) lâzen* +A überhören.
œre,ôre stN (Nadel-) Öhr; Henkel.
ôre(n)-lôs Adj. taub.
ôre-wetschelîn stN Ohrfeige.
orfe swMF Nörfling [Karpfenart].
organieren swV abs. musizieren, singen.
orgel(e) stswF Orgel.
orgeln stN Orgeln.
ôr-golt stN Ohrring.
ôrient stM Osten, Orient.
ôr-krût stN wilder Majoran.
or-kunde [s.] *urkunde*.
ôr-kussen stN Kopfkissen.
or-lâp,-lôf,-lôp [s.] *urloup*.
ornât stMF Ornat.
ôr-neigen stN Nachgiebigkeit.
ôrn-siechtuom stM Ohrenkrankheit.
ôroht Adj. langohrig.
ôr-piment stN Rauschgelb [Mineral].
ôr-pûken stN Ohrensausen.
ôr-rinc stM Ohrring.
ors,örs,örsch [s.] *ros*.
ôr-slac,ôrs-klac stM Ohrfeige.
ôr-slagen swV A ohrfeigen.
ôr-smer stN A Ohrenschmalz.
ôr-smerze swM Ohrenschmerz.
ort stMN [Pl. auch *orter-,örter-*] Anfang, Ursprung; Ende; Ort, Platz, Stelle; Landstück; Ecke, Kante, Seite, Rand; Grenze; Saum; Punkt; Zipfel; (Schwert-) Spitze, Schneide; das Geringste; *des schiffes o.* Bug; *(unz) an/ ûf daz/ den o.* [auch]

genau, vollständig, vollkommen; bis zum Äußersten; *an/ in/ ze allen orten* überall; in jeder Beziehung.
ort-bant stN eisernes Band an der Spitze der Schwertscheide.
orter-,örter- [s.] *ort*.
ortern swV A mit Spitzen versehen.
ort-habe,-hap swM Schöpfer, Urheber; Herrscher.
ort-haber stM Schöpfer, Urheber.
ort-habunge stF Entstehung.
ort-hap [s.] *orthabe*.
ort-pic stM Schwertstich.
ort-vrumeclîche Adv. vollständig.
ôr-wurm stM Ohrwurm.
orzen swV abs. mit halbem Wind segeln.
ôsen swV A+pD*von* befreien/ räumen von; A+pA*ûf* ausschütten über.
osse [s.] *ohse*.
ôst stM Ostwind.
ôsten¹,ôstene Adv. aus/ im/ nach Osten.
ôsten² stMN Osten.
ôstene [s.] *ôsten¹*.
ôstener,ôstner stM Ostwind.
oster stM Auster.
ôster¹ Adj. östlich; *daz ô. rîche* das Morgenland.
ôster² Adv. im Osten.
ôster³,ôstere,ôstre stswF [meist Pl.] Ostern, Osterfest; Frühling.
ôster-âbent stM (Samstag-) Abend vor Ostern.
ôster-brôt stN Osterbrot, Hostie.
ôstere [s.] *ôster³*.
ôsteret [s.] *ôstert*.
ôster-halp Adv. im Osten.
ôster-herre swM Herr aus Österreich/ dem Osten.
ôster-hôgezît stF Osterfest.

ôsterîn Adj. aus Purpurstoff.
ôster-lamp stN Osterlamm.
ôster-lant stN Morgenland, Orient; Österreich.
ôster-lich,œster-,hôster-lich Adj., **-lîche** Adv. östlich; österlich; *ôsterlicher tac* Ostern, Auferstehungstag; Freudentag, höchste Freude.
ôstern Adv. von Osten.
Ôster-,Œster-rîche stN Österreich.
ôster-sahs stN österreichisches Schwert.
ôster-spil stN Oster-, Passionsspiel.
ôstert,ôst(e)ret Adv. östlich, im/ nach Osten; *gegen/ von ô.* von/ nach Osten.
ôster-tac stM Ostertag, -fest; Freudentag; höchste Freude.
ôster-teil stN Osten.
ôster-vranke,-franke swM Ostfranke.
ôster-vranken stN Ostfranken.
ôster-wint stM Ostwind.
ôster-woche swF Osterwoche.
ôster-zît stF Osterzeit, -fest.
ôstner [s.] *ôstener*.
ôstre(-) [s.] *ôster(-)*.
ot,ôt [s.] *eht¹*.
ôt-môd-,-mœd-,-môt-,-müed-,-muod-,-munt-,-mu(o)nd- [s.] *ôtmuot-*.
ôt-muote¹,-mûte,-môte Adj. demütig.
ôt-muote²,-muode,-môte,-môde stF Demut; Gnade, Güte, Milde.
ôt-muoten swV refl. sich erniedrigen.
ôt-muotic,-muodic,-mûtic,-müedic,-muontic,-mundic,-môdec/ic,-mœdec Adj. demütig.
ôt-muoticlîchen,-munticlîchen Adv. demütig.

**ôt-muotigen,-mûtigen,
-muntigen,-mœdigen**
swV refl. sich erniedrigen.
**ôt-muotikeit,-mûtikeit,
-môdicheit,-mœdicheit,
-muntiheit** stF Demut.
ôt-mût-[s.] *ôtmuot-*.
otter stM (Fisch-) Otter.
ou¹,ô w stF Schaf.
ou² stF [s.] *ouwe*.
ouc-brâ,-brâwe- [s.] *ougbrâ*.
ouch¹,oug,ôch,och Adv.
auch; ebenfalls, gleichfalls;
ebenso; zugleich; außerdem,
dazu, noch, sonst; schon;
sogar; wirklich, bestimmt;
aber auch; doch; *ob o.*
(selbst) wenn; [auch expl.,
z.B. *als o.* wie; *nû o.* nun;
und o. und].
ouch²,ôch,och Konj. nun,
da; auch, ferner, außerdem;
jedoch; *o. ... noch* weder
noch.
ouch-brâ,-brâwe [s.] *ougbrâ*.
ouchen swV refl. sich hervortun.
oucke stswF Frosch.
oue [s.] *ouwe*.
ouf(-) [s.] *ûf(-)*.
oug¹ Adv. [s.] *ouch* ¹.
oug² swN [s.] *ouge*.
oug- [s. auch] *ougen-*.
oug-apfel stM [Pl. auch *ougöpfel-*] Augapfel.
**ougen-brâ,oug-,ouc(h)-
prâ** stswF [flekt. auch *ougenbrâwe-,-prâwe-*] Augenbraue.
ouge,oug swN [Pl. auch stN]
Auge; Blick; Sehkraft; *under
(diu/ den) ougen* ins/ im Gesicht.
ouge- [s.] *ougen-*.
öugeln stN Liebäugeln.
öugel-weide [s.] *ougenweide*.

**ougen,öugen,ougenen,
öugenen,ôgen,œgen**
swV D erscheinen, deutlich
sein; G/A/Ns*daz,w* (+D) zeigen, offenbaren, ankündigen; beweisen.
ougen-,ouge-bein stN
Stirnbein.
ougen-,ôgen-blic,-plic
stM Blick; Anblick; Augenblick.
ougenen,öugenen [s.] *öugen*.
ougen-,oug-gruobe stswF
Augenhöhle.
ougen-,ôgen-lôs Adj. ohne
Augen.
ougen-plic [s.] *ougenblic*.
ougen-prâ,-prâwe- [s.] *ougenbrâ*.
ougen-rîden stN Augenspiel.
ougen-rœte stF Augenentzündung.
ougen-schalc stM Blender;
Verführer.
ougen-schimel stM Augentrübung.
ougen-schîn stM Blick; Anblick; Auge; *spilnder o.*
Augenweide.
ougen-schouwe stF Augenweide.
ougen-,ouge-stirne swF
Augenhöhle.
**ougen-swer,ouge-,oug-
swer** swM Augenschmerz.
ougen-,öugel-weide stF
Augenweide, Anblick.
ougen-zaher stM Träne.
**ougest,ougst,ôwest/ist,
ôgst** stswM August; Herbst;
der ander ou. September.
ougest-heiz Adj. *ougestheiziu sunne* heiße Augustsonne.
ougest-,ougst-tac stM Augusttag.
oug-öpfel- [s.] *ougapfel*.
oug-prâwe- [s.] *ougbrâ*.

ougst(-) [s.] *ougest(-)*.
oug-stein [s.] *agestein*.
oukeler stM Betrüger.
oum [s.] *om*.
ouster stM Ostwind.
ouwe,ou,oue stF Aue, Wiese; Ebene, Feld; Quelle; *in
ou, enouwe* stromabwärts;
an ou/ enouwe gân zugrunde gehen; *enouwe gân lâzen*
+A aufgeben.
ou-wê Interj. [Schmerz; Erschrecken; Bedauern; Verlangen].
ouwen swV abs. stromabwärts treiben.
ou-wî Interj. [Wehruf; Erschrecken; Bedauern; Verlangen].
ouz(-) [s.] *ûz(-)*.
ove [s.] *ode*.
ovel(-) [s.] *übel{-}*.
ovelâte [s.] *oblât(e)*.
oven¹,ofen,offen stM Ofen.
oven² Adv. [s.] *oben* ¹.
oven-bret stN Ofenbank.
ovene [s.] *oben* ¹.
oven-kluft stF Ofen.
oven-krucke stswF Schürhaken.
oven-loch stN Ofenloch.
oven-stein stM Ofenstein.
over- [s.] *über-*.
overst [s.] *oberst*.
ô w [s.] *ou* ¹.
ô-wê Interj. [Wehruf, Klage,
Bedauern; Bewunderung].
öwenz-wagen stM Leiterwagen.
ôwest [s.] *ougest*.
ôwestin stF September.
ô-wî Interj. [Klage, Bedauern;
Ungeduld, Verlangen; Bewunderung, Staunen].
ôwist [s.] *ougest*.
ô-woch Interj. [Geringschätzung].
ô-wol Interj. [Glücklichpreisung, Lobpreis; Segen; Er-

munterung, Aufforderung,
Anruf, Bitte].
ox [s.] *ohse.*
o y Interj. [Bewunderung].
oy-mê Interj. [Wehruf].

p

pâbes(t) [s.] *bâbest.*
pæbest-lich [s.] *bæbest-lich.*
pâce,pæce,pêtze stN Friedensgruß, -kuss.
pachen [s.] *bachen.*
padawisch Adj. paduanisch.
paden [s.] *baden.*
paf- [s.] *pfaf-.*
pâgen [s.] *bâgen.*
pal [s.] *bal* [2].
palas(t) stMN Palast; (Fest-)Saal; Empfangs-, Wohngebäude [einer Burg].
palc [s.] *balc.*
palde [s.] *balde.*
paldekîn [s.] *baldekîn.*
palêe [s.] *pelege.*
paleis [s.] *balax.*
palenz-grêve [s.] *pfalenz-grâve.*
palieren [s.] *polieren.*
palinze [s.] *pfalenze.*
pallen swV A ballen, formen.
palm,palme,balm(e) stswMFN Palme; Palmzweig.
palm- [s.] *palme-.*
palmât,balmât stMN Seide, Seidenstoff.
palmât-sîde swF Seide, Seidenstoff.
palmât-sîdîn Adj. aus Seide.
palme[1] swM Seidenstoff.
palme[2] stswMFN [s.] *palm.*
palme-,balme-âbent,-ô-bent stM Abend vor Palmsonntag.

palme-,palm-boum,pal-men-poum stM (Dattel-)Palme.
palmen-[s.] *palme-.*
palme-ôbent[s.]*palmeâbent.*
palme-rîs,palm(en)-,bal-men-rîs stN Palmzweig.
palme-,palm(en)-tac stM Palmsonntag.
palme-,balmen-zelge stswM Palmzweig.
palm-poum [s.] *palmeboum.*
pal-munden [s.] *balmunden.*
palt(-) [s.] *balt(-).*
paltekîn [s.] *baldekîn.*
palûne [s.] *pavelûne.*
pâm(-) [s.] *boum(-).*
pan [s.] *ban.*
panc [s.] *banc.*
paneken [s.] *baneken.*
panel stN Sattelkissen.
panen [s.] *banen.*
paner [s.] *banier(e).*
paner-,*baner-meister stM Bannerträger.
pang stMF Beklommenheit.
pangen swV A bedrücken, ängstigen.
panier(e) [s.] *banier(e).*
pannen [s.] *bannen.*
pansieren swV abs. sinnieren.
panst- [s.] *pensen.*
pant stN [s.] *bant; pfant.*
pantel,panter,pantier stN Panther.
panter,panthers stM [Edelstein].
pantier [s.] *pantel.*
pantzer [s.] *panzier.*
pan-vorst [s.] *banvorst.*
panze swM Pansen.
panzier,pantzer,banzer stFN Panzer.
pape [s.] *pfaffe.*
papegân,babiân stM Papagei.
papel swF Pappel; Malve.
papyr stN Papier.

par[1] stF Art, Beschaffenheit.
par[2] Adj. [s.] *bar* [1].
pâr,bâr stN Paar.
par- [s. auch] *bar-.*
paradîs(e),pardîs(e),ba-radîs stN Paradies.
paradîse-lant stN Paradies.
paradîs-öpfel,-*apfel stM Paradiesapfel.
paragraf stM Abschnitt.
paralis stN Lähmung.
parân stM Standesgenosse.
parât stMF Verwirrung; Betrug; Täuschung, Verstellung; Tauschware.
parâtiere,partierre stM Betrüger.
parde [s.] *part* [2].
pardîs(e) [s.] *paradîs(e).*
pardrîs stM Rebhuhn.
pâre [s.] *bâre.*
pære [s.] *bar* [2].
parel [s.] *barel.*
parelieren swV A ausrüsten.
pareliure stM Sprecher; Philosoph.
pâren [s.] *bâren* [1].
pari stF [Schlange].
parit [s.] *pfert.*
parlament stN Rede.
parlieren swV refl. sich äußern; pDvon reden über.
parm [s.] *barm* [1].
parn [s.] *barn* [2].
parrieren swV A(+pDgegen, mit,von) vermischen/ durchsetzen (mit), mischen (unter); zusammensetzen; begleiten; durchbrechen; Part. Adj. [s.] *geparriert.*
par-schinke [s.] *barschenkel.*
part[1]**,parte** stFN Partei; Teil; Menge.
part[2]**,parde** stswM Leopard; Ozelot.
part[3] stM [s.] *bart.*
parte [s.] *part* [1].
partîe stF Gruppe.

partieren[1] swV A (auf-) teilen.
partieren[2] stN Betrug.
partierre [s.] *parâtiere*.
pas stM Eingeweide.
pasche stN Osterfest, Oster-
mahl.
passâsche swF Weg, Furt.
passêren swV abs. ablaufen.
passîe swF Passion, Leidens-
geschichte Christi.
passiôn stM Passion, Lei-
densgeschichte Christi.
passionâl stN Buch der Lei-
densgeschichte (der Märtyrer).
pastart [s.] *basthart*.
pasturêle stN Pastourelle
[Hirtenlied].
pat[1] stM [s.] *pfat*.
pat[2] stN [s.] *bat*.
patalje stF Kampf.
pate [s.] *bate*[1].
patelierre stM Vorkämpfer.
patên(e) stswF Patene [Hos-
tienteller].
paternoster stMN Vaterun-
ser; Rosenkranz.
pat-gewant,*pfat-gewant
stM Reisekleid.
patônige [s.] *batônje*.
patriarche,patriarke,pa-
triarc stswM Patriarch, Kir-
chenoberhaupt;   Erzvater;
Amtsbereich des Patriarchen.
pat-wât [s.] *batwât*.
pavelûne,pavilûne,pou-
lûn,palûne,balûne stswF
stN Zelt.
pavêse swF Schild.
pavilûne [s.] *pavelûne*.
paviment stN Estrich.
paz [s.] *baz*.
pe- [s.] *be-*.
pêanît swM [Edelstein].
pec [s.] *becke*.
pech(-) [s.] *bech(-)*
pechel-hûbe[s.]*beckelhûbe*.
peckart stM Begard [Laien-

bruder].
pêde [s.] *beide*.
pedûn stM Bote.
peffer(-) [s.] *pfeffer(-)*.
pêhme Adj. böhmisch.
peide [s.] *beide*.
Peier [s.] *Beier*.
pein(-) [s.] *bein* (-).
peirisch [s.] *beirisch*.
peisen [s.] *pensen*.
peitel [s.] *biutel*.
peiten [s.] *beiten*[1].
peizen [s.] *beizen*.
pelege,palêe swF Stroh.
pelegrîm [s.] *bilgerîn*.
pelgen [s.] *belgen*.
pelenze [s.] *pfalenze*.
pelle(l)(-) [s.] *pfellel(-)*.
pellel-bovir stM Purpur-
seide.
pellez,pelliz,pelz,pletz,
bellez,belliz,belz   stM
Pelz.
pellicân stM Pelikan.
pellîn [s.] *pfellelîn*.
pelliz [s.] *pellez*.
peluot [s.] *bluot*[2].
pelz [s.] *pellez*.
pelz- [s.] *belz-*.
pên stF Strafe.
pende-keit [s.] *behendekeit*.
pengel [s.] *bengel*.
pengeln swV A prügeln.
pênitencie,pênitentie stsw
F Buße.
pênitentier stM Bußpredi-
ger.
penni(n)c [s.] *pfenninc*.
pensel,pinsel,bensel stM
Pinsel.
pensel-,pinsel-strich stM
Pinselstrich.
pensen,peisen swV [Prät.
panst-] abs. (nach-) denken.
pente-keit [s.] *behendekeit*.
pêôn stF Pfingstrose, Päonie.
pêôn-krût stN Pfingstrose,
Päonie.
pepo stM Kapaun.

per(-) [s. auch] *ber(-)*.
pergement,pergemint,
perment,permet,permit,
permint,pirmet,bermit
stN Pergament.
pergot,*bergeht Adj. bergig.
perht-heit stF Glanz.
perinnen [s.] *brinnen*[1].
perit swM [Stein].
perme(n)t,permi(n)t   [s.]
pergamente.
perre,*bêre stM Fischer-
netz.
Persân stM Perser.
Perse swM Perser.
Persîâ,Persîde Subst. Per-
sien.
persôen,*persônen swV A
zur Person machen.
persôn(e) stswF Person; Gestalt; Eigenart.
persônier stM Persönlich-
keit.
persœn-,persôn-lich Adj.,
-lîchen Adv. persönlich,
wesenhaft.
persœn-licheit,persôn-
lichkeit stF Person, Per-
sönlichkeit.
pert[1] Adj. [s.] *berht*.
pert[2] stN [s.] *pfert*.
pertic Adj. parteiisch.
pe-runet Part.Adj. versperrt.
per-vrit [s.] *bercvrit*.
perze stF Glanz.
pesem,pesme [s.] *besem(e)*.
pesmen-stil [s.] *besmenstil*.
pestîn [s.] *bestîn*.
pet- [s.] *bete(-)*.
pêtersil(ie) stswMF Petersilie.
pêtersil-wurz stF Petersilie.
pette(-) [s.] *bette(-)*
pêtze [s.] *pâce*.
pezzer(-) [s.] *bezzer(-)*.
pfâben-huot [s.] *pfâwen-
huot*.
pfæch Interj. [Geringschät-
zung].

pfaden swV pD*in* Fuß fassen/
sich verbreiten in; pD*nâch,ze*
streben/ suchen nach; p A*in*
einziehen in.
pfafeit [s.] *pfafheit.*
pfaffe,paffe,pape   swM
Priester, (Welt-) Geistlicher;
Gelehrter.
pfaffe-heit [s.] *pfafheit.*
pfaffen-predige stF Predigt.
pfaffen-prinze swM geistlicher Fürst.
pfaffen-samenunge   stF
Konzil.
pfaffen-vasnaht stF Fast-
nachtssonntag.
pfaffen-vürste swM geistlicher Fürst.
pfaf-,pfaffe-heit,pfafeit,
pafeit stF Geistlichkeit,
Priesterschaft, Priestertum.
pfaf-lich,pfef-,pfeffe-
lich Adj., -lîche(n) Adv.
geistlich, priesterlich.
pfage swM Pferd.
pfâhen stV [VIIb] abs. trächtig werden.
pfaht(e),pfât stMF Recht,
Gesetz; Rang.
pfahten swV G / A verkünden.
pfâl stM Pfahl.
pfalenz(e),pfalinze, pfal-
ze,pfalnze,pfelinze,pa-
linze,pelenze stF Pfalz,
Fürsten-, Bischofssitz.
pfalenz-grâve,pfalnz-,
pfalz-,palenz-grêve swM
Pfalzgraf.
pfalinze,pfalnz(-),pfalz-
[s.] *pfalenz(-).*
pfalzen swV A stützen.
pfandære/er stM (Pfand-)
Gläubiger;   Schiedsrichter,
Spielleiter.
pfanne stswF Pfanne.
pfâns-vedere [s.] *pfâwen-*
vedere.
pfant,pant stN Pfand, Ein-

satz; Sicherheit; Bürgschaft,
Unterpfand; Geisel; Gegenwert; Pfändung; *pfandes/*
ze pfande stân verpfändet
sein.
pfant- [s.] *pfenden.*
pfant-lœse,-lôse stF Lösegeld; Bargeld.
pfant-reht stN Pfandrecht.
pfân-vedere [s.] *pfâwenve-*
dere.
pfar [s.] *var* [2].
pfarrære/er,pferrer   stM
Pfarrer.
pfarre[1] stswF Pfarrei, Pfarr-
kirche.
pfarre[2] stswM [s.] *var* [2].
pfarre[3] swM [s.] *pforre.*
pfarre-liute stMN [Pl.] Pfarr-
kinder.
pfarre-man stM Pfarrherr.
pfasch stM Engpass.
pfat,pat stMN [Pl. auch *pfe-*
de-] Pfad, Weg.
pfât [s.] *pfahte.*
pfâ-vedere [s.] *pfâwenve-*
dere.
pfâwe,pfoube swM Pfau.
pfæwen swV A als Pfau behandeln.
pfâwen-,pfâben-huot stM
Hut aus/ mit Pfauenfedern.
pfâwen-spiegel stM Pfau-
enkraut.
pfâwen-vedere,pfâbes-,
pfâ-,pfân(s)-vedere
stswF Pfauenfeder.
pfæwîn,pfâwîn Adj. aus
Pfauenfedern.
pfæwinne stF Pfauenhenne.
pfech Interj. [Verabscheuung;
Ordnungsruf].
pfede- [s.] *pfat.*
pfedelære [s.] *pfeterære.*
pfedem,beben stswF Melo-
ne, Kürbis.
pfeffe-lich,-lîche(n)   [s.]
pfaflich.
pfeffer,pfeffer stMN Pfeffer,

Pfefferbrühe.
pfeffer-korn,peffer-
chorn stN Pfefferkorn.
pfeffer-krût stN Pfeffer-
kraut.
pfeffer-poum stM Pfeffer-
baum.
pfeffinne stF Konkubine eines Priesters.
pfef-lich,-lîche(n)   [s.]
pfaflich.
pfeit,pfeitel stN Hemd.
pfelinze [s.] *pfalenz(e).*
pfellel,pfeller,pfelle,
pellel,pelle stM Seide,
Purpur, Seidenstoff.
pfellelîn,pfellerîn,pfel-
lîn,pellelîn,pellîn Adj.
aus Seide, seiden.
pfellel-,pfeller-lich Adj.
aus Seide.
pfellel-mâl stN seidenes
Feldzeichen.
pfellel-var Adj. [flekt. *pfel-*
lelvarwe-] seidenglänzend,
purpurfarben.
pfellel-,pfeller-varwe stF
Purpurrot, -violett.
pfeller(-) [s.] *pfellel(-).*
pfellîn [s.] *pfellelîn.*
pfenden swV [Prät. *pfant-*]
A(+G/pD*an,bî* / p A*ûf*) pfänden (an); berauben, ausplün-
dern.
pfenich-korn stN Fenchel-
samen.
pfenne-wert [s.] *pfenninc-*
wert.
pfenninc,pfennic,pen-
ninc,pennic stM Pfennig;
Münze, (Bar-) Geld.
pfenninc-prediger stM Ab-
lassprediger, -verkäufer.
pfenninc-salbe   swF
Schmiergeld.
pfenninc-smit stM Münz-
schmied.
pfenninc-,pfen(ne)-wert
stMN Wert eines Pfennigs;

Gegenwert.

pferde-stal [s.] *pfertstal.*

pferit [s.] *pfert.*

pferrer [s.] *pfarrære.*

pfersich/ech stM Pfirsich.

pfersich-plat stN Pfirsichblatt.

pfersich-poum stM Pfirsichbaum.

pfert,pferit,pert,parit stN Pferd.

pfert-gereite stN Sattelzeug, Zaumzeug.

pfert-kleit stN Sattelzeug, Zaumzeug.

pfert-muoter stF Stute.

pferts-pluot stN Pferdeblut.

pfert-,pferde-stal stN Pferdestall.

pfert-vuoter stN Pferdefutter.

pfeterære,pfetrære,pfedelære stM Steinschleuder [Belagerungsmaschine].

pfî Interj. [Abscheu, Unwillen; Geringschätzung; Abwehr; Verfluchung; meist +G/A, z.B. *pfî dîn/ iuch*].

pfiesel stM Frauengemach.

pfiesel-gadem stMN Frauengemach.

pfîfære/er stM Pfeifer, Bläser.

pfife,pfîpfe stswF Pfeife [Musikinstrument].

pfîfen stV [Ia] abs. pfeifen, auf der Pfeife spielen; A+D vorpfeifen; *ze tanze pf.* +D zum Tanz aufspielen.

pfiffer-linc stM Pfifferling.

pfigile swF [Musikinstrument].

pfîl,pîl stM [Pl. auch *pfîler-*] Pfeil.

pfîlære/er stM Pfeiler.

pfîlæren swV A+pA*in* mit Pfeilern einbauen in.

pfîler- [s.] *pfîl.*

pfîl-îsen stN Pfeilspitze.

pfingest-âbent stM (Samstag-) Abend vor Pfingsten.

pfingest-dac [s.] *pfingesttac.*

pfingesten,pfinsten,pinketen,pfinxten stF [Pl.] Pfingsten.

pfingest-,pfinxt-lich Adj. *p. zît* Pfingstzeit.

pfingest-,pfinxt-morgen stM Pfingstmorgen.

pfingest-,pingest-naht stF Pfingstnacht.

pfingest-tac,-dac,pfinges-,pfings-,pfinx-, pfinz-tac stM Pfingsttag, Pfingsten.

pfingest-woche swF Pfingstwoche.

pfings-tac [s.] *pfingesttac.*

pfinne,vinne stswF Nagel; Hautausschlag.

pfinnic,vinnic Adj. verseucht; *pf. sîn* [auch] Ausschlag haben.

pfinst-,pfinx(t)(-),pfinz- [s.] *pfingest(-).*

pfîpfe [s.] *pfîfe.*

pfister stM Bäcker.

pfiu Interj. pfui! [Abscheu].

pflac stN Aas.

pflacke swM Lumpen.

pflâge¹ stswF Gegend; Richtung.

pflâge² stF [s.] *pflege.*

pflâge³ stswF [s.] *vlâge.*

pflanz stM Wachstum.

pflanze stswF Pflanze.

pflanzen swV A an-, bepflanzen; anlegen, gründen; A+ pD*ze*/pA*in* (ein-) pflanzen in, pfropfen auf.

pflanzunge stF Pflanzung.

pflaster,plaster,blaster stN Wundpflaster; Mörtel; (Stein-) Fußboden.

pflasteren swV A+pD*mit* pflastern mit.

pflec-,pfleg- [s.] *pflege.*

pflegære/er stM Vormund; Verwalter, Aufseher; Hüter, Wärter.

pflegærinne,pflegerin stF Verwalterin; Hüterin.

pflege,pflâge,plâge stswF Schutz, Obhut, Fürsorge; Leitung, Aufsicht; Herrschaft, Gewalt; Besitz, Verfügung; Versorgung, Betreuung, Bedienung, Pflege, Behandlung; Dienst, Leistung, Ausführung; Beschäftigung; Gewohnheit; *heimlichiu p.* Versteck;*nach der/ ze p.* nach Gewohnheit, gewöhnlich; [auch expl., z.B. *leitlichiu p.* Leid, *der riuwen p.* Schmerz, *ûz der ougen p.* aus den Augen, *in der p. haben* +A [auch] (bei sich) haben].

pflege-,pfleg-amt stN leitendes Amt.

pflege-haft Adj. abgabepflichtig.

pflegel stM Dreschflegel.

pflege-lich,pflec-,plegelich Adj., **-lîchen** Adv. gewöhnlich.

pflegen¹,plegen stV [Va, Part.Prät. auch *gepflogen*] refl.+G sich verbürgen für; G/A/N*s daz* sich kümmern um, sorgen für, sich annehmen; bewachen, (be-) hüten, (be-) schützen; bewahren, einhalten; pflegen; verehren; (aus-) üben, umgehen/ sich beschäftigen mit; tun, machen, treiben; zeigen; (inne-) haben, führen, halten; anführen, vorstehen, verwalten, beaufsichtigen; herrschen/ die Vormundschaft haben über; erreichen, erwerben, erlangen; erleiden, erfahren, annehmen; bewirken; brauchen; genießen;

sich aufhalten/ leben an/ in;
G+D(+pAvür) geben, ge-
währen, zur Verfügung stellen, bereithalten (für); G+
pDmit ausstatten mit; G+
pDvon sich in Acht nehmen
vor; Inf.(ze)/Nsdaz pflegen
(zu), die Gewohnheit haben
zu; [auch expl., z.B. grüezen
p. grüßen, ze lebenne pf.
leben, mazzes p. essen].

pflegen²,plegen swV G
tun, üben, treiben; (an-) führen; sich abgeben mit, sich
kümmern um; haben.

pfliht,pflihte,pliht,plith
stF Anteil, Gemeinschaft,
Teilhabe, Besitz; Teilnahme;
Gesinnung; (Zu-) Neigung;
Treue; Verpflichtung, Ver-
antwortung; Erfüllung,
Wahrung; Recht; Forderung,
Entscheidung; Obhut; Art,
Weise; geselleclichiu p. Lie-
besakt; [auch expl., z.B. gir-
lichiu p. Habgier, gewaltes
p. Gewalt].

pflihtære stM sælden pf.
Glücklicher.

pflihte¹ swF Schiffsschna-
bel.

pflihte² stF [s.] pfliht.

pflihtec/ic Adj.schuldig; verpflichtet.

pflihten swV (refl.+)G/pD
nâch,ze/pAan sich verbin-
den/ verbünden mit, sich
verpflichten zu, sich halten
an; streben nach; sorgen für;
(refl.+)pAwider sich stellen
gegen; A+pDze/pAan hin-
geben an, übergeben.

pfliht-geselle swM des
grâles pf. Gralsritter.

pflûc,pflüec [s.] pfluoc.

pflûm(e),vlûm(e) stswMF
Strom.

pflûmît,plûmît stN Feder-
kissen.

pflûm-vederîn Adj. mit Dau-
nen gefüllt.

pflûm-,flûm-vedre stF
Flaumfeder.

pfluoc,pflûc,pflüec,plûc
stM Pflug; Pflüger; Gewerbe.

pfluoc-,plûc-îsen stN
Pflugschar.

pfnast stM Schnauben.

**pfnehen,pfneschen,vne-
hen** stV [Va] abs. keuchen,
stöhnen; schnauben.

pfnuhten stN Schnauben.

pforre,pfarre swM Lauch.

pforren-saf stN Lauchsaft.

pforte(-) [s.] porte(-).

pfort-hûs stN Säulenhalle.

pfose swM Beutel.

pfoube [s.] pfâwe.

pfragener stM (Lebensmit-
tel-) Händler.

pfragenerinne stF (Lebens-
mittel-) Händlerin.

pfrengen swV A+pDze/pA
an pressen an.

pfrieme,prieme swM
Pfriem, Pflock.

pfropfen swV A+pAan,ûf
(auf-) pfropfen auf, ver-
binden mit.

pfrüendære,pfruondener
stM Pfründeninhaber.

pfrüende,pfruonde stF
Pfründe, geistliches Amt;
Einkünfte [aus einer Pfrün-
de], Ertrag; Nahrung, Speise, Mahlzeit.

pfruondener [s.] pfrüendære.

pfü Interj. [Abwehr].

pfûch Interj. [Geringschät-
zung].

pfûchen,pfûchzen swV
abs. fauchen.

pfüg Interj. [Abwehr].

pfui Interj. pfui [Tadel, Rüge,
meist +A, z.B. p.dich].

pfûl [s.] pfuol.

pfulsen swV abs. Fische aufscheuchen.

pfulwe,pfülwe swM Polster, Kissen.

pfunder stM Gewicht.

pfündic Adj. p. sîn das rechte
Gewicht haben.

pfunt,punt stN Pfund [Ge-
wicht; Münzeinheit]; Gabe.

pfuol,pfûl stM Pfuhl, Pfütze; Sumpf, Morast.

pfuolic Adj. morastig.

pfuoze [s.] pfutze.

pfurren swV pDûz sich davonmachen aus.

**pfutze,putze,pfuoze,pu-
ze** stswF Pfütze; Kloake;
Schmutz; Brunnen, Zisterne.

pfy Interj. [Klage].

phantasîe stF Phantasie.

pharisê(i)-lich Adj.pharisä-
isch.

pharisê(e)n swM [Pl.] Pha-
risäer.

philosophe swM Philosoph.

philosophîe stF Philosophie.

phinz-tac stM fünfter Tag
[Donnerstag].

phisike swF Naturkunde;
Heilkunde.

pi- [s.] be -; bi -.

pî- [s.] bî-.

piber [s.] biber.

pickel [s.] bickel.

piegen [s.] biegen.

pîel [s.] bîl ².

pier-,*bîre-most stM Bir-
nenmost.

pieten [s.] bieten.

pîge [s.] bîge.

pî-giht(e) [s.] bîhte.

pigmêisch Adj. p. volc Pyg-
mäen.

**pigmente,pimente,bi-
mente** stN Gewürz, Spezerei, Piment.

pigmenten swV A würzen.

pigment-,biment-stanc
stM würziger Duft.

pîhte [s.] *bîhte.*
pîl [s.] *pfîl.*
pil- [s. auch] *bil-.*
pilg-ei stN Nestei.
pil-,bil-wîz stMFN Kobold.
pimente [s.] *pigmente.*
pîn[1] stswMF Schmerz, Pein,
Qual, Leiden; Not, Bedrängnis; Strafe, Folter; Mühe, Eifer; [auch expl., z.B. *sorgen
p.* Sorge].
pîn[2] stswF[s.] *bîn.*
pin-boum,pine-,bine-
boum stM Pinie.
pinden [s.] *binden.*
pine-boum [s.] *pinboum.*
pînec-lich Adj., -lîche Adv.
qualvoll.
pînegen,pînigen,pîngen
swV A quälen, peinigen;
(be-) strafen.
pînen swV refl.+G/pDze/pA
ûf sich bemühen um; A quälen; züchtigen, strafen; beschäftigen.
pîner stM Peiniger.
pîngen [s.] *pînegen.*
pingest-naht [s.] *pfingest-
naht.*
pinieren [s.] *punieren.*
pînigen [s.] *pînegen.*
pinken stN Zwinkern.
pinketen [s.] *pfingeste.*
pîn-lich Adj., -lîche(n) Adv.
qualvoll, schmerzlich, quälend; grausam.
pîn-,pînt-licheit stF Qual,
Schmerz; Grauen; Alptraum.
pin-rât stM Beratung unter einer Pinie.
pinsel(-) [s.] *pensel(-).*
pinseln swV A malen.
pinsen swV A+pDmit bema-
len mit.
pînt-licheit [s.] *pînlicheit.*
pînunge stF Leiden.
pir(e) [s.] *bir(e).*
pirmet [s.] *pergamente.*
pirs- [s.] *birs-.*

pischof [s.] *bischof.*
pisch-tuom [s.] *bistuom.*
pisse [s.] *bisse.*
pit-[s.] *bit-.*
piule [s.] *biule.*
piunt [s.] *biunt.*
piurisch-lîche Adv. unbe-
holfen.
piutel [s.] *biutel.*
piz [s.] *biz*[3].
pîzen [s.] *bîzen.*
plâ(-) [s.] *blâ(-).*
plach-mâl [s.] *blachmâl.*
plæen stN Blähung, Hämor-
rhoiden.
plâge[1],blâge stswF Plage,
Qual.
plâge[2] stswF [s.] *pflege.*
plâgen swV refl. sich ab-
mühen; A züchtigen.
plân,plâne stMF Platz, Ort;
Ebene; Feld, Wiese; Boden;
Kampfplatz, Turnierplatz,
Schlachtfeld.
plæn [s.] *blæn.*
planc [s.] *blanc.*
plâne [s.] *plân.*
plânen swV A glätten; niederlegen.
plânête swM Planet.
planke,blanke swF Bohle;
Umzäunung.
plâs-,plæs- [s.] *blâs-.*
plasnieren,blasnieren
swV refl. sich zeigen; D gestalten nach.
plâst [s.] *blâst.*
plaster [s.] *pflaster.*
plat(-) [s.] *blat(-).*
plâter [s.] *blâter.*
plat-huof stM [Pl. *plathüe-
ve-*] Platthuf.
platscher stM Schwätzer.
platz,plaz,blatz stM Platz.
platzen,blatzen swV pAan,
ûf sich stürzen auf; *die stie-
gen p.* die Treppe hinunter-
fallen.
plæ-unge stF Blähung.

plaz [s.] *platz.*
plebe,*blâwe stF Bläue.
plecken [s.] *blecken.*
plecze [s.] *blicze.*
plege(-) [s.] *pflege(-).*
pleich(-) [s.] *bleich(-).*
ple-hê Interj. [Plärren].
pleine stF Ebene.
plenden [s.] *blenden.*
plerche swF Geschwür.
pletz [s.] *pellez.*
plî(-) [s.] *blî(-).*
plîalt,plîat,blîalt,bliâ(n)t
stM [Brokat-, Seidenstoff].
plic [s.] *blic.*
pliht [s.] *pfliht.*
plint [s.] *blint.*
plith [s.] *pfliht.*
plitze swM Blitz.
pliuel stM Prügel, Knüppel.
pliugen,pliuwen [s.] *bliuwen.*
plœde [s.] *blœde*[1].
plôz [s.] *blôz*[1].
plûc[1] Adj. [s.] *blûc.*
plûc[2] stM [s.] *pfluoc.*
plûc-îsen [s.] *pfluocîsen.*
plüede [s.] *blüete.*
plüet [s.] *bluot*[2].
plû-keit [s.] *blûkeit.*
plûme[1] swF Flaumfeder.
plûme[2] swMF [s.] *bluome.*
plûmît [s.] *pflûmît.*
plunsen swV A+pDze auf-
blasen zu.
plunst stM Prahlerei.
pluome(-) [s.] *bluome(-).*
pluon [s.] *blüen.*
pluot(-) [s.] *bluot(-).*
poben [s.] *boven.*
poben-heit [s.] *bobenheit.*
poberafyte swM Bettel-
mönch.
poc(-) [s.] *boc(-).*
pochslen swV abs. krachen.
pôdâgrâ,pôdôgrâ,pôgrât
stFN Podagra, Gicht.
podem [s.] *bodem.*
pôdôgrâ [s.] *pôdâgrâ.*

pôête swM Dichter.
pôfûz stM [Seidenstoff].
poge(-) [s.] boge(-).
pôgrât [s.] pôdâgrâ.
poinder,poynder stM An-
sturm; Sturmangriff; Sturm-
trupp.
poinder-keit stF Ansturm.
poinen swV pAûf/Adv.lok.
stürmen (gegen).
poisûn stM Zaubertrank.
pôlânisch Adj. polnisch.
polei stN Polei [Flohkraut,
Minze].
polei-krût,-wurz stF Polei
[Flohkraut, Minze].
polieren,palieren swV A
schleifen, polieren; schmücken, herausputzen.
poln [s.] boln.
Polner stM Pole.
polren swV abs. poltern.
polster [s.] bolster.
polz [s.] bolz(e).
pôm [s.] boum.
pôn [s.] bône.
ponant,ponent stM West-
wind.
pontes-tât [s.] puntestât.
popel swF Pappel.
popel-poum stM Pappel.
poppel swM Großmaul.
poppe² swM Schiffsheck.
por(-) [s.] bor(-).
porce [s.] porte.
pornerin [s.] portenerinne.
port¹ stMN Hafen.
port² stMFN [s.] bort.
porte¹,pforte,porce,borte
stswF Pforte, Tor; Öffnung;
Mündung; Säulenhalle; Af-
ter; Scheide.
porte² swM [s.] borte ¹.
portenære/er,pfortener
stM Pförtner.
portenerinne,pornerin stF
Pförtnerin.
portenoys stM Pförtner.
Portigal,Portugal   Subst.

Portugal.
pörzel-krût stN Burzelkraut
[Portulak].
pôs-,pœs- [s.] bôs-,bœs-.
pöscheloht Adj. schwellend.
poschotz Adj. schwellend.
posnieren swV A (ab-) bilden.
possen swM Form, Gestalt.
pot- [s.] bot-.
potestât(e) stswM Macht-
haber; Stadthauptmann.
pouc [s.] bouc.
poulûne [s.] pavelûne.
poum(-) [s.] boum(-).
povel(-)[s.] bovel(-).
pôver,puover Adj. arm.
poynder [s.] poinder.
poys stM Wald.
pôzen [s.] bôzen ¹.
pôz-kugel swF Kegelkugel.
pôzolt stM den p. treten Lie-
besspiele treiben.
prâ [s.] brâ.
prâchen swV A(+pAan) prägen (in).
prâch-môn [s.] brâchmôn.
pracke [s.] bracke.
prâerîe stF Wiese.
prâm stM Prahm [Lastkahn].
prâme [s.] brâme.
prâm-per-stûde swF Brom-
beerbusch.
prangen,brangen swV abs./
D prangen, glänzen.
prân-per stF Brombeere.
prant [s.] brant.
prasem,prasim,prase,
brasem stswM [grüner E-
delstein].
prasteln swV abs. prasseln.
prâten [s.] brâten.
prechen [s.] brechen ¹.
predeunge [s.] bredigunge.
predier(-) [s.] bredig-.
predig- [s.] bredig -.
pregnante swM Fußsoldat.
prehen [s.] brehen.
prehsem swM Brasse [Fisch].

preimerûn stN (Pracht-) Zelt.
preit(-) [s.] breit(-).
prêlât(e) stswM Geistlicher,
Prälat, Prior.
prêlâtinne stF Priorin.
prêlætisch Adj. geistlich.
prêlâtûre stF Prälatur.
prellen swV abs. zurückpral-
len; pDûz schnellen aus.
prem [s.] breme.
prenn- [s.] brenn-.
prêsant [s.] prêsent.
prêsencîe swF (Anwesen-
heits-) Vergütung.
prêsent,prêsant,prîsent,
prîsant stMFN Geschenk,
Gabe.
pressâl stN Bedrängnis.
presse stF Presse; Kelter; Gedränge.
presseln swV A+pDmit be-
lasten mit.
pressen swV A (aus-) pressen.
presten [s.] bresten.
pret [s.] bret.
prêvende,pruovende stF
Pfründe.
prickel stM Stachel.
prîe [s.] brî.
prieme,priem swM [s.] breme; pfrieme.
priese-mêre swM Wuche-
rer.
priester,briester stM Priester.
priester-lich Adj., -lîche
Adv. priesterlich.
priester-schaft stF Priester-
schaft, Klerus; Priestertum,
Priesteramt.
priester-wîhe stF Priester-
weihe.
prîme stswF Morgengebet
[Prim, kanonische (Gebets-)
Stunde, 6 Uhr morgens];
Grundton; ze p. einstimmig.
prîme-,prîm-zît stF Zeit des
Morgengebets [kanonische

(Gebets-) Stunde, 6 Uhr morgens].

prîmogenitûre stF Erstgeburtsrecht.

prîm-zît [s.] *prîmezît.*

principât stN Vorherrschaft.

pringen [s.] *bringen.*

prinnen [s.] *brinnen* [1].

prîor,prîol stM Prior.

prîorin(ne),prîolin stF Priorin.

prîs,brîs stM Ruhm, Ehre, Ansehen, (guter) Ruf; Wert, Würde; Preis, Lob, Lobpreisung; Herrlichkeit; Siegespreis, Kampfespreis; Ruhmestat; Sieg; *nâch/ ze prîse, ûf den p.* [auch] ausgezeichnet, rühmenswert; vollkommen, herrlich.

prîsant [s.] *prêsent.*

prîsanten swV A darbieten.

prîs-bejac stM Ehrgewinn.

prîs-bejagen stN Ruhmerwerb.

prisel,prisilje stN [roter Farbstoff aus Brasilholz].

prîsen[1]**,brîsen** swV A (+Adv.) loben, rühmen, ehren, preisen, verherrlichen; einschätzen, beurteilen; A+D zur Ehre/ hoch anrechnen; für ehrenvoll erklären; danken; A+pD*mit* schmücken/ auszeichnen mit; D+pA*umbe* zureden zu; *sînen lîp p.* +pA*ûf* sich brüsten mit.

prîsen[2] swV [s.] *brîsen.*

prîsent [s.] *prêsent.*

prîser stM Lobpreiser.

prîs-gemach stN Zuflucht für den Ruhm.

prîsîn stN Brasilholz.

prîs-,brîs-lich Adj., **-lîche(n)** Adv. preiswürdig, ruhmreich; ehrenvoll; herrlich.

prîs-,*brîs-schüehel stN Schnürschuh; Huf.

prisûn,brisûn stF Gefängnis.

prîtlen [s.] *brîteln.*

priune [s.] *briune.*

priuwen [s.] *briuwen.*

Priuzen,Prûscen Subst. Preußen.

Priuzen-lant stN Preußen

Priuzen-vart stF Kreuzzug nach Preußen.

privêt stswN Abort.

privilêgen swV A+pA*ûf* durch ein Privileg übertragen auf.

probacîe stF Probezeit.

probest,probst,brob(e)st stM Probst, Aufseher.

probieren swV A darlegen; zeigen.

probiste [s.] *probstîe.*

probs(e) stswM Spross.

probsen,prozzen swV abs. sprossen.

probst [s.] *probest.*

probstîe,probiste,brobiste stF Probstei.

processîe,processiône stF Prozession.

prôde [s.] *brœde.*

profête [s.] *prophête.*

progen swV abs. protzen; pD *ob* triumphieren über.

prologe swM Vorrede.

promsen [s.] *brummen.*

proper-heit stF Eigenschaft.

prophêcîe(-) [s.] *prophêtîe(-).*

prophête,profête swM Prophet.

prophêtîe,prophêcîe stsw F Prophezeiung.

prophêtieren,prophêcîen swV A/Ns*daz* prophezeien, weissagen.

prophêtisse stswF Prophetin.

proprîetârîe stM Eigentümer.

prôt [s.] *brôt.*

prouchen [s.] *brouchen.*

Provenze stF Provence.

provinciâl stM Provinzial [Vorsteher einer Ordensprovinz].

prozzen [s.] *probsen.*

prûchen [s.] *brûchen.*

prüe [s.] *brüege.*

prüef,brüef stF Beschaffenheit.

prüefer [s.] *prüever.*

prüet-ei stN Brutei.

prüeten [s.] *brüeten.*

prüeven,brüeven,brüefen swV [Prät. auch *pruoft-*] A/Ns*(daz,ob,w)/*Inf.(+pD*an, bi,gegen,nâch/* p A*vür*) beurteilen (nach), bewerten, abwägen; sehen, betrachten, beobachten, (be-) merken; erkunden, erfahren; schätzen, zählen (zu); erkennen (an); bedenken; erproben; beweisen; auswählen; (be-) wirken, hervorrufen, schaffen, tun, machen, vollbringen, begehen; herstellen, fertigen; veranstalten; A+D anfertigen, bereitstellen, bereiten, verschaffen; zufügen; berichten, beschreiben, sagen; A+pD*ze* zuordnen zu; A+D+pA*vür* anrechnen/ zurechnen als.

prüever,prüefer stM Prüfer; Verwalter.

prüeverin stF Forscherin.

prüevunge,pruovunge stF Wahrnehmung; Beweis.

prügel [s.] *brügel.*

prugge,prügge [s.] *brucke.*

prummen [s.] *brummen.*

prûn [s.] *brûn.*

prunft [s.] *brunft.*

prunne[1] stswM [s.] *brunne.*

prunne[2] stswF [s.] *brünne.*

prunnen swV abs. urinieren.

prunn-wazzer stN Quellwasser.

prünseln swV abs. brenzlig riechen.
prunst [s.] *brunst.*
pruoch [s.] *bruoch.*
pruoder [s.] *bruoder.*
pruoft- [s.] *prüeven.*
pruot(-) [s.] *bruot(-).*
pruovende [s.] *prêvende.*
pruovunge [s.] *prüevunge.*
prûs stM Lärm.
Prûscen [s.] *Priuzen.*
prust [s.] *brust.*
prüstel-werzel stN Brustwarze.
prût(-) [s.] *brût(-).*
psalmodîe swF Psalmodieren, Psalmengebet.
psalter,salter,saltâre,selter stM Psalter.
psalterî stN Psalterium [Saiteninstrument].
psalterjen swV abs./D auf dem Psalterium (vor-) spielen, Psalmen (vor-) singen.
psillen-krût stN [Pflanze].
psillen-sâme swM [Pflanzensame].
pû [s.] *bû.*
publicân stM Zöllner; Ungläubiger.
puch,*boch swM Prahler.
pûch [s.] *bûch.*
puck- [s.] *buck-.*
püechel stN Buchecker.
pûer [s.] *bûr.*
pueri-tor [s.] *bürgetor.*
püezen [s.] *büezen.*
püez-lîche [s.] *buozlîche.*
püffel stM Büffel.
puhel,pühel [s.] *bühel.*
puhs-boum [s.] *buhsboum.*
pühse [s.] *bühse.*
pûke swF Pauke.
pûken swV D+pD*in* hämmern in.
pukerân [s.] *buckeram.*
pulchrieren swV D übertreffen.
pulfer [s.] *pulver.*

Pülle,Pulle Subst. Apulien.
püllen [s.] *büllen.*
pulver,pulfer,bulver stMN Pulver, Staub; Asche.
pulver-lîche Adv. wie ein Pulver.
pulvern,bulvren swV A pulverisieren, zermahlen.
pulver-var Adj. asch-, staubfarben.
pû-man [s.] *bûman.*
pumbeln,pumpern stN Poltern, Gepolter.
punct,punt stswM Punkt; Zeitpunkt, Augenblick; Abschnitt, Stelle.
puneis Adj. stinkend.
puneiz,pungeiz,buneiz stMN Angriff mit der Lanze, Lanzenstechen; Sturmangriff; Anlauf (-strecke).
punieren,pungieren,pinieren,bun(g)ieren swV abs. heransprengen, heranstürmen, einen Angriff führen; pA*durch,ûf,under* vorstoßen durch, einstürmen auf; *diu ros p.* die Pferde tummeln, zu Pferde angreifen.
punjûr stM Angreifer; Kämpfer, Held.
punkel(în),bunkel stN Streich.
punt¹ stN [s.] *pfunt.*
punt² stswM [s.] *punct.*
puntes-,pontes-tât stF Angriff, Ansturm.
punt-,*bunt-var Adj. mehrfarbig.
puobe [s.] *buobe.*
puoc [s.] *buoc.*
puoch(-) [s.] *buoch(-).*
puoch-eichel swF Buchecker.
puoch-swam swM Stockschwamm [Pilz].
puole [s.] *buole.*
puosem [s.] *buosem.*

puover [s.] *pôver.*
puoze [s.] *buoze.*
puozen [s.] *büezen.*
pûr¹ Adj. rein.
pûr² stM [s.] *bûr.*
purc [s.] *burc.*
pürde(-) [s.] *bürde(-).*
purg- [s.] *burg-.*
purper¹,purpur Adj. purpurn.
purper²,purpur stM Purpur (-seide).
purper-,purpur-brûn Adj. purpurglänzend.
purperîn,purprîn Adj. purpurn.
purper-,purpur-var Adj. purpurrot.
purper-,purpre-varwe stF Purpurfarbe.
purprîn [s.] *purperîn.*
purpur(-) [s.] *purper(-).*
pürste [s.] *burste.*
purt [s.] *burt.*
purzel swF Portulak [Gewürzkraut].
pûs stM Fülle.
pusch [s.] *busch.*
pûsch [s.] *bûsch.*
pusîne [s.] *busûne.*
pusûn- [s.] *busin -; busûn -.*
puter [s.] *buter.*
putze [s.] *pfutze.*
pûwen [s.] *bûwen.*
pûz stM Knüppel.
puze [s.] *pfutze.*

q

quâder stM Quader.
quâder-stein stM Steinquader.
quâder-vlins stM Felsquader.
quâder-werc stN Mauer,

Mauerwerk.
quâle[1],quâlde,kâle,kêle, **kôle,chôle** stF Qual, Leiden, Schmerz.
quâle[2] stMF [s.] *twâl.*
qualen [s.] *queln* [2].
quart stMN Viertel.
quartâne swM Viertagesfieber.
quartier stN Viertel.
quaschiure [s.] *quatschiure.*
quât(-) [s.] *kât(-).*
quater stN *an daz q. komen* eine Vier würfeln.
quarterne swF Quaternio [Lage aus vier Papierbögen].
quatschiure,quaschiure stF Quetschung, Wunde, Verletzung.
quât-vaz [s.] *kôtvaz.*
quec- [s.] *kec-.*
queden [s.] *keden.*
quel stMF Qual.
quele-haft Adj. qualvoll.
quelesunge [s.] *quelunge.*
quelle swF Quelle.
quellen[1] stV [IIIb] abs./D herausquellen, anschwellen, wachsen; (refl.)+pA*in* fließen in; pD*ûz* quellen aus.
quellen[2] swV [s.] *queln* [2].
queln[1],chwelen,cholen, **koln,kalen** stV [IVa] abs. leiden, sich quälen; D schmerzen; pD*in,nâch* sich verzehren in/ nach, sich sehnen nach; A quälen; *des hungers/ vor hungere q.* Hunger leiden, verhungern.
queln[2],quellen,qualen, **keln,koln,chol(e)n,** **chöln,chwellen** swV A (+D) quälen, peinigen, martern, foltern; A+pA*an* zwingen in; A+pA*in* stoßen in; *den lîp q.* sich quälen.
quelunge,quelesunge stF Qual.
quemen [s.] *komen.*

quene [s.] *kone.*
querder,querdel,korder, **chorder** stMN Köder.
queste,koste,kaste swMF Federbusch; Badebürste, Badewedel.
quetschen swV A verletzen, schädigen; bedrängen.
quetsch-lich Adj. drückend.
quetschunge stF Bedrängnis; Schaden.
quicken swV [Prät. auch *kuct-, kucht-, chuht-*] A(+D) (wieder-) beleben, erwecken; erneuern; hervorrufen; A+pD*ze* antreiben zu.
quickendic Adj. belebend.
quientieren swV abs. (in Quinten) singen.
quint stF Sekunde.
quirn-stein [s.] *kürnestein.*
quit Adj. frei; vergangen; *q. machen* +A befreien, auslösen.
quiteln swV abs. zwitschern.
quorter,chorter stN (Vieh-) Herde.
quôt [s.] *kât.*

r

rabasch stMN Kerbholz.
rabbîne [s.] *rabîne.*
rabe,raben,rappe stswM Rabe.
raben-ei stN Rabenei.
raben-swarz Adj. rabenschwarz.
raben-var Adj.rabenschwarz.
rabîne,rabbîne stF voller Galopp; *ros von r.* Rennpferd.
râch stM Strafe.
rache[1] stswF Sache.
rache[2] swM Rachen.

râche,rôche,wrâche stF Rache, Vergeltung; Strafe; Sühne, Genugtuung.
râche-hitze stF Rachedurst.
ræcherinne stF Rächerin.
râche-rouch stM beißender Rauch.
ræch-lich Adj. strafend.
râchunge stF Strafe; Sühne.
ract- [s.] *recken* [1].
rade Adv. geradewegs.
rade-brechen swV A aufs Rad flechten.
râden [s.] *râten.*
raffen stN Getöse.
rafs-lîche Adv. erzürnt.
rafst-,raft- [s.] *refsen.*
râ-gebe,-geve [s.] *râtgebe.*
rage-hüffe Adj. breithüftig; hochbeinig.
ragen,regen swV (D+)pD *durch,ûz,von,vür* /p A*vür* (heraus-) ragen aus/ durch/ über; pA*an* stoßen an; Part.Adj. [s.] *ragende.*
ragende Part.Adj. aufgestellt, abstehend.
rahe swF Rahe [Querstange am Schiffsmast].
ræhe stswF Gliedersteifheit [Pferdekrankheit].
raht- [s.] *recken.*
ram[1] stM [Pl. *remme-*] Widder.
ram[2],rame stswF (Web-) Rahmen; Gerüst, Gestell.
râm[1] stM Ziel; Streben, Bemühung; Auftrag; Erfüllung; Schuss, Schwung; *ze râme komen* +D zugute kommen; in die Schusslinie kommen; *ze râme ligen* +D am Herzen liegen.
râm[2] stM Schmutz; Rost.
rame [s.] *ram* [2].
râmec[1] Adj. strebsam.
râmec[2],râmic Adj. schmutzig.
râmen,ræmen swV (refl.+)

G/ pD*gegen, mit, nâch, ze* / pA
ûf /Ns*daz* (+D) zielen auf,
treffen; streben/ trachten
nach, sich bemühen um, sich
beschäftigen mit; beachten;
erreichen; aufsuchen; heimsuchen; *mit gesihte r.* +pA
an blicken auf.

rampf stM Krampf.

ram-schoup stM Strohbün-
del, Strohlager.

ran stM Strom.

ranc stM [Pl. *renke-*] Bewegung, Lauf; Drehung.

rand- [s.] *rennen.*

ranft stM Ranft, Brotkanten.

rans-lîche Adv. geschwind.

ranst- [s.] *rensen.*

rant stM (Schild-) Rand,
Schild; [auch expl., z.B.
schildes r. Schild).

rant- [s.] *rennen.*

ranzen swV abs. umhersprin-
gen.

rappe [s.] *rabe.*

râsen, rôsen swV abs. ver-
rückt/ toll sein, toben.

râserîge stF Raserei.

raste, rast, reste stswMF Ruhe, Rast; ewige Ruhe, Grab;
Meile.

rasten, resten swV abs. ruhen, sich schonen/ ausruhen,
zur Ruhe kommen; begraben
sein; D Ruhe geben; A ruhen
lassen; Part.Adj. [s.] *rastende.*

rastende Part.Adj. *rastendiu
stat* Ruhestätte.

rasûnen swV refl.+pD*ze* sich
formieren zu.

rat[1] Adj. rasch.

rat[2] stN Rad; Scheibe; Mühlrad; *daz r. erteilen* (+D) die
Hinrichtung durch das Rad
verhängen (über).

rât, rôt stM Rat (-schlag);
Vorschlag; Lehre; Plan; Be-
schluss, Entschluss, Rat-

schluss; Beratung, Überlegung; Zustimmung; Rats-
versammlung; Ratgeber;
Abhilfe, Mittel, Lösung,
Ausweg; Hilfe, Rettung;
Vorsorge; Besserung; Le-
bensmittel, (Speise-) Vorrat,
Lebensunterhalt; Ausstat-
tung, Ausrüstung; Fülle,
Macht; *r. haben* +G/Ns frei
sein von, nicht haben (wollen); verzichten können auf,
(ver-) meiden; ablassen von,
unterlassen; *r. nemen* +pD*ze*
sich beraten mit; *r. nemen*
+pA*ûf* Pläne schmieden
gegen; *r./ ze râte tuon* +G/
Ns*daz* (+D) verzichten können auf; ein Ende machen
mit; bewahren vor; *r. tuon*
+D helfen, einen Rat geben;
r. werden +G (+D) befreit
werden von; zu Ende sein
mit; Entschädigung/ Lohn/
Hilfe/ Rettung geben für; gut
werden; *übel r. werden* +G
böse Folgen haben für; *ze
râte gân* (+pD *mit* /Nsw) sich
beraten/ zu Rate gehen (mit),
überlegen; *ze râte werden*
(+G/Ns*daz, ob,w*) beraten/
einig werden (über); be-
schließen, sich entscheiden;
des ist dehein/ niht r. dagegen kann man nichts ma-
chen; das ist nicht zu ver-
meiden/ verhindern; das geht
nicht anders, das muss sein.

râtære stM Ratgeber.

rate, raten stswMF Kornrade
[Unkraut].

ræte stF Rat.

râte-gebe[s.] *râtgebe.*

raten [s.] *rate.*

râten, râden, rôten stV [VII
bd] D(+pD*nâch, ze* /p A*an, ûf,
umbe*) einen Rat geben (bei/
in), raten (in); helfen, verhelfen zu; (zu-) raten zu; be-

lehren; pD*ze* /p A*an, ûf* raten
zu; Böses planen/ Ränke
schmieden gegen, sich erhe-
ben/ auflehnen gegen; A / G /
Ns(*daz,ob,w*)/ Inf.(*ze*)/ Adv.
lok.(+D) raten, empfehlen,
vorschlagen, anraten; helfen;
führen, weisen; wünschen;
planen, anstiften; beschließen; bewirken; erraten, herausfinden; *êre r.* +D einen
ehrenvollen Rat geben; Ehre
erweisen, die Ehre verteidigen; *haz/ leit r.* +D Leid zufügen; *an/ in /ûf daz leben/
den lîp/ den tôt r.* (+D/pA*ûf*)
nach dem Leben trachten.

raten-krût stN Kornrade
[Unkraut].

rât-gebe, râ-, râte-geve
swM Ratgeber, Berater.

rât-geber stM Ratgeber.

rât-gebinne stF Ratgeberin.

rât-herre swM Ratsherr.

rât-hûs stN Rathaus.

ratiônâle stN Rationale [litur-
gischer Brustschmuck].

ræt-lîche Adv. *r. getân* rat-
sam.

rât-man stM Ratgeber, Berater.

rât-mæzic Adj. fähig, Rat zu
geben.

rât-schranne stF Gerichtshaus.

rât-vrâge stF Beratung.

rât-vrâgen swV A+G/pD
nâch um Rat fragen wegen.

ratz, ratze stswM Ratte.

ratzen swV abs. kratzen.

râvît stN Streitross, Pferd.

râwære [s.] *roubære.*

râwe(-) [s.] *ruowe(-).*

râwe- [s.] *rou.*

ræze[1]**, râze** Adj. wild, kühn;
bissig; scharf, bitter; böse;
hell.

ræze[2]**, râze** stF Härte, Wildheit, Grausamkeit.

rê¹ stMN Leichnam; Tod; Totenbahre.

rê² stN [s.] *rêch*.

re- [s.] *er-*.

rebe stswF (Wein-) Rebe.

reben swV abs. träumen; verwirrt sein.

recept stF Rezept.

rêch,rê stN Reh.

rechære/er stM Friedensbrecher.

rêch-boc stM Rehbock.

reche¹ swM Rechen.

reche² swM [s.] *recke*.

rechen¹,wrechen stV [IVa] A (+G/ pD*an* / pA*über*) (+D) rächen (an), Rache nehmen/ Vergeltung üben (für), bestrafen; ahnden (an), vergelten, verfolgen; *unschulde r.* (+pA*an*) ohne Grund übel handeln (an).

rechen² stV [IVa] A+pD*an* zusammensuchen aus; A+pA *in,über* (auf-) häufen auf/ in; A+pA*under* raffen unter.

rechen³ swV A zusammenrechen.

rechen⁴,rechenen,recken swV pD*ze* zählen zu; A aussprechen, aufzählen, verbreiten; zählen; (*ze künde r.* +) Ns*daz,w* herausfinden.

rechen⁵ swV [s.] *recken¹*.

rechenen [s.] *rechen⁴*.

rêch-geiz stF Rehgeiß, Ricke.

rechnunge stF (Ab-) Rechnung.

recke,reche,riche swM Recke, Held, Krieger.

recken¹,rechen swV [Prät. auch *ract-,raht-*, Part.Prät. *geract*] A(+pD*gegen,üz*/pA *durch, in, vür*/ Adv.lok.) (+D) recken (in), (aus-) strecken (in/ vor/ zu); entgegenstrecken, heben (an); spannen, glätten; vergrößern; *an die*

êre r. +D eine Schande antun; *geract komen* +pD*gegen,ze* /pA*ûf* losstürmen auf/ gegen.

recken² swV [s.] *rechen⁴*.

recte [s.] *rehte¹*.

red- [s.] *rede-*.

redære stM Schwätzer.

rede,ride stF Rede; Wort, Worte; Sprache; Gespräch, Unterhaltung; Beratung, Verhandlung; Anrede, Antwort; Nachricht, Auskunft; Erzählung, Geschichte; Gedicht; Behauptung; Vorwurf, Gerede, Nachrede; Ausrede; Absicht, Verabredung, Abmachung; Rechenschaft, Rechtfertigung; Argument; Vernunft; Sache, Angelegenheit, Thema; Rechtsprechung, Rechtsfall; Urteil, Entscheidung; Anklage; Beweis; *ze r. bringen* +A bekannt machen; *ze r. komen/ werden* (+pD*mit*) sprechen (mit); *einer r. jehen* +Ns übereinstimmend sagen.

rede-bære Adj. redegewandt.

rede-bluome swMF Redeblume, geblümter Stil.

rede-genôz stM Gesprächspartner.

rede-geselle swM Gesprächspartner.

rede-,red-haft Adj. redegewandt, beredt; schwatzhaft; *r. werden* +pD*mit* zu reden beginnen mit.

rede-,red-lich Adj., *-lîche* Adv. vernünftig, verständig; vernunftbegabt; rechtmäßig; angemessen; redlich, aufrichtig; sprechend; wortreich.

rede-licheit stF Vernunft; Redlichkeit; Begriff.

rede-loht Adj. rund.

rede-lôs Adj. sprachlos, stumm.

reden,redenen,riden swV [Prät. auch *rett-,reit-*] abs./ pD*nâch* /Adv. reden, sprechen (wie); (A/G+)pD*ab, von* /pA*an,umbe* sprechen über/ von; (A+)pD*mit,ze* /pA *ûf,wider* sprechen zu, besprechen mit; sagen/ sprechen gegen; A/G/Ns(*daz*) sagen, aussprechen, äußern; erzählen, reden über; verabreden; *an den kampf r.* unpers.+D zu einem Gerichtskampf verpflichten; *ûf die suone r.* +A zur Versöhnung bringen.

redenær,redner stM Redner; Anwalt.

redenen [s.] *reden*.

rede-rîche Adj. redegewandt, wortgewaltig.

redern swV A rädern.

rede-spæhe,-spâhe Adj. redegewandt.

rede-,red-venster stN Sprechfenster, -gitter [im Kloster].

redner [s.] *redenære*.

redunge stF Rede, Antwort.

refen [s.] *refsen*.

refentâr,refetâr [s.] *reventære*.

reff-zan stM Schneidezahn.

refloit stM Refrain.

reformieren swV A erneuern.

ref-salunge stF Strafe.

refsen,refen swV [Prät. *rafst-,raft-*]D Vorwürfe machen; A(+pD*mit*) tadeln, strafen, züchtigen (mit).

regel,regele stF Regel, Vorschrift; Orden; Ordnung; Sprichwort.

regelære,regler stM (Augustiner-) Chorherr.

regele [s.] *regel*.

regelieren swV A bestimmen.

regel-vaste stF Ordensfastenregel, -fastenzeit.

regen[I] swV A(+D) bewegen, in Bewegung setzen; schütteln, schwingen; erwecken, hervorrufen; aufrütteln; zeigen, beweisen; beherrschen.

regen[2],**rein** stM Regen.

regen[3] stM Bewegung.

regen[4] swV [s.] *ragen; regenen.*

re-gên [s.] *ergân.*

regen-boge swM Regenbogen; *ûf den regenbogen bûwen/ zimbern* Luftschlösser bauen.

regenen,regen,regnen, reinen swV abs./pA*an,ûf* (herab-) regnen (auf); A regnen lassen; Part.Adj. [s.] *geregenet.*

regen-guz stM Regenguss.

regen-lich Adj. *regenlicher dôz* Gewitterregen.

regen-mantel stM Regenmantel.

regen-tac stM Regentag.

regen-trân stM Regentropfen.

regen-tropfe swM Regentropfen.

regen-visch stM Regenfisch.

regen-wazzer stN Regen, Regenwasser.

regen-weter stN Regenwetter.

regen-wolke swF Regenwolke.

regen-wurm stM Regenwurm.

regen-zît stF Regenzeit.

regieren [s.] *regnieren.*

rêgîn stF Königin.

regler [s.] *regelære.*

regnen [s.] *regenen.*

regnieren,rengnieren,regieren swV abs./pD*in,ze /*

Adv.lok. herrschen (in); A beherrschen.

reholter [s.] *rekolter.*

rehsen swV A husten.

reht[1] Adj. recht, richtig; gerecht; rechtmäßig; echt, wahr, wirklich; gerade; wahrhaftig, aufrichtig, redlich, ehrlich; angemessen; günstig; vernünftig.

reht[2],**reth** stN Recht; Anspruch; Rechtsordnung, Gesetz; Rechtsprechung, Gericht; Regel, Vorschrift, Ordnung; Pflicht; Berechtigung; Art, Wesen, Eigenschaft, Eigenart; Sitte, Gewohnheit; Stand, Wert; Sterbesakrament; *durch/ mit/ von/ ze reht(e)* [auch] aus/ mit gutem Grund, mit/ zu Recht; rechtmäßig, von Rechts wegen; richtig, gebührend; naturgemäß; eigentlich.

rehte[1],**reht,recte,reth,rihte** Adv. recht, richtig; rechtmäßig; wahrheitsgemäß; angemessen; aufrichtig; gut, gerecht; genau; ernsthaft; wahrlich, gewiss; gerade, geradewegs; sogleich; *r.* +Adj./Adv. außerordentlich, sehr, wirklich [auch expl., z.B. *r. sêre* sehr]; *r. als/ sam* (genauso) wie, als ob.

rehte[2] stF Richtung; *die r. und die krumbe slagen* kreuz und quer dreinschlagen.

rehte[3] swM Gerechter, Guter, Auserwählter.

rehte-halp Adv. gerade.

rehte-,rehti-keit,rehtic-heit stF Gerechtigkeit; Ehrlichkeit, Aufrichtigkeit; Prüfung.

rehte-lôs Adj. rechtsunfähig, rechtlos; wirkungslos.

rehten [s.] *rihten.*

rehtic-heit,rehti-keit [s.] *rehtekeit.*

rehtisch Adj. gerecht.

reht-schuldige swM wahrer Schuldiger.

reht-vertic Adj. gerecht; redlich; rechtmäßig, rechtlich.

reht-verticheit,-vertikeit stF Gerechtigkeit; Gericht.

reht-vertigen swV A(+pD *gegen*) rechtfertigen (gegenüber); zur Rechenschaft ziehen; strecken.

reht-vertikeit [s.] *rehtverticheit.*

rei [s.] *reie.*

reichen swV refl.+pD*gegen /* pA*in* sich erstrecken bis nach; pD*nâch /* p A*hinder,in, vür /* Adv.lok. fassen/ greifen/ langen hinter/ in/ nach/ vor; pD*ze /* pA*an, in, über,ûf /* Adv. lok.(+D) (hin-) reichen/ sich erstrecken (bis) auf/ zu; A erreichen, erlangen; treffen; A / G(+D) (heraus-) geben, überreichen; A+pA*an* wenden zu; *verre r.* +pA*vür* übertreffen.

reichunge stF Streben.

reide[1],**reit** Adj. lockig, kraus; gefältelt.

reide[2] stF Ertrag.

reide[3] Adj. [s.] *reit* [1].

reide-,reit-brûn Adj. braungelockt.

reide-loht,-leht Adj. lockig.

reide-,reit-val Adj. blondgelockt.

reie,rei stswM Reigen, Tanz; Tanzlied, -musik.

reien swV abs. tanzen; sich paaren.

reif stM Reifen; Strick, Fessel; Kreis.

reiger,reigel stM Reiher.

rein[1] Adj. rein; klar, lauter; makellos, unschuldig; wahr, ehrlich; schön, herrlich; keusch; *r.* +G/pD*von,vor* frei von; *r. machen* +A reinigen; *reinez lant* Heiliges Land.

rein² stM Wegrand, Rain; Rand.

rein³ stM [s.] *regen* ².

reinc-lîche(n) [s.] *reineclîche(n)*.

reine¹ Adv. rein, untadelig; gütig; genau, säuberlich; völlig.

reine² stF Reinheit.

reinec/ic-heit [s.] *reinekeit*.

reinec/ic-lich Adj. rein.

reinec/ic-,reinc-lîche(n) Adv. rein, keusch; mit reinem Herzen; säuberlich; völlig.

reinegen,rein(i)gen swV A (+D) reinigen, säubern, läutern.

reinegunge,reinigunge stF Reinigung.

reine-,reini-keit,reinec-, reinic-heit stF Reinheit, Keuschheit.

reinen¹ swV A(+pD*mit,von*) reinigen (mit/ von), befreien (von), läutern.

reinen² swV refl.+pD*vor* sich abgrenzen/ verwahren gegen.

reinen³ swV [s.] *regenen*.

reingen [s.] *reinegen*.

reini- [s.] *reine-*.

reinisch Adj. brünstig.

rein-lich Adj. rein, untadelig.

rein-muote,-mûte Adj. untadelig.

rein-nussede stF Reinheit.

reinunge stF Reinigung.

rein-veil stM [Wein].

reis- [s.] *reise-*.

reisære/er stM Krieger.

reise stF Reise, Fahrt; Weg; Tagereise; Aufbruch; Reiseziel; Kriegszug; Heer; *Kristes r.* Kreuzzug.

reise-geselle swM Weggefährte.

reise-gewant stN Reisekleid.

reise-,reis-gezelt stN Kriegszelt.

reise-kappe swF Reisemantel.

reise-kleit stN Reisekleid.

reise-lachen stN Reisegewand, -decke.

reise-,reis-lîche Adv. gut ausgerüstet.

reise-,reis-mantel stM Reisemantel.

reise-müede Adj. müde von der Reise.

reisen swV abs./pA*in,ûf* fahren/ ziehen (gegen/ in); A bereitmachen.

reise-note stF Kriegslied, Marschlied.

reisic Adj. bewaffnet.

reit¹,reide Adj. rasch.

reit² Adj. [s.] *reide* ¹.

reit- [s.] *reden*.

reit-brûn [s.] *reidebrûn*.

reite stF Fahrt.

reitel stM Knüppel.

reiten swV A(+pA*ûf*) bereitmachen/ bereiten/ (aus-) rüsten (für); A(+D) (auf-) zählen, berechnen; übergeben; A+A/pD*ze* /pA*ûr* ansehen als, zählen zu.

reit-geselle swM Reisegefährte.

reit-kleit stN Reisekleid.

reitunge stF Berechnung.

reit-val [s.] *reideval*.

reit-wagen stM Kriegswagen.

reizære/er stM Anstifter.

reizel stM Lockspeise, Köder.

reizel-klobe swM Vogelfalle.

reizen swV A/Ns*daz* (+D) (+G/pD*mit,nâch,ze* /pA*in,ûf* / Inf.*ze*) reizen; erregen; verursachen, bewirken, hervor-

bringen, hervorrufen (mit); veranlassen/ antreiben/ anspornen/ verlocken/ anregen (mit/ zu); locken/ treiben in/ zu; hetzen auf; herausfordern (mit); A+pD*von* weglocken von.

reiz-lich Adj. verlockend, anspornend.

reizunge stF Anreiz, Verlockung; Erweckung.

re-koln,*er-queln swV *den muot r.* +pA*umbe* sich grämen um.

rekolter,rekolt(r)e,reholter stM Wacholder (-zweig).

re-kucken [s.] *erquicken*.

remme- [s.] *ram* ¹.

rê-nemen stN Leichenraub.

rengnieren [s.] *regnieren*.

renke- [s.] *ranc*.

renken swV abs. sich bewegen.

renne swF Lab [Enzym zur Milchgerinnung].

rennen¹ swV [Prät. *rant-* , *rand-*] abs./Adv. (herbei-) rennen/ laufen/ eilen; reiten, preschen; pD*gegen,nâch,ze* / pA*gegen* hinterherlaufen hinter, laufen/ eilen zu; pA *in,über,ûf,vür* /Adv.lok. sich stürzen auf, laufen/ eilen vor, sprengen in/ über; A anrennen; antreiben; vollführen; zum Gerinnen bringen; A+pA*durch* treiben durch; *durch die vreude r.* +D die Freude zerstören; *durch die snüere r.* +D ins Zelt eindringen; *ûf die êre r.* +D die Ehre angreifen.

rennen² stN Turnier, Feldzug.

renner stM Bote.

rensen,renzen swV [Prät. *ranst-*] abs. sich strecken/ winden.

rente stF Ertrag, Gewinn;

Einrichtung; Ordnung; Lebensweise, Handlungsweise; Lauf [der Gestirne].

renzeln swV A+D hecheln [Flachs kämmen].

renzen [s.] *rensen.*

rep-huon stN Rebhuhn.

rêr(e) stF Sturz; *der mûze r.* Mauser.

rêren swV refl. weniger werden; pD*mit* werfen mit; A vergießen; verlieren, fallen lassen/ machen; A+pA*in,ûf* streuen/ sprühen auf/ in; *mûze r.* sich mausern.

rê-rouber stM Raubmörder; Leichenfledderer.

rê-roup stM Raubmord; Leichenfledderei.

resch,rösch Adj./Adv. lebhaft; frisch, munter; behende, schnell; bereitwillig.

resch-,rösch-lîche(n) Adv. rasch; bereitwillig.

resin stFN Harz.

resonanz stF Klang, Schall.

respen stV [Va] A zusammenraffen.

respons stN Wechselgesang.

reste(-) [s.] *raste(-).*

rêtesche [s.] *rêtisle.*

reth¹ Adv. [s.] *rehte* ¹.

reth² stN [s.] *reht* ².

retich stM Rettich.

retich-sâme swM Rettichsamen.

rêtisle,rêtesche,rêtsche stN Rätsel.

rett- [s.] *reden.*

retten swV [Part.Prät. *gerat*] A(+pD*von*) retten, befreien (von).

retz-li stN Schwänzchen.

reuma stN Rheumatismus.

rê-veige swM Erschlagener.

reventære/er,reventâr, reventôr,refe(n)târ,revende stMN Refektorium, Speisesaal; Kloster.

rêwe(-) [s.] *riuwe(-).*

rêwen swV abs. sterben; A aufbahren.

ribalt,ribbalt stM Landstreicher; Taugenichts, Schurke.

ribbalîn stN Stiefel.

ribbalt [s.] *ribalt.*

rîben stV [Ia] abs. hüpfen; pD*mit* wippen mit; refl. entstehen; refl.+pD*ze* sich heranmachen an; refl.+pD*an*/p A *an* sich reiben/ stoßen an; refl.+pA*in* sich bemühen um; A reiben; streicheln; schwingen; A+pD*mit* einreiben/ (be-) streichen mit; A+pD *nâch* ausrichten nach; A+ pA*an* drücken/ pressen an/ in; A+pD*von* abreiben von; Part.Adj. [s.] *geriben.*

ric¹ stM Band, Strick; Knoten; Verstrickung; Stange, Gestell; Eingeweide; Hinterhalt.

ric² stswM [s.] *rucke.*

rîch¹,rîche Adj. reich, wohlhabend; mächtig, groß, gewaltig; vornehm, edel; kostbar, prächtig, köstlich, herrlich; üppig, reichlich; froh, glücklich; voll; fähig.

rîch² stN [s.] *rîche* ³.

riche [s.] *recke.*

rîche¹ Adv. reich, prächtig; kunstvoll; sehr.

rîche² stF Reichtum, Reichsein.

rîche³,rîch stN Reich, Land; Welt; Bereich; Herrschaft, Königswürde; König, Kaiser.

rîche⁴ Adj. [s.] *rîch* ¹.

rîcheit,rîch-heit stF Reichtum; Besitz, Gut; Schätze; Fülle, Pracht; Macht.

richel stF Egge.

rîche-lich,rîch-,rîc-,rî-lich Adj., -lîche(n) Adv. reich, reichlich; herrlich, prächtig, kostbar; vollkom-

men; reichlich; freigiebig, großzügig.

rîchen,riechen swV abs./G/ pD*an* reich/ mächtig werden (an), zunehmen (an); A/N sw (+G/pD*an,mit*)(+D) reich/ mächtig/ glücklich machen (an/ mit); ausstatten/ belohnen/ schmücken/ überhäufen (mit); verherrlichen; *sich des muotes r.* +Ns*daz* sich anmaßen.

rîches Adv. herrlich.

rîchesen,rîchsen(en), rîchsnen,rîh-schen swV abs./pD*in*/p A*über* herrschen (in/ über).

rîche-tuom [s.] *rîchtuom.*

rîch-heit [s.] *rîcheit.*

rîch-lich,-lîche(n) [s.] *rîchelich.*

rîch-lôs Adj. vermögend.

rîchsen(en),rîchsnen [s.] *rîchesen.*

rîch-stat stF Reichsstadt.

rîch-,rîche-tuom,-tûm stM Reichtum; Besitz.

ricken,rickeln swV A zusammenfügen; (mit Schnüren) besetzen.

rîc-lich,-lîche(n) [s.] *rîchelich.*

ric-seil stN Spanngurt.

ridder [s.] *ritter.*

rîde stF Rückkehr.

ride(-) [s.] *rede(-).*

rîden¹ stV [Ia] refl.+pD*ûz* sich winden aus; A (um-) drehen, wenden; A+pD*gegen* erheben gegen.

rîden² stN Drehung.

ride-wanz stM [Tanz].

ride-wanzel stM (*ridewanz-*) Tänzer.

ride-wanzen swV abs. (den *ridewanz*) tanzen.

ridieren swV A fälteln.

ridwen swV abs. zittern.

riechen¹ stV [IIa] abs. duften;

qualmen, rauchen, dampfen; brennen; pD *ûz,von* dringen/ dampfen aus, ausgehen von; A riechen.

riechen² swV [s.] *rîchen.*

riech-lich Adj. rau, heftig.

rieme¹ swM Ruder.

rieme² swM Riemen, Band; Gürtel.

riemen swV A mit Riemen befestigen/ versehen; A+pD *mit/* pA *an* festbinden an/ mit.

rienen swV A beklagen.

riese(-) [s.] *rise(-).*

riet¹ stN Ried, Moor.

riet² stN Rodung; Siedlung.

rietiche stN Sumpfgebiet.

riez stM Raserei.

riezen stV [IIb] abs. überfließen, tränen, weinen; A beweinen.

rîf¹ Adj. reif.

rîf² stN Ufer.

rîfe swM (Rau-) Reif, Frost.

rifelen,riflen swV D+pD *ûf* scheuern auf; A hecheln, [Flachs kämmen].

rifelieren swV abs. kreisen.

rîfen swV abs. reifen.

riffiânin stF Kupplerin.

rifîr [s.] *rivier(e).*

Rif-lant stN Ripuarien.

riflen [s.] *rifelen.*

rige swMF Kragen, Kragensaum.

rîge swF Umlaufbahn.

rigel stM Riegel; Querbrett.

rigelen,rigeln swV refl.+pA *vûr* sich vorschieben vor; A verriegeln.

rigel-stein stM Rinnstein.

rîgen [s.] *rîhen.*

rigten [s.] *rihten.*

rîhe swF Dachrinne.

rîhen¹,rîgen stV [Ib] (A(+G/ pD *ze)* anheften, anlegen an, besetzen mit; A+pA *an, durch,in* stechen/ bohren

durch/ in; spießen auf.

rîhen² swV abs. sticken.

rîh-schen [s.] *rîchesen.*

rihtære/âre/er stM Richter; Gerichtsherr; Schiedsrichter; Herrscher, Schirmherr, Vogt; Vorsteher; Wahrer.

rihte¹ stN Gericht.

rihte² stswF Richtung; gerader/ rechter Weg; richtige Weise/ Fassung; Speise, Gericht; *(die) r., in r.* gerade, geradeaus; geradewegs, sogleich.

rihte³ Adv. [s.] *rehte* ¹.

rihte-banc stF Gerichtsschranke.

rihtec/ic Adj. gerade; gerecht; gut.

rihtec-lîche Adv. geradewegs.

rihtegunge stF Lenkung, Beherrschung; Ausübung.

rihte-hûs [s.] *rihthûs.*

rihten,rihten,rigten swV abs. Recht sprechen; herrschen; D Recht verschaffen; dienen; pD *gegen* / p A *über* (+D) Gericht halten über; pD *zwischen* vermitteln zwischen; pA *umbe* Gesetze erlassen für; refl.+Adv. sich verhalten; refl.+pD *gegen, nâch,ze* / p A *in,ûf* streben nach; sich rüsten zu; handeln/ sich richten nach; refl.+pD *von* sich wenden/ ausgehen von; refl.+pA *wider* sich empören gegen; A/N s *daz* (+D) aufrichten, aufstellen; festsetzen, -legen; bereiten, einrichten, bereitlegen für; beherrschen, regieren, leiten; richten; in Ordnung bringen; wiedergutmachen; entscheiden; beweisen; entrichten; A+pD *ab* abwenden von; A+ pD *nâch* / p A *in* / N s *daz* ausrichten nach, wenden zu/

gegen; übertragen in/ auf; A+pD *vor* bewahren vor; A+pA *an* lehnen an; A+pA *über,ûf* lenken auf/ über, stellen auf; A+pA *vûr* stellen vor; *(einen stric r.* +) Deinen Fallstrick legen; *sîne wege r.* +pD *gegen* gehen in; *sînen spot r.* +pD *ûz* sein Spiel treiben mit.

riht-,rihte-hûs stN Gerichtshaus.

riht-stuol stM Richterstuhl.

rihtunge stF (Lebens-) Führung, Lenkung.

rî-lich,-lîche(n) [s.] *rîchelich.*

rî-lîche stF Reichtum.

rî-lîcheit stF Herrlichkeit.

rîm stM Reim, Vers.

rîmeln stN Reif.

rîmen swV A reimen, dichten.

rimpf,rimf stM Grimasse; *nasen r.* Nasenstüber.

rimpfen,rümpfen stV [IIIa] abs./refl./D schrumpfen, runzlig werden; sich krümmen/ zusammenziehen; refl.+ G/pD *ze* die Nase rümpfen über [auch *die nasen r.*].

rinc stM Kreis; Ring; Kampfplatz; (Ketten-) Panzer; Umfang; Gesellschaft; Truppe; Rosenkranz; *ze ringe* ringsherum.

rinc-lîche(n) Adv. leicht; mühelos, unbeschwert; einfach; leichthin.

rinc-mûre stF Ring-, Stadtmauer.

rinc-vertic Adj. leicht, unbeschwert.

rinc-wer stF Verteidigungsring.

rinde,rinte stswF (Baum-, Brot-) Rinde.

rinden-hölric Adj. vieleckig.

rinder-drec stM Kuhmist.

rinder-hâr stN Rindsfell.

rinder-hût stF Rindshaut.
rinderîn,rindrîn Adj. aus
Rindleder; *r. vleisch* Rind-
fleisch; *r. kæse* Käse aus
Kuhmilch.
rinder-milch stF Kuhmilch.
rinder-mist stM Kuhmist.
rinder-stal stM Kuhstall.
rinder-suht stF Rinder-
krankheit.
rindes-ouge swN Kuhauge.
rindrîn [s.] *rinderîn.*
ringe[1] Adj. leicht; gering,
klein; wertlos, billig; unbedeutend, niedrig; sorglos,
unbeschwert, froh; schnell.
ringe[2] Adv. leicht, gering; wenig; bereitwillig; *r. ligen* zunichte werden; *r. stân* +A
billig zu stehen kommen; *r.
wigen* +A gleichgültig sein,
wenig kümmern; gering
schätzen; leicht nehmen; *r.
wigen* +A+D leichtherzig
zuschieben.
ringe[3] stF Behendigkeit; Be-
kömmlichkeit.
ringel stF Ringelblume.
ringe-leht Adj. ringförmig;
voller Ringe; *r. pfeit* Ket-
tenpanzerhemd.
ringel-krût stN Ringelblume.
ringen[1]**,wringen** stV [IIIa]
abs./pD*an, gegen,mit* ringen/
kämpfen/ sich abmühen/
sich quälen (mit), leiden unter; pD*nâch* / p A*ûf,umbe* /N s
daz streben nach, kämpfen/
sich bemühen um, sich sehnen nach; pD*von* /Adv.lok.
wegstreben/ sich losmachen
von; pD*wider* / p A*wider* sich
auflehnen gegen; *die hende
r.* die Hände ringen; *mit der
nôtnunft r.* Raub und Not-
zucht begehen.
ringen[2] swV refl. dahinschwinden; besänftigt wer-

den; A(+D) vermindern; erleichtern, leicht machen.
ringer stM Ringer.
ringe-wert Adv. zum Kampfplatz.
rînisch Adj. rheinisch.
rinke stswF Spange, Schnalle.
rinke-loht Adj. *rinkelohte
schuohe* Schnallenschuhe.
rinne swF (Wasser-) Rohr;
Rinnsal.
rinnen stV [IIIa] abs./D/Adv.
(lok.) fließen, dahintreiben;
triefen; laufen; G überfließen
von; pD*ûz,von* (+D) fließen/
quellen/ (herab-) strömen/
hervorgehen aus/ von; pD
gegen fahren nach; p A*an,
durch,in,über* (+D)   fließen/
treiben/ laufen auf/ durch/ in/
über/ zu.
rint stN Rind; Ochse, Kuh,
Kalb.
rint-brâte swM Rinderbraten.
rinte [s.] *rinde.*
rippe,ruppe   stFN Rippe.
rippe-bein   stN   Rippen-
knochen.
rîs[1]**,rîz** stN Zweig, Ast;
Baum; Spange.
rîs[2]**,rîz** stN Reis, Gerste.
risch Adj. munter; stark;
schnell.
rische[1] Adv. munter; heftig;
eilig.
rische[2] stF Behendigkeit.
rische-,risch-lîche   Adv.
rasch, eilig.
rise[1] stF Wasserrinne; Abhang.
rise[2]**,riese** swM Riese.
rîse stswF Schleier; Kopfputz.
rise-bette stN Krankenbett.
risel stM *touwes r.* Tau.
riseln swV abs. tröpfeln, regnen; A schmücken; A+pA*in*
träufeln in.

rîsen stV [Ia] abs. (herab-)
fallen; zerfallen, einstürzen;
D ausfallen; zufallen; pD*ûz*
herausfallen aus; pD*von* abfallen von; p A*in,ûf* (+D) fallen auf/ in; A+D zukommen
lassen.
**risenisch,risisch,riese-
nisch** Adj. riesenhaft.
rispen swV A zusammenraffen.
risse,*rizze swF Striemen.
riste stF Handgelenk.
rîste swF Riste [Flachsbü-
schel].
rit [s.] *rite.*
rîtære/âre [s.] *ritter.*
rite,rit,ritte,rüt swM Fieber.
rîten stV [Ia] abs./pD*gegen,
in,mit, nâch, ûf,ûz,von,vor,ze* /
p A*an, durch, in, über, ûf,umbe*
under, vor, vûr, wider (+D)/
Adv.(lok.)/Inf. reiten (auf/ aus/
durch/ gegen/ in/ mit/ über/
unter/ vor/ von/ zu), daher-,
umherreiten (in); aufbre-
chen, ausreiten (auf); wegreiten (aus/ von); ankommen;
kommen auf; herreiten hinter; anreiten gegen; fahren
durch; hüpfen; refl. ablaufen;
geraten in; A/G(+pD*ûz,ze* /
p A*an,in,ûf*) reiten/ fahren/
gehen/ ziehen (auf/ aus),
zurücklegen; entlangreiten
(in); führen/ machen (an/
aus); lasten/ drücken auf;
A+pD*mit* antreiben mit; *en-
zwei r.* +A zuschanden reiten; auseinander sprengen;
den lîp r. reiten; *ûf den lîp r.*
sein Leben riskieren; *ze tôde
r.* +A niederreiten; Part.Adj.
[s.] *geriten.*
rîter[1] stF Getreidesieb.
rîter[2] stM [s.] *ritter.*
rîter- [s.] *ritter-.*
ritte [s.] *rite.*

ritter,rîter,rîtære/âre,rid-der stM Ritter; Reiter; Soldat.

ritteren,rîtern swV abs. kämpfen; A mit Kämpfern ausrüsten.

ritter-ernst stM Turnierkampf.

ritter-,rîter-kleit stN Ritterrüstung.

ritter-,rîter-lich Adj., **-lîche(n)** Adv. ritterlich; kriegerisch, kämpferisch, heldenhaft; kühn, mutig; schön, herrlich; stattlich, prächtig; großzügig; standesgemäß, ehrenvoll; edel, vornehm.

ritter-machen stN Ritterschlag.

ritter-,rîter-schaft,-schap stF Rittertum, Ritterstand, Ritterehre; Ritterleben; Turnier, Kampf; Rittertat; Ritterschaft, Ritter; Ritterheer.

ritter-,rîter-schuoh stM Ritterstiefel.

ritter-,rîter-spil stN Turnier (-spiel, -kampf).

ritter-sporn swM [Pl.] Sporen.

ritter-,rîter-tât stF Rittertat.

rittic-mæze Adj. rittermäßig.

ritzen swV A+D aufschlitzen; *ein hærlîn r.* +D ein Haar krümmen.

riu(-) [s.] *riuwe(-).*

riuch [s.] *riuhe.*

riude swF Räude.

riudic Adj. räudig.

riudic-heit stF Räude.

riuge [s.] *riuwec.*

riuhe,riuch stF Pelz; Rauheit; Schamhaar.

riuhen,rûhen swV A(+D) rau machen.

riune [s.] *rûne.*

riuschen [s.] *rûschen.*

riuse swF Fischreuse.

riuser stM Fischer.

riutære,routære stM Bauer.

riute,route stN Rodung, Acker.

riutel stN Pflugreute [Gerät zum Reinigen des Pfluges].

riutel-stap stM Pflugreute [Gerät zum Reinigen des Pfluges].

riuten,rûten,routen swV abs. roden, den Acker bestellen; A(+pD *ûz*) ausreißen/ ausmerzen (aus).

riuwære/er,rûwære/er stM Büßer, Reuiger.

riuwe,rûwe,rîwe,rêwe, rouwe,riu,rûe stswMF Schmerz, Leid; Trauer, Klage, Mitleid; Reue, Buße; *âne r.* [auch] gern, freudig; *ze riuwen werden* +D Leid tun.

riuwe-bære,riu-,rîwe-bærec Adj. schmerzerfüllt, leidvoll.

riuwec/ic,rûwec/ic,rî-wec/ic,riuge Adj. traurig, schmerzerfüllt, leidvoll; reuig, reuevoll.

riuwec-lich,rüewec-,rî-wec-,rûwec,riu(wenc)-lich Adj., **-lîche(n)** Adv. traurig, schmerzlich; leidvoll, schmerzerfüllt; reuevoll, reuig; *r. gewant* Trauerkleidung; *r. kleiden* +A Trauerkleidung anlegen.

riuwe-,rûwe-kleit stN Trauerkleid.

riuwen[1],rûwen,rüewen, rîwen,rêwen,rôwen stV [IIa] refl.+G sich schämen; A/D reuen; schmerzen, betrüben, bekümmern; (be-) dauern, Leid tun; ärgern.

riuwen[2],rûwen swV abs. Reue fühlen/zeigen; A reuen.

riuwenc-lich,-lîche(n) [s.] *riuweclich.*

riuwerin,rûwerin stF Büßerin.

riuwe-sære,rüewe-,riu-, rûe-sære stM Büßer, Reuiger; Leidender.

riuwe-,riu-særinne stF Büßerin.

riuwesen swV abs. klagen.

riuwe-var Adj. schmerzerfüllt, traurig; schreckensbleich.

Riuze,Rûze swM Russe; Schuft.

Riuzen Subst. Russland.

rivâge swF Flussufer.

rivier(e),rifîr stFN Bach, Fluss; Gelände, Bezirk.

rivieren swV abs. ausströmen.

rîwe(-) [s.] *riuwe(-).*

rîz [s.] *rîs .*

rîzen stV [Ia] abs./Adv. reißen; A(+D/pD *von* /Adv.) zerreißen, aufreißen; ritzen, verletzen; abreißen/herunterreißen (von).

rô [s.] *rou.*

rœbœb-lî(n) stN [Saiteninstrument].

roc[1],roch stM Rock, Obergewand, Kleid; Waffenrock; Haut, Hülle; Schicht.

roc[2] swM [s.] *rocke .*

roch[1] stN Turm [Schachfigur].

roch[2] stM [s.] *roc [1].*

rôch [s.] *rou.*

rôche [s.] *râche.*

rochen [s.] *rucken.*

rœchen [s.] *rouchen.*

rocke[1],roc,rogge swM Roggen.

rocke[2] swM Spinnrocken.

rocken-korn stN Roggen.

roden swV A roden.

roge swM Rogen [Fischeier].

roge-lich Adj., **-lîchen** Adv. locker.

rogeln swV A+pD *ûf* schichten auf.

rogge [s.] *rocke [1].*

roggîn,ruggîn,rucken Adj. *r. brôt/ leip* Roggenbrot.

rogner stM Rogener [weiblicher Fisch].

rôhe [s.] *rou.*

rohen swV abs. grunzen.

rois [s.] *roys.*

roll-vaz stN Transportfass.

rômân Adj. romanisch.

Rômânî(e) stF Romagna; Rumänien.

Rômære/er,Rœmer stM Römer.

rôme-crûce stF [Bitt-, Prozessionstag].

rômen [s.] *rûmen* [1].

rœmesch/isch,rômisch, rœmsch Adj. römisch.

Rôm-vart stF Wallfahrt nach Rom.

rone stswM Baumstamm, Baumstumpf.

rôp [s.] *roup.*

ropfatzen,ropfen stN Aufstoßen, Rülpsen.

rôr stMN Schilf, Röhricht; (Schilf-, Bambus-) Rohr.

rœrach stN Röhricht.

rôre,rœre stswF Rohr, Röhre; Luftröhre; hohler Baum.

rôreht Adj. schwankend (wie ein Rohr).

rœren [s.] *rœrîn.*

rôr-honic stM wilder Honig.

rœrîn,rœren Adj. aus (Bambus-) Rohr.

rœr-lot Adj. hohl, röhrenartig.

ros,roz,ors,örs,örsch stN Pferd, (Streit-) Ross.

rôs-,rœs- [s.] *rôsen-.*

rôsât stM [Seidenstoff].

ros-bâre swF Pferdebahre, Pferdetrage.

rösch(-) [s.] *resch(-).*

rœschen [s.] *rœsten.*

rôse swMF Rose.

rôse-,rœse- [s.] *rôsen-.*

rœsel stN [Tier].

rôsen[1] swV abs. Rosen tragen.

rôsen[2] swV [s.] *râsen.*

rœsen swV A (mit Rosen) schmücken; verherrlichen; röten.

rôsen-blat stN Rosenblatt.

rôsen-blüende Part.Adj. rosenrot.

rôsen-,rôse-bluome swM Rose, Rosenblüte.

rôsen-boum,rôs-bôm, -poum stM Rosenstock.

rôsen-busch stM Rosenbusch.

rôsen-dorn stM Rosenbusch.

rôsen-garte swM Rosengarten.

rôsen-honic stM Rosenhonig.

rôsen-huot stM Rosenhut.

rôsen-kranz stM Rosenkranz.

rôsen-leht,rôse-,rœs(e)-loht,-laht Adj. rosenrot, rosig.

rôsen-lieht Adj. rosenrot.

rôsen-loht [s.] *rôseleht.*

rôsen-öl stN Rosenöl.

rôsen-poum [s.] *rôsenboum.*

rôsen-rîche Adj. blühend.

rôsen-,rôser-rôt Adj. rosenrot, rosig.

rôsen-schapel stN Rosenkranz.

rôsen-smac stM Rosenduft.

rôsen-stûde swF Rosenstaude.

rôsen-syrop(el) stM Rosensirup.

rôsen-,rôs(e)-var Adj.[flekt. *rôsenvarbe-,-varwe-*] rosenrot.

rôsen-varwe stF Rosenfarbe.

rôsen-,rôs-varweclîche Adv. rosenrot.

rôsen-,rôs-wazzer stN Rosenwasser.

rôsen-wengel stN rosige Wange.

rôsen-zwî stN Rosenzweig.

rôser-rôt [s.] *rôsenrôt.*

rôsic Adj. rosig.

rœsîn,rôsîn Adj. aus Rosen; rosengleich.

rœs-,rôs-lîn Adj. rosenrot.

ros-louf [s.] *rosselouf.*

rosse-kleit stN Schabracke.

rosse-,ros-louf stM Rosslauf [Längenmaß].

rost,rust stM Rost.

rôst stM Feuer, Glut; Scheiterhaufen; Feuerrost.

rôst-brant stM Feuersbrunst.

rostec/ic Adj. rostig.

rœsten,rœschen swV A rösten; verbrennen.

rostes-halp Adv. bei all dem Rost.

ros-tûschære stM Pferdehändler.

rost-vîle swF Rostfeile.

ros-vert,-*pfert stN Pferd.

ros-volc stN Reiterei.

rot[1] stM Verrotten.

rot[2] swF [s.] *rotte* [1].

rôt[1] Adj. rot; rothaarig; blutig.

rôt[2] stM [s.] *rât.*

rôte [s.] *ruote.*

rœte,rôte,rœten stF Röte, Rot.

rœte-leht,rôte-,rœt-lot Adj. rötlich.

rœtel-poum stM [Baumart].

rote-meister [s.] *rottenmeister.*

roten swV A+pA*an* scharen um.

rôten[1] swV abs.sich röten, rot werden, erröten; rot schimmern/ sein.

rôten[2] stV [s.] *râten.*

rœten[1] swV A rot machen, röten.

rœten[2] stF [s.] *rœte.*

rôt-gemâl Adj. rot schimmernd.

rôt-gevar Adj. rot.

rôt-guldîn Adj. rotgolden.

rotic Adj. verrottet.

rotieren [s.] *rottieren.*

ræt-lot [s.] *ræteleht.*

rot-meister [s.] *rottenmeister.*

rotru(w)ange stF [Tanzlied].

rotsche swM Felsen.

rôt-sîdîn Adj. rotseiden.

rôt-süeze Adj. lieblich rot.

rotte¹,rot swF Schar, Gruppe; Rotte, (Heeres-) Abteilung.

rotte² swF Rotte [Saiteninstrument], Harfe.

rotten swV abs. auf der Rotte/ Harfe spielen.

rotten-,rot(e)-meister stM Anführer.

rotten-spil stN Rotten-, Harfenspiel.

rottieren,rotieren swV A (+pD*ze*) sammeln, ordnen/ scharen (zu); Part.Adj. [s.] *gerottieret.*

rotumbes stN Tamburin.

rôt-var Adj. rot, rötlich; blutig.

rot-walsch stN Rotwelsch [Gaunersprache].

rôt-wilt stN Rotwild.

rou,rô,rôch Adj. [flekt. auch *rôhe-,rôwe-,râwe* -] roh.

roubære/âre/er,râwære stM Räuber.

roubærinne,röuberin(ne) stF Räuberin.

rouben swV refl.+pD*ûz,von* sich entfernen von; A(+G/ pD*an,ûf*) berauben; abbringen von; A(+G) rauben, ausrauben.

roubes Adv. mit Gewalt.

roubic Adj. geraubt.

rouch stM Geruch; Qualm, Rauch; Dunst; Ausdünstung.

rouchen,ræchen swV abs. qualmen; A beräuchern.

rouchic Adj. blähend; *rouchigiu überflüzzicheit* Überfluss an Ausdünstung.

rouch-vaz stN Räucher-, Weihrauchgefäß.

rouf [s.] *roup.*

roufen swV abs./refl.+pD*mit* sich schlagen (mit); refl. sich die Haare raufen; G ausrupfen; A prügeln; A+pD*an, bî,mit* ziehen/ reißen an.

roum stM Schimmer.

roumen [s.] *rûmen* ¹.

roup,rôp,rouf stM Raub; Beute.

roup-galîne stF Piratenschiff.

roup-guot stN geraubtes Gut.

roup-her stN Räuberbande.

roup-hûs stN Räuberhöhle.

roup-lîche(n) Adv. durch Raub, auf räuberische Art.

rout- [s.] *riut-.*

rouwe¹ stF [s.] *ruowe.*

rouwe² stswMF [s.] *riuwe.*

rôwe- [s.] *rou.*

rôwen [s.] *riuwen.*

royâm stN Königreich.

roys,rois stM König.

roz [s.] *ros.*

rozzen swV abs. rosten.

rû¹ Adj. [s.] *rûch* ¹.

rû² stF [s.] *ruowe.*

rûb [s.] *ruof.*

rubîn,rubbîn stM Rubin.

rubîn-rôt Adj. rubinrot.

rubîn-ræte stF Röte des Rubins.

rubrike stF rote Farbe.

ruc stM Schwung; Bewegung; Ruck.

ruc-bein [s.] *ruckebein.*

ruch stM Geruch.

rûch¹,rûhe,rû,ruoch,rûwe Adj. rau; hart, grob; struppig, zottig, behaart; dicht (belaubt); wild.

rûch² stMN Schamhaar.

rûch³ stMF [s.] *ruoch* ¹.

rûche- [s.] *ruoche-.*

rucke,rücke,rugge,ric stswM Rücken; Nacken, Schultern; Gipfel; *hinder/ über/ ze rucke(n)* zurück, nach/ von hinten; *ûf dem rucke(n) sîn/ wahsen* +D im Nacken sitzen; *ze rucke(n) werfen* +A sich hinwegsetzen über.

rucke-,ruc-bein,-pein stN Rückgrat, Rücken.

rucke-brâte swM Rücken.

rücke-hâr stN *swînes r.* Schweineborsten.

rücke-,ruc(ke)-lachen stN Wandteppich, -behang.

rücke-lemde stF Rückenlähmung.

rücke-lemic Adj. rückenlahm.

rücke-lingen, rucke-,rüc-, rück-,rug-ling(en) Adv. rückwärts, rücklings; auf dem/ den Rücken.

rucken¹,rochen swV pD*ze, ûz* / pA*an, gegen, ûf* / Adv.lok. rücken/ (ein-) dringen/ kommen/ rutschen auf/ aus/ zu; A+pD*ab,ûz,von* (+D) reißen aus, entfernen aus/ von; A+ pD*ze* / p A*an,in,über,ûf* rücken/ setzen an/ auf, ziehen/ schieben/ legen/ holen an/ auf/ in/ über/ zu; pressen auf; (ein-) setzen in; *daz swert r.* das Schwert ziehen/ zücken; *die strâze/ den wec r.* die Straße (hinab-) ziehen, den Weg gehen.

rucken² Adj. [s.] *roggîn.*

rucke-pein [s.] *ruckebein.*

rückes-halben,-halp Adv. auf dem Rücken, hinten.

rück-ling(en) [s.] *rückelingen.*

rucks-dorn stM Wirbelsäule.

ruc-,rüc- [s.]*rücke-,rucke-.*
rüde,rude,ruode swM Rüde, Dogge.
rûde [s.] *ruote.*
rüde-lîchen Adv. wie eine Dogge.
rûder [s.] *ruoder.*
rûe [s.] *ruowe.*
rûe(-) [s.] *riuwe(-).*
rüebe [s.] *ruobe.*
rüeden swV pAin wühlen in.
rüef [s.] *ruof.*
rüefen swV [Prät.*ruoft-*] abs./Adv. schreien, rufen; pD*gegen,ze* /p A*in,ûf* hineinrufen in, rufen zu; bekannt machen bei; D(+Ns*w*) rufen nach, zurufen; A/Ns*daz* anrufen, ausrufen; A+pD*ze* /p A *in* berufen in/ zu; A+pD*von* abberufen von.
rüefære stM Ausrufer.
rüefunge stF Anrufung.
rüegære,ruoger stM Ankläger; Tadler.
rüege[1] Adj. lebhaft.
rüege[2] stF Anschuldigung.
rüegen[1],ruogen,rûgen swV A/Ns*ob,w* (+G/p A*umbe,wider*) rügen, tadeln; beschuldigen, anklagen (bei/ wegen); strafen; A(+D) bekannt machen, mitteilen; anzeigen.
rüegen[2] swV refl. sich regen.
rüegerin stF Tadlerin.
rüeg-lich Adj. anklagend.
rüegunge stF Strafe.
rüehe [s.] *ruoch* [2].
rüehsen swV abs. brüllen.
rüejen,rûjen,rû(g)en, rûon swV abs. rudern; pD*ze* /p A*in* fahren an/ in.
rüem [s.] *ruom.*
rüemære/er,ruomære,rüemesære,ruomsære stM Prahler.
rüemec/ic Adj. prahlerisch; froh, glücklich.

rüemec-lîchen Adv. prahlerisch.
rüeme-lich Adj. rühmlich; prahlerisch, selbstgefällig.
rüemen,ruomen,rûmen swV refl.+G/pD*von* /Ns(*daz, w*) sich rühmen, prahlen mit; A preisen, loben.
rüemesære [s.] *rüemære.*
rûen swV [s.]*rüejen;ruowen.*
rüeren,ruoren,rûren swV abs./Adv.lok. sich rühren/ bewegen, eilen; pD*gegen,ze* /p A *an,ûf*(+D) rühren/ fassen an, berühren; reichen bis zu; losstürmen auf; pD*mit* Lärm machen mit; A/G(+D/pD*mit, an* /p A*an,in*) berühren (mit), anfassen, anrühren, fassen (an); erfassen, ergreifen (an); rühren, bewegen, in Bewegung setzen, schwingen; (an-) treiben (mit); treffen (auf/ in); kümmern; umrühren; erklingen lassen; erwähnen, äußern, besprechen, behandeln;A+pA*wider* erheben gegen; A+pA*über* ziehen über; *ein hâr r.* +D ein Haar krümmen;*mit arge r.* +A angreifen;*gerüeret komen* +pD *gegen,nâch* /Adv.lok. angestürmt kommen (hinter/ zu).
rüerungestF Berührung; Gefühl.
rüete [s.] *ruote.*
rüewe- [s.] *riuwe-.*
rüewe(n)c-lîche(n) [s.] *ruowelîche(n).*
rüewic [s.] *ruowec.*
rüezel stM Rüssel.
rüezic [s.] *ruozec.*
rûf [s.] *ruof.*
rûffe,*ruofe Adj. duftend.
rûfli stN Schorf.
rugeln swV refl. sich rühren.
rûgen swV [s.] *rüegen; rüejen.*
rugge [s.] *rucke.*

ruggîn [s.] *roggîn.*
rug-ling(en) [s.] *rückelingen.*
rûhe [s.] *rûch* [1].
rüheln,ruhelen,ruhlen swV abs. wiehern; brüllen; röcheln.
rûhen[1],*ruohen swV abs. brüllen.
rûhen[2] swV [s.] *riuhen.*
ruhlen [s.] *rüheln.*
rûjen [s.] *rüejen.*
rûm[1] Adj. geräumig.
rûm[2],rûn stMN Platz, (freier) Raum; Gebiet, Reich; Umfang; Gelegenheit; Öffnen.
rûm[3] stM [s.] *ruom.*
rûmblisch Adj. polternd.
rûme stF *r. geben* +D weichen.
rûmen[1],rômen,roumen swV abs./D/pD*mit,von* /Adv. lok. weichen, wegziehen (aus), aus dem Weg gehen; Platz schaffen (mit); A(+D) räumen; wegschaffen; verlassen; leer/ frei machen; beenden; abreißen; *ez r.* +D sich zurückziehen von, Platz machen; *die strâze/ den wec r.* +D den Weg ebnen.
rûmen[2] swV [s.] *rüemen; rûnen.*
rumpeln,rumplen swV abs./pAin /Adv.(lok.) lärmen, poltern; trampeln (in).
rumpf stM Körper, Leib.
rümpfen [s.] *rimpfen.*
rumplen [s.] *rumpeln.*
rûmunge stF Aufräumen.
rûn[1] swV [s.] *ruowen.*
rûn[2] stM [s.] *rûm* [2].
rundâte stF Rondo [Lied].
runde Adv. geschickt.
rûne,riune stF Geflüster, Murmeln, Raunen; Geheimnis.
rûnen,rûmen swV abs./pD *mit* flüstern (mit); A aus-

hecken; A/Nsdaz +D zuflüstern; A+pAin (+D) flüstern in.

runge stF Stange.

rünic Adj. veränderlich.

rünkeler stM [Ketzer].

runs,runst stswM Strom, Fluss; Fließen; Wasserlauf; Quell; Flussbett.

runsic Adj. fließend.

runst [s.] *runs.*

runst-âder swF Vene.

rünstern swV refl. sich räuspern.

runtavel stswF Tafelrunde; Turnier.

runze,runzel,rünzel swF Runzel, Falte.

runzeln swV A runzeln, zusammenziehen.

runzît stN (kleines) Pferd.

runz-lot Adj. runzlig.

ruo [s.] *ruowe.*

ruobe,rüebe swF Rübe.

ruoberinne stF Bademagd.

ruob-wazzer stN Rübenwasser.

ruoch[1],ruoche,rûch stMF Sorgfalt, (Für-) Sorge; Anteil (-nahme), (Be-) Achtung; Versorgung; Wunsch, Neigung.

ruoch[2],rüehe,ruost swM Saatkrähe.

ruoch[3] Adj. [s.] *rûch [1].*

ruoche-lôs,ruoch-,rûche-lôs Adj. sorglos, nachlässig.

ruochen,rûchen swV abs./ refl. sich Sorgen machen; pAumbe /refl.+G/Nsw sich kümmern um, sorgen für; G/A/Ns (daz,ob,w) (+pAan) achten auf; sich annehmen; sich kümmern um, sorgen für; nachdenken über; sich herablassen zu; haben wollen (von); verlangen nach, brauchen; zulassen, erlauben; Inf.(ze) wollen, mögen,

geruhen zu.

ruoch-lôs [s.] *ruochelôs.*

ruode[1] stswF [s.] *ruote.*

ruode[2] swM [s.] *rüde.*

ruoder,rûder stN Ruder.

ruoderære stM Ruderer.

ruoen [s.] *ruowen.*

ruof,ruoft,rûf,rüef,rûb stM Ruf, Geschrei; Schlachtruf; Bitte, Gebet; Klage; (guter) Ruf, Ansehen; Gerede, Gespött.

ruofen stV [VIIf] abs./Adv. rufen, schreien; pDengegen, nâch,ze /pAan /D rufen (entgegen/ nach), schreien/ beten/ flehen zu; pAin,über,under rufen in/ über; sich beschweren über; pAumbe klagen um; A/Ns(daz,ob)(+D) zurufen; herbeirufen; ausrufen, verkünden; dar nâher r. +D herbeirufen.

ruoft [s.] *ruof.*

ruoft- [s.] *rüefen.*

ruog(-) [s.] *rüeg(-).*

ruo-kemerlîn stN Schlafkammer.

ruom,ruon,rûm,rüem stM Ruhm, Ehre, Lob; Pracht; Lohn; Selbstlob, Prahlerei; Ruhmsucht, Überheblichkeit.

ruom- [s. auch] *rüem-.*

ruome-wât stF Prunkgewand.

ruom-ræze Adj. prahlerisch.

ruom-reden swV abs. prahlen.

ruom-wæhe Adj. prahlerisch.

ruon[1] swV [s.] *rüejen; ruowen.*

ruon[2] stM [s.] *ruom.*

ruor,rûr stF Eile; Stuhlgang; Ruhr, Durchfall; die r./ von, ze ruore (ver)lâzen (+D) die Meute loslassen.

ruoren [s.] *rüeren.*

ruort- [s.] *anrüeren.*

ruost [s.] *ruoch [2].*

ruote,ruode,rûte,rûde, rüete,rôte stswF Rute, Gerte; Zweig, Reis; Stab, Stange.

ruowe,rûwe,rouwe,ruo, râwe,rû(e) stF Ruhe; Erholung, Ruhepause.

ruowec/ic,rûwic,rüewic Adj. ruhig.

ruowec-lîche(n) [s.] *ruowelîche(n).*

ruowe-,rûwe-lich Adj. still.

ruowe-lîche(n),ruowec-, rûwec-,rüewe(n)c-lîche(n) Adv. ruhig.

ruowe-lôs Adj. ruhestörend.

ruowen,rûwen,râwen, ruo(e)n,rû(e)n swV abs. (sich aus-) ruhen, rasten, sich erholen; pDan,in,ûf ruhen auf/ in; D ausruhen von.

ruowe-stat stF Ruhestatt.

ruowe-tac stM Ruhetag, Feiertag; Ruhe.

ruoz,rûz stM Ruß, Schmutz.

ruozec/ic,rüezic Adj. rußig, schmutzig.

ruoz-var Adj. schmutzig, schwarz.

rûpe swF Raupe.

rupfen swV A zerrupfen, zausen.

rupfîn Adj. aus Rupfen.

ruppe [s.] *rippe.*

rûr [s.] *ruor.*

rûren [s.] *rüeren.*

rus stM Flegel.

rûsch[1],riusch Adj. rauschend.

rûsch[2] stM Anlauf; Schwall.

rûsch[3] stF Helmbusch.

rûschen,riuschen swV abs./D/Adv.lok. ein Geräusch machen, lärmen; rauschen; heranstürmen; pDengegen / pAan,durch,in,ûf,under (herab-) brausen/ stürmen/ schlagen gegen; sausen durch/ in.

rüspeln,*riuspelnswV abs. sich räuspern; *sînen kragen r.* die Kehle frei räuspern.

rüssîn stF Stute.

rust [s.] *rost.*

rüstenswV A(+pD*mit,ze*) bereitmachen (zu), ausrüsten (mit).

rüt [s.] *rite.*

rûte[1] swF Raute [Pflanze].

rûte[2] stF [s.] *ruote.*

rutel swF [Schlange].

rûten [s.] *riuten.*

rûten-plat stN Rautenblatt.

rûten-saf stN Rautensaft, Rautensud.

rûten-wazzer stN Rautenwasser, -saft.

rûw- [s.] *riuw-* ; *ruow-* .

rûwe [s.] *rûch* [1].

Rûze [s.] *Riuze* .

rûz [s.] *ruoz.*

rûzenswV abs. brüllen; summen.

s

sâ,sân,sâre,sanne Adv. sofort, sogleich; gleich/ bald (darauf), dann; *s. dô/ als* sobald, gleich (als); *noch s.* nicht einmal; [auch expl., z.B. *s. zehant/ zestunt/ ze den stunden* sogleich, sofort, dann].

sæ-ære,sêwerstM Sämann.

sabel [s.] *zobel.*

saben stM (weißes/ feines) Leinen; (Leinen-) Gewand.

sabenîn Adj. aus Leinen.

saben-wîz Adj. aus weißem Leinen.

sac stMN Sack, Tasche, Beutel; Sackleinen.

sac-bant stN Sackschnur.

sache[1] stswF Sache, Ding; Gegenstand; Material, Stoff; Grund, Ursache; Bedingung; Angelegenheit; Umstand, Lage; Leben; Zeit; Ereignis, Geschehen; Zwischenfall; (Rechts-) Fall, (An-) Klage, Streit; *keiniu s.* [auch] irgendetwas; *welhiu s.* [auch] wie; *von s.* +G durch; *ergangeniu s.* Geschichte; [auch expl., z.B. *schœne sachen* Schönheit; *strîtes s.* Kampf; *semeliche sachen* das Gleiche].

sache[2] swM Anführer.

sachen swV A/Ns*daz*(+D) bewirken, verursachen; schaffen; ausüben; prüfen; bezeugen; A(+pD*an*) zeigen/ offenbaren/ darstellen (an); A+pD*gegen* äußern gegen; A+pD*ze* verwenden für, vorsehen zu; A+pA*vür* ansehen als.

sach-haft Adj. gefangen.

sach-lich Adj. geschaffen.

sach-lichkeit stF Ursächlichkeit.

sachte Adj. sanft.

sachunge stF Wirkung.

sach-walte swM *des mœres s.* Held der Geschichte.

sac-man stM Trossknecht.

sacrament stN (Altar-) Sakrament.

sacrament-lîche(n),-lîchent Adv. als Sakrament, in der Form des Sakraments; leiblich.

sacrilêger,sacrilêjer stM Kirchenschänder.

sacrilêgje stF Sakrileg, Kirchenschändung.

sacrilêjer [s.] *sacrilêger.*

sacristîe stF Sakristei.

sac-tregel stM Sackträger.

sac-tuoch stN Sackleinen.

sac-wîn stM gepanschter/ süßer Wein.

sadde,saddâ swM [Stein].

sadel(-) [s.] *satel(-).*

sæen,sæn ,sæjen,sæwen, sâwen,sê(e)n,sêgen,sêwen,sei(e)n,sâ(e)n swV abs./A(+D)(+pA*an,in,ûf*) säen; ausstreuen; ergießen; verbreiten; aussäen/ streuen (auf/ in); weitergeben (an); A+pD*mit* übersäen mit.

saf,saft,sapfstN Saft; Wasser, Feuchtigkeit; *rôtez s.* Blut; *der ougen s.* Tränen.

safer stN (blauer) Glasfluss.

saffec/ic,seffec Adj. saftig, voller Saft, frisch.

saffen swV abs. saftig werden, austreiben; A mit Saft füllen.

safrân,saffrân,sapharân stM Safran.

saf-rîche Adj.*der s.walt* der frühlingsfrische Wald.

saft [s.] *saf.*

sage[1] stF Rede; Worte, Aussage; Erzählung, Geschichte, Bericht; Überlieferung; Hörensagen; Vorhersage.

sage[2] swM Erzähler.

sage[3] swF [s.] *sege* [1].

sage-bære Adj. erzählenswert; lobenswert; begründet.

sage-haft Adj. berühmt.

sagen swV [Prät. auch *seit-*] G/A/Ns(*daz,w*)/ pD*von*/ pA*umbe* (+D/A) sagen/ sprechen/ erzählen/ berichten (über/ von); erklären, darlegen, mitteilen; ankündigen, verkünden; aufzählen; nennen; A+pD*ze* /pA*vür*/Adj.(+D) erklären für, bezeichnen/ auslegen als; A/Ns+pA*ûf* vorbringen gegen, reden über; richten an; A+Ns*ob* fragen; *dienest s.* +D grüßen, sich empfehlen; *êre/ lop/ ruom s.* +D [auch *ze dem lobe/ prîse* *s.* +A] ehren, loben, preisen; *danc/ genâde s.* +D(+G) danken (für); *wâr s.* (+A) (+D) die Wahrheit sagen.

sager stM Schwätzer.

saget- [s.] *segen* [1].

sagit [s.] *seit.*

sagler stM Reißzahn.

saher stM Schilf.

sahs,sas stN (langes) Messer, (kurzes) Schwert; Schneide.

Sahse swM Sachse.

Sahsen Subst. Sachsen.

Sahsen-lant stN Sachsen.

sæjen [s.] *sæen.*

sal[1] Adj. [flekt. *salwe-*] schmutzig; dunkel (-häutig); trüb.

sal[2] stM Schmutz.

sal[3] stM Saal, Halle; Raum, Gemach; Haus; Kirche;[auch expl., z.B. *des lîbes s.* Körper;*himelischer s.* Himmel].

sal[4] stMF Rechtskraft, -gültigkeit, Gewähr.

salamader stM Salamander; Salamanderhaut; [feuerfester Seidenstoff].

salbe stswF Salbe.

salbei [s.] *salvei.*

salben swV A(+D/pD*mit*) (ein-) salben/ bestreichen (mit).

salbunge stF Salbung.

sælde,sâlde,sâlide,sêlide,seilde stF Segen; Seligkeit; Glück; Gnade; Gutes; (Seelen-) Heil; Vorsehung, Schicksal; Vollkommenheit, Güte.

sælde-,sælden-bære Adj. glücklich; segensreich; liebenswert; herrlich, schön.

sælde-,sælden-barn stM Glückskind.

sælde-bernde Part.Adj. beglückend; glückselig; herrlich; liebenswürdig.

sælde-,sælden-haft Adj. glücklich; schön; edel; segensreich.

sælde-,sælden-lôs Adj. unglückselig, glücklos.

sælde-,sælden-louf stM Erfolg.

sælden- [s.] *sælde-.*

sælde-,sælden-paradîs stN Paradies.

sælde-,sælden-rîch Adj. glückselig, glücklich; segensreich.

sælde-,sælden-tac stM Glückseligkeit.

sælde-vingerlîn stN Glücksring.

sælde-,sælden-vlühtic Adj. unheilvoll.

sælde-,sælden-zwî stN Glückszweig.

sælec,ic,sâlic,sêlic,sælich Adj. selig; selig machend, beseligend, beglückend; segensreich; glücklich, beglückt; herrlich, vollkommen, edel; gesegnet, gepriesen.

sælec/ic-heit,sæle-,sæli-,sêli-keit,sâlic-,sêlic-,sôlic-heit stF Seligkeit; (Seelen-) Heil; Glück; Vollkommenheit.

sælec/ic-lich,sêlic-,sâlic-lich Adj. glücklich; herrlich, schön, vollkommen; segensreich.

sælec/ic-lîche,sêlic-,sâlic-lîchen(t) Adv. glücklich; herrlich; segensreich, Glück bringend; zum Segen; in Seligkeit.

sælegen,sâlegen [s.] *sæligen.*

sæle-keit [s.] *sælecheit.*

sælgen [s.] *sæligen.*

sâlic(-) [s.] *sælec(-).*

sâlide [s.] *sælde.*

sæligen,sælegen,sâlegen,

sælgen swV A(+D/pD*mit*) segnen (mit).

sæli-keit [s.] *sælecheit.*

salliure stF Spottrede.

sal-liute [s.] *salman.*

sal-man stM [Pl. *salliute* stMN] Vormund, Schirmherr.

salme[1] stswM [Pl. auch *selmer*] Psalm.

salme[2] swM Lachs.

salm-singære stM Psalmensänger.

saln [s.] *soln.*

salpe swF [Schlange].

salse swF Brühe, Sauce; Würze.

salt- [s.] *seln.*

saltâre,salter [s.] *psalter.*

saluieren swV A (be-) grüßen, empfangen.

salvei(e),salbei stswF Salbei.

salwe- [s.] *sal* [1].

salwen swV abs. schmutzig werden; A(+D) (be-) trüben.

sal-wirt stM Herrscher.

salz stN Salz.

salzen stV [VIIa] A(+D) salzen, mit Salz bestreuen, salzig machen; Part.Adj. [s.] *gesalzen.*

salz-erz stN Mineralerz.

salz-man stM Salzverkäufer.

salz-sê stM Meer, See.

salz-stein stM Salzkristall; Salzsäule.

salz-vaz stN Salzfass.

sam[1],**same** Adv. so; ebenso.

sam[2],**sem** Präp.+D mit; *s. mir Got/ mîn leben/ lîp/ bart* bei Gott, bei meinem Leben/ Bart, *s. mir mîniu gesunt/ hant/ hulde/ triuwe* bei meiner Gesundheit/ Hand/ Gnade/ Treue!

sam[3],**same** Konj. wie, als; als ob, wenn [auch *s. obe/ wenn*].

sam⁴ Präp. [s.] *sament* ².
sam-balde,-palde Adv. alsbald, sofort.
sambelieren swV A ein Pferd mit Schenkeldruck lenken.
sambez-tac [s.] *sameztac.*
sambjût stF [Saiteninstrument].
samblanze stF Anschein.
sambûke stF Flöte [aus Holunderholz].
same [s.] *sam.*
sâme,sôme stswM Samen, Samenkorn; Saat (-gut); Nachkommen, Geschlecht; Feld; Boden.
samelen [s.] *samenen.*
same-lich,sem(e)-,simelich Adj. gleich, ähnlich; solch.
same-lîche,seme-,seinec-lîche(n) Adv. ebenso.
same-lieren swV A sammeln; värken; zusammenrufen.
sameln,samen swV [s.] *samenen.*
samen Adv. [s.] *sament* ¹.
samenære/âre stM Sammler, Habgieriger; Vereiniger.
samenen,sam(n)en,samel(e)n,samlen swV A (+D) sammeln/ ernten (für); versammeln, zusammenrufen; vereinigen, vereinen; zusammentragen; zusammenfügen, -setzen; verdichten; ordnen; ergreifen; A+pD*ze* konzentrieren auf; A+pA*in* aufnehmen in; A+pA*ûf* häufen auf; *an sich s.* +A annehmen; *in eine scheide s.* unter einer Decke stecken.
sâmen-rêrn stN Samenerguss.
sament¹,samen,sam(e)t, sampt,sami(n)t,sant Adv. zusammen, gemeinsam, miteinander, vereint;

gleichzeitig; völlig; *alle s.* alle (-samt); *allez s.* alles; *beidiu s.* alle beide; *s. und sunder* samt und sonders.
sament²,samet,samt,sam, sant Präp.+D (zusammen) mit [auch *mit s.*].
sament-,sam-haft Adv. völlig, gänzlich.
sament-heit stF Gesamtheit, Einheit.
samenunge,samnunge stF Sammlung; Versammlung; Gesellschaft; Menge, Schar; Gesamtheit; Vereinigung, Gemeinschaft; Zusammenkunft; Konvent; Begleitung, Gefolge; Streitmacht, Heer.
sâmen-wurm stM Samenkäfer.
samest-dac [s.] *sameztac.*
samet [s.] *sament.*
same-wizzicheit [s.] *samwizzicheit.*
samez-tac,sambez-,samest-,sampz-,samtz-, samz-dac stM Samstag.
sameztac-naht stF Samstagnacht.
samfte¹ Adj. [s.] *senfte* ¹.
samfte² Adv. [s.] *sanfte* ¹.
sam-haft [s.] *samenthaft.*
samint,samit [s.] *sament* ¹.
samît,semît stM Samt.
samlen,samnen [s.] *samenen.*
samnunge [s.] *samenunge.*
sam-palde [s.] *sambalde.*
sampf(e)te [s.] *sanfte* ¹.
sampt [s.] *sament* ¹.
sampz-tac [s.] *sameztac.*
samt [s.] *sament.*
samtz-tac [s.] *sameztac.*
sam-wizze stF Gewissen.
sam-wizzic Adj. bewusst.
sam-,same-wizzicheit, -witzekeit stF Gewissen, Bewusstsein.
samz-tac [s.] *sameztac.*

sân¹ Adv. [s.] *sâ.*
sân²,sæn swV [s.] *sæen.*
sanc stMN Gesang; Lied; Singen; Sanges-, Dichtkunst.
sanc-geziuc stN Musikinstrument.
sanc-herre swM Kantor.
sanc-jâr stN Jubeljahr.
sanc-meister stM Kantor.
sanc-meisterinne stF Kantorin.
sanc-schuole stF Singschule.
sanct,sancte,sant,sante, sande,sente,seint(e) Adj. Sankt [vor Heiligennamen].
sanct- [s.] *senken.*
sancte [s.] *sanct.*
sandal stM Sandelbaum.
sande¹ stF Geschenk.
sande² Adj. [s.] *sanct.*
sandic Adj. sandig; *s. pflaster* Mörtel.
sandunge [s.] *sendunge.*
sanfte¹,samfte,sampf(e)-te,senfte Adv. sanft; ruhig; leicht, leise, vorsichtig; angenehm, bequem; freundlich, gern; wohl.
sanfte² Adj. [s.] *senfte* ¹.
sanft-müet- [s.] *senftmüet-.*
sange swF Ährenbündel.
sangen swV pD*von* singen von.
sanne [s.] *sâ.*
sant¹ stMN Sand; Boden; (Turnier-, Kampf-) Platz; Strand, Ufer.
sant² Adj. [s.] *sanct.*
sant³ Adv. [s.] *sament* ¹.
sant⁴ Präp. [s.] *sament* ².
sant- [s.] *senden.*
sante [s.] *sanct.*
sant-hûfe swM Sandhaufen.
sapf [s.] *saf.*
sapfîr [s.] *saphîr.*
sâph [s.] *schâf.*
sapharân [s.] *safrân.*
saphîr,sapfîr stM Saphir.

saphîrisch Adj. saphirblau.
sar stN Rüstung.
sarabant [s.] *serpant*.
saranthasmê stM [Seiden-
stoff].
sarapandratest stM [Schlan-
genkopf].
sar-balc stM Ledersack [für
die Rüstung].
sarbant [s.] *serpant*.
sarc stM Sarg; Schrein.
sarc-,sarke-stein stM Sar-
kophag, Steinsarg.
sarde swM [Edelstein].
sardîn stM [Edelstein].
sardonîs,sardonje,sardo-
nix stM Sardonyx [Edel-
stein].
sâre [s.] *sâ*.
sare-[s.] *sar-*.
sâr-ie Adv. (so-) gleich.
sarjant stM Fußsoldat; Knappe; Kämpfer.
sarken swV A einsargen.
sarke-stein [s.] *sarcstein*.
sarpant [s.] *serpant*.
sarrazênisch Adj. saraze-
nisch, arabisch.
Sarrazîn stM Sarazene, Araber.
sar-rinc stM Panzerring.
sart stM *einen s. verstân* +G
einen Dreck verstehen von.
sarumîn stM [Kleiderstoff].
sar-,sare-wât stF Rüstung.
sar-,sare-werc stN Rüs-
tung.
sar-wirke swM Rüstungs-
macher.
sas [s.] *sahs*.
sast- [s.] *setzen*.
sat¹ Adj./Adv. satt; voll; be-
friedigt; überdrüssig; müde.
sat² stM [s.] *saz*.
sât stF Saat, Samen; Saatfeld;
Getreide.
sat- [s.] *setzen*.
satân,satanâs,satanât stM
Satan.

satel,sadel stM Sattel.
satel-boge,-poge swM Sat-
tel (-bogen).
satelen,sateln,satlen swV
A(+D) satteln.
satel-kleit stN Satteldecke.
sateln [s.] *satelen*.
satel-poge [s.] *satelboge*.
satel-rûmen stN Aus-dem-
Sattel-Stechen.
satel-,sadel-schelle swF
Schellenzeug [am Sattel].
satel-werc stN Sattlerarbeit.
saten swV [Prät. auch *sete-*]
abs. satt sein; refl.+G/pD*an,
mit,von* sich satt essen an;
A(+G/pD*an/mit/von*) sätti-
gen/ befriedigen/ überhäu-
fen/ anfüllen (mit); satt
machen, übersättigen.
sætîn stN [Gewichtseinheit,
ein viertel bis ein halbes Lot].
satlen [s.] *satelen*.
sat-rôt Adj. dunkelrot.
satunge,setunge stF Sättigung.
satzt- [s.] *setzen*.
satzunge stF Bestimmung,
Festlegung;   Pfandleihe,
Pfändung.
satzunger stM Pfandleiher.
sæwen [s.] *sæen*.
saz,sat stM Sitz; Platz, Lage,
Stelle; Stand; Ordnung, Gesetz, Maß; Einsatz; Vorsatz.
sâze stF Stellung, Stand; Regel, Ordnung, Maß; Brauch;
Art, Weise; Streben; Belagerung, Hinterhalt, Nach-
stellung.
sæze stN Belagerung.
sâzen,sôzen swV refl. entstehen; refl.+pA*ûf* sich bemühen um; A besetzen; be-
stimmen; A+pA*in* festsetzen
in; *sich ûf den wec s.* sich
auf den Weg machen.
schabe swF Motte.
schæbe stswF Schüreisen;

Holzspan.
schaben stV [VIa] (refl.+)pD
ûz /Adv.lok. sich hinweghe-
ben/ davonmachen (aus); A
(+pD*von* /Adv.lok.) annagen;
beseitigen, vernichten; abwischen (von), tilgen (aus); *sînen wec sch.* sich wegscheren.
schâch¹ stM Räuberei.
schâch² stMN Schachzug;
Schachbieten; Angriff.
schâch³ Interj. Schach!
schâchære/er,schæchære
stM Räuber, (Raub-) Mör-
der.
schâch-banden swV A (wie
einen Räuber) in Ketten legen.
schâch-blic stM Räuber-
blick.
schache swM Waldstück.
schâchen¹ swV abs. einen
Raubzug unternehmen; pA
an /Adv.lok. sich raublustig
richten auf; *sch. rîten* auf
einen Raubzug ziehen.
schâchen² swV D Schach
bieten.
schâcher-lich Adj. *schâ-
cherlichez geriht* Todes-
strafe.
schâches Adv. wie ein Räuber.
schâch-geselle swM Raub-
kumpan.
schâch-geverte swM Raub-
kumpan.
schâch-hûs stN Räuberhöh-
le.
schâch-lûte [s.] *schâchman*.
schâch-man stM [Pl. *schâch-
lûte* stMN] Räuber, (Raub-)
Mörder.
schâch-roup stM Raub,
Raubüberfall.
schâch-zabel,schâf-za-
gel,-zable stN Schach,
Schachbrett, -spiel.

schâchzabel-gesteine stN Schachfiguren.

schâch-zabeln,schâ-za-veln swV A mit Schachbrettmuster verzieren.

schâchzabel-spil stN Schachspiel.

schâch-zable [s.] *schâchzabel.*

schade[1] Adj. schädlich, schlecht; *sch. sîn* +D [auch] schaden.

schade[2] swM Schaden, Nachteil; Verlust; Unglück, Unheil, Verhängnis, Verderben; Not, Leid; Unrecht.

schade(-) [s. auch] *schate(-).*

schade-bære Adj. *sch. machen* +A anschuldigen.

schadegen,sched(e)gen swV A schädigen; vernichten.

schade-haft Adj. geschädigt; verlustreich; unterlegen, besiegt; glücklos, unglücklich; böse, schlimm; *sch. tuon* +A Schaden zufügen.

schade-lôs Adj. unverfänglich.

schaden,scheden swV abs. schädlich sein, Schaden anrichten; D/pD *ze* schaden, Schaden zufügen; versehren; angreifen; stören, behindern.

schaden-lich Adj. unheilvoll.

schâf,schôf,sâph stN Schaf.

schaffære/âre/er,scheffer stM Verwalter.

schaffel stN Scheffel [Holzgefäß].

schaffen[1] stV [VIa] refl.+ Adv. entstehen; refl. sich zurechtmachen; refl.+pD *gegen* +Adv. sich verhalten gegen; refl.+pA *ûf* ansetzen zu; pA *umbe* (+refl.D) sich bemühen

um; A/N *sdaz* tun, machen, (er-) schaffen; einrichten; bilden, formen; ordnen; veranlassen, erreichen; verursachen, hervorrufen; betreiben, verhandeln; sorgen für; schöpfen; A+Adj. machen; A+D verschaffen, zukommen lassen; bereiten, zufügen, aufbürden; geben; A+ pD *ze* /p A *an* /Adv.lok. schicken/ sich begeben lassen (zu); A+Inf.(+D) lassen; *ze sch. haben* +A+G/pD *mit* zu schaffen/ tun haben mit; Part.Adj. [s.] *geschaffen.*

schaffen[2] swV A erschaffen, vollbringen; beschaffen; sorgen für; anordnen; A+D zufügen; zuordnen, vorschreiben; A+pD *ze* abordnen/ senden zu; A+Inf. lassen; Part.Adj. [s.] *geschaft.*

schaffenære,scheffenære stM Verwalter.

schafferin stF Wirtschafterin.

schaffunge stF Verwaltung.

schâf-geiz stF [Kreuzung zwischen Schaf und Ziege].

schâf-hirte swM Schafhirte.

schâf-hûs stN Schafstall.

schâfîn,schæfîn,schêpfîn Adj. lammfromm; einfältig, schafsdumm; *sch. kleit/ vel* Schaffell.

schâf-kürsen stF Schafspelz.

schâf-,schôf-stal stM Schafstall.

schaft[1] stM Schaft; Lanze, Speer; Speerlänge.

schaft[2] stF Geschöpf.

schâf-var Adj. aus Schafspelz.

schâf-vel stN Schaffell, Schafleder.

schâf-wolle swF Schafwolle.

schâf-zabel,-zagel [s.] *schâchzabel.*

schaht stM Schacht.

schahtelacunt,schahtelân, schahteliur stM Burgvogt.

schal stM Schall, Geräusch; Lärm, Getöse; Geschrei; Klang, Ton, Gesang; Jubel, Freude; Ruhm; *mit (gemeinem) schalle* einstimmig; *ze schalle komen/ werden* ins Gerede kommen; berühmt werden.

schâl stM Trinkschale.

schal-bære Adj. laut; ruhmreich.

schalc stM Knecht, Diener; Bösewicht, Schuft; *pfannen sch.* Pfannenuntersetzer.

schalc-haft Adj. boshaft, böse; roh; unfrei.

schalc-haftic Adj. boshaft, böse; roh.

schalc-heit stF Knechtschaft; Hinterlist, Bosheit.

schalc-,schelc-lich Adj. knechtisch; grob; böse, boshaft; erniedrigend.

schalc-,schelc-lîche(n) Adv. wie ein Knecht; böse, hinterlistig; in böser Absicht.

schalc-listic Adj. arglistig.

schalc-tuom stN Knechtschaft.

schalden [s.] *schalten.*

schale stswF (Eier-, Nuss-) Schale; Waagschale; Schädeldecke.

schalkeht Adj. boshaft.

schalkehtic Adj. hinterlistig.

schallec-lich,schallenc-, schellic-lich Adj., **-lîche(n)** Adv. lärmend, laut.

schallen[1] swV abs. lärmen; schreien; jubeln, singen; prahlen; D zujubeln, preisen; pA *über,ûf* (schlecht) reden über.

schallen[2] stN Lärm, Geschrei; Jubel, Freude; Prahlerei; Gerede.

schallenc-lich,-lîche(n) [s.] *schalleclich.*

schal-lich Adj., **-lîche(n)** Adv. tönend, laut.

schalme [s.] *schelme.*

schalmîe swF Schalmei.

schalmîen swV abs. auf der Schalmei spielen.

schal-mützen,-miuzen swV abs. scharmützeln.

schalt stM Schwung.

schalt- [s.] *scheln.*

schalt-boum stM Ruderstange.

schalte swF Ruderstange.

schalten,schalden stV [VIIa] abs. sich abstoßen, rudern; pD*von* weichen/ scheiden aus/ von; pD*ze* zuhalten auf; A(+Adv.lok.) vertreiben; steuern; A+pD*von* absondern/ entfernen/ abziehen/ trennen von; A+D+Adv.lok. bringen; A+pA*an* lenken an; A+pA*in* stecken in; A+pA*vür* strecken vor.

schal-tragende Part.Adj. *schaltragender site* Ausgelassenheit.

scham- [s.] *schame-.*

schame,scheme stF Scham, Scheu; Scham-, Ehrgefühl; Zucht; Zurückhaltung; Rücksicht; Beschämung, Schande, Schmach; Geschlecht; Geschlechtsteil(e).

schamec/ic,schemic Adj. schamhaft; schändlich; *sch. gelider, schemigiu stat* Geschlechtsteil(e).

schamede [s.] *schemede.*

schame-,scham-heit stF Schande.

schamel,schemel stM Schemel, Fußbank; Stufe.

schame-lich,scheme-, scham-,schem-lich Adj.,

-lîche(n) Adv. schmählich, schimpflich, schändlich, beschämend; schrecklich; erbärmlich, schmerzlich; beschämt, schamerfüllt; schüchtern.

schame-lop stN unverdientes Lob.

schame-lôs Adj. schändlich, unverschämt.

schamen[1],schemen swV refl. (+G/ pD*an,vor* / Ns*daz, ob*) Scham-, Ehrgefühl haben; sich schämen (für/ über/ wegen); Part.Adj. [s.] *schamende.*

schamen[2] stN Scham, Zurückhaltung, Scheu; Schande, Schmach.

schamende,schemende Part.Adj. schamhaft, zurückhaltend, scheu; beschämt; erniedrigend.

schame-rîche Adj. verschämt.

schame-,scham-rôt Adj. schamrot.

schame-,scham-var Adj. schamrot.

schamezieren swV abs. verschämt blicken.

schamgen swV A erniedrigen.

Schampânje stF Champagne.

Schampâneis,Schampôneis,Schampêneis, Tschampâneis swM Mann aus der Champagne.

schamunge,schemunge stF Schamhaftigkeit; Demut; Demütigung.

schanct- [s.] *schenken.*

schande,schante stswF Schande, Unehre; Ehrlosigkeit; Makel, Laster, Sünde, Fehler; Verderben, Unglück; Scham; Geschlechtsteil; *âne sch.* [auch] in allen Ehren.

schandec-,schantec-lich Adj. schändlich, schimpflich.

schande-lôs Adj. untadelig.

schanden-giric Adj. niederträchtig.

schanden-mâl stN Schandmal.

schanden-sac stM Schandsack, -kerl.

schanden-var Adj. [flekt. *schandenvarwe-*] entehrend.

schanden-vaz stN Gefäß der Schande.

schanden-,schant-vlec, -vlecke stswM Schandfleck.

schandolf stM Schandmaul.

schant- [s.] *schenden.*

schante(-) [s.] *schande(-).*

schant-genôz stswM Spießgeselle.

schant-hort stM Sündenpfuhl.

schantiure Subst. Sänger.

schant-,schent(e)-lich Adj., **-lîche(n)** Adv. entehrend, schimpflich, schmachvoll; schändlich; entehrt; schrecklich.

schant-vlec,-vlecke [s.] *schandenvlec.*

schanze,tschanze stF Chance, Aussicht; Spiel; Spieleinsatz; Wurf, Gewinn; Wagnis; Zufall; Glück.

schanzûn stN Lied.

schæpære/er,schêper stM Schaffell, Vlies.

schapel,schepel,tschapel stN (Blumen-) Kranz; Band, Schleife.

schapeler stM Bandmacher.

schaperûn,schapprûn, schaprên,tschabrûn stM Kapuzenmantel; Skapulier [Überwurf beim Ordensgewand].

schar[1] stMFN Pflugschar; Schere.

schar² stswF Schar; Menge; Gruppe; (Heeres-) Abteilung, Partei; Gesellschaft, Gemeinschaft.

schâr stF Fleisch (und Blut).

schâre swMF Fleischbank.

schære stF Schere.

schare-meister [s.] *scharmeister.*

scharen,scharn swV A (ver-) sammeln; ordnen; aufteilen; aufstellen; A+D zuwenden; A+pD*ze* / p A*an,ûf* gesellen/ wenden zu; A+pD *von* trennen/ sondern von; A+pA*umbe* legen um.

schærenswV A rasieren;*daz gevidere sch.* sich mausern.

scharf(-) [s.] *scharpf(-).*

schar-genôze stswM Kampfgefährte.

schar-geselle swM Kampfgefährte.

schar-haft(e) Adv. in Scharen.

schar-herre swM Anführer.

scharlach(en),scharlât stN Scharlach [kostbarer Wollstoff].

schar-,schare-meister stM Anführer.

schâr-mezzer stN (Scher-) Messer.

scharn [s.] *scharen.*

schâroch stN Rochade [Stellungswechsel von König und Turm im Schachspiel].

scharot Adv. in Scharen.

scharpe [s.] *schorpe.*

scharpf¹,scharpfe Adv. heftig, sehr.

scharpf-lich,scharfe-, scharf-,scherf-lich Adj.,

-lîche(n) Adv. scharf; hart, heftig.

scharpf-sihtic Adj. stechend.

scharren swV abs. scharren, kratzen;D(+pA*durch*) vorstehen, hervorragen (durch).

schar-sahs,-sas,-sach stN (Scher-) Messer.

schart Adj. schartig, zerbeult, zerhauen; verletzt.

scharte stF Scharte; Riss; Beschädigung; Beule, Verletzung; Splitter, Stück; Makel.

schastel stN Schloss.

schate,schade,schatewe, schatwe stswM Schatten; Schutz; Spiegelbild; Trugbild.

schate-gruobe stF Höhle.

schate-,schade-huot stM Sonnenhut.

schatewe [s.] *schate.*

schatewen,schatwen, schetewen swV p A*in* / Adv. lok. Schatten werfen (in); pD*vor* Schatten geben vor; A im Schatten lassen.

schatwe(-) [s.] *schate(-).*

schatz,schaz stM Schatz; Reichtum, Besitz; Geld.

schatz-bær,-pær Adj. kostbar.

schatzen,schetzen swV abs./D Schätze anhäufen (für); A sammeln; prüfen; A+ pD*bî* / p A*in* beurteilen nach; A(+Adj./pD*gegen,ze* / p A*ür*) einschätzen (als), halten für; besteuern, Lösegeld festsetzen für.

schatz-gir Adj. geldgierig.

schatz-giric Adj. geldgierig.

schatz-,schaz-hûs stN Schatzkammer.

schatz-kamer stF Schatzkammer.

schatz-ledelîn stN Schatzkästchen.

schatz-pær [s.] *schatzbær.*

schatz-samenen swV abs. Schätze anhäufen.

schatz-,schaz-stiure stF Vermögenssteuer.

schavelier [s.] *schevalier.*

schavernac stM [Pelzmütze].

schaz(-) [s.] *schatz(-).*

schâ-zaveln [s.] *schâchzabeln.*

schebel stM Geizhals.

schebe-linc stM Handschuh.

schebic Adj. grindig, räudig.

schebic-heit stF Schorf, Grind.

schecke swM Überrock.

scheckot Adj. gescheckt.

schedegen [s.] *schadegen.*

schedel stM Schädel, Kopf; *alter sch.* alter Lüstling.

schedel-hût stF Kopfhaut.

schede-,sched-lich Adj. schädlich; schlimm; gefährlich; böse.

schede-lîche(n) Adv. zum Schaden/ Unglück/ Verderben; schlimm; folgenreich; folgenschwer; geschädigt; *sch. komen* +D ins Verderben stürzen.

schedel-kopf stM Helmdecke.

scheden [s.] *schaden.*

schedgen [s.] *schadegen.*

sched-lich [s.] *schedelich.*

schef(-) [s.] *schif(-).*

schefe [s.] *schepfe.*

scheffen [s.] *schepfen.*

scheffenære [s.] *schaffenære.*

scheffe-,schef-nisse stF Schöpfung, (Er-) Schaffung.

scheffer¹,*schæfer stM Schäfer.

scheffer² stM [s.]*schaffære.*

schef-nisse [s.] *scheffenisse.*

scheftic Adj. geschäftig.

schehen[1] stV [Va] unpers.+ Ns(*daz*) geschehen, möglich sein; D widerfahren.

schehen[2] swV abs. jagen, rennen.

schehenzen stN Räuberei.

scheidære stM Vermittler, Schiedsrichter.

scheide stswF Schwertscheide; Trennung; Unterschied; *in eine sch. samenen* unter einer Decke stecken.

scheiden[1] stV [VIIc] abs./ refl./ pD*von, ûz, ze*/ Adv.lok. auseinander gehen, Abschied nehmen/ sich trennen (von); scheiden/ aufbrechen/ (weg-) gehen/ ziehen (aus/ nach/ von); enden; beraubt werden; (refl.+)pD*under* entschieden/ ausgetragen werden zwischen; A trennen; schlichten, entscheiden, beenden; lösen; zerstören; A(+D) voraussagen, deuten; scheiteln; A+G/ pD*ab, mit, ûz, von*/Adv.lok. absondern/ aussondern/ scheiden/ trennen/ entfernen/ fernhalten von; unterscheiden von/ durch; nehmen von; vertreiben aus/ von; bringen um; ziehen aus; hindern an; ausschließen von; bewahren vor, befreien von; herausfinden aus.

scheiden[2] swV A+pD*von* trennen/ fernhalten von.

scheidunge stF Trennung, Abschied; Tod; Unterschied.

scheine-lich Adj. offenkundig.

scheinen swV A(+D) zeigen, beweisen.

scheit stM Scheitel; Kopf.

scheite swF Holzscheit.

scheitel stswF Scheitel; Kopf; Haar; Spitze.

scheiteln swV A scheiteln, kämmen.

scheiter-spalten stN Holzhacken.

scheiz stM Furz; *(niht) ein sch.* (nicht) einen Dreck.

schelb [s.] *schelh*[1].

schelc- [s.] *schalc-*.

schelden [s.] *schelten*[1].

schele swM Hengst.

schelh[1]**,schelb** Adj. schielend; krumm, gewunden.

schelh[2] stM Wildpferdhengst.

schelhs Adv. schräg.

schelken swV A betrügen.

schelkin stF Betrügerin.

schel-krût stN Schöllkraut.

schelle[1] Adj. laut.

schelle[2] swF Glöckchen, Schelle.

schellen[1] stV [IIIb] abs./D+ pA*in* schallen/ klingen (in), (wider-) hallen, lärmen; sich verbreiten.

schellen[2] swV D erschüttern; A ertönen/ erklingen lassen.

schellen-klanc stM Glockenklang.

schellic Adj. aufgescheucht, toll.

schellic-lich,-lîche(n) [s.] *schalleclich.*

schelme,schalme swM Pest, (Vieh-) Seuche; Aas; Betrüger.

schelmec/ic Adj. verpestet.

schelmen-tôt [s.] *schelmetôt.*

schelme-,schelm-slange swM Pestschlange.

schelme-tac stM Viehsterben.

schelme-,schelmen-tôt stM Tod durch die Pest.

schelm-slange [s.] *schelmeslange.*

scheln swV [Prät. auch *schalt-*] A (ab-) schälen; A

+pD*von* trennen/ entfernen von.

scheltære stM Tadler, Rüger.

scheltât stF Beschimpfung; Zank.

schelte stF Beschimpfung, Verleumdung.

schelten[1]**,schelden** stV [IIIb] abs./D/pD*gegen* fluchen, schimpfen (mit), drohen; pD*mit* sich streiten/ zanken mit; A/G(+D/pD*mit*/pA *umbe*) ausschelten, tadeln (für), beschimpfen, schlecht machen (bei); (ver-) schmähen, lästern; bedrohen (mit); verspotten; anfechten.

schelten[2] stN Schimpfen, Tadel, Rüge; Vorwurf; Beleidigung; Drohung; Spott; Streit, Ärger.

schelt-wort stN Schimpfwort, Beschimpfung; Zank.

schemde [s.] *schemede.*

scheme(-) [s.] *schame(-).*

schemede,schamede, schemde stF Scham; Beschämung.

schemel [s.] *schamel.*

schemelerinne stF verkrüppelte Frau [die sich mit Hilfe eines Schemels fortbewegt].

schemen(-) [s.]*schamen(-).*

schemic [s.] *schamec.*

schemic-heit stF Scham, Geschlechtsteile.

schem-lich,-lîche(n) [s.] *schamelich.*

schemunge [s.]*schamunge.*

schenc-vaz [s.]*schenkevaz.*

schende stF Schande.

schenden swV [Prät. auch *schant-,* Part.Prät. *geschant*] A(+D) schänden, entehren, beleidigen; beschimpfen; beschämen, tadeln; verfluchen; verderben, zunichte machen; A(+G/pD *mit*) strafen an/ für.

schendich Adj. schimpflich.
schene-schalt,-schlant,
*sene-schalc stM Seneschall [oberster Hofbeamter].
schenke swM Mundschenk.
schenkel,schinkel stM Schenkel, Bein.
schenken swV [Prät. *schanct-*] D(+A) zu trinken geben, den Willkommens-, Abschiedstrunk reichen; einschenken; A ausschenken, austeilen; A(+pA*in*) gießen (in); A+D schenken, geben; zufügen; *eine minne sch.* +D einen Denkzettel geben.
schenken-ampt stN Amt des Mundschenks.
schenke-,schenc-vaz stN Kanne.
schent Subst. Leute.
schent(e)-lich,-lîche(n) [s.] *schantlich.*
schenzelîn stN (Arbeits-) Kittel.
schenz-lîche Adv. ziellos.
schepel [s.] *schapel.*
schepeleh stN Kopfputz.
schêper [s.] *schæpære.*
schepfære/âre/er,scheppære/er,schoppære,
schöpfer stM Schöpfer.
schepfe,schefe swM Schöffe.
schepfe-banc stF Richterbank.
schepfe-licheit stF Schöpfung.
schepfen,scheffen,schöpfen swV A/G(+D) erschaffen, hervorbringen, machen; bilden, einrichten, aufstellen; festsetzen; schöpfen.
schepfen-bære Adj. *sch. vrîe* Schöffenbarfreier [zum Schöffen wählbarer Freier].
schepfende swM Schöffe.

schepfen-schrift stF Gerichtsurteil.
schepfen-stuol stM Schöffensitz.
schepfenunge [s.] *schepfunge.*
schêpfîn [s.] *schâfîn.*
schepfunge,schepfenunge stF Schöpfung.
schep-nisse stF Geschöpf.
scheppære/er [s.] *schepfære.*
scher¹ Adj. lieb.
scher² swM Maulwurf.
scherbe [s.] *schirbe.*
scherer stM Schafscherer; Barbier.
scherf(-) [s.] *scharpf(-).*
scherfe [s.] *scherpfe.*
scherge,scherige swM Gerichtsdiener, -bote, Scherge; Henker.
scher-hûfe swM Maulwurfshügel.
scherib [s.] *schirbe.*
scherige [s.] *scherge.*
scher-lîche Adv. in Scharen.
scher-linc stM Schierling.
scherm(-) [s.] *schirm(-).*
scher-mezzer stN Scher-, Rasiermesser.
schern¹ stV [IVa] abs. sich eilen; refl.+pD*ze* sich verwandeln zu; D den Bart/ die Haare schneiden; A(+D) scheren, rasieren; glatt schaben; schneiden, ernten; *villen und sch.* +A auspeitschen und scheren [Schandstrafe an Haut und Haar].
schern² swV A(+pD*von*) ausschließen (von); A+pD*ze* zuteilen.
scherne stF Tonsur.
scheroc stM Schirokko.
scherpf [s.] *scharpf¹.*
scherpfe,scherfe stswF Härte; Schärfe; Schneide, Spitze.

scherpfen swV abs. beißen, brennen; A(+pA*an*) schärfen (an).
scherren stV [IIIb] abs./A (+pD*ab*) scharren (aus); plagen.
scherwe [s.] *schirbe.*
scherz stM Scherz, Spiel.
scherzen swV abs./pD*mit* scherzen/ spielen (mit); springen; fröhlich sein.
schetewen [s.] *schatewen.*
schêtîs stM Unglücklicher, Vertriebener.
schetzen [s.] *schatzen.*
schetzer stM Schatzsammler.
schetzerin stF Schätzerin.
schevalier,schevelier,
schavelier,schivalier,
tschavalier,zevalier stM Ritter! [Kampfruf].
schever [s.] *schiver.*
schîbe stswF Scheibe; Kreis; Kugel; Rad; Glücksrad; Speerscheibe [zum Schutz der Hand].
schîbe-leht,-loht Adj. rund.
schîben stV [Ia] abs. nachhelfen; refl. sich fortbewegen; refl.+pA*ûf* sich zuwenden zu; A+pA*ûf,under* häufen auf, mischen unter; A+Adv. lok. schädigen; *sich einen wec sch.* sich für einen Weg entscheiden.
schîb-lic Adj. *schîbligiu erde* Erdkreis.
schicken swV refl.+Adv. sich bilden/ formen/ verhalten/ entwickeln; refl.+pD*an* sich beteiligen an; refl.+pD*gegen, nâch* sich aufmachen nach; sich richten nach; refl.+pA*in*/ N*daz* sich rüsten zu, sich einstellen auf, sich verziehen zu; A(+D)(+pD*ze*/p A*gegen, in,vür*/Adv.lok.) schicken/ senden (auf/ in/ nach/ vor/ zu), zukommen lassen; be-

stimmen zu, bereitmachen/ vorsehen für; A/N s*daz* (+D/ Adv.) tun, machen, bewirken, schaffen; einrichten, ordnen; sorgen für, ausrüsten, bereiten; *die reise sch.* sich zur Fahrt rüsten; *wol sch.* +A gut stehen/ kleiden; Part.Adj. [s.] *geschicket.*

schickunge stF Beschaffenheit.

schîden stV [Ia] refl. auseinander gehen; A+pD*von* trennen von.

schîd-lich Adj. endgültig; *sch. man* Schiedsrichter; *sch. nôt* Abschiedsschmerz.

schîdunge stF Trennung, Abschied; (Hin-) Scheiden, Tod; Teilung.

schie [s.] *schiech.*

schieben stV [IIa] refl.+pD *ze* /p A*in* (+D) sich drängen in, sich heranmachen an; A+ G voll stopfen mit; A(+pD*ze*) antreiben (zu), bedrängen; A+pA*durch, in, vür, zwischen* (+D) schieben/ stecken/ stoßen/ stopfen/ stechen/ pressen durch/ in/ vor/ zwischen; stürzen in; A+pA *an, ûf* schieben/ legen/ laden/ übertragen an/ auf; wenden an; A+pA *under* einschieben/ einflechten in; A+pA*vür* herschieben vor; *tôt sch.* +A töten; *von stade sch.* ablegen; *von (ein)ander sch.* +A spalten.

schiech, schie Adj. verzagt; schwach.

schieches Adv. scheu.

schief[1] Adj. verkehrt, gestört; schlimm.

schief[2] Adv. *sch. treten* fehltreten; *den gelouben sch. werfen* +pA*ûf* bezweifeln.

schiegen swV pD*ze* schlurfen zu.

schiel Adj. blind; fern.

schier(e), schîr(e) Adv. sofort, bald, gleich; schnell, rasch; leicht, gut; geradewegs; [Komp.] eher; *als/ alsô sch.* sobald als; wenn; *nie sô sch.* ... *ê/ sô* kaum ...,als; *sô ez schierest mac gesîn* so schnell es geht; *sô er schierest mac* so schnell er kann.

schiet [s.] *schît.*

schiezen stV [IIb] abs. schießen; pD*gegen, nâch, ûz, von, ze* /Adv.lok.(+D) schießen auf, stürzen auf/ von; springen von; strömen aus; pD*mit* werfen/ treffen mit; pA*an, durch, in, ûf, vür* (+D) schießen/ stürzen/ strömen/ dringen auf/ aus/ durch/ in/ vor; pA*über, vor* sich erheben über; A(+pD*gegen, mit, ze* /p A *an, durch, in, über, ûf, vür*)(+D) schießen/ schleudern/ werfen (auf/ durch/ in); an-, niederschießen, treffen (in/ mit); töten, erlegen; abschießen (auf); schwingen (über); stoßen/ schieben (in/ vor), treiben (zu); zuwerfen; zufügen; *sich umbe sch.* sich herumwerfen.

schiezerinne stF Schützin.

schif, schef stN Schiff.

schif-amt stN Fähramt.

schif-bruche Adj. schiffbrüchig.

schif-, schef-brüchic Adj. schiffbrüchig.

schif-brücke, -prücke stswF Schiffs-, Landungsbrücke.

schiffen, schipfen swV abs./refl.(+pD*gegen*) sich einschiffen (nach); pD*in* schweben in; (refl.+)pA*über* (zu Schiff) fahren über; A+pA *über* (zu Schiff) führen über; *sich ûf den wâc sch.* in See stechen.

schiffunge stF Einschiffung; Flotte.

schif-geræte stN Schiffsausrüstung.

schif-herre swM Schiffsherr.

schif-liute, -lûte [s.] *schifman.*

schif-, schef-man stM [Pl. *schifliute, -lûte* stMN] Schiffer, Steuermann, Fährmann.

schif-mæze Adj. schiffbar.

schif-, schef-meister stM Schiffsführer.

schif-, schef-menige stF Flotte.

schif-müede, -mûde Adj. ermüdet von der Seereise.

schif-prücke [s.] *schifbrücke.*

schif-, schef-ræhe Adj. schiffbar.

schif-, schef-rîch Adj. schiffbar.

schif-, schef-segel stN Schiffssegel.

schiften swV Adv. verfahren; A+D ansetzen, anbinden; A+ pA*durch, in* stecken durch/ in, einsetzen in.

schif-tür stF Schiffstür.

schif-want stF Schiffswand.

schif-wîse stF Schiffsausrüstung.

schiht stF Fügung; Sache, Geschehen; Art, Eigenschaft; Abteilung.

schihten swV A einteilen; A+pD*mit* teilen mit.

schilen [s.] *schilhen.*

schilf stMN Schilf.

schilhen, schilwen, schilen, schiln swV abs. schielen; Part.Adv. [s.] *schilhende.*

schilhende Part.Adv. *s. ansehen* +A schief ansehen.

schillier [s.] *schinnelier.*

schillinc stM Schilling.

schillinc-,schillinge-wert
stN Ware im Wert eines
Schillings.
schiln [s.] *schilhen.*
schilt stM Schild; Schutz;
Wappen; Ritter, Kämpfer;
schildes ambet Rittertum,
Ritterdienst, -stand, -würde;
under schilde bewaffnet, in
Waffen; *den sch. ze halse
nemen* sich kampfbereit
machen.
schiltære stM Schildmacher;
(Wappen-) Maler.
schilt-geselle swM Kampfgefährte.
schilt-gespenge stN Schild-
spangen, -klammern.
schilt-gesteine stN Edel-
steinschmuck des Schildes.
schilt-geverte swM Kampfgefährte.
schilt-halben,-halp Adv.
auf der linken (der Schild-)
Seite, links.
schilt-kneht stM Schild-
knappe; Kriegsknecht.
schilt-krote swF Schildkröte.
schilt-lich Adj. *sch. vart*
Ritterfahrt; *under schildli-
chem dache* ritterlich, im
Waffenschmuck.
schilt-rant stM Schild.
schilt-rieme swM Schildrie-
men.
schilt-spange stswF Schildspange, -klammer.
schilt-vezzel stM Schildrie-
men.
schilt-wache,-waht(e) stF
(Schild-) Wache, Posten.
schilt-wahter stM (Schild-)
Wache.
schilwen [s.] *schilhen.*
schîm(-) [s.] *schîn(-).*
schime stswM Schatten.
schimel stM Schimmel; Makel.
schimelic,schim-lic(h)

Adj. schimmlig.
schimel-kaste swM schimm-
liger Kasten.
schimel-wîe swM Schim-
melweih [Raubvogel].
schimen stN Dunkel.
schimf [s.] *schimpf.*
schim-lic(h) [s.] *schimelic.*
schimpf,schimp,schimf
stM Scherz, Spaß, Spiel; Unterhaltung; Freude; Zeitvertreib; Schimpf; Spott, Hohn.
schimpfære stM Spötter.
schimpf-bære Adj. spiele-
risch.
schimpfen swV abs./pD *mit*
scherzen/ spielen (mit); G /
pD *ob* spotten über.
schimpf-lich Adj., **-lî-
che(n)** Adv. lustig, fröhlich,
scherzhaft; spöttisch.
schimpf-mære stN Scherz.
schimpf-wort stN Scherz;
Spott.
schin stF Schienbein.
schîn[1] Adj. sichtbar, offenbar, offenkundig; klar, deutlich; bekannt; *sch. werden*
+D [auch] zuteil/ bekannt/ be-
wiesen werden; *sch. tuon/
machen* +A/G/N *daz,ob*
(+D/pD *an,gegen*) zeigen/ be-
weisen/ erweisen/ offen-
baren (an); zuteil werden lassen.
schîn[2]**,schîm** stM Glanz;
Schein, Licht; Schönheit; Erscheinung; Äußeres; Aussehen; Anblick; Anschein; Gestalt, Form; Beweis; Widerschein, Bild, Spiegel-, Ebenbild; *sch. geben* [auch] Aussehen haben; [auch expl.,z.B.
kêrlicher sch. Wechsel; *valscher sch.* Falschheit].
schîn-bære Adj. offenkundig, sichtbar, deutlich.
schîn-,schîm-bærlich
Adj., **-lîche(n)** Adv. deut-

lich, sichtbar, offensichtlich;
genau.
schîn-bein [s.] *schinebein.*
schîn-bote swM Stellvertreter.
schindel swF Schindel.
schinden,schinten stV
[IIIa, Prät. auch sw] A schinden, peinigen; berauben; (die
Haut) abziehen; abschälen.
schindern swV A+Adv.lok.
schleifen.
schind-mezzer stN Messer
zum (Ent-) Häuten.
schîne swM Schein, Schimmer.
schine-,schin-bein,-pein
stN Schienbein.
schînen stV [Ia] abs./Adv./
D/ pA *an, durch, in, über, ûf*
scheinen (auf/ durch), strah-
len/ glänzen/ leuchten (über),
schimmern, schillern; pD *gegen,under* um die Wette strahlen mit; pD *mit* erstrahlen
in; pD *ûz* (+D) hervorleuchten
aus; pD *von* ausgehen/ herab-
leuchten von; abs./Adj.(+D)/
(*als/ sam* +) Nom./ pD *an, in,
nâch,ûf,vor* /Adv.lok. sichtbar
werden, zu sehen sein, erscheinen (als/ gemäß/ in/
vor), sich zeigen/ erweisen
(an/ auf/ in), sich darstellen
(als), zu sein scheinen, aussehen wie; N *daz,als(ob),w*
scheinen/ aussehen als ob/
dass, (sich) zeigen, sichtbar
machen.
schine-pein [s.] *schinbein.*
schîn-geprechen stN Verblassen.
schînic Adj. glänzend, klar;
sichtbar.
schinke swM Schenkel, Bein.
schinkel [s.] *schenkel.*
schîn-lich Adj.,**-lîchen** Adv.
strahlend, sichtbar; offenkundig.

schinnelier,schillier stN Beinschiene, -schutz.

schin-pein [s.] *schinebein.*

schîn-plitzende Part.Adj. funkelnd.

schîn-prechen stN Lichtbrechung.

schinten [s.] *schinden.*

schint-vezzel stM Leuteschinder.

schînunge stF Schein, äußere Erscheinung.

schipfe swM Schaufel.

schipfen [s.] *schiffen.*

schipfes Adv. quer.

schîr¹ Adj. lauter, rein, schier; glänzend.

schîr² Adv. [s.] *schier(e).*

schirbe,scherbe,scherwe,scherib swMF (Ton-) Gefäß; Stück; Scherbe.

schîre [s.] *schier(e).*

schirm,scherm stM Schutz, Schild; Deckung, Verteidigung.

schirmære/âre/er stM Beschützer; Wächter; Schutz.

schirme-lich Adj. schützend.

schirmen,schermen swV abs. sich verteidigen; fechten, kämpfen; pAvür sich bewahren vor, sich schützen gegen; A/D(+G/pDvor/pA ûf) (be-) schützen (an/ vor), behüten; *umbe sich sch.* um sich schlagen.

schirmerin stF Beschützerin.

schirme-slac [s.] *schirmslac.*

schirm-hût stM Schutzhülle.

schirm-,scherm-knabe swM Fechtschüler.

schirm-,scherm-meister stM Fechtlehrer.

schirm-schilt stM Schutzschild.

schirm-,schirme-slac stM Fechthieb.

schirm-stap stM Stütze.

schirm-wâfen stN Fechtwaffe.

schit stM Schiedsspruch.

schît,schiet stN Holzscheit.

schîten swV abs. hauen; A zerhauen.

schiter Adj. durchlässig.

schiuchen [s.] *schiuhen.*

schiuer [s.] *schiure.*

schiuften [s.] *schûften.*

schiuhe stF Schrecken.

schiuhen,schiuchen, schiuwen,schû(h)en, schûchen,schûwen swV abs. scheuen; A/G (ver-) meiden; zurückscheuen vor, fürchten; schrecken; vertreiben.

schiuh-hant stF Handflüchter.

schiuh-lich Adj. abschreckend.

schiuhunge stF Schrecken.

schiume-var Adj. schaumbedeckt.

schiune,schuone stF Scheune.

schiure,schiuer,schûre, schiuwer,schuore stswF Scheuer, Scheune.

schiuren swV A eine Abreibung verpassen.

schiutz [s.] *schiuz.*

schiuwen [s.] *schiuhen.*

schiuwer [s.] *schiure.*

schiuz,schiutz stM Grauen, Abscheu.

schiuz-lich Adj. grauenvoll, verabscheuenswert.

schivalier [s.] *schevalier.*

schiver,schever stswM Splitter.

schivier stN (Arm-, Bein-) Schiene.

schîzen stV [Ia] abs. scheißen.

schô [s.] *schuoch.*

schoberen,schübern, schübren swV A zusammenrechen; aufhäufen; zusammenfassen.

schoc¹ stM Schaukel; Stoß, Schwung.

schoc² stN Schock [Mengenmaß, 60 Stück].

schoch Interj. [Klage].

schocken swV A formen.

schôf(-) [s.] *schâf(-).*

schogen [s.] *zogen.*

schôh [s.] *schuoch.*

schœhen [s.] *schuohen.*

schoie,joye,tschoye stF Freude; Gepränge; (Heer-) Schar.

schol swM Schuldner.

scholære/âre stM Schuldner.

schôlære,schœler [s.] *schuolære.*

schœle [s.] *schuole.*

scholle swM (Erd-) Scholle; Schädel.

schôl-meister [s.] *schuolmeister.*

scholn [s.] *soln.*

scholt [s.] *schulde.*

schôn¹ Adv. [s.] *schône.*

schôn² swV [s.] *schuohen.*

schœn,schœne,schôn(e) Adj. schön; herrlich, prächtig; klar, rein, fein; gut, edel; groß, stattlich; freundlich, lieb; gütig, gnädig.

schônc [s.] *schuoch.*

schônde stF Schönheit.

schône¹,schôn Adv. schön; prächtig, herrlich, reich; gut, sehr; freundlich, liebevoll, herzlich; untadelig, würdig, geziemend; bereitwillig, eifrig; genau, gründlich, sorgfältig; ganz, völlig; tüchtig, erfolgreich; deutlich, hell; ruhig; treu; schon.

schône² stF Schonung.

schône³ Adj. [s.] *schœn.*

schœne¹,schône stF Schönheit; Pracht; schönes Wetter.

schœne² Adj. [s.] *schœn*.

schônec-heit stF Schönheit.

schônen swV D nachgeben; G/A(+D/pD*an,mit*) schonen, verschonen (mit), Rücksicht nehmen auf; achten (an), einhalten; meiden.

schœnen swV [Prät. auch *schônt-*] abs. prangen; schöner werden; A(+pD*mit*) verschönen, schmücken (mit); steigern, erhöhen; läutern.

schœn-,schôn-heit stF Schönheit; Pracht, Herrlichkeit.

schônt- [s.] *schœnen*.

schônunge stF Schonung.

schop stMN Schwung.

schope,schop swM Jacke.

schopf¹ stM Schopf; Kopf; Schweif.

schopf² stM Gedicht.

schopf-buoch stN Quelle.

schopfen swV abs. dichten.

schöpfen [s.] *schepfen*.

schöpfer [s.] *schepfœre*.

schöpf-,schöp-nisse stF Erschaffung, Schöpfung.

schöpfunge stF Erschaffung, Schöpfung.

schöp-nisse [s.] *schöpfnisse*.

schoppære [s.] *schepfœre*.

schoppen swV A+G voll stopfen mit.

schor swM Klippe.

schor-nehtic Adj. uneben.

schorpe,schorp,scharpe swM Skorpion.

schorpen-vleisch stN Skorpionfleisch.

schorpen-zagel stM Skorpionstachel.

schorpf,tschorfe stM Grindkopf.

schosse-hâr stN Haarstoppel.

schot Adj. besudelt.

schoteln¹ swV abs. beben.

schoteln² stN Erschütterung.

Schotte swM Schotte.

schotten swM Quark.

Schotten-,Schott-lant stN Schottland.

schottesch Adj. schottisch.

Schott-lant [s.] *Schottenlant*.

schoubîn Adj. *sch. dach* Strohdach.

schoup stM Bündel; Stroh, Strohbund; *kerzîner sch.* Fackel.

schouwe,schôwest F (An-)Blick; Sicht; Prüfung; Aussehen; Ansehen; *an/ bî der sch. sîn/ sitzen* zuschauen.

schouwe-lich,schôw(e)-, schœw-lich Adj. kontemplativ.

schouwe-licheit,schöuw-licheit stF Betrachtung; Beschaulichkeit.

schouwen¹ swV abs. sich umsehen, nachsehen, zuschauen, sich in Anschauung versenken; Adv. aussehen; pD*gegen*/ pA*an,in,vor* blicken auf/ in/ vor; A/N*sdaz, ob,w*/Inf. sehen, schauen; betrachten, anschauen, ansehen; erkennen; auf-, besuchen; A+pA*vür* ansehen als; *sch. lâzen* +A/N*sdaz,w* zeigen, beweisen; Part.Adj. [s.] *schouwende*.

schouwen² stN Blick; Anblick, Anschauung, Betrachtung; Zuschauen, Ausschau.

schouwende Part.Adj. kontemplativ.

schöuw-lichkeit [s.] *schouwelicheit*.

schouwunge,schôwunge stF Anschauung, Betrachtung; Vision, Schau.

schôw-,schœw- [s.] *schouw(e)-*.

schoz¹ stN Zweig.

schoz²,schôz stN Geschoss, Pfeil.

schôz,schôze stswMF Schoß; Rock (-schoß).

schoz-bölzelîn stN Schießbolzen.

schoz-pühse swF Schießbüchse.

schoz-rîs stN Schössling, Trieb.

schoz-slange swMF[Schlange].

schozzen¹ swV pA*in* aufschießen zu.

schozzen² stN Strom;Strahl.

schrâ stF *winterrœziu sch.* Schneegestöber.

schræen swV [Prät. auch *schrât-*](D+)pD*nâch,ûz,von*/ pA*durch*/Adv.lok. hervorspritzen (aus/ durch/ hinter), herabtriefen von; A aufwirbeln; zerstreuen, verbreiten.

schrage swM (Tisch-) Gestell; Tribüne.

schræmen swV A abschrägen.

schranc stM Schranke; Verschränkung; Umarmung; Einschränkung; Windung; Betrug.

schranct- [s.] *schrenken*.

schranke swMF Schranke; Grenze.

schranken swV abs. taumeln.

schranne stF Gerichtsschranke.

schranz stM Spalt, Riss; Wunde, Scharte, Kratzer; *âne/ sunder sch.* [auch] unversehrt; makellos, vollkommen.

schranze swF Scheide.

schrapfe swM Kratzeisen.

schrât¹ stM Tropfen.

schrât² stM [s.] *schrôt.*
schrât- [s.] *schrœen.*
schrâten [s.] *schrôten.*
schrawaz,schraz stswM Waldgeist, Kobold.
schrê,schrei stM Schrei, Geschrei.
schrecke swM Schrecken.
schrecken¹ swV abs./pA *umbe* springen/ tanzen (um).
schrecken² swV A erschrecken; A+pD*von* abschrecken von.
schreckerin(ne) stF Tänzerin.
schreck-sal stF Schrecknis.
schreck-salunge stF Schrecknis.
schregen swV *mit den vüezen sch.* die Füße überkreuz setzen.
schrei [s.] *schrê.*
schreiât stF Pranger.
schreien¹,schreigen swV A zum Schreien bringen.
schreien² swV abs. wiehern.
schreigen [s.] *schreien* ¹.
schrei-ic Adj. lärmend.
schrei-lîche Adv. laut.
schreit Adj. umfassend.
schrenc-poum stM Schranke.
schrenken swV [Prät. auch *schranct-*] pA*an* übergehen zu; A(+pA*ob,über,zwischen, umbe* /Adv.lok.) flechten/ legen/ verschränken (über/ um/ zwischen); spreizen.
schrepfen swV D zur Ader lassen, schröpfen.
schretel,schret(e)-lîn stN Kobold.
schrevel stM Biest.
schrîbære/er stM Schreiber; Dichter; Schriftgelehrter.
schrîbeswM Schriftgelehrter.
schrîben stV [Ia] abs./Adv. schreiben; pD*an,von* /pA*wi- der* schreiben auf/ gegen/

über; refl.+pD*mit,nâch* /Adv. sich schreiben (mit), sich (be-) nennen (nach); refl. +Kard.Zahl zählen; A/N*sdaz, w* (+D/pA*an* /Adv.) schreiben (auf/ in), aufschreiben, überliefern; beschreiben; auf-, verzeichnen; verwalten; vorschreiben, befehlen; A+ pD*gegen,von* verbannen nach/ von; A+pA*in* einschreiben/ aufnehmen in; A+pA*vür* (+D) anrechnen/ ansehen als.
schrîberin stF Schreiberin.
schrîber-lich Adj. *schrîberlichiu wîse* Art der Schriftgelehrten.
schric stM Schreck, Erschrecken; Schrecknis; *herzen sch.* Herzklopfen.
schricke stswF Sprung.
schricken swV abs. hüpfen, springen; zerspringen; D+pD *ûz* emporschlagen aus; pA *an* überwechseln zu.
schricker stM Feigling.
schric-lich Adj. schrecklich.
schric-lîche Adv. erschrocken.
schrîehen [s.] *schrîen.*
schriems Adv. schräg.
schrîen,schrîn,schrîgen, schrîehen,schrîjen stV [Iab, Prät. auch *schrîr-, schriuw-,schrûw-,* auch sw] abs. schreien; pD*nâch* rufen nach/ um, verlangen nach; pA *ûf* mit Geschrei verfolgen; A/N*sdaz* (aus-) rufen, verkünden; verfluchen; *klage/ wê/ zeter sch.* (+pD*nâch* /pA *über*)/pA*umbe* jammern nach, klagen über; *wâfen sch.* (+pA *über*) um Hilfe/ zu den Waffen rufen; Wehe rufen (über); *eine krîe/ stimme sch.* einen Schrei/ Ruf ausstoßen; *trehen/ bluot sch.* (blutige) Tränen weinen; *ûf*

daz leben sch. +D nach dem Leben trachten; *zesamene sch.* +A zusammenrufen; +A *diu pfanne schrîet* +D das Fleisch brutzelt in der Pfanne.
schrift stF Schrift; Niederschrift, Schreiben; Inschrift; Urkunde; Quelle, Überlieferung; *diu heilige sch.* die Heilige Schrift; *altiu/ niuwiu sch.* Altes/ NeuesTestament.
schrîgen,schrîjen [s.] *schrîen.*
schrimpen stV [IIIa] abs. schrumpfen.
schrîn¹ stM Schrein, Kasten, Truhe.
schrîn² stV [s.] *schrîen.*
schrinden stV [IIIa] abs./D rissig werden, verletzt sein.
schrîp stM Schuldverschreibung.
schrîp-gadem stN Schreibstube.
schrîp-lich Adj. artikuliert.
schrîr- [s.] *schrîen.*
schrit stM Schritt.
schrîten stV [Ia] abs./Adv.lok. (dahin-) schreiten, gehen, wandeln; pD*nâch* hergehen hinter; pD*ab,von* steigen von; pD*ze* gehen zu; pA*an,ûf* steigen/ eindringen auf; pA*in* aufsteigen/ gehen zu; pA*über* (+D) laufen/ hinwegschreiten über; pA*vür* treten vor.
schriuw- [s.] *schrîen.*
schrôt,schrât stM Kleiderschnitt; Saum, Rand; Wunde; Schaden.
schrôten,schrâten stV [VII db] refl.+pA*gegen* sich sträuben gegen; refl.+pA*in* sich einprägen in; (A+)pA*durch, in,ûf* (+D) hauen/ schlagen auf/ durch, schneiden durch; A(+D) ab-, zuschneiden; durch-, zerschneiden; zer-

hauen, (zer-) schlagen; aushauen; zumessen; A+pD*bî* zuordnen zu; A+pD*von* abtrennen zu; A+pA*under* mischen/ bringen unter.
schrôter stM Schneider.
schrowel stM Folterknecht.
schruffen swV A+pA*in* spalten in.
schrunde stswF Spalte.
schrûw- [s.] *schrîen.*
schû Interj. [Verscheuchen].
schû(-) [s.] *schuoch(-).*
schübel stM Ballast.
schuben swV A+pA*in* stoßen in.
schübern,schübren [s.] *schoberen.*
schûc(-),schûch(-) [s.] *schuoch(-).*
schûchen [s.] *schiuhen.*
schüehen [s.] *schuohen.*
schüeler [s.] *schuolære.*
schûen [s.] *schiuhen.*
schûer [s.] *schûr* [2].
schuf stM Schwung.
schûfel [s.] *schûvel.*
schuffen [s.] *schupfen.*
schûft stM Galopp.
schûften,schiuften swV abs. galoppieren; A+pA*ûf* werfen auf.
schûhen swV [s.] *schiuhen; schuohen.*
schui Interj. [Verscheuchen].
schulde,scholt stF Schuld; Unrecht, Verfehlung, Vergehen; Verschulden; Ursache, Grund; Pflicht, Verpflichtung; Tribut; *diu wâre sch.* [auch] Wahrheit; *von sînen schulden* [auch] durch ihn, um seinetwillen; *von schulden* [auch] mit Recht, von Rechts wegen; *die êrsten schulde von ir lîbe nemen* sie zur Frau machen.
schuldec/ic Adj. schuldig; schuldbeladen, sündhaft;

notwendig; *sch. sîn* +G/pD *an* schuld sein an;*sch. sîn* + A+D schulden; *des tôdes sch. sîn* den Tod verdienen.
schuldec/ic-lîche Adv. mit Grund.
schuldegære,schuldigære/er stM Schuldiger; Schuldner.
schuldegen,schuldigen swV A(+G/Ns(*daz*)/pD*an* / pA*umbe*) beschuldigen/ anklagen (wegen).
schulde-,schult-haft Adj. schuldig, schuldbeladen.
schulde-lôs Adj. unschuldig.
schulden swV A(+G) beschuldigen/ anklagen (wegen); A+D schulden.
schulder [s.] *schulter.*
schuldig- [s.] *schuldeg-.*
schuldner stM Schuldner.
schûle [s.] *schuole.*
schûlen swV abs. sich verbergen; verborgen sein.
schûlene stF Verborgenheit.
schûl-list [s.] *schuollist.*
schuln [s.] *soln.*
schult Adj. schuld.
schult-haft [s.] *schuldehaft.*
schulter,schulder stF Schulter; (Vorder-) Schinken.
schulter-blat stN Schulterblatt.
schult-heize swM Schultheiß; (Unter-) Richter.
schultheizen-tuom stN Richteramt.
schûlunge stF Zufluchtsort.
schûm stM Schaum; Schlacke.
schûmen swV abs. schäumen, mit Schaum bedeckt sein; D träumen; A+pD*vor* reinigen von.
schumpfentiure,schunpfentiure,tschumpfentiure stF Niederlage.

schumpfieren swV A besiegen.
schündære,schuntære stM Anstifter.
schünden,schunden swV A/Ns*daz,w* verführen, reizen; hervorrufen; mahnen; veranlassen; A+G/pD*ze* /pA *in,ûf* /Ns*daz* anspornen/ verleiten/ bringen zu, locken in.
schündic-heit stF Versuchung.
schündunge,schüntunge stF Versuchung.
schunpfentiure [s.] *schumpfentiure.*
schuntære [s.] *schündære.*
schünt-sal,-salunge stF Versuchung.
schüntunge [s.] *schündunge.*
schuo Interj. [Verscheuchen].
schuoch,schuo(h),schû, schûc(h),schô,schôh, schônc stswM Schuh; Fuß [Längenmaß].
schuoch-,schû(c)h-bant stN Schuhband.
schuoch-sûter stM Schuhmacher.
schuoch-werc stN Schuhe.
schuoch-würke,schuo-, schû-wurte,-worte swM Schuhmacher.
schuoh [s.] *schuoch.*
schuohen,schüehen, schûhen,schœhen, schôn swV A(+pD*mit,ze*) mit Schuhen ausstatten, beschuhen/ ausrüsten (mit/ für); A+pA*an,über* (+D) anlegen, ziehen über; A+pA*in* kleiden in.
schuolære/er,schôlære, schœler,schüeler stM Schüler, Student.
schuole,schûle,schœle stF Schule, Unterricht; *hôhiu sch.* Universität.

schuole-meister [s.] *schuolmeister.*

schuol-kint stN Schüler.

schuol-,schûl-list stM Wissenschaft; Schulwissen.

schuol-meister,schuole-, schôl-meister stM Lehrer.

schuol-meisterin stF Lehrerin.

schuol-pfaffe swM gelehrter Geistlicher.

schuone [s.] *schiune.*

schuope,schûpe swF Schuppe.

schuore [s.] *schiure.*

schuo-worte,-würke, -wurte [s.] *schuochwürke.*

schup stM Diebesgut, Beute; Gewährsmann; Gerichtsgebühr.

schûpe [s.] *schuope.*

schupfen,schüpfen, schuffen,schupen swV pD*mit* wippen mit; A wie einen Betrüger bestrafen; A (+pA*an,ûf*) hetzen auf/ zu; A+pD*von* /p A*in,über,ûz* /Adv. lok. stoßen/ werfen aus/ in/ über, (zu Boden) werfen.

schûr[1] stM Schutz.

schûr[2]**,schûer,schûwer** stswM Regen-, Hagelschauer, Unwetter; Leid, Verderben, Unglück.

schür-brant stM [Kleiderstoff].

schurc stM Schlag.

schûre [s.] *schiure.*

schûren stN Hagel.

schürfen,schurft- [s.] *schürpfen.*

schurgen swV abs. schieben.

schürn swV [Prät. auch *schurt-*] pD*ze* beitragen zu; A(+D) schüren, entfachen; treiben; mit sich bringen.

schürpfen,schürfen swV [Prät. auch *schurpft-, schurft-*] A kratzen, verlet-

zen, aufschneiden; *viur sch.* Feuer schlagen.

schurt- [s.] *schürn.*

schurze-lîn stN Schurz.

schürzen,schurzen swV refl./pD*ze* sich bereitmachen (zu); A schürzen; A+pA*umbe* binden um.

schuschel [s.] *schüzzel.*

schut- [s.] *ab-, anschüten.*

schüteln stN Erschütterung.

schüten,schütten,schütlen,schu(t)ten swV refl.+ pD*ûz* ablegen, abwerfen; A schütteln, schwingen; erschüttern; A+pD*ab,ûz,von* (ab-) schütteln von, herausschütteln aus, ziehen aus, werfen von; A+pA*in,ûf* (aus-) schütten/ gießen auf/ in; schwingen/ hauen/ werfen in; *vol sch.* +A füllen.

schutz stM Damm.

schütze,schutze,schuzze swM (Bogen-) Schütze.

schützen swV [Prät. auch *schutzt-*] A (be-) schützen.

schûvel,schûfel stswF Schaufel.

schûveln swV A+pD*ûz* ausgraben aus.

schûwen [s.] *schiuhen.*

schûwer [s.] *schûr*[2].

schuz stM Schuss; Wurf; Stich; Schmerz; Strom.

schuz-lîchen Adv. *sch. spannen* +D mit gespanntem Bogen zielen auf.

schüz-,schuz-linc [s.] *schüzzelinc.*

schuzze [s.] *schütze.*

schüzzel,schuzzel,schuschel,schüzzle stswF Schüssel.

schüzze-linc,schüz-, schuz-linc stM Spross, Trieb.

schüzzel-spüeler stM Tellerwäscher.

schüzzel-trager stM Aufwärter.

schuzzic Adj. plötzlich.

schuz-zil stN Ziel (-scheibe).

schüzzle [s.] *schüzzel.*

s e [s.] *sie*[1].

s ê[1] stMF [auch swM; flekt. auch *sêwe-*] See; Meer.

s ê[2] Interj. [Zuruf] da, hier; sieh nur; nimm [auch *s. hie/ hin*].

sê-barke swF Schiff.

sê-blat stN Seerosenblatt.

sêch stN Pflugschar.

sechic Adj. *s. dinc* Ursache.

seckel stM (Geld-) Beutel.

secte swF Sekte.

sedel stMN Sessel; Sitz; Thron; Wohnsitz; Sattel; *ze sedele gân* untergehen.

sedel-burc stF Stammsitz.

sedel-haft Adj. sesshaft, ansässig.

sedel-hof stM Wohnsitz, Stammsitz.

sedelunge stF Sitz; Platz.

sêen [s.] *sæen.*

seffec [s.] *saffec.*

sege[1]**,sage** swF Säge; Sense.

sege[2] Subst. [Kleidungsstück].

segel[1]**,sigel** stM Segel.

segel[2] stN [s.] *sigel*[1].

segel-boum,-poum stM Mastbaum.

segelen [s.] *sigelen.*

segel-gerte stF Segelstange.

segeln [s.] *sigeln.*

segel-poum [s.] *segelboum.*

segel-,sigel-rieme swM Segeltau.

segel-ruote stF Segelstange.

segel-seil stN Segeltau.

segel-weter stN (gutes) Segelwetter.

segel-wint stM Segelwind.

segen[1] swV [Prät. auch *saget-*] A zersägen.

segen²,segne,sein stM Segen; Segensspruch, Gebet; Segenswunsch, Gruß; Abschiedssegen; Gnade, Heil; Zauberspruch, -segen; *den s. vür sich tuon* sich bekreuzigen; *sant Johannes s. trinken* den Abschiedstrunk trinken.

segen³ stswF Fischernetz.

sêgen [s.] *sæen.*

segenen,seinen,seingenen swV refl. sich bekreuzigen; p**D***nâch* nachwinken; A (+D) segnen, den Segen sprechen über; weihen; grüßen; *got segen(e)* ! Gott bewahre!; *gesach, -sah in got* Gott segne ihn.

segense,sengse,sense stswF Sense.

segenunge stF Segen.

seglisch Adj. *s. zan* Reißzahn.

segne [s.] *segen.*

segs [s.] *sehs.*

segste [s.] *sehste.*

sehe stswF Wahrnehmung, Blick.

sehen,sên stV [Va] abs./ Adv. sehen, (drein-) blicken; aussehen; p**D***gegen,ze,nâch* / p**A***an,über,ûf* blicken auf/ über/ zu, hinterhersehen; sich wenden an; achten auf, sich kümmern/ sorgen um; sorgen für; berücksichtigen; p**A***durch* +D hindurchsehen durch; p**A***hinder* zurückblicken; p**A***in* hineinblicken in; A/ Ns (*daz,ob,w*) (+Adj./ Inf./ Part.Prät.)(+D) sehen (können), erblicken/ bemerken (an); erkennen; beachten; finden, treffen, erleben; auf-, besuchen; A+p**A***vür* ansehen als, halten für; *sich gelîch s.* +D gleichen; *über sich s.* aufsehen; *umbe sich s.* sich

umsehen; *vür sich s.* sich vorsehen; *zuoeinander s.* einander ansehen; *s. lâzen* +A(+A/Adj./Ns*daz,ob*) zeigen, beweisen;*blicke s.* +p**A** *an* Blicke werfen auf; *under diu ougen s.* +D ins Gesicht sehen.

sehs,ses,segs Kard.Zahl sechs.

sehs-eckot Adj. sechseckig.

sehs-lei Adj. sechserlei, sechsfach.

sehs-stunt Adv. sechsmal.

sehste,seste,segste Ord. Zahl sechste (-r/ -s).

sehste-halp Adj. fünfeinhalb.

sehs-teil stN Sechstel.

sehs-,ses-tûsent Kard.Zahl sechstausend.

sehs-valt Adj. sechsfach.

sehs-zec/ic [s.] *sehzec.*

sehs-zehende,-zênde [s.] *sehzehende.*

sehter stM Ketzer.

seht-zec/ic [s.] *sehzec.*

seht-zehenhande [s.] *sehzehenhande.*

sehunge stF Betrachtung.

seh-zec,sehs-,seht-,ses-zec/ic Kard.Zahl sechzig.

seh-zehen,ses-zên,-zêhn Kard.Zahl sechzehn.

seh-zehende,sehs-zênde Ord.Zahl sechzehnte (-r/ -s).

seh-,seht-zehen-hande Adj. sechzehnfältig.

sehzic-valt,-valtic Adj. sechzigfach.

sei,sein stMN [feiner Wollstoff].

seichen swV abs./p**A***in* urinieren/ pissen (in).

seide [s.] *sete.*

seien [s.] *sæen.*

seife swF Seife.

seigære stM Waage.

seige stF Richtung; *ûf der s. sîn* untergehen.

seigen swV p**A***an,ûf* zielen auf; A(+p**A***an,ûf*) senken (auf); niederwerfen; streuen (auf).

seiger Adj. trüb; modrig.

seil stN Seil, Strick; Leine; Fessel; Linie; Maß; *an sîn s. vazzen* +A sich aneignen; *an daz s. geben* +A in die Gewalt geben.

seilde [s.] *sælde.*

seilen swV A(+p**A***ûf*) fesseln; festbinden (auf); mit Seilen befestigen, anleinen.

seim,sein stM Honig, Honigseim.

sein¹ swV [s.] *sæen.*

sein² stM [s.] *segen²; seim.*

sein³ stMN [s.] *sei.*

seinc-lich,-lîche [s.] *seneclich.*

seine¹ Adj. langsam, träge; matt; kurz.

seine² Adv. langsam, träge; vorsichtig, zögernd; wenig; schwerlich.

seinec-lîche(n) [s.] *samelîche(n).*

seinen [s.] *segenen.*

seinfte [s.] *senfte* [1].

seingenen [s.] *segenen.*

sein-lich Adj. faul.

seint(e) [s.] *sanct.*

seit,sagit stMN [feiner Wollstoff].

seit- [s.] *sagen.*

seite swMF Saite.

seiten swV A+p**D***mit* an sich binden mit.

seiten-klanc stM Saitenspiel.

seiten-,seit(e)-spil stN Saitenspiel, -instrument.

seit-gedœne stN Saitenspiel.

seitiez,seytiez stN Schiff, Kahn.

seit-spil [s.] *seitenspil.*

sê-kolbe swM Teichkolben.

selb- [s. auch] *selp-* .

selben-lei Adj. gleich.

selbic Adj. (der/ die/ das) sel-
be/ selbige.

selch stM Seehund.

selde,selede stswF Wohnung; Haus; Wohnstatt; Aufenthaltsort; Ort, Platz; Stall.

selden [s.] *selten.*

sêle stswF Seele, Geist; Seelenheil.

selede [s.] *selde.*

sêle-messe,-misse   stF
Seelenmesse.

sêlen-ouge swN Auge der
Seele.

sêl-geræte stN Vermächtnis,
Testament; Stiftung von See-
lenmessen.

selh [s.] *solh.*

sêli- [s.] *sæle-.*

sêlide [s.] *sælde.*

selk [s.] *solh.*

selken stV [IIIb] pD*ze* sich
ergießen auf.

selle swM Gefährte, Freund.

selle-schaft stF Freundschaft, Gemeinschaft.

sellic Adj. einträchtig.

sêl-lôs Adj. herzlos.

selmer [s.] *salme* [1].

seln swV [Prät. auch *salt-*]
abs. sich ergeben; A(+D) hingeben, aufgeben; A+pA*in/*
Adv.lok. übergeben (in).

selp[1]**,selbe/selve** Adj. (der/
die/ das) selbe/ gleiche/ eigene; diese (-r/ -s).

selp[2]**,selbe,selve** Dem.Pron.
selbst; *s.* +Ord.Zahl [z.B. *s.
ander/ dritt*] zu zweit/ dritt;
zusammen mit/ in Begleitung
von einem/ zwei andern.

selp-,selbs-heit stF Selbst,
(eigenes) Wesen.

selp-herre,selb-*hêr Adj.
selbstherrlich.

selp-herrisch Adj. selbst-
süchtig.

selp-,selb-kür stF freier
Wille.

selp-,selb-mugende Part.
Adj. eigengesetzlich.

selp-schol,selb-scholle
swM   Hauptschuldner;
Hauptschuldiger.

selp-schouwet Part.Adj. offensichtlich.

selp-,selb-selbe Adv. aus
sich selbst.

selp-,selb-sitzende   Part.
Adj. einsam.

selp-,selb-standunge stF
Persönlichkeit.

selp-,selb-var Adj. ungeschminkt, ungefärbt.

selp-wahsen Part.Adj. unerzogen; unverdient.

selp-,selb-wal stF freier
Wille.

selp-,selb-walzende Part.
Adj. sich von selbst drehend.

selp-wege stF Meeresströ-
mung.

selp-,selb-wesen stN Wesen, Natur.

selp-,selb-wesende Part.
Adj. wesenhaft.

selp-wesic Adj. wesenhaft.

selten,selden Adv. selten,
kaum; wenig; (noch) nie.

seltên [s.] *seltsæn.*

selter [s.] *psalter.*

seltsâm-keit[s.]*seltsænkeit.*

**selt-sæn,-sân,-sæm,
-sâm,-sein,-saim,-zâm,
-zên,selzên,selzêm,
selzehen, seltên** Adj. seltsam; fremd, fremdartig;
merkwürdig,   sonderbar;
wunderbar; selten; schwer.

seltsæn-,seltsâm-keit stF
Seltenheit.

**selt-sein,-seim,-zâm,
-zên** [s.] *seltsæn.*

selve [s.] *selp.*

selwen swV A(+D) be-
schmutzen; ent-, verfärben;
betrüben.

sem [s.] *sam* [2].

semede,semde stF Schilf,
Binse.

semel(e),simel(e)   stswF
Weizenmehl;   Weißbrot,
Semmel.

seme-lich,-lîche(n)   [s.]
samelich.

semel-,simel-mel stN Weizenmehl.

semen stN Samen.

semf-korn [s.] *senefkorn.*

semft(e)- [s.] *senft-.*

semît [s.] *samît.*

sem-lich [s.] *samelich.*

semper-vrî Adj. [flekt. auch
sempervrîge-] semperfrei,
(reichsunmittelbar) frei; teilnahmeberechtigt am Land-
tag/ Reichstag.

sempft(e)(-) [s.] *senft-.*

sempftigen [s.] *senftigen.*

sên[1] stV [s.] *sehen.*

sên[2] swV [s.] *sæen.*

senâdôr [s.] *senâtôr.*

senât stM Senat; Senator.

senâtôr,senâdôr stM Senator.

sendalîn stN Sandelholz.

sende[1] Part.Adj. [s.]*senende.*

sende[2] stF [s.] *senede* [1].

sende- [s.] *senede-.*

senden[1] swV [Prät. auch
sant-] pD*nâch,gegen,ze* /pA
an,über,umbe schicken nach,
holen lassen, einladen, zusammenrufen, eine Bot-
schaft senden in/ nach/ über/
zu; A(+D/pD*gegen,nâch,ûz,
ze* /pA*an,in,über,ûf* /Adv.lok.)
(aus-) senden/ führen/ bringen (an/ auf/ aus/ in/ nach/
von/ über/ zu); geben, spenden; übermitteln; *vür s.* eine
Nachricht vorausschicken;
zesamene s. +A zusammenführen.

senden[2] stN [s.] *senen* [3].

sendenære [s.] *senedære.*

sende-reht [s.]   *sentreht.*

sendunge,sandunge stF
Geschenk.
sene stF Sehnsucht; Liebesqual.
senê [s.] *snê.*
sene-bürde stF Liebesqual.
senec/ic Adj. sehnsüchtig.
senec/ic-lich,seinc-lich
Adj., **-lîche** Adv. sehnsuchtsvoll, qual-, leidvoll.
senedære,sendenære stM
Liebender.
senedærin stF Liebende.
senede¹,sende stF Sehnsucht, Liebesschmerz.
senede² Part.Adj. [s.] *senende.*
senede-,sende-bære Adj.
sehnsuchtsvoll.
senedec-,sendec-lîchen
Adv. qualvoll.
senef,senif,senf stM Senf.
**senef-korn,senf-,semf-,
senft-korn** stN Senfkorn.
sene-genôz stM Leidensgenosse.
sene-gluot stF Liebesglut.
sene-,sen-lich Adj., **-lîche(n)** Adv. sehnsüchtig;
schmerzlich, leid-, jammervoll; traurig.
sene-mære stN Liebesgeschichte.
senen¹ swV refl. Sehnsucht
haben, sich grämen; (refl.+)
G/ pD*gegen,nâch,von* / pA*ûf,
umbe* (+D) sich sehnen nach,
verlangen nach; A befriedigen; *sîn herze s.* +pD*nâch*
sich sehnen nach.
senen² swV refl. sich strecken.
senen³,senden stN Sehnsucht, Verlangen; Liebesschmerz, -kummer.
senende,senede,sende
Part.Adj. sehnsüchtig, sehnsuchtsvoll; verliebt, liebend;
liebeskrank; traurig, leid-,

qualvoll; *senender kummer,
senendez leit, senendiu nôt/
sorge* Liebesleid, -kummer.
sene-nôt stF Liebesschmerz.
sene-rîche Adj. sehnsuchtsvoll.
sene-viuwer stN Liebesglut.
senewe,senwe stswF (Bogen-) Sehne.
senf(-) [s.] *senef(-).*
senf-müeteclich,-lîche(n)
[s.]*sanftmüeteclich.*
senfte¹,sem(p)fte,sanfte,samfte,seinfte Adj.
sanft, mild, zart; weich,
leicht; angenehm; schön;
lieb, sanftmütig, freundlich;
ruhig, geduldig; zufrieden,
bescheiden.
senfte²,sem(p)fte stF
Sanftmut; Bequemlichkeit,
Annehmlichkeit; Ruhe;
Trost.
senfte³ Adv. [s.] *sanfte ¹.*
senftec/ic Adj. sanft, mild,
friedfertig.
**senftec/ic-heit,senfte-,
semfte-keit** stF Sanftmut,
Güte; Sanftheit; Trost; Ruhe,
Bequemlichkeit, Annehmlichkeit.
senftec/ic-lich,sem(p)ftec/ic-lich Adj., **-lîche(n)**
Adv. sanft, mild; ruhig, leise;
leicht.
senfte-keit [s.] *senftec/icheit.*
senften,sem(p)ften swV
D Linderung verschaffen;
leichter werden; A(+D) lindern, stillen, mildern, erleichtern; besänftigen, beruhigen; mäßigen; freudig
stimmen; *sînen muot s.* Mut
fassen.
senftenier,semftenier stN
Schutzpolster [unter der
Rüstung].
senfte-nisse [s.] *senftnisse.*

senfterinne stF Trösterin.
senftern swV abs./refl. sich
besänftigen; A(+D) beruhigen, erleichtern, mildern.
senfterunge stF Linderung.
senft-gemuot Adj. sanftmütig.
senftigen,sempftigen swV
D Freude verschaffen; A(+D)
besänftigen, beruhigen, mildern; glätten.
senft-korn [s.] *senefkorn.*
**senft-,sanft-müetec/ic,
-mûtic** Adj. sanftmütig, geduldig.
senft-,senf-müeteclich
Adj., **-lîche(n)** Adv. sanftmütig.
**senft-müetekeit,semfte-,
sanft-müet(i)keit,-mûtikeit** stF Sanftmut.
senft-,senfte-nisse stF
Linderung.
senft-süeze Adj. wohltuend.
senftunge,semftunge stF
Besänftigung, Zähmung.
senft-viuht Adj. angenehm
feucht.
senft-viuhte stF mäßige
Feuchtigkeit.
sengære/er stM Sänger.
sengel stM Sänger.
sengeln swV abs. säuseln,
flöten.
sengen swV A anzünden, verbrennen.
sengerin stF Sängerin.
sengse [s.] *segense.*
senif [s.] *senef.*
senit-stuol [s.] *sentstuol.*
senkel stM Schließe.
senken swV [Prät. *sanct-*]
refl.+pD*gegen,ze* /p A*in* niedersinken auf/ in, sich neigen zu; A(+D)+pD*ze* /p A*an,
in*) senken/ werfen/ stürzen/
einlassen (in), herabsenken/
sinken lassen (auf), herunterziehen; töten.

sen-lich,-lîche(n) [s.] *se-*
nelich.
sense [s.] *segense.*
sent stM (Gerichts-) Ver-
sammlung; Synode, Konzil;
Landtag, Reichstag.
sent-bære Adj.*s. vrî* semperfrei, (reichsunmittelbar) frei;
teilnahmeberechtigt   am
Landtag/ Reichstag.
sent-brief stM Sendschrei-
ben.
sente [s.] *sanct.*
sent-herre swM Versamm-
lungsteilnehmer, Beisitzer.
sentîne stF Schiff; Unter-
deck.
sent-lich Adj. rechtmäßig.
sent-pflihte swM Beisitzer.
sent-,sende-reht stN Kir-
chengericht; Synode, Kon-
zil.
sent-,senit-stuol stM Ge-
richtssitz.
senunge stF Sehnsucht.
senwe [s.] *senewe.*
sê-pluome swF Seerose.
september stM September.
sequenzîe/tîe stswF Hym-
ne, Lobgesang.
sêr[1] Adj. verwundet, wund;
krank.
sêr[2] stMN Schmerz, Leiden,
Qual; Leid, Not; Sehnsucht.
sêraph(în) stM Seraph [En-
gel; neunter Engelschor].
serben [s.] *serwen.*
sêrde stF Schmerz; Verletzung.
sêre[1] Adv. sehr; heftig;
schwer, scharf, streng;
schmerzhaft, schmerzlich;
eifrig, eindringlich, inständig; stark, fest; treu; schnell;
hoch, laut; teuer; völlig;
Komp. [auch *sêrre*] mehr,
schlimmer; Superl. am meisten, am stärksten.
sêre[2] stF Schmerz, Leid.

sêrec/ic Adj. verletzt; traurig.
sêre-keit stF Schmerz.
sêren swV A(+D) verletzen,
verwunden; treffen; schmerzen, quälen; (be-) trüben, belasten.
sêrgen swV A verletzen.
sergi-,*sorge-keit stF Beschwernis.
sêr-lich Adj. schmerzhaft,
heftig.
sermôn stMF Rede, Predigt.
serp swF Schlange.
serpant,sarpant,sar(a)-
bant stM Schlange; Drache.
sêrre [s.] *sêre* [1].
serten st V [IIIb] A(+D) behindern, stören, plagen; betrügen; *schänden; A+pD ûz*
locken aus; *von einander s.*
+A zerhauen.
sêrunge stF   Verletzung;
Schädigung.
serwen,serben swV abs. dahinsiechen.
Serze swM Sarazene.
ses[1] stF Sechs [auf dem Wür-
fel].
ses[2] Kard.Zahl [s.] *sehs.*
seste [s.] *sehste.*
ses-tûsent [s.] *sehstûsent.*
ses-zec [s.] *sehzec.*
ses-zehen,-zêhn,-zên [s.]
sehzehen.
sete,seide stF Sättigung,
Fülle.
sete- [s.] *saten.*
setigen swV refl. sich satt
essen.
sêtim,sêtîn stF Baum.
set-lich [s.] *sitelich.*
setunge [s.] *satunge.*
setz [s.] *sez.*
setzen swV [Prät. auch *satzt-,*
sast-,sat-]   abs./Adv./refl.
(+Adv.lok.) sich setzen; sich
beruhigen/ lösen; refl.+pD *ge-*
gen /p A *wider* kämpfen/ sich
auflehnen/ stemmen gegen;

refl.+pA *in* sich mischen/ setzen in; refl.+pA *ûf* sich set-
zen/ verlegen auf; D+Inf.*ze*
vorschreiben; erlauben; A
(+D)/Ns *daz* festsetzen, festlegen, bestimmen, anordnen;
ein-, errichten; einsetzen; erwähnen; ansiedeln, Platz
nehmen lassen, bewirten;
lindern, besänftigen, beruhigen; A+D (über-) geben, anvertrauen; stellen; versetzen;
A+Adj. machen; besetzen; A +
Adv. erzählen; aufsetzen;
A+pD *bî, gegen, ze, zwischen* /
p A *an, eneben, in, über, ûf, um-*
be,under (+D)/Adv.lok. (ein-)
setzen als/ an/ auf/ in/ neben/
vor/ über/ zwischen, (auf-)
stellen gegen/ in; (fest-) legen
auf, übergeben an, wenden
an, richten auf; versetzen in,
machen zu, besetzen mit;
A+pD *nâch* richten nach.
setzunge stF Satzung, Be-
stimmung.
seun [s.] *sêwen.*
sêwe- [s.] *sê* [1].
sêwen[1],seun swV abs./refl.
sich zum See verbreitern, einen See bilden.
sêwen[2] swV [s.] *sæn.*
sêwer [s.] *sæære.*
sê-wurz stF [Wasserpflan-
ze].
sexte stswF Sext [kanonische
(Gebets-) Stunde, 12 Uhr
mittags].
sextern stM Lage von 6 (Pa-
pier-) Bögen.
seytiez [s.] *seitiez.*
sez,setz stN Belagerung.
sez-haft Adj. ansässig; geeignet für eine Belagerung.
sez-man stM Einwohner.
sezzel stM Sessel; Unterlage.
si,sî [s.] *sie* [1].
sibbe [s.] *sippe* [2].
sibe [s.] *sippe* [1].

siben[1],**siven** Kard.Zahl sieben.

siben[2] swV A läutern.

sibende,sübende Ord.Zahl siebente (-r/ -s).

sibende-halp Adj. sechseinhalb.

sibenen swV refl. sich in eine Sieben verwandeln.

sibener-lei [s.] *sibenlei.*

siben-hande Adj. siebenerlei.

siben-jæric Adj. siebenjährig.

siben-,sibener-lei Adj. siebenerlei.

siben-stunt Adv. siebenmal.

siben-tûsent Kard.Zahl siebentausend.

siben-valt[1] Adj. siebenfach.

siben-valt[2] stM Siebenzahl.

siben-valtec/ic Adj. siebenfach.

siben-valteclîche Adv. siebenfach.

siben-valtigen swV A versiebenfachen.

siben-,siven-zec,-zic Kard.Zahl siebzig.

sibenzec-stunt Adv. siebzigmal.

siben-zehen Kard.Zahl siebzehn.

siben-zehende Ord.Zahl siebzehnte (-r/ -s).

sic(-) [s.] *sige(-).*

sich Refl.Pron. sich.

sîch(-) [s.] *siech(-).*

sichein [s.] *sihein.*

sichel stswF Sichel.

sicher Adj./Adv. sicher, gewiss; zuverlässig; vorsichtig.

sicheræere stM Vormund.

sicher-bote swM Bürge; Vormund.

sicher-heit stF Sicherheit, Gewissheit; Schutz; Versprechen, Ehrenwort; Treuegelöbnis; Gewähr, Zusage,

Zusicherung; Vertrag, Bündnis; Versicherung; Bedingung; Unterwerfung; *s. tuon/ geben* +D [auch] sich ergeben;*s. nemen* [auch] gefangen nehmen; Pardon geben.

sicher-lich Adj. sicher, zuverlässig; fest.

sicher-lîche(n) Adv. sicher, gewiss, mit Sicherheit; wahrhaftig, bestimmt; unbesorgt, ungefährdet, in Frieden/ Ruhe/ Sicherheit.

sicher-linc stM Bundesgenosse.

sichern swV abs./D/pA*in* sich unterwerfen, sich ergeben (in), Sicherheit leisten; (D+)G/Ns*daz* /Inf.*ze* zusichern, versprechen; A(+pD *vor*) schützen (vor), bewahren; vereinbaren; *gesichertiu hant* Sicherheitsleistung, Unterwerfungserklärung.

sicherunge stF Schutz.

sidde [s.] *site.*

sîde stswF Seide.

sidel stNswF Sitz; Sessel, Polster; Chorgestühl.

sidelen swV abs./D ein Lager/ Tribünen errichten (für); einen Platz anweisen; A beherbergen; A+pD*ze* setzen an.

sîden [s.] *sîdîn.*

sîden-vaden stM Seidenfaden.

sîden-var Adj. seidig; blond.

sîden-würmel stN Seidenraupe.

sider[1],**siders** Adv. seitdem, seither; später; danach, darauf; hinterher.

sider[2] Präp.+G/D seit; *s. mâles* danach.

sider[3] Konj. da, weil.

siders [s.] *sider*[1].

sîde-val Adj. hell/ gelb wie Seide.

sîdîn,sîden Adj. seiden.

sie[1],**sî,si,siu,se** Pers.Pron. sie.

sie[2],**sî** stswF Sie [weibliches Wesen]; (Tier-) Weibchen.

siech,sîch Adj. krank; verwundet; *lônes/ sælden s.* ohne Lohn/ Freude.

siech-bette stN Krankenbett.

sieche,sîche swM Kranker, Verwundeter.

sieche-dage [s.] *siechtage.*

siecheit [s.] *siechheit.*

siechen,sîchen swV abs. krank/ versehrt werden; dahinsiechen.

siechetage [s.] *siechtage.*

siech-heit,siecheit stF Krankheit; *vliezendiu s.* Aussatz.

siech-hûs stN Krankenhaus.

siech-lich Adj. krank; *s. ungemach* Krankheit; *an siechlichem gange* hinkend.

siech-,sîch-meisterinne stF Krankenpflegerin.

siech-stuobe swF Krankenzimmer.

siech-tage,sieche-,sîch-, sîche-dage stswM Krankheit, Leiden.

siech-tuom(b) stMN Krankheit, Leiden.

siech-wunt Adj. dahinsiechend.

sieden stV [IIb] abs./D/pD*in* / A(+D) sieden, aufwallen, kochen; gesotten/ gequält werden (in).

siel stN Weibchen.

sige,sic stM [auch swM] Sieg; *oberer s.* Übermacht.

sige-bære Adj. siegreich.

sige-,sic-behalterinne stF Siegerin.

sige-,sic-êre stF Siegesruhm.

sige-,sic-haft Adj. siegreich; siegessicher.

sige-hefte,-heftic Adj. siegreich.

sigein [s.] *sihein.*

sigel[1]**,segel** stN Siegel; Zeichen.

sigel[2] stM [s.] *segel*[1].

sigelât,siglât stM [Brokatstoff].

sigelen swV A+D versiegeln; A+pA*wider* verschließen vor.

sigeler stM Siegelbewahrer.

sige-lich Adj., **-lîche(n)** Adv. siegreich.

sige-liet stN Siegeslied.

sigeln,segel(e)n swV abs./ pD*(en)gegen,ze* /p A*an,in,vür, über* /Adv.lok. segeln (in/ vor/ nach/ über/ zu).

sige-,sic-lôs Adj., **-lôse** Adv. sieglos; unterlegen, besiegt.

sigel-rieme [s.] *segelrieme.*

sigel-stein stM Siegelstein.

sigen swV abs. siegen; A siegreich entscheiden/ beenden; Part.Adj. [s.] *sigende.*

sîgen stV [Ia] abs./Adv.(lok.)/ D/ pD*gegen,ze* / pA*an,hinder, in,über,ûf,under* (nieder-) sinken/ fallen (auf/ hinter/ in/ unter/ zu), sich neigen/ senken (zu); dringen/ strömen/ stürmen/ ziehen (auf/ gegen/ in/ über); hinabsteigen (nach/ zu); pD*ûz* fließen/ sickern aus.

sigende Part.Adj. siegreich, sieghaft.

sige-nucht,-nuft,-nüft [s.] *sigenumft.*

sige-numft,-nunft,-nuft, nünft,-nüft,-nunpft, -nucht stMF Sieg.

sige-numftec Adj. siegreich.

sige-numftlich,-nuftlich Adj. siegreich.

sige-nunft,-nünft, -nunpft [s.] *sigenumft.*

sige-rîche Adj. siegreich.

sige-sælic,-sâlic Adj. siegreich.

sige-stat stF Siegesstätte.

sige-swert stN Siegesschwert.

sige-vane swM Siegesfahne.

siglât [s.] *sigelât.*

sihein,sichein,sigein Indef.Pron. irgendein.

sihem(e) Interj. [Verwunderung, Ärger].

sîhen stV [Ib] A filtern; A+ pA*durch* seihen/ sickern lassen durch.

siht stF Blick, Sehvermögen; freie Sicht.

sîht Adj. seicht, flach; dünn; dürftig.

sîhte stF Untiefe.

sihtec/ic,sithic Adj. sichtbar; äußerlich; leibhaftig; scharfsichtig; *s. werden* +A erblicken.

siht-lich Adj. sichtbar, wirklich.

siklâtûn [s.] *ziclât.*

sil swM (Zug-) Geschirr.

silber,silver stN Silber.

silber-âder stswF Silberader.

silber-berc stM Silberbergwerk.

silber-greber stM Bergmann (im Silberbergwerk).

silberîn,silbrîn,silverîn Adj. silbern, aus Silber.

silber-knolle swM Silberklumpen.

silber-kopf stM Silberbecher.

silber-lîn stN Silbermünze.

silber-plat stN Silberblatt.

silber-schal stF Silberschale.

silber-var Adj. silbern.

silber-vaz stN Silbergefäß, Silberkanne.

silber-vel stN Silberblech.

silber-wâge stF Silberwaage.

silber-wîz Adj. silbern, glänzend wie Silber.

silbrîn [s.] *silberîn.*

sillabe swF Silbe.

silver(-) [s.] *silber(-).*

sim Interj. [Verwunderung, Beteuerung].

simanîe [s.] *simonîe.*

simel(-) [s.] *semel(-).*

sime-lich[1] Adj. [s.] *samelich.*

sime-lich[2] Indef.Pron. [s.] *sumelich.*

simez,simz stM Gesims; *der wâge s.* Waagschale.

simez-stein stM Kapitell.

sim-lich [s.] *sumelich.*

simmer stMN [Getreidemaß].

simonîe,symonîe,simanîe swF Simonie [Kauf/ Verkauf geistlicher Ämter].

simonîte swM (Ver-) Käufer von geistlichen Ämtern.

simpel Adj. einfach.

simpel-heit stF Einfachheit, Schlichtheit.

simulieren swV D gleichkommen.

simz [s.] *simez.*

sin stM Sinn; Verstand, Klugheit; Kunst; Geist, Seele; Herz, Gesinnung; Bewusstsein, Besinnung; Wahrnehmung, Gefühl; Gedanke, Überlegung, Einsicht, Erkenntnis; Absicht, Wille, Kraft, Streben; Bedeutung.

sîn[1] Poss.Pron. sein.

sîn[2] anV abs. es gibt; geschehen, kommen; Nom./Adj.(+D) sein; Adv.(+D) sein (für); unpers.+Adv. stehen um; sich verhalten zu; G/D gehören (zu), haben, anheim-, zufallen; G+D entgegenbringen; pD*an,bî,in,mit* /Adv.lok. sein an/ bei/ in, bleiben bei, leben/

stecken in, liegen an/ in; pD *nâch* entsprechen; stehen hinter; pD*ûf,umbe,under /* Adv.lok. sein/ bleiben an/ in/ unter; pD*von* kommen aus/ von; pD*vor* sein/ stehen/ stattfinden vor; pD*ze* sein in, kommen zu; pG*âne /* p A*âne, sunder* sein/ geschehen ohne; frei/ fern sein von, verzichten auf; p A*wider* sein/ geben gegen; Inf. gehen; *s. lâzen* +A bleiben lassen, unterlassen, aufgeben, zurücklassen, auf sich beruhen lassen; *daz ist* das heißt, und zwar; *(ez) ist/ sî, daz* wenn; *leit* s. +D Leid tun; *wol s.* +D gut gehen; *wê s.* +D schlecht gehen, wehtun; *mich ist wunder obe* ich möchte wissen ob; [auch Hilfsverb zur Bildung von Perfekt, Plusquamperfekt und Passiv].

sîn³ stN Sein; Aufenthalt.

sin- [s.] *sinne-*.

sinagôge,synagôge   stF Synagoge.

sin-bel(-) [s.] *sinwel(-).*

sinc stM sengende Glut.

sinc-wîse stF Melodie.

sinder stM Schlacke.

sindern swV A aussondern.

sine-bel(-) [s.] *sinwel(-).*

sînent-halben Adv. *von s.* um seinetwillen.

sînes-heit [s.] *sînsheit.*

sine-wel(-) [s.] *sinwel(-).*

singære/er stM Sänger.

singen¹ stV [IIIa] abs./ Adv./ D/pD*nâch,von,vür /* G/A (+D/ pD*von*) singen (für/ nach/ mit/ über/ von); vorsingen; dichten, besingen; abs./D [auch] die Messe lesen/ feiern [auch *s. unde lesen*].

singen² stN Gesang, Sangeskunst.

singerinne   stF Sängerin.

sin-grüene stF Immergrün.

singrüen-saf stN Immergrünsaft.

sîn-halp Adv. auf/ von seiner Seite.

sinkel stM Vertiefung.

sinken stV [IIIa] abs./Adv. (ver-) sinken, fallen; pD*ze /* p A*an,ûf* sinken auf; pD*gegen* vordringen in; p A*in* (ver-) sinken/ sich (ver-) senken in; D herabfallen/ zufallen.

sinkendic Adj. hingeneigt.

sinkunge stF Unterordnung.

sinne-bære Adj. besonnen.

sinnec/ic Adj. verständig, vernünftig; klug, weise; empfindsam; verständnisvoll; zurechnungsfähig.

sinnec/ic-heit,sinne-keit stF Selbstbewusstsein; Verständigkeit.

sinnec/ic-lich Adj., **-lîche(n)** Adv. klug, vernünftig; besonnen; sinnreich; sorgsam.

sinne-keit [s.] *sinnecheit.*

sinne-leit stN Herzeleid.

sinne-,sin-lich Adj. sinnlich, sinnenhaft; weltlich, äußerlich.

sinne-,sin-licheit stF Sinnlichkeit, Sinnenhaftigkeit.

sinne-,sin-lôs Adj. unverständig, unvernünftig; töricht; besinnungslos, bewusstlos.

sinnen stV [IIIa, Prät. auch sw] G/pD*nâch,ze* /Adv.lok. streben/ trachten/ suchen nach, sich bemühen um; (gehen/ ziehen) wollen nach/ zu; pD*von* weggehen von; G+ pD*ze /* p A*an* verlangen von; A/N sw überlegen; A+pD*von* erwarten von; A+pD*ab* ableiten aus; *heim s.* heimkehren wollen.

sinnen-blint Adj. unempfänglich, unzugängig.

sinne-rîch,sin-,sinnenrîch Adj. klug, weise, verständig; bedeutungsvoll.

sinne-sam Adj. besonnen.

sinôpel stM [rote Farbe; roter Würzwein].

sîns-,sînes-heit stF (göttliche) Wesenheit.

sint¹ Adv. seitdem, seither, später, danach.

sint² Präp.+D *s. dem mâle/ den mâlen daz* da, weil.

sint³ Konj. [auch *s. daz*] seit; da, weil.

sint⁴ stM Weg, Fahrt; Meer.

sint-gewæge,-wæge stN Sintflut.

sint-vluot,sin-vluoht, -vlût stF Sintflut.

sint-wæge [s.] *sintgewæge.*

sin-vlût [s.] *sintvluot.*

sin-wel,sine-bel,-wel Adj. gerundet, rund, gewölbt, kreisförmig; unbeständig.

sin-,sine-welle,-belle stF Kreis; Wölbung.

sin-,sine-wellen swV D zum Ball werden.

sip¹ stN Sieb.

sip² stF [s.] *sippe* ².

sippe¹,sibe Adj. verwandt, verwandtschaftlich.

sippe²,sibbe,sip stF Verwandtschaft; Verwandtschaftsgrad, -verhältnis; Geschlecht.

sippe³ swM Verwandter.

sippe⁴ swF Verwandte.

sippe-bluot stN Verwandter; Blut der Sippe.

sippe-brechen stN Inzest.

sippe-brecher stM Blutschänder.

sippe-huor stM Inzest.

sippe-lit stN Verwandtschaftsgrad.

sippe-,sip-schaft stF Verwandtschaft; Gemeinschaft.

sippe-sîn stN Verwandtschaft.
sippe-teil stMN Verwandter.
sippe-zal stF Verwandtschaft; Verwandter.
sip-schaft [s.] *sippeschaft.*
sir swM [Stein].
sirêne,syrêne stswF Sirene;
[Schlange].
siropel,syropel stMN Sirup.
sise-goum stM Pelikan.
sît[1] Adv. [auch *s. her*] seitdem, seither; später, danach.
sît[2] Präp.+G/D seit;*s. des mâ-
les/ den mâlen daz* seitdem.
sît[3] Konj. [auch *s. daz*] da,
weil; seit; wenn (auch); obwohl.
sit- [s.] *site-.*
site,sidde stswM Natur, Wesen; Art, Weise; Eigenschaft;
Haltung, Verhalten, Benehmen; Anstand; Gewohnheit,
Lebensweise; Regel, Sitte,
Brauch; Vorgehen, Tätig-
keit.
sîte stswF Seite; Richtung;
Flanke; Taille; *an den/ bî sîten wonen* zusammenleben;
ein sît auf der einen Seite.
sitec/ic Adj. beherrscht, ruhig; sittsam; bescheiden;
zahm; anstellig.
sitech [s.] *sitich.*
sitec/ic-lîche Adv. ruhig.
sitel swF [Schlange].
site-lich,sit-,set-lich Adj.
sittlich.
site-,sit-lîche Adv. sittsam;
wohlgesetzt, wohl überlegt.
sîte-lîchen Adv. zur Seite.
sîte-lingen Adv. von der Seite.
sithic [s.] *sihtec.*
sitich,sitech,sitig stM Papagei.
sît-mâles Adv. seit der Zeit.
sitz stM Platz; Wohnsitz; Hintern.

sitzen stV [Vb] abs./Adv.
(lok.)/Inf.   (da, still) sitzen
(bleiben); leben, sein, wohnen; sich (hin-) setzen (um
zu), Platz nehmen; sich daransetzen,-machen; pD*ab,von*
absteigen/ absitzen von; pD
an,bî,in,umbe,under,vor sit-
zen/ lagern/ leben/ wohnen/
sein an/ bei/ in/ mit/ unter/
vor; sitzen bleiben auf; pD*gegen* sich (auf-) setzen an/ent-
gegen/ gegenüber; pD*mit* sitzen bei; leben mit/ von; pD*ob,
über,ûf* sitzen/ leben an/ auf/
bei/ jenseits/ oberhalb von,
sein in; herrschen über; pD*ze*
sich setzen an/ auf/ in/ neben/
zu; sitzen/ leben an/ auf/ bei;
pD*zwischen* sitzen zwischen;
p A*an,in,ûf,under, vor,vür* sich
setzen an/ auf/ in/ unter/ vor,
steigen auf/ in; p A*über* sich
beugen über; herrschen über;
A sich setzen auf; *ze dinge/
an daz gerihte s.* zu Gericht
sitzen; *an dem/ ze râte s.* +pD
mit / p A*umbe* sich beraten
mit/ über; *gesezzen sîn* +D
benachbart sein.
sitzunge stF Besitznahme.
siu [s.] *sie* [1].
siuber-lich,-lîche(n) [s.]
sûberlich.
siuche,sûche stF Krankheit.
siuchede,sûchede   stF
Krankheit.
**siuch-haft,sûch-,sûche-
haft,sûchaft** Adj. krank;
siuchhaftez leit Krankheit.
siufte,siufze swM Seufzer,
Seufzen.
**siufte-bære,siuften-,
siufze-pære** Adj. jammervoll, unglücklich, bekla-
genswert; seufzend.
**siufte-bernde,sûfte-,
siufze-bernde**   Part.Adj.
beklagenswert.

**siuftec/ic,siufzec/ic,sû-
fic** Adj. jammervoll, beklagenswert; traurig.
**siuften,siufzen,sûften,
sûfzen,sûhten,sûfen**
swV abs./Adv. seufzen, klagen, jammern.
siuften-bære[s.]*siuftebære.*
siuften-stôz stM Stoßseuf-
zer.
siufte-pære [s.] *siuftebære.*
siufze(-) [s.] *siufte(-).*
siule [s.] *sûl.*
siune,sûne   stN Sehkraft;
Antlitz.
siure,sûre stF Säure, Bitterkeit; Härte; *ze s. bringen* +D
+A heimzahlen.
siuren,sûren swV A säuern,
sauer/ bitter machen.
siusen [s.] *sûsen.*
siuser stM Säusler.
siut stM Naht.
siuwe- [s.] *sû.*
siuwen,sû(w)en swV A+
p A*über* festnähen über; A+
p A*in* einnähen in; *zesamene
s.* +A zusammennähen.
siuwîn Adj. *s. vleisch* Fleisch
von der Sau.
siuwische Adv. säuisch.
siven(-) [s.] *siben(-).*
slâ,slâge,slage stF Spur,
Fährte; Bahn, Weg.
slac stM Schlag, Stoß, Hieb;
Unglück, Unglücksschlag;
Verderben; Strafe, Plage;
Gewalt, Gegenschlag, An-
sturm; Fall, Sturz; Ende;
Donner-, Blitzschlag; Wunde, Beule; Weg, Bahn; Herz-
schlag, Puls; Schlaganfall;
Holzungsrecht.
slaf,slach Adj. schlaff, matt;
erschlafft; unwirksam; *s.
werden* [auch] (dahin-)
schwinden.
slâf,slôf,slouf stM Schlaf;
Schläfe.

slâfære/er stM Schläfer.
slâf-bringerinne stF Schlafbringerin.
slâfe-hûs [s.] *slâfhûs.*
slâfen,slôfen,sloufen stV [VIIbde] abs./Adv./A schlafen; schlafen gehen, einschlafen; pD*bî,mit* schlafen mit; unpers.+A schläfrig werden.
slæferic,slæf-ric,slâfrich Adj. schläfrig.
slâfer-keit stF Schläfrigkeit.
slæfer-,slâfer-lîche(n) Adv. schläfrig.
slâfern,slâfren,slôfern swV unpers.+A schläfrig/ müde werden, einschlafen.
slaffic Adj. matt, träge.
slâf-gadem,-gaden stN Schlafgemach.
slâf-geselle swF Bettgenossin.
slaf-heit stF Trägheit.
slâf-,slâfe-hûs stN Schlafsaal.
slâf-kamere stswF Schlafkammer.
slæf-lîche Adv. schlafend; schläfrig; einschläfernd.
slâfren [s.] *slâfern.*
slæf-ric,slâf-rich [s.] *slæferic.*
slâf-stat stF Schlafraum; Bett.
slâf-trinken stN Schlaftrunk; Brauttrunk (in der Hochzeitsnacht).
slâf-zît stF Schlafenszeit.
slâge,slage [s.] *slâ.*
slage-brücke swF Zugbrücke.
slagen swV abs.keuchen; *mit handen sl.* klatschen.
slahen,slagen,slân stV [VI a] abs./Adv. (zu-) schlagen; krachen; pochen; pD*gegen, nâch* schlagen auf/ nach; pD*ûz* ausbrechen, -schlagen,

dringen aus; pD*ze* (+D) ausschlagen zu, aufsteigen in/ zu; sich neigen auf/ zu; zielen auf, stoßen zu; pA*an* schlagen/ treffen auf; pA*durch* (sich durch-) hauen durch; pA*hinder* schlagen hinter; pA *in* (+D) (ein-) schlagen auf/ in, dringen/ treffen/ treiben in; pA*über* +D einen Schlag versetzen auf; pA*ûf* einschlagen/ stürzen auf; pA *umbe,vür* schlagen auf/ um; Adv.lok. schlagen, treffen, fallen; A(+D) (er-) schlagen, zer-, aufschlagen; treffen; schwingen; austeilen; verdrängen; herauspressen; prägen; töten, schlachten; schmieden; A+D schlagen, versetzen, zufügen, anrechnen; A+pD*ab* herunterschlagen von; A+pD*an* treffen an; A+pD*mit* schlagen/ anfertigen mit; A+pD*ûz,von* (+D) (ab-) schlagen/ (ver-) treiben aus/ von; ausstoßen aus; A+pD*ze* schlagen an; niederschlagen auf; verarbeiten zu, verwandeln in; A+pA*an* (+D) schlagen/ befestigen/ binden/ hängen an; aufstellen auf; wenden an; treiben an; A+pA*durch* (+D) schlagen/ treffen durch; A+pA*in* (nieder-) schlagen/ packen/ treiben auf/ in/ zu; stellen in; A+pA*über* (+D) schlagen/ ziehen auf/ über; A+pA*ûf* (auf-) schlagen/ aufstellen/ treiben auf, laden/ befestigen auf; A+pA*under* schlagen auf/ in; pressen/ klemmen unter; einflechten in; A+pA *umbe* schmettern an, schlagen auf; A+pA*vür* (+D) schlagen an/ auf/ werfen vor; A+Adv. lok. schlagen, stoßen, treiben, schießen; *die âdern s.*

+D zur Ader lassen; *an daz lant s.* landen in; *die hende/ mit der hant zesamene s.* die Hände zusammenschlagen; *mit henden s.* in die Hände klatschen; *ze grunde/ dar nider s.* +A zerstören, vernichten; *ze tal/ ze tôde s.* +A totschlagen; *ze stücken/ envieriu s.* +A (in vier Stücke) (zer-) schlagen.
slaht stF Strafe, Züchtigung; Marter.
slahte stF Art, Sorte; Geschlecht; Töten, Tötung, Schlachten; *aller s.* jegliche (-r, -s), jede (-r, -s) (Erdenkliche), alle, vielerlei; *deheiner/ keiner/ neheiner s.* kein, keinerlei, irgendein; *maneger s.* manche, unterschiedlich, viel, vielfältig; *zweier/ drîer s.* zweier-, dreierlei, zwei, drei; *zweier/ vier s.* gevar zwei-, vierfarbig.
slahten swV A schlachten.
slahtunge stF Züchtigung; Schlachten.
slahunge stF Pochen.
slân [s.] *slahen.*
slanc Adj. schlank, mager; geschmeidig.
slange stswFswM Schlange.
slangeht Adj. schlangenähnlich.
slangen-ei stN Schlangenei.
slangen-vâher stM Schlangenfänger.
slang-lich Adj. schlangenartig.
slât stM Kamin.
slâte swF Riedgras, Schilf.
slâten-krût stN Riedgras, Schilfgewächs.
slavenîe stF [Wollstoff, Wolldecke].
slâwe [s.] *slouwe.*
slec stM Schleckermaul.
slêch-dorn [s.] *slêdorn.*

slêchen-wazzer [s.] *slêhenwazzer.*

slec-rehtic Adj. naschhaft.

slê-,slêch-dorn stM Schlehdorn.

slegel stM Knüppel, Keule; Hammer; *den s. werfen* +D den Besitz übergeben.

slege-regen stM Platzregen.

slege-rint stN geschlachtetes Rind.

slege-tor stN Falltür.

slege-tür stF Falltür.

slegir [s.] *slogier.*

slêhe swF Schlehe.

slêhen-tranc stM Schlehenwein.

slêhen-,slêchen-wazzer stN Schlehensaft.

sleht,sliht Adj. gerade; richtig, recht; glatt; schlicht, einfach; zuverlässig, aufrichtig; leer; *s. machen* +A [auch] schlichten; *diu gerihte s. machen* Recht sprechen; *zwischen den beinen s. machen* +A kastrieren.

slehte[1]**,sleht** Adv. gerade; recht; einfach; glatt.

slehte[2] stF [s.] *slihte.*

slehtec/ic-lîche(n),slehtlîche(n) Adv. geradewegs; aufrichtig, offen.

slehten [s.] *slihten.*

slehtes Adv. ganz (und gar), gänzlich; geradezu, schlechthin; wahrlich; *s. und krumbes* unter allen Umständen.

slei swM Schleie [Fisch].

sleht-lîche(n) [s.] *slehteclîche(n).*

sleichen swV A+D zustecken; A+pD *under* hervorziehen unter.

sleier [s.] *slogier.*

sleif Adj. glatt.

sleifen,slêpen swV A(+pD *ûz* / pA *an* /Adv.lok.) schleifen/ schleppen (auf/ aus/ durch/ vor/ zu).

sleiger [s.] *slogier.*

slei-pal,*slage-bal stM Schlagball.

sleizen swV A zerreißen.

slêpen [s.] *sleifen.*

slêwe-keit stF Trägheit.

slêwen swV abs. nachlassen.

slêwenzen,slêwezen swV abs. müßig sein, erschlaffen.

slêwic Adj. lau.

slich stM List, Trick, Kniff, Finte; Anfechtung; Plätschern.

slîch swM Blindschleiche.

slîchære stM Heimlichtuer.

slîchen stV [Ia] abs./Adv. (lok.) (einher-) schleichen, (einher-) gehen; dahingleiten, heranschleichen [auch *geslichen komen*]; pD *gegen, nâch* gehen/ schweifen/ sich schleichen zu; herschleichen hinter; pD *ûf* kriechen auf; pD *ûz* hervorkommen/ sich schleichen aus; abschweifen von; pD *von* sich wegschleichen von; pD *ze* sich anschleichen/ sich begeben/ gehen zu; pA *an,in* sich (ein-) schleichen in/ zu; pA *hinder* sich schleichen hinter; pA *über* schreiten über; (ein-) dringen in; pA *ûf* schleichen zu; reichen bis zu; pA *vür* vorbeigehen an.

slicken swV A schlucken, verschlingen; A+pA *in* in sich hineinschlingen.

slic-lîn stN Schlückchen.

sliefen stV [IIa] abs./Adv. lok. kriechen, schlüpfen, gleiten; sich verkriechen; pD *nâch* herschlüpfen hinter; pD *ûz* (+D) schlüpfen aus; pD *von* kommen/ abgenommen werden von; pD *ze* schlüpfen/ sich stehlen in/ zu; pA *durch* schlüpfen durch; pA *in*

(+D) schlüpfen/ fahren/ geraten/ sich (ein-) schleichen in; pA *under* schlüpfen unter.

sliezen stV [IIb] A (ein-, zu-, ver-) schließen; zusammenschließen, -fügen; bauen; A + D/pD *gegen* verschließen vor; A+pD *mit* umschließen mit; A+pD *ze* anschließen/ festhalten/ drücken an; (fest-) schließen an/ in; A+pA *in* (+D) (ein-) schließen/ aufnehmen/ hineinlegen/ pressen in; fügen in, verstricken in; A+ pA *vür* schieben/ legen vor; *dannen s.* +A zurückschieben; *zesamene s.* +A(+D/pA *in*) zusammenfügen, zusammenbringen, -halten, zusammentragen (in).

slif [s.] *slipf.*

slîfen stV [Ia] abs./Adv.(lok.)/ D (dahin-, herunter-) gleiten, sinken, fallen; ziehen; pD *ab, von* abgleiten von; pD *gegen* / pA *an,ûf* (+D) gleiten/ fallen/ sinken auf; pA *in,under* schlüpfen in/ unter; pA *vür* hervorgleiten aus; A schleifen, schärfen, glätten; *s. lâzen* +A fahren lassen, aufgeben; *die tenze s.* tanzend dahingleiten; Part.Adj. [s.] *gesliffen.*

sliht [s.] *sleht.*

slihte,slehte stF Gerade; gerader Weg; Richtung; Geradheit; Ebenmäßigkeit; Genauigkeit; Gerechtigkeit; Ebene; *die s.* [auch] geradewegs.

slihten,slehten swV A(+D) glätten; schlichten, beilegen; versöhnen, ausgleichen, beruhigen; entscheiden; richten; begradigen; errichten.

slihtic Adj. gerade.

slim Adj. schief; unpassend; schlecht.

slîm,slîn stswM Schleim;
Schlamm.

slîmic Adj. schleimig, schlammig; *slîmigez siechtuom*
Katarrh.

slîn [s.] *slîm.*

slinden stV [IIIa] A verschlingen, herunterschlucken; A+pA*in* hineinschlingen/ hineinstopfen in.

slingære stM Schleuderer.

slinge swF Schleuder; Schlinge.

slingen stV [IIIa] abs./pD*ze*
kriechen (zu); pA*durch* gleiten durch; pA*in* schlüpfen in;
refl.(+pD*gegen* /pA*ûf*) sich
winden (entgegen/ um).

slingen-wurf stM Schleuderwurf.

sling-poum stM Schlingpflanze.

slint-poum stM Schlingbaum [Esche].

slint-pöumîn Adj. *s. holz*
Eschenholz; *s. poum* Esche.

slinzen swV abs. blinzeln.

slipf,slif stM Ausrutschen.

slipfen swV abs. ausgleiten,
fallen.

slipfic Adj. glatt.

slipfric Adj. glatt, schlüpfrig.

slite swM Schlitten.

slîten stV [Ia] pD*von* herabgleiten von; *s. lâzen* +A hingehen lassen.

slitz stM Schlitz; Öffnung.

slitzen swV A spalten, schlitzen.

sliume Adv. sofort, schleunigst.

sliunen,slounen swV unpers.+D(+Inf.*ze*) gelingen,
glücken.

sliunic Adj. schnell.

sliur-affe swM Schlaraffe.

slîzen stV [Ia] abs. zerreißen,
verschleißen; A+pD*ab,von*
abstreifen/ reißen von; A+pD

mit verbringen mit.

sloer [s.] *slogier.*

slôf(-) [s.] *slâf(-).*

slôfen[1] stV [s.] *slâfen.*

slôfen[2] swV [s.] *sloufen.*

**slogier,sloier,sloiger,
sloer,slegir,slei(g)er**
stM Schleier.

slôte stF Lehm.

slotern swV abs./D schlottern, klappern.

slouch [s.] *slûch.*

slouf(-) [s.] *slâf(-).*

sloufen,slôfen swV refl.+
pD*ab,ûz,von* schlüpfen aus,
sich lösen von; A+pD*ûz,von*
befreien/ erlösen von; vertreiben aus; A+pA*an,über*
ziehen/ streifen/ legen über;
A+pA*durch* zwängen durch;
A+pA*in* kleiden/ stecken in,
bekleiden mit.

slouf-loch stN Schlupfloch.

slounen [s.] *sliunen.*

slouwe,slâwe stswF Spur.

sloz,slôz stN Schloss; Riegel; Verschluss; Fessel; Zusammenschluss; Schlussstein; Schloss, Burg.

slôz,slôze stM Hagel (-korn,
-schloße).

slôzen stN Hageln.

slôz-lich Adj. fest.

slôz-weter,-weder stN Hagelschauer.

slûch,slouch stM Haut;
Schlauch; Schlund; Prasserei; Säufer, Prasser.

slûcher stM Säufer, Prasser.

slucke swF Kittel.

slucken swV A verschlingen.

sluf stM Kriechen.

sluft stF Schlucht.

slumerende Part.Adj. schläfrig, schlummernd.

slunt stM Schlund, Kehle;
Schluck; Grund, Abgrund;
Trunksucht; Säufer.

slunt-rœre swF Speiseröhre.

slupf stM Einkehr.

slûr stM Faulenzer.

slüzzel,sluzzel stM Schlüssel.

slüzzel-tragerin stF Beschließerin.

smac,smach stM Geruch;
Duft, Gestank; Geschmack,
Geruchssinn.

smac-haft Adj. erkennbar.

smac-hafte stF Wohlgeschmack.

smac-haftic Adj. wahrnehmbar.

smâ-cheit [s.] *smâheit.*

smacken [s.] *smecken.*

smackunge stF Geruchssinn.

smæhe[1]**,smâhe** Adj./Adv.
schmählich, schimpflich,
verächtlich; verhasst; unwürdig, gering, niedrig; unansehnlich.

smæhe[2] stF Schmach,
Schande; Kränkung, Beschimpfung; Verachtung.

smâ-heit,smâ-,smô-cheit
stF Schmach, Schimpf,
Schande; Kränkung, Beschimpfung; Verachtung.

**smæhe-,smâhe-lich, -lî-
che(n)** [s.] *smæhlich.*

smæhen swV D zu wenig
sein; sich schämen über; A
(+D) verschmähen; beleidigen, beschimpfen, verachten; lästern.

**smæh-lich,smæhe-,smâ-
he-,smâh-,smê-lich** Adj.
-lîche(n) Adv. schimpflich,
verächtlich.

smæh-lingen Adv. schimpflich.

smâh-liute stMN [Pl.] Leute
von niedrigem Stand.

smæh-nisse stF Beschimpfung.

smâh-volc stN ungebildete Leute.

smal Adj. schmal; eng, klein; schlank; knapp, karg, gering.

smalen swV A vermindern.

smal-sât,-seit stF Hülsenfrüchte.

smal-sihtic Adj. schmal.

smalz stN Schmalz, Fett.

smalzen stV [VIIa] abs. schmelzen; A mit Schmalz/ Fett kochen.

smalzic Adj. fettig.

smalzt- [s.] *smelzen* [2].

smâract,smâraget,smârât,smareit,smâreides stswM Smaragd.

smaractîn Adj. aus Smaragden.

smâraget,smârât,smâreides,smareit [s.] *smâract*.

smatz stM Kuss.

smatzgen swV abs. schmatzen.

smecken,smacken swV abs./D/Adv.(+D) riechen, duften, stinken; schmecken; gefallen; zuwider sein; bekommen; pD*an,ze* riechen an; pD*nâch,ze* riechen/ schmecken nach; A/G/Nsw (+pD*nâch*) riechen, wittern; probieren, kosten, schmecken; in den Genuss kommen von; prüfen; wahrnehmen, erkennen (an); Part.Adj. [s.] *smeckende*.

smeckende Part.Adj. *smeckendiu kraft* Geruchssinn.

smec-lich Adj.,-**lîchen** Adv. wahrnehmbar, fühlbar.

smeichære/er stM Heuchler, Schmeichler.

smeichen swV abs. schmeicheln, heucheln; sich einschmeicheln.

smeizen swV abs. scheißen.

smele stF Schlankheit.

smelehe,smelhe swF Schmiele [Grasart].

smê-lich,-lîche(n) [s.] *smæhlich*.

smelzen[1] stV [IIIb] abs. (dahin-) schmelzen; pA*in* fließen in.

smelzen[2] swV [Prät. auch *smalzt-*] A fettig machen; emaillieren; schmelzen; A+ pD*under*/pA*ûf* anbringen auf/ unter; A+D+pD*ûz* herstellen aus; A+pA*in* versenken in.

smer stN Fett; Schmiere.

smerl stswF Schmerle [Fisch].

smerze swM [auch stF] Schmerz, Leiden, Leid.

smerzen[1] stV [IIIb] abs./A schmerzen.

smerzen[2] swV A in Schmerzen verwandeln; quälen.

smerz-lich Adj., -**lîche** Adv. schmerzhaft.

smetzer stM Verleumder.

smide-got stM Gott der Schmiede [Vulkanus].

smiden swV abs./Adv./A schmieden; A+pA*umbe* festschmieden um; A(+D)+pA*in* einhämmern in.

smide-werc stN Schmiedearbeit.

smiegen stV [IIa] A(+pA*under*) biegen/ ducken (unter); A+pA*an,in* schmiegen/ drücken an/ in.

smiel stM Lächeln.

smielen,smieren swV abs./ G lächeln (über).

smielisch Adj. lächelnd.

smieren [s.] *smielen*.

smirben [s.] *smirn*.

smirel,smire stswM Zwergfalke.

smiren [s.] *smirn*.

smir-lîn stN Zwergfalke.

smirn,smiren,smirben

smir-tasche swF Ledertasche.

smit stM Schmied.

smit-slac stM Schlag mit dem Schmiedehammer.

smitte stswF Schmiede.

smitze-lîn stN Rutenstreich.

smitzen swV A+Adv.lok. schlagen; A+D+pA*in* schnellen/ stecken in.

smiuge stF Mühe.

smîzen stV [Ia] A+pD*nâch* hauen auf.

smôcheit [s.] *smâheit*.

smoln swV G+D abgeben von.

smolz Adj. schön.

smouch stM Rauch, Dunst.

smuc stM Umarmung.

smucken,smücken swV A ducken, verstecken; A+pD *engegen* entgegenbeugen; A+ pD*von* abrücken von; A+pD *ze*/pA*an,ûf* schmiegen/ drücken/ ducken/ lehnen an/ auf; A+pA*hinder,in* ducken/ stecken hinter/ in; A+pA*under* drücken unter; A+pA*vür* rücken vor; sich *zesamene s.* sich zusammenrollen.

smurre stswMF Hieb.

smutz stM Schlag; Kuss.

smutze-munden stN Schmunzeln.

smutzen swV pD*gegen* eindreschen auf; pA*über* herfallen über.

smuz-lich Adj. freundlich.

snabel stM Schnabel; Maul.

snabeloht Adj. geschnäbelt.

snabel-ræze Adj. scharfzüngig.

snabel-weide stF Futter; Nahrung.

snaben swV abs. zu Fall kommen, sinken, unterliegen; pD*von* abfallen/ weg-

kommen von; p D *ze* / p A *in*
geraten in; p A *über,vür* stolpern über, fallen vor; *ze*
tôde s. umkommen.
snacken swV A schwatzen.
snâke swMF Schnake.
snâkelt Adj. dürr wie eine
Schnake.
snallen swV A schlürfen; A +
p D *ûz* plätschern lassen aus.
snalt- [s.] *snellen.*
snappen swV p D *nâch*
schnappen nach.
snar stM Schmettern.
snarchen,snarcheln swV
abs. schnarchen, schnauben.
snarren-zære stM (fahrender) Musikant.
snate stswF Striemen.
snateren,snatern,snatren
swV abs./Adv. schnattern.
snaterîe stF Geschwätz.
snatern,snatren [s.] *snate-*
ren.
snê,senê stM [flekt. auch
snêwe-] Schnee.
snebeln stN Schnäbeln.
snê-berc stM Schneeberg.
snê-blanc Adj. schneeweiß.
snec stM Schnecke.
snecke swM Schnecke.
snecken-,sneggen-hûs
stN Schneckenhaus.
snecken-stein stM Schne-
ckenstein [Edelstein].
snê-dicke Adv. dicht wie
Schneeflocken.
snê-gevar [s.] *snêvar.*
sneggen-hûs [s.] *snecken-*
hûs.
sneitech Adj. scharf geschliffen.
sneiten swV A behauen.
snê-klôz stM Schneeball.
snel[1] Adj. schnell, rasch;
kühn, tapfer; stark, kräftig;
tüchtig, gewandt; bereit, eifrig, begierig; kurz; reißend.
snel[2] Adv. [s.] *snelle* [1].

snel-heit,snelle-keit stF
Schnelligkeit, Eile; Ge-
schwindigkeit; Bereitwilligkeit, Eifer; Kühnheit, Tapferkeit.
snelle[1]**,snel** Adv. schnell,
rasch, eilig; bald; plötzlich.
snelle[2] stF Schnelligkeit;
Eile.
snellec/ic Adj. schnell.
snellec/ic-heit stF Schnelligkeit; Tapferkeit.
snellec/ic-lîche(n) Adv.
schnell, rasch; sofort; eifrig.
snelle-heit,-keit [s.] *snel-*
heit.
snellen swV [Prät. *snalt-*]
Adv.lok. hervorspringen; p D
ze drängen zu; A beschleunigen, bewegen; A+p D *von*
wischen aus; *vingerlîn s.*
das Ringleinspiel spielen;
gelt s. lâzen Geld springen
lassen.
snel-lich Adj. schnell; groß.
snel-lîche(n) Adv. rasch;
schnell; sofort; plötzlich.
sneren,snerren swV abs.
schnattern, plappern, lallen.
snê-stat stF Schneefeld.
snê-var,-gevar Adj. schneeweiß.
snê-wazzer stN Schmelz-
wasser.
snêwe- [s.] *snê.*
snêwec Adj. *s. bluotes zäher*
Blutstropfen im Schnee.
snê-wîz Adj. schneeweiß.
snîdære/er stM Schneider.
snîde,snîte stF Schneide.
snîdec Adj. scharf geschliffen.
snîden stV [Ia] abs./Adv.(+D)
schneiden; ernten; p D *nâch*
streben nach; führen zu;
p D *ûz* reißen aus; p A *durch,ûf*
(+D) dringen durch, treffen
auf; D vorschneiden, vorlegen; A/G(+D/Adv.) (durch-,

zer-) schneiden, zerhauen;
verletzen; schnitzen; durchdringen; treffen; reizen; ernten; zuschneiden, anpassen,
schneidern,anfertigen;zutei-
len, abgeben; vorschneiden,
vorlegen; A+p D *an* treffen an;
A+p D *mit* verletzen mit; A +
p D *nâch* anfertigen/ formen/
schnitzen nach; A+p D *ab,ûz,*
von (+D) abschneiden von,
herausschneiden aus; anfertigen aus; A+p D *ze* / p A *an,in,*
ûf befestigen/ anpassen/ legen an/ auf; nähen/ sticken
auf; schneiden in, kleiden in;
A+p A *durch* stechen/ schneiden durch; *zesamene s.* +A
vereinigen; Part.Adj. [s.]
snîdende; gesniten.
snîdende Part.Adj. scharf,
schlimm.
snîder-schære stF Schnei-
derschere.
snîe stF Schneegestöber.
snîen,snîgen swV unpers.
abs./Adv. schneien; D/p D *ûz,*
von / p A *ûf* herabschneien
auf/ aus/ von.
snit stM Schnitt; Wunde; Zu-
schnitt, Machart, Form; Ernte; Schärfe; Betrug; Be-
schneidung.
snitâre/er stM Schnitter.
snite swF Schnitte, Stück;
Schlitz; Hieb.
snîte [s.] *snîde.*
sniterin stF Schnitterin.
snitunge stF Beschneidung.
snitzen swV abs./A schnitzen.
sniutzen swV A schnäuzen;
gesniutzet sîn unpers.+D an-
geschnaut werden.
snœde,snôde Adj. schlecht;
gering, ärmlich, erbärmlich;
verächtlich, schimpflich;
verwerflich; schlimm; kurz,
knapp.

snœde-keit stF Erbärm-
lichkeit, Schlechtigkeit.
snœde-,snœd-lîche Adv.
schlecht; auf schlimme Weise.
snœden swV abs. verkom-
men.
snœd-lîche [s.] *snœdelîche.*
snöuden,snöun stN
Schnaufen, Schnauben.
snüeren swV A einschnüren,
fesseln; mit Schnüren/ Bän-
dern besetzen/ umwickeln;
A+pD*ûz* pressen aus.
snûfer-man stM Schnaufer.
snuor,snûr stF Schnur, Leine, Seil, Band; Fessel; Linie,
Richtschnur; Saite; [Pl. auch]
Zelt.
snur,snuor stF Schwieger-
tochter.
snurre stF *behender s.* in
Windeseile.
snurren swV abs. surren,
umherschwirren; pD*gegen*
schwirren gegen; pD*von /
über ecke* davonschwirren.
snür-rinc stM Haarreif; Tor,
Narr.
s ô[1],z ô Adv. so (sehr), auf
diese/ solche Weise; ebenso;
nun, dann, da; dagegen,
doch; [auch expl., z.B. *dar
nâch sô* dann; *swaz sô* was;
swie sô wie].
s ô[2],s u s Konj. wenn, als; während, bis; wie, als; deshalb;
da; so dass, damit [auch *sô
daz*]; *sô ..., sô je ...* umso/
desto; *sô helfe mir got,
sommer got* so wahr mir
Gott helfe; *sô mir (sêle unde) lîp* so wahr ich lebe; *sô
dir got* bei Gott; *sô mir mîn
bart* bei meinem Bart; *sô dir
dîn lîp* bei deinem Leben.
s o c stM Socke.
söchen,sochen swV abs. dahinsiechen, kränkeln; sich

aufrecht halten.
sôchen [s.] *suochen.*
socîe swM Gefährte.
sôdem stM Sodbrennen.
sodoman Subst. *sünde von s.*
Sodomie.
sô-,sus-getân Part.Adj. derartig, solch; so geartet/ beschaffen; ähnlich, folgend;
ez ist s. +pA*umbe* so steht es
um ...
sô-getânez stN so etwas, etwas derartiges; *waz sôgetâ-
nes* was nur.
sol swF Sohle; Huf.
soldân stM Sultan.
soldât stM Lohn.
solden swV pD*ab* (+D) zahlen
für; A+pA*ûf* anwerben gegen.
soldenære/er,soldner stM
Söldner.
soldenieren swV A anwer-
ben.
soldier stM Kämpfer, Söldner.
soldieren swV A entlohnen.
soldierse swF Söldnerin,
Soldatendirne.
soldiment stN Sold, Lohn.
soldîn stM [Münze].
soldner [s.] *soldenære.*
solech [s.] *solh.*
solgen swV A beschmutzen,
besudeln.
solh,sölh,solech,solich,
sölich,sölk,sulech,su-
lich,sulh,selh,selk
Dem.Pron. solche (-r, -s), so
ein; so (groß); derartig; *iht
solhes* so etwas, etwas
derartiges.
sôlic-heit [s.] *sælecheit.*
sölk [s.] *solh.*
sollempnizieren swV D feiern.
soln,suln,saln,scholn,
schuln anV Inf. müssen,
sollen; werden; dürfen; kön-

nen; wollen, mögen; Adv.
lok./pD*gegen,ze /* p A*an,in,um-
be,über* gehen/ ziehen/ kommen an/ gegen/ in/ nach/ über/
um; D gehören, bestimmt
sein für; A(+D) schulden,
schuldig sein; *als/ sam ez sol*
wie es sich gehört, wie es
sein soll; *waz/ war zuo/ zwiu
sol* +Nom.(+D) was/ wozu
nützt/ hilft/ taugt jemand/
etwas?
solre stM Söller, Galerie;
Stockwerk.
solt stM Lohn, Belohnung;
Sold, Bezahlung.
solt-ritter stM Lohnkämpfer.
sôm [s.] *soum* [2].
sôme [s.] *sâme.*
son [s.] *sun.*
sonder(-) [s.] *sunder(-).*
sonieren swV D+Adv. klin-
gen.
sônunge,*suonunge stF
Versöhnung.
sophistrîe stF Sophisterei.
sorc-,sorge-haft Adj. be-
sorgt, sorgenvoll.
sorc-lich,sörc-,sorch-
lich Adj. bedenklich; schwer,
schlimm; gefährlich; traurig.
sorc-,sörc-lîche(n) Adv.
sorgenvoll, voller Angst;
schlimm, gefährlich; mit
Mühe.
sorc-,sorch-sam Adj. ge-
fährlich; mühsam; eifrig, besorgt; dringend.
sorcsam-keit stF Geschäf-
tigkeit.
sorc-valtic,-veltic,-val-
dec,-veldec Adj. sorgsam.
sorc-valtikeit,-veltekeit,
-veltikeit stF Sorgfalt; Mühe, Eifer, Bemühtheit.
sôren swV A vernichten.
sorfen swV abs. schlürfen.
sorgære/er stM Unglückli-
cher, Besorgter.

sorgærin stF Unglückliche.
sorge stswF Sorge; Besorgnis, Bedenken; Angst; Kummer, Schmerz; Bedrängnis, Not; Gefahr.
sorge-bære Adj. unerfreulich.
sorge-haft [s.] *sorchaft.*
sorge-lôs Adj. unbeschwert.
sorgen swV abs./G(+D)/pD
ze / p Aûf,umbe / N sw sich Sorgen machen/ besorgt sein (um), Furcht haben (vor); pAvür sorgen für; Part.Adj. [s.] *sorgende.*
sorgende Part.Adj. besorgt, fürsorglich; zaghaft.
sorgen-lære Adj. sorgenfrei.
sot swM Narr.
sôt stM Brunnen; Spülwasser; Aufflammen; *der suhte s., krenclicher s.* Krankheit.
sœte [s.] *süeze* [1].
soufen swV A+pD *in* ertränken in.
sougen,söugen swV A säugen, stillen.
soul [s.] *sûl.*
soum [1] stM Saum.
soum [2]**,sôm** stM Packpferd, Lasttier; Last, Gepäck; *manec s.* [auch] eine Menge.
soumære/âre/er stM Packpferd, Lasttier.
soumen [1] swV A aufhalten.
soumen [2] swV A aufladen, A+pA *an* transportieren an.
soumern-satel stM Packsattel.
soum-,soume-schrîn stM Reisekasten, Gepäcktruhe.
sôzen [s.] *sâzen.*
spache swMF Holzspan, Reisig (-holz).
spâcheit,spâ-heit stF Vorhaben; Kunstfertigkeit.
spâde [s.] *spâte.*
spæhe [1]**,spâhe** Adj./Adv.
kunstvoll, schön, herrlich,

fein; kunstfertig, geschickt; klug, schlau; übermütig; tückisch; scharf; schwierig.
spæhe [2] stF Kunst, Kunstfertigkeit; Schönheit, Schmuck; Scharfsinn; Seltsamkeit.
spâ-heit [s.] *spâcheit.*
spæhe-,spæh-lich Adj.,**-lîche** Adv. schlau, gewandt; kunstvoll; kunstfertig.
spæhen swV A kunstvoll einrichten.
spæh-lich,-lîche [s.] *spæhelich.*
spaht stM Geschwätz.
spahten [s.] *spehten.*
spalde [s.] *spalte.*
spaldenier,spalier stN
Wams [Schutzpolster unter der Rüstung].
spalt stM Spalt, Ritze.
spalte,spalde stF Spalte.
spalten stV [VIIa] abs./refl./
D sich spalten, zerspringen; refl.+pD *von* abfallen von; pA *in* zerfallen in; A/N sw (+D/ pD *ûz,von / p A in*) spalten, zerteilen (in), (ab-) trennen/ abteilen (von); zerhauen; A+ pD *gegen,ze* wenden zu.
spam-bette [s.] *spanbette.*
span stM Spannung.
spân stM (Holz-) Span, Splitter; Locke; Glied; Verwandtschaftsgrad.
span-,spam-bette stN Bett [mit Spanngurtrahmen].
spanct- [s.] *spengen.*
Spane,Spange Subst. Spanien.
spanen stV [VIIa] A+pD *ze / p A in / Inf.* bringen/ locken/ treiben in/ zu.
spænen swV A kräuseln.
spange [1] stswF Spange; Klammer; Beschlag, Eisenband; Riegel; Balken; Rand.
spange [2] stswF [s.] *spanne.*
Spange [s.] *Spane.*

spangen stN Widerstand.
Spangen-lant stN Spanien.
Spanjôl,Spanôl stM Spanier; spanisches Pferd.
spanne,spange stswF Spanne [Längenmaß].
spanne-breit Adj. spannenbreit, -dick.
spanne-,spannen-lanc Adj.
spannenlang.
spannen stV [VIIa] pD *in* sich halten in; pA *ûf* sich strecken auf; A(+D) spannen, dehnen; an-, festbinden; errichten; bieten; A+pD *nâch,ze / p A an, in, über,ûf,umbe* (+D) spannen in/ über/ vor; (fest-) binden an/ um; hängen/ stecken an; richten/ führen auf; aufstellen auf; A+pA *durch* ziehen durch; A+pA *vür* (+D) stecken/ halten vor; *zesamene s.* +A zusammenfügen.
spannen-lanc [s.] *spannelanc.*
spannet- [s.] *spennen.*
spanne-wît Adj. spannenbreit.
Spanôl [s.] *Spanjôl.*
span-senwe swF Bogensehne.
spar swM Sperling.
spar-golze swM Schuh.
sparn swV [Part.Prät. auch *gespert*] abs./pA *ûf* zögern, warten; sparen (für); refl. (+D/pD *an*) sich verzögern (bei/ für); A/N s(+D)(+pD *ze / p A an,ûf*) auf-, verschieben; (ver-) schonen (mit); (auf-) sparen (für); zurückhalten; aufhäufen (zu); unterlassen, aufgeben, beenden; missachten; A/G(+D/pD *vor*) bewahren/ zurückhalten (von/ vor); erhalten; anrechnen; ersparen; *ez wart unlange gespart* es dauerte nicht lange; *sunder s.* unverzüglich, sofort.

sparr-âder stswF (Fersen-) Sehne.

sparre swM Stange, Balken.

sparunge stF Geiz.

sparwære [s.] *sperwære*.

spat¹ stM Spat [Kniegelenkentzündung bei Pferden]; *am s.* hinken hinken wie ein lahmer Gaul.

spat² stM Spat [Gesteinsart]; Stück, Splitter.

spâte¹,spæte,spâde Adj. spät.

spâte²,spôte,spâde Adv. spät; selten; *s. unde vruo* [auch] den ganzen Tag, von früh bis spät.

spâte³ stF Abendstunde, Nachtzeit.

spæten swV refl. sich verspäten.

spatz swM Spatz.

spazieren swV abs./Adv. spazieren (gehen), sich ergehen.

spê [s.] *spehe*.

spec stM Speck.

spec-made swM Speckmade.

speculieren stN Anschauen.

spehære/âre/er stM Späher, Kundschafter, Spion; Betrachter.

spehe,spê stF Beobachtung, Betrachtung; Erkundung; Spähertrupp.

spehen,spên swV abs./Adv. (lok.) sehen, aufpassen; urteilen; spionieren; pD*nâch* suchen nach; pA*durch* hindurchsehen durch; pA*under* sich umsehen unter; A(+refl. D)/N*daz,ob,w* (an-) sehen, beobachten, bemerken; erkennen, beurteilen, durchschauen; prüfen, erforschen, erkunden, herausfinden, auskundschaften; aussuchen, beachten; *vorhin s.* vorausblicken.

speht swM Specht.

spehten,spahten swV abs./ Adv. schwatzen.

spehter stM Schwätzer.

Spehtes-,Spehts-hart stM Spessart.

speich stM Speichel.

speichel stswF Speichel.

speicholter stF Speichel.

spel stN Erzählung, Geschichte, Märchen; Gerede, Geschwätz.

spellen swV Adv. reden; refl. phantasieren; pD*von* /A erzählen (von).

spelte swF Webrahmen; Holzscheit.

spelter,spilter stM Splitter.

spên [s.] *spehen*.

spende stswF Almosen; Gabenverteilung.

spenden swV *mit genâden s.* +pD*obe* Gnadengaben ausschütten über.

spender stM Spender.

spenen swV A(+pD*ze*) reizen/ verführen (zu).

spengen swV [Prät. auch *spanct-*] refl.+pD*von* sich losmachen von; refl.+pA*in,ûf* sich drängen in/ zu; refl.(+pA *wider*) sich wehren (gegen); A umklammern, einengen; A+pD*mit* beschlagen mit, bedrängen mit.

spengler stM Spengler [Blechschmied]

spen-kar stN Ködergefäß.

spennen swV [Prät. *spannet-*] A+pA*in* spannen in.

sper stMN Speer, Lanze; Speerspitze, Speerlänge.

sper-brechen stN Lanzenbrechen.

sperc,sperche swM Sperling.

spêre stswF Himmelssphäre.

sper-hagen stM [Vogelbeerbaum].

sper-halp Adv. von rechts [von der Speerseite].

sper-îsen stN Speerspitze.

sper-krach stM Lanzenaufprall.

sper-lachen stN Wandteppich.

sper-lîche Adv. spärlich.

sper-linc stM Sperling.

sperre stF Schließe.

sperren,spirren swV A einschließen, ver-, zuschließen; strecken.

sper-schaft stM Lanzen-, Speerschaft.

sper-stich stM Lanzen-, Speerstich.

sperwære/er,sparwære stM Sperber.

sper-wehsel stM Speerwerfen.

sper-weide stF Speerwurf.

spet-wift stF [Schlange].

spezîe swF Spezerei.

spîben [s.] *spîen*.

spîcher stM Speicher.

spiegel stM Spiegel; Spiegel-, Ebenbild; Vorbild.

spiegel-berc stM Spiegelberg.

spiegel-glas stN Spiegel, Spiegelglas; Spiegelbild, Ebenbild; Vorbild.

spiegel-holz stN Spiegelrahmen.

spiegelich Adj. vorbildlich; *in spiegelicher wîse* wie ein Vorbild.

spiegelîn Adj. spiegelglatt.

spiegel-lieht Adj. spiegelhell.

spiegel-schouwe stF Spiegelbild.

spiegel-schouwen swV pA *in* blicken in; A betrachten.

spiegel-schouwer stM Forscher.

spiegel-snuor stF Band am Handspiegel.

spiegel-spriez stM Glanz der Schöpfung.
spiegel-stein stM Spiegelstein [Marienglas].
spiegelunge stF Spiegelung.
spiegel-var Adj. spiegelhell, spiegelklar.
spiegel-vaz stN Gefäß aus Spiegelglas.
spiegel-werc stN Vorspiegelung.
spieglære stM Spiegelmacher.
spîen,spîwen,spîben, spûen stV [Ib, Prät. auch sw] abs. speien; p A*an,under* +D spucken auf/ in; A(+pD *von*) an-, ausspucken, von sich geben; A+D bespucken; *under diu ougen s.* +D ins Gesicht spucken.
spiez,spîz stM Spieß, Speer.
spiezen,spîzen swV A aufspießen; A+pA*an* spießen auf.
spiezer stM Spießträger.
spiez-genôz stM Spießgeselle.
spil stN Spiel; Zeitvertreib, Vergnügen; Freude; Spaß, Scherz; Wettkampf, Turnier, (Kampf-) Spiel; Spielzeug; Glücksspiel, Spielschuld; *ein s. teilen* (+D) einen Wettkampf beginnen; einen Vorschlag machen, die Wahl lassen; *geteiltez/ gelîchez s.* Spiel mit gleichem Einsatz; [auch expl., z.B. *sælden/ vröuden s.* höchste Freude; *jâmers s.* großes Leid].
spilde [s.] *spilnde.*
spile swF Gespielin.
spile- [s.] *spil-.*
spilendic Adj. funkelnd.
spiler stM Spieler.
spil-genôz stswM Spielgefährte.

spil-geselle swM Spielgefährte; Liebender; Kampfgegner.
spil-gevelle stN Spielchance.
spil-,spile-hof stM Theater.
spil-hûs stN Theater; Gemeinde-, Rathaus.
spille [s.] *spindel.*
spil-lîchen Adv. strahlend.
spil-liute [s.] *spilman.*
spil-,spile-man stM [Pl. auch *spilliute* stMN] Spielmann, Musikant; Gaukler.
spiln,spilen swV abs./D/ pD*an,in,mit*/p A*ûf* spielen/ scherzen/ kosen (mit); hüpfen/ springen/ tanzen (auf/ in); musizieren; kämpfen (mit); strahlen/ leuchten (auf/ in); nachgeben; pD*(ze)gegen* (+D) entgegenhüpfen, entgegenleuchten; entgegenfiebern; pD*ze* (+refl.D) sich herandrängen an; D+pA*durch* dringen durch; G / A spielen; *wol s.* +D+pD*mit* eine Freude machen mit; *leide s.* +D +pD*mit* Kummer bereiten mit; *an den ort s.* +A ausfechten; *umbe den wurf s.* +A mit einem Treffer ins Spiel bringen; Part.Adj. [s.] *spilnde.*
spilnde,spilende,spilde Part.Adj. leuchtend, strahlend; heiter, fröhlich.
spil-rote stF Spielergesellschaft.
spil-stuobe,spile-stûbe swF Spielstube.
spilter [s.] *spelter.*
spilunge stF Glanz.
spil-wîp stN Gauklerin, Tänzerin.
spindel,spindle,spinel, spille stswF Spindel.
spinge swF [Vogel].
spinne swF Spinne.

spinnen stV [IIIa] abs./A spinnen; schnurren; A+D weben; geben; A+Adv.lok. ziehen.
spinnen-wurm stM Spinne.
spinn-weppe stN Spinnwebe.
spirch,spirke swF Sperling.
spirren [s.] *sperren.*
spîse stswF Speise, Essen; Nahrung; Lebensmittel, Lebensunterhalt; Futter.
spîsen swV D Nahrung geben; A(+pD*mit*) (er-) nähren, speisen (mit); bewirten; füttern; mit Proviant ausrüsten; versorgen (mit); *sîn leben s.* sich Nahrung verschaffen.
spîser stM Speisender, Esser.
spîs-lôs Adv. ungegessen.
spitâl,spitel stMN Hospital.
spitâlære stM Spitalbruder, Krankenpfleger.
spitel [s.] *spitâl.*
spitz Adj. spitz, scharf.
spitze stswMF Spitze; Ende, Endpunkt.
spitze-lic Adj. spitzig.
spitzen swV A spitzen; *diu ougen s.* +Adv.lok. starren; *diu ougen sint gespitzet* +D die Augen quellen heraus; Part.Adj. [s.] *gespitzet.*
spitzen-lich Adj. spitz.
spitzic Adj. spitz; herb.
spitz-lîche Adv. spitz.
spitz-linc stM Stachel.
spîwen [s.] *spîen.*
spiz stM Spieß; Bratspieß; (Spieß-) Braten.
spîz(-) [s.] *spiez(-).*
spiz-holz stN Spießrute.
spiz-vogel stM Brathähnchen.
splîzen stV [Ia] abs. bersten.
spor[1],spur stN Spur, Fährte; Weg; Zeichen; *der vlühte s.* Flucht.

spor²,spore swM Sporen
[meist Pl.]; Sporn; Ansporn;
gegen einigem sporn das
Geringste.

sporn swV A mit den Sporen
antreiben.

spor-slac stM Sporendruck.

spot stM Spott, Hohn; Ver-
höhnung, Beschimpfung;
Schimpf, Schande; Gespött;
Scherz;   *âne/ sunder s.*
[auch] im Ernst, ohne
Falsch.

spôte [s.] *spâte²*.

spoten [s.] *spotten*.

spôter [s.] *spottære*.

spötic,spotic Adj. spottlus-
tig; höhnisch.

spöt-,spot-lich Adj. **,-lî-
che(n)** Adv. spöttisch; ironisch, höhnisch, verächtlich;
schimpflich.

spot-rede stF Spötterei.

spottære/er,spöter   stM
Spötter, Verhöhner.

spotte-lachen swV G verlachen.

spotten¹,spoten swV abs.
spotten; scherzen; G/A (ver-)
spotten, verhöhnen, sich
lustig machen/ spotten über.

spotten²,spoten stN Spott,
Scherz.

spotte-spæhe Adj. spottlus-
tig.

spottic-keit stF Spottlust.

spöttischen Adv. ironisch.

spozzener stN Armschiene.

sprâche stswF Sprache; Rede; Stimme; Beratung; Ver-
einbarung; Bedeutung; Versammlung; Volk.

sprâchen swV abs./pD *mit*
sprechen/ sich bereden (mit).

sprâch-lôs Adj. *s. sîn* nicht
sprechen können.

spranct- [s.] *sprengen*.

sprangen swV abs. prickeln.

spranz¹ Adj. prächtig.

spranz² stM Farbenpracht;
Geck; Spalt.

sprechære stM Rezitator.

spreche-lich Adj. *sprecheli-
chiu kraft* Beredsamkeit.

sprechen stV [IVa] abs./Adv.
sprechen, sagen, reden; klingen, lauten; Nom.(+pD *in,ze*)
heißen/ lauten (auf/ in); refl.
(+pD *mit*) sich besprechen
(mit); sich äußern; D sprechen mit; antworten auf; D /
Adv.lok.+Adj./Adv. sprechen
über/ von;   D+Nom./A+A
nennen; pD *nâch* rufen/ verlangen nach; pD *gegen,ze* / p A
wider sagen zu, reden mit;
sich äußern zu; pD *von* / p A
umbe sprechen/ erzählen
von; p A *an,ûf* Anspruch erheben auf; sich bekennen zu;
D+p A *an, ûf* absprechen, aberkennen; angreifen; A/N s
(*daz,w*) sagen,   sprechen
(mit); aussprechen; bedeuten; ein Beispiel/ einen Beweis geben für; A+Adv. meinen; A(+D) anberaumen, an-,
festsetzen, ankündigen, verkünden; A+D zusprechen,
zuerkennen; nachsagen; sagen zu; geben, bieten; A/N s
daz +pD *gegen,ze* / p A *wider*
sagen zu/ gegen; A+pD *von*
sagen über/ von;   grüßen
von; A+p A *an,ûf* beanspruchen für; herabrufen auf; beschwören bei; beklagen gegenüber; *als vil s. als* +Nom.
so viel heißen wie, lauten;
mat s. + A matt setzen.

sprechendic Adj. sprechend.

sprech-herre swM Herr der
Redner [Merkur].

spreckel stM Sprenkel.

spreckeleht/oht/ot Adj. gesprenkelt.

sprêen swV A+p A *an* spritzen
machen auf.

spreide stF   Ausdehnung;
Entfernung.

spreiten swV A(+D)(+pD *mit* /
p A *an, durch, in, über, ûf, umbe,
under*) ausbreiten (auf/ über/
unter/ vor), breiten/ decken
(über/ unter); bedecken (mit);
verbreiten (durch/ um).

sprengel stM Weihwasser-
wedel.

sprengen swV [Prät. auch
spranct-]   abs./Adv.lok./pD
gegen,ûz,ze / p A *an,in,über,ûf*
(heran-, los-) galoppieren/
preschen/ springen (auf/ aus/
entgegen/ in/ nach/ über/ zu);
A(+p A *ûf*)   antreiben;   be-
sprengen, (ver-) spritzen
(auf); Part.Adj. [s.] *gespren-
get*.

spreng-wadel stM Weih-
wasserwedel.

sprenzel,sprenzelære stM
Geck.

sprenzelieren swV abs. einherstolzieren.

sprenzen swV abs. sich sprei-
zen/ zeigen; A schmücken;
A+p A *in* kleiden in.

sprenzinc stM Geck.

sprich-wort stN Sprichwort.

spriez stM Nutzen.

spriezen stV [IIb] abs./pD
ûz,von,ze sprießen/ entstehen (aus), emporwachsen
(zu).

sprinc stM Quelle.

sprinc-lîchen Adv. *s. stân*
auf dem Sprung stehen.

sprindel,sprundel swMF
Lanzensplitter.

springen stV [IIIa] abs./Adv.
springen; tanzen; galoppieren; aufspringen; entspringen; wachsen; herbeieilen;
stieben;   pD *ab,ûz,von* (+D)
springen/ dringen/ stürzen/
spritzen/ stieben aus; herab-,
wegspringen von; pD *gegen,*

ze / p A *gegen* eilen/ laufen entgegen/ in/ zu; **p A** *an, in, nâch, über, ûf, under, vür* (+D)/ Adv.lok. springen/ dringen in/ über/ vor; fallen in; spritzen auf/ unter; losspringen auf; **p A** *durch* dringen/ wachsen durch; A(+D) überspringen; *den reien s.* tanzen; *einen sprunc s.* (+D) einen Satz/ Freudensprung machen; *sîne strâze s.* davonlaufen.

springerinne stF Tänzerin, Springerin.

sprinkel stM Sprenkel.

sprinkel-meil stN Sommersprosse.

sprinkeloht Adj. gesprenkelt.

sprinz stM Sprießen.

sprinze-lîn stN Sperberweibchen.

sprît stN (Ruder-) Stange.

spriu, sprû stMFN [flekt. auch *spriuwe-, sprûwe-*] Spreu.

spriutze stF Sträuben.

spriuwe- [s.] *spriu.*

spriuwer-sac stM Spreusack.

spriuzen swV A aufreißen.

sprîze(l) stswM (Lanzen-) Splitter.

sprîzen stV [Ia] **pD** *ûz* herausdringen aus.

sprosse swM Sprosse.

sprû [s.] *spriu.*

spruch stM Spruch; Sangspruch, Gedicht; Rede, Wort; Sprichwort; Richterspruch; Anspruch.

sprunc stM Sprung; Galopp; Schwung, Anlauf, Absprung; Ursprung; Fahrt.

sprundel [s.] *sprindel.*

sprunkeleht, sprünkeleht Adj. gesprenkelt.

sprützen swV **pD** *ûz* herausspritzen aus; A bespritzen.

sprûwe- [s.] *spriu.*

spüelen swV [Prät. *spuolt-*] A waschen, reinigen.

spüel-zuober stM Waschschüssel.

spûen [s.] *spîen.*

spüetic Adj. erfolgreich.

spulgen swV G üben, treiben, ausführen, sich widmen; Inf.(*ze*)/N *daz* pflegen/ gewohnt sein.

spune, spünne stF (Mutter-) Milch.

spünic Adj. fruchtbar.

spünne [s.] *spune.*

spuntziere swMF Ehepartner.

spunzieren stN Liebschaft.

spuol stM Spule.

spuolt- [s.] *spüelen.*

spuon swV G zum Abschluss bringen; unpers.+D gelingen.

spur [s.] *spor* [1].

spuren [s.] *spürn.*

spür-hunt stM Spürhund.

spürn, spuren swV A aufspüren, suchen, finden; verfolgen; anfassen, fühlen; A / N *daz, ob, w* (+p D *an, bî*)/ Inf. merken/ spüren/ erkennen (an).

staben swV D(+p D *ze*) den Eid lenken; *den eit/ die sicherheit s.* (+D) den Eid vorsprechen/ abnehmen; Part.Adj. [s.] *gestabet.*

stabe-slinge swF Wurfschleuder.

stabe-swert stN Dolch.

stact- [s.] *stecken.*

stade stswM Ufer, Strand.

stadel stM Scheune; Herberge.

staden swV p D *ze* landen in.

stadie swF Stadie [Längenmaß].

staf [s.] *stap.*

staff- [s.] *stapf-.*

sprûwe- [s.] *spriu.*

stahel, stâl stM Stahl; Rüstung.

stahel-bîze swM Stahlbeißer [Schwert].

stahel-bleich Adj. hell wie Stahl.

stahel-gewant stN Rüstung (aus Stahl).

stahel-, stâl-herte Adj. stahlhart.

stahel-, stâl-huot stM (stählerner) Helm.

stahel-nât stF Scharnier, Nietnaht.

stahel-, stâl-rinc stM (stählerner) Panzerring.

stahel-schal stM Dröhnen der Rüstung.

stahel-slôz stN Stahlschloss.

stahel-vaz stN (stählerner) Helm.

stahel-werc stN (stählerne) Rüstung.

staht- [s.] *stecken.*

stal stMN Stall; Haus; Gestalt, Form.

stâl(-) [s.] *stahel(-).*

stâlen [s.] *stêlen.*

stâlîn, stælîn [s.] *stehelîn.*

stal-miete stF Beherbergungskosten.

stalt- [s.] *stellen.*

stam stM Stamm; Baumstamm, Zweig; Ursprung, Quelle, Grund (-lage); Stütze; Geschlecht, Abstammung; Stammvater.

stamelen, stamlen, stamblen swV abs./A stammeln, stottern.

stampenîe, stampanîe stF Tanzweise; Lustbarkeit, Vergnügen.

stân, stên, stôn anV abs. stehen bleiben, still stehen, zum Stehen kommen [auch *stille s., s. belîben*]; Bestand haben; Adj. sein, bleiben; werden; Adv.(+D) (da) stehen, stehen bleiben; sich befinden/ verhalten; aussehen; passen (zu), zukommen; zusammenpassen; Adv.temp. [auch] dauern; pD*ab* aufstehen von; pD*an,bî,neben* (+D) stehen (bleiben) an/ auf/ bei/ in/ neben, bleiben bei, liegen auf, sich befinden an; sich stellen in; beruhen auf, abhängen von; pD*gegen* stehen an/ auf/ bei/ gegenüber/ vor; treten in; sich erheben zu; pD*hinder* stehen hinter; pD*in* (+D) stehen/ sein/ bleiben/ liegen/ stecken in; pD*mit* bedeckt/ erfüllt sein mit; leben in; pD*nâch* sich richten/ streben nach; sich wenden zu; pD*ob* stehen an/ oberhalb/ über; pD*sunder* / pG*âne* / p A*âne,sunder* da stehen/ sein ohne; pD*über* bleiben bei; pD*ûf* (+D) stehen auf, liegen/ sitzen auf/ in; streben nach; pD*under* stehen bei/ unter; pD*von* absteigen von, aufstehen/ gehen aus/ von; starren von, bedeckt sein mit; auferstehen aus [auch refl.+ pD*ûz*]; pD*vor* (da-) stehen/ treten vor; pD*wider* helfen gegen; pD*ze* (+D)/Inf.*ze* treten/ sich stellen in/ unter/ zu; sein/ bleiben in; passen zu, bestimmt/ bereit sein zu, geeignet sein für; Anlass geben zu; sich richten auf; pD*zwischen* stehen zwischen; pA *an,in* (+D) sich stellen/ steigen/ treten in; sich richten auf; pA*über* stehen jenseits von; pA*ûf* (+D) sich stellen/ treten/ fallen auf; sich verlassen/ richten auf; pA*umbe* sich beziehen/ richten auf; stehen bei, sein um; pA*vor, vür* treten vor, eintreten für;

pA*wider* sich stellen gegen; s. *lâzen* aufhören; s. *lâzen* +A(+D) stehen (bleiben) lassen, zurücklassen; sein lassen, beenden, aufhören mit, aufgeben; auf sich beruhen lassen; unpers.+Adv.(+D) gut/ schlecht/ ebenso stehen; unpers.+pA*umbe* +D gehen um; unpers.(+pA*umbe*) +Adv.(+D) sich verhalten mit, stehen/ bestellt sein um; *hôher/ dannen/ hindan s.* weggehen, wegrücken, weg-, zurücktreten; *pfandes s.* verpfändet/ gefangen sein; *ringe s.* (+A) billig zu stehen kommen; *vergeben s.* +A gleichgültig lassen; *vil/ wênic s.* viel/ wenig kosten; *daz herze stât* +Adv.lok. sich sehnen; *der muot/ sin stât* (+D)+Inf. *ze* den Wunsch/ die Absicht haben zu; *die ougen stân* +D +Adv.lok. blicken, schauen; *an der næte s.* unpers.+D am nötigsten sein; *ze buoze/ wandel s.* (+G)(+D) Buße leisten (für), büßen; *ze lobe/ prîse s.* rühmenswert sein, Ansehen haben; *ze verhe s.* tödlich sein; *ze wette s.* +D einen Einsatz fordern von; *ze wunsche s.* (+D) wunschgemäß/ vollkommen sein (an).

stanc stM Geruch; Gestank; Duft; Qualm.

stanc-hûs stN Abtritt.

stange stswF Stange.

stankes Adv. stinkend.

stant-hart stM Standarte.

stap,staf stM Stab, Stock; Stütze; Krumm-, Bischofsstab.

stapf swM Fußspur; Stufe.

stapfel,staffel stM Stufe; Fuß; Pfahl; Schuppen.

stapfen,staffen swV abs. einherreiten, herankommen,

herantraben; pD*gegen,ze* /p A *an,in,über,ûf* /Adv.lok. reiten/ traben auf/ über/ zu, losgehen auf, ziehen (ent-) gegen/ über; *zesamene s.* aufeinander treffen.

stapfes Adv. im Schritt.

stap-schaft stM Schaft eines Stabes.

star swM Star [Vogel].

star-blint Adj. starblind.

starc Adj. stark, kräftig; mächtig, groß; fest; gut; heftig; bedeutend, wichtig; schwer, streng; schlimm, böse.

starc-heit,starke-,sterckeit,starkeit stF Stärke.

starc-lîche(n) [s.] *sterclîche(n).*

starc-riechende Part.Adj. stark duftend.

starc-waltic Adj. sehr stark.

staren,steren swV pA*in* starren/ blicken in.

starke Adv. heftig, gewaltig; sehr; außerordentlich; fest; gewaltsam; sorgsam, eindringlich; schnell; großzügig; Komp. [auch] mehr.

starke-heit,starkeit [s.] *starcheit.*

starken swV abs. stark/ kräftig werden; voll sein.

starket- [s.] *sterken.*

stær-linc stM Sterling [Münze].

starn,*starren swV D steif sein.

starrunge stF Krampf, Lähmung.

stat[1] stMN Ufer, Strand.

stat[2] stF Stelle, Platz, Ort, Stätte; Stadt; Raum; Sitz; *an der s.* +G (an-) statt, anstelle von; *an/ ûf der s., ze s./ stete* [auch] auf der Stelle, sofort.

stat[3]**,state** stF (günstige) Gelegenheit, Möglichkeit; Lage; *mit staten* bequem, leicht; *über/ wider s.* mit aller Kraft; *ze staten komen/ (ge)stân/ (ge)treten* +D helfen, nützen.

stæte[1]**,stâte,stête** Adj. beständig, treu; fest, standhaft, zuverlässig; stet, dauerhaft, unvergänglich; sicher, verbindlich, (rechts-) gültig; *s. haben/ halten/ lâzen/ machen/ tuon* +A(+D) erfüllen, wahr machen, (ein-) halten.

stæte[2]**,stâte** Adv. ständig; beständig; stets, immer.

stæte[3]**,stâte,stête,stêde** stF Treue, Beständigkeit; Festigkeit, Zuverlässigkeit; Dauer; *ze s.* [auch] fest, treu; dauerhaft; *ze s. geben/ nemen* +A(+D) zur Ehe geben/ nehmen.

stætec/ic,stâtic,stêtic Adj. treu, fest; ständig; unvergänglich.

stætec-lich Adj. treu, beständig; dauerhaft.

stætec/ic-lîche(n),stêtec/ ic-,stêc-lîche(n) Adv. beständig, fest; dauerhaft, unwandelbar; stets, immer, fortwährend.

stæte-,stête-gunge stF Beständigkeit.

state-haft Adj. wohlhabend; mächtig; ausgerüstet.

stæte-keit,stætic-,stæti-, stêt(e)-,stêti(c)-heit stF Beständigkeit, Treue, Festigkeit; Dauer; Sicherheit.

stæte-,stêt-lich Adj. fest, treu.

state-,stete-lîche Adv. stattlich; furchtlos; ruhig, bequem.

stæte-lîche(n),stêt(e)-lîche(n) Adv. ständig, stets.

stæte-lôs Adj. unbeständig.

staten[1] swV A+Adv. anwenden; ausführen.

staten[2] swV G/A/Ns *daz* /Inf. *ze* (+D) erlauben, gestatten; zustimmen; zufügen; D+pA *über* Macht geben über.

stæten,stêten swV A(+D) bestätigen, bekräftigen; sichern, festigen, stärken; A+ pD *ze* einsetzen als.

stætes,stêtes Adv. ständig, stets.

stætic-heit [s.] *stætekeit.*

stætigen swV A bekräftigen, festigen; festlegen.

stætigs Adv. ständig, stets.

stat-meister stM Bürgermeister.

stat-mûs stF Stadtmaus.

stebe swF Steven [Schiffsbauteil an Bug und Heck].

stec stM Weg, Steig, Pfad; Steg, Brücke.

stechel,stickel,stickle Adj. steil.

stechel-halde stF Steilhang.

steche-lich Adj. stachlig.

stechen[1] stV [IVa] abs. (zu-) stechen, (zu-) stoßen; tjostieren, (mit der Lanze) kämpfen;   pD *gegen* /p A *ûf,wider* kämpfen gegen; zeigen auf; pA *durch,in* (+D) stechen/ stoßen/ treffen durch/ in, einstechen auf; A(+D) stechen, verletzen, (mit einem Lanzenstoß) treffen (auf), er-, abstechen; bestechen; versetzen, zufügen; A+pD *ab,ûz, von* /p A *über* (herab-) stechen/ stoßen aus/ über/ von; A+pD *nâch,ze* / p A *an,ûf* (+D) treffen/ zielen auf/ in, (herab-) stoßen auf; stecken an/ in; A+p A *durch* (+D) stechen/ stoßen durch; A+pA *in* (+D) stechen/ stecken in; eingeben in; *dürkel s.* +A durchlöchern; *enzwei s.* +A zerbrechen; *hinderz ors s.* +A vom Pferd stoßen, aus dem Sattel

heben; *in daz ouge s.* +A ins Auge fallen; *des tôdes zil s.* +D, *tôt/ ze tôde s.* +A totstechen, erstechen; *zesamene s.* aufeinander treffen, zusammenprallen.

stechen[2] swV [s.] *stecken.*

stecke swM Stab; Pfahl; Knüppel; Krüppel.

stecken,stechen swV [Prät. auch *stact-,staht-*] refl.+pA *in* sich hineindrängen in; pD *gegen,in,ob,vor* (+D) stecken (bleiben) in/ über/ vor/ unter, ruhen in; hängen über; pA *durch,umbe* +D stehen um, ragen durch; A(+D) aufstecken, aufstellen, festhalten, festsetzen; A+pD *ze,über* /p A *an, in, ûf, umbe, vür,zwischen* / Adv.lok. stecken/ befestigen/ aufstellen/ legen an/ auf/ in/ über/ um/ vor/ zwischen; *vol s.* +G/D gespickt sein (mit); Part.Adj. [s.] *gestecket.*

stêc-lîche(n) [s.] *stæteclîche(n).*

stêde [s.] *stæte*[3]*.*

steft [s.] *stift*[1]*.*

stege swF Treppe.

stegen swV abs. einen Steg bauen, einen Weg bahnen; pD *nâch* streben nach; pD *ze* gehen zu; A betreten, wandeln auf; A(+D) bereiten; A+ pD *ze* führen zu.

stege-reif stM Steigbügel; *der s. waget ze hove/ durch daz lant* +D an den Hof reiten, durchs Land ziehen.

stehelîn,stêlîn,stælîn, stâlîn Adj. stählern.

steic stM Aufstieg; Ansteigen der Töne.

steige stF Anhöhe.

steigen swV refl. sich erheben; A antreiben; ansteigen lassen.

steigunge stF Erhöhung.

stein stM Stein; Edelstein; Felsen; Eckstein, Grundstein; [Gewichtseinheit].

stein-boc stM Steinbock.

stein-breche,-preche swF Steinbrech [Pflanze].

steine [s.] *steinîn*.

stein-eimer stM Steinfass.

steinen[1] swV A mit Edelsteinen besetzen; steinigen; Part.Adj. [s.] *gesteinet*.

steinen[2] Adj. [s.] *steinîn*.

stein-geiz stF Steinbock.

stein-gevelle stN Felsabhang.

stein-hart,-hert Adj. steinhart.

stein-harte Adv. wie ein Stein.

stein-hert [s.] *steinhart*.

stein-houwe swM Steinmetz.

stein-hûfe swM Steinhaufen.

stein-hûs stN Haus aus Stein; Schloss.

steinic Adj. steinig, steinern.

steinîn,steinen,steine Adj. steinern, aus Stein; *s. berc* Felsen; *s. grap* Felsengrab.

stein-iule stswF Steinkautz.

stein-lære stM Edelsteinkenner.

stein-lîchen Adv. wie ein Stein.

stein-loch stN Felsloch.

stein-metze swM Steinmetz.

stein-mûre stF Steinmauer.

steinôt Adj. felsig.

stein-preche [s.] *steinbreche*.

stein-rosche,-rotsche, -rütsche,-ruzze stswF (Felsen-) Klippe; Felsspalte.

stein-vels stswM Felsblock.

stein-visch stM Steinbutt.

stein-want stF Felsen; Felswand, Felsabhang; Steinmauer; Kerker.

stein-werc stN Bau.

Steir-lant stN Steiermark.

Steir-marc stF Steiermark.

stele-haft Adj. heimlich entnommen.

stelen [s.] *steln*.

stêlen,stâlen swV A härten, stählen; Part.Adj. [s.] *gestêlet*.

steler stM Dieb.

stêlîn [s.] *stehelîn*.

stelle stF Stern.

stellen swV [Prät. *stalt-*] (refl.+)Adv. sich verhalten/ gebärden/ entwickeln; refl.+ Inf.*ze* sich verlegen auf; pD *nâch* /p A *ûf* streben/ trachten nach, sich kümmern um; D nachstellen, eine Falle stellen; A (auf-) stellen, legen; ein-, errichten; formen, formulieren; unterbringen; bereitmachen; vollbringen, machen, schaffen, (be-) wirken; begehen, verüben; A+pD *ze* / p A *ûf* richten auf, wenden an; bauen auf, stellen an/ auf/ neben; A+p A *an,gegen,in,vor,* *vür* stellen an/ auf/ gegen/ in; anbringen vor/ setzen an/ in; *sich ze wer s.* sich zur Wehr setzen; *lâge s.* +D einen Hinterhalt legen; *jâmer/ leit/ nôt* *s.* jammern, Klagegeschrei erheben; *daz garn s.* +pD *nâch* die Netze auswerfen nach; *gestalt sîn* +p A *umbe* bestellt sein um; Part.Adj. [s.] *gestalt* [1].

steln,stelen stV [IVa] abs./ A(+D) stehlen, (weg-) nehmen; refl.+pD *von* sich wegstehlen von; Adv.lok. sich hinschleichen.

steltzer stM *s. pein/ vuoz* Stelzfuß, Holzbein.

stelze swF Stelze; Bein; Krücke.

stempfel,stempel stM Prä-

gestock; Relief.

stempfen swV pD *an* beitragen zu; A+p A *in,ûf* prägen auf/ in.

stên [s.] *stân*.

stendel-wurz swF Ständerwurz [Aphrodisiakum].

stengel stM Stängel, Stiel.

stenke stF Gestank.

stenken swV A zum Stinken bringen.

steppe stN besticktes Kleid.

steppen swV A(+p A *ûf,zwi-* *schen*) steppen auf/ zwischen; A+p A *in* einnähen in; A+D durchstechen.

ster,sterre swM Widder.

sterbe swM Sterben; Seuche, Pest.

sterbe-licheit stF Sterblichkeit.

sterben[1],sterven stV [IIIb] abs./G/pD *an,von,vor* sterben (an/ durch/ vor); G/D absterben, wegsterben; A töten; *tôt/ des tôdes s.* sterben; Part.Adj. [s.] *sterbende*.

sterben[2] swV A töten.

sterben[3] stN Tod, Sterben; Seuche.

sterbende Part.Adj. tödlich; abtötend; sterbend.

sterben-,sterb-lich Adj. sterblich; *sterbenlichiu mære* Todesnachricht.

sterc-heit,-keit [s.] *starcheit*.

sterc-lich Adj. gewaltig.

sterc-,starc-lîche(n) Adv. heftig, sehr; gewaltig; standhaft; genau.

steren [s.] *staren*.

steren(-) [s.] *stern(-)*.

sterke stF Stärke, Kraft; Gewalt; Stärkemehl.

sterken swV [Prät. auch *star-ket-*] refl. erstarken, kräftig werden; A(+D)(+pD *an,mit,* *ze* /p A *ûf*) stärken (bei/ für/

mit/ zu), kräftigen; (ver-) mehren.

stern,sterne,steren,ster-re stswM Stern; *vinster s.* Abendstern; *die siben sterne* die sieben Planeten.

stern-,sternen-blic stM Meteor.

sterne(-) [s.] *stern(-).*

sternen- [s.] *stern-.*

stern-,steren-gewalt stF Macht der Sterne.

stern-kunst stF Astrologie.

stern-lieht Adj. sternenhell, sternenklar.

stern-luoger,sternen-lû-gære stM Astronom.

stern-,sternen-schîn stM Sternenglanz.

stern-,sternen-sehen stN Sternguckerei.

stern-,sternen-seher stM Astronom.

stern-slang swF [Schlange].

stern-,sterne-vürbe stF Sternschnuppe.

stern-warte swM Astronom.

stern-,sterne-warter stM Astronom.

sterr Adj. starr, steif.

sterre¹ stswM [s.] *stern.*

sterre² swM [s.] *ster.*

stertzen stV [IIIb] A aufstellen, aufrichten.

sterven [s.] *sterben* ¹.

sterz stM Schwanz.

sterzel stM (betrügerischer) Bettler.

sterzel-krût stN Fenchelrute.

sterzen [s.] *stürzen.*

stêt- [s.] *stæte-.*

stete stswF Stelle, Ort; *an keiner s.* nie; *an maneger s.* oft.

stête(-) [s.] *stæte(-).*

stete-lîche [s.] *statelîche.*

steten swV *daz gesiht s.* +pA *an* starren/ den Blick heften

auf; Part.Adj. [s.] *gestetet.*

stic [s.] *stich.*

stîc stM Weg, Pfad.

stich,stic stM (Lanzen-) Stich, Hieb, Stoß; *dehein/ kein/ niht ein/ nie s.* nicht ein bisschen, überhaupt nicht/ nichts.

stichel Adj. stachlig.

stichelinc stM Stachel.

stichel-suht stF Kolik.

stichen [s.] *sticken.*

stickel [s.] *stechel.*

sticken,stichen swV pD *nâch* streben nach; A(+pD *mit*/p A*ûf*) besticken (mit); anbinden/ befestigen (an/ mit); *s. unde ziunen* Ordnung schaffen.

stickle [s.] *stechel.*

stîc-leder stN Steigbügel.

stieben,stiuben stV [IIa] abs. Funken sprühen; auf-, umherfliegen, umherstieben; pA*über* fliegen über; pD*gegen,ze* / pA*in,umbe* (+D)/Adv. lok. fliegen/ stieben auf/ in/ um; pD*ûz,von* (+D) stieben/ sprühen/ fliegen aus/ von; *ze stücken s.* zersplittern; *ze einander s.* lâzen einander entgegengaloppieren.

stief-kint stN Stiefkind.

stief-,stûf-muoter stF Stiefmutter.

stief-,stîf-sun stM Stiefsohn.

stief-swester stF Stiefschwester.

stief-,stîf-vater stM Stiefvater.

stiege,stîge stswF Treppe.

stier stM Stier.

stiere [s.] *stirne.*

stîf-[s.] *stief-.*

stifel [s.] *stivâl.*

stift¹,steft stM Stachel, Dorn.

stift² stMF Stiftung; Bistum,

Abtei; Verfügung; Ordnung, Einrichtung; Grundlage.

stiftære/er stM Gründer.

stiften,stihten swV refl.+pA *ûf* sich einstellen auf; A(+D) stiften, gründen, einrichten; befestigen; tun, vollbringen; unternehmen, ausrichten; begehen, verüben; verursachen; einbringen; A(+pD*mit*) ausrüsten/ ausstatten (mit); *tôt sîn s., sich tôten s.* sich tot stellen.

stîge¹ stF Hürde, Stall.

stîge² stswF [s.] *stiege.*

stigel¹ stM Spitze.

stigel²,stigele stswF Tritt, Trittleiter; Durchschlupf.

stîgen stV [Ia] abs./refl./D/ Adv.(+D) aufsteigen, hoch steigen, sich erheben; wachsen; nahen; Adv.lok. heraufziehen; pD*ze*/pA*in* aufsteigen/ sich erheben in/ zu; pA*boven, ob, über, ûf* (+D)/ Adv.lok. steigen auf/ über; übergehen auf; *die berge ze tale s.* vom Gebirge herabsteigen.

stig-litz stM Stieglitz.

stihten [s.] *stiften.*

stil stM Stiel; Schaft.

stil-heit stF Stille, Ruhe.

stille¹ Adj. still, ruhig; heimlich; verschwiegen; schweigsam.

stille² Adv. still, leise, ruhig; schweigend; heimlich; fest; *s. haben/ stân* stehen bleiben, still stehen; *s. sitzen* sitzen bleiben; [auch expl., z.B. *s. dagen/ swîgen* schweigen].

stille³ stswF Stille, Ruhe, Schweigen.

stille-brechen stN Bruch des Schweigegebots.

stillec-lîche Adv. still, zurückgezogen.

stille-keit stF Stille, Ruhe.
stille-messe stF stille Messe.
stillen swV abs./refl. sich beruhigen/ besänftigen, sich legen; A/G(+pD*mit*) zum Schweigen bringen; stillen, besänftigen (mit), beruhigen, schlichten, beschwichtigen; beenden (mit); befriedigen (mit), erfüllen; verschweigen; verhindern, unterdrücken; A+pD*von* abbringen von.
stille-stânde,-stênde Part. Adj. unbeweglich; unbewegt.
stil-nisse,-nus stN Ruhe, Stille; Geheimnis.
stimel stM Antrieb.
stim-lîche Adv. stöhnend.
stimme stF Stimme; Klang, Ton; Melodie, Gesang; Ruf; Wort.
stimmen swV abs. rufen; Part.Adj. [s.] *gestimt.*
stinken stV [IIIa] abs./Adv./D stinken; duften; riechen; pD*nâch,von* riechen nach.
stirne,stiere stswF Stirn.
stirn-smerze swM Kopfschmerz.
stiuben [s.] *stieben.*
stiur,stûr stN Steuer, Steuerruder.
stiure[1]**,stûre** stF Steuer; Steuerruder; Stütze, Halt; Unterstützung, Hilfe, Beistand; Anleitung, Führung; Ausstattung, Aussteuer, Ausrüstung, Mittel; Steuer, Abgabe; Gabe, Geschenk; Beitrag.
stiure[2]**,stûre** swM Steuermann.
stiuren,stiuwern,stûren swV abs. steuern; abs./refl. sich bezähmen/ beherrschen; refl.+pD*an/*p A*ûf* sich stützen auf; G/D ein Ende machen,

verhindern; beruhigen; A/N s w /Inf.*ze* unterstützen, helfen; lehren; fördern; erleichtern; A+G/pD*mit* unterstützen/ versorgen/ ausstatten/ behandeln/ erleichtern mit; A+pD*ze* führen zu.
stiur-man stM Steuermann.
stiur-meister stM Steuermann.
stiur-,stiuwer-ruoder stN Steuerruder.
stiurunge,stûrunge stF Hilfe; Belehrung.
stiuwer- [s.] *stiur-.*
stivâl,stifel stM Stiefel.
stîven stN Schalmeispielen.
stoc stM Stock, Pfahl; Baumstumpf, Baumstamm; Holzklotz; Weinstock; Opferstock; Sockel; Stockwerk; Gefängnis.
stoc-visch stM Stockfisch.
stoc-zant stM Mahlzahn.
stôl [s.] *stuol.*
stôle stF Stola.
stolle swM (Bett-) Pfosten; Gestell; Tisch-, Stuhlbein; (Bergwerks-) Stollen.
stolz Adj. stolz; hochgemut; kühn; übermütig; edel; stattlich, prächtig, herrlich, schön.
stolzec-lîche Adv. unbeschwert.
stolzen swV abs./D stolz/ hochgestimmt werden.
stolz-gemûte,-mûte Adj. mutig.
stolz-heit,stolzi-,stolzic-heit stF Stolz; Kühnheit; Übermut.
stolz-lich Adj., -lîche Adv. stolz, hochgestimmt; übermütig; prächtig.
stolz-mûte [s.] *stolzgemûte.*
stôn [s.] *stân.*
stôp [s.] *stoup.*
stopfen[1] swV A feststopfen.

stopfen[2] swV [s.] *stupfen.*
stör,stür swM Stör.
stœrære stM Störer; Zerstörer.
storch stswM Storch.
storchen-nest stN Storchennest.
stœre stF Störung.
stœren,stôren swV refl. sich verschlimmern; refl.+D enden für; refl.+pD*an* sich verloren geben in Bezug auf; A (+D) stören; zerstören, vernichten; verletzen; zerstreuen, vertreiben; verhindern, aufgeben; beenden; schwächen, in Verwirrung bringen; A+pD*ab* wegtreiben von.
storîe,storje stF Schar.
storm(-) [s.] *sturm(-).*
storre swM Baumstamm.
storren swV abs. steif werden/ sein.
stœrunge stF Vernichtung; Vergeudung.
storzen[1] swV abs. prangen.
storzen[2] swV [s.] *stürzen.*
stoubec Adj. aus Staub.
stouben swV abs. Staub aufwirbeln, sich mit Staub bedecken; A aufwirbeln, aufscheuchen; A+D verdecken.
stöuber stM Stöberer.
stoubîn Adj. aus Staub.
stoudæhe [s.] *stûdach.*
stöuen [s.] *stouwen.*
stouf stM Kelch, Trinkbecher.
stoup,stôp stM Staub (-wolke, -korn).
stoupfel stFN Baldachin.
stoup-sünde stF Sünde der Unreinheit.
stouwen,stöuen swV refl. sich stauen; A+pA*umbe* schelten wegen.
stôz stM Stoß, Schlag; Anlauf; Widerstreben, Widerstand; Verbindungsstelle.

stôzen st V [VIId] abs./refl.+
Adv.lok. sich bewegen; refl.+
p A*über* stolpern über; refl.+
p A*under* sich einmischen
in, sich beteiligen an; pD*gegen,in,ze* / p A*an,durch,ûf* (+D)
stoßen an/ auf/ gegen, klopfen an; treffen auf/ in; fallen
auf; grenzen an; sich be-
wegen in; A(+D)(+Adv.)(nie-
der-) stoßen, niederwerfen;
verletzen; aufstellen, abste-
cken, setzen; A+pD*ab,ûz,von*
ausstoßen/ (ver-) treiben aus,
wegstoßen/ werfen von,
(los-) reißen von; A(+D)+pD
an,gegen,mit,ze / p A*an,in,ûf,
durch, über, under, vür, wider* /
Adv.lok. stoßen an/ auf/ ge-
gen/ in/ mit/ über/ unter,
stecken an/ auf/ durch/ in/
unter/ vor, werfen auf/ in;
legen/ senken/ tauchen in;
treiben in/ vor; (auf-) stellen
auf/ in/ über; treffen mit;
schieben vor; verletzen an;
gestôzen komen dazukom-
men, -stoßen; *zesamene ge-
stôzen komen* aufeinander
prallen; *an den sê s.* in See
stechen; *von dem lande/ stade s.* ablegen; *ze dem stade
s.* anlegen; *ze sturme s.* angreifen.
stœzic Adj. widerstrebend.
stœz-lîchen Adv. mit einem
Stoß.
strac Adj. gerade; kräftig.
strackes Adv. sofort.
stract- [s.] *strecken.*
strâfe stF Tadel, Schelte;
Strafe.
strâfen sw V A(+pD*ab* / p A
umbe) tadeln/ zurechtweisen
(wegen); (be-) strafen/ züchtigen (für); beschimpfen;
(ver-) schmähen.
strâfer stM Zuchtmeister;
Kritiker.

strâfic Adj. mahnend.
strâf-,stræf-lich Adj. tadelnswert.
strâfunge stF Tadel; Strafe,
Züchtigung.
straht- [s.] *strecken.*
stræl,strælære stM Kamm.
strâle,strôle stswMF Blitz,
(Licht-) Strahl; Pfeil; Streifen.
strælen sw V [Prät. auch
strâlt-] A(+D) kämmen, glätten, scheiteln.
strâl-snitec Adj. *s. mâl* Blut-
spur.
strâlt- [s.] *strælen.*
strælunge stF Kämmen.
**strâm,strân,strôm,
stroum,strium** stM Strom;
Strömung; Weg, Richtung;
des meres s. Meer.
strâmic Adj. strömend.
strân [s.] *strâm.*
stranc stM Strang; Seil,
Strick; Streifen; Strähne.
stranc-heit [s.] *strencheit.*
strange[1] stswF Strang; Seil,
Strick, Riemen; Schleuder;
Verflechtung.
strange[2] swM Kämpfer.
strant stM Strand, Küste.
strât stM Decke.
strâze,strôze,strouze
stswF Straße, Weg; Milch-
straße; *sîne s. rîten/ varn/
ziehen* seines Weges gehen,
weggehen, davonziehen, davonkommen.
strâzen-kunst stF Straßen-
kunde; Strategie.
strâzen-loufer stM Vaga-
bund.
strâzen-milte stF Freigebigkeit gegenüber Fahrenden.
strâz-rouber stM Straßen-
räuber, Wegelagerer.
strâz-roup stM Straßenraub,
Wegelagerei.
streben,streven sw V abs.

kämpfen, sich abmühen;
vorwärts drängen; sich aufrichten; zappeln; pD*an* hängen an; sich abmühen an;
pD*in* leben in; pD*mit* ringen
mit; pD*(en)gegen* / p A*wider*
(+D) handeln/ kämpfen/ sich
auflehnen/ sich sträuben/
sich wehren/ Widerstand
leisten gegen; verlangen
nach; ziehen zu; G/pD*nâch,
ze* /Adv.lok. jagen/ streben/
trachten/ verlangen nach; ziehen nach/ zu; dringen durch;
pD*von* wegstreben von; p A
an,durch,ûf,umbe sich bemühen um; p A*in* gehen/ ziehen
wollen in; p A*über* ziehen/
hinauswollen über; p A*vür*
sich drängen vor; *hinder
sich s.* sich zurückziehen;
vür sich s. vordringen,
vorwärts drängen.
strecken sw V [Prät. auch
stract-,straht-] A(+D/Adv.
lok.) (von sich) strecken, recken, spannen, dehnen; ausstrecken, hinstrecken; (an-)
bieten; A+pD*gegen* stellen
gegen; A+pD*nâch* aufrichten
zu; A+pD*von* wegstrecken
von; A+(*unz* +)pD*ze* / p A*an,
über,ûf* /Adv.lok. (aus-) brei-
ten/ ausdehnen/ ausstrecken/
legen/ (auf-) spannen auf/
bis zu/ nach/ über; A+p A
umbe spannen/ binden um;
Part.Adj. [s.] *gestract.*
stredem stM Schwaden.
streich stM (Schwert-)
Streich; Schlag, Hieb.
streicheht Adj. gestreift.
streichen sw V refl.+pD*an*
sich reiben an; A(+D) streicheln, berühren; streichen;
Part.Adj. [s.] *gestreichet.*
streif stM Streifzug.
streifen sw V refl.+p A*durch*
sich zwängen durch.

strenc-,stranc-heit,stren-keit stF Strenge, Härte.

strenc-,strenge-lîche(n) Adv. hart, streng, fest; heftig; unerbittlich, schrecklich.

strenge[1] Adj./Adv.   stark; fest; streng, hart, schwer; groß, gewaltig, mächtig.

strenge[2] stF Strenge, Härte; Stärke.

strengec-lich Adj. schlimm.

strenge-lîche(n) [s.]*strenc-lîche(n).*

strengen swV refl.+pA*wider* sich wehren gegen; A+D schwermachen.

strengic-heit stF Strenge.

strenkeit [s.] *strencheit.*

streven [s.] *streben.*

strêwen [s.] *ströuwen.*

stric,strich stM Strick; Seil, Band; Fessel; Fallstrick, Schlinge; Knoten, Masche.

strich stM (Pinsel-) Strich, Streifen; Landstrich; Weg, (Ver-) Lauf, Richtung; Art; Streich, Schlag.

strîchen[1] stV [Ia] abs./Adv. (lok.) (davon-, herbei-) eilen/ fahren/ gehen/ kommen/ ziehen [auch *gestrichen komen*]; pD*gegen,nâch,ze* (herbei-) eilen zu; (hinterher-) ziehen hinter/ in/ nach/ zu; pD*ûz,von* (weg-) gehen/ ziehen aus/ von, sich hinwegheben von; (refl.+)pA*an* eilen zu, sich heranmachen an; pA*durch* dringen/ ziehen durch; pA*enzwischen* eindringen zwischen; pA*in* kommen in; pA*über* sich zubewegen auf; pA*ûf* sich einschleichen in; pA*vür* ziehen vor; A(+pD*gegen,ze* /pA*ûf*) schmücken/ putzen (für); glatt streichen; A(+pD*mit*) bestreichen (mit); abstreifen;

schlagen, geißeln; durchstreifen; A(+D)+pD*ab,von* (ab-) wischen aus/ von; A/G (+D/Adv.lok)(+pA*an,ûf*) malen/ streichen/ auftragen (an/ auf); anlegen, anziehen; herantragen an; stoßen an; A+D+pA*in* stecken in; ausdehnen in; *s. lâzen* +A gehen/ ziehen lassen; *diu marc/ zesamene/ dar s. lâzen* heranziehen, vorrücken, (gegeneinander) anrennen, angreifen; *mange mîle s.* viele Meilen zurücklegen; *die ringe s.* den Rosenkranz durch die Finger gleiten lassen; *daz ruoder s.* rudern; *die strâze/ den wec s.* seines Weges gehen, sich davonmachen; *den tanz s.* eine Tanzweise spielen.

strîchen[2] swV A schlagen.

strich-weide stF Wildwechsel [Pfad zum Weideplatz].

strickærinne stF Verstrickerin.

stricken swV A(+D)(+pD*gegen,mit,ze* /pA*an,in,ûf*) wirken, flechten, (ver-) knüpfen (in/ mit), verbinden (mit), befestigen/ festbinden (an/ auf); fest-, ver-, zuknoten; A(+D)+pD*ûz* befreien aus; A(+D)+pA*umbe* binden/ wickeln/ winden um.

strieme swM Streifen.

strîfeht Adj. gestreift.

strîfeln swV A+D*mit* vermischen mit.

strigelen swV A striegeln.

strîme swM Strahl, Streifen.

strît stM Streit; Schlacht, Kampf; Wettstreit, Wettkampf; Widerstand, Widerspruch; Zwiespalt, Konflikt; Ringen, Streben; *âne/ sunder/ ûzer s., ûz dem strîte* [auch] zweifellos, mit Sicherheit, unbestritten, un-

zweifelhaft; kampflos; wehrlos; *wider/ ze strîte* um die Wette; *den s. behaben/ behalten* den Sieg davontragen; *den s. lâzen* +D das Feld räumen.

strît-bære Adj. zum Kampf geeignet, streitbar; kampftüchtig, -fähig.

strîtber-lich Adj. streitbar; *s. üebunge* Kampfübung.

strîtec/ic Adj. streitbar, kampf-, streitlustig; zänkisch, ungebärdig; begierig.

strîtec-lich Adj., **-lîchen** Adv. streitbar, kämpferisch, kampfbegierig, kampflustig, -tüchtig; gerüstet.

strîten stV [Ia] abs./Adv. kämpfen, (sich) streiten; pD *gegen,mit,wider* /pA*an,ûf,wider* kämpfen/ streiten/ sich wehren gegen/ mit; wetteifern mit; pD*ze* /pA*durch,umbe,nâch,vür* /Adv.lok. kämpfen um/ für; sich einsetzen für; streben nach; sich kümmern um; sich streiten um; G/A ausfechten, austragen; bekämpfen; bestreiten; Part. Adj. [s.] *strîtende.*

strîtende Part.Adj. kämpferisch.

strîter stM Kämpfer, Krieger.

strîtes Adv. im Kampf.

strît-genôz stswM Kampfgefährte; Gegner.

strît-gernde Part.Adj. *der s. man* Herausforderer.

strît-geselle swM Kampfgefährte; Gegner.

strît-geverte swM Gegner.

strît-gewer stF Waffe.

strît-geziuc stN Kampfgerät.

strît-got stM Kriegsgott.

strît-haft Adj. *s. werden* +pA *umbe* sich streiten um.

strît-herte Adj. kampferprobt.
strît-kleit stN Rüstung.
strît-küene Adj. streitbar.
strît-lich Adj., **-lîchen** Adv.
kriegerisch, streitbar; kämpferisch; gerüstet; *s. gewant*
Rüstung.
strît-müede Adj. vom Kampf
ermattet.
strît-muot stM Streitsucht.
strît-schar stF Kriegsschar.
strît-scheiden stN Schlich-
tung.
strît-vane swM Kriegsfahne.
strît-wer stF Rüstung.
strît-werlich Adj. *strîtwer-
lichez wâfenkleit* Rüstung.
striuchel-stôz stM Stoß, der
zum Straucheln bringt.
strium [s.] *strâm*.
striun [s.] *ströuwen*.
striuzen swV refl.+pA*ûf* sich
etwas einbilden auf; einen
Kampf bestehen mit; *dar s.
lâzen* angreifen, heranstürmen.
strô,strou stN [flekt. auch
strôwe- ,*strouwe-*] Stroh,
Strohhalm;   Strohlager,
Strohsack; *ein s.* [auch] ein
Nichts; *niht/ kleine (als/
umbe)/ minner dan ein s.*
nicht das Geringste/ im Geringsten.
strô-dicke Adv. dicht gedrängt; in hellen Scharen.
strôle [s.] *strâle*.
strôm [s.] *strâm*.
strô-,strou-sac stM Strohsack.
strou(-) [s.] *strô(-)*.
strouchen [s.] *strûchen*.
stroufe stF Schaden.
stroufen,strûfen   swV   A
häuten; A+pD*von* abstreifen,
abziehen, -nehmen von.
stroum [s.] *strâm*.
ströun [s.] *ströuwen*.

strouwe- [s.] *strô*.
**ströuwen,strouwen,strô-
wen,ströun,striun,strê-
wen** swV D Streu hinwerfen;
A (+D) (+pD*after, mit, von /
pAin,ûf,umbe,under /*Adv.lok.)
bestreuen/ bedecken (mit),
streuen (auf/ in/ unter), hinstreuen, hinwerfen; verstreu-
en; (nieder-) werfen (auf/ in);
anbringen (auf); verbreiten
(auf/ um); A+pD*gegen* spritzen auf; A+pD*nâch* richten
auf; Part.Adj. [s.] *geströut*.
strouz [s.] *strûz* [2].
strouze [s.] *strâze*.
strôwe- [s.] *strô*.
strôwen [s.] *ströuwen*.
strôwes-wisch stM Strohwisch.
strœwîn Adj. aus Stroh.
strôze [s.] *strâze*.
strozze stF Gurgel.
strûben swV abs./D struppig
werden; refl.+pD*gegen* sich
sträuben gegen; *daz houbet
s.* sich die Haare raufen;
Part.Adj. [s.] *strûbende*.
strûbende Part.Adj. struppig.
strûb-loht Adj. struppig.
strûch [1] stM Straucheln,Sturz.
strûch [2] stM Strauch, Gebüsch.
strûche stF Landstreicherin.
strûchen,strouchen   swV
abs. straucheln, stolpern;
abs./pA*an,in,ûf/*Adv.lok. fal-
len/ stürzen (auf/ in), sinken;
hinder sich s. rückwärts zu
Boden fallen.
strûch-gevelle stN Stolpern
und Fallen.
strûfen [s.] *stroufen*.
strumpf stM Stumpf.
strûp Adj. struppig.
strût stF Gebüsch.
strûten swV abs. plündern; A
überfallen; A+D rauben.
strûz [1] stM Kampf, Strauß.

strûz [2]**,strouz** stM (Vogel)
Strauß.
stube swF Stube.
stubechîn stN Kanne.
stuben-heie swM Stuben-
hocker.
stuben-ritter stM Stubenrit-
ter, -hocker.
stuben-tür stF Stubentür.
stuben-want stF Stuben-
wand.
stûche swMF (weiter) Ärmel;
Schleier, Kopftuch.
stücke,stucke stN Stück,
Teil; Hälfte; Abteilung; Bestandteil; Gegenstand.
stückeln swV A zerkleinern.
stücke-,stück-lot Adv.teil-,
stückweise.
stücken,stucken   swV   A
(+pA*in*) (unter-, zer-) teilen
in.
stück-lot [s.] *stückelot*.
stuckoht Adv. zerstückelt.
stûdach,stoudæhe stN Gebüsch.
stûde swF Staude; Pflanze;
Strauch, Busch; Baum.
studente swM Schüler, Student.
studieren,studêren   swV
abs./Adv. studieren; pD*an*
lernen aus; pD*nâch,ûf* sich
bemühen um.
stûfe [s.] *stuofe*.
stûf-muoter [s.] *stiefmuo-
ter*.
stûl(-) [s.] *stuol(-)*.
stum,stump Adj. stumm.
stumbe [s.] *stumme* [2].
**stumbelen,stümbeln,stü-
meln,stummel(e)n**   swV
A verstümmeln.
stumme [1] stF *ein s. sîn an im
selber* nicht von selbst klingen.
stumme [2]**,stumbe**   swM
(Taub-) Stummer.
stummede stF Stummheit.

stummel(e)n [s.] *stumbelen.*

stummen stN Stummheit.

stummic-heit stF Stummheit.

stummin,stümmin stF die Stumme.

stump¹ Adj. [s.] *stum.*

stump² stswM [s.] *stumpf².*

stumpf¹ Adj. stumpf; verstümmelt; schwach.

stumpf²,stump stswM (Arm-, Bein-) Stumpf; Stoppel; Penis.

stumpfen swV A abstumpfen.

stumpf-heit stF Schwäche; Abgestumpftheit.

stümpf-lîchen Adv. stümperhaft.

stunde,stunt stswF Stunde; Zeit; Zeitpunkt, Augenblick; Weile; Gelegenheit; Leben; Kard./Ord.Zahl +s. mal (z.B. *siben s.* siebenmal; *dritte s.* das dritte Mal); *alle/ al die/ ze aller s.,* ze allen stunden jederzeit, immer; immerzu, fortwährend; jeden Tag; *ander s.* noch einmal, wieder; zum zweiten Mal; *an/ bî/ ze der s./ den stunden* sofort, sogleich; jetzt; bald; währenddessen, gleichzeitig; *an/ ze maneger s./ manegen stunden* oft, immer wieder; *in/ ze deheiner/ keiner s.* niemals, noch nie, nie mehr; *in niuwen stunden* kürzlich, gerade eben; *manege s.* lange Zeit; *under/ ze s./ den stunden* manchmal; *ze einer s.* einmal, eines Tages.

stundic,stündic Adj. reif.

stunge stF Fallstrick; Verlockung; Anstoß.

stungen stN Anstoßen.

stunt¹,stunte Adv. längst, lange; schon.

stunt² stswF [s.] *stunde.*

stunte [s.] *stunt* ¹.

stunt-lich Adj. stündlich.

stunt-wîle stF Augenblick.

stuofe,stûfe swF Stufe.

stuol,stûl,stôl stM Stuhl; Sitz, Platz; Rang; Thron; Richterstuhl; Papststuhl, päpstliche Gewalt; Kanzel, Lehrstuhl; Stuhlgang; *einen s. nemen* Platz nehmen; *ze stuole gân* Stuhlgang haben.

stuolen,stûlen swV D einen Sitz bereiten.

stuol-genôz stM Gefährte.

stuol-gewæte stN Polster.

stuol-lachen stN Polster.

stuol-vluz stM Stuhlgang; Durchfall.

stuot,stût stF Stute; Herde, Gestüt.

stûpe stswF Staupe [Strafe des Auspeitschens]; Schandsäule.

stupfel swF Stoppel.

stüpfeln swV abs. Ähren lesen.

stupfen,stüpfen,stopfen swV pD*ûz* dringen aus; A / Ns*daz* (um-) stoßen; antreiben; herbeiführen; A+pD*mit* bekräftigen mit.

stupfen-halm stM Stoppel.

stüppe,stuppe stN Staub, Staubkorn; Pulver; Splitter.

stüppen swV refl. zu Staub werden; A zerkleinern; A+pD *mit* bestreuen mit.

stür [s.] *stör.*

stûr(-) [s.] *stiur(-).*

sturm,storm,sturn stM Sturm; Unwetter; Ansturm, Angriff; Kampf.

sturm-beter [s.]*sturmweter.*

sturme-lich,-lîche [s.] *sturmlich.*

sturmen,stormen swV abs./ Adv./ pD*mit/* pA*an, ûf, vür* vorwärts/ heranstürmen

(vor), einstürmen auf; anstürmen gegen; kämpfen (mit); lärmen; A stürmen.

stürmerin stF Angreiferin.

sturmes Adv. *s. suochen* +A angreifen.

sturm-gewant stN Rüstung.

sturm-gir Adj. kampfbegierig.

sturm-gîte Adj. kampfbegierig.

sturm-glocke stswF Sturm-, Alarmglocke.

stürmic,sturmic Adj. stürmisch; tosend.

sturm-küene Adj. kampfesmutig.

sturm-,sturme-lich Adj., **-lîche** Adv. stürmisch.

sturm-müede Adj. kampfesmüde.

sturm-rûschende Part.Adj. brausend.

sturm-starc Adj. kampfstark.

sturm-tôte swM Gefallener.

sturm-vane stswM Kriegsfahne.

sturm-wazzer stN Sturmflut.

sturm-weter,storm-beter stN Sturm, Unwetter.

sturm-wint stM Sturm.

sturn [s.] *sturm.*

stürn swV A antreiben.

sturz stM Sturz; (Stoff-) Lage.

stürzen,sturzen,storzen, sterzen swV pD*ab /* pA*in,ûf, under /*Adv.lok. stürzen, fallen (unter/ von); verfallen in; einfließen in; A+pA*in* gießen in; A+pA*ûf* legen/ stellen/ werfen auf.

stût [s.] *stuot.*

stuzel stM Murmel, Ball.

sû stF [flekt. *siuwe-*] Sau.

sub-diâken,-dyken stM Subdiakon.

sübende [s.] *sibende.*

sûber,sûfer Adj./Adv. sauber, rein, reinlich; schön, hübsch; gut.

sûber-keit,sûver-heit stF Vornehmheit.

sûber-lich,sûver-,siuber-lich Adj., **-lîche(n)** Adv. sauber, rein; schön, hübsch, stattlich; anständig.

sûbern,sûvern swV refl.+pD *ûz* sich absondern aus; A (+pDmit,ûz,von) reinigen/ säubern (mit/ von), befreien von.

sub-priôrin,supriôrin stF Subpriorin.

substanzî(e),substantîe stF Substanz; Wesen.

substanz-lich Adj. wesenhaft.

subtil Adj. subtil; fein; scharfsinnig, spitzfindig.

subtilec-lîchen Adv. genau.

subtil-heit,-keit stF Genauigkeit; Feinheit; Scharfsinn.

sûc stM *under dem sûge sîn* gestillt werden.

sûch- [s.] *siuch-*.

sûchen [s.] *suochen*.

suckenîe,suggenîe,suknî stswF Oberkleid.

sûd stM Südwind.

sûdem [s.] *sûden* [2].

sûden[1],sundene Adv. im/ nach Süden.

sûden[2],sûdem stN Süden.

sûdener,sûdnære/er stM Südwind.

sûden-wint stM Südwind.

sûdnære/er [s.] *sûdener*.

süemen swV A schmücken.

sûen [s.] *siuwen*.

süen(-) [s.] *suon(-)*.

sûer-lot Adj. säuerlich.

süeze[1],suoze,sûze,sœte Adj./Adv. süß; lieblich; angenehm, liebenswert; schön; edel; gütig, freundlich; zärtlich, liebevoll; ehrerbietig;

willig; froh; günstig, erfolgreich; wohl schmeckend/ riechend/ tönend.

süeze[2],suoze,sûze stswF Süße, Süßigkeit; Lieblichkeit, Schönheit; Freundlichkeit, Güte; Freude, Glück; Wohlgeruch, -geschmack.

süezec/ic-lîche,suozec-,sûze-lîche Adv. süß; gütig, freundlich; innig; sanft.

süezede,sûzede stF Güte.

süeze-keit,süezi-,sûze-, süezic-,sûzic-heit stF Süße, Lieblichkeit; Güte; Freude, Seligkeit.

süeze-müetic [s.] *süez-muotic*.

süezen,sûzen,süezren swV [Prät. auch *suozt-*] abs. angenehm werden; refl. sich erquicken; D gefallen, lieb werden; schmecken; A(+D) süß/ angenehm machen, versüßen; erfreuen; erleichtern.

süez-gemüetic [s.] *süez-muotic*.

süezic Adj. süß, lieblich.

süezic-heit,süezi-keit [s.] *süezekeit*.

süez-lich,suoz-,sûz(e)-lich Adj., **-lîche(n)** Adv. süß; lieblich, angenehm; freundlich, gütig, sanft.

süez-lot Adj. süß.

süez-muotic,-mûtic,süeze-(ge)müetic Adj. sanftmütig, liebenswürdig.

süezren [s.] *süezen*.

sûf stM *der sûfzunge s.* Ausstoßen des Seufzers.

sûfen[1] stV [IIa] A trinken, ausschlürfen; *in sich s.* +A zu sich nehmen; Part.Adj. [s.] *sûfende*.

sûfen[2] stF Brühe.

sûfen[3] swV [s.] *siuften*.

sûfende Part.Adj. *sûfendez dinc* Flüssigkeit.

sûfer [s.] *sûber*.

suffe [s.] *suppe*.

sûfic [s.] *siuftec*.

sûft stM Seufzer.

sûfte- [s.] *siufte-*.

sûftôd stM Seufzer.

sûfze swM Seufzer.

sûfzen [s.] *siuften*.

sûfz(e)ndic Adj. seufzend.

sûfzunge stF Seufzer, Klage.

sûgen stV [IIa] abs./pDan,ûz (+D)/pAin saugen/ trinken (an/ aus/ in); sickern aus; A säugen; A(+pDûz /pAin) saugen (an/ aus), aussaugen; aufsaugen (in).

sûger stM Säugling.

suggenîe [s.] *suckenîe*.

suht stF Krankheit, Leiden; *heiziu/ hitzigiu s.* Fieber; *tobewuotiu s.* Tobsucht, Wahnsinn; *ûzsetzigiu s.* Aussatz; *vallendiu s.* Epilepsie.

suht-brunne swM verseuchter Brunnen.

sûhten [s.] *siuften*.

suht-,suhte-haft(ech) Adj. krank.

sühtic,suhtic Adj. krank.

sühtic-heit stF Leiden.

sû-hût stF Schweinshaut.

suknî [s.] *suckenîe*.

sûl,soul,siule stswF Säule, Pfosten, Pfeiler; Statue.

sulech/ich [s.] *solh*.

sûlen swV A stützen.

sulh [s.] *solh*.

suln [s.] *soln*.

sûln swV A+D besudeln.

sulwen swV refl.+G schmutzig werden von.

sulzen swV A pökeln.

sum Indef.Pron. [nachgest.] einige.

sûm stM Zögern.

sumber,summer stM Trommel, Pauke.

sumber-dôz stM Trommel-, Paukenschlag.

sumbern,sumpern,sumren swV abs. trommeln, pauken.

sumber-slahen,-slagen stN Trommeln, Pauken.

sumber-slegge swM Trommel-, Paukenschläger.

sûme stF Zögern.

sûme-keit stF Säumigkeit.

sume-lich,sum-,süm-, sim(e)-lich Indef.Pron. [auch nachgest.] manch ein/ einer, manches, etwas; einige, manche, viele, gewisse, ein paar; Pron./Subst.+*s*. einige(s)/ viele von, alle [z.B. *daz sumelichez* einiges davon; *die recken s.* viele der Recken; *sie s.* viele von ihnen, alle].

sûmen swV abs./refl.(+G/pD *an*)/pD *an* zögern/ warten (mit); sich verspäten, sich aufhalten (an), verpassen; sich hüten vor; seine Zeit verschwenden; auf sich warten lassen, dauern; A(+G/pD *an*) versäumen, verpassen; unterlassen, aufschieben; aufhalten, hinhalten, zurückhalten; hindern (an); warten lassen.

sumer stM Sommer.

sumer-bluome,-blûme stswF Sommerblume.

sumeren swV abs. Sommer werden.

sumer-getreide stN Sommergetreide.

sumeric Adj. sommerlich.

sumer-kleit stN Sommerkleit.

sumer-kraft stF Sommerzeit.

sumer-lanc Adj. sehr lang; *sumerlanger tac* langer Sommertag.

sumer-late swF (frische/ grüne) Gerte; *in des lebens sumerlaten* in der Jugend.

sumer-,sümer-lich Adj. sommerlich.

sumer-lîche Adv. sommerlich, wie im Sommer.

sumer-ouwe stF Sommerwiese.

sumers Adv. im Sommer.

sumer-sanc stMN Sommerlied.

sumer-sâze swM Weidevieh.

sumer-sunwende swF Sommersonnenwende.

sumer-tac stM Sommertag; *zen nehsten sumertagen* im nächsten Sommer.

sumer-tocke swF Sommerpuppe [Kosewort].

sumer-var Adj. sommerlich.

sumer-wât stF Sommerkleid.

sumer-weter stN Sommerwetter.

sumer-wîse stF Sommerlied.

sumer-wünne,-wunne stF Sommerfreude, -wonne.

sumer-zît stF Sommer, Sommerzeit.

sume-,sum-stunt Adv. manchmal.

sûmic Adj. säumig, langsam.

sum-,süm-lich [s.] *sumelich.*

summe stswF Summe; Anzahl, Gesamtzahl.

summer [s.] *sumber.*

sumpern,sumren [s.] *sumbern.*

sumpf stM Sumpf.

sum-stunt [s.] *sumestunt.*

sun,suon,son stM Sohn.

sûn(-) [s.] *suon-.*

sun-âbent,sunnen-âbint stM Sonnabend.

sunc stM Untergang, Versinken.

sündære/er,sundâre/ære/ er,suntâre/ære/er stM Sünder.

sünde[1] Adj. sündhaft.

sünde[2]**,sunde,sunte** stF Sünde, Schuld; Schande.

sünde-bære Adj. sündhaft, sündig.

sundec/ic,sündic,suntic Adj. sündig, sündhaft.

sündec-,sundec/ic-lich Adj. sündig, sündhaft.

sünde-haft Adj. sündig, sündhaft.

sünde-lich,sünt-,suntlich Adj., **-lîche(n)** Adv. sündhaft, sündig; *süntlichiu bürde* Sündenlast.

sünde-lôs Adj. sündenfrei.

sünden,sunden swV abs./ D/pD *an,gegen,mit* / p A*an,wider* / refl. (+pD *an, gegen, mit*) Unrecht tun, sündigen/ sich versündigen (an/ gegen/ mit); A verschulden.

sünden-dorn stM Stachel der Sünde.

sundene [s.] *sûden*[1].

sünden-gart stM Bereich der Sünde.

sünden-mælic Adj. sündenbefleckt.

sünden-rûz stM Schmutz der Sünde.

sünden-sê stM Sündenflut.

sünden-vrezze swM Sünderfresser [Teufel].

sunder[1]**,sonder** Adj. (der/ die/ das) besondere/ eigene; außergewöhnlich; verlassen, abgesondert; besonders hell/ schön/ groß [meist unflekt.].

sunder[2] Adj. südlich.

sunder[3]**,sundere,sunter** Adv. gesondert, getrennt, für sich, beiseite, abseits, allein; besonders, sehr; außerdem; *samt und s.* samt und sonders.

sunder⁴,sundern Präp.+G/ A ohne; außer; *s. sînen danc* gegen seinen Willen.

sunder⁵,sunter Konj. sondern; aber.

sunder⁶ stF *ze sîner s.* für sich allein.

sunder-bâr¹ Adj. seltsam; unvergleichlich.

sunder-bâr²,-bære Adv. besonders; gesondert; selbst; unvergleichlich; genau, gerade; unverzüglich, sogleich.

sundere [s.] *sunder³*.

sunder-heit stF Besonderheit, Eigenart; Absonderung; *mit s.* [auch] insbesondere, besonders; allein, für sich.

sunder-her stN eigenes/ gesondertes Heer.

sunder-holde swM Auserwählter.

sunder-hœnen stN Seitenhieb.

sunderic,sunteric Adj. besondere (-r/ -s).

sünderin,sunderin(ne), suntærin stF Sünderin.

sunder-kamer swF Privatschatzkammer.

sunder-lant stN Provinz, Landesteil; eigenes Land.

sunder-,sunter-lich Adj. (der/ die/ das) besondere/ eigene; (ab-) gesondert; ausgewählt, auserwählt, ausgesucht; herausragend, überragend; gewiss.

sunder-,sunter-lîche Adv. besonders, auf besondere/ in besonderer Weise; gesondert, einzeln; eigens, ausdrücklich; aufmerksam.

sunder-licheit stF Auszeichnung; Eigenart; Absonderung.

sunder-,sonder-linc Adj. einzeln.

sunder-lingen Adv. gesondert, besonders.

sunder-marke stF Provinz; südliche Grenze.

sunder-munt stM Ausländer, Fremdsprachiger.

sundern¹,sunteren swV A (+pD*von*/Adv.lok.) ab-, aussondern/ trennen/ entfernen/ abwenden/ unterscheiden/ ausnehmen (von); aufteilen; berauben; A+D zuteilen; A+pA*in* versammeln in.

sundern² Präp. [s.] *sunder⁴*.

sunder-name swM eigener Name; *sundernamen geben* +D einzeln aufführen.

sunder-rinc stM Heeresabteilung; eigenes Lager; Ehrenplatz.

sunder-rote stF Heeresabteilung.

sunders Adv. eigens; für sich.

sunder-schar stF Heeresabteilung.

sunder-sprâche stF geheime Beratung; Dialekt.

sunder-sprâchen swV *s. gân* sich unter vier Augen/ im Geheimen beraten.

sunder-storje stF Heeresabteilung.

sundert Adv. südlich, im/ nach Süden [auch *s. hin, gein s.*].

sunder-trût stM Vertrauter.

sunder-trûte,-troute swM Vertrauter.

sunder-trûten stN Auszeichnen.

sunderunge stF Aussonderung; Trennung.

sunder-vluz stM Meeresarm.

sunder-wân stM Irrtum.

sunder-werc stN Arbeit für sich selbst.

sunder-wint stM Südwind.

sunder-zal stF Einzahl; *mit s.* einzeln gezählt.

sunder-zunge swF Dialekt.

sünde-sieche swM Sünder.

sünde-sippe stF etwas der Sünde Verwandtes.

sündigen,sundigen swV abs. sündigen; refl.+pD*an* sich versündigen an.

sûne¹ stMF [s.] *suone*.

sûne² stN [s.] *siune*.

sune- [s.] *sun-*.

sûne- [s.] *suon-*.

sune-bente [s.] *sunewende*.

sunes-sun,suones-suon stM Enkel.

sûnes-tac [s.] *suontac*.

sune-wende,sun-,sünwende,-bente stswF (Sommer-) Sonnenwende.

sungeln swV abs. knistern.

sun-,sune-giht stF (Sommer-) Sonnenwende.

sun-heit stF Wesen/ Sein des Sohnes.

sun-lich¹,*siun-lich Adj. sichtbar.

sun-lich²,sün-,sune-lich Adj. einem Sohn entsprechend; *mit sunlichen dingen* wie es sich für einen Sohn gehört; *sunlichiu triuwe* Sohnestreue, -liebe; *sunlichez wesen/ sunlichiu gotheit* Gottessohnschaft.

sun-,sune-lîche Adv. wie es sich für einen Sohn gehört.

sun-,sün-licheit stF (Gottes-) Sohnschaft

sunne stswF [auch M] Sonne.

sunne- [s.] *sunnen-*.

sunnec-lich Adj. sonnenhell.

sunnen-âbent [s.] *sunâbent*.

sunnen-bære Adj. sonnenhell.

sunnen-,sunne-bernde Part.Adj. sonnenhell.

sunnen-blic stM Sonnenschein.

sunnen-blicke Adj. von der Sonne angestrahlt.

sunnen-brehende Part.Adj. leuchtend wie die Sonne.

sunnen-brên,-*brehen stN Sonnenschein.

sunnen-glast stM Sonnenschein.

sunnen-heiz Adj. sonnendurchglüht.

sunnen-klâr Adj. sonnenhell.

sunnen-künftich Adj. nach Osten gerichtet.

sunnen-lieht,sunne-liet stN Sonne, Sonnenlicht.

sunnen-neigich Adj. nach Westen gerichtet.

sunnen-paradîs stN Paradies des ewigen Lichts.

sunnen-,sunne-schîn stM Sonnenschein, -strahl.

sunnen-strâl stM Sonnenstrahl.

sunnen-stric stM Sonnenstrahl, -streifen.

sunnen-tac [s.] *suntac.*

sunnen-,sunne-var Adj. [flekt. *sunnenvarw-*] sonnenhell, strahlend.

sunnen-wendel stM [Edelstein].

sunnen-werbel stM Ringelkraut, Sonnenblume.

sunne-tac [s.] *suntac.*

sun-,sün-schaft stF Sohnschaft.

sunst [s.] *sus* [1].

sun-,sunne(n)-tac stM Sonntag; *wîzer s.* weißer Sonntag [erster Sonntag nach Ostern].

sunt-,sünt-[s.]*sünd-;sund-.*

sûn-tac [s.]*suontac.*

sunter(-) [s.] *sunder(-).*

sunt-lîche Adv. gesund.

sun-,sün-wende [s.] *sunewende.*

sun-wesen stN Wesen des Sohnes.

suoch stM Nachforschung; Untersuchung.

suochære/er stM Häscher, Bote; Angreifer.

suoche stF Suche, Bemühung; Nachforschung, Untersuchung.

suochen,sûchen,sôchen swV abs./pD*an,in,nâch* suchen (bei/ in/ nach); sich schmiegen an; G/A(+D)(+pD *ûz,ze* / p A*an* /Adv.lok.) suchen (bei); auf-, besuchen; bitten/ sich bemühen um; erbitten (von); verlangen; finden (bei); heraussuchen (aus); heimsuchen; überfallen, angreifen; Inf.*ze* wollen; *die erde/ den sant s.* zu Boden fallen; *sîne venje s.* auf die Knie fallen; *sînen vuoz s.* jemandem zu Füßen fallen; *die warte s.* die Wache übernehmen.

suoch-hunt stM Spürhund.

suoch-man stM Jagdtreiber.

suochunge stF Suche.

suome Adj. angenehm.

suon[1] stM [s.] *sun.*

suon[2] stMF [s.] *suone.*

suonære,süener,sûnære stM Versöhner, Sühner; Vermittler.

suonærinne/erin,süenærinne,sûnerinne stF Friedensstifterin; Vermittlerin.

suone,suon,sûn(e),süen, süene stMF Versöhnung, Frieden; Sühne, Wiedergutmachung, Ausgleich.

suone-,süene-bære Adj. versöhnungsbereit.

suone-,sûne-lich Adj. *suonelichiu dinc* sühnende Handlung.

suonen,süenen,sûnen swV A(+D/pD*gegen,mit*) sühnen, wieder gutmachen; versöhnen (mit); bereinigen, beilegen.

suones-suon [s.] *sunessun.*

suones-,suons-tac [s.] *suontac.*

suon-stat stF Ort der Versöhnung.

suon-tac,suon(e)s-,sûn-(es)-tac stM Gerichtstag; Jüngstes Gericht.

suon-zeichen stN Zeichen der Versöhnung.

suoz- [s.] *süez-.*

supfen stN Schlürfen.

suppân stM [Slawenhäuptling].

suppe,suffe stswF Suppe.

suppierre swF Suppe.

supriôrin [s.] *subpriôrin.*

sûr,sûwer Adj./Adv. sauer, bitter, scharf; schwer, hart, schlimm; übel, schlecht; *ze sûre brechen* +D teuer zu stehen kommen; *ze sûre bringen* +A+D heimzahlen.

sûrde [s.] *sûrede.*

sûre [s.] *siure.*

sûrede,sûrde stF Bitterkeit, Härte.

sûren[1] swV abs./D bitter/ schwer werden.

sûren[2] swV [s.] *siuren.*

sûr-heit stF Schlechtigkeit.

Sûria,Sûrîe Subst. Syrien.

surkôt stN Überrock.

sûr-ouge swM Augenkranker.

sûr-öuge(de) Adj. triefäugig.

surt Subst. *sô mir ein s.!* bei meiner Schande!

surzengel stM Sattelgurt.

surziere stF Zauberin.

sus[1]**,sust,sunst** Adv. so; folgendermaßen; sonst; sowieso, ohnehin; ebenso; da, nun, dann; *s. getân* solch; *umbe s.* umsonst, vergeblich; unentgeltlich.

sus[2] Konj. [s.] *sô* [2].

sûs stM Brausen; Lärm; Hieb.

sûsâ Interj. [Verwunderung; Geringschätzung].

sûse swM [Jagdhund].

sûsen,siusen swV abs./D sausen; säuseln; brausen; brutzeln.

sus-getân [s.] sôgetân.

sus-lich Adj. so ein, solch.

sust [s.] sus[1].

suster [s.] swester.

sût stF Saum.

sûter stM Schuster.

sutte swF (unterstes) Schiffsdeck.

sûver- [s.] sûber-.

sûwen [s.] siuwen.

sûwer [s.] sûr.

sûz- [s.] süez-.

swâ,swô Konj. [auch sô wâ/ wô] wo (auch/ immer); wenn.

Swâbe,Swâp stM Schwabe.

Swâben,Swurben Subst. Schwaben.

Swæbin stF Schwäbin.

swæbisch Adj. schwäbisch.

swach Adj. schwach; gering, niedrig; einfach; schlecht, schlimm; erbärmlich, elend, ärmlich; schimpflich, verächtlich; bescheiden, verzagt.

swache[1] Adv. erbärmlich, niedrig, elend; schimpflich, schlecht; achtlos; wenig.

swache[2] stF Leid.

swacheit [s.] swachheit.

swachen,swechen swV abs./D schwach werden, (dahin-) schwinden; wertlos erscheinen; A(+D) schwächen, (ver-) mindern; erniedrigen, herabsetzen, entehren, entweihen; schädigen; A+pD an, von berauben/ schädigen an; absondern von.

swach-gemuot Adj. mutlos; schwächlich.

swach-heit,swacheit stF

Schwäche; Schmach, Erniedrigung.

swach-,swech-lich Adj. schwach; kleinmütig; niedrig; geringfügig.

swach-lîche(n) Adv. elend; schlecht; erbärmlich, ärmlich.

swade stMN Streifen.

swâger stM Schwiegervater; Schwager.

swæger-,swâger-lich Adj., -lîchen Adv. verschwägert.

swal[1] stM Schwung; Welle.

swal[2] swF [s.] swalwe.

swalbe(-) [s.] swalwe(-).

swalch stM Schlund.

swalwe,swalbe,swal swF Schwalbe; [irische Harfe].

swalwen-âz stN Schwalbenaas.

swalwen-,swalben-stein stM Schwalbenstein [Halbedelstein].

swalwen-,swalbenvleisch stN Schwalbenfleisch.

swalwen-zagel stM Schwalbenschwanz.

swam,swamp stM Pilz, Schwamm.

swamen swV abs. schwimmen.

swamme swM Schwamm; Pilz.

swamp [s.] swam.

swamt- [s.] swemmen[1].

swan[1] stswM Schwan.

swan[2] Konj. [s.] swanne.

swanc[1] Adj. schmal; biegsam.

swanc[2] stM Schwung, Wucht; Hieb, Schlag, Wurf; Bewegung; Schwanken; Wendung; Einfall; Schweifen; Fülle.

swanct- [s.] swenken.

swand- [s.] swenden.

swanger Adj. schwanger; trächtig; Frucht bringend; er-

füllt, voll.

swankel Adj. biegsam; dünn.

swanken swV abs. schwanken.

swanne,swan,swen(ne) Konj. wenn (auch); immer wenn; wann immer; sobald, als.

swannen Rel.Adv. [auch von s.] woher (auch).

swanz stM Schwanz; Schleppe; Tanzkleid; Schmuck, (Auf-) Putz.

swanzen swV abs./pA durch / Adv.lok. sich (herbei-) bewegen; hin und her schwanken, sich schlängeln durch; tänzeln, tanzen.

Swâp [s.] Swâbe.

swar Konj. [auch sô war] wohin (auch); dorthin, wo; wozu [auch s. zuo]; s. nâch wonach; s. des landes/ der lande in welches Land auch immer.

swærde stF Schmerz; Bedrängnis; Heftigkeit; Last.

swære[1],swâre,swôre Adj./Adv. schwer; groß, gewichtig; schlimm, bitter; hart, streng, heftig; schwerfällig; beschwerlich, schwierig; schmerzlich, betrüblich; unangenehm, ärgerlich; bekümmert, traurig.

swære[2],swâre stF Schwere; Gewicht, Last; Größe; Beschwernis, Leid, Kummer, Schmerz, Qual, Not; Beschwerlichkeit, Mühe; Schwierigkeit.

swære[3] swM Geschwür.

swæren,swâren swV abs./D schwer/ lästig/ unangenehm werden, Kummer/ Sorge machen; belastet werden; A(+D) schwer machen, belasten; vergrößern; betrüben, schmerzen, verdrießen.

swâr-heit,swôr-,swæri-keit stF Schwere, Last; Kummer, Leiden; Schwierigkeit.

swær-lich Adj. bekümmert, traurig; schwer, schlimm.

swær-,swâr-lîche(n) Adv. schwer, drückend; schlimm, heftig; mühsam, qualvoll.

swarm,swarn stM Haufe, Schwarm.

swær-müetec/ic Adj. bedrückt; drückend.

swær-müetekeit,swâr-müet(i)keit stF Schwermut.

swarn [s.] *swarm.*

swarte stswF Kopfhaut; Kopf; Haut; Schwarte.

swarz Adj. schwarz; *swarzez buoch* Zauberbuch; *swarziu kunst* Zauberkunst; *swarzer münech* Benediktinermönch; *swarzez weter* Unwetter.

swarzen swV abs./D dunkel/schwarz werden.

swarz-gevar Adj. schwarz.

swarz-haft Adj. schwarz.

swarz-lot Adj. schwärzlich.

swarz-mâl Adj. schwarz.

Swarz-walt stM Schwarzwald.

swarz-wilt stN Schwarzwild [Wildschweine].

swâs stM Gestank.

swâs-hûs stN Kloake.

swâs-lîchen Adv. heimlich.

swattgen swV pD*gegen* sich treiben lassen nach.

swaz Rel.Pron. [auch *sô waz*] (das/ alles) was (auch); wie sehr (auch); wenn etwas; *s.* +G was an; wieviel (auch) an, welche von.

swebe stF *in leb und s.* bei jeder Gelegenheit.

swebe-holz stN leichtes Holz.

swebel,swevel,swefel stM Schwefel.

swebel-brinnende Part.Adj. *swebelbrinnendiu schar* Sünder im Höllenfeuer.

swebel-hitze stF Schwefelhitze.

swebelic Adj. schweflig.

swebelîn Adj. schweflig.

swebel-,swevel-stanc stM Schwefelgestank.

swebel-stücke stN Schwefelbrocken.

sweben swV abs./pD*bî,in,neben,ob,ûf,under* schweben/schwimmen (auf/ in/ neben/ über/ unter); fließen/ fliegen (in/ unter), strömen/ treiben (auf/ in/); flattern; sich aufschwingen; sein (in/ neben/ über); pD*an* hängen an; pD*mit* überschwemmt sein mit; pA*wider* streben gegen; *hôch/ hôhe/ enbor s.* (+D) sich erheben; *nider s.* sich herabsenken; *under s.* herabsinken.

swechen [s.] *swachen.*

swechenen swV abs. duften.

swechern swV A verschlimmern.

swech-lich [s.] *swachlich.*

Sweden stN Schweden.

sweder[1] Rel.Pron. welche (-r, -s) (von beiden); wer von beiden, was von beidem [auch *s.* +G]; wenn einer.

sweder[2] Konj. *s. ... sô* wenn ..., dann; *s. ... oder* ob ... (nun), oder.

sweder-,swedert-halp Adv. auf/ nach/ von welcher Seite; wo/ wohin auch immer.

swefel [s.] *swebel.*

swegel-bein stN [Flöte aus Röhrenknochen].

swegele swF Speiseröhre.

sweglen swV abs. auf der Flöte spielen.

sweher,swêr stM Schwiegervater; Schwager.

sweiben swV pD*ob* schweben über; A schwenken; *hôhe s.* sich hoch aufschwingen.

sweif stM Schwanz; Ende; Schwung; Drang, Streben; Gang, (Ver-) Lauf; Einfluss; Umfang; Gloriole.

sweifen stV [VIIc] pD*ze/* pA *an,ûf*(+D) herabhängen auf; pD*ûz* hervordringen aus; A+pA*über,under* werfen unter/ über; *zesamene s.* zusammenströmen.

sweigen swV A(+D) zum Schweigen bringen, auslöschen; A+G abhalten von; *gesweiget sîn* (+G) [auch] verstummen (mit).

sweim stM Schwung, Drang; Flug.

sweimen swVabs./Adv. sich aufschwingen, fliegen; pD*gegen* zufliegen auf; pD*in,ob* schweben in/ über; pD*von* herunterfallen von; pA*ûr* ziehen nach; *umbe und umbe s.* sich verbreiten; *dar unde her s.* hin und her schwanken.

swein stM Knecht.

sweinen swV A verstören.

sweiz,swêt stM Schweiß.

sweiz-bat,-pat stN Schwitzbad.

sweizic,swîzic Adj. *s. zaher* Schweißtropfen; schweißnass.

sweiz-löchel stN Pore.

sweiz-pat [s.] *sweizbat.*

sweiz-tropfe swM Schweißtropfen.

sweiz-tuoch stN Schweißtuch.

sweiz-vensterlîn stN Pore.

swelch,sweleh [s.] *swelh.*

swelgen,swelhen stV [IIIb]
abs. saufen; G / A verschlingen.

**swelh¹,swelch,sweleh,
swelich,swilich,swilch**
Rel.Pron. [auch *sô wel(ich)/
wilch*] welche (-r/ -s) (auch);
wer/ was (auch); der/ die/ das
(-jenige); wenn ein/ jemand;
swelhez/ swelh(en) ende
wohin auch.

swelh² Adj. welk.

swelh³,swelhe stswM Säufer.

swelhen [s.] *swelgen.*

swelher,swelger stM Säufer, Prasser.

swelher-hande Adj. welch.

swelich [s.] *swelh¹.*

swelken swV abs. welken.

swelle stswF Schwelle, Balken.

swellen¹ stV [IIIb] abs./D
(an-) schwellen; ver-
schmachten; pD*nâch* /p A*ûf*
(+D) schwellen vor; sich sehnen nach; p A*über* anwachsen über.

swellen² swV A(+D) aufschwemmen; anschwellen
lassen.

swelzen stV [IIIb] abs. verbrennen.

swemmen¹ swV [Prät. auch
swamt-] abs. schwimmen; A
aufschwemmen; schwim-
men lassen.

swemmen² stV [s.] *swimmen.*

swen [s.] *swanne.*

swenden swV [Prät. auch
swand-] A(+D) verschwenden, vergeuden, verbrau-
chen; verschwinden lassen;
vertreiben; tilgen; vernichten;
auszehren; *den walt/ vil des
waldes s.* mit Speerebre-
chen einen ganzen Wald
verbrauchen; *der walt swen-*

det sich der Wald lichtet sich
durch das Speerebrechen.

swengeln swV A+pD*von* abwenden von.

swenke Adj. groß.

swenkel stM Peitschen-
schnur.

swenken swV [Prät.
swanct-] abs. heranstürmen;
umherschweifen; refl.+pD
von sich schwingen von;
pD*nâch* herabstoßen auf;
pD*ze* einstürmen auf; A verteilen; A+pD*engegen* schleudern gegen.

swenne [s.] *swanne.*

swenzelieren swV abs. einherstolzieren.

swenzeln swV A flechten.

swer¹ Rel.Pron. [auch *sô wer*]
wer (auch/ immer); wenn jemand; jeder der.

swer² swM Krankheit; Geschwür.

swêr [s.] *sweher.*

swerde stFswM Bedrängnis;
Schmerz, Qual.

swerdes-slac [s.] *swertslac.*

sweren [s.] *swern.*

swer(i)gen [s.] *swern².*

swermen swV abs. aus-
schwärmen.

swern¹,sweren stV [IVa]
abs./D/A schmerzen, weh-
tun; anschwellen, eitern;
beschweren, drücken.

swern²,sweren stV [VIb,
Präs. auch *swer(i)gen*] abs./
Adv./pD*bî,in,nâch,über,ûf,ze* /
p A*in,über,umbe* (+D) schwö-
ren/ einen Eid leisten (auf/
bei/ über); sich verpflichten
(zu); p A*ûf* sich verschwören
gegen; p A*vür*+D eine Zusage geben für; p A*vür* (+A/Ns
daz) schwören für/ gegen;
G/A/Ns*daz* /Inf.(*ze*) (+pD*bî,
ûf,ze* /p A*ûf*)(+D) schwören
(auf/ bei/ für); beschwören,

beeiden, beteuern, versi-
chern; (eidlich) versprechen/
zusagen (als/ zu); herabbe-
schwören (auf); D den Treueid leisten, huldigen, Treue
schwören [auch *hulde s.*
(+D)].

swert stN Schwert; *s. leiten/
nemen* zum Ritter gemacht/
geschlagen werden.

swert-bejac stM Schwert-
leite, Ritterschlag.

swert-,swertes-blic stM
blitzendes Schwert.

swert-brücke stF Schwert-
brücke.

swert-degen stM Knappe,
junger Ritter.

swertel-krût stN Schwertlilie.

swertes- [s.] *swert-.*

swert-genôz stM Gefährte
beim Ritterschlag.

swert-grimmec Adj. *s. tôt*
schrecklicher Tod durch das
Schwert.

swert-klanc stM Schwerter-
klang.

swert-lêhen stN (Erb-) Lehen in männlicher Linie.

swert-leite stF Schwert-
leite, Ritterschlag.

swert-linc stM Schwertlilie.

swert-mâc stM Verwandter
von väterlicher Seite.

swert-mæzic Adj. alt genug,
ein Schwert zu führen.

swert-rüezel stM Schwert-
fisch.

swert-scheide stF Schwertscheide.

**swert-slac,swertes-,
swerdes-slac**   stM
Schwerthieb, -schlag.

swert-,swertes-swanc
stM Schwerthieb.

swert-vezzel stM Schwertgurt.

swert-wahs Adj. kriegerisch.

swert-zücken stN Ziehen des Schwertes.

swerze stswF Schwärze.

swerzen swV A schwarz machen, schwärzen.

swester,suster stswF Schwester.

swester-kint stN Schwesterkind, Neffe, Nichte.

swester-lich Adj. schwesterlich.

swester-schaft stF *ein s. sîn* +D verschwistert sein mit.

swester-sun,-suon,-son stM Schwestersohn, Neffe.

swester-tohter stF Schwestertochter, Nichte.

swêt [s.] *sweiz.*

swetzen stN Schwatzen.

swevel(-) [s.] *swebel(-).*

swi-boge swM Schwibbogen.

swîc stF Schweigegelübde.

swîchen stV [Ia] D im Stich lassen; dahinschwinden, versagen; *got muoz s.* +D Gott soll strafen.

swie[1] Adv. wie (auch).

swie[2] Konj. auch wenn, obwohl.

swifte[1] Adj. still.

swifte[2] stF Ruhe.

swiften swV A zum Schweigen bringen; beruhigen.

swîgære/er stM Schweiger.

swîgen[1] stV [Ia] abs./G/D/ pD*von,ze* schweigen (auf/ von/ zu); verstummen (für).

swîgen[2] swV [Part.Prät. auch *geswîet*] abs./G schweigen (von/ zu); verstummen.

swiger stF Schwiegermutter; Schwägerin.

swîg-lîche stF Schweigsamkeit.

swîg-licheit stF Schweigsamkeit; Klaglosigkeit.

swil stMN Schwiele, Schwellung; *von der swarte biz/ unz an daz s.* vom Kopf bis zu den Füßen.

swilch,swilich[s.]*swelh* [1].

swimmen,swemmen stV [IIIab] abs./pD*in,ûf,ze* /pA *an,durch,in,ûf,wider* / Adv.lok. schwimmen/ schweben auf/ durch/ gegen/ in/ nach/ zu; pD*nâch* hinterherschwimmen hinter; p A*über,engegen* sich aufschwingen über/ zu.

swîn stN Schwein.

swinde[1] Adj. schnell; heftig, stark, kräftig, gewaltig; grimmig, schlimm, gefährlich; scharf, hart; listig, durchtrieben; gewandt, geschickt; *ein swindez pfat treten* rasch vorwärts kommen.

swinde[2] Adv. schnell, rasch; heftig, furchtbar; sofort.

swinde[3] stF Schnelligkeit; Heftigkeit, Gewalt.

swinde[4] stN Schwindsucht.

swinde-keit,swindic-heit stF Entschlossenheit; Heftigkeit, Leidenschaft; List.

swindel,swintel stM Schwindel.

swindelen,swindeln, swinteln swV abs./D wanken, schwindlig werden.

swinden stV [IIIa] abs./D (dahin-, ver-) schwinden, vergehen; enden; umkommen, untergehen; schrumpfen; unpers.+D ohnmächtig sein/ werden.

swindes Adv. heftig.

swindic-heit [s.] *swindekeit.*

swindic-lîche(n) Adv. gewandt; rasch.

swînen stV [Ia] abs./D abnehmen, schwinden; dahinsiechen; unwichtig werden.

swîner stM [Ketzer].

swinge swF Schwert, Klinge.

swingen stV [IIIa] abs. Flachs schwingen; fließen; auflodern; refl.+pD*von* sich abwenden/ wegdrehen von; refl.+pA*in, ob, über* / Adv.lok. sich aufschwingen in/ über; refl.+pA*ûf* sich schwingen auf; pD*an* hängen an; pD *nâch* sich sehnen nach; pD *ob,ûf* schweben/ schwimmen auf/ über; pD*von* sich herabschwingen von; pD*vor* herschreiten vor; p A*(unz)an, ûf* /p A*ür* (+D) reichen/ herabhängen (bis) auf/ zu; stoßen an; p A*in* /Adv.lok.(+D) fliegen/ vordringen in; A(+D) schwingen; schlagen, prügeln; A+pD*gegen,nâch,ze* / Adv.lok. schwingen/ wenden/ ausstrecken gegen/ nach; A+ pD*ûz,von* schlagen/ werfen aus, vertreiben von; A+pA *hinder, über, umbe, under* (+D) schwingen/ schlingen/ werfen hinter/ über/ um/ unter; schleudern/ werfen auf; A+ pA*ûf,vür* heben auf/ vor; *den wint under diu ougen s.* +D Luft zufächeln.

swîn-gülte stF Schweinezins [Naturalabgabe].

swîn-herte stF Schweineherde.

swînîn Adj. *sw. milch* Milch der Sau.

swîn-krût stN Schweinekraut [Pflanze].

swîn-muoter stF Sau.

swîns-porste swF Schweineborste.

swintel(-) [s.] *swindel(-).*

swint-lîche Adv. heftig.

switz stM Schweiß.

switzen swV abs./D/pD*ûz* schwitzen; anschwellen; her-

ausquellen (aus); Schwitz-
wasser absondern; A(+pD
ûz) ausströmen, absondern;
(heraus-) schwitzen (aus).
Swîtzer stM Schweizer.
swiu Rel.Pron. *an/mit s.* woran, wobei, womit; mit dem,
was; *in s.* worin; *umbe s.*
weswegen, warum; *ze s.*
wozu.
swîzic [s.] *sweizic.*
swô [s.] *swâ.*
swôre [s.] *swære* [1].
swôr-heit [s.] *swârheit.*
swulst stF Geschwulst, Geschwür.
swunc stM Antrieb.
Swurben [s.] *Swâben.*
symonîe [s.] *simonîe.*
symphonîen swV abs. die
Drehleier spielen.
synagôge [s.] *sinagôge.*
Syre swM Syrer.
syrêne [s.] *sirêne.*
syrop(el) [s.] *siropel.*
szop [s.] *zopf.*

t

tabele [s.] *tavel(e).*
tabern- [s.] *tavern-.*
tabernackel stN Tabernakel.
tac,dac stM [auch swM] Tag;
Zeit; Leben [meist Pl., z.B. *al
mîne tage* mein ganzes Le-
ben]; Alter; Termin; Frist,
Aufschub; Gerichtstag; Festtag; Gedenk-, Jahrestag; Todestag; Tagesanbruch, Morgen; (Tages-) Licht, Sonne;
Tagereise; *al/ allen (den/ disen) t.* am Tag, tagsüber,
den ganzen Tag, jeden Tag;
alle tage täglich, jederzeit,
immer; *anderes tages* ges-

tern, früher, am nächsten
Tag; *des tages* am (selben/
nächsten) Tag, an dem/ diesem Tag; *(ûf) einen t., eines
tages* eines Tages, einmal,
an einem (einzigen) Tag;
hiute dises tages noch heute;
ie t. jemals; *neheines tages,
niht einen t., nie(mer) (ein) t.*
keinen (einzigen) Tag, nie;
über t. am Tag, den ganzen
Tag, täglich; *verre gegen
dem tage/ ûf den t.* noch früh
am Morgen; *von dem tage*
von da an; *vür den/ disen t.*
von jetzt an; *ze sînen tagen
komen* volljährig/ waffenfä-
hig/ gerichtsmündig werden;
das höchste Alter erreichen;
[auch expl., z.B. *jâre tage*
Jahre; *strîtes t.* Kampf;
morgenlicher t. Morgen].
tac- [s.] *tage-.*
tach [s.] *dach.*
tacke [s.] *zacke.*
tadel stMN Makel, Tadel, Fehler; *als ein kleiner t.* von geringer Bedeutung.
tadel-heftic Adj. fehlerhaft.
tag- [s.] *tage-.*
tagalt stF [auch stM] Zeitvertreib, Unterhaltung, Vergnügen; Spiel.
tagalten swV abs./Adv. spielen, sich vergnügen.
**tage-dinc,tege-,tê-,tei-
dinc,teiginc** stMFN Ge-
richt; Gerichtstag; (Ge-
richts-, Zwei-) Kampf;
(Rechts-) Handel; Termin;
Frist, Vorladung; Versammlung; Verhandlung, Bera-
tung, Unterredung; Ent-
scheidung; Anweisung; Be-
gnadigung; Worte, (Ge-) Rede; Geschichte; Schuld, Verpflichtung, Tilgung; Sache.
**tage-dingen,tê-,tei-din-
gen** swV abs. eine Einlas-

sung vorbringen, argumen-
tieren; pD *mit/ p A umbe* verhandeln (mit/ um); pD *zwischen* vermitteln zwischen;
D+p A *an,vür* vorladen an/
vor.
tage-,tag-ezzen stN Tagesration.
tage-,teg(e)-lich Adj. täglich; gewöhnlich; *tagelichiu
sünde* lässliche Sünde.
**tage-,tege-lîche(n),-lî-
ches** Adv. [auch *allert.*] täglich, jeden Tag, Tag für Tag;
stets, ständig; *t. grâwen* her-
aufdämmern; *t. sünden* eine
lässliche Sünde begehen.
**tage-lieht,tages-,dage-
liet** stN Tageslicht.
tage-liet stN Morgenlied,
Morgenruf; Tagelied.
tage-,tag-lôn stMN Tages-
lohn.
tage-menge stF hohes Alter
[auch *alters t., t. an jâren*].
tagen,dagen swV unpers.
abs./D tagen, Tag/ hell werden (für); abs. (er-) strahlen,
aufgehen, anbrechen; D den
Tag bringen/ vorenthalten;
pD *bî,mit,ûf* bleiben/ verweilen auf/ bei; A vertagen; A+D
festsetzen, anberaumen.
tage-rât stF Morgenröte.
tage-reise stF Tagesritt.
tage-reste stF Tagesstrecke.
tages Adv. am Tag, tagsüber;
t. unde nahtes Tag und
Nacht.
tages-lieht [s.] *tagelieht.*
tage-,tac-stern(e) stswM
[auch stF] Morgenstern.
tage-vart stF Tagesstrecke,
Tagereise.
tage-wecke stF Tagesanbruch.
**tage-weide,tag-,dage-
weit** stF Tagesstrecke, Tagereise; Tagesration.

tage-werc,-werch stN Tagewerk.

tage-werkære stM Tagelöhner.

tage-wîle stF *bî/ in einer t.* in einem Tag.

tage-,tag-wîse stF Morgenlied, (Tage-) Lied.

tage-würhte,-würke swM Tagelöhner.

tage-,tag-zît stF Tag; [kanonische] Gebetszeit, Stundengebet; *diu erste t.* Morgen; *siben t.* siebenmal; *bî dirre t.* an diesem Tag, noch heute.

tahe swMF Ton (-erde).

tahs [s.] *dahs.*

tâht [s.] *dâht.*

tal stMN [Pl. auch *telre-*] Tal; Erden-, Jammertal; *bî/ gegen/ ze tal(e)* (nach) unten, hinab, nieder, abwärts.

tâlanc,tâlent,tâlâ Adv. den ganzen Tag, heute, jetzt.

tale-helde swF Abhang.

tâlent [s.] *tâlanc.*

talfin stM Dauphin.

talfinette stF Frau des Dauphins.

tal-ganc stM Feldweg.

talke swM Talg.

talken-korn stN Gerstenkorn [Lidentzündung].

tam,dam stM Damm.

tambûr(e) stswMF Trommel, Tamburin.

tambûren swV abs. die Trommel schlagen.

tambûrer stM Trommler, Tamburinspieler.

tambûrieren swV abs. die Trommel schlagen.

tampf [s.] *dampf.*

tan¹ stMN (Tannen-) Wald.

tan² stM Boden; Tenne.

tan³ Adv. [s.] *danne* ¹; *dannen* ¹.

tanc [s.] *danc.*

tandaradei Interj. [Freude].

tan-esel stM Waldesel.

tanken [s.] *danken.*

tann,danne stswF Tanne.

tannen [s.] *dannen* ¹.

tan-,tannen-plat stN Tannennadel.

tan-poum stM Tannenbaum.

tant,dant stM Geschwätz; Plunder;*âne t.* unverzüglich.

tanz stM Tanz; *tanzes vor gestaten* +D den Vortanz erlauben.

tan-zapfe swM Tannenzapfen.

tanzen,danzen swV abs./pD *mit/* A tanzen (mit/ nach).

tanzer [s.] *tenzer.*

tanzerîe stF Tanzvergnügen.

tanz-geselle swM Mittänzer.

tanz-hûs stN Tanzhaus.

tanz-prüevære stM Tanzleiter.

tanz-wîse stF Tanzlied.

tâpe swF Tatze.

tapfer,dapfer Adj. fest; entschlossen; widerstrebend.

tapfer-lîche Adv. fest, entschlossen.

tarant stM Tarantel, Skorpion.

tare-,dare-haft Adj. verderblich, schrecklich.

tare-hafte stF Schrecknis.

taren,tarn,daren swV D schaden; A schädigen, verderben.

tarn-hût stF Tarnkappe.

tarn-kappe swF Tarnkappe.

tarraz stM (Dach-) Terrasse.

Tartarîe stF Tatarei.

tar-vur [s.] *davür.*

tasche,tesche swF Tasche, Beutel; [auch Schimpfwort].

taseln swV pD*mit* schäkern mit.

tæsic [s.] *dæsic.*

tassel stN (Mantel-) Spange.

tasten,dasten swV abs. nachforschen; pD*nâch* su-

chen/ streben/ fühlen nach; D+p*Ain* dringen in; A berühren; *einen zwîc t.* +D+ pD*ze* zwicken in.

tât,dât stF [flekt. auch *tæt-*] Tat; Handlung, Unternehmung; Tun, Verhalten; *rîters t.* (ritterlicher) Kampf, Ritter-, Heldentat; *mit der t.* tatsächlich.

tâten stN sinnloses Tun.

Tatâne swM Tatar.

tatz stM Abgabe.

tatze stF Tatze.

tau stN [griechischer Buchstabe].

tavel(e),tabele,tofel,davel stswF Tafel, Tisch, Tischplatte; (Metall-) Platte; Bild-, Schreibtafel; Holztafel, -platte; Tabelle.

tavel-rotunde stF Tafelrunde.

tavel-runde,-runder stswF Tafelrunde.

tavel-runder,-runderære stM Ritter der Tafelrunde.

tavernære,taberner stM Schankwirt; Wirtshausgast.

taverne,taberne stF Schenke, Wirtshaus.

ta-vor,-vüre [s.] *davor.*

tebich [s.] *tepich.*

techan,dechent stM Dechant.

techeine stF Dekanat.

techen-schrîber stM Dorfschreiber.

tecke(-) [s.] *decke(-).*

tê-dinc [s.] *tagedinc.*

tê-dingen [s.] *tagedingen.*

tege- [s.] *tage-.*

tege-dinge swM Gerichtstermin.

tegel,tigel stM (Schmelz-) Tiegel.

tegen [s.] *degen.*

teg-lich [s.] *tagelich.*

tehtier [s.] *testier.*

teic¹ Adj. weich, reif.
teic² stM Teig.
tei-dinc [s.] *tagedinc.*
tei-dingen [s.] *tagedingen.*
teiginc [s.] *tagedinc.*
teil,têl,deil stMN Teil; Stück; Hälfte; Anteil; Besitz; Fülle; Seite, Partei; Bereich; Teilung; *âne t.* ungeteilt, völlig; *dehein/ nehein t.* nichts; *ein t.* [auch] etwas, ein bisschen/ wenig, zum Teil; gar nichts; viel; sehr; ganz; vor allem, besonders; *ein michel t.* eine Menge, sehr viel; *diu zwei t.* zwei Drittel; *t. haben +pD mit* Gemeinschaft haben mit; *ze teile werden +D* zufallen; *ze teile lâzen +D+A* überlassen; *ze teile tuon +A +D* zuteil werden lassen, zufügen; [auch expl., z.B. *êren t.* Ehre, *wîbes t.* Frau].
teile stF Teilung.
teilen,deilen swV refl. sich trennen/ unterscheiden; A / Ns *w (+pD mit, sament / p Aan, in, über, under, vür / Adv.lok.)* (sich) teilen (in/ mit); auf-, verteilen (auf/ in/ unter), austeilen (an); verbreiten (in); ein-, unterteilen; (durch-) trennen; zerteilen, zerkleinern; vergeben; verschenken; erteilen (über); Anteil haben an; unterscheiden; entscheiden; mitteilen, aussprechen; A/G *+D/pD ze* zuteil werden/ zukommen lassen, zuteilen, zusprechen; schenken, übergeben; vorschlagen, vorlegen; auferlegen; zur Wahl stellen; A+pD *ge-gen,wider* setzen gegen; *en-zwei t. +A* in zwei Teile teilen; *gelîche t.* (+pD *mit / A*) gerecht teilen (mit); *rehtvertic t. +A* richtig einschätzen; *übele t. +A+D* übel anrech-

nen; *t. unde kiesen/ weln* sich (zwischen zwei Möglichkeiten) entscheiden; *daz îsen/ sahs/ swert t.* (+pD *mit*) kämpfen (mit); *ez mit swerten/ spern t.* Schwertschläge/ Speerstöße austeilen; *(ein) spil t.* einen Wettkampf abhalten; *(ein) spil t. +D* zum Wettkampf herausfordern, vor die Wahl stellen; *die zende t. +pD an* die Zähne wetzen an; *den sin t. mit sich selben* seinen Verstand benutzen.
teiler stM Austeiler, Verteiler.
teil-haft,-haftec/ic,-heftec/ic Adj. teilhaftig, teilhabend; erhältlich; *t. sîn/ werden/ wesen +G* teilhaben/ teilnehmen an; erwerben.
teil-hafteclîche Adv. teilweise.
teil-haftikeit stF Bestandteil.
teil-heftec/ic [s.] *teilhaft.*
teilic Adj. *t. werden +G* teilhaben an.
teilieren swV A+pD *ze* zerlegen in.
teil-nünftic,-nüftic Adj. *t. wesen/ werden +G* teilhaben an; *t. machen +G+A* teilhaben lassen an.
teil-sam Adj. privat; *t. strît* Zweikampf.
teil-samic Adj. teilhaftig.
teil-samkeit stF Teilhabe.
teilunge stF Trennung; Teilung; Spaltung; Teil, Vielfalt.
têl [s.] *teil.*
telch stF Ast.
teller stN Teller.
telre- [s.] *tal.*
temer stN Lärm, Getöse.
temisch Adj. dunkel.
temmen swV A(+pD *mit*) aufhalten (mit); bezwingen; töten.

tempel stMN Tempel.
tempel-herre swM Tempelherr.
temperîe stF Mischung; Durcheinander.
temperîen,temperieren swV A(+D) mildern, dämpfen, abschwächen; A+pD *mit* vermischen mit.
tempern swV A(+D/pD *in,mit, ze* / Adv.) dämpfen, mäßigen, abschwächen/ mildern/ ausgleichen (mit); regeln; stimmen; vorbereiten (auf), einrichten; ermöglichen; zubereiten; mischen (in/ mit); Part.Adj. [s.] *getempert.*
temperunge stF Mäßigung; Ausgewogenheit; Läuterung.
tempfec/ic Adj. feucht; kurzatmig.
tempfen swV pD *ûz* hervorquellen aus.
templeis(e) stswM Gralsritter.
temris stF Tamariske [Strauch].
tê-müet-,-muot- [s.] *diemüet-.*
tenc,denc Adj. linke (-r/ -s).
Tene stswM Däne.
Tene-lant stN Dänemark.
Tene-lender stM Däne.
Tene-marke¹,Ten-marc, -march stswF Dänemark.
Tene-marke² swM Däne.
tenen [s.] *denen.*
tener,tenre stM Hand, Handteller.
Tene-rîche stN Dänemark.
tengelen,tengeln,tingeln swV abs. baumeln; p Aan reichen an; pAûf hämmern/ (ein-) schlagen auf; A zerstampfen.
tengen swV A zerstampfen.
tenger Adv. genau.
tenken [s.] *denken.*

tenkisch Adj. von links; heimlich.

Ten-marc,-march [s.] Tenemarke [1].

tenne[1] stswMstN Tenne.

tenne[2] Adv. [s.] danne [1].

tennen swV A (ein-) ebnen.

tennîn Adj. t. holz Tannenholz.

tenre [s.] tener.

tentschi-keit stF Übermut.

tenzeler stM Tänzer.

tenzelerin stF Tänzerin.

tenzer,tanzer stM Tänzer.

tenzerinne stF Tänzerin.

tepich,teppich,teppech, tebich,tepch,tep(p)et, tepit,tept stMN Teppich; Decke.

ter [s.] dâ [1].

têr [s.] tier.

terahtîn [s.] trehtîn.

terigen swV abs. Schaden anrichten.

terkîs stM Köcher.

terminieren swV A erklären.

termnen swV A+pDze auserwählen zu, bestimmen für.

termner stM Almosensammler.

tern swV D schaden.

terobol swM [Stein].

terre stF Erde, Land.

terren [s.] derren [1].

tertîe-zît [s.] terzîezît.

terz [s.] terzîe.

terze stswM männlicher Falke.

terze(n)-zît [s.] terzîezît.

terzîe,terz stswF Terz [kanonische (Gebets-) Stunde, 9 Uhr morgens].

terzîen-zît [s.] terzîezît.

terzîe-stunde stF Terz [kanonische Gebetsstunde, 9 Uhr morgens].

terzîe-zît,terzîen-,tertîe-, terze(n)-zît stF Terz [kanonische Gebetsstunde, 9

Uhr morgens].

tesche [s.] tasche.

testament stN Zeugnis; altez t. Altes Testament.

teste stM [Meerwunder].

testier,tehtier stN Helm; Kopfschutz (des Pferdes).

tetel stM Väterchen.

tetrarche swM Herrscher (über den vierten Teil eines Landes).

teu-muote [s.] diemüete [1].

têwende [s.] touwende [1].

text stM Text.

thema stN Thema.

therebint swM Terpentinbaum.

therebinten-zaher stM Terpentinharz.

thim(-poum) stM [Baum].

thoter [s.] tohter.

tîch stM Teich; Krater.

tîchen stV [Ia] A bewirken; treiben; anfangen; A+pDmit erreichen bei; hinder sich t. abwirtschaften.

tieb [s.] tiefe [1].

tief,tîf,tûf,dief,dîf Adj. tief; lang, breit, weit; steil; schwer; groß; eingesunken; versunken; bedeutungsvoll; scharfsinnig, tiefsinnig.

tiefe[1],tief,tieb,tiufe Adv. tief; weit; genau, richtig; inständig; bedeutungsvoll.

tiefe[2],tiefene,tûfe,tuofene,tiufe,dûfene,dôfde stF Tiefe; Vertiefung; Grundlosigkeit.

tief-lîche Adv. tief, zutiefst; völlig; schmerzhaft.

tief-müetic Adj. demütig.

tieger [s.] tigere.

tiep [s.] diep.

tier,tîr,têr,dier stN Tier; Wild, Reh; (Lebe-, Fabel-) Wesen.

tieren swV scherlîche t. sich zusammenscharen.

tier-garte swM Tiergarten, Tiergehege.

tier-gelîch stN jedes Tier.

tier-lach stN (Land-) Getier.

tier-lich Adj. tierhaft, animalisch; tierisch.

tier-pilt stN Tiergestalt.

tier-slang swM Schlange.

tier-spiez stM Jagdspieß.

tier-stern stswM Stern des Wildes [Venus].

tievel(-) [s.] tiuvel(-).

tîf [s.] tief.

tigel [s.] tegel.

tigere,tieger Adv. genau; vollständig.

tiger-tier stN Tiger.

tihtære/er stM Dichter.

tihte stFN Dichtung; Geschichte; Lüge; Ausführung.

tihten swV pDvon /A/Nsw (+D/pDze /p Ain) erzählen/ berichten/ schreiben über/ von; (er-) dichten, verfassen; hervorbringen; sich ausdenken, erfinden; sinnen auf; beschreiben; festsetzen, beschließen, bestimmen (zu); (ein-) bringen/ zusammenfassen in; A+Adv. ausstatten, ausschmücken; ein urteil t. +pAüber ein Urteil fällen über; in diutsch/ walischen t. (+A) in deutscher/ welscher Sprache schreiben/ dichten.

tile [s.] dil.

tilegerinne stF Tilgerin.

tilgen,tilken.dilken swV A(+pDab,ûz,von) tilgen/ löschen/ streichen (aus); entfernen/ vertreiben (von).

tille[1] stMF Dill.

tille[2] stswFswM [s.] dil.

timber,tinber Adj. finster, dunkel; trüb, düster.

timber-heit stF Finsternis.

timel stF Finsternis.

timît,zimît,dimît stM [doppelt gewebter Seidenstoff].

timmer stN Finsternis.
timpelieren swV abs. klingeln.
timun Subst. Gegenruder.
tin [s.] *zin*.
tin-apfel stM Turmknauf.
tinber [s.] *timber*.
tincte,tinte swF Tinte.
tingelen [s.] *tengelen*.
tinkel,*dinkel swM Dinkel.
tinne stswF Stirn; Schläfe.
tinne-kleit stN Schleierge-
wand.
tinsen [s.] *dinsen*.
tinte [s.] *tincte*.
tîr [s.] *tier*.
tirme stF Höhe.
tirmec/ic Adj. erhaben; *t.
kraft* Schöpferkraft.
tirmen swV A(+D) (er-) schaffen, formen, vollenden; bestimmen.
tirmer stM Schöpfer.
tirmunge stF Schöpfung.
Tirol stN Tirol.
tirolisch Adj. *tirolischiu lande* Tirol.
tis swF [Schlange].
tisch,tis,disch stM Tisch;
*den t. (er)heben/ (hin) dan
nemen/ tragen/ ûfziehen* den
Tisch wegtragen, die Tafel
aufheben; *nâch dem tische*
nach dem Essen; *der t. in
der hant* die Linien der
Handfläche.
tisch-gerihte stN Gericht,
Speise; *daz t. mære* Einladung zum Essen.
tisch-lachen,-lach   stN
Tischtuch.
tisch-segen stM Tischsegen.
tisch-sitzen stN Benehmen
bei Tisch.
tisch-tuoch stN Tischtuch.
tiseln swV pD *mit* schäkern
mit.
tispitieren [s.] *disputieren*.
tisput- [s.] *disput-*.

tistel [s.] *distel*.
tiu [s.] *diu* [6].
tiufe [s.] *tiefe*.
tiufen swV A+pA*in* senken
in.
tiuhen [s.] *diuhen*.
tiuhte stF Qual, Verlangen.
tiur [s.] *tiure*.
tiurde,tiurede,tûrde   stF
Kostbarkeit; Teuerung.
**tiure¹,tiur,tiuwer,tîwer,
tûr(e),tû(w)er,diure,
dûre** Adj. kostbar, wertvoll;
prächtig, herrlich; edel, gut;
vornehm, angesehen; erha-
ben; teuer; selten, knapp, rar;
nicht vorhanden; zurück-
haltend; *tiurez jâr* Hungerjahr; *t. sîn/ werden* +D [auch]
fehlen, unbekannt sein, versagt bleiben; *t. tuon* +A+D
verhindern, unmöglich ma-
chen, vorenthalten; *tiurez
gelt, tiurer kouf* hoher Preis.
**tiure²,tiur,tiuwer,tîwer,
tûre,dûre** Adv. eindringlich, inständig; sehr; heftig;
streng, schwer; hoch (und
heilig); teuer; knapp; wenig;
für einen hohen Preis.
tiure³,tûre stF Kostbarkeit,
Wert; vornehme Herkunft;
manlichiu t. Tapferkeit; *t.
nemen* +A+G etwas ausma-
chen.
tiurede [s.] *tiurde*.
**tiuren,tiuwern,tûren,tî-
wern** swV abs./D kostbar/
selten/ knapp werden; abhan-
den kommen; A(+G/D/pD
mit) adeln, erhöhen, erheben; achten; ehren/ preisen/
auszeichnen (durch/ mit);
selten machen, rauben.
**tiur-lich,tîwer-,tûr-,tû-
wer-,diur-lich** Adj. kostbar, herrlich; ausgezeichnet;
tapfer, tüchtig; edel; stark,
kräftig.

tiusch [s.] *tiutsch*.
tiuschen¹ swV A täuschen,
hintergehen.
tiuschen² Adv. [s.] *tiutischen*.
tiuscherin stF Betrügerin.
tiusent [s.] *tûsent*.
tiut- [s.] *diut-*.
tiutære,tûtære,dûter stM
Dolmetscher, Ausleger.
tiutic-,tûtec-lîche   Adv.
deutlich, zur Erklärung.
tiutischen,tiuschen   Adv.
auf Deutsch.
**tiutsch¹,tiusch,tûtsch,
tûsch,tûtesk/isk,diu-
tesch/isch,diutsch** Adj.
deutsch.
**tiutsch²,tiusch,tûtsch,
diutsch** stFN Deutsch,
deutsche Sprache/ Mundart.
tiutsche,tûtsche swM Deutscher.
tiutschen swV A verdeut-
schen.
**tiuvel,tievel,tîvel,tûvel,
tûbel,diuvel,dievel,
dîvel** stM Teufel; *den t.*
[auch] nicht das Geringste/
im Geringsten, nichts; *des
tiuvels mitespiln* +D übel
mitspielen.
tiuvel-,tûvel-haft Adj. vom
Teufel besessen; teuflisch;
verflucht.
**tiuvel-haftec/ic,tûvel-,
tievel-heftec/ic** Adj. vom
Teufel besessen; teuflisch;
verderbt, böse.
tiuvelin(ne) stF Teufelin.
tiuvelisch,tûvelsch   Adj.
teuflisch, böse.
**tiuvel-lich,tievel-,tîvel-,
tûvel-lich** Adj., **-lîche(n)**
Adv. teuflisch; böse; furchtbar, schrecklich.
tiuvel-,tûvel-licheit   stF
Schlechtigkeit.
tiuvels-,tievels-bote swM

Teufelsbote.

tiuvel-schünde [s.] *tiuvels-schünde.*

tiuvels-,tûvels-hêr stN Teufelsheer.

tiuvels-,tûbels-knabe swM Teufelsdiener.

tiuvels-,tîvels-man stM teuflisches Ungeheuer.

tiuvels-,tiuvel-schünde stF teuflische Verlockung.

tiuvels-,tievels-trût stM Unhold.

tiuvel-,tûvel-suhtic Adj. vom Teufel besessen.

tiuvels-vîent stM Bekämpfer des Teufels.

tiuvel-winnic Adj. vom Teufel besessen.

tiuwer(-) [s.] *tiure(-).*

tîvel(-) [s.] *tiuvel(-).*

tîwer(-) [s.] *tiure(-), tiur-.*

tjost(e),tjust,tjüst,jost, just stMF Turnier-, Zweikampf (mit dem Speer/ der Lanze); Lanzen-, Speerstoß.

tjosten,justen swV abs. kämpfen; A bekämpfen.

tjost-geselle swM Kampfgegner [im Turnier-, Zweikampf].

tjostierære stM Turnier-, Kampfteilnehmer.

tjostieren,justieren swV abs./pD*mit* / pA*wider* einen Zweikampf ausfechten (mit), einen Lanzenangriff führen (gegen).

tjostiur,tjostiwer,justiur stM Lanzen-, Speerkämpfer, Turnierteilnehmer.

tjostiure,jostiure,justiere stF Zweikampf (mit der Lanze/ dem Speer).

tjostiwer [s.] *tjostiur.*

tjost-lich Adj. kampfgerecht.

tjust,tjüst [s.] *tjost(e).*

to [s.] *dô.*

tobe Adj. verwirrt, verrückt.

tobe-heit,dobe-keit,-hut stF Raserei, Wut; Wahnsinn; Sinnlosigkeit.

tobe-lich Adj. rasend.

tobe-lîche(n),tob-,tube-lîche(n) Adv. rasend; unsinnig.

toben[1],töben,doben,doven swV abs./pD*an* unsinnig reden/ handeln (an); toben, wüten, rasen; außer sich/ in Wut geraten [auch *der muot tobet* +D]; von Sinnen sein; Verrat begehen (an); pD*mit* herumtollen/ Schabernack treiben mit; pD*nâch* gierig sein/ verlangen/ jagen nach; pA*in* eindringen in; pA*umbe* kämpfen um; A+pD*mit* ärgern mit; Part.Adj./Adv. [s.] *tobende.*

toben[2],toven stN Wut; Unverstand; Ausschweifung; Qual; Tollwut.

tobende Part.Adj./Adv. rasend, zornig; wild; tosend; wahnsinnig; (be-) gierig.

tobe-sin stM Wahnsinn, Wut.

tobe-site stM Wahnvorstellung.

tobe-suht stF Wut, Raserei; Verblendung; Schwermut, Wahnsinn, Tobsucht.

tobe-wüetende Part.Adj. *t. suht* Tobsucht, Wahnsinn.

tobe-zorn stM Wut.

tob-gesühte stN Schwermut.

tôb-heit [s.] *toupheit.*

tobic,töbic Adj. ungestüm, wild, rasend; wahnsinnig, verrückt; unbesonnen; tollwütig.

tobic-,töbic-heit stF Raserei; Wahnsinn.

tob-lîche(n) [s.] *tobelîche(n).*

tobunge stF Heftigkeit.

tocke[1],docke swF Puppe.

tocke[2] swF Mütze.

tocken-lade stF Puppenkiste.

tocken-schîn stM Puppengestalt.

tocken-spil stN Gaukelspiel.

tocken-wiegel stN Puppenwiege.

tocter [s.] *tohter.*

tœde- [s.] *tôt[2].*

tœdec/ic Adj. tödlich.

tœdem-lich Adj. sterblich, vergänglich.

tôden,tœden [s.] *tœten.*

tœdmic Adj. sterblich, vergänglich.

tofel [s.] *tavel(e).*

tôgen(-) [s.] *tougen(-).*

togent [s.] *tugent.*

tôgne [s.] *tougen[4].*

tôht [s.] *dâht.*

tohter,tohtre,thoter,tocter,dohter stF Tochter.

tohter-kint stN Tochterkind, Enkel.

tohter-sun,-suon stM Enkel, Tochtersohn.

tohtre [s.] *tohter.*

tokzelen,tokzen swV abs. wogen; schwanken.

tol[1],dol Adj. unsinnig; vermessen, übermütig.

tol[2] stFN Kübel.

tol[3] stF [s.] *dol[1].*

tolde,dolde stswMF Wipfel, Krone; (Blüten-) Dolde; Gipfel.

tolke stswM Dolmetscher.

tollen-tranc stMN berauschender Trank.

tolmetsche,tulmetsch swM Dolmetscher.

tôm [s.] *tuom.*

tômens-,tômes-tac [s.] *tuomenstac.*

tôn[1] anV [s.] *tuon.*

tôn[2] stM [s.] *dôn.*

tœnen [s.] *dœnen.*

tonre [s.] *doner.*

tonren [s.] *donren.*

top [s.] *topf*[1].

tôp [s.] *toup.*

topâze,topâzie,topâzje stswMstN Topas [Edelstein].

topâzieren stN Goldschimmer (des Topas).

topel stMN Würfelspiel.

topel-bret stN Würfelbrett.

topeler,toppeler stM Würfelspieler.

topeln,toppeln swV abs./ pA*umbe* würfeln um; A+D erzielen für.

topel-spil stN Würfelspiel, Glücksspiel.

topf[1]**,top** stM Topf; Schädel.

topf[2] stM Kreisel.

topf[3] stM Topp [Mastspitze].

topfe[1] swM Tupfen.

topfe[2] swM Quark.

topf-knabe swM Knabe, der noch mit dem Kreisel spielt.

topieren swV A bedecken.

toppel- [s.] *topel-.*

tor stN Tor, Tür; Öffnung; Stadt-, Burgtor; Fallgatter; *des magens t.* Speiseröhre.

tôr,tôre,dôre swM Tor, Narr; Dummkopf; Tauber; *ein t. sîn* +pD*gegen,ze* unerfahren sein in.

tôreht/aht/oht,tœroht,tôrot,dôreht Adj. töricht, närrisch, verrückt; unwissend, dumm.

tôrehtic Adj. töricht, dumm.

tôren,tœren swV abs. eigensinnig/ verrückt sein; ertauben; A zum Narren machen/ halten; betören; täuschen, betrügen.

tôren-kleit stN Narrenkleid.

tôren-kolbe swM Narrenpritsche.

toren-,*dorn-poum stM Weißdorn.

tôren-roc stM Narrenkleid.

tôren-sin stM Torheit.

tôren-wîse stF *in t.* als Narr.

torf-metze [s.] *dorfmetze.*

tôr-,dôr-heit stF Torheit; Dummheit; Unwissenheit; Verblendung; Irrtum; Taubheit.

tœrin(ne),tôrinne,dôren stF Törin, Närrin.

tœrisch,tœrsch,tôrsch Adj. töricht, dumm, unwissend; schwachsinnig; närrisch; verblendet.

tœrischeit,tœrscheit stF Dummheit, Torheit.

tœrischen[1]**,tœrisch,tœrschen** Adv. töricht; närrisch; ungeschickt; unbesonnen; wie ein Narr.

tœrischen[2] swV abs. sich närrisch aufführen.

torkul swF Kelter.

torkulære stM Kelterer.

tœr-,tôr-lich Adj. töricht; närrisch; dumm, unvernünftig; *t. kleit* Spottgewand.

tœr-,tôr-lîche(n) Adv. töricht, närrisch; unvernünftig, unklug, leichtsinnig; verblendet; merkwürdig; wie ein Narr.

torment(ar) [s.] *dormiter.*

tormint stM Unwetter.

tormitar [s.] *dormiter.*

torn stM [s.] *dorn; turn.*

tornei [s.] *turnei.*

tôroht,tœroht,tôrot [s.] *tôreht.*

törpel [s.] *dörpære.*

törpel-leben stN bäurisches Leben.

torren [s.] *dorren.*

tœrsch(-),tôrsch [s.] *tœrisch(-).*

tort [s.] *dort.*

tortuk(e) swMF Schildkröte.

tor-wart,-warte(r),-werter,-wertel stswM Torhüter, Pförtner.

tôt[1]**,dôt** Adj. tot; tödlich verwundet; abgestorben; beendet; sinnlos, bedeutungslos; verloren; *t. belîben/ (ge)ligen/ sîn/ wesen* (+G/D) sterben (an/ durch), umkommen; *t. legen/ vellen/ vrumen* +A töten; *t. sîn* +pD *nâch* sich verzehren nach; *t. (ge)vallen* den Tod finden, sterben.

tôt[2] stM [Pl. auch *tæde-*] Tod; Ende; Sterben; *mit tôde* sterbend; tödlich verwundet [auch *biz ûf/ unz ûf/ in den t.*]; *den t. nemen/ an der hant haben* sterben müssen; *den lebendigen t. tragen* lebend tot sein; *den t. tuon/ vrumen* +D töten; *ze tôde bringen/ slagen/ stechen* +A erschlagen, erstechen; *sîn leben/ sich in den t. bieten* +pA*vûr, durch* sein Leben wagen für.

tôt-,dôt-bant stN Todesbande.

tôt-bære Adj. todbringend; todeswürdig.

tôt-bet stN Sterbebett.

tôt-bleich Adj. totenbleich.

tôt-bluot stMF Bluterguss.

tôt-bringende,-pringende Part.Adj. todbringend.

tote,totte swM Pate; Patenkind.

tôte[1]**,dôte** swM Toter; Leichnam.

tôte[2] swF Tote.

tœte stF Tötung.

tœteln swV abs. nach Tod riechen; Leichengeruch ausströmen.

tœten,tôten,tœden,tôden swV abs./D (ab-) sterben, umkommen; A(+D) töten, umbringen, quälen; abtöten.

tôten-bein,tôt-gebein(e) stN Totenknochen, Totengebein.

toten-lôn stM Patengeld.
tôten-opfer stN Totenopfer.
toter,totter stNswM Dotter.
tœter stM Mörder.
tœterinne stF Mörderin.
tôt-gebein(e) [s.] *tôtenbein.*
tôt-gevar Adj. totenbleich.
tôt-gevelle stN Tod.
tôt-giftic Adj. tödlich giftig.
tôtic-,dôtic-heit stF Sterblichkeit.
tœtigen swV A töten.
tôt-krût stN tödliches Kraut.
tôt-leibe stF Hinterlassenschaft, Erbe [meist bewegliche Habe].
tôt-lich,tœt-,dœt-lich Adj. sterblich, vergänglich; tödlich, todbringend, lebensgefährlich; todesähnlich; sündhaft; *t. sünde* Todsünde; *t. sweiz* Todesschweiß.
tôt-,tœt-lîche(n) Adv. tödlich; todgeweiht; endgültig.
tôt-licheit,tœt-,dœt-licheit stF Sterblichkeit.
tœtlich-gevar Adj. totenblass.
tôt-lîp stMN Hinterlassenschaft, Erbteil.
tôt-mager Adj. klapperdürr.
tôt-pringende [s.] *tôtbringende.*
tôt-riuwesære stM Todtrauriger.
tôt-schrecke swM Todesfurcht.
tôt-siech Adj. todkrank.
tôt-slac stM Totschlag, Tötung, Mord; Todesstoß.
tôt-slâf stM Schlafsucht.
tôt-slahen stV [VIa] A totschlagen.
tôt-stechen stV [IVa] A totstechen.
tôt-sünde,dôt-sunde stswF Todsünde.
tôt-sünder stM Sünder, der eine Todsünde begangen hat.

tôt-sweiz stM Todesschweiß.
totte [s.] *tote.*
totter [s.] *toter.*
tœtunge stF Abtötung.
tôt-valsch Adj. erzfalsch.
tôt-var Adj. totenbleich; bewusstlos.
tôt-vêhe stF Todfeindschaft.
tôt-vîendinne,-vîndinne stF Todfeindin.
tôt-vîent,-vînt,-vîgent stM Todfeind.
tôt-vîndinne [s.] *tôtvîendinne.*
tôt-vinster Adj. stockfinster.
tôt-vînt [s.] *tôtvîent.*
tôt-fûrc,-*vuoric Adj. todbringend.
tôt-wunde stF tödliche Wunde.
tôt-wunt Adj. tödlich verwundet.
tou stMN [flekt. *touwe-*] Tau; Tautropfen; *ein t. (unde ein wint)* ein Nichts, gar nichts.
toube¹ swM Tauber; Dummer.
toube² stswF [s.] *tûbe¹.*
touben,töuben,douben swV A betäuben; blenden; bedrängen; vernichten; entmachten, unterdrücken; A+G/pD*von* vertreiben von, bringen um.
touben- [s.] *tûben-.*
toub-heit [s.] *toupheit.*
töude,touende [s.] *touwende¹.*
touf,toufe,tuofe,doufe stMF Taufe; Christentum, Christenheit.
toufære/er stM Täufer.
touf-bære,-pære Adj. christlich.
touf-botege swF Taufbecken.
toufe [s.] *touf.*
toufen,töufen,doufen,

döufen swV refl. sich taufen lassen [auch *sînen lîp t.*]; A(+A/D) taufen (auf den Namen), nennen; A+pA*in* tauchen in.
touf-gewæte stN Taufkleid.
touf-lich Adj. christlich.
touf-mere stN Meer der Taufe.
touf-napf stM Taufbecken.
touf-pære [s.] *toufbære.*
touf-pflegende Part.Adj. christlich.
touge stF Verborgenheit.
tougen¹,tôgen,dougen Adj. geheim, heimlich; geheimnisvoll; verborgen; verschwiegen.
tougen²,tuogen,dougen Adv. heimlich, verstohlen, unbemerkt, im Geheimen/Stillen; insgeheim; geheimnisvoll.
tougen³ swV A verbergen.
tougen⁴,toug(e)ne,tôgne stMFN Geheimnis, Mysterium; Heimlichkeit; Wunder(-kraft); Innerstes; Verheißung; *der t. buoch* Offenbarung des Johannes.
tougen⁵ anV [s.] *tugen.*
tougen-diep stM heimlicher Dieb.
tougene [s.] *tougen⁴.*
tougen-,tôgen-heit stF Geheimnis, Mysterium; Verborgenheit; Heimlichkeit; heimliches Treffen.
tougen-,tôgen-lich Adj. geheim, heimlich; verborgen.
tougen-,tôgen-lîche(n) Adv. heimlich, im Geheimen/Stillen; unbemerkt, unsichtbar; verborgen; vertraulich; insgeheim.
tougen-trage swM Vertrauter.
tougen-wort stN heimliches Wort.

tougne [s.] *tougen* [4].
toum [s.] *doum.*
toumen swV abs. schwelen.
toun,töun [s.] *touwen.*
töun stN tödliches Siechtum.
tou-naz Adj. taufeucht, betaut.
tounde [s.] *touwende.*
toup,tôp Adj. taub; verstockt, betört; töricht, dumm; leer, öde; abgestorben, dürr; erloschen; kraftlos, machtlos; entkräftet, besinnungslos; wertlos, sinnlos; *an witzen t.* unverständig; *t. machen* +A +pD*an* abbringen von; *toubez ôre tuon* +D sich taub stellen gegen.
toup-heit,toub-,tôb-heit stF Taubheit.
tousent [s.] *tûsent.*
tousen-zic [s.] *tûsentzic.*
tou-wazzer stN Tau; Nektar.
touwe- [s.] *tou.*
touwec/ic,töuwic Adj. betaut, taufeucht, (tau-) frisch.
touwen[1]**,toun,douwen** swV abs. sich mit Tau bedecken; im Tau glänzen; pD*von* herabfließen von; p A*in,ûf* sich senken auf/ in; A betauen; auftauen; A+ pA*in* senken in.
touwen[2]**,toun,töun,douwen** swV abs. mit dem Tod ringen; umkommen, sterben; A töten.
touwen[3]**,töuwen** swV [s.] *douwen.*
töuwen anV [s.] *tugen.*
touwende[1]**,töuwende,têwende,tou(e)nde,töude** Part.Adj. sterbend, dem Tode nahe.
touwende[2] stN Feuchtigkeit.
töuwic [s.] *touwec/ic.*
toven [s.] *toben* [2].
tozelære stM Zudringlicher.
traben [s.] *draben.*

trâc [s.] *træge* [1].
trache,tracke,drache swM Drache.
trâc-,trôc-heit,trâkeit, trôkeit stF Trägheit; Müdigkeit; Bequemlichkeit, Faulheit.
trachen-,tracken-bluot, -blût stN Drachenblut.
trachen-,tracken-galle swF Drachengalle.
trachen-,drachen-kopf stM Drachenkopf [Schlange].
trachen-,tracken-munt stM Drachenschlund.
trachen-,drachen-stein stM [Versteinerung].
trachen-var Adj. drachenartig, -farben.
trachontê stF [Natterwurz].
tracke(-) [s.] *trache(-).*
træc-lich,trâc-,trêg(e)-lich Adj., **-lîche(n)** Adv. träge, faul; stockend, langsam; nachlässig.
tracthe [s.] *trahte* [1].
trafen [s.] *draben.*
traga-munt,trag-,treimuont stM [Kriegsschiff].
tragant stMN [Baumharz].
tragære/er,treger stM (Lasten-) Träger.
trage swF Tragkorb.
træge[1]**,trâge,trâc** Adj. träge; faul, bequem; nachlässig; langsam; schwach, müde; störrisch.
træge[2]**,trâge** Adv. langsam, zögernd; nachlässig; widerwillig, widerstrebend.
træge[3]**,trâge** stF Trägheit; Zögern.
trage-bære Adj. erträglich.
tragelaph swM [Hirschziege].
tragen[1] stV [VIa] abs. trächtig/ schwanger sein/ werden; Adv.lok. führen; refl.+pD*in,*

mit /Adv. leben (in/ mit), sich beschäftigen mit; refl.+pD *ze* /p A*in* /Ns(*daz*)/Adv.(lok.) sich ergeben/ fügen, sich entwickeln/ (hin-) wenden (zu); führen (zu); (refl.+)pA*über,ûf* treffen/ sich beziehen/ sich erstrecken auf; (refl.+)pD*gegen* /p A*wider* sich entschließen zu; zugehen auf; G /A (+pD*an,bî,in,ob,über,ûf,under, ûz,von,vor* / pA*umbe* / Adv. (lok.)) (in/ bei sich) haben/ tragen (an/ auf/ bei/ in/ über/ um/ unter/ vor); an-, umhaben, umgeschnallt haben; erhalten, erlangen; besitzen; bewahren; ertragen, erleiden; davontragen; hegen; ausüben; hervorbringen; herauslassen/ führen (aus); wegtragen, -bringen (aus/ von); her-, herbeibringen (aus); G/A+D (entgegen-) bringen, geben, reichen; zeigen, spüren lassen, zuteil werden lassen; A+pD *ze/(en) gegen* / pA*an, durch, in, über, ûf,under,vür,wider* tragen/ bringen an/ auf/ gegen/ in/ nach/ über/ vor/ zu; führen durch/ gegen/ in; treiben gegen/ zu; legen auf/ unter/ zu; verbreiten über; einsetzen gegen; *(den muot/ lîp, daz gemüete) hô(he) t.* hochgestimmt/ wohlgemut/ stolz/ hochmütig sein; *hôhe/ enbor t.* +A hoch-, emporheben, hoch halten, hochstrecken; *ein kint/ einen sun t.* (+pD*bî*) schwanger sein/ werden (von), ein Kind/ einen Sohn gebären/ (aus-) tragen; *den vride t.* +pD*mit* Frieden schließen mit; *die hœhsten hant t.* +pA*über* herrschen über; *nâhe t.* +A im Herzen tragen; *über ein t.* über-

einstimmen; *veil t.* +A(+D)
feil-, anbieten, verkaufen;
vol t. +A+G füllen mit; *in
ein t.* +A(+D/pD*ze*) herbeiführen, (zusammen-) fügen
(zu); *ringe t.* +A nicht beachten; *hindan t.* abstehen;
Part.Adj. [s.] *getragen.*
tragen² swV refl.+Adv./G/
pD*mit*) leben (in); sich ernähren (mit/ von).
trâgen stN Zögern.
trag-mu(o)nt [s.]*tragamunt.*
trahen,trân,trôn stM Träne;
Tropfen; (Blut-, Tränen-)
Strom; *niht/ nie einen t.* nicht
das Geringste/ im Geringsten
[auch expl., z.B. *meres t.*
Meer, *wazzers t.* Wasser].
trahende,trânende Part.
Adj. *mit trahenden ougen* mit
Tränen in den Augen.
traher stM [Pl.*treher-*] Träne.
traht¹,draht stF Bürde;
Schwangerschaft.
traht²,trahte stswF Gericht,
Speise, Gang.
trâht stM Geruch.
traht- [s.] *trecken.*
trahte¹,tracthe stF Gedanke, Überlegung; Berech-
nung; Gedenken.
trahte² stswF [s.] *traht ².*
trahten,trathen,drahten
swV abs. nachdenken; sich
bemühen; pD*von* eine Vorstellung haben von; G/Ns
daz /Inf.*ze* (+refl.D)/pD*nâch,
ze* /p A*ûf,umbe* sich bemühen
(um), streben (nach); nachdenken (über), denken (an);
A/Ns *(ob,w*) (be-) denken, ü-
berlegen; beachten; planen;
hin unde her t. hin und her
überlegen.
trahtîn [s.] *trehtîn.*
trahtunge stF Betrachtung,
Kontemplation.
træjen [s.] *dræn.*

trâkeit [s.] *trâcheit.*
tralle stswM Tölpel.
trâm,trâme,trân   stswM
(Kreuzes-) Balken.
træm [s.] *troum.*
trâme [s.] *trâm.*
tramînerstMTraminer [Trau-
ben-, Weinsorte].
trân¹ stM [s.] *trahen.*
trân² stswM [s.] *trâm.*
træn [s.] *dræn.*
tranc,dranc   stMN Trank,
Getränk; Trinken; Trunk.
tranct- [s.] *trenken.*
trânende [s.] *trahende.*
trank-lære stM Säufer.
trans-figurierenswV A verklären.
trans-formieren swV A+pA
in umwandeln in.
trant- [s.] *trennen.*
trappe¹ swM Trappe [Vogel].
trappe² stswF [s.] *treppe.*
trâs stM Geruch.
trat stF Fährte; Trift.
trâte [s.] *drâte ¹.*
trathen [s.] *trahten.*
tratte- [s.] *tretten .*
tratz¹ Adj. unwillig.
tratz² Adv. *t. daz* trotzdem.
tratz³,traz,tru(t)z,dratz
stM Trotz; Widerstand; Ärger; Hohn; Frechheit.
tratz⁴ Interj. [Widerstand].
tratzen swV A necken.
traz [s.] *tratz ³.*
traz-,tretz-lîche Adv. stolz;
keck.
trecken,trechen swV [Prät.
auch *traht-*] abs. sich verbreiten; pD*gegen,nâch* /p A*in,
durch,vūr* /Adv.(lok.) ziehen
durch/ hinter/ in/ vor, zu); A
führen; A/G+pA*ûf* lenken/
ziehen/ häufen auf.
trectîn [s.] *trehtîn.*
treden¹ stV [s.] *treten.*
treden² swV [s.] *tretten.*
tref stN Hieb.

treffen stV [IVa] abs./Adv.
treffen; Erfolg haben; pD*ze* /
p A*an* gelten für; sich beziehen auf; sich vergleichen
mit; gehören zu; p A*über*
hinausreichen über; D+pA*ûf*
fallen auf; A(+pD*bî,mit,ze* /
p A*an,in,ûf* /Adv.lok.) treffen
(an/ auf/ in/ mit); antreffen;
stoßen auf; betreffen.
trefs stswM Unkraut.
treger [s.] *tragære.*
tregerinne stF *kristi t.* Gottesmutter.
trehenen swV abs. weinen; D
sich mit Tränen füllen.
treher- [s.] *traher.*
trehten [s.] *trehtîn.*
trehtic Adj. bestrebt.
**trehtîn,trehten,trohtîn,
   trahtîn,terahtîn,trethîn,
   trectîn,trotîn,drehtîn,
   drethîn** stM Herr (Gott).
trei stM [Tanz].
treibel stM Antreiber.
treie,troi(e),troye swF Jacke, Wams.
treien [s.] *dræn.*
treif stN Zelt, Hütte.
trei-mu(o)nt [s.]*tragamunt.*
treiros stM [Tanzlied, Melo-
die].
tremel [s.] *dremel.*
tremuntân stM Polarstern.
trendel swF Kreisel.
treneln swV D sich drehen.
trengen swV A bedrängen;
A+pD*ze* zwingen zu.
trenke stF Tränke; *wazzers t.*
Ertrinken.
trenken,drenken   swV
[Prät. auch *tranct-*] A(+pD
mit) tränken, zu trinken
geben; trunken machen.
trenker stM Säufer.
trennen,trinnen swV [Prät.
trant-] refl. sich spalten; aufhören, vergehen; pA*ûf* sich
richten auf.

trenner stM Trenner.
trepfen stN Verschütten.
treppe,trappe stswF Treppe.
treschen [s.] *dreschen.*
trese-,tres-kamere [s.] *triskamere.*
trestern swV A keltern.
treten,tretten,treden,dreten,dretten stV [Va] abs./ Adv./pD*nâch* (einher-) gehen; eintreten; (auf-) springen; tanzen (nach); pD*ab,ûz, ze* / p*A*an,*in,ob,ûf* / Adv.lok. (+D) treten/ gehen an/ aus/ auf/ in/ zu; eintreten/ (ein-) dringen in; kommen/ gelangen auf/ aus/ in/ zu; steigen aus/ in/ über; geraten aus; sich richten auf; pD*von* /p*A durch,über,vor,vür* treten durch/ vor; (ab-) steigen/ ablassen von; pD*gegen* gehen nach/ zu; A(+D) gehen, (be-) treten; tanzen (nach); zertrampeln, zertreten; erreichen; A+p*A*in treten/ treiben/ stampfen in; *enpor t.* sich erheben; *(be)neben t.* (+D) zur Seite treten; *hinder sich t.* zurücktreten, -weichen; *under sich t.* +A vernichten; *under die vüeze tr.* +A mit Füßen treten, verachten; *ze spote t.* sinnlos sein; *an sîn rede t.* Partei ergreifen für; *ûf ein widerteil t.* sich ins Gegenteil verkehren; *vuoz t.* +pD *ûz,von* einen Fußbreit abweichen von; *einen trit t.* einen Schritt machen.
trethîn [s.] *trehtîn.*
tretten,treten,treden, dretten swV [Prät. auch *tratte-*] abs. zutreten; G/A zertreten, zertrampeln; treten.
tretzic Adj. trotzig.
tretz-lîche [s.] *trazlîche.*

treviers,triviers Adv. *ze t.* von der (rechten) Seite/ Flanke [Turnierstich].
trî(-) [s.] *drî(-).*
trîak(el) [s.] *drîakel.*
trîbe swF Kupplerin.
tribelât [s.] *triblât.*
trîben,trîven stV [Ia] refl. sich ereignen/ zutragen; sich verbreiten; pD*in* umhergetrieben werden in; pD*von* sich entfernen von; pD*ze* drängen auf; (refl.+)p*A*an, *ûf* /Adv.lok. eindringen/ sich stürzen/ zutreten auf; A (+G/pD*mit* /Adv.) betreiben, machen, tun, hervorbringen; antreiben, drängen; (aus-, durch-) führen/ anstellen/ treiben (mit); hegen; verbreiten; haben; (aus-) üben; ausprobieren; A+pD*ab,gegen, nâch,ûz,von,ze* / p*A*an,*in,ûf, vür* /Adv.lok.(+D) treiben an/ aus/ in/ nach/ von/ vor/ zu; führen zu; bringen auf/ in/ nach/ zu; schieben an/ von/ zu; vertreiben/ wegtreiben, -jagen, -schicken aus/ von; abbringen von; hinterhertreiben hinter; *dar t.* herangaloppieren, -stürmen; *inein t.* +A beschließen; *daz urteil t.* das Urteil fällen; *vür sich t.* +A vor sich her treiben; *über ecke t.* +A wegtreiben.
trîben stN Treiben; Verlangen; Antrieb; Neigung.
trîberin stF Kupplerin.
triblât¹,tribelât Adj. aus Seide.
triblât²,tribelât,driplât stM [Seidenstoff].
trîbunge stF Antrieb.
trîe [s.] *drî.*
triefen stV [IIa] abs./D/pD *ûz,von* /p*A*in,*ûf* /Adv.lok.(+D) triefen/ tropfen/ rieseln (auf/ aus/ in); pD*von* herabströ-

men von; Part.Adj. [s.] *triefende.*
triefende Part.Adj. undicht.
triegære/er,trîgære stM Betrüger.
triegærinne stF Betrügerin.
triegel Adj. trügerisch.
triegen,trûgen stV [IIa] G/ A(+G) (be-) trügen, täuschen (über), irreführen; heimsuchen, verführen; belügen (mit); A+G/Inf.*ze* beirren bei, abbringen von; *herabe t.* +A herunterlocken.
triel stM Maul.
trielisch Adj. breitmäulig.
trift stMF Antrieb; Verhalten; Druck.
trîgære [s.] *triegære/er.*
trî-litzscht [s.] *drîlich.*
trin [s.] *dain* ¹.
trinc-geselle swM Zechkumpan.
trinc-vaz stN Becher.
trinc-wîn stM Wein.
tringen [s.] *dringen.*
trinitât stF Dreieinigkeit.
trinken¹ stV [IIIa] abs./pD *ab,ûz,von* /G/A(+pD*ûz*) trinken (aus/ von); leeren; vertrinken; einatmen; *in sich t.* +A zu sich nehmen; *den leikouf t.* den Kaufvertrag mit einem Trunk bekräftigen; *die minne/ sant Johannes segen t.* den Abschiedstrunk trinken; *eine lange vart t.* +refl.D einen langen Zug nehmen; Part.Adj. [s.] *trunken; getrunken.*
trinken² stN Trinken; Trunk; Getränk.
trinker stM Trinker; Säufer.
trinne [s.] *dain* ¹.
trinnen [s.] *trennen.*
trîp stM Antrieb; Handeln.
trîp-hunt stM Spürhund.
trippânierse swF Marketenderin.

trise-hûs stN Schatzkammer.

tris-kamere,trese-,treskamer(e) stswF Schatzkammer.

trisor swM Schatz; Schatzkammer; Schrein.

trî-spilden swV A+D verdreifachen.

trî-spitz stM Dreieck.

trit stM Schritt, Tritt; Fehltritt; Weg; Ablauf.

trit-stuol stM Schemel.

tritte [s.] *dritte.*

triu(-) [s.] *triuwe(-).*

triuden [s.] *triuten.*

triuge-heit [s.] *trügeheit.*

triun¹ Adv. [s.] *triuwen¹.*

triun² swV [s.] *trûwen¹.*

triure,trûre stF Trauer; Traurigkeit; Sorge.

triure-lôs Adj. von Trauer befreit.

triut [s.] *trût.*

triute stF Zuneigung, Ergebenheit; Neigung.

triute-lich,triut-,trût-lich Adj., **-lîche** Adv. lieblich, anmutig; liebevoll, zärtlich.

triuten¹,triuden swV [Prät. *trût-*] abs. den Beischlaf vollziehen; Adv. sich der Liebe hingeben; A/G liebkosen, umarmen; lieben; schlafen mit; umwerben; verehren, schätzen.

triuten²,trûten stN Liebkosung, Umarmung; Liebe, Liebesspiel.

triutin(ne) stF Geliebte; Frau.

triut-lich,-lîche [s.] *triutelich.*

triuwe¹,triu,trîwe,trûwe Adj. treu, zuverlässig, aufrichtig.

triuwe²,trîwe,triu,trouwe,trûwe,trûe,driuwe, drûwe stswF Treue; Zuverlässigkeit, Beständigkeit; Vertrauen; Loyalität, Verbundenheit; Ergebenheit; Freundschaft, Liebe; Aufrichtigkeit; Ehrenhaftigkeit, Ehre; Ehrgefühl, Pflichtgefühl; Versprechen, Zusicherung; (Ehren-)Wort; Treuepflicht, Gefolgschaftspflicht; Verpflichtung;*krankiu/ valschiu t.* Treulosigkeit, Falschheit; *an/ bî (den)/ in/ mit triuwen* [auch] wirklich, aufrichtig, getreulich, in Treue; *ûf mîne t.* bei meinem/ auf mein Wort; *an/ ûf die t.* sprechen +D die Ehre absprechen; *an/ in den triuwen verrâten/ erslâhen* +A hinterhältig verraten, widerrechtlich erschlagen; *an die t., ze den triuwen bevelhen/ (ge)lâzen* +A anvertrauen, in die Obhut geben.

triuwe-bære Adj. (ge-) treu, zuverlässig.

triuwe-lich,-,trûwe-,triulich Adj. **,-lîche(n)** Adv. fest; zuverlässig, aufrichtig; vertrauensvoll; eifrig.

triuwe-lôs,triu-,trîwenlôs Adj. treulos, wortbrüchig; betrügerisch; falsch; ehrlos.

triuwen¹,trûwen,triun, trûn Adv. wahrlich, wahrhaftig; wirklich.

triuwen² swV [s.] *trûwen.*

triuwe-,trîwe(n)-rîche Adj. getreu, zuverlässig.

triuwe-var Adj. Vertrauen erweckend.

trivallen swV D zujubeln.

trî-veltic [s.] *drîvaltic.*

trîven [s.] *trîben.*

triviers [s.] *treviers.*

trîwe(-) [s.] *triuwe(-).*

trîzic [s.] *drîzec.*

trô [s.] *drô.*

troc stM Trog.

trôc-heit [s.] *trâcheit.*

trocken [s.] *trucken¹.*

trogopel stM [Vogel].

trog-sæze [s.] *truhsæze.*

trohtîn [s.] *trehtîn.*

troht-sâze [s.] *truhsæze.*

troi [s.] *treie.*

troialdei stM [Tanz].

Troiân stM Trojaner.

troiânisch Adj. trojanisch.

Troiære/er,Troir,Troyr stM Trojaner.

Troiærinne stF Trojanerin.

troie [s.] *treie.*

Troir [s.] *Troiære.*

trô-isch Adj. trojanisch.

Trojâner stM Trojaner.

trô-keit [s.] *trâcheit.*

trôm [s.] *troum.*

trôn¹ stM Thron; Himmel [auch *himels t.*]; Himmelschor [auch *hôhe træne*].

trôn² swV [s.] *drôn.*

trôn³ stM [s.] *trahen.*

trœnen swV A auf den Thron setzen, erhöhen.

tropel stMF Trupp, Haufen.

tropfe,troppe swM Tropfen.

tropfen swV pAûf tropfen auf.

troppe [s.] *tropfe.*

trôr,drôr stMN Tau; Regen; Wasser; Saft; Blut; Schlamm.

trôren¹ swV A vergießen.

trôren² swV [s.] *trûren¹.*

trôren³ stN [s.] *trûren².*

trôric¹ Adj. blutig.

trôric² Adj./Adv. [s.] *trûrec.*

troschel [s.] *droschel.*

tröschen [s.] *dreschen.*

trôst,drôst stM Trost; Zuversicht, Vertrauen; Hoffnung; Hilfe, Beistand; Schutz; Rettung, Heil; Versprechen; Ermutigung; Freude, Glück; Liebe.

trœstære/er,trôster stM Tröster.

træstærin stF Trösterin.
trôst-bære,-pâre Adj. Trost
spendend.
trôste-,træste- [s.] *trôst-*.
træsten,trôsten swV refl.+
G/pD*an,ze* vertrauen/ hof-
fen/ sich verlassen auf; sich
abfinden mit; verzichten auf;
sich freuen über; A(+D/pD
mit) trösten (mit); retten; helfen; erfreuen; erhören; A+G/
pD*an,ze* / pA*vür* / Ns*ob,daz*
Hoffnung machen auf; ver-
trösten auf; entschädigen für.
træsten-lich,-lîche(n) [s.]
trôstlich.
trôst-geist stM geistliche
Stärkung.
trôst-geselle swM Beistand.
**trôst-lich,trôste-,træs-
te(n)-lich** Adj., **-lîche(n)**
Adv. tröstlich; hilfreich;
Trost spendend; zuversichtlich, zuverlässig.
trôst-,trôste-lôs Adj. trostlos; hoffnungslos; trostbe-
dürftig, traurig; verzweifelt;
hilflos.
trôst-lôs(e)keit stF Trostlosigkeit; Verzweiflung.
trôst-pâre [s.] *trôstbære*.
trotîn [s.] *trehtîn*.
trotte swF Kelter.
trotten swV abs. traben.
trou [s.] *drô*.
troube [s.] *trûbe*.
trouf(e),trûf stswF Traufe;
Guss; Balsam.
troufen,tröufen,droufen
swV abs. undicht sein; pA
durch tropfen durch; A/G+
pA*in,ûf*(+D) träufeln in/ auf;
bluot t. Blut verlieren.
troum,trôm,træm,drôm
stswM Traum; Täuschung;
Verstellung.
troumâre/ære/er stM Träu-
mer.
troumen,tröumen,drô-

men swV pD*von* / (unpers.+)
D(+Adv./Ns(*daz,w*)/pD*von*)
träumen (von).
troum-gesiht stN Traumer-
scheinung.
troum-scheidâre stM
Traumdeuter.
troun [s.] *trûwen*.
trouric-heit [s.] *trûrekeit*.
trout(-) [s.] *trût(-)*.
trouwe [s.] *triuwe* [2].
trouwen [s.] *trûwen*.
tröuwen,trôwen swV [s.]
drôn; trûwen.
trôven [s.] *trüeben*.
troye [s.] *treie*.
Troyr [s.] *Troiære*.
trûbe,troube stswF Weintraube.
trûbe(-) [s. auch] *trüebe(-)*.
trûbe-blâ Adj. traubenblau.
trûbel stswM Weintraube.
trûb-salunge [s.] *trüebesa-
lunge*.
truc[1] stM Betrug.
truc[2] stM [s.] *druc*.
truch-nis [s.] *trugenis*.
trucke,truge stF Trockenheit, trockene Stelle.
trucken[1]**,trücken,trocken**
Adj./Adv. trocken.
trucken[2]**,trücken,trückne**
stF Trockenheit; Trockene.
trucken[3] swV [s.] *drucken*.
**truckenen,truck(n)en,
trück(n)en,trugen** swV
abs. trocken werden; A (ab-,
aus-) trocknen.
trucken-heit stF Trockenheit.
trucken-lîche Adv. trocken.
trückne [s.] *trucken* [2].
trucknen,trücknen [s.] *truckenen*.
truckunge stF Druck.
truc-nüsse [s.] *trugenis*.
trûe [s.] *triuwe* [2].
trüebe[1]**,trûbe,truobe** Adj./
Adv. trüb, dunkel, finster;

betrübt, traurig; schmutzig;
trüebez gesiht schwache
Augen.
trüebe[2]**,trûbe** stF Finsternis, Dunkelheit; Trübung;
Betrübnis, Trübsal.
**trüebe-,truop-heit,trûbe-
keit** stF Trübung; Unlau-
terkeit.
**trüeben,trûben,truoben,
trôven,druoben** swV abs./
refl./D dunkel/ trüb/ traurig
sein/ werden; sich verdunkeln; A(+D) trüben, bekümmern, bedrücken; beunruhigen, verwirren.
trüebe-,trüep-nisse stFN
Traurigkeit.
**trüebe-sal,truobe-,trüeb-
sail** stMN Trübsal, Kum-
mer.
trüebe-,trûb-salunge stF
Trübsal.
trüeb-sal,-sail [s.] *trüebe-
sal*.
trüeftern swV A+pD*mit* ein-
reiben mit.
trüejen swV abs. gedeihen.
trûen [s.] *trûwen*.
trüep-nisse [s.] *trüebenisse*.
trûf [s.] *trouf(e)*.
trufâtor stM Betrüger.
trüfteln swV A+pD*mit* vermischen mit.
truge[1]**,truoge** Adj. trocken,
fest.
truge[2] stF [s.] *trucke*.
trüge[1]**,truge** stswF Betrug;
Betrügerei; Trug, Täu-
schung.
trüge[2] swM Betrüger.
truge-bilde stN Trugbild.
truge-,druge-dinc stN
Trugbild.
**trüge-haft,trügen-,tru-
gen-haft** Adj. falsch, betrügerisch.
**trüge-heit,trügen-,trug-,
truge(n)-,triuge-,truo-**

gen-heit stF Betrug; Betrügerei, Falschheit, Täuschung; Fälschung; Trugbild; Irrglaube.

trüge-lich,trügen-,trug-, trugen-lich Adj., **-lîche(n)** Adv. unaufrichtig, heuchlerisch, falsch, betrügerisch; lügnerisch, trügerisch.

trugen [s.] *truckenen.*

trûgen [s.] *triegen.*

trügen-,trugen- [s. auch] *trüge-.*

trügenære,truge-,truogenâre/er,drugener stM Betrüger, Heuchler; Verführer; Verleumder.

trugene,truogene stF Täuschung, Trug.

truge-nis,-nische,trug-, truc-,truch-nus,-nüsse stFN Täuschung, Betrug; Verführung.

trügen-wîse [s.] *trügewîse.*

truge-sin stM Verführungskunst.

trüge-site stM Betrug.

trüge-vröude stF vorgespielte Fröhlichkeit.

trüge-,trügen-wîse stF Trugbild; Betrug.

truge-,trug-wort stN Heuchelei.

trug-heit [s.] *trügeheit.*

trug-lich,-lîche(n) [s.] *trügelich.*

trug-nus [s.] *trugenis.*

trug-sæze [s.] *truhsæze.*

trug-wort [s.] *trugewort.*

truh-sæze,trug-,troht-, trog-,drog-sâze,truhtzæte,truzzâte swM Truchsess [Hofamt, Vorsteher über Hofhaltung und Küche].

trühselerin stF Verleumderin.

truht¹ stMF Schar, Truppe.

truht² stF Last, Tracht.

truht-zæte [s.] *truhsæze.*

trüller stM Spielmann.

trüllerin(ne) stF Kupplerin, Betrügerin.

trum [s.] *drum.*

trumbe,trumme swF Trompete; Trommel.

trumbel stF Lärm.

trumbe-schelle swF Posaunenstoß.

trümelen stN Drehen.

trumetân stM Tramontana [Nordwind].

trumme¹ stF Strecke.

trumme² swF [s.] *trumbe.*

trummen swV abs. trommeln.

trûn¹ Adv. [s.] *triuwen* ¹.

trûn² swV [s.] *trûwen.*

trunc stM Trunk, Schluck.

trunfeht Adj. betrügerisch.

trunken Part.Adj. trunken, betrunken.

trunken-bolt,-polt stM Trunkenbold.

trunken-heit stF Trunkenheit.

trunken-lîche Adv. im Rausch.

trunken-meil stN Laster der Trunksucht.

trunken-polt [s.] *trunkenbolt.*

trünne stF Schar, Rudel.

trunzûn,trunzen,drumzen stM (Speer-) Splitter.

truobe(-) [s.] *trüebe(-).*

truoge(-) [s.]*truge(-),trüge-.*

truop-heit [s.] *t rüebeheit.*

trûrære stM Trauernder.

trûrc(-) [s.] *trûrec/ic(-).*

trûrde [s.] *trûrede.*

trûre [s.] *triure.*

trûrec/ic,trôric,trûrc,drûric Adj./Adv. traurig; betrübt; trauernd; leiderfüllt; leidend; sorgenvoll; niedergeschlagen; finster.

trûrec/ic-,trûrc-lich Adj., **-lîche(n)** Adv. traurig; betrübt; leidend; verzweifelt;

bedrückt; unfroh.

trûrede,trûrde stF Trauer, Schmerz.

trûre-keit,trûric-,trouricheit,trûr(i)-keit stF Trauer; Traurigkeit; Schmerz.

trûren¹,trôren,drûren swV abs./D traurig sein; trauern; verzagen; verzweifeln; klagen, jammern; pD*nâch* (+D) sich sehnen nach; pA *gegen* sich fürchten vor; pA *umbe* (+D) trauern über/ um, sich sorgen um; G/A/Ns*daz* beklagen, bedauern.

trûren²,trôren,drûren stN Trauer; Traurigkeit; Sehnsucht; Leid, Schmerz; Verzweiflung.

trûren-macher stM Leidbringer.

trûren-wender stM Leidüberwinder.

trûren-wenderin stF Leidüberwinderin.

trûre-sam Adj. niedergeschlagen.

trûric-heit,trûr(i)-keit [s.] *trûrekeit.*

trûr-lîche(n) Adv. traurig, niedergeschlagen.

trüster,drüster stN Ungeheuer.

trût¹,triut Adj./Adv. lieb; geliebt.

trût²,trout,triut,drût stMN Liebling; Geliebte, Geliebter; Lieber; Liebhaber; Vertrauter, Freund; Gemahl, Gemahlin; (Aus-) Erwählter; *des tiuvels t.* Ungeheuer.

trût- [s.] *triuten* ¹.

trût-amîs stM Liebster.

trute stswF Hexe.

trûten [s.] *triuten* ².

trût-gemahele stswF (liebe) Braut.

trût-,drût-geselle swM Geliebte, Geliebter; Freund,

Vertrauter; mein Freund/ Lieber, meine Freundin/ Liebe [auch *mîn t.*].

trût-geselleschaft stF vertrauliche Nähe.

trût-gesellin stF Geliebte.

trût-gespil swMF mein Lieber/ Freund, meine Liebe/ Freundin [auch *mîn t.*]; Geliebte, Geliebter.

trût-kint,trout-,drût-kint stN geliebter Sohn; Liebling.

trût-lich,-lîche [s.] *triutelich.*

trût-,drût-minne stF Eheliebste.

trût-,trout-muoter stF geliebte Mutter [Maria].

trût-,drût-schaft stF Liebe; Geliebte.

trût-slac stM lüsterner Klaps.

trût-,trout-sun stM geliebter Sohn [Christus].

trût-swâger stM Herzensschwager.

trûtunge stF Freundlichkeit, Liebe.

trût-vriunt stM*gotes t.* Auserwählter Gottes.

trutz[1] Interj. [Abwehr, Widerspruch].

trutz[2] stM [s.] *tratz* [2].

trûwe(-) [s. auch] *triuwe(-).*

trûwen,triu(we)n,troun, trouwen,trôwen,trôuwen,trû(e)n swV abs. zuversichtlich sein; D vertrauen; Inf. sich (zu-) trauen zu, wagen/ im Stande sein/ hoffen/ fürchten zu; wollen, können; G/Ns(*daz*) erwarten, rechnen mit; glauben; G+D zutrauen, glauben/ erwarten von; A(+D) verloben; antrauen, verheiraten mit.

truz [s.] *tratz* [2].

truzzâte [s.] *truhtsæze.*

tschâ Interj. [Anfeuerung].

tschabrûn [s.] *schaperûn.*

Tschampâneis [s.] *Schampâneis.*

tschanze [s.] *schanze.*

tschapel [s.] *schapel.*

tschavalier [s.] *schevalier.*

tschorfe [s.] *schorpf.*

tschoye [s.] *schoie.*

tschumpfentiure [s.] *schumpfentiure.*

tû,tu [s.] *dû* [1].

tûbe[1]**,toube,tûve** stswF Taube.

tûbe[2] stF [s.] *diube.*

tûbel(-) [s.] *tiuvel(-).*

tübel stM Zapfen, Spund.

tubelen swV refl.+pD *an* irrewerden an.

tube-lîche(n) [s.] *tobelîche(n).*

tûben-boum,-poum stM Taubenbaum.

tûben-,touben-mist stM Taubenmist.

tûben-poum [s.] *tûbenboum.*

tûben-,touben-veder(e) stswF Taubenfeder.

tûben-,touben-venster stN Taubenfenster.

tûben-vleisch stN Taubenfleisch.

tûb-hei(e) swM Täuberich.

tûbieren swV A ausrüsten, ausstaffieren.

tûcher-lîn stN Taucher [Wasservogel].

tücke,tucke stF Handlungsweise; Art, Wesen; List,

Verstellung; Bösartigkeit, Bosheit, Tücke.

tücken,tucken swV refl. (+pD *nâch*) sich bücken (nach); A+pD *ze* schleppen in; *nâher* z. herankommen.

tüc-lich Adj. unglücklich.

tüechelehen [s.] *tuochlach.*

tüechen swV A(+D) anpassen.

tüechîn Adj. aus Stoff.

tûer [s.] *tiure* [1].

tûf(-) [s.] *tief(-).*

tuft stM Dunst, Nebel; Tau, Reif; Feuchtigkeit.

tüftic-lich Adj. feucht.

tuge-lich,tug-,tüg-lich Adj., **-lîche** Adv. tüchtig, fleißig, fromm.

tugen,tügen,tougen,töuwen,dugen anV abs./D/pD *an,gegen,ze* / pA *vür* / Inf.*ze* / Ns*daz,ob* (+D) taugen (als/ zu), nützen (bei/ zu), helfen (gegen); Wert/ Kraft haben; entsprechen, passen; gefallen; ziemen; zustehen; fähig/ in der Lage sein; brauchbar/ nötig sein (für); möglich sein; angebracht sein (bei); angemessen/ geeignet/ gut sein/ scheinen (als/ für), dienen (als); A auf sich nehmen.

tugende- [s.] *tugent-.*

tugenden swV abs. tugendhaft sein/ werden; A(+pD *mit*) vervollkommnen/ veredeln (mit).

tugen-haft [s.] *tugenthaft.*

tugent,togent,duge(n)t, dogent stF Tugend; Vollkommenheit; Tugendhaftigkeit; (edles) Wesen/ Verhalten; Höflichkeit; höfische Lebensart, Bildung; edle Gesinnung; (gute) Eigenschaft; Güte; Wert; Pflicht; Kraft, Macht; Herrlichkeit; Schönheit; Fähigkeit, Tapferkeit;

(Helden-)Tat; *t. des himels/ der himel, himelischiu t.* Engel, Engelschor.

tugent-arm Adj. unvollkommen.

tugent-bære Adj. untadelig, rein; vollkommen.

tugent-bilde stN Tugendhaftigkeit.

tugent-forme stF Tugendhaftigkeit.

tugent-haft,tugen-,dugen-,zugent-haft Adj. edel, tugendreich, tugendhaft; vorbildlich, untadelig, gut; ritterlich; gebildet; herrlich; mächtig.

tugent-heit stF Tugendhaftigkeit.

tugent-hêre swF Anbetungswürdige.

tugent-kleit stN Ehrenkleid.

tugent-lecze swF Tugendlehre.

tugent-lich Adj., **-lîche(n)** Adv. tugendhaft; edel; untadelig, gut, edelmütig; vollkommen, vorbildlich; ehrenvoll; gnädig; tapfer; mächtig.

tugent-,tugende-lôs Adj. schlecht, böse; charakterlos; treulos, ehrlos; unerzogen.

tugent-pfat stM [Pl. *tugentpfede*] Tugendpfad.

tugent-,tugende-rîch Adj. tugendhaft; untadelig, edel, gut; edelmütig; vorbildlich; ehrenvoll; mächtig.

tugentrîch-gemuot Adj. edelmütig.

tugent-sam Adj. tugendhaft; gebildet; edel; vollkommen.

tugent-schal stM Tugendbeweis.

tugent-schuole stF Schule der Tugendhaftigkeit.

tugent-spenden stN Mildtätigkeit.

tugent-vaz stN Inbegriff der Tugend.

tugent-,tugende-vest Adj. edelmütig, tugendhaft.

tugent-vlîz stM Tugendeifer.

tug-,tüg-lich,-lîche [s.]*tugelich.*

tuht[1] stF Ruderbank.

tuht[2] stF Tüchtigkeit, Fähigkeit, Kraft.

tühtic Adj. nützlich; fähig; edel.

tulant Subst. Zelt, Hütte.

tülle[1] stF Röhre.

tülle[2] stswFswM [s.] *dil.*

tüllen swV A+pAdurch schieben durch.

tulmetsch [s.] *tolmetsche.*

tult [s.] *dult*[2].

tulten [s.] *dulden.*

tum(-) [s.] *tump(-).*

tûm(-) [s.] *tuom(-).*

tumbe(-) [s.] *tump(-).*

tumbeln swV abs. umherreiten.

tumben,tummen swV abs. töricht sein, betört werden; refl. sich zum Toren machen.

tumbieren stN Stampfen.

tumbrel stMN (Gold-) Waage.

tümbrisch Adj. stürmisch.

tûme [s.] *dûme.*

tumel stM Lärm.

tûmelen stN Tanzen.

tûmelieren stN Taumeln.

tûmerschîn stF Tänzerin.

tummen [s.] *tumben.*

tump,tumbe,tum,dump Adj. dumm; töricht, einfältig; unverständig, unwissend; ungebildet; jung; unerfahren; uneinsichtig, verblendet; betäubt, besinnungslos; taub.

tumpf-lich,-lîche(n) [s.] *tumplich.*

tump-haft Adj. unverständig.

tump-,tum-heit stF Dummheit; Beschränktheit; Einfalt,

Torheit; Unverständigkeit; Unklugheit, Unbesonnenheit; Verwirrung.

tump-lich,tum-,tumpf-, dump-lich Adj., **-lîche(n)** Adv. töricht; unverständig; unbedacht; grob.

tump-,tumbe-ræze Adj. tollkühn; dummdreist.

tûn [s.] *tuon.*

tunc stMF Höhle; Enge.

tûnen [s.] *diunen.*

tunge stF Dünger.

tungen,tuongen,dungen swV A(+pDmit) düngen/ tränken/ versehen (mit).

tunkel[1]**,dunkel** Adj./Adv. dunkel, finster; trüb; schwach; blind; unklar, verborgen; dunkelhäutig.

tunkel[2] stF Dunkelheit, Dämmerung.

tunkelen [s.] *tunkeln.*

tunkel-grüen Adj. dunkelgrün.

tunkel-,dunkel-heit stF Dunkelheit.

tunkeln,tunk(e)len,dunkeln swV abs./D dunkel/ trüb/ blind werden.

tunkel-rôt Adj. dunkelrot.

tunkel-var Adj. schwarz.

tunken[1]**,dunken** swV A (+pAin) eintunken/ tauchen (in).

tunken[2] swV [s.] *dunken*[1].

tunklen swV [s.] *tunkeln.*

tunne [s.] *dünne.*

tunst(-) [s.] *dunst(-).*

tuo [s.] *dû*[1].

tuoch,tûch stN Tuch; (Stück) Stoff; Gewand; Wäsche; Vorhang.

tuoch-,tuoche-lach,tüeche-lehe stN Tuch, Stück Stoff; modischer Tand/ Putz.

tuogen [s.] *tougen*[2].

tuofe [s.] *touf.*

tuofene [s.] *tiefe*[2].

tuom,tûm,tôm stM Dom;
Bischofs-, Stiftskirche.
tuome-herre [s.]*tuomherre.*
tuomen swV A verurteilen.
tuomens-tac,tôme(n)s-,
dûmens-tac stM Tag des
Jüngsten Gerichts.
tuomes-vogt [s.] *tuom-*
vogt.
tuom-,tuome-herre swM
Domherr.
tuom-probst stM Dom-
probst.
tuom-,tuomes-vogt stM
Domvogt.
tuom-,tûm-vrouwe swF
Stiftsdame, Nonne.
tuon,tûn,tôn,duon,dûn,
dôn anV abs. handeln, wirken; Adv.(+pD*an,gegen,ze* /
p A*wider*) tun, handeln (an/
gegen), sich verhalten (ge-
gen/ zu); D schaden, zusetzen, übel mitspielen; etwas
antun, Leid zufügen; D+Adv.
behandeln, begegnen, umgehen mit; refl.+pD*ze* sich wenden zu, sich verwandeln in;
refl.+pA*under* sich verbergen
unter; refl.+Adv.lok. sich aufmachen; sich abwenden; pD
mit (+Adv.) verfahren/ zu tun
haben mit; pD*nâch,wider* /p A
wider handeln/ sich richten
gegen/ nach, streben nach;
A/ G/ Ns*daz* (+pD*an,wider,*
ze /p A*an,über,ûf,wider*) tun
(an/ gegen/ in/ mit); machen
(an/ bei/ zu); leisten, vollbringen; (aus-, herbei-) führen (gegen); richten (an/ auf/
gegen); legen (auf); begehen/
verüben (an); (aus-) üben
(an); auf sich nehmen; unternehmen; vollziehen; erschaffen (an), zeugen (mit); erfüllen (an), befolgen; bewirken, verursachen (an); aussprechen, halten; sprechen

(über); beenden, schließen;
A+Adj.(+D) machen; A+pD
von absondern/ trennen von,
ablegen; A+pD*ûz,vür* / pA*an,*
durch,in,under /Adv.lok. halten
vor; stecken durch/ in/ vor;
schicken durch/ in; bringen/
führen/ legen/ machen/ setzen aus/ in/ unter; treiben aus/
in; übergeben an; A+Inf.(*ze*)
(+D) lassen; bringen/ ver-
anlassen/ geben zu; A/G+D
tun, machen; antun; zufügen;
versetzen; verhängen über;
bereiten; widerfahren lassen;
geben, leisten, gewähren;
erweisen, dar-, entgegen-
bringen; erteilen; verschaffen; schicken, senden, überbringen; vortragen; ablegen;
âne t. +A+G befreien von,
berauben; *getân sîn/ werden*
[auch] geschehen; *daz sî ge-*
tân das soll geschehen;
guot/ liep/ sanfte/ wol/ baz t.
+D gut tun, (besser) gefallen, lieber sein, (mehr) Freude machen; *heiz t.* +D einheizen, erhitzen;(*ze*) *leide t.* +D
Leid zufügen, Schlimmes
antun, wehtun, zuleide tun;
unsanfte/ wê/ wirs t. (+D)
wehtun, (mehr) schmerzen,
quälen, missfallen, zusetzen;
den tôt t. +D töten, umbringen; *von dem leben/ lîbe t.*
+A schwächen, töten; *mit*
wunden t. +A verwunden;
daz ist im êre getân das ehrt
ihn, ihm zu Ehren; *daz kriuz*
t. +pA*über* das Kreuz schlagen über; *den segen vür sich*
t. sich bekreuzigen; [auch
expl., z.B. *klage/ klagen t.*
klagen, *vrâgen t.* fragen];
Part.Adj. [s.] *getân.*
tuongen [s.] *tungen.*
tuorn [s.] *turn.*
tür,tur(e),dur,dor stswF

Tür; Eingang, Zugang; Öffnung; Schlitz; *der muoter t.*
Muttermund; *vor der t. ligen*
+D bevorstehen.
tûr [s.] *tiure* [1].
tür-bant stN Türriegel.
turch [s.] *durch* [2].
tûrde [s.] *tiurde.*
ture [s.] *tür.*
tûre [s.] *tiure.*
tûren[1] swV abs. standhalten;
sich bewähren; abwarten;
pD*an,bî* aushalten/ Ausdauer
haben bei; G ertragen; A dauern, A+G belasten.
tûren[2] swV [s.] *tiuren.*
türfen [s.] *dürfen.*
turft [s.] *durft* [2].
Turgge [s.] *Türke.*
Türggia [s.] *Türkîe.*
turich [s.] *durch* [2].
Türinge[1]**,Türingen,Tu-**
ringe(n),Duringe,Do-
ringen Subst. Thüringen.
Türinge[2]**,Düringe** swM
Thüringer.
Türke,Turgge swM Türke.
türke swM türkisches Pferd.
türkel stM Türkis.
Türkîe,Turkîe,Türggia
stF Türkei.
türkisch,türks Adj. türkisch.
turkopel,turkople stM Bogenschütze, Leichtbewaff-
neter.
turkoys stM Türkis.
turkoyte swM Leibwächter.
türks [s.] *türkisch.*
tûr-lich [s.] *tiurlich.*
turloye swM Refrain.
turm [s.] *turn.*
türmelende Part.Adj. tau-
melnd.
turn,turm,tuorn,torn stM
Turm; Verlies.
turnei,turner,tornei stM
Turnier, Kampf.
turneier stM Turnierkämpfer.

turnei-liute stMN [Pl.] Turnierkämpfer.

turneisch Adj. *t. site* Turnierregel; *t. imbiz* Frühstück vor dem Turnier.

turner [s.] *turnei.*

turnieren swV abs. am Turnier teilnehmen; ein Turnier veranstalten; kämpfen, turnieren; *daz ors t.* das Pferd tummeln.

turnierer stM Turnierkämpfer.

turre [s.] *dürre.*

turren,türren,durren anV (refl.+)Inf. wagen zu; dürfen; wollen; können.

türse,türste swM Riese.

türsen-mære stN Lügenmärchen.

tür-siul [s.] *türsûl.*

turst[1] stF Kühnheit.

turst[2] stM [s.] *durst.*

türste [s.] *türse.*

tursten [s.] *dursten.*

turstic [s.] *durstec/ic.*

türstic,dürstic Adj. kühn, mutig.

türstic-heit,-keit stF Begierde; Dreistigkeit.

tür-,tur-studel stN Türpfosten.

tür-sûl,-siul stF Türpfosten.

turtel-,türtel-tûbe swF Turteltaube.

tûs,dûs stN zwei Augen im Würfelspiel.

tûsant [s.] *tûsent.*

Tuscân Subst. Toskana.

tûsch[1] stM Scherz.

tûsch[2] Adj. [s.] *tiutsch.*

tuschen,duschen swV abs. sich verbergen/ still verhalten.

tûsen swV abs. knallen.

tûsent,tûsant,tûsint, tûsunt,tûsinc,tousent, dûsent,dûsint,dûsant Kard.Zahl tausend; *tûsent t.*

tausend und abertausend.

tûsentiste [s.] *tûsentste.*

tûsent-listeler stM Tausendkünstler.

tûsentste,tûsentiste Ord. Zahl tausendste (-r/ -s).

tûsent-stunt,-stunden Adv. tausendmal.

tûsent-valt Adj./Adv. tausendfach.

tûsent-valtec/ic Adj./Adv. tausendfältig.

tûsent-valteclîche Adv. tausendfach.

tusen-vêch Adj. gelb gesprenkelt.

tûsent-warbe,-warp Adv. tausendmal.

tûsent-,tousen-zic Adv. tausendmal.

tûsinc,tûsint [s.] *tûsent.*

tussen swV abs. (zu-) stoßen.

tuster stN Kobold.

tüster-lîchen Adv. schauerlich.

tûsunt [s.] *tûsent.*

tûtære [s.] *tiutære.*

tûte [s.] *diute.*

tûtec-lîche [s.] *tiuticlîche.*

tütel,tüttel stN Brustwarze; Brust.

tütelen stN Kokettieren.

tûtesk,tûtisk,tûtsch [s.] *tiutsch*[1].

tûtsch(-) [s.] *tiutsch(-).*

tüttel [s.] *tütel.*

tûtunge [s.] *dûtunge.*

tützen swV A+D dämpfen, stutzen.

tûve [s.] *tûbe*[1].

tûvel(-) [s.] *tiuvel(-).*

tûwer(-) [s.] *tiur-.*

tûze Adv. sanft.

twahel [s.] *twehel(e).*

twahen,twân,dwahen, dwân,zwahen stV [VIa] refl.D(+pD*mit*) sich waschen (mit); A(+D/pD*ab,mit,von*) (ab-) waschen/ reinigen (mit/

von); benetzen (mit); *die hende t.* [auch] die Hände falten/ ringen.

twâl,twâle,quâle stMF Aufenthalt; Zögern; Mühe; Streben; *âne/ sunder t.* [auch] unverzüglich, sofort.

twâlen swV abs. zögern; pD*in* sich aufhalten in.

twalm stM Betäubung, Ohnmacht; Traum (-bild); Dunst; Schlaf-, Betäubungsmittel.

twalmic Adj. betäubt.

twalm-trinken stN Betäubungstrank.

twalt- [s.] *tweln.*

twâlunge stF Ausbleiben.

twân [s.] *twahen.*

twanc stM Zwang, Gewalt; Beschränkung; Bedrängnis; Drang; *lîbes t.* Verstopfung.

twanc-sal stFN Zwang; Gewalt; Not; Unterdrückung; Bedrängnis; Verdruss; *âne t.* freiwillig.

tweder [s.] *deweder*[1].

twehel(e),twahel,twêle, twelle,dwehel,zwehel, zwehele stswF (Leinen-) Tuch, Serviette, Tischtuch; Handtuch; Altartuch.

tweln,twellen,dwellen swV [Prät. auch *twalt-*] abs./ Adv.temp. zögern, warten; aufhören; D/pD*bî,in,mit,ûf, vor,ze* /Adv.lok. sich aufhalten (auf), bleiben (bei/ in); A plagen, quälen.

twenc-lich Adj. drückend, quälend.

twêne [s.] *zwêne.*

twengen,zwangen swV A bedrängen, einengen; bändigen; A+pD*an* schmiegen an.

twerc stswMstN Zwerg.

twerc-gesinde stN Zwergenvolk.

twerch,dwerch Adj. scheel, missgünstig; schief; schräg,

verquer; verkehrt; verworren; widersprüchlich.

twerch-lêre stF falsche Lehre.

twerch-vinger stM Fingerbreite.

tweres [s.] *twerhes.*

twergin stF Zwergin.

twerhe,twirhe,zwirhe stF Quere, Breite, Durchkreuzung; Diagonale.

twerhes,tweres,twirhe(s), dwerhes Adv. quer durch; schief; falsch; seitwärts; unbesonnen; *t.* +A mitten durch; *t.* +pA*über* mitten in.

twern,dwern stV [IVa] A+ pD*mit* mischen mit; A+ pA*durch* stecken durch.

twiges [s.] *zwies.*

twinc stM Bann.

twinc-lich Adj. bezwingend, überwältigend.

twingen,dwingen,zwingen stV [IIIa] abs./Adv. Zwang/ Druck ausüben; refl. sich anstrengen/ bemühen; A/N*sdaz* (+D) bezwingen; bedrängen, bedrücken; unterwerfen, besiegen; beherrschen; überwältigen; unterdrücken; quälen, heimsuchen; erzwingen, antreiben; drücken, packen, pressen; A+G/N*sdaz* /Inf.*ze* /p A*an,in, durch, ûf, umbe* / pD*gegen, ûz, nâch,ze* /Adv.lok.(+D) zwingen/ treiben/ bringen/ (zurück-) drängen/ verpflichten/ veranlassen (an/ auf/ aus/ in/ durch/ zu); drücken (an/ auf); pressen aus; auspressen in; binden an; richten auf; A+ pD*von* (+D) vertreiben/ aus, entfernen von; A+pA*vür* halten/ strecken vor; *die hant zer vûste, die vûst t.* die Faust ballen; *den jâmer under henden t.* im Jammer die

Hände ringen.

twinger stM Unterdrücker.

twingerin stF Bezwingerin.

twingunge stF Bezwingung.

twirhe(-) [s. auch] *twerhe(-).*

twirhen swV refl. fehlgehen.

twirh-lingen Adv. verquer.

tz- [s.] *z-.*

u

ub,ube [s.] *ob* [3].

übel[1]**,ubel** Adj. übel; böse, bösartig; schlecht, schlimm; verhasst; gefährlich.

übel[2]**,ubel,uobel,uvel,obel,ovel** stN Übel, Böses; Unheil, Unglück, Verderben; Krankheit; Verbrechen; Strafe.

übel[3] stF [s.] *übele* [2].

übele[1]**,ubele,uvele,übel, ubel,ovele** Adv. übel, böse, schlimm, schlecht; nicht gut; unrecht; zu Unrecht; schwer; kläglich, jämmerlich; unglücklich; unglücklicherweise; hässlich; wenig, nicht.

übele[2]**,übel** stF Schlechtigkeit, Bosheit; Härte; Leiden.

ubelen swV abs. schwach werden.

übel-handeln swV A misshandeln.

übel-handelunge stF Missachtung.

übel-heit stF Erbärmlichkeit.

übel-lich,ubel-,ovel-lich Adj., -lîche(n) Adv. böse, schlimm, schlecht; boshaft; zornig; hart.

übel-listic Adj. tückisch, boshaft; unklug.

übel-nisse stF Unglück.

übel-riechende Part.Adj. übelriechend.

übel-smeckende Part.Adj. übelriechend.

ubel-stênde Part.Adj. ungehörig.

übel-tât stF Missetat, Verbrechen; Unrecht.

übel-tæte swM Verbrecher.

übel-tæter stM Verbrecher.

übel-tætic Adj. verbrecherisch.

übel-tætiger stM Verbrecher.

übel-tûer stM Verbrecher.

übel-tuon stN Missetat.

übel-wille swM Böswilligkeit, Bösartigkeit.

übel-willic Adj. bösartig, böse.

ûben [s.] *üeben.*

uber [s.] *ober* [1].

über[1] Adv. [meist *dar/ her/ hin ü.*] hinüber; *ü.* +pD*ab* von oben herab bis zu; *ü.* + pD*gegen* gegenüber; *ü. hôher* zurück; *ü. lanc* nach langer Zeit; *niht ü. lanc* bald.

über[2]**,uber,ober,over** Präp.+D/A über (... hinaus/ hinweg); an, auf, bei, durch, für, gegen, in, jenseits, nach, vor, zu; *ü. danc* wider Willen, zum Ärger; *ü. daz/ ditz* trotzdem, darüber hinaus; ohnehin; *ü. ecke* weg, davon; *ü. houbet* [auch] mit Gewalt; *ü. maht* sehr (viel/ schnell/ eifrig); *ü. mîle/ raste* +Kard.Zahl [z.B. *über mîle drî*] entfernt; *ü. sich* [auch] aufwärts, in die Höhe; *ü. tisch* bei/ zu Tisch; *ü. ... ü.* von ... (bis) zu.

ûber [s.] *uover.*

über-æhte stF Oheracht [höchste Stufe der Acht, volle Friedlosigkeit].

über-al,uber-,over-al Adv. überall (-hin); ganz und gar, völlig, gänzlich; insgesamt; gemeinsam, zusammen; alle; über und über; *ü.* +Neg. nirgendwo.

über-âz,uber-,ober-atz stN Völlerei.

über-beheglicheit stF Selbstgefälligkeit.

über-bein,-pein stN Überbein; Hindernis.

über-bekentlich Adj. unfasslich.

'über-belîben,-blîben stV [Ia] abs./D übrig bleiben, überbleiben.

über-bilde stN Bildlosigkeit.

über-bildelich Adj. bildlos.

über-'bilden swV A+pD*in, ze /* p A*in* umbilden in/ zu.

über-'billen swV A behauen.

'über-blîben [s.] *überbelîben.*

über-bote swM heiliger Bote.

über-brâ,-prâ stF [flekt. *überbrâwe-*] Augenbraue.

über-'brangen swV A+pD *mit* beeindrucken/ überwältigen mit.

über-brâwe- [s.] *überbrâ.*

über-brehten stN Schreierei.

'über-bringen stswV [IIIa] A hinüberfahren.

über-'büegen swV refl. gelähmt werden.

über-bunt swM Inbegriff; Wunder.

über-dach stN (Schutz-) Schirm, Dach.

über-daht [s.] *überdecken.*

über-dâht- [s.] *überdenken.*

über-'decken swV [Part. Prät. auch *überdaht*] A bedecken, verdecken; überdachen.

über-'denken swV [Prät.

überdâht-] refl.(+pA*an*) sich irren (in); A/N s*ob* nachdenken über; ermessen, ausmessen; vergessen.

über-'derren swV A austrocknen.

über-don stM Überwurf.

über-'dreschen stV [IVa] A überwinden.

über-'dringen stV [IIIa] A übertreffen; überwältigen, überwinden; überraschen.

über-'drucken,-'trucken swV A überstehen.

überec/ic,ub(e)ric,übric Adj. übermäßig, zu viel; überschüssig; übrig geblieben; überflüssig, unnütz; überheblich; *ü. sîn/ wesen/ werden* +G/N s*daz* frei/ befreit/ freigesprochen sein/ werden von; entgehen.

über-edel Adj. übermäßig edel.

über-eigenlich Adj. alle Eigentümlichkeiten überragend.

über-ein Adv. einig, übereinstimmend; durchaus; unablässig; *ü. komen/ quemen* übereinstimmen, sich einigen; sich entscheiden; beschließen; *ü. tragen* +pD *mit* gemein haben mit.

über-engelisch Adj. das Wesen der Engel überragend.

über-'ern swV A schädigen (durch Grenzverletzungen beim Pflügen).

uberest [s.] *oberst.*

über-'ezzen[1] stV [Va] refl. sich überfressen.

über-ezzen[2] stN Völlerei.

über-ezzer stM Fresser, Prasser.

'über-gân,-gên,-gôn, -gegân,-gegôn anV abs./ D überquellen, -laufen; umherschweifen; darüberfah-

ren; vorübergehen; pA*in* übergehen in; pA*über* hinausgehen über; *erclîche ü.* unpers.+D schaudern.

uber-ganc stM Erhebung; Überströmen.

über-'geben stV [Va] A aufgeben; verraten; A+D überbieten mit.

über-gebrehte stN Lärm.

über-gedenclich Adj. alle Gedanken übersteigend.

über-gêer stM Verächter.

über-gegân,-gegôn [s.] *übergân.*

über-gegötet Part.Adj. übergöttlich.

über-gelt stN Zinsen; Übermacht; Überlegenheit.

über-'gelten stV [IIIb] A übertreffen; A+D ersetzen.

über-gên [s.] *übergân.*

über-,ober-genôz stswM Ranghöherer, Mächtigerer, Überlegener; Steigerung; Überbietung; Gipfel.

über-genuht stF Überfluss, Fülle.

über-genuoc,-gnuoc Adj. übergenug.

über-gerne Adv. bereitwillig, freudig.

über-geschrift [s.] *überschrift.*

über-gêunge stF Übertretung; Überschreitung.

über-gewant stN Obergewand.

über-gezierde stF Krone.

'über-giezen stV [IIb] abs./ pA*in* überlaufen, -fließen (in); sich übergeben; **über-'giezen** A(+pD *mit*) übergießen/ überströmen (mit), durchströmen.

über-'ginen swV A verschlingen; überwinden.

über-gît stM maßlose Habgier.

über-gîteclich Adj. maßlos habgierig.

über-'giuden swV A übertreffen.

über-glas,over-glast stM höchster Glanz.

über-'glesten swV pD *mit* erstrahlen von; Part.Adj. [s.] *überglestet.*

über-glestet Part.Adj. hell glänzend.

über-glestic Adj. strahlend.

über-gnuoc[s.]*übergenuoc.*

über-golden [s.] *übergulden.*

über-golt stN Vergoldung.

über-gôn [s.] *übergân.*

über-götlich Adj. übergöttlich.

über-grâ Adj. völlig grau.

über-'grîfen stV [Ia] A überlisten; beeinträchtigen.

über-griffenlich Adj. unfassbar.

über-,uber-grôz Adj. überaus/ übermäßig groß.

über-'güeten swV A an Güte übertreffen; Part.Adj. [s.] *übergüetet.*

über-güetet Part.Adj. überaus gut.

über-gulde,ober-gülde, -gülte stFN Vergoldung, Überzug; Steigerung; Höchstes, Gipfel; Krone, Krönung.

über-'gulden,-'gülden, -'golden swV [Prät. auch *übergult-*] A(+pD *mit*) vergolden/ verdecken/ übertreffen/ überbieten (mit); steigern, vervollkommnen.

über-gülte [s.] *übergulde.*

über-guot[1] Adj. wahrhaft gut, überaus gütig.

über-guot[2] stN Übermaß an Gutem/ Glück.

über-,uber-guz stM Überfließen, -strömen, Strom;

Übermaß.

über-'haben[1],-'hân swV refl.+G sich enthalten.

über-'haben[2] Part.Adj. entrückt; erhaben, erhöht.

uber-halp [s.] *oberhalp.*

über-hân [s.] *überhaben* [1].

über-hangen Part.Adj. überzogen.

uber-hant [s.] *oberhant.*

über-'heben,-'heven stV [VIb, Prät. auch sw] refl. (+G) überheblich werden (durch/ von); A/G(+D) auslassen, ausnehmen, übergehen; A+G befreien von, verschonen mit/ von; ersparen, erlassen; A+pA *über* erheben über; Part.Adj. [s.] *überhaben* [2].

über-heilic Adj. wahrhaft heilig.

über-her Adv. herüber.

über-hêr Adj. unnahbar.

über-hêre stF Übermacht.

über-herte Adj. sehr/ übermäßig hart.

über-'herten swV A überwinden.

über-heven [s.] *überheben.*

über-hitze stF Überhitzung.

über-'hitzen swV D sich überhitzen; A überhitzen.

über-hitzic Adj. erhitzend.

über-'hœhen swV A übertreffen.

'über-holn swV A übersetzen.

über-,uber-'hœren swV [Prät. *überhôrt-*] A nicht hören auf, nicht beachten, missachten; abfragen.

über-hort stM Krönung.

über-hôrt- [s.] *überhœren.*

über-'houwen stV [VIIe] A besiegen; A [unpers.] kämpfen.

über-hubel stM Übermacht.

über-'hubel(e)n swV A

überhäufen; überfallen; überwältigen.

über-'hügen swV A verschmähen, missachten; vergessen.

über-huor,uber-,oberhûr stMFN Ehebruch; Übertretung.

über-huorære/er stM Ehebrecher.

über-huorerinne stF Ehebrecherin.

über-'hüpfen swV A überspringen, sich aufschwingen über.

über-hûr [s.] *überhuor.*

überic[1],übric,übrigs Adv. überaus, allzu, zu sehr, übermäßig; *ü. werden* +G verschont werden mit.

überic[2],uberic Adj. [s.] *überec.*

über-'kempfen swV A besiegen.

'über-kepfen swV abs. das Gleichgewicht verlieren, fallen.

über-kêr(e) stMF Überfahrt; Wendung; Übertritt.

'über-kêren swV abs. zurückkehren; **über-'kêren** A umwenden.

über-'kergen swV A überlisten.

über-kleit stN Obergewand.

über-,uber-'klimmen stV [IIIa] A übersteigen, überwinden.

über-'klüegen swV A überlisten.

'über-komen,-quemen stV [IVba] abs./pA *in* hinüberbergelangen/ hinüberkommen, -fahren (in); **über-'komen,-'quemen** G/A (+G) überwinden, besiegen, bezwingen, überfallen; hintergehen; überreden (zu), überzeugen (von), bringen

zu; überführen; überstehen,
bewältigen, verschmerzen;
A+D befreien aus.
über-kraft stF Übermacht,
Stärke, Macht; Überlegen-
heit; Heftigkeit; Fülle, Übermaß.
über-kreftec/ic Adj. übermächtig; schwierig, überragend.
über-kreftec/ic-lich Adj.,
-lîche Adv. übermächtig;
überwältigend.
über-'krîgen stV [Ia] A besiegen.
über-'krœnen swV A krönen.
über-krüpfe stF Übersättigung.
über-'krüpfen swV A über-
füttern, überfüllen.
über-'kundigen swV A ü-
berlisten.
über-kurt Adv. bald.
über-'laden stV[VIa] A(+G/
pD*mit*) belasten/ bedrängen/
anfüllen/ erfüllen/ überhäufen (mit); überfüllen, -laden;
überwältigen, überwinden.
über-lanc Adv. lange; *niht ü.*
bald (darauf).
über-lant stN Oberland.
über-last stMF Übermacht;
Übermaß; Druck, Härte; Gewalt; Beschwernis, Scha-
den.
**über-'leben,uber-,over-
'leven** swV A überleben.
über-'legen swV A+pD*mit*
beraten mit; bedecken mit.
über-leit stN größtes Leid.
über-,uber-'lesen stV [Va]
A durchlesen; durchzählen;
aussprechen; A+D vorlesen.
über-leste[1] Adj. übermächtig.
über-leste[2] stF Belastung;
Qual.
über-lesteclich Adj. über-

mächtig.
über-'lesten swV A überlas-
ten; bedrängen.
über-'lîden stV [Ia] A
durchleiden.
über-'liegen stV [IIa] A hintergehen.
über-lieht Adj. durchglänzt.
über-'ligen stV [Vb] A Bei-
schlaf/ Ehebruch treiben mit.
über-'listen swV A(+G)
überlisten, überreden (zu);
überwinden.
über-lit stN Deckel.
über-liuhtec/ic Adj. hell
strahlend.
über-liuhtec/ic-lich Adj.
hell strahlend.
über-'liuhten,-'lûhten
swV A überstrahlen.
über-lobelich Adj. über alles
Lob erhaben.
über-lopt Part.Adj. hoch ge-
lobt.
'über-loufen stV [VIIe]
abs./D überlaufen, überfließen; **über-'loufen** A(+D)
durchmachen, erleiden; erfassen, durchlesen; überdenken; aussprechen, darlegen;
treffen, überkommen; durchlaufen; einholen; besuchen.
über-lout [s.] *überlût.*
über-'lüejen swV A lauter
brüllen als.
über-lûhten [s.]*überliuhten.*
über-lust stF Wollust.
über-lût,-lout Adv. laut;
deutlich; öffentlich; heftig.
über-'machen swV A umwickeln.
über-magenkraft stF Allmacht.
über-'maln stV [VIa] A
überziehen.
über-man stM Vorgesetzter,
Oberer.
über-'mangen swV A+pD
mit aufwägen mit.

über-manicvalt Adj. überreich.
über-mâze stF Übermaß;
Überlegenheit; Unmäßig-
keit; (das) Übrige.
über-mæzec,-mâzic Adj.
übermäßig.
über-mæzec/ic-lîche(n)
Adv. übermäßig.
über-mæzicheit stF Übermaß.
über-'meinsamen swV A
übertrumpfen.
über-meister stM Oberer,
Vorgesetzter.
über-merklich Adj. unbegreiflich.
über-'mezzen stV [Va] A
erfassen; überschreiten, hinwegschreiten über.
über-milde Adj. unvorstellbar gütig.
über-minne(n)clich Adj.
unaussprechlich liebreich.
über-mittez,ober-mitz
Präp.+ G/D/A mittels, durch.
über-morgen,-morne Adv.
übermorgen.
über-môt [s.] *übermuot.*
über-müeder stN Mieder,
Brusttuch.
über-müete[1]**,-muote,-mû-
te** Adj. stolz; selbstsicher;
selbstbewusst; siegessicher;
übermütig, hochmütig.
über-müete[2]**,-muote,-mû-
te** stF Stolz; Hochmut, Überheblichkeit, Vermessenheit;
Übermut.
**über-müetec/ic,-muotic,
-mûtic** Adj. stolz; hochmütig; heftig, wild.
**über-müeteclîche,-muo-
ticlîche,-mûteclîche** Adv.
überheblich; heftig.
**über-müetekeit,-müeti-
keit,-mûtecheit** stF Hochmut, Überheblichkeit; Übermut.

über-müeten stN überhebliches Verhalten, Prahlerei.
über-müeti-[s.]*übermüete-*.
über-munt stM Oberlippe.
über-,uber-muot,overmût,-môt stM Hochmut, Überheblichkeit, Vermessenheit; Kühnheit, Selbstsicherheit, Siegessicherheit; Übermut.
über-muot-,-mût- [s. auch] *übermüet-*.
über-name swM Beiname.
über-namlôs Adj. über alle Benennungen erhaben.
über-nant- [s.] *übernennen*.
über-natiurlich,-lîche(n) [s.] *übernatûrlich*.
über-natûre stF Übernatur.
über-natûrlich,-natiurlich Adj., **-lîche(n)** Adv. übernatürlich, wunderbar.
über-nehtic Adj. über Nacht ruhend [am folgenden Tag zu entscheiden].
über-'nemen stV [IVa] A übernehmen; Part.Adj. [s.] *übernemende*.
über-nemende Part.Adj. überheblich.
über-'nennen swV [Prät. *übernant-*] A preisen.
über-nôt stF übermächtige Not.
übernt-hant [s.] *oberhant*.
über-nutz stM Fülle.
über-nütze Adj. überaus hilfreich.
über-'nûzen,-*'niezen stV [IIa] A erfüllen.
über-'oben swV A übertreffen.
über-offenbære Adv. überdeutlich.
'über-parlieren swV A+G überreden zu.
über-pein [s.] *überbein*.
über-pfleger stM Vormund.
über-prâ [s.] *überbrâ*.

'über-quellen stV [IIIb] abs. überquellen.
über-quemen [s.] *überkomen*.
über-rant- [s.] *überrennen*.
über-redelich Adj. über jede Beschreibung erhaben.
über-,ober-'reden swV A (+G/Ns*daz*) überreden/ überzeugen (zu); widerlegen, abbringen (von); überführen.
über-'reiten swV A verführen.
über-'rennen swV [Prät. *überrant-*] A herfallen über.
über-rîche Adj. überreich.
über-'ringen stV [IIIa] A überwinden.
über-'rinnen stV [IIIa] A überströmen.
'über-rîten stV [Ia] abs. hinüberreiten; **über-'rîten** A überwinden, besiegen; überfallen; verfolgen; überrennen; durchqueren.
über-'sagen swV D überbieten; A(+G) überführen; verurteilen; widerlegen.
über-sælic Adj. unbeschreiblich selig.
über-sâze stF Überlänge.
über-schal stM übernatürlicher Klang.
über-'schalken swV A übertrumpfen.
über-,uber-'schallen swV A übertreffen.
über-'schenken swV A (durch Großzügigkeit) übertreffen.
über-scher Adj. übrig.
'über-schiezen stV [IIb] D zu hoch emporschießen; **über-'schiezen** A überragen; überwinden.
über-'schînen stV [Ia] A überstrahlen; scheinen auf.
über-'schœnen swV A

überstrahlen.
über-'schouwen swV A+ pD*an* suchen bei.
über-'schrîben stV [Ia] A zeichnen; beschriften.
über-schrift,ober-geschrift stF Aufschrift;Titel; Umschrift.
über-'schrîten stV [Ia] A steigen auf; überspringen.
'über-schûmen swV pA*in* überschäumen.
über-'sehen stV [Va] refl. (+pD*an,gegen*) sich irren/ versehen/ vergessen (in); D (+A/Ns*ob*) verzeihen, nachsehen; A/Ns*ob* überblicken; übersehen, nicht sehen/ beachten; hinwegsehen über, nachsichtig sein gegen; vergessen, versäumen; missachten, verschmähen.
über-sênic Adj. kurzsichtig.
'über-setzen swV A darauf setzen; **über-'setzen** A (+pA*in*) versetzen/ verwandeln/ umformen (in).
über-setzunge stF Überordnung.
über-sezze swM Usurpator.
über-sich Adv. hinauf, empor, hoch.
über-'sigelen swV A+pD*mit* besiegeln mit.
über-'sigen swV A besiegen, überwinden.
über-'silbern swV A versilbern.
'über-sîn anV abs. herrschen; Adv.lok. hinüberkommen; G befreit sein von.
über-site,-*sete stF Übermaß.
über-'sitzen stV [Vb] A aushalten.
über-slac stM Sprung; Widerlegung; Verlauf.
über-'slâfen stV [VIIb] A verschlafen.

'**über-slahen** stV [VIa] **abs.**
überfließen; **über-'slahen**
A besiegen, überwinden,
niederwerfen; A+D erklären,
sagen.
über-'slîchen stV [Ia] A
sich heranschleichen an.
über-'sliezen stV [IIb] A
unterwerfen.
über-'slihten swV A glätten, übertünchen.
über-'snellen swV A übertrumpfen; verwerfen.
über-'snîden stV [Ia] A
übertreffen; schädigen [bei
der Ernte].
über-'sprechen stV [IVa]
refl. sich vermessen, etwas
übernehmen, etwas Unüber-
legtes sagen; A(+Ns*daz*)
überreden, überzeugen; widerlegen.
'**über-spreiten** swV A darüber decken; **über-'spreiten** A+pD*mit* bedecken mit.
über-'springen stV [IIIa]
A überspringen, überwin-
den.
über-sprunc stM Über-
macht.
uberst [s.] *oberst.*
über-'stân anV A überstehen, durchstehen; vertun.
über-starc Adj. überaus stark;
übermächtig.
über-'stegen swV A übertreffen.
über-,ober-'stîgen stV [Ia]
A übertreffen, überwinden.
über-'stôzen stV [VIId] A+
pD*mit* bestecken mit.
über-'streben swV A ver-
winden; überwinden.
über-'strîchen stV [Ia] A+
pD*mit* glatt streichen mit;
Part.Adj. [s.] *überstrîchende.*
über-strîchende Part.Adj.*ü.
mâze* gestrichen volles Maß.
über-'strîten stV [Ia] A

(+pD*an*) besiegen, überwinden, überwältigen; über-
treffen (an); A+G überreden/
bringen zu.
über-'ströun swV A+pD*mit*
besäen mit.
über-substent(e)clich Adj.
allen Seins enthoben.
über-süeze,uber-sûze Adj.
unaussprechlich süß.
über-suoch stM Streben,
Verlangen; Studium.
über-'sûren swV A überlisten.
über-sûze [s.] *übersüeze.*
über-swanc stM Überfülle;
einen ü. tuon (+pA*in*) überströmen (in).
über-swære[1] Adj. unerträglich.
über-swære[2] stF über-
menschliche Last.
über-'sweben swV abs./pA
über schweben (über); D ent-
schweben; Part.Adj. [s.]
überswebende.
über-swebende Part.Adj. ü-
ber allem schwebend.
über-sweif stM Vorsprung.
über-swenclich Adj., **-lî-
che(n)** Adv. überschwäng-
lich; übermäßig, übermächtig.
über-swenclicheit stF
Übermaß.
über-swendende Part.Adj.
überbordend.
über-swendic Adv. überreichlich.
über-swengel stM Übermaß.
über-swenke Adj. übermächtig; überströmend, über-
schwänglich; schwer.
über-'swenken swV D sich
erheben über; Part.Adj. [s.]
überswenkende.
über-swenkende Part.Adj.
übermächtig.

über-swenkic Adj. übermächtig; erhaben.
über-tellich,-*zellich Adj.
überflüssig.
übert-hant [s.] *oberhant.*
über-tiure Adv. übermäßig
teuer.
'**über-tragen** stV [VIa] **abs.**
übers Ziel hinausschießen; A
hinübertragen; **über-'tragen** refl. sich überheben; A
übermütig machen; übertreffen; ertragen, auf sich nehmen, dulden; A+G/Ns(*daz*)
befreien von, retten/ schützen vor; verschonen mit; A+
pD*mit* überziehen mit; A+
pA*in,über* erheben in/ über.
über-tragenheit stF Überheblichkeit.
über-'trahten swV A überdenken.
über-,ober-tranc stM Sauferei, Trunksucht.
über-treffelich [s.] *über-
treffenlich.*
über-'treffen stV [IVa] A
übersteigen, übertreffen;
Part.Adj. [s.] *übertreffende.*
über-treffende Part.Adj. ü-
berragend, erhaben.
**über-treffenlich,-tref-
(fe)lich** Adj. alles übertref-
fend, überragend, erhaben.
über-treffenlicheit stF Erhabenheit.
über-treffic Adj. erhaben.
über-treflich [s.] *übertref-
fenlich.*
über-trenker [s.] *übertrin-
ker.*
'**über-treten** stV [Va]
pD*ze*/pA*in* hinüberkommen
in/ zu; **über-'treten** refl.
sich vergehen; A übertreffen;
überwinden, überwältigen,
besiegen; treffen, ergreifen;
übertreten, verletzen.
über-treter stM Überwinder.

349

über-'trinken¹ stV [IIIa] refl. sich betrinken; Part.Adj. [s.] *übertrunken.*

über-trinken² stN Sauferei.

über-trinker,ober-trenker stM Säufer.

über-trit stM Übertretung, Übergriff; Übermaß.

über-trucken [s.] *überdrucken.*

über-trunken Part.Adj. *ü. werden* trunken sein.

über-,over-trûwen stN Überheblichkeit.

über-tugenthaft Adj. überaus tugendhaft.

über-'tuon anV refl.D sich überheben.

über-tür,ober-tur stFN Türpfosten, Türsturz.

über-twerch,-dwerch Adv. überkreuz; weg.

'über-üeben swV A abnutzen.

über-unbekant Part.Adj. gänzlich unbekannt.

über-'vâhen stV [VIIb] A bedecken, decken.

über-val stM Überwurf, Kragen; Kehldeckel.

über-'vallen stV [VIIa] A überfallen; (im Fallen) übertreffen.

über-var stF *schellen ü.* Glockenton.

'über-varn stV [VIa] pA*an* übersetzen an; A hinüberbringen; **über-'varn** A übertreffen; übertreten; schädigen (durch Grenzverletzung); überfliegen.

über-vart stF Überfahrt; Furt; Übertritt, Wandlung; Übergang.

über-'vehten stV [IVa] A überwinden, besiegen; überwältigen.

über-vengel stM Übertreter.

über-vernünftic Adj. alle Vernunft übersteigend.

über-verstentlich Adj. über alles Verstehen erhaben.

über-'vieren swV A ins Überirdische steigern.

über-vil Adj. übermäßig viel.

'über-vliegen stV [IIa] abs. vorbeifliegen, darüberfliegen; **über-'vliegen** A überflügeln.

'über-vliezen stV [IIb] abs./ pA*in* überlaufen, -fließen, -strömen (in); **über-'vliezen** A überschwemmen.

über-vluc stM Aufschwung.

über-vluot,-vlût stF Überfließen; Fülle; Überschwemmung.

über-vluz stM Überfluss, Fülle; Überfließen; Überschuss; Durchfall; Ausfluss.

über-vlüzlîchen Adv. übermäßig.

über-vlüzze¹ Adj. überflüssig.

über-vlüzze² stF Völle; Ausfluss.

über-vlüzzec/ic,obervluzzic Adj. überströmend, überfließend; überreich; übermäßig, unmäßig.

über-vlüzzicheit,-vlüzzekeit,-vlüzzikeit stF Fülle, Überfluss; Überströmen; Überflüssigkeit, Überschuss; Übermaß; Unmäßigkeit; Absonderung, Ausscheidung, Ausdünstung.

über-vlüzziclîche Adv. überreichlich; übermäßig.

über-vlüzzikeit [s.] *übervlüzzicheit.*

über-vol Adj. überreich, -voll.

über-volle swM Überfülle.

über-formekeit stF Um-, Überformung.

über-'formen swV A(+pA *in*) umformen/ umwandeln (in).

über-förmic Adj. gewandelt.

über-'formieren swV A+ pA*in* umformen in.

über-formlich Adj. frei von jeder Form.

über-formunge stF Wandlung; Um-, Überformung.

'über-vrîen swV abs. die Oberhand gewinnen.

über-'vriesen stV [IIb] abs. zufrieren, ein-, festfrieren.

über-vrühtic Adj. ertragreich.

'über-vüeren swV [Prät. *übervuort*] A(+pD*ze* /p A *an,in,über*) übersetzen/ hinüberführen (in/ über/ zu); abführen; **über-'vüeren** A+pA*umbe* betrügen um.

über-vüererinne stF Führerin.

über-vülle stF Übersättigung; Überfülle.

über-'vüllen swV refl.(+pD *mit*) sich überfressen (mit); A+pD*mit* erfüllen mit.

über-'wahsen stV [VIa] A (+D) überwuchern.

über-wal stM Überhöhung; Überdruck.

'über-walgen swV A sich wälzen in.

'über-wallen stV [VIIa] D überlaufen.

über-'wandeln swV A+pA *in* verwandeln in.

über-'wæren swV A+G überführen.

über-'waten stV [VIa] A durchwaten.

über-wê stN allen Schmerz übersteigender Schmerz.

über-'wegen stV [Va] A aufwiegen, überbieten; überwältigen.

'über-,'over-wellen anV refl. sich überheben.

über-'wên swV A durchwehen.

über-wendiclîche Adv. unaufmerksam.

über-wer stF Übermacht.

'über-werden stV [IIIb]
abs./G(+D)/D übrig bleiben
(von), zu viel haben; G(+D)
enthoben werden, befreit/
verschont werden von.

'über-werfen stV [IIIb] A+
D überwerfen; **über-'werfen** A überbieten.

über-wertic Adj. *ü. wegunge* Aufwärtsbewegung.

**über-weselich,-weslich,
-wesen(t)lich** Adj. über
alles Wesenhafte erhaben.

**über-weselicheit,-we-
senlicheit** stF über alles
Wesenhafte erhabenes Sein.

über-wesende Part.Adj. über
alles Wesenhafte erhaben.

über-'wesenen swV A+pD
mit durchdringen mit.

**über-wesenlich(-),-we-
sentlich,-weslich** [s.] *ü-
berweselich(-)*.

über-'wieren swV A besticken.

über-windelich Adj. ver-
wundbar.

über-'winden,-'winten
stV [IIIa] A(+D) überwin-
den, besiegen, überwältigen;
bewältigen, überstehen; ver-
winden; bestechen; A(+G/
Ns*daz*) überreden, zwingen/
bringen (zu); überführen.

über-windlingen Adv.
flüchtig.

über-'winnen stV [IIIa] A
überreden.

über-winten [s.] *überwinden*.

über-wirdic Adj. verehrungswürdig, hochheilig.

über-wîse Adj. überklug.

über-wîslicheit stF Unfass-
barkeit.

über-wît Adj. übergroß.

über-wol Adv. sicher.

über-'wüeten swV A übertrumpfen.

über-wundenheit stF Verzweiflung.

über-wunderlich Adj. alles
Wunderbare übersteigend.

über-'wundern swV A (mit
einem Wunder) übertreffen.

über-wunt stM Krone.

über-wurdekeit stF Übermaß an Würde.

über-'zaln swV abs. zu viel
zahlen.

über-'zeigen swV refl. sich
zu deutlich zeigen.

über-'ziehen stV [IIb] A
(+pD*mit*) überziehen/ über-
spannen/ bedecken/ erfüllen
(mit); übertreffen; überfallen;
für sich gewinnen.

über-'zieren swV A(+pD
mit) schmücken (mit).

über-'ziln swV A übertreffen; durchwandern.

über-zimber stN Überbau.

über-'zinen swV A verzinnen, mit Zinn überziehen.

über-'ziugen,-'zûgen
swV A(+G/pD*mit*/Ns*daz*)
(durch Zeugen) überführen
(mit).

'über-zogen swV abs. hin-
überziehen; **über-'zogen** A
überfallen.

über-zûgen [s.] *überziugen*.

über-zuht stF Überfall.

übric[1],ubric Adj. [s.]*überec*.

übric[2],übrigs Adv. [s.] *ü-
beric[1]*.

ûche,* oucke swF Kröte.

ûchuch Interj. [Klage, Bedau-
ern].

uder [s.] *ode*.

üebe stF Vorgehen.

üeben,uoben,ûben swV
refl.(+G/pD*an,in*) sich anstrengen, sich bemühen
(um); sich üben (in), an sich

arbeiten; sich kasteien/ quälen (mit); sich zeigen; A
üben, ausüben; gebrauchen,
benutzen; abrichten; antreiben; (be-) treiben, tun, machen; führen, vollziehen; einsetzen; begehen, verüben;
heimsuchen; verbringen; beachten, einhalten; verehren;
A+pD*mit* bedrängen mit; A+
pD*ze* veranlassen/treiben zu;
A+pA*ûf* richten auf; *blicke
üe.* +pD*an* Blicke zuwerfen;
[auch expl., z.B. *schal ü.*
singen; *vröude ü.* sich
freuen; *weinen ü.* weinen].

üebic Adj. fromm; streng; enthaltsam.

üebunge stF Ausübung; Tätigkeit, Tat; Bußübung; Verehrung, Dienst; Gewohn-
heit.

üehse [s.] *uohse*.

üemet stN Gras.

ûf[1],ûf(f)e,ûp,ôf Adv. auf;
hinauf; darauf [auch *da/dâr
ûf*]; (strom-) aufwärts; los!
[auch *wol ûf*]; *ûf und an*, *ûf
und nider/ zetal* auf und ab,
hin und her; *ûf hôher* (weiter) zurück; *ûf und ûf* über
und über; *ûf und ûz* durch
und durch.

**ûf[2],ûf(f)e,ûf(f)en,ûpfe,
ûp,ouf** Präp.+D/A auf; an;
bei, für, gegen, nach, über,
um, zu; auf ... hin, im Hinblick auf; bis zu [auch *unz
ûf*]; *ûf* +Kard.Zahl etwa,
rund.

ûf[3] swM Uhu.

ûf-bâren,-bæren swV A
aufbahren.

ûf-baz Adv. weiter; *wol û.*
auf!

ûf-bereiten swV A bereitstellen.

ûf-betaget Part.Adj. aufge-
wachsen.

ûf-biegen stV [IIa] D krümmen.

ûf-bieten,-pieten stV [IIb] A erheben, auf-, hochheben.

ûf-binden,-pinden,-gebinden stV [IIIa] A(+D) aufsetzen (und festbinden); aufbinden, -knoten, lösen, losbinden; auf-, hochstecken; aufziehen; aufladen, aufpacken, aufs Pferd binden; zurückhalten.

ûf-blâsen stV [VIIb] abs. zu blasen anfangen; A (auf-) blasen; Part.Adj. [s.] *ûfblâsende*.

ûf-blâsende,-plâsende Part.Adj. aufgeblasen.

ûf-blæwen swV refl. sich ausbreiten.

ûf-blic stM Augenaufschlag; Blick zum Himmel.

ûf-blicken,-plicken swV abs. aufblicken.

ûf-blüejen,-blüen swV abs./pD*gegen* aufblühen (vor).

ûf-brâht- [s.] *ûfbringen*.

ûf-brechen,-prechen, -gebrechen stV [IVa] abs./ D/pA*ûf* aufbrechen (zu); anbrechen, aufgehen; ausbrechen; refl.(+pD*ze*) sich aufmachen/ erheben (zu); A(+D) aufbrechen; niederreißen, abbrechen; zerreißen; entziehen; A+pD*ze* emporstrecken zu; A+pA*an* richten auf.

ûf-brehen,-prehen swV abs. aufleuchten.

ûf-brennen swV [Part.Prät. *ûfgebrant*] A anzünden.

ûf-bringen stswV [IIIa, Prät. *ûfbrâht-*] A einrichten.

ûf-bruch stM Öffnung; Blüte; Ausbruch; Auslegung.

ûf-buchen swV A aufbrechen.

ûf-bürn swV A aufziehen.

ûf-denen,-tenen swV [Prät. auch *ûfdant-*] A ausbreiten, dehnen, anspannen.

ûf-derheben [s.] *ûferheben*[2].

ûf-diezen stV [IIb] abs. anschwellen.

ûf-dœnen swV abs. erklingen.

ûf-dræn swV A aufziehen, erziehen.

ûf-dringen,-tringen stV [IIIa] abs./D/pD*gegen*/pA *durch,in* aufsteigen (in/ zu); aufgehen; dringen durch.

ûf-duon [s.] *ûftuon*.

ûfe[1] stF Höhe, Erhöhung.

ûfe[2] Adv. [s.] *ûf*[1].

ûfe[3] Präp. [s.] *ûf*[2].

ûfen[1] swV A erheben; aufhäufen.

ûfen[2] Präp. [s.] *ûf*[2].

ûf-enbieten stV [IIb] A anordnen.

ûfenen swV A fördern.

ûf-enthaben swV A zügeln, anhalten.

ûf-enthalt stM Stütze, Halt; Schutz.

ûf-enthalten stV [VIIa] G/A auf-, zurückhalten; aufrecht halten, stützen.

ûf-entsliezen stV [IIb] A (+D) aufschließen, öffnen; wiederbeleben.

ûf-enzunden swV A+D anzünden.

ûfer stN Ufer.

ûf-erben swV A vererben auf.

ûf-erbern stV [IIIb] A+A als Erbteil zukommen lassen.

ûf-erbinden stV [IIIa] A festbinden.

ûf-erbrechen stV [IVa] refl.+ *unz* +pA*an* sich erheben/ erstrecken bis zu.

ûf-erbürn swV [Prät. *ûferburt-*] A erheben.

ûf-ergeben stV [Va] A aufgeben; A+pA*in* hingeben/ übergeben in.

ûf-ergebenlîche Adv. ergeben.

ûf-erheben[1]**,-erhaben** stV [VIba] A(+pD*an* /pA*in,über*) erheben (über/ zu), erhöhen; aufrichten, aufheben; annehmen; auferwecken (zu); A+ pD*ob,ûz,von* herausheben aus; abheben/ wegnehmen von.

ûf-erheben[2]**,-derheben** swV A hinaufziehen.

ûf-erhenken swV A ans Kreuz hängen.

ûf-erkucken [s.] *ûferquicken*.

ûf-erlupfen swV A+pD*ûz* erheben aus.

ûf-erquicken,-erkucken swV A zum Leben erwecken.

ûf-erschrecken stV [IVa] abs./pD*von* aufschrecken (von).

ûfer-snec swM Uferschnecke.

ûf-erstân,-erstên anV abs./ D auferstehen; entstehen; geschehen.

ûf-erstande,-erstende stF Auferstehung.

ûf-erstandunge,-erstantunge stF Auferstehung.

ûf-erstên [s.] *ûferstân*.

ûf-erstende [s.] *ûferstande*.

ûf-erstentnis stF Auferstehung.

ûf-erswingen stV [IIIa] refl.+pA*über* sich aufschwingen über.

ûf-erwarten swV pD*vor* Angst haben vor.

ûfe-stieben [s.] *ûfstieben*.

ûf-ezzen,-g(e)ezzen stV [Va] A aufessen, -fressen.

ûffe,ûffen [s.] *ûf*.

uffen-bâr(e),-bære [s.]*offenbær(e)*.
uffen-bâren [s.]*offenbâren*.
ûf-gagen swV abs. aufragen.
ûf-gân,-gên,-gôn anV
abs./D aufgehen, anbrechen,
beginnen; wachsen, zuneh-
men; blühen; aufziehen; sich
erheben/ verbreiten; pD*von*
ausgehen/ aufsteigen von;
pD*ze*/p A*in,vür* aufsteigen/
hinaufgehen/ hinaufreichen
in/ vor/ zu; p A*über* hinaus-
gehen/ hinausreichen über.
ûf-ganc stM Aufgang; Auf-
stieg; Aufbau.
ûf-ge- [s. auch] *ûf-*.
ûf-geben,-gegeben stV
[Va] A aufgeben, verloren
geben, verzichten auf; ver-
äußern; auflassen [Besitz-
recht aufgeben]; A+D übergeben, überlassen, übertragen auf.
ûf-geber stM Verzicht Leis-
tender.
ûf-gebrant [s.] *ûfbrennen*.
ûf-gehaben,-gehân swV
abs./G anhalten; ruhen; D
zügeln; A zurückhalten; A+D
wegnehmen.
ûf-gehalten stV [VIIa] refl.+
pD*in* sich beschränken auf.
ûf-gehân [s.] *ûfgehaben*.
ûf-gên [s.] *ûfgân*.
ûf-gengel stM Hochaufge-
schossener.
ûf-geract,-geraht [s.] *ûf-
recken*.
ûf-geriht(e)s Adv. auf-
recht; aufwärts.
ûf-gernde Part.Adj. aufstrebend.
ûf-gesant [s.] *ûfsenden*.
ûf-gesat[1] Part.Adj. vorgeschrieben.
ûf-gesat[2],-gesatzt Part.
Prät. [s.] *ûfsetzen*.
ûf-geschalt [s.] *ûfschellen*.

ûf-gevangen Part.Adj. *mit
ûfgevangem barte* das Kinn
in der Hand; mit gesträubtem
Bart.
ûf-gevazt Part.Adj. erhoben.
ûf-gewahsen Part.Adj. er-
wachsen.
ûf-gewollen Part.Adj. ge-
rundet.
ûf-gezogen Part.Adj. (hoch-)
gereckt; gewölbt; stolz, ehrgeizig; übermäßig.
ûf-gezogenheit stF Extase.
ûf-gezogenlich Adj. auf-
wärts gerichtet.
ûf-gezunt Part.Adj. *ûfge-
zuntiu varwe* blühendes
Aussehen.
ûf-gezzen [s.] *ûfezzen*.
ûf-giezen stV [IIb] A aufgie-
ßen.
ûf-ginen swV pD*nâch* gieren
nach.
ûf-gnepfen swV [Prät. *ûf-
gnapft-*] abs. sich aufbäumen.
ûf-gôn [s.] *ûfgân*.
ûf-gumpen swV abs. hoch
springen.
ûf-gürten swV A gürten.
ûf-haben[1],ouf-hân swV
G/pD *mit* aufhören/ einhalten
(mit); A(+pA*in*) erheben/
aufheben/ hochheben (in);
aufstellen; tragen; aufrecht-
halten, (am Leben) erhalten;
aufhalten, festnehmen.
ûf-haben[2] stV [s.] *ûfheben*.
ûf-hâhen,-hôhen stV [VII
bd] A aufhängen.
ûf-halten stV [VIIa] A aufrechterhalten, stützen; erhalten, bewahren; aushalten;
auf-, zurückhalten; festnehmen; verhindern.
ûf-halter stM Erhalter.
ûf-haltunge stF Stütze; Erhaltung.
ûf-hân [s.] *ûfhaben*.

ûf-heben,-haben,-heven,
-geheben stV [VIba, Prät.
auch sw] A(+D/pD*ze*/p A*in,
über*) erheben (über/ zu); aufheben, hochheben, aufrichten; ergreifen, auffangen; auf
sich nehmen; anstimmen;
wegnehmen, gefangen neh-
men; A+D vorwerfen; *û. unde sagen/ singen/ trinken* anfangen zu reden/ singen/ trinken.
ûf-heien swV G/A aufrechterhalten.
ûf-helfen stV [IIIb] D aufhelfen.
ûf-hengen,-henken swV
A(+pD*mit*) aufhängen (an).
ûf-heven [s.] *ûfheben*.
ûf-hôhen [s.] *ûfhâhen*.
ûf-hœhen swV A aufwerten.
ûf-holn swV A hervorbrin-
gen; ertönen lassen.
ûf-hœren,-hôren,-gehœ-
ren swV abs./pD*von*/Inf.*ze*
aufhören (mit/ zu).
ûf-houwen stV [VIIe] A aufbrechen; A+pD*ûz* brechen
aus.
ûf-hupfen swV p A*an* herbei-
springen zu.
ûf-jagen swV pD*ze*/p A*an*
sich aufschwingen zu; A aufscheuchen; p A*in* antreiben
zu.
ûf-jesen stV [Va] abs. gären.
ûf-kapfen,-kaffen,-kep-
fen swV abs. aufwärts blik-
ken; sich aufrichten; *über
sich û.* in die Höhe schauen;
ze berge û. +D in die Höhe
stehen.
ûf-kêren swV A(+D/pA*in*)
umdrehen, -kehren; hochheben; aufwärts wenden (in).
ûf-klenken swV [Prät. *ûf-
klanct-*] A anstimmen, erklingen lassen.

ûf-klimmen stV [IIIa] abs./ pD*ze*/p A*in* aufsteigen (in/ zu); p A*ûf* hinaufsteigen, hinaufklettern auf; A ersteigen.

ûf-klôzen swV A auftrennen.

ûf-komen,-quemen stV [IVba] abs. hinaufkommen; aufwachsen; aufgehen; entstehen; aufstehen; überleben.

ûf-kriegende Part.Adj. aufstrebend.

ûf-kripfen swV A aufgreifen.

ûf-krümben swV A hochschlagen, -krempeln.

ûf-kucken,-*quicken swV A erwecken.

ûf-laden stV [VIa] A aufladen.

ûf-lâzen,-lân stV [VIIb] refl. aufsteigen, sich lichten; A aufstehen/ hinaufziehen lassen; aufgeben; A+D übergeben.

ûf-lecken swV *û. in den gart* wider den Stachel löcken, sich widersetzen.

ûf-legen,-gelegen swV A/ Ns*daz,w* ausmachen, verabreden; festlegen, -setzen; bestimmen; einrichten, gründen; beginnen; ausführen, austragen; ausdenken; auflegen; auftragen; A+D aufbürden, auferlegen; vorschreiben; vorhersagen; anmaßen; *die vinger û.* die Schwurfinger auf die Reliquien legen.

ûf-leinen swV refl. sich aufbäumen/ aufrichten/ aufstellen; refl.+pD*gegen*/p A*gegen* sich auflehnen/ erheben gegen; A+pD*gegen* aufbieten gegen.

ûf-lesen,-leisen stV [Va] A aufsammeln, auf-, hochheben; wegnehmen, auslöschen.

ûf-liegen stV [IIa] A anführen, täuschen.

ûf-lœsen swV [Prät.*ûflôst-*] A losbinden, aufknoten.

ûf-louchen swV A öffnen.

ûf-luogen swV abs. aufblicken.

ûf-lupfen swV A erheben.

ûf-machen swV refl. sich erheben, aufstehen; anbrechen; sich lichten; sich auf den Weg machen, sich aufmachen/ bereitmachen; A erfrischen; aufputzen.

ûf-macherinne stF Kupplerin.

ûf-mezzen stV [Va] A messen.

ûf-nemen,-genemen stV [IVa] abs. zunehmen, sich vergrößern, anschwellen; A aufheben; abbrechen; aufsetzen; beginnen; annehmen, empfangen; mitnehmen, entführen; aufnehmen, aufsammeln; A(+D)+pD*bî* aufzeigen mit, mit ... hinweisen auf.

ûf-offenen swV A+D auftun.

ûf-opfern swV A+D aufopfern, hingeben.

ûf-pfîfen stV [Ia] abs. anfangen zu pfeifen, aufspielen.

ûf-pieten [s.] *ûfbieten*.

ûf-pinden [s.] *ûfbinden*.

ûf-plâsende [s.] *ûfblâsende*.

ûf-plicken [s.] *ûfblicken*.

ûf-prechen [s.] *ûfbrechen*.

ûf-prehen [s.] *ûfbrehen*.

ûf-prellen swV A beschädigen.

ûf-quellen stV [IIIb] pD*in* aufsteigen in.

ûf-quemen [s.] *ûfkomen*.

ûf-ract- [s.] *ûfrecken*.

ûf-ragen swV abs. hoch stehen.

ûf-rant- [s.] *ûfrennen*.

ûf-recken swV [Prät. auch *ûfract-* , Part.Prät. auch *ûf-*

geract,-geraht] A aufrichten, aufstellen; hochrecken; erheben.

ûf-reht Adj./Adv. aufgerichtet, aufrecht; gerade, senkrecht; aufrichtig.

ûf-reichen swV abs. hinaufreichen.

ûf-reizen swV A erregen.

ûf-rennen swV [Prät. *ûf-rant-*] abs. sich empören.

ûf-rîden stV A aufputz.

ûf-rihten,-gerihten swV refl.+pA*an,wider* sich erheben gegen/ zu; A aufrichten, erheben, aufstellen; einrichten.

ûf-rihtic Adj. gerade.

ûf-rihtunge stF Erhebung.

ûf-rimpfen stV [IIIa] pA*an* hoch rutschen bis zu.

ûf-ringen stV [IIIa] abs. sich zusammenkrampfen.

ûf-rîsen stV [Ia] D zufallen.

ûf-rîten stV [Ia] abs. herbeireiten.

ûf-rîzen stV [Ia] A aufreißen; hochreißen.

ûf-rucken swV A(+pD*nâch, an* /p A*in,über*) hochheben/ erheben (in/ über/ zu); hochschieben, zurückschieben.

ûf-rûmen swV A wegtreiben.

ûf-ruofen swV abs. emporrufen.

ûf-rüstic Adj. geschmückt.

ûf-rüstilich Adj. prächtig.

ûf-sagen swV A/Ns*w* ansagen; aufsagen.

ûf-sant- [s.] *ûfsenden*.

ûf-satz stM Vorsatz, Absicht, Wille; Intrige.

ûf-satzt- [s.] *ûfsetzen*.

ûf-satzunge stF Auflehnung.

ûf-schalten stV [VIIa] A aufschieben.

ûf-schellen swV [Part.Prät. *ûfgeschalt*] A blasen.

ûf-schîben stV [Ia] A heran-
rollen.
ûf-schieben stV [IIa] A aufschieben, verschieben; vernachlässigen.
ûf-schiezen stV [IIb] abs.
emporwachsen, sich erhe-
ben.
ûf-schiube stF Aufschub.
ûf-schiubunge stF Aufschub.
ûf-schouwen swV abs. hinaufschauen.
ûf-schræn swV abs. aufsprit-
zen.
ûf-schrîen stV [Ib] abs. aufschreien, losbrüllen.
ûf-schûp stM Aufschub.
ûf-schürzen swV A (hoch-)
schürzen.
ûf-schüten swV [Prät. *ûf-
schutte-*] A aufstoßen.
ûf-sehen,-gesehen   stV
[Va] abs./pD*gegen,ze* /p A*an*
aufblicken/ aufsehen (zu);
dreinschauen; p A*ûf* /N*sdaz,
w* aufpassen/ Acht geben
auf; nachsehen.
ûf-seilen swV A aufstellen;
A+D aufbürden.
ûf-seln swV A aufgeben.
ûf-senden swV [Prät. *ûf-
sant-*, Part.Prät. *ûfgesant*]
A aussenden; A+D aufkündigen; A+pD*ze* hinaufschicken
zu.
ûf-setzen,-gesetzen   swV
[Prät.*ûfsatzt-*, Part.Prät.*ûf-
gesat(zt)*] A/N*sdaz* (+D) aufsetzen; festsetzen, bestimmen; errichten, aufrichten,
aufstellen; auferlegen; Part.
Adj. [s.] *ûfgesat.*
ûf-sieden stV [IIb] abs. aufwallen.
ûf-sîn anV abs. aufstehen;
aufgehen.
ûf-sitzen,-gesitzen   stV
[Vb] abs. aufs Pferd steigen,

aufsitzen.
ûf-sitzer stM Reiter.
ûf-slac stM Aufschub; *erster
û. der ougen* Erwachen.
ûf-slahen,-slân stV [VIa]
abs./pD*ze* /p A*in,über* emporschlagen (in/ über), aufsteigen (zu); ausschlagen; A
(+p A*an,ûf*) aufschlagen/ aufstellen (auf), errichten; erheben, anstimmen; anzünden;
abbrechen; A+D aufwärts
richten.
ûf-slîchen stV [Ia] abs. heraufziehen, dämmern; A be-
steigen.
ûf-sliezen,-gesliezen stV
[IIb] A(+D) aufschließen,
öffnen.
ûf-snîden,-gesnîden stV
[Ia] A(+D) aufschneiden.
ûf-soumen swV A aufpacken.
ûf-spannen stV [VIIa] A
aufspannen, aufstellen; aus-,
anspannen.
ûf-sparn swV A aussetzen.
ûf-sperren swV A+pA*an*
strecken auf.
ûf-sprechen stV [IVa] A
aufrufen.
ûf-spreiten swV A falten.
ûf-springen,-gesprungen
stV [IIIa] abs./pD*gegen,von,
ze* aufspringen (von/ vor);
aufschießen; jauchzen.
ûf-sprunc stM Anfang.
ûf-stacht- [s.] *ûfstecken.*
**ûf-stân,-gestân,-(ge)-
stên,-(ge)stôn** anV abs./
pD*(en)gegen,in,umbe,von* / pA
wider (+D) aufstehen (vor),
sich aufrichten, sich erheben
(gegen/ von/ vor); sich befreien (von); entstehen (aus/
in); auferstehen (von).
ûf-standunge,-stantunge
stF Auferstehung.
ûf-stant stM Aufbruch.

ûf-stantnisse stF Auferstehung.
ûf-stantunge [s.] *ûfstan-
dunge.*
ûf-stechen stV [IVa] A aufstellen.
ûf-stecken,-stechen   swV
[Prät. auch *ûfstacht-*] A(+D)
aufstellen, anbringen.
ûf-steigen swV A steigen
lassen.
ûf-stên [s.] *ûfstân.*
ûf-,ûfe-stieben stV [IIa]
abs. aufstieben, umherfliegen; pD*ze* aufsteigen zu.
ûf-stiezen stV [IIb] A öffnen.
ûf-stîgen stV [Ia] abs./pD
ze /p A*in* sich erheben (zu),
(her-) aufsteigen (in); sich
steigern; A besteigen.
ûf-stîgunge stF Erhebung.
ûf-stolzen swV abs. stolz/
stattlich werden.
ûf-stolzieren stN Auflch-
nung.
ûf-stôn [s.] *ûfstân.*
ûf-stôzen,-gestôzen stV
[VIId] A aufstellen, erheben, aufpflanzen; A+D (an-)
stecken.
ûf-streben swV abs. hinauf
wollen.
ûf-strecken swV A hochstrecken; aufrichten.
ûf-strîchen stV [Ia] abs. aufspielen; pD*gegen* aufsteigen
zu; A spielen, anstimmen.
ûf-stricken,-gestricken
swV A aufknoten; A+D
hochbinden.
ûf-sûfen stV [Ia, Prät. auch
sw] A aufschlürfen.
ûf-suochunge stF Streben.
ûf-sûsen swV pA*in* sich aufschwingen in.
ûf-swanc stM Himmelfahrt.
ûf-swæren swV abs. empor-
gedrückt werden.

ûf-sweifen stV [VIIc] A aufstoßen.
ûf-sweimen stN Erhebung.
ûf-swellen stV [IIIb] refl. anschwellen; D schwellen, sich aufblähen.
ûf-swenken swV A+pA*in* emporheben zu.
ûf-swenzeln swV A aufputzen.
ûf-swern stV [IVa, Prät. auch sw] abs. in die Höhe steigen; D anschwellen.
ûf-swimmen stV [IIIa] abs. aufsteigen; pA*in* emporschweben in.
ûf-swingen,-geswingen stV [IIIa] abs./pD*nâch* sich aufschwingen (zu); refl.(+pA *in*) sich erheben (in); pD*ûz* aufsteigen aus; A aufschlagen; zurückschlagen; hochwerfen.
ûf-tenen [s.] *ûfdenen.*
ûf-tragen,-getragen stV [VIa] A auftragen; auf dem Kopf tragen; A/G(+D/pD*ze* / pA*in*) herbeischaffen; darbringen, darbieten; übergeben (an); erheben (zu).
ûf-trennen swV A spalten.
ûf-treten stV [Va] abs./D/ pA*in* entstehen (für); sich erheben (in).
ûf-trîben,-getrîben stV [Ia] A(+pA*an,in,über*) erheben (in/ über/ zu); errichten, aufführen; A+pD*ûz* wachsen lassen aus; A+*unz* +pA*in* hochtreiben bis in.
ûf-tringen [s.] *ûfdringen.*
ûf-trit stM Aufstieg; Höhe.
ûf-trüllen swV abs. aufspielen.
ûf-tûeunge stF Öffnung, Offenstehen; *û. der adern* Aderlass.
ûf-tuon,ôf-duon,-getuon anV A(+D) auftun, aufma-

chen, öffnen; hervorrufen; eröffnen, mitteilen; aufladen.
ûf-vâhen,-vân stV [VIIb] A gefangen nehmen; auffangen; Part.Adj. [s.] *ûfgevangen.*
ûf-val stM Anfall, Anfechtung; Schicksalsschlag.
ûf-vallen stV [VIIa] D(+Inf. *ze*) zufallen (zu).
ûf-valten stV [VIIa] refl. aufspringen; *die hende û.* +pD *ze* die gefalteten Hände erheben zu.
ûf-vân [s.] *ûfvâhen.*
ûf-varn,-gevarn stV [VIa] abs./pD*ze* / pA*in* aufspringen; auffahren/ aufsteigen/ sich erheben (in); auffliegen (zu); D+pA*under* springen unter.
ûf-vart stF Himmelfahrt; Aufbau.
ûf-vart-tac stM Himmelfahrtstag.
ûf-verlâzen,-verlân stV [VIIb] A freilassen.
ûf-vlammen swV abs./pD *gegen* / pA*in* aufflammen (zu); hineinzüngeln (in).
ûf-vliegen,ouf-gevliegen stV [IIa] abs./pD*engegen,ze* / pA*in* empor-, hinauffliegen (in/ zu).
ûf-vluc stM Emporsteigen, Emporfliegen.
ûf-vüeren swV [Prät. *ûfvuort-*] A(+pD*ze* / pA*in*) erheben (in), hinaufführen; auf dem Kopf haben.
ûf-wachen swV abs. aufwachen.
ûf-wact- [s.] *ûfwecken.*
ûf-wahsen stV [VIa] abs. aufwachsen, (an-) wachsen; D anschwellen; Part.Adj. [s.] *ûfgewahsen.*
ûf-waht- [s.] *ûfwecken.*
ûf-wal stM Absonderung.

ûf-wallende Part.Adj. wachsend.
ûf-want- [s.] *ûfwenden.*
ûf-wart [s.] *ûfwert.*
ûf-warten swV pA*an* aufblicken zu.
ûf-wecken swV [Prät. *ûfwaht-,ûfwact-*] A (auf-) wecken.
ûf-wegen,-gewegen stV [Va] A(+pD*von,ze*) erheben (von/ zu), hochheben; aufrechterhalten.
ûf-wellen stV [IIIb] A+D aufladen.
ûf-wenden swV [Prät. *ûfwant-*] A in die Höhe strecken.
ûf-werfen stV [IIIb] A aufschlagen, aufwerfen; aufwirbeln; erheben, ausholen zu, zücken; ausheben; zurückwerfen; aufgeben; auferlegen.
ûf-wert,-wart Adv. hinauf, aufwärts, nach oben; aufrecht.
ûf-widen swV A aufstecken.
ûf-winden stV [IIIa] refl.+pD *ze* sich erheben in; A aufziehen, hochziehen.
ûf-wischen,-wussen, -wüssen swV abs./pD*von* aufspringen (von), auffahren.
ûf-zart- [s.] *ûfzerren.*
ûf-zeigen swV A+D darlegen, benennen.
ûf-zerren swV [Prät. *ûfzart-*] A(+D) aufreißen.
ûf-zertuon anV refl. sich auftun.
ûf-ziehen stV [IIb] refl.(+D/ pA*ûf*) sich verzögern (für); pA*in* sich erheben in; A(+pD *ûz,ze* / p A*an,in,über,ûf*) hinaufziehen (aus/ in/ über/ zu), aufheben/ erheben (auf), zücken, hochziehen; spannen;

auf-, zurückhalten; vorziehen; wählen; A+D zutragen;
Part.Adj. [s.] *ûfgezogen.*
ûf-zocken swV A aufrütteln.
ûf-zogen swV A verzögern,
in die Länge ziehen.
ûf-zuc stM Entzückung; Aufstieg.
ûf-zucken,-gezucken swV
[Prät. auch *ûfzuht-*]   abs.
zurückzucken; A(+pA *an,in*)
auf-, hoch-, hinaufreißen;
auf-, hochheben, erheben
(in/ zu); aufziehen, aufrichten; zurückziehen.
ûf-zuht stF Erhöhung.
ûf-zünden swV A anzünden.
ûher [s.] *iuwer.*
ulmic Adj. morsch, verfault.
ulm-,ilm-poum stM Ulme.
ülve swM Tölpel.
um [s.] *umbe*².
um- [s.] *umbe-; un-.*
umb- [s.] *umbe-.*
umbe¹,um,umme   Adv.
(rings) herum; *u. und u.* ü-
berall, ringsum, hin und her.
umbe²,um,ume,umme
Präp.+A um; an, für, mit,
nach, über, von, wegen, zu;
in Bezug auf; um ... willen;
um ... herum [auch *al u.*]; *u.*
+Kard.Zahl ungefähr; *u. daz/*
diu darum, deshalb, dafür;
u. waz weshalb, weswegen;
(niht) u. ein brôt/ ei/ grûz/
hâr/ linsen/ strô für/ um
nichts; überhaupt/ gar nichts;
auch nur ein bisschen; nicht
einen Deut/ im Geringsten.
'umbe-,'umb-ackern swV
A umpflügen.
'umbe-binden,-binten,
-gebinden stV [IIIa] A(+D)
umbinden.
'umbe-boln swV A um-
schleudern.
umbe-'draben swV A reiten
um.

'umbe-dræn swV A herumwirbeln; wenden.
'umbe-gâhen swV A einholen, erreichen.
'umbe-gân,'umme-,'un-
be-gên,-gôn anV abs./
Adv./D einher-, herum-, umhergehen; sich aus-, verbreiten; sich bewegen/ drehen,
sich verdrehen; vergehen,
ablaufen; vorgehen; pD*mit*
umgehen mit, sich abgeben/
beschäftigen mit; erfüllt sein
von; *mit dem swert/ mit sle-*
gen u. lâzen das Schwert
schwingen;   **umbe-'gân,**
umb-,umme-'gân A um-
geben, umringen; erfüllen;
umgehen, herumgehen um;
bekehren; erlangen.
umbe-ganc stM Umgang;
(Ver-) Lauf.
umbe-ge- [s.] *umbe-.*
'umbe-,'umb-geben stV
[Va] A austeilen; **umbe-,**
umb,umme-'geben   A
umgeben, ein-, umschlie-
ßen, umfangen.
umbe-gên [s.] *umbegân.*
umbe-,umme-giez   stM
Ausströmung.
umbe-gôn [s.] *umbegân.*
'umbe-graben stV [VIa] A
umgraben; bedrängen; **um-**
be-'graben A(+pD*mit*) umgeben (mit), mit einem Graben umschließen.
umbe-,umme-grif stM Umarmung.
umbe-'grîfen stV [Ia] A
(+pD*mit*) umfassen; erfassen, ergreifen; umarmen;
umgeben (mit), erfüllen
(mit); A+pA*in* versenken in.
'umbe-gurten swV A umschnallen, umgürten; **umbe-**
'gurten,-'gürten A(+D/
pD*mit*) umschließen, umgürten (mit).

umbe-,umme-guz stM Veränderung.
'umbe-haben swV A um-,
anhaben; **umbe-'haben** A
umzingeln, umringen.
umbe-,umb-'halben swV
A umringen; A+pD*mit* um-
geben mit.
umbe-'halsen,umme-
'helsen swV A umarmen,
umfangen.
umbe-halsunge stF Umarmung.
umbe-,umme-'halten stV
[VIIa] A umringen.
umbe-hanc stM Umhang,
Mantel; Vorhang, Wandtep-
pich; Decke.
umbe-'hangen stV [VIIa]
A+pD*mit* behängen/ aus-
schlagen mit.
umbe-'heben stV [VIb] A
umringen.
umbe-'helsen [s.] *umbe-*
halsen.
umbe-,umme-'hengen,
-'henken swV A+pD*mit*
behängen mit.
umbe-,umb-hin Adv. herum, umher.
umbe-'hullen swV A umgeben, umfangen.
umbe-jage stF Umlauf.
'umbe-,'umme-jagen swV
abs. umherschweifen, um-
laufen; pD*mit* umgehen mit;
A drehen.
umbe-kârt- [s.] *umbekêren.*
umbe-,umme-kêre   stF
Umkehr, Wende; Bekeh-
rung; Rückkehr.
'umbe-,'umme-kêren swV
[Prät. auch *umbekârt-*] abs.
umkehren; A umdrehen,
(um-) wenden; wandeln, bekehren; verdrehen; umgra-
ben, durchsuchen; in die
Flucht schlagen; schädigen.
umbe-kêrunge stF Umkehr.

umbe-,umb-'kleiden swV A+pD*mit* umhüllen mit.

umbe-,umme-kleit stN Mantel, Kleid.

'umbe-komen stV [IVb] abs. herankommen.

umbe-,umb-kreiz stM Umkreis, Umgebung; *âne u.* ohne Umschweife.

'umbe-kreizen swV abs. umherziehen; umdrehen.

'umbe-kriechen stN Herumhumpeln.

umbe-,umme-lâge stF Belagerung.

umbe-'legen swV A umgeben.

'umbe-leiten swV A auf Umwege führen.

umbe-'ligen stV [Vb] A(+D) umzingeln, belagern, umstellen; siedeln an.

'umbe-liuhten swV abs. weithin leuchten; **umbe-'liuhten** A beleuchten.

'umbe-loben stN uneingeschränktes Lob.

umbe-louf stM Umlauf.

'umbe-,'umb-loufen stV [VIIe] abs. sich drehen, kreisen; umherlaufen; **umbe-'loufen** A umkreisen; Nsw berichten.

umbe-,umb-'machen swV A(+pD*mit*) umgeben; einfrieden (mit).

umbe-'mezzen stV [Va] A (+pD*mit*) umgeben (mit); umfassen.

umbe-'mûren swV A(+pD *mit*) umringen/umschließen/befestigen (mit).

umbe-'næen swV [Prät. *umbenât-*] A+pD*mit* verbrämen mit.

'umbe-,'umme-nemen stV [IVa] A umlegen; **umbe-, umme-'nemen** A(+pD*mit*) umarmen; umstellen (mit).

umbe-,umme-rant stM Maßstab.

umbe-,umme-rede stF Umschreibung, Umschweife, Ausführlichkeit, Herumreden; Ausrede.

umbe-'reichen swV A erreichen.

umbe-,umme-reif stM Schwung; Kreis.

umbe-reise stF *der sternen u. vart* Umlaufbahn der Gestirne.

'umbe-rîben stV [Ia] A umdrehen.

'umbe-,'umb-rîden,-gerîden stV [Ia] A (um-) drehen.

umbe-riere swF Abfall.

umbe-,umme-rinc stM Umkreis, Umgebung; Umfang; Lauf.

umbe-,umme-'ringen swV A umringen, umzingeln.

'umbe-rîten stV [Ia] abs. herum-, umher-, zurückreiten; **umbe-,umb-'rîten** A umzingeln, umreiten.

'umbe-rîzen stV [Ia] A aufreißen.

umbe-'rüeren swV A umfangen.

umbe-sage stF Umschweife.

'umbe-sagen swV A verbreiten.

umbe-sæze,umme-,unbe--sezze swM Nachbar; Anwohner.

umbe-,um-schaft stF Machenschaft.

umbe-,umme-scheide stF Zerstreuung.

'umbe-,'umb-schiezen stV [IIb] refl. herumfahren.

umbe-schîn stM Lichtkreis.

umbe-,umb-'schînen stV [Ia] A umstrahlen.

umbe-schorn Part.Adj. *u. sîn* eine Tonsur haben.

umbe-,umme-schouwe stF Ausschauhalten.

'umbe-schouwen swV abs. sich umschauen.

umbe-'schrenken swV A umzäunen.

umbe-'schrîben stV [Ia] A umfassen.

'umbe-schutten swV A umstoßen.

'umbe-sehen,-sên,-gesehen stV [Va] abs./refl./pD *nâch* sich umsehen (nach); Acht geben.

umbe-sezze [s.] *umbesæze.*

umbe-sezzen Part.Adj. *u. diet* Anwohner.

umbe-sihtic Adj. vorsichtig.

umbe-,umb-sihtikeit stF Einsicht.

umbe-,umb-'sitzen stV [Vb] A umgeben; umzingeln; Part.Adj. [s.] *umbesezzen.*

umbe-,umme-slac stM Drehung, Wendung.

'umbe-,'umme-slahen, -slân stV [VIa] abs. um sich schlagen; sich verbreiten; herumreden; A umtreiben; **umbe-,umb-'slahen** A umfangen, umschließen.

'umbe-slîchen stV [Ia] abs. herumschleichen.

umbe-'sliezen,umb-,umme-'sliezen stV [IIb] A umarmen, umfangen, umfassen; umschließen, umgeben; A+pD*mit* bedecken mit; A+pA*in* schließen in; Part. Adj. [s.] *umbeslozzen.*

'umbe-slîfen stN Herumwalzen.

'umbe-,'umb-slingen stV [IIIa] A herumwirbeln.

umbe-slozzen Part.Adj. *mit umbeslozzenen armen* eng umarmt.

umbe-,umme-snit stM Gesamtheit; Überblick.

umbe-snite swF *der umbe-sniten werden* unpers.+D etwas abfallen für.

'umbe-spannen stV [VIIa] A+D umschnallen.

umbe-'spengen swV A mit Spangen besetzen.

umbe-'spennen swV A umfangen.

'umbe-springen stV [IIIa] abs. herumhüpfen.

umbe-stalt [s.] *umbestellen.*

umbe-'stân anV A umringen, umzingeln.

umbe-'stecken swV A umzingeln.

'umbe-stellen swV [Part. Prät. *umbestalt*] A+pDmit einfassen mit.

'umbe-stôzen stV [VIId] A (+D) umstoßen.

umbe-,umme-strich stM Umweg.

'umbe-stricken,-gestricken swV A(+D) umbinden, anlegen.

'umbe-ströuwen swV A austeilen.

'umbe-stürzen,'umme-, 'umb-sturzen swV A umstoßen, umwenden.

umbe-,umme-suoch stM Nachforschung.

umbe-sus,umme-sust Adv. umsonst, vergeblich.

umbe-,umme-swanc stM Drehung, Wende; Umfang, Fülle; Umhang.

umbe-swanct- [s.] *umbeswenken.*

'umbe-swanzen swV abs. herumwirbeln.

'umbe-swebende Part.Adj. wallend, fließend.

umbe-sweif,umme-,um-sweift stM Umweg, Abschweifung; Kreis, Bereich, Umkreis; Lauf; Ausdehnung, Reichweite; Ausmaß,

Menge; Umtriebe.

umbe-'sweifen[1] stV [VIIc] A umfangen, umarmen.

umbe-'sweifen[2] swV A umschließen.

umbe-sweift [s.] *umbesweif.*

'umbe-sweimen swV abs. umherschweben, sich verbreiten.

'umbe-swenken swV [Prät. *umbeswanct-*] abs. umkehren; A herumschwenken.

umbe-'swingen stV [IIIa] A umfangen.

'umbe-tasten swV A erfassen.

'umbe-,'umb-teilen swV A (+pAin) aus-, verteilen (an).

'umbe-,'umme-tragen stV [VIa] refl. sich verbreiten; A umtreiben, beschäftigen; bedrängen; herumschleppen; umhaben.

umbe-,umme-traht stF Ablenkung.

'umbe-,'umme-treten stV [Va] abs. sich verbreiten; ablaufen; einstürzen; pAûf treffen auf; **umbe-,umme-'treten** A umgeben, belagern; bedrängen; A+pDze wenden zu.

umbe-trîbe swF Herumtreiberin.

'umbe-trîben stV [Ia] refl. sich abmühen; A antreiben, in Bewegung setzen, hin und her treiben; in Bedrängnis bringen, vertreiben; verbreiten.

umbe-,umme-trit stM Lauf, Verlauf; Umfang, Größe; Umgebung; *der wortel des redens u.* überflüssige Worte.

umbe-,umme-'tullen, -'tüllen swV A bewehren; einschließen.

'**umbe-,'umme-tuon,-getuon** anV A besiegen; widerlegen; zur Umkehr bewegen.

umbe-vâch [s.] *umbevanc.*

umbe-'vâhen,umb-,umme-'vangen,-'vân,-'vôhen stV [VIIbad] A (+D) umarmen, umfangen, umfassen; umhüllen; umgeben, umschließen; umringen, umzingeln; erfassen; erfüllen.

umbe-val stN Hülle.

umbe-vân [s.] *umbevâhen.*

umbe-vanc,umb-,umme-vâch stM Umarmung; Hülle; Vorhang; Raum; Umgrenzung.

umbe-vangen [s.] *umbevâhen.*

'**umbe-varn,-gevarn** stV [VIa] abs. herum-, umherfahren, -laufen; pDnâch suchen nach; pDmit Umgang pflegen mit; **umbe-,umb-'varn** A umfahren, umschiffen.

umbe-,umme-vart stF Lauf, Ablauf; Umlauf; Umherwandern, -ziehen; Umsicht.

'**umbe-,'um-verstürzen** swV A umstürzen.

umbe-,umme-'verwen swV A+pDmit zieren mit.

'**umbe-,'umb-vliegen, -gevliegen** stV [IIa] abs. herum-, umherfliegen.

umbe-,umb-'vliezen stV [IIb] A umfließen, umströmen.

umbe-'vluoten swV A überströmen.

umbe-vôhen [s.] *umbevâhen.*

'**umbe-,'umb-vüeren** swV [Prät.*umbevuort-*] A umhertreiben; **umbe-,umb-'vüeren** A+pDmit ziehen mit.

'**umbe-**,'**umb-walzen** stV
[VIIa] abs. sich umkehren;
sich herumwälzen.
umbe-want- [s.] *umbewen-*
den.
'**umbe-warten** swV abs. sich
hüten.
umbe-wec stM Umweg.
'**umbe-welzen** swV abs.sich
drehen.
'**umbe-wenden** swV [Prät.
umbewant-] A umwenden,
umdrehen; in die Flucht
schlagen.
'**umbe-werfen**,'**umme-**,
'**um-werfen** stV [IIIb] A
(+D) herumwerfen, umdre-
hen, umwenden, umwerfen;
A+pA *an* verkehren in; *daz*
swert/ sahs u. das Schwert
schwingen.
'**umbe-wîchen** stV [Ia] abs./
pD *von* zurückweichen (von).
umbe-wîlunge stF Bre-
chung.
umbe-'winden stV [IIIa] A
einhüllen, verhüllen.
umbe-worht- [s.] *umbe-*
würken.
umbe-,**umme-wort** stN
Ausrede.
'**umbe-**,'**umb-wüelen** swV
A aufwühlen.
umbe-'würken swV [Prät.
umbeworht-] A+pD *mit* beschlagen mit.
'**umbe-ziehen** stV [IIb] A
herumziehen, herumdrehen;
umherzerren.
umbe-zil stN Umfang.
umbe-'zimbern,**umme-**
'**zimmeren** swV A mit Be-
lagerungstürmen umbauen.
umbe-zirkel stMN Umkreis.
umbe-'ziunen,**umb-'zû-**
nen swV A(+pD *mit*) einzäunen (mit).
ume,umme [s.] *umbe* [2].
umme- [s.] *umbe-*.

ümmer [s.] *iemer.*
un-abziehelich Adj. unverlierbar.
un-adel stM niedriger Stand;
Unedles.
un-aht-bære,-bar Adj. unansehnlich; gering geachtet.
un-aht-barkeit,-berkeit
stF Missachtung, geringes
Ansehen.
un-ahte stF Unachtsamkeit.
un-ahtsam Adj. *u. sîn* +G
nicht achten.
un-ahtsamkeit stF Unachtsamkeit.
un-andæhtec/ic Adj. unan-
dächtig.
un-andæhteclich Adj. unan-
dächtig.
un-andæhtekeit stF Unan-
dächtigkeit.
un-anesihtic [s.] *unansihtic.*
un-angenomen Part.Adj. *u.*
+G losgelöst von.
un-angesehen Part.Adj. unbewusst; unbedacht, unacht-
sam; unberücksichtigt.
un-angestlîche(n) Adv. ohne Furcht, sorglos; beden-
kenlos.
un-annêmlicheit stF Selbstverleugnung.
un-ansihtic,-anesihtic Adj.
unsichtbar.
un-antlæzlich Adj. *unant-*
læzlichiu sünde Sünde, für
die kein Ablass gegeben
wird.
un-arclîchen Adv. in guter
Absicht.
un-art stF Bosheit, Schlechtigkeit, Unart; Fehler, Mangel.
un-æzic Adj. ungenießbar.
un-,**um-bâre** Adj. unfruchtbar.
un-,**um-bâric** Adj. unfruchtbar.
un-barmec/ic Adj. un-

barmherzig, erbarmungslos.
un-barmeclîchen Adv. erbarmungslos.
un-barmherziclîchen Adv.
unbarmherzig.
un-,**um-bate** stF schlechtes
Benehmen.
unbe- [s.] *umbe-*.
un-bedact,-bedaht,-be-
decket Part.Adj./Adv. unbedeckt, nicht zugedeckt; offenbar.
un-,**um-bedâht** Part.Adj./
Adv. unbedacht, unbeson-
nen, unüberlegt; unberücksichtigt.
un-bedâhteclîche Adv. gedankenlos.
un-,**um-bedæhtekeit** stF
Unachtsamkeit.
un-bedecket [s.] *unbedact.*
un-bedeclich Adj. unverhüllt.
un-bederbe[1]**,-biderbe** Adj.
unverständig; nutzlos, sinnlos; schlecht, böse; wild.
un-bederbe[2] stF *in u.* ohne
Grund.
un-bedrozzen Part.Adj. unermüdlich.
un-bedrozzenheit stF Tatendrang.
un-begeben Part.Adj. weltlich, ungeweiht.
un-begebenlich Adj. ungeweiht.
un-begert Part.Adj. unbe-
gehrt.
un-beginlich Adj. unendlich.
un-begirlîche Adv. gleichgültig.
un-begraben,um-begra-
ven Part.Adj. unbegraben.
un-begrîfelich,-lîche(n)
[s.] *unbegriffenlich.*
un-begriffen Part.Adj. unfassbar, unfasslich.
un-begriffenheit stF Unbe-
greiflichkeit.

un-begriffenlich,-begrîf-, grîfe-lich Adj., **-lîche(n)** Adv. unfassbar, unbegreiflich, unfasslich.

un-begunnen Part.Adj. unendlich.

un-behabenlîche stF Nachgiebigkeit.

un-behaft Part.Adj. unberührt.

un-behalten Part.Adj. unzuverlässig.

un-behangen Part.Adj. unbefleckt.

un-,um-behende[1] Adj./ Adv. unverständig, unklug; ungeschickt; unhandlich; unangenehm, schlimm; hart, grob, grausam; verstört.

un-behende[2] stF Ungeschicklichkeit.

un-behendeclîchen Adv. ungeschickt.

un-behendekeit stF Ungeschicklichkeit.

un-behenket Part.Adj. unbelastet.

un-behert Part.Adj. unverwehrt.

un-,um-beholfen,-behulfen Part.Adj. hilflos; *u. sîn* +D nicht helfen; *u. sîn* +pD *von* nicht geheilt werden von.

un-beholfenlîche,-behulfenlîche Adv. hilflos.

un-behüetekeit [s.] *unbehuotheit.*

un-behulfen(-) [s.] *unbeholfen(-).*

un-,um-behuot Part.Adj./ Adv. ungeschützt, ungedeckt, unbewacht, ungesichert; achtlos, unbeherrscht.

un-behuotheit,-behüetekeit stF Unachtsamkeit; Unbeherrschtheit.

un-behuotlîchen Adv. achtlos.

un-behuotsamekeit stF Unachtsamkeit.

un-bekæme [s.] *unbequæme.*

un-bekant,-bekennet Part. Adj. unbekannt, fremd, fern; unerkannt, unerkennbar; unwissend, unverständig; unvorhergesehen.

un-bekantheit stF Unbekanntheit; Unerkanntheit; Unverständigkeit, Unwissen.

un-bekantlîche Adv. unversehens.

un-bekantnisse,-bekentnisse stFN Unkenntnis, Unwissen; Unbekanntheit.

un-bekennelich Adj. unerkennbar.

un-bekennen stN Nichterkennen.

un-bekennende Part.Adj. unbeeinflusst durch die Vernunft.

un-bekennet [s.] *unbekant.*

un-bekentlicheit stF Unerkennbarkeit.

un-bekentlîchen Adv. unvermittelt durch Erkenntnis.

un-bekentnisse [s.] *unbekantnisse.*

un-bekêric Adj. unbekehrbar, unbeugsam.

un-beklaget Part.Adj. unangefochten.

un-bekort Part.Adj. ungeprüft.

un-bekumbert,-bekümbert Part.Adj./Adv. unbeschwert, unbelastet; unbesorgt; unversehrt.

un-beleidigt Part.Adj. unverletzt.

un-belîplich,-blîplich, -blîbelich Adj. vorübergehend, vergänglich.

un-benant,-benennet Part. Adj./Adv. ungenannt; unbekannt; unberufen.

un-bendec Adj. wild.

un-benennet [s.] *unbenant.*

un-benomen Part.Adj. erhalten.

un-benœtet Part.Adj. freiwillig.

un-bequæme,-bekæme Adj. unbekömmlich, schädlich.

un-berâdelîchen [s.] *unberâtenlîche.*

un-berat Part.Adj. rettungslos verloren.

un-berâten,-berôten Part. Adj. unversorgt, arm; bloß; hilflos; zweckfrei; freiwillig; uneigennützig.

un-berâtenlîche,-berâdelîchen Adv. unüberlegt.

un-,um-bereit Adj. nicht bereit, unvorbereitet; ungerüstet; unzugänglich; unempfänglich; unvoreingenommen.

un-bereitschaft stF mangelnde Bereitschaft.

un-berespet,-*bereffet Part.Adj. ungetadelt.

un-berhaft,um-perhaft Adj. unfruchtbar.

un-berhaftic Adj. unfruchtbar.

un-berihtekeit stF Unordnung.

un-,um-berihtet Part.Adj. ungeordnet, unordentlich; führer-, richtungslos; rechtlos; ununterrichtet, unbeeinflusst; vernachlässigt.

un-bernde Part.Adj. unfruchtbar.

un-berochen Part.Adj. ungelöscht.

un-berôten [s.] *unberâten.*

un-beroubet Part.Adj. unberaubt.

un-berûchet [s.] *unberuochet.*

361

un-berüeret,-berüert,-be-
ruort Part.Adj. unberührt.
un-berüerlich,-berûrlich
Adj. unbewegt, unbeweg-
lich.
un-berüerlicheit stF Unbe-
wegtheit.
un-berüert [s.] *unberüeret.*
un-beruochet,-berûchet
Part.Adj. verlassen; unberührt; unversorgt, vernachlässigt.
un-beruort [s.] *unberüeret.*
un-berûrlich [s.] *unberüer-
lich.*
un-beschaben Part.Adj. unbeschädigt.
un-,um-bescheide stN Un-
kenntnis.
un-bescheidelich [s.] *un-
bescheidenlich.*
un-,um-bescheiden Part.
Adj./Adv. unvernünftig, töricht; unwissend, unklug;
maßlos, rücksichtslos, grausam.
un-bescheidenheit stF
Maßlosigkeit; Rücksichtslosigkeit.
un-,um-bescheidenlich,
-wescheidelich Adj., -lî-
che(n) Adv. unvernünftig;
unbelehrt; unpassend; un-
recht; rücksichtslos.
un-bescheidenunge stF
Unvernunft.
un-beschert Part.Adj. versagt.
un-,um-bescholten,-be-
scholden Part.Adj. unbe-
scholten; unangefochten; unbesiegt.
un-beschrît Part.Adj. unangekündigt; unverklagt.
un-besenget Part.Adj. unver-
sengt.
unbe-sezze [s.] *umbesæze.*
un-besezzen Part.Adj. unbelastet.

un-besiht stF mangelndes
Sehvermögen.
un-besint Part.Adj. unbesonnen.
un-besinteclîche Adv. ge-
dankenlos.
un-beslagen Part.Adj. unbespannt.
un-beslozzen Part.Adj. un-
verschlossen; *u. klôster*
Kloster ohne Klausur.
un-beslozzenlîche Adv. un-
verschlossen.
un-besnabet Part.Adj. ungefährdet, unbeschädigt.
un-besnîet Part.Adj. schnee-
frei.
un-,um-besniten Part.Adj.
unbeschnitten; unzerschnitten, unbeschädigt; grob; unwissend.
un-besorget Part.Adj. sorglos.
un-besprochen Part.Adj./
Adv. unbelästigt; wortlos.
un-bestalt Part.Adj. unversorgt.
un-bestæte Adj. unbeständig.
un-bestoben Part.Adj. unbe-
staubt.
un-bestrâfet,-bestrôfet
Part.Adj. ungestraft.
un-bestricket Part.Adj.
pflichtvergessen.
un-bestrôfet [s.] *unbestrâ-
fet.*
un-besult PartAdj. unbe-
fleckt; trocken.
un-besundert Part.Adj. ungetrennt.
un-besungen Part.Adj. ohne
Gesang.
un-beswæret Part.Adj. un-
belastet.
un-beswichen Part.Adj. *u.
sîn* nicht in Versuchung geraten.
un-beteilet Part.Adj. ungeteilt.

un-betelich Adj., -lîche(n)
Adv. unbescheiden, unangemessen, maßlos.
un-beterminierlich Adj. unendlich.
un-betôret Part.Adj. aufrichtig.
un-,um-betrahtet Part.Adj.
ungezählt.
un-,um-betrehtic Adj. tö-
richt.
un-,um-betreten Part.Adj.
unberührt.
un-,um-betrogen Part.Adj.
aufrichtig, ohne Falsch; sicher, unbeirrbar; nicht ge-
täuscht/ betrogen/ enttäuscht;
vür u. wirklich, wahrhaftig;
wahrheitsgemäß, ungelo-
gen; endgültig; uneinge-
schränkt.
un-betrogenlîche Adv. un-
beirrbar.
un-betrüebet,-betrûbet
Part.Adj. ungetrübt, rein.
un-betwungen Part.Adj. ungebunden, frei; freiwillig;
sorglos, unbekümmert; un-
besiegt; ungeschoren.
un-betwungenlich,-be-
zwungenlich Adj., -lîche
Adv. frei.
un-bevangen Part.Adj. un-
gebunden; unbelastet, unbeschwert.
un-bevlecheit stF Unbe-
flecktheit.
un-bevlecket Part.Adj. unbefleckt.
un-bewaget Part.Adj. fest.
un-bewant Part.Adj. nutzlos,
vertan, verschwendet.
un-,um-bewart Part.Adj.
unbewacht, schutzlos, ungeschützt.
un-bewegelich,-beweg-
(en)lich Adj., -lîche Adv.
unbeweglich; unbewegt; beharrlich, fest.

un-bewegelicheit stF Unbeweglichkeit.

un-bewegenlich,-lîche [s.] *unbewegelich.*

un-beweget,-beweit Part. Adj. unbewegt; unbeweglich.

un-beweglich,-lîche [s.] *unbewegelich.*

un-beweinet Part.Adj. unbeweint.

un-beweit [s.] *unbeweget.*

un-bewîset Part.Adj. unbelehrt, ununterrichtet.

un-,um-bewollen Part.Adj. unbefleckt.

un-beworiht Part.Adj. unbearbeitet.

un-beworren Part.Adj. unbekümmert.

un-bezogen Part.Adj. unbespannt.

un-bezwungenlich,-lîche [s.]*unbetwungenlich.*

un-biderbe [s.] *unbederbe* [1].

un-bîhtec Adj. ungebeichtet.

un-bilde,um-pilde stN Unrecht, Frevel; Ungeheuerlichkeit; Wunder; Unglück; Entrüstung; Torheit.

un-bildelich,-biltlich Adj., -lîchen Adv. unbildhaft; nicht mit den Sinnen wahrnehmbar; ohne bildhafte Vorstellungen.

un-bildelichkeit,-biltlichkeit stF Verzicht auf bildliche Vorstellungen.

un-bilden swV abs. Unrecht tun; A missfallen.

un-,um-billich,-pillich Adj. unrecht; ungerecht; unpassend; falsch.

un-billîche,-pillîche Adv. ungerechtfertigt; unrechtmäßigerweise.

un-bilt- [s.] *unbilde-.*

un-binden stV [IIIa] A lösen.

un-blîbelich [s.] *unbelîplich.*

un-blîde Adj. unfroh.

un-blîplich [s.] *unbelîplich.*

un-brüederlich,um-bruoderlich Adj. unbrüderlich.

un-bûhaft Adj. unbewohnbar.

un-buozwirdic Adj. untadelig.

unc stM Schlange, Basilisk.

und [s.] *unde* [1].

un-danc,-gedanc stM Undankbarkeit; Tadel; *sînes/ ir undankes* gegen seinen/ ihren Willen, unfreiwillig; *u. haben* verwünscht/ verflucht/ zu tadeln sein; *ze undanke(n)* widerwillig, wider Willen, gezwungenermaßen.

un-dancbære Adj. undankbar.

un-dancnæme[1],-dancnâm Adj. undankbar.

un-dancnæme[2] stF Undankbarkeit.

un-dancnæm(e)keit stF Undankbarkeit.

un-dankes Adv. unfreiwillig; gezwungenermaßen; unabsichtlich.

un-dâre,-târe Adv. traurig, betrübt; unfreundlich, unhöflich; wenig, (gar) nicht.

un-dære,-tære Adj. hässlich; schmerzlich; schlecht.

unde[1],und,unt(e),ind(e), ande Konj. und; nun; (und/ selbst) wenn [auch *u. ist, daz...*]; (und) als/ während [auch *damit/ mitten/ mit dem u.*]; und zwar/ auch/ doch; (und) dass; so dass; sondern, aber; obwohl; da, weil; *so dicke u.* sooft; *als schiere u.* sobald; *die wîle u.* solange; *beide ... u. ...* sowohl... als auch; *darnâch/ die mâze u.* je nachdem wie (viel); der, die, das; was.

unde[2] Adv. [s.] *unden.*

ünde,unde stswF Welle; Woge; Flut, Strömung; Wasser.

unden,unde(ne) Adv. unten [auch *dâ/ dar u.*].

ünden swV abs. wogen; D+ Adv.lok. (herein-) brechen (über).

unden-an,untnan Adv. (von) unten.

undene [s.] *unden.*

un-denkelîche Adv. unausdenklich.

under[1] Adj. untere (-r/ -s); niedrig; untergeben; unterlegen.

under[2] Adv. [meist *dâ/ dar/ hier u.*] unten.

under[3],unter Präp.+D/A unter; unterhalb; mitten unter, zwischen; an, bei, in, zu; *u. des/ diu* inzwischen, in der Zwischenzeit; *u. diu/ daz* während; *u. ein* gegenseitig; *u.* +refl.D, *u. zwischen* untereinander, zusammen, gemeinsam; voneinander; *u. sich* [auch] hinunter; *u. die arme/ den armen* in die Arme/ den Armen, am Arm; *u. (der) brust* im/ am Herzen; *u. sînen danc* gegen seinen Willen; *u. golde/ porten* reich geschmückt; *u. helme/ schilde* gerüstet, in Waffen, kampfbereit; *u. krône* gekrönt, in vollem Ornat, als König/ Königin; *u. diu/ den ougen* ins/ im Gesicht; *u. stunde(n)/ wîlen* manchmal, stundenlang; *u. dem vuoze* zu Füßen; *u. wegen* unterwegs; weg; *u. den zîten* damals; *u. sîn houbet springen* stützen; *u. hende nemen* +A zu beeinflussen suchen; *u. den henden tragen* +A auf Händen tragen; *u. wegen lâzen* +A im Stich lassen, aufgeben, gehen lassen.

under⁴ swM Mittag.
un-derahtlich,-*erahtlich
Adj. unermesslich.
under-'bâgen stV [VIIb]
refl. sich streiten.
**under-'banichen,-*'ba-
neken** swV refl. sich ergehen.
under-bant stN Verbindung.
under-'biegen stV [IIa] refl.
sich unterordnen.
under-'binden stV [IIIa] D+
Ns*daz* verbieten; A(+D*von*)
trennen (von), unterteilen;
zügeln; verbinden; A+pA*an*
binden an.
under-bint stN Grenze; Unterschied, Unterscheidung;
Verbindung, Band; *âne u.*
unverzüglich; unablässig.
under-bitter Adj. mäßig bitter.
under-bleich,-pleich Adj.
weißlich.
under-'böugen swV refl.
sich unterwerfen; refl.+pA*under* sich stellen unter.
under-böugic Adj. ergeben,
gehorsam.
under-bræche stF Unterscheidung; Einfügung; Störung.
under-'brechen stV [IVa]
refl. aufhören; A(+D) zunichte machen, beenden; verhindern; bestreiten; verderben,
(zer-) stören.
under-brich stM Hindernis;
Wechsel; Einstellung.
under-'brîden stV [Ia] A+
pD*mit* verbrämen/ besticken
mit.
under-bruch stM Unterbrechung; Wechsel.
under-bunt stM Gegensatz.
under-dân [s.] *undertân²*.
under-dænic [s.]*undertænic.*
under-des Adv. inzwischen,
währenddessen.

under-'dingen swV A verdienen.
'under-diuhen swV A hinunterziehen.
under-'dringen stV [IIIa] A
(+D) überwältigen; vertreiben.
under-,unter-druc stM Unterwerfung.
'under-drucken,-trucken
swV A vergessen; unter-
schlagen, verschweigen;
verdrießen; unter den Arm
nehmen; **under-'drucken**
A(+D/pA*under*) unterdrü-
cken, unterwerfen (unter).
under-'drumen swV A(+D)
verdrängen, vertreiben; verhindern; überwältigen, überwinden; (zer-) stören, vernichten.
'under-ducken swV A nie-
derhalten.
under-einander Adv. gegenseitig; zusammen; durcheinander.
'under-gân,-gên,-gôn
anV abs. untergehen; ausgehen; zugrunde gehen; D
gleichgültig sein; **under-
'gân** A(+D) hintergehen; ab-
fangen; entziehen, wegnehmen; überfallen; treten vor.
under-ganc stM Untergang;
Verlust; Unterwerfung, Unterdrückung; *der sunnen u.*
[auch] Westen.
under-gebende stN Verbindung.
under-gel Adj. gelblich.
under-geligen [s.] *under-
ligen.*
under-gên [s.] *undergân.*
under-genôz stM Unebenn-
bürtiger.
under-gesinde stN Dienerschaft.
under-geworfenheit stF
Unterwerfung.

under-gezogenheit stF
Niedergeschlagenheit.
under-gôn [s.] *undergân.*
'under-graben stV [VIa]
abs. in die Tiefe graben; **un-
der-'graben** A(+D) hintergehen; untergraben, zerstören; ein Loch graben unter;
A+pD*mit* erfüllen mit.
under-'grâzen swV A+pD
mit reizen mit.
under-'grîfen stV [Ia] A ergreifen; verhindern; entkräften, abschwächen; unterbrechen; verleiten.
under-'grüezen swV [Prät.
undergrûzt-] A begrüßen.
under-'gründen swV [Prät.
undergrundet-] A untermauern.
under-grûzt- [s.] *under-
grüezen.*
under-gurt stM Gürtel.
under-gürtel swF Gürtel.
'under-haben swV A unterlegen.
under-'heben stV [VIb] A
erheben.
under-heftelîn stN Unterlage.
under-hœric Adj. untertan,
untergeben.
under-'houwen stV [VIIe]
refl. sich schlagen; A begründen; A+D abwenden.
underit,*under-snit stM
Schmuck.
'under-kêren swV A um-
schlagen; umdrehen.
**under-,unter-'komen,
-'quemen** stV [IVba] abs./
G erschrecken (vor); G/A
verhindern, abwenden.
under-'kratzen swV A zerkratzen.
under-kuonic stM Hauptmann.
under-'küssen swV [Prät.
underkust-] A küssen.

under-lâge stF Standhaftigkeit.

under-lâz,-lôz,-last stMN Unterbrechung; Unterlass; Zögern; *âne/ sunder u.* [auch] unaufhörlich, ununterbrochen; jederzeit; sofort.

'under-lâzen[1],'unter-lâzen stV [VIIb] A auslassen; Part.Adj. [s.] *underlâzen[2].*

under-'lâzen[2] Part.Adj. klein.

'under-legen swV A(+D) unterlegen; A+p*Ander* legen unter; **under-'legen** A(+D) widerlegen; in Frage stellen.

under-'leinen swV A+pD *mit* stützen/ gründen auf.

under-lîbe stF Erholung, Erquickung.

under-lîbunge stF Ruhe.

under-'ligen,-ge'ligen stV [Vb] abs./D/pD*von* sich unterwerfen, unterliegen, besiegt werden (von).

under-'loufen stV [VIIe] A(+D) abwenden, ablenken; abwehren.

under-lôz [s.] *underlâz.*

under-'machen swV A(+D) bezwingen, unterwerfen.

under-manct- [s.] *undermengen.*

under-marke stF Grenze; Gebiet, Provinz.

under-meister stM Unteraufseher.

under-'mengen swV [Prät. *undermanct-*] A+pD*mit* (ver-) mischen mit.

under-'minnen swV A lieben.

under-'mischen swV A+ pD*mit* vereinigen mit.

under-'nemen stV [IVa] refl./D aufhören, enden (für); A(+D) versperren, verwehren, verhindern; unterbrechen; (weg-) nehmen; been-

den; *sich in ein u.* sich verbinden.

under-'parrieren swV A+ p*Ander* mischen unter.

under-pfarrer stM Kaplan.

under-pleich [s.] *underbleich.*

under-priorinne stF Suppriorin.

under-'prîsen swV A gering achten.

under-quemen [s.] *underkomen.*

under-rant- [s.] *underrennen.*

under-reit stM Auslassung.

under-'reizen swV A aufstacheln.

under-'rennen swV [Prät. *underrant-*] A anrennen.

under-'rihten swV A richtig stellen; A+G belehren über.

under-rit stM Gefolge.

under-'rîten stV [Ia] A(+D) unterlaufen, ablenken; unterbrechen, durchbrechen; beeinträchtigen.

under-roc stM Unterkleid.

under-rôt Adj. rötlich.

under-rouch stM Räuchermittel.

under-'sagen swV A/Ns*daz* +D sagen, mitteilen, berichten.

under-sat(zt) [s.] *undersetzen.*

under-saz,-satz stM Grundlage; Unterlage, Einlage.

under-'schackieren swV A+pD*mit* durchsetzen mit.

under-schart Part.Adj. durchmischt.

under-scheide [s.] *underscheit.*

under-'scheiden[1] stV [VII c] A(+G) belehren/ unterrichten (über); A/Ns(+D/pD*mit*) bestimmen, festlegen; ordnen; zuteilen; erklären, darle-

gen, zeigen; abwägen; unterscheiden/ trennen/ abgrenzen/ durchsetzen (mit); Part. Adj. [s.] *underscheiden[2].*

under-scheiden[2] Part.Adj. verschieden, unterschiedlich; getrennt.

under-'scheiden[3] stN Unterschied.

under-scheidenheit stF Unterscheidung, Unterschied.

under-scheidenlich Adj., **-lîche(n)** Adv. unterschiedlich, verschieden; deutlich.

under-scheidunge stF Unterscheidung, Verschiedenheit.

under-scheit,-scheide stMFN Unterschied, Verschiedenheit; Unterscheidung; Vielfalt; Unterscheidungs-, Urteilsvermögen, Trennung, Grenze, Begrenzung; Entfernung, Ausdehnung, Länge; Einteilung, Kapitel; Zeichen, Merkmal; Auszeichnung; Bedeutung, Bestimmung; Belehrung, Unterweisung; Erklärung, Bericht; *âne u.* [auch] ununterbrochen, unaufhörlich; gleichermaßen.

under-scherm stM Abschirmung.

under-'schicken swV A+pD *von* trennen von.

under-schîdunge stF Unterscheidung, Verschiedenheit, Unterschied; Erklärung; Zeitspanne.

under-'schieben stV [IIa] A unterbrechen; auspolstern.

under-schîn stM Glanz.

under-'schrîben stV [Ia] A vorschreiben.

under-'schrôten stV [VIId] A teilen, trennen; unterbrechen; behindern.

under-'schüten swV A+pD
mit durchsetzen mit.
under-schutz stM Trennung.
under-'sehen stV [Va] A
ansehen; achten auf; treffen;
A+D vorsehen für.
under-'setzen swV [Part.
Prät. auch *undersat(zt)*] A
(+pD*mit*) stützen, unterlegen
(mit); unter sich legen.
under-setzunge stF Unterordnung.
'under-sinken stV [IIIa]
pA*in* eintauchen in.
under-'sitzen stV [Vb] A
sich unterordnen unter; A
(+pD*mit*) mischen mit.
under-slac stM Einmischung.
'under-slahen,-slân stV
[VIa] refl. untergehen; A niederschlagen; **under-'slahen,-'slân** refl.(+pD*mit*)
kämpfen mit; A(+D) überwinden, übertreffen; unterbrechen, trennen; vertreiben; beiseite nehmen; durchsetzen; verwirren; untermauern; *die sper u.* die
Speere zum Angriff senken.
under-'slîchen stV [Ia] D
dazwischenkommen.
under-'sliefen stV [IIa] A
(+G) täuschen, betrügen
(um).
under-'sliezen stV [IIb] A+
pD*in* versenken in.
under-,unter-sliufære stM
Betrüger.
under-slûf stM *regens u.*
Regenschauer.
under-'snîden stV [Ia] A
(+D/pD*mit*) unterteilen; unterbrechen; unterscheiden;
(ver-) mischen/ durchsetzen
(mit); zusammensetzen; besetzen/ schmücken (mit).
under-'sprechen stV [IVa]

abs. einen Einschub machen.
'under-spreiten swV A unterlegen.
under-'springen stV [IIIa]
A (von unten) anspringen.
under-'sprîten stV [Ia] A+
pD*mit* unterlegen mit.
under-'spriuzen swV A
stützen.
under-'stân,-'stên anV
refl.+G an sich reißen; A/G
(+D) verhindern, abwenden,
aufhalten; ab-, verwehren;
besänftigen; trennen; beenden; übernehmen, auf sich
nehmen; erreichen; unterstützen; *u. lâzen* +A unterbrechen; bleiben lassen.
under-standicheit stF Substanz, Grundlage.
under-standunge stF Persönlichkeit.
under-stant stM Grundlage,
Stütze; Unterschied.
under-stantnisse stN Stütze, Halt, Gehaltensein.
under-stat stF Kleinstadt.
under-'stechen stV [IVa]
refl. aufeinander einstechen.
under-stein stM unterster
Stein.
under-stên [s.] *understân.*
under-stende stF Grundlage.
under-'stiuren swV [Prät.
understûrt-] A+pD*mit* stützen in.
under-'stivelen swV A stützen; heilen.
under-stôz stM Unterschied.
'under-stôzen stV [VIId] A
dazwischen stoßen/ schieben; einstecken; **under-'stôzen** A(+D) unterbrechen, (das Wort) abschneiden; A+pD*mit* voll stopfen
mit.
under-'strîchen stV [Ia] A

(+D) färben, schminken; auflegen, auftragen.
under-'stricken swV A ineinander versenken.
under-'ströu stF *sîn/ ir u. sîn*
von ihm/ ihr mit Füßen getreten werden.
'under-ströuwen swV A+D
unterstreuen.
under-stunt Adv. manchmal.
under-stûrt- [s.] *understiuren.*
under-'stützen swV A umgeben.
under-swanc stM Einschub;
Störung.
under-swarz Adj. schwärzlich.
under-'swingen stV [IIIa]
A(+D) beeinträchtigen, mindern; aufheben, beenden,
ungültig machen.
under-tân[1],unter-tân Part.
Adj. untertan, untergeben;
unterstellt, untergeordnet; ergeben, gehorsam; unterworfen; unterschiedlich; *u. sîn/
werden/ wesen* +D [auch]
gehören, zuteil werden; *u.
tuon* +D [auch] übergeben;
*dienstes/ dienstlich/ mit
dienste u. sîn* +D dienst-,
abgabepflichtig sein.
**under-tân[2],unter-tâne,
-dân,-tôn** stswM Untertan,
Untergebener; Anhänger.
under-tænekeit [s.] *undertænikeit.*
under-tænic,-dænic,-tânich Adj. untertan, untergeben; ergeben, gehorsam; *u.
bringen/ machen* +A+D
[auch] unterwerfen, unterordnen.
under-tæniclîche Adv. untertänig, gehorsam, bereitwillig.
under-tænikeit,-tænekeit
stF Ergebenheit, Gehorsam.

under-tât stN Nasenbein,
Nasenrücken.
under-teil stN Unterteil.
under-tôn [s.] *undertân* [2].
under-'tragen stV [VIa] A
tragen; einschalten; A+pD*mit*
unterlegen mit.
under-trahte stF Genuss.
under-'treten stV [Va] A
verhindern; bekämpfen; in
Frage stellen; A+D verwehren; unterdrücken.
under-treter stM Vermittler.
under-trit stM Einschreiten.
under-trucken [s.] *under-
drucken.*
'under-tûchen swV A unter-
tauchen.
'under-tuon anV refl. sich
zurückziehen/ verstecken; A
(+D/pA*under*) wegnehmen;
unterordnen/ unterwerfen
(unter); Part.Adj. [s.] *under-
tân* [1]; **under-'tuon** A verhindern.
under-'vâhen,-'vân stV
[VIIb] refl. fehlschagen; A
verhindern, vereiteln, abwenden, abwehren, been-
den, begrenzen; unterbre-
chen; mindern; umarmen;
A+D entfremden; versperren.
under-val stM Fußfall; Fall;
Unterbrechung.
'under-vallen stV [VIIa] D
versagen; pA*in* sinken in.
under-vân [s.] *undervâhen.*
under-'varn stV [VIa] A/Ns
erfahren, herausfinden; verhindern, abwenden.
'under-verdrücken swV
[Prät. *underverdruct-*] A unterdrücken.
under-viz stM Zwischen-
raum.
under-'vlehten stV [IVa]
A+pD*mit* durchflechten mit.
under-'vliezen stV [IIb] A
durchfließen.

un-dervorht [s.]*unervorht.*
under-vrist stF Unterbrechung.
under-'walten stV [VIIa] A
beschäftigen.
under-want Part.Adj. ausdauernd; heftig.
under-'weben stV [Va] A
(+D)+pD*mit* durchsetzen mit.
**under-wegen,unter-we-
ge** Adv. unterwegs; bereit;
u. belîben unterbleiben; zurückbleiben; *u. komen* auf
dem Weg sein; *u. lâzen* +A
unterlassen, sein/ bleiben
lassen; übergehen, aufge-
ben, vernachlässigen; im
Stich lassen.
'under-werfen stV [IIIb] A
erniedrigen; *die glêvîen u.
die Lanze zum Angriff senken*; Part.Adj. [s.] *under-
worfen* ; **under-'werfen**
refl.+D sich unterwerfen;
Part.Adj. [s.] *underworfen.*
under-'werren stV [IIIb]
refl. sich mischen.
'under-wesen stV [Va] D
untergeben sein.
'under-wîchen stV [Ia] abs.
zurückweichen; untergehen.
under-'wieren swV A bewirken; A+pD*mit* durchwir-
ken/ ausschmücken mit.
under-wîlen,-wîlent Adv.
manchmal, zuweilen.
under-'winden[1]**,unter-
'winden** stV [IIIa] refl.+G
unternehmen; übernehmen;
annehmen, auf sich nehmen;
sich kümmern um, sich
annehmen; sich entschließen
zu, sich verlegen auf; in
Besitz/ an sich nehmen; verfügen über.
under-'winden[2] stN Anspruch; Fürsorge.
under-wint stM Unterbrechung.

under-'wîsen swV A+G/A/
Ns*daz,w* /pD*an* lehren; un-
terrichten/ belehren/ informieren über.
under-worfen Part.Adj. untergeben; ergeben, unter-
würfig.
under-worfenheit stF Unterwerfung, Ergebung.
under-worht [s.] *under-
würken.*
**un-derwunscht,-*er-
wunscht** Part.Adj. uner-
wünscht.
under-wurf stM Unterwerfung; Ergebung.
under-wurflich Adj., -lî-
che Adv. untergeordnet; demütig.
under-'würken swV [Part.
Prät. *underworht*] A durchwirken; A+pD*von* trennen
von.
under-'zeigen swV A+D erklären.
under-zepfel stN Zäpfchen.
under-zieche stF Inlett.
'under-ziehen stV [IIb] A
hinunterziehen;**under-'ziehen** refl.+G unternehmen; A
(unter-) füttern, unterlegen;
unterbrechen; A+G abbrin-
gen von; A+D entziehen.
under-zuc stM Entzug.
under-'zucken swV A unterdrücken.
under-zuckunge stF Unterdrückung.
ünde-slac stM Wellengang.
un-dicke Adv. selten.
un-dienesthaft Adj. dienst-
unwillig.
un-dienstlich Adj. stolz.
un-diet stN Heidenvolk.
un-dinc stN Unrecht, Verfehlung; Verderben; Feindseligkeit.
un-dôtlich,-dœtlich- [s.]
untœtlich(-).

un-döu,-döuwe stF Erbre-
chen; Durchfall.
un-döu(e)n [s.] *undöuwen.*
un-döuunge stF Erbrechen.
un-döuwe [s.] *undöu.*
un-döuwen,-döu(e)n swV
abs. sich erbrechen; A erbrechen.
un-drœlîche [s.] *untrœlîche.*
un-dulten swV abs. sich rasend gebärden.
un-durft[1],-durften Adj./
Adv. unnötig; unbegründet,
grundlos.
un-durft[2] stF *u. sîn* +G (+D)
unnötig sein; *in undurften*
ohne Bedürfnis/ Not.
un-durften [s.] *undurft* [1].
un-durnehtekeit stF Un-
vollkommenheit.
un-ê stF *zer u.* außerehelich.
un-eben Adj. ungleichmäßig;
unähnlich; unbescheiden.
un-ebene,-eben Adv. un-
gleich (-mäßig); schlecht;
grausam.
un-edel Adj. nicht adlig; unedel; gemein, niedrig; un-
geraten.
un-edele stF niedriger Stand.
un-edelîche(n) Adv. unedel,
schlecht.
un-edeln swV abs. den Adel
verlieren.
un-êhaft Adj. unehelich.
une-hô [s.] *unhôhe.*
une-holde [s.] *unholde* [1].
un-ehtec/ic Adj. gering geachtet; *u. sîn* +G gering achten.
un-êkint stN uneheliches
Kind.
un-êlich Adj., -lîche Adv.
rechtlos; außerehelich.
un-enbunden Part.Adj. un-
erlöst.
un-ende stN Endlosigkeit.
un-endehaft,-endhaft Adj.
unendlich, endlos; zweck-
los, sinnlos; unentschlossen.
un-endelich,-end(ec)lich
Adj., -lîche Adv. unendlich;
zahllos; sinnlos.
un-endhaft [s.] *unendehaft.*
un-endic Adj. immerwäh-
rend.
un-enpfenclich Adj. unem-
pfänglich; unbegreiflich.
un-enpfintlich Adj. unem-
pfindlich; unbegreiflich.
un-enthaltlichkeit stF Ungebundenheit.
un-entheltich Adj. unaufhaltsam.
un-entschuldiclich Adj. un-
entschuldbar.
un-entsetzelich,-entsetz-
lich Adj. unerschütterlich.
un-entsetzet Part.Adj. uner-
schüttert.
un-entsetzlich [s.] *unent-
setzelich.*
un-entwichen Part.Adj. *u.
sîn* +D nicht vergangen sein.
un-êr Adj. schlecht, verdorben; dreist.
un-erbarmeclich,-lîche(n)
[s.] *unerbermeclich.*
un-erbarme-herzikeit stF
Unbarmherzigkeit.
un-erbermec/ic Adj. erbarmungslos.
un-erbermeclich,-erbar-
meclich,-rebermeclich
Adj., -lîche(n) Adv. un-
barmherzig; schrecklich.
un-erbolgen Part.Adj. gewogen; erfreut.
un-erbrochen Part.Adj. ungebrochen.
un-erbûwen,-erbûen Part.
Adj./Adv. ungebahnt; *u. ligen* brachliegen.
un-êre stF Schmach, Schande; Kränkung, Beleidigung;
Schaden; Schändlichkeit.
un-êren swV A beschimpfen,
verschmähen, verfluchen;
entehren, schänden, besu-
deln; kränken, beleidigen;
herabsetzen, verachten.
un-ergangen Part.Adj. unge-
schehen; unbeendet; uner-
füllt; unentschieden.
un-ergetzet,-regetzet Part.
Adj. unentschädigt; nicht wieder gutzumachend.
un-ergraben Part.Adj. uner-
forscht.
un-erhaben Part.Adj. ungesäuert; unbewegt.
un-erkant,-erkennet Part.
Adj. unbekannt, fremd; ungenannt; heimlich.
un-erkantlich Adj. unnennbar, unschätzbar.
un-erkantnisse stF Unwis-
senheit.
un-erkennet [s.] *unerkant.*
un-erkomene Part.Adv. un-
erschrocken.
un-erkomenlîche Adv. un-
erschrocken.
un-erkorn Part.Adj. unge-
wählt.
un-erlân Part.Adj. *u. sîn*
nicht im Stich gelassen werden.
un-êrlich Adj., -lîche(n)
Adv. schimpflich, unehrenhaft; unehrlich.
un-erlogen Part.Adj. wahr,
echt.
un-erlôpt,-*erloubet* Part.
Adj. *unerlôptiu stat* Kloster-
bereich mit Schweigegebot.
un-erloschen Part.Adv. *u.
brinnen* brennen ohne zu erlöschen.
un-erlœset,-erlôst Part.
Adj. uneingelöst; unerlöst,
unfrei; *leides/ trûrens u.* befangen mit Leid.
un-erloufen Part.Adv. unerreichbar.
un-ermezzeclîche Adv. un-
ermesslich.

un-ernert Part.Adj. (rettungslos) verloren; verlassen.
un-errahlich Adj. unerreichbar; unsagbar.
un-êrsam Adj. unehrenhaft.
un-erschepf(e)t,-erschöpfet Part.Adj. unerschöpflich.
un-erschrecket Part.Adj. unerschrocken.
un-erschrockenlich Adj., **-lîche** Adv. unerschrocken.
un-erslagen Part.Adj. ungeschlagen, unbesiegt; unversehrt, nicht erschlagen.
un-erstorben Part.Adj. nicht abgetötet; *u. sîn* am Leben sein.
un-erstürmt Part.Adj. uneingenommen.
un-ersuocht Part.Adj. undurchsucht.
un-ertec/ic Adj. schlecht, böse.
un-ertekeit,-ertikeit stF Bosheit.
un-erværet Part.Adj. unverzagt, unerschrocken; sicher.
un-ervarn Part.Adj. ungelöst; aufrichtig; unbescholten.
un-ervölgec/ic Adj. unerreichbar.
un-ervölgeclich Adj. unerreichbar.
un-ervolgenlich Adj. unerreichbar.
un-ervorht(en),-revorht, -dervorht Part.Adj., **-ervorhte** Part.Adv. furchtlos, unerschrocken; unerschütterlich.
un-ervorhticlîche Adv. unerschrocken.
un-ervûlet,-revûlt Part.Adj. unverwest.
un-ervunden,-revunden Part.Adj. unüberführt.
un-erwant Part.Adv. unverzüglich.

un-erwendet Part.Adj. unabwendbar.
un-erwert Part.Adj./Adv. unabwendbar, unumgänglich, unumstößlich; ungehindert, unverwehrt; uneingeschränkt; unbefriedigt; ungeschützt.
un-erzeiget Part.Adj. verschwiegen.
un-erzünt Part.Adj. unentflammt.
un-gæbe Adj. schlecht, wertlos; unrein.
un-gahtet,-*geahtet Part. Adj. ungezählt; unfassbar.
un-gancheit stF Verkehrtheit, Schlechtigkeit.
un-ganz Adj. unvollständig, unvollkommen; krank.
un-ganzlîche Adv. unvollständig, unvollkommen.
un-gastlîche Adv. unförmlich, innig.
un-gâz Adj. hungrig, nüchtern, ohne Essen.
un-gearbeitet Part.Adj. untätig.
un-geætemt Part.Adj. *u. belîben/ geleben* am Leben bleiben ohne zu atmen.
un-gebadet,-gebat Part. Adj. ungebadet.
un-gebant,-gebent Part. Adj. ungebahnt, ungeebnet.
un-gebærde,-gebære, -gebâre stF schlechtes Benehmen; Ungestüm, Wildheit; Wehgeschrei, -klage.
un-gebære Adj. unangemessen; unangenehm.
un-gebâren swV abs. jammern; toben.
un-gebat [s.] *ungebadet.*
un-gebeit Part.Adv. unverzüglich.
un-gebent [s.] *ungebant.*
un-gebert Part.Adj. ungebahnt; nicht gezüchtigt.

un-gebeten Part.Adj. ungebeten, ungeladen.
un-gebîhtet Part.Adj. ungebeichtet.
un-gebite stF Ungeduld.
un-gebizzen Part.Adj. ungequält.
un-geblant Part.Adv. ohne geblendet zu werden.
un-geblâsen Part.Adv. ohne geblasen zu werden.
un-geborn Part.Adj. ungeboren, (noch) nicht geboren; von niedriger Herkunft; unedel; roh.
un-gebornheit stF Zustand des Noch-Nicht-Geboren-Seins.
un-geböugic Adj. unbeweglich.
un-gebrâchet Part.Adj. ungepflügt.
un-gebrant Part.Adj. unverbrannt.
un-gebresthaft Adj. makellos.
un-gebrestlich Adj. vollkommen.
un-gebrochen Part.Adj./ Adv. uneingeschränkt; vollkommen; ungebrochen, unversehrt.
un-gebrûch stM Brachland.
un-gebrüevet [s.] *ungeprüev(e)t.*
un-gebüezet,-gebuozet Part.Adj. ungerächt; ungestraft; unbußfertig.
un-gebunden Part.Adj. unverbunden; ungebunden, ungefesselt; unbedeckt.
un-gebuozet [s.] *ungebüezet.*
un-geburt stF niedrige Herkunft.
un-geburthaft Adj. übernatürlich.
un-gebûwet Part.Adj. unbezähmt.

un-gedâht [s.] *ungedenken.*
un-gedanc[1] stM böse Gedanken; Zweifel.
un-gedanc[2] stM [s.]*undanc.*
un-gedancheit stF Gedankenlosigkeit.
un-gedanket Part.Adj. unbelohnt.
un-gedecket Part.Adj. unzugedeckt.
un-gedenclich Adj.,-lîchen Adv. unvorstellbar.
un-gedenken swV [Part. Prät.*ungedâht*] *u. sîn* +G/ Ns*daz* +D nicht denken an; unvorstellbar sein.
un-gedienet Part.Adj. unverdient, unverschuldet.
un-gedigen Part.Adj. hässlich.
un-gedinget Part.Adj. unentgeltlich.
un-gedôdet [s.] *ungetœdet.*
un-gedolt [s.] *ungedult.*
un-gedöuwet Part.Adj. unverdaut.
un-gedrôt Part.Adv. *u. sîn* unpers.+D ungefährdet sein.
un-gedrungen Part.Adj. unbedrängt.
un-geduldec/ic [s.] *ungedultec.*
un-gedult,-gedolt stF [auch stM] Ungeduld; Heftigkeit; Schmerz; Unrecht.
un-gedultec/ic,-geduldec -geduldic Adj. ungeduldig.
un-gedulteclîche Adv. voll Unruhe.
un-gedulti(c)keit stF Ungeduld, Unruhe.
un-geendet Part.Adj. unausgeführt.
un-gegeben Part.Adj. unverschenkt.
un-geger(e)t Part.Adv. unverlangt, überraschend.
un-gegrüezet,-gegruozt Part.Adj. ungegrüßt.

un-gegürtet Part.Adj. ungegürtet.
un-gehabe,-gehebe,-gehabde,-gehebde stF Jammer, Klage; Leid, Elend, Bedrängnis; Verzweiflung; Aufregung; Heftigkeit, Ungestüm; Härte; Unbequemlichkeit.
un-gehaben[1] Part.Adj. unvergoren.
un-gehaben[2] stN Schmerz.
un-gehabtheit stF Bedrängnis.
un-gehazzet Part.Adj. ungehasst, nicht angefeindet.
un-gehebe[1] Adj. böse.
un-gehebe[2],-gehebde stF [s.] *ungehabe.*
un-gehebic Adj. unerträglich.
un-geheilet Part.Adj. ungeheilt; unerlöst, verdammt.
un-gehelset Part.Adv. ohne Umarmung.
un-geherberget Part.Adj. obdachlos.
un-gehêrt Part.Adj. hässlich.
un-gehindert Part.Adj. unbehindert.
un-gehirm,-gehirme stMF N Unheil, Verderben; Gewalt.
un-gehirme Adj. wild, heftig.
un-gehirmlîchen Adv. heftig.
un-gehiure[1],-gehûre,-gehiuwer Adj./Adv. ungeheuer, schrecklich, unheimlich; gefährlich; heftig, grausam; fremd.
un-gehiure[2],-gehûre stN swM Ungeheuer.
un-gehiuwer [s.] *ungehiure* [1].
un-gehœnet Part.Adj. geehrt.
un-gehôre Adj. ungehorsam.
un-gehœrende,-gehœrn-

de Part.Adj. schwerhörig, taub.
un-gehœret,-gehôrt Part. Adj. ungehört; unerhört, unvorstellbar.
un-gehœrnde [s.] *ungehœrende.*
un-gehôrsam[1] Adj. ungehorsam.
un-gehôrsam[2] stF Ungehorsam.
un-gehôrsamicheit,-gehôrsamkeit stF Ungehorsam.
un-gehôrt [s.] *ungehœret.*
un-gehov(e)t Part.Adj. nicht adlig.
un-gehulfen Part.Adv. ohne Hilfe.
un-gehûre [s.] *ungehiure.*
un-gehûtet Part.Adj. unbespannt.
un-geistlich Adj. sündhaft.
un-gejaget Part.Adj. unverfolgt.
un-geklaget Part.Adj. ungeklagt.
un-gekochet Part.Adj. unverdaut.
un-gekorn Part.Adj. ungewählt.
un-gekoufet Part.Adj. ungekauft.
un-gekrenkt Part.Adj. unversehrt.
un-geladen Part.Adj. unbelastet.
un-geladet,-geladen Part. Adj. uneingeladen, unaufgefordert.
un-gelârt Part.Adj. ungelehrt.
un-gelâzen,-gelôzen Part. Adj. ungeduldig; unempfänglich; hochmütig.
un-gelâzenheit,-gelôzenheit stF Ungeduld; Hochmut; Unempfänglichkeit.
un-gelebt Part.Adj. unerfahren.

un-gelegen Part.Adj. weit entfernt.

un-gelegenheit stF Unwirtlichkeit.

un-geleidig(e)t Part.Adj. ungetrübt; unbehelligt.

un-geleist Part.Adj. ungeleistet.

un-gelenc Adj. unbeweglich, steif.

un-gelernet Part.Adj. ungewohnt.

un-gelêrt Part.Adj. ungelehrt, ungebildet, unwissend.

un-gelesen Part.Adj. ungelesen.

un-geletzet Part.Adj. unbehindert.

un-gelîch,-glîch Adj. ungleich, unähnlich, verschieden, unterschiedlich, andersartig; unangemessen.

un-gelîche¹,-glîche Adv. ungleich, unähnlich, unterschiedlich, anders; unverhältnismäßig; unangemessen; ungleichmäßig.

un-gelîche²,-glîche stF Ungleichheit.

un-gelîchede stF Andersartigkeit.

un-gelîcheit,-glîcheit stF N Unterschiedlichkeit; Ungleichmäßigkeit, Unregelmäßigkeit.

un-gelîches Adv. ungleich.

un-gelîchnisse,-glîchnisse stF Unähnlichkeit.

un-gelimpf,-glimpf stM Schande, Schimpf; Unrecht; schlechtes Benehmen; u. geben +D tadeln.

un-gelimpfen stN schlechtes Benehmen.

un-gelimpflîche Adv. unangemessenerweise.

un-gelinc,-gelinge stswM Unglück, Missgeschick.

un-gelobet Part.Adj. unberühmt, ruhmlos; ungelobt; unangekündigt.

un-gelogen Part.Adj./Adv. ungelogen; wahr (-haftig), wirklich.

un-gelônet Part.Adj. unbelohnt; u. hân/ lân +D keinen Dank/ Lohn geben; u. sîn unpers.+D(+G) nicht gedankt werden (für).

un-gelôplich,-lîche(n) [s.]ungeloubelich.

un-gelœst Part.Adj. unerlöst.

un-geloube¹ Adj. der u. slîm Schlamm des Unglaubens.

un-geloube²,-gloube swM Unglaube; Ketzerei; Aberglaube; Abfall vom Glauben.

un-geloubec/ic,-gelöubic,-gloubic,-glöubic Adj. ungläubig; unglaubhaft.

un-geloubelich,-geloup-, -gelöup-,-gelôp-lich, -gloup-, -glöup-lich Adj., -lîche(n) Adv. unglaublich, unwahrscheinlich, unvorstellbar; unglaubwürdig; ungläubig.

un-gelôzen(-) [s.] ungelâzen(-).

un-gelucke Adj. unglücklich.

un-gelücke,-gelucke, -glück,-gluck stN Unglück, Unheil; Misserfolg, Missgeschick.

un-geluckic Adj. unglücklich.

un-gelust stM Ekel.

un-gelûtert Part.Adj. ungeläutert.

un-gemach¹ Adj. unangenehm, unlieb, ärgerlich; heftig, schlimm.

un-gemach² stMN Unglück; Kummer, Leid; Gefahr, Bedrängnis, Not; Sorge; Mühsal, Last; Beschwernis, Unannehmlichkeit, Unbequemlichkeit; Ärgernis; Gefahr; Unrecht, Gewalt.

un-gemachet Part.Adj. unerschaffen.

un-gemachsam Adj. unbequem.

un-gemâlet Part.Adj. ungeschminkt.

un-gemant Part.Adj. unaufgefordert.

un-gemâzet Part.Adj. unausgemessen.

un-gemechlich Adj., -lîche Adv. schlimm, schwer, heftig.

un-gemeilig(e)t Part.Adj. unschuldig, rein.

un-gemeilt Part.Adj. unschuldig.

un-gemein Adj. fremd; ungewöhnlich; unvereinbar, getrennt; unzugänglich.

un-gemeint Part.Adj. ungewollt.

un-gemeit Adj. traurig; zornig, ärgerlich; hässlich.

un-gemenget Part.Adj. ungemischt, unverdünnt; unberührt.

un-gemezzen Part.Adj. unermesslich, tief; ungemessen; unangemessen.

un-gemezzenheit stF Unermesslichkeit.

un-geminnert Part.Adj. unvermindert.

un-geminnet Part.Adj. ungastlich.

un-gemischt Part.Adj. ungemischt, unverdünnt; rein.

un-gemüet,-gemuot,-gemût,-gemüeget,-gemûwet Part.Adj. unbelästigt, unbehelligt; unbelastet, unbeschwert.

un-gemüete,-gemuote, -gemûte stN Leid, Kummer, Schmerz, Trauer; Missmut, Ärger, Zorn; Sorge.

un-gemuot,-gemût Part.

Adj. böse, übel; verstimmt, ärgerlich, zornig; traurig, bekümmert.

un-gemuot(-) [s. auch] *ungemüet(-)*.

un-gemuotec,-gemûtec Adj. ärgerlich.

un-gemût(-) [s.] *ungemüet(-); ungemuot(-)*.

un-gemûwet [s.] *ungemüet*.

un-genâde,-gnâde stF Ungnade; Unbarmherzigkeit; Strafe; Unwillen; Unglück; Unrecht; Plage, Übel.

un-genædec/ic,-gnædic Adj. ungnädig; hartherzig, unbarmherzig; feindlich gesinnt; unglücklich.

un-genædec/ic-lich,-gnædec-,-genâdec-lich Adj., **-lîche(n)** Adv. ungnädig; hart; feindselig; unbarmherzig, hartherzig; ärgerlich; unrecht.

un-genæme,-genâme Adj. hässlich, abstoßend, widerwärtig, unangenehm; verhasst, unwillkommen; wertlos; übel.

un-genande stMFN unheilbare Krankheit/ Wunde.

un-genant,-genennet,-genemmet Part.Adj. namenlos, unbekannt; unerwähnt; unaussprechlich, unnennbar.

un-genantheit stF Unnennbarkeit.

un-geneigt Part.Adj. erhoben.

un-genemmet [s.]*ungenant*.

un-genende Part.Adj. widerstrebend.

un-genennet [s.] *ungenant*.

un-genesen Part.Adj. ungeheilt, unerlöst; unheilbar (krank), (unrettbar) verloren.

un-genetzt Part.Adj. *u. (be)*

schern (+A) uneingeseift rasieren.

un-genge Adj. unfreundlich.

un-genislich Adj., **-lîchen** Adv. unheilbar, unrettbar.

un-genist stF Unheil; Misserfolg.

un-geniten Part.Adj./Adv. unbeneidet; ohne Widerstreben.

un-genomen Part.Adj. *u. lâzen* +A verzichten auf.

un-genœtet Part.Adv. ohne Zwang.

un-genôz stM Mensch von geringem/ geringerem Stand; *sîn u. sîn* ihm unebenbürtig/ seiner unwürdig sein.

un-genozzen Part.Adj. unbelohnt, unerwidert.

un-genüeclich Adj. ungenügsam.

un-genüegede stF Unzufriedenheit.

un-genüegen stN Ungenügsamkeit.

un-genuht stF Ungehörigkeit; Unbeherrschtheit, Maßlosigkeit; Armut.

un-genuhtecheit stF Wildnis.

un-genuoc Adj. ungenügend.

un-geölet Part.Adv. ohne Sterbesakramente.

un-georden(e)t,-geordnet Part.Adj. grenzenlos, schrankenlos; ungeregelt, ungeordnet.

un-gepartiget Part.Adj. ungeteilt.

un-gepfendet Part.Adj. *u. sîn* +G im Besitz sein von.

un-gepîtîc,-*gebîtîc Adj. ungeduldig.

un-gepiutelt,-*gebiutelt Part.Adj. ungesiebt; *ungepiuteltez brôt* Brot aus ungesiebtem Mehl.

un-geprüevet,-geprüevt,

-gebrüevet Part.Adj. ungezählt; unbeschreiblich.

Unger stswM Ungar.

un-gerade Adj./Adv. ungerade; überzählig.

un-geræte stN Mangel, Not; Unglück; Leid, Schmerz.

un-gerâten Part.Adj. missraten; behindert; verschwenderisch.

un-geredet,-gerêt Part.Adj. sprachlos; *u. sîn* +D nicht gelten für.

un-gereht[1] Adj./Adv. unrecht; ungerecht.

un-gereht[2] stMN Gegensatz; *ze ungerehte* in schlechtem Zustand.

un-gerehtekeit,-gerehticheit stF Unrecht; Ungerechtigkeit.

un-gereiet Part.Adj. *u. belîben* nicht zum Tanz gehen.

un-gereisic Adj. schwach.

un-gereit Part.Adj. unerreichbar, unzugänglich; verwehrt.

un-gereizet Part.Adj. *u. lâzen* +A in Ruhe lassen.

un-geren [s.] *ungerne*.

un-gerêt [s.] *ungeredet*.

un-gerihte stN Unrecht; Verbrechen, Rechtsbruch.

un-gerihtet Part.Adj. ungestraft, ungesühnt.

ungerisch,ungrisch,ungersch Adj. ungarisch.

ungerischen,ungrischen Adv. auf Ungarisch.

un-geriten Part.Adv. ohne zu reiten.

un-geriuwet Part.Adv. ohne bereut zu haben.

Unger-lant stN Ungarn.

Ungern stN Ungarn.

un-gernde Part.Adj. unmäßig.

un-gerne,-geren Adv. ungern, widerwillig, widerstrebend; unfreiwillig, unwillig;

gegen den Willen; schwer.
un-gerochen Part.Adj./Adv.
ungerächt, ungestraft; ohne
sich zu rächen.
ungersch [s.] *ungerisch.*
un-gerûch- [s.] *ungeruoch-.*
un-gerüeget Part.Adj. ungestraft.
un-gerüemet Part.Adv. ohne
sich zu rühmen.
un-gerüeret[1] Part.Adj. unberührt.
un-gerüeret[2] Part.Adv. *u.*
+G ungeachtet.
un-geruochic,-gerûchich
Adj. unlustig.
un-geruochlîchen,-ge-
rûchlîchen Adv. rück-
sichtslos.
un-geruoft Part.Adj. unaufgefordert.
un-geruowec/ic Adj. unruhig; unermüdlich.
un-geruowet Part.Adj./Adv.
ohne Rast, ohne zu rasten.
un-gerûtet,-*geriutet Part.
Adj. ungerodet.
un-gerwet Part.Adj. unge-
gerbt.
un-gesaget,-geseit Part.
Adj. ungesagt; unsagbar.
un-gesalzen Part.Adj. unge-
salzen.
un-gesamnet Part.Adj. unterschiedlich; ungeordnet;
unentschlossen; nicht einberufen.
un-gesast Part.Adj. rastlos.
un-gesatlich Adj. unersättlich.
un-gesâzet Part.Adj. ohne
Bestand.
un-geschaben Part.Adj. un-
verschont; unangetastet.
un-geschaffen Part.Adj. un-
geschaffen, unerschaffen;
hässlich, missgestaltet.
un-geschaffenheit stF
Missbildung, Missgestalt;

Ungeschaffenheit.
un-geschamt Part.Adj. *u.*
hân +A in Ehren halten.
un-geschant [s.] *unge-*
schendet.
un-geschar(e)t Part.Adj. ungeordnet; unbeirrt.
un-geschehen Part.Adj. un-
geschehen.
un-gescheiden Part.Adj. ungeteilt, ungetrennt; gleich;
untrennbar; unwandelbar;
unzertrennlich; unentschieden; unabwendbar.
un-gescheidenheit stF Unteilbarkeit, Einheit.
un-gescheidenlîche Adv.
untrennbar.
un-geschelt Part.Adj. unge-
schält.
un-geschendet,-geschant
Part.Adj. ungetadelt; unbescholten.
un-geschepf(e)lich Adj. unkreatürlich.
un-geschickeit [s.] *unge-*
schicketheit.
un-geschicket Part.Adj. unfähig, ungeeignet; missgebildet; missgestimmt.
un-geschicketheit,-ge-
schickeit stF Unfähigkeit,
Unvermögen.
un-geschiht stF Unglück;
Missgeschick; Zufall; Untat,
Vergehen; Unrecht.
un-gescholten,-geschol-
den Part.Adj. ungetadelt.
un-geschône Adv. hartherzig, grausam.
un-geschorn Part.Adj. ungeschoren, ungeschnitten.
un-geschouwet Part.Adv.
unbesehen.
un-geschriben Part.Adj. unbeschreiblich; unerwähnt.
un-geschrôten Part.Adv.
unzerschnitten, in einem
Stück.

un-geschuoch Adj. barfuß.
un-geschuocht Part.Adv.
ohne Schuhe.
un-geschütet Part.Adv. ohne
sich zu schütteln.
un-gesegent Part.Adj. verflucht; fluchend.
un-gesehen Part.Adj./Adv.
unbemerkt; nie gesehen; ohne zu sehen; *u. lâzen* +A
nicht aufsuchen.
un-geseit [s.] *ungesaget.*
un-geselleclich Adj., **-lî-**
che(n) Adv. unfreundlich,
lieblos, rücksichtslos; freudlos.
un-gesellet Part.Adj. allein.
un-gesellt,-*gesêlt Part.
Adj. unbeseelt.
un-gesetzet Part.Adj. *u. sîn*
stehen.
un-gesezzen Part.Adj. orts-
fremd.
un-gesihtec/ic Adj. unsichtbar, nicht wahrnehmbar.
un-gesihtec/ic-lich,-ge-
siht(e)lich Adj., **-lîche**
Adv. unsichtbar.
un-gesinde stN böse Geister.
un-gesiunlich [s.] *unge-*
sûnlich.
un-geslagen Part.Adj. ungeschlagen; unbesiegt; unangetastet.
un-geslaht Adj. böse, bösartig; roh, unerzogen; aus
fremdem Geschlecht.
un-geslahte,-geslehte stN
niedriger Stand.
un-geslehticlîchen Adv.
ungehörig.
un-geslihtet Part.Adj. wirr.
un-geslizzen Part.Adj. nicht
überstanden.
un-gesloufen,-*geslâfen
Part.Adj. schlaflos.
un-gesmac,-gesmach Adj.
unschmackhaft, geschmack-
los; Ekel erregend.

un-gesmæhet Part.Adj. un-
bemängelt.
un-gesmecket Part.Adj. unschmackhaft.
un-gesmeichet Part.Adj. un-
gelogen.
un-gesniten Part.Adj. unzerschnitten, unzerteilt.
un-gesoten Part.Adj. unge-
kocht, roh; unverdaut; unge-
goren.
un-gespalten Part.Adj. ungeteilt, nicht gespalten.
un-gespannen Part.Adj. un-
gespannt.
un-gespart Part.Adj./Adv.
nicht gespart/ geschont; un-
begrenzt, uneingeschränkt;
unversagt; schonungslos;
unverzüglich, bevorstehend.
un-gesperret Part.Adj. un-
verschlossen.
un-gespîset Part.Adj. unge-
speist, ohne Nahrung.
un-gespotet Part.Adj. u. sîn
nicht spotten; u. lâzen +G
mit Spott verschonen.
un-gespræche[1] Adj. sprach-
behindert; stumm; nicht redegewandt.
un-gespræche[2] stF Mangel
an Beredtsamkeit.
un-gesprochen Part.Adj./
Adv. unaussprechlich, un-
nennbar; unausgesprochen;
stumm; ohne zu sprechen.
un-gestabt Part.Adj. unge-
stabter eit unverlangter/
nicht ernst gemeinter Eid.
un-gestalt[1] Part.Adj. hässlich; missgebildet; abgezehrt.
un-gestalt[2] stF Hässlichkeit; übles/ schlechtes Aussehen.
un-gestaltheit stF Verun-
staltung.
un-gestanden Part.Adj. unerfahren.
un-gestelle Adj. plump.

un-gestellede stF Plump-
heit.
un-gestill(e)t Part.Adj. un-
gestillt; unbefriedigt; nicht
verstummt.
un-gestochen Part.Adj. un-
zerstochen.
un-gestorben Part.Adj. nicht
abgestorben.
un-gestoubet Part.Adj. (vom
Staub) unbeschmutzt.
un-gestrâfet Part.Adj. ungestraft; unverfolgt.
un-gestrecket Part.Adj. gekrümmt.
un-gestrichen Part.Adj. ungewaschen.
un-gestriten Part.Adj./Adv.
kampflos, ohne Kampf; un-
behelligt.
un-gestücket Part.Adj. ungeteilt.
un-gestüeme[1] Adj. wild, ungebärdig, unbeherrscht; reißend, aufgewühlt.
un-gestüeme[2],-gestuome
stF Heftigkeit, Ungestüm.
un-gestüemec/ic Adj. unbeherrscht.
un-gestüemeclîche(n),
-gestüemlîche(n) Adv.
heftig, wild, ungestüm.
un-gestüemekeit,-ge-
stüem(i)keit stF Unge-
stüm, Heftigkeit, Wildheit,
Unbeherrschtheit.
un-gestüemlîche(n) [s.]
ungestüemeclîche(n).
un-gestümelt Part.Adj. un-
verstümmelt.
un-gestuome [s.] ungestüe-
me[2].
un-gesüenet,-gesûnt Part.
Adj. ungesühnt.
un-gesuht stF Krankheit,
Siechtum.
un-gesühte stN Siechtum.
un-gesundert Part.Adj. nicht
zu unterscheiden.

un-gesungen Part.Adj./Adv.
ohne zu singen, ohne Lied/
Messe.
un-gesûnlich,-gesiunlich
Adj. unsichtbar.
un-gesunt[1] Adj. krank, verwundet; halbtot; ungesund,
schädlich.
un-gesunt[2] stM Krankheit;
Verderben.
un-gesûnt [s.] ungesüenet.
un-gesuntheit stF Krank-
heit; Schwäche.
un-gesuocht Part.Adj. unge-
sucht.
un-geswach(e)t Part.Adj.
geachtet; ungetrübt.
un-geswichen Part.Adj. u.
sîn +D treu sein, nicht im
Stich lassen; des lônes u. sîn
Lohn gewähren.
un-geswigen Part.Adj. un-
verschwiegen.
un-getân Part.Adj./Adv. un-
geschehen; unterlassen, un-
terblieben; unmöglich, nicht
möglich; hässlich, grob.
un-getâne stF Hässlichkeit.
un-getanzet Part.Adj. u. sîn
das Tanzen sein lassen.
un-getât stF Vergehen, Verbrechen; Feigheit.
un-geteil(e)t Part.Adj. ungeteilt, ganz; unteilbar; ungetrennt; ungeteiltez spil Spiel
mit ungleichen Chancen.
un-getelle Adj./Adv. ungeschickt.
un-getesche Adj. missgestaltet.
un-getœdet,-gedôdet Part.
Adj. unabgetötet; u. lâzen +A
am Leben lassen.
un-getouf(e)t Part.Adj. un-
getauft.
un-getragen Part.Adj. unge-
tragen.
un-getretet Part.Adj. unzertreten.

un-getriben Part.Adv. ohne getrieben zu werden.

un-getriu(-) [s.] *ungetriuwe(-)*.

un-getriuwe¹,-getrûwe, -getrîwe,-getriu Adj. untreu, treulos; falsch, unehrlich; ehrlos; ungläubig.

un-getriuwe²,-getrûwe, -getrîwe stF Treulosigkeit.

un-getriuwelich,-getrûwe-,-getrîwe-,-getriulich Adj., **-lîche(n)** Adv. treulos; verräterisch, heimtückisch, falsch; unrechtmäßig.

un-getrîwe(-) [s.] *ungetriuwe(-)*.

un-getroiert Part.Adj. unbewaffnet.

un-getrœstet,-getrôst Part.Adj. ungetröstet; trostlos, hoffnungslos.

un-getrunken,-getrungen Part.Adj. durstig, ohne zu trinken, ungetränkt.

un-getrûwe(-) [s.] *ungetriuwe(-)*.

un-getuom stN Ungeheuer.

un-getwagen Part.Adj. ungewaschen, unrein.

un-getwungen Part.Adv. ohne Zwang.

un-geüebet,-geüept Part. Adj. ungeübt, unerfahren; unerprobt, ungeprüft.

un-geurteilet Part.Adj. unbeurteilt.

un-geval stMN Unglück.

un-gevangen Part.Adj./Adv. ungefesselt, frei; unüberwältigt; nicht als/ wie ein Gefangener; unbehelligt.

un-gevar Adj. verfärbt, entfärbt.

un-gevâr Adv. ungewiss.

un-gevaren [s.] *ungevarn*.

un-geværlîche Adv. unvorsichtig.

un-gevarn,-gevaren Part. Adj. unerfahren.

un-geveder Adj./Adv. ohne Flügel.

un-gevegt Part.Adj. ungesäubert.

un-gevêhet Part.Adv. ohne Anfeindung.

un-geveiget Part.Adj. nicht dem Tod verfallen.

un-gevelle stN Unglück, Verhängnis; Missgeschick; Schaden.

un-gevellec/ic Adj. unangenehm.

un-gevelleclich,-gevellelich Adj. unangemessen; unangenehm.

un-gevellicheit stF Schaden; Unglück; Erkrankung.

un-gevelsch(e)t Part.Adj. wahr, wahrheitsgetreu; ungeschmäht; ungeschminkt.

un-gevertestN unwegsames Gelände; Wildnis, Dickicht; Beschwerlichkeit;   Härte, Unfreundlichkeit; Unglück.

un-geverteclich Adj. unzugänglich.

un-gevieret Part.Adj. uneingeschränkt.

un-gevlecket Part.Adj. unbefleckt.

un-gevluochet Part.Adj. *u. lâzen* +G nicht fluchen über.

un-gevohten Part.Adj. unangefochten.

un-gevölgic Adj. ungehorsam.

un-gevrâg(e)t Part.Adj. unaufgefordert.

un-gevridet Part.Adj. ungeschlichtet, unbeendet; *u. werden* gerächt werden.

un-gevriunt Part.Adj. fremd, ohne Anhang.

un-gevröu(we)t Part.Adj. besorgt, bekümmert; ungeliebt.

un-gevûc(-) [s.] *ungevuoc(-)*.

un-gevüeclich Adj. schwerfällig.

un-gevüege¹,-gevuoge, -gevûge Adj. ungebildet; ungehörig, vorlaut, ungehobelt; ungestüm, heftig, wild, roh, grob; groß, riesig, gewaltig, ungeheuer; unangenehm, schwer, schlimm, hart.

un-gevüege²,-gevuoge, -gevûge Adv. ungestüm, heftig; sehr; schrecklich, grausam; ungeschickt; unschön, hässlich.

un-gevüege³,-gevuoge, -gevûge stF Ungehörigkeit, schlechtes Benehmen; Unfreundlichkeit; Uneinigkeit; Missgeschick; Ungeschicklichkeit; Heftigkeit, Grobheit, Grausamkeit.

un-gevüeget Part.Adj. schwerfällig.

un-gevüere¹ Adj. ausschweifend.

un-gevüere²,-gevuore stN Unheil, Unannehmlichkeit, Schaden.

un-gevûge [s.] *ungevüege*.

un-gevûkelîche [s.] *ungevuoclîche*.

un-gevuoc,-gevûc stM Frevel, Schande.

un-gevuoclîche,-gevûc-, -gevûke-lîche Adv. ungehörig; gewaltsam, grausam.

un-gevuoge [s.]*ungevüege*.

un-gevuore [s.]*ungevüere²*.

un-gewâfent,-gewâpenet Part.Adj. unbewaffnet.

un-gewaht Part.Adv. schlafend, träumend.

un-gewalt stF Machtlosigkeit; *in ungewalte* kraftlos; ohne Bewusstsein/ Macht; *sînes ungewaltes* bewusst-

los; *in sîne u. komen* in Ohnmacht fallen.
un-gewaltic,-geweltic Adj. machtlos, unfähig; *u. sîn* +G keine Verfügungsgewalt haben über; *u. machen* +A+G die Verfügungsgewalt entziehen über; *sîn selbes u. machen* +A zur Selbstverleugnung bringen; *sîn selbes u. werden* sich selbst verleugnen; *sîner sinne u.* bewusstlos.
un-gewalticlich Adj. unfähig.
un-gewanct,-gewanht, -gewenct Part.Adj. unerschütterlich.
un-gewandelt Part.Adj. ungebüßt, ungesühnt.
un-gewanht [s.] *ungewanct.*
un-gewant,-gewendet Part.Adj. unvermeidlich.
un-gewâpenet [s.] *ungewâfent.*
un-gewar Adj./Adv. unvorsichtig.
un-gewære Adj./Adv. falsch, verlogen; unzuverlässig; ungewiss; feige.
un-gewar(e)heit stF Unsicherheit; Schutzlosigkeit; Gefahr.
un-gewarlich,-lîche [s.] *ungewerlich.*
un-gewarnet Part.Adj. ungeschützt, unbewacht; unbewaffnet; unversorgt; unvorbereitet; unversehens; unbegründet.
un-gewegede Adv. unbegründet.
un-gewegen Part.Adj. ungemessen, ungewogen; ungleich.
un-geweinet Part.Adj. unbeweint.
un-geweltic [s.] *ungewaltic.*
un-gewenct [s.] *ungewanct.*

un-gewendet [s.] *ungewant.*
un-gewen(e)t [s.] *ungewont.*
un-gewer stN *ein u. sîn* +D kein Gehör schenken.
un-geweret,-gewert Part. Adj. unbefriedigt; ungewährt; *u. sîn/ belîben* (+G) nicht erhört werden, verweigert werden; ausgeschlossen sein (von); *u. lâzen* +A abweisen, nicht erhören.
un-gewerlich,-gewarlich Adj., **-lîche** Adv. gefährlich; schlimm; unsicher; unvorsichtig; unvorhergesehen.
un-gewert [s.] *ungeweret.*
un-geweschen Part.Adj. ungespült.
un-gewesent Part.Adj. unwesenhaft.
un-gewîbet Part.Adj. jungfräulich.
un-gewîcht Part.Adj. ungeweiht.
un-gewillet Part.Adj. *u. hân* +D zuwiderhandeln.
un-gewillîchent Adv. unwillentlich.
un-gewin stM Unglück; Bedrängnis, Verderben; Schaden, Nachteil; Verlust; Niederlage.
un-gewis[1] Adj./Adv. unsicher, ungewiss; unzuverlässig; unwissend; ungenau.
un-gewis[2] stN Ungewissheit.
un-gewisheit stF Ungewissheit, Unzuverlässigkeit.
un-gewîslich Adj. unvernünftig.
un-gewislîchen Adv. ins Ungewisse.
un-gewitere stN Unwetter; schlechtes Wetter.
un-gewitzt Part.Adj. unwissend.

un-gewizzen[1] Part.Adj. unwissend; unvernünftig, unverständig; unbekannt.
un-gewizzen[2] stFN Unwissenheit, Unkenntnis.
un-gewizzenheit stF Unerfahrenheit.
un-gewon Adj. *u. sîn* +G/pD *ze* nicht gewöhnt sein an.
un-gewonet [s.] *ungewont.*
un-gewonheit stF mangelnde Übung; ungewohntes Leben; Unmöglichkeit.
un-gewonlich,-gewönlich Adj., **-lîche** Adv. ungewohnt; ungewöhnlich, außerordentlich; unrechtmäßig.
un-gewont,-gewonet, -gewen(e)t Part.Adj. ungeübt; *u. sîn* +G/pD *ze/N s* nicht gewöhnt sein an.
un-geworben Part.Adj. unausgeführt.
un-geworden Part.Adj. ungeschaffen.
un-gewordenheit stF Ungeschaffenheit.
un-gewortet Part.Adj. unaussprechlich.
un-gewulkt Part.Adj./Adv. unbewölkt, wolkenlos.
un-gewunnen Part.Adj. unüberwindlich.
un-gewunt Part.Adj. unverletzt.
un-gewurm,-gewuorm stN übles Gewürm.
un-gewürte stN schlechter Ruf, üble Nachrede.
un-gewüscht,-*gewischet Part.Adj. nicht abgewischt.
un-gezalt,-gezelt,-gezellet Part. Adj./Adv. zahllos, ungezählt; unbeschreiblich; unberücksichtigt.
un-gezæme Adj. ungeeignet; ungehörig; ungezähmt; unbeherrscht.

un-gezel(le)t [s.] *ungezalt.*

un-gezem(e)t Part.Adj. ungezähmt, wild.

un-gezerret Part.Adj. unzerrissen; unbehelligt.

un-gezewe,-*gezöuwe stN *mit u.* unvorbereitet.

un-gezibel stN Ungeziefer.

un-gezogen Part.Adj./Adv. heftig, grob; zuchtlos, maßlos, unbeherrscht; ungehorsam; übermütig.

un-gezogenheit stF Ungehörigkeit, Zuchtlosigkeit.

un-gezogenlich Adj., **-lîche** Adv. ungehörig, unhöflich, unfreundlich; unverschämt; zuchtlos, unbeherrscht; grausam.

un-gezoumet,-gezöumet Part.Adj. unaufgezäumt, ungezähmt.

un-gezwei(e)t Part.Adj. *u. brüeder/ swestern* Brüder/ Schwestern, die beide Elternteile gemeinsam haben.

un-gezzen Part.Adj. ungegessen, nüchtern, ohne Essen/ Futter; unbewirtet, unversorgt.

un-girde stF Abneigung.

un-giudeclîchen Adv. zurückgezogen, bescheiden.

un-glîch(-) [s.] *ungelîch(-).*

un-glimpf [s.] *ungelimpf.*

un-gloub-,-glöub-,-gloup-, -glöup- [s.] *ungeloub-.*

un-gluck,-glück [s.] *ungelücke.*

un-gnâde [s.] *ungenâde.*

un-gnædec/ic(-) [s.] *ungenædec(-).*

un-gotlich Adj. gottlos.

ungrisch(-) [s.] *ungerisch(-).*

un-grüene,-grüne Adj. aufgebracht, erzürnt.

un-grüntlich,-gruntlich Adj. unergründlich.

un-güete,-gûte stF Bosheit; Hartherzigkeit, Härte, Grausamkeit.

un-güetlich,-gût-,-guotlich Adj., **-lîche** Adv. unfreundlich; böse, übel, grausam.

un-gunst stF Missgunst; Bosheit, Grausamkeit.

un-günstic Adj. gram.

un-guot[1] Adj. schlecht, übel, hart, böse, grausam; ungnädig.

un-guot[2] stN Übel, Böses; Schaden; Bosheit.

un-guotlich,-lîche [s.] *ungüetlich.*

un-güstlich,-*günstlich Adj. unvereinbar.

un-gût- [s.] *ungüet-.*

un-harte Adv. sanft.

un-hebe stF Entrückung.

un-hederlîche Adv. ernsthaft.

un-heil stN Unglück, Verderben, Unheil; Schaden, Nachteil.

un-heiles Adv. zum Unglück.

un-heilsam Adj. unheilbar.

un-heim(e)lich,-heinlich Adj. fremd, fern; feind.

un-helbære Adj. offenbar.

un-helfeclîche Adv. unheilbar.

un-helfelich,-hilflich Adj. hilflos; untauglich, nutzlos.

un-heltic Adv. haltlos.

un-herzehaft Adj. mutlos.

un-hilflich [s.] *unhelfelich.*

un-hinderlîchen Adv. ungehindert, unabwendbar.

un-hô[1] Adj. unfroh.

un-hô[2]**,-hôch,-hôe** Adv. [s.] *unhôhe.*

un-hoge,-huge stF Zorn, Wut.

un-hogen swV pD*mit* zürnen mit.

un-hôhe,une-hôch,-hô, -hôe Adv. *u. wigen* wenig wert sein/ ins Gewicht fallen; *u. haben* +A gering schätzen; *u. âhten/ heben/ wigen* +D/A gleichgültig sein, wenig kümmern.

un-,une-holde[1] swM Bösewicht, Feind, Unhold.

un-holde[2] swF Hexe, Zauberin.

un-holt Adj. feindselig.

un-hœne Adj. rücksichtsvoll.

un-hônsam Adv. ehrerbietig.

un-hovebære Adj. unhöfisch, nicht/ wenig hoffähig.

un-hovelîche(n) Adv. unhöfisch, unfein.

un-hövesch,-hübsch Adj. unhöfisch, unfein, unhöflich.

un-hövescheit,-hübschheit stF unhöfisches Benehmen, Ungehörigkeit; Rohheit.

un-hübsch [s.] *unhövesch.*

un-huge [s.] *unhoge.*

un-hulde stF Ungnade.

un-huldec Adj. ungnädig.

un-innic Adj. unvertraut.

unjô stswM [Perle].

un-karc Adj. unklug.

un-kentnis stFN Entfremdung.

un-kintlich Adj., **-lîche(n)** Adv. unkindlich.

un-kiuschære,-kûschære stM Hurenbock.

un-kiusche[1]**,-kûsche, -kunsche** Adj./Adv. unkeusch; unrein; schamlos; sittenwidrig, ungehörig; frevelhaft, schändlich.

un-kiusche[2]**,-kûsche** stF Unkeuschheit; Unreinheit; Fleischeslust; Geschlechtsverkehr, Geschlechtsakt, Paarung; Frevel.

**un-kiuschekeit,-kûsche-
keit,-kûsch(i)keit,-kû-
scheit,-kiuscheit** stF Unkeuschheit; Unreinheit; Unzucht.
un-kiuschen swV abs. sich
paaren.
un-kiuschlich,-kûschlich
Adj., **-lîche(n)** Adv. unkeusch; unrein; unzüchtig;
frevelhaft.
un-klagebære Adj. *unklage-
bærez wîp* Frau, um die niemand trauert.
un-klagelich,-kleg(e)lich
Adj. nicht beklagenswert.
un-klein Adj. nicht klein.
un-kochen stN schlechte
Verdauung.
un-kostebære Adj. wertlos,
geringwertig.
un-kostelich Adj. nicht an-
spruchsvoll.
un-koufet Part.Adv. ohne zu
verkaufen.
un-kraft,-kracht stF Kraft-
losigkeit, Schwäche; Ohn-
macht, Bewusstlosigkeit;
Krankheit.
un-kranc,-kranh Adj. stark.
un-kreftec/ic Adj. kraftlos,
schwach; krank.
un-kristen[1] Adj. unchristlich;
ungläubig, heidnisch.
un-kristen[2] swM Heide.
un-kristenlich Adj. unchristlich; ungläubig, heidnisch.
un-krût stN Unkraut.
un-krûtgarte swM Garten
voller Unkraut.
un-kümberlich Adj., **-lîche**
Adv. sorgenfrei.
un-kunde,-künde,-kunt
Adj. unbekannt, fremd; nie
gehört; unwissend; unge-
heuer.
un-künde,-kunde   stF
Fremdheit, Fremdsein; Un-
bekanntheit; Fremde; Nicht-

Erkennen.
un-kundec/ic Adj. unbekannt; fremd; seltsam.
un-kundene stF Unkenntnis.
un-kunder stN Untier.
un-kunftic Adj. *unkunftigiu
sæte* noch nicht geborenes
Leben.
un-kunnende Part.Adj. ungeschickt; unfähig.
un-kunnendheit stF Unfähigkeit.
un-kunsche   [s.]   *unkiu-
sche* [1].
un-kunst stF Unwissen; Unerfahrenheit; Unvermögen.
un-kunt [s.]*unkunde* .
un-kûsch- [s.] *unkiusch-*.
un-kust stF Bosheit, Falschheit.
un-küstec/ic,-kustic Adj.
böse, übel; falsch, bösartig;
verderbt.
un-lanc Adj. kurz; klein, gering; *u. sîn/* werden nicht
lange dauern.
un-lange,-lanc,-lenge
Adv. nicht lange, (nur) kurze
Zeit.
un-langes Adv. bald.
un-lasterlîche(n) Adv. ohne
Schande/ Schuld; unanstö-
ßig.
un-laz Adj. unermüdlich.
un-ledec/ic Adj. unfrei; beladen; eifrig, beschäftigt; un-
entschuldbar; unlösbar.
un-ledikeit,-lidkeit stF
Unfreiheit; Mühe.
un-lenge [s.] *unlange*.
un-lîdec/ic Adj. unerträglich;
unangenehm; ungeduldig;
frei von Schmerzen, unversehrt.
un-lîdekeit stF Ungeduld.
un-lîdelich Adj., **-lîche** Adv.
unerträglich; unempfindlich,
unverletzlich.

un-lîdelicheit,-lîdlichkeit
stF Ungeduld; Unfähigkeit;
Leidensfähigkeit; Leidüber-
windung.
un-lîdende Part.Adv. ohne
Schmerz.
un-lidkeit [s.] *unledikeit*.
un-lîdlichkeit [s.] *unlîde-
lichkeit*.
un-liep[1] Adj. unlieb; *u. hân*
+A nicht leiden können.
un-liep[2] stN Lieblosigkeit,
Härte.
un-lieplich Adj., **-lîche(n)**
Adv. unfreundlich, grausam;
traurig.
un-lîhte Adv. belastend.
un-lîplich Adj. unkörperlich.
un-lîse Adv. heftig.
**un-liumt,-liunt,-*liu-
munt** stM Verleumdung;
schlechter Ruf.
un-liutsælic,-lûtsælic Adj.
abstoßend.
un-lobelich,-löplich Adj.,
-lîche Adv. tadelnswert; un-
rühmlich.
un-lobesam Adj. unangemessen.
un-lônbære Adj. *u. werden*
keinen Lohn verdienen.
un-löplich,-lîche [s.] *un-
lobelich*.
un-lôs Adj. maßvoll, ehrenhaft, ernst; aufrichtig.
un-lougen stN *der rede/ des
ist u.* zweifellos, unleugbar,
nicht zu bestreiten; *der mære
u. stân* für die Wahrheit der
Geschichte einstehen.
un-lougenlîche Adv. unstreitig.
un-lust stMF Leiden, Qual;
Widerwillen, Unwillen.
un-lustic,-lüstic Adj. unangenehm, widerwärtig, Ekel
erregend; zuwider; unwillig.
un-lusticlîchen Adv. wider-
lich.

un-lustigen swV A verderben.

un-lustlich Adj. unangenehm.

un-lustsam Adj. nicht verlockend.

un-lûter Adj. unrein.

un-lûterkeit stF Unreinheit.

un-lûterlîche(n) Adv. unaufrichtig; unrein.

un-lûtes Adv. ohne Laut zu geben.

un-lûtsælic [s.] unliutsælic.

un-magenlich [s.] unmügelich.

un-maht stF Schwäche, Erschöpfung; Bewusstlosigkeit, Ohnmacht.

un-mahtic [s.] unmehtec.

un-,um-mahtlich Adj. unmöglich.

un-manec/ic,-manc Indef. Pron. wenig, kaum ein, kein; über unmanegen tac nach kurzer Zeit.

un-manheit stF Feigheit.

un-manlich Adj. unmännlich.

un-mære¹,um-mâre,-mêre Adj. unlieb; gleichgültig; unwillkommen; wertlos; unangenehm, zuwider, verhasst; schlecht; fremd; u. hân +A gering schätzen.

un-mære² Adv. zur Schande.

un-mære³ stF Gleichgültigkeit.

un-mæren swV [Prät. unmârt-] D zuwider werden, gleichgültig sein, missfallen; A verschmähen; A+D herabsetzen vor.

un-materielich,-materilich Adj., -lîche Adv. unkörperlich, geistig, entstofflicht.

un-,um-mâz Adj. übermäßig, maßlos, unmäßig; ungeheuer, ungeheuerlich.

un-mâze,-môze stswF Unmäßigkeit, Maßlosigkeit; Vermessenheit; Frevel; Ungeheuerlichkeit; Unermesslichkeit; Unzahl; Ausmaß; ze u. übermäßig, maßlos, ungeheuer.

un-,um-mæzec/ic Adj. unmäßig, maßlos; unermesslich, grenzenlos; ungeheuer, ungeheuerlich.

un-mæzeclîche(n) Adv. übermäßig, maßlos; ungeheuer.

un-mâzen,um-môzen Adv. übermäßig, maßlos; zahllos, überaus, außerordentlich, ungeheuer.

un-mæzicheit,-mæzlicheit stF Unermesslichkeit.

un-mæzlich,um-mâzlich Adj. unermesslich; maßlos; ungeheuer; außerordentlich (prächtig).

un-mæzlîche,-mâzlîche(n) Adv. übermäßig, unmäßig, maßlos; überaus; zahllos; ungeheuer, außerordentlich.

un-mæzlicheit [s.] unmæzicheit.

un-megelich [s.] unmügelich.

un-mehtec/ic,um-mahtic Adj. kraftlos, machtlos, schwach; ohnmächtig.

un-mehten swV abs. schwach werden.

un-,um-meilic Adj. makellos, rein.

un-meizlich Adj. unzerbrechlich.

un-mensch swM Unmensch.

un-menschlich Adj., -lîche(n) Adv. unmenschlich; nicht menschlich.

un-mêre [s.] unmære¹.

un-merklîche Adv. unbemerkt.

un-mez stN Übermaß.

un-mezzec/ic-lîche(n) Adv. unermesslich; übermäßig, unmäßig.

un-mien,-*mein Adj. den eit u. lâzen den Eid halten.

un-milte,-milde Adj. unbarmherzig, grausam; hartherzig; knauserig.

un-milteclîche Adv. rücksichtslos, grob.

un-minne¹ Adj. unbeliebt, angefeindet.

un-minne² stF Feindschaft; Streit; Hass; Ungnade; Zorn; falsche/ unechte Liebe; Böses, Unrecht.

un-minnec/ic-lich Adj.,-lîche Adv. unliebenswürdig; u. singen nicht von der Minne singen.

un-minnen swV A verschmähen; kränken.

un-minnerîch Adj. unliebenswürdig.

un-minnesam Adj./Adv. lieblos, unfreundlich.

un-mischen swV A trennen.

un-missewende Adj. unabwendbar.

un-mitte(l)lich Adj., -lîche(n) Adv. unmittelbar.

un-môze(-) [s.] unmâze(-).

un-mûdekeit [s.] unmuotekeit.

un-müeze [s.] unmuoze.

un-müezec/ic,-muozec Adj. tätig, geschäftig, eifrig, bemüht, fleißig; (viel-) beschäftigt; die wege stên u. die Straßen sind voller Leute.

un-müezecheit,-müeze-, -müezi-,-mûze-keit stF Beschäftigung, Tätigkeit, Arbeit; Bemühung.

un-müezeclîche Adv. eifrig; dringlich.

un-müezekeit [s.] unmüezecheit.

un-müezigen,-muozgen
swV A+pD*mit* beschäftigen
mit.
un-müezikeit [s.] *unmüe-*
zecheit.
un-mügelich,um-muge-,
-mug-,-mege-,-magen-
lich Adj., -lîchen Adv. unmöglich, unvorstellbar; un-
erfüllbar, aussichtslos.
un-mügen,-mugen,-mü-
gende stN Unvermögen,
Abneigung.
un-mügende Part.Adj.impo-
tent.
un-mugentheit stF Unver-
mögen, Schwäche.
un-muot,um-mût stM Är-
ger, Missstimmung; Sorge;
Kummer, Niedergeschla-
genheit; Verzweiflung; Aufregung; Aufruhr, Streit.
un-muote Adj. unmutig.
un-muotec/ic,-mûtec/ic
Adj. betrübt; unwillig, zornig.
un-muotekeit,-mûdekeit
stF Angst.
un-muotes Adv. verzweifelt.
un-muotsamlich Adj. Ekel
erregend.
un-muoze,um-müeze,
-mûze stF Beschäftigung,
Tätigkeit, Geschäftigkeit;
Arbeit, Aufgabe; Pflicht,
Verpflichtung; Mühe, An-
strengung; Unruhe; Not; *ze*
u. gân +pD*mit* sich beschäftigen mit.
un-muozec [s.] *unmüezec.*
un-muozgen [s.] *unmüezi-*
gen.
un-muozlîche Adv. schwer.
un-mût(-) [s.] *unmuot(-).*
un-mûze [s.] *unmuoze.*
un-mûzekeit [s.] *unmüe-*
zecheit.
un-nâch,-nâ Adj. fern, entfernt.

un-nâhen,-nâch,-nâ Adv.
fern; noch lange nicht; bei
weitem nicht, nicht im Ent-
ferntesten; kaum; *u. gân/*
ligen +D nichts ausmachen,
nicht kümmern.
un-natûrlich Adj. übernatürlich.
un-nennelich Adj. unnenn-
bar; sprachlos.
un-nider Adv. *u. nemen* unpers.+A nicht für unter seiner
Würde halten.
un-nôt stF *u. sîn/ geschehen*
+G/Ns*daz* (+D) nicht nötig
haben, nicht brauchen/ müssen; überflüssig/ nicht nötig
sein.
un-nôtdurftic,-nôturftic
Adj. unbedürftig; unnötig.
un-nôtdurftic-lîchen,
-nôturftic-lîchen Adv. ohne Not.
un-nôtec/ic Adj. wohlha-
bend, wohl versorgt.
un-nôthaft Adj. gut gerüstet/
ausgestattet; wohlhabend.
un-nôturftic(-) [s.] *unnôt-*
durftic(-).
un-nuotzeclich [s.] *unnüt-*
zeclich.
un-nutz stM Schaden; *mit*
unnutze ungenutzt.
un-nutzbære,-nutzebære
Adj. unbrauchbar; nichtsnut-
zig.
un-nutzbærlîche Adv. nutzlos.
un-nütze[1],-nutze Adj. unnütz, nutzlos, sinnlos; überflüssig; unbrauchbar, wertlos; schlecht, böse, schädlich.
un-nütze[2],-nutze Adv. ungenutzt; überflüssigerweise;
gefährlich; *u. lebende sîn*
Schaden stiften.
un-nutzebære [s.] *unnutz-*
bære.

un-nützeclich,-nuotzec-
lich Adj. nutzlos.
un-nützekeit,-nutzicheit
stF Beschäftigung mit über-
flüssigen Dingen.
un-nützelich,-nutzlich
Adj. nutzlos, überflüssig;
schädlich.
un-nützelîche,-nutz(e)-,
-nütz-lîche(n) Adv. über-
flüssiger-, unnötigerweise,
ohne Not; schlecht, sinnlos.
un-nutzicheit [s.] *unnütze-*
keit.
un-nutzlich [s.]*unnützelich.*
un-nutz-,-nütz-lîche(n)
[s.] *unnützelîche.*
un-ordenhaft Adj.ordnungs-
widrig, regellos; unpassend;
unbegründet, unangebracht.
un-ordenhafte stF Ord-
nungswidrigkeit.
un-ordenlich Adj., -lîche
Adv. regelwidrig, ungehörig;
regellos, ungeordnet; un-
überlegt, grundlos.
un-ordenunge stF Unord-
nung.
un-perhaft [s.] *unberhaft.*
un-pflege,-pflage stF Not,
Krankheit; Unlust; Gewalt.
un-pieglich Adj. unbeweg-
lich.
un-pilde [s.] *unbilde.*
un-pill(-) [s.] *unbill(-).*
un-prîs stM Schande; Tadel,
Schimpf; Niederlage.
un-prîsen swV A tadeln.
un-prîslich Adj. tadelnswert.
un-prüeflîchen Adv. un-
merklich.
un-quelet Part.Adj. *u. lâzen*
+A nicht länger quälen.
un-raste stF Unruhe, Unrast.
un-rât stM Mangel, Armut,
Not; Unkraut.
un-râtbære Adj. rat-, hilflos.
un-râtsamkeit stF Unzu-
länglichkeit.

un-râwe [s.] *unruowe.*
un-re- [s.] *un-er-.*
un-rede stF Beschimpfung,
Schimpfwort.
un-redehaft,-redhaft Adj.
stumm.
un-redelich,-redlich Adj.,
-lîche(n) Adv. unrecht; ungehörig; ungerecht; unaufrichtig; stumm.
un-redelicheit stF Unvernunft.
un-redende Part.Adj. *u.wer-*
den die Stimme verlieren.
un-redhaft [s.] *unredehaft.*
un-redlich,-lîche(n) [s.]
unredelich.
un-reht[1] Adj. unrecht; ungerecht; falsch, böse, untreu;
unrechtmäßig, ungerechtfertigt; unpassend; schlimm;
krank.
un-reht[2] stN [auch swN] Unrecht; Ungerechtigkeit.
un-rehte Adv. falsch, unrich-
tig, nicht richtig; schlecht;
unrecht; zu Unrecht.
un-rehtekeit,-rehticheit
stF Falschheit, Unaufrichtigkeit; Ungerechtigkeit.
unrehten swV A ungerecht
behandeln.
un-rehticheit [s.] *unrehte-*
keit.
un-rehtvertic Adj. unrechtmäßig.
un-reichhaft Adj. unerreichbar.
un-rein Adj. unrein; unsauber, schmutzig; treulos, böse, schlecht; ungläubig; sündig, verderbt; falsch, unrecht; giftig.
un-reine[1]**,-reines** Adv.
übel; schimpflich, schändlich.
un-reine[2] stF Unreinheit.
un-reinekeit,-rein(i)keit,
-reinicheit stF Unreinheit;

Unsauberkeit, Unrat.
un-reinen swV A(+pD*mit*)
besudeln (mit).
un-reines [s.] *unreine* [1].
un-reinicheit [s.] *unreine-*
keit.
un-reiniclîche Adv. schlecht.
un-reinigen swV A besudeln.
un-reinikeit,-reinkeit [s.]
unreinekeit.
un-rîlich Adj. armselig.
un-ritterlich Adj., **-lîche**
Adv. unritterlich.
un-rû(-) [s.] *unruo-.*
un-rüebe(-) [s.]*unruowe(-).*
un-rüebin,-*ruowin stF
Plagegeist.
un-rüewec/ic [s.]*unruowec.*
un-rünic Adj. beständig.
un-ruoch,-rûch stM Vernachlässigung; Gleichgültigkeit;   Rücksichtslosigkeit;
Verachtung;   Verfolgung;
Ungehorsam;   Freudlosigkeit; Angst; Unglück.
un-ruoche stF Gleichgültigkeit.
un-ruochen swV G/A gering
achten, sich nicht kümmern
um.
un-ruochlîche,-rûchlî-
chen Adv. rücksichtslos;
gleichgültig.
un-ruochsam Adj. gleichgültig, nachlässig.
un-ruochsamkeit stF
Gleichgültigkeit.
un-ruoen [s.] *unruowen.*
un-ruowe,-rûwe,-rû(e),
-râwe,-rüebe stF Unruhe,
Ruhelosigkeit; Sorge, Beun-
ruhigung; Bedrängnis, Not.
un-ruowec/ic,-rüewec/ic
Adj. unruhig, ruhelos.
un-ruowen,-ruoen,-rüe-
ben swV A beunruhigen.
un-rûwe [s.] *unruowe.*
un-sagebære Adj. unsagbar.

un-sag(e)lich,-lîche(n) [s.]
unsegelich.
un-sælde stF Unglück, Unheil,Verderben, Verhängnis.
un-sælec/ic,-sâlic Adj. unselig, unglücklich; Verderben bringend, bösartig; ungläubig; verdammt, ver-
flucht.
un-sælec/ic-heit,-sâlic-
heit,-sælekeit,-sælikeit
stF Unglück, Verhängnis,
Verderben; Unseligkeit.
un-sæleclîche(n),-sâlec-
lîchen Adv. gottlos; sträf-
lich; unsanft; unseligerwei-
se.
un-sælekeit [s.] *unsælec-*
heit.
un-sælîche Adv. unbarmherzig.
un-sæligen swV A verdammen.
un-sælikeit [s.]*unsælecheit.*
un-samfte [s.] *unsanfte.*
un-sanft [s.] *unsenft.*
un-sanfte,-sanpfte,-samf-
te Adv. unsanft, unbequem;
mühevoll, (nur) mit Mühe,
schwer; heftig, grob, hart,
rücksichtslos; unglücklich;
schlecht; ungern; kaum; *u.*
tuon (+D) weh tun; schwer/
lästig fallen.
un-satsam Adj. unersättlich.
un-schade stF Unschuld.
un-schadebære Adj. folgenlos.
un-schad(e)hafte stF Unberührtheit.
un-schamelich,-scheme-
lich Adj. ehrenvoll; untadelig, makellos.
un-schamelîche,-schem-
lîche Adv. ohne Scham,
schamlos.
un-schamheit stF Rücksichtslosigkeit.
un-schedelich,-schedlich

Adj. ungefährlich, unschädlich; ungefährdet, unbeschädigt.
un-schedelîche Adv. ohne Schaden anzurichten, ohne jemandem zu schaden.
un-schedlich [s.] *unschedelich.*
un-schemec/ic Adj. schamlos, hemmungslos.
un-schemede stF Schamlosigkeit.
un-schemelich [s.] *unscha - melich.*
un-schemlîche [s.] *unschamelîche.*
un-schînende Part.Adj. unscheinbar.
un-schol Adj. unschuldig.
un-scholt [s.] *unschulde.*
un-schône[1] Adj./Adv. unansehnlich; grob, heftig, grausam; schlecht.
un-schône[2] stFN Hässlichkeit; Grausamkeit.
un-schœnen swV A entstellen, verunstalten; herabsetzen.
un-schônheit stF Unannehmlichkeit.
un-schrîblich Adj. nicht mit Buchstaben wiederzugeben.
un-schulde,-schult, -scholt stF Unschuld, Schuldlosigkeit; Unschuldserklärung, Reinigungseid; *von u.* ohne Schuld/ Grund; *ze unschulden sagen, u. machen* +A für unschuldig erklären.
un-schuldec/ic Adj. unschuldig, schuldlos; *u. sîn/ wesen/ werden* [auch] sich als unschuldig erweisen, seine Unschuld beweisen; *u. sîn* +D nichts schuldig bleiben.
un-schuldeclich Adj. unschuldig.

un-schuldec/ic-lîche Adv. ohne Schuld; unverdient.
un-schuldegen,-schuldigen swV refl. sich für unschuldig erklären; sich entschuldigen.
un-schuldekeit,-schuldicheit stF Unschuld.
un-schulden Adv. unschuldigerweise; grundlos, ungerechtfertigt, unverdient; *u. zîhen* +A fälschlich beschuldigen.
un-schuldi- [s.] *unschulde-.*
un-schult [s.] *unschulde.*
un-segelich,-seglich,-sag(e)lich Adj., **-lîche(n)** Adv. unsäglich, unbeschreiblich, unaussprechlich.
un-sehelich Adj. unsichtbar.
un-senft,-semft,-sanft Adj. unfreundlich; unangenehm; rau; grimmig; schwer, hart; *u. sîn* unpers.+D sich schlecht fühlen.
un-senfte stF Ungemach, Bedrängnis; Unbehagen; Unruhe; Aufruhr.
un-senftec/ic Adj. schwer.
un-senfteclîchen Adv. heftig; schmerzlich.
un-senftekeit,-senftikeit stF Ungemach, Unruhe.
unser Poss.Pron. unser.
unser-heit stF Selbstbezogenheit.
un-sete stF Unersättlichkeit.
un-setic Adj. unersättlich.
un-setlich Adj. unersättlich.
un-sicher Adj. unsicher, ungewiss; gefährdet.
un-sicherheit stF Ungewissheit, Unsicherheit.
un-sicherlîche(n) Adv. unsicher; *u. vallen* leicht fallen.
un-sigehaft Adj. *u. werden* besiegt werden; *u. bringen* +A besiegen.
un-sihtec/ic Adj. unsichtbar.

un-sihteclîche Adv. unbemerkt.
un-sihticheit stF Unsichtbarkeit.
un-sihtlich Adj. unsichtbar.
un-sin stM Wahnsinn, Raserei; Dummheit, Torheit; Unverständnis; Bewusstlosigkeit.
un-sinne stF Dummheit, Torheit.
un-sinnec/ic Adj. verrückt, wahnsinnig, rasend; töricht.
un-sinneclîche(n) Adv. unverständig; sinnlos.
un-sinnelich Adj. unsinnlich; gedankenlos.
un-sinnen swV abs./pD an töricht/ unsinnig handeln (an).
un-sinnicheit stF Torheit.
un-sippe Adj. fremd.
un-site stM Zorn, Grimm, Wut, Ärger; Grobheit, Heftigkeit; Wildheit; Wahnsinn; Frechheit; Anstrengung.
un-sitec/ic,-sitich Adj. heftig, wild; aufgebracht, zornig.
un-siteclîche Adv. aufgebracht.
un-sitelîche(n) Adv. ungestüm.
un-siten swV abs. toben, sich wild gebärden, übermütig sein; pD *gegen* schlecht behandeln.
un-sitich [s.] *unsitec.*
un-slaffe Adv. gestreckt.
un-slahte stF Bosheit.
un-sleht Adj. krumm, uneben; *u. machen* +A auf Abwege führen.
un-,ün-slit stN Unschlitt, Talg.
un-slitîn Adj. *u. kerze* Talgkerze.
un-sliune stF Langsamkeit.
un-smac stM Gestank.

un-smackende,-smecken-de Part.Adj. übel riechend; geschmacklos; ungenießbar, schlecht schmeckend.

un-smaclich,-smeclich Adj. ungenießbar.

un-smec- [s.] *unsmac-.*

un-sorclîchen Adv. unbekümmert.

un-souber(-) [s.]*unsûber(-).*

un-spâte stF Zeitlosigkeit.

un-sperlîchen Adv. reichlich.

un-spræche Adj. unaussprechlich; *unspræcher zunge* stumm.

un-sprechelich,-sprech-(en)lich Adj., **-lîche(n)** Adv. unaussprechlich, unsagbar, unnennbar; sprachlos, stumm.

un-sprechelicheit stF Unaussprechlichkeit.

un-sprechende Part.Adj. wortlos.

un-sprech(en)lich,-lîche(n) [s.] *unsprechelich.*

un-stadelich [s.] *unstatelich.*

un-stâdichaft Adj. unvermögend; sparsam.

un-state stF Schaden, Nachteil; Mühe; Umstände, Gelegenheit.

un-stæte¹,-stâte Adj. unbeständig, untreu; wechselhaft, wankelmütig, unzuverlässig; trügerisch; vergänglich, hinfällig.

un-stæte²,-stâte stF Untreue, Treulosigkeit; Unbeständigkeit, Wankelmut, Unzuverlässigkeit; Ungewissheit; Vergänglichkeit.

un-stætec/ic,-stâtic Adj. unbeständig, wechselhaft, unzuverlässig; vergänglich.

un-stætec/ic-heit,-stæte-, stæti-keit stF Untreue,

Treulosigkeit; Unbeständigkeit, Unzuverlässigkeit; Unentschlossenheit; Vergänglichkeit.

un-stæteclîche(n) Adv. unbeständig; widersprüchlich.

un-stætekeit [s.] *unstætecheit.*

un-statelich,-stadelich Adj. verhängnisvoll.

un-statelîche(n),-stetelîche(n) Adv. fassungslos, bestürzt; überstürzt; *u. komen* +D zum Verderben werden.

un-stæten swV A untergraben.

un-stætikeit [s.] *unstætecheit.*

un-stetelîche(n) [s.] *unstatelîche(n).*

un-stiure,-stûre stF Belastung.

un-stœzic Adj. ungestört; unverletzt.

un-stræflich Adj. unsträflich; unbescholten, nicht tadelnswert.

un-strît-bære,-pære Adj. kampfunfähig.

un-strîthaft Adj. kampfuntüchtig.

un-strîtlîche Adv. unstreitig.

un-strîtpære [s.] *unstrîtbære.*

un-stüemeclîche Adv. ungestüm.

un-stüemekeit stF Ungestüm.

un-stûre [s.] *unstiure.*

un-sturmbære Adj. uneinnehmbar.

un-sûber,-souber Adj. unsauber, schmutzig.

un-sûberkeit,-sûbercheit, -souberkeit,-sûbricheit stF Unsauberkeit, Unrat; Unreinheit; *huorlich u.* Hurerei.

un-sûbern swV A(+D) verunreinigen.

un-sûbricheit [s.] *unsûberkeit.*

un-süeze¹,-suoze,-sûze Adj./Adv. bitter; hart, schwer; hässlich; verhasst; unfreundlich; heftig, unsanft, grob, grausam; schmerzhaft; geschmacklos.

un-süeze² stF Hässlichkeit.

un-sûmic Adj. nicht säumig.

un-sûnelich,-*siunelich Adj. unsichtbar.

un-suntlich Adj. sündenfrei, unbefleckt.

un-suoze,-sûze [s.] *unsüeze.*

un-swînlich Adj. einem Schwein unähnlich.

unt¹ Konj. [s.] *unde ¹.*

unt² Adv. [s.] *iht ¹.*

unt³ Indef.Pron. [s.] *iht ².*

unt- [s.] *en -; ent-.*

un-târe [s.] *undâre.*

un-tære [s.] *undære.*

un-tât stF Untat, Missetat; Fehltritt; Verbrechen, Vergehen; Unrecht.

unte [s.] *unde ¹.*

un-teilhaft Adj. *u. lâzen* +G +A nicht teilhaftig werden lassen.

un-teilhaftic Adj. *u. machen* +G+A ausschließen von.

un-teillich Adj. unteilbar.

un-teillîche stF Unteilbarkeit.

un-teilsam Adj. untrennbar.

unter [s.] *under ³.*

unter- [s.] *under-.*

un-tesche Adj. klug.

un-tier stN Ungeheuer.

un-tirmec Adj. unerschaffen.

un-tiure¹,-tûre,-tîwer Adj. wertlos, schlecht; gewährt; vertraut.

un-tiure²,-tûre,-tûwer Adv. gelassen; gleichgültig;

u. heben +D nichts ausmachen; *u. nemen* unpers.+A nicht kümmern; *u. nemen* unpers. +A+G/Ns sich nicht kümmern um; gering vorkommen.

un-tiuren swV A herabmindern.

un-tiuricheit stF Wertlosigkeit.

untîwer [s.] *untiure* [1].

untnan [s.] *undenan.*

un-tœdem(c)lich,-tôdemlich Adj. unzerstörbar, unvergänglich.

un-togentlich,-lîche(n) [s.] *untugentlich.*

un-tôrlîche Adv. nicht wie ein Tor.

un-tœticheit stF Unsterblichkeit.

un-tœtlich,-tôtlich,-dôtlich Adj. unsterblich, unvergänglich.

un-tôtlîche Adv. unsterblich, ewig; ohne zu sterben.

un-tœtlicheit,-tôtlicheit, -tôtlich-,-dœtlichkeit stF Unsterblichkeit.

un-tougen Adv. öffentlich.

un-trâge Adv. geschwind.

un-træge Adj. kühn.

un-tregenlich,-treglich Adj. unerträglich.

untriu(-) [s.] *untriuwe(-).*

un-triuwe[1],-trûwe Adj. untreu, treulos.

un-triuwe[2],-trûwe,-triu, -trîwe,-trûe,-trou stF Untreue, Treulosigkeit; Eidbruch, Wortbruch; Vertragsbruch; Unehrlichkeit, Unaufrichtigkeit; Hinterlist, Betrug, Verrat; Unrecht; Undankbarkeit.

un-triuwelîche,-trûwe-, -triu-lîche Adv. treulos.

un-trœlîche,-drœlîche Adv. sanft.

un-trôst stM Trostlosigkeit; Verzweiflung, Qual; Entmutigung, Mutlosigkeit; Unheil, Unglück.

un-trôst- [s.] *untrœsten.*

un-trœstebære Adj. hoffnungslos.

un-trœsten swV [Prät. *untrôst-*] A(+G) entmutigen, beunruhigen (über); in Verzweiflung stürzen, der Hoffnung berauben.

un-trœstlich,-trôstlich Adj. entmutigend; ungetröstet.

un-trœstlîche Adv. *u. trœsten* +A einen schwachen Trost geben.

un-trou,-trûe [s.] *untriuwe* [2].

un-trunken Part.Adj. ungetränkt.

un-trûwe(-) [s.]*untriuwe(-).*

un-tugent stF Tugendlosigkeit; Untugend; Ungehörigkeit; Schwäche; Fehler, Sünde, Unrecht; üble Gesinnung, schlechter Charakter; schlechte Gewohnheit, Laster.

un-tugenthaft Adj. tugendlos; verdorben, schlecht; verderbt, lasterhaft; böse.

un-tugentlich,-togentlich Adj., -lîche(n) Adv. lasterhaft; unrecht.

un-tühtec Adj. untauglich.

un-tûre,-tûwer [s.] *untiure.*

un-überwunden Part.Adj. unbesiegt.

un-üebunge stF Mangel an Übung.

un-umbegeben Part.Adj. nicht von einer Mauer umgeben.

un-underscheiden Part.Adj. nicht unterschieden.

un-ûzgesprochen Part.Adj. unausgesprochen.

un-ûzgesprochenlich Adj. unausgesprochen.

un-ûzgestiuret Part.Adj. unversorgt, nicht ausgesteuert/ mit dem Erbteil ausgestattet.

un-ûzgevangen Part.Adj. unausgesondert.

un-ûzrihtic Adj. unbelehrbar.

un-ûzsprechelich Adj. unaussprechlich.

un-val stM Unfall, Unglück.

un-vælende Part.Adj. unfehlbar.

un-valsch Adj. wahr.

un-valschlich Adj. recht, richtig.

un-varnde,-varende Part. Adj. behindert, lahm; *u. an dem lîbe sîn* die Menstruation haben.

un-vast Adj. unbefestigt.

un-veiles Adv. umsonst.

un-vellec Adj. fest.

un-verbeinet Part.Adj. nicht verhärtet.

un-verbildet Part.Adj. unverbildet; unbildlich, bildlos.

un-verblîben stN Voranschreiten.

un-verblichen Part.Adj. unverblichen.

un-verborgen Part.Adj./ Adv. offen, unumwunden; öffentlich; offensichtlich; nicht verborgen/ vorenthalten.

un-verbœset Part.Adj. unverdorben.

un-verboten Part.Adj. erlaubt.

un-verbrant,-verbrennet Part.Adj. unverbrannt, vom Feuer unversehrt; *u. lâzen* +A nicht anzünden/ brandschatzen.

un-verbrunnen Part.Adj. vom Feuer unversehrt.

un-verbunden Part.Adj. unverheilt.

un-verdaget Part.Adj./Adv. geschwätzig; offen; vollständig; *u. sîn* [auch] nicht verschwiegen werden.

un-verdaht,-verdecket Part.Adj. unbedeckt, unverhüllt.

un-verdâht Part.Adj. unbedacht, unüberlegt; unwissend.

un-verdecket [s.]*unverdaht.*

un-verderbet Part.Adj. unversehrt.

un-verderblich,-verterplich Adj. unvergänglich.

un-verdien(e)t Part.Adj./Adv. unverdient, unverschuldet, grundlos.

un-verdinget Part.Adj. ungebunden.

un-verdorben Part.Adj. ungeschmälert; unversehrt, ungefährdet; unvergessen.

un-verdrozzen Part.Adj./Adv. unermüdlich, unbeirrt; eifrig, entschlossen; unbekümmert.

un-verdrumt Part.Adv. unverbrüchlich.

un-verdrungen Part.Adv. unaufhaltsam.

un-verdürnet Part.Adj. unversperrt.

un-verebenet Part.Adj. unbeglichen.

un-vereinet Part.Adj. unvereinigt, unvereint.

un-vereinunge stF Uneinigkeit.

un-verendet Part.Adj. unerfüllt, unausgeführt; unausgestanden; unvergänglich, unerschöpflich.

un-vergeben Part.Adj. unverziehen.

un-vergebene,-vorgebene Part.Adv. vergeblich.

un-vergezzen Part.Adj./Adv. unvergessen; immer während, ewig; unverändert.

un-vergolten Part.Adj. ungelohnt, unbezahlt, unvergolten; ungewährt.

un-verhert Part.Adj. unangefochten; unbesetzt; ungeschmälert.

un-verhetzt Part.Adj. unangefochten.

un-verholn Part.Adj./Adv. unverborgen; bekannt; offen, offenkundig, öffentlich.

un-verholt Part.Adj. bedrückt.

un-verhœn(e)t Part.Adj./Adv. unverhöhnt; untadelig.

un-verhouwen Part.Adj. unverletzt, unversehrt; ungetrübt, ungeschmälert.

un-verirr(e)t Part.Adj./Adv. unbeirrt, unbeirrbar, sicher, ungehindert.

un-verkêr(e)t,-verkârt Part.Adj./Adv. unverändert, beständig.

un-verkleit,-*verklaget Part.Adj. unverschmerzt.

un-verkorn Part.Adj. unvergessen, unverschmerzt; unvermindert.

un-verkoufet Part.Adj. unverkauft.

un-verkrenket Part.Adj. ungeschmälert; makellos.

un-verladen,-verlaten Part.Adj. unbelästigt, unbehelligt.

un-verlân Part.Adj. aufrechterhalten, nicht aufgegeben.

un-verlaschen [s.] *unverloschen.*

un-verlaten [s.]*unverladen.*

un-verleschet Part.Adj. unauslöschlich.

un-verleschlich,-vorleschlich Adj., **-lîchen** Adv. unauslöschlich.

un-verlorn Part.Adj./Adv.

ungeschmälert, unangetastet; fehlerlos; nutzbringend, Gewinn bringend.

un-verloschen,-verlaschen Part.Adj./Adv. unauslöschlich, unlöschbar; unerloschen.

un-vermanicvalticheit stF Unteilbarkeit.

un-vermanicvaltiget Part. Adj. unzerstreut, ungeteilt.

un-vermâsget Part.Adj. unbefleckt.

un-vermeilig(e)t,-vermeilt Part.Adj. unbefleckt, makellos.

un-vermeinet Part.Adj. unbeabsichtigt.

un-vermeldet,-vermelt Part.Adj./Adv. unentdeckt, unbeobachtet; nicht verraten; ungesagt; ununterrichtet.

un-vermeng(e)t,-vermeniget Part.Adj. unvermischt, rein; unbeeinflusst.

un-vermezzen Part.Adv. maßlos; ungebärdig, heftig.

un-vermezzenlîche Adv. ungestüm.

un-vermîdenlîchen Adv. unabwendbar.

un-vermischet,-vermist Part.Adj. unvermischt, rein.

un-vermiten Part.Adj. ungeschont.

un-vermittellîchen Adv. unmittelbar.

un-vermittelt Part.Adj. unmittelbar beeinflusst.

un-vermugen stN Unvermögen.

un-vermügentheit stF Unvermögen.

un-vermûret Part.Adj. unverstellt.

un-vernomen Part.Adj. nie/ nicht gehört, ungehört; unausgesprochen; unbekannt; unverstanden; unerhört.

un-vernumftec [s.] *unver-*
nünftic.
un-vernunft,-vernunst stF
Unverstand; Unvermögen.
un-vernünftic,-vernunf-
tic,-vernumftec Adj. unvernünftig.
un-vernunfticlîchen Adv.
gegen alle Vernunft.
un-vernunftlîchen Adv. unvernünftig.
un-vernunst [s.] *unver-*
nunft.
un-vernünstlich Adj. unerkennbar.
un-verre,-verren Adv. nah,
in der Nähe, unweit, nicht
fern.
un-verrenket Part.Adv. geradewegs.
un-verrihtekeit stF Unordnung.
un-verrihtet,-virrihtet
Part.Adj. ungeregelt; unbelehrt; unvollkommen.
un-verrihtunge stF Unordnung.
un-verruct Part.Adj. unwandelbar, makellos.
un-versaget,-verseit Part.
Adj. unverweigert, gewährt,
zugesichert; zugänglich.
un-verschalten Part.Adj.
ungemindert.
un-verschamt Part.Adj.
schamlos.
un-verschart,-verschert,
-verschertet Part.Adj. unverletzt, unversehrt; unberührt; unbeschädigt; ungebrochen; unverbrüchlich.
un-verscheiden Part.Adj.
unentschieden; unteilbar.
un-verscheidenlîchen
Adv. unterschiedslos.
un-verschert,-verscher-
tet [s.] *unverschart.*
un-verschiuzt Part.Adj. gerade.

un-verschranzet Part.Adj.
ungebrochen.
un-verschrecket Part.Adj.
unerschrocken.
un-verschrôten Part.Adj.
unverletzt, unversehrt; unzu-
geschnitten.
un-verschuldet,-ver-
schult Part.Adj./Adv. un-
verschuldet,   unverdient;
grundlos;*unverschulter din-*
ge ungerechtfertigt.
un-verschuldigen swV A
nicht verdienen.
un-verschult [s.] *unver-*
schuldet.
un-versegenlich Adj. *un-*
versegenlicher keiser Kaiser, der keine Hilfe versagt.
un-versehen,-vorsehen
Part.Adj./Adv.   unerwartet;
unbedacht.
un-versehenlîchen,-ver-
sê(n)lîchen Adv. unversehens.
un-verseit [s.] *unversaget.*
un-versêlîchen [s.] *unver-*
sehenlîchen.
un-verselt,-*verselwet
Part.Adj. unbeschmutzt, rein.
un-versenket Part.Adj. un-
verdorben.
un-versênlîchen [s.] *un-*
versehenlîchen.
un-versêr(e)t Part.Adj. unversehrt; unberührt.
un-versetzet Part.Adj. un-
verpfändet.
un-versichert Part.Adj. unerprobt.
un-versihtekeit stF Unvor-
sichtigkeit.
un-versinnekeit stF Unauf-
merksamkeit.
un-versinnet,-versint
Part.Adj. besinnungslos.
un-verslihtet Part.Adj. ungeschlichtet.
un-versmæht Part.Adj. un-

geschmäht.
un-versniten Part.Adj. unversehrt; ungemindert; unzu-
geschnitten.
un-versolt Part.Adj. unverschuldet.
un-verspart[1] Part.Adj. un-
verschlossen, offen.
un-verspart[2] Part.Adv. in
Fülle; rückhaltslos.
un-versprochen Part.Adj.
unbescholten.
un-versprochenlîche Adv.
unangefochten.
un-verstalt Part.Adj. unverändert.
un-verstanden Part.Adj. un-
verstanden; unverständig.
un-verstandenheit stF Unverständnis, Unverständigkeit.
un-verstandenlîche Adv.
ohne Einsicht.
un-verstendec/ic Adj. unverständig, dumm.
un-verstentlich Adj. nicht
mit Vernunft begabt.
un-verstoln Part.Adj. unver-
heimlicht.
un-verstœrt,-verstôret
Part.Adj. ungestört; unbeein-
trächtigt.
un-versûcht [s.] *unversuoch-*
ch(e)t.
un-versüenet,-vorsuonet
Part.Adj. unsühnbar; unaus-
gesöhnt.
un-versunnen,-virsun-
nen Part.Adv. bewusstlos,
besinnungslos; wahnsinnig,
außer sich; unbesonnen; gedankenverloren.
un-versuoch(e)t,-ver-
sûcht,-vorsuochet Part.
Adj. unerprobt, unerfahren;
unversucht; ununtersucht;
ungewohnt; unbefolgt.
un-versuonet [s.] *unver-*
süenet.

un-verswendet Part.Adj. *der walt stêt u.* der Wald wird nicht für Lanzen verbraucht.

un-verswigen Part.Adj. nicht verschwiegen; offen; vielgerühmt, unvergessen; schwatzhaft.

un-vertân Part.Adj. unangetastet.

un-vertec/ic Adj. lasterhaft, verderbt; hinfällig; unwegsam.

un-verterplich [s.] *unverderblich.*

un-vertilgelich Adj. unauslöschlich.

un-vertougenlîche Adv. genau.

un-vertragen Adj. nicht ungestraft.

un-vertragenlich,-vertregelich,-vertreg(en)lich Adj. unerträglich.

un-vervanclich,-vervenclich Adj. nutzlos.

un-verværet,-vorvêrt Part.Adj. unerschrocken.

un-vervenclich [s.] *unvervanclich.*

un-vervorht Part.Adj. unerschrocken.

un-vervuolet,-vorvuolet Part.Adj. unverwest.

un-vervûrt Part.Adj. unberührt.

un-verwandelheit,-virwandelheit stF Unveränderlichkeit.

un-verwandelich Adj. unwandelbar; unabwendbar.

un-verwandelt,-virwandelt Part.Adj. unverändert; unausgelöst.

un-verwân(e)t,-verwênet Part.Adj./Adv. unvermutet, unerwartet.

un-verwartenlich Adj. unvergänglich.

un-verwâzen Part.Adj. unversehrt.

un-verwendiclîchen Adv. unverwandt.

un-verwênet [s.] *unverwân(e)t.*

un-verwenk(e)t Part.Adj. ununterbrochen; unerschütterlich, unverrückbar.

un-verwert(et) Part.Adj. unangetastet, unversehrt; ungehindert.

un-verwertlich Adj. unvergänglich.

un-verwirkt [s.] *unverworht.*

un-verwîset Part.Adv. zufällig.

un-verwist Part.Adj. unbekannt.

un-verwizzen,-verwuzzen Part.Adj. unwissend, unverständig, dumm, unklug.

un-verwizzenheit stF Unklugheit.

un-verworden Part.Adj. unvermindert.

un-verworfen Part.Adj. nicht verschmäht/ zurückgewiesen.

un-verworht,-verwirkt, -verwürket Part.Adj. unverarbeitet; unverwirkt.

un-verworren Part.Adv. unbehelligt; nicht beunruhigt.

un-verwunden Part.Adj. unbesiegt.

un-verwundet Part.Adj. unverletzt; ungeschnitten.

un-verwürket [s.] *unverworht.*

un-verwuzzen [s.] *unverwizzen.*

un-verzageclîche Adv. unverzagt.

un-verzagelich Adj. unverzagt, unerschütterlich.

un-verzaget,-verzagt, -virzagt,-verzeit Part. Adj./Adv. unverzagt, unerschrocken, furchtlos, tapfer; unerschütterlich, unbeirrt; unbesorgt, zuversichtlich.

un-verzagetlich Adj.,**-lîche** Adv. unerschütterlich, unbeirrt; furchtlos, unerschrocken.

un-verzagt [s.] *unverzaget.*

un-verzehent Part.Adj. unversteuert.

un-verzeit [s.] *unverzaget.*

un-verzelt Part.Adj. nicht der Verdammnis verfallen.

un-verzert Part.Adj. unverbraucht, unerschöpflich.

un-verzigen Part.Adj. ungehindert; unverwehrt; unvernachlässigt; *u.* +G unbeschadet.

un-verzilt Part.Adv. zielsicher.

un-verzogen Part.Adj. unverzüglich.

un-verzwîfelt Part.Adv. voller Hoffnung.

un-veste Adj. unbefestigt, unsicher; unfähig.

un-veterlîche Adv. *u. tuon* wie ein schlechter Vater handeln.

un-vil Adv. nur wenig.

un-vîn Adj. unschön.

un-vindic Adj. einfallslos.

un-vir- [s.] *unver-.*

un-vlât stMF Schmutz, Dreck, Unsauberkeit, Unrat; Eiter; Unreinheit, Schande, Sünde; Frevel, Unzucht.

un-vlætic Adj. schmutzig, unsauber, unrein; Ekel erregend; lasterhaft, schändlich.

un-vlæticheit,-vlætikeit stF Unreinheit; Misshandlung.

un-vlîz stM Nachlässigkeit, Trägheit.

un-vlîzic Adj. nachlässig.

un-vlohten Part.Adj. unge-
flochten.
un-vlühtec/ic Adj. unerschütterlich.
un-vlühteclîchen Adv. unerschrocken.
un-vlustlîchen,-*verlust-
lîchen Adv. unverlierbar.
un-vlüzzich Adj. stockend.
un-volant Part.Adj. unvoll-
endet, unfertig; unausge-
standen.
un-volbrâht Part.Adj. un-
vollendet.
un-volbrâhtekeit stF Un-
fertigkeit.
un-volc stN Gesindel.
un-volgân,-*volgangen
Part.Adj. unerfüllt.
un-volkomen,-volleko-
men,-volle(n)kumen
Part.Adj. unvollkommen, un-
vollendet; unecht.
un-volkomenheit,-volle-
komenheit stF Unvoll-
kommenheit.
un-vollekomen(-),-vol-
le(n)kumen [s.] *unvolko-*
men(-).
un-volmezzen Part.Adj. unermesslich.
un-volsegenlich Adj. unsagbar.
un-vor- [s. auch] *un-ver-.*
un-vorbesehen Part.Adj. unvorsichtig.
un-vorgezogen Part.Adj.
nutzlos.
un-vorhtlîche Adv. unerschrocken.
un-vorhtsamkeit stF Sorglosigkeit.
un-formlich Adj. ungeformt.
un-formlîchen Adv. wesenhaft, ohne Vermittlung durch
eine Form.
un-vorteclîche,-*vertec-
lîche Adv. unvorbereitet.
un-vrede [s.] *unvride.*

un-vrî Adj. unfrei; befangen;
gelähmt; *u. lâzen* +A nicht
loslassen.
un-vride,-vrede stM Un-
frieden; Unruhe; Streit,
Feindseligkeit; Sorge.
un-vridelich Adj. unfreundlich.
un-vridelîche(n) Adv. in
feindlicher Absicht; in Un-
frieden.
un-vridesamkeit stF Un-
frieden.
un-vrîheit stF Unfreiheit.
un-vrisch Adj. hinfällig.
un-vriuntlich,-vrûntlich
Adj., -lîche Adv. feindselig,
böse; hässlich; *u. strît*
Feindseligkeit.
un-vrô Adj. betrübt, traurig;
freudlos, unglücklich.
un-vrœlich,-vrôlich Adj.,
-lîche(n) Adv. freudlos;
traurig.
un-vrömde Adj. vertraulich,
vertraut.
un-vröstlîche Adv. warm-
herzig.
un-vröude,-vrou(we)de,
-vröuwede stF Betrübnis,
Trauer; Leid, Schmerz,
Freudlosigkeit; Kummer,
Verdruss; Angst.
un-vröu(e)n [s.] *unvröu-*
wen.
un-vrounlich [s.] *unvrou-*
welich.
un-vrouwe stswF (edle) Dame, die die Bezeichnung
Dame nicht verdient.
un-vrouwede,-vröuwede
[s.] *unvröude.*
un-vrouwelich,-vrœw-,
-vrou(we)n-lich Adj. un-
weiblich; einer (edlen) Dame
unangemessen.
un-vröuwen,-vröu(e)n
swV refl. traurig sein; A betrüben, bekümmern.

un-vrouwenlich,-vrœw-
lich [s.] *unvrouwelich.*
un-vructic [s.] *unvruhtec.*
un-vrüet [s.] *unvruot* [1].
un-vrüete stF Ungewissheit.
un-vruht stF Unfruchtbar-
keit.
un-vruht-bære,-ber,-per,
-pære Adj. unfruchtbar.
un-vruhtbæric Adj. überflüssig.
un-vruhtbærlich Adj. unfruchtbar.
un-vruhtber [s.] *unvruht-*
bære.
un-vruhtec/ic,-vrühtec,
-vruhtech/ich,-vructic
Adj. unfruchtbar.
un-vrühticlich Adj. unergie-
big.
un-vruhtpære,-per [s.] *un-*
vruhtbære.
un-vruhtperkeit stF Un-
fruchtbarkeit.
un-vruhtsam Adj. unfruchtbar.
un-vrume swM Unheil, Verderben, Unglück; Schaden,
Unrecht.
un-vrûntlich,-lîche [s.]*un-*
vriuntlich.
un-vruot [1]**,-vrût,-vrüet**
Adj. unklug, töricht, uneinsichtig; hässlich; trostlos.
un-vruot [2]**,-vrût** stM Unbesonnenheit.
un-vruote Adv. trübsinnig.
un-vrût [s.] *unvruot.*
un-vûc [s.] *unvuoc.*
un-vüege Adj. ungehörig.
un-vûge [s.] *unvuoge.*
un-vûlich Adj. frei von Fäulnis.
un-vuoc,-vûc stM Grausamkeit; Rohheit; Grobheit;
Unrecht, Frevel.
un-vuoge,-vûge stF Unhöflichkeit, Ungehörigkeit,

schlechtes Benehmen; Unart; Ungeschicklichkeit; Torheit; Unrecht, Verfehlung; Schlechtigkeit, Bosheit; Rohheit, Grobheit.

un-vuogen swV abs./pDan dumm/ ungehörig handeln (an).

un-vuore stF Grobheit, Rohheit; Ausschweifung.

un-vürbrâht Part.Adj. nicht hervorgebracht.

un-vürsihtic Adj. unbesonnen.

un-vürsihticlîche Adv. unversehens.

un-wæge[1] Adj. unvorteilhaft; ungeeignet, hinderlich; unangenehm, unwürdig; feindlich.

un-wæge[2] stF Ungehörigkeit.

un-wæhe[1] Adj. unscheinbar, unansehnlich; unangenehm, schimpflich, unwürdig; mutlos; hinfällig; gleichgültig.

un-wæhe[2] stF Schimpf.

un-wahsen [s.] *entwahsen.*

un-wandelbære Adj./Adv. unwandelbar, unveränderlich; untadelig, makellos; unerschütterlich, fest; unabwendbar.

un-wandelbæric Adv. unerschütterlich.

un-wandelberkeit stF Unwandelbarkeit.

un-wandelberlîchen Adv. unwandelbar.

un-wandelhaftic Adj./Adv. unwandelbar.

un-wandelhafticheit stF Unwandelbarkeit.

un-wandelic,-wandellich Adj. unwandelbar.

un-wæne Adv. unwahrscheinlich.

un-wâr Adj. unwahr.

un-warhaft,-*berhaft Adj. unfruchtbar.

un-wârheit,-wôrheit stF Unwahrheit, Lüge.

un-wec stM schlechter/ unebener Weg.

un-wellende stN Nicht-Wollen.

un-wenclich Adj. makellos.

un-wende Adj. unabänderlich.

un-wendec/ic Adj./Adv. unabwendbar, unvermeidlich; unaufhaltsam.

un-wendelîchen Adv. unaufhaltsam.

un-werde[1] Adv. würdelos; verachtet; schimpflich, verächtlich; schlecht.

un-werde[2] stF Schimpf, Schande; Verachtung.

un-werde[3] Adj. [s.]*unwert* [1].

un-werdec/ic,-werdich, -wirdec/ic,-wurdic Adj. unwürdig; wertlos.

un-werdeclîche,-wertic-, -wirdec/ic-,-wurdec-lî-che(n) Adv. unwürdig, unangemessen; unehrerbietig; schimpflich, verächtlich; unwillig, zornig.

un-werdekeit,-werdikeit, -wertikeit,-wirdikeit, -wirdec/ic-heit,-werdi-scheit,-wirdischeit stF Niedrigkeit, Unbedeutendheit; Ehrlosigkeit; Geringschätzung, Herabsetzung, Erniedrigung, Missachtung, Verachtung; Unwillen.

un-werden stN Vergehen.

un-werdich [s.] *unwerdec.*

un-werdikeit,-werdi-scheit [s.] *unwerdekeit.*

un-werhaft[1]**,-werehaft** Adj. wehrlos, unbewaffnet.

un-werhaft[2] Adj. nicht haltbar; nicht ausdauernd.

un-werlich Adj./Adv., **-lîche** Adv.

wehrlos, unbewaffnet; kraftlos, machtlos.

un-wert[1]**,-werde** Adj. unwürdig; verachtet; unbedeutend, wertlos; verächtlich; unangemessen; *u. sîn/ werden* unpers.+D unlieb/ unangenehm/ nicht recht sein/ werden.

un-wert[2] stM Verachtung, Missachtung; Erniedrigung; Unwille; Gegenstand der Verachtung.

un-werti- [s.] *unwerde-.*

un-wertlich Adj., **-lîche** Adv. verächtlich, geringschätzig; unwillig.

un-wertlicheit stF Verachtung.

un-wertsam Adj. verächtlich.

un-wertsam(e)clîche Adv. unwillig.

un-wertsamkeit stF Unwilligkeit.

un-wescheidenlich,-lî-che(n) [s.] *unbescheidelich.*

un-wesen stN Nichtsein.

un-weslich Adj. unwesenhaft.

un-weter [s.] *unwiter.*

un-widerbrenglich,-lîche [s.] *unwiderbringlich.*

un-widerbringende Part. Adj. unwiderrufbar.

un-widerbringlich,-wi-derbrenglich Adj., **-lî-che(n)** Adv. unwiederbringlich; nicht wieder gutzumachend.

un-widernem(e)clîche Adv. unwiderruflich.

un-wigelich Adj. unwägbar.

un-wille swM Zorn; Widerwille, Widerstand; Feindschaft; Nichtwollen.

un-willec/ic Adj./Adv. widerwillig, widerstrebend, abgeneigt, unfreiwillig.

un-willec/ic-lîche(n) Adv. unwillig, widerstrebend; unfreiwillig, unwillentlich.
un-willen swV unpers.+D +pD*von* ekeln vor.
un-wîp stN Frau, die die Bezeichnung Frau nicht verdient.
un-wîpheit stF Verhalten, das einer Frau nicht geziemt.
un-wîplich Adj., **-lîche** Adv. einer Frau unangemessen, für eine Frau ungehörig.
un-wirde stF Würdelosigkeit; Erniedrigung; Schändlichkeit.
un-wirdec/ic(-) [s.] *unwerde(c)(-).*
un-wirden swV A herabwürdigen, erniedrigen, lächerlich machen.
un-wirdeslîche Adv. unwillig.
un-wirdigen swV A besudeln.
un-wirdikeit,-wirdischeit [s.] *unwerdekeit.*
un-wirdischen swV pD*ab* sich wehren gegen.
un-wis Adj. unsicher.
un-wîse[1] Adj. dumm, töricht; unklug, unwissend; unerfahren; verblendet.
un-wîse[2] stF Misston.
un-wîse[3] swM Tor; Unverständiger.
un-wîse[4] swF Törin, Närrin.
un-wîsheit stF Torheit; Unwissenheit.
un-wîslich Adj. unbestimmt.
un-wîslîche stN Torheit.
un-witer,-weter stN Unwetter, Gewitter.
un-witern swV unpers. abs. gewittern.
un-witze stF Dummheit, Torheit; Unwissenheit; Bewusstlosigkeit.
un-witzeclîche Adv. töricht.

un-wizzelich Adj. unbekannt.
un-wizzen[1]**,-*witzen** swV abs. verrückt sein.
un-wizzen[2] stN Unwissenheit, Unkenntnis; *des unwizzenes, mit u.* ohne sein/ ihr Wissen.
un-wizzenclîche Adv. unwissend.
un-wizzende[1] Part.Adj. töricht, dumm; unbekannt.
un-wizzende[2]**,-wuzzende** Part.Adv. ohne Absicht, unwissentlich; unbewusst.
un-wizzende[3] stFN Unwissenheit; Unkenntnis.
un-wizzenheit,-wuzzentheit stF Unwissenheit; Selbstvergessenheit.
un-wizzentlich Adj. *unwizzentlichiu sachen* Unkenntnis.
un-wizzentlîche Adv. ohne sein/ ihr Wissen.
un-wizzicheit stF Unwissenheit.
un-wordelich [s.] *unwortlich.*
un-wôrheit [s.] *unwârheit.*
un-wortlich,-wörtlich, -wordelich Adj. sprachlos, unaussprechlich, unsagbar.
un-wûcherhaft [s.] *unwuocherhaft.*
un-wunne stFN Elend, Not; Qual.
un-wuocherhaft,-wûcherhaft Adj. unfruchtbar.
un-wurdec/ic(-) [s.] *unwerdec(-).*
un-würklich Adj. ohne Werke.
un-wuzzen- [s.] *unwizzen-.*
unz [s.] *unze.*
un-zagehafte Adv. unverzagt.
un-zalhaft,-zalehaft,-zalaht Adj. unzählig, zahllos.

un-zalhaftic Adj. unermesslich.
un-zallich,-lîchen [s.] *unzellich.*
unze[1]**,unz** Adv. vorerst.
unze[2]**,unz,unzint** Präp.+D/ A bis auf/ zu; *u.* +pD*gegen, nâch,ze* /p A*an,in,über,ûf* bis an/ auf/ in/ nach/ über/ zu; *u.* +pA*an* [auch] außer, neben; *u. dâ/ dar/ hin/ an diu* bis dahin; *u. her* bis jetzt; *u. morgen/ vruo* bis morgen früh, bis zum Morgen; *u. âbende/ spâte* bis zum Abend.
unze[3]**,unz** Konj. [auch *u. biz/ daz*] bis; als; solange; so dass, damit; als dass.
unze[4]**,unz** stswF Unze [Gewichtseinheit].
un-ze- [s.] *un-zer-.*
unzelieret Part.Adj. bemessen.
un-zellich,-zallich Adj., **-lîchen** Adv. zahllos, unzählig; unbeschreiblich, unermesslich.
un-zellicheit stF Unermesslichkeit.
un-zemelich,-lîche [s.] *unzim(e)lich.*
un-zerbizzen,-zurbissen Part.Adj. unzerrissen.
un-zerbrochen,-zubrochen Part.Adj. unversehrt; uneingeschränkt.
un-zerdilklîche,-*zertilglîche Adv. unaustilglich.
un-zerganclich,-zergenclich,-zergenkelich,-zeganclich Adj. unvergänglich.
un-zergangen Part.Adj. unendlich.
un-zergenclich,-zergenkelich [s.] *unzerganclich.*
un-zerrizzen Part.Adj. unzerrissen.

un-zerrüert Part.Adj. unangetastet.

un-zerrunnen Part.Adj. unverbraucht; ungebrochen; ungeschmälert.

un-zerstœret,-zestôr(e)t, -zustôr(e)t Part.Adj. unzerstört; ungehindert, ungestört.

un-zerstœrlich Adj. unzerstörbar

un-zerstôrt [s.]*unzerstœret.*

un-zertretet Part.Adj. unzertreten.

un-zertriben Part.Adj. unzerkaut.

un-zervüeret,-zuvûrt Part. Adj. unzerstört, unversehrt; unzerzaust.

un-zerworht Part.Adj. unzerlegt.

un-zim(e)lich,-zemelich Adj., **-lîche** Adv. ungehörig, unangemessen; schamlos.

unzint [s.] *unze* [2].

un-zît stF *ze unzîte* zu früh/ spät.

un-zîtec/ic,-zîtech/ich Adj. unreif; früh; unpassend; *unzîtigez kint* Frühgeburt.

un-zîtelich Adj. *unzîtelichez weter* Unwetter.

un-zîtlichkeit stF Unwägbarkeit.

un-zu- [s.] *un-zer-.*

un-zuht stF Zuchtlosigkeit, Unhöflichkeit, Ungehörigkeit; Gewalt, Gewalttätigkeit, Grausamkeit; Schlechtigkeit, Unkeuschheit; Unrecht, Vergehen.

un-zuhtenlich Adj. ungehörig.

un-zühtic,-zuhtic Adj. unbeherrscht, ungehörig, unhöflich.

un-zuogenclich Adj. unerreichbar.

un-zur- [s.] *un-zer-.*

un-zwîvele Adv. zweifellos.

un-zwîvelhaft Adj. unbeirrt.

un-zwîvellich Adj. sicher, unerschütterlich.

un-zwîvellîche(n) Adv. sicher, ohne Zweifel; ohne Zögern/ Widerrede; wahrheitsgetreu.

uobel [s.] *übel* [2].

uoben [s.] *üeben.*

uober[1] Adj. eifrig.

uober[2] stN [s.] *uover.*

uohse,üehse swF Achsel, Achselhöhle.

uop stM Verhalten.

uo-sezzel stM Flicken.

uover,uober,über stN Ufer.

ûp,ûpfe [s.] *ûf.*

up-keit [s.] *üppecheit.*

üppec/ic,uppic(h) Adj./ Adv. leichtfertig, leichtsinnig, übermütig; eitel; hochmütig; überflüssig, sinnlos, nutzlos, unnötig; nichtig; *in ü.* vergeblich.

üppec/ic-heit,uppec-,üppe-,üppi-,up(pe)-keit stF Eitelkeit; Übermut, Leichtfertigkeit; Nichtigkeit, Vergänglichkeit.

üppec/ic-lich,uppec/ic-, uppe-lich Adj., **-lîche(n)** Adv. unnötig; überflüssig, unsinnig, sinnlos; übermütig, leichtfertig.

üppe-,uppe-keit [s.] *üppecheit.*

uppe-lich,-lîche(n) [s.] *üppeclich.*

uppic(h) [s.] *üppec.*

üppi-keit [s.] *üppecheit.*

ûr[1] stM Auerochse.

ûr[2] stF Stunde.

ur-alt Adj. uralt.

ur-barn,-beren [s.] *urborn.*

ur-bor stFN Besitz (-tum), Grundbesitz; Ertrag, Einnahmen, Einkünfte.

ur-born,-barn,-beren,

-burn swV refl. sich anstrengen/ hervortun [auch *den lîp u.*]; A ausüben; erproben; einsetzen; handhaben; bestehen; bestätigen; zeigen; A+pD*mit* bezahlen mit.

ur-bot stN Behandlung; Bewirtung; Auskunft; Angebot.

ur-bôwe Adj. öde, verwüstet.

ur-bunst stF Neid, Missgunst.

ur-burn [s.] *urborn.*

ur-bürzlinge Adv. urplötzlich.

ur-danc stM Erfindung.

ur-driuze Adj. *mit urdriuzen siten* ungeduldig.

ur-drutz,-druz stM Unlust, Verdruss, Überdruss, Langeweile.

ur-drütze,-drüzze stF Unlust; Trauer.

ur-drützic,-drüzzic, -druzzic Adj. überdrüssig; langweilig, lästig; gelangweilt.

ur-druz(-),-drüzz- [s.] *urdrutz, urdrütz-.*

üren stF [Flüssigkeitsmaß].

ur-ganc stM Spaziergang; Auslauf.

ur-giht stF Bekenntnis.

ur-hap stM Anfang, Ursprung, Beginn; Grund, Ursache, Anlass; Grundlage.

ur-kantnis stF Erkenntnis.

ur-kende stF Kennzeichen.

ur-klein Adj. winzig.

ur-kundâre stM Zeuge.

ur-künde[1]**,or-kunde, -kunt,-chunde** stFN Beweis, Nachweis; Zeugnis, Aussage; Zeichen, Merkmal; Beispiel, Vorbild; Kunde, Nachricht, Äußerung; Bestätigung; Erinnerung, Gedächtnis; Erweisung; *diu alte/ niuwe u.* Altes/ Neues Testament.

ur-künde²,-kunde   swM Zeuge.

ur-kunden swV pAûf sich berufen auf; A/G/Nsdaz (+D/pDmit/pAûf) bezeugen/ beweisen (mit), bestätigen.

ur-kunt [s.] urkünde ¹.

ur-kuole stF Kühlung, Erleichterung.

ur-lâp [s.] urloup.

ur-leip stF Rest, Überbleibsel.

ur-lîc [s.] urliuge.

ur-liugære/er,-lûgære stM Krieger, Kämpfer.

ur-liuge,-lûge,-louge, -löuge,-lôge,-lîc   stN Krieg, Kampf, Fehde; Streit.

ur-liugen,-lougen,-lûgen,-lôgen swV abs./pD mit/pAûf,wider   kämpfen/ Krieg führen (mit/ gegen); A bekämpfen.

ur-lôben [s.] urlouben.

ur-lôf [s.] urloup.

ur-lôge(-) [s.] urliuge(-).

ur-lôp [s.] urloup.

ur-lœsære [s.] erlœsære.

ur-lœse,-lôse stF Erlösung.

ur-lœsunge,-lôsunge [s.] erlœsunge.

ur-louben,-lôben swV refl. (+pDvon,ze) sich verabschieden (von); D erlauben zu gehen, verabschieden; A (+D) erlauben.

ur-louge(-),-löuge [s.] urliuge(-).

ur-loup,or-lôp,-lôf,-lâp stMN Erlaubnis (zu gehen); Abschied, Verabschiedung; Entlassung; Abschiedsgruß; Befreiung; Dispens; Entschuldigung; Ausflucht.

ur-louplich Adj. erfüllbar.

ur-lûg- [s.] urliug-.

ur-mære,-mâre Adj. (hoch-) berühmt; riesig, außerordentlich (groß); unglaublich.

urrâ burrâ Interj. [Überraschung].

urre stFN Turm.

ûr-rint stN Auerochse.

ur-sache stF Ursache; Anlass, Grund.

ur-sacher stM Verursacher.

ur-sage swM Urheber.

ur-sinneclich Adj. wahnwitzig.

ur-sprinc stM Quelle, Ursprung, Grund, Wurzel; Anfang; Hervorbrechen, Aufblühen.

ur-springen stV [IIIa] pDin, von /Adv.lok.   entspringen/ entstehen aus/ in.

ur-sprunc stM Quelle, Grund; Ursache, Ursprung; Anfang, Ausgangspunkt.

ur-sprunclich,-sprungelich Adj. ursächlich, ursprünglich.

ur-sprungen swV pDin entspringen in; pDvon ausgehen von; A+pAin einpflanzen in.

urssier [s.] ussier.

ur-stende,-stente stFN Auferstehung; Entstehung.

ur-sûl stN alter Eber.

ur-suoch stM Heimsuchung; Vorspiel.

ur-suoche stF Nachforschung; Lösung.

ur-teil stFN Urteil, Urteilsspruch; Gericht; Recht; Verurteilung; Entscheidung; Beurteilung, Meinung; lestez/ jungistez/ nehestez u. Jüngstes Gericht.

ur-teilære/er stM Urteilfinder, -verkünder, Richter.

ur-teilde stF Entscheidung.

ur-teilen swV abs./pDnâch urteilen/ entscheiden (nach); D das Urteil sprechen; A(+pD ze /Adv.) richten, verurteilen (zu), beurteilen (nach); A+D/ pAin überantworten (in).

ur-teilende Part.Adj. vorschnell urteilend; streng.

ur-teilet Part.Adj. verdammt, verflucht.

ur-teillich Adj. entscheidend, endgültig; urteillichez ende, urteillicher tac, urteillichiu zît Jüngstes Gericht.

urteil-smit stM Urteiler, Richter.

ur-teilunge stF Verurteilung.

ur-teleht,-*teilehт Adj. mit Vorurteilen behaftet.

ur-var,-ver stN Landeplatz, Anlegestelle, Hafen.

ur-vêch,-*vêhede stF Urfehde [Verzicht auf Rache].

ur-ver [s.] urvar.

ur-wære Adj. wortbrüchig.

üsel swF Asche.

ussier,urssier stM Fährschiff; Kriegsschiff.

ut¹ stN [Ton der Tonleiter].

ut² Adv. [s.] iht ¹.

ut³ Indef.Pron.. [s.] iht ².

ût(e)-druc [s.] ûzdruc.

utzet [s.] iht ¹.

uvel(-) [s.] übel(-).

uwê Interj. [Wehruf, Klage, Bedauern].

ûwer [s.] iuwer.

ûwit [s.] iht ¹.

ûz¹,ûze,ûzze,ouz   Adv. [auch dâ/ dar/ dort/ her/ hie/ hin û.] hinaus; draußen, außerhalb; daraus, heraus; aus dem/ der; weg; vorüber; û. und û., û. unz an daz ende vollständig, ganz und gar.

ûz²,ûze,ouz Präp.+D [auch û. von +D] aus; mit, nach, über … hinaus, unter, von (… aus/ weg); außerhalb [auch +G]; ûz der/ ûzer mâzen außerordentlich.

ûzan [s.] ûzen ¹.

ûz-baz Adv. hinaus.

ûz-bekêren swV A+pAin hinausfegen.

ûz-beleiten swV A hinausführen.

ûz-,ûze-belîben stV [Ia] abs. ausbleiben; G übergehen.

ûz-bereiten swV refl. sich auf den Posten begeben.

ûz-bescheiden stV [VIIc] A+D+pD*ze* bestimmen zu.

ûz-bieten,-pieten stV [IIb] A/Nsw (+D) verkünden; anbieten; hinausstrecken.

ûz-bilden swV A hervorbringen.

ûz-biuteln swV A ausmerzen, aussondern.

ûz-bîzen stV [Ia] A(+D) ausreißen, ausbeißen; verätzen.

ûz-blâst stM Ausatmen.

ûz-blic stM Blick; Antrieb.

ûz-blicken swV abs./D hervorblitzen, -strahlen.

ûz-blüejen,-blüe(g)en swV abs. aufblühen.

ûz-borgen,-geborgen swV A erlangen.

ûz-brâht- [s.] *ûzbringen.*

ûz-brechen,-gebrechen stV [IVa] abs./D/pD*ûz*/p A*in* hervorbrechen; entstehen, entspringen, hervorgehen (aus); sich von der Stelle bewegen; ausströmen; ausbrechen (in); sich verbreiten; sich äußern/ zeigen; A(+D/ pD*ûz*) (her-) ausreißen (aus); Part.Adj. [s.] *ûzgebrochen.*

ûz-brehende Part.Adj. strahlend.

ûz-breiten swV A ausbreiten, verbreiten.

ûz-brennen swV A ausbrennen; austrocknen.

ûz-bresten stV [IVa] abs. anschwellen, Ausschlag bekommen; ausbrechen; pD*ûz, ze* (+D) herauskommen/ hervorquellen aus.

ûz-bringen stswV [IIIa,

Prät. *ûzbrâht-*] A herbringen; einführen, vorstellen; hervorbringen; hinausführen; austeilen.

ûz-brinnen,-prinnen stV [IIIa] abs. herausstieben.

ûz-bruch stM Ursprung; Hervorströmen, Hervortreten; Ausbrechen, Loslösung.

ûz-bruchic Adj. überströmend; undiszipliniert.

ûz-brüeten,-prüeten,-gebruoten swV A ausbrüten.

ûz-bürgen swV A auslösen; verleihen.

ûz-denen swV A(+pD*ze*) (aus-) spannen; ausrichten (auf).

ûz-der- [s.] *ûz-er-*.

ûz-dermen swV A ausweiden.

ûz-diezen stV [IIb] abs. über die Ufer treten.

ûz-dingen swV A(+D) ausnehmen; (zu-) sichern.

ûz-döuen swV A ausscheiden.

ûz-draben,-draven swV abs. ausschwärmen.

ûz-dringen,-tringen,-gedringen stV [IIIa] abs./pD *ûz,von,ze* (+D) hervorsprießen/ hervorquellen aus; hinausdringen aus; A hinausdrängen.

ûz-,ût(e)-druc stM Ausdruck.

ûz-drucken swV A gestalten; A+D herausdrücken.

ûz-dünsten,-dunsten swV abs. ausdünsten; austrocknen.

ûze(-) [s.] *ûz(-).*

ûzen[1],ûzzen,ûzan,ûzene Adv. (von) außen, äußerlich; draußen, außerhalb; ausgenommen.

ûzen[2] Präp.+G außerhalb.

ûzen-an Adv. draußen.

ûzene [s.] *ûzen* [1].

ûz-entlîhen stV [Ib] A ausleihen.

ûz-entrinnen stV [IIIa] abs. entkommen.

ûzer[1] Adj. der/ die/ das äußere/ hintere; äußerlich; stofflich, körperlich, sinnlich; weltlich; draußen stehend; fremd; *ûzerez her* Belagerungsheer; *ze ûzerst* am äußersten Ende.

ûzer[2] Präp.+D aus, außerhalb; von ... ab; über; *û. ahte* unwillkürlich; *û. mâzen* über alle Maßen; *û. strîte* unbestritten.

ûzer[3] swM Belagerer.

ûz-erbiten,-derbiten stV [Vb] refl.+Inf.*ze* sich ausbitten zu.

ûz-erbrogen,-irbrogen swV A+D abpressen.

ûz-erdiezen stV [IIb] abs. herausströmen.

ûz-erdrôn swV A+D abnötigen, abpressen.

ûz-ergraben,-irgraben stV [VIa] A ausgraben.

ûzer-halbe(n),ûzert-,ûzrent-halp Adv. äußerlich; draußen.

ûzer-,ûzrent-halp Präp.+G/ D außerhalb; über ... hinaus.

ûz-erheben stV [VIb] refl. sich aufmachen; A herausziehen.

ûzer-heit,-keit stF Äußerlichkeit.

ûz-erkant Part.Adj. auserlesen; berühmt.

ûzer-keit [s.] *ûzerheit.*

ûz-erkiesen,-irkiesen, -derkiesen stV [IIb] A(+D/ pD*ze*) erwählen, auswählen (zu).

ûz-erkorn Part.Adj. ausgezeichnet, (aus-) erlesen; vollkommen.

ûz-erlesen[1] stV [Va] A(+pD

ûz,ze) erwählen/ aussuchen (aus/ zu); Part.Adj. [s.] *ûzerlesen*[2].
ûz-erlesen[2] Part.Adj. ausgezeichnet, (aus-) erlesen; vollkommen.
ûzer-lich Adj., **-lîche** Adv. äußerlich, oberflächlich.
ûzer-lîcheit stF Äußerlichkeit.
ûz-erlœsen swV A(+pD*von*) erlösen (von).
ûz-erreden swV D+Ns*daz* einreden.
ûz-erschellen stV [IIIb] pA *in* sich aus-, verbreiten in.
ûzert-halp [s.] *ûzerhalbe(n)*.
ûz-ertwingen stV [IIIa] A+D abzwingen.
ûz-erwegen[1] stV [Va] abs. aufbrechen; Part.Adj. [s.] *ûzerwegen*[2].
ûz-erwegen[2] Part.Adj. entschlossen, tapfer.
ûz-erweln,-derweln swV A(+D)(+pD*ûz,ze*) auserwählen, auswählen/ aussuchen (aus/ zu); Part.Adj. [s.] *ûzerwelt*.
ûz-erwelt Part.Adj. auserwählt; auserlesen, ausgezeichnet; vollkommen, vorbildlich; tapfer; schön, herrlich.
ûz-erwelunge stF Auserwähltheit.
ûz-gân,-gên,-gegân anV abs./pD*von,ze*/pA*in* ausgehen (von); heraus-, hinausgehen/ heraus-, hinauskommen (aus/ in/ zu); ausschlüpfen; ausziehen; entspringen; abgehen; sich nach außen wenden; aufhören, enden; pA*an,ûf* sich richten auf; G/D ausweichen, entgehen; aufgeben, verlassen; vergehen, dahinschwinden; herausfließen.

ûz-ganc stM Ausgang; Auszug; Ende; Stuhlgang.
ûz-ge- [s. auch] *ûz-*.
ûz-geben stV [Va] refl.+Adv. sich verhalten; A(+D) weitergeben, weggeben; ausstatten; stellen; bestimmen.
ûz-gebern stV [IVa] A hervorbringen.
ûz-gebogen Part.Adj. verkrümmt.
ûz-gebôzen stV [VIId] A dreschen.
ûz-gebrochen Part.Adj. mit Ausschlag bedeckt.
ûz-gebrochenheit,-gebrostenheit stF Aussatz.
ûz-gebruoten [s.] *ûzbrüeten*.
ûz-gehelfen stV [IIIb] A+ pD*von* heraushelfen aus.
ûz-gelôsen swV A loswerden.
ûz-gên [s.] *ûzgân*.
ûz-gengel stN Wechseltier [Wasser- und Landtier].
ûz-genomen Part.Adj./Adv. ausnehmend; besonders; ausgenommen; ausgezeichnet, auserwählt.
ûz-genomenheit stF Ausnahme; Besonderheit, Auszeichnung.
ûz-genomenlich Adj., **-lîche** Adv. ausgenommen; besonders, gesondert.
ûz-gerahsenen swV A aushusten.
ûz-gerûten [s.] *ûzriuten*.
ûz-gesamnen swV A zusammenfügen.
ûz-gesant [s.] *ûzsenden*.
ûz-gescheidenheit stF Unterscheidung.
ûz-gescheidenlich Adj.,-**lîche** Adv. unterschiedlich; deutlich, ausdrücklich; besonders, gesondert.
ûz-geschieden Part.Adj. allein.

ûz-gesinde stN Ausgesinde [Gefolge, das den Hof meidet, Gegensatz zu *ingesinde*].
ûz-geslozzenheit stF Ausschließung.
ûz-gesniten Part.Adj. *ûzgesniteniu worte* geschliffene/ treffende Worte.
ûz-gesundert[1] Part.Adj. ausgewählt, ausgezeichnet.
ûz-gesundert[2] Part.Adv. außerdem, zusätzlich.
ûz-geswigen Part.Adj. von Schweigen erfüllt.
ûz-getân Part.Adj. *û. sîn* eine Ausnahme sein.
ûz-geten [s.] *ûzjeten*.
ûz-getribenheit stF Austreibung.
ûz-gevlozzenheit stF Ausströmen, Ausgießung.
ûz-gewegen Part.Adj. tapfer, ausgezeichnet.
ûz-gewinnen stV [IIIa] A herausholen.
ûz-gezalt,-gezelt Part.Adj. vollkommen, ausgezeichnet; auserwählt.
ûz-giezen stV [IIb] abs./refl. (+pA*in*) sich ergießen/ ausströmen (in), überfließen; A (+D) aus-, vergießen, verströmen; verbreiten.
ûz-glanz stM Ausstrahlung.
ûz-glenzende Part.Adj. strahlend.
ûz-glimmen stV [IIIa] pD*ûz* hervorleuchten aus.
ûz-gozzenheit stF Ausgießung.
ûz-graben stV [VIa] A(+pD *ûz*) ausgraben (aus), herausholen.
ûz-gruonen swV abs. hervorsprießen.
ûz-guz stM Ausströmen.
ûz-hangen swV D heraushängen.

ûz-heben,-heven stV [VIb] refl. sich aufmachen, aufbrechen; sich davonmachen.

ûz-henken swV A auslegen, auswerfen, heraushängen.

ûz-her Adv. heraus.

ûz-herten swV A durchhalten.

ûz-heven [s.] *ûzheben*.

ûz-hinken stV [IIIa] abs. hinaushinken.

ûz-hiuten swV refl. sich häuten.

ûz-hölern swV A herausschneiden.

ûz-holn swV A herausholen.

ûz-ir- [s.] *ûz-er-*.

ûz-jagen swV A verjagen, austreiben, herauswerfen.

ûz-jeten,-geten stV [Va] A ausreißen.

ûz-kêr stM Auszug, Ausfahrt; Abkehr.

ûz-kêren swV abs. hinausreiten, -gehen; A nach außen kehren/ wenden; hinausfegen.

ûz-kernen swV A entkernen.

ûz-kiesen stV [IIb] A(+D) (aus-, er-) wählen.

ûz-klingen stV [IIIa] pD*von* erklingen aus.

ûz-klinglende Part.Adj. hervorströmend.

ûz-komen stV [IVb] abs. heraus-, hinauskommen; ausziehen, wegreiten; ausbrechen; sich zeigen, bekannt werden, sich verbreiten; sich aus der Welt zurückziehen; zu Ende gehen.

ûz-kratzen swV A herauskratzen.

ûz-kriechen stV [IIab] abs. hervorschlüpfen, herauskommen.

ûz-krümler stM Stoßzahn, Hauer.

ûz-kûchen stN Aushauchen.

ûz-kunden swV A verkünden.

ûz-kunft stF Ausweg.

ûz-laden stV [VIa] A hinausführen.

ûz-lâzen,-lôzen stV [VIIb] A freilassen, befreien; hinauslassen; von sich geben, hören lassen.

ûz-legære stM Deuter.

ûz-legen,-gelegen swV A/ Nsw (+D) auslegen, deuten; darlegen, erklären; nennen, aussprechen; ausbreiten; ausstatten; ausgeben; abhalten.

ûz-legerin stF Deuterin.

ûz-legunge stF Auslegung.

ûz-leiten swV A hinausführen.

ûz-lendic Adj. fremd.

ûz-lesen,-gelesen stV [Va] A(+D)(+pD*ûz,ze*) (aus-, er-) wählen/ benennen (als/ aus); heraussuchen; auslesen.

ûz-lîden,-gelîden stV [Ia] refl. durchhalten; A durchleiden, aushalten.

ûz-liebe swM Auserwählter.

ûz-lîhen stV [Ib] A verschenken.

ûz-liuhten swV abs./pA*an* ausstrahlen (auf); A widerspiegeln, weitergeben.

ûz-locken swV A hervorlocken.

ûz-losen swV abs. horchen.

ûz-louf stM Ablenkung; *û. des lîbes* Durchfall.

ûz-loufen stV [VIIe] abs. überfließen; pA*in* hinauslaufen in.

ûz-loufunge stF Zerstreuung, Ablenkung.

ûz-lôzen [s.] *ûzlâzen*.

ûz-lûchen stV [IIa] A ausrupfen.

ûz-luogen swV abs./pD*ze*/ pA*ûf,ûz* Ausschau halten nach; hinausschauen (aus).

ûz-machen swV A auszeichnen, schmücken.

ûz-merken swV [Prät. *ûzmarct-*] A hervorheben; heraussuchen.

ûz-merkicheit stF Aussatz.

ûz-mezzen,-gemezzen stV [Va] A überlegen; vorbringen; planen; beurteilen, beschließen; ausführen.

ûz-nemen,-genemen stV [IVa] A+D/pD*vor,ze* ausnehmen, ausschließen; absondern/ ausscheiden/ trennen (von); auszeichnen, hervorheben, (er-) wählen; herausholen; herausführen (zu); Part.Adj. [s.] *ûznemende* ; *ûzgenomen*.

ûz-nemende Part.Adj./Adv. außerordentlich.

ûz-nennen swV refl.+A sich nennen.

ûz-ôsen swV A ausrotten.

ûz-pfîfen stV [Ia] abs./D herausspritzen.

ûz-pieten [s.] *ûzbieten*.

ûz-prinnen [s.] *ûzbrinnen*.

ûz-prüeten [s.] *ûzbrüeten*.

ûz-qual stM Quell.

ûz-quellen stV [IIIb] pD*in,ûz* entspringen in, hervorquellen aus.

ûz-rant- [s.] *ûzrennen*.

ûz-recken swV refl. sich ausdehnen; A(+pD*ze* /pA*vür*) ausstrecken (zu).

ûz-rehsen stN Aushusten.

ûz-reise stF Abschiedslied.

ûz-reisen stN Ausflug.

ûz-reiten swV A ausrüsten.

ûz-rennen swV [Prät. *ûzrant-*] abs. einen Ausfall machen.

ûzrent-halp[1] Adv. [s.] *ûzerhalbe(n)*.

ûzrent-halp[2] Präp. [s.] *ûzerhalp*.

ûz-rêren swV A ausstreuen.

ûz-riechen stV [IIa] pD*von*
ausgehen von.

ûz-rihtære/er stM Vollbringer.

ûz-rihten,-gerihten swV A
(+D) ausführen, vollbringen;
erklären, (be-) lehren.

ûz-rihterin stF Ordnerin.

ûz-rihtic Adj. geschäftig, geschickt.

ûz-rihtunge stF Ausrich-
tung; Ausführung; Erklä-
rung.

ûz-rinnen stV [IIIa] abs. auslaufen; D+pD*ze* herausfließen aus.

ûz-rîsen stV [Ia] D+pD*ze*
herausfallen aus.

ûz-rîten stV [Ia] abs./pD*ze* /
pA*in* aus-, wegreiten, aufbrechen (in/ nach); A entlangreiten; durchqueren.

**ûz-riuten,-rûten,-riuhten,
-gerûten** swV A ausreißen,
roden; A+D+pD*ûz* herausreißen aus.

ûz-rîzen stV [Ia] A+D ausreißen.

ûz-ropfunge stF Aufstoßen,
Rülpsen.

ûz-röuchen swV A ausräu-
chern.

ûz-roufen swV A(+D) raufen, ausreißen.

ûz-rucken swV A herausziehen.

ûz-rüefen swV A ausplaudern.

ûz-rüeren,-rûren swV A
ausreißen.

ûz-rûmen swV D Platz schaffen; A wegräumen, austreiben.

ûz-runs stM Ausfluss.

ûz-rûren [s.] *ûzrüeren.*

ûz-rüsten swV A ausrüsten,
vorbereiten.

ûz-rûten [s.] *ûzriuten.*

ûz-sæn swV A+pA*in* aus-

säen in.

ûz-sand- [s.] *ûzsenden.*

ûz-satz stM Stück (Stoff).

ûz-scheiden,-gescheiden
stV [VIIc] A(+pD*von*) aussondern, ausnehmen, absondern (von); unterscheiden;
herausfinden; A+D(+pD*ze*)
zuteilen; aussuchen; bestimmen (zu); Part.Adj. [s.] *ûz-
geschieden.*

ûz-schellen stV [IIIb] abs./
pA*in* erschallen, sich verbreiten (in).

ûz-schenken swV A+D
schenken.

ûz-schepfen swV A leer
schöpfen.

ûz-schern stV [IVa] A ab-
scheren.

ûz-schicken swV A wegschicken.

ûz-schîden swV A abtrennen.

ûz-schieben stV [IIa] A herausheben.

ûz-schiezen stV [IIb] abs.
austreiben, hervorbrechen;
pA*vür* sich erheben über;
D+pD*ze* hervorschießen aus;
A hervorbringen.

ûz-schînen stV [Ia] D hervorschimmern; A widerspiegeln.

ûz-schrîben stV [Ia] A vollenden.

ûz-schüten swV [Prät. auch
ûzschut-] A hinauswerfen;
ausschütten.

ûz-sehen stV [Va] abs./pA
an dreinschauen; hinaus-
blicken (auf).

ûz-senden swV [Prät. *ûz-
sand-*, Part.Prät. auch *ûzge-
sant*] A(+pD*nâch* / pA*durch,
in*) aussenden/ schicken (in/
nach/ um/ zu).

ûz-setze swM Aussätziger.

ûz-setzec/ic Adj. aussätzig.

ûz-setzel stM Aussätziger;
Aussatz.

**ûz-setzic-heit,-keit,-set-
zikeit** stF Aussatz, Lepra;
elephantischiu û. Elephantiasis.

ûz-setzlic Adj. *ûzsetzliger
siechtuom* Aussatz.

ûz-sezlinc stM Aussätziger.

ûz-singen,-gesingen stV
[IIIa] abs./A zu Ende singen.

ûz-slac stM Wieder-Zu-
Sich-Kommen [Stadium der
Kontemplation].

ûz-slahen,-geslahen stV
[VIa] abs. ausbrechen, zum
Ausbruch kommen; heraus-
dringen; sich ausbreiten; D+
pD*ze* hervorbrechen aus;
A(+pD*ûz*) austreiben (aus),
hinausprügeln, vertreiben;
von den Ketten befreien;
überwuchern; A+D ausschlagen; A+pA*in* verschlagen in.

ûz-sliefen stV [IIa] abs. aufblühen; pA*durch* hinaus-
schlüpfen durch.

ûz-sliezen,-gesliezen stV
[IIb] A ausschließen.

ûz-sloufen swV A entkleiden; A+D ausziehen.

ûz-smelzen stV [IIIb] abs./
pA*in* zerfließen, sich verströmen (in).

ûz-snîden stV [Ia] A(+D)
heraus-, abschneiden; A+pD
von befreien von; Part.Adj.
[s.] *ûzgesniten.*

**ûz-spîen,-spîwen,-spî-
gen** stV [Ib] A ausspeien.

ûz-spræwen swV A ver-
streuen.

ûz-sprechen,-gesprechen
stV [IVa] A aussprechen;
die messe û. die Messe zu
Ende lesen.

ûz-spreiten swV A ausbreiten.

ûz-,ût-spriezen stV [IIb]

abs./pD*ûz* ausschlagen, keimen (aus).

ûz-springen,-gespringen stV [IIIa] pD*ûz*/Adv.lok. entspringen (aus); D/pD*ze* (+D)/ Adv.lok. herausspringen/ herausspritzen (aus), hervorquellen, heraussprühen.

ûz-sprunc stM Beginn; Aufbrechen [Wunde]; *den û. nemen* auf-, heranwachsen; den Überfall beginnen; *den û. nemen von der werlde* sterben.

ûz-sprützen swV abs. herausspritzen.

ûz-,ûzze-stân anV D fehlen, ausstehen.

ûz-stechen stV [IVa] A(+D) ausstechen.

ûz-stîgen stV [Ia] abs. hinaussteigen.

ûz-stiuren swV A aussteuern, ausstatten.

ûz-stôzen,-gestôzen stV [VIId] abs./pD*ze* anlegen (in); auslaufen; pD*von* weggehen von; A(+D) ausstechen; austreiben; hinausstrecken; A+D+pD*mit* verdeutlichen mit.

ûz-strîchen stV [Ia] A ausmalen.

ûz-sturmen swV pD*ûz* ausschwärmen aus.

ûz-sûgen stV [IIa] A(+D) aussaugen.

ûz-suggeln swV A aussüffeln.

ûz-sundern swV A(+pD*ze*) auswählen, erwählen (zu); auszeichnen; A+D zuteilen; hingeben, weihen.

ûz-suochen stN Herumsuchen.

ûz-sweifen stN Umherschweifen.

ûz-sweren stV [IVa] abs. (heraus-) eitern.

ûz-swern stV [VIb] refl.+ Ns*daz* beteuern.

ûz-swimmen stV [IIIa] abs. hinausschwimmen.

ûz-swingen stV [IIIa] refl. sich aufschwingen.

ûz-teilen swV A aussteuern.

ûz-tilgen swV A+pD*ûz* austilgen aus.

ûz-touwen swV A verströmen.

ûz-tragen stV [VIa] A hinaustragen, (hin-) austreiben; ablenken, zerstreuen; verbrauchen, vergeuden; Part. Adj. [s.] *ûztragende.*

ûz-tragende Part.Adj. *ûztragendez ambet* führende Stellung.

ûz-trechen,-*trecken swV abs. ausziehen.

ûz-trehen swV pD*von* ausströmen von.

ûz-treten[1] stV [Va] abs./Adv. lok. abweichen, abbiegen.

ûz-treten[2] swV A niedertreten.

ûz-trîben,-getrîben stV [Ia] A aus-, vertreiben, hinaustreiben, wegschicken; *die gepurt û.* abtreiben.

ûz-tringen [s.] *ûzdringen.*

ûz-trinken,-getrinken stV [IIIa] A austrinken.

ûz-trit stM Fluchtversuch.

ûz-trumpeln swV abs. hinaustrampeln.

ûz-tuon,-getuon anV refl.+ G/Ns(*daz*) beschließen, sich verpflichten (zu), sich festlegen mit; sich vornehmen; sich zurückziehen (von); A(+D) ausziehen; verbreiten; A+pD*ze* hinaustreiben zu; Part.Adj. [s.] *ûzgetân.*

ûz-val stM Vergehen, Sünde.

ûz-vallen stV [VIIa] abs./D ausfallen; herausfallen; ausgleiten; sündigen.

ûz-varn stV [VIa] abs.(+D *(en)gegen* / p A*in,ûf*) hinausziehen (in), ausziehen (gegen); herauskommen; ausgehen; das Kloster/ den Orden verlassen; *daz ouge vert ûz* +D das Auge springt aus dem Kopf.

ûz-vart stF Ausweg, Ausgang; Aufbruch, Auszug; Ausflug; Rückweg; Kriegszug; Hinscheiden.

ûz-vegen swV *ûzgevegt werden* +pD*mit* aufräumen mit.

ûz-fêgetieren swV refl. sich herausputzen.

ûz-vergangen Part.Adj. hervorströmend.

ûz-verlâzen,-verlân stV [VIIb] A hinauslassen; *daz swert û.* das Schwert ziehen.

ûz-verwallen stV [VIIa] A verströmen.

ûz-vliegen stV [IIa] abs.ausfliegen.

ûz-vliez stM Ausgießung.

ûz-vliezen,-gevliezen stV [IIb] abs./D/pD*ûz,von* /p A *in*/Adv.lok. (her-) ausströmen, -fließen (aus); entspringen, ausgehen (von); zurückfließen; sich verströmen (in).

ûz-vluc stM Aufschwung.

ûz-vluot stF Ausströmung.

ûz-vluz stM Quelle; Ausströmung, Strom; Strömung; Ausfluss; Gnade.

ûz-vlüzzic Adj. überströmend.

ûz-volgen stN Nachfolge.

ûz-vrumen swV A hinausschicken, aussenden.

ûz-vüeren swV [Prät. auch *ûzvuort-*] A(+pA*in*) (an-) führen; hinausbringen, -führen, wegführen (in), abführen; entführen.

ûz-wahsen stV [VIa] abs. austreiben.

ûz-wal[1] stM Ausströmung.

ûz-wal[2] stF Auszug, Extrakt.

ûz-wallen[1] stV [VIIa] abs./ D/pD*von* /p A*über* überfließen (über); herabströmen (von), herausströmen; aufwallen.

ûz-wallen[2] swV abs. herausgehen.

ûz-wandern swV abs. ausziehen.

ûz-warten swV D pflegen.

ûz-warterin stF Pflegerin.

ûz-wec stM Irrweg.

ûz-wegen stV [Va] D heraushelfen; A auswählen; herausheben; Part.Adj. [s.] *ûzgewegen.*

ûz-wehsel stM Ersatz.

ûz-welen [s.] *ûzweln.*

ûz-wellen stV [IIIb] abs. überkochen.

ûz-weln,-welen,-wellen swV A(+D) auswählen.

ûz-welunge stF Erwählung.

ûz-,ûze-wendec/ic[1] Adj. der/ die/ das äußere, äußerlich; zusätzlich.

ûz-,ûze-wendec/ic[2] Adv. äußerlich; draußen.

ûz-,ûze-wendec/ic[3] Präp. +G/D außerhalb (von), jenseits; über ... hinaus.

ûz-wendeclîche Adv. äußerlich.

ûz-wendicheit,ûze-wendikeit stF Äußerlichkeit.

ûz-werfen,-gewerfen stV [IIIb]   A(+pD*ze* /p A*an,in*) aus-, hinauswerfen (an/ auf/ aus), hinaustreiben; herausreißen; übertragen (auf); hervorbringen; *die gepurt û.* +D abtreiben.

ûz-wert Adv. äußerlich; nach außen/ draußen.

ûz-wesen stN Ausbleiben.

ûz-winden stV [IIIa] A+D auspressen.

ûz-wirken [s.] *ûzwürken* [1].

ûz-wischen swV [Prät. *ûzwust-*] D+pD*ze* herausdringen aus.

ûz-wîsen swV A enteignen; A+pA*an,ûf* hinausführen auf.

ûz-wurf stM Ausscheidung.

ûz-würken[1]**,-wurken,-wirken,-gewürken** swV abs. wirken; pA*in* einwirken auf; A ausführen; verwirklichen; erfassen.

ûz-würken[2]**,-würkende** stN (Aus-) Wirkung; Betriebsamkeit.

ûz-wurklich Adj. nach außen wirkend.

ûz-wurklicheit stF äußerliche Geschäftigkeit.

ûz-wurkunge stF weltliches Treiben.

ûz-würzeln swV A austreiben, ausrotten.

ûz-wust- [s.] *ûzwischen.*

ûzze [s.] *ûz* [1].

ûz-zeigen swV A+D zuweisen.

ûz-zeln swV [Part.Prät. auch *ûzgezalt*] A auswählen; beenden; Part.Adj. [s.]*ûzgezalt.*

ûzzen [s.] *ûzzen* [1].

ûz-zerren swV A(+D) ausreißen.

ûz-zerspreiten swV A weit öffnen.

ûz-zerteilen swV A verstreuen.

ûz-ziehen stV [IIb] A(+D) (her-) ausziehen; wegziehen; ausreißen; heraustreiben; hervorbringen; aussenden.

ûz-zieren swV A ausschmücken.

ûz-zoc stM Auszug.

ûz-zogen swV pD*gegen,ze* (aus-) ziehen in/ nach.

ûz-zucken swV [Prät. *ûzzuht-*] A (heraus-) ziehen.

ûz-zuht stF Ausflug.

v, f

fâ Subst. fa [Ton der Tonleiter].

fabel,fabele,fable stswF (erdichtete) Geschichte, Erzählung.

vach,vaht stN Gefäß; Stück; Teil; Raum, Zone; Art; Beet; Fangnetz.

vâch-valle swF Falle.

vackel stswF Fackel.

vackelnde Part.Adj. brennend.

vadem,vaden stswM Faden; Schnur, Band; das Geringste.

vadem-,vaden-rihte stF Richtschnur.

vagen swV D gehorsam sein.

vâhen,vân stV [VIIb] abs./ Inf. anfangen (zu); refl.+pD*in, ze* sich festhalten an; pD*ze, nâch* /p A*an* beginnen mit; greifen/ sich wenden zu; sich halten an; geraten/ sich richten nach; A(+D) (auf-, ein-) fangen; gefangen nehmen; festhalten; besetzen; an-, aufnehmen; empfangen; ergreifen, (er-) fassen; bringen; A+ pD*an,bî,ze* /p A*an,in,under* ergreifen/ packen an/ bei, umfassen, ziehen an; (auf-) nehmen in/ unter; stecken/ einhüllen in; *herwider/ vürbaz v.* fortfahren; *genâde v.* +G Gnade gewähren, sich erbarmen; *behanden/ behende v.* +A, *bî/ ze handen/ der hant/ hende v.* +A an der Hand

fassen; *herberge v.* Quartier
beziehen, übernachten; *herberge v.* +D ein Nachtlager
bereiten; *den wec v.* den
Weg einschlagen; *ze hûse v.*
+pD*in* Wohnung nehmen in;
Part.Adj. [s.] *vâhende.*
vâhende Part.Adj. *vâhender
valke/ vogel* Raubfalke,
Raubvogel.
vahs, vas, vaz stMN Haar.
vaht [s.] *vach.*
faile [s.] *væle.*
**failieren, fâlieren, vallie-
ren** swV abs./refl. fehlgehen; sich irren; fehlstoßen.
val[1] Adj. [flekt. auch *valbe-,
valwe-*] fahl; entfärbt, verfärbt; bleich; welk; weiß;
blond; falb.
val[2] stM Fall, Sturz; Verderben, Unglück, Niederlage;
Verfall; Ende, Tod; Vorfall,
Ereignis; Fehltritt, Vergehen;
Sündenfall; Abfall; Tal;
einen v. tuon +pA*ûf* fallen
auf; [auch expl., z.B. *tôdes/
tætlicher v.* Tod].
vâlandin(ne)[s.]*vâlantinne.*
vâlant stM Teufel, Satan;
Ungeheuer; *der vâlandes
man* niederträchtiger/ böser
Mensch.
**vâlantinne, vâlandin(ne),
vâlentin, vâlendin** stF
Teufelin.
valbe- [s.] *val*[1].
val-brücke swF Zugbrücke.
væld- [s.] *vellen.*
valde(-) [s.] *valte(-).*
væle, faile swF Mantel.
falen stM [Tier].
vælen[1]**, veilen** swV abs./pD
an nicht zutreffen (bei);
pA*wider* sich verfehlen/ sündigen gegen; G verfehlen; D
fehlen; fehlschlagen.
vælen[2] stN *âne/ sunder v.*
ohne das Ziel zu verfehlen.

vâlendin/tin [s.] *vâlantinne.*
valerei Interj. [Freude]
valet stM Knappe.
fâlieren [s.] *failieren.*
valke swM Falke.
valkenære/er stM Falkner.
valken-gevidere stN Fal-
kenflügel.
valken-kel stF Falkenhals.
valken-klâr stFN (scharfer)
Falkenblick.
valken-lieht Adj. hell wie
Falkenaugen.
valken-ouge, -ôge stN Fal-
kenauge.
valken-sehe stF Falkenblick.
valken-terz stN (kleiner)
Falke.
valle stswF Falle; Riegel;
Schnappschloss; Hebel.
vallen stV [VIIa] abs./pD
ab, ûz, von /Adv.lok.(+D) (nie-
der-, herab-, um-) fallen/
stürzen (aus/ von); zu Fall
kommen, sündigen; verge-
hen, enden; verderben, umkommen; pD*ze* /p A*an, in, ûf,
über* (+D) (herab-, nieder-)
fallen/ sich stürzen auf/ über,
sich fallen lassen auf/ in, sich
werfen auf/ über; kommen in/
über; dringen/ gelangen in;
fallen/ fließen auf/ über; verfallen auf/ in; pA*umbe* belagern; pA*under* fallen unter;
erscheinen bei; pA*vor, vür,
zwischen* (+D) (nieder-) fallen
(vor/ zwischen); D zufallen;
begegnen; *an den hals v.*
(+D) um den Hals fallen; *an/
ûf/ vür den vuoz v., ze vüezen v.* (+D) zu Füßen fallen;
sîn venje v. (+pD*ze* /p A
vür) sich auf die Knie (nie-
der-) werfen (vor); *sich an
sîn gebet v.* zum Gebet niederknien; *tôt/ erslagen v.,
sich ze tôt v.* tot niederfallen;

under vüeze v. zu Boden fallen; *wol v.* +D gelingen;
Part.Adj./Adv. [s.] *vallende.*
vallende Part.Adj./Adv. *val-
lendez leit, vallender siechtuom, vallendiu suht* Epilepsie; *vallender stein* Meteor;
knie vallende kniefällig.
vallieren [s.] *failieren.*
val-porte swF Falltür.
valsch[1] Adj. falsch; treulos;
heimtückisch, betrügerisch,
verleumderisch; unehren-
haft, unredlich, unehrlich;
unrecht, unrechtmäßig; böse, schlimm, schlecht; trügerisch, unecht; *valscher list*
Arglist, Heuchelei; *âne valschen list/ kranc, âne valsche
ræte* aufrichtig, wahrhaftig.
valsch[2] stM Falschheit;
Falsch; Treulosigkeit; Betrug; Irrtum, Irrglauben;
Falschgeld.
valschaft [s.] *valschhaft.*
valschære/er, velscher stM
Verleumder, Betrüger; Fäl-
scher, Falschmünzer.
valsche- [s.] *valsch-.*
valschec-heit stF Falschheit.
valscheit [s.] *valschheit.*
valscheit-swant stM Kämpfer gegen die Falschheit.
valschen swV A widerlegen;
betrügen.
valsch-gemuot Adj. falsch.
valsch-haft, valschaft Adj.
falsch; treulos; trügerisch.
valsch-heit, valscheit stF
Falschheit; Untreue; Betrug;
Unkeuschheit; Irrtum.
valsch-lêre stF Irrlehre.
**valsch-lîch, valsche-,
velsch(e)-lîch** Adj., *-lî-
che(n)* Adv. falsch; böswillig, (hinter-) listig; betrügerisch, unehrlich; unrecht, unrechtmäßig.

valsch-listic Adj. hinterlistig.

valsch-,valsche-lôs Adj. makellos; ohne Falsch, ehrlich.

valscht- [s.] *velschen*.

valsete swMN Falsett.

valt stM Falte; Faltenwurf, Fall.

valt- [s.] *abvellen; vellen*.

valte,valde stswF Falte, Faltenwurf; Windung; Winkel; Gefäß, Behälter; Kleidertruhe; Verschluss; Gefängnis; *in (den) valten* [auch] zusammengefaltet.

valten,valden stV [VIIa, Prät. auch sw] refl. sich entwickeln; A(+pD*ze* /p A*in*) (+D) falten (in), in Falten legen; biegen, beugen (zu); teilen/ spalten (in); verschränken/ (ver-) senken (in); A+ pA*umbe* winden um; *voneinander v.* +A auseinander falten; *die hende v.* +D beten für; huldigen; Part.Adj. [s.] *valtende; gevalt*.

valtende Part.Adj. gefaltet.

valtic Adj. schief; fehlerhaft.

valt-stuol stM Faltstuhl.

val-vahs,-vehs Adj. blond.

valwe- [s.] *val* [1].

valwen swV abs. sich ent-, verfärben, (ver-) welken.

valz stM Falz; Fuge; Spalte, Riss; Rinne.

van [1] stswM [s.] *vane* [1].

van [2] Adv. [s.] *von* [1].

van [3] Präp. [s.] *von* [2].

vân [s.] *vâhen*.

vanc stM Anziehungskraft; *der hilfe v.* Hilfe.

vanc-nisse,venc-nus(se), -nüs(se) stF Gefängnis; Gefangenschaft; Gefangennahme.

vanc-sam Adj. *vancsamiu stat* Gefängnis.

vane [1],**van** stswM Fahne, Banner; Heeresabteilung.

vane [2] Präp. [s.] *von* [2].

vanen-trager stM Fahnenträger.

vanen-vüerære/er stM Fahnenträger.

vaner [s.] *venre*.

vanke swM Funke.

van-lêhen stN Fahnenlehen, Reichslehen [nur vom König verliehen].

vanre [s.] *venre*.

vant stM Hab und Gut.

fantasîe stswF Einbildung, Vorstellung; Trugbild; Vorstellungskraft, Phantasie.

var [1],**var(e)we** Adj. farben; *v. sîn/ werden* +Adv./pD *nâch / als* +Nom. aussehen (wie); *aller slaht/ manigerlei v.* vielfarbig; *îser v.* rußig; *kampfes v.* kampfbereit; *mislîche(n) v. werden* scheckig/ bleich werden; *sinnes v.* verständig; [auch expl., z.B. *nâch bluote v.* blutig; *nâch rîcheit v.* prächtig].

var [2],**varre,pfar(re)** stswM Stier.

var [3] stF Weg, Fahrt; Zug, Gefolge; *in einer v.* auf einmal.

var [4] stN Anlegestelle.

var [5] stF [s.] *varwe* [1].

vâr stF Gefahr, Gefährdung; Hinterhalt, Nachstellung; Hinterlist; Schaden, Verderben, Unglück; (Be-) Streben, Verlangen, Eifer; Sorge, Angst; *niht ze v. stân* beherzigenswert sein; *âne/ sunder v.* [auch] ohne Arg/ Hintergedanken/ Vorbehalt, arglos, aufrichtig, zuverlässig.

varbe,vare [s.] *varwe* [1].

varch(-) [s.] *varh(-)*.

fâreis stN Forst, Wald.

vâren,væren swV G/A/Ns

daz (+D) gefährden, bedrohen; angreifen; nachstellen, nachspionieren; suchen, herausfinden; verleumden; streben/ trachten nach; achten auf, sich bemühen um.

varende [s.] *varnde*.

varewe [1] Adj. [s.] *var* [1].

varewe [2] stF [s.] *varwe* [1].

varh,varch,verhel,verkel stN [Pl. auch *verher,verker*] Ferkel.

varh-muoter,varch-,verher-muoter stF Sau.

væric Adj. gefährlich.

vâris stN Pferd.

vær-lîche Adv. hinterlistig.

vâr-listic Adj. heimtückisch.

var-lôs [s.] *varwelôs*.

varm stM Farn (-kraut).

varn stV [VIa] abs./Adv.lok. (weg-) gehen/ reiten/ fahren; (davon-, einher-, herbei-, mit-) kommen/ ziehen; (dahin-) scheiden; aufbrechen; Adv. handeln, leben, sein; sich befinden/ verhalten; unpers.+Adv.(+pA*umbe*) ab-, verlaufen, (zu-) gehen; stehen (um); pD*ab,von* (ab-) fahren/ (weg-) gehen/ kommen aus/ von; pD*bî,mit* einhergehen/ kommen mit; umgehen/ verfahren mit; pD *(en)gegen* ziehen/ fahren entgegen/ nach/ zu; pD*nâch,ûf* ausgehen/ ausziehen auf/ für; leben/ verfahren/ sich richten nach; fahren/ herziehen auf/ hinter, folgen; pD*ûz* fallen/ fließen/ kommen aus; abkommen von; scheiden/ ziehen aus; pD*vor* herziehen vor; pD*ze* /p A*an* (auf-) fahren an/ in/ zu; gehen/ kommen/ ziehen an/ in/ nach/ zu; pA*durch* ziehen durch; p A*in* (+D) eintreten/ dringen/ fahren/ gehen/ ziehen in; nach;

pAüber /pDafter fahren/ ziehen über; kommen auf; pAûf fahren auf/ zu; losgehen auf; Inf. gehen; vorhaben, sich anschicken zu; *guot/ übel v.* gut/ schlecht gehen; *v. lâzen* +A(+D) ziehen lassen; aufgeben, unbeachtet/ unberücksichtigt lassen; verzeihen; *gevarn komen* heran-, herbeikommen; *des endes v.* dorthin reiten; *den pfat/ die reise/ die strâze/ den strich v.* einen Weg gehen/ nehmen; die Straße entlangziehen; eine Fahrt/ Reise machen/ unternehmen; davonkommen, davonziehen, seines Weges gehen; *vor sich v.* weiterziehen; *ze pfande v.* +D als Pfand zufallen; Part.Adj. [s.] *varnde* [1].

varnde[1]**,varende** Part.Adj. gehend; vergänglich; *schône/ wol varende* angesehen, wohlhabend; *varnder man* Fahrender, Spielmann; *v. arme/ diet/ liute, varndez volc* fahrendes Volk; *varnde(z) guot, varndiu habe* bewegliche Habe.

varnde[2]**,varende** swM Fahrender, Spielmann.

varre[1] swF Posse.

varre[2] stswM [s.] *var* [2].

vart stF [flekt. auch *verte-*] Fahrt; Reise; Zug; Aufbruch; Richtung; Weg, Gang, Fährte, Spur; Unternehmen, Vorhaben; Kriegszug, Kampf; Beweglichkeit; *bîhte v.* Bußwallfahrt; *gemeiniu v.* Weg alles Irdischen [Tod]; *gotes v.* Kreuzzug; *herkomendiu v.* Ankunft; *schiltlichiu v.* Ritterfahrt; *alle v./ verte* überall; *an/ bî/ in/ ûf/ ze der (selben) v./ verte* unterwegs; auf der Stelle, so-

fort; gleichzeitig, dabei; damals; *an/ ûf die v. bringen* +A dazu bringen.

vart-,vert-genôze stswM Weg-, Reisegefährte.

vart-geselle swM Weg-, Reisegefährte.

vart-müede Adj. wegmüde.

vartzen swV abs. furzen.

varwe[1]**,varewe,var(e), varbe** stF Farbe; Aussehen; Gesicht; Äußeres; Abbild; Schönheit; Schmuck; Kleid; *diu v. entwîchet/ erblîcht, wirt erblichen* (+D), *die v. verkêrn* erbleichen; *diu v. wirt rôt, diu v. erblüet/ erzündet/ mêrt sich* erröten.

varwe[2] Adj. [s.] *var* [1].

varwe-,var-lôs Adj. blass, bleich.

varwen [s.] *verwen.*

vas [s.] *vahs.*

vasân,vasânt,fasân stM Fasan.

vase swMF Faser; Franse.

vas(en)-naht [s.] *vastnaht.*

fasôl swF Bohne.

vassal stM Vasall; Ritter.

vast Adj. [s.] *vest.*

vaste[1]**,vast,veste** Adv. fest; dicht, eng; sehr, heftig; gewaltig, stark; schwer, hart; streng; schnell, eilig; eifrig, tüchtig; laut, hell; völlig, ganz; weit; sofort; Komp. [auch] (noch) mehr; *v. unze* +pDan bis dicht an, genau vor.

vaste[2] stswF Fasten (-zeit).

vasten swV abs.fasten; nüchtern sein; G sich enthalten; A Buße leisten für; *die buoze v.* büßen.

vasten-kiuwe stswF Fastenspeise.

vasten-wê stN Fastenleiden.

vast-naht,vas-,vasennaht stF Vorabend der Fas-

tenzeit; Fastnacht.

vast-,wast-woche swF Fastenwoche.

vater,vatter stM Vater.

vater-halbe(n),-halp Adv. väterlicherseits.

vater-heime stF Vaterhaus.

vater-heit stF Vater; Vaterschaft.

vater-hûs stN Vaterhaus.

vater-lant stN Vaterland, Heimat.

vater-,veter-lich Adj., **-lîche(n)** Adv. väterlich.

vater-mâc stM Verwandter väterlicherseits.

vater-muoter stF [Mutter Gottes].

vater-rîche stN Vaterland.

vater-schaft stF Vaterschaft.

vater-sin stM [Gott] Vater.

vater-sun stM Gottessohn.

vater-wân stM Glaube, einen Vater zu haben.

vatter [s.] *vater.*

favelîe,*fabelîe stF *f. sagen* sich unterhalten.

vaz[1] stN Fass; Gefäß; Kasten, Schrein; Korb; (Resonanz-) Körper.

vaz[2] stMN [s.] *vahs.*

vazzen swV refl.+G/pDengegen /pAin sich bereitmachen zu, sich aufmachen in/ zu; A (+pDan,bî /pAan,in) ergreifen/ packen (bei/ mit), (auf-) nehmen (in); legen (an); A (+pDmit) kleiden/ bekleiden/ schmücken (mit); beladen/ bepacken/ füllen (mit); ausdrücken (mit); A+pAûf häufen/ laden auf; A+D/pDze ausstatten (für); *sich über mer v.* sich einschiffen; Part.Adj. [s.] *gevazt.*

ve [s.] *vihe.*

vê [s.] *vêhe.*

febrieren swV abs. Fieber haben.

vêch[1] Adj./Adv. [flekt. *vêhe-*] gefleckt, scheckig; bunt, verschiedenfarbig; wechselhaft.

vêch[2] stN [flekt. *vêhe-*] Hermelin (-pelz).

vêch-var Adj. verschiedenfarbig.

veck, vedach [s.] *vetach.*

vêde [s.] *vêhe.*

veder, vedere stswF Feder; Federkiel; Flügel; Pelz.

veder-angel stM Angelhaken [mit Federkiel].

veder-bette stN Federbett.

vedere [s.] *veder.*

veder-gewant stN Bettzeug.

vederich [s.] *vetach.*

veder-leser stM Federfuchser.

veder-lestic Adj. federleicht.

veder-sac stM Sack voll Federn.

veder-slagen, -slahen, -slân stV [VIa, Prät. auch sw] abs./pA*ûf* mit den Flügeln schlagen (auf).

veder-spil stN Jagd-, Beizvogel [Falke, Sperber, Habicht].

veder-vogel stM Federvogel.

veder-wât stF Bettzeug.

veder-wusch, -*wisch stM Federwisch.

vedmen swV A+D einfädeln.

vedrach [s.] *vetach.*

vedrîn Adj. *v. kamp* Federschopf.

vegen swV pD*ze* /Adv.lok. fegen, rennen, stürmen; A(+pD *mit, von*) reinigen (mit/ von), scheuern, putzen; A+pA*umbe* bedrängen wegen; *die strâze v.* die Straße entlangstürmen.

veger stM (Brunnen-) Reiniger.

vege-stat stF Fegefeuer.

fêgetieren, feigetieren

swV (A+pA*in*) schmücken; kleiden (in).

vege-tiuvel stM Putzteufel.

vege-vaz stN Waschzuber.

vege-viur, veg-vûr, -vûwer stN Fegefeuer.

veh, vehe [s.] *vihe.*

vêhe, vêhede, vê(de) stF Fehde; Streit; Hass, Feindschaft.

vêhe- [s.] *vêch.*

vêhede [s.] *vêhe.*

vêhen[1] swV A hassen, verachten; bekämpfen, verfolgen.

vêhen[2] swV A färben.

vêhen[3] stN Hass.

vêh-per Adj. streitbar.

vehtære stM Kämpfer, Streiter.

vehte stF Streit, Kampf.

vehten[1] stV [IVa] abs./Adv./ pD*mit* kämpfen/ ringen (mit); D sich herandrängen an; pD*(en)gegen, wider* /p A *an, ûf, wider* (an-) kämpfen gegen, einschlagen auf; pD *nâch, ze* /p A *umbe, vûr* kämpfen/ sich abmühen für/ um; schlagen nach; sich sehnen nach; A bekämpfen; erkämpfen, erringen; A+pD*ûz* heraushauen aus; *herûz v.* herausdringen; *die âventiure/ den kampf/ strît/ wîc v.* das Abenteuer/ den Kampf/ Streit bestehen/ ausfechten; *über houbet v.* sich über seine Kraft anstrengen.

vehten[2] stN Gefecht, Kampf, Streit.

veht-genôze stswM Kampfgefährte.

veht-îsen stN Schwert.

veic-heit stF Verderben.

veic-lich Adj. gefährlich.

veic-lîche Adv. schwächlich; *v. getân* vom Tod gezeichnet.

veic-tac stM Todestag; Tod.

feie, feine stswF Fee.

veige Adj. todgeweiht; tot; tödlich; verflucht, verwünscht, verdammt; unselig; unheilvoll; *veigen lâzen/ tuon/ vrumen* +A töten.

veigen swV abs. verderben, zunichte werden, sterben; A töten, vernichten.

feigetieren [s.] *fêgetieren.*

veile, veil Adj. käuflich; verkäuflich; verfügbar, erreichbar, möglich; *übele v.* teuer; *wol v.* billig, leicht zu haben; *v. vinden* +A kaufen können; *v. bieten/ haben/ tragen/ vüeren* +A feilbieten, verkaufen; preisgeben; *v. quemen* zu verkaufen sein; *v. sîn* [auch] wert sein, sich wert zeigen; *v. sîn* +D+pA *umbe* verliehen werden für; *veiler market* Markt.

veilen[1] swV A(+D) verkaufen; preisgeben; einsetzen, hingeben, eingeben.

veilen[2] swV [s.] *vælen* [1].

veilschen swV abs./G/A handeln/ feilschen (um).

veim stM Schaum; Honig; Nichtigkeit.

veimen swV A+pD*von* klären/ reinigen von; A+pA*ûf* läutern zu.

vein Adj. feuerfest.

feine [s.] *feie.*

veine [s.] *venje.*

feinen swV A mit Zauberkräften begaben.

veir-teil [s.] *vierteil.*

feiten, feitieren swV A verzieren, schmücken.

feitiure stF Ausstattung.

veiz Adj. fett; rund.

veizen swV A fett machen.

veizet, veizt, vêzt, viezt Adj. feist, fett; dick; satt; dicht, fest; reich.

veizet-keit stF Dickleibigkeit.
veizt [s.] *veizet.*
veizte stswF Fett; Fülle; Verdickung.
veizte-loht Adj. voll.
veizten swV abs. erquicken; A fett/ dick machen.
veiztic-heit stF Fruchtbarkeit.
vel stN Haut, Fell; Aussehen; *guldîn v.* Goldenes Vlies; *daz v. in den ougen* Star [Augenkrankheit].
velden swV abs. ins Feld ziehen.
velde-strît [s.] *veltstrît.*
velge swF Rad (-felge).
velle stF *under eines steines v.* unter einem Stein.
vellen swV [Prät. auch *valt-, vald-*] A(+D/pD*ze*) fällen, niederhauen; niederwerfen (auf/ zu); zu Fall bringen, verderben; zerstören; töten [auch *tôt v.* +A(+D)]; vergießen; fallen lassen; A+pD*ûz* / p A*hinder,in,über,ûf* stoßen/ werfen auf/ aus/ hinter/ in/ über.
vellic Adj. hinfällig, schwach; abtrünnig.
vels,velse stswM Fels.
velsche stF Falschheit.
velschelære stM Verleumder.
velsche-lich,-lîche(n) [s.] *valschlich.*
velschen swV [Prät. auch *valscht-*] A verleumden, beschuldigen; herabwürdigen, herabsetzen, schlecht machen; entehren; bezweifeln, für unwahr/ falsch erklären, widerlegen/ verfälschen,verderben; beirren; Part.Adj. [s.] *gevelschet.*
velscher [s.] *valschære.*
velsch-lich,-lîche(n) [s.] *valschlich.*

velse [s.] *vels.*
velseht Adj. felsig.
velsen swV A auf Felsen gründen.
velsinc stM [Pelikan].
vel-sloz stN Riegel.
velt stN Feld; Land; Boden, Platz; Gelände, freies Feld; Kampfplatz, Turnierplatz, Schlachtfeld; Wappenfeld; Spielfeld.
velt-dorn stM Wildrose.
velt-gebûst M bestelltes Feld; Feldarbeit.
velt-ispe swMF Feldysop [Pflanze].
velt-kümel stM Feldkümmel.
velt-lactûke swF Feldsalat.
velt-minze swF Feldminze.
velt-mûs stF Feldmaus.
velt-pfert stN Ackergaul.
velt-pluome,-*bluome stswMF Feldblume.
velt-ros stN Ackergaul.
velt-rôsenstoc stM Wildrosenstock.
velt-siech Adj. aussätzig.
velt-spinne swF Feldspinne.
velt-sprâchen stN Gerede.
velt-stein stM Feldstein.
velt-,velde-strît stM offener Kampf, Feldschlacht.
velt-sturm stM Feldschlacht.
velt-cypresse swM Feldzypresse [Wacholder].
velwe stswF Weide, Weidengeflecht.
velwe-loht Adj. blass.
velwen swV A entfärben, bleich machen.
velwesche swF Asche.
velzen swV A schmücken; A+pA*in* fügen in.
vemer stM Henker.
veme-stat stF Richtplatz.
venchel(-) [s.] *venichel(-).*
venc-nisse,-nusse,-nüs [s.] *vancnisse.*

vende,vinden swM Bauer [Schachfigur].
venechel [s.] *venichel.*
vener [s.] *venre.*
venezære stM Venezianer [Geldwährung].
vengec Adj. *v. netze/ vach* Fangnetz.
venich stM Buchweizen.
venichel,ven(e)chel stM Fenchel.
venichel-krût stN Fenchel.
venichel-plat stN Fenchelblatt.
venichel-rinde swF Fenchelwurzel.
venichel-,venchel-wazzer stN Fenchelsaft, -sud.
venichel-wurz stF Fenchelkraut, Fenchelwurzel.
venie-,venige [s.] *venje(-).*
fênix,fênis stM Phönix.
venje,venie,venige,veine stswF Kniefall, Kniebeuge; (kniefälliges) Gebet; *(an) sîn v. vallen/ suochen* (betend) niederknien.
venjen,venien swV abs./pD *ze* /p A*vür* (betend) (nieder-) knien (vor); *venje v.* Kniefälle machen.
venre,vener,vanre,vaner stM Fahnen-, Bannerträger.
venre-tac stM Freitag.
venster stN Fenster; Fensternische; Öffnung, Loch.
venster-bret stN Fensterladen.
venster-glas stN (Glas-) Fenster.
venster-stein stM steinerner Fensterrahmen.
venster-,-*vinster-werc stN Umrißzeichnung.
venstrerin stF Pförtnerin [am Redefenster eines Klosters].
vent stM Bauer [Schachfigur].

vênt [s.] *vîant.*
ver[1] swM [s.] *verge.*
ver[2] stswF [s.] *vrouwe.*
ver[3] Präp. [s.] *vür* [2].
vêr [s.] *vier.*
ver- [s. auch] *vor-; vür-.*
ver-âhten,vir-æhten swV
A/G/Ns*daz* ächten; verbieten; unbeachtet lassen, gering achten.
ver-æhtunge,-âhtunge
stF Acht; Vernachlässigung, Geringschätzung.
ver-alten,vor-,vur-alten
swV abs./pD*in*/Adv.lok. alt werden; veralten; erstarren (in); Part.Adj. [s.] *veraltet.*
ver-altet Part.Adj. *veraltetez siechtuom* chronisches Leiden.
ver-altunge stF Altern.
ver-,vir-andern,-endern
swV refl.(+pD*ûz,von,ze* /pA *in*/Adv.lok.) sich aufmachen/ begeben (in/ von); sich abwenden/ entfernen/ zurückziehen (von); A(+pD*ze*) (ver-) ändern (zu), wechseln, verwandeln.
ver-ant- [s.] *verenden.*
ver-antworterin stF Beantworterin.
ver-antwurten,vir-antwerten,-entwurten swV refl./G sich verteidigen (gegen); A rechtfertigen, verteidigen.
ver-arbeitet Part.Adj. abgearbeitet, geplagt.
ver-armen swV abs. in Not geraten.
ver-ballen swV *die zît v.* die Zeit mit Ballspielen vertun.
ver-bannen[1],-pannen stV
[VIIa] A(+D) mit dem Bann belegen, ächten; verbieten; anheim geben; A+pD*von* ausschließen/ ausstoßen von; Part.Adj. [s.] *verbannen* [2].

ver-bannen[2] Part.Adj. *verbannenez holz* Bannholz [dessen allgemeine Nutzung verboten ist].
verben [s.] *verwen.*
verbene-wazzer stN Eisenkrautaufguss.
verber(-) [s.] *verwære, verwer-.*
ver-,vor-bergen stV [IIIb]
A(+pD *mit,vor*) verbergen, verstecken, verheimlichen; zurückhalten (vor); verhüllen, ver-, bedecken (mit); A (+pA*in,under*) bergen/ bringen/ stellen (in/ unter); A+D vorenthalten, vorbehalten.
ver-,vir-bern stV [IVa] refl. unterbleiben; A/Ns(*daz*) (+G/pD*mit*) aufgeben, (ver-) meiden, unterlassen, aufhören mit; verzichten auf; verschonen (mit); verweigern; versäumen; missachten; verlassen; verlieren, loswerden.
ver-bezzern,-bezzren swV
A besser machen.
ver-bicken swV pD*mit* dreinschlagen mit; A zerschlagen.
ver-biderben swV A verbrauchen, verzehren; Part. Adj. [s.] *verbiderbet.*
verbiderbet Part.Adj. verdorben.
ver-bieten,vir-pieten stV
[IIb] A/Ns*daz*(+D) verbieten, versagen; vorenthalten; (ver-) hindern; (weg-) nehmen; gebieten; *ein spil v.* den Gegner überbieten.
ver-bilden swV A betrüben; verbilden, entstellen; A(+pD *ze*/pA*in*) verfestigen (in), bilden (zu).
ver-binden,vor-pinden
stV [IIIa] abs. sich ineinander verbeißen; A(+G/pD*mit*, *ze*/pA*in*) verbinden/ (fest-)

binden (mit); verpflichten (zu), binden (an); A+D+pD*in* festbinden/ verstecken in.
ver-bîten stV [Ia] G vergeblich warten auf.
ver-bîzen,-pîzen stV [Ia]
abs. den Schmerz unterdrücken; A(+D) zusammenbeißen; zerstören.
verb-,*verwe-krût stN
Färberpflanze.
ver-blant- [s.] *verblenden.*
ver-blâsen stV [VIIb] A wegblasen.
ver-blenden,vor-plenden
swV [Part.Prät. auch *verblant*] A(+D) (ver-)blenden, verdunkeln.
ver-blenken swV A verzieren.
ver-,vur-blîben stV [Ia]
abs./pD*in* verharren/ zurückbleiben/ sich aufhalten (in); G verfehlen.
ver-blîbunge stF Beharren.
ver-,vor-blîchen stV [Ia, Prät. auch sw] abs. verbleichen, verwelken; vergehen, verschwinden.
ver-,vor-blinden swV abs./ D blind/ verblendet sein/ werden (gegen); A verblenden.
ver-blœden swV abs. mutlos sein.
ver-blüen swV abs. verblühen.
ver-bluoten,-blûten swV
abs. unter dem Blutverlust leiden.
ver-bolgen Part.Adj. *v. werden* +D zornig werden auf.
ver-boln swV A verschleudern.
ver-borgen Part.Adj./Adv.
verborgen, versteckt; unsichtbar; geheim, heimlich.
ver-borgenheit stF Verborgenheit, Geheimnis.

**ver-borgenlich,-börgen-
lich** Adj., **-lîche(n)** Adv.
verborgen; geheim, heim-
lich.
ver-bornen [s.] *verbrennen.*
ver-bôsen,-bœsen swV A
verderben, zerstören; verletzen; beflecken.
ver-bot stN Verbot.
ver-bôzen stV [VIId] A verderben.
ver-brâht- [s.] *verbringen.*
ver-brant- [s.] *verbrennen.*
ver-brechen stV [IVa] abs./
refl.(+D)/D aufhören, enden;
schwinden, zunichte wer-
den; zu Schaden kommen;
versagen, scheitern; refl.+pD
ûz verschwinden aus; A(+D)
brechen, zerstören, vernichten, schädigen; ausreißen;
unterbrechen; verhindern;
beenden; aufgeben; unter-
drücken.
**ver-brennen,vir-,vor-
bornen,-burnen,-pren-
nen** swV [Prät. *verbrant-*]
A(+D) verbrennen, versen-
gen, abbrennen; verzehren;
brandschatzen, verwüsten,
zerstören; töten.
ver-brieven swV refl. sich
mit einem Geleitbrief versorgen.
**ver-,vür-bringen,-prin-
gen** stswV [IIIa, Prät. *ver-
brâht-*] A(+D) ausführen,
durchsetzen;   abschaffen;
vernichten.
**ver-brinnen,vir-,vor-
prinnen** stV [IIIa] abs./D
(sich) verbrennen.
**ver-brüejen,-brüe(g)en,
-prüen** swV [Prät. auch
verbruot-]A(+D) verbrühen;
versengen, verbrennen.
ver-brûsen swV refl. sich
legen.
ver-büeget Part.Adj. *v. ma-*

chen +A bedeutungslos machen; *v. werden* (bug-) lahm
werden.
ver-bunden¹ swV A zusammensetzen.
ver-bunden² swV [s.] *verwunden.*
ver-bunnen anV G/Ns*ob*+D
missgönnen.
ver-bürgen swV A verbürgen.
ver-burnen [s.] *verbrennen.*
ver-,vor-bûwen swV A zumauern; abwehren.
verch¹ Adj./Adv. tödlich (verwundet).
verch²,verh stN Leib, Leben; Lebensgefahr; Fleisch
und Blut; *ze verche (gân)*
lebensgefährlich/   tödlich
(sein).
verch-ban,-pan stM Rüstung.
verch-bluot stN (Herz-)
Blut.
verch-grimme Adj. tödlich.
verch-lôs Adj. leblos.
verch-mâc stM Blutsverwandter.
verch-pan [s.] *verchban.*
verch-sêr Adj. tödlich verwundet.
verch-sippe Adj. blutsver-
wandt.
verch-slac stM gefährlicher/
tödlicher Schlag.
verch-tief Adj. lebensgefährlich, tödlich.
verch-vîent,-vînt stM Todfeind.
verch-wunde stF tödliche/
gefährliche Wunde.
verch-wunt Adj. tödlich/ gefährlich verwundet.
ver-dact [s.] *verdaht.*
ver-dact- [s.] *verdecken.*
ver-,vir-dagen swV [Part.
Prät. auch *verdeit*] A(+G/D/
A/Ns*daz,w*) verschweigen,

verheimlichen,   verhehlen;
unterlassen; vermeiden; unterdrücken.
ver-daht(-),-dact(-)   [s.]
verdecken; verdeckt.
ver-,vur-dâht Part.Adj. bedacht, besonnen; (in Gedanken) versunken, nachdenk-
lich; argwöhnisch.
ver-dâht- [s.] *verdenken.*
ver-dâhtekeit stF Nach-
denklichkeit.
**ver-damnen,-dam(pn)en,
-tammen** swV A(+pD*ze*)
verurteilen/ verdammen (zu);
vernichten.
ver-damnunge stF Ver-
dammnis.
ver-dampnen [s.] *verdamnen.*
ver-damp-nisse,-nüsse
stF Verdammnis.
ver-,vir-decken swV [Prät.
auch *verdaht-,verdact-*] A
(+D/pD*mit*) bedecken (mit),
verdecken, verhüllen, verbergen; besänftigen; decken;
Part.Adj./Adv. [s.] *verdeckt.*
ver-deckt,-daht,-dact
Part.Adj./Adv.   versteckt,
heimlich; *verdecktez ors/
ros/ marc/ kastelân* gepan-
zertes Pferd.
ver-deit [s.] *verdagen.*
**ver-,vor-dempfen,-dem-
pen** swV abs./A ersticken;
blenden.
ver-denen swV A ausbreiten;
A+pA*an* richten auf.
ver-,vür-denken swV [Prät.
verdâht-] refl. sich besinnen/
vorsehen; vorsorgen; in Gedanken versinken; (refl.+)G/
pA*an* denken an, sich sehnen
nach; A vorhersehen; ver-
dächtigen; verwerfen; A+G
verdenken, übel nehmen;
verargen; *verdâht sîn* entschlossen sein; *verdâht sîn*

+pD*in,von* erfüllt sein von, versinken in; *verdâht sîn* +pD*nâch* /p A*an,ûf* bedacht sein auf, sich sehnen nach; Part.Adj. [s.] *verdâht.*

ver-derben[1]**,vir-,vor-ter-ben** stV [IIIb] abs./D/pD*bî, mit,von* verderben, zugrunde gehen; vergehen/ zunichte werden (durch); ins Unglück geraten (durch); verloren gehen; krank/ hinfällig werden; verwelken; verkommen; umkommen, sterben; G/pA *an* verlieren; *des grimmegen tôdes v.* eines schrecklichen Todes sterben.

ver-derben[2]**,vor-terben** swV A(+D) zugrunde richten, ins Verderben stürzen, verderben, zerstören, zunichte machen, erniedrigen; verkommen lassen; misshandeln; umbringen, hinrichten.

ver-derben[3] stN Verderben.

ver-derber stM Verderbenbringer.

ver-derblich Adj. Verderben bringend.

ver-derbunge stF verdorbener Magen.

ver-derp stM Verderbnis.

ver-derpnisse stF Verderben, Verderbnis.

ver-derren swV A austrocknen.

ver-dieben,-diuben swV A stehlen; veruntreuen.

ver-diehen,-*diuhen swV A zerdrücken.

ver-dienen[1]**,vir-,vor-dienen** swV A/Ns*daz*(+D/ pD*an, mit*/ pA*umbe, wider*) verdienen (an/ bei/ mit/ um); erwerben, erreichen, erlangen; vergelten, verschulden.

ver-dienen[2] stN Verdienst.

ver-dienerinne stF *der êren v. sîn* Ehre verdienen.

ver-dienlich Adj. verdienstvoll; nutzbringend.

ver-diezen stV [IIb] abs. verhallen.

ver-dîhen stV [Ib] G+D zuvorkommen in.

ver-dilgen,-dili(g)en [s.] *vertilgen.*

ver-dimpfen stV [IIIa] abs. verdampfen.

ver-dingen swV A dingen, verpflichten, in Dienst nehmen; A+G binden an.

ver-diuben [s.] *verdieben.*

ver-dôben [s.] *vertouben.*

ver-doien swV pA*in* verschmelzen mit.

ver-doln,-dolen swV G/A/ Ns*daz* ertragen, aushalten, auf sich nehmen; zulassen.

ver-dorben Part.Adj. verdorben; verderbt; unglücklich.

ver-dorbenlîche Adv. elend.

ver-dornen [s.] *verdürnen.*

ver-dorren swV abs. verdorren.

ver-döun [s.] *verdöuwen.*

ver-döuunge stF Verdauung.

ver-döuwen,-döun,-töuwen swV A verdauen.

ver-draben swV refl. aufhören.

ver-dræn swV refl. sich verbiegen; refl.+pD*von* sich wegdrehen von.

ver-dræsen swV refl. sich verschnaufen.

ver-drîben [s.] *vertrîben.*

ver-driez stM Überdruss, Verdruss.

ver-driezen[1]**,vor-driezen** stV [IIb] G/A verdrießlich machen; aufgeben; unpers.+ D/A(+G/Ns(*daz*)) verdrießen, überdrüssig werden, lästig/ zu viel sein/ werden; stören, ärgern, langweilen; (be-) kümmern; Part.Adj. [s.]

verdrozzen.

ver-driezen[2] stN Verdruss.

ver-dringen,-tringen stV [IIIa] abs. vergehen; G/A (+pD*ûz,von*) verdrängen/ vertreiben (aus/ von), bedrängen; zusammendrängen; A+G berauben, entziehen.

ver-drîven [s.] *vertrîben.*

ver-,vor-droz stM Verdruss.

ver-drozzen Part.Adj. verdrießlich; beschwerlich.

ver-drozzenheit stF Überdruss.

ver-drozzenlich Adj. unangenehm.

ver-drucheit stF Ergebenheit.

ver-drucken [s.] *vertruckenen.*

ver-drücken,vir-,vor-drucken,-trucken swV [Part.Prät. auch *verdruht*] refl.+pD*von* sich fernhalten von; refl.+pA*under* sich unterordnen unter; A(+D/pD *mit,von*) verdrängen, vertreiben (von); bedrängen, bedrücken; niederdrücken, unterdrücken (mit); zerdrücken, vernichten; verbergen, verheimlichen.

ver-,vir-drumen swV abs./ refl. dahin-, verschwinden, enden; A vernichten; beenden; A+D abhacken; nehmen.

ver-düeme- [s.] *vertüeme-.*

ver-düem(p)nisse [s.] *vertuomenisse.*

ver-dûhen,-*diuhen swV A+D vorenthalten.

ver-dûht- [s.] *verdunken.*

ver-dulden swV A/Ns*daz* hinnehmen, zulassen, erlauben; ertragen, dulden; A+ pA*über* verhängen über.

ver-dunkeln,-tunkelen swV A verfinstern.

ver-,vor-dunken swV [Prät. *verdûht-*] unpers.+A+ Ns*daz* missfallen; *verdûht werden* +G+pD*an* aufgegeben werden von.

ver-dunsten swV A+pA*in, under* herabziehen in/ unter.

ver-dunstern swV A verdunkeln.

ver-dunsterunge stF Dunkelheit.

ver-dûren,-*tiuren swV A zu teuer sein für.

ver-dürkeln swV A(+D) durchlöchern.

ver-dürnen,-dornen swV A(+D) (mit Dornengestrüpp) versperren; einschließen, einsperren.

ver-dwâsen [s.] *vertwâsen.*

vere [s.] *verge.*

ver-,vir-ebenen swV A glätten; schlichten.

ver-,vor-edeln swV abs. aus der Art schlagen.

ver-effet Part.Adj. *v. sîn* +pA*an* vernarrt sein in.

ver-eiden swV A eidlich verpflichten.

ver-einen,vir-,vor-,vur-einen swV abs./refl./pD*von* allein sein, sich zurückziehen/ entfernen (von) [auch *vereinet sîn*]; refl.+D/pD*mit* / pA*ûf*/Ns*daz* übereinkommen, sich einigen (auf/ mit); beschließen; sich entschließen (zu); A(+D)(+pD*mit,ze* / pA*in*) vereinen/ vereinigen/ verbinden (in/ mit); A+pA*ûf* richten auf.

ver-einigen swV A+D/pD *mit* /pA*in* vereinen/ vereinigen/ verbinden mit.

ver-einikeit stF Vereinigung.

ver-eintlich Adj. vereint.

ver-einunge stF Vereinigung, Einheit.

ver-eischen [s.] *vreischen.*

ver-eiten swV A anzünden.

ver-,vir-ellenden swV refl.+pA*in* ziehen/ sich entfernen in; A(+pD*von*) verbannen, vertreiben (von).

ver-,vir-enden swV [Prät. auch *verant-*] abs./refl. enden, zu Ende gehen, vergehen; A(+D) beenden; aus-, durchführen; tun, erfüllen, zu Ende führen, vollenden.

ver-endern [s.] *verandern.*

ver-enderunge stF (Ver-) Änderung.

ver-entwurten [s.] *verantwurten.*

ver-ergern swV A verschleißen.

ver-erzenîgen swV A für Arznei ausgeben.

ver-etzen,vretzen swV A+D abweiden, abfressen.

verewen [s.] *verwen.*

ver-ezzen [s.] *vrezzen.*

ver-gâhen,-gæhen swV refl. (+pD*gegen* / pA*wider*) sich übereilen; sich vergessen (gegen).

ver-gân,vor-gên anV abs./ refl./D vergehen, vorübergehen, ablaufen; (dahin-, ent-, ver-) schwinden; zunichte werden; bewusstlos werden; verscheiden, sterben; fehl-, irregehen, sich verlaufen; fällig werden; (refl.+)pA*in* aufgehen/ sich verlieren in; G/A verfehlen, meiden, übergehen; aufgeben; verschonen; begehen; *den stîc v.* +D den Weg versperren.

ver-ganclich [s.] *vergenclich.*

ver-gangenheit stF Versunkenheit, Entrückung.

verge,verje,ver,vere swM Fährmann, Schiffer.

ver-geben¹,vir-geben,

vor-geben stV [Va] D(+pD *mit*) Gift geben (in), vergiften (mit), zugrunde richten [auch *v. sîn/ werden* unpers.+D]; (D+)A/Ns*daz* /G/ D vergeben, verzeihen, erlassen; A(+D) (ver-) schenken, hin-, weggeben; versprechen, verloben, verheiraten; Part.Adj. [s.] *vergeben* ²; Part.Adv. [s.] *vergeben* ³.

ver-geben² Part.Adj. überflüssig, vergeblich.

ver-geben³,-gebene Part. Adv. umsonst; unentgeltlich; grundlos; folgenlos; ungenutzt; nutzlos, vergebens.

ver-gebens Adv. umsonst; unentgeltlich; vergeblich.

ver-gehen [s.] *verjehen.*

ver-gelten,vir-gelden stV [IIIb] refl. sich rächen [auch *den lîp v.*]; A(+D) vergelten, (be-) lohnen; A(+pD*mit*) bezahlen (mit); zurückzahlen, erstatten, ersetzen, ausgleichen; wieder gutmachen; heimzahlen; einbringen, verdienen.

ver-,vir-gelwen,-gilwen swV abs./D bleich werden; sich verfärben; A erbleichen lassen.

ver-gên [s.] *vergân.*

ver-genclich,vor-ganc-lich Adj. vergänglich.

ver-genclichkeit stF Vergänglichkeit.

ver-,vir-genkenisse stF Vergänglichkeit; Vergangenheit.

ver-gernen swV A umgarnen; fangen.

ver-gezzec Adj. vergesslich.

ver-gezzelich [s.] *vergezzenlich.*

ver-gezzen¹,vir-,vor-gezzen stV [Va] refl.(+pD *an*) sich versündigen/ vergreifen (an); sich vertun/ verschätzen (mit); G/A/Ns (*daz,w*)(+D) vergessen, versäumen, unterlassen; aufgeben; verlieren; Part.Adj. [s.] *vergezzen* [2].

ver-gezzen [2] Part.Adj. vergesslich; entfallen.

ver-gezzenheit stF Vergessenheit; Vergesslichkeit; Unachtsamkeit.

ver-gezzenlich,vir-gezzelich Adj. vergesslich.

ver-gezzenlicheit stF Vergessen.

ver-gezzunge stF Vergesslichkeit.

ver-,vor-giezen stV [IIb] refl. schwinden, aufhören; (dahin-, verschwinden refl.+D*mit* überlaufen von; p*Ain* sichergießen in; A(+D) vergießen, verschütten; verströmen, verbreiten; zerstören, zunichte machen; A+pD*mit* begießen/ bespritzen mit; A+ p*Ain* ausgießen in.

ver-giezunge stF Vergießen.

ver-gifnisse,-giffenisse [s.] *vergiftnisse*.

ver-gift [1] Part.Adj. giftig.

ver-gift [2]**,vir-,vor-gift** stFN Gift.

ver-giftec/ic Adj.giftig, vergiftet; schädlich; *v. tôt* Tod durch Vergiftung.

ver-giftekeit,-giftikeit stF Gift, Vergiftung.

ver-giften swV A(+pD*mit*) vergiften (mit), vernichten; Part.Adj. [s.] *vergift* [1].

ver-giftikeit [s.] *vergiftekeit*.

ver-giftlich Adj. giftig, vergiftend.

ver-giftnisse,-gifnisse, -giffenisse stFN Gift.

ver-giht [1] Part.Adj. gichtbrüchig.

ver-giht [2] stFN Gicht.

ver-,vir-giht [3] stF Aussage; Antwort; Bekenntnis; Anweisung.

ver-gihtic [1] Adj. gichtbrüchig.

ver-gihtic [2] Adj. *v. sîn* +G sich bekennen zu.

ver-gihtigen swV abs. an der Gicht leiden.

ver-gilwen [s.] *vergelwen*.

ver-gîselen swV A als Geisel ausliefern.

ver-gittern swV A+pD*mit* überziehen mit.

ver-glabet Part.Adj. *v. werden* den Verstand verlieren.

ver-glanzen swV A überstrahlen; schminken.

ver-gleifet Part.Adj. zerschunden.

ver-golden [s.] *vergulden* [1].

ver-goten,-göten swV A vergotten, heiligen.

ver-graben [1] stV[VIa] A vergraben; zuschütten.

ver-graben [2] swV A(+D) ausheben, abgraben.

ver-griezen stV [IIb] A ausstreuen; überströmen.

ver-grîfen stV [Ia] refl. einen Fehlgriff tun.

ver-grimmt Part.Adv. *hemisch v.* heuchlerisch.

ver-grüenen swV abs. grün werden.

ver-gulden [1]**,vur-golden** swV A vergolden.

ver-gulden [2] swV A(+D) vergelten.

ver-günlichen swV A verherrlichen.

ver-,vor-gunnen anV G/Ns *daz* +D missgönnen, neiden.

verh [s.] *verch* [2].

ver-haben,vor-hân swV A (+D) verschließen, zuhalten;

unterdrücken, verwehren; vorenthalten.

ver-haft [s.] *verheften*.

ver-hagen swV A(+D/pD*in, von*) versperren; umschließen, einzäunen; schützen; einschließen (in); aussperren (von); vereiteln.

ver-hâhen stV [VIIb] D entgegenkommen; A/Ns*daz* (+G) zulassen, gewähren; bewirken; verurteilen, verhängen; aufhängen.

ver-hælen swV A verheimlichen.

ver-halten [1] stV [VIIa] A zuhalten; verbergen; zurückhalten; verhüten; Part.Adj. [s.] *verhalten* [2].

ver-halten [2] Part.Adj. lenksam.

ver-hân [s.] *verhaben*.

ver-hancnusse [s.] *verhencnisse*.

ver-hanct,-henct Part.Adj. *verhancter zoum* verhängte Zügel; *verhenctiu wîse* allgemeine Übereinstimmung.

ver-hanct- [s.] *verhengen*.

ver-handeln,-hendeln swV abs. sich falsch verhalten; A an der Hand fassen.

ver-harten,vor-herten, -herden swV abs./D sich verhärten, erstarren, hart werden.

ver-heben,vor-heven stV [VIb] refl. sich erheben; refl.+ G/pD*an* sich überheben mit; A erheben; A+G entheben; A+D verdecken.

ver-heften swV [Part.Prät. *verhaft*] A sichern; A+p*Ain* versenken in.

ver-heilen swV A heilen.

ver-heilgen swV A heiligen.

ver-heit Part.Adj. *der letzte sî v.* den Letzten beißen die Hunde.

ver-heizen stV [VIIc] A/Ns
daz /Inf.(*ze*)(+D)   versprechen.

verhel [s.] *varh.*

ver-,vir-heln stV [IVa] A
(+D/A/pD*von,vor*) verber-
gen/ verstecken/ verheimli-
chen/ geheim halten/ ver-
schweigen/ verhehlen (vor);
sich enthalten; sich zurück-
ziehen/ zurückhalten (von);
Part.Adj. [s.] *verholn* [2]; Part.
Adv. [s.] *verholne.*

ver-helzen swV A+pD*von*
abhalten von.

**ver-hencnisse,-hancnis-
se,-nus(se)** stFN Fügung;
Bestimmung, Anordnung;
Verhängnis.

ver-hendeln [s.] *verhandeln.*

ver-henge,vir-heng(e)de
stF Verhängung; Fügung;
Veranlassung.

**ver-hengen,vir-,vor-hen-
gen** swV [Prät. auch *ver-
hanct-*] G/A/Ns*daz* (+D) erlauben, gewähren; zulassen,
geschehen lassen; bestim-
men; G/A/Ns*daz* +pA*über*
verhängen über; *dem ros v.*
mit verhängtem Zügel reiten;
Part.Adj. [s.] *verhanct.*

ver-,vor-hengunge stF Fügung; Zutun; Einverständ-
nis.

ver-henken swV A ver-
schleiern.

verher- [s.] *varh(-).*

ver-herden [s.] *verharten.*

ver-hêret Part.Adj. stolz, vornehm; aus Stolz unzugäng-
lich.

ver-,vor-hern swV A(+D)
verwüsten, zerstören; vertreiben, verbannen; schädigen; A+G berauben; *in stücken v.* +A in Stücke schlagen.

ver-herten [s.] *verharten.*
ver-hetzen swV A verfolgen.
ver-heven [s.] *verheben.*
ver-hîen swV A zugrunde
richten;Part.Adj. [s.] *verheit.*

ver-hindern swV A behindern.

ver-hoffen swV Ns*daz* die
Hoffnung verlieren.

ver-hoft [s.] *verhovet.*

ver-hœgen,-*hœhen swV
A erhöhen.

ver-hôhverten swV A aus
Geltungssucht verschleu-
dern.

ver-holen(e) [s.] *verholne.*
ver-,vor-holenlîche Adv.
heimlich.

ver-holn[1] swV A(+pA*umbe*)
erwerben; verdienen (um).

ver-holn[2] Part.Adj. geheim,
heimlich; verborgen, ver-
steckt; verschwiegen.

ver-holnbære Adj. geheimnisvoll.

**ver-holne,vir-,vor-
holen(e)** Part.Adv. geheim,
heimlich; verborgen; im Ge-
heimen/ Stillen; beiseite.

ver-hœnen swV A(+D) herabsetzen, erniedrigen, (ver-)
schmähen;verderben;verlet-
zen.

ver-horchen swV A überhören.

ver-hœren,-hôren swV A
anhören; vernehmen.

**ver-houwen,vir-,vor-hô-
wen** stV [VIIe, Prät. auch
sw *verhout-*] A(+D) zerhau-
en, zerschlagen; verletzen,
verwunden; (be-) schädigen;
zerstören, vernichten; totschlagen; brechen, zerreißen, abhauen; verhindern,
verwehren; versperren.

ver-hovet,-hoft Part.Adj.
unhöfisch, ungebildet, ver-
bildet.

ver-hôwen [s.] *verhouwen.*
ver-hüeten swV A verhüten.
ver-hûfen swV A *mit steinen
v.* +A Steine aufhäufen auf.

ver-hüllen swV A+pD*mit*
umhüllen mit; A+pD*vor*
schützen vor.

ver-huoren swV A durch
Ehebruch entehren.

ver-hürnen swV A mit Horn
bewehren.

ver-hurt,-hurtet Part.Adj.
verbeult, zerschnitten.

ver-irren,vir-,vor-ierren
swV abs./G/pD*an* irre werden (an), verwirrt werden
(von); sich verirren, in die Irre gehen; sich irren, zweifeln
(an); verzweifeln; *refl.* ausbleiben; missraten, misslingen; A(+G) in die Irre führen,
irreleiten; betrügen; hindern
(an); A(+D) verwirren, verstören; verhindern; (be-) rauben; wegnehmen; stören;
verfehlen; verstreuen; Part.
Adj. [s.] *verirrt.*

ver-irrt Part.Adj. *verirrtiu re-
de/ zunge* Redeungewandt-
heit; unterschiedliche Sprache.

ver-iuzern,-ûzeren swV
abs./*refl.* veräußerlichen.

ver-,vor-jagen swV A(+pD
ûz, von/ pA*in, vür*/ Adv.lok.)
verjagen/ trennen (von), vertreiben (aus/ in/ von), in die
Flucht schlagen.

ver-jâmert Part.Adv. jammervoll.

verje [s.] *verge.*

**ver-jehen,vir-,vor-jên,
-gehen** stV [Va] refl.(+Ns
daz) gestehen, sich schuldig
bekennen; pD*von* erzählen/
berichten von; G+pD*ze*/pA
vür erklären für; A/G/Ns
daz,w(+D) bekennen; versprechen, ver-, zusichern,

zugestehen; berichten, mitteilen, sagen; voraussagen; verkünden, erklären; bekunden; zustimmen, anerkennen; (ein-) gestehen; verlangen; verraten.

ver-jehunge stF Bekenntnis.

ver-jên [s.] *verjehen.*

ver-jüngen swV A+D verjüngen.

ver-kaffen [s.] *verkapfen.*

ver-kallen swV A zerreden.

ver-kalten swV abs. erkalten; *verkaltet werden* kalt werden.

ver-kapfen,-kaffen swV Ns*daz* sich wundern; *sich ûf ir wân v.* seine Hoffnung auf sie setzen.

ver-karct- [s.] *verkergen.*

ver-kârt(-) [s.] *]verkêr-.*

ver-kebsen swV A zur Kebse/ Konkubine erklären.

verkel,verker- [s.] *varh.*

ver-kêre stF Nachteil.

ver-kêren,vir-,vor-,vur-chêren swV [Prät. auch *verkârt-*] A(+G/D)(+pD*ze* / p A*in,ûf*) (um-, ver-) wandeln/ verkehren/ (ver-) ändern (in); wenden (zu); um-, verdrehen; durcheinander bringen/ werfen; abwenden (von); aufgeben; verschwenden (an); verführen/ verleiten (zu); wechseln; übersetzen (in); missdeuten; ausnehmen; vertreiben (nach); A+pD *gegen* bekehren zu; A+pD *von* abbringen von; Part.Adj. [s.] *verkêrt.*

ver-kêrer stM Betrüger, Verfälscher; Verführer.

ver-kêrerin stF Verführerin.

ver-kêret,-*kêrede stF Verleumdung.

ver-kergen swV [Prät. *verkarct-*] A überlisten, betrügen; überwinden.

ver-kêrlich Adj., **-lîche** Adv. falsch, verleumderisch.

ver-kêrt,-chêrt,-kârt Part. Adj. verdreht; wirr, verführt; falsch, entartet, verdorben.

ver-kêrunge stF *v. der ougen* Augenkrankheit.

ver-kiesen,vir-,vor-kiesen stV [IIb] p A*umbe* / A / Ns *daz,w* (+D) verzichten auf; aufgeben, verschmerzen; verlassen; verlieren; vergessen, verschmähen; hinnehmen, übersehen, missachten; absprechen; vergeben; (A+) p A*ûf* Nachsicht üben gegen, verzeihen.

ver-kindet Part.Adj. unkindlich.

ver-kiuten swV A verschmähen.

ver-klagen,vir-,vor-klagen swV refl. sich mit Klagen/ Weinen abhärmen; A verschmerzen, vergessen; betrauern; anklagen.

ver-klamben swV A einklemmen.

ver-,vur-klæren swV A erhellen, erläutern; verklären.

ver-klærunge stF Verklärung.

ver-kleben,-kleiben swV A(+D/pD*mit*) verkleben; verdecken; verbinden (mit).

ver-kleinen swV A(+D) erniedrigen, herabsetzen.

ver-kleinunge stF Verkleinerung, Herabsetzung.

ver-klemmen swV A verkleinern.

ver-klenen swV A ausschmieren; betrügen.

ver-klûsen swV A einschließen.

ver-klütern swV A verwirren.

ver-knüpfen swV A festbinden.

ver-kolt- [s.] *verqueln* [2].

ver-kôpfen [s.] *verkoufen.*

ver-kosten swV A beköstigen, versorgen; A+pA*ûf* ausgeben für.

ver-koufen,vir-köufen, -köpfen swV A verkaufen; auf-, hin-, preisgeben.

ver-koufer stM Verkäufer.

ver-koufunge stF Verkauf.

ver-kranct- [s.] *verkrenken.*

ver-krempfen swV abs. sich verkrampfen.

ver-krenken swV [Prät.auch *verkranct-*] abs./refl. ermüden, schwach werden; A (+D) schmälern, herabsetzen; schwächen, schädigen; verhindern; vernachlässigen.

ver-kriechen stV [IIa] refl.+ p A*in* sich verkriechen/ verstecken in.

ver-krîsten swV abs. aufstöhnen.

ver-krœnen swV [Part.Prät. auch *verkrônt-*] A(+pD*mit*) (+D) krönen/ schmücken (mit).

ver-krummen swV D gelähmt werden.

ver-küelen swV A+pD*mit* erquicken mit.

ver-kumen [s.] *vürkomen.*

ver-kunbern swV pD*mit* sich verstricken in.

ver-,vor-künden swV [Prät. *verkund-*] refl.+pA*wider* sich anvertrauen/ offenbaren; A/Ns*w* (+D) ankündigen.

ver-kunnen anV refl.+G/Ns *daz* verzichten auf, die Hoffnung aufgeben auf; A+G freisprechen von.

ver-kuppeln swV abs. Kuppelei betreiben.

ver-kürzen,vir-kurten swV A(+D) schmälern, mindern; beenden.

ver-laben [s.] *verloben.*
ver-lacken stV [VIa] p**A***an*
festkleben an.
ver-laden[1]**,vir-laden** stV
[VIa] A(+pD*mit*) beladen/
belasten (mit); bedrängen;
Part.Adj. [s.] *verladen*[2].
ver-laden[2] Part.Adj. *mit kinde verladen* schwanger.
ver-lamen,vor-lemen swV
abs. erlahmen; A(+D) läh-
men.
ver-lân [s.] *verlâzen*[1].
ver-langen[1]**,vor-langen**
swV Ns*w* wissen wollen.
ver-langen[2] stN Verlangen.
ver-lankenieren swV A [ein
Pferd] mit einer Schabracke
schmücken.
ver-læzecheit stF Unterlassung.
ver-lâzen[1]**,vir-,vor-,vri-
-lân,-lôzen,-lôn** stV
[VIIb] refl.+pA*an,ûf* sich
verlassen auf; refl.+pD*ze* +G
sich anvertrauen mit; G/A/
Ns verlassen; zurücklassen,
hinterlassen; unterlassen,
sein lassen; aufgeben, loslassen; verlieren; beenden;
vergehen lassen; unbeachtet
lassen, missachten; ver-
schweigen; verschonen; zulassen; A(+D) vergeben, verzeihen; übrig lassen; A+D/
G/p**A***an* überlassen, übergeben (an), übertragen (auf),
anvertrauen; anheimstellen;
verleihen, gewähren; hin-
geben; wenden an; erlassen;
A+pD*ûz, von*/ p**A***an, hinder*/
Adv.lok.(+D) lassen (aus/ bei/
hinter/ von); A+p**A***in,vür*
fallen lassen in/ vor;*die arme v.* +p**A** *an* die Arme legen um; *sich an den val v.*
niederstürzen; *wâr v.* +A
wahr machen; Part.Adj. [s.]
verlâzen[2].

ver-lâzen[2] Part.Adj. ausgelassen, übermütig; aus-
schweifend.
ver-lâzenc-lich,-lîche [s.]
verlâzenlich.
ver-lâzenheit,-lôzenheit
stF Ausgelassenheit; Aus-
schweifung; Verlassenheit;
Ungebundenheit.
ver-lâzenlich,-lâzenclich
Adj., **-lîche** Adv. ungehörig,
ausschweifend; übermütig;
verlâzenlichiu sünde lässliche Sünde.
ver-lazzen swV A vernachlässigen; A+G berauben.
ver-leben swV A verbringen;
überleben.
ver-leckern swV A begierig
machen.
ver-legen[1] swV refl.+p**A***in*
sich begeben in; A(+D) versperren; widerlegen; aufheben, beseitigen; ersetzen; belasten.
ver-legen[2] Part.Adj. untätig,
faul; verdorben.
ver-legenheit stF Untätigkeit, Tatenlosigkeit.
ver-leiben swV G unterlassen.
ver-leiden[1] swV A(+D) zerstören, vernichten.
ver-leiden[2] swV [s.] *verleiten.*
ver-leider,-*leiter stM Verführer.
ver-leidigen swV A verletzen; beschädigen.
**ver-leiten,vir-,vor-lei-
den** swV A(+pD*ze*/p**A***an,
ûf*/Ns*daz*)(+D) verleiten/
verführen (zu); irreführen;
ins Verderben stürzen; A+
pD*von,ze*/p**A***in* führen/ stürzen in; führen von.
ver-leitunge stF Verführung; Irreführung.
ver-lemen [s.] *verlamen.*

ver-lengen swV refl. länger
dauern.
ver-lenken swV A+D verrenken; abwenden, beenden.
ver-lernen swV A+D vorspiegeln.
ver-leschen[1]**,-löschen** stV
[IVa] abs./D erlöschen; enden; schwinden; verstum-
men; Part.Adj. [s.] *verlöschen*[1].
ver-leschen[2] swV A auslöschen.
ver-lîben stV [Ia] abs. da
bleiben.
ver-licket Part.Adj. *v. sîn*
+pD*in* versessen sein auf.
ver-lîden stV [Ia] A aushalten.
ver-,vor-liegen stV [IIa] A
(+p**A***wider*) verleumden
(bei);Part.Adj. [s.] *verlogen.*
**ver-liesen,vir-,vor-lie-
sen,vliesen** stV [IIb] refl.
verloren gehen; A/G/Ns*w*
(+D) verlieren; aufgeben,
einbüßen; verschwenden,
vergeuden, vertun, verspielen; umsonst/ vergeblich tun;
aufs Spiel setzen; verderben,
ins Verderben stürzen; zerstören, zugrunde richten, zunichte machen; umbringen,
töten; verdammen; nehmen,
rauben; Part.Adj. [s.]*verlorn.*
ver-ligen stV [Vb] abs./refl./
pD*in* sich verliegen, in (un-
ritterliche) Untätigkeit versinken; zurückbleiben; versinken in; G/A versäumen,
vergessen; gering schätzen;
A+D versperren; Part.Adj.
[s.] *verlegen*[2].
ver-lîhen,vir-,vor-lîgen
stV [Ib, Part.Prät. auch *ver-
luwen,verligen*] G/A/Ns
daz/Inf.*ze* +D verleihen, geben, schenken; darlegen; zugestehen.

ver-,vir-listen swV A überlisten; beeinflussen.
ver-liuht [s.] *verluoht.*
ver-liuhten,-lôhten swV
[Prät. auch *verlûht-*] A erleuchten, überstrahlen.
ver-loben,vor-laben swV
A/Ns*daz* (+D) aufgeben, verzichten auf; verbieten; versprechen; übermäßig loben;
Part.Adj. [s.] *verlobet.*
ver-lobet Part.Adj. verlobt.
ver-locken,vlocken swV
abs. locken; D+pD*nâch* Verlangen wecken nach.
ver-lôfen [s.] *verloufen.*
ver-,vor-logen Part.Adj.
verlogen; erlogen.
ver-lôhten [s.] *verliuhten.*
ver-lôn [s.] *verlâzen* [1].
ver-lor,vlor stMN Verlust;
Verderben; Verdammnis.
ver-lorn Part.Adj. verloren;
vergeblich, umsonst; überflüssig; *der verlorne sîn* verdammt sein, sterben müs-
sen.
ver-lornheit stF Verlust;
Vergessen; Versunkenheit.
ver-lornüsse stF Verdammnis.
ver-löschen[1] Part.Adj. erloschen; bleich.
ver-löschen[2] stV [s.] *verle-
schen* [1].
ver-lœten swV A+pD*mit* löten mit.
ver-loufen,vur-lôfen stV
[VIIed] abs./D vergehen, vorübergehen; ablaufen; sterben; refl. sich verlaufen; sich
irren; refl.+pA*in* sich flüch-
ten/ verlieren in; A durchlesen.
**ver-lougen(en),vir-löug-
nen,-löugenen,-louken,
-löukenen** swV G/A/Ns
daz (+D) (ver-) leugnen, ab-,
bestreiten; widerrufen; *ein-*

ander der ougen niht v. die
Blicke nicht voneinander abwenden.
ver-loukener,-*lougener
stM (Ver-) Leugner.
ver-lôzen(-) [s.] *verlâzen(-).*
ver-lûht- [s.] *verliuhten.*
ver-luoben swV refl.+G sich
enthalten.
ver-luodern swV A verpras-
sen.
ver-luoht,-liuht Part.Adj.
verflucht.
ver-lüppen swV A verzaubern.
ver-lust,vlust stF Verlust,
Schaden; Leid, Unglück;
Verderben; Verdammnis.
**ver-lustbære,vlust-,vlüs-
te-bære** Adj. unglücklich;
schlimm.
**ver-lustec/ic,vlustic,
vlüstic** Adj. Verderben bringend, verderblich; *v. machen* +A verderben.
**ver-,vir-lustec/ic-lich,
vlüstec-lich** Adj. verlustreich, Verlust bringend; verderblich, schrecklich.
ver-lützeln swV A+D mindern.
ver-luwen [s.] *verlîhen.*
**ver-machen,vir-,vor-ma-
chen** swV A(+pD*mit* /pA*in*)
verdecken; (ein-) hüllen/ ver-
packen (in); verschließen;
verstecken; einbalsamieren
(mit).
ver-maht stF *mit/ nâch der v.*
so gut man kann.
**ver-maldîen,-maledicten,
-maledîgen** swV A ver-
dammen, verfluchen.
ver-malen swV A färben.
ver-,vor-manen swV A verachten, verschmähen; ver-
säumen; A(+G/pD*ze*) erinnern (an), ermahnen (zu).
ver-manicvaltigen swV A

zerstreuen, ablenken.
ver-mannen swV *vermannt
sîn* +D untertan sein.
ver-,vor-manunge stF Ermahnung, Mahnung.
ver-,vor-mæren swV [Prät.
auch *vermârt-*] A rühmen,
preisen; kund tun, bekannt
machen; A(+D/pD*ze*) be-
schuldigen, verklagen/ verraten (bei); Part.Adj. [s.] *ver-
mæret.*
ver-mæret,-mært Part.Adj.
berühmt.
ver-marken swV A+D verkaufen.
ver-mærsagen swV *die zît
v.* die Zeit mit Schwatzen
vertun.
ver-mârt- [s.] *vermæren.*
ver-mâsgen swV A+pD*mit*
beschmutzen/ beflecken mit.
ver-meinen swV D fluchen;
A verfluchen, ächten; be-
flecken.
ver-meinsamen swV A ausstoßen, ächten.
ver-meinsamunge stF Ächtung; Exkommunikation.
ver-,vor-melden swV A/G
(+D) verraten (wegen); anzeigen, bekannt machen, mel-
den; aussprechen.
ver-mengen swV A+pD*in*
aufnehmen in; A+pD*mit* ver-
binden/ vermischen mit.
ver-menigen swV A ablenken.
ver-menschen swV refl.
Mensch werden.
ver-mezzelich [s.] *vermez-
zenlich.*
ver-mezzen[1]**,vir-,vor-
mezzen** stV [Va] refl.+G/
Ns(*daz*)/pA*ûf*/Adv. sich an-
maßen/ vermessen/ rühmen/
herausnehmen, prahlen mit;
beschließen, sich entschließen zu; tun wollen, sich vor-

nehmen; sich zutrauen; sich verpflichten; schwören; versichern, behaupten; glauben an; refl.+pD*wider* / p A*wider* sich erheben/ empören gegen; A verlassen; Part.Adj. [s.] *vermezzen* [2].

ver-mezzen[2]**,vir-mezzen** Part.Adj. kühn, tapfer, mutig, entschlossen; stolz; übermütig, verwegen.

ver-mezzenheit stF Entschlossenheit, Kühnheit; Vermessenheit.

ver-mezzenlich,vir-mezzelich Adj., **-lîche** Adv. tapfer, kühn; entschlossen; verwegen; vermessen.

ver-mîden,vir-,vor-mîden stV [Ia] abs. versagen; A/G/Ns(*daz*)(+G) unterlassen, sein lassen, aufgeben, auslassen; vermeiden, verzichten auf, verlassen; verfehlen, aufschieben; missachten, verschmähen, vergessen; entbehren; verschonen; A+D ersparen.

vermîdunge stF Unterlassung.

ver-mieset Part.Adj. vermoost, verfilzt.

ver-mieten,vor-mîten swV refl.+D sich verdingen bei.

ver-mischen,-muschen swV A verdünnen; A+pD*mit, ze* vermischen/ verbinden mit.

vermischunge stF Vermischung.

ver-missen[1]**,vir-,vor-missen** swV abs. danebenzielen, -treffen; Misserfolg haben; G/A/Ns(*w*) vermissen; verfehlen, verpassen; verlieren.

vermissen[2] stN Missverständnis.

ver-mîten [s.] *vermieten.*

ver-mitteln,-mitlen swV pD*zwischen* sich stellen zwischen; A/G (be-) hindern; A+G fernhalten von.

ver-modelen swV A verderben.

ver-mögen [s.] *vermügen* [2].

ver-mûchen swV A beiseite schaffen.

ver-,vor-mûden swV refl. ermüden.

ver-müejen,-müegen swV [Prät. *vermuot-*] refl. sich abmühen; A bedrängen.

ver-muften swV A vorschieben.

ver-mügen[1]**,vor-mugen** anV refl.(+Adv.) die Kraft/ Macht/ Mittel haben; zurechtkommen; G/A/Inf.(*ze*) vermögen (zu), (tun) können; Part.Adj. [s.] *vermugende.*

ver-mügen[2]**,-mögen, -mugent** stF Kraft, Macht, Fähigkeit.

ver-mugende Part.Adj. mächtig.

ver-mugenheit,-mügenheit [s.] *vermugentheit.*

ver-mugent [s.] *vermügen* [2].

ver-mugentheit,-mugenheit,-mügen(t)heit stF Kraft, Fähigkeit, Macht.

ver-mugentlîche Adv. entschlossen.

ver-muot- [s.] *vermüejen.*

ver-mûren swV A(+pA*in*) einmauern (in), einsperren, einschließen; zumauern, ummauern.

ver-muschen [s.] *vermischen.*

ver-mûten swV A(+D) verzollen.

vern swV abs. davonsegeln.

ver-nâdeln swV A flicken.

ver-næen,vor-næn swV A (+D/pD*in*) einnähen (in), zu-

schnüren.

ver-nagelen swV A+pA*ûf* festnageln auf.

ver-namen[1] swV A missbrauchen.

ver-namen[2] Adv. [s.] *vürnamens.*

ver-næn [s.] *vernæen.*

verne Adv. fern, weit; sehr.

ver-neigen swV A unterdrücken.

ver-nemen,vir-,vor-nemen stV [IVa] D zuhören; pD*von* / p A*umbe* hören von; A/Ns(*daz,w*) (an-) hören; verstehen, begreifen; bemerken, erfahren; A+pD*mit* verstehen unter; *vernomen sîn* +D zu Ohren kommen.

ver-nemer stM (Sach-) Kundiger.

vernent [s.] *vert.*

ver-netzen swV A durchnässen.

ver-nicken swV A niederdrücken.

ver-nîden stV [Ia, Prät. auch sw] A zugrunde richten, umbringen.

ver-nidren swV A erniedrigen.

ver-nieten swV A+D vernieten mit.

ver-niezen stV [IIb] A(+D) abnutzen, durchscheuern, zermürben.

ver-niht Adv. v. *hân* +A verachten, gering schätzen.

ver-nihten[1]**,-nûten** swV A vernichten, zugrunde richten, zerstören, verderben; verwerfen; verachten, gering schätzen.

ver-nihten[2]**,-nûten** stN Verleugnung, Entsagung; Vernichtung.

ver-nihter stM Zerstörer.

ver-nihticheit stF Verleugnung.

ver-,vor-nihtigen swV A
(+D) zunichte machen.
ver-nihtunge,-nûtunge
stF Verachtung, Gering-
schätzung; Verleugnung.
ver-niuen [s.] *verniuwen.*
ver-niugernen swV pD*an*
die Lust verlieren an.
ver-niuwen,-niuwern,
-niu(e)n,-nûen,-nûwen,
nuowen swV A erneuern,
verjüngen; wieder aufbauen;
wiederholen, wieder auf-
nehmen.
ver-niuwunge,-nûwunge
stF Erneuerung.
vernîz [s.] *firnîz.*
ver-noiern swV refl.+pD*ûz*
sich erheben gegen; sich entfernen von.
vernt [s.] *vert.*
ver-nûen [s.] *verniuwen.*
ver-nuft-,-nüft- [s.] *ver-*
nunft-.
ver-nüllen swV A zerwüh-
len.
ver-numftec [s.]*vernunftec.*
ver-nunft,vir-numft,
-nunst stF Vernunft, Verstand, Klugheit; Erkenntnis,
Einsicht; Bewusstsein.
ver-nunftec/ic,vur-nünf-
tic,-nunstic,-numftec,
-nüftic,-nustich Adj. vernünftig, verständig, klug.
ver-nunftec/ic-lich,-nünf-
tic-lich Adj.,-lîche(n) Adv.
vernünftig, verständig, klug.
ver-nunftekeit,vor-
nunftkeit,-nu(n)ftikeit,
-nünfticheit stF Vernunft.
ver-,vur-nunftigære stM
Weiser.
ver-nunftkeit [s.] *vernunf-*
tekeit.
vernunft-leit stN Leid, das
die Vernunft erfasst.
ver-nunftlîche,-nunstlî-
che Adv. vernünftigerweise.

ver-nunst(-)[s.]*vernunft(-).*
ver-nuowen [s.]*verniuwen.*
ver-nustich [s.] *vernunftec.*
ver-nût- [s.] *verniht-.*
ver-nûtheit,-*nihtheit stF
Entsagung.
ver-nutzen swV A aufbrauchen.
ver-nûw- [s.] *verniuw-.*
ver-oben swV A einbeziehen.
ver-ordenen swV A beenden.
ver-orlôgen[s.]*verurliugen.*
ver-œsen,-ôsen swV A
vernichten, verderben; A+pD
von vertreiben von.
ver-pannen [s.] *verbannen.*
ver-petschaften swV A versiegeln.
ver-pfenden swV [Prät.*ver-*
pfant-] A verpfänden; verbürgen; bezahlen.
ver-pflegen stV [Va] refl.+
Ns(*daz*) sich verpflichten; G
beenden, aufgeben, verzichten auf; verlieren; vergessen,
vernachlässigen; G/Ns(*daz*)
(+D) versichern, verspre-
chen.
ver-pflihten swV refl. sich
verbinden; refl.+G/pD*ze* /p A
in,ûf sich verpflichten zu;
sich binden an.
ver-pflûhzen swV A verabscheuen.
ver-pieten [s.] *verbieten.*
ver-pinden [s.] *verbinden.*
ver-pirsen swV refl.+pD*an*
sich übernehmen mit.
ver-pîzen [s.] *verbîzen.*
ver-plenden [s.] *verblen-*
den.
ver-poppeln swV A verschleudern.
ver-prangen swV abs. den
Glanz verlieren.
ver-prennen [s.] *verbren-*
nen.

ver-pringen [s.]*verbringen.*
ver-prinnen [s.]*verbrinnen.*
ver-prüen [s.] *verbrüejen.*
ver-pulvern swV A in Staub
auflösen.
ver-queln¹ stV [IVa] abs.
vor Sehnsucht vergehen; D
zugetan sein; pD*an,nâch* /p A
ûf,umbe sich sehnen/ verzehren nach; verliebt sein in;
versessen sein auf; pD*gegen*
verhärtet sein gegen.
ver-queln²,vor-queln
swV [Prät. auch *verkolt-*]
pA*ûf* sich Sorgen machen
um; A quälen, martern.
ver-quemen [s.] *vürkomen.*
ver-quenten swV A(+pD*an*)
vertuschen (bei).
ver-quetschen,-quetzen
swV A verderben, zerstören;
vergeuden.
ver-râden [s.] *verrâten.*
ver-ræder [s.] *verrâtære.*
ferrân,ferrans stM [Woll-,
Seidenstoff].
ver-rant- [s.] *verrennen.*
ver-râtære/er,vor-rætæ-
re/er,-ræder,-rêder stM
Verräter.
ver-râtærin(ne),-ræterin
stF Verräterin.
ver-râten,vir-,vor-râden
stV [VIIb] A(+pD*ze* /p A*ûf*)
verraten; verführen (zu), irreleiten (auf); A+D (ab-,
weg-) nehmen, rauben; kosten.
ver-rætenisse [s.] *verrât-*
nusse.
ver-râterîe stF Verrat, Ver-
räterei.
ver-ræterschaft stF Verrat.
verrât-genôz stM Mitver-
räter.
ver-râtlich Adj. verräterisch.
ver-râtnusse,vor-,vur-
ræt(e)nisse stF Verrat,
Treulosigkeit.

ver-râtunge stF Verrat.
verre[1] Adj. fern, entfernt,
weit; fremd.
verre[2] Adv. weit (weg/ entfernt), fern; von weitem, aus/
in der Ferne, weithin; sehr;
dringend, inständig; herzlich; heftig; gut; ganz, viel;
tief, genau; lange.
verre[3] stF [s.] *virre* [1].
ver-rechen[1] stV [IVa] A rächen.
ver-rechen[2] stV [IVa] A+pA
in aufhäufen in.
ver-reden swV refl. zu weit
gehen; p*Aumbe* sich aus-
sprechen gegen; A(+D) nicht
mehr reden über; wieder gutmachen; zurückweisen, wi-
derlegen.
ver-rêder [s.] *verrâtære.*
verre-heit stF Entfernung,
Fernsein.
ver-rehten swV A verurteilen.
ver-reiten swV abs. Rechenschaft ablegen über.
ver-reizen swV A+pD*ze* verführen zu.
verre-lîche Adv. weit; sehr,
ganz.
verre-lingen Adv. von weitem.
verren[1],**verrens** Adv. [auch
von v.] fern, weit (weg/ entfernt); von weitem, (von)
weither, aus der Ferne; sehr.
verren[2] swV abs./D fernblei-
ben/ sein; D sich entziehen/
versagen; refl.(+pD*von*) sich
fernhalten/ entfernen/ absondern (von); A(+pD*von*) abwenden (von), verhindern;
meiden; A+D entziehen, nehmen, rauben; versagen; entfremden.
ver-renken swV A(+D) umknicken; verdrehen; zuwenden.

ver-rennen swV [Prät. *ver-
rant-*] refl. sich verirren; A
antreiben.
verrens [s.] *verren* [1].
ver-rêren swV A vergießen;
verstreuen; austeilen; verlieren.
ver-rîben stV [Ia] A erschöpfen.
verric-heit stF Entfernung.
ver-rîden stV [Ia] refl. sich
wenden; A verrenken.
ver-,vur-riechen stV [IIa]
abs. verfliegen.
ver-rigel(e)n swV A(+D/pA
in) ein-, verschließen (in),
versperren.
ver-riht Part.Adj. *ein ver-
rihter man* einer, der Gewissheit hat.
ver-,vir-rihten swV refl.
(+pD*mit*) sich vorbereiten,
sich zurechtfinden; sich behaupten; sich rechtfertigen;
sich aussöhnen/ vergleichen
(mit); refl.+G bereinigen;
refl.+N*sw* sich entschließen;
refl.+pD*an,nâch* sich ausrichten an, sich richten nach;
refl.+pD*ûz,von* sich lösen/ befreien aus/ von; A verrichten,
tun, (aus-) üben, vollbringen; regeln, ordnen; schlichten, klären, lösen; sühnen;
beschwören; bestätigen; unterrichten; A+D wiederherstellen, in Ordnung bringen;
A+pD*an* ausstatten mit;
Part.Adj. [s.] *verriht.*
ver-rihtic Adj. *v. sîn an der ê*
eine gute Ehe führen.
ver-rimpfen swV A+D verziehen.
ver-rinnen stV [IIIa] abs.
aufhören zu fließen; refl. sich
verlaufen; A+pD*mit* überströmen mit.
ver-rîsen stV [Ia] abs. verfallen.

ver-rîten stV [Ia] abs./refl.
sich verirren/ verreiten; sich
übernehmen; A wegschaffen.
ver-rittert Part.Adj. unritterlich.
ver-ritzen swV A verletzen.
ver-riuhen swV A+pD*mit*
bedecken mit.
ver-rœten swV A+D röten.
ver-,vor-rozzen swV abs.
verrosten.
ver-rücken,vir-rucken
swV refl. vergehen, enden;
sich verschieben, einstürzen;
A verrücken, umwerfen,
herunterreißen; beenden; *ein
hâr v.* +D/pD*an* ein Haar
krümmen (an); Part.Adj. [s.]
verruct.
ver-ruct Part.Adj. *verructer
magettuom* verlorene Jungfräulichkeit.
ver-rüemen,vor-ruomen
swV refl.(+G) sich rühmen/
durch Eigenlob versündigen;
A durch Eigenlob verscherzen; Part.Adj. [s.] *verrüemt.*
ver-rüemt Part.Adj. berühmt.
ver-rûgen,-*rüegen swV A
beschuldigen.
ver-runen,vir-rünen swV
A(+pD*mit*) verrammeln/ verschließen (mit), versperren;
mit steinen v. +A steinigen.
verrunge stF Entfernung.
ver-ruochen swV pA*an,ûf*
verzichten auf; A/N*sdaz* unbeachtet lassen; verachten;
Part.Adj. [s.] *verruochet.*
ver-ruochet Part.Adj. unbekümmert; vernachlässigt;
ruchlos.
ver-ruocht(e)keit stF Achtlosigkeit; Ruchlosigkeit.
ver-,vor-ruofen stV [VIIf]
D rufen zu.
ver-ruomen [s.] *verrüemen.*
ver-rûwen,-*riuwen swV
A aufhören zu schmerzen.

vers stM Vers.
ver-sachen swV G/A aufgeben, preisgeben.
ver-sagen¹, vir-, vor-sagen swV [Part.Prät. auch *verseit*] abs. nein sagen, spröde sein; D eine Absage erteilen, abweisen; entsagen; A/G+D abschlagen, versagen, verweigern, verwehren; verheimlichen, verdecken; A/N s*daz* abstreiten, bestreiten; verbieten.
ver-sagen², -segen swV A (+D) absägen.
ver-sagen³ stN Ablehnung.
ver-salt- [s.] *versellen.*
ver-salwen [s.] *verselwen.*
ver-salzen stV [VIIa] A versalzen.
ver-samenen, -samelen, -samnen swV A(+pA*in*) vereinigen, (ver-) sammeln; zusammenfassen (in).
ver-samenunge, -samnunge stF Versammlung, Vereinigung; Mischung; Sammlung.
ver-samnen [s.] *versamelen.*
ver-samnunge [s.] *versamenunge.*
ver-sanct- [s.] *versenken.*
ver-sant- [s.] *versenden.*
ver-sarken swV A einsargen.
ver-sast, -*sâzt Part.Adj. unerschütterlich.
ver-sâzen swV A verpflichten; festhalten; Part.Adj. [s.] *versast.*
ver-schaben stV [VIa] refl. dahinschwinden.
ver-schaffen¹ stV [VIa] A töten; Part.Adj. [s.] *verschaffen².*
ver-schaffen² Part.Adj. missraten, verdorben; verderbt.
ver-schalden [s.] *verschalten.*

ver-schalket- [s.] *verschelken.*
ver-schallen swV A übertönen; zum Schweigen bringen; verjubeln.
ver-schaln swV abs. zunichte werden; A(+pD*ûz*) schwächen; vertreiben (aus); vernichten; A+G berauben.
ver-schalten, vir-schalden stV [VIIa] refl. zugrunde gehen; A verstoßen, vertreiben; zunichte machen; verfehlen; aufgeben.
ver-schamen, -schemen swV refl. aufhören sich zu schämen; unverschämt werden; refl.+G missachten; pD *vor* sich schämen vor; A verwinden; Part.Adj. [s.] *verschamt.*
ver-schamt, -schampt, -schemt Part.Adj. verschämt; unverschämt.
ver-schanct- [s.] *verschenken.*
ver-, vir-scharn swV refl. +pD*in* verschwinden/ sich verirren in; A(+D) verletzen, versehren, antasten.
ver-schart- [s.] *verscherten.*
ver-schehen swV abs. zur Ruhe kommen.
ver-scheiden, vor-, vur-scheiden stV [VIIc] abs./ pD*von* verschwinden; verscheiden, sterben; scheiden (von).
ver-schelken swV [Prät. auch *verschalket-*] A erniedrigen, unterdrücken, versklaven.
ver-schellen swV A+D betäuben.
ver-schem- [s.] *verscham-.*
ver-schenken swV [Prät. *verschanct-*] A verschenken; ausschenken.
ver-scherren stV [IIIb] A+

pD*mit* zuscharren mit.
ver-scherten swV [Prät. auch *verschart-*] refl. zu Schaden kommen; A(+D) zerschlagen, beschädigen; verletzen, versehren.
ver-schîben stV [Ia] A beenden.
ver-schicken swV A wegschicken.
ver-schieben stV [IIa] refl. (+D) vergehen; A(+pD*mit*/ pA*in*) ver-, zustopfen (mit), zuhalten; ein-, verschließen (in); festigen; voll stopfen; stoßen (in); wegschieben, beseitigen, aufgeben; A+pA *ûf* wenden auf.
ver-schiezen stV [IIb] refl.+ pD*in* umherschweifen in; refl.+pD*mit* sich einlassen mit; refl.+pD*ze* eilen zu; A werfen, schleudern.
ver-, vor-schimpfen swV A beschimpfen, verspotten.
ver-, vir-schînen stV [Ia] abs. verblassen; zu scheinen aufhören.
ver-schiuhen stN Scheu.
ver-schiuwet Part.Adj. *v. pfert* scheuendes Pferd.
ver-schîzen stV [Ia] A verscherzen; verderben.
ver-scholn [s.] *verschulden.*
ver-schœnen swV A erhöhen; überstrahlen.
ver-schoppen¹ swV A verstopfen.
ver-schoppen² stN Verstopfung.
ver-schoppunge stF Verstopfung.
ver-schragen swV A verschließen.
ver-schranket [s.] *verschrenken.*
ver-schreien swV A in Abrede stellen.
ver-schrenken swV [Part.

Prät. auch *verschranket*] A
(+D) beschränken; behin-
dern; versperren; verschränken.
ver-,vur-schrîben stV [Ia]
A/Ns*daz* schreiben; bestimmen; aufgeben.
ver-schrîen swV A in Verruf
bringen; Part.Adj. [s.] *ver-
schrît.*
ver-schrît Part.Adj. heiser
(geschrien).
**ver-schrôten,vir-,vor-
schrôten** stV [VIId] refl.
sich verkehren; A(+D) zerhauen, zerschlagen, zerbrechen; ab-, zerschneiden; ver-
schneiden; verletzen, verwunden; verderben, töten.
ver-schulde Adv. mit Recht.
**ver-schulden,vir-,vor-
soln,-schuln,-scholn**
swV refl.(+pD*gegen*) schuldig werden, sich versündigen (gegen); A/Ns*daz*(+pD
an,gegen,mit / p A *umbe,wider*)
erwerben, erlangen, erreichen; verdienen (gegenüber/
mit/ um); verschulden; verwirken; vergelten (bei); A+D
verursachen; Part.Adj. [s.]
verschuldet.
ver-schuldet,-schult Part.
Adj. schuldig; verwirkt.
ver-schuldiget Part.Adj.
schuldbeladen.
ver-schuln [s.] *verschulden.*
ver-schult [s.] *verschuldet.*
ver-schunten,-schünten
swV A+pD*ze* / p A *an* verfüh-
ren/ verleiten zu.
ver-schüren swV A beizen.
ver-schüten,-schuten swV
A vergießen; verbreiten.
verse [s.] *versen.*
ver-segen [s.] *versagen* [2].
ver-sehelich Adj. ersichtlich.
**ver-sehen,vir-,vor-,vur-
sên** stV [Va] refl.+G/pD*von,*

ze/ Ns (*daz,ob*) (+pDan/pA
an) erwarten (von), rechnen
mit; hoffen/ vertrauen auf,
sich verlassen auf; glauben,
voraussehen; merken; be-
fürchten; sich bemühen; D
vergeben; A/Ns*daz,w* (+D)
vorsehen; vorhersehen, erwarten; übersehen; verhindern; A(+G/pD*an*) versorgen (mit); beschützen.
ver-seit [s.] *versagen.*
ver-sellen,-seln swV [Prät.
auch *versalt-*] A(+D/pD*gegen,ze* / p A *an,in*) übergeben,
überantworten (an/ in); weggeben, aufgeben, preisge-
ben; weihen; verpflichten;
verkaufen.
ver-selwen,-salwen swV
A be-, verschmutzen; trüben;
bräunen.
versen,verse(ne) stswF
Ferse.
ver-sên [s.] *versehen.*
ver-senden[1]**,vir-,vor-
senten** swV [Prät. auch *ver-
sant-*] A(+pD*ûz,ze* / p A *in,ûf*)
verbannen (auf/ aus/ in), in
die Verbannung schicken
(nach); aussetzen (auf).
ver-senden[2] swV [s.] *ver-
senen.*
versene [s.] *versen.*
ver-senen,-sen(e)den
swV refl.(+pD*mit*) sich ab-
härmen/ quälen (mit); refl.+
pD*nâch* sich sehnen nach;
A(+pD*nâch* / p A *an*) in Sehnsucht versetzen/ versenken
nach; Part.Adj. [s.] *versenet.*
ver-senet Part.Adj. gequält.
versen-gelt stN *v. geben*
Fersengeld geben, davon-
laufen.
ver-sengen swV A(+D) ver-
sengen; versehren.
ver-,vir-senken swV [Prät.
auch *versanct-*] A(+D)(+pD

in,ze / p A *in*) stürzen/ versenken (in); zum Sinken brin-
gen; verschütten; zunichte
machen, verderben, vernichten; verdammen.
ver-senten [s.] *versenden.*
ver-sêren,vir-,vor-sêren
swV A(+D) verwunden, ver-
letzen, versehren; schädigen;
verderben; treffen.
ver-sêrunge stF Verletzung.
ver-,vir-setzen swV A(+D)
versperren; versetzen, verpfänden; fangen.
ver-sichern swV A(+G) sichern, schützen (vor), befestigen; A/G/Ns*daz* (+D)
versprechen, zusichern; A
+G sicher sein; Part.Adj. [s.]
versichert.
ver-sichert Part.Adj. erprobt.
ver-siechen swV A durch eine Krankheit aufbrauchen.
ver-sieden stV [IIb] A kochen, sieden.
ver-sigelen[1] swV abs. in die
Irre segeln.
ver-sigelen[2]**,vir-sigeln**
swV A besiegeln; A(+pD*in* /
p A *in*) verschließen/ einsie-
geln (in); A+pD*mit* versiegeln mit.
ver-sîgen stV [Ia] abs. versinken.
ver-siht stF Ansicht.
ver-sihtikeit stF Vorsich-
tigkeit.
ver-sinken stV [IIIa] abs./D/
pD*in* / p A *in* versinken/ untergehen in.
ver-sinnen[1] stV [IIIa, Prät.
auch sw] refl.(+G/Ns*daz,ob,
w* /Adv.) sich vorstellen/ ausdenken; zur Besinnung/ Vernunft kommen, sich besin-
nen; verstehen, begreifen;
nachdenken (über), überlegen; einsehen; bemerken; er-

warten, (er-) hoffen; glauben; bedacht sein auf; sich
verstehen auf; sich erinnern
(an); G+pD*an* erwarten von;
versunnen sîn vernünftig
sein; *versunnen sîn* +pA*ûf*
versessen sein auf; *sich des
lebens niht v.* das Be-
wusstsein verlieren; Part.
Adj. [s.] *versint; versunnen.*
ver-sinnen[2] **stN** Bewusstsein, Besinnung.
ver-sint Part.Adj. gedankenverloren.
ver-,vir-sitzen stV [Vb]
refl. untätig sein; A/N*sdaz*
(+D) verpassen, versäumen;
nicht einhalten; schuldig
bleiben, unbeachtet lassen;
missachten, unterdrücken;
aushalten, hinnehmen, ge-
schehen lassen; *versezzen
sîn an die stat* an die falsche
Stelle geraten.
ver-siuren swV abs. sauer
werden.
ver-,vor-slâfen stV [VIIb]
abs./refl. sich verschlafen; A
verschlafen; verpassen.
ver-slahen,-slân stV [VIa]
refl.(+D/pD*von*) enden, vergehen, schwinden (aus); A /
Ns(*w*)(+D/pD*von*/pA*in*) erschlagen; abschlagen, ab-
hauen; vernichten; zuschlagen; versperren; missächten,
vernachlässigen, verachten,
verschmähen;   aufgeben;
merken; bedenken; erzählen,
darlegen, erklären, vortragen, ankündigen; vertreiben
(von), auseinander treiben;
befestigen/einschließen/ein-
sperren/ werfen (in), in Ketten legen; umprägen; A
(+pD*ze*/pA*ûf,vür*)   auffassen; ansehen als; A+pA*ûf*
schieben auf.
ver-slicken,-slichen swV

A verschlingen, verschlu-
cken; umstricken.
ver-sliefen stV [IIa]   refl.
sich verkriechen.
ver-,vir-sliezen stV [IIb]
A(+D/pD*in*/pA*in*) ein-, verschließen (in), einsperren;
A+pD*ze* verbinden mit.
ver-slîfen stV [Ia] A (ab-)
schleifen; verschleißen.
ver-,vir-slihten swV refl.+
pD*mit* sich versöhnen mit; A
bereinigen, schlichten; begradigen.
**ver-slinden,vir-,vor-
slinden** stV [IIIa] A verschlingen, verschlucken; A+
pA*in* hineinschlingen in.
ver-,vor-slîzen stV [Ia] A
(+pD*an*) abnutzen (an); verschleißen, zerreißen; aufbrauchen; ver-, zubringen.
ver-slûchen,-sluochen
swV A verschlingen, verzehren.
ver-smæch stF Geringschätzung.
**ver-smæcheit,vor-smâ-
cheit** stF Verachtung, Erniedrigung; Schmach, Schande.
ver-smæde [s.] *versmæhede.*
ver-smæhe Adj. verachtet.
**ver-smæhede,vor-smæ-
de,-smâhet,-smæht** stF
Verachtung, Erniedrigung;
Schande.
ver-smæhelich Adj. beleidi-
gend, schmachvoll.
**ver-smæhelîche,vir-smâ-
he-,-smæ-lîche** Adv. miss-
billigend, voller Verachtung.
**ver-smæhen,vir-,vor-
smâhen,-smæn,-smân,
-smê(he)n,-smôhen** swV
D missfallen; falsch/ unwürdig erscheinen; lästig/ unangemessen sein; zu viel/ zu
wenig sein; A verschmähen,

missachten, verachten, gering schätzen; abweisen, ablehnen; misshandeln.
**ver-smæhenisse,-smæh-
nüsse** stF Verachtung.
ver-smâhet [s.] *versmæhede.*
ver-smæhnüsse [s.] *ver-
smæhenisse.*
ver-smæht [s.]*versmæhede.*
ver-smahten swV abs. verschmachten.
ver-smæhunge,-smâunge
stF Geringschätzung, Ver-
achtung.
ver-smælîche [s.] *versmæ-
helîche.*
ver-smæn,-smân [s.] *versmæhen.*
ver-smâunge [s.] *versmæ-
hunge.*
ver-smêhen[s.]*versmæhen.*
ver-smelzen stV [IIIb] abs./
D/pA*in*   (zer-) schmelzen/
(zer-) fließen (in); A(+pD*in*)
(ver-) schmelzen (mit).
ver-smên [s.] *versmæhen.*
ver-,vir-smerzen swV A
vergessen.
ver-,vir-smiden swV A
(+pA*an*) verarbeiten(zu);A+
pA*in,ûf* festschmieden auf/
in; einschließen in.
ver-smiegen stV [IIa] abs./
refl.+pA*in* sich zusammen-
kauern (in).
ver-smôhen[s.]*versmæhen.*
ver-smucken swV A verzehren.
ver-snellen swV refl. fehlschlagen; refl.+pD*an* sich
übereilen mit.
**ver-snîden,vir-,vor-snî-
den** stV [Ia] refl. enden; A
(+D) zerschneiden; ab-, beschneiden; schlitzen, durchbohren; zerhauen; verletzen,
verwunden; schwächen; verderben, vernichten; töten

[auch *in den tôt v.* +A]; versperren; beenden; be-, einschränken; betrügen.

ver-snîen swV A+D zuschneien.

ver-snorfen Part.Adj. *v. sîn* +G/pA*ûf* versessen sein auf.

ver-snüeren swV A fesseln.

ver-snurren swV A abschießen.

ver-sôchen [s.] *versuochen* [1].

ver-sôfen [s.] *versoufen.*

ver-solden swV A bezahlen.

ver-soln [s.] *verschulden.*

ver-sœnen [s.] *versüenen.*

ver-sorgen swV pA*ûf* sich keine Sorgen machen um; A sorgen für.

ver-sort Part.Adj. elend.

ver-soufen,-söufen,-sôfen swV A(+pA*in*) versenken (in), ertränken; verschlingen.

ver-soumen [s.] *versûmen.*

ver-spalten stV [VIIa] A spalten, verderben.

ver-spanen stV [VIa] A einwickeln.

ver-sparn swV refl.+pD*an* sich schonen in; A+pD*vor* zurückhalten vor.

ver-spart [s.] *versperren.*

ver-spæten swV refl. sich verspäten; A versäumen.

ver-,vir-spehen swV A(+D) beobachten, auskundschaften.

ver-spengen swV *daz leben v.* +D die Freiheit nehmen.

ver-,vir-sperren swV [Part. Prät. auch *verspart*] A(+D/ pD*in,vor*) verschließen, versperren (vor); zuschließen, einschließen/ einsperren (in), verbergen (in/ vor); versagen, vorenthalten.

ver-spîben,-spîen [s.] *verspîwen.*

ver-,vor-spiln swV A verspielen.

ver-spitzen swV refl.+Ns*daz* vermeinen; Part.Adj. [s.] *verspitzet.*

ver-spitzet Part.Adj. *v. sîn* zu spitz sein.

ver-spîwen,-spîen,-spîben,-spûwen stV [Ib, Prät. auch sw] G/A(+D/pD *an*) an-, bespeien; verabscheuen.

ver-spotten swV A verspotten, beschimpfen; *die zît v.* die Zeit mit Schimpfen vertun.

ver-spœzen,-spœtzen swV A anspeien.

ver-sprâchen swV A anreden.

ver-sprangen swV abs. nicht mehr springen können.

ver-sprechen,vir-,vorsprechen stV [IVa] refl. (+pA*an*) sich versprechen; etwas Falsches sagen (über); zu viel sagen, zu weit gehen; sich überheben; sich festlegen; A/Ns(+D) ablehnen, zurückweisen; verschmähen; verweigern; verzichten auf, aufgeben; anfechten, Widerspruch einlegen gegen; Anspruch erheben auf; entschuldigen, verteidigen; beschimpfen; verurteilen; bestimmen; A+D versprechen; Part.Adj. [s.] *versprochen.*

ver-,vur-springen stV [IIIa] refl.+pA*in* sich verbinden mit; *sîn leben v.* sich zu Tode stürzen.

ver-sprochen Part.Adj. verrufen.

ver-spunden swV A(+pD*in*) verspunden, einschließen (in).

ver-spûwen [s.] *verspîwen.*

ver-stalt- [s.] *verstellen.*

ver-staltnisse stF Verunstaltung.

ver-stampt [s.]*verstempfen.*

ver-stân,vir-,vor-stên anV abs./D zum Stehen kommen; sich vertragen; refl. verständig werden, sich besinnen, Einsicht/ Verstand haben; vom Stehen steif werden; refl.+G/A/Ns*daz,w* (+pA *an*) einsehen, begreifen, merken; (er-) kennen (an); refl.+pD*in* / pA*ûf* sich verstehen auf; refl.+pD*nâch* sich richten nach, den Weg finden zu; D verfallen; pD*ab* eine Vorstellung haben von; A/ Ns*daz, w* (+pD*an, bî, ze*) (+D) verstehen (unter), erkennen (an), (be-) merken; erfahren, wissen; auffassen (als), auslegen (als/ zu); vertreten, verwalten; A+D verstellen, versperren; A+A verstehen/ erkennen als; A+ pA*vür* ansehen als; *v. lâzen* +A+A wissen lassen; *v. lâzen* +A(+D) (als Pfand) verfallen; *als ich mich verstân* soviel ich weiß, wie ich (es) sehe/ verstehe/ glaube; *niht (ein) hâr v.* (+pD*ze*) nicht das Geringste nützen (für); Part.Adj. [s.] *verstanden.*

ver-standekeit [s.] *verstendicheit.*

ver-standen Part.Adj. verständig.

ver-standenheit stF Vernunft, Erkenntnis.

ver-standenlîchen Adv. mit Verstand, wohl überlegt.

ver-stannusside [s.] *verstantnisse.*

ver-stant,-stont stM Verstand, Vernunft.

ver-stantnisse,vor-stentnüsse,-nus(t),verstannusside stFN Verstand,

Erkenntnis; Einsicht, Verständnis, Verstehen.

ver-starren,-storren swV abs. erstarren.

ver-stechen stV [IVa] A zerbrechen, verstechen; A+pA *durch* stoßen durch; *den sper v.* +pD*mit* ein Lanzenstechen ausfechten mit; *verstochen hân* nicht mehr kämpfen können, verspielt haben.

ver-stecken swV A verstecken, verdecken.

ver-steinen,vir-,vor-steinen swV abs./D versteinern, sich verhärten; A steinigen.

ver-stellen swV [Prät. auch *verstalt-*] A entstellen, verwandeln; stillen, zum Stehen bringen; beruhigen; mindern.

ver-steln,vir-,vor-steln stV [IVa] abs./refl.(+pD*von* / pA*in*) sich (weg-) stehlen/ wegschleichen (in/ von); refl. (+D/pD*von*) sich entziehen, sich fern halten von; A(+D) stehlen, rauben, (weg-) nehmen; A(+pD*in,vor,ze* /pA*in* / Adv.lok.) verbergen/ verstecken (an/ in/ vor) verheimlichen (vor).

ver-stempen,-stempfen swV [Part.Prät. *verstampt*] A feststampfen.

ver-stên [s.] *verstân.*

ver-,vor-stendic Adj. vernunftbegabt; verständig, aufmerksam.

ver-stendicheit,vir-stendikeit,-standekeit stF Verstand.

ver-stentlich,-stenlich Adj. verständlich.

ver-stentlîche Adv. verstandesmäßig, mit dem Verstand.

ver-stent-nisse,-nüsse, -nus(t) [s.] *verstantnisse.*

ver-steren,-*sternen swV refl. von Sternen erhellt werden.

ver-sticken swV A ersticken.

ver-stocken swV abs. versiegen; Part.Adj. [s.] *verstocket.*

ver-stocket Part.Adj. verstockt.

ver-stoln,vir-stolne Part. Adj./Adv. heimlich, unbemerkt.

ver-stont [s.] *verstant.*

ver-stopfen,vor-stoppen swV A(+D) (ver-) stopfen.

ver-stœren swV [Part.Prät. auch *verstôr(e)t*] A zerstören; beunruhigen; A+pD*von* (ver-) treiben von; Part.Adj. [s.] *verstœrende.*

ver-stœrende Part.Adj. zerstörerisch.

ver-stôr(e)t [s.] *verstœren.*

ver-storren [s.] *verstarren.*

ver-stouben swV *sich hin v.* verscheucht werden.

ver-,vir-stôzen stV [VIId] refl. sich verziehen; A(+G/pD *ab,ûz,von,ze* /pA*in*) verstoßen/ vertreiben (aus/ von/ in/ zu); wegstoßen/ zurückweisen/ fernhalten (von); abweisen; absetzen; aufgeben; verfehlen; berauben; ändern; zustopfen; *an dem trite/ an der vart v.* sich verirren; *sînen vuoz v.* +pA*in* sich verirren in; *daz zil v.* enden.

ver-stract [s.] *verstrecken.*

ver-stræten swV A heilen.

ver-streben swV A überdauern.

ver-strecken swV [Part. Prät. *verstract*] A+G begaben mit; A+pD*in* festigen in.

ver-,vor-strîchen stV [Ia]

abs./refl.(+pD*von*) vergehen, schwinden; sich davonmachen/ entfernen/ zurückziehen (von); A verwischen.

ver-,vir-stricken swV A+D (+pD*mit*) verwirren (mit); verbergen, versperren; A+pD *in,mit* verbinden/ fesseln mit, verstricken/ versenken in; *den knoten v.* die Not vergrößern; *in einen sac v.* +A in den Sack stecken, leicht überwältigen.

ver-ströuwen,-strouwen, -ströuen swV A umherstreuen, zerstreuen, zerstückeln.

ver-strouwunge stF Zerstreuung.

ver-stûben stV [IIa] abs. zerstieben.

ver-,vir-stumeln swV A verstümmeln.

ver-,vor-stummen swV abs. verstummen, stumm werden; A stumm/ klanglos machen.

ver-stumpfet Part.Adj. zerlumpt; stumpf.

ver-sturen swV A verschütten.

ver-stürzen,vir-sturzen swV A umstürzen; verderben, vernichten, zerstören.

ver-sûchen [s.] *versuochen* [1].

ver-südern swV A zum Kochen bringen.

ver-süenen,vir-suonen, -sûnen,-sœnen swV refl.+ pA*umbe* sühnen für; A(+D/ pD*gegen,mit*) aus-, versöhnen (mit), sühnen, wieder gutmachen (mit); ausgleichen, beilegen; besänftigen; beenden.

ver-süez(e)t Part.Adj. süß.

ver-sûfen stV [IIa] pD*in* versinken in.

ver-sûmekeit stF Vernachlässigung; Versäumnis.
**ver-sûmen,vir-,vor-sou-
men** swV refl.(+G/pD*an*/
Adv.temp.) zu spät kommen,
sich verspäten; zögern; nach-
lässig/ unaufmerksam sein;
unrecht tun, wortbrüchig
werden; sich fernhalten von,
sich drücken vor; entbehren,
sich zurückhalten; (durch
Fristversäumnis) verlieren;
G/A(+G/pD*an,mit*) versäumen, verpassen; vernachlässigen; benachteiligen (an/
mit); behindern; entheben,
bringen um, berauben; vertun, veruntreuen, vergeuden;
versûmet sîn [auch] säumig/
nachlässig sein; Part.Adj. [s.]
versûmet.
ver-sûmet Part.Adj. *versû-
metez wîp* sitzen gelassene
Ehefrau.
ver-sûmic,vur-suomic
Adj. säumig, nachlässig.
ver-sünden swV refl.(+pD
an) sich versündigen (an);
refl.+pD*mit* sündigen mit; A
mit Sünde beladen.
ver-sundert Part.Adj. abgesondert.
ver-sûnen [s.] *versüenen.*
ver-sunnen Part.Adj. besonnen, erfahren; verständig; *v.*
+pA*ûf* versessen auf.
ver-sunnenlich Adj. *sîner
zît versunnenlichiu jâr* seit
er denken konnte.
ver-suoch stM Anstrengung.
ver-suochære stM Versu-
cher.
ver-suochen[1]**,vir-,vor-,
vur-sûchen,-sôchen**
swV refl.(+pD*an,mit*) sich
versuchen/ messen (an);
kämpfen (mit); in Versu-
chung kommen; G/A/Ns
daz, ob,w (+pD*ze*/p A*an,um-*

be) versuchen (bei), (aus-)
probieren, kosten; erproben,
prüfen (an/ in); auf die Probe
stellen, in Versuchung bringen; untersuchen, nachse-
hen, auskundschaften; herausfinden, kennen lernen; erfahren, erleben; zu erlangen/
erreichen suchen (bei); angehen (um), haben wollen, verlangen (von).
ver-suochen[2] stN Prüfung,
Probe; Suche; Kosten.
ver-suochunge stF Versuchung.
ver-suomic [s.] *versûmic.*
ver-suonen [s.] *versüenen.*
ver-,vir-swachen swV abs.
schwach werden, zugrunde
gehen, verblassen; A/G(+pA
in) erniedrigen (zu), herabsetzen; verderben, vernichten; A+D schmälern.
ver-sweifen stV [VIIc] A+
pA*in* hinabschleudern/ hinabwerfen in.
ver-swalt- [s.] *verswellen.*
ver-swant- [s.]*verswenden.*
ver-sweigen,-swêgen
swV   D sich ankündigen,
Laut geben; A zum Schwei-
gen bringen.
ver-sweinen swV A loswerden; auslöschen.
**ver-swelhen,vor-swele-
hen** stV [IIIb] A(+refl.D)
verschlingen.
ver-swellen swV [Prät. *ver-
swalt-*] A aufstauen; krank
machen.
ver-swemmen swV A+pA*in*
versenken in.
ver-swenden,-sweneden
swV [Prät. *verswant-*] A
ausgeben, aufbrauchen, verbrauchen; verschwenden,
vergeuden; verbringen; beseitigen, vertilgen, vertreiben; zerstören, vernichten;

sper/ lanzen v. Speere
brechen/ verstechen; *den
walt v.* mit Speerebrechen
einen ganzen Wald ver-
brauchen.
ver-swenderin stF Vertrei-
berin.
ver-sweneden [s.] *ver-
swenden.*
ver-sweren [s.] *verswern* [2].
ver-swerer stM Verleugner.
ver-swern[1]**,vor-swern**
stV [VIb] refl.+pD*bî* (falsch)
schwören (bei); D sich lossagen von; A aufgeben, verzichten auf; verleugnen, ablehnen; meiden, verlassen;
A/Ns*daz* +D zusagen, versprechen; *die zît v.* die Zeit
mit Fluchen verbringen.
ver-swern[2]**,-sweren** stV
[IVa] D vereitert sein; A aufhören zu schmerzen.
ver-swerzen swV A+D an-
schwärzen.
ver-swigen Part.Adj.
schweigsam.
ver-,vir-swîgen stV [Ia,
Prät. auch sw] A/G/Ns*daz,
w* (+G/D/A/pA*umbe*) ver-
schweigen, nicht reden über/
von; verheimlichen; unterlassen, unterdrücken, übergehen; verweigern; Part.Adj.
[s.] *verswigen.*
ver-swiln swV D schwielig
werden.
ver-,vir-swinden stV [IIIa]
abs./D verschwinden, dahinschwinden; vergehen, en-
den; zunichte/ zerstört werden; vergeblich sein.
ver-,vir-swînen stV [Ia]
abs./D vergehen, dahin-,
verschwinden; fallen.
ver-swingen stV [IIIa] abs./
refl. den Schwung verlieren;
A austeilen; A+pA*hinder*
schleudern/ werfen hinter.

421

ver-swullen Part.Adj. ge-
schwollen.
vert,vernt,vernent Adv.
voriges Jahr, früher.
vert- [s.] *vart*.
ver-tammen [s.]*verdamnen*.
ver-tân Part.Adj. unselig,
elend; verflucht, verdammt.
ver-tanzen swV *die zît v.* die
Zeit mit Tanzen vertun.
vertegen [s.] *vertigen*.
ver-teifen [s.] *vertiefen*.
ver-teilære stM Urteilfinder,
Richter.
ver-teilen,vir-,vor-teilen
swV D das (Todes-) Urteil
sprechen; A(+G/pD*von,ze /*
p*Ain*) verurteilen (zu); verbannen (in), verstoßen
(von); berauben; verdam-
men, verfluchen; zerstreuen;
verwirken; A+D absprechen;
aberkennen, nehmen; Part.
Adj. [s.] *verteilt*.
ver-teilt Part.Adj. verflucht,
verdammt.
verten swV abs. abziehen.
ver-terben [s.] *verderben*.
vert-genôze[s.] *vartgenôze*.
vertic Adj. eifrig; geschmeidig; fließend; schiffbar; üblich.
ver-tiefen,-teifen swV refl.
sich verschulden; refl.+pD*ge-*
gen sich versündigen gegen;
Part.Adj. [s.] *vertiefet*.
ver-tiefet,-tieft Part.Adj.
tief; vertieft, versunken.
vertigen,vertegen swV A
verabschieden; A+pD*gegen,*
ze / p*Ain, ûf /* Adv. lok. (+D)
senden/ schicken/ bringen
auf/ in/ nach/ zu; A+pD*mit*
ausstatten mit; *mit dem vrô-*
nen ambet v. +D mit dem
(Sterbe-) Sakrament versehen.
ver-tilgen,vir-,vor-tili-
gen,-tîlen,-dili(g)en,

-dilgen swV A(+D) (aus-)
tilgen, auslöschen, vernichten; A+pD*ûz* ausstoßen aus.
ver-tilger stM Vernichter.
ver-tiligen [s.] *vertilgen*.
ver-tiuren,-tûren swV A
sparen; auslöschen; *ez sich*
niht v. lâzen es sich nicht
nehmen lassen.
ver-toben swV refl. rasend
werden; *(der sinne) vertobet*
sîn verwildert/ wahnsinnig/
außer sich sein.
ver-tolken swV A+D übersetzen.
ver-topeln swV A verspielen.
ver-tœren swV [Part.Prät.
auch *vertôret*] abs./refl. zum
Narren werden; A zum Nar-
ren machen; verblenden, betören.
ver-,vur-tôten swV D absterben.
ver-touben,-dôben swV
refl. enden; A(+D/pD*von*)
betäuben; vernichten; vertreiben (von).
ver-töuwen [s.] *verdöuwen*.
ver-tracsam Adj. duldsam.
ver-tracsamekeit stF Duldsamkeit.
ver-tragen,vir-,vor-tra-
gen stV [VIa] refl. vergehen;
sein Ziel verfehlen; sich vertragen; D/A(+G) Nachsicht/
Geduld haben mit; (ver-)
schonen (mit), verzeihen; A /
Ns*daz* ertragen, aushalten,
hinnehmen, geschehen las-
sen, dulden, verschmerzen;
kümmern; A+D nachsehen;
verzeihen; zulassen, hingehen lassen; A(+pD*ze /* p*Ain,*
*ûf /*Adv.lok.) verleumden
(bei); bringen (in/ zu), ver-
leiten/ verführen (zu), irreleiten; wegtragen (auf), vertreiben; zunichte machen.

ver-trechen stV [IVa] A
überwinden.
ver-trecket Part.Adj. zerschunden.
ver-treffen stV [IVa] A
übertreffen.
ver-tregelich Adj. erträglich;
verträglich.
ver-tregic Adj. verträglich.
ver-,vor-trenken swV A ertränken; vergiften.
ver-treten[1],vor-,vür-tre-
ten stV [Va, Prät. auch sw]
abs./refl.(+pD*an*) vergehen,
dahinschwinden; enden; zunichte werden; sich entfernen
(von); fehltreten; A(+D/p*A*
under) zertreten, niedertrampeln; (weg-) stoßen (unter),
vertreiben; vernichten, zunichte machen; löschen; hinausgehen über; behindern;
verfälschen, verleugnen;
missachten, misshandeln;
A+G verteidigen wegen.
ver-treten[2] stV [s.] *vürtre-*
ten.
ver-trîben,vir-,vor-trî-
ven,-drîben,-drîven stV
[Ia] refl.(+Adv.lok.) vergehen;
sich verzögern; sich zurückziehen; A(+G/D/pD*an,in,mit,*
*ûz,von,ze /*Adv.(lok.)) hin-
bringen/ verbringen (in/ mit);
verleben; durchbringen; vertreiben (aus/ in/ von), austreiben (aus), (weg-) treiben
(aus/ in/ nach); beseitigen;
verwüsten.
ver-tribenheit stF Verbannung.
ver-tringen [s.] *verdringen*.
ver-trinken stV [IIIa] abs./
pD*in* ertrinken (in); refl.(+G)
sich betrinken (mit); A ver-
trinken.
ver-trîp stM Vertreiben.
ver-triuwen [s.] *vertrûwen*.
ver-trîven [s.] *vertrîben*.

ver-trœsten swV [Part.Prät. auch *vertrôst*] refl.+G sich hinwegtrösten über; vergessen; A+G ermuntern zu.

ver-trucken[1]**,-truckenen, -drucken** swV abs. versiegen; austrocknen; *vertrucket werden* verschmachten.

ver-trucken[2] swV [s.] *verdrücken.*

ver-trûwen,-triuwen swV refl. vertrauensselig sein; refl.+G/pD*gegen* sich verpflichten gegenüber/ zu; refl.+pD*mit* sich verbinden mit; A(+D) versprechen; anvertrauen, verloben; *zesamene v.* +A zusammengeben, vermählen; *daz gerihte v.* sich dem Gericht stellen, sich dem Urteil unterwerfen.

ver-,vor-trûwunge stF Vereinigung.

ver-tüemekeit,-düemekeit stF Verdammnis.

ver-tüemen,vor-tuomen, -tûmen,-düemen swV A (+pD*ze*/p A*in*) verurteilen/ verdammen (zu), verfluchen.

ver-tüemenisse,-tuome-, -düem(p)-,-tûme-nisse stFN Verdammnis.

ver-tumben swV *diu jâr v.* die Zeit vertun.

ver-tûmen(-) [s.] *vertüemen(-).*

ver-tunkelen [s.] *verdunkeln.*

ver-tuom- [s.] *vertüem-.*

ver-tuon anV A(+pD*an,ze*) verschwenden, durchbringen, ausgeben (für), aufbrauchen, verbrauchen; verbringen (mit); versperren, einschließen; verdammen; aufgeben;*die sper v.* Speere verstechen/ zerbrechen; Part. Adj. [s.] *vertân.*

ver-tuzzen,-tuschen swV A/N s*daz* verstecken; verhindern; A+D betäuben.

ver-twâlet,-twâlt Part.Adj. zurückgesetzt, benachteiligt; entkräftet.

ver-twâsen,-dwâsen swV A erniedrigen.

ver-tweln stV [IIIb] abs. verschmachten.

ver-twelet,-twelt Part.Adj. verspätet.

ver-,vir-twingen stV [IIIa] A verkrampfen; A+pA*an* pressen an.

ver-üeben swV refl. sich zum Kampf rüsten.

ver-unkûschen,-*unkiuschen swV A(+pD*mit*) beflecken (mit).

ver-unlûtern swV A verunreinigen, entweihen.

ver-unreinen swV A(+pD *mit*) verunreinigen (mit), besudeln, entweihen.

ver-unruochen,-unrûchen swV A vernachlässigen, unbeachtet lassen, verpassen.

ver-untriuwen,-untrûen swV refl.+pA*gegen* sich treulos erweisen gegen; A bestehlen.

ver-unwerden swV A abstoßen.

ver-urliugen,-orlôgen swV A angreifen, verwüsten; vertreiben.

ver-urteilen swV A(+pA*in*) verurteilen (zu), richten.

ver-ûzeren [s.] *veriuzern.*

ver-vâhen,vor-vân,-vôhen stV [VIIbd] abs./pD*an* / Adv. nützen/ erfolgreich sein (bei); refl.+G sich unterziehen, übernehmen; beschaffen; A(+D/pD*gegen*/p A*vür*) helfen/ nützen (bei/ gegen), einbringen; bewirken; A+G entschädigen für; A(+D)(+pD

in,ze /p A*vür*/Adv.) auslegen/ auffassen/ aufnehmen/ anrechnen (als).

ver-valden stV [VIIa] A+ pA*in* einsperren in.

ver-vælen swV [Prät. auch *vervâlt-*] abs./refl./G verfehlen, nicht treffen, danebenwerfen; fehlgehen, sich irren.

ver-,vir-vallen stV [VIIa] abs./D/pA*in* ab-, herunterfallen; zerfallen; (ver-) fallen (in); verderben, umkommen; zu Fall kommen, in Sünde fallen; refl. verloren gehen; *vervallen sîn* +D [auch] versperrt sein.

ver-vâlt- [s.] *vervælen.*

ver-vân [s.] *vervâhen.*

ver-væren swV A erschrecken.

ver-varn,-warn stV [VIa] abs. vergehen, ablaufen; dahinschwinden; verloren gehen, verderben; sterben [auch *tôt v.*]; A abwenden; überblicken.

ver-,vür-vazzen swV refl. D+A+pA*in* aufnehmen in.

ver-vehtære [s.]*vorvehtâre.*

ver-vehten,vir-,vor-vehten stV [IVa] refl. sich abmühen, sich müde kämpfen; A verteidigen.

ver-veigen swV A verdammen.

ver-veilen swV refl.+pA*in* sich ergeben in; A verkaufen; vernichten.

ver-vellen swV refl. schwinden; A fällen, zu Fall bringen, umwerfen; versperren; verschwenden;A+pA*in* stürzen in.

ver-velschen swV A verfälschen.

ver-,vor-vemen swV A verurteilen.

ver-verren,vir-virren swV refl+pD *gegen* in die Ferne ziehen zu; A(+pD *von*) entfernen (von).
ver-vestenunge stF Ächtung.
ver-viln swV A zu viel sein für.
ver-vinstern swV A verdunkeln, trüben.
ver-virren [s.] *ververren.*
ver-vliegen stV [IIa] abs. wegfliegen; refl. sich verfliegen.
ver-vliezen,-vlœzen stV [IIb] abs. vergehen, (dahin-) schwinden; sich verlaufen; pD *in,ze* / p A *in,ûf* einfließen/ eingehen in, übergehen auf/ in, verschwinden in; Part. Adj. [s.] *vervlozzen.*
ver-,vor-vlîzen stV [Ia] *ver* / *vlizzen sîn* / *werden* +G/ pD *an,nâch* / p A *an,ûf* / N *daz* sich bemühen um, besorgt sein um; bedacht/ begierig/ versessen sein auf.
ver-vlœgen swV [Prät. *vervlôgt-*] A(+D/pD *ûz*) erheben (über), in Verzückung versetzen.
ver-vlœzen [s.] *vervliezen.*
ver-vlozzen Part.Adj. vergangen.
ver-vlozzenheit stF Flüchtigkeit.
ver-vlûchen [s.] *vervluochen.*
ver-,vor-vluhtec Adj./Adv. fliehend; feige.
ver-,vir-vluochen,-vlûchen swV D fluchen; A(+D) verfluchen, verwünschen, verdammen.
ver-,vor-vluochnisse stN Abschaum.
ver-vôhen [s.] *vervâhen.*
ver-vreveln swV A veruntreuen, vertun.

ver-vriundet Part.Adj. *ein v. vîent* ein Feind als Freund.
ver-vüeren,vir-vûren swV [Part.Prät. auch *vervuort*] refl. vergehen, verschwinden; A(+D)(+pD *von* / p A *in*) (weg-) führen/ tragen (in/ von), entführen; wegnehmen/ wegbringen (von); hinauswerfen; zerreißen; verleiten; umgehen; *in spot v.* +A verspotten.
ver-vûlen swV abs. (ver-) faulen.
ver-vuort,-vûren [s.] *vervüeren.*
ver-vürwitzen swV pD *an* abbüßen; die Lust verlieren an.
ver-wæen swV *voneinander v.* +A zerstreuen.
ver-wâfen(en),-wâpenen swV refl. die Rüstung anlegen; A(+pA *in*) bewaffnen, wappnen (mit).
ver-wahsen stV [VIa] abs. zuwachsen; refl. anschwellen; Part.Adj. [s.] *verwahsen.*
ver-wahsen Part.Adj. überwuchert; wuchernd.
ver-walken Part.Adj. verfilzt.
ver-wallen stV [VIIa] A vergießen.
ver-walten stV [VIIa] refl. (+G) Kraft haben (zu); sich in der Gewalt haben.
ver-wând- [s.] *verwænen.*
ver-wandelkeit stF Veränderlichkeit.
ver-wandeln,vor-,vur-wandeln swV refl. (dahin-) schwinden, vergehen, enden; A(+D/pD *ze, mit* / p A *in*) (ver-) ändern, verwandeln/ verkehren (in); (ver-) tauschen (mit); wieder gutma-

chen; verrücken; *daz leben/ den lîp v.* sterben; *daz leben geistlîche v.* in den geistlichen Stand treten; *daz lieht verwandelt sich* finster werden; *den sin v.* außer sich geraten, den Verstand verlieren; *die varwe v.* erbleichen; *daz wort v.* das Wort brechen.
ver-wandelunge stF Veränderung, (Ver-) Wandlung.
ver-wænen swV [Prät. *wânt-,verwând-*] refl.+G/pD *an,ze* / p A *umbe* / N *s(daz)* erwarten (von), rechnen (mit); vermuten (bei), glauben; sich verrechnen (mit).
ver-want- [s.] *verwenden.*
ver-wâpenen [s.] *verwâfen(en).*
ver-wâr [s.] *vürwâr.*
verwære,verber stM Färber, Maler.
verwærinne stF Malerin; geschminkte Frau.
ver-warlœse stF Vernachlässigung, Achtlosigkeit.
ver-warlôsen swV A vernachlässigen, missachten.
ver-warn[1] swV refl.+pD *vor* sich hüten/ in Acht nehmen vor; A verwahren; versperren.
ver-warn[2] stV [s.] *vervarn.*
ver-warten swV abs./D (vergeblich) warten (auf).
ver-wartenlich [s.] *verwertenlich.*
ver-waschen stV [VIa] A tilgen.
ver-wâzen,-wôzen stV [VIIbd] A(+D/pD *von*) verfluchen, verdammen, verwünschen; verstoßen/ verbannen (aus/ von); zugrunde richten, verderben, vernichten.

ver-wâzenlich Adj. ver-flucht.

ver-weben stV [Va] A+pD *in* / p A *in* verweben in.

ver-wegen[1] stV [Va] refl.+ G/Ns *daz* /Inf. *ze* verzichten auf, aufgeben; sich entschließen/ verpflichten zu; A/G (+D) aufwiegen; Part.Adj./ Adv. [s.] *verwegen*[2].

ver-wegen[2] Part.Adj./Adv. entschlossen; (wage-) mutig, verwegen.

ver-wegenheit stF Entschlossenheit.

ver-wegenlich Adj., -lî-che(n) Adv. entschlossen; wagemutig; vermessen.

ver-wehseln,vir-,vor-wesseln swV refl.+A wechseln; A vertauschen, ändern.

ver-weichen swV A+D weich machen.

ver-weinen swV refl. heftig weinen; *diu ougen v.* sich die Augen ausweinen.

ver-weisen swV abs. verwaisen; A(+G/D) zur Waise machen; berauben; nehmen.

ver-weisete swF Verlassenheit.

ver-welben swV A wölben.

ver-wellen swV refl. sich übernehmen/ überheben.

ver-weltigen swV A überwältigen.

verwen,verewen,verben, varwen swV [Part.Prät. auch *gevart*] abs. Flecken machen; A färben, bemalen; schminken; (aus-) schmücken; Part.Adj. [s.] *geverwet*.

ver-wendec/ic-lîche(n) Adv. zurückschauend; hochmütig; übermütig; trotzig.

ver-wenden swV [Prät. auch *verwant*-] A(+D) verführen, irreleiten; widerlegen; än-dern, verwandeln; abwenden; bekehren; A+pA *ûf* versorgen mit.

ver-,vor-wenen swV A(+pD *in,mit*) verwöhnen (in/ mit); A+G/pD *an* gewöhnen an.

ver-werden,vor-,vur-werden stV [IIIb] abs. verderben, zugrunde gehen; sich auflösen; sterben; G verlieren, aufgeben.

ver-werfen,vir-,vor-werfen stV [IIIb] refl. vergehen, enden; A(+D/pD *ûz,von,ze* / pA *in*) ab-, wegwerfen; werfen/ ausschließen/ verstoßen/ vertreiben (aus/ von); verwerfen/ ablehnen (als), anfechten; überwinden; zurückweisen, verschmähen, missachten; abnutzen; verschleudern; verderben; zuschütten; stürzen (in); Part.Adj. [s.] *verworfen*.

verwer-,verber-kunst stF Färberkunst, -handwerk.

ver-werltlich Adj. vergänglich.

ver-werken [s.] *verwirken*.

ver-,vir-werren stV [IIIb] A(+D/pD *in*) verwickeln/ verstricken (in); verwirren, beunruhigen; auseinander/ in Unordnung bringen; verhindern; Part.Adj. [s.] *verworren*.

ver-wert Part.Adj. verdorben.

ver-werten swV A verletzen; schwächen; Part.Adj. [s.] *verwert*.

ver-wertenlich,-warten-lich Adj. verderblich, verdorben; empfindlich.

ver-werticheit stF Vergänglichkeit.

ver-wertunge stF Verderbnis, Verderben; Verfall.

ver-wesen stV [Va] G/A

(+pA *an*) ersetzen, vertreten (bei); verwalten.

ver-wetten swV A verpfänden; bekräftigen.

ver-wideren,vir-,vor-widern swV A(+D) verweigern, zurückweisen, ablehnen; verwerfen; vermeiden; verstoßen gegen.

ver-wieren swV A+pD *an,in, mit,ûf* einsetzen/ einfügen in, befestigen auf, besetzen/ schmücken mit.

ver-wigen stV [Vb] refl.+G verzichten auf, sich enthalten.

ver-wilden swV refl.(+pD *in* / pA *in*) sich verstecken, sich verlieren (in); A verwirren; A+D fremd machen, entfremden.

ver-wîlen swV A+pD *bene-ben* verbringen neben.

ver-winden,vir-,vur-winden stV [IIIa] refl.+G auf sich nehmen; A überwinden, besiegen; überstehen; verschmerzen, verwinden; zuhalten, zubinden; A+pD *mit,under* / p A *in* (+D) umwickeln/ verbinden mit; verflechten/ flechten in.

ver-winkeln swV A verstecken.

ver-winnen stV [IIIa] A überwinden, besiegen, erobern; verschmerzen, überstehen; überleben.

ver-winteln swV A+pA *in* einwickeln in.

ver-wirken,vir-,vor-, vur-werken,-würken swV [Prät. *verwort*-, *verwart*-,*verworht*-,*verwurht*-] refl.(+pD *an, gegen, mit* / p A *wider*) sich versündigen (gegen/ mit); A(+D) verwirken, verlieren; zugrunde richten, verderben; verletzen; A(+pD *in,mit*/pA*in*) fertigen/ herstellen (mit); bewerkstelligen; anbringen/ einarbeiten/ einsetzen/ legen (in); Part. Adj. [s.] *verworht.*

ver-wirren swV A verwirren, beunruhigen.

ver-wischen,-wuschen swV abs. verschwinden, verloren gehen; A entbehren, meiden.

ver-wîsen swV A(+pD*von*/ pA*in*) verführen (zu); irreführen; wegführen (von); hinauswerfen.

ver-witwen swV A zur Witwe machen.

ver-wîzen,vir-,vor-,vur-wîzen stV [Ia] A tadeln; A/Ns(*daz,ob*)+D vorwerfen, vorhalten, verweisen.

ver-wizzecheit [s.] *vorwitzekeit.*

ver-wizzen[1] anV refl. bei Bewusstsein sein; zu Verstand kommen, verständig werden; refl.+pA*ûf* sich verstehen auf; A wissen; Part. Adj. [s.] *verwizzen [2].*

ver-wizzen[2] Part.Adj. klug, verständig.

ver-wizzenheit stF Verstand, Klugheit.

ver-worfen Part.Adj. verstoßen, unselig; armselig, unbeachtet.

ver-worfenheit stF Verlassenheit, Ausgestoßensein; Selbstaufgabe.

ver-,vor-worgen swV abs. ersticken.

ver-worht,vir-worth Part. Adj. verworfen; verdammt, verflucht; *wol v.* gut eingepasst.

ver-worht- [s.] *verwirken.*

ver-worren Part.Adj. verworren, verwirrt; zerzaust; verunreinigt.

ver-worrenheit stF Verunsicherung.

ver-worrenlich Adj. wirr; *v. verkêren* +A verwirren.

ver-wort- [s.] *verwirken.*

ver-worten swV A missbrauchen.

ver-worth [s.] *verworht.*

ver-wôsten [s.]*verwüesten.*

ver-wôzen [s.] *verwâzen.*

ver-wüesten,vir-wôsten swV [Prät. auch *verwuost-*] A+D verwüsten, zerstören; verderben; verletzen; verlassen.

ver-wüeten,-wûten swV [Prät. *verwuot-*] abs./refl. (+pD*nâch*) wahnsinnig werden, den Verstand verlieren (wegen).

ver-wunden,vir-,vor-bunden swV [Part.Prät. auch *verwunt*] A verwunden, verletzen; beschädigen.

ver-wundenlich Adj. empfindlich; eingeschränkt.

ver-wundern,-wundren swV refl.(+G) sich wundern (über); A erstaunen.

ver-wünscht Part.Adj. ersehnt.

ver-wunt[1],-*wunnt Part. Adj./Adv. wonnevoll.

ver-wunt[2] Part.Prät. [s.] *verwunden.*

ver-wuost- [s.] *verwüesten.*

ver-wuot- [s.] *verwüeten.*

ver-wurht-,würken [s.] *verwirken.*

ver-wurtzt Part.Adj. würzig.

ver-wuschen [s.] *verwischen.*

ver-wûten [s.] *verwüeten.*

ver-zabeln swV abs. zur Ruhe kommen.

ver-zagen,vir-,vor-zagen swV [Part.Prät. auch st *verzagen*] abs./G/D/pD*an,gegen,vor*/pA*umbe*) verzagen,

erschrecken/ sich fürchten (vor); den Mut verlieren (wegen); verzweifeln (an/ wegen), die Hoffnung aufgeben (auf); zweifeln (an); im Stich lassen; Part.Adj. [s.] *verzaget.*

ver-zaget,-zait Part.Adj. furchtsam, feige.

ver-zagetlîche Adv. mutlos.

ver-zart- [s.] *verzerten.*

ver-zartet Part.Adj. zart.

ver-zat [s.] *verzetten.*

vêr-zec [s.] *vierzec.*

ver-zegen swVA+pD*mit* entmutigen mit.

vêr-zehen [s.] *vierzehen.*

ver-zehenden,vor-zênden swV A(+D) versteuern, den Zehnten geben/ zahlen von; *v. in des tôdes valle* +A jeden zehnten (Mann) mit dem Tod bezahlen lassen.

ver-zeln,vor-zellen swV A aufgeben; berichten über; A +D erzählen.

verzen stV [IIIb] abs./D+pA *in* furzen (in).

vêr-zên [s.] *vierzehen.*

ver-zênden [s.]*verzehenden.*

ver-,vor-zern swV A(+pD *mit*/pA*in*/Adv.) verzehren, zu sich nehmen, aufessen, fressen; auf-, verbrauchen; vergeuden; aufnehmen (in); verbringen/ verleben (in/ mit); hingeben; zerfressen, verletzen; zugrunde richten; Part. Adj. [s.] *verzert.*

ver-zerren swV A zerreißen.

ver-zert Part.Adj. abgezehrt, entkräftet.

ver-zerten swV [Prät. *verzart-*] A mildern, lindern; Part.Adj. [s.] *verzartet.*

ver-,vor-zerunge stF Verschwendung.

ver-zetten swV [Part.Prät. *verzat*] A verstreuen, verlieren.

ver-zickt Part.Adj. *verzicktez wort* Schimpf.

ver-ziehen stV [IIb] abs./D innehalten; warten (auf); A (+D) versäumen; hinausschieben, verzögern; Part. Adj. [s.] *verzogen* ².

ver-ziehnüsse stF Versäumnis.

ver-zîen [s.] *verzîhen.*

ver-zigen swV refl.+G verzichten auf.

ver-zîhen,vor-zîen stV [Ib] refl./G(+refl.)/pA *umbe* verzichten (auf); aufgeben, sich lossagen (von), im Stich lassen; D verzeihen; hinhalten; A verlassen; vergessen; zurückweisen, verschmähen; A/Ns *daz* +G/D verweigern, abschlagen, ablehnen, versagen, vorenthalten; aufkündigen, entziehen, wegnehmen; ersparen.

ver-,vür-ziht stF Verzicht.

ver-zîhunge stF Verzicht, Aufgabe.

ver-ziln swV A+pD *mit* treffen/ durchbohren mit.

ver-zim(m)ern swV A einrichten; A+D ver-, zubauen.

ver-zinnen swV A verzinnen.

ver-zinsen swV A(+D) Abgaben/ Tribut zahlen für, teuer bezahlen/ verkaufen.

ver-ziunen swV A verschließen; A+pA *an* einschließen in.

ver-zogen¹ swV abs. vorbeiziehen; A+D entziehen.

ver-zogen² Part.Adj. verzückt.

ver-zollen swV A+D Zoll zahlen für.

ver-zöubern swV A verblenden.

ver-zucken swV abs. stocken; refl. ausweichen; A(+D/ pD *ûz* /p A *in,über*) wegnehmen, -ziehen; entziehen; entrücken (aus/ in/ über); *verzucket sîn/ werden* [auch] in Verzückung geraten.

ver-zückunge stF Verzückung, Entrückung.

ver-,vor-zürnen swV abs. sich besänftigen; A besänftigen.

ver-zwîbeln [s.] *verzwîveln.*

ver-zwicken swV A befestigen, festnageln; erschweren, behindern.

ver-zwîveler stM Zweifler.

ver-zwîveln,vir-zwîflen, -zwîbeln swV abs./G/pA *umbe* die Hoffnung aufgeben (auf), verzweifeln; pD *an* /Ns *daz* zweifeln (an).

vese swF Spreu, Faser; *gegen einer vesen, umbe eine vesen* im Geringsten; *niht ein v.* nicht das Geringste.

vesel¹ Adj. (auf Stroh) lagernd.

vesel² stN Stroh.

vesîn stM Nachbar.

vespe [s.] *webse.*

vesper stF Vesper (-stunde, -andacht) [kanonische (Gebets-) Stunde, 6 Uhr abends].

vespereide,vesperî(e), vesprîe stF (Vorabend-) Turnier; Vorspiel.

vesper-stunde stF Vesper (-stunde, -zeit) [kanonische (Gebets-) Stunde, 6 Uhr abends].

vesper-vliegerinne stF Abendfliegerin [Fledermaus].

vesper-zît stF Vesperzeit, Vesperstunde [kanonische Stunde, 6 Uhr abends].

vesprîe [s.] *vespereide.*

vest,veste,vast Adj. fest; hart, stark; tapfer; groß; sicher, befestigt; standhaft, beständig; entschlossen; unverbrüchlich; unwandelbar.

fest stN Fest.

veste¹ stF Festigkeit; Härte, Stärke; Beständigkeit; Sicherheit; Festung, Burg; befestigte Stadt; Gefängnis.

veste² Adj. [s.] *vest.*

veste³ Adv. [s.] *vast* ¹.

vestec/ic-heit,veste-,vesti-keit stF Beständigkeit, Standhaftigkeit; Sicherheit; Härte.

vestec/ic-,vestenc-lîche(n) Adv. fest; sicher; beständig, dauerhaft, standhaft; sehr, heftig.

veste-keit [s.] *vestecheit.*

vestel-spîse stF Fastenspeise.

vestel-tac stM Fasttag.

vesten,vestenen,vestnen swV A/Ns *(daz*)(+D) (+pD *in* / pA *an,in*) (be-) festigen, binden (an); fesseln; festlegen/ festsetzen (in); (be-) stärken, (be-) kräftigen, bestätigen; gründen/ errichten (in); rüsten; verschanzen; A+D verloben.

vestenc-lîche(n) [s.] *vesteclîche(n).*

vestenen [s.] *vesten.*

vestenunge stF Befestigung; Grund, Boden; Gewölbe; Halt, Stärkung, Festigkeit; Bestätigung.

vestigen swV A festigen.

vesti-keit [s.] *vestecheit.*

vest-lich Adj. fest.

vestnen [s.] *vesten.*

vestunge stF Stärkung.

vetach,vetech/ich,vitech, vitich,vedach,vedrach, vederich,vetche, vitche, veck stswMFstN Gefieder, Federn; Fittich, Flügel.

veteln swV A+Adv.lok. treiben.
veter swM Onkel [Vaterbru-
der]; Vetter [Brudersohn];
Verwandter.
veter-lich,-lîche(n)   [s.]
vaterlich.
veter-licheitstF Vaterschaft;
Väterlichkeit.
veter-sun stM Vetter [Sohn
des Vaterbruders].
vetich [s.] *vetach.*
vewen swV A sieben.
vêzt [s.] *veizet.*
vezzel¹ stM Fessel [Bein].
vezzel² stMF Schwertgurt,
Schwertgehänge; Schildrie-
men.
vezzer swF Fessel.
fî,fîa Interj. [Alarmruf, Ruf zu
Bereitschaft/ Vorsicht].
vî Interj. [Bedauern].
vîant¹,vîent,vînt,vênt Adj.
v. sîn +D feind/ feindlich gesinnt sein, sich feindlich verhalten gegen.
vîant²,vîent,vînt,vîgent,
vîgant,vîjent,vênt stM
Feind, Gegner; Teufel [auch
der alte/ bœse v.].
vîant-lich [s.] *vîentlich.*
fîanze stF Sicherheitsgelöb-
nis, Unterwerfung; Ehren-
wort.
fîaz stN Empörung.
vîc,vîch stN Feigwarze.
vîc-boum [s.] *vîgenboum.*
vîch [s.] *vîc.*
vich- [s.] *vihe-.*
vicht [s.] *vihe.*
ficken swV A(+pDze) festigen, stärken (zu).
vîc-poum [s.] *vîgenboum.*
videl,videle swF Fiedel,
Geige.
videlære/er stM Fiedelspie-
ler, Fiedler.
videl-boge swM Fiedelbo-
gen.

videle [s.] *videl.*
videlen,videln,vidlen
swV   abs./A(+D)(+pAûf)
(vor-) fiedeln (auf).
videln [s.] *videlen.*
videren,vidern swV A(+pD
mit) mit Flügeln versehen,
befiedern; besetzen (mit).
vidlen [s.] *videlen.*
fîe Interj. [Alarmruf, Ruf zu
Bereitschaft].
vie(-) [s.] *vihe(-).*
fieber,vieber stN Fieber.
fiebern swV abs. Fieber haben.
fiebric Adj. fiebrig, fiebernd.
viech(-) [s.] *vihe(-).*
viehte swF Fichte.
viehtîn Adj. *v. holz* Fichtenholz; *v. maser/ vaz* Becher/
Fass aus Fichtenholz.
vîendinne,vîndinne   stF
Feindin.
vieng- [s.] *anvâhen.*
vîent [s.] *vîant.*
vîent-lich,vîant-,vînt-,
vîgent-,vîjent-lich Adj.,
-lîche(n) Adv. feindlich;
feindselig, hasserfüllt; böswillig; heftig.
vîent-,vînt-schaft   stF
Hass; Feindschaft; Feindseligkeit.
vîent-,vînt-schar stF Fein-
desschar.
fier,vier Adj. stolz; stark;
prächtig, schön.
vier,vîr,vêr Kard.Zahl vier.
vier-beine,-peine Adj. vier-
beinig.
vîer-dac [s.] *vîretac.*
vierde,vîrde Ord.Zahl vierte (-r/ -s); *selbe v.* zu viert.
vierde-,viert-halp   Adj.
dreieinhalb.
vier-dinc stM Viertel [Maß,
Gewicht].
vier-dûsent,-dûsint   [s.]
viertûsent.

vier-ecke,-egge Adj. viereckig, quadratisch.
vier-eckeht,-ecket,-eckot,
-eggehtic Adj. viereckig,
quadratisch.
vier-egge(-)[s.]*vierecke(-).*
vieren,fieren swV A(+pD
mit) in vier (Teile) teilen; mit
vier Balken versehen; zu-
sammenfügen; schmücken/
befestigen (mit); Part.Adj.
[s.] *gevieret.*
vier-halben Adv. auf/ von
vier Seiten.
vier-hundert Kard.Zahl vier-
hundert.
vier-lei Adj. viererlei.
vier-linc stM Viertelpfennig.
vier-peine   [s.]   *vierbeine.*
vierre [s.] *virre* ¹.
vier-schrœtic Adj. gewaltig
(groß/ stark).
vier-sîte Adv. auf allen vier
Seiten.
vier-spilde Adv. vierfach.
vierst [s.] *virst.*
vier-stunt Adv. viermal.
vîer-tac [s.] *vîretac.*
vier-tage Adj. *v. rite* Viertagesfieber.
vier-tegelich,-teglich Adj.
viertägig.
vier-tegic Adj. viertägig.
vier-teil,vîr-,veir-teil stN
Viertel.
vier-teilen swV A vierteln.
viert-halp   [s.] *vierdehalp.*
vier-tûsent,-dûsent,-dû-
sint Kard.Zahl viertausend.
vier-valt Adj. vierfach.
vier-valtic Adj. viergeteilt;
vierfach.
vier-var Adj. vierfarbig.
vier-vüezic Adj. vierfüßig.
vier-,vîr-weide Adv. viermal.
vier-,vîr-zal stF Viertel.
vier-zec/ic,vîr-zic,-zich,
vêr-zec Kard.Zahl vierzig.

vierzec/ic-weide,vîrzic-weide Adv. vierzigmal.

vier-zegist,-zigestOrd.Zahl vierzigste (-r/ -s).

vier-zehen,vîr-,vêr-zên Kard.Zahl vierzehn.

vier-zehende,-zênde Ord. Zahl vierzehnte (-r/ -s).

vierzehen-jæric Adj. vierzehnjährig.

vier-zên(-) [s.] vierzehen(-).

vier-zich [s.] vierzec.

vier-zigest [s.] vierzegist.

viez,fiez stswM Kerl.

viezt [s.] veizet.

vîgant [s.] vîant [2].

vîge swF Feige.

vîgen-blat,-plat stN Feigenblatt.

vîgen-,vîc-boum,-poum stM Feigenbaum.

vîgen-milch stF Feigensaft.

vîgent [s.] vîant [2].

vîgent-lich,-lîche(n) [s.] vîentlich.

vîger-[s.] vîre-.

figieren swV A formen, gestalten.

vigilje,vigilîe stF liturgisches Nachtgebet, Vorfeier, Vorabendmesse; Dauer des Nachtgebets [3 Stunden].

figûre,figiure stswF Gestalt, (Ab-) Bild; Beispiel, Gleichnis.

figûren swV A(+pAin) formen, zeigen (in).

vih(-) [s.] vihe(-).

vihe,vih,viech,veh,vie, ve,vehe,vicht stN Vieh, (Haus-) Tier.

vihe-hirte,vi-hierte swM Viehhirte.

vihe-krippe swF (Futter-) Krippe.

vihe-lich,vih-,vi-,vie-, vich-lichAdj., -lîche Adv. viehisch, tierisch; sinnenhaft, sinnlich, fleischlich.

vihe-licheit,vih-,vich-lichkeit stF Sinnlichkeit, Fleischlichkeit.

vihe-liute,-lûte stMN [Pl.] Hirten.

vihe-,viech-muoter stF Tiermutter.

vihe-stal stM Viehstall.

vihe-sterbe swM Viehseuche.

vihe-wazzerstN Viehtränke.

vihe-weide stF Viehweide.

vi-hierte,-hirte [s.] vihehirte.

vihisch Adj. vihischer lîp Tierkörper.

vîjent [s.] vîant [2].

vîjent-lich,-lîche(n) [s.] vîentlich.

vil[1] Adj. viel [unflekt., auch nachgest.].

vil[2],vile Adv. viel; reichlich; sehr, überaus; ganz, gar; völlig; eifrig; heftig; oft; v. lîhte [auch] sicherlich, mit Sicherheit; v. manec (sehr) viele, gar manche (-r/ -s); v. nâhe/ nâch/ nâhent [auch] fast, beinahe; v. schiere [auch] sofort; [auch expl., z.B. v. gar gänzlich; v. liep lieb, liebste (-r/ -s),v. sêre sehr].

vilân,villân stM Bauer.

vile[1] stF Menge.

vile[2] Adv. [s.] vil [2].

vîle stswF Feile.

vîlen swV abs. feilen [Geschlechtsverkehr haben]; A (aus-) feilen.

vil-heit stF Vielzahl, Menge.

vi-lich,-lîche [s.] vihelich.

villân [s.] vilân.

villât stF Geißelung, Züchtigung; Heimsuchung; v. nemen sich kasteien.

ville[1] stF Strafe.

ville[2] swF Landgut, Dorf.

villen swV A geißeln, schlagen; martern, quälen; strafen, züchtigen; schinden, häuten [Schandstrafe an Haut und Haar].

vîl-pulver stN Eisenfeilspäne.

vil-rede stF Gerede.

viltz-huot [s.] vilzhuot.

vil-var Adj. vielfarbig.

vilz stM Filz.

vilz-,viltz-huot stM Filzhut.

vilzîn Adj. vilzîner huot Filzhut.

vil-zünglære stM Mehrsprachler.

vimel stM Eisenkeil.

fîn,vîn Adj. fein, schön; rein.

vinæger stM Weinessig.

vindære stM (Er-) Finder.

vindel-sê stM Fisch-, Fanggrund.

vinden[1] stV [IIIa] refl.+Adj. sich erweisen als, sein; refl.+ pDin sich befinden in; A (+D)(+pDan,ze) (auf-) finden (an/ bei/ in); bemerken, sehen, hören (von); (an-) treffen/ vorfinden (in); erlangen/ bekommen (von); bestimmen (zu); suchen; be-, verschaffen; erfinden; A+A kennen lernen als.

vinden[2] swM [s.] vende.

vinden-lich Adj. vindenlichiu vlust Gewinn, der ein Verlust ist.

vîndinne [s.] vîendinne.

vinester-nisse [s.] vinsternisse.

vinf(-) [s.] vünf(-).

vinger stM Finger; Hand; Kralle; (Finger-) Ring; die v. ûf bieten/ heben/ legen die Schwurfinger heben/ auf die Reliquien legen; den v. ziehen lâzen +refl.D sich pflegen lassen.

vinger-blôz Adj. splitternackt.

vinger-drôen stN Drohen
mit dem Finger.

vinger-grôz Adj. fingerdick.

vingerîde,vingerîn stN
(Finger-) Ring.

vinger-lesen stV [Va] pD
mit in der Zeichensprache
sprechen mit.

vinger-lî(n) stN (Finger-)
Ring; kleiner Finger.

vingern swV abs. sich in der
Zeichensprache verständi-
gen; *die seiten v.* die Saiten
zupfen.

vinger-nagel stM Fingernagel.

vinger-zam Adj. (hand-)
zahm.

vinger-zeige stF Tadel; Gespött.

vinger-zeigen swV pA*ûf*
mit dem Finger zeigen auf; A
tadeln, verspotten.

vinke swM Fink.

fîn-,vîn-lich Adj., **-lîche**
Adv. schön, prächtig.

vinne [s.] *pfinne.*

vinnic [s.] *pfinnic.*

vinster[1] Adj. finster, dunkel;
trüb; unergründlich; *v. steren* Abendstern.

vinster[2]**,vinsterîn,vin-
strî,vinstre** stF Finsternis,
Dunkelheit; Trübung.

vinsterât stF Verfinsterung.

vinster-heit,-keit stF Dunkelheit, Finsternis.

vinsterîn [s.] *vinster*[2].

vinster-lich Adj., **-lîche**
Adv. dunkel, trüb.

vinster-lingen Adv. im Fins-
tern.

vinstern swV abs. dunkel
werden.

**vinster-nisse,vinester-
nus,-nüs(se)** stF Finsternis, Dunkelheit; Trübung.

vinstre,vinstrî [s.] *vinster*[2].

vînt [s.] *vîant.*

vînt- [s.] *vîent-.*

vintâle,vinteile swF Visier.

vintûse swF Schröpfkopf.

vîol stMswF Veilchen.

vîolâte stM [veilchenfarbener
Kleiderstoff].

viôle swF Phiole [Flasche].

vîolierenswV A mit Veilchen
schmücken.

vîolîn Adj. *vîolîner garte* Veil-
chengarten.

vîolîn-gevar Adj. veilchenfarben, veilchenblau.

vîolisch Adj. veilchenblau.

vîol-öl stN Veilchenöl.

vîol-rîch Adj. reich an Veilchen.

vîol-sâme swM Veilchensa-
men.

vîol-sirop(e)l stM Veilchensirup.

vîol-spranz stM Veilchen-
pracht.

vîol-var Adj. veilchenfarben.

vîol-velt stN Veilchenfeld.

viper,vipper swF Viper,
Schlange.

viper-hornîn Adj. aus
Schlangenhaut.

viper-nâter swF Schlange.

vipper [s.] *viper.*

vir- [s.] *ver-.*

vîr(-) [s.] *vier(-).*

vîr- [s. auch] *vîre-.*

vîre,virre stF Fest, Feiertag;
Ruhe, Erholung; *in allen
vîren* feierlich.

vîre-lich Adj. festlich.

vîren,vîgern swV abs./pD
an,von müßig sein, (aus-)
ruhen (bei/ von); G/A feiern,
begehen; A+D weihen.

**vîre-tac,vîr-,vîer-,vîger-
dac** stM Feiertag, Festtag.

vîretac-gewant stN Fest-
tagsgewand.

vîre-tegelich,-teglich Adj.
festtäglich.

virgîlie stF Siebengestirn.

firlafei,firlifanz stM[Tanz].

firmament stN Firmament.

firmarîe stF Krankenzimmer.

firm-binde swF Firmtuch.

firme[1] stF Firmament.

firme[2] stF Firmung; Firmtuch.

firmelunge stF Firmung.

firmen swV A(+pD*von*) firmen; bewahren (vor); *die
wange f.* +D eine Ohrfeige
geben.

firmunge stF Firmung.

virne Adj. alt.

virnen [s.] *virren.*

firnîz,vernîz stM Firnis;
Schminke.

virre[1]**,verre,vierre** stF
Ferne, Entfernung; Raum;
Reihe; *die v.* [auch] weit,
weithin.

virre[2] stF [s.] *vîre.*

virrec/ic Adj. weit (verbreitet); groß; weit blickend;
scharfsichtig.

virren,virnen swV refl.+D
sich entfernen von; A/G/D/
pD*von* entfremden/ fernhalten von; entfernen, entziehen.

virst,vierst,vorst stM
(Dach-) First, Giebel; Spitze, (Helm-) Decke.

vir-witze[1]**,-wiz(ze)** Adj.
neugierig.

vir-witze[2]**,-witz** stFN Neugier.

vir-wiz(ze) [s.] *virwitze*[1].

fis [s.] *fiz.*

visament stN Gestalt.

visch stM Fisch.

vischære/âre/er stM Fischer.

vischec Adj. fischig.

visch-ei stN Fischrogen.

vische-lech stN Fische.

vischen swV abs. fischen,
Fische fangen.

vischerîe stF Fischerei.

fischieren swV A(+pD*an, mit*) (mit einer Spange) befestigen (an/ mit).
vischînAdj. *v. hût* Fischhaut.
visch-rîch Adj. fischreich.
visch-schiflîn stN Fischerboot.
visch-vanc stM Fischfang.
visel-lîn stN Pimmelchen.
fisikestF Natur-, Arzneikunde.
fisiôn stM Naturforscher.
visiôn stF Vision.
visitâcie,visitaciôn stF Prüfung, Heimsuchung.
visitieren swV A prüfen, heimsuchen.
visse-,*vitze-lîn stN Fädchen.
vist stM Furz.
vîsten stV [Ia] abs. furzen, stinken.
vitche,vitech,vitich [s.] *vetach.*
vitschen-brûn,witschen-, *vizzel-brûn Adj. braun.
vitschen-,*vizzel-vêch Adj. buntscheckig.
vitz-duom,-tuom [s.] *viztuom.*
viuer [s.] *viur.*
viuht,vûht Adj. feucht, nass.
viuhte,vûhte stswF Feuchtigkeit; Flüssigkeit; Saft; Körpersaft.
viuhtec/ic-heit,viuhti-, vûhte-keit stF Feuchtigkeit; Flüssigkeit.
viuhten,vûhten swV abs. feucht/ nass werden; A(+pD *mit*) befeuchten(mit),feucht machen.
viuhtene stF Feuchtigkeit.
viuhtigenswV A befeuchten; besänftigen.
viuhti-keit [s.] *viuhtecheit.*
viuhtunge,vûhtunge stF Befeuchtung.
viule,vûle stF Fäulnis.

viulen swV A zerfressen, zersetzen.
viunf(-) [s.] *vünf(-).*
viur,viuwer,viuer,vûr, vîwer,vûwer,vôr stN Feuer; Funke, Flamme; Herd, Kamin; Höllenfeuer.
viurærinne stF Anfacherin, Flammenschürerin.
viur-,vûwer-blic stM feuriger Blick.
viur-boum,-poumstM Feuerbaum [Wacholder].
viurec/ic,vûric Adj. feurig, brennend.
viur-,vîwer-eiter stM (brennendes) Gift.
viuren,viuwern swV abs./D feurig werden, brennen; A entflammen, entzünden.
viur-guldîn Adj. aus geläutertem Gold.
viur-,vîwer-heiz Adj. glühend.
viur-holz stN Brennholz.
viurîn,vûrîn,viurne Adj. feurig, glühend, brennend.
viur-mucke stF Motte.
viurne [s.] *viurîn.*
viur-,viuwer-niuwen swV A+D entfachen, entflammen.
viur-oven stM Feuerofen.
viur-poum [s.] *viurboum.*
viur-ram stF Kamin.
viur-rôt,viuwer-,vûwer-, vîwer-rôt Adj. feuerrot.
viursch,*viurischAdj. *v. geschiht* Feuersbrunst.
viur-stat,vûr-,vîwer-stat stF Feuerstelle, Lagerfeuer.
viur-,viuwer-stele swF Feuerdiebin [Motte].
viur-stelin stF Feuerdiebin [Motte].
viur-,vûer-sûl stF Feuersäule.
viur-vanke [s.] *viurvunke.*
viur-,viuwer-var Adj. feuerfarben, feuerrot.

viur-vunke,viuwer-,vûwer-vanke swM Feuerfunke.
viur-ziuc stMN Feuerzeug.
viuste- [s. auch] *vûst.*
viuste-linc stM Fausthandschuh.
viusten swV A in der Faust halten.
viuwer(-) [s.] *viur(-).*
vî-valter stswM Falter.
vîwer(-) [s.] *viur(-).*
fiz,fis stM Sohn.
viz-tuom,vi(z)ze-,vitzduom stM Statthalter, Verwalter.
vlach Adj. flach;platt; gerade; konkav.
vlade swM Fladen (-brot).
vlâge,pflâge stswF Sturm, Unwetter; Unbill; Verfolgung.
vlahs stM Flachs.
vlæmen swV *mit der rede v.* wie ein Flame sprechen.
Flæminc stM Flame; höfisch gebildeter Mann.
vlæmisch Adj. flämisch.
vlamme stswMF Flamme.
vlammen swV abs. brennen.
vlammen-rîch Adj. feurig, flammend.
vlammen-viur,-vûwer stN Feuerflamme.
vlammic Adj. flammend.
vlæn swV A+pA*in* auflösen in.
Vlander(n),Flander stN Flandern.
vlans stM Maul, Mund; Oberlippe.
vlantscheit,*vlæmischeit stF flämisches Gehabe.
vlasche[1],vlesche stswF Flasche.
vlasche[2] stswF Schlag, Hieb; Ohrfeige.
vlasche[3],*vlatsche swF Schwert.

vlæsch-,*vleisch-hacker stM Fleischhauer, Metzger.

vlætec/ic Adj. schön, ansehnlich, hübsch.

vlætec-lich Adj.,**-lîche** Adv. schön; stattlich, blühend.

vlê [s.] *vlêhe.*

vlec,vlecke stswM Fleck; Makel; Wunde, Beule; Flicken, Fetzen, Lumpen; Gegend, Stelle, Platz.

vlech-linc stM [Schnecke].

vlecke [s.] *vlec.*

vleckeht,vlecket,vleckot Adj. fleckig; befleckt, beschmutzt; gefleckt.

vlecken swV refl.+pA*in* sich begeben in; A schlagen; A+ pA*ûf* häufen auf.

vlecket/ot [s.] *vleckeht.*

vlec-lich Adj. schmutzig, unrein.

vleder stM Maserung.

vleder-mûs stF Fledermaus.

vlêge(-) [s.] *vlêhe(-).*

vlegel stM (Dresch-) Flegel.

vlegelen swV A dreschen.

vlêhe,vlêge,vlê stF Bitte, Flehen.

vlêhe-lich,vlê-,vlêh(ec)-, vlêge-lich Adj., **-lîche(n)** Adv. flehend, bittend, flehentlich.

vlêhen,vlêgen,vlên swV abs./pA*an* flehen (zu); D/A/ Ns*daz* (+G/pA*umbe* /Ns*daz*) anflehen/ bitten (für/ um/ wegen); anbeten.

vlêh-lich,-lîche(n) [s.] *vlêhelich.*

vlehsîn Adj. aus Flachs, leinen.

vlêhtec-lich Adj., **-lîche** Adv. bittend, flehentlich.

vlehten stV [IVa] A(+D) (+pD *mit* / pA*in, über, umbe*)/ Adv. verflechten/ verbinden (mit); flechten/ knüpfen/ schlingen (auf/ in/ über/ um).

vleisch,vleis,vleiz, vlêsch,vlîsch stN Fleisch; Leib.

vleisch-banc stF Schlachtbank, -haus.

vleische-lich,-lîche(n) [s.] *vleischlich.*

vleischen,vleisen swV A verletzen; mit Fleisch versehen.

vleisch-hafte stF Fleischlichkeit.

vleisch-haften swV A zum Menschen machen.

vleischic Adj. fleischig.

vleischic-lîche Adv. körperlich.

vleischîn Adj. fleischlich.

vleisch-lich,vleische-, vlêsch-,vlîsch-lich Adj., **-lîche(n)** Adv. fleischlich; leiblich, körperlich, sinnlich; weltlich.

vleischlich-keit stF Sinnlichkeit.

vleisch-made swM Fleischmade.

vleisch-slahter stM Metzger, Schlachter.

vleisch-swinden stN Muskelschwund.

vleisen [s.] *vleischen.*

vleiz [s.] *vleisch.*

vlê-lich,-lîchen [s.] *vlêhelich.*

vlên [s.] *vlêhen.*

vlerre swF (breite) Wunde.

vlêsch(-) [s.] *vleisch(-).*

vlesche [s.] *vlasche* [1].

vletze stN (Fuß-) Boden; Hausflur; festes Land.

vletze-wît Adj. breit wie ein Hausflur.

vlicken swV A flicken; A+ pA*an* anschmiegen an.

vliege stswF Fliege.

vliegen stV [IIa] abs./pD *(en)gegen,ûz,von,ze* / pA*bî,in, über,ûf,umbe,under,vür* (+D)/

Adv. fliegen (auf/ aus/ (mitten) in/ über/ um/ unter/ von/ vor/ zu); flattern; stieben (aus); sich verbreiten (bei/ in/ von … zu).

vliehen,vlîen,vlîn,vliewen,vlûhen,vlûen,vlûwen,vlôen stV [IIb] abs./ (refl.+)pD*ab,gegen,ûz,von,ze, vor* / pA*an, durch, in, über, ûf/* Adv.lok. fliehen/ sich flüchten (auf/ aus/ durch/ in/ über/ von/ vor/ zu); G/A fliehen, meiden.

vlieher,vlîer stM Fliehender, Flüchtling.

vlieme swM Aderlasseisen.

vlîen [s.] *vliehen.*

vlîer [s.] *vlieher.*

vliesen [s.] *verliesen.*

vliewen [s.] *vliehen.*

vliez,vlîz stM Fluss, Strom; Strömung.

vlieze stF Strömung.

vliezen stV [IIb] abs./pD*ab, gegen,in,mit,ûf,ûz,von,ze* / pA *an,durch,in,über,ûf* (+D)/Adv. (herab-) fließen/ strömen/ schwimmen (auf/ aus/ durch/ in), fahren/ segeln/ kommen (auf/ in/ mit/ nach/ über/ zu); fallen; schmelzen; ausgehen von; A+pD*ûz*/pA*in* treiben/ schwemmen aus/ in; *mit dem îse v.* Eisgang haben; Part. Adj. [s.] *vliezende.*

vliezende Part.Adj. *vliezendez ouge* entzündetes Auge; *mit vliezenden ougen* weinend; *vliezendiu siecheit* Aussatz.

vlîn [s.] *vliehen.*

vlins[1] stM (Kiesel-) Stein, Fels.

vlins[2] stM Fließen.

vlinsen[1] swV refl. sich verhärten.

vlinsen[2] swV A bescheinen.

vlins-herte Adj. steinhart.

vlinstein,*vlins-stein stM (Kiesel-) Stein.

vlîsch(-) [s.] *vleisch(-)*.

vlîz[1] Adj. sorgsam.

vlîz[2] stM Mühe, Sorgfalt; Eifer; (Dienst-) Bereitschaft; (Be-) Streben; Nachdruck; Absicht; Trieb; Kunstfertigkeit, Können; *mit/ ze vlîze* [auch] sorgfältig, genau, eifrig, bereitwillig; kunstvoll.

vlîz[3] stM [s.] *vliez*.

vlîzec/ic Adj. eifrig, bemüht, bereitwillig; interessiert; begierig; sorgsam, besorgt.

vlîzec/ic-lich Adj., **-lîche(n)** Adv. eifrig; sorgsam, sorgfältig; genau; aufmerksam; gewissenhaft; eindringlich, inständig; heftig; bereitwillig; höflich, herzlich.

vlîze-keit stF Mühe, Sorgfalt.

vlîze-lîche(n) [s.] *vlîzlîche(n)*.

vlîzen stV [Ia, Prät. auch sw] refl.+G/ Ns*daz,w*/ pD*an,gegen,in,ze* /p A*an,ûf,umbe* sich kümmern/ sich bemühen um, streben nach, sich anstrengen für; sich beschäftigen mit, sich üben in; sich einstellen auf; *gevlizzen haben/ sîn* +p A*an,ûf,umbe* begierig sein nach.

vlîz-haft Adj. bemüht.

vlîz-,vlîze-lîche(n) Adv. eifrig, aufmerksam; sorgsam, genau; eindringlich.

vlôch,vlô,vlôh stMF Floh.

vlôchen [s.] *vlæhen*.

vlocke swM Flocke.

vlocken [s.] *verlocken*.

vlôder stMFN Wasserrinne.

vlôen [s.] *vliehen*.

flogieren,floieren swV abs./pD*in,mit* prunken, sich gefallen (in), prahlen/ sich brüsten (mit).

aufschwingen in.

vlôh [s.] *vlôch*.

vlœhen,vlôhen,vlôchen swV A(+pD*ûz,von,vor*) verjagen (aus), vertreiben(von), in die Flucht schlagen; in Sicherheit bringen (vor).

floieren [s.] *flogieren*.

vloite swF Flöte.

vloiten,vlöuten swV abs. Flöte spielen.

vloiten-hol(e)r stM Flöte aus Holunderrohr.

vloiten-spil stN Flötenspiel.

vloitier,vloitierre stM Flötenspieler.

vloitieren swV abs. Flöte spielen.

vloitierre [s.] *vloitier*.

vlokzen,vlukzen swV abs. fliegen; blitzen.

vlor [s.] *verlor*.

flôr stM Blütenpracht.

flôren swV A(+pD*mit*) ausstatten/ schmücken (mit); Part.Adj. [s.] *geflôrt*.

flôrî(e) stF Blume, Blüte; Pracht.

flôrieren swV A(+pD*mit*) schmücken (mit); Part.Adj. [s.] *geflôriert*.

flôris Adj. blühend, strahlend.

flôrsen stN Schmuck, Zierrat.

flottieren swV A schmücken.

vlöun swV [Prät. *vlout-*] A säubern.

vlöuten [s.] *vloiten*.

vlôz stMN Strömung, Flut; Strom; Floß.

vlœzen,vlôzen swV A (+Adv.lok.) flüssig machen; fließen lassen; schwemmen.

vlôz-ougen swV abs. weinen.

vlôz-veder swF Flosse.

vlozze swF Flosse.

vluc stM Flug; Flügel.

vlûch [s.] *vluoch*.

vlücke Adj. beflügelt; geflügelt.

vlûen [s.] *vliehen*.

vlüeten swV abs. (dahin-) treiben.

vlüetic,vlûtic Adj. strömend.

vlüge stF Flügel.

vlügel stM Flügel.

vlügelingen Adv. in vollem Lauf; sofort.

vluges Adv. sofort.

vlûhen [s.] *vliehen*.

vluht stF Flucht; Zuflucht; Ausflucht, Ausrede; *die v. geben/ haben/ nemen* fliehen.

vlühtec/ic,vluhtic Adj. fliehend; *v. werden* fliehen; *v. machen/ tuon* +A in die Flucht schlagen/ treiben.

vlühtec-lich Adj. *vlühteclichiu jage/ vlühteclicher kêr* wilde Flucht.

vlühtec-,vluhte(n)c-lîche Adv. fliehend, durch die Flucht, zur Flucht; eilig.

vlühte-,vluht-sal stF Zuflucht; Hinterziehung; *durch v.* in Sicherheit.

vluhte-stat stF Asyl.

vlüht-lîche Adv. schnell, eilig.

vluht-sal [s.] *vlühtesal*.

vlukzen [s.] *vlokzen*.

vlûm(e) [s.] *pflûm(e)*.

flûm-vedre [s.] *pflûmveder*.

flunst stF Flimmern.

flünt,*flint stM *viures f.* Feuerstein.

vluo stF Fels (-wand).

vluoch,vlûch,wuolch stM Fluch; Verwünschung.

vluochen,wulchen swV abs./G fluchen (über); D verfluchen, verwünschen; beschimpfen.

vluocher stM Fluchender.

433

vluor,vlûr stM Boden, Grund; [auch expl., z.B. *der erde/ werlde v.* Erde, Welt].

vluot,vlût stF [auch stM] Flut; Wasser; Fluss, Strom; Strömung; Meer; Überflutung; Fülle.

vlûr [s.] *vluor*.

flûrs stF Blume, Blüte.

vlust(-),vlüst- [s.] *verlust(-)*.

vlût [s.] *vluot*.

vlûtic [s.] *vlüetic*.

vlûwen [s.] *vliehen*.

vluz stM Fließen; Fluss, Strom; Strömung; Erguss, Ausgießung; Lauf, Gang; Ausfluss; Rheumatismus; *heimlicher/ monâtlicher v.* Menstruation.

vluz-ganc stM Durchfluss.

vlüz-linc stM Saft.

vlüzzec,vluzzic Adj. fließend; unbeständig, flüchtig; rheumatisch.

vnehen [s.] *pfnehen*.

vochenze stswF [Kuchen, Weißbrot].

voder(-) [s.] *vorder(-)*.

vodren [s.] *vordern* [2].

vôge [s.] *vuoge*.

vogedin [s.] *vogetin(ne)*.

vogel,vugel stM Vogel.

vogelære/er,vogler stM Vogelfänger, Vogelsteller.

vogel-gedœne stN Vogelgezwitscher.

vogel-gestalt stF Vogelgestalt.

vogel-hunt stM Jagdhund [zur Vogeljagd].

vogel-hûs stN Vogelkäfig.

vogelîche Adv. vogelgleich.

vogel-kôse stN Vogelsprache.

vogeln,voglen,vügeln swV abs. Vögel fangen; A begatten, vögeln.

vogel-rîch Adj. vogelreich.

vogel-,vugel-sanc stM Vogelgesang.

vogel-vluc stM Vogelflug.

vogel-wât stF Vogelkleid [Federn].

vogel-weide stF Vogeljagd.

vogel-wîse swM Vogelbeschauer, Wahrsager.

vœgen [s.] *vüegen*.

voget,vogt,vougt,voit stM Vogt; Herrscher, (Landes-, Schirm-) Herr; Richter, Gerichtsherr; Vormund, Beschützer; Fürsprecher; Statthalter, Stellvertreter; *rœmischer v., v. von Rôme* deutscher Kaiser.

voget-dinc stN Vogteigericht.

vogetîe,vogtîe stF Vogtei, Vogteigericht; Schutz; Vormundschaft.

vogetin(ne),vogedin, vögtin stF Fürsprecherin, Schirmherrin.

voget-lam(p) stN Zinslamm (für den Vogt).

voget-man stM Eigenmann einer Vogtei.

vogle- [s.] *vogel-*.

vogt(-),vögt- [s.] *voget(-)*.

vohe swF Fähe [Füchsin].

vôhs [s.] *vuhs*.

vohte [s.] *vorhte* [2].

vohten [s.] *vürhten*.

voit [s.] *voget*.

vol[1]**,vul** Adj. voll; vollständig, ganz; vollkommen; wahr; reich, reichlich; erfüllt, gefüllt; gefüttert, satt; *vollez alter* reifes Alter; *volliu hant* Fülle; *volliu jâr* Volljährigkeit; *volle tage* erfülltes Leben; *mit voller hant* mit offener Hand, mit voller Wucht; *mit vollen ougen* genau; mit Tränen in den Augen.

vol[2]**,volle,vollen,vullen**

Adv. [auch *des/ den/ mit/ ze v.*] völlig, vollständig, ganz; vollkommen; genug; reich, reichlich, in Fülle; (bis) zu Ende; vollends; sehr; besonders, genau.

vol[3] swM [s.] *vole*.

vol-,volle-ahten swV A erfassen, begreifen.

vol-ant- [s.] *volenden*.

folâte stF [Sangweise].

vol-bat stN Vollbad.

vol-bedâht Part.Adj. wohl überlegt.

vol-,volle-bezzern swV abs. Buße tun.

vol-blanc Adj. schneeweiß.

vol-born stswM Januar; Februar.

vol-,volle-brâht Part.Adj. vollkommen.

vol-brâht- [s.] *volbringen*.

vol-brâhteheit stF Vollkommenheit.

vol-brâhteclîchen Adv. vollkommen.

vol-,volle-brechen stV [IVa] abs. geschehen.

vol-bringen,volle(n)-, vul-pringen stswV [IIIa, Prät. *volbrâht-,-brôht-*] A / Nsw (+D) vollbringen; erfüllen, vollenden; erschaffen; vervollkommnen; erreichen, ausführen, vollziehen, leisten; überbringen, darbringen; Part.Adj. [s.] *volbrâht*.

vol-bringer stM Vollbringer, Schöpfer.

vol-brôht- [s.] *volbringen*.

vol-burt stF Einvernehmen, Einverständnis.

volc,wolc stN Volk, Leute; Menschen; Menge; Gefolge; Kriegstruppe, Heer.

vol-chomen [s.] *volkomen*.

volc-degen stM Volksheld.

volc-magen stM Volksmenge.

volc-sturm stM Schlacht.
volc-wîc stM Schlacht.
volc-wîp stN Frau aus dem Volk.
vol-dâht- [s.] *voldenken.*
vol-,volle-danken swV A (+G) angemessen danken (für).
vol-denken,-gedenken swV [Prät. *voldâht-*] A zu Ende denken.
vol-diezen stV [IIb] abs. verklingen.
vol-drucken swV abs. durchdringen, durchstoßen.
vole,vol,vul,vül swMstN Fohlen.
volegen [s.] *volgen.*
vœlen [s.] *vüelen.*
vol-,vollen-enden swV [Prät. auch *volant-*] refl. enden; A ausführen, vollbringen, verwirklichen; leisten, vollenden; beenden.
vol-êren swV A angemessen ehren.
vol-gân,volle(n)-,vullengên anV abs. geschehen, sich verwirklichen; vergehen; A bis zu Ende gehen.
volgære/er stM Anhänger, Jünger; Nachfolger; Begleiter; Helfer; Befolger; *v. sîn* +G zustimmen.
volge stF Gefolge, Begleitung; Zustimmung, Anerkennung; Befolgung; Folge; Nachfolge; *mêrer v.* Mehrheit; *minner v.* Minderheit; *ze v.* von hinten.
vol-ge- [s. auch] *vol-.*
volgen,volegen swV D(+G) / G / A (nach-) folgen (in); befolgen, Folge leisten, gehorchen; nachkommen; zustimmen, beipflichten.
vol-gên [s.] *volgân.*
vol-gestact [s.] *volstecken.*
vol-gewalt stM Allmacht.

vol-grôz Adj. groß genug.
vol-gründen,vollen-gründen swV A ergründen.
volgunge stF Befolgung, Gehorsam.
vol-harren swV abs. ausharren.
vol-,volle-heit stF Fülle; Gesamtheit; *in v. der zît* zur rechten Zeit.
vol-herten,volle-herden swV abs. ausdauern, durchhalten; A ertragen.
vol-herticheit stF Ausdauer, Beständigkeit.
vol-,volle-hertunge stF Ausdauer.
vol-hœren,volle-hœren swV [Prät. *volhôrt-*] A ganz hören.
vol-,vollen-jagen swV A ausführen, befolgen, verwirklichen.
volke-,völke-lech stN Volk, (arme) Leute.
vol-klagen swV A angemessen beklagen.
vol-komen¹,volle-,vol-len-,vul-chomen stV [IVb] abs./G/pD *an,mit* geschehen, eintreten, zustande kommen; gedeihen; sich durchsetzen (mit); zum Ziel/ Ende kommen (mit); pD *von* entstehen aus; (refl.+)pD *ze* gelangen zu; D zugute kommen; Part.Adj./Adv. [s.] *volkomen ².*
vol-komen²,volle(n)-ku-men,-chomen Part.Adj./Adv. vollkommen, vollendet; uneingeschränkt; ausgewachsen.
vol-komenheit,volle(n)-kumenheit stF Vollkommenheit.
vol-komenlich,volle-komlich,-kumelich Adj., **-lîche** Adv. vollkommen;

vorbildlich; vollständig.
vol-krüpfe Adj. voll gestopft.
vol-kume-,-kumen(-) [s.] *volkomen(-).*
vol-lâgen swV A nachstellen.
vol-langen swV abs. herangelangen.
volle¹,völle,vülle stswF swM Fülle; Sättigung, Völle; *der/ diu v.* genug; *den vollen, in/ mit/ ze vollen* im Überfluss, reichlich; ganz, vollständig; sehr; mit aller Kraft.
volle² Adv. [s.] *vol ².*
volle- [s. auch] *vol-.*
vollec/ic,völlic Adv. vollständig, völlig; reichlich; genau; vermehrt.
vollec/ic-lich,völlec/ic-, vollenc-lich Adj., **-lî-che(n)** Adv. vollständig, vollkommen, völlig, ganz; genau; voll; groß; reich, reichlich, großzügig; *unz ze den volleclichen zîten* bis die Zeit erfüllt ist; *mit volleclichen ougen schouwen* +A voll ins Gesicht blicken.
vollede,völlede,vüllede stF Fülle, Menge.
vol-leist stMF Hilfe, Beistand; Fülle; Kraft; Vollendung; Erfüllung; Grund, Ursache.
vol-leistec Adj. gegründet.
vol-,vollen-leisten swV A erwirken; gewähren; vollenden.
vol-,vollen-leiten swV A ertragen, auf sich nehmen.
volle-muntlîchen [s.] *fullemuntlîchen.*
vollen¹ swV abs./D sich füllen.
vollen² swV [s.] *vüllen.*
vollen(-) [s.] *vol(-).*

vollenc-lich,-lîche(n) [s.]
volleclich.
vollene stF Fülle.
vol-lesen stV [Va] A vollständig erfassen.
vol-lich Adj. vollkommen.
vol-lîche Adv. mit voller Kraft.
völlic-heit stF Vollkommenheit; Fülle.
vol-liehte Adv. in vollem Glanz.
vol-loben swV A angemessen preisen, genügend rühmen.
vol-lônen swV D+G reich belohnen für.
vol-,volle-machen swV A vollenden.
vol-mæne stN Vollmond.
vol-mehtic Adj. fähig.
vol-mehticheit stF Vermögen.
vol-mezzen[1] stV [Va] A ausschöpfen; Part.Adj. [s.] *volmezzen*[2].
vol-mezzen[2] Part.Adj. unabwendbar.
vol-müete Adj. standesbewusst.
vol-müetic Adj. sehnsuchtsvoll.
vol-mügen anV G vollbringen.
vol-pern,-*bern stV [IIIb] A vollständig auf die Welt bringen.
vol-pilden,-*bilden swV A angemessen wiedergeben.
vol-pringen [s.] *volbringen.*
vol-prîsen swV A angemessen preisen.
vol-,volle-prüeven swV A ermessen.
vol-ract [s.] *volrecken.*
vol-rechen stV [IVa] A vollständig rächen.
vol-recken[1]**,vollen-recken** swV [Part.Prät. auch

volract] abs. zum Ziel kommen, seinen Zweck erreichen; A ausführen, vollziehen, vollbringen.
vol-recken[2] swV A erklären; wiedergeben; erfassen.
vol-,volle-reden swV A aussprechen, sagen.
vol-reichen swV A erreichen.
vol-,vollen-rihten swV A (gerichtlich) zu Ende führen.
vol-ringen stV [IIIa] pD *nâch* streben nach.
vol-rîten stV [Ia] abs. hinreiten; sich durchsetzen; A zu Ende reiten; zum Ziel bringen.
vol-,vollen-rucken swV abs. geschehen (lassen), eingesetzt/ vollzogen werden.
vol-sagen,volle(n)-gesagen swV A(+D) aussprechen, ausdrücken; aufzählen; vollständig wiedergeben, zu Ende erzählen.
vol-schrîben,volle(n)-schrîben stV [Ia] A angemessen wiedergeben/ beschreiben; beenden.
vol-,volle-sehen stV [Va] A in voller Pracht sehen.
vol-seinen,-*segenen swV A segnen.
vol-singen,volle-gesingen stV [IIIa] abs. die Messe lesen; A zu Ende singen, angemessen besingen; *volsungen haben* ausgesungen haben.
vol-sitzen stV [Vb] abs. das Sitzen beenden.
vol-slagen stV [VIa] A genug schlagen.
vol-spehen swV A erkunden.
vol-,volle(n)-sprechen stV [IVa] A aussprechen, ausdrücken, beschreiben;

beenden, vollenden.
vol-stân,volle-stên anV abs./ pD *an,in* / *unze* +pA *an* durchhalten/ ausharren/ festhalten (an/ bis zu/ in); D+ pD *ze* beistehen in.
vol-stætigen swV A beweisen.
vol-stecken swV [Part.Prät. auch *volgestact*] A (an-) füllen.
vol-stên [s.] *volstân.*
vol-,vollen-streben swV abs. Erfolg haben.
vol-süezen swV A versüßen.
vol-,vollen-suochen swV A finden.
vol-tagedingen swV A schlichten.
vol-tihten swV A(+D) vollenden/ dichten (für).
vol-,vollen-treten stV [Va] abs. ausharren; gehorchen; pD *an* beharren auf, bleiben bei; sich erfüllen in.
vol-,vollen-trîben stV [Ia] A ausführen; beenden.
vol-trûwen swV D vertrauen.
vol-tuon,volle(n)-tûn anV A vollenden, durchführen; *daz kriuze v.* das Kreuzzeichen schlagen.
vol-,volle(n)-varn stV [VIa] abs./Adv./pD *an* weitergehen; vollzogen/ ausgeführt werden, erfolgen; vorgehen, handeln; zum Ziel kommen; sich durchsetzen/ Erfolg haben (mit); D Genüge tun; G/A einhalten, vollenden, durchführen.
vol-vehten stV [IVa] pD *nâch* streben nach.
vol-vüeren,volle(n)-vüeren swV [Prät. *volvuort-*] A(+D) erfüllen, ausführen, durchführen; durchsetzen; einsetzen.

vol-wahsen stV [VIa, Part. Prät. auch *volwassen*] abs. erwachsen werden; pDze, gegen heranwachsen zu.

vol-wandern swV   pDan sich bewähren an.

vol-warten swVA genau beobachten.

vol-wassen [s.] *volwahsen.*

vol-weben stV [Va] A fertig weben.

vol-wîhen swV A segnen.

vol-wizzen anV A genau wissen.

vol-,volle-wurken   swV [Prät. *volworht-*] A vollenden.

vol-,volle-zeln swV [Prät. *volzalt-*] A beschreiben, aufzählen; wiedergeben.

vol-,vollen-zern swV abs. darben.

vol-,volle-ziehen stV [IIb] G/D/A ausführen, erfüllen; genügen, befriedigen.

vol-zieren swV A ausschmücken; angemessen preisen/ beschreiben.

vomit stN Erbrechen.

von¹,vone,van Adv. [meist *dâ/ dô/ dar/ der/ hie v.*] davon (weg), daraus, dadurch, danach, darüber; darum, deshalb; weshalb; wodurch, wovon [auch *wâ v.*].

von²,vone,van(e) Präp.+D [auch nachgest.] von; aus, durch, fern (von), in, mit, nach, über, vor, wegen; von ... an/ auf/ her (-ab)/ weg; seit; *waz v. ... was für ... ;v. dan/ danne(n)/ hinnen* von hier, (von) daher; (hin-) weg; *v. wanne(n)* von wo (-her); *v. (ein)ander* auseinander; *v. dem* [auch] dadurch; *v. diu/ dû* deshalb; *v. êrst(e)* zum ersten Mal, zuerst;

sofort; erst richtig; *v. wegen* +G wegen.

vonf-zec/ic [s.] *vünfzec.*

von-kêr stF Abkehr, Abwendung.

von-kêren stN Abwendung.

fontâne,fonteine,fontenîe,funtâne stswF Quelle; *durch f.* um Quellwasser zu trinken.

von-trîben stN Wegtreiben.

von-zec/ic [s.] *vünfzec.*

von-zuc stM Abschied.

vor¹,vore,vur(e)   Adv. [auch *dâ/ hie/ hin v.*] (nach) vorn, vorwärts, voraus; vorher, früher, im Voraus; *dâ/ der/ hie v.* [auch] davor; *her v.* heraus.

vor²,vore,vur(e) Präp.+D/ A/G [auch nachgest.] vor; aus, gegen (-über), seit, trotz, von, wegen; *v. des* vorher, früher.

vor³ Adv. [s.] *vür* [1].

vor⁴ Präp. [s.] *vür* [2].

vor⁵ stswF [s.] *vrouwe.*

vôr [s.] *viur.*

vor- [s. auch] *ver-; vür-.*

vor-an Adv. vorher.

vor-bedâht- [s.] *vorbedenken.*

vor-bedæhte stF Vorausschau.

vor-bedæhtic Adj. vorausschauend.

vor-bedæhtikeit stF Vorsehung.

vor-bedecken swV G/A+D vorenthalten.

vor-bedenken swV [Prät. *vorbedâht-*] A vorausplanen, vorausbedenken; berücksichtigen.

vor-begân anV *ein bilde v.* +D ein Beispiel geben.

vor-,vür-behalten   stV [VIIa] G/A+D vorenthalten; ersparen; versperren.

vor-belîben stV [Ia] D vorenthalten werden.

vor-benant Part.Adj. (früher) erwähnt.

vor-besehen,-besên,-bisehen stV [Va] A voraussehen; bestimmen.

vor-besiht stF Vorherbestimmung, Vorsehung.

vor-besihtec/ic Adj. vorsichtig, vorausschauend.

vor-besihtec/ic-heit   stF Vorsehung.

vor-besliezen stV [IIb] A+D versperren.

vor-besperren swV [Part. Prät. *vorbespart*] A(+D) versperren; vorenthalten.

vor-bestân anV D standhalten.

vor-betrahten stN Vorausschau.

vor-bezeichenen swV A vorherbestimmen.

vor-bilde stN Vorbild.

vor-bisehen [s.] *vorbesehen.*

vor-borge [s.] *vorburge.*

vor-,vur-bote swM Vorbote.

vor-brâht- [s.] *vorbringen.*

vor-brechen stV [IVa] abs. sich verbreiten; hindurchdringen.

vor-bringen,vur(e)-brengen stswV [IIIa, Prät. *vorbrâht-*] A/Nsw aussprechen; ausführen, beenden.

vor-burc stF Vorburg, -hof.

vor-burge,ver-,vur-bürge,-borge stN Vorburg; Vorhof.

vor-dâhtekeit stF Fürsorge.

vorch [s.] *vurch.*

vorch- [s.] *vorht-.*

vorcht [s.] *vorhte* [2].

vorder,voder Adj. (der/ die/ das) vordere/ erste/ obere; früher, vergangen, vorig,

vorausgegangen; vornehm, ausgezeichnet, ansehnlich; *vorderiu hant* rechte Hand; *diu vorder urkunde* Altes Testament.
vorder(-) [s. auch] *vürder(-)*.
vorderen [s.] *vordern* [2].
vorderest/ist [s.] *vorderst(e)* .
vorder-lich Adj. herausragend, vornehm, besondere (-r/ -s).
vordern[1]**,vodern** swVA/Ns (+pD*an,von,ze* /p A*an,in, vür*) (+D) fordern (für/ von); einfordern (bei), verlangen (von); auffordern/ herausfordern (zu); kommen lassen/ vorladen (in/ vor/ zu); abberufen (von); anrufen.
vordern[2]**,vorderen,vodern,vodren** swM[Pl.] Vorfahren, Eltern; Vorgänger.
vorderst(e),vorderest/ ist/ôst,vurdrist Adv. [Superl. von *vorder*] [auch *ze v.*] vor allem, besonders; (ganz) vorn, an der Spitze, zuerst.
vorderunge stF Forderung, Anspruch; Anforderung.
vor-des Adv. früher, vorher.
vore(-) [s.] *vor(-)*.
vore- [s. auch] *vür-*.
fôreht [s.] *fôrest*.
fôrehtier stM Förster, Waldbesitzer.
fôreis(t) [s.] *fôrest*.
vôren [s.] *vüeren* [1].
vor-enthalten stV [VIIa] A+ D vorenthalten.
vor-entrinnen stV [IIIa] D sich retten vor.
vor-enziln swV A+D vorherbestimmen.
vor-êre stF Wahlrecht.
vor-erschînen stV [Ia] D erscheinen; auftauchen vor.

vor-erstân,-erstên anV D auferstehen als Vorbild für.
fôrest,fôreht,fôreis(t) stN Wald, Forst.
vor-gâbe stF Vergünstigung; Zusicherung.
vor-gân,-gên,-gôn anV abs./D vorgehen, voran-, vorausgehen; vortreten; Vorrang haben; vorbeigehen; G+D entgehen; G+pD*mit* unternehmen mit; Part.Adj. [s.] *vorgegangen.*
vor-ganc stM Vorbeigehen.
vor-ge- [s. auch] *vor-*.
vor-gebâren swV A+D vorspiegeln.
vor-gebieten stV [IIb] A+ Adv. vorschreiben.
vor-gebildet Part.Adj. vorbildlich.
vor-gegangen Part.Adj. früher.
vor-gehalten stV [VIIa] D standhalten; sich entziehen.
vor-gehân [s.] *vorhaben.*
vor-gekiuen swV A+D vorkauen.
vor-gemezzen stV [Va] A+D vortragen.
vor-gên [s.] *vorgân.*
vor-genant[1] Part.Adj. vorgenannt.
vor-genant[2] [s.]*vornennen.*
vor-genesen stV [Va] D bestehen gegen.
vor-genger stM Vorgänger.
vor-geordent Part.Adj. vorherbestimmt.
vor-gesastekeit stF Abgeklärtheit.
vor-geschriben Part.Adj. vorgenannt, vorausgehend.
vor-gesitzen stV [Vb] D standhalten.
vor-gesprengen swV D vorangehen.
vor-gesprochen Part.Adj. vorgenannt.

vor-gewerfen stV [IIIb] A+ D vorwerfen.
vor-gewürket Part.Adj. vorherbestimmt.
vor-gezalt Part.Adj. vorgenannt.
vor-gôn [s.] *vorgân.*
vor-grabe swM Festungsgraben.
vor-grîfen stV [Ia] abs. voraussehen; A verhindern.
vor-haben,-hân,-gehaben,-gehân swV D standhalten; A vor sich haben; A+D vorenthalten; behaupten gegen; A+D+G vorziehen in Bezug auf.
vor-handen Adv. bevorstehend.
vorhe[1] stswF Forelle.
vorhe[2] swF Föhre, Kiefer.
vörhe Adj. *vörhez holz* Föhren-, Kiefernholz.
vor-helle stF Vorhölle.
vor-himelrîch stN Vorhimmel.
vor-hin Adv. vorher; voraus.
vörhîn Adj. *v. holz* Föhren-, Kiefernholz.
vor-hof stM Vorhof.
vor-houbet,-houpt stN Stirn.
vorht [s.] *vorhte* [2].
vorhte[1] Adj. furchtsam.
vorhte[2]**,vorht,vor(i)cht, vort(e),vohte,vroht** stF Furcht, Angst, Schrecken; Sorge; Ehrfurcht.
vorhte- [s.] *vorht-*.
vorhtec/ic,vörhtic Adj. furchtsam.
vorhtec/ic-lich Adj., **-lîche** Adv. furchtsam, angstvoll; furchtbar, Furcht erregend.
vorhten,vörhten [s.] *vürhten.*
vorhtigære stM Ehrfurcht Gebietender.
vorht-lich,vorhte-,vort-,

438

vorch-lich Adj., **-lîche(n)** Adv. furchtbar, entsetzlich, gefürchtet, drohend; furchtsam, angstvoll; ergeben.

vorht-sam,vorhte-,vort-, vorch-sam Adj./Adv. gefürchtet, furchtbar, Furcht erregend; ängstlich, besorgt.

vorht-samkeit stF Gottesfurcht.

voricht [s.] *vorhte* [2].

vor-îlen swV abs. vorauseilen.

vor-,vür-kempfe swM Vorkämpfer.

vor-,vore-kunden swV A ankündigen.

vor-lân [s.] *vorlâzen*.

vor-lanc,-lang(e)st Adv. früher, vor langer Zeit.

vor-lâzen,-lân stV [VIIb] A höher stellen; A+D zugestehen.

vor-legen swV A/Nsw +D vortragen; vorschreiben; A+pA*an* wenden an.

vor-lesen,-gelesen stV [Va] A/pD*von* (+D) vorlesen, vortragen; vorhalten.

vor-lôf(-) [s.] *vorlouf(-)*.

vor-lop stN früheres Lob.

vor-loube swF Vorhalle.

vor-louf,-lôf stM Vorspiel; Muster.

vor-loufe swM Jagd-, Spürhund.

vor-loufen stV [VIIe] D vorauslaufen; Part.Adj. [s.] *vorloufende*.

vor-loufende Part.Adj. vorhergehend, vorgenannt.

vor-loufer,-lôfer stM Vorläufer, Vorgänger.

vor-,vur-louft stM Jagd-, Spürhund.

vor-lûhten,-*liuhten swV D voranleuchten.

vor-machen swV A+D besser machen als.

vor-maht stF Streitmacht.

vor-mâl(e)s,-môl(e)s Adv. früher.

forme,furm stswF Form; Gestalt, Aussehen; Muster, Vorbild; Art.

forme-,förm(e)-lich Adj., **-lîche** Adv. geformt, formhaft; formend.

forme-,form(en)-lôs Adj. form-, gestaltlos, losgelöst von jeder Form.

forme-lôsec/ic-lich Adj., **-lîche** Adv. losgelöst von jeder Form.

formen swV A(+pD*mit*/Adv.) formen/ gestalten (mit); A+pA*in* einbeziehen in.

formen-lôs [s.] *formelôs*.

forme-schaft stF Gestalt, Aussehen.

vormic [s.] *vrümec*.

formieren,furmieren swV A(+pD*ze*/Adv.) formen/ bilden (zu); A+pD*mit* verzieren mit; A+pA*an* legen an; A+pA*in* stellen in.

förm-lich [s.] *formelich*.

form-lôs [s.] *formelôs*.

vor-môl(e)s [s.] *vormâl(e)s*.

vor-munde,-münde [s.] *vormunt*.

formunge stF Gestalt.

vor-munt,vür-munde, -münde stswM Vormund; (Für-) Sprecher; Beistand; Verwalter.

vor-muntschaft stF Vormundschaft.

vor-mûre swF Schutzwall.

vorn [s.] *vorne*.

vorn-an Adv. vorn.

vorne,vorn(en) Adv. (von) vorn, an der Spitze, oben; *dâ/ dort v.* [auch] davor, vorher.

vornen [s.] *vorne*.

vor-nennen,-genennen

swV [Part.Prät. *vorgenant*] D erwähnen vor; A+D vorsetzen; Part.Adj. [s.] *vorgenant* [1].

vor-nunftende Part.Adj. geistig.

vor-pfaffe swM Erzpriester.

vor-quemen [s.] *vürkomen*.

vor-rant- [s.] *vorrennen*.

vor-rât stM Vorsehung.

vor-rede stF Einleitung, Vorwort; Vortrag; Beratung.

vor-reden swV A+D einreden.

vor-redenære stM Wortführer.

vor-regel stF Grundregel.

vor-reise stF Vorhut; Wegbereiter.

vor-rennen swV [Prät. *vorrant-*] abs./pD*ûz* vorauseilen (aus); D+pD*an* zuvorkommen bei.

vor-rîten stV [Ia] abs./D vorausreiten.

vor-rîter stM Vorhut.

vor-ruomen swV A+G im Voraus rühmen.

vor-sage swM Prophet.

vor-sagen,vore-gesagen swV A/Ns(*daz*)(+D) vorhersagen, prophezeien; verkünden; vortragen; erwähnen; vorschreiben.

vorschære/er stM Forscher.

vorsche stF Nachforschung.

vorschen,vorsen swV abs./ G/ A/ Ns*ob*, w/ pD*nâch*/ pA *umbe* forschen/ fragen/ suchen (nach).

vor-schilt stM Schutzschild.

vor-schînen stV [Ia] D+Adj. vorkommen, erscheinen; Part.Adj. [s.] *vorschînende*.

vor-schînende Part.Adj. leuchtend.

vor-schrîben stV [Ia] A+D vorhersagen; vorlegen; Part. Adj. [s.] *vorgeschriben*.

vorschunge stF Forschung.
vorsen [s.] *vorschen.*
vor-senger stM Vorsänger.
vor-sîn,-gesîn anV G
schützen vor; D vorangehen,
führen; beschützen; vorstehen, überlegen/ vorgesetzt
sein.
vor-,vore-singen stV [IIIa]
A+D vorsingen.
vor-sparn swV A aufsparen.
vor-,vür-spil stN Schau-
spiel, Vorspiel.
vor-,vur-spiln swV abs./D
vor Augen stehen; A+D zu-
kommen lassen; vorspie-
geln.
**vor-sprechen,-gespre-
chen** stV [IVa] A(+D) vor-
sprechen, vortragen, predigen; ankündigen, vorhersagen; vorschlagen, verlangen;
Part.Adj. [s.]*vorgesprochen.*
vor-springen stV [IIIa] D
vorauseilen; A vortanzen.
vor-springer stM Vortänzer.
forst stM Forst, Wald.
vorst[1] stM [s.] *virst.*
vorst[2] swM [s.] *vürste.*
vor-stân[1]**,-stên,-gestân**
anV D bevorstehen; stand-
halten, widerstehen; sich
entgegensetzen; beistehen.
vor-stân[2] anV [s. auch] *vür-
stân.*
vor-stapfen swV D vorausreiten.
forstære/er stM Förster.
vor-stat stF Vorstadt; Vor-
platz.
vorste [s.] *vürste.*
vor-stên anV [s.] *vorstân;
vürstân.*
forst-meister stM Forst-
meister.
vor-strît stM Kampferöff-
nung; Angriff; Vorgeplän-
kel.
vor-strîten stV [Ia] abs. den

Kampf eröffnen; D Vor-
kämpfer sein für; den Kampf
anführen bei.
vor-strouwære stM Wegbereiter.
vort[1] Adv. vorwärts, vor; weiter; fortan, künftig [auch
hinne(n) v.].
vort[2] stM [s.] *vurt.*
vort[3] stF [s.] *vorhte* [2].
vort- [s.] *vorht-.*
vor-tanzen swV D vortanzen.
vor-,vore-tanzer stM Vortänzer.
vorte [s.] *vorhte* [2].
vor-teil stM Vorteil, Nutzen.
vor-teilen swV A+D auferlegen, zuteilen; *ein spil v.* +D
vor die Wahl stellen.
vor-teiles Adv. im Voraus.
vorten [s.] *vürhten.*
vor-,vore-tihten swV A+D
eingeben.
vort-mêre,-mê,-mêr Adv.
künftig.
forton stM [Seesturm].
vor-treten stV [Va] A+D
bahnen.
vort-sprechen stV [IVa] A+
D fortsetzen.
vor-,vur(e)-tuon,-tôn
anV A(+D) vormachen; vor-
legen, geben.
vor-ûz Adv. vorn, voran, vor
allen andern; weithin; im
Voraus.
vor-vallen,-gevallen stV
[VIIa] D sich zeigen; zufallen; verfallen.
vor-var(e) swM Vorfahr;
Vorgänger.
vor-varer stM Verfechter.
**vor-varn,vür-,vur-,vure-
gevarn** stV [VIa] abs./
D/Adv. vorbeigehen, vor-
übergehen; vorgehen, vor-
angehen; A vorbeigehen an,
vermeiden.

**vor-vehtâre,vur-,ver-
vehtære/er** stM Vorkämp-
fer, Verfechter; Verteidiger.
vor-vehte swM Vorkämpfer.
vor-vehten stV [IVa] abs./D
das Heer anführen; den Angriff beginnen.
vor-verbergen stV [IIIb] A+
A verheimlichen.
vor-verheln stV [IVa] A+A
verheimlichen.
vor-verliegen stV [IIa] A+D
verleugnen vor.
vor-versperren swV [Part.
Prät. *vorverspart*] A+D verschließen vor.
vor-versteln stV [IVa] A+D
verheimlichen.
vor-versuochen stN Kost-
probe.
vor-,vür-vliegen stV [IIa]
abs./D hervorfliegen; vor-
ausfliegen.
vor-vlieger stM Anführer.
vor-vliegerinne stF Anführerin.
vor-vlüge stF *ze v.* an der
Spitze.
vor-vluht stF Flucht.
vor-vluhtec Adj./Adv. fliehend; fluchtartig.
vor-vorhte stF Furcht; Vorahnung.
vor-wæge Adj. unsicher.
vor-werc stN Vorwerk,
Landgut.
vor-werken swV pDze umgehen mit; A verdienen.
vor-wesen stV [Va] D beistehen.
vor-wîchen stV [Ia] abs./D
ausweichen.
vor-wîsen swV *den reien v.*
den Tanz anführen.
vor-wîssagen swV A+D
vorankündigen.
**vor-witzekeit,ver-wiz-
zecheit** stF Neugier, Vor-
witz.

vor-zaln [s.] *vorzeln.*

vor-zeichen stN Vorzeichen; Vorbild.

vor-zeichenen swV A+D verkünden.

vor-zeigen swV *guotiu bilde v.* +pD *ze* ein Beispiel geben für.

vor-zeln,vür-zaln,-zellen,-gezelen swV A+D erzählen, vortragen, beschreiben; Part.Adj. [s.] *vorgezalt.*

vorzen swV A wegblasen.

vor-ziehen,vür-,vure-geziehen stV [IIb] abs. fortfahren; weiterziehen; A herausholen; A+Inf.*ze* antreiben zu; *daz helmel v.* +D den Kürzeren ziehen lassen; *den venden v.* +D den ersten Schachzug tun gegen.

vor-ziln swV A+D zuteilen, vorlegen.

vor-,vür-zücken swV A vorziehen; A+D vorhalten.

vös-,*vese-loht Adv. zierlich.

fossiure stswF Grotte.

vôt [s.] *vuoz.*

vôter [s.] *vuoter.*

fotze-brem swM Schmeißfliege.

vougt [s.] *voget.*

vôz(-) [s.] *vuoz(-).*

vræde [s.] *vröude.*

vrâge stF Frage; Bitte, Forderung; Nachforschung, Suche; *die v. gewinnen* eine Antwort bekommen, den Weg finden.

vrâgen,vrêgen,vrôgen swV G/A/Ns(*ob,w*)/pD*an, nâch,von* / pA*umbe* (+A/D) (be-) fragen/ sich erkundigen (nach); erfragen (von); suchen (nach); bitten (um).

vrâger stM Fragensteller.

vrâg-wîse swF Frageform.

vram Adv. weit; hinab.

vram-bâr Adj. herrlich.

vram-bâre stF Herrlichkeit.

vram-kepfe,-*kempfe swM Vorkämpfer.

vram-spuot [s.] *franspuot* [1].

franc Adj. munter.

Vranc-rîche,Vranken-, Frank(e)-rîche stN Frankreich.

Vranke,Franke swM Franke.

Vranken,Franken stN Franken.

Vranken-,Franke-rîche [s.] *Vrancrîche.*

frans-müetikeit [s.] *fransmuot(e)keit.*

frans-muote stF Übermut.

frans-muot(e)keit,-müeti-keit stF Glück; Ruhe.

fran-spuot[1] Adj. glücklich.

fran-spuot[2]**,frans-,vram-spuot** stF Erfolg; Glück.

Franze stF Frankreich; französische Sprache.

Franzeis [s.] *Franzois.*

franzen swV A mit Fransen besetzen, nach französischer Mode zuschneiden.

franzois,franzoys,fran-zoisch Adj. französisch.

Franzois,Franzoys/eis, Franzôs stM Franzose.

Franzoysinne stF Französin.

vras-,*vrast-munt stF Mut.

vrat[1] Adj. wund.

vrat[2] stN Verstand.

frater-schelle swM [Sektenmitglied].

vrave-lich,-lîche(n) [s.] *vrevellich.*

vravel-heit [s.] *vrevelheit.*

vrâwe(-) [s.] *vrouwe(-).*

vræwe- [s.] *vröuwe-.*

vrâz,wrâz stM Vielfraß, Prasser; Gefräßigkeit, Völlerei; Essen.

vrâz-heit stF Gefräßigkeit; Völlerei.

vræzic Adj. gefräßig.

vræzic-,vrâzic-heit stF Gefräßigkeit.

vræzin(ne) stF Vielfraß, Prasserin.

vrâz-lîche Adv. gierig.

vrebe-lich,-lîche(n) [s.] *vrevellich.*

vrech,freck Adj. mutig, kühn; stark; unbekümmert, lebhaft, übermütig; heftig, dreist, verwegen.

vreche[1] Adv. mutig, kühn; heftig, kräftig.

vreche[2] stF Heftigkeit; Dreistigkeit; Macht.

vrecheit stF Kühnheit; Stärke.

vrech-lich Adj., **-lîche(n)** Adv. mutig, tapfer, kühn.

freck [s.] *vrech.*

vrede-lîche(n) [s.] *vridelîche(n).*

vrêgen [s.] *vrâgen.*

vreide[1] stF Gefahr; Gewalt.

vreide[2] stswM [s.] *vride.*

vreide[3] stswF [s.] *vröude.*

vreidec/ic Adj. wild, hart; grimmig, schlimm; kühn.

vreidec/ic-heit,vreide-, vreid(i)-keit stF Übermut; Grausamkeit.

vreidec/ic-lîche(n) Adv. übermütig; heftig.

vreide-keit [s.] *vreidecheit.*

vreiden-rîch[1] Adj. gefährlich.

vreiden-rîch[2] Adj. [s.]*vröudenrîch.*

vreidigen swV refl.+D fliehen vor.

vreid(i)-keit [s.] *vreidecheit.*

vreinkisch [s.] *vrenkisch.*

vreisam [s.] *vreissam.*

vreischen,ver-,vir-eischen,vrêschen,vreizen stV [VIIc, Prät. auch sw] A / G/Ns*daz,w* erfahren; hören, vernehmen; (heraus-) finden; kennen lernen, kennen.

vreise¹ Adj. schrecklich, grausam.

vreise² stswFswM Gefahr; Not, Bedrängnis; Verderben; Unfall; Grausamkeit; Ungestüm; Angst, Schrecken; Zorn, Grimm, Wut.

vreis-,vrês-lich Adj., **-lîche(n)** Adv. wild, gefährlich; stark, heftig; grausam, grimmig; Furcht erregend; schrecklich, furchtbar.

vreis-,vrês-sam,vreisam Adj./Adv. gefährlich; heftig, wild; grausam, grimmig; Furcht erregend; schlimm, schrecklich, furchtbar.

vreissam-lîche Adv. grausam.

vreizen [s.] *vreischen.*

vremde¹,vremede,vromde,vröm(e)de Adj. fremd; fern, entfernt, unerreichbar; unbekannt, unkundig; wunderbar; selten, fremdartig; seltsam, merkwürdig; zurückhaltend.

vremde²,vremede,vrömde stF Fremde; Fremdheit; Ferne; Trennung; Entfremdung; Unbekanntheit; Zurückhaltung.

vremde²,vremede,vrömde swM Fremder; Gast.

vremdec/ic-heit,vremdi-,vrömd-keit stF Fernsein; Entfremdung.

vremdec-,vremedec-lich Adj. fremdartig.

vremdec/ic-,vrömdec-lîche Adv. sonderbar; abweisend.

vremden,vreme(n)den, vromden,vröm(e)den swV D fernbleiben, sich fernhalten von; A meiden; A+D/ pDvon /Adv.lok. fernhalten,

entziehen, entfernen von.

vremdigunge stF Verwirrung.

vremdi-keit [s.] *vremdecheit.*

vremd-,vrömd-liehter stM Licht, das nicht aus eigener Kraft leuchtet [Mond].

vremede(-) [s.] *vremde(-).*

vremedunge,vrömedunge stF Unbekanntheit; Ferne.

vremenden [s.] *vremden.*

vrenkisch,vreinkisch, vrensch Adj. fränkisch.

vrês- [s.] *vreis-.*

vrêschen [s.] *vreischen.*

vrêt stN Wasser, Meer.

vrete stF Wunde.

vretten swV A quälen.

vretzen [s.] *veretzen.*

vreude [s.] *vröude.*

vreun,vreuwen [s.] *vröuwen.*

vrevel¹ Adj. mutig, kühn, tapfer, unerschrocken; gewaltig; übermütig; trotzig; wild.

vrevel² stMF Mut, Kühnheit, Unerschrockenheit; Übermut; Hochmut; Gewalt (-tätigkeit); Frechheit, Bosheit; Vergehen; Buße.

vreveler stM Frevler.

vrevel-heit,vravel-keit stF Kühnheit, Tapferkeit; Übermut.

vrevel-lich,vreven-,vrebe-,vrave-lich Adj., **-lîche(n)** Adv. mutig, tapfer, unerschrocken; mutwillig, vermessen, übermütig, gewaltig; gewaltsam, grausam, frevelhaft; unverschämt, rücksichtslos.

vreveln swV abs. Unrecht tun; pDan / A sich vergreifen/ vergehen an.

vreven-lich,-lîche(n) [s.] *vrevellich.*

vrêwe- [s.] *vrô ¹.*

vrêwen [s.] *vröuwen.*

vrezzen,ver-ezzen stV[Va] refl.+G sich abquälen mit; A fressen, verschlingen.

vrezzer stM Fresser, Prasser.

vrezzerîe stF Fresserei, Prasserei.

vrî Adj. [flekt. auch *vrîge-, vrîje-*] frei; befreit; unbeschränkt, ungehindert; frei geboren [nicht leibeigen]; freimütig; freiwillig; freigebig; unberührt, sicher; beraubt; unbeachtet; verlassen; *v.* +G [auch] ohne.

vrîat stF Freiheit.

vrid- [s.] *vride-.*

vride,vreide,wride stswM Frieden; Waffenstillstand; Schutz; Sicherheit; Geleit; Zusicherung; Schonung; Ruhe; *mit vriden* in friedlicher Absicht, in Frieden.

vride-banier stN Friedensfahne.

vride-bære Adj. friedliebend.

vride-bræche Adj. *v. sîn* den Frieden brechen.

vride-bræchel stM Friedensbrecher.

vride-breche swM Friedensbrecher.

vride-,vriden-brecher stM Friedensbrecher.

vride-huot stM Schutzkorb (über dem Schwertgriff).

vrîdel [s.] *vriedel.*

vride-leben stN Leben in Frieden.

vride-,vrid-lich Adj. friedlich, friedfertig, friedliebend; *vrideliche hende zeigen* +D friedliche Absicht zu erkennen geben.

vride-lîche(n),vrid-,vride-lîche(n) Adv. leicht, ruhig, sicher; in Frieden; in friedlicher Absicht.

vride-lôs Adj. geächtet.

vride-macherinne stF Friedensstifterin.

vride-man stM Friedensstifter.

vriden swV D+pA*wider* Frieden schaffen bei; A(+D)(+pD *vor*) schlichten, beilegen; befrieden, sichern; retten/ schützen (vor).

vriden-brecher [s.] *vridebrecher.*

vrider stM Retter.

vride-,vrid-sam Adj. friedlich, friedfertig; *der v. künec* Friedensfürst.

vride-samikeit stF Friedfertigkeit.

vride-schilt stM Schutzschild.

vride-,vrid-sprecherin stF Friedensstifterin.

vride-stat stF Asyl.

vride-vluhtestat stF Zufluchtsstätte, Asyl.

fridus,*vrid-ûz Interj. aus mit dem Frieden! [Drohung].

vrîe¹ stF (Liebes-) Werbung.

vrîe² swM Freier; Freiherr.

vriedel,vrîdel stM Liebster, Geliebter; Bräutigam.

vriedelin stF Braut.

vrîen¹,vrîjen swV A(+G/pD *von,vor*)(+D) befreien/ frei machen (von); retten/ schützen (vor); erlösen; heilen.

vrîen² swV refl. sich verbinden; A(+D) freien, werben um (für); umwerben; heiraten; lieben.

vrieren [s.] *vriesen.*

Friese swM Friese.

Friesen Subst. Friesland.

vriesen,vrieren stV [IIb] abs./unpers.+A frieren; Part. Adj. [s.] *gevrorn.*

vrîge- [s.] *vrî.*

vrî-heit stF Freiheit; Stand der Freien; Willkür; *bœsiu v.* Zügellosigkeit.

vrî-helse stF Freiheit.

vrî-herre swM Freiherr.

vrîje- [s.] *vrî(-).*

vri-lâzen,-lân [s.] *verlâzen*[1].

vrî-lich Adj., **-lîche(n)** Adv. frei; freimütig, unbefangen, unbekümmert; ungehindert, unbeschränkt; freiwillig; großzügig, freigebig.

vri-lôzen,-lôn [s.] *verlâzen*[1].

vrî-man stM freier [nicht leibeigener] Mann/ Knecht.

vrisch Adj./Adv. frisch, neu; munter; kräftig; wild.

vrische stF Stärke, Gesundheit; Erneuerung.

vrî-scheftic Adj. frei.

vrischen swV A(+D/pD *von*) erneuern; heilen; reinigen (von).

vrischinc stM Lamm; Tierjunges.

vrisch-lîche Adv. mutig; großzügig.

vrist stF Frist; Zeit, Zeitpunkt, Augenblick; Zeitraum; Aufschub; Rettung; Eile; *alliu v., in/ ze aller v.* immer; *in dirre v.* jetzt, gleich; *in kurzer v.* schnell, bald; *ze einer v.* einmal; *ze deheiner v., in keiner v.* nie; [auch expl., z.B. *lange v.* lange; *jâres v.* ein Jahr; *tages v.* ein Tag].

vristen swV A(+D)(+pD *von, vor* / p A *wider*) auf-, verschieben; auf-, hinhalten; hinauszögern; Aufschub geben; vorenthalten; abwehren; bewahren/ erhalten/ retten/ schützen (vor); *sîn brôt v.* seinen Lebensunterhalt verdienen.

vrist-mâl stN Zeitraum.

vristunge stF Aufschub.

vrî-tac stM Freitag, *guoter/*

stiller v. Karfreitag.

vrît-hof stM Kirchhof, Friedhof.

fritschâl stM [feiner Kleiderstoff].

vrî-tuom stM Freiheit.

vriude [s.] *vröude.*

vriunde-lôs [s.] *vriuntlôs.*

vriunden swV refl. sich anfreunden; A(+pD *ze* / p A *an*) zum Freund machen bei.

vriundes-kus stM Freundeskuss.

vriundes-schar stF Freunde.

vriundin(ne),vrôndin stF Freundin; Geliebte; Gemahlin; Konkubine.

vrî-unge stF Stand der Freien.

vriunt,vrûnt,vrîwent, vûrnt,vrônt,wrûnt stM Freund; Geliebter; Gemahl; Verwandter.

vriunt-,vrûnt-ber Adj. freundschaftlich.

vriunte-lich,-lîche(n) [s.] *vriuntlich.*

vriunt-holt Adj. freundlich, liebreich.

vriunt-lich,vrûnt-,vriunte-,vrîwent-lich Adj.,**-lîche(n)** Adv. freundlich, freundschaftlich; liebevoll, liebreich; großzügig; lieblich; verliebt.

vriunt-,vrûnt-licheit stF Freundlichkeit.

vriunt-,vriunde-lôs Adj. einsam, verlassen.

vriunt-schaft,vrûnt-,vrîwent-schaf(t) stF Freundschaft; Liebe; Liebesverhältnis.

vrîwent(-) [s.] *vriunt(-).*

vrî-wîp stN freie [nicht leibeigene] Magd.

vrô¹ Adj./Adv. [flekt. auch *vrôwe-,vrêwe-*] froh, fröhlich; glücklich; zufrieden.

vrô² Adv. [s.] *vruo.*

vrô³ stswF [s.] *vrouwe.*

vrœde(-) [s.] *vröude(n)(-).*

vrôgen [s.] *vrâgen.*

vroht [s.] *vorhte* ².

vroht-ber [s.] *vruhtbære.*

vroi-,vröi-,vrœi-[s.]*vröu-.*

vrœ-,vrô-lich Adj., **-lî-che(n)** Adv. froh, fröhlich; freudig, heiter; glücklich; erfreulich.

vrœ-lichkeit,-licheit stF Fröhlichkeit, Freude.

vrô-locken swV abs. jubeln.

vrom(-) [s.] *vrum(e)(-).*

vrömd-,vromd-[s.]*vremd-.*

vrömede(-) [s.] *vremde(-).*

vrömedunge [s.] *vremedunge.*

vromic(-) [s.] *vrümec(-).*

vrô-müetickeit stF Glück.

vrô-muot stM Frohsinn.

vrô-muote Adj. froh.

vrôn¹ Adj. heilig, göttlich; (gott-) geweiht; herrlich, herrschaftlich; *der hof v.* Herrenhof; *daz v. grap* ds Heilige Grab.

vrôn² stF [s.] *vrône.*

vrôn-altâre,-alter stM Hochaltar.

vrôn-,vrône-bære Adj. heilig; herrlich.

vrôn-,vrône-bote swM Bote des Herrn, Engel; Gerichtsbote.

vrôn-,vrônen-botschaft stF Botschaft des Herrn.

vrôndin [s.] *vriundin.*

vrône,vrôn stF Herrlichkeit; Fron-, Herrendienst.

vrône- [s.] *vrôn-.*

vrônen,vrœnen swV A beschlagnahmen; A+D geben.

vrônen- [s.] *vrôn-.*

vrôn-hof stM Herrenhof.

vrôn-,vrône-kôr stM Chor des Herrn.

vrôn-lîcham,-lîchnam

stswM Leib des Herrn, Hostie, Eucharistie.

vrôn-,vrônen-spîse stF Hostie, Abendmahl.

vrônt [s.] *vriunt.*

vrôn-tagewan stM Fronarbeit.

vrôn-,vrône-tür stF herrschaftliche Tür.

vrôn-vaste swF Quatemberfasttage [viermal jährlich].

vrœren,vrôren swV A gefrieren lassen.

vrô-sanc stM Jubel.

vrô-sangen stN Frohlocken.

vrosch stswM Frosch.

vrösch-rîche Adj. froschreich.

vrôs-licheit stF Kälte.

vrost,vrust stM Frost, Kälte.

vroste [s.] *vürste.*

vrostec/ic Adj. frierend; eisig.

vrost-lich Adj. eisig.

vrou [s.] *vrouwe.*

vröude,vroude,vreude, vrœ(i)de,vreide,vrœde, vriude,vröwede,vrôwe-de,vrouwede stswF Freude; Glück; Seligkeit.

vröude-,vroude- [s.] *vröuden-.*

vröuden-,vröude-arm Adj. freudlos.

vröuden-bære,vröude-, vrœiden-,vrœde-bære Adj. froh, fröhlich; blühend; erfreuend, erfreulich; erfreut; herrlich.

vröuden-bernde,vröude-, vroide-,vrœden-bernde Adj. froh, fröhlich, herrlich.

vröuden-bluome swM Freudenstrauß.

vröuden-danc stM freudiger Dank, Dankesfreude.

vröuden-,vröude-gernde Part.Adj. sehnsuchtsvoll.

vröuden-,vröude-haft Adj.

fröhlich, glücklich; erfreulich.

vröuden-,vröude-helfe stF *v. schîn tuon* +D zur Freude verhelfen.

vröuden-,vröude-helfe-lôs Adj. *vröudenhelfelôser man* Mann, dem niemand zur Freude verhilft.

vröuden-hort stM Freudenschatz.

vröuden-hûs stN Haus des Glücks.

vröuden-innekeit stF innige Freude.

vröuden-lant stN Land der Freude.

vröuden-lære Adj. freudlos, traurig.

vröuden-leben stN Leben in Freude.

vröuden-lêre stF Anleitung zur Freude.

vröuden-lôs,vröude-,vrô-wede-,vroide-lôs Adj. freudlos, traurig, trauernd.

vröuden-macher stM Freudenspender.

vröuden-macherinne stF Freudenspenderin.

vröuden-,vröude-mære stN Freudenbotschaft.

vröuden-muot,-müt stM Freude.

vröuden-pfliht stF Freudenfülle.

vröuden-rîch,vroude-, vröide(n)-,vrœde(n)-, vreiden-rîch Adj. freudenreich, freudvoll; fröhlich, freudig; herrlich; erfreulich, beglückend.

vröuden-rôt Adj. *v. werden* vor Freude erröten.

vröuden-,vröude-rote stF Freudenschar.

vröuden-schal stM Jubel.

vröuden-schilt stM Freudenschutz.

444

vröuden-schîn stM Freudenglanz.

vröuden-schouwe stF Augenweide.

vröuden-spil stN Zeitvertreib.

vröuden-,vröude-tac stM Freudentag.

vröuden-,vrœden-tanz stM Freudentanz.

vröuden-teil stMN Freude.

vröuden-var Adj. fröhlich.

vröuden-vlühtec Adj. die Freude meidend.

vröuden-,vrœde-vol Adj. beglückt.

vröuden-vunt stM Glücksfund.

vröuden-weinen stN Weinen vor Freude.

vröuden-,vröude-wende stF Freudenverlust.

vröuden-zaher,-zâr stF Freudenträne.

vröue-lî(n) [s.] *vrouwelîn*.

vrouen-,vröuen- [s.] *vrouwen-,vröuwen-*.

vrou-lich,-lîche(n) [s.] *vrouwelich*.

vröun,vroun [s.] *vröuwen*.

vrouwe,vrôwe,vrœwe, vrâwe,vrou stswF [vor Eigennamen auch *vrô, vor, ver*] Herrin, Dame, Edelfrau; Herrscherin, Gebieterin; Ehefrau, Gemahlin; Geliebte; Frau; *götlichiu v.* Nonne; *unseriu (liebe) v.* Jungfrau Maria.

vrouwede [s.] *vröude*.

vrouwe-lich,vrou(wen)-, vröuwe-,vrôwe(n)-, vrœw-lich Adj., **-lîche(n)** Adv. weiblich; damenhaft; *vrouwelichiu schar* Frauenschar.

vröuwe-lîn,vrouwe-, vrôwe-,vrœw-,vröue-, vræwe-lî(n) stN (Edel-)

Fräulein, junge Dame; Mädchen, Geliebte;(Tier-) Weibchen; *gemeinez v.* Hure.

vrouwen swV refl. zur Frau werden; A zur Frau/ Dame machen.

vröuwen,vrouwen,vrœwen,vræwen,vreuwen, vrêwen,vroun,vröun, vröi(e)n,vreun swV refl. (+G/Ns*daz* /p D*an,gegen,ze, von,vor* /p A*über,wider*) sich freuen (an/ auf/ aus/ über); A(+G/D/pD*an*) froh machen, erfreuen (mit).

vrouwen-,vrouen-bilde, -pilde stN Frau.

vrouwen-breckelîn stN Schoßhündchen.

vrouwen-dienest,vrôwen-dienest stM Minnedienst, Frauenverehrung.

vrouwen-,vrôwen-ermel stM Ärmel für ein Frauenkleid.

vrouwen-gereite stN Damensattel, -reitzeug.

vrouwen-geslehte stN Frauen.

vrouwen-,vrâwen-gespün stN Muttermilch.

vrouwen-gewant stN Frauengewand.

vrouwen-hant stF Frauenhand.

vrouwen-hâr stN Frauenhaar.

vrouwen-,vrâwen-kleinet,-*kleinôt stN Frauenschmuck.

vrouwen-,vrôwen-kleit stN Frauenkleid, -kleidung.

vrouwen-,vrôwen-klôster stN Nonnenkloster.

vrouwen-lich,-lîche(n) [s.] *vrouwelich*.

vröuwen-,vröuen-lîche Adv. freudig.

vrouwen-,vrâwen-lop stN

Frauenlob, Frauenpreis, Frauenpreislied.

vrouwen-,vrâwen-minner stM Frauenverehrer.

vrouwen-name swM Frau; Bezeichnung Frau.

vrouwen-pfert stN Damenreitpferd.

vrouwen-pilde [s.] *vrouwenbilde*.

vrouwen-,vrôwen-ritter stM Minneritter.

vrouwen-schar stF Frauen (-schar).

vrouwen-,vrouen-schenden stN Frauenschändung.

vrouwen-,vrouen-schender stM Frauenschänder.

vrouwen-spîse stF feine Speise.

vrouwen-,vrôwen-tanz stM Frauentanz; Freudentanz.

vrouwen-,vrôwen-vrî Adj. frauenlos.

vrouwen-,vrôwen-wîse stF Frauenart.

vrouwen-,vrâwen-zeichen stN weibliche Geschlechtsmerkmale.

vrouwîn Adj. weiblich; *v. schar* Frauen (-schar).

vrœw- [s.] *vrouwe(-)*.

vrôwe [s.] *vruo*.

vrôwe(-) [s.] *vrouwe(-)*.

vrôwe- [s. auch] *vrô*[1].

vrowede(-),vröwede [s.] *vröude(-)*.

vrœwen [s.] *vröuwen*.

vrôwen- [s.] *vrouwen-*.

vrû [s.] *vruo*.

vrüe [s.] *vrüeje*.

vrüede [s.] *vrüete*.

vrüeje,vrüe(ge) Adj./Adv. früh.

vrüejen swV refl. früh aufbrechen.

vrüete,vrüede stF Weisheit, Klugheit; Gedeihen, Pracht.

vrüetic [s.] *vruotic.*

vrûge [s.] *vruo.*

vruht,vruth stF Frucht; Fruchtbarkeit; Ertrag; Gedeihen; Nutzen; Reife; Nachkommen (-schaft); Spross; Leibesfrucht; Kind; Junges; Geschöpf, Wesen; Geschlecht, Herkunft.

vruht-bære,vroht-ber Adj. fruchtbar; Frucht tragend; reif; trächtig.

vruht-bærekeit,-berkeit stF Fruchtbarkeit.

vruhtber-lich Adj., **-lîche(n)** Adv. fruchtbar; Frucht bringend.

vruht-bernde Part.Adj. Frucht bringend.

vruht-bluome swF Blüte.

vruhtec/ic,vrühtic Adj. fruchtbar; Frucht tragend; ertragreich; schwanger; tüchtig.

vruhtec-lich Adj. fruchtbar.

vrühten swV A hervorbringen; befruchten.

vrühtigen swV A fruchtbar machen.

vrühti-keit stF Fruchtbarkeit.

vruht-lich Adj. fruchtbar.

vruht-lôs Adj. unfruchtbar, kahl.

vruht-sam Adj. fruchtbar; Frucht bringend.

vruht-tragerlîn stN Fruchtknoten.

vrum,vrom Adj. mutig, tapfer; tüchtig, erfolgreich; gut, edel; angesehen, bedeutend; wertvoll; ehrlich; tugendhaft; nützlich, nutzbar, brauchbar; hilfreich, behilflich.

vrume,vrum,vrom(e), vrun stswMstF Nutzen, Gewinn, Vorteil; Erfolg; Hilfe; Zweck.

vrümec/ic,vrumic,vromic, vormic Adj. tapfer, tüchtig;

mächtig; kräftig; gut, edel.

vrümec/ic-heit,vrume-, vrumec-,vromic-,vrüm-m(e)-,wrum-keit stF Tüchtigkeit, Tapferkeit; Ehrlichkeit, Rechtschaffenheit; Leistung, Verdienst; Güte; Ansehen, Ehre.

vrumec/ic-lich,vrümec-, vrümic-,vromec/ic-lich Adj., **-lîche(n)** Adv. tapfer, mutig, unerschrocken; ehrenhaft, ehrenvoll; gut.

vrümede stF Tüchtigkeit.

vrume-,vrüme-keit [s.] *vrümecheit.*

vrume-lich,vrum-,vrüme-,vrome-lich Adj., **-lîche** Adv. tapfer, mutig, unerschrocken; ehrenvoll; nützlich; großzügig.

vrumen,vromen swV abs. sich erfüllen; Adv./D/A(+pD *an,vor,ze* /p A *vür* /Adv.) nützen, helfen (gegen), beistehen; verhelfen/ gereichen (zu); zugute kommen; A/Ns *daz* (+D) ausführen; herbeiführen, erreichen, bewirken; schaffen, tun, vollbringen; anfertigen, hervorbringen; bestellen, stiften; veranlassen; begehen, verüben; A+D geben, verschaffen; bereiten; zufügen, beibringen, versetzen; verursachen; A(+D)+Adj. machen; A+Inf. bringen zu; A/ Ns *daz* +pD *von,ze* / p A *an, über,üf* /Adv.lok. bringen/ schaffen/ schicken aus/ in/ über/ (weg) von/ zu; aussenden von; führen gegen; erreichen bei/ von; [auch *expl.*, z.B. *erslagen v.* +A erschlagen; *tôt v.* +A töten].

vrüm-keit [s.] *vrümecheit.*

vrum-lich,-lîche [s.] *vrumelich.*

vrun [s.] *vrume.*

vrûnt(-) [s.] *vriunt(-).*

vruo,vrû(ge),vrô(we) Adv. früh; *v. sîn/ wesen* früh aufstehen/ aufbrechen/ stattfinden.

vruo-imbiz-zît stF Frühstückszeit.

vruo-messe stF Frühmesse.

vruo-messezît stF Frühmesse.

vruot Adj. weise, klug, verständig; gebildet; gut; tüchtig, tapfer; munter, froh.

vruotic,vrüetic Adj. klug; eifrig.

vrust [s.] *vrost.*

vruth [s.] *vruht.*

vûc [s.] *vuoc.*

vûch-stein [s.] *vuocstein.*

füdenol stM Venus-, Schamhügel.

vuder,vüder- [s.] *vürder(-).*

vude-slecke swM [Penis].

vüec-sam Adj. geschmeidig.

vüederic Adj. ein Fuder schwer.

vüegen,vûgen,vœgen swV [Prät. auch *vuoct-*] abs./Adv. (zusammen-) passen; (refl.+)D(+Adv./pD *ze*) / pD *ze* /p A *an* passen/ taugen (zu), sich eignen für; zukommen, gut tun; gefallen (als); refl.(+Adv./pD *von*) geschehen, sich ergeben/ ereignen; kommen (von); refl.(+pD *gegen,ze* /p A *an,in* /Adv.) sich verhalten (bei); sich schicken; sich anschließen/ anpassen (an); sich begeben/ zurückziehen (in/ zu); sich zusammenschließen (in); zusammenpassen (mit); A/Ns *daz* (+Adj./Adv.) fügen, walten; einrichten; erreichen, schaffen, machen; veranlassen; verursachen, bewirken; bestimmen; A/Ns *daz* +D verschaffen, einbringen; verleihen, gewähren, zuteil werden lassen; zufügen, tun; A+ pD*bî,ze* /p A*in* bestimmen zu, schaffen für; legen/ schmiegen/ ziehen an; *zesamen v.* +A zusammensetzen, zusammenschließen.

vüegerinne stF Schöpferin, Urheberin.

vüele, vûle stF Gefühl, Empfindung.

vüelen, vûlen, vœlen swV G/A/N sdaz,w fühlen, empfinden; bemerken.

vüelunge stF Gefühl, Empfindung.

vüeren[1]**, vûren, wüeren, vôren** swV [Prät. *vuort-*] A (+D) (+pD*an,gegen,in,mit,ûz, von,ze* / p A*an,durch,in,über, ûf, under, ûz, vür* / Adv.lok.) führen/ tragen/ bringen/ (ge-) leiten (auf/ aus/ durch/ in/ nach/ über/ unter/ vor/ zu); wegführen/ wegbringen/ wegschaffen (von); entführen; ziehen (unter); mitnehmen, mitbringen; haben (auf/ in); anhaben; gebrauchen; hervorbringen (aus); *veile v.* +A verkaufen; sich versorgen mit; opfern.

vüeren[2] swV [s.] *vuoren.*

vüerer stM Anführer.

vûer-sûl [s.] *viursûl.*

vüerunge [s.] *vuorunge.*

vüeteren [s.] *vuotern.*

vüez-linc stM Laus.

vûge [s.] *vuoge.*

vugel(-) [s.] *vogel(-).*

vügeln [s.] *vogeln.*

vûgen [s.] *vüegen.*

vuhs, vuohs, vôhs stM Fuchs.

vuhs-huot stM Hut aus Fuchspelz.

vühsîn Adj. *v. gewant* Fuchspelz; *v. vleisch* Fuchsfleisch.

vühs-lich Adj. listig wie ein Fuchs.

vuhs-pelz stM Fuchspelz.

vuhs-zagel stM Fuchsschwanz.

vûht(-) [s.] *viuht(-).*

vul, vül [s.] *vole.*

vul(-) [s.] *vol(-).*

vûl Adj. faul; morsch, verfault, stinkend; träge.

vûle stF [s.] *vüele; viule.*

vûlede stF Fäulnis.

vûlen[1] swV abs./D verfaulen, verrotten; eitern; umkommen.

vûlen[2] stN Fäulnis.

vûlen[3] swV [s.] *vüelen.*

vûl-heit, vûli-keit stF Fäulnis; Faulheit.

fulke swM Blässhuhn.

vülle(-) [s.] *volle(-).*

fullemunt [s.] *fundament.*

fulle-, volle-muntlîchen Adv. grundsätzlich, von Grund auf.

vullen(-) [s.] *vol(-).*

vüllen, vollen swV [Prät. auch *vullet-, vult-*] A(+D) (+G/pD*an,mit*) (aus-, er-) füllen (mit); sättigen.

vûl-lîchen Adv. träge.

vüllîn Adj. aus Fohlenleder.

fulment, vulmunt [s.] *fundament.*

vûl-nisse stF Fäulnis.

vult- [s.] *vüllen.*

vulter stN Unreinheit.

vûlunge stF Fäulnis.

vumf(-)**, vümf**(-) [s.] *vünf(-).*

vum-zec [s.] *vünfzec.*

fundament, fundamint, fullemunt, vulmunt, fulment stMN Fundament; Grund; Grundlage.

vunde-linc stM Findelkind.

vündeln, vundlen swV abs. forschen.

vündic Adj. erfinderisch; auffindbar.

fundieren swV pD*in* gründen in; A(+pD*in*) verankern (in).

vundlen [s.] *vündeln.*

vünf, vunf, vumf, vümf, vinf, viunf, wumf Kard. Zahl fünf.

vünf-lei, vunf-, vünfer-lei Adj. fünferlei.

vünf-stunt Adv. fünfmal.

vünfte, vümfte, vumfte, viunfte, vinfte Ord. Zahl fünfte (-r/ -s).

vünfte-halp, viunfte-, vunft-halp Adj. viereinhalb.

vünf-, vümf-teil stN Fünftel.

vunft-halp [s.] *vünftehalp.*

vünf-, viunf-tûsent Kard. Zahl fünftausend.

vünf-valdekeit [s.] *vünfvaltekeit.*

vunf-valt Adj. fünffach, fünfmal.

vünf-valt stM Fünffachheit.

vünf-valtec/ic Adj. fünffach.

vünf-valtekeit, -valdekeit stF Verfünffachung.

vünf-zec/ic, vunf-, viunf-, vum(f)-, vinf-, von(f)-zec/ic Kard. Zahl fünfzig.

vünf-zehen, vunf-, vümf-viunf-zên Kard. Zahl fünfzehn.

vünf-zehende Ord. Zahl fünfzehnte (-r/ -s).

vünf-zên [s.] *vünfzehen.*

vünf-zigist Ord. Zahl fünfzigste (-r/ -s).

vunke swMF Funke.

vunkel stM Funke.

vunken swV D glänzen.

vunken-glîzen stV [Ia] abs. wie ein Feuer sprühen.

vunken-rîch Adj. Funken sprühend.

vunt stM Fund; Beute; Erwerb, Gewinn; Erfolg; List;

Ausrede, Ausflucht; Erfindung, Einfall, Entdeckung; Lösung.

funtâne [s.] *fontâne.*

vunt-kint stN Findelkind.

vunt-reht stN (Recht auf) Finderlohn.

vuoc,vûc stM Geschicklichkeit, Kunst; Können; Gelegenheit; Bestimmung.

vuoc-heit stF Geschicklichkeit; Genauigkeit.

vuoc-,vûch-stein stM Grundstein.

vuoct- [s.] *vüegen.*

vuoder stN Fuder [Raummaß]; Fuhre; Last.

vuoge,vûge,vôge stF Fuge; Naht; Anstand, Würde; Zurückhaltung; Recht, Ordnung; Berechtigung; Kunst, Kunstgriff, Kunstfertigkeit; Können, Fähigkeit, Geschicklichkeit; Vorzug; Gelegenheit.

vuohs [s.] *vuhs.*

vuore,vûre stF Nahrung, Futter; (Lebens-) Unterhalt; Aufwand; Gefolge; Benehmen, Verhalten; Aussehen; Leben, Lebensweise; Gewohnheit; Nutzung.

vuoren,vûren,vüeren swV A(+D/Adv.) füttern, (er-) nähren, satt machen, speisen; erfrischen; erhalten; behandeln.

vuort- [s.] *vüeren; anvüeren.*

vuorunge,vüerunge stF Nahrung.

vuoten swV A unterhalten.

vuoter,vûter,vôter stN Nahrung, Essen, Speise; Futter.

vuoteren [s.] *vuotern.*

vuoter-gras stN Grünfutter.

vuotern,vuoteren,vüeteren swV abs. Futter suchen; D Futter geben; A sättigen, speisen.

vuotunge stF Nahrung.

vuoz,vûz,vôz,vôt stM Fuß [auch Längenmaß]; Fußbreit, Schritt; Versfuß; Dauer; Ende; *sînen v. suochen* vor ihm zu Füßen fallen.

vuoz-drit [s.] *vuoztrit.*

vuoz-,vûz-genge swM Fußsoldat.

vuoz-,vûz-her stN Fußvolk.

vuoz-kröuel stM Kralle.

vuoz-nagel stM Fußnagel.

vuoz-pfat stM Fußpfad.

vuoz-schamel,vûz-,vôz-schamel stM Fußschemel.

vuoz-spor,vôz-spur stM Fußstapfen, -spur; Schritt.

vuoz-,vûz-stapfe swM Fußstapfen, -spur; Schritt.

vuoz-treten stV [Va] A mit Füßen treten.

vuoz-trit,-drit stM Fußstapfen; Schritt.

vuoz-tuoch stN Fußlappen.

vuoz-val stM Fußfall.

vuoz-vallen stN Fußfall.

vuoz-vellen,-*vallen stV [VIIa] D zu Füßen fallen.

vuoz-vende swM Fußsoldat.

vuoz-volc stN Fußvolk.

vur¹ Adv. [s.] *vor ¹.*

vur² Präp. [s.] *vor ²;vür ².*

vür¹,vüre,vure,vor Adv. [auch *dâ/ dar/ der/ her/ hinne(n) v.*] vorwärts, weiter, weg; voraus; hinaus; vorbei, vorüber; im Voraus; dafür, dagegen, davor, dazu; heraus, hervor; künftig, fortan; *v. und v.* in alle Zukunft, immer; *v. und wider* hin und her, vor und zurück, überall (-hin); *v. noch wider* weder vor noch zurück.

vür²,vur,vure,vüre,vor, ver Präp. +A vor; für; gegen; über; zu; als, wie; statt; vorbei an; besser/ lieber/ mehr als; *v. daz* damit, weil; *v. sich* [auch] herab, herbei, vorwärts, weiter; voraus; vonstatten; *v. niuwe* von neuem; *v. disen tac/ dise stunt/ wîle/ zît* von da/ jetzt an; *v. guot/ übel haben/ nemen* +A gut/ übel aufnehmen.

vur-,vür- [s. auch] *ver-; vor-.*

vûr(-) [s.] *viur(-).*

vür-baz,vur-,vüre-,vor-, vore-paz Adv. weit, weiter; vor, vorwärts; weg; anderswo (-hin); darüber hinaus; (noch) mehr/ länger; künftig, später, von jetzt an.

vür-begen [s.] *vürwegen.*

vürben,vürwen,vurwen swV abs. fegen; A(+pD *ûz, von*) reinigen (von), säubern, putzen; austreiben (aus); befreien (von).

vür-,vure-bieten stV [IIb] A vor sich halten, hoch halten.

vür-blâen swV A einprägen.

vür-,vur-bote swM Vorbote; Unterhändler.

vür-bouge [s.] *vürbüege.*

vür-brâht- [s.] *vürbringen.*

vür-brechen,-gebrechen stV [IVa] abs. hervor-, ausbrechen, sich zeigen.

vür-breiten swV A+D machen; vorbereiten.

vür-bringen,vur-,vurebringen stswV [IIIa, Prät. *vürbrâht-*] A(+D) vorbringen, aussprechen, vortragen; ausdenken, erfinden; hervorbringen; machen, ausführen, vollbringen; (her-) beibringen, zufügen; mitnehmen; aufbrauchen, durchbringen; austreiben.

vur-bruch stM Vorrang.

vür-büege,vur-,vor-bou-ge,-gebüege stN Zaumzeug.

vürbunge,vurbunge stF Reinigung.

vurch,vurh,vorch,vurich stF Furche; (gepflügtes) Feld, Acker; Schneise.

vür-dâht[1] Part.Adj. vorsätzlich.

vür-dâht[2] [s.] *vürdenken.*

vür-dâhtes Adv. vorsätzlich.

vür-denken,-gedenken swV [Part.Prät. *vürdâht*] abs. vorsorgen; A vorherbestimmen; Part.Adj. [s.] *vür-dâht* [1].

vürder,vurder,vorder, vuder Adv. vorwärts, weg, weiter; von jetzt an, fortan; in Zukunft [auch *hinnen v.*].

vürderîn,vüderîn Adj. hilfreich.

vürder-,vurder-lich Adj. förderlich, nützlich, hilfreich.

vürder-,vurder-lîchen Adv. mehr, weiter.

vürder-mâl,-mâle Adv.weiterhin, künftig; von jetzt an.

vürder-mêre,vurder-, vorder-mê Adv. weiterhin; künftig.

vürdern,vurdern,vüdern swV refl.(+pD*ze*) sich beeilen, sich aufmachen/ begeben/ bereitmachen (zu); A (+pD*an,mit*) fördern (an), unterstützen (mit), helfen (bei), verhelfen (zu); weiterbringen, beschleunigen; bevorzugen; A+pD*ze* bringen in/ zu; treiben aus/ zu.

vürder-nisse,vorder-nusse stF Unterstützung, Hilfe; Hilfsmittel.

vürderunge,vurderunge stF Unterstützung, Hilfe.

vurdrist [s.] *vorderst(e).*

vure [s.] *vor.*

vüre,vure [s.] *vür.*

vure- [s.] *vor-; vür-.*

vüre- [s.] *vür-.*

vûre(-) [s.] *vuore(-).*

vûren [s.] *vüeren* [1].

vür-gân,vur-,vor-,vore-gên,-gôn anV abs. voran-, vorbei-, weitergehen; vortreten, herauskommen; vorwärts gehen/ kommen; sich vollziehen, begangen werden; sich durchsetzen.

vür-,vor-ganc stM Heraustreten, Erscheinen; Vortritt; Vorankommen, Fortgang, Fortschritt; Erfolg.

vür-ge- [s. auch] *vür-.*

vür-,vur-geben stV [Va] A/Ns vorgeben.

vür-gebieten stV [IIb] D vorladen.

vür-gebot stN Vorladung.

vür-gedâhtic Adj. vorausschauend.

vür-,vor-gedanc stM Überlegung; Plan; Vorsatz; Vorsehung.

vür-,vur-gedîhen stV [Ib] abs. Erfolg haben.

vür-gedinge stN Selbstsicherheit.

vür-gehatzt [s.] *vürhetzen.*

vür-gên [s.] *vürgân.*

vür-gerant [s.] *vürrennen.*

vür-gespenge [s.] *vürspan.*

vür-gevarn stV [VIa] abs. vorbeiziehen.

vür-gewæge stN Übergewicht.

vür-gezœhe stN Größe.

vurgge [s.] *vurke.*

vür-gôn [s.] *vürgân.*

vür-,vur-grif stM Vorgriff; Stückarbeit; *v. würken* im Akkord arbeiten.

vurh [s.] *vurch.*

vür-,vur-haben swV A vor sich halten; A+D vorhalten.

vür-,vor-hâhen stV [VIIb] A anbringen; aufhängen.

vur-halten stV [VIIa] A+D vorhalten, vorwerfen; geben; zeigen.

vür-,vor-her Adv. hervor, heraus.

vür-hetzen swV [Part.Prät. *vürgehatzt*] A herauskehren.

vür-hin Adv. weg, weiter.

vür-holz stN Waldrand; Unterholz.

vürhten,vurhten,vurten, vorhten,vörhten,vor-ten,vohten,wrohten swV refl.(+D)(+G/pD*vor*) sich fürchten für, Angst haben/ sich Sorgen machen um; G/A/Ns(*daz*)/ Inf. fürchten (zu), Angst haben vor, befürchten; Ns*ob,w* sich fragen.

vurhter stM furchtsamer Mensch.

vûric [s.] *viurec.*

vurich [s.] *vurch.*

vurke,furke,vurgge swF Forke, Gabel; Astgabel.

vür-kêr stM Rückzug.

vür-kêren swV abs. umkehren; A hervorkehren; zustande bringen.

furkîe stF Furkie [Jagdsitte, Präsentation des zerlegten Wildes auf einer Forke].

vür-komen,vur-,vore-, ver-kumen,-quemen stV [IVba] abs./D vorwärts kommen, vortreten, vorauseilen; vergehen, enden, vorübergehen; erscheinen, bekannt werden; geschehen, ergehen; zuvorkommen; erschrecken; A übertreffen, überwinden; überholen; überschreiten; zuvorkommen; verhindern, verhüten; behüten; *den tac des tôdes v.* vorzeitig sterben.

vür-kouf stM Aufkauf.

vür-köufer stM Aufkäufer.

vür-kumen [s.] *vürkomen.*

vür-,vur-laden swV A vorladen.

vür-lâzen stV [VIIb] abs. nachlassen; A unbeachtet lassen.

vür-legen,vur-gelegen swV refl.D+A sich vornehmen; pD*von* sprechen von; A/Nsw (+D) vorbringen, vortragen, darlegen; anbieten, übergeben; vorsetzen, auftragen; vorstellen, vorhalten; verursachen; auferlegen, zumuten; versperren.

vür-loufen,vur-,vor-loufen stV [VIIe] abs./D/pA*in* vorauslaufen (auf), vorwärts eilen/ kommen; A überholen, übertreffen.

furm [s.] *forme.*

vür-machen swV refl. sich aufmachen.

furmieren [s.] *formieren.*

vür-namens,-namenes, vur-nemes,ver-namen Adv. wirklich, wahrhaftig, tatsächlich; ausdrücklich; *v. niht* auf keinen Fall, überhaupt/ gar nicht.

vür-,vor-nême Adj. vornehm, hoch stehend; wichtig, vorzüglich; äußerlich.

vür-nêmekeit stF Vornehmheit.

vür-nemen,vure-,vor-nemen stV [IVa] refl.(+G/pD *mit,vor*) sich auszeichnen/ hervortun (durch); A sich vorneh-men, unternehmen; angreifen; A+D aufgeben, -tragen.

vur-nemes [s.] *vürnamens.*

vûrnt [s.] *vriunt.*

vür-ordenen swV A vorsehen.

vür-paz [s.] *vürbaz.*

vür-quemen [s.] *vürkomen.*

vür-reichen swV A+D übergeben.

vür-rennen swV [Part.Prät. *vürgerant*] abs. vorbeieilen; hervorstürzen.

furrieren swV A(+D)(+pD *mit,von*) füttern/ besetzen/ überziehen/ anfüllen/ verbinden mit; A+pA*in* einsetzen in.

vür-rihten swV refl. sich erheben.

vür-rîten stV [Ia] abs. voraus-, vorbei-, herbeireiten; A angreifen.

vur-rucken swV A davor halten.

vür-rüeren swV abs. vorauseilen.

vür-,vüre-sagen swV A (+D) vorbringen, vortragen; ausplaudern.

vür-sant- [s.] *vürsenden.*

vür-satz,vor-saz stM Vorsatz, Entschluss; Vorhaben; Wille.

vür-satzunge stF Festsetzung.

vür-saz [s.] *vürsatz.*

vür-schalten stV [VIIa] A vorstrecken.

vür-schicken swV A vorschicken.

vür-schiezen,vur-,vor-schiezen stV [IIb] abs. hervortreten, sich erheben; A vorschieben.

vür-schranc stM Damm.

vür-schuz stM Vordringen.

vür-sehen,vur-,vor-sehen stV [Va] refl. sich vorsehen; A (be-) schützen; vorhersehen, vorherbestimmen.

vür-senden,vure-,voresenden swV [Part.Prät. *vürsant-*] A vorausschicken, vorschicken, ausschicken.

vür-setzen swV D vorange-hen; pD*in* /refl.D+A sich vornehmen; A hervorkehren; voranstellen; sich vorstellen; A+D vorsetzen, vorhalten, vorziehen.

vür-setzer stM Pfandleiher.

vür-sihtec/ic Adj. verständig, umsichtig; fürsorglich.

vür-sihteclîche(n) Adv. vorausschauend, vorsorgend.

vür-,vor-sihticheit,-sihtikeit stF Vorsorge; Vorsehung; Fürsorglichkeit; Vorsicht.

vür-slahen stV [VIa] abs. herausragen; D vorrücken für; pA*an,vür* hinzutreten zu; schlagen an.

vür-smac,vur-,vor-smac stM Vorgeschmack.

vür-snel Adj. vorschnell.

vür-sorge stF Vorahnung.

vur-sorgen swV A sich kümmern um.

vür-span,-spange,-gespenge stNswF Gewandschließe, Brosche.

vür-spannen,-gespannen stV [VIIa] A vorspannen.

vür-spreche[1],vor-spreche swM Fürsprecher; Verteidiger, Anwalt.

vür-spreche[2] swF Fürsprecherin; Verteidigerin.

vür-sprechen stV [IVa] abs. Fürsprache leisten.

vür-sprecherin,vur-, vorsprechin stF Fürsprecherin.

vür-sprechunge stF Verteidigung.

vür-spreiten swV A+D auferlegen.

vür-,vur-springen stV [IIIa] abs. hervorspringen; A überholen.

vurst Adj. (der/ die/ das) erste/ wichtigste.

vürst[1] Konj. *v. daz* sobald,
seit, als.
vürst[2] swM [s.] *vürste.*
vurst-,vürst- [s.] *vürsten-.*
**vür-stân,-gestân,vor-,
vore-stên** anV A vertreten,
kämpfen für; verteidigen;
beschützen.
**vürste,vürst,vurste,vorst,
vorste,vroste** swM Fürst;
Herrscher, Herr.
vürstec-lich Adj. fürstlich.
vürstec-lîchen Adv. als Ers-
ter/ Erste.
vürste-lich,-lîche[s.]*vürs-
tenlich.*
vürsten,vürstesen swV A
adeln, in den Fürstenstand
erheben.
vür-stên [s.] *vürstân.*
**vürsten-ambet,-ampt,
-amt** stN Fürstenamt, Fürstenwürde.
vürsten-,vurst-engel stM
Engelsfürst.
vürsten-helt,vurst-helet
stM *gotes v.* Heiliger, Märtyrer.
vürsten-hofstM Fürstenhof.
vürsten-künne stN *v. sîn*
aus fürstlichem Geschlecht
stammen.
vürsten-lant stN Fürstentum.
vürsten-leben stN Fürsten-
leben.
vürsten-,vürst(e)-lich
Adj., **-lîche** Adv. fürstlich;
edel, großmütig.
vürsten-name swM Fürsten-
name.
vürsten-slaht stF Fürsten-
geschlecht.
vürsten-tohter stF Fürsten-
tochter.
vürsten-tuom,vürstuom
stN Fürstenamt,Herrschaft;
Fürstentum.
vürsten-wîp stN Fürstin.

vürstesen [s.] *vürsten.*
vürstîe stF Fürstenwürde.
vürstin(ne) stF Fürstin;
Herrscherin, Herrin.
vür-stôzenstV [VIId] A vorschieben.
vür-,vor-strîchen stV [Ia]
abs./D vorauslaufen, -eilen.
vur-strîte swM Vorkämpfer.
vürstuom [s.] *vürstentuom.*
vurt,vortstM Furt;Flussbett;
Strom; Weg.
vûrt- [s.] *abvüeren.*
vür-teidigen swV D vorladen.
vurten [s.] *vürhten.*
**vür-tragen,vur-,vor-ge-
tragen** stV [VIa] refl. sich
ereignen/ zutragen; A(+G)
nützen, helfen; einbringen;
fördern, weiterbringen; A
(+D) (herbei-, über-) bringen; voran/ vorwärts tragen;
auftragen; vortragen, vorlesen; vorhalten, vorleben.
vür-trahten swV A+D vor-
planen.
vür-trahtunge stF Vorsehung.
vür-,ver-treten stV [Va]
abs. (her-) vortreten, vorrücken; A entgegentreten; ver-
treten; übertreffen.
vür-vart stF Verlauf; Weg.
vür-vazzen,vor-gevazzen
swV A anpacken; (er-) fassen; verfolgen, angreifen.
vür-vetelen swV A angreifen.
vür-vorderen swV A vorladen.
**vür-wâr,vur-,vor-,ver-
wâr** Adv. wahrlich; wahrhaftig, wirklich; ehrlich, aufrichtig; in Wahrheit.
vür-,vur-wart [s.]*vürwert.*
vür-wegen,vur-begen stV
[Va] abs. sich auszeichnen;
überwiegen, den Ausschlag

geben; A+pD*mit* übertreffen
an.
vurwen,vürwen[s.]*vürben.*
vür-werc stN Vorstufe.
**vür-werden,vur-,vure-
werten** stV [IIIb] abs. vorübergehen, enden; zugrunde
gehen, sterben [auch *des
tôdes v.*].
vür-,vur-werfen stV [IIIb]
refl.+D sich zeigen; A vorschieben; A/Ns*daz*+D vorwerfen; angeben.
**vür-wert,vur-wart,-wer-
ter** Adv. vorwärts, weiter,
weg; von da/ jetzt an, künftig, später.
vür-,vur-werten [s.] *vür-
werden.*
vür-,vur-werter [s.] *vür-
wert.*
vür-wesende Part.Adj. nichtig.
vür-weserstM Stellvertreter,
Verwalter.
vür-wîse Adv. auf Irrwegen.
vür-wîsen stV [Ia] A+D vorführen.
vür-witze[1] Adj. neugierig.
vür-witze[2] stswF Neugier,
Ungeduld.
vür-witzic Adj. vorsichtig.
vür-wiz stM Neugier.
vür-,vur-worf [s.] *vür-
wurf.*
vür-wort stN Ausflucht.
vür-wurf,vur-,vor-worf
stM Gegenstand, Ding.
vur-wurflich Adj. ,**-lîchen**
Adv. gegenständlich, ding-
lich.
vur-wurflichkeit stF Ge-
genständlichkeit.
vurtz stM Furz; *niht einen v.*
keinen Dreck.
vür-zogen swV refl. sich hin-
ziehen; A geltend machen.
vûst stF [flekt. auch *viuste-*]
Faust.

vûstap,*vûst-stap stM
Knüppel.
vûste-slac [s.] *vûstslac.*
vûst-mezzer stN Faustmesser.
vûst-,vûste-slac stM Faustschlag.
vûter [s.] *vuoter.*
futze swF Fotze.
vûwer(-) [s.] *viur(-).*
vûz(-) [s.] *vuoz(-).*

W

wâ,w ô,wâr Interrog.Pron. wo;
woher; wenn; wie; dass; *w .*
bî wodurch; *w. gegen* wogegen;*w. hin* wohin;*w. mit*
womit, wodurch; *w. von*
woher, wovon, weshalb,
warum; *w. vür* wofür; *w .*
und w. hier und da; auf und
ab; *w. nû* wo ist/ sind/
bleibt/ bleiben...? nun! auf!
wabe swF (Honig-) Wabe.
wabern,webren swV abs./
Adv.lok. sich bewegen, wanken.
wâc,wôc,wâchstM Wasser;
Flut; Meer, See; Fluss,
Strom.
wâc-gedrenge stN Sturmflut.
wâch [s.] *wâc.*
wæch [s.] *wæhe* [1].
wachen swV abs./D wachen
(bei); auf-,erwachen; Wache
halten; Ns*daz,w* Acht geben; Part.Adj./Adv. [s.] *wachende.*
wachende Part.Adj./Adv.
wach, wachsam; *wachender*
troum Wachtraum.
wacheric,wackeric Adj.
wachsam.

wacke swM Wackerstein,
Feldstein.
wackeln,wacken swV abs.
schwanken.
wacker Adj. tüchtig, tapfer;
eifrig; wachsam.
wackeric [s.] *wacheric.*
wacker-,wecker-lich Adj.
-lîche(n) Adv. tüchtig, tapfer; eifrig; sorgfältig, aufmerksam.
wâc-sant stM Flussufer.
wact- [s.] *wecken.*
wâc-wîse Adj. seefahrtskundig.
wad [s.] *waz* [1].
wade swM Wade.
wadel,wedel stMN (Bade-)
Wedel; Reisigbündel; Feder;
w. des mânen Mondwechsel; *en wadele varn* umherfahren.
wadelære stM Flüchtling.
wadelen,wadeln swV A+
pD*mit* peitschen mit; A+pA
umbe schlagen auf; *wadelende vliegen* +pD*ûz* stieben
aus.
wadlic Adj. unsicher.
wæen [s.] *wæjen.*
wâfen[1],wâpen,wôfen stN
Waffe, Schwert; Rüstung;
Wappen, Zeichen; *w. nemen/ tragen* [auch] (zum)
Ritter (geschlagen) werden,
in den Kampf ziehen; *w .*
schrîen/ klagen (+pA*über*)
um Hilfe schreien; "Wehe!"
rufen (über); zum Kampf
aufrufen (gegen).
wâfen[2] Interj. zu den Waffen!
[Hilfe-, Alarmruf; Weh-,
Klageruf; Erschrecken; Verlangen; Erstaunen, Bewunderung; Freude].
wâfen[3] swV [s.] *wâfenen.*
wâfen-decke stF Panzerdecke.
wâfenen,wâfen,wæfenen,

wâpenen,wôpenen swV
A(+pD*mit* /p A*in,ûf*) bewaffnen/ wappnen/ rüsten (mit/
für).
wâfen-geziuc stN Rüstung.
wâfen-heiz stM (Heraus-)
Forderung.
wâfen-hemde stN Hemd
[unter der Rüstung].
wâfen-,wâpen-kleit stN
Rüstung.
wâfen-,wâpen-lich Adj.
wâfenlichez kleit/ gewant,
wâfenlichiu wât Rüstung;
wâfenlichiu last Last des
Wappens.
wâfen-rieme swM Waffenriemen.
wâfen-,wâpen-roc stM
Waffenrock [Obergewand
über der Rüstung].
wâfen-,wâpen-schiltgeverte swM Waffengefährte.
wage[1] stF Bewegung; Aufwand; *in w. varn* +pD*nâch*
auf dem Fuße folgen.
wage[2] stswF Wiege.
wâge stswF Waage; Waagschale; Gewicht; gleicher
Kampf; Wagnis, Gefahr;
gelîchiu w. Gleichgewicht;
âne w. ungemessen; *an/ ûf*
die w., en/ in/ ze w. bieten/
geben/ lâzen/ legen/ setzen
+A einsetzen, wagen, aufs
Spiel setzen; *an/ ûf der w.*
ligen/ stân, en/ ze w.stân +D
auf dem Spiel stehen, in
Gefahr sein; vor der Entscheidung stehen.
wæge,wêge,wâge Adj. gut;
lieb; leicht; nützlich, vorteilhaft; angemessen; (vorher-)
bestimmt; nötig; zugeneigt,
gewogen, freundlich.
wagen[1] swV abs./D(+pD*ze*)
schwanken, sich wiegen;
wackeln, beben; schweben,
flattern; hängen (in); flim-

mern; pD*ûz* abweichen von;
A wiegen; *der stegereif waget* +D(+pD*durch,ze*) reiten
(können) (durch/ zu).
wagen²,wain stM [Pl. auch
wegene-] Wagen; [Stern-
bild].
wâgen,wôgen swV refl.+pA
an,in,ûf /Adv.lok./Inf.*ze* sich
trauen an/ in/ nach/ zu; A /
Inf.*ze* wagen (zu), einsetzen,
aufs Spiel setzen; aufgeben.
wagenære stM Fuhrmann.
wagen-leise stswF Wagen-
spur.
wagen-liute [s.] *wagenman.*
wagen-man stM [Pl. *wagen-
liute* stMN] Fuhrmann.
wagen-ros stN Wagenpferd.
wagen-strâze stF Fahrstra-
ße.
wagen-vart stF Verkehr.
wagen-wec stM Fahrweg.
wæg-lîchen Adv. abwägend.
**wæhe¹,wâhe,wêhe,wê,
wæch** Adj./Adv. schön;
prächtig, glänzend, kostbar;
kunstvoll; gut; angemessen,
recht; schnell, leicht.
wæhe²,wêhe stF Schönheit;
Ausschmückung; Verstel-
lung.
wæhen,wêhen swV A
schmücken; auszeichnen.
wahs¹,was stN Wachs;
Wachstafel.
wahs² Adj. [s.] *was* ¹.
wahsen,wassen stV [VIa]
abs./D/pD*ûz,von,ze* wachsen, zunehmen; groß/ größer
werden [auch *grôz w.*]; aufwachsen, erwachsen wer-
den, heranwachsen (zu);
sich mehren; entstehen/ er-
wachsen/ werden (aus), zum
Vorschein kommen; ausge-
hen (von); zuteil werden;
pA*in* festwachsen an, hin-
einwachsen in.

wahs-lieht stN Wachskerze.
wahs-var Adj. wachsfarben.
waht- [s.] *wecken.*
wahtâre/ære/er,wehter
stM Wächter.
wahtærinne,wahterin stF
Wächterin.
wahte stF (Nacht-) Wache,
Bewachung.
wahtel stF Wachtel.
wahtel-bein stN Wachtel-
knochen [Lockpfeife].
wahterin [s.] *wahtærinne.*
wain [s.] *wagen* ².
**wæjen,wæen,wêgen,wê-
jen,wên,weien** swV[Prät.
auch *wât-*] abs./pD*after, gegen,ûz,von* /Adv.lok.(+D) wehen; spritzen (aus/ über),
stieben (in); (zu-) fliegen,
sausen; (her-) kommen
(von); A(+pA*ûf*) (an-) treiben (zu); an-, wegblasen.
wal¹ stM Aufwallen; Siede-
hitze.
wal² stMFN Schlachtfeld,
Walstatt, Kampfplatz.
wal³,wale stF (Aus-) Wahl;
Entscheidung; Möglichkeit;
Angebot; *in vrîer w.* freiwillig.
wal⁴ stMN Wall; Wölbung.
wal⁵ Adv. [s.] *wol.*
wæl stF Helmbuschhalter.
walap stM Galopp.
wal-bluot stN [im Kampf
vergossenes] Blut.
Walch(-) [s.] *Walh(-).*
waldec/ic [s.] *waltec.*
waldenære,waldnære/er
stM Waldaufseher, Waldbe-
wohner.
waldendic [s.] *waltendic.*
waldes-halp Adv. am Wald
entlang.
waldnære/er [s.]*waldenære.*
wale¹ Adv. [s.] *wol.*
wale² stF [s.] *wal* ³.

Wâleis stswM Mann aus Valois.
Wâleisinne swF Frau aus
Valois.
walgen,wolgen swV [Prät.
auch *welget-*] abs./refl./
pD*ze* /p A*über* /Adv.lok. sich
wälzen/ fallen (über); rollen
(auf); A wegwälzen; A+pD*in*
wälzen in; *w. in den seiten*
die Saiten schlagen.
wal-genôze swM Kampfgefährte.
walgern,welkern swV
[Prät. *welgert-*] refl.(+pD*in* /
Adv.lok.) sich wälzen (in).
wal-getân,-getôn [s.] *wol-
getân.*
**Walh,Walch,Walhe,Wa-
lih** stswM Welscher [Fran-
zose, Italiener].
Walhe,Walche stN Welsch-
land [Frankreich, Italien].
**walhisch,welhisch,wa-
lisch,walsch,wel(i)sch**
Adj. welsch [französisch, ita-
lienisch].
Walih [s.] *Walh.*
walisch [s.] *walhisch.*
walken stV [VIIa] A (durch-)
prügeln, züchtigen; walken;
bewegen, schütteln; A [un-
pers.] kämpfen, drauflos-
schlagen.
walkieren swV A (hoch)
binden.
wallære/er stM Pilger, Wall-
fahrer; Wanderer.
walle-bruoder stM Weggefährte.
walle-gar Adj. reisefertig, gerüstet.
walle-,wall-geheder stN
Wanderkleid.
walle-kappe swF Reise-,
Pilgermantel.
wallen¹ stV [VIIa] abs./D/
pD*ûz* /p A*über,ûf* kochen,
sieden; aufwallen; brodeln;

sprudeln (aus); überfließen (über), strömen/ aufsteigen (aus/ in); A+pD*mit* durchtränken mit.

wallen[2] swV abs./pD*in,ze* / p A*durch,ûf*/Adv.lok. wandern/ ziehen/ gehen (durch/ in/ zu), kommen; eine Wallfahrt/ Pilgerfahrt/ Heerfahrt machen; A entlangpilgern, -wandern; Part.Adj. [s.] *wallende.*

wallende Part.Adj. *wallender man* Pilger.

walle-,wal-stap stM Pilgerstab.

wall-geheder [s.] *wallegeheder.*

walopieren swV abs./pD*ze* galoppieren (in/ zu).

wal-pfat stM Schlachtlinie.

wal-râm stM Walrat [Walsperma].

wal-roup stM Raub.

walsch [s.] *walhisch.*

wal-stap [s.] *wallestap.*

wal-stat stF Schlachtfeld, Walstatt, Kampfplatz.

wal-strâze swF Schlachtfeld.

walt stM Wald; *den w. verswenden* mit Speerbrechen einen ganzen Wald verbrauchen.

walt-affe swM Waldaffe [Riese].

walt-bote,-pote swM Gesandter.

waltec/ic,waldec/ic,weltec/ic,weldec/ic Adj. gewaltig, mächtig.

waltec-,weldec-lîche Adv. machtvoll.

walten stV [VIIa] abs. herrschen; G sich annehmen, sich kümmern um, sorgen für; (be-) schützen, (auf-) bewahren; einhalten; verwalten, beherrschen; wahrnehmen, (aus-) üben; gebrauchen; besitzen, haben; zeigen, beweisen; Part.Adj. [s.] *waltende.*

waltende Part.Adj. *der waltende got/ Krist* Gott/ Christus der Herr.

waltendic,waldendic Adj. mächtig.

walter stM Herrscher.

waltern swV pA*über* herfallen über.

walt-esel stM Wildesel.

walt-eselin stF Wildeselin.

walt-geiz stF Rehgeiß.

walt-gevelle stN Walddickicht, Waldschlucht; Waldschaden.

walt-han swM Fasan.

walt-honic stM Waldhonig.

walt-hunt stM Wolf.

waltigen swV [Part.Prät. *geweltiget*] A überwältigen.

walt-luoder stN Waldmensch.

walt-man stM Waldmensch.

walt-mies stN Waldmoos.

walt-müede Adj. müde von der Waldwanderung.

walt-ohse swM Auerochse.

walt-pote [s.] *waltbote.*

walt-rate swM Waldratte.

walt-recke swM Riese.

walt-reise stF Waldfahrt; Jagd.

walt-rint stN Auerochse.

walt-riviere stF Waldgegend.

walt-singer stM Waldvogel.

walt-stîc stM Waldweg.

walt-strâze stF Waldweg.

walt-swende swM Waldverschwender [Lanzenkämpfer].

walt-swîn stN Wildschwein.

walt-tôre swM Waldschrat.

walt-vogel stM Waldvogel.

wal-visch stM Wal.

wal-vlôz stM Blutstrom [auf dem Schlachtfeld].

walzære/er stM Walze; Kehrvers.

walzen stV [VIIa] abs./pD *gegen* / p A*an,in,ûf,umbe* /Adv. lok. sich drehen (um), rollen (in); ablaufen/ sich entwickeln/ sich wenden (zu); A + Adv.lok. wälzen.

walzet- [s.] *welzen.*

wambasch,wambas [s.] *wambes.*

wambe,wampe,wamme stswF Bauch, Leib; Mutterleib.

wambes,wambesch/asch, wambeis/as,wammes stN Wams.

wamme [s.] *wambe.*

wammes [s.] *wambes.*

wampe [s.] *wambe.*

wan[1] Adj. leer, hungrig; *w.* +G ohne.

wan[2]**,wenne** Adv. nur [auch *niht w.*]; *niht w.* nichts als; ausgenommen.

wan[3] Präp.+pD*ze* /p A*an,über* bis zu/ über.

wan[4]**,wan(n)e,wande, wante,wen(e),wenne** Konj. als; aber, jedoch; sondern; außer (dass/ wenn); es sei denn dass; als dass/ ob/ wenn; auch wenn; wenn nicht; wäre ... nicht (gewesen) [auch *w. als/ alsô/ daz/ ob/ sam*]; wenn doch ...! [auch *ôwê w. ...*].

wan[5] Konj. [auch *w. daz*] bis.

wan[6]**,wan(n)e,wenne, want** Interrog.Pron. warum ... nicht?

wan[7]**,wande,wanne,wen, wenne,wante** Konj. denn; da, weil.

wan[8] Interrog.Pron. [s.] *wanne*[1]; *wannen*[1].

wan[9] Konj. [s.] *wanne*[2].

wan[1][0] Indef.Pron. [s.] *man*[3].

wân,wôn stM Glaube, Hoffnung, Zuversicht; Erwartung; Ahnung; Verdacht; Ungewissheit; Gedanke, Meinung, Vermutung; Vorstellung, Wunsch; Absicht; *âne/ sunder w.* wirklich, gewiss, mit Sicherheit, zweifellos; aufrichtig; *nâch wâne* [auch] aufs Geratewohl; ungefähr.

wânaldei stM [Tanzlied].

wanan [s.] *wannen* [1].

wân-bruoder stM vermeintlicher Bruder.

wân-brût stF vermeintliche Gattin.

wanc stM Wanken, Schwanken; Wendung, Sprung; Abweichung, Fehler; Zweifel; Wankelmütigkeit, Untreue; Streich; *âne/ sunder w.* fest, unerschütterlich, treu; gerade, aufrichtig; zweifellos; unverzüglich.

wanc-lîche Adv. unstet.

wanct- [s.] *wenken.*

wând- [s.] *wænen.*

wande Konj. [s.] *wan* [4]*;wan* [7].

wandel stMN Verwandlung, (Ver-) Änderung; Wechsel; Gang; Lebenswandel; Fehler, Makel; Besserung, Wiedergutmachung, Buße, Entschädigung; Rücktrittsrecht; *w. hân* +G rückgängig machen, aufgeben, wechseln.

wandel-bære, wander-bar,-ber Adj. wankelmütig, unbeständig, unzuverlässig; verändert, veränderlich; fehlerhaft, tadelnswert; böse, schlecht.

wandel-bæric Adj. veränderlich.

wandel-bæricheit,-berkeit stF Unbeständigkeit.

wandel-ber [s.] *wandelbære.*

wandel-bernde Part.Adj. unbeständig.

wandel-haft,-haftic Adj. unbeständig.

wandelich Adj. veränderlich, unbeständig.

wandelieren swV A wechseln, variieren.

wandel-kêre stF *des mânen w.* Mondwechsel.

wandel-mælic Adj. makelhaft.

wandel-meil stN Makel (der Unbeständigkeit).

wandel-muotic Adj. wankelmütig.

wandeln,wanteln swV abs./pD*in,ûf,von* / A gehen/ wandeln/ wandern (auf/ aus/ in); abs./D Ersatz/ Wiedergutmachung leisten; refl.+ Adv.lok. wechseln, sich bewegen; A(+pD*ze* / p A*in,ûf* / Adv.lok.)(+D) verwandeln/ (ver-) ändern (in/ zu); umdrehen, verkehren; rückgängig machen, zurücknehmen; büßen, wieder gutmachen; wiegen.

wandel-name swM Name für den Wankelmut.

wandel-tac stM *des mânen w.* Mondwechsel.

wandelunge stF Verwandlung, (Ver-) Änderung; Wandlung; Tausch; Vielfalt, Variation; Wanderung, Weg; Lebenswandel, -weise, Leben; Fehler, Makel; Periode, Zeitalter; Frühlingsanfang.

wandel-werticheit stF Fehlverhalten.

wander-bar,-bære,-ber [s.] *wandelbære.*

wandern,wanderen swV abs./pD*bî,gegen,nâch,ze* / p A *an* /A/Adv.lok. wandern/ gehen/ (dahin-) ziehen (an/ hinter/ in/ mit/ zu); leben (mit); *gelîche w.* übereinstimmen.

wandern stN *des herzens w.*

Streben.

wanderunge stF Bewegung; Lebenswandel.

wane [1] Konj. [s.] *wan* [4].

wane [2] Interrog.Pron. [s.] *wan* [6].

wænen,wânen,wênen, weinen,wennen swV [Prät. auch *wând-,wônd-*] G/A(+pD*ze*)/Ns(*daz,ob,w*) / Inf. glauben, meinen, vermuten (bei); erwarten, hoffen; fürchten; *(ich) wæn(e)* vermutlich, wahrscheinlich, wohl.

wange stswN Wange.

wang(e)-küsse,wan-küssîn,-küssen stN Kopfkissen.

wânich Adj. unüberlegt.

wankel [1] Adj. schwankend, wankelmütig.

wankel [2] stM Schwanken, Unsicherheit; *âne w.* unverwandt.

wankel-heit stF Unbeständigkeit.

wanke-lich Adj. unbeständig.

wankel-muot,-mût stM Wankelmut.

wankeln swV abs. schaukeln.

wankel-rede stF widersprüchliche Worte.

wankel-sam Adj. unbeständig.

wanken swV abs./pD*an* /Adv. lok. wanken, schwanken, sich bewegen; schwankend werden/ zweifeln an; pD*ûz, von* sich abwenden von.

wan-küssîn,-küssen [s.] *wang(e)küsse.*

wæn-,wân-lich Adj. wahrscheinlich, möglich.

wanne [1]**,wan,wen(ne)** Interrog.Pron. wann.

wanne [2]**,wan,wen(ne)** Konj. wenn.

wanne³ stswF Trog, Wanne;
Getreideschwinge.

wanne³ Interrog.Pron. [s.]
wan ⁶; *wannen* ¹.

wanne⁴ Konj.[s.]*wan* ⁴;*wan* ⁷.

wannen¹,wan(ne),wanan
Interrog.Pron. [auch *von w.*]
woher, von wo; wovon,
wodurch.

wannen² swV A schwingen,
sieben.

wân-sangen stN Freudenge-
schrei.

want¹ stF Wand, Mauer; Seite; Raum.

want² Interrog.Pron.[s.] *wan* ⁶.

want³ stF [s.] *wât.*

want- [s.] *wenden.*

wante Konj. [s.] *wan* ⁴;*wan* ⁷.

wanteln [s.] *wandeln.*

wanû Interj. [Aufforderung;
Vorhaltung].

wanunge [s.] *wonunge.*

wân-wîse stF erfundene Melodie; Sehnsuchtslied.

wanzen-krût stN Wanzen-
kraut [Koriander].

wâpen(-) [s.] *wâfen(-).*

wappen swV D schlottern.

war¹ Interrog.Pron. wohin;
woran; wie; *w. abe* woher;
w. an wieso, worin; *w. mit*
womit; *w. nâch* wohin, warum; *w. ûz* woraus; *w. zuo*
wozu.

war² stMF Wahrnehmung,
Aufmerksamkeit, Beach-
tung; *w. tuon* +G/Nsw beachten, wahrnehmen, mer-
ken; ansehen, zu Gesicht
bekommen; ausführen.

wâr¹,wôr,wær Adj. wahr,
wahrhaft, wirklich, echt;
aufrichtig, ehrlich; sicher,
zuverlässig, treu; *von wâren
schulden* mit Recht, aus
gutem Grund.

wâr² Adv. wirklich, wahrhaftig, mit Sicherheit [auch *al/*

vür w.]; *w. haben* (+A)
Recht haben (mit); *w. lâzen/
machen* +A wahr machen,
ausführen, erfüllen, halten;
w. sagen (+D)(+pDan)
Recht haben (mit); die Wahrheit sagen; versprechen; *w.
sagen* +pD*von* künden/ zeugen von.

wâr³ Interrog.Pron. [s.] *wâ.*

wâr-bære Adj. *w. machen* +A
beweisen.

wâr-bæren swV A beweisen.

warc stM Bösewicht, Unhold; Untier.

waren [s.] *warn* ¹.

ware-zeichen [s.] *warzei-
chen.*

warf¹ stM Kettgarn; Geschäft; *wevel und w.* Kette
und Schuss.

warf² Adv. [s.] *werbe.*

wargatîn stF Brigantine [Se-
gelschiff].

war-,wâr-geleite stN Er-
kennungs-, Wahrzeichen.

wâr-haft Adj. wahrhaftig,
wahr; aufrichtig, ehrlich;
sicher, zuverlässig.

wâr-,wôr-haftic Adj./Adv.
wahrhaft, wirklich; aufrichtig, zuverlässig; wahrheits-
liebend.

wâr-,wôr-heit stF Wahrheit; Wirklichkeit; Wahrhaf-
tigkeit, Zuverlässigkeit, Aufrichtigkeit; Vertrauen; Versprechen, (Ehren-) Wort;
Bestätigung, Beweis; *in/
mit/ von w.* [auch] wirk-
lich, wahrhaftig; zuverlässig, getreulich; wahrheitsgemäß, aufrichtig, ehrlich;
mit Sicherheit.

war-komen stV [IVb] D vor
Augen kommen.

warkus stM [Oberrock, Ja-
cke].

wær-,wâr-,wêr-lich Adj.

wahr; wahrhaft; aufrichtig;
sicher.

**wær-lîche(n),wâr-,wêr-
lîche(n)** Adv. wahrlich,
wirklich, gewiss, mit Sicherheit; wahr; wahrhaft, zuverlässig.

war-lôsekeit stF Nachlässigkeit, Unachtsamkeit.

warm,warn Adj. warm; *war-
men rât tuon* +D gut sorgen
für.

warmen¹ swV abs. warm
werden.

warmen² swV [s.] *wermen.*

wâr-minnic Adj. wahrhaft
liebend.

warn¹,waren swV pD*ze/*
Adv.lok. sehen auf; G/Nsw
(be-) achten, bemerken; an-,
nachsehen; erlangen; A+D
bewahren; *umbe w.* sich
umsehen.

warn² Adj. [s.] *warm.*

war-nemen stV [IVa] G/A/
Ns(*daz,w*)(+D) bemerken,
wahrnehmen; beobachten,
(an-, nach-) sehen, hören;
sich bemühen/ kümmern um;
beachten, achten auf, aufpassen; warten auf; suchen;
berücksichtigen, üben, tun;
zielen auf; (an-) führen;
umbe sich w. sich um-
schauen.

warnen¹ swV refl.(+G) sich
vorsehen (mit); A (+G/pD
gegen,mit,vor,ze /p A*ûf*) (+D)
versorgen/ ausstatten (mit);
vorbereiten (auf); (aus-)
rüsten/ bewaffnen (für/ mit);
schützen (gegen/ vor); war-
nen (vor), mahnen (an).

warnen² stN Warnung.

warner stM Wächter.

warnunge stF Warnung,
Mahnung; Schutz, Bewa-
chung; Versorgung.

warp [s.] *werbe.*

wâr-sage swM Wahrsager.
wâr-sagen swV abs./D wahrsagen.
wâr-sagerin(ne) stF Wahrsagerin.
wâr-sagunge stF Wahrsa-
gung.
wart¹ Adv. [s.] *wert* [2].
wart² stF [s.] *warte* [1].
wart³ stN [s.] *wort*.
wartâ Interj. schau! [Warnruf,
Hinweis; Aufforderung; Be-
wunderung].
warte¹,wart stF Erwartung;
Wache, (Wacht-) Posten,
Bewachung; Wachtturm,
Ausguck; Lauer.
warte² swM Wächter.
warten swV G/D/pD *gegen,
nâch,ze* / pA *an,über,ûf* / Adv.
lok. warten auf, erwarten;
(aus-) schauen nach, auf-
schauen zu, schauen auf/
über; auflauern; nachdenken
über; beachten, achten auf;
sich kümmern um, sorgen
für; pflegen, hüten; dienen,
folgen; gehorchen; unterstehen, sich unterwerfen; A/N s
biz,daz,ob,unz,w (an-) sehen,
beobachten, nachsehen; abwarten.
warte-spil [s.] *wartspil*.
wart-hûs stN Wachtturm.
wart-lûte,-liute [s.] *wart-
man*.
wart-man stM [Pl. *wartlûte,
-liute* stMN] Wächter, Kundschafter.
wart-,warte-spil stN Schau-
spiel.
wartunge stF Erwartung.
war-umbe,wor-umme In-
terrog.Pron. warum.
warunge stF Sorgfalt.
**war-,ware-zeichen,-zê-
chen** stN Erkennungszei-
chen, Wahrzeichen, Merk-
mal.

was¹,wahs,wes,wehs Adj.
scharf, spitz.
was² stN [s.] *wahs* [1].
waschen,weschen stV
[VIab] A(+pD *in,mit,von*)(+D)
(ab-, aus-) waschen (in/ mit/
von), reinigen (von).
wase¹ swM Rasen.
wase² swF [s.] *base*.
wassâ alabanda Interj. [An-
feuerung]
wasse stF Schärfe.
wassen [s.] *wahsen*.
waste stF Einöde; Lichtung.
wastel stN Brot, Fladen.
wasten swV A verwüsten.
wast-woche [s.] *vastwo-
che*.
wat [s.] *waz* [1].
wât,want stF Kleid, Gewand; Kleidung, Ornat;
Tuch; Ausstattung; Äußeres;
Zustand; *stehelîn/ wâpenlî-
chiu* w. Rüstung; [auch
expl., z.B. *kiuschiu* w.
Keuschheit; *der tugende* w.
Tugend].
wât- [s.] *wæjen*.
waten stV [VIa] abs./pD *in,
neben, ze* / pA *durch, in, über* /
unz +pD *an* /Adv.lok.(+D) wa-
ten/ gehen/ dringen in/ durch/
neben/ über/ (bis) zu; pD *ûz*
kommen aus; A durchwaten.
**wæten,wâten,wêden,wei-
den** swV A(+pD *mit* /p A *in*)
kleiden (in), schmücken/ bekleiden (mit).
wæt-lich Adj. schön, herrlich;
stattlich; angesehen; stark;
möglich, wahrscheinlich; sicher; richtig.
wæt-lîche¹,wêt-lîche Adv.
vermutlich, vielleicht; mit Sicherheit; schwerlich, kaum.
wæt-lîche² stF Schönheit.
wât-pfelle swM Seidenstoff.
wât-sac,-sach,-zach stM
(Reise-) Tasche.

watte- [s.] *weten* [2].
wât-zach [s.] *wâtsac*.
wât-ziere Adj. schön geklei-
det.
waz¹,woz,wat,wad Inter-
rog.Pron. was; wie (sehr); *w.*
+G/Nom. was für ..., wieviel
an/ von; *durch/ umbe w.*
warum; *w. obe* was ist
wenn, vielleicht (dass)...
waz² stN Etwas, Was.
wâz stM Geruch, Duft; Geruchssinn; Sturm.
wâzen stV [VIIb] abs./Adv.
riechen, duften.
wazzer stN Wasser; Meer,
See, Fluss; Tränen; Urin; *w.
geben/ tragen* Waschwasser
reichen; *w. nemen* sich die
Hände waschen; *als ein w.
lesen* fließend lesen.
wazzer-âder swF Wasser-
ader.
wazzer-bat stN (Wannen-)
Bad.
wazzer-ber swM Eisbär.
wazzer-bruch stM Wasser-
strudel.
wazzer-gadem stN Zisterne.
wazzeric [s.] *wezzeric*.
wazzer-küele Adj. nasskalt.
wazzer-löufel stM Wasser-
läufer [Wanzenart].
wazzer-man stM Schiffer;
Wassermann [Tierkreiszei-
chen].
wazzer-mære stN See-
mannsgarn.
wazzer-mensche swM Was-
serträger.
wazzer-mies stN Seetang.
wazzer-müede Adj. ermüdet
von der Seereise.
wazzer-mües,-*muos stN
Wasserbrei.
wazzer-nixe swF Sirene.
wazzer-nôt stF Gefahr des
Ertrinkens.
wazzer-perl(în) stN Perle.

wazzer-pfert stN Fluss-
pferd.

wazzer-reise stF Seereise.

wazzer-rîch Adj. *wazzerrî-
chiu ougen* tränenerfüllte
Augen.

wazzer-runst stM Fluss.

wazzer-sage stF Kanal
[Harnröhre].

wazzer-schuc stM Welle.

wazzers-halp Adv. am Wasser entlang.

wazzer-sippe stF Gevatter-
schaft, Patenschaft [Ver-
wandtschaft durch die
Taufe].

wazzer-slange swF Wasserschlange.

wazzer-sneck swM Wasser-
schnecke.

wazzer-stat stF Wasserstel-
le.

wazzer-stein stM Kieselstein.

wazzer-strâm,-strân stM
Fluss.

wazzer-strâze stF Wasser-
weg.

wazzers-tropfe [s.] *waz-
zertropfe.*

wazzer-suht stF Wasser-
sucht.

wazzer-sühtec/ic,-suhtic
Adj. wassersüchtig.

wazzer-,wazzers-tropfe
swM Wassertropfen.

wazzer-tier stN Wassertier.

wazzer-trinken stN Was-
sertrinken.

wazzer-urteil stN Wasser-
probe [Gottesurteil].

wazzer-vart stF Seereise.

wazzer-veste[1] Adj. *wazzer-
vestiu stat* Wasserburg.

wazzer-veste[2] stF Wasserburg.

wazzer-vliez stN Fluss.

wazzer-vluot,-vlût stF
Fluss.

wazzer-vluz stM Fluss.

wazzer-vogel stM Wasser-
vogel.

wazzer-vrosch stM Frosch.

wazzer-wint stM Fahrt-, Segelwind.

wazzer-wolf stM Seewolf
[Hecht].

wazzer-wurm stM Blutegel.

wazzer-zaher stM Wassertropfen; Träne.

wazzer-zol stM Wasser-,
Fährzoll.

wê[1] Adv. *w. tuon* +D weh tun,
schmerzen, schaden, quälen;
Schmerzen/ Kummer/ Sor-
gen machen/ verursachen;
w. geschehen/ sîn/ werden
unpers.+D schlecht gehen,
traurig sein/ werden; *w. sîn/
werden* unpers.+D+pD *nâch*
verlangen/ sich sehnen nach;
w. sîn unpers.+D+pA *ûf* zornig sein auf.

wê[2] Interj. [auch *w.* +D(+G)/
A/N s*daz,w*] wehe! [Weh-,
Klagerü, Bedauern; Ärger;
Verfluchung].

wê[3],**wêwe** stFNswM Weh,
Schmerz, Leid; Wehklagen.

wê[4] Adj./Adv. [s.] *wæhe*[1].

wê[5] Interrog.Pron. [s.] *wie*[1].

we- [s. auch] *be-*.

wê-bant stN Fessel.

webære/er stM Weber.

weben stV [Va] abs./refl.+pD
ze sich bewegen (auf/ zu);
A(+pA*in*) weben, knüpfen,
verweben (in); fertigen; (be-)
wirken; *sich zesamene w.*
sich ineinander verflechten;
zornic w. +pD *ob* zornig sein
auf.

wêben [s.] *wêwen.*

weberisch Adj. *weberischez
geschirre* Webstuhl.

web-netzel stN Spinnwebe.

webren [s.] *wabern.*

webse,wefse,wespe,

vespe swMF Wespe.

wec,wech stM Weg, Straße;
Fahrt, Reise; Bahn; Rich-
tung; *gemeiner w.* Weg alles
Irdischen; *ab/ after wege(n)*
(hin-) weg; *alle(n) wege(n),
aller wege, allwegent, all-
went* immer, stets; überall;
in wege unterwegs; *von
dem wege* [auch] aus dem
Weg, weg, abseits.

wec-geselle swM Weggefährte.

wec-geverte swM Weggefährte.

wech [s.] *wec.*

wêch Interj. [Bewunderung;
Verhöhnung].

wechic Adj. wach, wachsam;
eifrig.

wecke stM Keil; Wecken
[Weißbrot].

wecken swV [Prät. *wact-,
waht-*] refl. lebendig werden;
A(+D)(+pD *ûz,von,ze*) (auf-)
wecken/ erwecken (von);
hervorrufen (bei), hervorlocken (aus), bewirken,
bringen (zu).

wecker-lich,-lîche(n) [s.]
wackerlich.

wec-liute stMN [Pl.] Wanderer.

wedder [s.] *weter.*

wedel [s.] *wadel.*

wêden [s.] *wæten.*

weder[1],**wederz** Interrog.
Pron. welche (-r/ -s)/ wer
(von beiden); *ne weder* keine (-r/ -s) von beiden.

weder[2] Konj. ob [auch *w. ...
oder*]; wie; *w. ... noch* weder ... noch; *w. ... oder*
[auch] entweder ... oder;
[auch expl., z.B. *w. bin ich
siech oder tôt?* bin ich (etwa)
krank oder tot?].

weder[3] stswM [s.] *wider*[3].

weder[4] stN [s.] *weter.*

weder-halp Adv. auf welcher Seite.

weder-sît Adv. auf beiden Seiten.

wederz [s.] *weder* [1].

wefel [s.] *wevel*.

wefse [s.] *webse*.

weg- [s.] *wege-*.

wêge [s.] *wæge*.

wege-haft Adj. *w. werden* +pD*gegen* aufbrechen nach.

wege-leiter stM Führer.

wege-,weg-lich Adj. beweglich.

wegeln swV pD*nâch* sich bewegen/ richten nach.

wege-lôs Adj. verirrt; ratlos.

wege-müede,weg-mûde Adj. wegmüde.

wegen [1] Präp.+G [auch *von/ durch ... w.*] wegen, durch; um ... willen.

wegen [2] stV [Va, Prät. auch VIa] Adv./A wiegen, Gewicht/ Wert haben, gelten, zählen; pD*wider*/p A*wider* ein Gegengewicht sein gegen; p A*durch* dringen durch; p A*vür* mehr wiegen als, überwiegen; pD*von* ausgehen von; pD*ze*/p A*in*/Adv.lok. sinken (in), sich neigen (zu); D(+pA*vür*) helfen (gegen), beistehen; D+pD*ze*/Adv. lasten (auf), dringen (in); A (+pD*gegen*/ pA*ûf,vür*/ Adv. lok.) abwiegen; abwägen (gegen); austeilen; festsetzen; schätzen (auf); richten (auf/ gegen); A+pD*mit* (+D) aufwiegen mit; A+Adv./pD *nâch* (+D) einschätzen/ beurteilen/ bewerten (nach); kümmern, (be-) achten; belasten; ausrichten (nach); A + pD*ûz,von* abbringen von, wegbringen/ hervorholen aus; A+pD*ze* / pA vür ansehen als; A+pA*ûf* bekehren zu; richten gegen; A+D zumessen, zuteilen, geben, schenken; verschaffen, bewirken; bestimmen; *als ein wint w.* +D nichts ausmachen.

wegen [3] swV A(+pD*von*/p A *in,ûf*) bewegen (in/ zu); schütteln; wiegen; schwingen; in Bewegung setzen; ziehen; abschütteln (von).

wegen [4] swV D helfen, beistehen; sorgen für, sich kümmern um.

wegen [5] swV abs. einen Weg bahnen; A betreten.

wêgen [s.] *wæjen*.

wegene- [s.] *wagen* [2].

weger stM Waagemeister.

wege-,weg-reise stF (Pilger-) Fahrt.

wege-,weg-reiser stM Wanderer.

wege-,weg-rîch stM Wegerich [Pflanze].

wege-richte stF (Weg-) Richtung.

wege-salunge stF Wegweisung.

wege-,weg-scheide swF Wegkreuzung; Scheideweg.

wege-schie Adj./Adv. scheu; fliehend.

wege-spîse stF Wegzehrung.

wege-vart stF Fahrt, Reise.

wege-vertec Adj. reisend.

wege-vreise stF Reiseunfall.

wege-weide stF Bahn.

wege-werende swM Wegelagerer.

wege-wîse [1] Adj. wegkundig.

wege-wîse [2] stF Wegzehrung.

wege-wist stMF Wegzehrung.

wegunge stF Bewegung; Gelenk.

wêh Interj. [Bewunderung; Verhöhnung].

wêhe [s.] *wæhe-*.

wehs [s.] *was* [1].

wehsel,wessel stM Wechsel, Tausch; Handel [auch *koufes w.*]; Veränderung, Wandel; Wechselbank, -geschäft; Wechselrede, -gesang; Speerkampf, Speerwechsel.

wehselære stM Geldwechsler, Wucherer; Händler.

wehselærin,wehslerin stF Gegenstück.

wehselât stF Wechselrede, Wortwechsel; Wechsel.

wehselen [s.] *wehseln*.

wehsel-lîche Adv. abwechselnd.

wehsel-mære stF Gespräch, Unterhaltung; Wortwechsel.

wehseln,wehselen swV pD *mit,wider* tauschen mit/ gegen, sich abwechseln mit, wechseln zwischen; G/A (+pA*umbe*) (ein-) tauschen (gegen), wechseln; abwechselnd einsetzen.

wehsel-pfose swF Wechselkasse, Geldbeutel.

wehsel-rede stF Wortwechsel, Zwiegespräch; widersprüchliche Äußerung.

wehsel-schiht stF Vertauschung.

wehsel-site stM Unbeständigkeit.

wehsel-slac stM Schlagabtausch, Gegenschlag.

wehselunge stF Veränderung, Tausch.

wehsîn Adj. wächsern, aus Wachs.

wehslerin [s.] *wehselærin*.

wehten [1] swV abs. Wache halten.

wehten [2] swV [s.] *weten* [2].

wehter [s.] *wahtâre*.

weibel stM Gerichtsbote, Gerichtsdiener.

weibel-ruote swF Gerichtsschwert.

weiben swV abs. schwanken; flattern.

weibe-zegeln swV abs./pD *gegen* mit dem Schwanz wedeln (vor).

weich Adj. weich; zart, fein; biegsam; nachgiebig; weichlich, haltlos; schwach; feige, furchtsam.

weiche[1] Adv. feige.

weiche[2] stF Weichheit, Geschmeidigkeit.

weichel-muot,-mût stM Wankelmut.

weichen swV abs. weich/ mürbe werden; A weich/ geschmeidig machen; erweichen; zähmen.

weich-heit stF Weichlichkeit.

weich-lîche Adv. schmeichlerisch.

weichunge stF Geschmeidigkeit.

weid- [s.] *weide-*.

weide[1] stF Weide, Weideplatz; Jagd; Nahrung, Futter; Speise; Erquickung; Freude.

weide[2] swF Weide [Baum].

weide-ganc stM Jagd; Weiderecht.

weide-gat stN Afterloch.

weide-geselle swM Jagdgefährte.

weide-hûs stN Jagdhaus.

weide-lich,-lîche(n) [s.] *weidenlich.*

weide-,weid-man stM Jäger; Fischer.

weiden[1] swV abs. weiden; pA *an* sich weiden/ erfreuen an; A auf die Weide führen, weiden lassen.

weiden[2] Adj. [s.] *weiten* [1].

weiden[3] swV [s.] *wæten.*

weidenære stM Jäger.

weidenen swV abs. weiden.

weiden-heit stF Schönheit.

weiden-,weide-lich Adj., **-lîche(n)** Adv. schön, herrlich, prächtig; köstlich; stattlich; fröhlich.

weide-,weid-ohse swM Weideochse.

weide-tac stM Jagdtag.

weide-,weid-werc stN Weidwerk.

weien[1]**,weigen** swV abs. wiehern.

weien[2] swV [s.] *wæjen.*

weifiere stF Spitze.

weigen[1] swV abs. schaukeln.

weigen[2] swV [s.] *weien* [1].

weiger-,weig-lîche(n) Adv. stolz, kühn.

weigern swV abs. sich weigern; G/N *daz* (+D) verweigern; sich entziehen.

weig-lîche(n) [s.] *weigerlîche(n).*

weinc [s.] *wênec* [1].

weine stF Weinen.

weinec/ic [s.] *wênec* [1].

weinen[1] swV abs./pD *nâch, ze* /p A *über* weinen (nach/ über); A beweinen; *trahen/ bluot w.* (blutige) Tränen vergießen.

weinen[2] swV [s.] *wænen.*

weinend-lîche Adv. weinend.

wein-,weinen-lich Adj. weinend, klagend; weinerlich, kläglich.

weinôt stM Weinen.

weise[1] Adj. verwaist; verlassen.

weise[2] swM Waise; Solitär [Edelstein der deutschen Königskrone]; deutsche Königskrone.

weisen-bære Adj. hilfsbedürftig.

weisse(-) [s.] *weize(-).*

weit stM Waid [blaue Farbpflanze]; Dunkelheit.

weiten[1]**,weitîn,weiden** Adj. blau, bläulich; dunkel.

weiten[2] stF Breite.

weitîn [s.] *weiten* [1].

weit-krût stN Waidpflanze [blaue Farbpflanze].

weit-var Adj. blau.

weize,weiz(ze),weisse stswM Weizen.

weizel stM Scharpie [gezupftes Leinen zur Wundversorgung].

weizen Adj. *weizenez korn* Weizenkorn.

weizen-brôt stN Weizen-, Weißbrot.

weizen-,weissen-korn stN Weizenkorn.

weizen-,weissen-var Adj. weizenfarben.

weiz-got Interj. weiß Gott! [Beteuerung, Bekräftigung].

weizze [s.] *weize.*

wêjen [s.] *wæjen.*

wel[1] Adj. rund.

wel[2]**,wele** stF (Aus-) Wahl.

wel[3] Interrog.Pron. [s.] *welh.*

welben swV A(+pA *an,ûf*) aufwölben (auf/ zu), überwölben; Part.Adj. [s.] *gewelbet.*

welch [s.] *welh.*

welchen swV A+pA *in* manifestieren in.

welde stF Wohlbefinden.

weldec/ic(-) [s.] *waltec(-).*

wele [s.] *wel* [2].

welen [s.] *weln.*

welf stMN [Pl. auch *welfer-*] Welpe [Tier-, Hundejunges].

welgen swV A+pA *in* wälzen in.

welgert- [s.] *walgern.*

welget- [s.] *walgen.*

welh,welch,welih,wel, wilech/ich,wilh Interrog.

Pron. welche (-r/ -s); was für ein; irgendein; *w. ... der* wenn ein (-e) ... dann, wer ... der; *mit welchen sachen* wie; *in welchen tagen* wann.

welher-hande Adj. aus welchem Geschlecht, welcherart; welche (-r/ -s).

welher-lei Adj. was für ein; welche (-r/ -s).

welhisch [s.] *walhisch.*

wê-lich Adj. kläglich.

welih [s.] *welh.*

welisch [s.] *walhisch.*

welkern [s.] *walgern.*

welle swF Welle.

wellen[1] stV [IIIb] A runden; drechseln; A+pD*ûz* drängen aus; A+pA*ûf* wälzen auf.

wellen[2] anV Inf. wollen; mögen, werden, müssen; im Begriff sein/ drohen zu; pD*ze* / pA*an, durch, in, über* / Adv.lok. fahren/ gehen/ kommen/ ziehen wollen (an/ durch/ in/ nach/ über); G/A/Ns(*daz*) haben/ machen/ tun wollen; wünschen, mögen, verlangen (von); glauben, meinen; *dan(nen)/ hin(nen) w.* [auch] aufbrechen wollen.

wellen[3] swV abs. aufwallen; sieden; verschmelzen; A (auf-) kochen, schmelzen.

wellen[4] swV [s.] *weln.*

wellende stN Begehren.

wellendic Adj. kochend.

wellent Interrog.Pron. wohin.

wellic Adj. kochend.

weln, welen, wellen swV abs. eine Wahl treffen; A/Ns *ob, w* (+pD*under, ûz, ze*) (+D) (aus-, er-) wählen (aus/ von/ zu).

wel-recke swM Kriegsheld.

welsch [s.] *walhisch.*

welt(-) [s.] *werlt(-).*

weltec/ic [s.] *waltec.*

welunge stF Wahl.

welzen swV [Prät. *walzet-*] abs. sich drehen; A(+pD*von*) drehen, bewegen; wälzen (von); hinabrollen; fügen.

wen[1] Indef.Pron. [s.] *man*[3].

wen[2] Interrog.Pron. [s.] *wanne*[1].

wen[3] Konj. [s.] *wan*[4]; *wan*[7]; *wanne*[2].

wên [s.] *wæjen.*

wênc(-) [s.] *wênec(-)* .

wênch [s.] *wênec.*

wende stF Richtung; Weise; Rückschlag; Schande; *âne w.* sicher.

wendec/ic Adj. *w.* +pD*ze* gerichtet an; *w. sîn/ werden* abgewendet/ verhindert/ beendet werden; *w. machen* +A+D beenden.

wendel-, wentel-mer stN Weltmeer.

wendel-sê stM Weltmeer.

wendel-stein stM Wendeltreppe.

wenden swV [Prät. *want-*] abs./ D+pD*an, gegen, von* / Adv.lok. wegziehen/ sich abwenden (von); sich hinwenden (zu); enden (an); A(+D/ pD*von*) abwenden (von), (ver-) hindern; verwehren; beenden; nehmen, rauben; trennen (von); wenden, umdrehen; bekehren, verlocken; A+G hindern an, abbringen/ abhalten von, bewahren vor; A+pD*gegen, nâch, ze* / pA*an, in, ûf/* Adv.lok./ Ns*daz* (+D) wenden/ kehren an/ in/ nach/ zu; richten auf; verkehren/ führen in; bewegen/ treiben zu; übergeben an; anrechnen als; *wider w.* umkehren, zurückkehren; *gewant sîn* unpers. +Adv. (+D/ pD*under* / pA*umbe* stehen (mit/ um), bestimmt/ möglich/ nötig sein (für); *gewant sîn* [auch]

beschaffen/ geartet sein.

wene [s.] *wan*[4].

wênec[1], **wênic, wênich, wêninc, wênch, weinec, weinic, weinc** Adj. wenig; gering, klein, schwach; kurz; elend, unglücklich, arm; *w. iht* +G kaum etwas/ jemand; wenig, nichts.

wênec[2], **wênic(h), wênc, wêninc, wênch** Adv. wenig; kaum; selten; nicht (viel/ sehr); leider [auch *ach w.*].

wênec/ic-heit, wênc-heit stF Elend, Unglück, Not.

wenen swV A lenken, erziehen; A+G/Ns*daz* /pD*ze* /pA *ûf* gewöhnen an.

wênen [s.] *wænen.*

wênic(h) [s.] *wênec.*

wênige stF geringe Körpergröße.

wêninc [s.] *wênec.*

wenke stF Bewegung.

wenken[1] swV [Prät. auch *wanct-*] abs./pD*an, vor, ze* / Adv.lok. wanken, schwanken; ausweichen, weichen/ ziehen/ sich abwenden (von/ vor); sich bewegen; schweifen (zu); zweifeln (an), wankelmütig sein; pD*ûz, von* geraten aus; G/D ablassen von; A schwenken, schütteln; A+pD*gegen* anheim geben; A+pA*ûf, ûz* lenken aus/ in; *einen wanc w.* +pD*vor* ausweichen vor.

wenken[2] swV [s.] *winken.*

wenne[1] Interrog.Pron. [s.] *wanne*[1]; *wan*[6].

wenne[2] Adv. [s.] *wan*[2].

wenne[3] Konj. [s.] *wan*[4]; *wanne*[2]; *wan*[7].

wennen [s.] *wænen.*

wentel-mer [s.] *wendelmer.*

wepfen swV pA*umbe* /Adv. lok. hüpfen/ springen (um).

weppel stN Gespinst.

wer[1] Interrog.Pron. wer; wenn jemand.

wer[2] stF Gabe, Gewährung.

wer[3] stF Besitz, (Verfügungs-) Gewalt.

wer[4] stF Verteidigung; Hilfe, Schutz; Widerstand, Gegenwehr; Befestigung, Schutzwall; Hindernis; Angriff, Kampf; Waffe; Heer; Kampfkraft, Tapferkeit.

wer[5] swM Bürge, Gewährsmann; Gewähr, Sicherheit.

wer[6] Pers.Pron. [s.] *wir*.

werbære/er stM Liebhaber, Verehrer; Kuppler.

werbe,warp,warf Adv. mal; -mal [z. B. *ander w.* zum zweiten Mal]; *manig w.* oft.

werbel [s.] *wirbel*.

werben[1]**,werven,werfen, werpfen** stV [IIIb] abs./ Adv./pD *gegen* / p A *wider* handeln (gegen), sich benehmen, sich verhalten (gegen); pD *in,mit* leben in/ mit; umgehen/ verfahren mit; pD *an, nâch* / p A *ûf,umbe* (+D) streben nach, werben/ sich bemühen/ sich kümmern um; sorgen für; refl. +pD *ze* sich bereitmachen zu; A/N s *daz, w* (+D/pD *mit*) werben um; ausführen, betreiben; erwerben, erlangen, erreichen (mit); verschaffen; ausrichten; hervorbringen; verbringen (mit); verkünden; erstreben; wollen, tun; A+pD *gegen* bitten um, verlangen von; A+pD *mit* besprechen mit; Part.Adj. [s.] *werbende*.

werben[2] swV A+D vortanzen.

werbende Part.Adj. tüchtig; *werbender man* Kaufmann; *werbendiu ê* geltendes Recht.

werberinne stF Kupplerin.

werc,werch,werich stN Werk; Tat; (Hand-) Arbeit; Kunst (-werk), Bau (-werk); Vorrichtung, Maschinerie; (Marter-) Werkzeug; Rüstung; Gewebe, Stoff; Flachs; Werg; Ausführung; Wirkung; Kampf; Koitus.

werc-berlich Adj. kunstvoll.

werc-gadem,-gaden stN Werkstatt; Arbeitshaus.

werc-genôz swM Mitarbeiter.

werc-gerüste stN Werkzeug.

werch [s.] *werc*.

werc-hûs stN Werkstatt; Schutzwerk.

werc-lîche Adv. sorglich.

werc-liute,-lûte [s.] *wercman*.

werc-,werke-lôs Adj. untätig.

werc-man stM [Pl. *wercliute, -lûte* stMN] Handwerker; Arbeiter; Schmied; Baumeister; Künstler; Schöpfer.

werc-meister stM Vorarbeiter, Aufseher; (Handwerks-, Bau-) Meister; Schöpfer.

werc-stat stF Werkstatt.

werc-stüc stN Werkstück.

werctac-kleit stN Werktagskleid.

werc-wîse Adj. kunstfertig.

werde[1] Adv. würdig; angemessen; wohlgefällig; herrlich.

werde[2] stF [s.] *wirde*.

werdec/ic- [s.] *wirdec/ic-*.

werde-keit [s.] *wirdecheit*.

werden[1] stV [IIIb] abs./pD *ûz,von,ze* werden (zu); geboren werden, entstehen (aus), sich entwickeln (aus/ zu); wachsen; vorkommen; stattfinden, geschehen; sich erfüllen; Adj./Adv./Nom.(+D) werden; pD *âne* / p A *âne* nicht mehr haben, verlieren; pD *gegen* sich richten gegen; pD *mit* leben in; (*ze teile w.* +)D zuteil werden, zufallen; begegnen; anheim fallen; Inf./ Part.Präs. beginnen, können [auch expl., z.B. *stân w.* stehen bleiben; *sinkende w.* sinken]; D+pD *ze* geraten/ ausschlagen zu; kommen in; *ende w.* +G verbraucht sein; *enein/ inein/ ze rât w.* (+G/ N s *daz,w*) sich einigen auf, übereinkommen, beschließen; *inne(n) w.* +G (be-) merken; *rât w.* +G gerettet/ geheilt/ erlöst werden; gut ausgehen; *über/ übric w.* (+G) übrig bleiben; verschont bleiben/ werden (von); *wol w.* unpers. +A/N s *daz* glücklich sein über; *gesehen w.* [auch] sehend werden; [*w.* + Part.Präs./Prät. auch Hilfsverb zur Bildung von Passiv und Futur].

werden[2] swV abs. angesehen sein.

werdenc-lich [s.] *wirdec-lich*.

werder stM Insel.

werdi- [s.] *wirdec-*.

werec-lich Adj. beständig.

were-haft [s.] *werhaft*[1].

were-lich,-lîche(n) [s.] *werlich*.

werelt(-) [s.] *werlt(-)*.

weren [s.] *wern*.

weren-lich Adj. beständig.

werent-lich,-lîche(n) [s.] *werltlich*.

were-wort [s.] *werwort*.

werfære stM Werfer.

werfe [s.] *werve*.

werfen[1] stV [IIIb] pD *mit* / p A *durch* schießen durch/ mit; p A *umbe* würfeln um; A (+Adv.) werfen; schießen; ab-, aus-, wegwerfen; her-

vorbringen; A+D hinwerfen;
A+pD*gegen,wider* / p*A*an, *in,
über,ûf,umbe,under,vûr,wider*
(+D) werfen/ schleudern/ stoßen an/ auf/ gegen/ in/ über/
um/ unter/ vor; richten an/
auf; unterwerfen unter; A+pD
ab werfen/ wälzen/ abwenden von; A+pD*von,ûz* aus-,
wegwerfen/   austreiben/
schleudern aus, verstoßen
aus/ von; A+pD*ze* werfen in,
schleudern auf; zwingen zu;
A+D+pA *durch* ziehen durch;
enzwei w. +A teilen; *mat w.*
+A besiegen; *under sich/ ze
tal w.* +A niederwerfen; *ze
rucke w.* +A verwerfen, zurückwerfen; hintansetzen.

werfen² swV [s.] *werben* ¹.

wer-,were-haft¹ Adj. gerüstet, bewaffnet; kampfbereit; tapfer; befestigt.

wer-haft² Adj. dauerhaft.

wer-haft³ Adj. *w.* werden
+G erfüllen.

wer-haftic Adj. dauerhaft,
beständig.

wergen [s.] *wern* ³.

werich [s.] *werc.*

werigen [s.] *wern* ²; *wern* ³.

werilt(-) [s.] *werlt(-).*

werke-lôs [s.] *werclôs.*

werken swV abs./D arbeiten
(für); A schaffen, errichten;
anbauen; einwirken auf.

werkunge stF Tat.

werlde-mer stN Weltmeer.

werlet [s.] *werlt.*

wer-,were-lich Adj., **-lî-
che(n)** Adv. kampfbereit,
kämpfend; gerüstet, bewaffnet; kämpferisch, kampf-
lustig; tapfer; befestigt.

wêr-lich [s.] *wærlich.*

wêr-lîche(n) [s.] *wærlî-
che(n).*

wer-lôs Adj. wehrlos, unbewaffnet.

**werlt,welt,werelt,werilt,
werlet,wernt** stF Welt; Erde; Schöpfung; Menschheit,
Menschen; Menschenmen-
ge; Weltalter; Weltlichkeit;
in/ ze der werlde [auch] auf
Erden, im Leben.

werlt-arme swM Elender.

werlt-kunic,-chuoninc
stM König der Welt.

**werlt-lich,welt-,werelt-,
werilt-,wer(e)nt-,wert-
lich** Adj., **-lîche(n)** Adv.
weltlich; irdisch; vergänglich.

werlt-man stM Weltmann;
Mensch.

werlt-minnære/erstMLieb-
haber der Welt.

werlt-,welt-rât stM beste
Bewirtung der Welt.

werlt-rûm,-*ruom   stM
weltlicher Ruhm.

werlt-sache stF irdische Angelegenheit.

werlt-schande stF (öffentli-
che) Schande.

werlt-süeze stF Erdenglück.

werlt-tôre swM von der Welt
Betörter.

werlt-vröude stF Erdenglück.

werlt-wâfen stN Waffen der
Welt.

werlt-wirdikeit stF weltliches Ansehen.

werlt-,welt-wîse Adj. welt-
erfahren.

werlt-wünne,-wunne stF
Erdenglück.

werlt-wuostunge stF ver-
derbte Welt.

werlt-zage swM Erzfeigling.

werme,wirme stswF Wärme.

wermde stF Wärme.

wermen,warmen swV A
(+D/pD*ze*) warm machen;
wärmen (an).

**wer-muot,-müet,wur-
muot** stFN Wermut.

wermuot-krût stN Wermut-
kraut.

wermuot-saf stN Wermut-
saft.

wermuot-wazzer stN Wer-
mutsud.

wern¹,weren swV   abs./
A/p A (*biz/unz*) an,*ûf,ze* / Adv.
(+D) dauern (bis zu); wäh-
ren, bestehen; (vor-) halten;
überstehen; Bestand haben,
am Leben sein; bleiben.

wern²,weren,werigen
swV abs. der Beweis sein;
refl.(+G) sich einsetzen/ verbürgen (für); G+pA*umbe*
entrichten für; A(+pD*mit* /N*s
daz*) beschenken/ bezahlen/
versehen (mit); befriedigen;
erhören; Folge leisten; versichern; enthalten; A/D+G/A/
N*sdaz* /Inf.*ze* gewähren; geben, schenken; zugestehen;
leisten, erfüllen, zahlen; zufügen; beschaffen; *wer/ we-
re got!* gebe Gott! bei Gott!

wern³,weren,wer(i)gen
swV refl.(+G/pD*mit*) sich
wehren/ sich sträuben (ge-
gen/ mit); D den Zugang verwehren; sich verteidigen
gegen; A/G/N*sdaz* (+D/pD
gegen,mit,vor) verteidigen/
schützen (gegen/ mit/ vor);
erhalten; verhindern, abwehren (mit/ von); ausfechten;
verwehren, verweigern, versagen; rauben; verbieten;
fernhalten (von); versperren; *dem kinde w.* eine Ab-
treibung vornehmen.

wernt(-) [s.] *werlt(-).*

werpfen [s.] *werben* ¹.

werre stswFswM Sorge, Not;
Schaden; Zwietracht, Streit;
Unruhe, Aufruhr; Verwir-
rung, Ärgernis; Krankheit.

werren stV [IIIb] abs./D (+pD*an*) Leid/ weh tun; Angst/ Kummer/ Sorgen machen; zustoßen; schaden (bei); zusetzen; stören (an), verdrießen, bekümmern, beschweren, schmerzen; fehlen (an); pD*an,in* /refl.(+pD*in,ze*) sich drängen (zu); durcheinander geraten, sich verwickeln/ verstricken (in); in Verwirrung geraten, uneins werden (in); A verwirren, durcheinander bringen; unpers.+A/Ns*ab*(+D) ausmachen.

werre-nis stF Beschwernis, Sorge.

werrer stM Betrüger, Unruhestifter.

werri-keit stF Wirrnis.

werrunge stF Beschwernis, Sorge.

wer-schaft stF Bürgschaft; Auftrag.

wert[1] Adj. wertvoll; wert, würdig; edel, gut, herrlich; berühmt, angesehen, ehrenvoll; lieb, teuer; *w. haben/ halten* +A lieben, schätzen, ehren; *der/ diu gote(s) werde* von Gott Erwählte(r).

wert[2]**,wart** Adv. hin, hinab.

wert[3] stM Wert; Ansehen, Macht; Lohn, Verdienst; Gegenwert.

wert[4] stM Insel.

wert[5] stF Lebenszeit.

wert-lich,-lîche(n) [s.] *werltlich.*

wert-lîche Adv. ehrerbietig.

wert-man stM Ehrenmann.

wert-sam Adj. angesehen.

wert-schaft [s.] *wirtschaft.*

wertzel stN kleine Warze.

werunge[1] stF Bezahlung, Erfüllung.

werunge[2] stF Dauer; Lebensdauer.

werve,werfe stF (Wasser-) Strudel.

werven [s.] *werben*[1].

werv-,*werbe-haft Adj. tätig.

wer-,were-wort stN Ausrede.

wes[1] Interrog.Pron. weshalb, warum, wozu; wovon.

wes[2] Adj. [s.] *was*[1].

wesche[1]**,wösche** stF Wäsche.

wesche[2] swF Wäscherin.

weschel-zagelen swV abs. mit dem Schwanz wedeln.

weschen [s.] *waschen.*

wescherin(ne),wöscherin stF Wäscherin.

wê-schrei stM Wehgeschrei.

weseht Adj. beschwerlich.

wese- [s.] *wesen-.*

wesen[1] anV abs./ Nom./ Adj. (+D)/ Adv. (lok./ temp.) (+D)/ Inf.*ze* +D/ pD*an,bî,in,ob,ûf,under,vor,ze* /p A*wider* da sein (für), existieren, leben (in/ von); dauern; geschehen (an), stattfinden; sein/ bleiben/ sich befinden/ sich aufhalten (an/ auf/ bei/ gegen/ in/ über), dabei sein (bei); liegen an; unpers.+Nom.(+G) geben (von); unpers.+D+Adv. (er-) gehen; zumute sein; G gehören (zu); stammen aus/ von; (beschaffen) sein aus; D erscheinen; pD*mit* bleiben/ leben bei/ in/ mit; erfüllt sein von, gefüllt/ versehen sein mit; pD*nâch* entsprechen; pD *ûz,von* entfernt sein von, gehen/ kommen aus; bestehen aus; pG*âne* /p A*âne* bleiben/ sein ohne; p A*umbe* stehen um; *gâch w.* +refl.D sich eilen; *ger w.* +D+pD*ze* verlangen nach, begierig sein auf; *leit w.* +D Leid tun, ärgern; *zorn w.* +D zornig sein; *w.*

lâzen +A sein/ bleiben lassen; [auch Hilfsverb zur Bildung von Perfekt, Plusquamperfekt und Passiv; s. auch *sîn*]; Part.Adj. [s.] *wesende.*

wesen[2] stN Wesen; Sein; Dasein, Leben; Existenz; Wesenheit; Geschöpf; Gegenwart, Anwesenheit; Aufenthalt, Verweilen, Bleiben; Ort; Eigenschaften, Beschaffenheit; Verhalten; Zustand, Erscheinung.

wesen[3] swV [s.] *wesenen.*

wesende Part.Adj. seiend; wahr, wahrhaft; *kint w .* als Kind.

wesenen,wesen swV abs./ pD*in* gegenwärtig sein in.

wesen-,wesent-heit stF Wesen, Sein; Wesenhaftigkeit.

wesen-lich,wes(e)-,wesent-,bese-lich Adj., **-lîche(n)** Adv. wahr, wirklich; wesenhaft; beständig, fest, sicher; dauerhaft.

wesen-lichkeit,wese-,wes-licheit stF Wesen, Sein; Wesenhaftigkeit.

wesen-,wese-lôs Adj. wesenlos.

wesent- [s.] *wesen-.*

wes-lich(-) [s.]*wesenlich(-).*

wespe [s.]*webse.*

wessel [s.] *wehsel.*

west-,weste-barn [s.]*westerbarn.*

westen[1]**,westene,westent** Adv. nach/ von Westen.

westen[2] stM Westen.

westener,westner stM Westwind.

westent [s.] *westen*[1].

westen-wint stM Westwind.

wester[1] Adj. westlich.

wester[2]**,westert,west(e)-ret** Adv. im/ nach Westen.

wester[3] stF Taufkleid; *an/ in der w.* von Geburt an.

wester-barn,west-,wes-te-barn stN Täufling.

westeret [s.] *wester* [2].

wester-,westert-halp, -halben Adv. im Westen.

wester-huot stM Taufkleid.

wester-kint stN Täufling.

wester-lant stN Abendland.

wester-lege stF Einkleidung des Täuflings.

wester-rîch stN Abendland.

westert(-) [s.] *wester(-)*.

wester-wint stM Westwind.

westner [s.] *westener*.

westret [s.] *wester* [2].

Westvâle Subst. Westfalen.

wesunge stF Wesen, Wesenheit; Eigenschaft, Beschaffenheit; Substanz.

wet,wetâ Interj. [Kampfruf, Auf-, Herausforderung].

wê-,wêwe-tac stM Leiden, Schmerz, Krankheit.

wê-tât stF Schmerz.

weten[1]**,wetten** stV [Va] A+ D anspannen; A+pD*in,mit, nâch,ze/ p A in,under* verstricken in, verbinden zu, vereinigen in, umstricken mit, spannen unter; A+pD*ûz* befreien aus; *zesamene w.* +A verbinden.

weten[2]**,wetten,wehten** swV [Prät. auch *watte-* ; Part. Prät. auch st *geweten*] pD *in/ p A durch,umbe* waten/ trampeln durch/ in/ um; pD*ze* pilgern zu; A durchwaten, zertrampeln; A+pD*in* ertränken in.

weter,wetter,wed(d)er stN Wetter, Unwetter, Gewitter; frische Luft.

weter-plitzen stN Blitzschlag.

weter-gens,*-gans stF freilaufende Gans.

weter-gruoz stM Wohltat des Wetters.

weter-,wetter-letzen swV abs. wetterleuchten.

weter-lich Adj. *weterlicher wandel* Wetterwechsel.

weter-sager stM Wetterprophet.

weter-sorgære/er stM Wetterbeschauer, Wetterdeuter; wetterfühliger Mensch.

weter-var Adj. wettergegerbt.

weter-wîse Adj. wetterkundig.

wêt-lîche [s.] *wætlîche* [1].

wet-louf(-) [s.] *wettelouf(-)*.

wette[1] Adj. ausgeglichen; *w. machen* +A in Ordnung bringen.

wette[2] stN Wette; Pfand; *en/ in/ ze w., nâch dem w.* um die Wette; *ze w. stân* (+D) der Wetteinsatz sein, auf dem Spiel stehen (für); *daz w. wirt im* er gewinnt die Wette.

wette-haft Adj. straffällig.

wette-,wet-louf stM Wettlauf.

wette-,wet-loufen stN Wettlauf.

wetten[1] swV abs./G wetten (auf); D Strafe zahlen; A verhängen, festsetzen; A/G+D zahlen, entrichten; zu-, versprechen; A+pA*umbe* wetten um.

wetten[2] stV [s.] *weten* [1].

wetten[3] swV [s.] *weten* [2].

wetter(-) [s.] *weter(-)*.

wettes Adv. *w. stân* auf dem Spiel stehen.

wê-tuon[1] anV abs./D weh tun, schmerzen; Part.Adj. [s.] *wêtuonde.*

wê-tuon[2] stN Schmerz.

wê-tuonde Part.Adj. schmerzhaft.

wetze stF Schneide.

wetzen swV abs. die Zähne fletschen; A(+D)(+pD*an,bî/ p A an*) wetzen/ schärfen (an); reizen; *tjoste w.* Zweikämpfe ausfechten.

wetze-,wetz-stein stM Wetzstein.

wevel,wefel stN Gewebe; Kett-, Zettelgarn [Längsfäden des Gewebes]; *w. und warf* Kette und Schuss.

wevelen swV A weben.

wêwe [s.] *wê* [3].

wêwen,wêben swV D schmerzen.

wêwe-tac [s.] *wêtac.*

wêwic-,wêwige-lich Adj. schmerzhaft.

wezzeric,wez(z)ric,wazzeric Adj. feucht, flüssig.

wezzeric-heit stF Feuchtigkeit.

wî[1] Interj. [Klage].

wî[2] Interrog.Pron. [s.] *wie* [1].

wî[3] swM [s.] *wie.*

wibel[1] stM Käfer, Made.

wibel[2] swF [s.] *biblie.*

wibel-brôt stN Brot aus wurmstichigem Getreide.

wibel-val,-var Adj. fahl/ bleich wie eine Made.

wîben swV Adv./refl.(D) (+Adv.) heiraten; sich wie eine Frau verhalten; sich für eine Frau gehören; A(+pD *mit/* Adv.) verheiraten mit.

wîbes-lîp stM Frau.

wîbes-name swM Frau.

wîbe-tôr swM Weibernarr.

wîbisch Adj. weibisch.

wîc,wîch stM Kampf, Schlacht.

wîc-gar[1]**,wîch-gar** Adj. kampfbereit.

wîc-gar[2] stF Rüstung.

wîc-genôz stM Kampfgefährte.

wîc-geroste,-*gerüste stN Rüstung.

wîc-geserwe stN Rüstung.
wîc-gewant stN Rüstung.
wîc-,wîch-gewæte stN Rüstung.
wîc-,wîch-got stM Kriegsgott.
wîc-grim Adj. kampfbegierig.
wîch stM Wanken.
wîch(-) [s.] *wîc(-)*.
wîchâ,wîch Interj. [Warnruf].
wîc-haft Adj. kriegerisch; kampftüchtig.
wîch-boum,-poum stM Seidelbast.
wîchen stV [Ia] **abs.** sich zurückziehen, -halten, zurücktreten; weichen, weggehen, fliehen; D sich entziehen; ausweichen, aus dem Weg gehen; pD*ab,nâch,ûz,von,ze* / pA*an,bî,in* (+D)/Adv.lok. (zurück-) weichen von/ vor, (zurück-) treten aus/ von; weggehen/ sich zurückziehen aus/ in/ von/ zu; pA*durch* +D dringen durch; pA*ûf*(+D) sinken auf; *hinder sich w.* verschwinden; *hôher/ zerücke w.* zurücktreten, abziehen; *umbe w.* umkehren.
wîch-lich Adj. schwächlich.
wîc-horn stN Kriegshorn.
wîch-poum [s.] *wîchboum*.
wîch-tuom [s.] *wîhetuom*.
wîc-hûs stN Festungsturm, Wehrturm.
wîch-,*wîc-vaz stN Streitsüchtiger.
wîch-wazzer [s.] *wîhewazzer*.
wicke stswF Wicke; *als einiu w.* gar nicht.
wicke-wâfen [s.]*wîcwâfen*.
wîc-,wîch-lîche(n) Adv. kampftüchtig, kampflustig; in kriegerischer Absicht.
wîc-liet stN Kampflied.

wîc-nôtic Adj. im Kampf bedrängt.
wîc-ræze Adj. kampfbegierig.
wîc-sanc stM Kampflied.
wîc-spæhe Adj. kampferprobt.
wîc-stat stF Schlachtfeld.
wîc-,wicke-wâfen stN (Kriegs-) Waffe.
wîc-,wîch-wer stF Waffen, Rüstung.
wide stswF Strang, Strick; Galgen; *bî der wîde(n)* bei Todesstrafe, bei Strafe des Hängens; *die w. erteilen* die Strafe des Hängens aussprechen.
wîde[1] swF Weide, Weidenzweig.
wîde[2] Adv. [s.] *wîte* [1].
wideme swM Dotierung/ Ausstattung/ Stiftung/ Pfründe (einer Kirche/ eines Bistums).
widemen swV refl.+pD*in* sich niederlassen in; A hervorbringen; A+D weihen, übereignen; A+pD*mit* ausstatten mit; A+pA*in* bringen in.
widem-guot stN *heiligez w.* Kirchengut.
widen swV pD*mit* zuhauen mit; A(+pD*mit*) züchtigen, quälen (mit); A+pD*an,nâch, ûz* (aus-) strecken an/ nach, zerren aus; A+pA*ûf* festbinden auf.
wîden [s.] *wîte* [1].
wider[1]**,widere,witer** Adv. [auch *her/ hin w.*] wieder; zurück; noch einmal, von neuem; entgegengesetzt; feindlich; zuwider; *w. unde vür/ dan* hin und her, nach allen Seiten, überall; immer wieder; *dâ/ hie w.* dagegen; *dâ ist niht w.* dem steht nichts entgegen.

wider[2] Präp.+D/A gegen; zu, mit, auf; gegenüber; verglichen mit; bei; *w. strît/ einander* um die Wette.
wider[3]**,weder** stswM Widder.
wider-antwurten,-geantwurten swV A+D wieder-, zurückgeben.
wider-bellen stV [IIIb] pD *gegen* eifern gegen.
wider-bern,-pern,-gebern stV [IVa] A(+D/pD*in*/ pA*in*) wiedern gebären (in).
wider-biegen,-bûgen stV [IIa] A(+pA*in*) zurückbeugen, -biegen (in).
wider-bieten stV [IIb] D Fehde ansagen,den Krieg erklären; A(+D) aufkündigen; widerrufen, aufheben; Ns+ pA*in* entbieten/ androhen lassen in.
wider-bilde stN Ebenbild.
wider-bilden swV A(+pD*in* / pA*in*) erneuern; abbilden/ versetzen (in).
wider-bildic Adj. ebenbildlich.
wider-biz stM Widerstand.
wider-bîzen stN Widerstand; Gewissensbisse.
wider-blic stM Widerspiegelung.
wider-blicken stN Anblicken.
wider-bot,-pot stN Fehdeansage.
wider-bougen swV abs./pA *ûf* zurückkehren (zu); sich zurückwenden (auf).
wider-bougic Adj. *w. machen* +A+pA*in* sich zurückwenden lassen in.
wider-bougunge stF Rückbesinnung; Widerstand, Widerstandskraft.
wider-brâht- [s.]*wiederbringen*.

wider-breche stF Widerstand.

wider-brechen [s.] *widerbrehen.*

wider-bredigen,-predigen swV A predigen gegen.

wider-brehen,-brechen, -prehen stV [IVa] refl. sich widersetzen;(refl.+)pD*in* sich widerspiegeln auf/ in, widerscheinen in.

wider-bringen,-pringen, -brengen,-prengen stswV [IIIa, Prät. *widerbrâht-*] A/N*sdaz* (+D/pD*ze, mit,von* /pA *an,in*) zurückbringen, -führen,-holen (an/ in/ von/ zu), wiederbringen; wieder gutmachen, wiederherstellen; heilen (mit), retten; wiederholen; aufholen; zu Bewusstsein bringen; A+G abbringen von; bringen um.

wider-bringer stM Retter.

wider-brüchic,-prüchig Adj. ungehorsam.

wider-bruhte stF Widersetzlichkeit.

wider-bruhtic,-pruhtic, -prühtic Adj. ungehorsam, aufsässig.

wider-bûgen [s.] *widerbiegen.*

wider-burren swV abs. murren.

wider-chiesen [s.] *widerkiesen.*

wider-dienen swV A verdienen; wieder gutmachen.

wider-dienst stM Gegendienst.

wider-diezen stV [IIb] D ein Echo geben.

wider-driez stM Verdruss, Ärgernis; Groll.

wider-dröuwen swV D Drohungen ausstoßen gegen.

wider-drucken swV A un-terdrücken, unterjochen.

wider-dûhen,-*diuhen swV abs. zusammenziehende Wirkung haben.

widere(-) [s.] *wider(-).*

wideren,widern swV refl. sich widersetzen, G/A zurückweisen, missachten, verachten; verhindern, bekämpfen; widerlegen.

wider-gâbe stF Vergütung; Vergeltung.

wider-gâhen swV abs. zurückeilen.

wider-galm stM Widerhall.

wider-gân,-gên anV abs./ D/pD*ze* entgegenkommen, entgegengehen; begegnen; zurückkommen, zurückgehen (zu); sich zurückziehen, weggehen; widerstreben; umlaufen; widerfahren, geschehen; A+D entgegnen.

wider-ganc stM Rückkehr; Rückweg, -zug; Begegnung.

wider-ge- [s.] *wider-.*

wider-geben,widere-geven stV [Va] A (+D) wiedergeben, zurückgeben, zurückerstatten; erbrechen.

wider-gebererin stF Wiedergebärerin.

wider-gebornheit stF Wiedergeburt.

wider-geburt stF Wiedergeburt.

wider-gelt stMN Vergeltung; Bezahlung, Entgelt, Erstattung; Gegengebot; Wiedergutmachung, Schadenersatz; Echo.

wider-,widere-gelten stV [IIIb] A(+D) zurückzahlen, vergelten; einbringen.

wider-gên [s.] *widergân.*

wider-gesiht stF Widerschein; Reflexion.

wider-geven [s.] *widergeben.*

wider-geverte stN Gegenangriff.

wider-gewinnen stV [IIIa] A(+D) zurückgewinnen, zurückerobern; zurückbringen, zurückholen.

wider-glanz stM Widerschein, (Ab-) Glanz; Schönheit.

wider-glast stM Widerschein, Glanz.

wider-glenzen swV abs. widerscheinen, prangen.

wider-glesten swV pD*gegen* um die Wette strahlen mit; D(+pD*in*) sich spiegeln in.

wider-grîfen stV [Ia] pD*ze* / Adv.lok./Inf. wieder anfangen bei/ zu.

wider-grîn stM Gegenwehr.

wider-grîner stM Widerspenstiger.

wider-grüenen stN Erneuerung.

wider-gruoz stM Antwort.

wider-habe stF Widerstand.

wider-haben,-hân,-gehaben swV abs. aufhören; refl. Widerstand leisten; refl.+pD *mit* sich festhalten mit; A zurückhalten; zurückbekommen.

wider-haft stM Widerhaken.

wider-hâke,-hagge swM Widerhaken.

wider-halden [s.] *widerhalten.*

wider-halt stM Vorbehalt.

wider-halten,-gehalten, -halden stV [VIIa] abs. gegenhalten; A erhalten; zurückhalten.

wider-hân [s.] *widerhaben.*

wider-handeln swV refl.+pD *ze* ausschlagen zu.

wider-hæres Adv. gegen den Strich.

wider-heblîche Adv. gegensätzlich.

wider-heilen stN Anheilen.

wider-helfen stV [IIIb] D aufhelfen; Entschädigung verschaffen.

wider-hellen stV [IIIb] abs./ G widerhallen (von).

wider-hiuze stF Rivalität.

wider-horten swV refl.+pA *vür* sich wappnen gegen.

wider-hugen swV abs. zurückkehren wollen.

wider-îlen swV abs. zurückeilen.

wider-înganc stM Rückkehr.

wider-îngevlozzenheit stF Rückfluss.

wider-înjehen stN Zurückschauen.

wider-învliezen stN Zurückströmen.

wider-înwal stM Zurückströmen.

wider-kapfen stN Zurückschauen.

wider-kâre [s.] *widerkêre*.

wider-kârt- [s.]*widerkêren*.

wider-kêre,-kâre stMF Rückkehr, Heimkehr; Rückzug, Umkehr; Abwendung; Wandlung; Abweichung; Weg; Vorstoß; *âne alle w.* ohne Ende.

wider-kêren,-gekêren swV [Prät. auch *widerkârt-*] abs./ pD*gegen,von,ze* / pA*an, in* /Adv.lok. wieder-, zurückkommen; zurückkehren (an/ in/ von), umkehren, heimkehren; sich zurückwenden; sich abwenden von; refl. (+pD*ze*) umkehren/ sich umwenden (zu); A(+pD*ze*) zurückholen/ zurückbringen (zu); wieder gutmachen, ändern.

wider-kêrunge stF Abkehr.

wider-kiesen,-chiesen stV [IIb] A ablehnen.

wider-kîp stM Aufsässigkeit.

wider-knote swM Empörung.

wider-komen,widere-kumen,-quemen stV [IVba] abs./G/D/pD*ze* zurückkommen, -kehren (zu); umkehren; loskommen/ sich abkehren (von); sich erholen (von); sich bessern; wieder gutmachen; rückgängig machen; zurückgegeben werden; entsprechen.

wider-kôsen stN Antwort.

wider-koufen swV A+D zurückkaufen.

wider-kraft stF Widerstand.

wider-kriec stM Widerstreit; Widerspruch; Widerstand.

wider-kriechen stV [IIa] abs./pA*in* zurückkriechen (in).

wider-kriegen swV abs./pD*ze* zurückstreben (zu); widerstreben; pD*von* wegstreben von; A bekämpfen.

wider-kumen [s.] *widerkomen*.

wider-kunft,-kumft stF Rückkehr, Wiederkehr.

wider-lâzen,-lân stV [VIIb] A+D wiedergeben, überlassen; *diu ougen w.* +pA*an* den Blick zurückgeben.

wider-legen swV D danken; A(+D) vergelten, wieder gutmachen; zusprechen, zuerkennen; einbringen; umbiegen.

wider-lenken stN Zurücklenken.

wider-lernen swV A sich wieder aneignen.

wider-lôn stM Gegengeschenk.

wider-lônen swV A+D belohnen.

wider-louf stM Rücklauf; Rückkehr.

wider-loufen stV [VIIe] pD*ze* zurückkehren zu; D widerfahren, begegnen; erscheinen.

wider-lûhten,-*liuhten swV pD*in* sich widerspiegeln in.

wider-machen swV A erneuern, wiederherstellen.

wider-mære stN Geschehen.

wider-mezzen stV [Va] A+D vergelten.

wider-müete[1] Adj. zuwider.

wider-müete[2]**,-muot, -mûte** stMFN Ungehorsam; Widerstand; Unmut, Zorn; Ärger; Missgeschick; Übel, Ungemach, Unglück; Kränkung, Unrecht.

wider-müetic Adj. aufsässig.

wider-muot [s.] *widermüete*[2].

wider-murmel stM Murren.

wider-mûte [s.] *widermüete*[2].

widern [s.] *wideren*.

wider-natiurlich Adj. wider-, unnatürlich.

wider-neigen stN Zurückstreben.

wider-nemen stV [IVa] A wiederbekommen, zurücknehmen; wieder aufnehmen.

wider-pern [s.] *widerbern*.

wider-part stMF Feind, Gegenpartei.

wider-pfant stN Vergeltung.

wider-pflegen stV [Va] abs. Widerstand leisten.

wider-pfliht stF Widerstreben.

wider-pot [s.] *widerbot*.

wider-pr- [s.] *widerbr-*.

wider-prengen [s.] *widerbringen*.

wider-quemen [s.] *widerkomen*.

wider-rafzelen stN Gewissenszweifel.

wider-rangen swV abs. sich widersetzen.

wider-râten stV [VIIb] A (+D) widerraten, abraten von.

wider-rechen,-rechnen swV A(+D) Rechenschaft ablegen über.

wider-rechenunge stF Abrechnung.

wider-rechnen [s.] *widerrechen.*

wider-rede stF Widerspruch; Widerrede, Widerstand; Widerlegung, Rechtfertigung; *âne w.* [auch] unwiderruflich, unwidersprochen.

wider-reden swV [Prät. auch *widerrette-*] abs./D widersprechen; A ablehnen, verweigern; abstreiten, leugnen; Widerspruch/ Einspruch erheben gegen; widerlegen.

wider-reise stF Rückkehr, Rückweg, Rückzug.

wider-reisen stN Rückkehr.

wider-reiten,-gereiten swV A/pD*von* (+D) Rechenschaft ablegen über.

wider-rette-[s.]*widerreden.*

wider-rîten stV [Ia] abs./pA *in* zurückreiten (in); D entgegenreiten, begegnen; Widerstand leisten, sich entgegenstellen; A zurücklegen.

wider-ruc stM Rückkehr.

wider-rucken swV [Prät. auch *widerruht-*] abs. sich aufrappeln.

wider-rüefen swV D die Rückkehr befehlen; A+pA*in* zurückrufen in.

wider-rûf [s.] *widerruof.*

wider-ruht- [s.] *widerrucken.*

wider-ruof,-rûf,-ruoft stM Gegenstimme; Widerspruch; Gegenruf.

wider-ruowe stF Ruhepause.

wider-ruowen swV abs./pD *an,in* sich ausruhen (an/ in).

wider-sache[1] stF *w. haben* +D Widerstand üben gegen.

wider-sache[2] swM Gegner, Feind, Widersacher.

wider-sachen swV D widerstehen.

wider-sage stF Widerspruch; Fehdeansage.

wider-sagen swV [Prät. auch *widerseit-*] D/pD*ze* / (refl.+)pA*an* Fehde ansagen, Krieg/ den Kampf erklären (gegen); sich entgegenstellen; widersprechen; entsagen; widersagen, sich lossagen von; A/N s*daz* (+D) aufkündigen; versagen, verbieten, verweigern; bestreiten; melden, berichten; A+pD*ze* zufügen zu.

wider-sanc stM Antwortgesang.

wider-sant- [s.] *widersenden.*

wider-satz [s.] *widersaz.*

wider-satzt- [s.] *widersetzen.*

wider-satzunge stF Gegensatz; Widerstand.

wider-saz,-satz stM Widerstand; Gegenwehr; Feindseligkeit; Falschheit; Widerspruch, Gegensatz; Feind, Gegner.

wider-sâze[1] stF Widerstand.

wider-sâze[2] swM Feind.

wider-sæze Adj. aufsässig; kampflustig.

wider-schaffen stV [VIa] A hintertreiben, verhindern; rückgängig machen; wieder erschaffen.

wider-schellen stV [IIIb] abs. widerhallen.

wider-schilt stM Schutzschild.

wider-schîn stM Widerschein.

wider-schînen stV [Ia] abs./ pD*von* strahlen/ leuchten (von); D entgegenstrahlen.

wider-schrift stF Abschrift.

wider-sehen stV [Va] abs./ refl./pA*in* sich umblicken, zurückblicken (in); D Blicke zuwerfen.

wider-seit- [s.]*widersagen.*

wider-senden swV [Prät. *widersant-*] A(+D/pA*in*) zusenden, zurückschicken (in).

wider-senen swV refl. sich zurücksehnen.

wider-setzen swV [Prät. *widersatzt-*] refl.(+G/pD*wider*) Widerstand leisten, sich widersetzen (gegen).

wider-setzic Adj. aufsässig.

wider-sîn,-gesîn anV D sich entgegenstellen, Widerstand leisten; G+D abschlagen.

wider-sinnen stV [IIIa] abs./ pD*ze* zurückkehren (zu).

wider-sinnes,-sinnics Adv. rückwärts, entgegengesetzt.

wider-sitzen stV [Vb] abs./ refl.D sich fürchten, erschrecken; A fürchten.

wider-slac stM Gegenschlag, Gegenwehr; Gegensatz; Widerschein; Reflexion.

wider-slahen,-slagen stV [VIa] abs. sich wehren; widerhallen; refl. sich widerspiegeln; A(+pA*in,ûf*) niederschlagen, zurückschlagen (in/ auf).

wider-slîchen stV [Ia] abs. sich zurückziehen.

wider-snîden stV [Ia] refl.+ pD*in* sich gleichmachen mit.

wider-spân stM Ringellocke.

wider-speht stM Widerrede.

wider-spel stN Bericht.

wider-spênic Adj. widerstrebend, widerspenstig.

wider-spênicheit,-spênikeit stF Widerspenstigkeit.

wider-spêniclîche Adv. widerstrebend, widersetzlich.

wider-sperren swV abs. sich weigern/ widersetzen.

wider-sperric Adj. ungehorsam.

wider-spiln swV abs. zurückstrahlen.

wider-sprâche,-spræche, -sprôche stF Einspruch, Einwand; Widerrede.

wider-sprechen stV [IVa] abs. antworten; D widersprechen; A in Abrede stellen, anfechten; widerrufen; widerlegen; ablehnen, leugnen; zurückweisen.

wider-sprechunge stF Widerspruch.

wider-sprôche [s.] *widersprâche.*

wider-stal stM Hindernis.

wider-stân,-stên,-stôn anV abs./D sich widersetzen, Widerstand leisten, sich entgegenstellen; widerstehen, widerstreben; zuwider sein; A verhindern.

wider-stellen swV refl.(+D)/ D Widerstand leisten; sich widersetzen.

wider-stên [s.] *widerstân.*

wider-stendic Adj. widerwärtig; ungehorsam.

wider-stôn [s.] *widerstân.*

wider-stôz stM Widerstand, Gegengewicht; Widerwille; Angriff.

wider-stôzen stV [VIId] abs. aufprallen; refl.+pDan prallen auf; G Widerstand

leisten gegen; D begegnen; A zurückstoßen.

wider-strâze stF Intrige.

wider-strebe stF Widerstand; Widerstandskraft.

wider-streben swV abs./D Widerstand leisten, widerstreben.

wider-strît stM Widerstand, Gegenwehr; Widerstandskraft; Wettstreit; Gegner; âne/ sunder w. [auch] unstreitig, unwidersprochen; unverzüglich; (en/ in) w. um die Wette.

wider-strîte swF Gegnerin.

wider-strîten stV [Ia] abs./D Widerstand leisten; G(+A)/A abschlagen, abstreiten.

wider-strîtes,-strîtz Adv. um die Wette.

wider-strîtic Adj. ungehorsam.

wider-strîtz [s.] *widerstrîtes.*

wider-sturm stM Gegenwehr.

wider-sturz stM Gegenschlag.

wider-stürzen,-sturzen swV abs. umknicken; refl. umkehren.

wider-stutz stM Widerstand.

wider-swal stM Widerstand, Hemmnis; Gegensatz.

wider-swanc stM Gegenschlag; Rückfluss, Rückkehr.

wider-tât stF Vergeltung.

wider-teil stMN Gegenteil.

wider-teilen swV A+D aberkennen, absprechen.

wider-töufen swV A erneuen.

wider-tragen stV [VIa] abs. sich zurückbeziehen; A(+pA in) zurücktragen, zurückbringen (in).

wider-traz stM Konkurrenz.

wider-trecken swV abs. sich zurückziehen.

wider-treten stV [Va] D entgegentreten; begegnen; widerfahren; zurückkehren.

wider-trîben,-getrîben stV [Ia] refl.+D sich widersetzen; A(+G/pDvon /p Ain, ûf) zurücktreiben (in), vertreiben; abwehren/ abbringen (von); (ver-) hindern; zurückhalten; widerlegen (in); zurückbringen (auf/ zu).

wider-trîp stM Einwand.

wider-tuon anV A(+D) wieder gutmachen, zurückerstatten; wiederherstellen; rückgängig machen; zurückdrängen.

wider-umbe Adv. noch einmal.

widerunge stF Widerstreben.

wider-vâhen stV [VIIb] pD ze zurückkehren zu; A stützen; anhalten.

wider-val stM Rückfall.

wider-vallende Part.Adj. rückfällig.

wider-varn stV [VIa] abs./ pAan,in zurückkehren, -gehen (in/ zu); D widerfahren, geschehen; zuteil werden; zustoßen; sich bieten; entgegenkommen, begegnen; entgegentreten.

wider-vart stF Rückkehr; Umkehr; Rückweg.

wider-vehte[1] stF Widerstreben.

wider-vehte[2] swM Widersacher, Gegner.

wider-vehten stV[IVa] abs./ D entgegenstehen; widerstreben, Widerstand leisten; G verhindern; *mit der urteil w.* das Urteil anfechten.

wider-vehter stM Widersacher, Verfolger.

wider-vehtunge stF Widerstreit; Aufsässigkeit.
wider-verlîhen stV [Ib]
A+D wiedergeben.
wider-vinden stV [IIIa] A
wieder finden, -bekommen.
wider-vlêgen,-*vlêhen
swV A Abbitte tun für.
wider-vliegen stV [IIa] pA
in zurückfliegen in.
wider-vliezen stV [IIb]abs./
pA*in* zurückströmen (in).
wider-vliezunge stF Zurückströmen.
wider-vloz [s.] *widervluz.*
wider-vluochen stN Fluchen.
wider-vluz,-vloz stM Zurückfließen, Rückfluss.
wider-vordern,-vodern
swV A zurückfordern.
wider-vûch,-*vuoc Adj. unbequem.
wider-vüeren swV [Prät.
widervuort-] A(+pD*ze*/pA
ûf/Adv.lok.) zurückbringen
(auf/ zu); A+D entgegen-
bringen.
wider-vüller stM Sättiger.
wider-vuort- [s.] *wider-
vüeren.*
wider-walten stV [VIIa]
abs./G abnehmen (an).
wider-wanc stM Wiederkehr; Schwanken, Unbe-
ständigkeit; Flucht; *w. tuon*
um-, zurückkehren.
wider-wanct- [s.] *wider-
wenken.*
wider-want[1] Adj. verdorben.
wider-want[2] stM *w. tuon*
zurückkehren.
wider-wart[1]**,-warts** Adv.
umgekehrt, entgegengesetzt;
hinzu.
wider-wart[2]**,-warte** stswM
Gegner, Feind, Widersa-
cher.
wider-wart[3] stF Widrigkeit;

Gegenteil; Hintergedanke.
wider-wart(-) [s. auch] *wi-
derwert(-).*
wider-warte,-warts [s.]
widerwart.
wider-wec stM Abwendung.
wider-wegen stV [Va] D
gleichkommen; A(+D/pD
mit/Adv.) aufwiegen/ zurückgeben, -zahlen/ vergelten (mit); ausgleichen; übertreffen.
wider-wehe swM Widersacher.
wider-wehsel stM Gegenwehr.
wider-wende stF Rückkehr;
âne w. unaufhörlich.
wider-wenden stV [IIIb]
abs./pD*ze* um-, zurückkehren (zu), sich umwenden/
drehen; pD*ob,ûf*(+D) abpral-
len auf; A rückgängig ma-
chen; verhindern; *âne w.*
ohne Wanken.
wider-wenken swV [Prät.
widerwanct-] abs. zurückweichen, -zucken.
wider-wer stF Widerstand,
Hindernis; Gegenwehr; Wi-
derspruch.
wider-werden stV [IIIb] D
wiedergegeben werden.
wider-werdic [s.] *wider-
wertec.*
wider-weren [s.] *wider-
wern.*
wider-werfen stV [IIIb] refl.
sich ändern; A(+D) herum-
werfen; umstoßen; zurück-
geben; anfechten, verwer-
fen.
wider-werfunge stF Ein-
wurf.
wider-wern[1]**,-weren** swV
A+A zurückerstatten.
wider-wern[2]**,-weren** stN
Widerstreben.
wider-wert,-wart Adj. ge-

gensätzlich; feindlich.
**wider-wertec/ic,-werdic,
-wartic** Adj. gegensätzlich,
entgegengesetzt; feindlich,
schädlich; schlimm, unangenehm.
**wider-werticheit,-war-
ticheit,-wertekeit,-wer-
tikeit** stF Gegensatz, Widerspruch; Widerstreben,
Feindseligkeit; Unannehm-
lichkeit, Unglück.
wider-wertlich Adj. gegensätzlich.
wider-wette stF Sicherheit,
Pfand.
wider-winde stF Widerstand; Verdruss.
wider-winden stV [IIIa]
abs./D/pD*an,ûf* aufhören,
enden/ stecken bleiben an/
auf; zurückkehren, -kom-
men; G ablassen von.
wider-winne,-wünne swM
Feind, Gegner.
wider-wint[1] stM Widerstand.
wider-wint[2] stM Gegen-
wind, widriger Wind.
wider-wîsen stV [Ia] A fehl-
leiten.
wider-wort stN Antwort, Erwiderung; Widerspruch, Widerrede.
wider-wünne [s.] *wider-
winne.*
wider-würken swV A hintertreiben.
wider-zæme[1]**,-zâme** Adj.
unangenehm, widerwärtig;
unlieb, missfällig; tadelnswert, unschicklich, unpassend; schädlich.
wider-zæme[2]**,-zâme** stF
Widerwillen.
wider-zemen stV [IVa] D
missfallen, widerstreben.
wider-zêmkeit stF Widerwillen.

wider-ziehen,-geziehen
stV [IIb] A(+pD*von*) zurück-
ziehen/ zurückhalten (von),
zurückbringen; widerrufen;
vertreiben; A+D vorbeifüh-
ren an.

wider-zuc stM Gegenkraft.

wider-zucken swV A zurückziehen, verhindern.

wider-zugel stM Zügel.

widewe [s.] *witewe.*

wîdîn Adj. *w. holz* Weiden-
holz.

wie¹,wî,wê Interrog.Pron.
wie; warum, wieso; was;
welch, was für ein [auch *w.
getân*]; *w. ob* was (ist/ ge-
schieht) wenn; vielleicht
dass.

wie² Konj. wie; als ob, wie
wenn; als; obwohl [auch *w.
wol*]; wenn; ob; damit.

wîe,wî,wîhe,wîge swM
Weih [Raubvogel].

wieche stM Docht.

wiege,wige stswF Wiege.

wiegen-bant stN Wiegen-
band.

wie-,wî-getân Part.Adj.
welch.

wie-lîche stF Eigenschaft.

wie-licheit stF Beschaffenheit.

wîen [s.] *wîhen.*

wie-râch [s.] *wîrouch.*

wierd- [s.] *wird-.*

wiere stF Golddraht, Goldschmuck.

wieren,wîren swV A(+pD
in,mit) schmücken/ verzieren
(mit), einlegen (in), besetzen
(mit).

wie-rôch,-rouch [s.] *wî-
rouch.*

wiert(-) [s.] *wirt(-).*

wif stM Schwung.

wifen swV A schnappen.

wîgant stM Held, Kämpfer.

wige [s.] *wiege.*

wîge [s.] *wîe.*

wîger [s.] *wîher.*

wî-getân [s.] *wiegetân.*

wîh- [s.] *wîhe-.*

wîhe¹ Adj. heilig.

wîhe² Adv. als Heiliger.

wîhe³ stF Weihe.

wîhe⁴ swM [s.] *wîe.*

wîhe-,wîhen-brunne swM
Weihwasser.

wiheln swV abs. wiehern.

wîhen,wîen swV A(+D/pD
mit,ze) weihen (für/ zu),
segnen (mit).

wîhen-brunne [s.] *wîhe-
brunne.*

**wîhe-naht,wî(h)-,wîhen-
naht** stF Weihnachten.

**wîhe-nahttac,wî(h)-,wîn-
nahttac** stM Weihnachtstag.

wîher,wîger stM Weiher.

wîhe-,wîch-tuom stN
Weihe.

wîhe-,wîch-wazzer stN
Weihwasser.

wîhs-tuom [s.] *wîstuom.*

wiht stMN (Böse-) Wicht,
Kerl; Etwas, Nichts; *ein w.*
[auch] wenig, kaum etwas,
gar nichts; *en/ in w.* umsonst.

wihtel(în) stN Zwerg.

wihte-schal stF Waagschale.

wihtic Adj. kreatürlich.

wîl stM Schleier.

wil-brât [s.] *wiltbræt.*

wilde¹,wilt Adj. wild; fremd,
unbekannt; fern; wunderbar,
unbegreiflich; seltsam, sonderbar, unheimlich; unge-
stüm, ungebärdig; unstet;
zuchtlos, zügellos; rau, unwegsam, wüst, unbewohnt.

wilde² Adv. heftig; wie ein
(Raub-) Tier; in die Wildnis.

wilde³ stF Wildnis; Wildheit.

wildec/ic-heit,wilde-keit
stF Wildheit.

wildec/ic-lich Adj., -lîchen
Adv. wunderbar; zügellos,
unbeherrscht.

wilde-keit [s.] *wildecheit.*

wilde-,wilt-lich Adj. sonderbar.

wilden swV D fern sein, fernbleiben.

wildenære/er stM Jäger;
Wilderer.

wîle stswF Zeit; Weile; Tageszeit; Stunde; Augenblick;
*(al) die wîle (daz/ sô/ und/
unz)* [auch] solange (wie),
inzwischen, während (-des-
sen), als, weil; *ein w.* [auch]
eine Zeit lang; *manec w.*
lange Zeit; *der w.* längst; *bî/
under wîle(n)* manchmal, inzwischen, einst; *bî einer w.*
bald darauf, nach einiger
Zeit; *ein w. ... ein w.* bald ...
bald; *diu jungeste w.* das
Jüngste Gericht; *einer hende
w.* Handumdrehen.

wilech/ich [s.] *welh.*

wîlen¹,wîlent Adv. früher,
einst [auch *w. ê*]; manchmal;
w. ... w. bald ... bald, mal
... mal.

wîlen² swV A verschleiern;
(als Nonne) einkleiden; A+
D/pD*ze* weihen (zu).

wîlent [s.] *wîlen* ¹.

wîler stM Gehöft, Weiler,
Dorf.

wilh [s.] *welh.*

wil-kome(n),-kume(n)
[s.] *willekomen.*

wille stswM Wille; Wollen,
Absicht, Vorhaben, Vorsatz,
Entschluss; Wunsch, Ver-
langen; Gefallen; Bereitwilligkeit, (Dienst-) Eifer; Ein-
willigung; Sinn, Gesinnung;
âne/ über willen gegen den
Willen; unabsichtlich; *umbe/
durch ... willen* für, wegen,
um ... willen, zuliebe; *mit*

willen [auch] absichtlich, bewusst; freiwillig; bereitwillig, gern.

willec/ic,willich Adj./Adv. (bereit-, frei-) willig; eifrig, diensteifrig, dienstwillig; ergeben, gefügig, gutwillig, nachgiebig; freigebig; bereit, entschlossen; freundlich (gesinnt); einvernehmlich; willkommen.

willech/ich-lîche(n) [s.] *willeclîche(n)*.

willec/ic-lich Adj. (bereit-, frei-) willig; eifrig; freundlich; bewusst, absichtlich.

willec/ic-lîche(n),willenc-,willech/ich-lîche(n) Adv. gern, bereitwillig; freudig, eifrig; freiwillig; von selbst; geduldig; mit Absicht, bewusst, entschlossen; gnädig.

wille-,willi-keit stF Bereitschaft, Bereitwilligkeit; *eigen w.* Eigensinn.

wille-klage stF Klage über vorgetäuschte Schmerzen.

wille-kome,wil-komen, -kume(n) Adj. willkommen.

wille-kür,willen-kur, -kor stMF (freier) Wille; Wunsch; Wahl; Entschluss; Willensfreiheit [auch *vrîe w.*]; Freiwilligkeit.

wille-kürn swV pD*nâch* /p A *ûf* trachten/ verlangen nach; D+Inf.*ze* verurteilen zu; A beschließen; A+pD*ze* betrachten als; *wider sînen muot w.* bei sich denken.

wille-,wil-lôskeit stF Willenlosigkeit.

willen swV D zu Willen sein, nachgeben; A(+pD*mit* /p A *ûf*) willig machen (mit/ zu).

willen-brechen stN Unterdrückung (des eigenen Willens).

willenc-lîche(n) [s.] *willeclîche(n)*.

willen-kür,-kur [s.] *willekür*.

willen-lôs Adj. willenlos.

wille-tôre swM Narr/ Tor aus eigenem Entschluss.

wille-,will-wenken stN Wankelmut.

willich [s.] *willec*.

willigen swV A+pD*mit* willig machen mit.

willi-keit [s.] *willekeit*.

wil-lôskeit [s.] *willelôskeit*.

will-wenken [s.] *willewenken*.

wil-præt [s.]*wiltbræt*.

wîl-sælde stF Schicksal; Glück.

wilt stN Wild; wildes Tier.

wilt(-) [s. auch] *wilde(-)*.

wilt-ban,-pan stM Jagdrevier.

wilt-bat,-pat stN Heilquelle.

wilt-bræt,-brât,-brêt, -præt,-prât,-prêt,wilbrât stN Wildbret.

wilt-esel stM Wildesel.

wilt-nisse,-nüs stF Wildnis.

wilt-pan [s.] *wiltban*.

wilt-pat [s.] *wiltbat*.

wilt-prât,-præt,-prêt [s.] *wiltbræt*.

wilt-swîn stN Wildschwein.

wilt-werc stN Jagd.

wilt-werkîn Adj. *w.* gewant Pelzgewand.

wîl-vrouwe swF Nonne.

wîl-walde swF Schicksal.

wîl-wesen stN vergängliches Wesen.

wim(m)en swV abs. sich schnell hin und her bewegen.

wimmer stM Gewimmer.

wimpel stM (Haar-) Band.

wîn stM Wein; Weinrebe, Weintraube.

wî-naht(-) [s.] *wîhenaht(-)*.

wîn-ast stM Weinrebenast.

wîn-,wîne-ber,-per stFN Weintraube.

wîn-blat,-plat stN Weinblatt.

wîn-carte [s.] *wîngarte*.

winchel [s.] *winkel*.

winde¹ Adv. *w. und wê werden* unpers.+D+pD*nâch* schmachten nach.

winde² swF (Zelt-) Plane.

Winde [s.] *Wint*.

windel,windle swF Windel.

windeln,winteln swV A (+pA*in*) wickeln (in).

windel-weschen stN Windelwaschen.

winden¹ stV [IIIa] abs./pD *an,ob* (+D) aufhören, enden (an/ über); stecken bleiben (an/ in); refl.(+pD*in,ûz* /p A *durch* /Adv.lok.) sich winden (durch), sich herauswinden (aus); sich wenden/ (um-) drehen; sich wälzen (in); A (+D) ringen; winden; (auf-, ein-) wickeln; schwenken; drehen; auswringen; A+pD *ûz* wickeln/ wringen/ winden aus; A+pD*von* abwenden von; A+pD*ze* /p A*in* wickeln/ stecken/ wenden in/ zu; A+ pA*umbe* (+D) wickeln/ binden um; *herwider w.* zurückkehren; *in ein/ ze houf w.* +A zusammenrollen, zusammenwickeln; Part.Adj. [s.] *windende.*

winden² swV A worfeln [Getreide reinigen].

windende Part.Adj. *mit windender hant* händeringend.

winder(-) [s.] *winter(-)*.

windes-blas stM Windstoß.

windes-brût,-prût stF Windsbraut [Wirbelwind].

windesch/isch Adj. wendisch, slawisch; wetterwendisch.

windes-prût [s.] *windesbrût.*

windic,wintich Adj. windig; blähend.

windle [s.] *windel.*

wine[1] stM Geliebter, (Ehe-) Mann.

wine[2]**,winege/ige,winje** stF Geliebte, (Ehe-) Frau.

wîne-ber [s.] *wînber.*

winege [s.] *wine*[2].

wine-holde swM Freund.

wine-liet stN Liebes-, Tanz-, Gesellenlied.

wînen swV abs. nach Wein schmecken.

wîne-per [s.] *wînber.*

wîne-rebe [s.] *wînrebe.*

wine-schaft,-scheft stF Liebe, Freundschaft.

wîn-garte,-carte swM Weingarten, Weinberg.

wîn-garter stM Winzer.

wîn-gîte swM Trunkenbold.

wîn-gülte stF Weinzins [Naturalabgabe].

wîn-holz stN Rebholz.

wîn-hûs stN Weinschenke.

winige,winje [s.] *wine*[2].

winkel,winchel stM Winkel; Ecke; Versteck; Heimlichkeit.

winkel-diupe swF verstohlene Diebin.

winkel-ê stF heimliche Ehe.

winkeleht Adj. verwinkelt, verworren.

winkel-gâbe stF geheimes Geschenk.

winkel-mâz,-mez stN Winkelmaß; Maßstab.

winkel-mæzic Adj. richtig bemessen.

winkel-mez [s.] *winkelmâz.*

wîn-kelre stM Weinkeller.

winkel-rehte Adv. rechtwinklig.

winkel-sehen stN (Zu-) Zwinkern.

winkel-slange swMF heimtückische Schlange.

winkel-stein stM Eckstein.

winken,wenken swV abs./ Adv.lok. winken; zeigen; blicken; D(+pD*mit*) zuwinken (mit), zublicken; D+Adv.lok. herbeiwinken; A+pD*ze* locken zu.

winken-wanc stM Wälzerei.

wîn-kriechel stN Weinpflaume, Weinkrieche.

wîn-lesen stN Weinlese.

wîn-man stM Schankwirt; Weinhändler.

wîn-nahttac [s.] *wîhnahttac.*

winnen stV [IIIa] abs. toben, wüten, rasen; A gewinnen.

winnunge stF Gewinn.

wîn-per [s.] *wînber.*

wîn-perl stN (Rachen-) Zäpfchen.

wîn-plat [s.] *wînblat.*

wîn-presse stF Weinpresse.

wîn-rabe [s.] *wînrebe.*

wîn-reb-ast stM Weinrebenast.

wîn-rebe,wîne-rabe stsw MF Weinrebe.

winseln swV abs. winseln, piepen.

wîn-smac stM Weingeruch.

wîn-stam stM Weinstock.

wîn-stapfel stM Rebenpfahl.

winster[1] Adj. linke (-r/ -s); schlecht; *ze der winstern (hant)* nach links.

winster[2] stF linke Seite.

winster-halp,winsterthalben Adv. (nach) links.

wîn-stoc stM Weinstock.

wîns-tropfe swM Weintropfen.

wint[1] stM Wind; Sturm; Luft; Blähung; *(als/ sam) ein w. sîn* (wie) ein Nichts/ eine Kleinigkeit sein, nichts bedeuten; *umbe den w.* für nichts und wieder nichts.

wint[2] stM Windhund.

Wint,Winde stswM Wende, Slawe.

wint-brâ,-prâ stF Augenbraue; Wimper.

winteln [s.] *windeln.*

winter,winder stM Winter.

winter-getreide stN Wintergetreide.

winter-halde swF Winterweide.

winter-kalt Adj. bitterkalt.

winter-,winder-kloup stM grimmiger Winter.

winter-lanc Adj. *winterlangiu naht/ zît* lange Winternacht, -zeit.

winter-leit stN Leiden des Winters.

winter-lich Adj., **-lîche** Adv. winterlich.

winter-per,-*ber stM Bär im Winter.

winter-,winder-ræze Adj. schneidend kalt.

winters- [s.] *winter-.*

winter-sorge stF Wintersorge.

winter-trolle swF nicht reif gewordene Traube.

winter-,winters-zît stF Winterzeit.

winter-,winters-zîten Adv. im Winter.

wint-gestœze stN Windstoß.

wint-hûs stN Kelterhaus.

wintich [s.] *windic.*

wînt-môt,*wîn-mânôt stM Weinlesemonat [Oktober].

wint-prâ [s.] *wintbrâ.*

wîn-traht stM Speise mit Wein.

wîn-trûbe swM Weintraube.

wîn-trûbel stMswF Weintraube.

wint-schaffen Part.Adj. wetterwendisch.

wint-seil stN Spannseil.

wint-siusen swV abs. stürmen.

wint-stôz stM Windstoß.

wint-türre,-*dürre Adj. vom Wind ausgedorrt.

wint-vanc stM Windfang.

wint-warp stM Sturmwind.

wint-wurm stM Wanze.

wîn-wahs stM Weinbau; Weingarten, Weinberg.

wîn-zelle stF Weinkeller.

wîn-zürel stM Winzer.

wîp stN Frau; Ehefrau; Frau von niedrigem Stand; (altes/ böses) Weib; (Tier-) Weibchen.

wipfel,wippel stMN Wipfel; Spitze.

wipfelinc stM Wipfel.

wîp-heit stF Weiblichkeit, weibliche Ehre/ Natur/ Würde; weibliches Wesen; Frau; Frausein.

wîp-her stN Frauenheer.

wîp-lich Adj. weiblich, einer Frau entsprechend/ angemessen; weibisch; *wîplichiu art/ wîplicher site* Art/ Natur/ Wesen der Frauen; *wîplichez lachen* Lachen einer Frau; *wîplichez wîp* vollkommene Frau.

wîp-lîche(n) Adv. nach Frauenart, wie es sich für eine Frau gehört.

wip-luppe(n) stN Zappeln, Zittern.

wippel [s.] *wipfel.*

wîp-sælic Adj. (von Frauen) viel geliebt.

wir,wer,bir Pers.Pron. wir.

wîrâch(-) [s.] *wîrouch(-).*

wirbel,werbel stswM Wirbel; Scheitel.

wirbic Adj. schwindlig.

wirde,werde,wierde stF Würde; Ehre; Ansehen, Ruf, Ruhm; Wert; Achtung, Ehrfurcht, Wertschätzung; Eh-

rung, Ehrerbietung; Rang, Stand; Herrlichkeit, Erhabenheit.

wirdec/ic,wierdic,werdich,wurdic Adj. würdig, edel, wertvoll; angemessen; erhaben; *w. sîn/ werden* (+G/Nsdaz) wert sein, verdienen.

wirdec/ic-heit,werdec/ic-heit,werde-,werdi-, wirde-,wirdi-,wurde-, wurdi-keit stF Würde; Ehre; Ansehen, Ruf, Ruhm; Wert; Ehrfurcht, Achtung, Wertschätzung; Ehrerbietung, Ehrung; Rang, Stand; Herrlichkeit, Erhabenheit.

wirdec/ic-lich,werdec-, werdenc-lich Adj. würdig, ehrenvoll; edel, groß, herrlich, vollkommen; ehrerbietig.

wirdec/ic-lîche(n),werdec/ic-,wirdenc-,birdic-lîche(n) Adv. würdig; ehrenvoll, ehrenhaft, in Ehren, ehrerbietig; feierlich; angemessen.

wirde-keit [s.] *wirdecheit.*

wirde-lich Adj. herrlich.

wirde-,wirden-lôs Adj.ehrlos.

wirden swV abs. an Ansehen zunehmen; A/Nsdaz ehren, auszeichnen, schätzen.

wirdenc-lîche(n) [s.] *wirdeclîche(n).*

wirden-lôs [s.] *wirdelôs.*

wirdigen,wurdigen swV A ehren, wertschätzen.

wirdi-keit [s.] *wirdecheit.*

wire-,*were-keit stF (Gesund-) Erhaltung.

wîren [s.] *wieren.*

wiric,*weric Adj. dauerhaft; langwierig.

wirken,würken,wurken swV [Prät. auch *worht-,*

wort- ; Part.Prät. auch *geworht,- wort, -wroht,-wart*] abs./Adv./pDnâch,wider wirken, tätig sein, arbeiten, handeln (nach/ gegen); refl. entstehen, sich erheben; A/Ns daz (+D/ pDvon, ze/ pAin) wirken; tun; (an-) fertigen/ herstellen/ machen (aus/ zu); (er-, ver-) schaffen; vollbringen; bearbeiten; errichten, bauen; hervorrufen, bewirken, verursachen; ausüben, ausführen; befolgen; A+pD an zeugen mit; A+pAûf anbringen auf.

wirker,würker stM Schöpfer; Arbeiter.

wirkerinne,würkerinne stF Verursacherin.

wirk-,wurk-lich Adj., -lîchen Adv. tätig, wirkend; wirklich, gegenwärtig; wirksam.

wirk-licheit,würk-,wurklichkeit stF Tätigkeit; Verwirklichung; Wirklichkeit.

wirkunge,würkunge, wurkunge stF Wirken; Tun; Schöpfung; Hervorbringung; Wirkung, Wirksamkeit.

wirme [s.] *werme.*

wî-rouch,wie-rôch,-râch stMN Weihrauch.

wîrouch-,wîrâch-poum stM Weihrauchbaum.

wîrouchs-,wîrâchs-pulver stN Weihrauchpulver.

wirre-warren stN Verwirrungstiften.

wirs,wirser Adj./Adv.[Komp. von *übel(e)*] schlimmer, übler, schlechter; heftiger; niedriger.

wirst[1]**,wirsist** Adj. [Superl. von*übel*] schlimmste(-r/ -s).

wirst[2]**,wurst** Adv. [Superl. von *übele*] am schlimmsten.

wirt,wiert,wurt stM Herr; Haus-, Burgherr; Herrscher; (Ehe-) Mann; Gastgeber; (Gast-) Wirt; Schutzpatron.

wirte,wierte swM Wirtel [Spulenring der Spindel].

wirtin(ne) stF (Haus-) Herrin; (Ehe-) Frau.

wirt-schaft,wert-,wurt-schaft stF Bewirtung, Aufnahme; Mahl (-zeit), Speise; Gastmahl, Fest; Aufwand; Überfluss; Vorrat.

wirz [s.] *wurze.*

wis Adj. sicher.

wîs[1] Adj. [s.] *wîz; wîse* [1].

wîs[2] stF [s.] *wîse* [2].

wîsære/er stM (An-) Führer; Lehrer.

wis-boum [s.] *wiseboum.*

wisch stM Strohwisch.

wischen,wüschen,wuschen swV [Prät. auch *wist-,wüst-,wust-*] pD*ûz /* pA*durch* rutschen/ schlüpfen aus/ durch; pA*in,ûf /*Adv.lok. huschen/ springen/ fliehen (auf/ in); A(+D/pD*an,mit, von*) (ab-) wischen (aus/ mit); (ab-) trocknen (an/ mit); putzen.

wise,wisse stswF Wiese.

wîse[1]**,wîs** Adj. weise; klug, vernünftig; erfahren; unterrichtet, gelehrt; aufmerksam.

wîse[2]**,wîs** stF Art, Weise; Wesen, Eigenart, Verhalten; Form; Melodie, Lied; *deheine(n) w.* auf keinen Fall, überhaupt nicht; *in alle(n) w.* in jeder Beziehung, vollkommen, vollständig; *in zwei w.* doppelt; *wort und w.* Wort und Tat; Singen und Sagen; [auch expl., z.B. *regens w.* wie Regen; *in knehtes w.* als Knecht; *in franzoiser w.* auf Französisch, *in stuckes w.* in

Stücken].

wîse[3] swM Führer.

wîse[4] swM Weiser; Ratgeber; Gelehrter; Kenner.

wise-bluome,-blûme swM F Wiesenblume.

wise-,wis-boum,-poum stM Wiesbaum [Stange über dem beladenen Heuwagen].

wîsec-lîche Adv. weise.

wisel stswF Wiesel.

wîsel stM (An-) Führer.

wîse-lôs[1]**,wîs-lôs** Adj., **-lôse** Adv. führerlos; ziellos; hilflos, verlassen.

wîse-lôs[2] Adj. unbestimmbar, undefinierbar; eigenschaftslos; unkreatürlich.

wîse-lôseclîche Adv. losgelöst von jeder Form/ Eigenschaft.

wîse-lôsekeit stF Losgelöstheit von jeder Form/ Eigenschaft.

wise-mât stN Heuwiese.

wisen [s.] *wisent.*

wîsen[1] swV A/Ns*w* (+G/D/ A/Inf.) zeigen, offenbaren; vorlegen, vorweisen; beweisen; lehren, erklären, unterrichten (von); anweisen; A+ pA*an, über,ûf* hinweisen auf, verweisen an; unterrichten über; A(+pD*gegen,nâch,ze /* pA*an, durch, in, über, ûf, ûz /* Adv.lok.) führen/ bringen/ geleiten/ wenden (auf/ aus/ durch/ hinter/ in/ nach/ vor/ zu); A+pD*von* abbringen von; *den stîc/ wec w.* +A einen Weg führen; *die hervart w.* +A auf einem Kriegszug anführen.

wîsen[2] swV refl. weise werden.

wisent,wisen stM Wisent.

wise-poum [s.] *wiseboum.*

wiserîch stM [Tanz].

wîserin stF Führerin.

wise-vlecke swM Rasenplatz.

wîse-wesen stN Weise-Sein.

wîs-heit stF Weisheit; Klugheit, Verstand; Erfahrung, Wissen, Kenntnis; Kunst.

wiskunte swM Visconte [Graf].

wîs-lich Adj.,**-lîche(n)** Adv. weise, klug; vernünftig, verständig; besonnen; geschickt.

wîs-lôs,-lôse [s.] *wîselôs* [1].

wîsôde stN Abgabe [in Naturalien].

wispel[1] stM Zischen.

wispel[2] swF [Schlange].

wispeleht Adj. unstet.

wispel(e)n swV abs. wispern, zischen.

wispel-wort stN Flüstern.

wis-poum [s.] *wiseboum.*

wisplôt Adv. säuselnd.

wîs-sage[1] stN Wahrsagerei.

wîs-sage[2] swM Wahrsager, Prophet.

wîs-sage[3] swF Wahrsagerin, Prophetin.

wîs-sagen swV A/Ns(*daz*) (+D/pD*von*) wahrsagen, offenbaren; voraussagen/ künden (von); Part.Adj. [s.] *wîssagende.*

wîssagende Part.Adj. prophetisch.

wîs-sagerinne stF Prophetin.

wîsaginne stF Wahrsagerin.

wîs-saglich Adj. prophetisch.

wisse [s.] *wise.*

wîsse [s.] *wîz.*

wisse-[s.] *wizzen-.*

wist stF Nahrung; Lebensunterhalt, Wohnung; Sorge, Pflege.

wîs-tuom,wîhs-tuom stMFN Weisheit; Verstand, Klugheit; Gelehrsamkeit.

wîsunge stF Führung; (An-) Weisung, Anleitung.

wit stF (Weiden-) Zweig; Strang.

wîtAdj. weit, breit, groß, lang, tief; verbreitet, bekannt.

wît-brehte Adv. lärmend.

wite stM Brennholz; Brandfackel.

wîte¹,wîten,wîde(n) Adv. weit, groß; sehr; weithin; (von) weither; fern; in weitem Umkreis, überall.

wîte² stF Breite, Größe; Ausdehnung; Entfernung; (das) Freie, freies Feld; (freier) Platz/ Raum.

wite-hopf [s.] withopf.

wîten¹ swV abs. größer werden; D zu weit sein; A verbreitern, erweitern, vergrößern; öffnen; A+pD von entfernen von.

wîten² stF Breite, Länge.

wîten³ Adv. [s.] wîte ¹.

witer [s.] wider ¹.

witer(e)n,wittern swV unpers.+Adv.(+D) das Wetter ist gut/ schlecht/ so (für); Adv. (+D) das Wetter machen (für).

wîtern swV A vergrößern.

wite-stecke swM Holzstecken.

witewære,witwer stM Witwer.

witewe,widewe,witwe, witiwe,wituwe,witib swF Witwe.

witewe-,witwe-lîche Adv. wie eine/ als Witwe.

witewen-stuol stM den w. besitzen Witwe sein.

witewen-,witwen-tuom stMN Witwenstand.

wît-hagen swM Weißdorn.

wit-,wite-hopf swM Wiedehopf.

witib,witiwe [s.] witewe.

wît-miulic Adj. breitmäulig.

witschen-brûn [s.] vitschenbrûn.

wît-spür Adj. weithin spürbar.

wît-sweife Adv. in die Ferne.

wît-sweiflîche Adv. weitschweifig.

wittern [s.] witer(e)n.

wituwe [s.] witewe.

wît-vengec Adj. umtriebig.

witwe(-) [s.] witewe(-).

wît-weide Adj. ausschweifend.

witwer [s.] witewære.

witze,witz,wiz(z)e stF Klugheit, Weisheit; Verstand, Vernunft; Erfahrung; Einsicht; Absicht, Überlegung; Vorsicht; Sinn; Kunst (-fertigkeit); mit witze(n) [auch] vernünftig, überlegt; ûz/ von den witzen komen/ scheiden den Verstand/ die Besinnung verlieren; [auch expl., z.B. mit zühteclichen witzen mit Anstand].

wîtze [s.] wîze ².

witze-bernde Part.Adj. weisheitvoll.

witzec/ic,wizzic Adj. weise, klug,verständig; gelehrt; geschickt.

witzec/ic-heit stF Klugheit.

witzec-lîche Adv. klug, vernünftig.

witzegen swV A+pD an,mit klug/ klüger machen durch; unterrichten/ unterweisen in/ mit.

wîtzegen [s.] wîzegen.

witze-haft Adj. klug.

witze-,witz-lich Adj. gebildet.

witze-,wizze-lôs Adj. besinnungslos.

witzen swV A klug machen.

witze-,witzen-rîch Adj. weise, klug.

witz-lich [s.] witzelich.

wiu Interrog.Pron. mit w. womit; nâch w. wonach, wozu; von/ ze w. wozu, warum.

wî-unge stF Weihe.

wî-wint stM Sturmwind.

wiz stM Erkenntnis.

wîz,wîs,wîsse,wîzze Adj. weiß; glänzend, blank; sauber.

wîzære stM Mahner.

wîz-blâ,-plâ Adj. hellblau.

wîz-brôt stN Weißbrot.

wize [s.] witze.

wîze¹ stswF Weiße, weiße Farbe, Weißheit; Reinheit; Helle, Glanz.

wîze²,wîtze,wîzze stswF stN Strafe; Folter, Qual; Fegefeuer, Hölle; Folterwerkzeug.

wîze³ stswN weiße Gesichtsfarbe; Eiweiß; daz w. vürkêren die Augen verdrehen.

wîzegære,wîzigære/er stM Peiniger, Richter.

wîzegen,wîtzegen swV A (+pA umbe) (be-) strafen (für); peinigen, quälen.

wîzen¹ st V [Ia] D(+pA umbe) einen Vorwurf machen (wegen); A/N daz +D vorwerfen; verweisen.

wîzen²,wîzenen,wîzzen, wîzzenen swV A (be-) strafen; peinigen.

wîzen³ swV abs./D weiß werden; glänzen; A weiß machen.

wîzenære/âre,wîzzenære/ âre stM Peiniger; Folterknecht, Henker.

wîzenen [s.] wîzen ².

wîz-gehant Adj. weißhändig.

wîz-hûtic,-*hiutic Adj. weißhäutig.

wîzigære/er [s.] wîzegære.

wîzigenswV abs. weissagen.

wîz-lot Adj. weißlich.

wîz-papel swF Weißpappel.
wîz-plâ [s.] *wîzblâ*.
wîz-sîden Adj. weißseiden.
wîz-var Adj. weiß gefärbt.
wîz-wesen stN Weiß-Sein.
wîzze¹ Adj. [s.] *wîz*.
wîzze² stswFstN [s.] *wîze*.
wizzec-,wizzenc-lich Adj. bekannt, offenkundig; wissentlich.
wizzede stF Kenntnis.
wizze-lich,-lîche(n) [s.] *wizzenlich*.
wizze-lôs [s.] *witzelôs*.
wizzen¹ anV A/Ns(*daz,ob, w*) (+G/A/pD*an,mit*)/ pD *von*/p A*umbe* wissen (über/ von); kennen (als); erfahren (von), merken (an); Inf.(*ze*) können, vermögen zu; A/Ns *w* +D voraussagen; A+Adj./ pD*in,ûf*/Adv.lok. wissen, dass... [z.B. *schuldec w.* +A wissen, dass er schuldig ist; *in den triuwen w.* +A wissen, dass er treu ist; *dâ w.* +A wissen, dass er da ist]; *w. lâzen/ lân* +A+A/ Ns*daz,ob,w*) mitteilen,unterrichten (von); *aht w.* +G/ Ns*daz* genau angeben/ wissen; *(danc) w.* +G+D dankbar sein/ danken für; *weiz got, wizze Krist* weiß Gott, bei Gott, wirklich; Part.Adj. [s.] *wizzende¹*.
wizzen² stF Kenntnis.
wizzen³,wizzende,wissen stN Wissen, Kenntnis; Einsicht; Vermögen.
wîzzen [s.] *wîzen²*.
wîzzenære/âre [s.] *wîzenære*.
wizzenc-lich [s.] *wizzeclich*.
wizzende¹,wuzzende Part. Adj. bewusst.
wizzende² stF *mit der w.* bewusst.

wizzende³ stN [s.] *wizzen³*.
wîzzenen [s.] *wîzen²*.
wizzen-,wissen-haft Adj. allwissend.
wizzen-,wizzent-hafte stF Wissen; Bewusstsein.
wizzen-heit¹,wuzzent-, wisse(nt)-heit stF Bewusstsein; Einsicht; Wissenschaft, Wissen.
wizzen-heit² stF Gewissheit.
wizzen-,wizze(nt)-lich Adj., **-lîche(n)** Adv. bewusst, wissentlich, absichtlich; wissend, kundig; bekannt,offenkundig;*wizzenlicher sin* Bewusstsein.
wizzent- [s.] *wizzen-*.
wizzic [s.] *witzec*.
wizzôt stN Gnadengabe [Sakrament]; Abgabe [Naturalleistung].
w ô [s.] *wâ*.
wôc [s.] *wâc*.
woch Interj. [Geringschätzung].
woche,wuche swF Woche.
wochen-lanc Adj. wochenlang.
wochen-,wuchen-werc stN Wochenarbeit, Wochenpensum.
wôcher [s.] *wuocher*.
wochnerin,wuchnerin swF Nonne, die den Wochendienst versieht.
wôchzen,wûhsen swV abs. schreien.
wôgen [s.] *wâgen*.
wôfen¹ swV [s.] *wüefen¹*.
wôfen² stN [s.] *wâfen¹*.
woffen Interj. [Klagen; Verlangen].
wôft [s.] *wuof*.
woh Interj. [Verwunderung, Staunen].
wohri woch Interj. [Verwunderung].

woi Interj. [Verwunderung].
wol,wole,wal,wale Adv. wohl; gut; sicher, gewiss; wahrhaftig; wahrscheinlich; recht, richtig, mit Recht; genau, sorgfältig; ganz, völlig; sehr; gern; freundlich; angemessen; leicht, angenehm, glücklich; schön, reich; hoch; fest; doch, ja; nun; nur; *w.* +Adv. temp./Kard.Zahl. etwa, fast, ungefähr; *als w.* ebenso; *w. dan/ hin/ ûf* auf!, los!, vorwärts!; *w. her* herbei!; *ob/ swie/ wie w.* auch wenn, obwohl; *w. ... w.* bald ... bald.
w o l Interj. [meist] *(sô) w.* +D/ A(+Ns(*daz,w*)/Rel.Pron.)wie gut/ Gott sei Dank, dass ...; glücklich/ gepriesen/ gesegnet sei (, der ...).
wolbe swM Wölbung, Beule.
wol-bedâht Part.Adj. besonnen; bewusst, durchdacht.
wol-behagen¹ swV D gefallen.
wol-behagen² stN Freude.
wol-bendec Adj. zahm.
wol-bereit Adj. wohl vorbereitet.
wol-bescheiden Part.Adj. einsichtsvoll.
wol-besorget Part.Adj. wohl bedacht.
wol-bevellickeit stF Selbstgefälligkeit.
wolc [s.] *volc*.
wol-dan stM Kampf, Gefecht; Schar.
woldenieren swV *hin und her w.* umtriebig sein.
wole¹,wöle stswF Freude.
wole² Adv. [s.] *wol*.
wole-wille [s.] *wolwille*.
w o l f stM Wolf.
wolf-lich Adj. wölfisch.
wolfs-krût stN Wolfskraut.
wolfs-muoter stF Wölfin.

wol-gebære Adj. schön, anmutig.

wol-geborn Part.Adj. adlig, von hohem Stand; vornehm, edel.

wol-geladen Part.Adj. überladen, heimgesucht.

wol-gelâzen Part.Adj. gottergeben.

wol-gelêrt Part.Adj. hochgelehrt.

wol-gelinc stM Erfolg.

wol-gelobet Part.Adj. hoch gerühmt, viel gepriesen.

wol-gelust [s.] *wollust.*

wol-gemacht Part.Adj. schön, herrlich.

wol-gemuot Part.Adj. froh, fröhlich, glücklich; hochgemut, edel.

wolgen [s.] *walgen.*

wol-genatûrt Part.Adj. begabt; wohlgeartet.

wol-gerâten Part.Adj. wohlgeraten.

wol-gesehende Part.Adj. wohlgesinnt, wohl meinend.

wol-gesmac Adj. wohl riechend, wohl schmeckend.

wol-gespræch,-gesprâch Adj. beredt, redegewandt.

wol-gespræche,-gesprâche stF Beredsamkeit.

wol-gespræchikeit stF Beredsamkeit.

wol-gesprechen [s.] *wolsprechen.*

wol-gestalt Part.Adj. schön, anmutig; wohlgeformt.

wol-gestaltheit stF Schönheit.

wol-getân,wal-getôn Part.Adj. schön; prächtig; edel; gut, recht, richtig; kräftig; *von wolgetânen jâren* in den besten Jahren.

wol-getæne stF Schönheit.

wol-getôn [s.] *wolgetân.*

wol-getrûwen,-getrouen stN Vertrauen.

wol-getrûwende Part.Adj. vertrauensvoll.

wol-geüept Part.Adj. erfahren.

wol-gevallen[1] stV [VIIa] D Freude machen; Part.Adj. [s.] *wolgevallende.*

wol-gevallen[2] stN Wohlgefallen; Freude; Gefallen.

wol-gevallende Part.Adj. angenehm; freundlich; wohlwollend.

wol-gevallunge stF Wohlgefallen; Zufriedenheit.

wol-gevar Adj. schön, hübsch; stattlich; prächtig; wohl erhalten.

wol-gevelleclich Adj. wohlgefällig.

wol-gefloriert Part.Adj. ausgemalt.

wol-gewahsen Part.Adj. erwachsen; kräftig, stark.

wol-gewegen Part.Adj. wohl abgewogen.

wol-gezogen Part.Adj. höflich, wohlerzogen; gebildet; edel.

wol-gezzen stN gutes Essen.

wol-heit stF Befriedigung.

wolke,wolken,wulken, wulke stswFstNswM Wolke.

wolke-lôs [s.] *wolkenlôs.*

wolken [s.] *wolke.*

wolken-blâ Adj. [flekt. *wolkenblâwe-*] himmelblau.

wolkenen swV abs. bewölkt sein; Part.Adj. [s.] *gewulkt.*

wolken-hel Adj. wolkenhell.

wolken-lich Adj. *wolkenlicher wint* Wind bei bewölktem Himmel.

wolken-,wolke-lôs Adj. wolkenlos.

wolken-rîz stF Wolkenbruch.

wolken-schôz stM Blitz.

wolken-sûl stF Wolkensäule.

wolken-var Adj. wolkenhell.

wolkern swV abs. wolkig daherreden.

wol-kochen swV abs./A verdauen.

wol-kumende Part.Adj. entgegenkommend.

wol-kunnende Part.Adj. erfahren.

wolle,wulle stswF Wolle; Fell.

wol-leben stN Wohlleben.

wol-lebetac stM Wohlleben.

wollen[1]**,wullen,wüllen** Adj. wollen.

wollen[2]**,wullen,wüllen** Adv. *w. und barvuoz* in wollenem Hemd und barfuß, als Büßer; *sich w. und barvuoz machen* sich als Büßer kleiden, eine Bußfahrt machen.

wollen-boge swM Wollbogen [Werkzeug zum Auflockern der Wolle].

wollen-spinnerinne stF Wollspinnerin.

wollen-stückel stN Wollflocke.

wollen-weber stM Wollweber.

wol-lîp stM Wohlleben.

wol-lust,-gelust stMF Vergnügen, Freude; Lust; Genuss; Wollust.

wol-mugende Part.Adj. kräftig, stark; fähig.

wol-nust stF Glückseligkeit.

wol-riechende Part.Adj. wohl riechend.

wol-samikeit stF Glückseligkeit.

wol-sîn stN Wohlbefinden, Wohlsein.

wol-smeckende Part.Adj. wohl riechend.

wol-sprechen,-gesprechen stV [IVa] D Gutes nachsagen; preisen, rühmen.

wol-stânde,-stênde Part. Adj. gut aussehend, schön.

wol-tac stM Vergnügung.

wol-tât stF gute Tat, Wohltat.

wol-tuon stN gute Tat; Wohltat.

wol-veil Adj., **-veile** Adv. wohlfeil, billig; käuflich, leicht zu haben.

wol-veile stF Käuflichkeit; Billigkeit; Geringwertigkeit.

wolves-,wulves-îsen stN Wolfseisen, -falle.

wolvîn,wulvîn Adj. wölfisch.

wol-,wole-wille swM Wohlwollen, Gnade.

wol-willic Adj. wohlwollend, gnädig.

wol-zîtic Adj. reif.

wôn [s.] *wân.*

wone,won stF Gewohnheit, Lebensweise.

wônd- [s.] *wænen.*

wonder-lich [s.] *wunderlich.*

wone-hûs [s.] *wonhûs.*

wonen swV pD *an,bî,in,mit,under,ze* /p A *in* /Adv.lok. wohnen/ bleiben/ sich aufhalten/ verharren/ ruhen/ sein/ leben/ sich niederlassen/ sich befinden an/ auf/ bei/ in; pD *ûf* sitzen bleiben auf; A/N *unze* /Adv.temp. dauern/ bleiben (bis); G(+refl.D) sich gewöhnen an, gewohnt sein; übernehmen; dulden, ertragen; in den Genuss kommen von; Part.Adj. [s.] *wonende.*

wonende Part.Adj. *wonendiu stat* Wohnung.

won-haft Adj. heimisch; sesshaft, ansässig; anwesend, zugegen; bewohnbar.

won-haftic Adj. ansässig.

won-heit stF Gewohnheit.

won-,wone-hûs stN Wohnung.

won-lîche Adv. *w. stân* +pD *in* leben in.

won-stat stF Wohnstätte.

wonunge,wanunge stF Wohnung; Wohnsitz,Wohnstätte; Aufenthalt; Heimat, Gegend, Platz; Stand, Stellung; *diu sibende w.* [Norden; Sternbild des Bären].

wôpenen [s.] *wâfenen.*

wôr(-) [s.] *wâr(-).*

worbele stF Scheitel-, Mittelpunkt.

worf [s.] *wurf.*

worgen [s.] *würgen.*

worht- [s.] *wirken.*

worht-lich Adj. schöpferisch.

worm [s.] *wurm.*

wörmerin,*wermerin stF Wärmende.

wort,wart stN Wort; (Aus-)Spruch, Sprichwort; Rede, Gespräch; Erzählung; Stimme; Sprache; Bezeichnung; Name; Ruf, Gerücht; Fürsprache; Versprechen; Befehl; Nachricht, Botschaft; *guotiu worte* [auch] Lob; *bî einem worte* einstimmig; *(in) den worten* mit dem Ziel, in der Absicht; *mit ganzen worten* ausführlich; *umbe ein w.* mit einem Wort; *ze worte komen* ins Gerede kommen; *daz w. bieten* +D begrüßen; *sîn w. reden/ sprechen* (+D) seine Sache vertreten; *ze worte hân* +A zur Rechenschaft ziehen; vorzubringen haben.

wort- [s.] *wirken.*

worte-,worti-gelîch Adv. wörtlich, Wort für Wort.

worten swV abs./pD *ze* / A sprechen (zu).

wort-heide stF Feld der Worte.

worti-gelîch [s.] *wortegelîch.*

wort-lâge stF Fangfrage(n).

wort-lich Adj. *âne w.* verjehen ohne Worte.

wort-lôs Adj. sprachlos; unsagbar.

wort-ræze Adj. scharfzüngig.

wort-spæhe Adj. wort-, redegewandt; redselig.

wort-strît stM Wortwechsel.

wort-wege stF zänkisches Verhalten.

wort-wîse Adj. wort-, redegewandt.

wort-zeichen stN Wahrzeichen, Erkennungszeichen, Merkmal; Beweis; Botschaft.

wortzel [s.] *wurzel.*

wor-umbe,-umme [s.] *warumbe.*

wösche(-) [s.] *wesche(-).*

wôste(-) [s.] *wüeste(-).*

wœstenunge [s.] *wüestenunge.*

wôtic [s.] *wüetic.*

woz [s.] *waz* [1].

woy Interj. [Zorn].

wrâche [s.] *râche.*

wranc stM Zank.

wrâz [s.] *vrâz.*

wrechen [s.] *rechen* [1].

wride [s.] *vride.*

wringen [s.] *ringen* [1].

wrohten [s.] *vürhten.*

wrum-keit [s.] *vrümecheit.*

wrûnt [s.] *vriunt.*

wuche(-) [s.] *woche(-).*

wûcher(-) [s.] *wuocher(-).*

wuchnerin [s.] *wochnerin.*

wüeren [s.] *vüeren.*

wüefen[1],wôfen swV [Prät. *wuoft-*] abs. jammern; rufen, schreien; A zusammenrufen.

wüefen[2] stV [s.] *wuofen.*

wüelen,wûlen swV abs./

pD*in* wühlen (in); pA*in* sich vergraben in.
wüere [s.] *wuore.*
wüeren [s.] *vüeren* [1].
wüeste[1],wuoste,wûste, wôste Adj./Adv. wüst; wild; öde, einsam, leer; verwüstet; verschwenderisch; *diu w. gotheit* das reine Wesen Gottes; *w. (ge)legen* +A+D verwüsten.
wüeste[2],wuoste,wûste, wôste stswF Wildnis, Wüste; *diu w. gotes* die Einsamkeit Gottes.
wüeste[3],wüesti stF Taille.
wüeste-keit stF Unsauberkeit.
wüesten swV [Prät.*wuoste-, wûste-,wôste-*] A(+D) verwüsten; vernichten, zugrunde richten.
wüesten-heit stF Wüste.
wüestenunge,wûstenunge,wuostenunge,wœstenunge stF Wüste, Wildnis; Einsamkeit.
wüesti [s.] *wüeste* [3].
wüestunge stF Wüste, Wildnis; Einsamkeit; Verwüstung.
wüetec-lîchen Adv. wütend, grimmig.
wüetel-gôz stM Wüterich.
wüeten swV [Prät. *wuot-*] abs. wüten, rasen, toben; pD*nâch* gieren/ verlangen nach; pA*an* sich stürzen auf; Adv.lok. stürmen.
wüeter,wûter stM Wüterich, böser/ grausamer Mensch.
wüeterich,wüetrich, wuot(e)rich,wûterich stM Wüterich; Tyrann; Verfolger; Aufrührer.
wüetic,wuotic,wûtic,wôtic Adj. rasend, grimmig; erregt, aufgewühlt.
wüetrich [s.] *wüeterich.*

wüetunge stF Erregung.
wûfen [s.] *wuofen.*
wûhsen [s.] *wôchzen.*
wûl [s.] *wuol.*
wulchen [s.] *vluochen.*
wûlen [s.] *wüelen.*
wulke,wulken [s.] *wolke.*
wulle(-) [s.] *wolle(-).*
wüllen[1] swV unpers.+D übel werden, ekeln.
wüllen[2] stN Erbrechen.
wüllen[3] Adj./Adv. [s.] *wollen.*
wülpe swF Wölfin.
wülpinne,wulvin(ne) stF Wölfin.
wulst stF Wölbung.
wulv- [s.] *wolv-.*
wülven swV abs. sich wie ein Wolf gebärden.
wulvin(ne) [s.] *wülpinne.*
wumf [s.] *vünf.*
wunc-lich,-lîche(n) [s.] *wunneclich.*
wunde stswF Wunde.
wunden swV [Prät. auch *wunt-*] A(+D) verwunden.
wunden-bant stN Verband.
wunden-segen stM Wundsegen.
wunder,wunter stN Wunder; Wunderding, Wundertat, -zeichen; Neuigkeit, Merkwürdigkeit; Heldentat; Ungeheuerlichkeit; Kuriosität; Ungeheuer, Fabelwesen, Monstrum; Verwunderung, Erstaunen; Neugier; Abenteuerlust; *wunders vil, (waz) wunders* (etwas/ viel) Wunderbares/ Herrliches/ Staunenswertes/ Erstaunendes/ Unvorstellbares/ Unerhörtes/ Seltsames; wer weiß was/ wie/ wieviel; *durch w.* auf wunderbare Weise; *ze w.* vollendet, vollkommen; unaufhörlich; staunend; *w.* +G/pD*von* eine (Un-) Men-

ge/ Unzahl/ Fülle (von); *w. haben/ nemen/ sîn* +G/Ns (*daz,ob,w*)/ pD*ab*/ pA*umbe* (+D/A) wissen wollen, sich fragen; staunen/ sich wundern (über).
wunder-alt Adj. uralt.
wunderære/er,wundiræ-re,wundrer stM Wundertäter; Forscher, Frager.
wunderât stF Wunder (-tat).
wunder-,wundern-balde Adv. in Windeseile, sofort.
wunder-,wundern-drâte Adv. in Windeseile.
wunderen [s.] *wundern* [1].
wunder-,wundern-gerne Adv. liebend gern.
wunder-grôz Adj. riesengroß.
wunder-haft,-haftic Adj. wunderbar; Wunder wirkend.
wunder-,wundern-harte Adv. heftig, dringend.
wunder-,wundern-hôhe Adv. unmessbar hoch; so hoch es geht.
wunder-holt Adv. *w. sîn* +D verliebt sein in.
wunder-jæmerlîche Adv. unerträglich.
wunder-krône stF wunderbare Krone.
wunder-küene,wunter-, wundern-kuone Adj. unvorstellbar tapfer/ kühn.
wunder-,wonder-lich Adj. wunderbar; außergewöhnlich, unbegreiflich, rätselhaft; seltsam, sonderbar, merkwürdig; herrlich, bewundernswert; Wunder wirkend; verwundert, erstaunt.
wunder-lîche(n) Adv. wunderbar, seltsam; auf wunderbare/ unbegreifliche/ wundersame Weise; sehr, überaus, außerordentlich.

wunder-licheit stF Wunder; Wunderbarkeit.

wunder-liep Adj. anziehend.

wunder-mensche swM Fabelwesen [halb Tier, halb Mensch].

wundern[1],wunderen, wunteren Adv. [meist *vil w*.] sehr, überaus, außerordentlich, schrecklich.

wundern[2],wundren swV pD*an* ein Wunder tun/ (be-) wirken an; (refl.+)pD*an* staunen/ sich wundern über; A / Ns*w* bewundern; bestaunen; auf wunderbare Weise erschaffen/ wirken; unpers.+D/ A+G/ Ns*daz,ob,w*/ pD*nâch*/ pA*umbe* erstaunen, wundern; wissen wollen/ mögen, sich fragen (nach); sich wundern (über).

wundern- [s.] *wunder-*.

wunder-sanfte Adv. überaus angenehm.

wunder-schœne,wundern-schône Adj. wunderschön.

wunder-schouwen stN Vision.

wunder-,wundern-selten Adv. äußerst selten.

wunder-,wundern-sêre Adv. überaus.

wunder-snelle Adv. sofort.

wunder-spil stN Wunderwirken.

wunder-tier stN Fabeltier [halb Tier, halb Mensch].

wunder-tiure Adj. köstlich.

wunderunge stF Verwunderung; Bewunderung.

wunder-vaste Adv. heftig.

wunder-vol Adv. wundervoll, wunderbar.

wunder-wê Adv. höchst unangenehm, sehr weh.

wunder-werc stN Wundertat.

wunder-,wundern-wol Adv. wunderbar, herrlich, sehr gut.

wunder-zeichen stN Wunder (-zeichen).

wundiræere,wundrer [s.] *wunderœre*.

wundren [s.] *wundern[2]*.

wunne,wünne stF Wonne; Glück, Freude; Lust; Pracht, Herrlichkeit, Schönheit.

wunne-bæere Adj./Adv. freudig, fröhlich.

wunne-bernde,wünne-, wunnen-perende Part. Adj. herrlich; beglückend.

wünne-bringende Part.Adj. erfreulich.

wunnec/ic-lich,wünnec-, wünnic-,wun(nen)c-lich Adj., **-lîche(n)** Adv. herrlich, schön, prächtig; liebreizend; (glück-) selig, glücklich; wonnevoll; beglückend; erquickend.

wunne-jâr stN Freudenjahr.

wunne-leben stN Leben in Freude.

wunne-lop stN Lobpreisung.

wunnen swV A beglücken.

wunnen-,wünnen- [s.] *wunne-,wünne-*.

wunnenc-lich,-lîche(n) [s.] *wunneclich*.

wunne-,wünne-perende [s.] *wunneberende*.

wünne-,wünnen-rîch Adj. herrlich; freudenreich.

wunne-spil,wunnen-, wünnen-spil stN Wonne.

wünne-sælic Adj. beglückend.

wünne-sæliclich Adj. beglückend.

wunne-,wünne-sam Adj. herrlich, prächtig; liebreizend; beglückend; glücklich, glückselig; unmäßig.

wünne-trœstlich Adj. beseligend.

wünne-var Adj. schön.

wunsch stM Wunsch; Streben; Wunschbild, Ideal; Fülle, Herrlichkeit, Vollkommenheit; (höchste) Erfüllung, Glück; Segen, Gnade; das Beste/ Höchste/ Schönste; *nâch/ ze wunsche* vollkommen, vollendet; herrlich; glücklich; nach Wunsch, wie man es nur wünschen kann; *ob dem/ ûf des wunsches zil* über alle Maßen (glücklich); *wunsches gewalt* Gnaden-, Segensfülle; höchste Vollendung.

wunsche-lich [s.] *wunschlich*.

wünschel-rîs stN Wünschelrute.

wünschel-ruote,-rûte stF Wünschelrute [Penis].

wünschel-stap stM Wünschelrute [Penis].

wünschen,wunschen swV [Prät. auch *wünst-*] pA*umbe* bitten um; G/A/Ns(*daz*)/Inf. /pD*nâch*/Adv.lok.(+D) wünschen; haben wollen, verlangen (nach); herbeiwünschen, -sehnen; G/D/A+pD *nâch,von,ze* /p A*an,ûf* (weg-) wünschen auf/ in/ nach/ von/ zu; haben wollen als.

wünscher stM Wünschender.

wunsch-kint stN Bild von einem Mädchen/ einer Frau.

wunsch-leben stN herrliches/ glückliches/ sorgloses Leben.

wunsch-,wunsche-lich Adj. vollkommen, herrlich; *nâch wunschlicher gir* nach (seinem/ ihrem) Wunsch.

wunsch-,wuns-lîche(n) Adv. nach Wunsch; wie man

es nur wünschen kann.

wunsch-spil stN (Kampf-) Spiel, das die höchste Ehre einbringt.

wunsch-wint stM günstiger Fahrtwind.

wuns-lîche(n) [s.] *wunsch-lîche(n)*.

wünst- [s.] *wünschen*.

wunt Adj. verwundet, verletzt, versehrt; wund; krank.

wunt- [s.] *wunden*.

wunt-artzet,-artzt stM Wundarzt.

wunter(-) [s.] *wunder(-)*.

wunt-mâl stN Wundmal.

wunt-salbe swF Wundsalbe.

wuocher,wûcher,wôcher stMN Frucht; Fülle; Ertrag, Gewinn; Wirkung; Zins(en); Wucher.

wuocheræere/er,wuochræ-re/er stM Wucherer.

wuocher-,wûcher-bar Adj. wirksam.

wuocher-haft Adj. fruchtbar; Frucht bringend, ertragreich.

wuochern,wûchern swV abs./D gedeihen, Frucht bringen/ tragen; Wucher treiben; pD*mit* wuchern mit; A (+D) einbringen, gewinnen.

wuochræere/er [s.] *wuoche-ræere*.

wuof,wuoft,wôft stM Geschrei; Jammer, (Weh-) Klage.

wuofen,wüefen,wûfen stV [VIIf] abs. schreien, klagen, jammern.

wuoft [s.] *wuof*.

wuoft- [s.] *wüefen* [1].

wuof-tal stN Jammertal.

wuol,wûl stM Verderben, Niederlage.

wuolch [s.] *vluoch*.

wuore,wuorîn,wüere stF Damm.

wuost stM Verwüstung.

wuoste(-) [s.] *wüeste(-)*.

wuot stF bewegtes/ aufge-wühltes Wasser, Flut.

wuot- [s. auch] *wüet-*.

wuot-grimme swM Wüterich; Blutrünstiger.

wurde-keit [s.] *wirdecheit*.

wurdic [s.] *wirdec*.

wurdigen [s.] *wirdigen*.

wurdi-keit [s.] *wirdecheit*.

wurf,worf stM Wurf; Entscheidung.

würfel stM Würfel.

würfeler stM Würfelspieler.

würfel-spil stN Würfelspiel.

würf-linc stM Schleuder.

wurf-zabel stN Brett-, Würfelspiel.

würgel-hôch stM Würger [Vogelart].

würgen,worgen swV [Prät. auch *worget-*] abs. sich ab-mühen/ quälen; A(+pA*umbe*) erwürgen [auch *tôt/ ze tôde w.* +A]; würgen (an); quälen; *mit dem halse w.* +pD*ze* den Hals verdrehen nach.

wurk-,würk- [s.] *wirk-*.

wurm,worm stM Wurm, Made; Insekt; Reptil; Schlange; Drache.

wurm-æzic,-ezzec/ic Adj. wurmstichig.

wurm-bîzec Adj. wurmstichig.

würme- [s.] *wurm-*.

wurmec/ic Adj. wurmstichig.

wurm-ezzec/ic [s.] *wurm-æzic*.

wurm-,würme-garte swM Schlangengehege; Schlangengrube.

würmin(ne) stF weiblicher Drache.

wurm-,würme-lâge stF Schlangen-, Tiergehege.

wurmiht Adj. wurmstichig.

wurm-spîse stF Fraß für die Würmer.

wurm-stich stM Wurmfraß.

wurm-stichic Adj. wurmstichig.

wur-muot [s.] *wermuot*.

wurm-vrezzic Adj. wurmstichig.

wur-,*wurz-pôz stM Wurzelstock.

wurrâ wei Interj. [Bewunderung].

wursen swV A verletzen.

wurst[1] stF Wurst.

wurst[2] Adv. [s.] *wirst* [2].

wurt(-) [s.] *wirt(-)*.

wurtz(-) [s.] *wurze(-)*.

wurze,wurz,wurtz,wirz stswF (Heil-) Kraut; Pflanze; Wurzel; Würze, Gewürz; Bierwürze.

würzære stM Gärtner.

wurze-garte,wur(t)z-gar-te swM Kräutergarten.

wurzel,wurtzel,wortzel stswF Wurzel; Ursprung.

wurzel-haft Adj. gesund.

wurzel-kraft stF natürliche Kraft.

wurzeln,wurtzeln swV abs./pD*in* wurzeln/ Wurzeln schlagen (in); A(+pD*in*) verwurzeln (in).

wurzel-vese swF Wurzelfaser.

wurzen[1] swV abs./pD*in* Wurzeln schlagen (in).

wurzen[2]**,wurtzen** swV A einbalsamieren.

wurzen-rîch Adj. voller Kräuter.

wurze-smac stM Kräuterduft.

wurz-garte [s.] *wurzegarte*.

wüschen,wuschen, wüst-,wust- [s.] *wischen*.

wûste(-) [s.] *wüeste(-)*.

wût- [s.] *wüet-*.

wutsch stM Uhu, Steinkauz.

wûwe swF Leiden.

wuzzende [s.] *wizzende* [1].

z

wuzzent-heit [s.] *wizzen-heit* [1].

zâ Interj. [Lockruf für Hunde].
zabel [1] stN [Brett-] Spiel.
zabel [2] stM [s.] *zobel.*
zabelære stM [Brett-] Spieler.
zabelen [1]**,zabeln** swV abs. ein Brettspiel spielen [auch *in/ ûf dem brete z.*].
zabelen [2]**,zabeln,zappeln** swV abs. zappeln, sich winden; sich abrackern.
zabel-spil stN Brettspiel.
zabel-wortelîn stN Spielerfachausdruck.
zâch [1] stswM Docht.
zâch [2]**,zæch** Adj. [s.] *zæhe.*
zacke,tacke swF Zacke, Spitze, Dorn.
zadel,zâdel stM Mangel, Entbehrung, Not; Fehler; *âne/ niht mit z.* reichlich.
zâf stF *lieplichiu z.* Liebesspiel; *wüestiu z.* Unanständigkeit.
zâfen swV A schmücken; pflegen; züchtigen.
zag- [s.] *zage-.*
zage [1] Adj. feige, zaghaft.
zage [2] stF Feigheit.
zage [3] swM Schwächling, Feigling; Verräter.
zage-,zag-haft Adj. feige; verzagt; furchtsam; ängstlich, kleingläubig; schwach.
zage-haftic Adj. ängstlich.
zage-,zag-heit stF Feigheit; Verzagtheit; Angst; Schwäche; Bequemlichkeit.
zagel stM Schwanz, Schweif; Stachel; Ende, Schluss; Letz-

ter; Schiffsheck; Helmbusch; Faser.
zage-lich,zag-,zege-,zeg-lich Adj., **-lîche(n)** Adv. feige; verzagt, furchtsam; treulos.
zagel-lôs Adj. schwanzlos.
zageloht Adj. geschwänzt.
zagel-strumpf stM Schwanzstummel.
zagel-weiben swV abs. mit dem Schwanz wedeln.
zagen [1] swV pDan die Hoffnung verlieren auf; pAumbe verzweifeln über.
zagen [2] stN *âne z.* ohne Zögern.
zage-,zag-nus stF Verzagtheit.
zager stM (Esels-) Leder.
zâh Interj. [Anfeuerung].
zæhe,zæh,zâhe,zâch, zæch Adj. zäh; dickflüssig; geschmeidig; fest; endlos; hartherzig.
zaher,zeher,zâr stMF [Pl. auch *zære-*] Träne, Tropfen; Harz, Saft.
zâhî,zahiu Interj. [Freude, Bewunderung; Sehnsucht].
zal stF Zahl; Größe; Anzahl; Menge; Zählung; Erzählung; Bericht; Rede; Angabe; Berechnung; *nehein/ niht z. sîn* +G unzählbar sein; *an/ nâch/ mit der z. ahten/ prüeven* +A [auch] zählen, einschätzen; *in die z. benennen* +A einrechnen in; *ûz der z.* ausgeschlossen; *(vil) âne/ sunder z.* ungezählt, unermesslich (viel), zahllos, in Mengen/ Scharen.
zâl stF Gefahr, Not.
zale-hafte swM Angeber.
zaln,zalen swV A/Nsdaz (+D)(+pDvon) bezahlen; aufzählen; erzählen/ berichten (von); A+pDze zählen zu;

zesamen z. +A vergleichen.
zâl-sam Adj. gefährlich.
zalt- [s.] *zeln.*
zam Adj. zahm, gezähmt; vertraut; ergeben, willig; gefügig; angemessen; *daz wilt und daz z.* Wildbret und Schlachtvieh.
zame stF Vertrautheit.
zamen,zemen swV A(+pD *mit*) zähmen/ bezwingen/ beherrschen/ bekehren (mit); A +pDze /p Aan,ûz locken aus/ zu.
zamen-komen,-quemen, -kumen [s.] *zesamenkomen.*
zam-vüegunge [s.] *zesamenvüegunge.*
zan [s.] *zant.*
zander,zanter swM (glühende) Kohle, Glut; Zunder.
zane- [s.] *zant-.*
zanen [s.] *zannen.*
zange stswF Zange.
zangen swV *zünglîn z.* einander einen Zungenkuss geben.
zanger Adj. stark, beißend; frisch; standhaft.
zank stM Gezänk.
zanne stF Heulen, Keifen.
zannen,zanen,zennen swV abs. die Zähne fletschen; grinsen; wütend werden.
zan-swer [s.] *zantswer.*
zant,zan stM [Pl. auch *zende-,zeinde-,zeine-*] Zahn.
zanter [s.] *zander.*
zant-,zane-biben stN Zähneklappern.
zant-klaffen swV abs. mit den Zähnen klappern.
zant-klaffer stM einer, der mit den Zähnen klappert.
zant-,zane-klaffunge stF Zähneklappern.
zant-siechtûm stM Zahnschmerzen.

zant-smerz swM Zahnschmerz.

zant-,zan-swer swM Zahnschmerz.

zant-vleisch stN Zahnfleisch.

zapfe swM Zapfen.

zapfenære stM Küfer, Zapfer.

zapfen-zieher stM Küfer, Zapfer.

zappeln [s.] *zabelen* [2].

zar stM Riss, Fetzen.

zâr,zære- [s.] *zaher*.

zar-stœren,-stôren [s.] *zerstœren*.

zart [1] Adj. zart; lieb, teuer, angenehm; schön, fein, lieblich, anmutig; herrlich, edel; rein; schwach, weich.

zart [2] stM Zärtlichkeit; Liebe; Aufmerksamkeit; Rücksicht.

zart [3] stM Liebling.

zart- [s.] *zerren*.

zarte,zerte Adv. zärtlich, liebevoll; sorgsam.

zartec-lîche Adv. weich.

zarte-keit stF Zartheit; Schwäche.

zarte-lich,-lîche(n) [s.] *zartlich*.

zarten [1],**zerten** swV abs./D freundlich/ zärtlich sein (zu); schmeicheln; A (be-) hüten; verzärteln.

zarten [2] stN Zärtlichkeit, Liebkosung.

zart-heit stF Zartheit; Schönheit; Zärtlichkeit; Bequemlichkeit, Annehmlichkeit; Weichlichkeit.

zart-lich,zarte-,zert-lich Adj.,-**lîche(n)** Adv. zärtlich, liebevoll, sanft; bequem, angenehm; sorgsam.

zart-nüsse stF Wohlleben.

zart-suochende Part.Adj. nach Behagen suchend.

zasam(e)ne-tragen [s.] *zesamentragen*.

zat- [s.] *zeten*.

zay Interj. [Anfeuerung]

ze [1]**,zuo,zû,zô,zî,zi** Präp. +D zu; an, auf, bei, gegen, in, nach; über, von; vor; mit, nebst, samt; für; als, bis zu; *ze diu daz* damit; dazu, dass;*ze wiu* wozu, weshalb; [*ze wâre(n)* s. *zewâre*].

ze [2] Adv. [s.] *zuo* [1].

ze- [s. auch] *zer-*.

zec stM Neckerei.

zeche,zech stswF Zeche; Trinkgelage; Regelung; Ergebnis; *ze z.* der Reihe nach.

zechen swV pD*mit* zechen mit; A bewirken; ausführen, tun; ordnen, einrichten.

Cecilien-lant stN Sizilien.

zecke swM Quecke [Unkraut].

zecken [1] swV abs. sein Spiel treiben; A reizen.

zecken [2] stN Scharmützel.

cêdar [s.] *zêder*.

zedel(e) stswF Zettel.

zêder,cêder,cêdar stM Zeder.

zêder-boum,cêder-poum stM Zeder.

zêder-,cêder-harz stN Zedernharz.

zêderîn,cêd(e)rîn Adj. aus Zedernholz.

cêder-poum [s.]*zêderboum*.

cêdrîn [s.] *zêderîn*.

ze-gegen [1]**,zo-gegene, -gagen** Adv. vorwärts; dagegen [auch *dar z.*]; zugegen, anwesend.

ze-gegen [2]**,zû-,zo-gegen** Präp.+D/A bei, gegen, gegenüber; entgegen.

ze-,zû-gegen-wortich, -*wertic Adj. anwesend.

zege-lich,-lîche(n) [s.] *zagelich*.

zegeln swV A mit Fransen besetzen.

zeg-lich,-lîche(n) [s.] *zagelich*.

ze-hant,zuo-,zû-,zô-hant Adv. [auch *sâ z.*] sofort, gleich (darauf), alsbald.

zêhe,zehe stswF Zehe; Kralle.

zehen,zehn,zên,zîn Kard. Zahl zehn.

zehende [1]**,zênde,zehente, zênte,ziende** Ord.Zahl zehnte (-r/ -s).

zehende [2]**,zehente,zehnde** stswM Zehnter [Grundsteuer].

zehende-gelt stN Zehnter [Grundsteuer].

zehende-,zênde-haft Adj. grundsteuerpflichtig.

zehen-hundert Kard.Zahl tausend.

zehen-jæric Adj. zehnjährig.

zehen-stunt,-stuont Adv. zehnmal.

zehente [s.] *zehende*.

zehen-teil stN Zehntel.

zehen-tûsent Kard.Zahl zehntausend.

zehent-zic [s.] *zehenzec*.

zehen-valt Adj./Adv. zehnfach.

zehen-valtic Adj. zehnfach.

zehen-zec/ic,zehent-, zên-zic Kard.Zahl hundert.

zehenzec/ic-dûsint [s.] *zehenzectûsent*.

zehenzec-stunt Adv. hundertfach.

zehenzec/ic-tûsent,zên- zic-,zêzit-tûsunt,-dû- sint Kard.Zahl hunderttausend.

zehenzec/ic-valt Adj./Adv. hundertfach.

zehenzec-valten swV A+D verhundertfachen.

zehenzec/ic-valtic Adj. hundertfach.

zehen-zegist,-zigest Ord.
Zahl hundertste (-r/ -s).
zeher [s.] *zaher.*
zeherde [s.] *zeherende.*
zeheren,zehern swV abs.
weinen; Part.Adj. [s.] *zeherende.*
**zeherende,zeherde,ze-
herte** Part.Adj.*mit zeheren-
den ougen* weinend.
zeher-lich Adj. klagend.
zeherte [s.] *zeherende.*
zehern [s.] *zeheren.*
zehn [s.] *zehen.*
zehnde [s.] *zehende* [2].
zeiche-lich,-lîche [s.] *zei-
chenlich.*
zeichen stN Zeichen; Merkmal; Beweis; Bild; Gleichnis; Bezeichnung; Wunder;
An-, Vorzeichen; Wundmal;
Tierkreiszeichen; Feldzeichen, Fahne, Wappen; Sig-
nal, Parole, Schlachtruf; *z.
der vinger* Fingersprache.
zeichenen swV abs. Zeichen
geben; refl.+pD*nâch* Anzei-
chen zeigen von; A/Ns(+pD
an,bî,mit) zeichnen (mit), beschreiben; auszeichnen/ be-
zeichnen/   kennzeichnen/
(mit); A+pD*ze* /p A*in* bestimmen für, aufnehmen in; *sich
ûf die vart z.* das Kreuz nehmen, sich zum Kreuzzug verpflichten.
zeichen-haftic Adj. wunder-
tätig.
zeichen,-zeiche-lich Adj.,
-lîche Adv. wunderbar; bedeutungsvoll; symbolisch.
zeichen-ruote stF Zauber-
stab.
zeichenunge stF Bezeichnung; Beschreibung; Zei-
chen.
zeige stF Führung.
zeigen [1] swV refl.(+pD*bî* /
Adv.) sichtbar werden, sich

erweisen (als), sich zeigen
(in); refl.+D sich zuwenden;
pD*nâch, ze* / p A*an, in, über* /
Adv.lok.(+D) den Weg zeigen/
einschlagen nach/ zu; führen/
weisen auf/ zu; A/Ns
daz,w (+D/ pD*an, gegen, mit*)
zeigen/ offenbaren (an); anzeigen; aufweisen, erweisen;
beweisen; ankündigen; angeben, nachweisen; bezeich-
nen (mit); ausüben (gegen);
üben (an); einsetzen (mit).
zeigen [2] stN Erscheinungs-
bild.
zeiger stM Vorbild.
zeigunge stF Vorstellung.
zeihen [s.] *zîhen* [1].
zeilt [s.] *zelt* [2].
zein stMN Pfeil (-schaft);
Strahl; Zweig, Gerte; Stab;
Schiene; Spange.
zeinde- [s.] *zant.*
zeine swF Korb.
zeine- [s.] *zant.*
zeisen stV [VIIc, Part.Prät.
auch sw] A zupfen; auflo-
ckern; ausdehnen; *ûz einander z.* +A auseinander zupfen; *in einem z.* in einem
fort.
zeiz Adj. angenehm.
zelch,zelge,zellige stswM
Zweig, Ast.
zeld- [s.] *zelt-.*
celebrant stM [Fisch].
zelen [s.] *zeln; ziln.*
zelge [s.] *zelch.*
celidôn stswM Schwalbenstein [Halbedelstein].
zelle,celle stswF Zelle;
Klause, Einsiedelei; Kloster;
Kammer; *diu êwige/ hêre z.*
Paradies.
zellen [s.] *zeln.*
zel-lich Adj. zählbar.
zellige [s.] *zelch.*
zeln,zelen,zellen   swV
[Prät. auch *zalt-,* Part.Prät.

auch *gezalt*] pD*von* / A/Ns
(*daz,w*)(+D) erzählen, be-
richten/ sagen (von); aufzählen, nennen; beschreiben; bekannt machen; ernennen;
zählen, rechnen; zuteilen; A +
pD*gegen,nâch,ze* / p A*an,in,ü-
ber,ûf,vür* /Adv.lok.(+D) zäh-
len/ rechnen mit/ zu; ordnen
nach; zuordnen zu; anrech-
nen/ ansehen als; halten für;
bestimmen/ ernennen als/ zu;
vergleichen mit; schätzen
auf; vorziehen vor; stellen in/
über; ziehen/ häufen auf;
sammeln; *in die hant z.* +A
+D anrechnen; *vrî/ in vrîe z.*
+A freikaufen; *mit vieren z.*
+D vierfach belohnen.
zelt [1] stM Passgang; Schritt,
Trab.
zelt [2]**,zeilt** stN Zelt.
zeltâre [s.] *zelter.*
zelte swM Fladen.
zelten,zelden swV abs./pA
ûf /Adv.lok. im Schritt/ Passgang gehen/ kommen (auf).
**zelter,zelder,zeltâre,zel-
dære** stM Zelter, Passgän-
ger.
zelt-geriusche stN Zeltpla-
ne.
zelt-snuor stF Zeltleine.
zelt-stange stswF Zeltstan-
ge.
zelunge,*zilunge stF Zeugung; Geburt.
zeme-lîche Adv. zahm.
zemen [1] stV [IVa] abs./Adv./
unpers.+Inf.*ze* angemessen/
passend/ üblich/ nötig/ nützlich sein (zu); pD*an,bî,in,ûf,
under,vor,ze* / p A*ûf* (+Adv./
D) passen/ sich gehören als/
an/ auf/ in/ zu; sich eignen als/
für/ zu; würdig/ am rechten
Platz sein auf/ in/ vor; die-
nen/ taugen als; angemessen
sein/ nützen als/ für; D

(+Adv./Inf.*ze*) sich ziemen/ gehören für; entsprechen; zustehen, zukommen; gefallen; passen zu; Ehre machen (zu); unpers.+A+G gefallen; Grund haben zu.
zemen² swV [s.] *zamen.*
zemen³ Adv. [s.] *zesamen.*
zemen- [s.] *zesamen-.*
zemen-tragerin stF Kupplerin.
zên(-) [s.] *zehen(-).*
zendâl,zendât [s.] *zindâl.*
zende- [s.] *zant.*
zenden swV A+D dezimieren.
zenen,zennen swV A(+pD *nâch,ze*) locken (zu).
cenker stF [Schlange].
zennen [s.] *zannen; zenen.*
zen-stüren stN Zähnestochern.
zênte [s.] *zehende* [1].
centenære,zentener,zenter stswM Zentner.
zentrinc stM Speckseite.
zentrum stN Mittelpunkt; Erde.
zênzic-dûsint [s.] *zehenzectûsent.*
zepfeln swV A herausputzen.
zepter,cepter,tzepter stN Zepter.
zer stF Nahrung; Aufwand; Einsatz; *in lîbes z.* in verzehrender Sehnsucht.
zerære stM großzügiger Mensch.
cerast stF [Schlange].
zer-becken [s.] *zerbicken.*
zerbenzerî,zerbentîne, zerbenzîne stswF Terebinthe [Spezerei]; Terpentin.
zer-bern,ze-,zir-bern swV A(+D) verprügeln; zertreten.
zer-,ze-bicken,-becken swV A(+D) zerstechen, zerhauen.
zer-,zu-bîzen stV [Ia] A zerbeißen.

zer-,ze-blæn,-plæ(e)n swV abs.anschwellen; A aufblähen, aufblasen; vertreiben; Part.Adj. [s.] *zerblæt.*
zer-blæt Part.Adj. aufgedunsen.
zer-,zu-blâsen,-plâsen Part.Adj. aufgedunsen; voller Beulen.
zer-,zu-bletzen swV A(+D) zerfetzen.
zer-bliuwen,ze-,zu-bliuwen stV [IIa] A(+D) verbläuen; Part.Adj. [s.] *zerblûwen.*
zer-blûwen Part.Adj. zerbläut; erschöpft.
zer-brechen,ze-,zi-,zir-, zu-,zur-,zo-prechen stV [IVa] abs./D/pD*ze* (zer-) brechen; auseinander fallen; auseinander brechen [auch *sich voneinander z.*], zerspringen (in), (auf-, zer-) platzen; zerfallen; vergehen; A(+D) (zer-) brechen; zerhauen, zerschlagen; zerreißen; aufbrechen; verletzen; töten; zerstören, vernichten; verleugnen; übertreten; missachten; beenden.
zer-brecher stM Zerstörer.
zer-breiten,ze-,zu-breiten swV refl. sich verbreiten; A(+pAan,in,über,ûf) (aus-) breiten (über); verteilen (auf); aufstellen; ausführen.
zer-bresten,ze-,zir-presten stV [IVa] abs./D zerbrechen; zerreißen; zerspringen; verschleißen; auseinander brechen, bersten, platzen.
zer-denen,zu-dennen, -ten(n)en swV A(+pAan, ûf) dehnen, strecken/ spannen (auf); zerreißen; *ûzeinander/ voneinander z.* +A ausstrecken, ausdehnen.
zer-,ze-diezen stV [IIb] A

anschwellen lassen.
zer-drennen [s.] *zertrennen.*
zer-dreschen,ze-treschen stV [IVa] A verdreschen.
zer-dringen,zu-drinden stV [IIIa] abs. anschwellen; die Besinnung verlieren; vernichtet/ zuschanden werden.
zer-drücken,ze-,zur-drucken swV A(+D) zerdrücken, zerquetschen; verbeulen.
zeren [s.] *zern.*
zer-gân,ze-,zi(r)-,zu(r)-gên anV abs./D(+G) aufhören (mit), enden; sterben; verfallen, vergehen; untergehen; zugrunde/ verloren gehen; zunichte werden; schwinden; auseinander gehen; zerrinnen; schmelzen.
zer-,zi-ganc stM Verlöschen.
zer-ganclich [s.] *zergenclich.*
zer-gancnusse stF Zerfall, Untergang.
zer-geben,ze-,zur-geven stV [Va] refl.(+pAin) sich verbreiten/ ausbreiten (in); A verteilen.
zer-geiseln swV A geißeln.
zer-gên [s.] *zergân.*
zer-genclich,ze-,zi-ganclich Adj. vergänglich, irdisch.
zer-genclîche Adv. in einem Augenblick.
zer-genclicheit stF Vergänglichkeit; Diesseitigkeit.
zer-geselle swM Weggefährte, Tischgenosse.
zer-geven [s.] *zergeben.*
zer-giezen,ze-,zu-giezen stV [IIb] refl.+pD*an,in* sich ausbreiten/ verbreiten an/ in; A+pD*mit* ablenken mit.
zer-gliden swV A zerlegen.

zer-,zu-hacken swV A zerhauen, zerhacken.

zer-hadert,zu-hedert Part. Adj. zerlumpt, verschlissen.

zer-hangen Part.Adj. verschlissen.

zer-hedert [s.] *zerhadert.*

zer-,ze-hellen stV [IIIb] **abs.** uneinig sein.

zer-,ze-houwen stV [VIIe] A(+D) zerhauen; zerfetzen; totschlagen; (auf-) schlitzen.

zer-hurten,-hurtieren swV A zertrümmern; beschädigen.

cerimonîe stF Feierlichkeit.

zer-,ze-kiuwen,-kiun stV [IIa] A zerfleischen; zerfressen.

zer-klachen swV abs./D zerspringen, zerplatzen.

zer-klieben,ze-,zu-klîben stV [IIa] abs./refl./D zerspringen, zerbrechen; A(+pD *ze*) spalten/ zerschlagen (in).

zer-klucken swV A aufschlagen.

zer-knosten swV abs. krepieren.

zer-knüllen swV A+pA *umbe* schlagen auf/ um.

zer-,zu-knûsen,-knuosen swV A(+D) zertreten; zerquetschen.

zer-knustert Part.Adj. zerschunden; zerknirscht.

zer-knutschen swV A zerquetschen.

zer-kratzen,-kretzen swV A(+D) zerkratzen.

zer-,zu-krimmen stV [IIIa] A zerkratzen.

zer-krouwen swV A zerkratzen.

zer-lâzen,ze-,zi-,zir-, zu-,zur-lân stV [VIIb] abs./refl. (+pA *in*) sich zerstreuen/ verteilen (in); auseinander gehen; sich auflösen; enden; sich beruhigen/ legen; auseinander brechen; A(+pD *in, ze*) auflösen (in), schmelzen (zu); schwächen; beseitigen.

zer-,zu-legen swV A niederstrecken.

zer-,ze-leiten swV refl.+pA *ûf* sich ergießen auf; A ausgießen; A+pA *durch* leiten durch.

zer-liden,ze-,zu-liden swV A/G zerreißen; zerlegen; abtöten.

zer-lœsen,ze-,zu-,zur-lôsen swV A(+D/pD *von*) darlegen, erklären; (auf-) lösen; erlösen (von).

zer-,zir-loufen stV [VIIe] pA *in* auseinander laufen in.

zer-,ze-malen stV [VIa] A (+pA *in*) zermahlen (in).

zer-,zu-morschen swV A zerquetschen.

zer-müesten swV [Prät. auch *zermûst-*] A zerfetzen.

zer-,ze-müln swV A zerquetschen.

zer-müschen swV A+D zertreten.

zer-mûst- [s.] *zermüesten.*

zern,zeren swV refl.+pD *in* sich erfüllen in; pA *ûf* zehren von; A(+D/pD *ze*) essen, verzehren; verbrauchen, aufzehren; zerreißen; leben (von); einsetzen (für); hingeben; verbringen; A+pA *ûf* /pD *gegen* richten auf; wenden an.

zer-næen swV [Part.Prät. *zernât*] A besticken.

zer-nemen stV [IVa] A auseinander nehmen.

zer-plæ(e)n [s.] *zerblæn.*

zer-plâsen [s.] *zerblâsen.*

zer-pôzen,-*bôzen swV A zerschlagen.

zer-pre- [s.] *zerbre-.*

zer-quaschieren,ze-,zu-quetzen,-quexen swV A(+D) (zer-) quetschen.

zerren swV [Prät. auch *zart-*] refl. zerreißen; sich spalten/ trennen; sich ausstrecken; refl.+pD *von* sich lösen von; A (+D) (pD *ab, in, von, ze* / pA *an*) zerreißen (in); abreißen (von); spalten (bis zu); aufreißen; (zer-) raufen; reißen (von/ zu); strecken.

zer-rennen swV A zum Schmelzen bringen.

zerrer stM Zerreißer.

zer-rîben,ze-,zu-rîben stV [Ia] A zerreiben, zermahlen; zerkleinern; aufreiben; wundreiben.

zer-rinnen,ze-,zu-runnen stV [IIIa] abs./D/unpers.+G (+D) aufhören, zu Ende gehen; ausgehen; vergehen; verrinnen, dahinschwinden; verloren gehen; mangeln/ fehlen (an); nötig sein (für).

zer-rîsen stV [Ia] abs. zerfallen.

zer-,zir-rîten stV [Ia] abs. auseinander reiten/ gehen.

zer-,ze-ritzen swV abs. rissig werden.

zer-rîzen,ze-,zu-,zur-rîzen stV [Ia] abs./D (zer-) reißen, zerbrechen, bersten; A(+D/pA *an, in*) (zer-) reißen (in); ausreißen; zerschlagen.

zer-roufen,ze-,zu-roufen swV A(+D) zerraufen; ausreißen; zerschlagen.

zer-,ze-rücken swV A+D verdrehen.

zer-rüeren swV A verstreuen.

zer-runnen [s.] *zerrinnen.*

zer-rütten,ze-,zu-rütten swV A(+D) zerzausen; verderben; verwüsten.

zer-,ze-rüttunge stF Verfall, Zerstörung.

zer-,ze-sæen swV [Part. Prät. *zersât*] A verstreuen.
zer-sant- [s.] *zersenden.*
zer-schellen stV [IIIb] abs. zerspringen.
zer-,zo-schinden stV [IIIa] A zerschinden.
zer-,zu-schîten stV [Ia; Prät. auch sw] A zerhauen, zerstechen.
zer-,zu-schivern swV abs. zersplittern.
zer-,zu-schrecken stV [IVa] D zerspringen.
zer-schrenzen swV A zerbrechen.
zer-,ze-schrinden stV [IIIa] abs./D/pD*von* rissig sein/ werden (von).
zer-,ze-,zu-schrôten stV [VIId] abs. auseinander stieben; A(+D) zerschneiden; zerhauen, zerschlagen.
zer-schuten swV A zerreißen.
zer-senden,ze,-zir-,zu-senden swV [Prät. *zersant-*] A(+pA*in*) verteilen; zerstreuen; aussenden (in).
zer-serten stV [IIIb] pD*nâch* sich verzehren nach; A zermalmen, zertrümmern; verbläuen.
zer-slahen,ze-,zu-,zur-slagen,-slân stV [VIa] A (+D/pD*ûf,von*) herunterschlagen (von); zerschlagen (auf), zerhauen; verprügeln, zusammenschlagen.
zer-slîchen stV [Ia] abs. verschleißen.
zer-slîfen,ze-,zu-,zur-slîfen stV [Ia] abs./D/pD *von* verblassen (vor); sich auflösen, vergehen, dahinschwinden; verderben; verloren gehen.
zer-slîzen,ze-,zu-slîzen stV [Ia] abs./refl. verschlei-

ßen; zerbrechen; zerreißen.
zer-snîden,ze-,zu-,zur-snîden stV [Ia] A(+D)(+pD *ze*) zerschneiden (in); ab-, auf-, zuschneiden; schlitzen.
zer-spalt- [s. auch] *zerspelten.*
zer-spalten,ze-,zu-,zur-spalten stV [VIIa] abs./D bersten, zerspringen; A(+D) zerhauen, (zer-) spalten; trennen.
zer-spannen stV [VIIa] A (+pA*in*) zerdehnen, ausrenken; spannen/ ausdehnen in.
zer-,zu-spelten swV [Prät. *zerspalt-*] A zerschlagen.
zer-spenden swV A+pA*in,über* aus-, verteilen in/ über.
zer-spennen swV A+pA *durch* spannen durch; A+ pD*mit* (auf-) spannen mit.
zer-,zu-sperren swV A strecken.
zer-,zu-spreiten swV A (+pD*gegen,nâch* / p A*an,in,ûf* / D) aus-, verbreiten/ verteilen (in/ zu); ver-, zerstreuen; ausstrecken (nach/ in); richten auf; öffnen (für).
zer-sprên [s.] *zersprêwen.*
zer-,zi-sprengen swV A zerstreuen.
zer-,zu-sprêwen,-sprên, -spröuwen swV A ausbreiten; ver-, zerstreuen.
zer-springen stV [IIIa] abs. zerspringen.
zer-sprîzen stV [Ia] abs. zersplittern.
zer-spröuwen [s.] *zersprêwen.*
zer-,ze-stechen stV [IVa] A zerbrechen, verstechen.
zer-stieben,ze-,zu-stieben stV [IIa] abs./pD*von, ze* / D zerfallen (in/ zu), vergehen; davonfliegen; stieben/ fliegen (von); zerstie-

ben; zersplittern.
zer-stœren,ze-,zar-,zir-, zi-,zu-stôren swV A(+D) zerstören, zerschlagen; vernichten; zunichte machen, zugrunde richten, auslöschen; aufheben; auflösen; beenden; beseitigen; unterbrechen, stören; zerstreuen, vertreiben; verhindern.
zer-stœrer stM Zerstörer.
zer-stœrerin stF Zerstörerin, Verderberin.
zer-stœrunge stF Vernichtung, Zerstörung; Schaden.
zer-stôzen,ze-,zir-,zu-stôzen stV [VIId] A(+D) zerstoßen, zerkleinern; zerschlagen; (zer-) brechen.
zer-,zu-stræn swV A vernichten.
zer-,ze-strobelt Part.Adj. zerzaust, kraus.
zer-,zu-stroubet Part.Adj. struppig.
zer-ströuwen,ze-,zu-strouwen,-ströun swV A(+pA*in,ûf*) verstreuen; verteilen (auf/ in); auflösen; zerstreuen, ablenken; spreizen.
zer-,zu-ströuwunge, -strouwunge stF Zerstreuung, Vertreibung.
zer-,ze-stucken swV A zerstückeln, zerlegen.
zer-swellen,ze-,zu-swellen stV [IIIb; Part.Prät. auch sw] abs. anschwellen; A zerdrücken; Part.Adj. [s.] *zerswollen.*
zer-swollen,zu-,ze-swellet Part.Adj. aufgedunsen; voller Beulen.
zert- [s. auch] *zart-.*
zer-teilen,ze-,zi(r)-,zu-teilen swV A(+pA*in*) zerteilen; spalten (in); trennen; zerstückeln, zerreißen; zerstreuen (in); auf-, aus-, verteilen.

zer-,zur-teilunge stF Verteilung.

zerte-linc [s.] *zertlinc.*

zerteln swV abs. schwächlich sein.

zer-ten(n)en [s.] *zerdenen.*

zert-,zerte-linc stM Weichling, Schwächling.

zer-tragen,ze-,zo-tragen stV [VIa] A(+pA*in*) vernichten, zunichte machen; zerreißen; zerstreuen, ausstreuen (in).

zer-trant- [s.] *zertrennen.*

zer-treden [s.] *zertreten.*

zer-,zu-trein swV A zerstreuen.

zer-trennen,ze-,zu-drennen swV [Prät. *zertrant-*] A (+D) zerreißen, zerschlagen, zerschneiden; auf-, zertrennen; durchbrechen; zerstören; A+pD*ab* abtrennen von.

zer-treschen [s.] *zerdreschen.*

zer-treten,ze-,zi-,zu-treden stV [Va, Prät. auch sw] A(+D) zertreten, zertrampeln; *unter den mist z.* +A in den Staub treten.

zer-trîben,ze-,zu-trîben stV [Ia] A / G zerstreuen, auseinander treiben; aufwirbeln; abnutzen; zerkauen.

zer-tuon anV A ausbreiten.

ze-rücke,zu-rucke,-ruche,-ruoche Adv. zurück, hinter sich; nach hinten; rücklings.

zerunge stF Wegzehrung, Verpflegung; Mahlzeit; Nahrung; Unkosten, Ausgaben; Aufwand; Ausstattung.

ze-ruoche [s.] *zerücke.*

zer-vallen,ze-,zir-,zu(r)-vallen stV [VIIa] abs./pD*ze* zerfallen (zu); einfallen; zerbrechen.

zer-valt- [s.] *zervellen.*

zer-varn,ze-,zu-varn stV [VIa] abs./D auseinander gehen; vergehen, dahinschwinden; zerspringen; zerbrechen, durchbrechen.

zer-vellen,ze-,zi-vellen swV [Prät. *zervalt-*] A zerlegen; zerstören; fällen.

zer-,ze-vieren swV A vierteln.

zer-,zu-vlecken swV A+D zerschlagen.

zer-vliezen,ze-,zir-,zu-vliezen stV [IIb] abs./D/ pA*in* versickern, verrinnen; versinken; sich auflösen/ verströmen (in); schmelzen, zerfließen; vergehen.

zer-,ze-vlœzen swV [Prät. auch *zervlôzt-*] refl. verschwinden; A schmelzen, auflösen, dahinschmelzen machen.

zer-vlozzenheit stF Dahinschmelzen.

zer-vüeren,ze-,zi-,zu-vûren,-vôren swV [Prät. auch *zervuort-*] A(+D) zerstören, verwüsten; vernichten, verderben, zunichte machen; auf-, zerreißen, zerschneiden; verletzen; niederreißen, zertrampeln; zerstreuen; zerzausen, verwirren; verteilen; ausgeben; vergeuden; veruntreuen; aufgeben; treffen; schlichten, beenden; A+G berauben; A+pA*in* werfen in.

zer-,zur-weichen swV abs. weich werden.

zer-werfen,ze-,zi-,zu-werfen stV [IIIb] abs./refl. (+G) sich entzweien/ streiten/ zanken (über); A verstreuen; ausbreiten; zerschlagen; zerreißen; zunichte machen; durcheinander bringen; A+ pD*ûz* reißen aus.

zer-werren stV [IIIb] A zerzausen.

zer-,zu-widen swV A zerschlagen.

zer-,ze-,zu-würken swV [Prät. auch *zerworht-*] A zerlegen.

zer-,ze-zaneken swV A zerreißen, zerhacken.

zer-zart- [s.] *zerzerren.*

zer-,ze-zeisen swV A zerzausen.

zer-zern stV [IVa] A+D zerreißen.

zer-zerren,ze-,zu-zerren swV [Prät. auch *zerzart-*] A (+D/pA*in*) zerreißen (in); zerhauen; vernichten; wegreißen; verschwenden; widerlegen.

zer-,zu-ziehen stV [IIb] A (+D) zerreißen.

ze-samen,zi-,zo-,zu-samene,-samne,-samme, -semen, zemen Adv. zusammen; beieinander, zueinander; untereinander; miteinander, gemeinsam; zugleich.

zesamen-,zesamene-behalten stV [VIIa] A sammeln.

zesamen-binden,zesamene-,zesamne-gebinden stV [IIIa] A(+D/pD*ze*) zusammenbinden, -schnüren; zusammenhalten; verbinden (mit).

zesamen-bindunge stF Verbindung.

zesamen-,zesamene-biten stV [Vb] A zusammenrufen.

zesamen-brâht- [s.] *zesamenbringen.*

zesamen-,zesamne-bresten stV [IVa] abs. zusammenbrechen; aufeinander prallen.

490

zesamen-bringen,zesamne-,zesamene-,zesamme-,zusamen-pringen stswV [IIIa, Prät. *zesamenbrâht-*] A zusammentragen, -bringen, -stellen; anhäufen; (ver-) sammeln; vereinigen; zustande bringen.

zesamen-brîsen,zesamene-prîsen swV A zusammenfügen.

zesamen-dragen [s.] *zesamentragen.*

zesamen-dringen,zesam(e)ne-tringen stV [IIIa] **abs.** zusammenprallen, zusammenstoßen.

zesamen-drücken,zesam(e)ne-drucken swV refl. zusammenrücken; A zusammendrücken; *an einen klœzel zesamengedrücket* zusammengekauert.

ze-samene(-) [s.] *zesamen(-).*

zesamen-gân,zesamene-, zesamene-,zusamne-gân anV **abs.** aufeinander zugehen; zusammenkommen; sich schließen; *z. lâzen* aufeinander losreiten.

zesamen-ge- [s. auch] *zesamen-.*

zesamen-geben,zesamene-,zesamne-,zuosamen-geben stV [Va] A (ehelich) zusammengeben.

zesamen-,zesamene-gehellen stV [IIIb] **abs.** übereinstimmen.

zesamen-,zesamene-gejag(e)t Part.Adj. voll gepresst.

zesamen-geleit [s.] *zesamenlegen.*

zesamen-,zesamne-gelochen Part.Adj. zusammengerollt.

zesamen-,zesamne-gerâmen swV **abs.** zusammenstoßen.

zesamen-gerant [s.] *zesamenrennen.*

zesamen-gesant [s.] *zesamensenden.*

zesamen-gesæt Part.Adj. ausgestreut.

zesamen-gêunge stF Aufeinandertreffen.

zesamen-,zesamene-gezogen Part.Adj. verdichtet.

zesamen-haben,zesamene-,zemen-haben swV refl.(+pD*gegen*) zusammenhalten (gegen); A verbinden; *(den munt) z.* den Mund halten.

zesamen-,zesamene-haften swV **abs.** zusammenhängen, -halten.

zesamen-halten,zesamene-,zemen-,zuosamen-halten stV [VIIa] refl. zusammenbleiben; A zusammenhalten.

zesamen-heben,ze-,zosamene-heben stV [VIb] refl. zusammenrücken; aufeinander losgehen; A zusammendrücken.

zesamen-heften swV A zusammenbinden.

zesamen-,zesamene-îlen swV **abs.** sich versammeln.

zesamen-,zesamene-kêren swV refl.+pA*über* sich zusammenschließen über.

zesamen-komen,ze-samne-,-samene-,-semen-, zo-,zu-samen-,zamen-, zemen-kumen,-quemen stV [IVba] **abs.** zusammenkommen, -treffen, aufeinander treffen; zusammenstoßen; sich sammeln; zueinander finden; zusammenpassen; übereinkommen.

zesamen-,zesamene-

krimpfen stV [IIIa] refl. sich zusammenziehen.

zesamen-kumen [s.] *zesamenkomen.*

zesamen-legen,zesam(e)ne-,zesemen-,zosamene-,zusamme-,zusamne-legen swV [Part.Prät. auch *zesamengeleit*] A(+D) zusammenlegen, -stellen; ansammeln, aufhäufen.

zesamen-legunge stF Zusammensetzung.

zesamen-lesen,zesam(e)ne-gelesen stV [Va] A/Ns *w* (auf-, zusammen-) sammeln; aufhäufen.

zesamen-lîmen swV A kitten.

zesamen-loufen,zesamne-,zusamene-loufen stV [VIIe] **abs.** aufeinander prallen; sich sammeln.

zesamen-,zemen-machen swV A zustande bringen.

zesamen-pringen [s.] *zesamenbringen.*

zesamen-prîsen [s.] *zesamenbrîsen.*

zesamen-quemen [s.] *zesamenkomen.*

zesamen-,zusamen-rennen swV [Part.Prät. *zesamengerant*] **abs.** zusammenstoßen.

zesamen-rîhen,-rîgen stV [Ib] A zusammenziehen.

zesamen-,zesam(e)nerîten stV [Ia] **abs.** aufeinander losreiten, zusammenprallen; sich sammeln.

zesamen-,zesamene-rucken swV **abs.** zuschnappen; A+pD*ze* zusammenfügen zu.

zesamen-,zesame-samen swV A (ver-) sammeln.

zesamen-,zesamene-schînen stV [Ia] **abs./Adv.** zusammenpassen.

zesamen-,zisamene-schrîben stV [Ia] A aufzählen, auflisten.

zesamen-,zesamene-senden swV [Part.Prät. *zesamengesant*] A zusammenführen.

zesamen-sîgen stV [Ia] abs./pD*ûz* zusammenströmen (aus).

zesamen-,zesamene-siuwen swV [Prät. *zesamensût-*] A zusammennähen.

zesamen-slahen,zesamene-,zusamne-,zemenslân,-geslahen stV [VIa] abs./refl. sich schließen; D die Glocken läuten für; A zusammenschlagen; aufhäufen; *mit der hant z.* die Hände über dem Kopf zusammenschlagen.

zesamen-sliezen,zesamene-,zesamne-,zusamene-sliezen stV [IIb] refl. sich schließen/ verdichten; A zusammenfügen; verbinden.

zesamen-snîden,zesamene-,zesamne-snîden stV [Ia] A verbinden.

zesamen-,zesamene-spannen stV [VIIa] A zusammenfügen.

zesamen-springen,zesam(e)ne-,zesamne-,zisamene-springen stV [IIIa] abs. sich aufeinander stürzen; gegeneinander anrennen.

zesamen-stân anV abs. sich zusammenballen.

zesamen-,zesamene-stechen stV [IVa] abs. zusammenstoßen; aufeinander eindringen.

zesamen-,zesamene-stôzen stV [VIId] abs. zusammentreffen, aufeinander prallen.

zesamen-,zesamene-strîchen stV [Ia] z. *lâzen* aufeinander losgaloppieren.

zesamen-sût- [s.] *zesamensiuwen.*

zesamen-tragen,za-,zi-,zu-sam(e)ne-,zusam-me-dragen stV [VIa] A zusammentragen; herbeibringen; aufhäufen; zusammenführen; zustande bringen, einrichten; austragen.

zesamen-,zesam(e)ne-treten stV [Va] abs. gegeneinander antreten.

zesamen-trîben,zusamene-trîben stV [Ia] abs. aufeinander losgaloppieren; A zusammentreiben, -holen; betreiben, erreichen.

zesamen-tringen [s.] *zesamendringen.*

zesamen-twingen,zesam-(e)ne-tzwingen stV [IIIa] A zusammenfügen, -halten; aneinander pressen.

zesamen-vâhen stV [VIIb] refl. einander umarmen.

zesamen-,zesamene-valten stV [VIIa] A zusammensetzen.

zesamen-,zesamene-vlehten stV [IVa] A+D zusammenflechten.

zesamen-,zesamene-vliezen stV [IIb] abs. zusammenfließen.

zesamen-vüegen,zesamene-,zemen-vuogen,-gevüegen swV A(+pD*mit,ze*) zusammenfügen; vereinigen/ verbinden (mit).

zesamen-,zam-vüegunge stF Gelenk; Konjunktion [des Mondes].

zesamen-vuogen [s.] *zesamenvüegen.*

zesamen-wahsen stV [VIa] abs. zusammenwachsen.

zesamen-werfen,zusamene-werfen stV [IIIb] A zusammenwerfen, durcheinander werfen.

zesamen-weten stV [Va] A zusammenspannen.

zesamen-,zesamne-winden stV [IIIa] A zusammenwickeln.

zesamen-,zesamene-wîsen swV A zusammenführen.

zesamen-,zesamene-zeln swV A zusammenrufen; miteinander vergleichen.

zesamen-ziehen stV [IIb] refl. sich zusammenziehen, -rollen; sich vereinigen.

zesame-samen [s.] *zesamensamen.*

ze-samme(-),zesamne(-) [s.] *zesamen(-).*

ze-samt Präp.+D mitsamt.

zesem stM Macht, Herrlichkeit.

ze-semen(-)[s.]*zesamen(-).*

zesemt-halben [s.]*zeswenhalp.*

zesewe(-) [s.] *zeswe(-).*

zesîn stM Zechine [Münze].

zesm(e) [s.] *zeswe* [3].

ze-stunt,zû-,zuo-stunde(n) Adv. [auch *dâ/ sâ z.*] gleich, sofort, auf der Stelle.

ze-sper,zû-,zuo-sper stM N Rasen (-platz).

zeswe[1]**,zesewe,zweswe** Adj. rechte (-r/ -s); gut; stark; *an/ nâch/ ze der zeswen hant* (nach) rechts.

zeswe[2] Adv. rechts; gut; stark.

zeswe[3]**,zesewe,zesm(e)** stswF Rechte [rechte Hand/ Seite].

zeswen-halp,zeswent-,zesewent-,zesemt-halben Adv. auf der rechten Seite; (nach) rechts.

côte swM Walfisch.

zete-brief stM Unglücksprophet.

zeten swV [Prät. *zat-*] A(+pA *über,um*) ausbreiten (über/ um).

zêter,zêther Interj. [Klage, Empörung; Verfluchung].

zêter-geschrîe stN Wehgeschrei.

zetter Interj. [Verlangen].

zevalier [s.] *schevalier.*

ze-vorderest,zuo-vorderste Adv. zuerst; vor allem; ganz vorn; im Voraus.

ze-,zu-vorn Adv. vorher; zuvor; früher; im Voraus; vorn.

ze-vriden,zuo-,zu-vrid Adv. zufrieden.

ze-wâre,zi-,zu-wâr(en), zwâre(n),zwâr Adv. wirklich, wahrhaftig; wahrlich; aufrichtig, offen, unverhohlen; wahrheitsgetreu; zuverlässig, genau; sicher, gewiss; *sich z. pflegen* +G sich verbürgen für.

zeweien [s.] *zweien.*

zewenzic [s.] *zweinzec.*

zêzit-dûsint [s.] *zehenzectûsent.*

zî [s.] *ze* [1].

zi- [s.] *ze-; zer-.*

zibel [s.] *zwibol.*

zîch[1] stF Beweis; Auszeichnung; Ansehen.

zîch[2] stFN [s.] *zît.*

zickâ Interj. [Jubel].

zickel(în) stN Zicklein.

ziclât,ciclâtîn,siklâtûn stM [Seiden-, Brokatstoff, [Seiden-, Brokatgewand].

zieche stswF Bettbezug, Bettdecke.

ciege [s.] *zige.*

ziegel stM Ziegel (-stein).

ziegelîn Adj. aus Ziegelsteinen.

ziehen,zîhen,zîen,tziehen stV [IIb] abs./D sich ausdehnen; aufsteigen; Adv. sich anstrengen; refl.(+pD*bî*) sich bessern (durch); refl.+Adv. sich verhalten; refl.+pD*gegen,ûz,von,ze* / p A*an,in,ûf,under* / Adv.lok. einkehren/ sich wenden/ begeben/ zurückziehen an/ auf/ aus/ in/ von/ zu; streben unter; sich halten an; sich erstrecken in; pD*an, gegen,in,nâch,von,ze* / p A*an, in,über,under,vür,wider* / Adv. lok. ziehen/ gehen/ führen/ kommen an/ gegen/ in/ hinter/ nach/ über/ unter/ vor/ zu; streben gegen/ nach/ zu; sinken in/ hinter/ unter/ vor; steuern an; wegziehen von; sich neigen zu; A(+D)(+pD *ze*) ziehen (zu); zücken; führen; her-, herbei-, wegbringen; nehmen; einholen; mitschleppen; drehen; läuten; an-, überziehen; auf-, erziehen (für/ zu); unterrichten; pflegen; anpflanzen, anlegen; A+pD*ab,ûz,von* (+D) (weg-) ziehen aus/ von; lösen/ befreien aus/ von; abwenden/ abbringen von; treiben aus; ableiten von, nehmen von; ablegen/ reißen von; A+pD*bî,gegen,nâch,ze* / p A*an, durch, in, ûf, vor, vür* (+D) ziehen an/ auf/ durch/ in/ zu/ vor; bringen/ führen/ legen an/ auf/ in/ vor/ zu; zerren zu; werfen in; entrücken/ aufnehmen in; (unter-) stellen unter; an sich nehmen; sich kümmern/ bemühen um; (ver-) schieben auf/ in/ vor; beziehen auf; bekleiden mit; A+pA*hinder* unterschlagen, hinterziehen; A+pD*ze* (+D) anrechnen als; A+pA*über, under* (+D) ziehen/ führen über/ unter/ zu; streichen/ spannen/ halten/ schwingen über; *den âtem/ dunst/ luft/ wint z.* +pA*in* Luft einatmen/ aufnehmen in; *sich ze hôhe z.* überheblich sein; *sich mit reht z.* +pD*ze* Anspruch erheben auf; *über rucke z.* sich rückwärts wenden; Part.Adj. [s.] *gezogen.*

ziende [s.] *zehende* [1].

zierde,zier,ziere,zîrde stF Zierde; Pracht, Schönheit, Herrlichkeit; Kostbarkeit; Schmuck; Reichtum, Besitz; Freude.

ziere[1]**,zier,zîre** Adj./Adv. herrlich, prächtig, schön; kostbar; stattlich; edel, stolz.

ziere[2] stF [s.] *zierde.*

ziereit [s.] *zierheit.*

zieren,ziern,zîren,zîrern, tzieren swV abs. sich spreizen; A(+pD*an,mit,gegen* /p A *ûf*)(+D) schmücken/ verzieren/ (vor-) bereiten/ ausstatten/ ausrüsten/ auszeichnen (für/ mit); ehren; preisen; verherrlichen; erheben, erhöhen; krönen; verschönern; erleuchten; eine Zierde sein für; Part.Adj. [s.] *geziert.*

zier-garte swM Lustgarten.

zier-heit,zîr-heit,ziereit, zîreit stF Pracht, Herrlichkeit; Schönheit; Kostbarkeit; Schmuck.

zier-,zîr-lich Adj., **-lîche** Adv. schön, fein, herrlich; gut; kostbar, prächtig, stattlich; stolz.

ziern [s.] *zieren.*

zieter stMN Deichsel.

ziffer swF Ziffer.

zige,ciege swF Ziege.

zîgen [s.] *zîhen.*

zigen-bein stN Ziegenknochen.

ziger stswM Quark.

zîhen[1]**,zîgen,zeihen** stV
[Ib] refl.+G sich anmaßen;
A(+G/Ns(*daz*)) beschuldigen, bezichtigen, anklagen
(wegen); vorwerfen; ver-
dächtigen; belästigen; auffordern (zu); A+pD*ze* verdammen zu.
zîhen[2] stV [s.] *ziehen.*
zîh-lîchen Adv. verleumderisch.
zil stN Ziel; Zielscheibe; Ende;
Endpunkt; Entfernung; Ort,
Gebiet; Zeit; Zeitpunkt; Frist,
Termin; Ablauf; Leben; Absicht; Bestreben; Zweck, Bestimmung; Maß, Grenze; Ursprung; *alle(z)/ ze allem z.*
immer, jederzeit; *kein z.*
[auch] nie; *an/ ûf daz z.*
[auch] darin; solange, lange
genug; *ein z. nemen* refl.D+
G zur Kenntnis nehmen;
[auch expl., z.B. *endez z.*
Ende, *der mâze z.* Maß].
zîl[1] stMN Busch, Hecke.
zîl[2] stF [s.] *zîle.*
zil-besitzer stM Sieger.
zîle,zîl stF Reihe, Linie;
Streifen; Bolzenführung [der
Armbrust]; *an ordenlicher z.*
der Reihe nach; *an derselben
z.* gleichzeitig.
zîlehte Adv. in einer Reihe; in
Streifen.
cilider stF [Schlange].
zil-loufer stM Wettläufer.
ziln,zilen,zelen swV (refl.+)
pD*gegen,in,nâch* / pA*an,in,ûf* /
Adv.lok. zielen/ sich wenden
auf/ nach, streben/ sich richten nach; sich vollziehen in; A
(+pD*gegen, mit* / pA*durch, ûf* /
Adv.lok.)(+D) einrichten; errichten; erschaffen; zeugen;
zumessen, zuweisen; zu-
fügen; erweisen; festsetzen;
bestimmen (durch/ für); begrenzen (mit); ausrichten

(auf); ergründen; zielen/ treffen (auf/ durch).
zimbel(e),cinbale stMswF
Schelle, Glocke; Becken.
zimber,zim(m)er,zimbre
stMN Bauholz; Haus; Woh-
nung.
cimbere,cimbre swFHirsch-
ziemer; Hirschrute, -hoden.
zimberen [s.] *zimbern.*
zimber-liute [s.] *zimber-
man.*
zimber-man,zimmer-,
zimper-man stM [Pl. auch
zimberliute stMN] Zimmermann.
zimbern,zimberen,zim-
mer(e)n,zimpern swV
abs. zimmern, bauen, arbeiten; A(+D/pA*ûf*) bauen/ errichten (auf/ für); anlegen;
machen, erschaffen; *ûf den
regenbogen/ ûf sant z.* auf
unsicheren Grund bauen.
zimber-,zimmer-werc stN
Zimmermannsarbeit.
zimber-ziuc stM Zimmer-
mannswerkzeug.
cimbre [s.] *cimbere.*
zimbre [s.] *zimber.*
zime-,zim(me)-lich Adj.,
-lîche(n) Adv. passend, angemessen; angenehm; gut;
wirksam, nützlich; bekömm-
lich; (gleich-) mäßig; richtig,
recht.
zime-lîche stF Anstand.
zime-licheit stF Anständig-
keit.
zimen swV D+Adv. passen,
anstehen; unpers.+A+Ns dünken.
zimer [s.] *zimber.*
zimier,zimîr stN Zimier,
Helmzier, Schmuck.
cimierde stF Zimier, Helmzier, Schmuck.
zimieren,zimîren swV A
(+pD*mit* / pA*in*) (mit einer

Helmzier) schmücken/ aus-
statten (mit); (festlich) kleiden in; Part.Adj. [s.] *gezi-
mieret.*
zimîn-smac stM Zimtge-
würz.
zimîr(-) [s.] *zimier(-).*
zimît [s.] *timît.*
zim-lich,-lîche(n) [s.] *zimelich.*
zimmære stM Zimmermann.
zimme-lich [s.] *zimelich.*
zimmer(-),zimper- [s.]
zimber(-).
zin,tin stN Zinn.
zîn [s.] *zehen.*
cinamôm/ôn,zinamîn,ci-
nemîn stM Zimt.
cinamôm-boum,-poum
stM Zimtbaum.
cinamôm(e)s-pulver stN
gemahlener Zimt.
cinamôn [s.] *cinamôm.*
cinbale [s.] *zimbel(e).*
zinciber stM Ingwer.
zindâl,zendâl,zindât,
zendât stMF [Seide, Taft].
zineln [s.] *zinneln.*
cinemîn [s.] *cinamôm.*
zinen [s.] *zinneln.*
zingel,zingele stMF (äußere) Befestigungsmauer.
zinne stswF Zinne.
zinneln,zineln,zin(n)en
swV A(+pD*mit*) krönen
(mit); mit Zinnen versehen;
gezinnelt/ gezinntiu hörner
gezacktes Geweih.
zinober stM Zinnober (-rot).
zinober-var Adj. zinnober-
rot.
zins,cins,tzins stM Zins,
Steuer, Abgabe, Zahlung,
Tribut; Sold, Lohn; Gabe;
Ertrag, Gewinn.
zins-acker stM Zins bringender Acker.
zinsære/er stM Zins-, Abga-
ben-, Tributpflichtiger.

zinsærin stF Tributpflichtige.

zinsen swV refl.(+D) zins-, abgabepflichtig sein; D Zins/ Abgaben/ Tribut leisten; A (+D/pD*mit*) verpfänden; bezahlen (mit); verzinsen; unterstellen; A+pA*ûf* einsetzen für.

zins-gebe swF Lösegeld.

zins-gelde swM Zins-, Abgabepflichtiger.

zins-guot stN abgabenpflichtiges Gut.

zins-,cins-haft Adj. zins-, abgabe-, tributpflichtig.

zinsic Adj. ergiebig.

zins-lant stN tributpflichtiges Land.

zins-lehen stN Zinslehen.

zins-lich Adj. tributpflichtig; *zinslichiu schande* Schande der Tributpflichtigkeit.

zins-man stM Hintersasse [Zins-, Abgabenpflichtiger].

zins-reht stN Recht auf Tribut/ Abgaben.

zins-tac stM Fälligkeitstermin, Zahltag.

zinst-tac,zist-dac stM Dienstag.

zinzel stM Hingabe.

zinzeleht Adj. verführerisch.

zinzeln swV pD*gegen* sich bewegen zu; pA*durch* dringen durch.

zinzer-lich Adj. schick.

zipelîn stN Quentchen.

ziper swF wilde Pflaume.

ciper-boum stM Zypresse.

zipfel stM Spitze, Zipfel; *ein z.* [auch] ein bisschen.

ziph Interj. [Verwunderung; Spott].

ciplîne,*disciplîne stF Bußübung.

zipresse,cipres- [s.] *cypres(-)*.

zir- [s. auch] *zer-*.

zîr- [s.] *zier-*.

zirben swV abs. umherwirbeln.

zîreit [s.] *zierheit*.

zîren,zîrern [s.] *zieren*.

zirkære stM Wachtposten.

zirkel,cirkel stM Kreis; Zirkel; (Himmels-) Sphäre; Krone, Reif.

cirkeleht,cirkel-lich Adj. kreisrund, kreisförmig.

zirkel-mâze stF Kreis.

zirkeln,zirken swV refl.+pA *ûf* sich gründen auf; A bemessen; schaffen, herstellen.

zîsel,zîse stM Zeisig.

zispen swV abs. mit den Füßen schleifen.

zisplot Adj. züngelnd.

zistern(e),cistern(e) stswF Zisterne.

zist-dac [s.] *zinsttac*.

zît,zîth,zîch stFN Zeit; Zeitalter; Jahreszeit; Tageszeit; Stunde; Dauer, Weile; Zeitpunkt; Periode; Leben; (Lebens-) Alter; Lebensumstände; (kanonische) Gebetszeit, -stunde; Fest (-tag); Frühling [auch *liebiu/ schœniu zît*]; *jungestiu/ jungestez z.* letzte Stunde, Ende, Tod; *kurziu z.* Kurzweil; *an/ in/ ze dirre z./ disen zîten* [auch] jetzt, heute; *an der/ bî (der) z., in alle z.* rechtzeitig, beizeiten, sogleich, bald; *bî/ ze der z./ den zîten, der/ die zît(e)* [auch] da, damals; bis dahin; inzwischen; jetzt; die ganze Zeit; *ê/ in (der) z.* vorzeitig, zu früh, rechtzeitig; *(in) alle z., ze aller z., ze allen zîten* immer (wieder), ständig, jederzeit; *eines zîtes, in/ ze einen zîten/ einem zîte, vor zîten* einst, früher, einmal; *bî/ in der/ dirre z., in den/ disen zîten* [auch] da, zu der Zeit, damals; *in kurzen zîten* bald (darauf), kurz danach; *manege z., vor maneger z., in/ ze manegen/ langen zîten* seit langem, lange, oft; *nâch den/ disen zîten* später, danach; *nie/ deheiniu z., an/ ze deheinen/ keinen zîten/ keiner z.* (noch) nie, jemals; *under zîten* manchmal; *vor zîten* früher, einst; *vür die z.* von da an; *z. haben/ sîn* (+G/ Ns*daz* /Inf.*ze*)(+D) (höchste) Zeit sein (für/ zu); [auch expl., z.B. *endes z.* Ende].

zitawar [s.] *zitwar*.

Zite swM Skythe.

zîte Adv. früh.

zîtec/ic Adj. ausgewachsen, reif; rechtzeitig; angemessen.

zîte-lich [s.] *zîtlich*.

zîtelinc stM ungeschickter Mitspieler.

zîte-,zît-lôse swMF Krokus, Wiesensafran.

zîten swV abs. reif werden; an der Zeit sein.

ziterære,zitrære stM Zitternder.

zitern,zittern,zitt(e)ren swV abs./pD*gegen,von,vor* beben/ zittern (vor); flackern.

zîtgen [s.] *zîtigen*.

zîth [s.] *zît*.

zîtic-heit stF Hoheit.

zîtigen,zîtgen swV abs. reif/ groß werden; A reifen lassen.

zît-,zîte-lich Adj. zeitlich, weltlich; irdisch; vergänglich; angemessen.

zît-lîche Adv. zeitlich begrenzt; rechtzeitig, früh; regelmäßig; ziemlich.

zît-licheit,-lichkeit stF Zeitlichkeit, Vergänglichkeit.

zît-lôse [s.] *zîtelôse*.

zitôl stswF Zither.

zitrære [s.] *ziterære*.
zitter stM Zittern.
zitter(e)n [s.] *zitern*.
zitterunge stF Zittern.
zittren [s.] *zitern*.
zît-verlierende Part.Adj. Zeit vergeudend.
zitwar,zitawar stM Zitwer [Kurkumawurzel].
zît-wesen stN Sterblicher.
ziu Interj. [Aufforderung, Anfeuerung; Beschwichtigung].
ziuc,zûgstM Gerät; Zeugnis, Beweis.
ziuge stswM Zeuge; Beweis.
ziugen,zûgen swV abs. Zeugnis ablegen; A(+D) erzeugen, herstellen; verfassen; bezeugen; A+refl.D sich verschaffen; A+pAan beschwören bei.
ziug-nisse,zûg-nus,-nüsse stFN Zeugnis, Aussage; *jungest z.* Jüngstes Gericht.
ziugunge,zûgunge stF Zeugnis, Aussage.
ziunen,zûnen swV abs./pD *mit* einen Zaun ziehen/ machen (mit); A(+pDmit) umzäunen (mit); (ver-) flechten; A+pAumbe ziehen um.
ziunîn,zûnîn Adj. aus Flechtwerk hergestellt.
ziuschen swV abs. eine Schramme machen.
zîzel-wæhe Adj. kunstvoll.
zô¹ Adv. [s.] *zuo*¹; *sô*¹.
zô² Präp. [s.] *ze*¹.
zo- [s. auch] *ze-*; *zer-*.
zô- [s.] *zuo-*.
zobel,zoble,zabel,sabel stM Zobel (-pelz).
zobelîn,zöblîn Adj. aus Zobelfell.
zobel-var Adj. zobelschwarz.
zoble [s.] *zobel*.
zöblîn [s.] *zobelîn*.

zôbrî [s.] *zouberîe*.
zoc stM Bogenspannung.
zocken swV A(+pAan) ziehen (an); treiben; holen.
zo-gagen [s.] *zegegen*¹.
zoge-brücke swF Zugbrücke.
zo-gegene [s.] *zegegen*¹.
zogel stM Besitzer.
zoge-lîche Adv. höflich.
zogen,schogen swV abs./ pDgegen,nâch,ûz,von,ze / pAan,in,über,ûf,vür,wider /Adv. lok. ziehen/ gehen/ marschieren/ kommen/ eilen (an/ auf/ aus/ gegen/ in/ hinter/ über/ von/ vor/ zu); refl.+pAan geraten/ sich richten an; fallen auf; unpers.+D(+Adv./G) eilen/ eilig sein/ vorwärts gehen (mit); A an den Haaren ziehen; belästigen; überwinden; aufschieben;*wîte z.* +A lange hinziehen;*zoget iuwer beilt euch!*
zô-hant [s.] *zehant*.
zœhen swV A+Adv.lok. führen.
zol¹ stM Stück.
zol² stMN Zoll, Abgabe; Pfand; Gabe.
zœ-lîche Adv. eilig; erfolgreich.
zollen swV abs. Zoll zahlen; A/Nsw(+D) als Zoll entrichten, verzollen.
zolnære/er,zöller stM Zolleinnehmer, Zöllner.
zôm [s.] *zoum*.
zopf,szop stM Zopf; Mähne.
zoppen stN [Springtanz].
zoren [s.] *zorn*.
zorftel¹ Adj. leuchtend.
zorftel² stN Glanz, Leuchten.
zorn¹,zoren Adj./Adv. zornig; ärgerlich;*z. sîn/ wesen/ werden* unpers.+D(+pDze / pAan,ûf) zornig/ ärgerlich/

empört/ erzürnt sein/ werden (auf/ über); *z. sîn/ wesen/ werden/ tuon* +D(+pDze / pAan) erzürnen, ärgern; zornig/ wütend machen (auf).
zorn²,zoren,zurn,tzorn stswMstN Zorn, Wut, Hass; Ärger; Empörung; Zank; Streit; Ungnade; Strafe; *âne z.* [auch] ohne Einwand Murren/ Widerspruch.
zorn-,zorne-bære Adj. zornig.
zorn-brâte swM Fleisch, das Zornausbrüche verursacht.
zorn-drô stF Drohung.
zorn-druc stM Wutausbruch.
zorne-bære [s.] *zornbære*.
zornec/ic,zurnic,tzornec Adj. zornig; erzürnt, wütend; grimmig; jähzornig, heftig.
zornec/ic-lich Adj., -lîche(n) Adv. erzürnt, zornig, wütend; grimmig.
zorne-,zorni-keit,tzornicheit stF Zorn, Unbeherrschtheit.
zornen [s.] *zürnen*¹.
zörner [s.] *zürner*.
zorn-galle swF bitterer Zorn.
zorn-gejeide,-*gejegede stN Jagd aus Zorn.
zorn-haft Adj. zornig.
zorni-keit [s.] *zornekeit*.
zorn-,zörn-lich Adj., -lîche(n) Adv. zornig; grimmig; erzürnt; *zornlicher tac* Jüngstes Gericht.
zorn-licheit stF (Jäh-) Zorn, Wut.
zorn-macher stM Angreifer.
zorn-mære stN Streit.
zorn-muot stM Zorn.
zorn-schal stM Wutausbruch.
zorn-var Adj. zornrot; grimmig.
zorn-wille swM Wutausbruch.

zote,zotte swF Zipfel, Fetzen.

zoten swV abs. heraushängen; D+pAûf herabhängen auf.

zoth [s.] *zuht.*

zotte [s.] *zote.*

zouber stM Zauber, Zauberei; Zauberkunst.

zouberære/âre/er,zoubrære/er stM Zauberer.

zouberærinne/erinne, zoubrærinne/erinne stF Zauberin.

zouber-buoch,-bûch stN Zauberbuch.

zouberen,zoubern swV abs. zaubern; pD*mit* einen Zauber herstellen mit; A verzaubern.

zouberîe,zôbrî stF Zauberei.

zouber-kunst stF Zauberkunst.

zouber-küsselîn stN Zauberkissen.

zouber-lehe stN Zauberei.

zouber-lich Adj. *zouberlicher list/ sin, zouberlichiu gewalt/ meisterschaft* Zauberkunst, -macht; *zouberlichez dinc* Zauberei; *zouberlichez gewant* Zaubergewand.

zouber-lîche Adv. durch Zauberei.

zouber-linde stF verzauberte Linde.

zouber-list stMF Zauberkunst, Zauberei.

zouber-lüppe stN (Zauber-) Gift.

zouber-meisterin stF Zaubermeisterin.

zoubern [s.] *zouberen.*

zouber-nisse,-nusse stFN Zauberei.

zouber-sache stF Zauberei.

zoubrær- [s.] *zouber-.*

zöugen swV [Prät. auch

zouct-] A/Nsw (+D) zeigen.

zoum,zôm stM Zaum, Zügel.

zöumen swV [Prät. auch *zoumt-*] A aufzäumen; zügeln; A(+pAvûr /Adv.lok.) am Zaum ergreifen, am Zügel führen (vor); ab-, wegführen.

zöumer stM Pferdeknecht.

zoum-haft stF Fessel.

zoum-strenge Adj. lenksam.

zoumt- [s.] *zöumen.*

zounen swV A+D bezeigen.

zouwen,zôwen swV abs. eilen; G/A(+Adv.) (sich) bereitmachen (zu), ins Werk setzen; unpers.+D(+G/Inf.*ze*) (+Adv.) gelingen (zu); ein Anliegen sein; *z. lâzen* (+refl.D) sich beeilen.

zû¹ Adv. [s.] *zuo* ¹.

zû² Präp. [s.] *ze* ¹.

zu- [s. auch] *ze-; zer-.*

zû- [s.] *ze-; zuo-.*

zuber stM Zuber.

zuber-stange swF Tragstange für den Zuber.

zuc stM Zug; Schach-, Spielzug; Ziehen; Schwung, Stoß; (Schwert-) Streich; (Ruder-) Schlag; (Bogen-) Strich; Weg, Richtung; Ausdehnung; Bereich; Verhaltensweise, Art; Anziehung; Verzückung.

zücken,zucken,zugen swV [Prät. auch *zuht-*] abs. zucken; A(+D) (an sich) ziehen, ergreifen, packen; zücken; wegziehen; A+D entreißen, entziehen, entführen, rauben; A+pD*ab, mit, ûz, von, ze* / pA*an, in, neben, über, ûf, under,ûz,vür* ziehen/ zerren/ (weg-) reißen an/ auf/ aus/ in/ neben/ über/ unter/ von/ vor, entrücken aus/ in; ergreifen an; verlocken zu; *sich wider z.* sich zurückziehen; *durch*

die mül z. +A verspotten; *under vüeze z.* +A herabziehen; *ze den handen z.* +A zur Hand nehmen.

zucker¹ stM [auch stN] Zucker.

zucker² stM Räuber.

zucker-garte swM Garten voll Zucker.

zucker-lîche Adj. zuckrig, verzuckert.

zucker-mæze,-mæzic Adj. zuckersüß.

zucker-nar stF Zuckerspeise.

zucker-rôsât stM Rosensirup.

zucker-rîche Adj. zuckersüß.

zucker-süez Adj. zuckersüß.

zucker-vîolet stF Veilchensirup.

zûg [s.] *ziuc.*

zuge-,*zige-bart stM Ziegenbart.

zügel,zugel stM Zügel; Zug, Lauf; Wahl (-freiheit).

zügel-breche swM Zügelloser.

zugen [s.] *zücken.*

zûgen [s.] *ziugen.*

zuge-seil stN Zugseil.

zugent-haft [s.] *tugenthaft.*

zûg-nus [s.] *ziugnisse.*

zug-ohse swM Zugochse.

zuge-weich Adj. biegsam.

zügunge [s.] *ziugunge.*

zuht,zuth,zoth stF Zucht; Ordnung; Vorbildlichkeit, Untadeligkeit; Anstand; Sittsamkeit, Keuschheit; Höflichkeit, (gute) Erziehung, Bildung; Ehrerbietung; Würde, Ehre; Beherrschung, Zurückhaltung; Rücksicht; Behandlung; Züchtigung, Tadel, Strafe; Prüfung; Nahrung; Lebensunterhalt; Dauer, Lauf.

zuht- [s.] *zücken.*

zuht-bære Adj. rücksichts-voll.

zuhtec/ic,zühtec/ic Adj. züchtig; wohlgeraten, -erzogen; vorbildlich, untadelig; zurückhaltend, beherrscht; strafend, tadelnd.

zuhtec-,zühtec/ic-lich Adj., **-lîche** Adv. untadelig; würdig, gesittet, beherrscht; angemessen; ehrfurchtsvoll; höflich.

zuhtegen [s.] *zühtigen.*

zuhtegunge stF Züchtigung.

zuhten swV abs. sich zurückhalten.

zühte-rîch Adj. vorbildlich, untadelig.

zühtigen,zuhtigen,zuhtegen swV A(+pD*mit*) strafen/ züchtigen/ bedrücken/ bedrängen (mit).

zühtiger stM Folterknecht.

zuht-lich Adj. vorbildlich; zuchtvoll.

zuht-lôs Adj. ungehobelt, indiskret.

zuht-meister stM Erzieher.

zuht-meisterin stM Erzieherin.

zülle swF Zille [Flussschiff, Frachtkahn].

zumft [s.] *zunft.*

zûn stM Zaun.

zünden,zunden swV [Prät. auch *zunt-*] A(+D) anzünden, entzünden.

zunder stM Zunder, Zündstoff, -holz; Brand.

zunder-var Adj. feuerrot.

zunel stN Schelle.

zûnen [s.] *ziunen.*

zunft,zumft stF Regel; Ordnung; Würde.

zunge stswF Zunge; Sprache, Rede, Wort; Volk; Land.

züngelære stM Verleumder.

zunge-zwiflisch Adj. doppelzüngig.

zûnîn [s.] *ziunîn.*

zunt- [s.] *zünden.*

zuo¹,zû,zô,ze Adv. [meist *dâ/ dar/ der/ her/ hie z.*] dahin, dorthin, wohin; dazu, daran, dabei; dafür, darauf, darüber; darüber hinaus, außerdem; zu, geschlossen; *war z.* wozu, warum; *z.* +Adj./Adv. (viel/ all-) zu; *(nû) z.!* nur zu!; [auch expl., z.B. *z.* +pD*ze* zu].

zuo² stF Fels.

zuo³ Präp. [s.] *ze* ¹.

zuo- [s. auch] *ze-.*

zuo-ahten swV A+D zurechnen.

zuo-bedenken stN Hinzudenken.

zuo-,zû-behaft Part.Adj. ergeben.

zuo-behœren swV D angehören.

zuo-bereiten swV A überwinden.

zuo-,zû-bereitunge stF Vorbereitung.

zuo-bescheiden stV [VIIc] A+D zuteilen.

zuo-besliezen stV [IIb] A (+pD*gegen* /p A*über*) verschließen (vor/ hinter).

zuo-bieten stV [IIb] refl.+pD *ze* sich empfehlen in.

zuo-binden stV [IIIa] A(+pD *mit*) zusammenbinden (mit).

zuo-blâsen stV [VIIb] abs. zu blasen anfangen; D+pD*mit* zusetzen mit.

zuo-,zû-boln swV A aufhäufen.

zuo-brâht- [s.] *zuobringen.*

zuo-bremmen stV [IIIb] D einbrüllen auf.

zuo-,zû-bringen,-pringen stV [IIIa, Prät. *zuobrâht-*] A/Ns*daz* herbeiführen, zustande bringen; A+D zukommen lassen, überbringen.

zuo-,zû-brûsen swV abs. herbeistürzen.

zuo-büezen swV G/A hinzutun.

zuo-,zû-buoze stF Zugabe.

zuo-dâht- [s.] *zuodenken.*

zuo-,zû-decken swV A zudecken; herbeiführen.

zuo-denken,-gedenken swV [Prät. *zuogedâht-*] G+D merken lassen.

zuo-dienende Part.Adj. zuarbeitend.

zuo-draben swV abs. herbeireiten.

zuo-dringen stV [IIIa] abs. sich herandrängen; D zu schaffen machen.

zuo-eigenen swV refl.+G sich aneignen.

zuo-gâbe stF Zugabe.

zuo-gâhen swV abs./D nahen.

zuo-gân,-gên,-gôn anV abs./Adv. herbeikommen, näher kommen, hingehen; zur Kommunion/ zum Abendmahl gehen; geschehen; D nahen, sich nähern; eindringen/ einstürmen auf; zuteil werden.

zuo-,zû-ganc stM Zugang, Zutritt; Eingang; Näherkommen; Waffengang.

zuo-ge- [s. auch] *zuo-.*

zuo-gebier- [s.]*zuogebürn.*

zuo-,zû-geborn Part.Adj. angeboren; verwandt.

zuo-,zû-gebürn swV [Präs. *zuogebier-*] unpers.+D sich gehören für, zukommen.

zuo-gedâht- [s.] *zuodenken.*

zuo-gegeben Part.Adj. *zuogegebeniu mâze/ môze* gutes/ reichliches Maß.

zuo-gehœren,-gehôren, -hœren swV D gehören; gehören zu; zukommen.

zuo-gehœrlich Adj. zugeordnet.

zuo-gehœrlichkeit stF Eigenart.

zuo-gehort [s.] *zuohurten.*

zuo-gehûfet Part.Adj. *zuogehûfetiu mâze/ môze* überfließendes Maß.

zuo-gekêrtheit stF Hinwendung.

zuo-geliegen stV [IIa] D etwas vorlügen.

zuo-,zû-genclich Adj. leicht erhältlich.

zuo-gên [s.] *zuogân.*

zuo-gesant [s.] *zuosenden.*

zuo-gesellen swV A zuordnen.

zuo-gewagen stV [VIa] G / A+D merken/ wissen lassen; eingestehen; zugestehen.

zuo-,zû-gelîchen swV A+D vergleichen mit.

zuo-gôn [s.] *zuogân.*

zuo-grîfen stV [Ia] abs./Adv. anfangen; zugreifen, zupacken; herbeikommen; G/D beginnen (mit); wollen, anstreben; ausführen; [auch expl., z.B. *nemens z.* nehmen].

zuo-haften[1] swV D anhängen, anhaften.

zuo-haften[2] stN Zugehörigkeit; Anhänglichkeit.

zuo-hangen swV D zugehören.

zuo-,zû-hetzen swV abs. aufbrechen.

zuo-,zû-hœren[1] swV [Prät. *zuohôrt-*] abs./(refl.)D zuhören.

zuo-hœren[2] swV [s.] *zuogehœren.*

zuo-,zû-hüllen swV A zudecken.

zuo-hurten swV [Part.Prät. *zuogehort*] abs. herbeieilen.

zuo-îlen swV D entgegeneilen.

zuo-,zû-jagen swV A ausführen.

zuo-kêr stM Hinwendung.

zuo-kêren,-gekêren swV abs. einkehren; D sich begeben zu; A umwenden, umdrehen; A+D zuwenden, zukehren.

zuo-kêrunge stF Hinwendung.

zuo-kiesen stV [IIb] abs. zusehen.

zuo-,zû-kleben swV D anhaften.

zuo-komen,-quemen stV [IVba] abs./pD*ze* kommen (nach), heran-, herbei-, hin-, hinzukommen; pD*gegen* ankommen gegen; D entgegenkommen, begegnen; nahe kommen; beikommen; zukommen; geschehen; A vertragen.

zuo-,zû-komelinc stM (Land-) Fremder.

zuo-kunft,zû-kum(p)ft, stF Ankunft, Kommen; Zukunft.

zuo-kunftec/ic,zû-künftic,-kumftic Adj. kommend, künftig, bevorstehend; zukünftig.

zuo-künftickeit,zû-kunftikeit stF Zukunft.

zuo-lachen swV D zulachen.

zuo-laden swV A+refl.D zu sich bestellen/ kommen lassen.

zuo-lân,-lâzen stV [VIIb] A herankommen lassen.

zuo-legen,-gelegen swV abs./pD*an* stärker werden, zunehmen/ wachsen (an); D zusetzen; helfen; A(+D) beilegen, geben; (hin-) zufügen, verstärken; nachsagen; weglegen; A+D verheiraten mit.

zuo-legunge stF Beiwerk.

zuo-leiten swV A herbeiführen.

zuo-lîmen swV A verleimen.

zuo-,zû-lispen swV A+D zuflüstern.

zuo-locken swV A verführen.

zuo-,zû-louf stM Andrang, Gedränge; Beistand.

zuo-loufen stV [VIIe] D entgegenkommen, begegnen.

zuo-lûchen stV [IIa] A schließen.

zuo-luogen,-lûgen swV abs./G zusehen (bei).

zuo-,zû-machen swV refl. sich auf den Weg machen; A zurechtmachen, schmücken.

zuo-,zû-mâle Adv. gänzlich, ganz und gar; besonders.

zuo-,zû-man stM Liebhaber.

zuo-mezzen stV [Va] A vergleichen.

zuo-mischen swV A beimischen.

zuo-muos stN Beilage.

zuo-muoten swV G+D zumuten.

zuo-,zû-name swM Beiname.

zuo-neigen swV D/pD*ze* / Adv.lok. zuneigen (zu).

zuo-nemen,zû-genemen stV [IVa] abs./pD*an,in* stärker werden, zunehmen/ wachsen (an/ in); A+pD*gegen* schließen vor.

zuo-nemunge stF Zunahme, Wachstum.

zuo-,zû-nunft,-numft stF Zunahme, Wachstum.

zuo-,zû-nutz stM Wirkung.

zuo-ordenen swV A+D zuordnen.

zuo-,zû-pfîfen stV [Ia] A+D anhexen.

zuo-,zû-pflege stF Lebensweise, Handlungsweise; Unterstützung.

zuo-,zû-pfliht,-pliht stF
Eifer, Anstrengung; Hingabe, Verehrung; Zustimmung;
[auch expl., z.B. *vröuden z.*
Freude, *tôdes z.* Tod, *lustlichiu z.* Lust].

zuo-pringen [s.] *zuobringen.*

zuo-,zû-puren,-*bürn
swV A anfachen, schüren.

zuo-quemen [s.] *zuokomen.*

zuo-rant- [s.] *zuorennen.*

zuo-râten stV [VIIb] Ns*daz*
zuraten.

zuo-,zû-rechen stV [IVa]
A+D häufen auf.

zuo-,zû-reiten swV A+D
zurüsten.

zuo-,zû-rennen swV [Prät.
zuorant-] abs. herbeirennen.

zuo-,zû-rinnen stV [IIIa]
abs. herbeieilen.

zuo-rîten,-gerîten stV [Ia]
abs. herbeireiten, herantraben; näher kommen; D entgegenreiten, begegnen.

zuo-,zû-rüeren swV [Prät.
zuorûrt-] abs. herbeieilen.

zuo-rûnen swV A+D zuflüstern.

zuo-rûrt- [s.] *zuorüeren.*

zuo-,zû-sager stM Vorhersager.

zuo-samen- [s.] *zesamen-.*

zuo-sât stF Vermischung.

zuo-,zû-satz stM Grundlage.

zuo-schicken swV [Prät.
zuoschiht-] refl.+D sich zuwenden.

zuo-schiezen stV [IIb] A angreifen; A+D zuschleudern.

zuo-schiht stF Zufügung.

zuo-schiht- [s.] *zuoschicken.*

zuo-schocken,zû-schogen,-geschöcken swV
abs. heranziehen; A zuziehen.

zuo-schrîben stV [Ia] A+D
zuschreiben; A+Adv.lok. zuordnen.

zuo-schrîen stV [Ib] D zurufen.

zuo-,zû-schürn,-schurn
swV D einheizen; A schüren.

zuo-schuz stM Angriff.

zuo-,zô-sehen stV [Va] abs.
Acht geben; D sorgen für.

zuo-,zû-seher stM Aufseher.

zuo-senden swV [Part.Prät.
zuogesant] A+D schicken.

zuo-setzen swV D zusetzen;
A einschulen; aufs Feuer
setzen.

zuo-,zû-sîgen stV [Ia] abs./
D hereinsinken; nahen; herbeiziehen; herabfallen, herabströmen; zufallen.

zuo-sinnen stV [IIIa] abs.
mitgehen wollen.

zuo-slâfen stV [VIIb] abs.
weiterschlafen.

zuo-,zô-slahen,-geslahen stV [VIa] abs./D dazu-,
hinzukommen; sich einmischen; geschehen; A zuschlagen, schließen; *die brâ z.*
einen Wimpernschlag tun.

zuo-slîchen stV [Ia] abs. heranschleichen; D sich nähern;
begegnen.

zuo-sliezen,zû-,zô-slûzen stV [IIb] A(+pD*gegen,
nâch*) zu-, verschließen
(hinter/ vor).

zuo-slîfen stV [Ia] A schleifen.

zuo-slûzen [s.] *zuosliezen.*

zuo-smucken swV A+D anschmiegen an.

zuo-,zû-snüeren swV A+
pD*mit* verschnüren mit.

zuo-spern,-sperren swV A
zusperren.

zuo-,zû-sprâche stF Ermahnung.

zuo-spranct- [s.] *zuosprengen.*

zuo-,zû-sprechen,-gesprechen stV [IVa] A(+D/
A/Ns(*daz,w*)) sprechen mit;
sagen über/ zu.

zuo-,zû-sprechunge stF
Ermahnung.

zuo-sprengen,zû-,zô-sprengen swV [Prät. *zuospranct-*] abs./D heransprengen (zu), zupreschen
(auf).

zuo-springen stV [IIIa] abs.
hinzuspringen; D zuspringen
auf.

zuo-stân,zû-gestân anV D
beistehen; gehören; pA*ûf*
eindringen auf.

zuo-stapfen swV *näher z.*
+D sich nähern.

zuo-staten swV D die Erlaubnis geben.

zuo-stîgen stV [Ia] abs. heraufziehen.

zuo-stinken stV [IIIa] D üblen Geruch zuwehen.

zuo-,zô-stôzen stV [VIId]
abs./pD*an,ze* anlegen/ landen (an/ in).

zuo-strichen,-*stricken
swV A zubinden.

zuo-stürmen swV D anrennen gegen.

zuo-sunne swF Nebensonne.

zuo-,zû-suochen swV A
(+D) bestrafen.

zuo-tal stN Talniederung.

zuo-tætic Adj. anhänglich.

zuo-tæticheit stF Anhänglichkeit.

zuo-teilen swV A anberaumen.

zuo-tragen,zû-,zô-tragen
stV [VIa] A(+D) herbeitragen, herbeibringen; (über-)
bringen; entgegenbringen.

zuo-trecken swV pA*ûf* herbeiziehen auf.

zuo-,zû-treffende Part.Adj. zufällig.

zuo-,zû-treten,-getreten stV [Va] abs. eintreten; D nahen, näher treten zu; zusetzen, angreifen.

zuo-,zû-trîben stV [Ia] A ziehen nach; A+pA*in* einfahren in.

zuo-trîberinne stF Kupplerin.

zuo-,zû-trotten swV abs. herbeiziehen.

zuo-tuon¹,zû-getuon anV A(+D) schließen, zumachen; zufügen.

zuo-tuon²,zû-tuon stN Zutun.

zuo-twingen stV [IIIa] A zukneifen.

zuo-vâhen,-gevâhen stV [VIIb] abs./pD*ze* anfangen (mit); schwanger/ trächtig werden; A empfangen.

zuo-,zû-val stM Wandel, Veränderung; Ereignis; Einfluss.

zuo-vallen,-gevallen stV [VIIa] abs. einfallen; eintreten; hinzukommen; D zufallen; Part.Adj. [s.] *zuovallende.*

zuo-vallende Part.Adj. zufällig; hinzukommend.

zuo-vallich [s.] *zuovellic.*

zuo-vallicheit [s.] *zuovellicheit.*

zuo-varn,zû-,zô-gevarn stV [VIa] abs. herbeikommen, -eilen; sich aufmachen; zugreifen; D begegnen.

zuo-,zû-vart stF Eingang; Ankunft,Landung;Zustrom; Gedränge.

zuo-vellic,-vallich Adj. zufällig; hinzukommend.

zuo-vellicheit,-vallicheit stF Zufälligkeit.

zuo-verhengende Part.Adj.

zuteilend.

zuo-verlâz,zû-vorlâz stM Zuversicht.

zuo-,zû-versiht stF Erwartung; Zuversicht, Hoffnung; Gewissheit.

zuo-,zû-versihtic Adj. hoffnungsfroh.

zuo-versperren swV A zuschließen.

zuo-,zû-vliez stM Zustrom.

zuo-,zû-vliezen,-gevliezen stV [IIb] D zuströmen; zuteil werden.

zuo-,zû-vluht,-vulht stF Zuflucht.

zuo-vordern swV A anfordern; A/G+D abverlangen.

zuo-vorlâz [s.] *zuoverlâz.*

zuo-,zû-vorn Adv. früher.

zuo-,zû-vüegen swV A+D beigesellen, beifügen; übergeben, übertragen; auftragen.

zuo-vüegic Adj. z. +pD*ze* hinführend zu.

zuo-vüegunge,-vûgunge stF Verbindung.

zuo-vüeren swV [Prät. auch *zuovuort-*] A(+D) mitbringen, herbeibringen; herbeiführen; vorführen.

zuo-vûgunge [s.] *zuovüegunge.*

zuo-vulht [s.] *zuovluht.*

zuo-vuoc stM Verbindung.

zuo-vuort- [s.] *zuovüeren.*

zuo-wahsen stV [VIa] abs. wuchern.

zuo-,zû-wahsunge stF Vermehrung.

zuo-,zû-wæn swV pD*mit* fächeln mit; *luft* z. Wind machen.

zuo-warnen swV refl. sich vorbereiten.

zuo-,zû-wart Adv. vorwärts.

zuo-,zô-wenden swV A entgegenkommen.

zuo-,zû-wenunge stF Gewohnheit.

zuo-,zû-werfen stV [IIIb] A+D zuwerfen; (hin-) zufügen.

zuo-wurf stM Gewährung; Zuwerfen der Tür.

zuo-wurken stN Mitwirkung.

zuo-,zû-zeln swV A+D zuteilen.

zuo-zemen swV A+pD*mit* anlocken mit.

zuo-zemer stM Verführer.

zuo-ziehen stV [IIb] abs. herbeiziehen; D zusetzen; A (+D) herbeiführen, zuführen; zusammenziehen; schließen; anziehen.

zuo-zuc stM Anziehung.

zuo-zuht stF Nachkommenschaft.

zur- [s.] *zer-* .

züren [s.] *zürnen.*

zurn [s.] *zorn²*.

zurne stF Zorn.

zürnen¹,zurnen,zornen, züren swV abs./pD*gegen,ze, mit* / pA*an, über, ûf, umbe, wider* ergrimmen, zornig sein/ werden (auf), zürnen (mit); aufbegehren (gegen); refl. (+G/pA*ûf,umbe,wider*) erzürnen (über); D missfallen; G / A erzürnen, zornig machen; tadeln.

zürnen²,zurnen stN Zorn.

zürner,zörner stM Wüterich.

zürnerin stF Zürnende.

zurnic [s.] *zornec.*

zûs stM Zausen.

zusse stF [Decke/ Kleid aus feinem Wollstoff].

zuth [s.] *zuht.*

zuwâ,zuweige,zuwêne, zuwô [s.] *zwêne.*

zuwuschen [s.] *zwischen²*.

zvâl stM [Planet Saturn].

zwâ [s.] *zwêne.*
zwacken swV abs. zupfen.
zwahen [s.] *twahen.*
zwangen [s.] *twengen.*
zwanzic(-) [s.] *zweinzec(-).*
zwâr,zwâre(n) [s.] *zewâre.*
zwec stM (Holz-) Nagel; Ziel;
das Geringste.
zwehel(e) [s.] *twehel(e).*
zwei[1] Kard.Zahl [s.] *zwêne.*
zwei[2] stN [s.] *zwî.*
zwei-dûsent [s.] *zweitû-
sent.*
zweien,zweihen,zwien,
zeweien swV abs./refl.
(+pDze) sich entzweien/
streiten; sich paaren; sich ge-
sellen (zu); A(+pDvon) teilen, spalten; trennen/ unter-
scheiden/ entfernen (von);
Part.Adj. [s.] *gezweiet.*
zweier-,zweiger-hande
Adj. zweierlei; zweifach,
doppelt.
zweier-,zweiger-leie Adj.
zweierlei; doppelt.
zweihe [s.] *zwêne.*
zwei-heit stF Zweiheit; Ent-
zweiung.
zweihen [s.] *zweien.*
zwei-hundert Kard.Zahl
zweihundert.
zwei-jæric,-jêric Adj. zwei-
jährig.
zweilf-bode [s.] *zwelfbote.*
zweinzec/ic,zwênzec/ic,
zwanzic,zwintzic,ze-
wenzic Kard.Zahl zwanzig.
zweinzec/ic-tûsent,zwên-
zec/ic-,zwanzic-dûsent
Kard.Zahl zwanzigtausend.
zweinzegeste,zweinzi-
giste Ord.Zahl zwanzigste
(-r/ -s).
zwei-,zwi-snîdrende Part.
Adj. zweischneidig.
zwei-teil stN Hälfte.
zwei-traht [s.] *zwitraht.*
zwei-,zwi-trehtic Adj. dop-

pelt, verdoppelt.
zwei-tûsent,-dûsent Kard.
Zahl zweitausend.
zwei-,zwi-unge stF Zwie-
tracht, Streit; Trennung; Unterschied; *z. an den kinden*
Halbgeschwisterschaft.
zwei-,zwi-valter stM
Schmetterling.
zweivel [s.] *zwîvel*[2].
zwelf,zwelif,zwelve,
zweleve Kard.Zahl zwölf.
zwelf-bote,zweilf-bode,
-pote swM Apostel.
zwelf-botisch,-potisch
Adj. apostolisch.
zwelf-dûsent [s.] *zwelftû-
sent.*
zwelfer-lei Adj. zwölferlei.
zwelf-jæric,-jêric Adj.
zwölfjährig.
zwelf-hande Adj. zwölferlei.
zwelf-pot- [s.] *zwelfbot-.*
zwelf-stunt Adv. zwölfmal.
zwelft,zwelifte Ord.Zahl
zwölfte (-r/ -s); *selp z.* ich/ er
selbst mit elf anderen.
zwelf-tûsent,-dûsent
Kard.Zahl zwölftausend.
zwelif [s.] *zwelf.*
zwelifte [s.] *zwelft.*
zwelve [s.] *zwelf.*
zwêne,zwei(he),zwô,
zwâ,zwuo,zwû,zuwê-
ne,zuweige,zuwâ,zu-
wô,tzwei,twêne,tzwô
Kard.Zahl zwei.
zwênzec/ic(-) [s.] *zwein-
zec(-).*
zweswe [s.] *zeswe*[1].
zwe-veldic [s.] *zwivaltec.*
zwî,zwei stN Zweig.
zwi- [s. auch] *zwei-.*
zwîbel [s.] *zwîvel*[2].
zwîbelen [s.] *zwîveln.*
zwibol,zwival,zwivel,
zibel stMF Zwiebel.
zwibol-,zwival-houpt stN
Zwiebelknolle.

zwic stM Zwicken; Kneifen.
zwîc stMN Zweig.
zwickel stM Keil.
zwicken swV A zupfen;
zwicken, stechen; schlagen;
putzen.
zwîden swV A+G erhören in,
gewähren.
zwidorn,*zwitarn stMBastard [Kreuzung von Tier-
arten].
zwi-drahtikeit,-*trahti-
keit stF Zwietracht.
zwien [s.] *zweien.*
zwîen [s.] *zwîgen.*
zwier [s.] *zwir.*
zwieren swV pDgegen / p Aan
blicken auf/ zu.
zwies,zwis,zwîs,twiges
Adv. zweimal.
zwie-valdic [s.] *zwivaltec.*
zwi-gelt stN doppelter Ein-
satz/ Gewinn.
zwîgen,zwîen swV A+pAûf
pfropfen auf, binden an;
Part.Adj. [s.] *gezwîget.*
zwi-gülten swV A+D doppelt
vergüten/ erstatten.
zwilch Adj. zweifach, doppelt.
zwi-lich stM Zwillich [zwei-
fädig gewebter Stoff].
zwi-linc,zwillinc stM
Zwilling.
zwingen [s.] *twingen.*
zwin-lîn stMN Zwilling.
zwintzic [s.] *zweinzec.*
zwinzen swV abs. blinzeln.
zwinzer-lich Adj. schim-
mernd.
zwir,zwire,zwier,tzwir
Adv. zweimal; zweifach,
doppelt.
zwirben swV abs./Adv.lok.
wirbeln.
zwire [s.] *zwir.*
zwiren swV G+D ausgehen.
zwirent,zwirnt,zwirn,
zwirunt,zwurent Adv.

zweimal; zweifach, doppelt.
zwirhe [s.] *twerhe.*
zwirn [s.] *zwirent.*
zwirnen swV A aus mehreren Fäden zusammendrehen.
zwirnt,zwirunt [s.] *zwirent.*
zwis,zwîs [s.] *zwies.*
zwisch Adj./Adv. zweifach, doppelt; [Pl.] beide.
zwi-scharpf Adj. zweischneidig.
zwischel Adj. zweifach, doppelt.
zwischelic Adj. zweifach.
zwischen[1] Adv. [meist *dâ/ dar/ under z.*] dazwischen; untereinander.
zwischen[2]**,zwischent, zwüschen,zwüsche(n)t, zuwuschen** Präp.+D/A zwischen; in, unter.
zwischen-würkende Part. Adj. vermittelnd.
zwisele stF Astgabel; Gabelung.
zwiseln swV A spalten.
zwisle Adj. *zwisliu zunge* Doppelzüngigkeit.
zwislec Adj. gegabelt.
zwi-slehtic Adj. *zwislehtigez swîn* aus einer Kreuzung gezüchtetes Schwein.
zwis-lisch Adj. *zwislischiu zunge* Doppelzüngigkeit.
zwi-spilde,-spilte Adj./ Adv. doppelt, zweifach.
zwi-spilden swV A(+D) verdoppeln.
zwi-spilte [s.] *zwispilde.*
zwi-teilen swV A zweiteilen.
zwi-,zwei-traht stF Zwietracht.
zwiu,zwû Interrog.Pron. warum, wozu.
zwi-vald- [s.] *zwivalt-.*
zwival(-) [s.] *zwibol(-).*
zwi-valt Adj., **-valte** Adv. doppelt, zweifach; zweige-

teilt, gespalten.
zwi-valtec/ic,zwie-,zwevaldec/ic,-veltic,-veldic Adj. doppelt, zweifach; gespalten.
zwi-valten,-valden swV A verdoppeln.
zwi-valtickeit stF Unentschiedenheit.
zwi-valticlîche(n) Adv. doppelt.
zwivel [s.] *zwibol.*
zwîvel[1]**,zwîvle** Adj. gespalten.
zwîvel[2]**,zwîbel,zweivel** stM Zweifel; Ungewissheit, Unsicherheit; Wankelmut; Misstrauen; Skrupel; Sorge; Verzweiflung.
zwîvelære/er stM Zweifler; Wankelmütiger; Verzweifelter; Pessimist.
zwîvel-bürde stF Last des Misstrauens.
zwîvelen [s.] *zwîveln.*
zwîvel-haft Adj. verzweifelt; zweifelnd; schwankend; unsicher, ungewiss.
zwîvel-haftic Adj. zweifelhaft.
zwîvel-heit stF Verzweiflung.
zwîvelich,-lîche(n) [s.] *zwîvellich.*
zwîvel-leben stN Ungewissheit.
zwîvel-lich,zwîvelich Adj., **-lîche(n)** Adv. zweifelnd; schwankend, unsicher, ungewiss, unentschieden, zweifelhaft; verzweifelt.
zwîvel-lop stN zweideutiges Lob.
zwîvel-mære stN Zweifelrede.
zwîveln,zwîvelen,zwîbelen swV abs. verzweifeln, die Hoffnung/ den Mut ver-

lieren; in Ungewissheit/ im Zweifel sein; D unglaubhaft erscheinen; G/pD *an,von* /p A *umbe* zweifeln an; A/N s *daz, ob,w* bezweifeln, sich fragen; verdächtigen.
zwîvel-nôt stF Qual der Ungewissheit.
zwîvel-rede stF Zweifelrede.
zwîvel-slac stM Verzweiflungsschlag.
zwîvel-sorge stF Sorge.
zwi-veltic [s.] *zwivaltic.*
zwîvelunge stF Zweifel; Verzweiflung.
zwîvel-wân stM Zukunftsangst.
zwi-virbig,-*verbic Adj. zweifarbig.
zwîvle [s.] *zwîvel* [1].
zwi-wurft stF Zwietracht.
zwô [s.] *zwêne.*
zwû[1] Interrog.Pron. [s.] *zwiu.*
zwû[2]**,zwuo** Kard.Zahl [s.] *zwêne.*
zwurent [s.] *zwirent.*
zwüschen,zwüsche(n)t Präp. [s.] *zwischen* [2].
cypres(se),zipresse stswM Zypresse.
cypressen-öpfel,-*apfel stM Zypressenzapfen.
cypressen-,cipressenpoum,-pâm stM Zypresse.
cypressîn Adj. aus Zypressenholz.
cyrogat swM [Tier].
cyrogrille swM Igel.